Günther Schiwy
Eichendorff

Günther Schiwy

# Eichendorff

Der Dichter in seiner Zeit

*Eine Biographie*

Verlag C. H. Beck

Mit 54 Abbildungen

*Für Brigitte und Andreas
in Dankbarkeit*

---

Die Deutsche Bibliothek – CIP-Einheitsaufnahme

*Schiwy, Günther:*
Eichendorff: der Dichter in seiner Zeit.
Eine Biographie / Günther Schiwy. –
München: Beck, 2000
ISBN 3 406 46673 7

---

ISBN 3 406 46673 7

© Verlag C. H. Beck oHG, München 2000
Satz: Fotosatz Janß, Pfungstadt
Druck und Bindung: Ebner, Ulm
Gedruckt auf säurefreiem, alterungsbeständigem Papier
(hergestellt aus chlorfrei gebleichtem Zellstoff)
Printed in Germany

*www.beck.de*

«Ich bin 1788 mit der Revolution geboren, der politischen wie der geistigen, literarischen, und die letztere habe ich mitgemacht. – Übergang der alten Zeit zur neuen».

*Erlebtes*

«Man tadelt an den Biographien häufig, daß sie entweder die Sentimentalität oder die Reflexion vorwalten lassen. Mir scheint: wer die eine oder die andere absichtlich sucht, fehlt ebenso, als wer sie ängstlich vermeidet. Sie wechseln beide notwendig im Leben; und so will ich denn schreiben, wie sich's eben schicken und fügen will. Und wenn auch weder meine Persönlichkeit noch meine Schicksale ein allgemeines Interesse anregen, so dürften doch manche Streiflichter dabei vielleicht eine Zeit erhellen, die uns bereits so fern liegt und der Gegenwart fremd geworden.»

*Aus meiner Jugendzeit*

«...das sind die rechten Leser, die mit und über dem Buch dichten. Denn kein Dichter gibt einen fertigen Himmel; er stellt nur die Himmelsleiter auf von der schönen Erde. Wer, zu träge und unlustig, nicht den Mut verspürt, die goldenen, losen Sprossen zu besteigen, dem bleibt der geheimnisvolle Buchstabe ewig tot, und er täte besser, zu graben oder zu pflügen, als so mit unnützem Lesen müßig zu geh'n.»

*Ahnung und Gegenwart*

# Inhalt

Vorwort .............................................. 13

*Erstes Kapitel:* «Um anderthalb Minuten zu spät geboren»
oder Weshalb sich Goethe und Eichendorff nicht mochten ..... 17
«Unstern» Eichendorff und «Glückskind» Goethe .............. 17
Religion gegen Freigeisterei? .............................. 20
Zwei Versionen einer Geburt ................................ 22

*Zweites Kapitel:* Von «der plötzlichen Armuth des Einsiedlers»
oder Wie der Dichter seine Eltern erlebt und beschrieben hat ... 26
Der Verkauf von Deutsch-Krawarn ............................ 26
Von Niederbayern über Brandenburg nach Mähren .............. 26
Der Vater auf der Flucht vor den Gläubigern ................ 30
Ein Brief erzählt Bände .................................... 33
Die Mutter, eine Frau «in den besten Jahren» ............... 36
Eine Kette von Katastrophen ................................ 38

*Drittes Kapitel:* «O Prag, wir ziehn in die Weite»
oder Wie Eichendorff, der Wanderer zwischen Himmel und
Erde, im Garten von den Musen geküßt wird .................. 42
Ein Brief aus Prag ......................................... 42
Katholiken und Protestanten ................................ 45
In Karlsbad ................................................ 46
Merkwürdiges aus Dresden ................................... 48
Wanderer zwischen Himmel und Erde .......................... 49
Enge Schlösser – weite Gärten .............................. 53
«Schläft ein Lied in allen Dingen» ......................... 55
Die Musen: Mittagsschwüle und Morgenschauer ................ 56

*Viertes Kapitel:* «Wir alle sind, was wir gelesen»
oder Wie sich der Zwölfjährige in Ratibor Bücher ausleiht
und darin übt, ein Schriftsteller zu werden ................ 60
Die «Starkgeister» ......................................... 61
Jean Paul: «Voll Ahnung und Gegenwart» ..................... 63
Märchen, Sagen und Legenden ................................ 66

Von Campe zu Claudius ................................. 67
«Münchhausens Abenteuer», «Das Leben des Lazarillo von Tormes»,
«Wagners Leben und Höllenfahrt» ......................... 70
Der Tod und die Leidensgeschichte Jesu .................... 73
Weltgeschichte und Geschichtsphilosophie .................. 74
«Ueber die Einsamkeit» ................................. 76
«Pro Memoria»: Der Tagebuchschreiber .................... 81
«Die süße Pflicht»: Der Naturgeschichtsschreiber .............. 83
«Selig, wer im Schoß der Freuden»: Der Stammbuchdichter ...... 84

*Fünftes Kapitel:* «In der Commedie gewesen»
oder Wie Joseph die Breslauer Schul- und Studienzeit übersteht . 89

Provinzhauptstadt Breslau ............................... 89
Fünf aufschlußreiche Briefe .............................. 92
Das Theater als moralische Anstalt? ....................... 95
Das Leben – ein Theater ................................ 100
Letzte Akte .......................................... 104
Preußisch-österreichische Kriegsspiele ..................... 108
«Eine wahrhaft romantische Gegend» ..................... 109
«Den Adel kann sich jeder selbst nur geben» ................ 111
Das erste Liebesdrama: «Die kleine Morgenröthe» ............ 118

*Sechstes Kapitel:* «Auf dem Giebichsteiner Felsen
mit Sternbalds Wanderungen»
oder Wie Eichendorff in Halle die Romantiker kennenlernt .... 127

Dresden, Wallfahrtsstätte der Frühromantiker ............... 129
Leipzig: Goethe, Eichendorff und die Verleger ............... 134
«Zu Pferde in Stürmern u. Kanonen»: Studentenleben in Halle .... 138
«Lauchstädter Zeit»: Schiller, Goethe und die Romantik ........ 145
Fichte und Schelling: «Geisterrevolution» in Jena ............. 149
Steffens, Gall und Schleiermacher:
Naturphilosophie, Medizin und Theologie der Romantik ....... 156
Novalis und Tieck: Vordichter der Romantik ................ 167
Die «Wallfahrt» zum Brocken und zum Meer:
Ein romantisches Reisetagebuch .......................... 174
«Zerstreut ist der Ritterorden»: Abschied von Halle ........... 187

*Siebtes Kapitel:* Die «Cannonaden von Cosel»
oder Wie Eichendorff Zacharias Werner, Jean Paul
und Madame Hahmann erlebt ............................ 192

Das Ende des Heiligen Römischen Reiches Deutscher Nation ..... 192

Inhalt 9

«Bis zur Bangigkeit klein, unthätig und dumm» .............. 194
Philippinchen und Werners «Söhne des Thales» .............. 197
Jean Pauls «Hesperus» und «Des Luftschiffers Giannozzo Seebuch» ... 201
«Unendlich liebenswürdiglistig»:
Madame Hahmann spielt mit dem Feuer .................... 204

*Achtes Kapitel:* «In einem kühlen Grunde»
oder Wie Eichendorff in Heidelberg ein romantischer Dichter wird 209

«Durch die Auflösung des Reichstages öde und leer»: Regensburg . 212
«Ein einsiedlerischer Zauberer»: Joseph Görres ............... 214
«Die göttlichen Flammen schlugen über mir zusammen»:
Graf Loeben, Maria und die «Zauberin» .................... 221
«Des Knaben Wunderhorn» und die «Zeitung für Einsiedler»:
Achim von Arnim und Clemens Brentano ................... 233
«Hertzerschneidende Resignation»: Lafontaines «Clara du Plessis»
und Eichendorffs Käthchen von Rohrbach .................. 239

*Neuntes Kapitel:* «Ach wär' ich im stillen Hafen!»
oder Wie sich Eichendorff in Paris, Wien und Berlin
nach Pogrzebin sehnt ................................... 250

Speyer und «der königliche Rhein»: Die Geburt eines Mythos .... 250
«Heißhunger nach Deutschland»: Über Straßburg nach Paris ..... 255
«Ein propagandistisches Feldlager»:
Wien, Madame de Staël und August Wilhelm Schlegel .......... 261
«... heiratete einstmals ein sehr schönes, aber ganz armes Fräulein»:
Als Gutsherr und Märchensammler in Lubowitz
und ein Blick auf Brentano .............................. 266
«Der erste Brief von Louise und ein Brief von Loeben»:
Die katastrophale Oderfahrt Richtung Berlin ................ 272
«Zwischen Hochmut und Verzweiflung»: Heinrich von Kleist .... 279
«Zum Niederknien war es»:
Der Einzug des Königspaars in seine Hauptstadt ............. 282
Eine «grausenhafte Leidensperiode»:
Krank unter Dichtern und Intellektuellen ................... 285
«Alle Juden und Philister ausgeschlossen»:
Die Berliner Salons und Arnims Tischgesellschaft ............ 289
«Chaos von Guitarren, Büchern etc.»:
Achim von Arnim und Clemens Brentano ................... 292
«Vorwürfe über Nichtkommen und Nichtschreiben»:
Familie Larisch ergreift die Initiative ...................... 297
«Der Tiroler Nachtwache»: Eichendorff als anonymer Theologe ... 300
«Die Zauberei im Herbste»: Josephs Berta heißt Louise ......... 303

*Zehntes Kapitel:* «Ahnung und Gegenwart»
oder Wie Eichendorff in Wien sein Idealbild entwirft .......... 315
«Etwas von unserer prosaischen Existenz»:
Arme Studenten, reiche Verwandte, berühmte Freunde .......... 315
«Es ist so traurig, für sich allein zu schreiben»:
Reservierte Schlegels, begeisterter Loeben und tatkräftiger Fouqué . 323
«Von der Werkstatt zum Garten der Liebe»:
Julie von Hoverden und eine Choristin ....................... 332
«Zum Toren gemacht vor der Welt»:
Clemens Maria Hofbauer, der «Apostel von Wien» ............. 335

*Elftes Kapitel:* «Der Krieg ist eine wahre Männerschule»
oder Wie Eichendorff lernt, «eine nichtswerthe Eitelkeit abzulegen» 339
«Es mißglückte alles»: Vom Freischärler zum Landwehroffizier .... 339
«Ich sehe ordentlich Deinen ironischen Glückwunsch»:
Der Kriegscommissariats-Expedient Joseph von Eichendorff
heiratet Louise von Larisch ................................. 353
«Noch einmal einen Paroxismus von Patriotismus erlitten»:
Als Ordonanzoffizier bei Gneisenau ......................... 365
«Mich zieht es unwiderstehlich nach Italien»:
Leben und Lieben des k. k. Beamten Wilhelm von Eichendorff .... 372
«Das Wiedersehen» ....................................... 377

*Zwöftes Kapitel:* «Der letzte Held von Marienburg»
oder Wie Eichendorff in Breslau Regierungsassessor, in Danzig
Regierungsrat und in Königsberg Oberpräsidialrat wird ....... 391
«Mit aller hier nöthigen Freimütigkeit»:
Die Probearbeit – protestantische Fußangel oder katholische
Seilschaft? ............................................... 395
Karl von Holtei, der Dichterfreund ......................... 408
Besuch in Wien:
Adam Müller und Friedrich Schlegels «Signatur des Zeitalters» .... 410
«In einem der schwierigsten Dienstverhältnisse»:
Eichendorffs zwiespältige Beziehung zu dem Oberpräsidenten
Theodor von Schön ....................................... 413
Die Wiederherstellung der Marienburg ...................... 420
Eine spannungsreiche Lebensfreundschaft ................... 423
Von Danzig nach Königsberg ............................... 427
«Marmorbild» und «Taugenichts» .......................... 441
«Krieg den Philistern» .................................... 453
«Meierbeth's Glück und Ende», «Ezelin von Romano»
und die Berliner Mittwochsgesellschaft ...................... 460

## Inhalt

Eichendorffs «Ezelin von Romano» und Grillparzers «Ottokar»:
Abgesänge auf Kaiser und Reich ........................... 471
«Vor lauter Vernunft zerplatzen?»: Das Lustspiel «Die Freier» .... 477

*Dreizehntes Kapitel:* «Ich saß am Schreibtisch bleich und krumm»
oder Wie Eichendorff in Berlin als ministerieller Hilfsarbeiter
dreizehn Jahre lang sein Dasein fristet ..................... 482
«... weil daßelbe unglücklicherweise meiner Persönlichkeit nicht
zusagt»: Eichendorffs Vorlagen zur Pressegesetzgebung
und Aufsätze zur Verfassungsfrage ........................ 486
«Auch ich war in Arkadien!» und «Viel Lärmen um Nichts»:
Revolutionsfeste und Publikumsbeschimpfungen .............. 498
«Warum kommst du heut allein?»: Familienfreuden – Familienleid .. 504
«Die langsam zersetzende und zerstörende Gewalt der
Verhältnisse»:
Eichendorffs zweiter Roman «Dichter und ihre Gesellen» ........ 510
«O heil'ges Köln, dein Hirte ist gefangen»:
Eichendorff und die Katholische Bewegung .................. 517
«Wo einer noch Christi Fahne hält»:
Görres, Brentano und die Münchner Romantik ............... 532
«Komm' nicht nah' mir, ich verbrenn' Dich!»:
Eichendorffs vier letzte Erzählungen «Eine Meerfahrt»,
«Das Schloß Dürande», «Die Entführung» und «Die Glücksritter» .. 542
Keine «höhere Vermittelung zwischen Volk und Monarchen»:
Letzte Dienstjahre unter Friedrich Wilhelm IV. ............... 548
«... eine schlechte Zeit immer schlechte oder gar keine Dichter hat»:
Der «letzte Romantiker», «Das Incognito» und «El Conde
Lucanor» ............................................. 559

*Vierzehntes Kapitel:* «Was man in der Jugend wünscht,
hat man im Alter vollauf»
oder Wie Eichendorff gegen die Deutschkatholiken
zu Felde zieht, in Wien als Dichter endlich auflebt, vor der
Revolution von Berlin nach Dresden flieht und schließlich in
Neisse seine letzte Ruhe findet ........................... 572
«... daß ohne freiwillige Unterordnung der subjektiven Freiheit
unter ein höheres Gesetz weder Staaten noch Religionen
denkbar sind»: Der Aufstand der Weber in Schlesien und die
Wallfahrt nach Trier .................................... 574
«Die Leute wollen mich hier durchaus zum berühmten Mann
machen»: Wien, Clara und Robert Schumann, Adalbert Stifter
und Schwester Louise ................................... 581

«Libertas und ihre Freier»:
1848 – Zwischen Reaktion und Revolution .................. 595
«Derweil ich dirigiere, sei du die Bühne und der Mensch agiere»:
Calderons und Eichendorffs «Poesie des Unsichtbaren» .......... 609
«Das Alte sterbend mit der Zukunft rang»:
Die Versepen «Julian», «Robert und Guiscard» sowie «Lucius» ... 616
«Aus den Papieren eines Einsiedlers», Autobiographische Entwürfe,
die «Geschichte der Poesie», die Freundschaft mit einem
Fürstbischof, eine Heiligenbiographie und Eichendorff als
heimlicher Güntherianer ................................ 632
«Die Familie ist doch die schönste Trösteinsamkeit»:
Letzte Stationen in Sedlnitz, stiller Abschied von den Kindern
und Enkeln ........................................... 655

Zeittafel .................................................. 667

Verzeichnis der benutzten Literatur ......................... 689

Abbildungsverzeichnis mit Quellennachweis .................. 706

Personenverzeichnis ....................................... 708

# Vorwort

Diese Biographie über Joseph von Eichendorff ist seit dem umfänglichen Werk von Hans Brandenburg aus dem Jahre 1922 und dem schmalen, wegweisenden Buch von Paul Stöcklein von 1963 der erste Versuch einer erneuten, für eine breite Leserschaft gedachten Gesamtdarstellung von Leben und Werk des Dichters. Sie stützt sich auf die neueren Ausgaben seiner Werke sowie auf die Ergebnisse einer von zahlreichen Experten geleisteten Forschungsarbeit über die Romantik und speziell über Eichendorff.

Dabei hat sich das Bild Eichendorffs in erstaunlicher Weise erweitert und auch in manchen Zügen verändert:
– vom Dichter frisch-fröhlicher Wanderlieder und des weltflüchtigen «Taugenichts» zum Schöpfer eines anspruchsvollen lyrischen und epischen Gesamtwerkes, das ein getreuer Spiegel ist eines Lebens in seinen Gegensätzen und der ebenso widersprüchlichen Epoche von 1788 bis 1857;
– vom wehleidigen, nörgelnden preußischen Beamten zu einer kämpferischen Persönlichkeit, die unter schwierigen wirtschaftlichen und gesellschaftlichen Verhältnissen ihren Überzeugungen von Recht und Freiheit treu bleibt;
– vom reaktionären Anhänger der «Heiligen Allianz» und des Bündnisses von «Thron und Altar» zum satirischen Kritiker sowohl des «Säbel-» wie des «Pöbelregiments»;
– vom kindlich gläubigen Katholiken zu einem ökumenisch orientierten Christen, dessen theologische Überzeugungen seiner Zeit voraus sind;
– von einem betulichen Biedermann mit eingeschränktem kulturellen Horizont zum kongenialen Übersetzer anspruchsvoller spanischer Literatur und zum Verfasser glänzend geschriebener literaturhistorischer und literaturkritischer Essays.

Alles in allem: Die neuen Aspekte des Lebens und Werkes Eichendorffs zeigen, daß es eine Engführung ist, ihn als «zu spät» gekommenen und deshalb zu vernachlässigenden «Romantiker» oder gar als biederen «Spätromantiker» zu klassifizieren. Eichendorff ist, vergleichbar mit Heinrich Heine, einer jener Autoren der Epoche, der aus der literarischen und weltanschaulichen Revolution der Romantik hervorgegangen ist und sie mitgetragen hat, der sie aber auch überlebt und kritisch darüber befragt hat, welchen Beitrag sie geleistet hat zur weiteren Entwicklung der Humanität.

Die sogenannte «Goethezeit» gewinnt aus der Perspektive Eichendorffs, der sich wie Goethe bemüht hat, einen höheren Standpunkt – den des «Einsiedlers» – einzunehmen, eine neue, ungewohnte Färbung. Der Untertitel dieser Darstellung «Der Dichter in seiner Zeit» ist deshalb bewußt gewählt und wird vor allem durch die eingehende Schilderung von Kontrastfiguren und –konstellationen eingelöst, wie es der von Adam Müller propagierten romantischen Gegensatzlehre entspricht.

Es sind viele, die an Eichendorff aus den unterschiedlichsten Gründen interessiert sind – sei es, weil er Schlesier ist oder weil seine Gedichte so unvergleichlich vom Ohr ins Herz gehen und der Geist seines «Taugenichts» ein wahrer Trost sein kann. Um den vielen «Laien», denen in der Regel eine Eichendorff-Bibliothek nicht leicht zugänglich ist, das neue, umfassendere Eichendorffbild dennoch so authentisch und nachvollziehbar wie möglich erscheinen zu lassen, ist es unerläßlich, die Darstellung durch die Quellen zu belegen: durch eine breite Präsentation von Dokumenten aus den Tagebüchern und Briefen, aus den Gedichten, Romanen und Erzählungen, aus den politischen, historischen und literarischen Streitschriften, nicht zuletzt aus den autobiographischen Fragmenten Eichendorffs. Nicht ganz so intensiv, aber hinreichend werden auch die Zeitumstände und Zeitgenossen durch umfangreiche Quellenzitate zu «Anschauung» und «Gehör» gebracht – aus der Erfahrung heraus, daß ein größerer Textzusammenhang und der Originalton die Überzeugungskraft eines Zitates wesentlich verstärken und den besten Schutz bieten gegen die Gefahr einer Manipulation durch tendenziöse Kurzzitate.

Statt dessen können sich die Leserinnen und Leser dieses Buches selbst ein Bild machen und ein Urteil erlauben. Sie werden darum den Einblick in oft abgelegene Texte – noch dazu meistens in der Originalschreibweise – und die Begegnung mit den unterschiedlichsten literarischen Gattungen nicht als Zumutung empfinden, sondern als willkommene Abwechslung und als schwache Annäherung an das romantische Textideal, wie es Friedrich Schlegel in einem Fragment im «Athenäum» 1798 formuliert hat und dem sich auch Eichendorff verpflichtet fühlte: «Die romantische Poesie ist eine progressive Universalpoesie. Ihre Bestimmung ist nicht bloß, alle getrennte Gattungen der Poesie wieder zu vereinigen, und die Poesie mit der Philosophie und Rhetorik in Berührung zu setzen. Sie will, und soll auch Poesie und Prosa, Genialität und Kritik, Kunstpoesie und Naturpoesie bald mischen, bald verschmelzen, die Poesie lebendig und gesellig, und das Leben und die Gesellschaft poetisch machen, den Witz poetisieren, und die Formen der Kunst mit gediegnem Bildungsstoff jeder Art anfüllen und sättigen, und durch die Schwingungen des Humors beseelen.«

Andererseits werden die Leserinnen und Leser – schon aus Umfangsgründen – von der Präsentation und Diskussion der Forschungsliteratur verschont. Zur Information für daran Interessierte wird das Literaturverzeichnis genügen. Die Eichendorff-Experten wissen ohnehin, auf wievielen Schultern ein solcher Versuch einer Gesamtdarstellung steht, und sie werden sich selbst auch ohne ausdrückliche Hinweise wiedererkennen.

Es ist mir eine besondere Genugtuung, daß dieses Buch in dem Verlag erscheint, der 1922 die erste umfangreiche Darstellung Eichendorffs von Hans Brandenburg herausgebracht hat und in dem ich selbst zwei Jahrzehnte als Lektor tätig gewesen bin. Mein Dank gilt besonders Wolfgang Beck dafür, daß er die Tradition des Verlages auf seine Weise fortgesetzt hat, sowie dem Lektorat unter Leitung von Ernst-Peter Wieckenberg, der Herstellung unter Jürgen Fischer, Vertrieb und Werbung und den Vertreterinnen und Vertretern unter Georg Rieppel, der Presse unter Leitung von Eva von Freeden sowie den zahlreichen Mitarbeiterinnen und Mitarbeitern in den anderen Abteilungen des Verlages in München und Nördlingen.

Für die kritische Durchsicht des Manuskriptes bzw. der Druckfahnen danke ich Andreas Wirthensohn und Brigitte Schillbach herzlich.

Meiner Frau Brigitte, die mich in dem Vorhaben bestärkte und zu den Eichendorff-Stätten chauffierte, und meinem Sohn Andreas, der mich bei der Texterfassung am Computer unterstützte, widme ich das Buch zur Erinnerung an viele schöne Eichendorff-Erfahrungen.

*Steinebach am Wörthsee, im Juli 2000*  *Günther Schiwy*

*Erstes Kapitel*

## «Um anderthalb Minuten zu spät geboren»
### oder
### Weshalb sich Goethe und Eichendorff nicht mochten

«... die Konstellation, trotz der vortrefflichen Aspekten, war verpaßt, ich wurde grade um anderthalb Minuten zu spät geboren.» *Unstern*

### «Unstern» Eichendorff und «Glückskind» Goethe

Vermutlich zwischen 1831 und 1839, während der über vierzigjährige Eichendorff in Berlin eine feste Anstellung als Ministerialbeamter suchte, arbeitete er an einer Novelle mit autobiographischem Einschlag. Sie soll «frei, scharf, tief-ironisch schneidend-satirisch u. doch humoristisch» sein und «alle meine Anstellungs-Misere [...] keck hinstellen». Sein Sohn Hermann gab den Fragmenten später den Titel «Unstern» nach der gleichnamigen Ballade von Ludwig Uhland aus dem Jahre 1814, die Eichendorff in seinen Notizen auch erwähnt.

Gleich zu Beginn von «Unstern» spielt Eichendorff ironisch auf Johann Wolfgang von Goethe an: «Ja von dem *einen* – es wundert mich überhaupt nur, daß er mich noch liest – kann ich mir durchaus nicht vorstellen, daß er jemals ein Kind gewesen sein sollte, sondern glaube bestimmt, daß er sogleich in Hosen und Frack zur Welt gekommen ist. Für diesen würdigen Mann aber hege ich eine ganz eigne Ehrerbietung und versinke öfters unwillkürlich in eine weitläufige Betrachtung seiner erstaunlichen Eigenschaften, dieser ernsten Haltung, schmeichelhaften Herablassung, vornehmgebogenen Nase. – Ich empfehle mich ihm ganz gehorsamst und dediziere ihm diese Novelle, er braucht sie darum nicht zu lesen.»

Dieser Ton verrät nicht nur das Ressentiment des, wie er meint, später und «zu spät» geborenen «Unstern» Eichendorff gegenüber dem Glückskind Goethe, sondern auch die Enttäuschung, die Eichendorff auf seinen ersten und einzigen Annäherungsversuch hin erfuhr. Von

Königsberg aus hatte er Goethe am 29. Mai 1830 ein Vorausexemplar seines Trauerspiels «Der letzte Held von Marienburg» geschickt mit diesem Begleitbrief: «Ew. Exzellenz haben, wie alles Große und Schöne, so auch unsere Marienburg Ihrer besonderen Aufmerksamkeit gewürdigt. ich habe versucht, einen der schönsten historischen Momente, deren Zeuge jenes denkwürdige Schloß war, dramatisch darzustellen, den Kampf nemlich des hochhertzigen Hochmeisters Heinrich von Plauen gegen ein störrisches, verwildertes und tiefverderbtes Geschlecht. Heldenhaft, aber glücklicher als er, haben Ew. Excellenz über ein halbes Jahrhundert lang den Banner der Poesie über dem Strome einer stürmischen, vielfach bewegten Zeit emporgehalten und ein neues, unvergängliches Reich deutscher Dichtkunst gegründet, dem wir alle freudig und dankbar angehören. Erlauben Dieselben daher, daß ich die Geschichte des großen Ordens-Meisters dem größten Sanges-Meister als ein Zeichen meiner Huldigung, meiner innigsten Liebe und Verehrung, hochachtungsvoll überreichen darf. Baron v. Eichendorff.»

Das waren damals für Eichendorff keine leeren Worte. Seine Hochschätzung für den Dichter Goethe war nicht geheuchelt. Hätte er sonst ein Jahr später, zu Goethes achtzigstem und letztem Geburtstag am 28. August 1831, das Huldigungsgedicht «Der alte Held» verfaßt?

Um so mehr wird es Eichendorff getroffen und geschmerzt haben, daß Goethe auf die Zusendung seines Dramas nicht reagierte. Dieser schenkte das Exemplar ungelesen seinem zehnjährigen Enkel Wolfgang. Noch 1910 klebte der Goldschnitt des Bandes teilweise zusammen. Eichendorff hätte diese Nichtbeachtung vielleicht weniger persönlich genommen, hätte er gewußt, daß es Jean Paul 1793/95 mit der Zusendung der «Unsichtbaren Loge» wie auch des «Hesperus» – zwei Bücher, die Eichendorff in seiner Kinder- und Jugendzeit stark beeinflußten – ähnlich ergangen war: keine Reaktion des Dichterfürsten.

Kannte Goethe anderes von Eichendorff? In den 1819 erschienenen «Noten und Abhandlungen zu besserem Verständnis des West-östlichen Divans» heißt es über die persische Mystik: Sie verdiene wegen ihres Ernstes mit der abendländischen verglichen zu werden, die in der neuesten Zeit – nach Goethe vor allem bei den Romantikern – jedoch nur eine charakter- und talentlose Sehnsucht ausdrücke und sich darin selbst parodiere, zum Beispiel: «Mir will ew'ger Durst nur frommen / Nach dem Durste.» Diese Verse stammen aus Eichendorffs 1815 erschienenem Roman «Ahnung und Gegenwart». Eichendorff legt die Zeilen einem jungen Dichter, in dem er seinen Heidelberger Freund Graf von Loeben

*1 Schloß Lubowitz bei Ratibor, das Geburtshaus*

karikiert, in den Mund. Von Loebens Pseudo-Mystik hatte sich Eichendorff auch durch die Niederschrift von «Ahnung und Gegenwart» befreien wollen, durchaus im Sinne von Goethe.

An einer Stelle des Romans jedoch erörtert der junge Eichendorff seine Auffassung vom Poeten nicht ohne eine Spitze gegen den berühmten Goethe: Poetisch sein und Poet sein, läßt er den Dichter Faber sagen, seien zwei sehr verschiedene Dinge. «Bei dem letzteren ist, wie selbst unser großer Meister Göthe eingesteht, immer etwas Taschenspielerei, Seiltänzerei u.s.w. mit im Spiele.» Das wird Goethe um so mehr geärgert haben, als Eichendorff der Goetheschen Meinung an der gleichen Stelle durch Friedrich, Eichendorffs Sprachrohr, widersprechen läßt: «Das ist nicht so, sagte Friedrich ernst und sicher, und wäre es, so möchte ich niemals dichten. Wie wollt ihr, daß die Menschen eure Werke hochachten, sich daran erquicken und erbauen sollen, wenn ihr euch selber nicht glaubt, was ihr schreibt, und durch schöne Worte und künstliche Gedanken Gott und Menschen zu überlisten trachtet? Das ist ein eitles, nichtsnutziges Spiel, und es hilft euch doch nichts, denn es ist nichts groß, als was aus einem einfältigen Herzen kommt.» Solcherart Herzenseinfalt vermißte Eichendorff bei Goethe. Dieser wiederum konnte mit Eichendorffs einfältigem «Taugenichts» wenig anfangen und ironisierte diesen in den «Zahmen Xenien»:

> «Du gehst so freien Angesichts,
> Mit muntern offnen Augen!»
> Ihr tauget eben alle nichts,
> Warum sollt' ich was taugen?

### Religion gegen Freigeisterei?

In Eichendorffs zwiespältigem Verhältnis zu Goethe spiegelten sich nicht nur der übliche Generationenkonflikt und das Ressentiment des weniger Genialen. Vor allem der Gegensatz zwischen Goethes Menschenbild der Klassik, das sich an der griechisch-römischen Antike orientierte, und dem Ideal der Eichendorffschen Romantik, die sich dem Christentum verpflichtet fühlte, spielte hinein. Letztlich handelte es sich um einen Religionsstreit, der die ganze Goethezeit über immer wieder aufbrach und in dem Eichendorff spätestens seit seinem Studienaufenthalt in Wien Partei ergriff. Er hielt diesen Streit sogar für die entscheidende Auseinandersetzung seiner Zeit. «Fassen wir jedoch», schreibt er in dem vermutlich erst in seinem Todesjahr 1857 ausgearbeiteten autobiographischen Kapitel «Der Adel und die Revolution», «diesen Kampf der entfesselten und gärenden Elemente schärfer ins Auge, so bemerken wir den der Religion gegen die Freigeisterei, als das eigentlich bewegende Grundprinzip, offenbar im Vordertreffen, denn die Veränderungen der religiösen Weltansicht machen überall die Geschichte.»

Eichendorff und sein Verhältnis zu Goethe, der das Leben Eichendorffs in Ablehnung und Faszination zugleich bestimmte, werden verständlich, wenn man sich Goethes Suche nach der ihm gemäßen Religion vor Augen führt. Denn Eichendorff, so hat es den Anschein, wäre diesen Weg, entsprach er doch seiner eigenen dichterischen Intuition, gern mit Goethe gegangen. Doch dem stand Eichendorffs Verwurzelung in der angestammten und in Wien wiederentdeckten katholischen Religion entgegen. In dem gespannten Verhältnis Eichendorffs zu Goethe spiegelt sich die lebenslange Auseinandersetzung in Eichendorff selbst zwischen dem römisch-katholischen Glaubensbekenntnis und seiner Intuition als Dichter.

Als Eichendorff geboren wurde, befand sich der neununddreißigjährige Goethe seit anderthalb Jahren auf der italienischen Reise – und in einer Lebenskrise. Sie betraf sein Verhältnis zu Charlotte von Stein, seine Berufung als Künstler und die Auseinandersetzung mit dem Christentum.

Nachdem Goethe in Rom den päpstlichen Zeremonien der Karwoche als Zuschauer beigewohnt hatte, schrieb er zwar noch am 2. April 1788, zwei Wochen nach Eichendorffs Geburt, an seinen Dienstherrn Herzog Carl August von Weimar anläßlich der österlichen Messe unter der Peterskuppel: «Ich hätte in dieser Stunde ein Kind, oder ein Gläubiger sein mögen um alles in seinem höchsten Lichte zu sehen.» Doch am 4. September des gleichen Jahres heißt es gegenüber Herder, das «Märchen von Christus» sei schuld, daß die Menschheit nicht zu einem Ganzen werde. Schließlich kehrte Goethe zu seiner ursprünglichen Weltanschauung zurück, wie er sie schon am 6. Januar 1787 bei seinem ersten römischen Aufenthalt nach der Weihnachtsmesse im römischen und der Dreikönigsmesse im griechischen Ritus beschrieben hatte: Auch da habe er gefühlt, daß er für all dieses zu alt sei: «Ihre Zeremonien und Opern, ihre Umgänge und Ballette, es fließt alles wie Wasser von einem Wachstuchmantel an mir herunter.» Nur fürs Wahre sei er nicht zu alt: «Eine Wirkung der Natur hingegen wie der Sonnenuntergang, von Villa Madama gesehen, ein Werk der Kunst, wie die viel verehrte Juno, machen tiefen und bleibenden Eindruck.» Die Natur und die antike Kunst, nicht das Christentum hatte Goethe in Rom gefunden. Und sich selbst habe er wiedergefunden «als Künstler», schrieb er am 17. März 1788 an den Herzog, und er empfinde seine «Kraft wie eine nun geöffnete, gesammelte, gereinigte Quelle von einer Höhe».

In den folgenden Jahren festigte sich für Goethe in der Auseinandersetzung mit Winckelmanns «Kunstgeschichte» seine Weltanschauung. Diesem schwebe «eine Art natürlicher Religion vor, wobei jedoch Gott als Urquell des Schönen und kaum als ein auf den Menschen sonst bezügliches Wesen erscheint». Diese rein ästhetische Einstellung überwand Goethe, indem er als göttlichen Gipfel des Wesens und Werdens der Welt den Menschen sieht: «Wenn die gesunde Natur des Menschen als ein Ganzes wirkt, wenn er sich in der Welt als in einem großen, schönen, würdigen und werten Ganzen fühlt, wenn das harmonische Behagen ihm ein reines, freies Entzücken gewährt – dann würde das Weltall, wenn es sich selbst empfinden könnte, als an sein Ziel gelangt aufjauchzen und den Gipfel des eigenen Werdens und Wesens bewundern. Denn wozu dient alle der Aufwand von Sonnen und Planeten und Monden, von Sternen und Milchstraßen, von Kometen und Nebelflecken, von gewordenen und werdenden Welten, wenn sich nicht zuletzt ein glücklicher Mensch unbewußt seines Daseins erfreut?»

Für Eichendorff war das der Inbegriff jener «Humanitätsreligion», die ihn, den kirchentreuen Katholiken, sein Leben lang als bedrohlicher Schatten, als verführerisches Ideal, als ständige Versuchung begleitete. Hätte er sonst in der 1851 erschienenen Schrift «Der deutsche Roman des achtzehnten Jahrhunderts in seinem Verhältnis zum Christentum» fünfzig Druckseiten der kritischen Auseinandersetzung mit der «Humanitätsreligion» gewidmet? Dabei zitiert Eichendorff zentrale Stellen aus den Werken von Herder, Jacobi, Jean Paul, Schiller, vor allem jedoch von Goethe in einer Weise, daß man sich des Eindrucks nicht erwehren kann: Auch wenn er sie bekämpft, diese Religiosität war Eichendorffs innerstem Wesen nicht fremd, sie entsprach seiner Naturerfahrung ebenso wie seiner dichterischen Intuition. Daß er diese Religion öffentlich nicht teilen konnte, war sein Schicksal, entsprach der religiösen Konstellation bei seiner Geburt, war jedoch begründet «mehr in dem Zusammentreffen irdischer Dinge», wie Goethe in seiner Auseinandersetzung mit den Häresien in der «Geschichte der Farbenlehre» bemerkt, «als im Aufeinanderwirken himmlischer Gestirne».

### Zwei Versionen einer Geburt

Dieses «Zusammentreffen irdischer Dinge» bei seiner eigenen Geburt schildert nun Eichendorff in seinen autobiographischen Fragmenten – indem er Goethe parodiert – ebenso wie dieser als «Dichtung und Wahrheit». Das zeigt schon der Vergleich des Entwurfs eines «Kapitels von meiner Geburt» mit dessen Verarbeitung im zweiten Kapitel von «Unstern». Im Entwurf ist es eine von Eichendorff nicht näher benannte unheimliche, ans Teuflische erinnernde Gestalt, die anstelle des erwarteten Arztes die Szene betritt und für Eichendorffs «Spätgeburt» verantwortlich ist: «Eine auf Kufen gesetzte, festverschlossene altmodische Karosse dunkelte aus dem dicken Dampf der Pferde, wie aus einem Zauberrauch, in welchem der Kutscher seine erstarrten Arme gleich Windmühlflügeln hin und her bewegte. Bitte, Herr Doktor, – sagte mein Vater, selbst den Kutschenschlag öffnend – Sie sind wohl gar drin eingeschlafen? – Auf Ehre, ein klein wenig!, war die Antwort und aus dem Wagen erstaunlich fix sprang zu Aller Verwunderung, anstatt des erwarteten Doktors, ein langer, schmaler Kerl den niemand kannte, in einer ganz knappen, verschossenen Livrei, aus welcher beim hellen Mondschein sein Ellbogen glänzte, daß einen innerlich fror, wenn man ihn ansah. Mein Vater betrachtete ihn voller Erstaunen, der Fremde nahm schnell eine Handvoll Schnee und rieb sich damit die halberfrorne Nase, der Kutscher fluchte, der Schnee knirschte unter den Tritten, der Hofhund bellte – da wurde ich in der Stube neben dem Tafelzimmer geboren. Mein Vater, da er einen Kinderschrei hörte, blickte erschrocken nach dem Himmel: der Mond hatte so eben kulminiert! um ein Haar wäre ich zur glücklichen Stunde geboren worden, ich kam grade nur um anderthalb Minuten zu spät».

In der entsprechenden Passage in «Unstern» unterdrückt Eichendorff die Anspielung auf dämonische Mächte, die sein Leben von Anfang an verpfuscht hätten. Nun ist es der Diener und Gärtner Daniel Nickel, der einen Wutausbruch der Hebamme als Geburtssignal mißdeutete und dadurch die «Spätgeburt» mitverursachte: Der alte Daniel «begab sich eilig zu dem dunklen Häuflein im Garten. – Dort hatten sich nämlich Koch, Jäger und der Organist mit Trompeten und Pauken versammelt, um mich, sobald ich das Licht der Welt erblickt, feierlich anzublasen. Daneben standen einige geladene Böller, womit Daniel den Takt dazu schlagen wollte, die Hebamme sollte mit einem weißen Tuch aus einem der Fenster das Signal geben. Aber die hatte jetzt ganz andre Dinge im Kopf, sie war eine resolute Frau und mit den Mägden so eben in großen Zank geraten; in der Wut warf sie eine Windel, die ihr zu schlecht dünkte, ohne weiteres zum Fenster hinaus. Das schimmerte weit durch die Nacht – da löste Daniel unverzüglich den ersten Böller, der Organist mit dem Tusch gleich hinterdrein, darüber aber erschrak meine Mutter dergestalt, daß sie plötzlich in eine Ohnmacht fiel. Nun donnerte draußen unaufhaltsam Böller auf Böller, die Trompeten schmetterten, die Schloßuhr schlug ganz verwirrt Zwölfe dazwischen – alles umsonst: die Riechfläschchen für meine Mutter waren nicht so schnell herbeigeschafft, die Konstellation, trotz der vortrefflichen Aspekten, war verpaßt, ich wurde grade um anderthalb Minuten zu spät geboren.»

Auch für Eichendorff ist es demnach, wie schließlich auch Goethe meinte, weniger das «Aufeinanderwirken himmlischer Gestirne» als das «Zusammentreffen irdischer Dinge», die unser Leben beeinflussen und bei Eichendorff dazu führten, daß er sich im Gegensatz zu Goethe «überall zu spät» gekommen glaubte. In seinem Gedicht «Umkehr», das 1837 gedruckt wurde, heißt es:

> Überall zu spät zum Schmause
> Kam ich, wenn die andern voll,
> Trank die Neigen vor dem Hause,
> Wußt' nicht wem ich's trinken soll.

## Erstes Kapitel. Zu spät geboren

«Zu spät»: Das ist schon bald das beherrschende Lebensgefühl Eichendorffs, und es ist das Resultat schmerzlicher Erfahrungen. Fast schon bei seiner Geburt ist es zu spät für die Rettung der hoch verschuldeten Familiengüter, mit Sicherheit 1801, als der Vater vor den Gläubigern flüchtet. Für eine unangefochtene religiöse Erziehung ist es 1801–1805 auf dem ehemaligen Jesuitengymnasium in Breslau auch schon zu spät; Eichendorff versteht sich bald als «Freigeist». Zu spät beginnt er 1805 sein Studium bei hervorragenden Professoren in Halle; 1806 schon wird die Universität von Napoleon geschlossen. Zu spät versucht Eichendorff 1807/08 in den Heidelberger Studienjahren Anschluß an die führenden Romantiker Arnim und Brentano zu gewinnen. Zu spät sind 1810–1813 die Bemühungen des Wiener Schlegelkreises, zu dem Eichendorff gehört, die Idee des alten Reiches in neuer Form wieder aufleben zu lassen. Zu spät meldet sich 1813 Eichendorff als Freiwilliger beim Lützowschen Korps nach Breslau; es ist bereits abmarschiert. Zu spät ist es 1814 für Eichendorff , sich als Offizier zu verdingen; es fehlt ihm dazu das Geld für Uniform, Waffen und Pferd. Zu spät erreicht Eichendorff 1815 das Kampfgelände bei Waterloo; die Schlacht ist schon geschlagen. Zu spät – nach dem gesellschaftlichen Verhaltenskodex – heiratet Eichendorff am 7. April 1815 Louise von Larisch; denn schon am 30. August des Jahres wird sein Sohn Hermann geboren. Zu spät schlägt sich Eichendorff seit 1821 als junger Beamter in der westpreußischen Provinzialregierung unter Theodor von Schön auf die Seite des Reformbeamtentums; gewinnt doch bereits in Berlin die absolutistisch gesinnte Administration an Boden. Zu spät begibt sich Eichendorff 1831 nach Berlin, um eine feste, einflußreiche Stellung zu erzwingen; doch dreizehn Jahre lang wird er aushilfsweise in den verschiedensten Ministerialbehörden beschäftigt, bis er 1844 resigniert den Abschied nimmt. Zu spät beginnt Eichendorff 1836 das Studium der älteren spanischen Literatur; die romantische Aneignung des «Goldenen Zeitalters» Spaniens hatte ihren Höhepunkt bereits überschritten. Zu spät gibt es 1845 ein letztes Wiedersehen mit Bruder Wilhelm; die Entfremdung zwischen den einst so vertrauten Brüdern läßt sich nicht beheben. Zu spät kommen 1846/47 bei einem Aufenthalt in Wien die Dichterehrungen; Eichendorff empfindet das Vergessensein in Deutschland nur um so schmerzlicher. Schließlich bemerkt Eichendorff 1855 zu spät, daß der Verwalter des letzten Familienbesitzes Sedlnitz in Mähren die Erbengemeinschaft betrogen hat.

So ist es verständlich, daß Eichendorff schon in der zwischen 1817 und 1821 entstandenen Novelle «Aus dem Leben eines Taugenichts» diesem in den Mund legte: «Und so geht es mir überall und immer. Jeder hat sein Plätzchen auf der Erde ausgesteckt, hat seinen warmen Ofen, seine Tasse Kaffee, seine Frau, sein Glas Wein zu Abend, und ist so recht zufrieden; selbst dem Portier ist ganz wohl in seiner langen Haut. – Mir ist's nirgends recht. Es ist, als wäre ich überall eben zu spät gekommen, als hätte die ganze Welt gar nicht auf mich gerechnet.»

Scheinbar unvermittelt schließt Eichendorff das «Kapitel von meiner Geburt» mit einer Reflexion über die «Gleichheit», als wolle er sich selbst lustig machen über die eigene Empfindlichkeit gegenüber der offensichtlichen Ungleichheit zwischen seinem Lebenslauf und dem Goethes. «Die heutige Welt will vollkommene Gleichheit haben, das soll Naturgemäß sein» – eine Anspielung auf die Parole «Freiheit, Gleichheit, Brüderlichkeit» der Französischen Revolution, die ein Jahr nach Eichendorffs Geburt ausbrach und im Laufe seines Lebens weitere Revolutionen nach sich zog. Dabei berief man sich auf die Natur, was Eichendorff belustigte: «Ja, gehorsamster Diener!, die Natur ist grade erst recht unsinnig aristokratisch, stellt den Ochsen über das Kalb, den Hund über die Katze, die Katze über die Maus, und unter den Menschen den (echten) Geburtsadel des Talents über das andere gemeine Pack.»

Dennoch gab es auch für Eichendorff eine erstrebenswerte Gleichheit unter den Menschen. Nur ergebe sie sich nicht durch den Lauf der Natur, sondern durch ein in der Geschichte der Menschheit erschienenes höheres Prinzip: «die Liebe, womit unser Herr Jesus Christus Alle gleich gemacht vor dem Vater». Die Gleichheit des Menschen, die Forderung nach gleichen Rechten aufgrund gleicher Würde, war für Eichendorff kein natürliches, sondern ein menschlich-göttliches Recht, das durch Christus offenbar geworden sei. Diese Liebe Gottes zum Menschen gebe dem Menschen die Möglichkeit, durch «Tugend und die Kraft eines heiligen Willens» die natürlichen Hierarchien zu überschreiten, und verleihe «selbst dem durch eine fatale Konstellation Unterdrückten Macht [...] über das Talent»! Dadurch fühlte sich Eichendorff, da er sich sein Leben lang um diese Liebe bemüht hatte, sogar noch dem Talent Goethes überlegen. In dieser Hinsicht, und sie war für den «Einsiedel» Eichendorff die entscheidende, scheint er – im Vergleich zu Goethe – doch nicht «zu spät» geboren zu sein.

*Zweites Kapitel*

## Von «der plötzlichen Armuth des Einsiedlers»
oder
Wie der Dichter seine Eltern erlebt
und beschrieben hat

«*Durch das Gantze* ein tragisches Gefühl von der Nichtigkeit u. Vergänglichkeit des Weltglantzes u. Lebens; Z: B: in der plötzlichen Armuth des Einsiedlers.»

*Aus den Papieren eines Einsiedlers*

### Der Verkauf von Deutsch-Krawarn

Das Verhängnis für die Familie Joseph von Eichendorffs beginnt 1767 östlich von Troppau im Fürstentum Jägerndorf an der Grenze zwischen Preußisch- und Österreichisch-Schlesien. Der Vater des Dichters, Adolph Freiherr von Eichendorff, 1756 auf dem Stammsitz der schlesisch-mährischen Hauptlinie der Eichendorffs, dem Barockschloß Deutsch-Krawarn im Oppa-Tal, geboren, verliert elfjährig seinen Vater Rudolph. Ab 1777, volljährig geworden, betreibt Adolph aus nicht einwandfrei geklärten Gründen den Verkauf der Güter Krawarn mit den zugehörigen landwirtschaftlichen Betrieben Kauthen und Wrbkau.

Hat Eichendorffs Vater an der Universität Frankfurt an der Oder das damals Mode gewordene Fach Ökonomie belegt und beschlossen, sich so bald wie möglich – ohne Rücksicht auf seine Mutter Johanna und die Geschwister Vinzenz, Rudolph und Sophie – an der in Schlesien um sich greifenden Bodenspekulation zu beteiligen? Wie überall in den östlichen Provinzen Preußens fördert die «Schlesische Landschaft», 1769/70 zur Sicherung landwirtschaftlicher Kredite gegründet, nicht nur die Rationalisierung der Landwirtschaft, sondern ungewollt auch den Handel mit Grundbesitz. Man handelt mit Land wie mit Pferden. Oder brennt der Vater als junger Leutnant beim Falkenhaynschen Füselierregiment, nachdem er als Werbeoffizier im Kreis Leobschütz die siebzehnjährige Karoline Freiin von Kloch kennengelernt hat, darauf, sie so schnell wie möglich zu heiraten? Haben die Schwiegereltern zur Bedingung gemacht, daß er ihnen ihre heruntergekommenen Güter abkauft? Benötigt der junge

Liebhaber einige tausend Taler Eigenkapital, um die entsprechenden Darlehen aufnehmen zu können? Vielleicht sucht Adolph von Eichendorff auch nur, weil ihm das Kriegshandwerk widerstrebt, gegenüber seinem König Friedrich II. von Preußen, dem «Großen», triftige Gründe, um den Dienst vorzeitig quittieren zu können? Die Güter in Ordnung zu bringen ist ein solcher Grund. Denn nur ein großer und gesicherter Grundbesitz garantiert dem König, daß ihm der Adel Jahrzehnte im Offiziersrang dienen kann. An die fünfzig Jahre alt ist in der Regel ein Hauptmann oder Obrist am Ende der Karriere, wenn er auf seine Güter zurückkehrt. Oder ist dies der Grund für Adolph, dem militärischen Drill zu entfliehen: Der «alte Fritz» will ihn in seine geliebte, sündteure Garde der «Langen Kerls» aufnehmen? Ihn mag zum Verkauf auch der Umstand treiben, daß sich die Familie über die Art der Bewirtschaftung von Krawarn und die Verteilung des Einkommens nicht einigen kann. Sind es 1788 bei 4435 Talern Schuldendienst doch immerhin 8328 Taler Gewinn, das Dreifache des Gehalts des höchsten preußischen Beamten.

Was auch immer für Eichendorffs Vater ausschlaggebend gewesen sein mag: 1782 wird Deutsch-Krawarn mit seinen Gütern meistbietend an den Oberhofmarschall Graf Anton Schaffgotsch veräußert. Damit endet die hundertfünfzigjährige Geschichte der Eichendorffs auf Krawarn.

## Von Niederbayern über Brandenburg nach Mähren

Höchstwahrscheinlich stammt das Geschlecht aus dem heute noch existierenden Marktflecken Eichendorf an der Vils bei Landau in Niederbayern. Eine adelige Familie war dort seit etwa 960 ansässig. Kriegsdienstpflichtig waren die Herren von Eichendorff dem Bischof von Passau, zinspflichtig seit 1075 dem Passauer Kloster St. Nikola. 1262 kam der Markt Eichendorf an die Herzöge von Niederbayern. Am 6. Oktober 1334 traf sich im Schloß eines Heinrich von Eichendorff Kaiser Ludwig der Bayer (1328-1347) mit seinem Großvetter Heinrich XIV., dem Älteren, dem Herzog von Niederbayern, um den niederbayrischen Erbstreit beizulegen, was jedoch mißlang.

Wie viele andere altbayrische Adelige ging besagter Heinrich von Eichendorff um 1340 vermutlich auf Wunsch des Kaisers nach Brandenburg, das in Personalunion mit Bayern verbunden war.

Der «Codex diplomaticus Brandenburgensis» zählt bis 1572 über fünfzig Mitglieder des Geschlechts auf, die umfangreichen Grundbesitz erwarben und sich Eychendorp, Eykerdorp, Eykerdorph, Eichendorp,

## Zweites Kapitel. Die Eltern

*2 Karoline von Eichendorff, die Mutter*

Ekendorp, Ikendorf, Ickendorp, Ykendorp, Ickendorff und Heykendorp schreiben. Auch soll es im Magdeburgischen bei Burg und Calbe an der Saale zwei Dörfer namens Eickendorf gegeben haben. In der Märkischen Schweiz zwischen Berlin und Küstrin im ehemaligen Bistum Lebus erinnerte die «Eichendorfische Mühle» an gewisse Eichendorffs, die 1593 ihre dortigen Besitzungen veräußert haben sollen.

Nach Oberschlesien und Mähren kamen die Eichendorffs dann während des Dreißigjährigen Krieges durch den Kaiserlichen Rittmeister Jacob von Eichendorff. Er heiratete 1626 die Erbtochter Maria Sendivoj Freiin von Skorkau, der auch Krawarn und Kauthen gehörten. Selbst kinderlos, ließ Jacob seinen Neffen Hartwig Erdmann von Eichendorff aus Zerbow, einem südöstlich von Küstrin gelegenen Dorf, kommen und erzog ihn in seinem Hause. Die 1631 in der Neumark grassierende Pest hatte alle übrigen dort wohnenden Mitglieder der Familie hinweggerafft.

Hartwig Erdmann diente noch dreieinhalb Jahre als kaiserlicher Fähnrich, erhielt nach Beendigung des Dreißigjährigen Krieges seinen Ab-

*3 Adolph von Eichendorff, der Vater*

schied, ordnete 1650 den väterlichen Nachlaß in Zerbow, heiratete nach seiner Rückkehr nach Schlesien Sidonie, geborene Freiin von Larisch aus oberschlesischem Uradel, Witwe auf dem bischöflichen Lehnsgut Sedlnitz in Mähren, und kaufte dieses 1654. Als testamentarischer Erbe von Krawarn – seine Tante Maria starb 1661 oder 62 und 1667 sein Onkel Jacob, der es bis zum Landeshauptmann und Oberstkämmerer des Fürstentums Jägerndorf gebracht hatte – wurde Hartwig Erdmann, nachdem er den Nachweis über sechzehn Ahnen von Vater- und Mutterseite erbracht hatte und die Kanzler und Räte der Kurfürstlichen Brandenburg-Neumarkschen Regierung bezeugt hatten, daß das Geschlecht der Eichendorff von altem Adel sei, am 13. März 1657 zu Brünn in die mährische Ritterschaft aufgenommen.

Der Stammvater der schlesisch-mährischen Eichendorffs residierte in Krawarn. Nach seiner Abkehr vom Protestantismus wurde er noch Rat des Fürstbischofs von Olmütz und des Fürsten Liechtenstein, ferner Oberstlandrichter im Fürstentum Jägerndorf und Lehnrechtsbeisitzer im

*4 Stammschloß Krawarn bei Troppau*

Markgrafentum Mähren sowie 1676 provisorischer Landeshauptmann mit dem Titel eines kaiserlichen Rates. Am 10. März 1679 erhielt er zu Wien die Freiherrnwürde und wurde 1682 als wirklicher Landeshauptmann bestätigt. Er starb am 1. März 1683, als Herr auf Krawarn folgte ihm sein Sohn Ferdinand Burchard (1657–1699).

*Der Vater auf der Flucht vor den Gläubigern*

Hundert Jahre später, 1784, zwei Jahre nach dem Verkauf von Deutsch-Krawarn, nimmt Adolph, der Vater des Dichters, achtundzwanzigjährig seinen Abschied vom preußischen Militärdienst. Am 23. November des gleichen Jahres heiratet er die achtzehnjährige Karoline Freifrau von Kloch und erwirbt noch im gleichen Jahr von seiner Schwiegermutter als Wohnsitz das Gut Lubowitz an der Oder, etwa zehn Kilometer nördlich der Kreisstadt Ratibor. Die Schwiegermutter hatte das Gut 1765 «in verwüstetem Zustand» gekauft. Schon ein Jahr vor der Heirat hat Adolph von seinem zukünftigen Schwiegervater, dem Königlich-preußischen Major Karl Wentzel Freiherr von Kloch, den im Koseler Kreis gelegenen Ackerbaubetrieb Radoschau erworben. Der Preis für Lubowitz und Radoschau, insgesamt 67000 Taler, wird zu einem Viertel durch Eigenkapital aufgebracht. Es stammt aus dem Verkauf der Eichendorffschen Stammgüter Deutsch-Krawarn, Kauthen und Wrbkau.

Der Kapitaldienst, 2500 Taler, der für Lubowitz und Radoschau aufzubringen ist, zehrt den aus beiden Gütern erwirtschafteten Reinertrag auf. Dazu kommt, daß der Rokoko-Neubau des Schlosses Lubowitz 1785/86, noch von den Schwiegereltern begonnen, große Summen verschlingt. Schon bei der Geburt des älteren Bruders Wilhelm 1786 und noch mehr bei der Geburt Joseph von Eichendorffs 1788 ist die Grundlage für geordnete und standesgemäße Vermögensverhältnisse in der Familie erschüttert.

Auch nach der Geburt der beiden Söhne setzt der Vater seine Spekulationsverkäufe innerhalb der Familie fort. 1791 verkauft er Radoschau, das er 1783 für 26000 Taler von seinem Schwiegervater gekauft hat, für 87300 Taler an seinen Bruder Rudolph. 1798 kauft er es für 105000 Taler zurück, wobei das Fremdkapital 83 200 Taler beträgt mit einem Kapitaldienst von 4160 Talern. Dieser übertrifft den Reinertrag um die Hälfte: eine Quelle ständiger Vermögensverluste für die Eichendorffs und ihre Gläubiger.

Auch das 1795 für 106000 Taler erworbene Gut Slawikau nördlich von Lubowitz, das sich mit den Betrieben Gurek und Summin auf beiden Seiten der Oder ausdehnt – 1361 Hektar mit einem Forstanteil von 829 Hektar –, macht allein beim Schuldendienst durchschnittlich 1385 Taler jährlichen Verlust. Im Grundbuch von Slawikau wird am 21. März 1796 eine Forderung von 91000 Talern der Verkäufer, der Herren von Ingersleben, gegenüber Adolph von Eichendorff eingetragen, und am 6. Juni des gleichen Jahres kauft ein Dr. med. Isaac Warburg von den Geldagenten Gebrüder Kuh in Breslau eine Hypothek über 11000 Taler auf Lubowitz. Der Vater des Dichters wird sich bis 1807 bei einer Reihe von Ärzten Geld leihen.

Mehr Glück zu haben scheint Adolph von Eichendorff von 1791–1797 als Eigentümer von Schloß und Herrschaft Tost. Die Herrschaft Tost-Peiskretscham besteht aus 16 land- und forstwirtschaftlichen Betrieben mit einer Gesamtfläche von 7738 Hektar, davon 3313 Hektar Forsten. Das mächtige Burgschloß liegt auf einem waldigen Hügelsporn der Garnowitzer Höhen, nördlich von Gleiwitz, am westlichen Rand der alten, schon 1321 urkundlich bezeugten Stadt Tost an der Straße von Beuthen nach Oppeln, etwa fünfzig Kilometer nordöstlich von Lubowitz. Von Preußenkönig Friedrich II. zur Garnison erhoben, ist Tost mit einer Eskadron Husaren belegt. 1797 erzielt Adolph von Eichendorff dank der günstigen Konjunktur auf dem Gütermarkt beim Verkauf der Herrschaft

Tost-Peiskretscham an den Grafen von Gaschin einen Nettogewinn von einer Viertelmillion Taler. Sie hätte ausgereicht, alle Fremdverbindlichkeiten auf den drei Gütern Lubowitz, Slawikau und Radoschau abzutragen und den Zusammenbruch der Eichendorffschen Besitzungen zu verhindern. Die Familie von Eichendorff hätte um 1800 über ein jährliches Gesamteinkommen von ca. 8500 Talern verfügen können.

Statt dessen ist Adolph von Eichendorff 1801 zahlungsunfähig und auf der Flucht vor seinen Gläubigern. Er scheint die durch den Verkauf von Tost erzielte Viertelmillion Taler verspekuliert zu haben, wie aus einem 1824 erfolgten Bericht über den Kaufmann Franz Bernhard Bordollo aus Ratibor, der für Lubowitz zuständigen Kreisstadt, hervorgeht: «Der Bordollo ist insolvent verstorben, nachdem er schon früher durch seine umfängliche Hüttenspekuliererei mit dem Baron von Eichendorff alle seine Mittel verloren und vertan hat.»

Hüttenspekuliererei ist im preußischen Oberschlesien an der Tagesordnung. Bereits nach dem Zweiten Schlesischen Krieg 1744/45 begann Friedrich der Große mit der Entwicklung des Bergbau- und Hüttenwesens in Oberschlesien. Seit 1750 wurde Steinkohle abgebaut und verwendet, 1754 wurden die alten Hammerwerke an der Malapane, einem rechten Nebenfluß der Oder nördlich von Oppeln, ausgebaut. Nach dem Dritten Schlesischen Krieg 1756–1763 berief Friedrich II. die kursächsischen Bergbauexperten Freiherr von Heinitz und Graf Reden in seine Dienste. Graf Reden kaufte in England die erste Dampfmaschine Preußens für die Wasserhaltung im Tarnowitzer Silber- und Bleibergbau, stellte mit seinem englischen Freund Wilkinson in Malapane (polnisch Ozimek) Versuche an für die Beschickung der Hochöfen mit oberschlesischem Steinkohlenkoks und begann mit den Vorbereitungen für den Klodnitzkanal, der das Industriegebiet zwischen Gleiwitz, Tarnowitz und Myslowitz mit der Oder verbinden und auch die Grubenwässer der jungen Königin-Luise-Grube in Zabrze, später Hindenburg, aufnehmen sollte. 1783 wurden in Malapane aus Eisen die ersten Geschütze hergestellt. Die Eisenhütte war auch berühmt durch ihren Kunsteisenguß. Goethe besuchte sie 1790. 1796 wurde hier die erste gußeiserne Bogenbrücke für das Striegauer Wasser in Laasan, Kreis Schweidnitz, gegossen. Vor den Befreiungskriegen war Malapane die wichtigste Waffenschmiede der preußischen Armee. Kein Wunder, daß für den unter Druck geratenen oberschlesischen Landadel die Hüttenspekulation in nächster Nähe eine große Versuchung war, um rasch zu Geld zu kommen. Machte es doch der Hochadel vor, der dort den größten Teil des Bodens besaß, die Fürsten von Lichnowsky, der Herzog von Ratibor – die herzogliche Familie wird von 1851 bis 1945

Eigentümerin des Eichendorffschen Lubowitz! – sowie die Grafen Renard, Schaffgotsch, Frankenberg und von Ballestrem. Gleichsam über Nacht wurden sie von reichen Großgrundbesitzern zu mächtigen Industrieunternehmern. Guido Graf Henckel von Donnersmarck, Hans Heinrich XI. von Pleß und Hugo Fürst von Hohenlohe-Öhringen, der größte Zinkproduzent der Welt, zählten später zu den fünf reichsten Männern Deutschlands.

Dem dreizehnjährigen Joseph erscheinen die dunklen Wolken über der wirtschaftlichen und gesellschaftlichen Existenz seiner Familie zunächst nur als vorüberziehende Schatten. So schreibt er in seinem Tagebuch, das er seit dem 7. Januar 1798 führt, unter dem 19. Juni 1801: «Der Papa nach Breslau gefahren», in die Provinzhauptstadt, auf der Flucht vor seinen Gläubigern, und am 24. Juni: «Die Mama schreklich ohnmächtig worden».

## Ein Brief erzählt Bände

Vermutlich geht der Ohnmachtsanfall auf einen Brief des Vaters vom 22. Juli 1801 aus Breslau an seine «herzallerliebste Carolinel» zurück. Darin heißt es: «Das Hertze im Leibe möchte mir zerspringen, wenn ich an Dich, an die Kinderle, an die Mama und H. Heinke denke, es ist unaussprechlich, was es für Qual ist, daß man nicht bey den Seinigen seyn kann.»

Außer dem ältesten Sohn Wilhelm (1786–1849) und dem zweiten Sohn Joseph, dem späteren Dichter, «Seppel» genannt, leben zum Zeitpunkt des Briefes noch die Kinder Louise Antonie (1799–1803) und Gustav (1800 bis 1803). Ein Geschwisterpaar ist bereits gestorben: Henriette Sophie (1791 bis 1797) und August Adolph (1793–1797). Die Kindersterblichkeit ist noch bis in die erste Hälfte des 19. Jahrhunderts verbreitet, auch in den herrschenden Klassen. 1804 wird als Nachkömmling Louise Antonie Nepomucene geboren, die, später mit Adalbert Stifter bekannt, ihren Dichterbruder um ein Vierteljahrhundert überlebt und 1883 in Baden bei Wien stirbt.

«Mama» ist Adolph von Eichendorffs Schwiegermutter, Marie Eleonore Freifrau von Kloch, geborene von Hayn, verwitwete von Studnitz. Laut Vertrag vom 9. Dezember 1784 hat sie ihm gegen Wohnung, Bedienung und Beköstigung in Lubowitz 16 000 Taler verschrieben. Sie stirbt 1809. Im Tagebuch ihres Enkels kommt sie nicht gut weg: «Die allzu bedenkliche Großmutter» macht den Kindern Vorwürfe, wenn sie bei Nacht heimkommen (1802). 1806 gibt es einen «feindseeligen Empfang» und «politische Gezänke, die, wie gewöhnlich, mit Schimpfreden von Seiten der Grosmama sich endigten». In den Entwürfen zu Eichendorffs «Bildern aus meiner Jugend» heißt es: «Wie die Großmama, dazwischen betend, die alte Zeit vertritt, gegen den neumodischen Dr. Werner», den Kreisarzt von Breslau.

Bernhard Heinke (1769–1840), seit 1792 katholischer Priester, später Zeremoniar am Dom zu Breslau, dann Pfarrer und Kreisschulinspektor in Zirkwitz, ist von 1793 bis 1801 Hofmeister, also Erzieher und Lehrer der Söhne Adolph von Eichendorffs. Sein Einfluß als väterlicher Freund und Vertrauter auf Joseph und Wilhelm, die jahrzehntelang unzertrennlichen Brüder, ist über die Lubowitzer Kindheit hinaus kaum zu überschätzen. Für Theologen war es damals nicht leicht, gleich nach Abschluß ihrer Studien eine Pfarrstelle zu bekommen, viele schlugen sich als Schul- oder Hofmeister durch. Den adeligen Familien wurden sie oft von den Hochschulprofessoren empfohlen. Nachmals berühmte Persönlichkeiten waren, wenn auch nur für kurze Zeit, Hofmeister: Fichte, Hamann, Hegel, Herder, Hölderlin, Gellert, Jean Paul, Kant, Schleiermacher, Voß, Winckelmann. Manche wurden wie höheres Dienstpersonal behandelt, manche wurden Vertrauenspersonen und gefördert, so Bernhard Heinke durch einen einflußreichen Freund der Familie Eichendorff, durch Johann Emanuel Schimonsky von Schimony, seit 1798 Weihbischof, von 1823 bis 1832 Fürstbischof von Breslau.

Die Fortsetzung des Briefes zeigt nicht nur einen um die Familie besorgten Gatten und Vater, sondern einen überforderten Gutsherrn, dem es bei aller Gottergebenheit an Selbsterkenntnis und Schuldbewußtsein zu mangeln scheint: «Gott stärke uns alle und helfe uns zur Gedult, liebstes Carolinel. Ohngeachtet der Anschein wider mich ist, so bin ich doch gantz außer Schuld, denn es waren so verwickelte Umstände, daß ich nicht anders handeln konnte. Gott ist mein Zeuge. Ich habe Euch alle zu reichen Leuten machen wollen, derweylen hat uns Gott gestraft. Gebenedeyt sey seyn Wille, da er es so haben will, darf man nicht murren. An meiner Arbeit hat es nicht gelegen. Slawikau laße Dir nicht übergeben, cassire lieber die Käufe. Was in meinen Kräften seyn wird, werde ich arbeiten. Wenn wir wenigstens Lubowitz für uns behalten könnten. Ich werde jetzo vielleicht in 14 Tagen nicht schreiben, deswegen kümmere Dich nicht. Heute oder morgen gehe ich von Breslau ab. Alle Papiere, die ich mit der heutigen Post schicke, verwahre sehr wohl, H. Heinke soll mir nicht übel nehmen, daß ich noch nicht an ihn geschrieben habe, die Zeit war mir zu kurtz. Unser Herr Gott wird wohl noch ein Mittel treffen, daß wir wieder beysammen seyn werden. Glaube mir, ich habe so eine Sehnsucht nach Hause zu Euch, das ist eine entsetzliche Marter. Ich habe niemandem was gethan, nur bezahlen kann ich nicht. Gott, meine Kinderle, wenn ich daran gedenke, so blutet mir das Hertze. Du wirst auf alle Fälle Deine Illata [das in die Ehe eingebrachte Heiratsgut] sichern, wenn sie auch nicht intabulirt sind, so wie der Mama die 16/M. Rtl. Gott sey Dank, daß dieses gerettet ist. Doch vielleicht werde auch ich noch etwas heraus bekommen, wenn es gut geht. Doch Gott befohlen! Vielleicht hilft er durch Sachen, die man nicht voraussehen kann. So allein zu sein in der Fremde, das ist eine Höllen-Marter für mich. Gott hätte mich nicht ärger strafen können. Ich bitte Dich, allerliebstes Carolinel, verbrenne diesen Brief sogleich. Wirst du mir auch gut bleiben? Ich kann für Thränen nicht mehr schreiben. Ich küße Dich, die Mama, den Wilhelm, Seppel, Luise, Gustav zu Millionen malen. Wenn wir doch bald wieder ruhig beysammen sein können. Der alte Gott, der lebt ja noch. Behalte mich ein büßel lieb. Ich bin bis in den Tode Dein getreuester A. B. v. Eichendorff. Breslau, d. 22. Juni 1801.» Der Vater wird erst ein Dreivierteljahr später, am 8. März 1802, über Hamburg und Wien zurückkehren.

Der Brief wird auch nicht verbrannt, sondern gelangt durch Adolph von Eichendorffs Schwester Sophie von Kaminietz, Witwe des 1797 gestorbenen Kommandeurs des Kürassier-Regiments von Berg, Ernst Ferdinand von Kaminietz auf Uhylsko und Klein-Gorsitz, eines der Taufpaten des Dichters, an das Brieger Oberlandesgericht. Die Witwe hat ihrem Bruder für das Gut Radischau 20 000 Reichstaler geliehen und fürchtet nun um ihr Darlehen. Hat Adoph doch zwei Tage vor seiner Flucht die Herrschaft Slawikau zum Preise von 112 000 Reichstaler seiner Frau übereignet und dadurch den Wert des Gesamtbesitzes vermindert.

Am 9. Juli 1801 beantragt Frau von Kaminietz durch ihren Anwalt beim Brieger Oberlandesgericht, man möge den Slawikau betreffenden Kaufvertrag nicht bestätigen, und legt – durch diesen Umstand ist er auf uns gekommen – diesen Brief bei, «da er Tatsachen und Aufschlüsse enthalte, deren Eklatierung die Annulierung dieses Geschäftes zur Folgen haben würde». Dem Antrag schließen sich weitere Gläubiger an, einige verlangen sogar, zu ihrer Sicherung solle der gesamte Grundbesitz unter Zwangsverwaltung gestellt werden. Am 3. September wird der Liquidationsprozeß eröffnet und Slawikau auf 77 738 Reichstaler geschätzt.

Doch der Zwangsverkauf kommt nicht zustande, da die Mutter des Dichters dem Gericht am 28. Juni 1804 mitteilt, man habe sich mit den Gläubigern geeinigt. Am 1. August wird auf ihren Namen zur weiteren Sicherung auf Slawikau und Lubowitz eine Hypothek von 24 000 Talern zu 5 Prozent eingetragen. Dabei wird Karoline von Eichendorff auf Wunsch des Gerichts bezeichnenderweise nicht durch ihren Mann, sondern durch Bernhard Heinke vertreten, bis 1801 der geistliche Hofmeister der Familie.

Bei seinem Vater wird Eichendorff dafür, daß bei ihm «alles Hohe nur durch das Medium der Poesie» kommt, auch die Frömmigkeit, kaum Verständnis gefunden haben. Schildert er doch in seinem ersten Roman «Ahnung und Gegenwart» den Herrn v. A., in dem wir Züge seines Vaters erkennen dürfen, als zwar toleranten, doch durch das Leben ernüchterten Menschen: «Er schien eine heilige Scheu vor allem zu haben, womit es einem Menschen Ernst war, obschon er, wie Friedrich [der Held des Romans] aus mehreren Äußerungen bemerkt hatte, insbesondere von der Dichtkunst gar nichts hielt. Er war einer von jenen, die, durch einseitige Erziehung und eine Reihe schmerzlicher Erfahrungen ermüdet, den lebendigen Glauben an Poesie, Liebe, Heldenmut und alles Große und Ungewöhnliche im Leben aufgegeben haben, weil es sich so ungefüge gebärdet und nirgends mehr in die Zeit hineinpassen will [...]. Übrigens war er bis zur Sonderbarkeit einfach, redlich und gutmütig und Friedrich liebte ihn unaussprechlich.» Letzteres scheinen auch die wenigen Tagebucheintragungen des kleinen Joseph seit 1798 zu bestätigen, in denen bis zum 19. März der «Papa» sechsmal als wegfahrend oder ankommend erwähnt wird, die «Mama» gar nicht und erstmals ab 24. März, «schreklich ohnmächtig worden» vermutlich wegen des oben erwähnten Briefes des flüchtigen Vaters.

### Die Mutter, eine Frau «in den besten Jahren»

Die Mutter wird denn auch von Eichendorff in «Ahnung und Gegenwart» in Gestalt der Schwester des Herrn v. A. wenig schmeichelhaft gezeichnet: «Herr v. A., ein langer, ernster Mann, in seiner Kleidung fast pedantisch, sprach wenig. Desto mehr führte seine Schwester das hohe Wort. Sie war eine lebhafte, regsame Frau, wie man zu sagen pflegt, in den besten Jahren, eigentlich aber grade in den schlimmsten. Denn ihre Gestalt und unverkennbar schönen Gesichtszüge fingen so eben an, auf ein vergangenes Reich zu deuten. In dieser gefährlichen Sonnenwende steigt die Schönheit mürrisch, launisch und zankend von ihrem irdischen Throne, wo sie ein halbes Leben lang geherrscht, in die öde, Freudenlose Zukunft, wie in's Grab. Wohl denen seltenen größeren Frauen, welche die Zeit nicht versäumen, sondern im ruhigen, gesammelten Gemüte sich eine andere Welt der Religion und Sanftmut erbauten! Sie verwechseln nur die Thronen und werden ewig lieben und geliebt werden.» Die Tante hingegen liebt es, «ihren Geist glänzen zu lassen», und verbreitet sich zum Beispiel über die Erziehung der Kinder «in dem gewöhnlichen Tone von Aufklärung, Bildung, feiner Sitten u. s. w.» Sie bedauert, «ihre Nichte nicht frühzeitig in die Residenz in irgend ein Erziehungshaus geschickt zu haben, wo allein junge Frauenzimmer das gewisse Etwas erlernten, welches zum geselligen Leben so unentbehrlich sei», während Friedrich der Meinung ist, «das jungen Fräulein grade das Landleben am besten fromme». Und als die Nichte – ganz im Sinne Eichendorffs – ein «Volkslied» spielt, unterbricht die Tante sie und ermahnt sie, «doch lieber etwas vernünftiges und sanftes zu singen». Daß die Familie Eichendorff diese Zeilen auf die Mutter bezog, zeigt die Bemerkung ihrer 1803 geborenen Tochter Louise in einem Brief vom 27. April 1858 an ihren Neffen Hermann von Eichendorff, den ältesten Sohn des Dichters: Die Großmutter «war eine sehr kluge, lebendige, thätige Frau. In ‹Ahnung und Gegenwart›, dem ersten Roman des Vaters, kannst Du ihre Schilderung lesen, worüber sie aber beleidigt war». Die Spannung zwischen Eichendorff und seiner Mutter erreicht ihren Höhepunkt, als er, statt durch eine reiche Heirat die zerrütteten Finanzen zu sanieren, im April 1815 in Breslau in Abwesenheit der Eltern und gegen deren Willen die wenig begüterte Louise von Larisch heiratet. Die Mutter schreibt am 1. Oktober des Jahres einem Regimentskameraden ihres Sohnes: «Joseph ist leider schon verheyrathet, Sie ist in Berlin, und lebt sehr eingeschrenkt, doch wie sie gewünscht so hat Sies.»

Über die herrschaftlichen und hauswirtschaftlichen Fähigkeiten seiner Mutter sagt ihr Sohn – wenn wir auch diese Passage aus «Ahnung und Gegenwart» auf sie beziehen dürfen – eher Schmeichelhaftes: «Als sie durch's Dorf gingen, wurden sie von allen Seiten nicht nur mit dem Hute, sondern auch mit freundlichen Worten und Mienen begrüßt, welches immer ein gutmütiges und natürliches Verhältnis zwischen der Herrschaft und ihren Bauern verrät. Sie kamen endlich an das Schloß und übersahen auf einmal einen weiten, freundlichen und fröhlich wimmelnden Hof. Alles war geschäftig, nett und ordentlich und beurkundete eine tätige Hauswirtin. Friedrich äußerte diese Bemerkung, wodurch sich die Tante ungemein geschmeichelt zu finden schien. Sie konnte ihre Freude darüber so wenig verbergen, daß sie sogleich anfing, sich mit einer Art von Wohlbehagen über ihre häuslichen Einrichtungen und die Vergnügungen der Landwirtschaft auszubreiten. Das Schloß selbst war neu, sehr heiter, licht und angenehm, das Hausgerät in den gemütlichen Zimmern ohne besondere Wahl gemischt und sämtlich wie aus einer unlängst vergangenen Zeit.»

Dieses indirekte Zeugnis für die Tüchtigkeit der Mutter wird bestätigt durch die von der «Oberschlesischen Fürstentumslandschaft» vorgenommene Abschätzung des Rittergutes Lubowitz von 1801, 1817 und 1821. Laut den Taxierungsakten unterstand das Vieh nicht dem Gutsherrn, sondern, wie es auf den Gütern Brauch war, seiner Frau. So fließt, heißt es für 1801, «der Nutzen der Viehhaltung nicht in die Wirtschaftskasse, sondern es verfügt darüber die Baronesse von Eichendorff selbständig». 1812 spendete die Kommission der Gutsherrin das Lob: «Die Kühe sind von gutem Landschlage und sehen, wie die Schweine, gesund und wohlgenährt aus. So gewährt die Viehnutzung bei der hinreichenden und guten Fütterung und der Nähe von Ratibor, wohin Milch und Butter sehr vorteilhaft abgesetzt werden können, einen schönen Ertrag.»

*Eine Kette von Katastrophen*

Tatsächlich führt Adolph von Eichendorff, anscheinend ohne überdurchschnittliche landwirtschaftliche, organisatorische und kaufmännische Fähigkeiten, zeitweise neunzehn Betriebe. Allein der Ackerbaubetrieb Lubowitz mit den Schwerpunkten Getreidebau und Schafhaltung umfaßte 248 Hektar. Zum Viehbestand gehörten sechs Reit- und Wagenpferde, 18 Arbeitspferde, zwölf Zugochsen samt Zuchtbullen, fast 50 Kühe und Kälber und 650 Schafe. Auf dem Gut arbeiteten aus dem Dorf 25 Gärtner und 6 Häusler, im Schloß ein Verwalter und Amtsschreiber, drei Kutscher, zwei Stalljungen, zwei Hofmägde und ein Ochsenfütterer. Da sich die Bauernbefreiung in Preußen – seit dem Edikt von 1807 über die Aufhebung der persongebundenen Erbuntertänigkeit der Bauern – nur langsam durchsetzt, ist Adolph von Eichendorff nicht nur Grundeigentümer, sondern auch Grundherr, Leibherr, Gerichtsherr und Patronatsherr.

Der Sohn Joseph von Eichendorff wird 1831/32 als Jurist und Ministerialbeamter in Berlin in seinem für die «Historisch-politische Zeitschrift» geplanten Aufsatz über «Preußen und die Verfassungsfrage» die Bauernbefreiung als Beispiel einer organischen Entwicklung des preußischen Staates anführen, für die «Hinwegräumung aller Hindernisse persönlicher und gewerblicher Freiheit und das Bestreben, die Emanzipierten für den würdigeren Zustand heranzubilden, sie auf dem neugewonnenen Boden der Freiheit wirklich heimisch zu machen.[...] Noch bis zum Jahre 1807 bestand bekanntlich in Preußen eine bedeutende Ungleichheit der

Rechte unter verschiedenen Klassen der Einwohner. Namentlich war der Bauer, wenngleich in milderem Sinne, leibeigen, d. h. er war, ohne Grundeigentum, an den, dem Gutsherrn zugehörigen Boden gebunden, dessen Nießbrauch er durch gemessene und ungemessene Frondienste, durch Naturallieferungen und Geld vergüten mußte und welchen, ohne ausdrückliche Genehmigung des Grundherrn, weder er noch seine Söhne verlassen, sich verheiraten oder ein anderes Gewerbe ergreifen durfte – ein unglückliches, im Laufe von Jahrhunderten versteinertes Untertänigkeits-Verhältnis, welches einer freigesinnten, auf das gemeinsame Wohl gerichteten Gesetzgebung Hindernisse entgegensetzte, wie sie die Regierungen im westlichen Deutschland nicht mehr zu bekämpfen hatten. Dennoch vertraute man in Preußen der geistigen Gewalt, welche das Rechte jederzeit über bloß materielle Rücksichten ausübt. Durch das Gesetz v. 9$^{ten}$ Oktober 1807 über den erleichterten Besitz und freien Gebrauch des Grundeigentums u. s. w. wurde der Erwerb von Grundstücken für alle Einwohner des Preußischen Staates freigegeben, Bürger und Bauern zum Besitz adelicher Güter, zu gleichen Rechten mit den Edelleuten, befähiget, die teilweise Veräußerung von Gütern, Aufhebung oder Änderung der Lehne, Fideikommisse p. durch Familienbeschluß, nachgegeben, endlich alle Gutsuntertänigkeit im ganzen Staate aufgehoben und deren Wiederherstellung, selbst durch Vertrag, untersagt. Aber dieser Freisprechung des bäuerlichen Standes, wenn sie wirklich ins Leben treten sollte, mußte notwendig eine bleibende Bürgschaft durch Grundeigentum verschafft werden. Es wurde daher durch das agrarische Gesetz v. 14$^{ten}$ September 1811, in Verbindung mit dem Kultur-Edikt vom nämliche Tage und Jahre, allen erblichen und nicht erblichen Inhabern von Bauerhöfen, sie mochten zu Domänen, geistlichen, Kämmerei- oder Privat-Gütern gehören, unter der Bedingung, daß sie dem Gutsherrn dafür den dritten Teil ihrer sämtlichen Ländereien abtraten, oder sich hiernach auf Kapitalsvergütung oder Rentenversicherung in Naturalien oder Gelde einigten, das freie Eigentum dieser Höfe verliehen, das Recht des Gutsherrn auf Naturaldienste, gegen billige gesetzmäßige Entschädigung, aufgehoben, und somit ein tüchtiger Stamm freier Landeigentümer geschaffen. In organischem Zusammenhange mit diesen Gesetzen stellt endlich die Gesinde-Ordnung v. 8$^{ten}$ November 1810, den freieren Gebrauch geistiger und physischer Kräfte vor aller Willkür verwahrend, die Dienstverhältnisse fest, welche von da ab nur durch Vertrag begründet werden dürfen.»

Auch wenn diese Gesetze erst mit der Zeit greifen und Eichendorffs Vater noch Patronatsherr im herkömmlichen Sinne gewesen sein dürfte, so stehen die Gewinne und Einkünfte der Eichendorffs in keinem Verhältnis zu den Verlusten und Zinsbelastungen. Seit 1808 nimmt die Verarmung der Familie zu. Nur durch den allgemeinen Vollstreckungsstop, den die preußische Regierung nach der Niederlage gegen Napoleon 1807 verfügt, kann das Konkursverfahren bis 1818 hinausgezögert werden. Ihm fallen alle noch verbliebenen Eichendorffschen Güter nach und nach zum Opfer: 1823 Lubowitz, 1824 Radoschau und 1831 Slawikau.

Einzig das Lehngut Sedlnitz bei Freiberg im österreichischen Mähren bleibt einstweilen von der Vermögenskatastrophe verschont. Denn der tüchtige und vermögende Großonkel des Dichters, der königliche Kammerherr Johann Friedrich Freiherr von Eichendorff (1760–1815), genannt «Onkel Johannisl», übernimmt für die Erbengemeinschaft Eichendorff die Betriebsführung von Sedlnitz. Von 1818 bis 1855 obliegt sie Joseph von Eichendorff. Häufig verbringt er dort im Kuhländchen, dem Quellgebiet der Oder, die Sommermonate. Noch sechs Wochen vor seinem Tode, 1857, reist er zur Taufe seines fünften Enkelkindes vom schlesischen Neisse nach Sedlnitz. Doch da war die «Sedlnitzer Katastrophe» bereits passiert. Am 10. November 1855 berichtete der Dichter seinem ältesten Sohn Hermann nach Aachen: Der Verwalter «Bayer hat so unverantwortlich u. betrügerisch gewirthschaftet, oder vielmehr Alles verwirth[sch]aftet, daß hier eine Radikalkur durchaus nöthig war. Bayer ist daher seit dem 1$^t$ October c. von mir seines Amtes entlaßen, u. das Gut *im Gantzen* von Rudolf einstweilen in Pacht genommen worden.» Eichendorffs zweiter Sohn Rudolf hatte den Abschied vom Militär genommen, «da er sich im Regiment nicht mehr mit Ehren stellen konnte», so der Vater bereits am 27. September an Hermann. In diesem Brief deutet Eichendorff auch die persönlichen Auswirkungen dieser Katastrophe an: «daß wir für die nächsten 4 Jahre jedes Einkommen von Sedlnitz [im Schnitt 300 bis 400 Gulden im Jahr] entbehren, u. also die Paar Jahre die wir vielleicht noch zu leben haben, mit Entbehrungen u. Nahrungssorgen kämpfen müßen.» War der Dichter seiner Aufsichtspflicht gegenüber Sedlnitz nicht genügend nachgekommen? Sein Sohn Rudolf zieht 1871 nach schweren Vermögensverlusten mit seiner Familie nach Liegnitz in Schlesien und kehrt erst acht Jahre später noch einmal nach Sedlnitz zurück. Dieser letzte Eichendorffsche Besitz wird schließlich 1890, hundert Jahre nach den Spekulationen des Großvaters Adolph von Eichendorff, an den Grafen Vetter von der Lilie auf Neuhübel verkauft.

Ist es ein Zufall, daß im 20. Jahrhundert das Geschlecht der Eichendorffs in Gestalt von Großkindern des Dichters nach Bayern zurückkehrt? Hedwig Klara (1860–1921), eine der Töchter von Hermann, dem ältesten Sohn des Dichters, wird Äbtissin des Klosters Frauenwörth im

Chiemsee. Ihre Brüder Arnold (1861–1929) und Carl (1863–1934), die ebenfalls in Bayern gelebt haben, liegen auf Frauenchiemsee begraben, etwa einhundertfünfzig Kilometer südlich von Markt Eichendorf, der bayerischen Heimat des Geschlechts.

Heute, ein dreiviertel Jahrhundert nach dem endgültigen Ende der ständischen Gesellschaft infolge des Ersten Weltkrieges, ist es kaum vorstellbar, was es für ein achthundertjähriges Adelsgeschlecht zu Beginn des 19. Jahrhunderts bedeutete, den Grundbesitz, die Grundlage eines standesgemäßen Lebens und Dienstes in der feudalen Gesellschaft, zu verlieren. Im Novellenfragment «Das Wiedersehen» schreibt Joseph von Eichendorff 1816/17 über die Freunde Ludwig und Leonhardt, in denen wir unschwer die Gebrüder Joseph und Wilhelm während ihrer Studienzeit in Wien erkennen: «So innig verbunden, durch Reichtum und Adel den Höchsten gesellt, nahmen sie sich ehrlich vor etwas Rechtes zu vollbringen und der Ruhm, dieser Gespiele frischer Jugend, fing an seine freudigen Lichter in das rastlos strebende Leben der rüstigen Freunde zu werfen. Da erfolgte plötzlich ein Riß durch ihr ganzes Leben. Ludwigs Vater hatte durch unerwartete Unglücksfälle sein Vermögen verloren und Ludwig, dichterisch und der mildere von beiden, mußte die Residenz, wo er sich damals mit Leonhardt aufhielt, verlassen. Beide fühlten nur ihre Trennung und wußten nicht, wie das Leben nun noch weiter dauern sollte.»

Vermutlich in seinem Todesjahr 1857 blickt der Dichter in «Der Adel und die Revolution» nüchtern und kritisch auf den leichtlebigen und leichtsinnigen Landadel zurück: Denn «grade diese Gruppe hat dem Adel am empfindlichsten geschadet, wie denn überall liebenswürdiger Leichtsinn und Unverstand gefährlicher ist als abstoßende Bosheit. Denn sie waren es vorzüglich, die nicht nur ihren eigenen Stand in schlimmen Ruf brachten, sondern auch in den unteren Schichten der Gesellschaft, die damals noch gläubig und bewundernd zum Adel aufblickten, die Seuche der Glanz- und Genußsucht verbreiteten. Sie haben zuerst die schöne Pietät des von Generation zu Generation fortgeerbten Grundbesitzes untergraben, indem sie denselben in ihrer beständigen Geldnot durch verzweifelte Güterspekulationen zur gemeinen Ware machten. Und so legten sie unwillkürlich mit ihrem eigenen Erbe den Goldgrund zu der von ihnen höchstverachteten Geldaristokratie, die sie verschlang, und ihre Trianons in Fabriken verwandelte.»

*Drittes Kapitel*

«O Prag, wir ziehn in die Weite»
oder
Wie Eichendorff, der Wanderer zwischen Himmel und Erde,
im Garten von den Musen geküßt wird

> «Ich habe jetzt […] das Reisen erwählt, und befinde mich wie aus einem Gefängnis erlöst, alle alten Wünsche und Freuden sind nun auf einmal in Freiheit gesetzt. Auf dem Lande in der Stille aufgewachsen, wie lange habe ich da die fernen blauen Berge sehnsüchtig betrachtet, wenn der Frühling wie ein zauberischer Spielmann durch unsern Garten ging und von der wunderschönen Ferne verlockend sang und von großer unermeßlicher Lust.»
>
> *Das Marmorbild*

## *Ein Brief aus Prag*

Ein bedenkenswerter Zufall: Das erste schriftliche Zeugnis Joseph von Eichendorffs stammt nicht aus Lubowitz und auch nicht von den Gütern und Ortschaften der engeren Heimat zwischen Ratibor im Süden und Trebnitz im Norden von Preußisch-Schlesien, sondern aus dem österreichischen Erbland Böhmen, aus Prag. Dorthin reist die Familie Eichendorff 1794 standesgemäß, wie ein früherer Biograph vermutet «mit einem ganzen Wagenpark, mit sechsspänniger Equipage und einem Troß von Zofen, Jägern und Heiducken». Der Grund für die rund vierhundert Kilometer weite Reise ist unbekannt.

Doch eines ist sicher: Prag, das ist für die Eichendorffs die «goldene Stadt» an der Moldau, der Inbegriff des «Reiches». Denn ehe sie 1742 preußische Untertanen wurden, waren sie österreichisch und wurden von Prag oder von Wien aus regiert. Zweimal, unter Kaiser Karl IV. (1347 bis 1378) und unter Kaiser Rudolf II. (1576–1611), war Prag die Hauptstadt des «Heiligen Römischen Reiches Deutscher Nation», das von Karls des Großen Kaiserkrönung in Rom im Jahre 800 datierte. Diesem Reich, das nun in der Agonie liegt, trauert man nach, «da vielleicht nie im ganzen Lauf der Weltgeschichte eine größere, organisch reichhaltigere und so lebendig freye Idee im politischen Leben wirklich geworden ist, als diese Idee des altdeutschen christkatholischen Kaiserthums, so wie es von Kon-

*Ein Brief aus Prag*

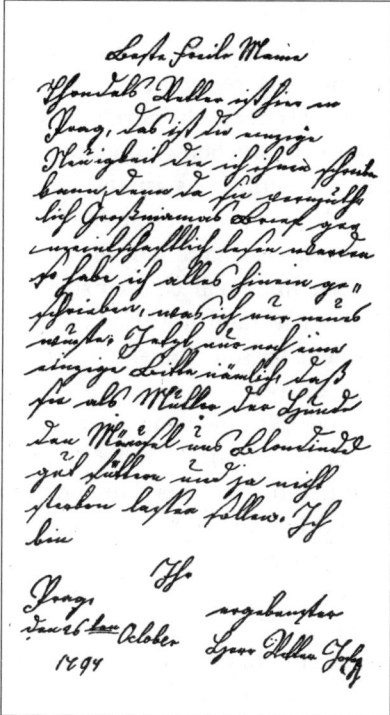

5 *Brief des Sechsjährigen*

rad dem Ersten bis auf Karl V. [...] bestanden hat», schreibt Friedrich Schlegel, der spätere väterliche Freund Eichendorffs in Wien, 1820 in seiner Abhandlung «Signatur des Zeitalters». Deutliches Zeichen für die Bedeutung Prags war seine Universität, nach dem Vorbild von Paris 1348 von Karl IV. gegründet. Sie teilte damals ihre Hörer in vier «Nationen» ein, Ausdruck ihrer völkerverbindenden Aufgabe: in die böhmische mit Ungarn und Siebenbürgen, in die bayrische mit Österreich, Rheinland und Westfalen, in die polnische mit Litauen, Preußen und Schlesien sowie in die sächsische mit Norddeutschland. Noch zu Eichendorffs Zeiten sind die Prager Studenten ein Begriff. Im 9. Kapitel des «Taugenichts» setzt er ihnen in Gestalt der «drei jungen Gesellen in langen blauen Mänteln», Theologiestudenten, ein Denkmal: ihnen, Prag – Eichendorff läßt sie singen: «O Prag, wir ziehn in die Weite» – und dem Heiligen Römischen Reich. Dieses wird der letzte römische Kaiser, Franz II. (ab 1792) aus dem Hause Habsburg, 1806 auf Drängen Napoleons, der sich 1804 zum erblichen Kaiser ernennt und die römische Kaiseridee fortsetzen will, widerrechtlich auflösen und sich als Franz I. zum Kaiser nur von Österreich proklamieren. Er wird bis 1835 regieren.

Aus Prag nun schreibt 1794 der sechsjährige Joseph an eine nicht näher bekannte Verwandte im heimatlichen Lubowitz: «Beste Freile Mame [,] Thondels Vetter ist hier in Prag, das ist die einzige Neuigkeit die ich ihnen schreiben kann, denn da sie vermuthlich Großmamas Brief gemeintschaftlich lesen werden so habe ich alles hinein geschrieben, was ich nur neues wuste. Jetzt nur noch eine einzige Bitte nämlich, daß sie als Mutter der Hunde den Mäusel un[d]s Blondinel gut füttern und ja nicht sterben lassen sollen. Ich bin Ihr ergebenster Herr Vetter Joseph. Prag, den 26$^{\text{ten}}$ October 1794».

Der kurze Brief mit der Neuigkeit aus der Verwandtschaft und der Bitte, die «Mutter der Hunde» möge für die Hunde des Hauses sorgen, ist nur eine Momentaufnahme aus der laufenden Korrespondenz zwischen den Reisenden und Lubowitz. Vorausgegangen ist ein umfangreicher Brief Josephs an die Großmutter mütterlicherseits, die uns schon bekannte Freifrau von Kloch, ein Hinweis, wie schon die Kinder des Adels, von Hauslehrern recht und schlecht im Lesen und Schreiben unterrichtet, an der Briefkultur des 18. und 19. Jahrhunderts teilnehmen. Trotzdem wird sich Eichendorff zwanzig Jahre später, 1814, in einem Brief an seinen Dichter-Freund Graf von Loeben über seine «abscheuliche Faulheit im Briefschreiben» beklagen. Und seine Schwester wird 1871 gegenüber ihrem Neffen Hermann von Eichendorff, des Dichters ältestem Sohn, bekennen, auch sie laboriere stark «an der Eichendorff'schen Familien-Krankheit, der Scheu vor dem Briefschreiben». So sind bis heute nur 436 Briefe privaten Inhalts von Eichendorff bekannt, 210 aus den Jahren 1794 bis zu seiner Pensionierung 1844, 226 für die Zeit danach bis zu seinem Tode 1857. Verglichen mit der übrigen Korrespondenz der Goethezeit fehlen in Eichendorffs Briefen sowohl die großen persönlichen Briefwechsel wie auch ausführliche Erörterungen literarischer oder politischer Probleme, von wenigen Ausnahmen abgesehen: Briefe an seinen langjährigen Vorgesetzten und Freund Theodor von Schön, zuletzt Oberpräsident der neugebildeten Provinz Preußen, ferner an Graf Loeben und an den Freiherrn de la Motte Fouqué, den Herausgeber des «Frauen-Taschenbuchs», der vielen Texten Eichendorffs zum Erstdruck verhalf. Die Scheu, Persönliches preiszugeben, wird Eichendorff nicht nur an der Niederschrift der geplanten Autobiographie hindern, sie läßt auch seine Briefe zunehmend spröder und formelhafter, juristischer, werden. Anscheinend tat sich Eichendorff im Formulieren nicht leicht, wie die Skizzen zu seinen dichterischen Werken, zu seiner Autobiographie wie auch erhaltene Briefentwürfe an seinen Bruder Wilhelm, an die Braut Louise von Larisch und den Freund Loeben zeigen. Um so erstaunlicher, daß Eichendorffs Texte, zumal die Gedichte in ihrer volksliedhaften Eingängigkeit, so leichtfüßig daherkommen.

## Katholiken und Protestanten

Außer 1794 fahren die Eichendorffs während Josephs Kindheit noch zweimal, 1797 und 1799, nach Prag. Die letzte Reise führt über Dresden und Karlsbad, und der Elfjährige notiert in seinem Tagebuch die «Merkwürdigkeiten», fein säuberlich in Rubriken geordnet. Von zehn Einträgen von der «Karlsbader Hinreise» beziehen sich überraschenderweise sechs auf Kirchen, die den Jungen beeindrucken: «Zu Striga [Strigau] ist eine alte Kirche, von 600 Jahren. 36 Ellen hoch, 130 Elle lang [...] Liegnitz, Nachtquartir. Zusammengefallne Kirche [...] Bunzlau. Vormittag. Uhr, mit dem Leiden Jesu Christi, und Uhr mit den Weltsystem [...] Goerli[t]z, zu Mittag. Die große Orgel. Das Dorf Jauernik [Jauernig], auf die Nacht hingekommen, und einen ganzen Tagen da geblieben. Herr Heinkes [des Hauslehrers] Vater und Schwestern, und eine Kirche, von tausend Jahr. Bautzen, Nachtquartir. Eine Kirche, in welcher Chatoliken und Lutheraner zugleich Gottesdienst feiern.» Wir dürfen davon ausgehen, daß die Familie Eichendorff, obwohl sie nicht bigott, eher – im Gegensatz zur Großmama von Kloch – aufgeklärt liberal ist, dennoch nicht aus bloß kunsthistorischem Interesse an den Kirchen haltmacht, sondern weil man einem Gottesdienst beiwohnt oder durch ein stilles Verweilen um den Reisesegen bittet.

Dieses Interesse an kirchlichen Bauwerken wird Eichendorff sein Leben lang behalten und gegen Ende seines Lebens in Taten umsetzen: 1841 verfaßt er für den Berliner Verein für den Kölner Dombau, dessen Vorstand er angehört, einen Aufruf. 1843 wird er für historische Studien in Danzig, Königsberg und Marienburg freigestellt, um eine Geschichte der Marienburg zu schreiben. Sie erscheint 1844 unter dem Titel «Die Wiederherstellung des Schlosses der deutschen Ordensritter zu Marienburg».

Auch das Verhältnis von Protestanten und Katholiken wird Eichendorff privat – zwei seiner Kinder werden einen protestantischen Partner heiraten – und beruflich immer beschäftigen: Am zweiten Tag seines Heidelberger Studienaufenthaltes notiert er am 18. Mai 1807 in sein Tagebuch mit den uns schon vertrauten Formulierungen: «Früh in der

Kirche, wo Chatoliken u. Protestanten zugleich Gottesdienst halten.» Und in Eichendorffs Zulassungsarbeit für die Assessorprüfung in Berlin 1818 unter dem Titel: «Über die Folgen von der Aufhebung der Landeshoheit der Bischöfe und der Klöster in Deutschland» heißt es: Bei uns «sehen wir, wie in der Polterkammer eines bedeutungvollen Laboratoriums, den Protestantismus neben dem Katholizismus, und zwar nicht wie in Großbritannien im tyrannischen Stillstand der Unterdrükkung» – sicherlich auch ein Wink mit dem Zaunpfahl an die protestantische Obrigkeit in Preußen.

## *In Karlsbad*

Außer diesen vorwiegend kirchlichen «Merkwürdigkeiten» unter der Überschrift «Karlsbader Hinreise» wird Karlsbad selbst in den Reisenotizen Eichendorffs von 1799 nicht weiter erwähnt. Dabei hat Karlsbad, das 1349 von Kaiser Karl IV. entdeckt worden sein soll und wegen seiner Glaubersalzthermen noch heute zu Trink- und Badekuren gegen Magen-, Darm- und Stoffwechselkrankheiten aufgesucht wird, den jungen Eichendorff für sein Leben beeindruckt. Noch in den Entwürfen zur Einsiedler-Novelle (nach 1849) heißt es: «Meine Kindheit in Lubowitz u. Tost; mit allem Zopf der guten alten Zeit, in deren Stille die erste französ. Revolution aus der Ferne, wie ein aufsteigendes Gewitter, hineinspielt. Brillante Familienfahrt nach Carlsbad.» Und an anderer Stelle in den autobiographischen Fragmenten (um 1855): «Übergang der alten Zeit zur neuen, wie er selbst im stillen Landhausleben sich gespiegelt: die Gegensätze p. p. Damaliges Carlsbad p. Tost.» Auch im Tagebuch des Studenten Eichendorff wirkt Karlsbad nach, auffallenderweise dreimal im Zusammenhang mit besonders «romantischen» Naturerlebnissen: am Meer in Travemünde an der Ostsee, im Neckartal bei der Einfahrt nach Heidelberg und bei einem Besuch in dem idyllisch gelegenen Kurort Baden bei Wien.

Nachdem der Student Karl Ludwig Sand im März 1819 den Lustspieldichter und russischen Generalkonsul August von Kotzebue – Eichendorff hat als Schüler und Student häufig Aufführungen seiner Stücke besucht – in Mannheim ermordet hatte, wurde Karlsbad jedem politisch Interessierten zu einem Begriff. Auf Betreiben des österreichischen Staatskanzlers Fürst von Metternich verabschiedete die deutsche Ministerkonferenz die «Karlsbader Beschlüsse», die später vom Deutschen Bundestag in Frankfurt bestätigt und erst im April 1848 wieder aufgehoben wurden:

*6 Karlsbad um 1830*

Zeitungen und Schriften unter 320 Druckseiten werden vorzensiert, die Burschenschaften verboten, «revolutionär» gesonnene Lehrkräfte entlassen und die Universitäten überwacht.

Im Sommer 1855 wird Eichendorff seine Frau – sie stirbt am 3. Dezember des Jahres – sechs Wochen zu einer Brunnenkur nach Karlsbad begleiten und in Briefen dessen Lob singen. Eichendorff hofft, daß im nächsten Jahr auch der leberkranke Sohn Hermann in Karlsbad dabei sein könne, der Mutter habe der Arzt bereits eine zweite Kur verschrieben. Abschließend erwähnt Eichendorff noch gespenstische Erinnerungen an seine Studienzeit in Halle: «Ähnliche Erinnerungen überraschten mich auch in Karlsbad, das ich als Kind, also etwa vor 60 Jahren, gesehen hatte.»

Ob sich der alte Eichendorff in Karlsbad nicht auch an Goethes dortige literarisch fruchtbaren Aufenthalte erinnerte? Von 1785 bis 1823 besuchte Goethe das Bad dreizehn Sommer lang – nicht jedoch 1799, als der kleine Eichendorff dorthin reiste – und warnte am 3. Juni 1808 von dort aus seinen Sohn August vor der um sich greifenden Romantik: Daß «ich nicht zu befürchten habe, daß Du Dich auf die philosophischen und religiosen Fratzen einlassen möchtest, welche jetzt in Deutschland sogar manchen guten Kopf verwirren und doch zuletzt auf nichts als auf einen abstrusen Selbstdünkel hinausführen».

## Merkwürdiges aus Dresden

Bedeutete Prag für Eichendorff das Heilige Römische Reich mit seiner bis ins Mittelalter zurückgehenden Tradition und Karlsbad die große weite Welt, in der sich die Prominenz die Ehre gab, dann war Dresden, nach Herder das «deutsche Florenz», die Stadt des Barock, des Rokoko und der Schönen Künste.

Unter den «Merkwürdigkeiten in der Stadt Dresden» hält der elfjährige Joseph in seinem Tagebuch von 1799 fest: «Das grüne Gewölbe», die größte deutsche Pretiosensammlung im Schloß, die «Bildergallerie. Worinn besonders die Nacht der Geburt Jesu Christi von Cor[r]eggio das Meisterstük ist», den «Japanesischen Pater», die «Seidentapeten» und das «Naturalienkabinet» sowie die «Kunstkammer, worinnen auch ein Uhrenkabinet».

Sechs Jahre später, 1805, werden Joseph und Wilhelm von Eichendorff, die unzertrennlichen Brüder, auf der Fahrt ins Studium nach Halle vom 26. bis 28. April wiederum Station in Dresden machen.

Ein letztes Mal wird der pensionierte Joseph von Eichendorff von Mai 1848 bis September 1849 in Dresden weilen. Er ist mit seiner kränkelnden Frau, seiner Tochter Therese und deren Kindern vor den Revolutionswirren in Berlin nach Dresden geflüchtet, «das in der That ein reitzender Ort ist, der alle, besonders literarische, Vortheile einer großen Stadt, ohne deren Uebelstände, darbietet», wie Eichendorff an Theodor von Schön am 25. Januar 1849 schreibt, und über die politischen Zustände merkt er an: «Das Pöbelregiment ist dumm, das Säbelregiment noch dümmer» – dabei dienen Sohn und Schwiegersohn als Offiziere im preußischen Heer.

In Dresden geht es Eichendorff bei diesem letzten Aufenthalt materiell und seelisch so schlecht, daß er gegenüber Theodor von Schön am 1. August 1849 bekennt – und das ist mehr als nur ein Widerhall der «Auswanderer»-Satire, an der er vermutlich gerade zu arbeiten begonnen hat –: «Wahrlich, wenn ich jünger und reicher wäre, als ich leider bin, ich wanderte noch heut nach America aus; nicht aus Feigheit – denn die Zeit kann mir persönlich eben so wenig anhaben als ich ihr – sondern aus unüberwindlichem Ekel an der moralischen Fäulniß, die – mit Shakespeare zu reden – zum Himmel stinkt.»

## Wanderer zwischen Himmel und Erde

Diese Reisen Eichendorffs schon als Kind weit hinaus über die engere Heimat mit ihren verstreut liegenden Gütern, zu denen man ohnehin unentwegt hin und her kutschiert und reitet; die Fahrten der Gebrüder Eichendorff als Studenten von Halle aus durch den Harz nach Hamburg und Lübeck bis ans Meer, von Heidelberg aus nach Speyer und Paris, nach und von Wien über Budweis, Linz und Regensburg; die Märsche und Ritte Josephs während der Befreiungskriege nach Glatz, Torgau, Lüttich, Aachen, Compiègne und Noyon in Frankreich; die beruflichen Aufenthalte in Danzig, Königsberg, Marienburg und Berlin mit ihren Dienstreisen und schließlich die letzte Reise in den Alterswohnsitz Neisse; die in den beiden letzten Lebensjahren noch unternommenen Reisen nach Berlin, Breslau, zweimal auf das fürstbischöfliche Sommerschloß Johannesberg und noch zweimal nach Sedlnitz in Mähren: Diese und noch viele andere kleinere Reisen und zahllosen Wanderungen zeigen eine überraschend große Mobilität der Eichendorffs – sicher keine Ausnahme für ihre Zeit.

Dennoch bilden diese Reiseerfahrungen für Joseph von Eichendorff wie bei keinem anderen Dichter seiner Epoche den Horizont, vor dem sich schon sehr früh sein Bild vom Menschen formt: Er ist als «Einsiedel» auch ein «Wanderer» zwischen Himmel und Erde. Jedenfalls für den Dichter sollte das gelten, woran Faber in Eichendorffs Roman «Ahnung und Gegenwart» erinnert: «Das Leben der meisten ist eine immerwährende Geschäftsreise vom Büchermarkt zum Käsemarkt; das Leben der Poetischen dagegen ein freies, unendliches Reisen nach dem Himmelreich.»

Die von Eichendorff selbst zusammengestellte Gedichtsammlung von 1841 beginnt denn auch mit einem Kapitel «Wanderlieder» unter dem Motto:

> Viele Boten geh'n und gingen
> Zwischen Erd' und Himmelslust,
> Solchen Gruß kann keiner bringen,
> Als ein Lied aus frischer Brust.

Wer den Himmel gewinnen will, so mahnt Eichendorff als dichtender Bote des Himmels, darf sich nicht ängstlich an die Erde, an Besitz und an die Menschen klammern.

> Und ich mag mich nicht bewahren!
> Weit von Euch treibt mich der Wind,

> Auf dem Strome will ich fahren,
> Von dem Glanze selig blind!

So heißt es gleich im ersten Gedicht «Frische Fahrt», und im zweiten Gedicht «Allgemeines Wandern» sieht Eichendorff seine Aufgabe noch deutlicher:

> Und die im Tal verderben     Und von den Bergen nieder
> In trüber Sorgen Haft,     Erschallt sein Lied ins Tal,
> Er möcht sie alle werben     Und die zerstreuten Brüder
> Zu dieser Wanderschaft.     Faßt Heimweh allzumal.

Dieses «Heimweh» – wie «Sehnsucht», «Ferne» und «Morgen» ein Schlüsselbegriff Eichendorffs – geht weniger nach dem Paradies der Kindheit, nach der heimatlichen Landschaft oder nach der Liebe von Eltern, Frau und Familie. Eichendorffs «Sehnsucht» entzündet sich zwar an diesen Erfahrungen von Geborgenheit und Glück, aber sie können das Sehnen nach der «Ferne» nicht stillen.

«Letzte Heimkehr» lautet darum der Titel des letzten der «Wanderlieder» in Eichendorffs Sammlung von 1841, und es beginnt:

> Der Wintermorgen glänzt so klar,     Doch tot sind, die sonst aufgetan
> Ein Wandrer kommt von ferne,     Verwandelt Hof und Habe,
> Ihn schüttelt Frost, es starrt sein Haar,     Und fremde Leute sehn ihn an,
> Ihm log die schöne Ferne,     Als käm er aus dem Grabe;
> Nun endlich will er rasten hier,     Ihn schauert tief im Herzensgrund,
> Er klopft an seines Vaters Tür.     Ins Feld eilt er zur selben Stund.

Dort gesellt sich ein junger Mann mit einer Fackel zu ihm – in der Antike der Bote des Todes – und führt ihn «durch die Bergeseinsamkeit» «wie zum Himmel». Die letzte Strophe des Gedichts lautet:

> Der Wandrer drauf: Ich kann nicht mehr –
> Ists Morgen, der so blendet?
> Was leuchten dort für Länder her? –
> Sein Freund die Fackel wendet:
> ‹Nun ruh zum letzten Male aus,
> Wenn du erwachst, sind wir zu Haus.›

Was wir im Tod letztlich ersehnen und wofür nach Eichendorff alles Reisen und Wandern unseres Lebens der sprechendste Ausdruck ist, beantwortet der Dichter für den, der ihn zu lesen versteht, in allen seinen Dichtungen – vorwiegend unter der Chiffre «Morgen» – , verdichtet jedoch in den «geistlichen Liedern», wie er selbst das sechste Kapitel seiner Gedichtsammlung von 1841 überschreibt. Dort heißt es zum Beispiel im «Morgengebet», das 1834 erstmals im «Deutschen Musenalmanach» gedruckt, 1855 in Wilhelm Heinrich Riehls weit verbreiteter Sammlung «Hausmusik. Fünfzig Lieder deutscher Dichter in Musik gesetzt» aufgenommen und später von Mendelssohn Bartholdy für gemischten Chor vertont wurde:

> O wunderbares, tiefes Schweigen,
> Wie einsam ist's noch auf der Welt!
> Die Wälder nur sich leise neigen,
> Als ging' der Herr durch's stille Feld.
> [...]
> Die Welt mit ihrem Gram und Glücke
> Will ich, ein Pilger frohbereit
> Betreten nur wie eine Brücke
> Zu Dir, Herr, über'n Strom der Zeit.
>
> Und buhlt mein Lied, auf Weltgunst lauernd,
> Um schnöden Sold der Eitelkeit:
> Zerschlag' mein Saitenspiel! und schauernd
> Schweig' ich vor dir in Ewigkeit.

Bei Eichendorff verwundert es jedoch nicht, wenn er sich selbst in einer glänzend gelungenen Satire im Vorwort zu dem autobiographischen Fragment «Tröst-Einsamkeit», vermutlich aus dem letzten Jahrzehnt seines Lebens, als «den letzten Romantiker» und «Einsiedler» karikiert – auf dem Hintergrund einer sarkastischen Beschreibung des modernen Reisens, deren Wirklichkeit erst in unseren Tagen so recht augenfällig geworden ist:

«An einem schönen warmen Herbstmorgen kam ich auf der Eisenbahn vom andern Ende Deutschlands mit einer Vehemenz dahergefahren, als käme es bei Lebensstrafe darauf an, dem Reisen das doch mein alleiniger Zweck war, auf das allerschleunigste ein Ende zu machen. Diese Dampffahrten rütteln die Welt, die eigentlich nur noch aus Bahnhöfen besteht, unermüdlich durcheinander wie ein Kaleidoskop, wo die vorüberjagenden Landschaften, ehe man noch irgend eine Physiognomie gefaßt, immer neue Gesichter schneiden, der fliegende Salon immer andere Sozietäten bildet, bevor man noch die alten recht überwunden. Diesmal blieb indes eine Ruine rechts über'm Walde ganz ungewöhnlich lange in Sicht. Europamüde vor Langerweile fragte ich, ohne daß es mir grade um eine

*7 Schloß Tost*

Antwort sonderlich zu tun gewesen wäre, nach Namen, Herkunft und Bedeutung des alten Baues; erfuhr aber zu meiner größten Verwunderung weiter nichts als grade das Unerwartetste, daß nämlich dort oben ein Einsiedler hause. – Was! so ein wirklicher Eremit mit langem Bart, Rosenkranz, Kutte und Sandalen? – Keiner von der Gesellschaft im fliegenden Kasten konnte mir jedoch über diesen impertinenten Rückschritt genügende Auskunft erteilen, niemand hatte den Einsiedel selbst gesehen. Einer der Herren erklärte ihn schlechtweg für einen hochmütigen Sonderling, da er, wie er erfahren, bei der gebildeten Nachbarschaft nirgend Besuch gemacht, ja nicht einmal Visitenkarten umhergeschickt habe. Ein zweiter meinte, da stecke wohl etwas ganz anderes, eine dunkle Tat, ein großes politisches Verbrechen dahinter. – Ja, diese heimlichen Jesuiten!, fiel ihm ein Dritter mit einem wichtigen Augenzwick in die Rede, und sprach nichts weiter. Eine Berliner Dame dagegen, die eben ihre Zigarre angeraucht, versicherte lachend, das sei ohne Zweifel der letzte Romantiker, der sich vor dem Fortschritt der wachsenden Bildung in den mittelalterlichen Urwald geflüchtet. Alle stimmten endlich darin überein, daß besagter Einsiedler etwas verdreht im Kopfe sein müsse. Diese Notwendigkeit wollte mir zwar keinesweges so unbedingt einleuchten, doch war das Wenige, das ich gehört, abenteuerlich genug, um mich neugierig zu machen. Ich beschloß daher, auf der nächsten Station zurückzubleiben, und den seltsamen Kauz wo möglich in seinem eigenen Neste aufzusuchen. Das war aber nicht so leicht, wie ich's mir vorgestellt hatte. In den Bahnhöfen ist eine so große Eilfertigkeit, daß man vor lauter Eile mit nichts fertig werden kann. Die Leute wußten genau, in welcher Stunde und Minute ich in Paris, oder Triest oder Königsberg, wohin ich nicht wollte, sein könne, über Zugang und Entfernung des geheimnisvollen Waldes aber, wohin ich eben wollte, konnte ich nichts Gewisses erfahren; ja der Befragte blickte verwundert nach der bezeichneten Richtung hin, ich glaube, er hatte die Ruine bisher noch gar nicht bemerkt. Desto besser!, dachte ich, schnürte mein Ränzel und schritt wieder einmal mit langentbehrter Reiselust in die unbestimmte Abenteuerlichkeit des altmodischen Wanderlebens hinein.»

## Enge Schlösser – weite Gärten

In den fragmentarischen autobiographischen Dichtungen Joseph von Eichendorffs unter den Titeln «Idyll von Lubowitz» und «Bilderbuch aus meiner Jugend» fällt ein Stichwort auf, das für Eichendorffs Kindheit und für seine ganze Dichtung zentral ist: der Garten. So lautet eine typische Stelle: «Dies Tal lag noch wie eine selige Insel, unberührt vom Sturm der neuen Zeit. Der Garten und das Schloß aber von Lubowitz, der im Garten spazierende Großvater usw. Oft seh' ich alter Mann noch in Träumen Schloß, Garten (usw.) verklärt von Abendscheinen und muß aus Herzensgrunde weinen.»

Im Gegensatz zu Schloß Lubowitz mit dem «Großen Saale, wo die alte Zeit (Großmama), und die moderne Gesinnung gegen einander fechten», mit den alten Schränken und Bildern rings an den Wänden, mit der Spieluhr und Wanduhr zum Trost – «so einsam war es da drinnen» –; oder auch im Gegensatz zu Schloß Tost, dem «alten gespensterhaften Schloß wie ein Märchen aus alter Zeit»; im Gegensatz zu den Adelsschlössern seiner Zeit, die sich sowohl gegenüber der sich immerfort regenerierenden Natur wie gegenüber der unentwegt fortschreitenden Geschichte ein- und abschlossen, ist der Garten mit seinen «dunklen Gängen» und «kühlen Schatten der Nacht», wo «tiefer im Garten erwachend eine Nachtigall Antwort» gibt, wo «ein Morgenschauer durch den Garten» geht und «die Nebel zerrissen» sind, wo «die Wandervögel in der Nacht über den Garten ziehn, durch den ungewissen, unermeßlichen Himmelsgrund fort nach den fernen, seligen Inseln», für Eichendorff eine geheimnisvolle Kraftquelle, der Inbegriff von morgenfrischer Kreativität und von unendlicher Sehnsucht und Freiheit.

Selbst die Priester, Mönche und Einsiedler, die traditionellerweise – wie der Adel in Schlössern – in Kirchen und Klöstern, in Klausen und Zellen «hausen», haben in Eichendorffs Werken ihre Sternstunden auf felsiger Höhe oder vor dem Kloster im – Garten.

Der Garten konnte für Eichendorff diese symbolische Bedeutung annehmen, weil der Dichter ihn in seiner Kindheit so erlebt hatte. Unter dem 5. April 1801 erwähnt der Dreizehnjährige den über dem Steilhang des Oderstromtales auf der Südseite des Schlosses Lubowitz sich erstreckenden, im englischen Stil gehaltenen, waldartigen Teil des Parks, mit zwei kleinen Hügeln und einem Teich mit einer kleinen Insel zum «Robinson»-Spielen: den «Hasengarten». «Der Caplan [Paul Ciupke] im Hasengarten in Teich gefallen.» In «Ahnung und Gegenwart» läßt Eichendorff Friedrich seine «Jugendgeschichte» mit Sätzen beginnen, die den hausnahen, mehr französischen Garten von Lubowitz im Auge haben: «Meine frühesten Erinnerungen verlieren sich in einem großen, schönen Garten. Lange, hohe Gänge von gradbeschnittenen Baumwänden laufen nach allen Richtungen zwischen großen Blumenfeldern dahin, Wasserkünste rauschen einsam dazwischen, die Wolken ziehen hoch über die dunkeln Gänge weg».

Für Ludwig Tieck sind Gärten – wie die Poesie – eine gesellschaftliche Sprache: wenn nicht «Paradiesgarten», dann «Paradegarten». Von dieser gesellschaftskritischen Sicht profitiert später auch Eichendorff in einer Passage in «Der Adel und die Revolution», wo er die Gärten der Adelsschlösser beschreibt: «Die Gartenkunst aber, wie alle Künste untereinander, hängt mit den wechselnden Phasen namentlich der eben herrschenden *poetischen* Literatur jederzeit wesentlich zusammen.» So sei es kein Zufall, daß zu der Zeit, als die «französische Schule» auch die deutsche Poesie beherrschte und die Muse «nur in Schnürleib und Reifrock erscheinen durfte», «der feierliche Kurialstil unserer damaligen geradlinigen Ziergärten» im Schwange war. Diese «Paradegärten» stellten «eine Fortsetzung und Erweiterung des Konversations-Salons» vor.

Das alles ist Eichendorff zuwider, weil es bloße Nachahmung, modisches Getue ist und den individuellen Charakter einer Landschaft und eines Gartens, seine eigentümliche Sprache, unterdrückt. «Jeder wahre Garten aber, sagt Tieck irgendwo ganz richtig, ist von seiner eigentümlichen Lage und Umgebung bedingt, er muß ein schönes *Individuum* sein, und kann also nur einmal existieren.»

Was hat den Autor rückblickend an dem heimatlichen Garten seiner Kindheit fasziniert? «Diese ganze stille Zeit liegt weit hinter alle dem Schwalle der seitdem durchlebten Tage, wie ein uraltes, wehemütig süßes Lied, und wenn mich oft nur ein einzelner Ton davon wieder berührt, faßt mich ein unbeschreibliches Heimweh, nicht nur nach jenen Gärten und Bergen, sondern nach einer viel ferneren und tieferen Heimat, von welcher jene nur ein lieblicher Widerschein zu sein scheint.» Der Garten als Widerschein und Schimmer, als Erfahrung und Erinnerung an die vergangene und zukünftige paradiesische Bestimmung des Menschen.

## «Schläft ein Lied in allen Dingen»

Eichendorff war davon überzeugt: Nicht nur der Garten, sondern Wald, Landschaft und die ganze Natur haben dem Menschen etwas zu sagen, und es liegt an uns, diese Sprache zu verstehen, das Buch der Natur lesen zu lernen. «Wie wahr ist es», läßt er Friedrich in «Ahnung und Gegenwart» sagen, «daß jede Gegend schon von Natur ihre eigentümliche Schönheit, ihre eigene Idee hat, die sie mit ihren Bächen, Bäumen und Bergen, wie mit abgebrochenen Worten, auszusprechen sucht. Wen diese einzelnen Laute rühren, der setzt mit wenigen Mitteln die ganze Rede zusammen. Und darin besteht doch eigentlich die ganze Kunst und Lust, daß wir uns mit dem Garten recht verstehen.»

Das erinnert an einen anderen Schlesier, an Jakob Böhme, 1624 in Görlitz gestorben. In seiner «Beschreibung der drei Prinzipien göttlichen Wesens» von 1619 heißt es, zweihundert Jahre vor Eichendorff: «Du wirst kein Buch finden, da du die göttliche Weisheit könntest mehr inne finden zu forschen, als wenn du auf eine blühende Wiese gehest, da wirst du die wunderliche Kraft Gottes sehen, riechen und schmecken, wiewohl es nur ein Gleichnis ist».

Wie schon bei Jakob Böhme nicht jeder die Sprache der Natur versteht; wie sogar bei Tieck die «unmächtige Kunst» die Natur, in der sich Gott offenbart, nur ahnen lassen kann; wie sich auch nach Novalis das Leben mit seinen bunten Bildern «verhält zum Dichter wie ein Unübersehbar weitläufiges Hieroglyphenbuch von einer unbekannten, lange untergegangenen Ursprache zum Leser» – so versteht auch Eichendorff das Verhältnis des Dichters zur Natur als das eines Sängers, der mit seinem Wort den richtigen Ton suchen und treffen soll, wie es seine 1835 entstandene, 1838 im «Deutschen Musenalmanach» unter dem Titel «Wünschelrute» erschienene Strophe sagt:

> Schläft ein Lied in allen Dingen,
> Die da träumen fort und fort,
> Und die Welt hebt an zu singen,
> Triffst du nur das Zauberwort.

Das gilt laut Eichendorff nicht nur für die Dichter der Romantik, sondern für jede große Poesie, wie er in der «Geschichte der poetischen Literatur» erläutert: «Auch das hat die Poesie mit der Religion gemein, daß sie wie diese den *ganzen* Menschen, Gefühl, Phantasie und Verstand gleichmäßig in Anspruch nimmt. Denn das Gefühl ist hier nur die Wünschelrute, die wunderbar verschärfte Empfindung für die lebendigen Quellen, welche die geheimnisvolle Tiefe durchranken; die Phantasie ist die Zauberformel, um die erkannten Elementargeister herauf zu beschwören, während der vermittelnde und ordnende Verstand sie erst in die Formen der wirklichen Erscheinung festzubannen vermag. Ein so harmonisches Zusammenwirken finden wir bei allen großen Dichtern, bei Dante, Calderon» – Eichendorff wird ihn in seiner zweiten Lebenshälfte übersetzen –, «Shakespeare und Goethe, wie sehr auch sonst ihre Wege auseinandergehen. Der Unterschied besteht nur in dem Mehr oder Minder jener drei Grundkräfte.»

### Die Musen: Mittagsschwüle und Morgenschauer

Was Wunder, wenn Eichendorff seine eigene Berufung zum Dichter dorthin verlegt, wo sich ihm als Kind das geheimnisvolle Lied der Natur am deutlichsten vernehmen ließ: in den Garten. Zweimal deutet er in dem autobiographischen Fragment «Idyll von Lubowitz» dieses Erweckungserlebnis an: «Kindisch lag ich im lubowitzer Garten am Lusthause im Schatten in der Mittagsschwüle […]. Da geht unsichtbar ein leises Rauschen durch den Garten (oder durch die Felder), die Blumen oder die Ähren neigen sich leise, mich schauert – es war die Muse, die lächelnd vorüberging, Garten und Täler beleuchtend, ich war ihr noch zu kindisch p., und ich schlummerte ein, träumend von künftigen Liedern.» Die zweite Version spielt auf Burg Tost: «Da in diesem *Toster* Ziergarten gehe ich einmal als Kind allein in der Sommermittags-Schwüle, alles wie verzaubert und versteinert, die Statuen, seltsamen Beete und Grotten; da, bei einer Biegung, sah ich eine prächtige Fee eingeschlummert über der Zither – es ist wieder die Muse – ich entlief oder dergl[eichen], schauerte – da rief man mich ab – aber ich konnte nicht schlafen die Nacht, das

Fenster stand offen, es ging die ganze Nacht ein Singen durch den Garten: ein Lied, das ich nimmer vergessen; so alt ich bin».

Bemerkenswert an dem Text ist zum einen: Die Muse verschmäht auch den französischen Garten nicht. Zum anderen betont Eichendorff die sommerliche Mittagsschwüle. «Mittag» ist für Eichendorff die Zeit, in der die Gärten und alle Natur den Menschen daran erinnern, daß er in Versuchung fallen und die Schönheit und Sinnlichkeit der Welt vordergründig mißverstehen und mißbrauchen kann, wie es das Gedicht «Mittagsruh» beschreibt – es stammt vermutlich aus dem Jahr 1812, Eichendorffs letztem Wiener Studienjahr:

> Über Bergen, Fluß und Talen,
> Stiller Lust und tiefen Qualen
> Webet heimlich, schillert, Strahlen!
> Sinnend ruht des Tags Gewühle,
> In der dunkelblauen Schwüle,
> Und die ewigen Gefühle,
> Was dir selber unbewußt,
> Treten heimlich, groß und leise
> Aus der Wirrung fester Gleise,
> Aus der unbewachten Brust,
> In die stillen, weiten Kreise.

Hier nimmt Eichendorff thematisch auf, was bei Jakob Böhme die zwei Qualitäten der Natur sind: «eine liebliche, himmlische und heilige, und eine grimmige, höllische und durstige», die den ganzen Weltprozeß hindurch miteinander ringen wie Licht und Finsternis. «Wenn alle Bäume Schreiber wären und alle Schreibfedern und alle Berge Bücher und alle Wasser Tinten, so könnten sie den Jammer und Elend nicht genugsam beschreiben, den Luzifer mit seinen Engeln in seinen Locum bracht hat. Denn er hat aus dem Hause des Lichts ein Haus der Finsternis gemacht und aus dem Hause der Freuden ein Trauerhaus.»

Wenn Eichendorff sein Erweckungserlebnis zum Dichter von der Mittagsschwüle ins nächtliche Dunkel hinein spielen läßt, will er damit andeuten, daß der Dichter, weil er der Natur der Dinge bis in ihre tiefsten Abgründe nachspürt, besonders gefährdet ist? «Schauert» es deshalb den jungen Eichendorff bei der Begegnung mit der Muse? Gab es Stunden im Leben Eichendorffs, in denen er meinte, der Versuchung des «Mittags» anheimzufallen? So beschwört er noch um 1833 als Fünfundvierzigjähriger den Bruder Wilhelm, von dem er der Meinung ist, auch er sei zum Dichter berufen und habe sich dieser Aufgabe entzogen:

> Kennst du den Garten? – Wenn sich Lenz erneut,
> Geht dort ein Fräulein auf den kühlen Gängen
> Still durch die Einsamkeit
> Und weckt den leisen Strom von Zauberklängen,
> Als ob die Bäume und die Blumen sängen,
> Von der alten schönen Zeit.
>
> Ihr Wipfel und ihr Brunnen, rauscht nur zu!
> Wohin du auch in wilder Flucht magst dringen:
> Du findest nirgends Ruh!
> Erreichen wird dich das geheime Singen,
> In dieses Sees wunderbaren Ringen
> Gehn wir doch unter, ich und du! –

Woher wird die Rettung kommen? Eichendorff selbst gibt die Antwort Ende der dreißiger Jahre in einer nahezu hymnischen Passage seiner Einleitung zum «Idyll von Lubowitz»: Die Rettung erfährt er «tiefer im Garten» und im blendenden «Morgenrot» – Jakob Böhmes und auch, wie wir sehen werden, Jean Pauls «Aurora» – im Singen des «schönen Nachbarkinds» mit Namen «Angela»: Engel.

> Mich selber sah als Kind ruhen im Bettchen träumend von künftigen Liedern,
> Das Rotkehlchen eingeschlafen über mir zu Häupten, die Wachteln, die Wanduhr pickte p.
> Mein Gott, wo bin ich so lange gewesen!
> Dacht' ich, und mußte mich wenden, so einsam war es da drinnen.
> Da hört' ich draußen schon eine Lerche hoch in den Lüften verloren p.p.p.
> Jetzt auch freudig erschrocken erblickt' ich tiefer im Garten
> Unser schönes Nachbarkind mit den goldenen Locken;
> Abgewendet von mir am Rande des Springbrunnens saß sie,
> Sang und sang – ich kannte recht gut noch die Weise – und wie sie
> So in der Einsamkeit sang: immer weiter über den Himmel
> Flog ein leiser Hauch, und unten die dämmernde Gegend
> Atmete tief und errötet', wie eine Jungfrau, die der
> Liebste im Schlummer geküßt, belauscht von dem sie die Nacht durch geträumet.
> Da hört' ich eine Lerche, hoch in den Lüften verloren,
> Und unten, wie ein Schiffer im Meer, allmählich aus der Dämmrung
> Sah ich die Stadt p.p. steigen und die blauen Berge dahinter –

Ein Morgenschauer ging durch den Garten, die Nebel zerrissen p.p.p. Angela! rief ich, sie wandte sich lächelnd herum – da erwacht' ich. Als ich verwirrt umhersah, war das Licht tief heruntergebrannt p.p.p. Aber im Auge schimmerte mir noch blendend das Morgenrot und klang noch das Lied mir fort im Herzen, und ich sang von den alten fröhlichen Zeiten.

Es ist die Liebe, die den Dichter singen läßt, ohne daß er sich dabei in den Abgründen der Natur, in den mittagsschwülen Gärten dieser Welt verliert.

*Viertes Kapitel*

«Wir alle sind, was wir gelesen»
oder
Wie sich der Zwölfjährige in Ratibor Bücher ausleiht
und darin übt, ein Schriftsteller zu werden

> «Wer wär nicht einst auch Robinson gewesen.
> In uns'rer gedruckten Bücher Zeit,
> wir alle sind, was wir gelesen,
> und das ist unser größtes Leid.»
>
> *Bilderbuch aus meiner Jugend*

Vielschreiberei, Massenproduktion nach dem Geschmack der Menge, regelmäßige Buchmessen in Leipzig, Bestsellerlisten – schon Ende des 18. Jahrhunderts zeigen sich die Symptome industrieller Buchproduktion und eines Literaturbetriebs, die im 19. und erst recht im 20. Jahrhundert den Buchmarkt vollends bestimmen werden. Extensive statt intensiver Lektüre, Quantität statt Qualität, Zerstreuung statt Sammlung, Trivialität statt Poesie beklagt denn auch Goethe in seiner «Reise in die Schweiz» unter dem 8. August 1797: «Die große Neigung des lesenden Publikums zu Journalen und Romanen entsteht eben daher, weil jene immer und diese meist Zerstreuung in die Zerstreuung bringen. – Ich glaube sogar eine Art von Scheu gegen poetische Produktionen [...] bemerkt zu haben, die mir aus eben diesen Ursachen, ganz natürlich vorkommt. Die Poesie verlangt, ja gebietet Sammlung, sie isoliert den Menschen wider seinen Willen, sie drängt sich wiederholt auf und ist in der breiten Welt (um nicht zu sagen in der großen) so unbequem wie eine treue Liebhaberin.»

Daß Eichendorffs Kindheitslektüre weithin dieser Art der Zerstreuung diente, deutet, sie ins Positive wendend, nicht nur sein Sohn Hermann an: «Allerlei die Phantasie nährende Reisebeschreibungen und Uebersetzungen englischer und französischer Romane, welche die nicht immer gehörig gehütete Bibliothek seines Vaters in großer Auswahl bot», habe er gelesen. Es findet sich in Josephs Tagebuch zu dem Eintrag vom 28. Dezember 1800: «Die Bücher vom Juhr bekomen» auch das «Verzeichniß derjenigen Bücher, die wir schon von Juhr aus Rattibor erhalten haben». Außer der Leihbibliothek von Karl Heinrich Juhr gab es – auch das ein

8 Ratibor. Zeichnung des jungen Eichendorff

Zeichen für die zunehmende Leselust des Publikums – in der Kreisstadt noch eine weitere, die Joseph unter dem 17. November erwähnt: «Zum Jahrmarkt in Rattibor gewesen, und zugleich die Bücherverleihung beym Radlinsky aufgegeben.»

## Die «Starkgeister»

Die meisten Bücher in dem Verzeichnis von Juhr stammen von Carl Gottlob Cramer (1758–1817), der von sich sagen konnte: «Meine Romane werden, was auch immer trübsinnige, mürrische Recensenten denken und sagen mögen, nicht gelesen, sondern verschlungen, nachgedruckt und doch viermal aufgelegt.» Seine von Eichendorff bestellten Bücher tragen die Titel: «Zoar, der Auserwählte», «Lili von Arenstein, oder die gefährlichen Stunden», «Friedrich von Eisenbart und Baron Sturmdrang. Eine possirliche Geschichte unserer Zeit», «Die Familie Klingsporn, ein Gemälde des Jahrhunderts vom Verfasser des Erasmus Schleicher», «Der deutsche Alcibiades». Ins gleiche Genre gehören noch «Des Ritters Benno von Elsenburg Reisen und Abentheuer» von Christian Heinrich Spieß (1755–1799) sowie die von Cramer, Spieß und August Friedrich Ernst Langbein (1757–1835) veröffentlichten «Komischen Erzählungen, für Freunde des Scherzes und der guten Laune». Cramer und Spieß zählt

Joseph von Eichendorff in seiner «Geschichte der poetischen Literatur» 1857 unter «die Nachzügler und Marodeurs der Starkgeister» des Sturm und Drang wie Goethes «Götz von Berlichingen» und Schillers «Räuber». «Auch die Romane wollten an biderber Mannlichkeit nicht nachstehen. *Vulpius* entsandte den Räuberhauptmann Rinaldini, *Cramer* seinen Hasper a Spada, *Spieß* ganze Schwärme von geharnischten Rittern und heimlichen Femrichtern in die schauerselige Lesewelt: lauter Waffengeklirr und Humpenklang, schreckliche Burgverließe, Schwerterwetzen, Fluchen und Zechen und Mordspektakel. Aber gestrenge Herren regieren nicht lange. Mit diesem tollen Lärm war das Reich der Starkgeister am Parnasse wieder vertost, und jenes Titanengeschlecht an seiner eigenen Überschwenglichkeit geborsten. Sie taumelten und endeten wie Trunkenbolde, einige im Wahnsinn, wie Lenz [Jakob Michael Reinhold, 1751–1792, und Spieß], einige mit Ekel und absoluter Weltverachtung, wie Klinger [Friedrich Maximilian, 1752–1831]. Der nüchterne Verstand aber, der schon lange schadenfroh zugesehen, überlebte sie Alle.» Lenz und Klinger gelten als die bedeutendsten Dramatiker des Sturm und Drang.

Von dem «Starkgeist» Schiller hatte sich der kleine Joseph laut Juhrs Bücherliste «Die Räuber», erschienen 1781, ausgeliehen. Sie werden ihn entsprechend stark beeindruckt haben. Denn um August Wilhelm Ifflands berühmte Darstellung des Franz Moor zu sehen, wird der Student Eichendorff 1805 von Halle nach Leipzig wandern und unter dem 29. Juni notieren: «Auch heute ergriff u. rührte uns Ifflands fürchterliches erschütterndes Spiel als Frantz Moor, eben so sehr, als uns sein gestriges komisches leichtes Spiel unterhalten hatte.» Rührung und Unterhaltung wird der junge Eichendorff auch an den Räuber-, Ritter- und Schauerromanen seiner Kindheit geschätzt haben, weit entfernt von der späteren Kritik an diesen Romanen wie an Schiller in der «Geschichte des Dramas» von 1854, in der Eichendorff in Anlehnung an August Wilhelm Schlegel und in Auseinandersetzung mit Heinrich Heine zu dem Urteil kommt: Schillers «erste Schauspiele sind noch ganz im Sturm und Drange gearbeitet, bloße Negation und Zertrümmerung aller äußern Schranken und Hemmnisse, die sich dem subjektiven Selbstgott entgegenwerfen. Seine ‹Räuber› machen Revolution gegen Familienleben und gesellige Kultur [...]. Wie aber aller Absolutismus, er mag nun auf der Seite der Revolution oder der Reaktion, auf Seiten der geselligen Ordnung oder gesellschaftlichen Unordnung liegen, vom Übel ist und durch einen gewissen widerwärtigen Familienzug der Unnatur sich wechselseitig ähnlich sieht, so sind auch diese ‹Räuber› mit ihrem prahlerischen Pathos, mit ihren ‹glühenden tatenlechzenden Seelen› [Eichendorff zitiert hier wie öfters Gervinus, «Geschichte der poetischen National-Literatur der Deutschen», Leipzig 1835–1842], barbarischen Tugenden und Kraftsprüchen doch am Ende nur ein andersgewundener Zopf des französischen Theaterheldentums.»

## Jean Paul: «Voll Ahnung und Gegenwart»

Nun enthält Juhrs Bücherverzeichnis nicht nur die «Cramers» und «Schillers», sondern auch zwei Bücher, «Die unsichtbare Loge» (1793) und «Leben des Quintus Fixlein» (1796), des Außenseiters Jean Paul (1763–1825), der sowohl den Klassikern wie den Romantikern nicht ganz geheuer war, obwohl kein Zweifel daran bestand, daß er ein wirklicher Poet sei.

Als Eichendorff geboren wird, ist Johann Paul Friedrich Richter, der im Mai 1792 aus Verehrung zu Jean-Jacques Rousseau das Pseudonym «Jean Paul» annehmen wird, Hofmeister auf dem Rittergut in Töpen. Seit seiner Satirensammlung «Grönländische Prozesse» (1783) ist nichts weiter von ihm erschienen. Jetzt studiert er Kants im Geburtsjahr Eichendorffs veröffentlichte «Kritik der praktischen Vernunft» und die Schriften Friedrich Heinrich Jacobis über Spinoza und David Hume. Jean Paul ist auf der Suche nach dem «hohen Menschen», und in diesem Jahr 1788 verrät er seinem Freund Hermann die Perspektive, die man einnehmen müßte, um nicht niedrig, sondern hoch von der armseligen Welt zu denken: «Trenne dich mit den Gedanken von der Erde, worauf du wohnst und sie wird dir wie einem Mondbewohner schimmernd scheinen und nicht dreckig.» Das ist Eichendorffs spätere Einsiedlerperspektive, und es fragt sich, ob er sie nicht zuallererst bei Jean Paul kennengelernt hat.

Eichendorff selbst gibt uns einen entsprechenden Hinweis, wenn er in der «Geschichte der poetischen Literatur» schreibt»: «So ist sein Emmanuel im ‹Hesperus› ein moderner Einsiedler, der sich als ein ‹Gottmensch› hoch über die anderen Tier- und Pflanzenmenschen erhebt; und den exzentrischen Victor, den die menschliche Unterjochung unter das Glück anekelt, nimmt der Tod jeden Tag einmal auf den erhabenen Arm, und läßt ihn von da herunter bemerken, wie winzig alle Berge und Hügel, auch Gräber sind. Im ‹Titan› ist Albano, der sich selbst den Arm blutig ritzt, um leichter und weicher zu atmen, einer von jenen Paradiesvögeln, die fliegend schlafen, und auf den ausgebreiteten Flügeln die unteren Erdstöße und Brandungen des Lebens verschlummern im langen schönen Traume von ihrem idealischen Mutterland.»

In der «Unsichtbaren Loge» steigt Gustav aus einer Höhle auf den «Eremitenberg» und erfährt dort seine Verbundenheit mit der als göttlich empfundenen Natur, was «freilich die verwerfen, die vor dem Natur-Schauspiel als kalte Zuschauer, als entfernte Logen-Pächter stehen; aber es gibt bessere und seltenere Menschen», beschreibt Jean Paul das andere Extrem, «die sich für hineingerissene Spieler halten und jede Grasspitze für beseelt ansehen, jedes Käferchen für ewig und das unbändige Ganze für ein unendliches schlagendes Adersystem, in welchem jedes Wesen als ein saugendes und tropfendes Ästchen zwischen kleinern und größern pulsiert und dessen volles Herz Gott ist.» Das wird der spätere Eichendorff zwar als Pantheismus rügen, der junge aber wird es begeistert gelesen haben. Und wenn es in den hundert Seiten «Des Quintus Leben bis auf unsere Zeiten in funfzehn Zettelkästen» zum Ausklang heißt: «[...] ich ging ohne Ziel durch Wälder, durch Täler und über Bäche und durch schlafende Dörfer, um die große Nacht zu genießen wie einen Tag. Ich ging und sah, gleich dem Magnet, immer auf die Mitternachtsgegend hin, um das Herz an der nachglimmenden Abendröte zu stärken, an dieser heraufreichenden Aurora eines Morgens unter unsern Füßen [...]. Da fing die Äols-Harfe der Schöpfung an zu zittern und zu klingen, von oben herunter angeweht, und meine unsterbliche Seele war eine Saite auf dieser Laute» – wer denkt da nicht an Jakob Böhme, Ludwig Tieck und an Eichendorffs «Taugenichts» oder an sein Gedicht «Mondnacht» von 1837:

Es war, als hätt' der Himmel
Die Erde still geküßt,
Daß sie im Blüten-Schimmer
Von ihm nun träumen müßt'.

Die Luft ging durch die Felder,
Die Ähren wogten sacht,
Es rauschten leis die Wälder,
So sternklar war die Nacht.

Und meine Seele spannte
Weit ihre Flügel aus,
Flog durch die stillen Lande,
Als flöge sie nach Haus.

Liest man in Eichendorffs literaturgeschichtlichen Arbeiten, vor allem in «Der deutsche Roman des achtzehnten Jahrhunderts in seinem Verhältnis zum Christentum» von 1851, die seitenlangen Abschnitte über Jean Paul, dann spürt man trotz aller Kritik, die der spätere, konfessionell und dogmatisch gebundenere Eichendorff an Jean Paul vorbringt, noch die ursprüngliche Begeisterung und die tiefe Sympathie, die Eichendorff für diesen originellen Poeten gerade in seiner Jugend empfunden haben muß, als er sich selbst noch als «Freigeist» verstand.

Um so mehr verwundert es, daß Eichendorff in seinem Erstlingsroman «Ahnung und Gegenwart» in den dort eingefügten, idealisierenden Kindheitserinnerungen weder seine Vorliebe für die Trivialromane noch Jean Paul erwähnt. Fürchtete er die Kritik seiner Freunde unter den Romantikern, deren Einstellung zu Jean Paul zwiespältig war? Friedrich Schlegel hatte Jean Paul 1798 in den Fragmenten des «Athenäum» «im scharfen Tadel mit tiefer Einsicht würdig gelobt» (Ludwig Tieck) und zwei Jahre später in der gleichen Zeitschrift «das bunte Allerlei von kränklichem Witz» in Schutz genommen und behauptet, «daß solche Grotesken und Bekenntnisse noch die einzigen romantischen Erzeugnisse unseres unromantischen Zeitalters sind». Zögerte der junge Eichendorff, sich eindeutig auf die Seite seines verehrten Lehrers Joseph Görres zu schlagen, der 1804 in «Aurora, eine Zeitschrift aus dem südlichen Deutschland» und 1811 in den «Heidelbergischen Jahrbüchern der Literatur» bei aller Kritik enthusiastisch für Jean Paul eingetreten war? Immerhin: Als Eichendorff 1812 in Wien unter dem Protektorat der Familie Friedrich Schlegels «Ahnung und Gegenwart» beendete, soll dessen Frau Dorothea den Titel gefunden haben bei – Jean Paul in dessen «Titan» (1800–1803).

So sehr hat die Jean Paul-Lektüre den jungen Eichendorff beeindruckt, daß er nach den Kapitelbezeichnungen im «Titan», den «Jobelperioden», die Lubowitzer Ferienaufhalte «Jubelperioden» nennt, so im Tagebuch vom 5. Mai 1807.

Noch überzeugender für den stillen, tiefen Einfluß Jean Pauls auf Eichendorff ist die Tatsache, daß sich dieser in einem für seine dichterische Entwicklung entscheidenden Schritt, in dem Abschiedsbrief von Juni 1809 an Graf von Loeben, auf Jean Paul berufen wird: «Ich malte, wie, glaub' ich, Jean Paul sagt, mit Aether in Aether. Ich fühl' es nun, dieser einförmige Selbstmord der Poesie muß aufhören, oder ich höre auf zu seyn, aber ich fühle es ohne Angst u. Betrübniß, wie sonst jede Veränderung in mir, sondern mit jener farbenreichen Heiterkeit u. lebenstrunknem Blik in die Zukunft, mit dem ich in meiner Rettung in den farbigen Morgen hinaussprang.» Auch das Stichwort «Morgen» erweist den Text als von Jean Paul inspiriert. Das Zitat stammt aus dessen «Vorschule der Ästhetik» von 1804 und richtet sich gegen «dichtende Jünglinge», die sich bei ungenügendem «Studium der Natur» «ins gesetzlose Wüste verflattern» und «ins kraft- und formlose Leere verlieren» wie ein «regellose[r] Maler, der den Äther in den Äther mit Äther malt» wie «z. B. eben Novalis». Diese Warnung gilt nach der Erfahrung Eichendoffs vor allem für den «novalisierenden» Loeben, unter dessen Einfluß er in Heidelberg geraten war.

## Märchen, Sagen und Legenden

Statt Jean Paul stellt Eichendorff, wie es sich für einen Romantiker gehört, in «Ahnung und Gegenwart» lieber die von den Aufklärern verpönten alten Volksbücher mit ihren Märchen, Sagen und Heiligenlegenden als seine bevorzugte Kindheitslektüre vor. Die drei Beispiele «Magelone, Genovefa, die Heymonskinder» sind denn wohl auch als dankbarer Gruß und als Empfehlung des Vierundzwanzigjährigen aus Wien an die verehrten Ludwig Tieck und Joseph Görres gedacht. 1797 hatte Tieck die «Geschichte von den Haimonskindern», die «Liebesgeschichte der schönen Magelone und des Grafen Peter von Provence» sowie die Heiligenlegende «Genoveva» bearbeitet, und Görres hatte sie 1807 in den «Teutschen Volksbüchern» besprochen. 1808 hatten die Brüder Eichendorff auf Wunsch ihres Heidelberger Professors Görres die französische Ausgabe der Heymonskinder in der «kaiserlichen Bibliothek» zu Paris exzerpiert.

In den romanhaft ausgestalteten Kindheitserinnerungen in Eichendorffs «Ahnung und Gegenwart» ist es bezeichnenderweise ein einfacher Mann aus dem Volk, ein Waldarbeiter, der seiner Familie aus den alten Volksbüchern vorliest und diese dem vereinsamten – von Eltern, Bruder und Angelina verlassenen – Schloßkind Friedrich ausleiht. «Da saß ich denn einsam im Garten und las die Magelone, Genovefa, die Heymonskinder und viele andere unermüdet der Reihe nach durch. Am liebsten wählte ich dazu meinen Sitz in dem Wipfel eines hohen Birnbaumes, der am Abhange des Gartens stand, von wo ich dann über das Blütenmeer der niederen Bäume weit ins Land schauen konnte, oder an schwülen Nachmittagen die dunklen Wetterwolken über den Rand des Waldes langsam auf mich zukommen sah.» Kann man eindrucksvoller eine kindliche Einsiedlerperspektive andeuten?

Diese Lektüre der Volksbücher ist nicht nur für den Romanhelden Friedrich, sondern für Eichendorff selbst ein Erweckungserlebnis, das dem zum Dichter Berufenen die Richtung fürs Leben gewiesen hat. Die volkstümliche Literatur verschmolz für Eichendorff mit der Natur, mit dem Garten, in dem er sie las, zu einer Einheit. Literatur und Natur ergänzten sich, verwiesen aufeinander und verstärkten so ihre «fromme» Wirkung. «Ich weiß nicht, ob der Frühling mit seinen Zauberlichtern in diese Geschichten hineinspielte, oder ob *sie* den Lenz mit ihren rührenden Wunderscheinen überglänzten, – aber Blumen, Wald und Wiesen erschienen mir damals anders und schöner. Es war, als hätten mir diese Bücher die goldenen Schlüssel zu den Wunderschätzen und der verborgenen

Pracht der Natur gegeben. Mir war noch nie so fromm und fröhlich zu Mute gewesen.»

Dazu paßt, daß sich der junge Eichendorff laut Bücherliste von Juhr die «Neuen Sagen der Vorzeit» von Leonhard Wächter (Pseudonym Veit Weber) ausgeliehen hatte. An ihm wird Eichendorff 1847 eine Gefahr aller Frühromantiker, die ihre Herkunft aus der Aufklärung nicht verleugnen wollten und konnten, kritisieren: daß sie die «Volksmärchen dem gebildeten und aufgeklärten Leser mundrecht zu machen» glaubten durch «jene feine Ironie», «die uns überall absichtlich herausfühlen läßt, daß der Autor an alles das, womit er so geistreich spielt, eigentlich doch selber nicht glaube».

Novalis hatte in den Fragmenten und Studien 1797/98 programmatisch gefordert und in dem Einsiedler seines «Heinrich von Ofterdingen» Gestalt werden lassen: «Das *echte Märchen* muß zugleich *prophetische Darstellung* – idealische Darstellung – absolut notwendige Darstellung sein. Der echte Märchendichter ist ein Seher der Zukunft», denn: «Mit der Zeit muß die Geschichte Märchen werden – sie wird wieder, wie sie anfing.» Das war auch Eichendorffs Überzeugung.

## *Von Campe zu Claudius*

Die kindliche Märchenherrlichkeit dauert für Friedrich in «Ahnung und Gegenwart» – und wohl auch für den kleinen Joseph von Eichendorff in Lubowitz – nicht lange. «Mein Hofmeister, ein aufgeklärter Mann, kam hinter meine heimlichen Studien und nahm mir die geliebten Bücher weg. Ich war untröstlich. Aber Gott sei Dank, das Wegnehmen kam zu spät. Meine Phantasie hatte auf den waldgrünen Bergen, unter den Wundern und Helden jener Geschichten gesunde, freie Luft genug eingesogen, um sich des Anfalls einer ganzen nüchternen Welt zu erwehren.» Denn Friedrich «bekam nun dafür Kampe's Kinderbibliothek. Da erfuhr ich denn, wie man Bohnen steckt, sich selber Regenschirme macht, wenn man etwa einmal wie Robinson auf eine wüste Insel verschlagen werden sollte, nebstbei mehrere zuckergebackene, edle Handlungen, einige Elternliebe und kindliche Liebe in Charaden.»

Wie weit Josephs eigener Hofmeister, der Priester Bernhard Heinke, tatsächlich ein «Aufklärer» war, bleibe dahingestellt. So, wie Eichendorff hier Friedrichs Privatlehrer schildert, entspricht es eher der Klischeevorstellung der Romantiker von dem «alle Blumengärten umackernden und alle Höhen nivellierenden Pflug des materiellen Realismus, vor den z. B.

Campe die Jugend gespannt hatte», so Eichendorff 1851 in «Der deutsche Roman des achtzehnten Jahrhunderts in seinem Verhältnis zum Christentum».

Für das «Wegnehmen» eines Buches gibt es jedoch in Eichendorffs Tagebuch einen frühen, wenn auch anders motivierten Vorfall: «Im Jahr 1800 im Monath Februar mußt ich, weil ich das Wort zuriklassen ohne alle Ursach etwas scharf ausgesprochen hatte, knien, und es wurde mir das Buch weggenommen. N. B. Ich hatte damals noch dazu gut gelernt. NB. Nicht, weil ich das Wort stark ausgesprochen, sondern boshaft gewesen, und gelogen habe.» Demnach war der Eichendorffsche Hofmeister Heinke streng, mußten die Kinder sauberes Hochdeutsch sprechen lernen, waren die Strafen gleichzeitig religiöse Bußübungen, war Joseph eine Leseratte. Auch versuchte er durch spätere Zusätze zu dem Eintrag, sich mal weniger, mal mehr zu belasten, ein Zeichen für den typischen Wechsel zwischen trotziger Selbstbehauptung und kindlichem Sündenbekenntnis.

Eichendorffs Attacke von 1812 gegen «Kampe's Kinderbibliothek» und darin gegen «Robinson der Jüngere, zur angenehmen und nützlichen Unterhaltung für Kinder von J. H. Campe» eingerichtet und in zwei Teilen 1779/80 zunächst in München bei dem Kurfürstlichen akademischen Buchhändler Johann Baptist Strobel erschienen, war nichts weniger als ein Angriff gegen die Kinderbibel der Aufklärung. Noch am 29. März 1830 meinte Goethe zu Eckermann, auch er halte große Stücke auf Campe: «Er hat den Kindern unglaubliche Dienste geleistet; er ist ihr Entzükken und sozusagen ihr Evangelium.»

Auch der junge Eichendorff wird Campes «Robinson» verschlungen haben, seine Kritik an dem Buch ist späteren Datums. Aufschlußreich ist der Tagebucheintrag vom 18. September 1805 auf der Bildungsreise der Gebrüder Eichendorff von Halle nach Norddeutschland: «Robinson, Campe u. alle die seeligen Stunden der Kindheit, die wir so oft von *Hamburg* verträumt hatten, gaukelten jezt vor unserer Seele».

Matthias Claudius wird von Eichendorff in den Kindheitserinnerungen von «Ahnung und Gegenwart» in einem Atemzug mit Campe erwähnt, weil Claudius für dessen zwischen 1779 und 1784 herausgegebene zwölfbändige «Kinderbibliothek» einige Gedichte und Texte beigesteuert hatte: «Mitten aus dieser pädagogischen Fabrik» – Campes «Braunschweig'sche Schulbuchhandlung», die er 1808 seinem Schwiegersohn Vieweg vermachte – «schlugen mir einige kleine Lieder von Mathias Claudius rührend und lockend ans Herz. Sie sahen mich in meiner prosaischen Niedergeschlagenheit mit schlichten, ernsten, treuen Augen an, als wollten sie freundlichtröstend sagen: ‹Lasset die Kleinen zu mir kommen!›. Diese Blumen machten mir den Farben- und Geruchlosen, zur Menschheitssaat umgepflügten, Boden, in welchen sie seltsam genug verpflanzt waren, einigermaßen heimatlich.»

Wie hier in «Ahnung und Gegenwart», wo er Claudius ein Jesuswort in den Mund legt, würdigt Eichendorff auch später wiederholt in seinen literaturgeschichtlichen Werken den Wandsbeker Einsiedler, von dem ein Freund Klopstocks, Sprickmann, erzählt, Claudius habe in seinem Garten «ein hohes Gerüst gebaut, von dem man die Gegend übersehen kann» – eine Parallele zu Eichendorffs Lektüre in den Bäumen des Hasengartens.

1811/12, als Eichendorff in Wien «Ahnung und Gegenwart» abschließt, ist der über siebzigjährige Matthias Claudius noch einmal in aller Munde, was Eichendorff um so weniger entgangen sein dürfte, als Claudius 1812 auch an Friedrich Schlegels «Deutschem Museum» mitarbeitet – geht doch Eichendorff bei den Schlegels in diesen Tagen ein und aus. Friedrich Heinrich Jacobi, ein Jugendfreund Goethes, seit 1804 Präsident der Bayerischen Akademie der Wissenschaften, wirft 1811 in einer Streitschrift «Von den göttlichen Dingen und ihrer Offenbarung» seinem alten Freund Claudius – 1778 hatte er diesem die Erziehung seiner beiden Söhne anvertraut – «religiösen Materialismus» vor. Denn Claudius bekennt sich mit zunehmendem Alter wenn auch nicht zu einem konfessionell und dogmatisch ausformulierten, so doch zu dem biblisch bezeugten traditionellen Glauben an Christus als den Sohn Gottes und Erlöser der Menschheit. Dagegen ist es die Auffassung Jacobis: «Der wahren Religion, behaupten wir, kann sowenig irgend eine äußere Gestalt, als einzige und notwendige Gestalt der Sache, zugeschrieben werden, daß es im Gegentheil zu ihrem Wesen gehört, keine solche Gestalt zu haben.» Jacobi versucht nun in diesem Text, der sich zunächst als wohlwollende Rezension der bisher erschienenen gesammelten Werke des Matthias Claudius (Asmus I–VII) gibt, den Christusglauben des Freundes als bloße Einkleidung seiner Gottesidee zu interpretieren, zu entschuldigen und ihn so für seine Auffassung zu vereinnahmen, ein Vorgehen, das die Gemüter im Für und Wider erhitzt, ist Claudius doch bereits eine weithin geachtete Instanz, nicht zuletzt wegen seines aufrichtigen, kirchlich ungebundenen Christusglaubens. Ihm wagt Jacobi nun zu unterstellen: «Du ersiehest durch ihn [Christus] die Gottheit, so weit du sie ersehen kannst, indem du dich zu den höchsten Ideen *mit* ihm empor schwingst, und, unschädlich irrend, wähnest, dich nur *an* ihn dazu empor zu schwingen. Da uns dieses einleuchtet, so stoßen wir uns weiter nicht daran, wenn du das

Wesentliche, die Idee, dem unwesentlichen, ihrer Einkleidung, zuweilen nachsetzest, die Sache aus ihrer Gestalt entspringen lässest, und in eine Art von *religiösem Materialismus* verfällst. Du glaubst darum im Grunde doch so gut wie wir, daß der Geist allein lebendig mache.»

Da Jacobi in seiner Streitschrift nicht nur die Hinwendung zum positiven Christentum, die in der romantischen Bewegung um sich greift, als religösen Materialismus attackiert, sondern vor allem die Philosophie Schellings angreift und sie des Pantheismus und Atheismus verdächtigt, antwortet dieser – übrigens Mitglied der gleichen Akademie, deren Präsident Jacobi ist – 1812 mit «F. W. J. Schelling's Denkmal der Schrift von den göttlichen Dingen ec. des Herrn Friedrich Heinrich Jacobi und der ihm in derselben gemachten Beschuldigung eines absichtlich täuschenden, Lüge redenden Atheismus». Darin verteidigt Schelling nicht nur sich selbst, sondern auch Matthias Claudius gegen die überzogene idealistische Natur- und Geschichtsauffassung einer Vernunft, «die nur Unpersönliches, abstraktes, keine physische Gegenwart, nicht Hand noch Finger, nicht Fußstapfen noch *körperliche Beweise* eines Gottes in ihr – nicht den leibhaften, wirklichen Christus als Mittelpunkt von ihr erkennt, sondern diesen in ein allgemeines, allegorisches Wesen verwandelt».

Wie sehr dieser sogenannte Theismusstreit, in dessen Problematik sich Eichendorff selbst wiedererkannte, ihn sein Leben lang beschäftigte, zeigt 1851 seine Abhandlung «Der deutsche Roman des achtzehnten Jahrhunderts in seinem Verhältnis zum Christentum», in der er Jacobi sieben Seiten widmet und Kernstellen aus Jacobis und Schellings Streitschriften zitiert.

«*Münchhausens Abenteuer*»,
«*Das Leben des Lazarillo von Tormes*»,
«*Wagners Leben und Höllenfahrt*»

In dem Verzeichnis der Bücher, die Eichendorffs Familie 1800 aus der Leihbibliothek Juhr in Ratibor erhielt, findet sich auch das 1786 erstmals anonym erschienene Volksbuch «Wunderbare Reisen zu Wasser und zu Lande, Feldzüge und lustige Abenteuer des Freiherrn von Münchhausen, wie er dieselben bei der Flasche im Zirkel seiner Freunde selbst zu erzählen pflegt». Auch die erweiterte Fassung des Buches erschien 1788, in Eichendorffs Geburtsjahr, noch anonym mit dem fingierten Verlagsort London, tatsächlich jedoch in Göttingen, und sein Autor ist kein geringerer als das Mitglied des «Göttinger Hainbundes»

Gottfried August Bürger (1747-1794), Verfasser der volkstümlichen Ballade «Leonore», der sich auch an einer nicht vollendeten Homer-Übersetzung versuchte.

Zweifellos wird der junge Eichendorff seinen Spaß bei der Lektüre des «Münchhausen» gehabt haben. Vielleicht klingt das Närrische dieses «Ritters auf der Kanonenkugel» noch in seinem «Taugenichts» nach, der ebenso unwahrscheinliche, wenn auch anders geartete Abenteuer erlebt, wie sie sich die Welt der Philister nicht träumen läßt.

An den «Taugenichts» erinnert nun tatsächlich der Beginn des spanischen Schelmenromans «Das Leben des Lazarillo von Tormes. Seine Freuden und Leiden». Stammt doch Lazaro – wer denkt da nicht an den armen Lazarus der Bibel – wie der Taugenichts aus einer Mühle, schon im 16. Jahrhundert ein Sinnbild für die Arbeitswelt mit ihrer Ungerechtigkeit: «Ich bin im Flusse Tormes geboren, daher mir der Beiname kam. Das trug sich so zu: Mein Vater – Gott sei ihm gnädig! – hatte eine Mühle zu bewirtschaften, die in jenem Flusse lag, und waltete darin als Müller mehr als fünfzehn Jahre lang [...]. Als ich acht Jahre alt war, wurde mein Vater angeklagt, er habe die Kornsäcke, die man ihm zum Mahlen brachte, übel zur Ader gelassen. Er wurde gefangengesetzt und gestand, und leugnete nicht, und litt Verfolgung um der Gerechtigkeit willen. Ich hoffe zu Gott, er ist in die Herrlichkeit eingegangen, denn das Evangelium heißt sie ja selig, die um der Gerechtigkeit willen verfolgt werden.» Schon diese Kostprobe zeigt den satirischen Biß des nur hundert Seiten langen Textes, der voller ironisch-sarkastischer Anspielungen auf die frömmlerische Welt des spanischen Katholizismus ist.

Waren die Helden spanischer Bestseller in der ersten Hälfte des 16. Jahrhunderts vor allem hochwohlgeborene Ritter – Cervantes parodiert sie in seinem «Don Quijote» –, so stammt Lazaro aus der unteren Gesellschaftsschicht, aus dem Volk. Er ist ein «picaro», ein Schelm, das Urbild der vielen nachfolgenden Schelmenromane mit ihren Anti-Helden. Mag Lazaros Vater noch «als Stallknecht eines Ritters» im Kampf gegen die Mauren in Südspanien «an der Seite seines Herrn als treuer Diener» den Tod finden – der «Lazarillo» schildert im umfangreichsten Kapitel des Buches, «wie er sich bei einem Edelmann verdingte und was er bei ihm erlebte»: eine Karikatur des Rittertums und der ritterlichen Ehre. Hat sein Herr doch die Heimat Altkastilien nur verlassen, um vor einem anderen Ritter, seinem Nachbarn, nicht mehr den Hut ziehen zu müssen. «O Herr», klagt Lazaro Gott sein Leid, «und wie viele seinesgleichen mögen in der Welt verstreut leben, die dem Hirngespinst zuliebe, das sie Ehre nennen, erdulden, was sie um deinetwillen nicht erduldeten.»

Dieses Stoßgebet wird dem jungen Eichendorff zu denken gegeben haben. Ob nicht sein «Taugenichts» der ins romantische Zeitalter versetzte «Lazarillo» ist? Dieser heiratet zum guten Schluß die Magd eines Erzpriesters, kommt «zu Wohlstand und auf den Gipfel all meines Glücks» – auch der Taugenichts heiratet keine Gräfin, sondern die Nichte des Portiers, «und die Donau rauschte dazwischen herauf – und es war alles, alles gut»: Wenn sich das nicht ebenso schelmisch, «pikaresk», anhört wie der «Lazarillo»! Daß in einer Fortsetzung des «Lazarillo», die 1620 in Paris erscheint, dieser auch zwischendurch einmal Einsiedler wird und am Ende als frommer Mönch stirbt, weist nicht nur auf den «Simplicissimus» voraus, sondern auch auf Eichendorffs Vorliebe für die Symbolgestalt des «Einsiedels».

Einem Einfluß freilich konnte sich keiner der deutschsprachigen Schriftsteller um 1800 entziehen: Das war das Volksbuch über den «Doktor Faustus», dessen verbreitetste Fassung den Titel trug «Historia von Doktor Johann Fausten dem weitbeschriebenen Zauberer und Schwarzkünstler, wie er sich dem Teufel verschrieben, was er für seltsame Abenteuer gesehen selbst angerichtet und getrieben, bis er endlich seinen wohlverdienten Lohn empfangen». 1587, dreiunddreißig Jahre nach dem «Lazarillo», war das Buch bei Spieß in Frankfurt am Main gedruckt worden, bereits 1593 erschien als Fortsetzung das «Leben Christoph Wagners» über die Zaubereien und Reisen des Famulus, des Dieners von Faust, in der Neuen Welt. Hatte doch im letzten Kapitel des Volksbuches der sterbende Doktor Faustus dem Wagner, den er aufgezogen und seinen Sohn nannte, nicht nur Hab und Gut vermacht, sondern ihm auch noch eine Bitte gewährt. Der Famulus begehrte zum Erstaunen des Faust dessen Geschicklichkeit, worauf dieser – bezeichnend für die Büchergläubigkeit der angehenden Neuzeit – antwortete, er solle nur fleißig in den Büchern, die er ihm vermache, studieren und sie liebhaben. Darüber hinaus dürfe der Famulus sich auch noch einen Geist wünschen, «dieweil mein Geist Mephistophiles mir weiter zu dienen nicht schuldig, ich also dir ihn nicht verschaffen mag». Nach drei Tagen Bedenkzeit wünschte sich Wagner einen Geist «in Gestalt eines Affen, und auch in solcher Größe». Er erscheint und heißt Auerhahn.

Dieses Wagners künftige Abenteuer nun bestellt der junge Eichendorff 1800 bei Juhr in Ratibor und erhält vermutlich die gerade erst, 1799, in Wien und Leipzig anonym erschienene Ausgabe «Wagners, berüchtigten Famulus des Doctor Faust, Leben, Thaten und Höllenfart».

## Der Tod und die Leidensgeschichte Jesu

Dort, wo Eichendorff in seinem Roman «Ahnung und Gegenwart» die Kindheitslektüre seines Helden Friedrich schildert, heißt es weiter: Nach den Phantasiereisen im heimatlichen Garten – zwischen Hamburg, Braunschweig und Wandsbek zu Matthias Claudius – machte bald «eine neue Epoche, die entscheidende für mein ganzes Leben, dieser Spielerei ein Ende. Mein Hofmeister fing nämlich an, mir alle Sonntage aus der Leidensgeschichte Jesu vorzulesen. Ich hörte sehr aufmerksam zu. Bald wurde mir das periodische, immer wieder abgebrochene Vorlesen zu langweilig. Ich nahm das Buch und las es für mich ganz aus. Ich kann es nicht mit Worten beschreiben, was ich dabei empfand. Ich weinte aus Herzensgrunde, daß ich schluchzte. Mein ganzes Wesen war davon erfüllt und durchdrungen, und ich begriff nicht, wie mein Hofmeister und alle Leute im Hause, die doch das alles schon lange wußten, nicht eben so gerührt waren und auf ihre alte Weise so ruhig fortleben konnten.»

Da der spätere Eichendorff, zuletzt in seiner «Geschichte der poetischen Literatur», mit dem protestantischen Pietismus hart ins Gericht geht – er habe «den toten Buchstabenglauben durch eine Steigerung des Gefühls neu zu beleben gesucht», «das Objektive des Christentums» «in der luftigen Wandelbarkeit einer bloß subjektiven Auffassung» wieder verflüchtigt, sei «aus der abgeschlossenen Enge der Orthodoxie in das Grenzenlose individueller Empfindung» geraten –, dürfen wir das in «Ahnung und Gegenwart» geschilderte religiöse Erweckungserlebnis durchaus autobiographisch nehmen.

Erinnert es doch an den Grafen von Zinzendorf, der 1772 die pietistische Brüdergemeine der Herrnhuter gründete. In seinen ausgewählten «Gedanken über verschiedene evangelische Wahrheiten», die im Jahre 1800 erschienen, schreibt er zum Beispiel in dem Kapitel «Von dem fruchtbaren Bedenken des Leidens und Todes Jesu»: «Verwegen in den Tag hinein leben, auf Hoffnung, am Gerichtstage noch aus Gnaden selig zu werden, ist sehr gefährlich [...]. Darum ists höchstnöthig, daß man beyzeiten Jesu Tod und sein' Ursach' fruchtbarlich bedenke, und in seinem Verdienst sich weide; darnach wird sichs mit dem Verscheiden zu den ewigen Freuden wol geben. Wer nur einmal Gottes Marter hat ehren, lieben, kennen und fühlen gelernt, dem hört, sieht und fühlt mans sein Lebetage an; und wem das Wort von Jesu Leiden zum Trost, zur Freude und Seligkeit ist, so daß seine Seele sich darüber kaum zu lassen weiß vor Scham und Freude, der hat daran ein gewisses Zeichen, daß er einer von des Heilands Schätzen ist, und zu dem Lohn seiner Schmerzen gehört.»

Das Kreuz war für Eichendorff seit seiner Kindheit und dann sein Leben lang das Zeichen des Trostes und des Friedens angesichts der tödlichen Mächte, die von überall her drohen. So heißt es programmatisch und gleichnishaft für alle Lebensfahrten gleich zu Beginn von «Ahnung und Gegenwart»: «Wer von Regensburg her auf der Donau hinabgefahren ist, der kennt die herrliche Stelle, welche der Wirbel genannt wird. Hohe Bergschluften umgeben den wunderbaren Ort. In der Mitte des Stromes steht ein seltsam geformter Fels, von dem ein hohes Kreuz Trost- und Friedenreich in den Sturz und Streit der empörten Wogen hinabschaut. Kein Mensch ist hier zu sehen, kein Vogel singt, nur der Wald von den Bergen und der furchtbare Kreis, der alles Leben in seinen unergründlichen Schlund hinabzieht, rauschen hier seit Jahrhunderten gleichförmig fort. Der Mund des Wirbels öffnet sich von Zeit zu Zeit dunkelblickend, wie das Auge des Todes. Der Mensch fühlt sich auf einmal verlassen in der Gewalt des feindseligen, unbekannten Elements, und das Kreuz auf dem Felsen tritt hier in seiner heiligsten und größten Bedeutung hervor. Alle wurden bei diesem Anblicke still und atmeten tief über dem Wellenrauschen.»

## Weltgeschichte und Geschichtsphilosophie

Wer von Eichendorff nur die Wanderlieder kennt und vielleicht noch den «Taugenichts», könnte meinen, der Dichter sei ein unhistorischer Mensch gewesen, an Geschichte nicht interessiert. Schon ein Blick in die Bücherliste für die Juhrsche Leihbibliothek belehrt uns eines Besseren. Der zwölfjährige Joseph bestellt 1800 eine Darstellung des «Zweiten Punischen Krieges» nach Livius, von Ignaz Cornova, Prag 1798. Ist es der in diesem Krieg 218 v. Chr. beginnende Zug des Karthagers Hannibal mit 50000 Mann Fußvolk, 9000 Reitern und 37 Elefanten über die östlichen Pyrenäen nach Südgallien und weiter über die Alpen nach Italien; ist es die Schlacht am Trasimenischen See des folgenden Jahres oder der Sieg Hannibals über die Römer bei Cannae 216, was den kleinen Joseph zum Feldherrn und Dramatiker werden läßt? Teilt doch Eichendorffs Sohn Hermann 1862 in seiner Biographie über den Vater nicht ohne Idealisierung mit: «Er entwarf in bunten Farben die künstlichsten Schlachtpläne, für sein damaliges Alter von ungewöhnlichem Nachdenken zeugend, und verfaßte bereits in seinem zehnten Lebensjahre ein mehraktiges Trauerspiel, dessen Stoff der römischen Geschichte entnommen war, und das den kindlichen Verfasser beim Niederschreiben und so oft er es von neuem überlas, bis zu Thränen rühren konnte.» Dazu paßt Eichendorffs Vierzeiler aus dem Jahre 1803:

> Hier steh ich, und staunend walle
> Ich Jahrhunderte zurücke,
> In der Vorzeit düstern Halle
> Schwärmen meines Geistes Blicke.

Als weiteren historischen Titel bestellt Joseph eine «Gedrängte Geschichte der französischen Revolution». Eichendorffs Leben ist von Revolutionen geprägt, wie er selbst in der Eingangszeile des Entwurfs zu «Der Adel und die Revolution» am Ende seines Lebens formuliert: «Ich bin / 1788 / mit der Revolution geboren, der politischen wie der geistigen, literarischen, u. die leztere habe ich mitgemacht.»

So notiert er in den vierziger Jahren in seinem «Bilderbuch aus meiner Jugend» über das Jahr 1793, er war damals fünf Jahre alt: «Da kommt von Ratibor zwischen den Kornfeldern ein Büntingscher Offizier hergeritten, und bringt die Nachricht von der Hinrichtung Ludwig XVI. Tragischer Eindruck. Ich aber sah nach den Karpaten wie in Ahnung der neuen Zeit.» «Ahnung und Gegenwart» wird sein erster Roman heißen.

Nach der Juli-Revolution 1830, die Eichendorff von Königsberg aus verfolgt, schreibt er die Satire «Auch ich war in Arkadien» (1832) sowie die Novellen «Das Schloß Dürande» (1837) und «Die Entführung» (1839).

Die dritte Revolution – Eichendorff erlebt sie 1848/49 hautnah in Berlin und Dresden – spiegelt sich außer in der Satire «Libertas und ihre Freier» auch in dem Epos «Robert und Guiscard» (1855).

Unter dem Einfluß seiner Familie und ihres Bekanntenkreises – «wie die Großmama, dazwischen betend, die alte Zeit vertritt, gegen den neumodischen Dr. Werner», heißt es im «Bilderbuch aus meiner Jugend» – ist schon der junge Eichendorff um 1800 an der Frage nach dem Sinn der Geschichte und nach ihren tieferen Triebkräften interessiert. So fordert er unter der Bezeichnung «Philosophischer Inbegriff der Geschichte der Menschheit» aus der Leihbibliothek Juhr das Werk «Philosophische Muthmaßungen über die Geschichte der Menschen», 2 Bände, Frankfurt und Leipzig 1764, an und erhält vermutlich eine ältere Ausgabe. Ihr Autor Isaak Iselin (1728–1782), ein hoher Beamter in Basel, propagiert als bekannter Philosoph der Aufklärung die Höherentwicklung der Menschheit und läßt sich als Publizist die sogenannte «Volksaufklärung» angelegen sein. 1776 erscheint sein Periodikum «Ephemeriden der Menschheit oder Bibliothek der Sittenlehre und Politik». Das von Eichendorff bestellte philosophiegeschichtliche Werk Iselins war bereits für Johann Gottfried Herder der Anlaß gewesen, sich mit Montesquieu und David Hume zu befassen und 1774 «Auch eine Philosophie der Geschichte zur Bildung der Menschheit. Beitrag zu vielen Beiträgen des Jahrhunderts» herauszugeben. Darin formuliert er eine Absage sowohl an die Fortschrittsgläubigen der Aufklärung wie an die Kleingläubigen unter den Frommen: «Was soll ich zu dem großen Buche Gottes sagen, das über Welten und Zeiten gehet: von dem ich kaum eine Letter bin, kaum drei Lettern um mich sehe – Unendlich klein für den Stolz, der alles sein, wissen, würken und bilden will! unendlich groß für die Kleinmut, die sich nichts zu sein getrauet – beide nichts als einzelne Werkzeuge im Plane einer unermeßlichen Vorsehung»: ein Wort nach dem Herzen Eichendorffs, es könnte als Motto für seine Geschichtsphilosophie stehen.

Die beiden weiteren «historischen» Titel in der Juhrschen Bücherliste bestätigen das philosophiegeschichtliche Interesse des jungen Eichendorff: ein anonymes Werk «Über die gegenwärtige und zukünftige Menschheit» sowie die «Geschichte der menschlichen Ausartung und Verschlimmerung durch das gesellschaftliche Leben. Aus dem Französischen des Criminalrath Paalzow», Hamburg 1796.

## «Ueber die Einsamkeit»

Johann Georg Zimmermann (1728–1795), wie sein schon erwähnter Freund Iselin ein aufgeklärter Schweizer Popularphilosoph, studierte in Göttingen Medizin, wirkte durch Vermittlung seines Lehrers Albrecht von Haller, dessen Biographie er 1757 herausgab, in Bern und Brugg an der Aare und wurde vierzigjährig «Königlich Großbritannischer Hofrath und Leibarzt» in Hannover, wo er auch verschied mit den Worten: «Laßt mich allein, ich sterbe.» Bekanntgeworden war er nicht nur durch ein Gedicht über das Erdbeben in Lissabon, durch sein populäres Buch «Vom Nationalstolz» (1758) und seine einflußreiche Schrift «Von der Erfahrung in der Arzneykunst» (1763/64), sondern auch durch sein Alterswerk in vier Bänden «Ueber die Einsamkeit», das 1784/85 in Leipzig erschien. Auf 1834 Seiten breitet dort der Schriftsteller Zimmermann, den Goethe in «Dichtung und Wahrheit» zu denen zählt, «welche von ihren Studien, ihrem Metier klar, deutlich, eindringlich, und sowohl für die Kenner als für die Menge zu schreiben unternahmen», das damalige Wissen und seine Ansichten über die Einsamkeit als Weg zur Glückseligkeit aus. Doch nicht dieses Originalwerk bestellt Joseph von Eichendorff 1800 in der Leihbibliothek von Juhr, sondern die deutsche Ausgabe einer für das französische Publikum auf 310 Seiten gekürzten Fassung, die im Geburtsjahr Eichendorffs 1788 in Paris erschienen war. Sie trägt den Titel: «Mercier über die Einsamkeit und ihren Einfluß auf Geist und Herz, nach Zimmermann. Ein Buch für die reifere Jugend beyderley Geschlechts. Uebersetzt und mit psychologischen Reflexionen begleitet vom Professor Hydenreich in Leipzig. Leipzig, in der Weygandschen Buchhandlung. 1797.» Daß diesem Buch für Eichendorffs Entwicklungsgeschichte eine besondere Bedeutung zukommt, legt nicht nur der Inhalt nahe: Es ist das einzige Buch aus der Juhrschen Bücherliste, das der Zwölfjährige laut seiner Ausgabenliste im Januar 1801 käuflich erwirbt.

Der Autor der französischen Fassung, Louis-Sébastien Mercier (1740 bis 1814), war nicht irgendwer, sondern ein in Europa geschätzter Schriftsteller. Er wirkte durch seine Dramentheorie, die Heinrich Leopold Wagner aus dem Kreis um Goethe 1776 unter dem Titel «Neuer Versuch über die Schauspielkunst» übersetzte und in der das aktuelle und sozial engagierte Theater gefordert wurde, auf den deutschen Sturm und Drang. Wieland las mit Begeisterung Merciers von Rousseau beeinflußte Raumutopie «L'an 2440» (1771) über glückliche Menschen in glücklichen Tälern. Seine Kritik am Absolutismus zwang Mercier vorübergehend zur Flucht in die Schweiz, wo er in Zürich mit Lavater, Dalberg und Iffland zusammentraf. 1792 wurde er in den Nationalkonvent gewählt, schloß sich den Girondisten an und stimmte gegen die Verurteilung Ludwigs XVI. 1793/94 war Mercier in Haft und gehörte 1795–1797 zum Rat der Fünfhundert. 1797–1813 war er Kassenkontrolleur der Nationallotterie und heiratete kurz vor seinem Tod die Mutter seiner drei erwachsenen Töchter.

Was ein solcher Autor in seinem «Vorbericht» über das Werk Zimmermanns, über sich selbst und über den Leser sagt, dürfte den jungen Eichendorff beeindruckt haben: «Tugendhafter Jüngling, der du dieses Werk liesest, nimm das Gute, welches darinn ist, mit Liebe auf; was aber frostig ist, dich nicht rührt, nicht in dein Innres dringt, das verwirf! Mir wird es eine Wollust und reichliche Belohnung für meine Arbeit seyn, wenn du mir Dank weißt, wenn du mich segnest, wenn du sagst, daß ich dich aufgeklärt, dich gebessert, dich beruhigt habe. Ich verlange von dir nur diesen einzigen Seegen für mein Werk, daß du in deinem Hange zu einer weisen und thätigen Einsamkeit, in deiner Abneigung gegen zeittödtende Gesellschaften, und niedrige Mittel, Glück zu machen, deine Befriedigung findest.»

Vielleicht sind für Eichendorff weniger die in den Buchkapiteln dargestellten «allgemeinen Vortheile der Einsamkeit», auch nicht die «Vortheile der Einsamkeit in Beziehung auf unseren Geist» noch «auf das Herz des Menschen» bedeutsam geworden, sondern vielmehr die von Mercier besonders herausgearbeitete Notwendigkeit der Einsamkeit gerade für den Schriftsteller. Ob sich der zwölfjährige Joseph von Eichendorff durch wiederholte Lektüre dieser Passagen ein für allemal entschloß, ein Dichter zu werden? «Einsamkeit ist der treue stille Freund, dem man nichts verheelt, was man im Umgange verbirgt. Da ergießt man sein Herz, wenn man die Feder ergreift. Man schreibt zwar nicht immer, weil man einsam ist, aber man muß doch einsam seyn, wenn man schreiben will. Wer philosophieren oder dichten will, muß seine volle Freyheit haben; er muß nicht jeden Augenblick seine Thür rauschen und seine Kinder schreyen hören [...]. Man muß ihn allein lassen. Er muß allen Bewegungen seines Kopfes folgen, muß arbeiten können, wenn er sich dazu aufgelegt fühlt, und wo ihm die Arbeit am besten von Statten geht, im Freyen oder auf seinem Zimmer, im Schatten eines Baums oder in seinem Lehnstuhl. Zur glücklichen Schriftstellerey gehört dringendes geistiges Bedürfniß und eine Lage, worin man die Gegenstände seiner Thätigkeit nach seinem Geschmack wählen, und sich dem Andrang seiner Ideen frey überlassen kann [...]. Nur dann schreibt man gut, wenn man sich durch eine innere Stimme zum Schreiben aufgefordert fühlt, wenn man die kostbaren Augenblicke, wo der Kopf frey, und das Herz erwärmt ist, nicht ungenützt vorüber gehen läßt. Man muß zu einem lebhaften Anschauen seines Gegenstandes gestimmt, von allen Empfindungen belebt, und durch Nichtachtung von Hindernissen gestählt seyn; dann umfaßt die Seele alles mächtiger, und Gedanken und Ausdrücke stellen sich ihr von selbst dar. Dann fragt man sich nicht mehr, soll ich schreiben oder nicht? Man muß schreiben, und sollte man alles, sein Glück, seine Familie, die Liebe seiner Freunde, die Gunst der Großen und alles, was man besitzt, dadurch aufs Spiel setzen.»

Das ist freilich «Romantik», wie sogar die Aufklärer Zimmermann und Mercier sie bereits vor der romantischen Bewegung beschreiben: «Romantische Köpfe», liest der junge Eichendorff bei Mercier, «möchten zwar immer die Dinge gern in einer andern Gestalt sehen, als sie gewöhnlich erscheinen, und oft erscheinen können; aber die beständige Betrachtung des Großen und Schönen verwahrt uns doch vor allem Schlechten und Niedrigen.»

«*Ueber die Einsamkeit*»

9 Eichendorff 1797

Das gewöhnliche Erscheinungsbild des Schriftstellers um 1800 war tatsächlich weniger einsiedlerisch ungestört und der Einsamkeit ergeben. Er mußte, da er in der Regel von seinem Honorar kaum allein, mit Kind und Kegel noch weniger leben konnte, irgendwie sein täglich Brot verdienen, und das gelang nicht immer so vorteilhaft auch für die Schriftstellerei wie dem Minister Goethe. Selbst hervorragende Autoren unter den 6200 deutschsprachigen Schriftstellern, die Meusels Lexikon für Eichendorffs Geburtsjahr 1788 errechnet, verdienten sich ihren Lebensunterhalt zum Beispiel als Theologen, Hauslehrer, Universitätsprofessoren, Sekretäre, Gutsherren, Offiziere, fürstliche Rentiers, Bibliothekare, Redakteure, Herausgeber, Lektoren, Juristen und – Beamte wie später Eichendorff. Als freie Schriftsteller konnten sich selbst Klopstock und Lessing nur zeitweise über Wasser halten.

Trotz des von Zimmermann und Mercier gezeichneten romantischen Idealbildes vom in der Einsamkeit frei schwebenden Schriftsteller, das der junge Eichendorff goutiert haben mag, war er später anderer Ansicht:

*10 Erster Tagebucheintrag*

«Ich bleibe hier», läßt er den Dichter Dryander 1834 in der Novelle «Dichter und ihre Gesellen» zu dem Rittergutsbesitzer Manfred sagen, «ich habe das wüste Treiben satt; Profession vom Dichten machen, das ist überhaupt lächerlich, als wenn einer beständig verliebt sein wollte und noch obendrein auf öffentlicher Straße – ich will hier bei Euch die Landwirtschaft lernen!» Er sprach so eifrig, daß schließlich auch Manfred «überzeugt war, daß nur die Einsamkeit und eine eisern geregelte Tätigkeit den wirren Geist heilen könnte».

Erst nach seiner erbetenen Pensionierung 1844 ist Eichendorff dreizehn Jahre lang bis zu seinem Tode 1857 «freier Schriftsteller», weil sich der «gebildete», der dichtende Beamte als Relikt der romantischen Epoche überlebt hat. Dabei hatten die Brüder Joseph und Wilhelm schon bei Mercier gelesen: «Es ist eine gute Bemerkung von einem berühmten Deutschen, daß es so gut politische Karthäuser gebe, als religiöse, und daß beyde sehr oft die besten Menschen seyen.» Doch hatte auch schon Mercier feststellen müssen, und die Romantiker konnten den Trend nicht nachhaltig umkehren: «Jene in der Geschichte berühmt genug gewordenen Zeiten sind vorüber, wo man das einsiedlerische kontemplative Leben über alles schätzte, und sich in dem Maaße dem Himmel zu nähern glaubte, als man sich von der Welt entfernte.»

## «Pro Memoria»: Der Tagebuchschreiber

Der Sohn des Dichters, Hermann von Eichendorff, schreibt 1862 in seiner Biographie, der Drang zu produktivem Schaffen sei schon früh in seinem Vater erwacht. Statt wie andere Altersgenossen an lärmende Spiele zu gehen, habe er in seinen Mußestunden gearbeitet. Wie dem auch sei: Vom Drang, Bücher zu schreiben, zeugen Josephs Tagebücher, einige illustrierte Blätter zur Naturgeschichte sowie erste Verse in Stammbüchern.

«Den 12$^t$ November im Jahre: 1800 fieng ich dieß Tagebuch an. Joseph Baron von Eichendorff. Lubowitz.» Spätestens dieses Datum ist die Geburtsstunde des Schriftstellers. Geübt hatte er neunjährig seit dem 7. Januar 1798 und «Pro Memoria» – so die aus der Amtssprache für eine formlose Denkschrift stammende Überschrift –, «zur Erinnerung» also notiert: «7. in Ganjowitz [nächstes Dorf] zu Schlitten 9. in Sumin [das Rittergut jenseits der Oder, seit 1785 im Besitz der Familie] zu Schlitten 10. Sind die Sachen aus Prag hier her ohne Impost [Zoll] angekommen, und der Landrath [von Ratibor] Wrochem ist zum Besuche hergefahren. 11. Mit der Küste [Kiste, umgangssprachlich für Wagen] nach Slavikau [Gut in der Nähe von Lubowitz, 1795 von Eichendorffs Vater erworben] gefahren, und sind im zurickweege in einen Graben geschleidert. 14. Herr Heinkes [der Hofmeister] Bruder aus Trebnitz [Wallfahrtsort zu Ehren der hl. Hedwig], und der Officier Porem[b]sky hiergewesen. 15. Ist die Abreise des Papa aus Breslau [wo er Schuldverhandlungen führte] gewesen. 16. Ist Jahrmarkt in Rattibor gewesen, auf welchem wir hin gefahren sind, auch ist an diesen Tage die Hochzeit des Schipps [unbekannt], mit der Freile [mundartlich für Fräulein] Antonie von Hayn [Verwandte der Großmutter Baronin Kloch, geborene von Hayn?] in Schillersdorf [südlich von Ratibor, im Besitz des Onkels Johann von Eichendorff] gewesen 18. Waren die Brautleute hier, und wir saßen bis um 12 Uhr Abends. 20. Kam der Papa aus Breslau hierher.»

Der schriftstellerische Eifer scheint dann erlahmt zu sein. Die nächsten Notizen sind fünf Wetterbeobachtungen für das Jahr 1799. Die beiden Beispiele zeigen, daß der Autor sich nun schon besser artikulieren kann: «Im December Anno: 1799 war in Hirschberg so ein großes

Gewitter, daß es einschlug, und 14 Häuser in Asche legte. Anfang December im Jahre 1799 war in der Festung Schweidnitz ein ziemliches Erdbeben.»

Es folgen dann die schon erwähnten Notizen von der «Karlsbader Hinreise» 1799 und die «Merkwürdigkeiten in der Stadt Dresden». Für 1800 nimmt der Elfjährige einen erneuten Anlauf und notiert für Januar vor allem stereotyp «Zu Schlitten in ... gewesen», was unter das Niveau von Januar 1798 zurückfällt. Erst der schriftlich festgehaltene Entschluß im November 1800 führt dann zu regelmäßigen Eintragungen für die folgenden zwölf Jahre bis zum 5. März 1812.

Es fehlen jedoch gerade die Aufzeichnungen aus einer in vielerlei Hinsicht kritischen Periode: von April 1808 bis Oktober 1809 über den Ausgang der Liebesaffäre mit Käthchen Förster während der Studienzeit in Heidelberg, über die Bildungsreise nach Paris sowie die Rückkehr nach Lubowitz, wo die Brüder dem Vater bei der Verwaltung der gefährdeten Güter helfen und Joseph sich verlobt. Auch vom 20. Juni 1810 bis Juni 1811 fehlen Eintragungen, gerade für die erste Zeit des Wien-Aufenthalts ab November 1810. Nach Auskunft von Hermann von Eichendorff habe der Vater bis 1817 Tagebuch geführt, doch sind davon nur noch einige Notizen zu den Feldzügen in den Befreiungskriegen erhalten.

Geschrieben hat der junge Eichendorff seine Tagebuchaufzeichnungen – gelegentlich gibt es darunter eine Notiz seines Bruders Wilhelm, so groß war die gegenseitige Vertrautheit – von Januar 1798 bis April 1808 in ein unpaginiertes, schweinsledernes Ausgabenbuch im Quartformat. Es enthält auch Eintragungen fremder Hand und von Eichendorff selbst eingestreut «Ausgaben des Josephischen Taschengeldes», «Stehende Schulden 1800», «Eigene Schulden 1800», «Geldausgabe für den Monath Januar 1801: «Pfefferkuchen [...] Nüsse [...] An H. Heinke in der Wette verloren [...] Verspielt [...] Schreibtasche [...] Knöpfe [...] Auf dem Balle». Ferner finden sich darin französisch-deutsche Vokabeln und Karikaturen von Lehrern und Hauspersonal, so vom Diener Daniel Nickel und vom «alten Koch in der Kosaken Masque», sowie Bußübungen zur «Trauerzeit 1799» [...]: «1 halbe Stunde knien», «6 Kopf[nüsse]». «Ich denk' es ist dessen genug».

Der Eindruck, Eichendorff habe sich vielleicht durch pietistische Einflüsse zum Schreiben eines Tagebuchs anregen lassen, um seinen Fortschritt in moralischer und religiöser Hinsicht zu kontrollieren, täuscht. Wie die Beispiele aus den ersten Seiten zeigen – sie sind durchaus typisch, auch wenn die Eintragungen später ausführlicher, vielseitiger und sprachlich gewandter werden –, ist Eichendorff mehr an der Außenwelt interessiert als an seinem Innenleben. Wie es in ihm aussieht, wird nur selten angedeutet. Das mag weniger damit zusammenhängen, daß er – wie er später meinte – in dieser Periode ein «Freidenker» gewesen sei. Diese Zurückhaltung zeigt sich auch in Fragen der geistigen Auseinandersetzung und im Verhältnis zu Familie, Freunden und Lehrern.

## «Die süße Pflicht»: Der Naturgeschichtsschreiber

Sicherlich angeleitet von Herrn Heinke, dem Hofmeister in Lubowitz, spielt der zehnjährige Joseph von Eichendorff den Herausgeber mehrerer illustrierter Hefte zur Naturgeschichte. Großspurig ist deren Titel: «Neue Bildergallerie bey Karl Joseph Benedikt von Eichendorff, Lubowitz 1798. Mit 6 Kupfern. (No. 4 mit ausgemahlten Kupfern 1798.) Mit Eichendorffschen Lättern.» An den Hauslehrer oder an die Eltern gerichtet, wirkt die Vorrede zum vierten Heft mit den vier bunten Vogelbildern durch ihre floskelhaften Redewendungen aus der aufklärerischen Fortschritts- und Vollkommenheitspädagogik und die vielen guten Vorsätze wie eine abverlangte Schreibübung in Kindergehorsam: «Die süße Pflicht, mein Versprechen zu halten, nemlich die Hefte der neuen Bildergallerie fortzusetzen, erinnert mich auch, in jedem derselben merkliche Fortschritte der Vollkommenheit zu machen. Ich werde mir daher alle ersinnliche Mühe geben, um mir Ihren mir so werthen Beyfall zu verdienen. Hier in diesem vierten Hefte folgt auch der Inhalt aller der vorhergegangenen Hefte, welche unter demselben Nahmen betittelt sind; auch die Mahlerei werde ich, so wie es mir möglich ist, zu verbessern und andere Kleinigkeiten besser abzuändern suchen. Doch gebe ich nicht die Hoffnung auf, Beyfall im dritten Teile von Ihnen erlangt zu haben. Der Herausgeber. Lubowitz im Jahre 1798.»

Zahlreiche Vorbilder für eine solche Bildergalerie gab es seit einem guten Jahrzehnt in der pädagogischen Literatur der Aufklärung. Unmittelbares Vorbild für Joseph von Eichendorffs Hefte könnte bis in den Titel hinein die seit 1794 in Jahresbänden erscheinende «Neue Bilder Gallerie für junge Söhne und Töchter» von Christian Gottfried Flitner gewesen sein, gedacht «zur angenehmen und nützlichen Selbstbeschäftigung aus dem Reiche der Natur, Kunst, Sitten, und des gemeinen Lebens». Ein Verzeichnis «der Pränumeranten auf dem fünften Band» von 1798 nennt etwa 600 Namen, vor allem Buchhändler, Adelige, Militärs, Beamte, Theologen, Erzieher und wohlhabende Bürger, darunter aus Schlesien den Buchhändler W. G. Korn in Breslau.

Auch wenn Eichendorff 1799 aus dem Dresdner «Naturalienkabinet» verschiedene Mißgeburten von Tieren und Menschen in Spiritus und ausgestopfte Tiere und Vögel erwähnt; auch wenn das Tagebuch unter dem 15. November 1800 vermeldet: «Habe ich die Naturgeschikte angefangen, zu schreiben», so läßt sich daraus nicht auf eine außergewöhnliche Natur- und Tierliebe des Jungen schließen. Er fragt zwar in dem ersten uns bekannten Brief nach dem Wohlbefinden der Hunde, vermerkt im Tagebuch von 1801, ein Schwan sei auf der Oder geschossen und «unser Pfau erbissen» worden, auch sei «ein toller Hund nahe bey mir vorbey geloffen», und erwähnt die erste Lerche, Schwalbe und Nachtigall – doch wie die anderen Söhne der Großgrundbesitzer ist er vor allem an der Jagd interessiert, wie er im September 1802 aus den Ferien berichtet: «Der ergiebigste Lerchenfang auf Gnaj[jowitzer] Felde gewesen», oder ein Jahr später: «Eine große Jagd [...] 7 Hasen», «Frühzeitig bey undurchsichten Nebel auf der Jagd», «Abends die erste (unglükliche) Lerchenjagd», «Fingen wir mit dem H. Thilsch Vögel vermittelst Vogelleims».

Auch der Stundenplan für die beiden Gymnasialklassen in Breslau wird außer «Experimental Physik» keine naturkundlichen Fächer enthalten, die ein besonderes Interesse der Brüder Eichendorff hätten wecken oder pflegen können. In den beiden anschließenden Semestern an der Philosophischen Fakultät der Katholischen Universität Breslau dienen die anthropologischen Vorlesungen des Mediziners Dr. Wendt, die Philosophische Naturgeschichte von Professor Heyde, die Experimentelle Physik des Astronomen Jungnitz sowie laut Tagebuch vom 21. Juni 1804 eine «Botanische Excursion» mehr den allgemeinen Anforderungen für ein Bakkalaureat bzw. Lizenziat der Philosophie, mit dem die Brüder abschließen werden, als speziellen naturwissenschaftlichen Interessen. Sie werden, soviel scheint schon klar, die Rechte studieren.

### *«Selig, wer im Schoß der Freuden»: Der Stammbuchdichter*

Lebensfreude, die im geselligen Umgang ihren Ausdruck findet, scheint die Grundstimmung in Eichendorffs Kindheit und Jugend gewesen zu sein, trotz der dunklen Schatten, die durch die Verschuldung der Güter und durch die napoleonischen Kriegswirren über den Eichendorffs und dem Land lagen.

Keiner hat besser als Eichendorff selbst in «Der Adel und die Revolution», durch den Altersblick verklärt, am Beispiel der «Sommernachmittage» die ihm unvergeßliche Atmosphäre geschildert. Es gab sie auch an den Winterabenden, das ganze Jahr hindurch fanden sich Gelegenheiten genug zu geselligem Beisammensein. «An schönen Sommer-Nachmittagen aber kam häufig Besuch aus der Nachbarschaft. Nach den geräuschvollen Empfangskomplimenten und höflichen Fragen nach dem werten Befinden, ließ man sich dann gewöhnlich in der desolaten Gartenlaube nieder, auf deren Schindeldache der buntübermalte hölzerne Cupido bereits Pfeil und Bogen eingebüßt hatte. Hier wurde mit hergebrachten Späßen und Neckereien gegen die Damen scharmütziert, hier wurde viel Kaffee getrunken, sehr viel Tabak verraucht, und dabei von den Getreidepreisen, von dem zu verhoffenden Erntewetter, von Prozessen und schweren Abgaben verhandelt; während die ungezogenen kleinen Schloßjunker auf dem Kirschbaum saßen und mit den Kernen nach ihren gelangweilten Schwestern feuerten, die über den Gartenzaun in's Land schauten, ob nicht der Federbusch eines insgeheim erwarteten Reiteroffiziers der nahen Garnison aus dem fernen Grün emportauche. Und dazwischen tönte vom Hofe herüber immerfort der Lärm der Sperlinge, die sich in der Linde tummelten, das Gollern der Truthähne, der einförmige Takt der Drescher, und all' jene wunderliche Musik des ländlichen Stilllebens, die den Landbürtigen in der Fremde, wie das Alphorn den Schweitzer, oft unversehens in Heimweh versenkt.»

Daß freilich dieses liebenswürdige «ländliche Stilleben» bedroht war von den politischen und gesellschaftlichen Umwälzungen durch die Französische Revolution von 1789 und die Koalitionskriege von 1792 bis 1809 deutet Eichendorff an dieser Stelle nur an: «In den Tälern unten aber schlugen die Kornfelder leise Wellen, überall eine fast unheimlich schwüle Gewitterstille, und niemand merkte oder beachtete es, daß das Wetter von Westen bereits aufstieg und einzelne Blitze schon über dem dunklen Waldeskranze prophetisch hin und her zuckten.»

Eine Besonderheit der Eichendorffschen Gesellschaft erwähnt der Text nicht: die Teilnahme der katholischen Geistlichkeit am geselligen Leben des Landadels. In Josephs Tagebüchern werden zum Beispiel bis Oktober 1806 genannt: an erster Stelle Bernhard Heinke, bis 1801 Hofmeister der Brüder Eichendorff, während deren Schulzeit als Zeremoniar am Dom zu Breslau weiterhin ihr väterlicher Freund; immer wieder Paul Ciupke, Kaplan in Lubowitz und zu allem Unsinn bereiter Spielkamerad der Brüder Eichendorff; ferner Johannes Becker, Pfarrer von Strehlitz und Kanonikus am Oppelner Kollegiatsstift; Johann Emanuel Schimonsky von Schimony, seit 1798 Weihbischof von Breslau; Prälat von Wostrosky am Domstift zu Breslau; Johannes Moczygemba, seit 1788 Pfarrer in Lubowitz; Pfarrer Jurcik von Torkau, gebürtig aus dem nahen Ganiowitz; Johann Bartetzko, Pfarrer in Mechnitz; Prälat Johann Zolondek, Schulinspektor in Ratibor; Kaplan Kroker von Slawikau; Vikar und Vizedekan David Halama in Ratibor; Joseph Schneider, Pfarrer von Janowitz, von 1791 bis 1793 Kaplan in Lubowitz; Johannes Fuhs, Pfarrer in Kostenthal und nichtresidierender Kanonikus am Kollegiatsstift zu Groß-Glogau; und der Pfarrer Heinrich Poznalik, Pfarrer von Pstrzonsna, von 1776 bis 1782 Kaplan in Lubowitz.

Geprägt von Lebensfreude und Lebensernst sind auch die ersten Verse, die wir von Joseph von Eichendorff kennen. Er hat sie als Elfjähriger dem Geistlichen Johannes Wodartz in dessen Stammbuch geschrieben. Wodartz stammte aus Oppeln, war ein treuer Freund der Familie Eichendorff und ab Mai 1802 Administrator in Slawikau, dem Gut in der Nähe von Lubowitz, das der Vater des Dichters 1795 angekauft hatte. Der Eintrag im Stammbuch lautet:

> Seelig, wer im Schos der Freuden
> Oft an den Verlaßenen denkt
> Wer auf heerdevollen Weiden
> Einen Blick den Armen schenkt.
>
> Lubowitz, den 17. Jenner 1800.
> *Ihr Freund Joseph B[aron]. v. Eichendorff.*

Stammbücher als Sitz im Leben für die ersten uns überkommenen Dichtungen der Brüder Eichendorff sind keine Ausnahme, sie gehören zum geselligen Milieu der damaligen Zeit. Vielsagend für Joseph von Eichendorff ist jedoch das Gedenken an die «Verlassenen», die Einsamen und an die «Armen»: Schon im Juni 1801 wird er beides in der eigenen Familie erleben, die Flucht des geliebten Vaters vor den Gläubigern.

Auch die Form dieses Gedichts ist bereits charakteristisch für Joseph, er wird ihr sein Dichterleben lang treu bleiben. Es ist die sogenannte «Volksliedstrophe». In ihr korrespondieren jeweils zwei Verse miteinander. Dabei ist der Wechsel von vier- und dreihebigen Versen geläufig, das heißt von Versen mit vier oder drei betonten Silben. Bei durchgehend dreihebigen oder wie hier vierhebigen Versen sorgen verschiedene Ausgänge für Abwechslung: Hier endigen der zweite und vierte Vers jeweils mit einer betonten Silbe «stumpf» oder «männlich», im Gegensatz zur unbetonten «klingenden» oder «weiblichen» Endsilbe im ersten und dritten Vers.

Den gleichen formalen Aufbau wie diese erste uns bekannte Strophe Joseph von hat denn auch das Gedicht, das in der chronologisch angeordneten Gedichtsammlung als letztes vermutlich aus seinem Todesjahr 1857 oder dem letzten Lebensjahrzehnt angeführt wird unter dem Titel «Der Erlöser»:

> Wie Du auch die Kraft magst wenden;
> Was die tiefste Seele will,
> Niemals wirst Du's hier vollenden
> Und die Sehnsucht wird nicht still.

Obwohl Joseph und der anderthalb Jahre ältere Bruder Wilhelm in der Kinder- und Jugendzeit ein Herz und eine Seele zu sein scheinen, unterscheidet sich Wilhelms Eintrag in dasselbe Stammbuch des Pfarrers Wodartz in Inhalt und Form beträchtlich. Wilhelm schreibt einen Tag vor seinem Bruder, am 26. «Januar» (bei Joseph heißt es in südlichem Dialekt «Jenner») 1800:

> Nicht im Getümmel, nein, im Schoße der Natur,
> Am Silberbach, in unbelauschtem Schatten,
> Besuchet uns die holde Freude nur
> Und überrascht uns oft auf einer Spur,
> Wo wir sie nicht vermuthet hatten.
>     *Ihr Freund Wilhelm B[aron]. v. Eichendorff.*

Diese freie Fünfzeilerstrophe ist weit entfernt von Josephs vier Volksliedversen. Inhaltlich wird der «Schoß der Freude» näher bestimmt als «Schoß der Natur», weit weg vom «Getümmel» des geselligen Lebens und von sozialer Verantwortung für Verlassene und Arme. Die «Freude», die hier unvermutet in der Natur geschenkt wird, erinnert an Merciers Buch «Ueber die Einsamkeit», das die Eichendorffs freilich erst Ende dieses Jahres bei Juhr in Ratibor ausleihen werden. Doch liegt dieser Gedanke seit Rousseau in der Luft.

Die Volksliedstrophe herrscht in der Lyrik Eichendorffs von Anbeginn bis zuletzt vor, weil der Dichter zutiefst musikalisch ist: Das Tagebuch wimmelt nur so von Eintragungen über Bälle und Tänze, Sinfonien und Lieder, Ständchen und Tusche, über Jubelkantaten und Trauermusiken, Abschiedsarien und Hausmusik. Die Entfaltung seiner Anlage verdankt Eichendorff der deftigen Musikkultur seiner oberschlesischen Heimat im Dreiländereck Böhmen, Polen und Österreich. Die Eintragung im Tagebuch unter dem 12. Oktober 1803 spricht Bände: «Wurde ein neues Forte-Piano, welches das Lubowitzer Künstler-Genie, unser H. Caplan, allein, und ohne alle Anweisung selbst zur Unterhaltung verfertigt hatte, ins Schloß getragen, und also bewillkommt: Als er nebst dem Flügel ins Thor trat, wurde eine Pistole gelöst.«

Dazu paßt der Trinkspruch, ebenfalls eine witzige Volksliedstrophe, den Joseph am 5. August 1802 dem Schulfreund Ernst Meitzen in Breslau aufgeschrieben hat:

> Freunde, Feinde sollen leben
> Jene bey dem besten Wein,
> Diesen muß man Waßer geben
> Bis sie unsere Freunde seyn.
> Dieß ist die Meynung
> Ihres wahren Freundes:
> Joseph Baron v. Eichendorff.

## Fünftes Kapitel

## «In der Commedie gewesen»
### oder
### Wie Joseph die Breslauer Schul- und Studienzeit übersteht

«O unglückselger Mann, den fern von Land und Ländlichkeit,
Nur Schauspiel, Ball und Oper freut.
Der nicht den Blumflor kennt, und nur durchs düstre Fenster sieht,
Wie welk die Ros' am Fenster blüht.»

*(1802)*

«War die Trennung von Lubowitz», notiert Joseph von Eichendorff unter dem 5. Oktober 1801 in sein Tagebuch, und nach dreitägiger Kutschfahrt der Brüder in Begleitung von «Mama und H. Heinke» über Neudorf, Oppeln, Poplau und Brieg heißt es am 8. Oktober: «nach Breslau gekommen». Das große Gepäck war per Schiff geschickt worden.

### Provinzhauptstadt Breslau

Breslau wird in den nächsten Jahren für die Geschichte Preußens eine bedeutende Rolle spielen. Sie beginnt damit, daß aus der Jesuitenuniversität «Leopoldina», auf der die Eichendorffs noch zwei Semester studieren werden, durch Zusammenlegung mit der seit 1506 bestehenden Hochschule in Frankfurt an der Oder 1811 nach Plänen Wilhelm von Humboldts die «Schlesische Friedrich-Wilhelm-Universität» wird. Neben anderen Fachbereichen hat sie als erste deutsche Universität eine katholische und eine evangelische Theologische Fakultät. Als einer der ersten Professoren kommt der Naturphilosoph und Romantiker Henrik Steffens von Halle – die Eichendorffs haben ihn dort noch gehört – nach Breslau und schreibt angesichts der von Napoleon 1807 angeordneten Schleifung der Befestigungsanlagen, der Ort mit seinen 60000 Einwohnern mache «fast den Eindruck einer zerstörten Stadt». Die folgende Beschreibung dürfte auch auf das Stadtbild passen, das sich den jungen Eichendorffs 1801 bot: «Die hohen Häuser, die engen düstern Straßen, die Waarenlager, die auf einen großen, obgleich jetzt ruhenden Betrieb deuteten, erregten die Aufmerksamkeit; Kirchen und alte Gebäude legten Zeugnisse

*11 Josephskonvikt*

von einer bedeutenden Vergangenheit ab, die ganze Stadt sah einem alten betagten Greise ähnlich, dessen durchfurchte Gesichtszüge auf ein schwer durchkämpftes Leben deuten.»

Der gleiche Steffens wird am 8. Februar 1813 im Josephskonvikt, wohin die Brüder Eichendorff jetzt unterwegs sind, die Studenten für den Kampf gegen Napoleon begeistern, ohne dessen Namen zu erwähnen, während die Haltung König Friedrich Wilhelms III., der von Potsdam am 25. Januar in Breslau eingetroffen ist und am 3. Februar einen Aufruf zur Bildung freiwilliger Jägerkorps erlassen hat, zögerlich scheint, ist er offiziell doch noch mit Napoleon verbündet. Steffens tritt dann als erster Kriegsfreiwilliger beim Garde-Jäger-Bataillon ein, drei Professoren und drei Viertel der Studenten folgen. Am 10. März stiftet der König im Schloß von Breslau das Eiserne Kreuz, eine Woche später ergeht sein «Aufruf an mein Volk». Der Volksmund wird sagen: «Als alle, alle riefen, kam endlich auch der König.» Am 10. April 1813 werden auch Joseph von Eichendorff und sein Freund Philipp Veit aus Wien in Breslau eintreffen, um sich dem Lützowschen Freikorps anzuschließen.

In diesem Breslau wird am 9. Oktober 1801 laut Josephs Tagebuch «das erstemal im Convict geschlafen», am 11. noch mit der Mutter nach Ellguth bei Trebnitz, dem Wallfahrtsort der heiligen Hedwig, der Patronin Schlesiens, gefahren zu einem Besuch des Großonkels Franz Leopold Freiherr von Kloch, am 16. haben «die Mama und H. Heinke uns verlaßen, auch wir das erstemal in der Schule gewesen». Am 15. werden «die ersten Briefe nach Hause geschrieben», am 26. Oktober haben sie «die ersten Briefe von Hause erhalten».

So beginnt die Schul- und Studienzeit der Brüder Eichendorff in Breslau. Bis zum 16. August 1803 werden sie, durch ihren Hofmeister Heinke in Lubowitz vorbereitet, die beiden letzten Klassen, die fünfte und sechste, des Königlich katholischen Gymnasiums absolvieren. Dann werden sie – was sie jetzt 1801 noch nicht wissen können – vom 19. Oktober 1803 bis zum 25. März 1805 an der Philosophischen Fakultät der Katholischen Universität Leopoldina studieren und gleichzeitig am evangelischen Realgymnasium von Maria Magdalena hospitieren. Das Verhältnis der katholischen, doch «liberalen», ja «freidenkerischen» Eichendorffs zu den Protestanten scheint noch unverkrampft, erst der spätere Eichendorff wird sich dem um sich greifenden Konfessionalismus nicht entziehen können, jedoch ohne je ein «Protestantenfresser» zu werden.

Wilhelm ist fünfzehn, Joseph dreizehneinhalb Jahre alt, als sie erstmals eine öffentliche Schule betreten. Es ist das frühere Jesuitenkolleg, das schon ihr Vater und ihr Onkel Vinzenz besucht haben. Nach der Auflösung des Ordens durch Papst Klemens XIV. 1773 blieben durch die jesuitenfreundliche Haltung des preußischen Königs Friedrichs II. nach langen Verhandlungen mit der römischen Kurie 1776 der Provinz Schlesien die «Priester des Königlichen Schulinstituts» als Nachfolgeorganisation erhalten. Unter König Friedrich Wilhelm II. wurde das Vermögen der Ex-Jesuiten der General-Schulen-Administration übertragen, die Gymnasien und die mit ihnen verbundene Universität fortan aus Staatsmitteln betrieben und der Erlös aus dem Verkauf der Seminargüter zum Unterhalt der Konvikte verwendet, in denen die auswärtigen Schüler und Studenten wohnten, vorwiegend zahlende Söhne aus den adeligen Familien des Umlandes, begabte, minderbemittelte Schüler der unteren Stände unentgeltlich.

Mit königlichem Erlaß vom 26. Juni 1800 wurde das «Königliche Schulinstitut» aufgehoben, und die Lehrer wurden zu Staatsdienern erklärt. Unter dem 1. August 1801 wurde von der neuen schlesischen Schuldirektion aus geistlichen und weltlichen Lehrern der «Studien- und Erziehungsplan für die Universität Breslau und die katholischen Gymnasien in dem Herzogtum Schlesien und der Grafschaft Glatz» veröffentlicht. Danach zählte das Gymnasium statt bisher fünf nunmehr sechs Klassen, die beiden untersten Klassen wurden zur Volksschule gerechnet. Die Unterrichtszeit betrug täglich sechs Stunden, die Weihnachts- und Pfingstferien dauerten jeweils sechs, die Osterferien vierzehn Tage. Die großen Ferien zwischen den Schuljahren erstreckten sich über zwei Monate. Als entfernt wohnende auswärtige Schüler gingen die Brüder Eichendorff nur zwischen den Schuljahren in die heiß ersehnten Ferien, die sogenannten Lubowitzer «Jubelperioden», die Osterferien 1804 ausgenommen, in denen sie die Eltern durch ihre unerwartete Ankunft überraschten. Sonst waren es die Eltern, die wie der Landadel überhaupt durch regelmäßige Besuche der Landeshauptstadt gesellschaftlich präsent blieben und gleichzeitig ihren Kindern über das Heimweh hinweghalfen.

### Fünf aufschlußreiche Briefe

Manchmal kamen die Eltern nach Breslau in Begleitung, darunter auch der Diener Joseph Sonntag, der seit 1794, seit Eichendorffs sechstem Lebensjahr, dessen Kammerdiener war. Wie es der Zufall will, sind von den vier Briefen Eichendorffs, die aus der Breslauer Schulzeit überliefert sind, zwei an Joseph Sonntag gerichtet. Sie zeigen eindrucksvoll das Heimweh Eichendorffs nach Lubowitz, seine besondere Anhänglichkeit an den Diener und das im Konvikt geschärfte Bewußtsein dafür, daß nicht die Standesunterschiede zählen, sondern die Freundschaft, nicht der ererbte, sondern der menschliche Adel, wie Eichendorff später als Schüler dichten wird.

Der erste Brief ist datiert vom 6. November 1801, vier Wochen nach der Ankunft der Brüder in Breslau: «Bester Joseph. Auch dir muß ich einige Zeilen schreiben, um dir wenigstens zu zeigen, wie oft und wieviel mal ich hier in Breslau an dich denke. Es thut mir hier sehr bange ohne dir. Alle Früh und Abends, wenn die Zeit zum An- und Ausziehen kömmt, und ich mir alles selbst machen muß, da denk ich immer mit schweren Herzen: ach wenn doch mein alter Joseph hier wäre! Weiß du noch, wie ich mir immer die eitle Hoffnung machte, einmal in meinem Alter sagen zu können: Seht, dieser Mensch war von meinem $6^{ten}$ Jahre immer um mich, und nun ist diese Hoffnung vereitelt! Doch laß nicht den Muth sinken, ich hoffe, wir werden bald wieder alle zusammenkommen. Unser Student, der unterdeß deine Stelle vertritt, heißt Guttweil. Mir gefällt es jezt schon so ziemlich im Convict, doch an Lubowitz darf ich gar nicht denken! [...]»

Im zweiten Brief anderthalb Jahre später erwähnt Eichendorff Joseph Sonntags Unfall vom 1. Oktober 1802, von dem es im Ferientagebuch heißt: «Früh kam die traurige Nachricht, daß unser ehemaliger Bediente, (der nunmehr in Hammer beim Forstinspector Meyer die Jagd lernt) sich gestern Abend um 7. Uhr unglücklich im Arm geschoßen habe.» Im Brief vom 26. April 1803 erinnert Eichendorff an die gemeinsamen Zukunftspläne, an ein Studium (der Agrarwissenschaft?) wie seinerzeit sein Vater an der Universität Frankfurt an der Oder in Begleitung des Dieners und sogar spaßeshalber an ein Ministeramt: «Lieber Joseph. Dein lezter Brief, den ich richtig erhalten habe, kam mir ganz unerwartet. Wieviel Freude und Vergnügen er mir verursacht hat, kannst du dir nicht vorstellen, besonders, da ich aus demselben ersehe, daß dein Arm wieder zum Schreiben und folglich auch zu allen anderen Verrichtungen tauglich ist. Ich hoffe und vermuthe daher auch, daß du mit der Zeit gar keine Folgen dieses Unglüks spüren wirst. Dieser Brief rufte mich ganz wieder in die vergangenen glüklichen Zeiten zurük, wo wir zusammen ausritten, zusammen auf den Vogelheerd giengen, oder an schönen Frühlingsabenden auf deiner Rasenbank beym Gärtner saßen, und sich von der fröhlichen Zukunft unterhielten: wie wir zusammen hier in Breslau oder in Frankfurt lustig seyn würden, oder wie ich dich einst als Minister zum Oberkammersekretaer machen würde, und andere dergleichen Dinge mehr. [...]» Im übrigen freut man sich auf die nächsten Ferien: «Wie ich hoffe, werden auch unsere Geldangelegenheiten bis zu dieser Zeit wohl schon so beschaffen seyn, daß wir wieder in Sumin frey jagen werden dürfen; und da solls lustig hergehen! Dann kannst du alle Tage an diesen Vergnügungen mit Antheil nehmen. Doch was den Besuch anbetrifft, den wir dir während deiner Krankheit in Rattibor machten, so war dieß nichts anderes als unsere Pflicht. Denn ich hätte es mir zu einer Schande gerechnet, wenn ich nicht Liebe für einen so treuen Freund hätte, mit welchen ich beynah aufgewachsen bin, und die fröhlichsten Tage meines Lebens durchlebt habe. [...] Schreibe mir doch bald wieder, wenn es deinen Arm nicht zu sehr incommodirt; doch laße dabey das Hochundwohlgebohrne, und den: gehorsamsten Diener und Knecht weg, und nenne mich lieber Deinen wahren Freund: Joseph B[aron] v. Eichendorff.» Auch der Bruder Wilhelm schreibt am gleichen Tag an Sonntag. Die Inhalte beider Briefe sind offensichtlich abgesprochen, doch Josephs Brief ist einfacher formuliert und herzlicher, was ein Vergleich der letzten Zeilen zeigt, die bei Wilhelm lauten: «Erinnere mich doch nicht so oft an den Besuch, den wir Dir während Deiner Krankheit gemacht haben, dieses war ja nichts mehr als Schuldigkeit; ferner hat mich in Deinem ganzen Briefe nichts als der läppische Titel hoch- und wohlgeboren verdrossen. Es kommt so fremd heraus, wenn zwischen uns dergleichen Etikette und Komplimente obwalten.»

Der dritte Brief vom 31. Dezember 1803 oder 1804 aus Breslau liegt als Konzept vor und ist an den Onkel Johann Friedrich von Eichendorff in Schillersdorf und an dessen Frau Maria Anna gerichtet. Es ist zur Jahreswende ein gedrechselter Dankbrief wie aus einem Briefsteller, sicherlich auf Geheiß der Eltern, denn der Aufenthalt im Konvikt wird von dem reichen Onkel finanziert. «Wie könnte wohl ein Tag vergehn, ohne daß Alles rings um mich an Ihre Güte und gnädige Vorsorge für uns erinnerte, und zugleich in mir den heißen Wunsch erwekte, meinen Dank u. meine Ehrfurcht auf jede mir mögliche Art an den Tag zu legen. Freudig ergreife ich daher die Gelegenheit, die mir der heutige Jahreswechsel darbietet, u. wenn es wahr ist, daß ein Glükwunsch ohne Aufrichtigkeit der Gesinnung ein bloßes kaltes Ceremoniel ist, und erst durch die Uebereinstimmung des Gesagten mit dem Gefühle des Herzens seinen Werth erhält, so darf ich kühn behaupten, daß der meinige gewiß einer der vollkommensten sey. Ja, noch lange, segne Sie, gnädiger Oncle u. gnädigste Tante, der Himmerl mit seinen Wohlthaten u. allem dem Glüke, welches Sie, als Belohnung des Guten, das Sie selbst um sich verbreiten, mit Recht von seiner Gerechtigkeit erwarten können; u. stets wird auch die geringste Erfüllung dieses meines Wunsches mich meiner eignen Zufriedenheit um einen Grad näher bringen [...].» Eichendorff wird den Erwartungen seiner Gönner und seiner Eltern insofern nicht entsprechen, als er später die Heirat mit der Erbin und Nichte seiner Tante Maria Anna, der Gräfin Julie von Hoverden, ausschlagen wird. Die Besitzungen des Onkels, unter anderem Kohlengruben im Südosten von Preußisch-Schlesien, gelangen später in die Hände der Wiener Barone von Rothschild.

Ein kurzes viertes Brieffragment von der Jahreswende 1804/1805 schließlich ist an den Geistlichen Paul Ciupke in Lubowitz gerichtet und berichtet vom Studienstreß für das Schlußexamen: «Bester Herr Caplan. Sie können sich leicht vorstellen, wie theuer uns jezt jedes Sekundchen Zeit ist, besonders, da wir dießmal mit dem Examen auch zugleich unseren Aufenthalt in Breslau beendigen, und uns daher jeder Fortschritt im Studiren auch dem schönen Lubowitz um einen Schritt näher bringt. [...].»

Der Diener Joseph Sonntag wird noch 35 Jahre später am 18. Oktober 1841 aus Landsberg in Oberschlesien ein Schreiben an Eichendorff in Berlin richten und ihn um die Vermittlung einer Stelle für seinen Sohn bitten. Dabei kommt er auf den Briefwechsel mit den jungen Eichendorffs zu sprechen: «Hochwohlgeborner Herr! Gnädigster hochgeehrter Herr Baron! Ich bitte ganz untertänigst, mir nicht, zur Ungnade zu nehmen, daß ich mir die Freiheit genommen habe, an gnädigsten Herrn Baron zu schreiben, unmöglich ist es mir zu schweigen, seit, 35. Jahren, bin ich in der Gegend von Ratibor nicht gewesen, aber mich oft erkundigt, wo doch auch, die jungen Herrn Barons hingekommen sind, aber nichts konnte ich weiter erfahren, als, daß die Herrschaft Lubowitz und Slawikau ganz in fremde Hände gekommen ist, ich dachte oft, an die vergangen Zeiten zurück, und les, die mir so hochschätzende Briefe, und vergoß manche Träne darüber, zur Überzeugung, daß ich die Wahrheit spreche, und die Briefe in meiner Verwahrung hatte, übersende ich dieselben an gnädigsten Herrn Baron. Da mir aber, vor etlichen Wochen zufällig ein Zeitungsblatt in die Hände gekommen ist, wo ich, den mir so sehr hochgeschätzten Namen gelesen habe, daß gnädigster Herr Baron, noch bei Leben, und sich in Berlin aufhalten, so kann ich nicht unterlassen, an Hochdieselben zu schreiben [...].»

## Das Theater als moralische Anstalt?

Josephs Tagebuch zeigt überdeutlich, was vor allem den Breslauer Aufenthalt für die Brüder erträglich machte: ihre Theaterleidenschaft, die sie zumindest mit der Mutter teilten. Ab Mitte Januar 1805 zum Beispiel gab es einen dreiwöchigen Aufenthalt der Mama in Breslau. Anfang Februar «verließ die Mama, nachdem sie die gantze Zeit vergebens auf die Oper: Fanchon [das Leyermädchen]» – ein Singspiel von Jean Nicolas Bouilly, übersetzt von August von Kotzebue, vertont von Friedrich Heinrich Himmel – «gewartet hatte, Breslau. Ich u. der H. Thilsch [ein Schulfreund] begleiteten sie zu Schlitten, Wilhelm [der Bruder], Forche u. Fritsch» – weitere Schulfreunde, die auch mit anderen oft Feriengäste in Lubowitz waren – «zu Pferde [...] u. kamen gegen 5 Uhr wieder nach Breslau zurük. Durch die 3 Faschingstage wurde auf dem Convicttheater aufgeführt: Der Magnetismus [Lustspiel in einem Akte von August Wilhelm Iffland], das Incognito [Lustspiel von Kotzebue], die Witwe u. das Reitpferd [Eine dramatische Kleinigkeit von Kotzebue] u. die Schlittenfahrt [Kinderspiel in zwei Akten] von [Christian Felix] Weiße, wobey sich vorzüglich auszeichneten: H. Scholtz sen. im Magn[etismus] als Schulmeister, Scholtz junior als Nasutula in der Schlittenfahrt u. H. Sandmann in allen Stüken. Den letzten Abend wohnten wir beyde auch dem Convictballe bey, der sehr zahlreich war.»

Dieser Eintrag, der die Brüder Eichendorff als begeisterte und kritische Besucher zeigt, ist charakteristisch nicht nur für die Breslauer Schul- und

Studienzeit, sondern für die weit verbreitete Theaterbesessenheit der Deutschen. Schon 1780 schreibt Johann Kaspar Riesbeck in «Briefe eines reisenden Franzosen über Deutschland»: «Schon zu Straßburg erfährt man, wenn man die deutsche Sprache versteht, daß Deutschland seit einigen Jahren mit einer Art von Theaterwut befallen ist. [...] die jetzigen Lieblingscharaktere des dramaturgischen deutschen Publikums sind rasende Liebhaber, Vatermörder, Straßenräuber, Minister, Mätressen und große Herrn, die immer alle Taschen der Ober- und Unterkleider voll Dolche und Giftpulver haben, melancholische und wütende Narren von allen Arten, Mordbrenner und Totengräber.»

Unter dem Lesefutter, das der zwölfjährige Joseph 1800 aus der Leihbibliothek Juhr in Ratibor nach Lubowitz kommen ließ, befanden sich nicht nur Schillers Sturm und Drang-Drama «Die Räuber», sondern auch das anonyme Schauspiel «Duldung und Liebe», Hamburg 1794, das Lustspiel «Das Räuschchen» von Christoph Friedrich Bretzner, Leipzig 1786, sowie sechs nicht näher bezeichnete «Comödien».

Noch vor der Breslauer Zeit, am 29. April 1801, erleben laut Josephs Tagebuch die Brüder ihre theatralische Taufe: «Nach Rattibor gefahren, und die schönen Künste des englischen Seiltänzers Barhan gesehen; auch ein Schauspiel der Henrichschen Gesellschaft», vermutlich einer der zahlreichen Wanderbühnen. Am folgenden Tag bestaunen die Kinder in einem wandernden Wachsfigurenkabinett Staatsakteure aus Geschichte und Gegenwart sowie Skandalszenen des großen Welttheaters.

So wird Hauptaufenthaltsraum für die Eichendorffs neben der Schule und dem Konvikt das Breslauer Städtische Theater, das sich seit 1677 im Ballhaus an der Taschenstraße befand, seit 1754 im Neubau der «Kalten Asche», wo 1768 Lessings «Minna von Barnhelm» aufgeführt wurde – Lessing hatte das Stück als Sekretär des Generals Tauentzien in Breslau 1760–1765 geschrieben. Man hat 126 Theaterbesuche in Josephs Tagebuchnotizen gezählt: Nach zaghaftem Anfang am 4. – «Das erstemal geschneyt. Auch in der Comoedie gewesen» – und am 25. November 1801 gehen die Brüder dann ab dem 9. Dezember mehrmals im Monat, in der Woche, manchmal Tage hintereinander in die Vorstellungen, bis zum letzten Besuch März 1805: «Bald Anfangs in der Jagd [Oper von Otto Weiße, die Eichendorffs sehen sie während der Schulzeit viermal!] gewesen, wo, Dem. Amalia Schaffner, als Röschen, studentibus auctoribus [auf Veranlassung der Studenten], herausgerufen wurde, und sich mit den Worten: ‹Nur bey einer so aufmunternden Nachsicht gedeyht das schüchterne Talent› bedankte.»

Auch das gehört zur damaligen Theaterwelt: der Kontakt vor allem mit den Schauspielerinnen und der studentische Flirt. Joseph verfaßt 1805 drei im Stil der zeitgenössischen Trivialstücke geschriebene schmachtende Gedichte «An A[malie]. S[chaffner].», das letzte ohne eine solche Überschrift. Das erste besteht aus acht unregelmäßigen Volksliedstrophen und beginnt:

>Mädchen, welches Glutverlangen
>Seel' an Seel' und Mund an Mund
>Sanft geschmiegt, Dich zu umfangen,
>Flammet mir im Busen auf?

Und es endet:

>Doch hinweg du Freudenträne,
>Weg du süßer Fiebertraum,
>Ach! Sie liebt mich nicht, o töne
>Bange Schwermut mein Gesang!

Das zweite Gedicht ist aus mehr Distanz in freien Rhythmen oder rhythmischer Prosa geschrieben:

>Weine nicht, zwar trennen uns Berge und Fluren,
>doch ferne über Tal und Wälder denk ich dein.

In dem dritten vierstrophigen Gedicht wechseln jeweils vier- und zweihebige Jamben in den beiden mittleren Strophen, wobei die längeren Verszeilen miteinander reimen. Hier die dritte Strophe:

>Wenn Wollüstlinge, wilder Triebe
>– Glut verschlingt,
>Und blind das Veilchen zarter Liebe
>Im Lauf zertritt,
>Wenn roher Bonzen wilde Haufen
>Im Humpen Wein
>Der Liebe Zartgefühl versaufen,
>Da denk ich dein[.]

Auch wenn es sich bei diesen «Liebesgedichten» mehr um Fingerübungen des jungen Dichters handelt, er behält die Schauspielerin im Auge und notiert noch am 6. August 1806: «Abends im Titus [Oper in zwei Akten von Mozart, Breslauer Erstaufführung am 1. August 1804 mit Carl Maria von Weber als inszenierendem Kapellmeister]. Mamsell Schafner macht die Braut des Kaisers, und war fast sehr dick.» Und am 10. April 1807 heißt es im Tagebuch: «Am. Schaffner hat einen Kammerdiener des Pr. Hieronymus geheurathet – –.»

Auch Goethes «Wilhelm Meisters Lehrjahre» (1795/96) beginnen damit, daß sich der junge Wilhelm in die Schauspielerin Mariane verliebt, der Vater ihm den täglichen Besuch der Aufführung der Wandertruppe untersagen will, die Mutter sich das verwünschte Puppenspiel vorwirft, «das ich euch vor zwölf Jahren zum heiligen Christ gab, und das euch zuerst Geschmack am Schauspiele beibrachte». Die Brüder Eichendorff werden die hehre Ansicht Wilhelms geteilt haben, der an seine geliebte Mariane schreibt: «Mir glüht die ganze Seele bei dem Gedanken, endlich einmal aufzutreten und den Menschen in das Herz hineinzureden, was sie sich so lange zu hören sehnen. Wie tausendmal ist es freilich mir, der ich von der Herrlichkeit des Theaters so eingenommen bin, bang durch die Seele gegangen, wenn ich die Elendesten gesehen habe sich einbilden, sie könnten uns ein großes, treffliches Wort ans Herz reden!» Das ist gegen die miserablen Schauspieler gesagt, die auch das anspruchsvollste Theaterstück ruinieren; Eichendorff selbst wird das 1831 bei der Königsberger Aufführung seines Trauerspiels «Der letzte Held von Marienburg» schmerzlich erleben.

Noch ein weiterer Gedanke Wilhelm Meisters wird den Brüdern Eichendorff für ihre Theaterleidenschaft ein gutes Gewissen gegeben haben: «Das Theater hat oft einen Streit mit der Kanzel gehabt; sie sollten, dünkt mich, nicht miteinander hadern. Wie sehr wäre zu wünschen, daß an beiden Orten nur durch edle Menschen Gott und Natur verherrlicht würden!» Wie ein fernes Echo dieser Überzeugung klingt noch der erste Satz seiner «Geschichte des Dramas», die Joseph von Eichendorff 1854, drei Jahre vor seinem Tode, veröffentlicht: «Alle Poesie wurzelt ursprünglich in dem religiösen Gefühle der Völker [...].», und später heißt es: «Allein Gottesdienst und Drama, Glauben und Dichten, obgleich in ihrer Wurzel eins, sind dennoch grundverschieden. Der eine nimmt gleichmäßig den ganzen Menschen, das andere vorzugsweise Gefühl und Phantasie in Anspruch, der Glaube geht unmittelbar in die Tiefe auf Erkenntnis oder vielmehr Anschauung der Wahrheit, die Poesie nach außen auf Schmuck und künstlerischen Ausdruck des gläubig Erschauten.»

Als Schüler in Breslau hat Eichendorff freilich kaum vermißt, was er erst später schätzen lernte: die geistlichen Schauspiele, wie sie an den Jesuitenkollegien durch Jahrhunderte Brauch waren. «Die Schüler», schreibt er in seinen Jugenderinnerungen «Der Adel und die Revolution» über die Breslauer Schulzeit, «veranstalteten zwar noch immer zur Weihnachtszeit theatralische Vorstellungen, aber statt der früheren, mit aller würdigen Pracht ausgestatteten Aufführung geistlicher Schauspiele, wo man nicht selten kühn auf die Meisterwerke Calderons zurückgegriffen hatte, wurden jetzt alberne Stücke aus dem ‹Kinderfreund› [Zeitschrift, die Christian Felix Weiße 1775–1782 herausgab], ja sogar Kotzebueaden gegeben.»

Doch der junge Eichendorff selbst spielte begeistert in dem Schauspiel für Kinder «Edelmut und Niedrigkeit» von eben diesem Weiße den Franz v. Mülen und am gleichen Tag noch in «Der Fähndrich», einem Lustspiel in drei Akten von Friedrich Ludwig Schröder, die Sophie in den Kleidern einer Mamsell Hoffstaeter, wie er unter dem 1. März 1802 im Tagebuch berichtet.

Übung, auch als Schauspieler, macht den Meister, wird der Schüler Eichendorff gedacht haben und übernimmt in «Der Wirrwarr», einer Posse von August von Kotzebue, dem erfolgreichsten Bühnenautor der Goethezeit, wieder eine Frauenrolle, die der Babett. Die Proben, die Arbeiten an den Kostümen und Bühnenbildern und die Aufführungen beschäftigen in der Faschingszeit Februar/März 1804 fast vier Wochen lang die Phantasie der Schüler.

Die Frühromantiker herausgefordert hatte Kotzebue 1799 durch sein Pamphlet «Der hyperboreische Esel oder Die heutige Bildung. Ein drastisches Drama, und philosophisches Lustspiel für Jünglinge, in Einem Akt», worin er Zitate von Friedrich Schlegel verspottete. Prompt hatte darauf der Bruder August Wilhelm Schlegel mit einer Parodie «Ehrenpforte und Triumphbogen für den Theaterpräsidenten von Kotzebue bei seiner gehofften Rückkehr ins Vaterland» (1800) geantwortet. Darin ergoß sich eine Flut von Sonetten, Epigrammen, Liedern, Romanzen, Oden und Terzinen über den gerade aus Wien zurückgekehrten «kaiserlichen Hofdichter», der nach kaum einem Jahr als Direktor des Burgtheaters in Ehren entlassen worden war.

Goethe als Weimarer Theaterdirektor wußte jedoch bei aller Kritik und allem Ärger die Funktion Kotzebues als Kassenmagneten zu schätzen: «Betrachte ich mich nun gar als Vorsteher eines Theaters und bedenke, wie viele Mittel er uns in die Hand gegeben hat, die Zuschauer zu unterhalten und der Kasse zu nutzen, so wüßte ich nicht, wie ich es anfangen sollte, um den Einfluß, den er auf mein Wesen und Vornehmen ausgeübt, zu verachten, zu schelten oder gar zu leugnen; vielmehr glaube ich alle Ursache zu haben, mich seiner Wirkungen zu freuen und zu wünschen, daß er sie noch lange fortsetzen möge.» Das wird in der Breslauer Zeit auch die Ansicht der Brüder Eichendorff gewesen sein. Joseph erwähnt in seinem Tagebuch 27 Stücke von Kotzebue, dagegen nur fünf von Goethe, zwei von Lessing, elf von Schiller, fünf von Schröder und eins von Shakespeare. In seiner «Geschichte des Dramas» spricht Eichendorff später von Kotzebues «radikalem Philistertum». Daher auch dessen «Haß gegen jede höhere Intention und alles Große, wo es irgend im Leben auftauchte, sein Kampf auf Leben und Tod gegen Goethe, gegen die Romantik, und zuletzt noch gegen die Begeisterung der deutschen Jugend nach den Freiheitskriegen». Im Verdacht, ein Spion in russischen Diensten zu sein, wurde Kotzebue am 23. März 1819 von dem Jenaer Burschenschaftler und Theologiestudenten Karl Ludwig Sand in Mannheim ermordet. In dem von Kotzebue herausgegebenen «Literarischen Wochenblatt» waren die deutschen Universitäten als «Brutstätten der Revolution» angegriffen worden.

Die Breslauer Schüler äußerten ihre «revolutionären» Ansichten einstweilen in harmlosen dramatischen Texten über das, was in Internaten das Wichtigste ist, das Essen. So verfaßte Joseph von Eichendorff ein «Gespräch zwischen einem Josephiner, seinem Magen und seinem Geldbeutel». Darin wirft sich der personifizierte Magen vor dem Zögling des Josephskonvikts auf die Knie: «Sieh dort, wo der Ursuliner Heiligtum sein stolzes Haupt in heil'ges Dunkel hüllt, dort biege etwas rechts ab, wandre unverdrossen fort, blicke rechts und – ein Glasfenster ladet dich in ein warmes Kämmerlein, in dessen Mitte Labsal und Nahrung in gesegneter Fülle mir sprißt.» Eine Anspielung auf das benachbarte Institut des Ursulinerinnenstiftes, in dessen Nähe sich das von den «Josephinern» zur Ergänzung der Konviktskost aufgesuchte Lokal «Traiteur Coudras» befand. Die «Ursulinermamsellen» nahmen übrigens gern an den Tanzbelustigungen der «Josephiner» teil. Als in Eichendorffs Stück der «Josephiner» in Abstimmung mit seinem leeren Geldbeutel dem Magen einen abschlägigen Bescheid gibt, beschreibt dieser jammernd die Suppe im Konvikt: «Sieh, nur einige unzuverdauende Kuttelflecke und mehrere zudringliche Maden schwimmen in einem Meere von halbgesottenem Wasser.»

## Das Leben – ein Theater

Die Rolle des Theaters für das Leben, aber auch das Leben als Theater haben Eichendorff sein Leben lang beschäftigt. In dem Roman «Dichter und ihre Gesellen» (1834) besingt der ehemalige Musikdirektor der umherziehenden Schauspieltruppe das Leben als Theater in Volksliedstrophen, die Eichendorff 1837 unter dem Titel «Dryander mit der Komödianten-Bande» in seine Gedichtsammlung aufnimmt.

Mich brennt's an meinen Reiseschuh'n,
Fort mit der Zeit zu schreiten –
Was wollen wir agieren nun
Vor so viel klugen Leuten?

Es hebt das Dach sich von dem Haus
Und die Kulissen rühren
Und strecken sich zum Himmel raus,
Strom, Wälder musizieren!

Und aus den Wolken langt es sacht,
Stellt alles durcheinander,
Wie sich's kein Autor hat gedacht:
Volk, Fürsten und Dryander.

Da gehn die einen müde fort,
Die andern nah'n behende,
Das alte Stück, man spielt's so fort
Und kriegt es nie zu Ende.

Und keiner kennt den letzten Akt
Von allen, die da spielen,
Nur der da droben schlägt den Takt,
Weiß, wo das hin will zielen.

So ist es nur allzu verständlich, wenn Calderons geistliches Schauspiel «Das große Welttheater» Eichendorff besonders beeindruckt und 1846 den ersten Band seiner Calderon-Übersetzungen eröffnet. Dieses seit dem Barock weitverbreitete Lebensgefühl beherrscht auch den Schul- und Ferienalltag des jungen Eichendorffs. Typische Szenen, komische und tragische, aus Josephs Tagebuch lesen sich wie Bruchstücke aus dem Repertoire seines Lebenstheaters und sind nicht ohne Einfluß auf sein späteres dichterisches Schaffen.

*1801, 19. Dezember:* Wie Professor Rhediger krankheitshalber nicht in die Schule kommt und die zwölf Schüler vom Rektor dabei überrascht werden, wie sie gerade die Bänke umwerfen: «da wären wir bald alle in Carcer gekommen». Das Vergnügen wird Joseph erst am 24. April 1804 haben: «Nach einem heftigen Zanke mit dem Dekan von 4 bis 5 im Karzer gesessen», notiert er in griechischen Buchstaben.

*1802, 14. und 16. März:* Wie sieben Schüler einen Bund gründen, «um sich wechselseytig gegen alle Beleidigungen und Nekereyen zu sichern», und wie er nach einer großen Schlägerei dem Professor Rhediger entdeckt wird: «Wir giengen aber gleich alle zu ihm hin, um uns vor Carzerstrafe zu sichern.»

*28. Mai:* Wie ein siebzehnjähriger polnischer Adeliger im Konvikt «an der Lungensucht, der Folge eines schnellen Trinkens, nach einer großen Erhitzung, gestorben, nachdem er länger als ein halbes Jahr wie ein Schatten dagelegen, und aus Mißmuth sogar oft den Wunsch, sich zu erstechen, geäußert hatte.»

*5. Juli:* Wie sich zwei Schauspieler das «sogar bis Berlin bekanndt» gewordene «Theaterduell» lieferten aus «mit Wachs geladnen Pistolen», und wie sich kurz darauf ein falscher Spieler und ein Offizier wegen der Actrise Cassini duellierten mit der Folge, «daß der H. v. Haag durch den Arm geschoßen, Brunicofski schwach gestreift, der Cassini aber auf immer das Theater verboten wurde».

*9. Juli:* Wie der Schauspieler Bernardi, «welchen man wegen einem schädlichen wollüstigen Streiche in Verhaft genommen hatte, entwich» «und betrog auch zugleich die Theaterdirektion um einige 100 rth., welche dieselbe für ihm als Caution gestellt hatte».

*10. Juli:* Wie «ich den ältesten Grafen von Magnis» – Wilhelm, ein Jahr älter als sein Bruder Friedrich, beide Mitschüler Eichendorffs, bestand 1806 die philosophische Magisterprüfung und wurde später Landesältester der Provinz Schlesien –, «welcher mir ohne alle Veranlaßung die Nase Blutig schlug, verklagt; und obschon der H. Rector, um die Majestät dieses hochgebohrnen Angeklagten nicht zu verletzen, die Sache ohne alles Aufsehn beylegen wollte, so wurde er doch durch mein unaufhörliches Dringen nach Rechtfertigung gezwungen, die Sache bey einer Conferentz aller Proffeßoren vorzutragen, welche dann den Gr. v. M. zu einem Hausarrest auf 2 Regrationstage verdammten» [Rekreations-, unterrichtsfreie Erholungstage, nach altem Jesuitenbrauch die Donnerstage].

*16. August:* Wie wir auf der Heimfahrt in die großen Ferien «über 2 Cosler Soldaten satt gelacht hatten» – Cosel, an der Mündung der Klodnitz in die Oder, früher österreichische, später preußische Festung, die 1807 die Belagerung durch napoleonische Truppen erfolgreich überstehen wird –, «sahen wir uns nach einer guten Ruhestätte um; da wir aber zu unserm größten Leidweesen bemerkten, daß die Wirthsstube, in welcher wir diese Nacht logiren sollten, Menschen, Schweinen und Kälbern zugleich Schutz und Obdach darböte, so strekten wir unsere matten Glieder im Pferdestalle auf den Mist, und schliefen so gut, als es uns damals die schrekliche Kälte zuließ. Gegen 1 Uhr in der Nacht hingegen wekte mich ein kleines Geräusch hinter mir; ich sah mich um, und erblickte einen Hund, der so eben im Begriff war, mir auf den Hut zu p-ßen.»

Dabei war Joseph ein leidenschaftlicher Schläfer, wie seine während der Schulzeit verfaßten 17 Vagantenstrophen «An das Bette» bezeugen. Eine Kostprobe:

> Du bist es, deren weicher Arm
> Mich selbsten oft erquickt,
> Wenn mich ein düstervoller Harm
> Am Abend niederdrückt. [...]
>
> Auch wird, was oft im Tage kaum
> Der Geist nur leis begehrt,
> Uns dann zur Nacht im frohen Traum
> In deinem Arm gewährt.

*26. Dezember:* Wie wir «abends mit der Tante auf dem Masquenballe gewesen, um 1 Uhr zu Hause gekommen, und einen Ritt über die Pforte gemacht, weil der Hausknecht sich nicht bald aus den Armen des Schlafes reißen konnte».

*28. Dezember:* »War von 8 Uhren des Abends bis 1 Uhr eine Weinkondition [Trinkgelage], wobey H. W. nach Speyer appellirte [oder nach Worms: sich erbrechen, «speien»], H. Hubrich aber so begeistert wurde, daß er alsogleich eine Melodie auf Höltis Trinklied komponierte. Auch wurde beym Auseinanderscheiden auf der Treppe ein Gericht ausgewürfelter Kuttelfleke unbestimmten Ursprungs entdekt.»

Eichendorff selbst hat während der Schulzeit ein «Trinklied» und ein «Conditionslied» gedichtet, die sich an den Gedichten Ludwig Heinrich Höltys aus dem Göttinger Hainbund orientieren. Das Letztere trifft die Stimmung der Schüler und Studenten recht gut:

> Auf, Brüder, laßt heute,
> Heut' fröhlich uns sein,
> Es stimme zur Freude
> Uns heute der Wein!
>
> Noch wenige Tage,
> Dann sind wir ja frei,
> Dann ist unsre Plage
> Für dies' Jahr vorbei. [...]

> Ja, Vivat erschalle
> Den beiden anizt,
> Die bald unsrer Halle
> Das Schicksal entreißt.
>
> Ja, hoch sollt Ihr leben,
> Doch, schwöret uns fest,
> Daß zeit' eurem Leben
> Ihr uns nicht vergeßt [...]

*1803, 9. Januar:* «Rügte H. Pr. Legenbauer einige Freyheiten der Studenten, mit etwas sehr ungeschliffnen und beleidigenden Ausdrüken öffentlich auf der Kanzel. Die ganzen versammelten Studenten beantworteten ihm aber die Verweisungen mit Schnautzen, Räuspern und einem kleinen

Trempelmarsche, welcher den H. Legenbauer so in Respect jagte, daß er augenbliklich die Grobheiten in Elogen umwandte.»

*18. Februar:* «Wurden allhier über 1000 Menschen geprellt; da sie nemlich in dem Irrthume, daß der Troja geköpft werden sollte, haufenweise zum Richtplatz hinströmten.»

## Letzte Akte

Die Monate April, Mai und August 1803 stehen für die Brüder Eichendorff im Zeichen des Todes, des letzten Aktes im Menschenleben.

*22. April:* «Wurde in der Kreuzkirche bey Erbauung eines Altars der Körper eines (nach der Kleidung) Domherrn gefunden. Sowohl der Sarg als auch der Körper selbst waren ganz unverfault und unvermodert. Der Todte, welcher allem Vermuthen nach schon über 200 Jahre lang gelegen hatte, hatte noch einen Schnurr- und Spitzbart.»

*26. April:* «Starb unser jüngster Bruder: Gustav am Stekfluße.» Er war zweieinhalb Jahre alt.

*28. April:* «Wurde er begraben.»

*4. Mai:* «Erhielten wir von zu Hause die Nachricht von dem Tode deßelben.»

Die Brüder gehen dennoch weiter ins Theater, am 5. Mai in «Emilia Galotti» von Lessing, am 8. Mai in «Puls», ein Lustspiel von Babo, am 11. Mai in «Irrthum an allen Ecken», ein Lustspiel von Schröder, am 16. Mai in «Hussiten vor Naumburg», ein Schauspiel von Kotzebue.

*20. Mai:* «Haben wir das Gedicht auf den Tod des Gustavs von Pr. Rathsmann zum Streit hingetragen. Es kostete 2½ Fl.» Das Gedicht, von den Brüdern Eichendorff nach zwei Entwürfen verfaßt und von ihrem Lehrer korrigiert, wurde in den von Karl Konrad Streit herausgegebenen «Schlesischen Provinzialblättern» am 30. Mai 1803 veröffentlicht. Es ist die erste Publikation der Eichendorffs in einem Organ, das unter den 17 Zeitungen und Zeitschriften Schlesiens um 1800 gegenüber Gedichten eher zurückhaltend war. Gab es doch für die einheimischen Dichter die «Bunzlauische Monatsschrift» und Fülleborns «Breslauer Erzähler».

### Am frühen Grabe unseres Bruders Gustav

So steht beim jungen Baume,     Ein Pflanzer starren Blickes
Den wild der Nachtsturm brach,     Stumm und in sich gekehrt;
Der noch im Abendtraume     Die Hoffnung seines Glückes,
Ihm Blüt' und Frucht versprach,     Denn ach! die ist zerstört!

So stand, ach! guter Knabe!
Jüngst unser Vater da,
Als er am frühen Grabe
Dich, seinen Liebling, sah;
So hing voll heißer Zähren
Die Mutter ihm am Arm;
Doch, wer mag Klagen wehren,
Bei ach! so tiefem Harm!

Und wir, wir Deine Brüder!
Für uns ist's öd' und leer!
Denn kehren wir einst wieder,
Wir finden Dich nicht mehr!
Wo sonst uns Freuden sprießen
Auf väterlicher Flur,
Geliebter! o! da fließen
Um Dich jetzt Tränen nur.

Der Du, wie Strahl der Sonne,
Uns froh entgegensprangst
Und laut ins Lied der Wonne
Nach Kinderart mitsangst;

Du, der Du Maienglocken,
Die Du am Bache fand'st,
Für Deiner Brüder Locken
Schon in die Kränze wand'st.

Du ruhst im Sterbekleide,
Den Totenkranz im Haar,
Du, der der Eltern Freude
Und seiner Brüder war!

Und nichts, ach! holder Knabe!
Kein Gram, kein Tränenblick
Bringt Dich aus Deinem Grabe
Zu unsrem Spiel zurück!

Du schlummerst sonder Kummer,
In Deiner kühlen Gruft,
Bis Gott auch uns vom Schlummer
Zu Dir hinüberruft;
Streu, Engel! Gottes Segen
Auf unsrer Eltern Pfad!
Leit' uns auf unsern Wegen
Zu jeder Edeltat!

Im August 1803 endet die Schulzeit der Brüder Eichendorff. Die Abschlußfeier wird wie ein Theaterstück inszeniert. Zwei Tage später, am 18. August, erleben die Schüler ein Jahrhundertschauspiel, das Eichendorff auf über drei Seiten seines Tagebuchs ausführlich beschreibt. «Da soeben 100 Jahre verfloßen waren, seitdem die leopoldinische Universitaet zu Breslau [vom österreichischen Kaiser Leopold] gestiftet worden ist, so faßte die Schulendirektion den Entschluß, diese in der That wichtige Epoche den 18.$^t$ August, also grade an dem Tage vor dem Anfange unserer Vacantz durch ein Fest zu feyern, wozu theils die Studenten, theils auch der Minister die Kosten trug.» Vier Wochen zuvor hatte Joseph von Professor Rathsmann den Auftrag erhalten, «ein Lied zur hundertjährigen Jubelfeyer» zu verfassen. Während der Verleihung philosophischer und theologische Doktorhüte wurden «die verschiedenen lat. u. deutschen Jubellieder ausgetheilt». Das Eichendorffsche mit seinen sieben Strophen unter der Überschrift «Carmen saeculare» lautet in der sechsten:

Doch ins Lied der muntern Freuden
Steigt auch Schmerzgefühl heut auf. –

Denn von Männern soll ich scheiden,
Mit den ich Minervens Lauf,
Und der Weisheit ernsten Pfad
Hier zum erstenmal betrat.

Am Tage darauf «verließen wir, nachdem wir um halb 6 die Klaßen [Zeugnisse] erhalten hatten», Breslau in Richtung Lubowitz. «Bis Abends spät gefahren. Prächtige Nacht. Mit dem H. Thilsch [Schulkamerad und Freund Eichendorffs] voll Freude über die nahe schöne Zukunft die Sterne begukt.» Vermutlich war erst beim Besuch der Eltern in Breslau vom 28. Juli bis 9. August 1803 darüber entschieden worden, daß die Brüder Eichendorff ab Herbst noch ein Semester an der Philosophischen Fakultät der Breslauer Universität studieren und ein weiteres Semester bestimmte Fächer am evangelischen Realgymnasium Maria Magdalena nachholen sollten, bevor sie im Herbst 1804 das Brotstudium der Jurisprudenz an einer anderen Universität aufnehmen würden.

Von den Gymnasialzeugnissen Eichendorffs kennen wir die Zeugnisse zu Ostern 1802 und zum Jahresabschluß der 5. Klasse vom August 1802 sowie das Osterzeugnis der 6. Klasse vom März 1803. Das Schulabschlußzeugnis von Sommer 1803 wird sich nicht wesentlich vom letzten Osterzeugnis unterschieden haben. Nach diesem ist Eichendorff «ein Jüngling von mehr als mittelmäßigen Geistesanlagen», der durch «Fleiß» und einen «durch keine willkührlichen Abwesenheiten unterbrochenen Schulbesuch» die folgenden «Fortschritte gemacht» hat: «ziemlich große» «in den lat. Claßikern», «in dem lat. Styl», «in der Theorie der Dichtkunst», «in der französischen Sprache», «in der älteren Geographie»; «große» Fortschritte «in der Mathematik (Demonst. Geometrie)», «in der Religion und Moral», «in der allgem. Weltgeschichte», «in den römischen Alterthümern», «in den gemeinnützigen Vernunfterkenntnissen», «in der Logik nach Snell [Friedrich Wilhelm Daniel Snell, Lehrbuch für den ersten Unterricht in der Philosophie. Erster Theil. Erfahrungsseelenlehre, Logik, Metaphysik und Aesthetik. Gießen 1794]», «in der Experimentalphysik», «in der Deklamations- und Geschmacksbildung». Den Griechischunterricht hat Eichendorff nicht besucht, die polnische Sprache (2 Wochenstunden) kennt er «als Utraquist [utraque lingua utens: beide Sprachen, Deutsch und Polnisch, sprechend] ziemlich gut».

Die Ferienzeit von der Ankunft in Lubowitz am 21. August 1803 bis zur erneuten Abreise ins Studium nach Breslau am 16. Oktober wurde überschattet durch den Tod der 1799 geborenen Schwester Louise Antonie Sophie, den zweiten Kindstod innerhalb eines halben Jahres. Eichendorffs Bericht vom 10. September ist nicht ohne dramatische Spannung und theatralische Gesten: Die Flucht des wenig belastbaren Vaters erinnert an die Schuldenaffäre 1801. «Da die Krankheit unserer kleinen Schwester Louise täglich zunahm, und besonders an diesem Tage den höchsten Grad der Gefahr erreichte, so begab sich unser Vater, welcher den Tod der Louise und alle die traurigen Folgen deßelben nicht ohne Nachtheil seiner Gesundheit hätte ertragen können, gegen 10 Uhr Früh allein nach Radoschau [Eichendorffsches Gut nordöstlich von Bauerwitz im Kreise Ratibor], wohin wir beyde ihn bis in den Czerwienczitzer Busch begleiteten. Als wir wieder nach Haus kamen, hörten wir schon, daß es sich mit der Krankheit während der 2 Stunden außerordentlich verschlimmert hatte; und wie erschütterte uns nicht der furchtbare Anblik, als wir unsere kleine, liebe Louisel bereits mit dem Tode kämpfend fanden. Um 12$^{1}/_{4}$ starb sie endlich an heftigen Krämpfen, welche die Folgen eines Scharlachfriesels waren, in einem Alter von 4 Jahren u. 3 Monathen. Während alles dieses im Schloße geschah, hielten der H. Friedrich und Thilsch die Mama im Garten fest, welcher aber die Nachricht von dem Tode der Louisel so viel wüthende Kraft einflößte, daß sie sich den Armen des H. Friedrich u. Thilsch entriß und den noch warmen Leichnam umarmte, küßte und halb zerquetschte.»

«Totenopfer» lautet die Überschrift des fünften Kapitels in Eichendorffs Gedichtsammlung von 1841: ein Niederschlag auch der Erfahrungen seiner Jugendzeit. Zu ihnen gehört auch das Spiel mit dem Tod. Eine makabre Szene hat uns der Student Eichendorff unter dem 4. März 1804 überliefert: «Nach dem Abendeßen stopften, als wir beyde eben im Refectorio Geschichte studierten, H. Winter u. Strantz aus meinen Kleidern mit Betten u. Wäsche einen Mann aus, den sie auf ein Bette mitten in der Stube legten u. meine Person vorstellen ließen, indem sie nemlich den H. v. Heppen, der schon im Bette lag, durch die unerwartete Nachricht, daß ich, plötzlich vom Schlage gerührt, in lezten Zügen liege u. noch von ihm Abschied nehmen wolle, aus dem Bette jagten. Als dieser nun augenbliklich mit Schlafrok u. Schlafmütze angethan in die Stube stürzte, ertönte ihm endlich von allen Seyten: Er ist todt, er ist todt! entgegen. Durch dieses, durch die Dämmerung u. die Verstellung der Umstehenden getäuscht, betrauerte er mich dann gegen 10 Minuten als todt, bis er endlich durch Befühlung der vermeinten Leiche den Wahn entdekte.»

## Preußisch-österreichische Kriegsspiele

Eine Lektion in Zeitgeschichte, wie die Schule sie vermutlich nicht geboten hatte, gab es für die Brüder Eichendorff am 3. Oktober 1803 bei einem Besuch auf dem Schloß ihres reichen Gönners, des Onkels Johann Friedrich von Eichendorff in Schillersdorf bei Oderberg an der österreichischen Grenze, «wo wir einen gewißen Herren v. Pitsch, General der Infanterie, bey der österreichischen Armee, welcher in Schillersdorf [Preußisch-Schlesien] selbst gebohren, und der Sohn des damaligen dasigen Verwalters ist, antrafen. Dieser verehrungswürdige Mann, der nicht nur allein das Ende des siebenjährigen Krieges [1756–1763], sondern auch den ganzen französischen Krieg [die Koalitionskriege 1792–1797 und 1799–1802] als Lieutenant, Major, Oberster und General mitgemacht hat, und den wir überhaupt auch als einen äußerst belesnen u. gebildeten Mann, von vieler Einsicht u. Erfahrung, kennen lernten, entschädigte uns durch die lebhaften Erzählungen seiner mannigfaltigen Affairen u. Beschwerden, einigermaßen für die Schillersd[orfer] Langeweile. So hatte er z. B. im 7jährigen Kriege als Gefangner im Collegio [das Jesuitenkolleg in Breslau?] gelegen; war im franz. Kr. ebenfalls wieder als Gefangner grade zu Robs-Pierrs Zeiten in Paris [Robespierre war von Juli 1793 bis zu seiner Guillotinierung im Juli 1794 Mitglied des Wohlfahrtsausschusses der Revolution]; hatte in der Schweitz dem tapfern Hotze, den berühmten Luciensteig erobern helfen; u. s. w.» Der 1739 in Richterswyl am Züricher See geborene Friedrich Freiherr von Hotze verteidigte im Zweiten Koalitionskrieg als österreichischer General Vorarlberg gegen die Franzosen, eroberte Teile der Schweiz zurück und starb am 25. September 1799 bei Schänis nach der Zweiten Schlacht bei Zürich. Der über eine Höhe von 715 m führende Luciensteig, ein befestigter Engpaß, verbindet die schweizerischen Orte Ragaz und Maienfeld mit den liechtensteinschen Balzers und Vaduz sowie dem österreichischen Feldkirch.

Dieser Eintrag Eichendorffs illustriert die komplexe Situation der Oberschlesier im Grenzland zwischen Österreichisch- und Preußisch-Schlesien seit dem Ende des Ersten Schlesischen Krieges und ihre immer wieder durchbrechende Sympathie für Österreich. Im Frieden von Breslau 1742 hatte Österreich Ober- und Niederschlesien sowie die Grafschaft Glatz an Preußen abtreten müssen, was nach dem Zweiten Schlesischen Krieg im Frieden von Dresden 1745 bestätigt wurde. Im Dritten Schlesischen oder auch Siebenjährigen Krieg, an dem der Herr von Pitsch auf österreichischer Seite teilgenommen hatte, war Breslau mehrmals umkämpft worden.

Der hier angedeutete und für die Brüder Eichendorff noch immer aktuelle Konflikt zwischen der seelischen Zugehörigkeit zu Preußen oder zu Österreich wird 1813 in Wien zur tragischen Trennung der Brüder führen. Joseph wird im April dem in Breslau ergangenen Aufruf des Preußenkönigs Friedrich Wilhelms III. Folge leisten und mit seinem Freund Philipp Veit in das Lützowsche Freikorps einrücken. Wilhelm wird in Wien auf eine Anstellung als Lehrer in dem von Adam Müller geplanten Erziehungsinstitut für junge österreichische Adelige hoffen und, als daraus nichts wird, in den österreichischen Staatsdienst eintreten.

Das zeitgeschichtliche Interesse der Brüder Eichendorff hat sich auch in Gedichten Josephs aus der Schulzeit niedergeschlagen. Daß er dabei den Klischees seines konservativen Milieus aufsitzt, verwundert nicht, zumal der folgende Text auf eine französische Version zurückgeht:

*An die Revolutions-Ungeheuer und Emigranten Frankreichs*

> Ihr, des olympischen Donners Räuber!
> Die ihr der ewigen Menschheits Rechte Altäre zertrümmert,
> Tyrannen der Erde!
> Zittert – denn ihr seid unsterblich!
> Doch ihr, des eisernen Schicksals Opfer,
> Über die eines Gottes Vaterblicke wachen,
> Irrend im fremdem Gefild'
> Tröstet euch – ihr seid unsterblich!

*«Eine wahrhaft romantische Gegend»*

Die Einsiedlerperspektive gewann der junge Eichendorff nicht zuletzt aus dem Erlebnis von Bergbesteigungen, wie er sie unter dem 5. Oktober 1803 schildert. Schon hier zeigt sich der spätere Dichter der Romantik, bei dem die «Berge», «Gegenden», «Flüsse», «Dörfer», «Länder», «Grenzen», «Täler», «Städte», «Gipfel», «Burgen» und «Bergwerke» der sichtbaren Heimat zu Zeichen einer unsichtbaren, doch durchaus erfahrbaren Heimat werden, von der die erstere umfangen und durchdrungen ist. Die Sehnsucht nach beiden ist in diesem Text deutlich spürbar: in der heimlichen Sympathie für Österreichisch-Schlesien. «Fuhren wir mit dem General [v. Pitsch] und dem Oncle [Friedrich v. Eichendorff] nach Kobelau, einem Guthe des Oncles. Als wir daselbst angekommen waren, stiegen wir ab, um die Landeseke, einen hohen Berg, welcher seinen Nahmen daher bekommen hat, weil er die lezte Eke des Preuß. Landes ist, und welcher auch zugleich wegen seiner schönen Aussicht berühmt ist, zu besteigen. Doch wie angenehm wurden wir überrascht, als wir den Berg erstiegen hatten und ringsumher sich unserem Auge, wie im Panorama, eine wahrhaft romantische Gegend darbot. Der Fuß der ganz steilen Landeseke selbst ruht in den Fluthen der Oder, welche dort noch sehr schmal ist, das Ostrauer Waßer aufnimmt und die Gränze zwischen Preußisch und Kaiserlich Schlesien macht. Erhaben also über die Fluthen des schnellen Gebirgsstroms, der rauschend zu den Füßen dahin flieht, erblickt man gleich an der Oder ein niedliches kaiserliches Dörfchen, auf deßen Dächer man von der Höhe herabspringen zu können glaubt, und übersieht nicht nur ganz Oestreichisch-Schlesien, sondern auch einen Theil von Maehren. Diese beyde Ländchen, welche ebenfalls von der Oder getrennt werden, bilden hier ein fruchtbares romantisches Thal, mit Büschen, Teichen, Dörfern und Städten besät, das von den majestätischen Carpathen begränzt wird. Auch findet man auf dem Gipfel der Landeseke einige Ueberreste einer alten Burg. Als wir uns an diesem Anblike genugsam gelabt hatten, führte uns der Oncle zu seinem, 16 Lachter [ca. 32 m] tiefen Steinkohlenbergwerke, wo wir sich auch einen Erdbohrer und den Gebrauch deßelben ansahen u. dann wieder nach Schillersdorf zurükfuhren.»

Diese Schilderung zeigt, daß den Dichtungen der Romantiker in der Regel konkrete Naturerfahrungen zugrunde liegen. So heißt es in einer Strophe vierhebiger Verse mit zweisilbiger Füllung aus Josephs Schulzeit:

> Wie purpurn entsteigt dort den bläulichen Gipfeln
> Der Berge, des Tages schönrosigte Jugend,
> Aus Fluren, und golden beschimmerten Wipfeln
> Begrüßen sie fröhlicher Vögel Gesänge.
> Es prangen so herrlich von Frühlicht beschienen,
> Die silbernen Ströme, und Dörfchen und Zinnen.

Zehn Jahre später wird der berühmte Schluß in Eichendorffs Roman «Ahnung und Gegenwart» lauten: «Beruhigt und glückselig war er [Friedrich] in den stillen Klostergarten hinausgetreten. Da sah er noch, wie von der einen Seite Faber zwischen Strömen, Weinbergen und blühenden Gärten in das blitzende, buntbewegte Leben hinauszog, von der anderen Seite sah er Leontins Schiff mit seinem weißen Segel auf der fernsten Höhe des Meeres zwischen Himmel und Wasser verschwinden. Die Sonne ging eben prächtig auf.»

Der junge Eichendorff ist bereits 1803 von Haus aus Romantiker, ehe er in Halle und Heidelberg der romantischen Bewegung begegnet.

## «Den Adel kann sich jeder selbst nur geben»

Am 18. Oktober 1803 langten die Brüder Eichendorff, nun Philosophiestudenten an der Leopoldina, wieder in Breslau an, nahmen die ersten Zeichen- und Klavierstunden, gingen wieder so oft wie möglich ins Theater, hatten privaten Französisch-Unterricht und hörten sonnabends und donnerstags «antropologische Vorlesungen» bei Dr. Medicinae Wendt, denen «jeder Philosoph und Theolog gratis beywohnen durfte». Man treibt den üblichen Studentenulk, besucht Bälle, läßt sich «früh um 8 Uhr von der Madame Schlegel einen hohlen, mich wehthuenden Zahn ausreißen», geht mal wieder «zur Beichte» und spielt im Konvikt eifriger denn je Theater. Doch auch die dramatischen Szenen des Alltags fehlen nicht.

Am 26. Januar 1804 notiert Eichendorff nur mit den Anfangsbuchstaben der einzelnen Wörter: «Das erstemal oben in der Stube bis halb 12 Uhr Homer studirt, welches dann immer den anderen Tag fortgesetzt wurde.» Dieses Nachtstudium mitten im kalten Winter und im ungeheizten Zimmer zusammen mit dem Freund Jacob Müller sollte für diesen ein trauriges Ende nehmen. Am 16. Februar feierte «die gesammte Theatertruppe» des Konvikts nach der Aufführung einiger Stücke «beym H. Hubrich eine honnette Punschkondition nebst Kuchen; wobey [...] zuletzt der allgemeine rippenstößige Reyhentanz merkwürdig ist, der aber um 12 Uhr durch die Nachricht von dem nahen Tode des edlen Jacob Müllers plötzlich unterbrochen wurde. Ich u. Stein begaben sich augenblicklich in die Stube neben dem Museum, wo wir den sanften Tod meines unvergeßlichen Freundes [...] an der Seyte seines braven, trostlosen Vaters abwarteten. Jacob Müller, der arme Sohn eines Landmannes aus Cotzemeuschel, ein Muster von Rechtschaffenheit u. Fleiß, starb um 1 Uhr in der Nacht an den Folgen der Lungensucht, die er sich durch sein Nachtstudieren zugezogen hatte, als Opfer seiner Emsigkeit.» Unter dem 17. und 18. Februar notiert Joseph: «Schrekliche, schwartze Bangigkeit, theils nach dem Fasching, theils nach dem edlen Müller.» Am 19. «war das Begräbniß des H. Jacob Müllers, wobey die gesammten Studierenden unter Begleitung von Musik den Zug bildeten, die Convictores nebst dem Vater, der Leiche unmittelbar folgten, darauf aber H. Proff. Rake, in unserer beyden Begleitung die phil. Fakultaet anführte; er wurde auf dem Sandkirchhof begraben.»

Von den 68 uns überlieferten Gedichten, Entwürfen und verschiedenen Textfassungen aus der Schul- und Studienzeit Eichendorffs sind allein drei Gedichte dem verstorbenen Freund gewidmet. In «Meinem: Jacob

Müller» betitelten Text feiert Eichendorff ihn als den, der ihm die Augen für die Größe Homers geöffnet habe.

> Freund, der von meinen düstern Blicken
> Den Nebelschleier hob,
> Daß ich voll heiligem Entzücken
> In Morgenrot gehüllt
> Arkadiens Flur, der Menschheit Unschulds-Wiege,
> Und Agamemnons Heer
> Und Thetis Sohn im stolzen Siege,
> Und Trojas Flammen sah! [...]

Das dritte Gedicht stellt das Vorbild Jacob Müller sogar neben Wilhelm von Humboldt. Was die beiden, der «arme Sohn eines Landmanns» und der gerade sechsunddreißigjährige Sproß eines pommerschen Adelsgeschlechts, seit 1802 preußischer Ministerresident beim Päpstlichen Stuhl in Rom, gemeinsam haben, ist die Hochschätzung des Griechischen und des Altertums. Auf Anregung des Altphilologen Friedrich August Wolf, den Joseph von Eichendorff noch in Halle hören wird, schrieb Humboldt 1793 den Aufsatz «Über das Studium des Altertums und des Griechischen insbesondre», der 1796 veröffentlicht wurde. Obwohl sich Eichendorff in den letzten Ferien durch General von Pitsch noch für die soldatischen Heldentaten begeistert hat, stellt er in diesem Gedicht unter der seltsamen Überschrift «An Müller oder Humboldt» die Hingabe des Lebens im Dienst der Wissenschaft doch höher, wohl auch im Blick auf die eigenen beruflichen Pläne, für die eine militärische Karriere schon aus Kostengründen nicht mehr in Frage kommt.

> Schön ist es und wert der Fortpflanzung des Ruhmes
> Durch Bardenbegeisterung, wenn der Held siegend
> sich freiwillig opfert, und dahinsinkt, rettend
> das Vaterland. Doch schöner, und der fühlenden Tränen
> wert, wenn, mit nicht von Blut triefenden Ruhme
> kühn der Mann durch das düstere Gewühl der
> Nebel ins Heiligtum die erhellten Höhen des Wissens
> eindringt, und hoffend, einst dich Glück noch bei[m]
> Enteilen zu leben, dahinsinkt auf die Trophäen
> ermattet. So liegst du kühner Jüngling! Feurig flammt
> auch in mir der Entschluß dir zu folgen auf. Leit mich,
> bis ich dir in jenen Gefilden die Hand reiche, wo kein
> Trug der Freundschaft droht.

«Den Adel kann sich jeder selbst nur geben» 113

Gut sechs Jahre später werden Humboldt und Eichendorff fast zur gleichen Zeit nach Wien aufbrechen: Humboldt im September 1810 als preußischer Staatsminister und Gesandter am österreichischen Hof bis 1814, Eichendorff als Jurastudent vom November 1810 bis 1813. Nicht erst in Wien wird seine Humboldt-Begeisterung abkühlen. Die Hinwendung vom Griechen- zum Christentum, wie sie die Romantiker vollziehen, besonders Friedrich Schlegel, in dessen Kreis Eichendorff in Wien verkehrt, bleibt bei Humboldt aus. So notiert Eichendorff am 14. Februar 1812 ins Wiener Tagebuch: «War gegen Abend der junge Veith bei uns» – Philipp Veit, der Sohn Dorothea Schlegels aus erster Ehe, Eichendorffs Freund und spätere Nazarener –, «wo gesungen wurde, und er uns von dem ewig widersprechenden spitzköpfigten, heidnischen Minister Humboldt erzählte, zu dem er eben von uns hingieng.»

Nicht erst in Wien, schon als Breslauer Student hat Eichendorff nach Ausweis seiner Gedichte noch ein anderes Vorbild vor Augen, dem er sein Leben lang treu bleiben wird. «An Stolberg» ist eine poetische Epistel überschrieben, wie sie damals als literarische Form beliebt war.

Friedrich Leopold Graf zu Stolberg-Stolberg (1750–1819) und sein Bruder Christian waren in Dänemark, wo ihr Vater seit 1756 Oberhofmeister der Königin-Witwe Sophia Magdalena war, unter den Augen Klopstocks aufgewachsen, den sie abgöttisch verehrten. War dieser doch, 1751 von Friedrich V. nach Kopenhagen berufen, damit er dort seinen «Messias» vollende, ein Freund der gräflichen Familie. Auch die Brüder Stolberg fühlten sich selbst eher zur Poesie berufen, als sie 1770/71 in Halle und 1772/73 in Göttingen studierten. Immerhin schienen die dortigen «Reichsuniversitäten», die sich in Lehre und Forschung der Pflege des Reichsgedankens widmeten und in den Hörsälen eine «Grafenbank» hatten, für sie, deren Familie de iure noch reichsunmittelbar war, das standesgemäße Milieu.

Um so größer war die Sensation, als die beiden Reichsgrafen zusammen mit ihrem Hofmeister Clausewitz am 19. Dezember 1772 in den überhaupt nicht feudalen Freundes- und Dichterbund «Göttinger Hain» aufgenommen wurden, den die Studenten Boie, Cramer, Hahn, Hölty, Miller, Voß und Wehr am 12. September 1772 gegründet hatten, die Mehrzahl Pastorensöhne und nun Studenten der Theologie – und junge Poeten. «Die Grafen Stolberg», schrieb Voß an den befreundeten Landpastor Brückner, «ach, welche Leute sind das! [...] Leute von der feinsten Empfindung, dem edelsten Herzen, voll Vaterland und Gott, den vortrefflichsten Talenten zur Dichtkunst, und – ohne den kleinen Stolz [ihres adeligen Standes, auch wenn sie sich das brüderliche Du verbieten und keine der «Bundesversammlungen» in ihrer Wohnung stattfinden wird] – kurz, Leute, die Klopstock schätzt und liebt, in diesem Stande zu finden, das ist ein großer Fund, denk' ich! Und den hab' ich gemacht.»

Als habe er Stolberg als positives Beispiel für einen «Edlen von Adel» vor Augen, wendet sich Eichendorff mit einem der Jugendgedichte, von dem drei Fassungen vorliegen, «An einen Unedlen von Adel». Die ersten drei, die achte und die zwölfte Strophe zeigen, wie sich der etwa sechzehnjährige Joseph Karl Benedikt Freiherr von Eichendorff um 1804 mit der Krise der traditionellen Standesgesellschaft nach der Französischen Revolution von 1789 existentiell auseinandersetzt: hier der Adel, der, oft dessen unwürdig, noch immer auf seine ererbten Vorrechte pocht; da das «biedere» Bürgertum, positiv verstanden, das für ein nach innen und außen freies Vaterland zu kämpfen bereit ist.

> Auf, auf, du Weichling, auf vom Nebeltraume,
> Der schmeichelnd dir den kind'schen Blick umwebt!
> Schau um dich her, wie schön dem goldnem Saume
> Des Himmels, dort die hell're Sonn' entschwebt.
>
> Zur Hölle floh die Eisenzeit der Nächte,
> Vom Strahlentag der Wahrheit kühn verscheucht,
> Die Zeit, die freier Menschheit heil'ge Rechte
> Dem Joch' beglückter Schwelger einst gebeugt.
>
> Erwacht aus seines Vorurteiles Höhle
> Begrüßt den jungen Tag das Freigefühl.
> Nicht Waffenklang mehr schreckt die Kraft der Seele
> Im Himmel steckt sie sich der Weisheit hohes Ziel. [...]
>
> Vergebens blickst Du stolz auf Niedrer Leben –
> Frei ist der Mann, und keines Mannes Knecht!
> Den Adel kann sich Jeder selbst nur geben,
> Zu deinem haben Alle gleiches Recht. [...]
>
> Dort ringe nach der Höh', wo brav' und bieder
> Der Väter Geister winkend stehn,
> Und hast Du sie erreicht, dann wag' es wieder
> Dem Biedermann ins Aug' zu sehn! –

Eichendorff wird, gerade im Blick auf Jacob Müller, auch unter den Verhältnissen im Josephskonvikt gelitten haben. «Auch ihre sogenannten Konvikte», schreibt er in seinem Todesjahr 1857 in dem Kapitel «Der Adel und die Revolution», «wirkten jedoch häufig störend durch den aristokratischen Unterschied zwischen den armen Freischülern (Fundatisten) und den reichen Pensionärs, die fast ausschließlich dem Adel angehörten. Denn auch der Adel mußte nun, wenn er nicht von der Zukunft exkludiert sein wollte, dem allgemeinen Zuge folgen. Das nach dem neuen Maßstabe durchaus unzureichende Hauslehrer-Unwesen, sowie die Pariser Reisestudien [die Brüder Eichendorff haben beides noch genossen] hatten fast ganz aufgehört, der Offiziersdienst reduzierte sich immer mehr erblich von Generation zu Generation auf bestimmte unbegüterte Militärfamilien, die jungen Kavaliere gingen auf die Gymnasien, wie die Andern. Ihre Erziehung war also keine spezifisch adeliche mehr, sondern mehr oder minder in der Volksschule aufgegangen.»

Doch nicht des Reichsgrafen Stolberg, von Voß für den ersehnten Freiheitskampf in Deutschland geschürter Tyrannenhaß steht im Mittelpunkt der Eichendorffschen Poetischen Epistel «An Stolberg», sondern die Anfeindungen, die dieser erleiden mußte, nachdem er 1800 fünfzigjährig zur katholischen Kirche übertrat und die Reihe der Konversionen von «Romantikern» zum Katholizismus eröffnete: 1805 der Staatstheoretiker und politische Publizist Adam Müller sowie die Künstler Franz und Johannes Riepenhausen; 1808 Friedrich und Dorothea Schlegel, 1810 Dorotheas Söhne aus erster Ehe Jonas und Philipp Veit, letzterer der spätere Freund Eichendorffs in Wien; 1813 der Maler Friedrich Overbeck; aus dem Wiener Hofbauer-Kreis, in dem später auch die Brüder Eichendorff verkehren werden, die Ehepaare Klinkowström und Schlosser sowie Elise von Pilat und Auguste von Mengershausen; 1818 die Dichterin Luise Hensel; 1820 der Staatswissenschaftler Karl Ludwig von Haller; 1824 der Jurist Karl Ernst Jarcke, der Eichendorffs Calderon-Übersetzungen an den Cottaschen Verlag vermitteln und ihn zur Mitarbeit an den «Historisch-politischen Blättern für das katholische Deutschland» einladen wird, sowie die Juristen Georg Phillips (1828) und Reinhold Baumstark (1869); die protestantischen Theologen Friedrich Emanuel von Hurter (1844) und Hugo Lämmer (1858); schließlich – die Aufzählung ist nicht vollständig – 1850 die Schriftstellerin Ida Gräfin Hahn-Hahn.

Nach fast dreißigjähriger Freundschaft, nachdem Voß noch 1783 zusammen mit dem Grafen Stolberg die Gedichte des wohl begabtesten Freundes aus dem «Göttinger Hain», des 1776 achtundzwanzigjährig verstorbenen Hölty herausgegeben hatte, bezichtigte er den Grafen, seinen Freund und Gönner, wegen dessen Konversion öffentlich und heftig des religiösen Obskurantismus, was viele irritierte. Noch 1819 erscheint sein Pamphlet «Wie ward Fritz Stolberg ein Unfreier?» und 1820 die Schrift «Bestätigung der Stolbergschen Umtriebe». 1804, als Eichendorff vermutlich seine Epistel «An Stolberg» dichtete, hatte sich die Affäre bereits so weit herumgesprochen, daß er, offensichtlich enttäuscht über den Verrat an dem im «Göttinger Hain» propagierten Freundschaftsideal, die Verse schmiedete:

> [...] So wandelst du jetzt über den Ruin deines Glücks. Sie wollen deinen Ruhm verleugnen, und was das schlimmste ist, ein Freund zieht dir die Biederhand zurück. Doch du bist überzeugt, und wankst nicht. O auf der Bahn zum Wissen sei du mein Stern, wenn schwarze Wolken den Nachthimmel umziehen, Und wenn ich strauchle, umschwebe mich. Ich denke dein, und falle nicht.

Im Geiste Jacob Müllers, Humboldts und des Grafen Stolberg ziehen die Brüder Eichendorff während ihres letzten Semesters in Breslau weiter «auf der Bahn des Wissens». Sie erbitten sich bei dem Ratsherrn und Kurator des evangelischen Realgymnasiums zu St. Maria Magdalena Gottlieb Müller die Erlaubnis, in einigen Fächern hospitieren zu dürfen. Auch verlassen sie das Josephskonvikt und wohnen jetzt privat im «meyerhofschen Hause».

Am 27. Oktober 1804 willigt der nicht unbekannte Rektor und Professor der gleichen Schule Johann Kaspar Friedrich Manso ein, daß sie «seine Vorlesungen über Horatz, Virgil, Herodot u. Sophocles besuchen» dürfen. Der Philologe und Historiker, Übersetzer von Vergil, Sophokles, Tasso und Petrarca, war 1790 von Gotha nach Breslau berufen worden, wo Eichendorffs Freund Karl von Holtei ihn und und die feine Gesellschaft Breslaus, die den Eichendorffs nicht fremd war, so beschrieben hat: «[...] der zarte Hagestolz, die Zierde zierlicher Teegesellschaften, [...] mit der gepuderten Taubenflügelfrisur und den seidenbandumwundenen Zöpfen. Manso, der kurze, immer schneeweiße Kasimirunterkleidung trug, auch im Winter die baumwollenen Strümpfe beibehielt und auf seinen Schuhen so leise einhertrat, daß er zu schweben schien.» Über sein Gedicht «Die Kunst zu lieben» in Wielands Manier hatten sich Schiller und Goethe im «Musenalmanach für das Jahr 1797» lustig gemacht: «Was das entsetzlichste sei von allen entsetzlichen Dingen? / Ein Pedant, den es jückt, locker und lose zu sein.» Manso und sein Gesinnungsgenosse Johann Gottfried Dyk antworteten darauf mit «Gegengeschenke an die Sudelköche zu Jena und Weimar, von einigen dankbaren Gästen». Es ist zu vermuten, daß Manso versucht haben wird, seine Hörer gegen die Weimarer Klassik einzunehmen, bei den Eichendorffs wohl vergebens, wie deren baldige Begegnung mit Goethe in Halle und Lauchstädt zeigen wird.

Ab 31. Oktober liest Eichendorff mit seinem früheren Hofmeister und priesterlichen Freund Heinke, jetzt Zercmoniar am Breslauer Dom, das 1723 erschienene Epos «Henriade» des Freigeistes Voltaire über den Kampf Heinrichs IV. gegen die katholische Liga bis zum Einzug des Königs in Paris, ein herausragendes Werk der Aufklärungsliteratur. Wenn der alternde Eichendorff im Entwurf zu der Einsiedler-Novelle über die Breslauer Zeit festhält, er sei dazumal «auch ein Freidenker in der Religion» gewesen, dann mag er sich dabei auch der Sympathien erinnern, die er seinerzeit für den protestantischen König, den Voltaire als weise, gerecht und tolerant hinstellt, und für den Autor empfunden haben wird. In Eichendorffs «Geschichte der poetischen Literatur» von 1857 ist davon jedoch nichts mehr zu spüren, wenn er dort Klopstock, Voltaire und Stolberg in Beziehung zueinander setzt: Die durch Klopstock «erhöhete Stimmung ernsterer Gemüter konnte unmöglich weder mit dem trockenen Buchstabenglauben der Orthodoxen, noch mit der ordinären Freidenkerei Voltaire's sich dauernd zufriedenstellen. Und so sehen wir den, aus Klopstock's Schule hervorgegangenen *Stolberg*, nachdem er lange mit der Zeit und mit sich selbst gerungen, sich plötzlich und gänzlich von jenen Abgründen zurückwenden und mit einem in solchen Dingen allein entscheidenden Mute, Freundschaft, häusliche Ruhe und Schriftstellerruhm an seine Überzeugung setzen.»

Eichendorffs religiöse Überzeugung in den Breslauer Jugendjahren fand ihren Ausdruck in zwei Strophen, deren Gottesbild in der Tat nicht weit von dem des Freidenkers Voltaire entfernt ist:

> Da strahlt mir aus des Dunkels Pracht
> Des Ew'gen Götterkraft
> Ich fühle etwas, das mir sagt:
> Gott ists, der dies erschafft.
>
> Verliert sich dann mein trunkner Blick
> In Aethers Sternenzonen
> Da flüstert sanft mein Genius:
> Dort muß ein Höchster – wohnen.

Im November 1804 sehen die Eichendorffs neben anderen Theaterstücken zum zweiten Mal Schillers «Wilhelm Tell» und zweimal «Wallensteins Tod». Im Dezember nehmen sie zusammen mit befreundeten Kommilitonen «früh von 7 bis 8 auch einige Privatstunden in der neueren Philosophie bey H. Proff. Rochovsky». «Den heiligen Abend brachten wir bey einigen Flaschen Wein bis ohngefähr um halb 12 Uhr mit H. Sauer zu», einem Studienfreund, danach «schwartze Bangigkeit». Im Januar/Februar 1805 ist die Mama «nebst der Freyle v. Larisch», Louise, der jetzt dreizehnjährigen, nichtsahnenden späteren Frau des Dichters, zu Besuch. Im März werden die Examina bei den Professoren Haide in Naturgeschichte und Jungnitz in Physik «abgenergelt, das Examen beym Rochovsky [in Griechischer Literatur], nach mehreren hartnäkigen Angriffen, aufgegeben». «Der 25$^t$ Maertz [1805] war endlich der Tag, der uns zum leztenmal als Breslauer Studenten begrüßte. Um 7 Uhr bestiegen wir, als wir uns nochmals vom H. Heinke empfohlen hatten, in Gesellschaft des H. Forches die Lehnkutsche; die Brust voll hohen Feuers, das der H. Proff. Rochovsky noch bey dem lezten Abschiedsbesuche durch seinen herzlichen, freundschaftl. Rath in uns aufgefacht hatte, u. ausgerüstet mit einem Empfehlungsschreiben an den H. Proff. Wolf in Halle vom Grafen Otto v. Haugwitz.» Dessen Bruder Johann Wenzel Graf von Haugwitz war seit 1801 Präsens der «Schuldirection» und Kurator sowohl der Leopoldina und – ab 1811 – der Königlichen Universität. Sein Sohn Johann Karl (1785–1828) war Klassenkamerad der Eichendorffs und wird königlich preußischer Major.

### Das erste Liebesdrama: «Die kleine Morgenröthe»

Joseph von Eichendorff steht im 16. Lebensjahr, die Breslauer Studienzeit neigt sich ihrem Ende zu. Da notiert er im Spätsommer 1804 den Prosaentwurf zu einer Ode, der uns Einblick in seinen Seelenzustand gewährt: «Ode. Was glüht mir im Busen? Ist's Begeisterung? Nein, Liebe – Liebe! Gott, die nächtlichen Tränen! Gott! nicht erkünstelte Begeisterung – gib mir einen Gegenstand zum Lieben, nimm mir das Leben oder gib mir Liebe! Der ist ein Bösewicht, der die Liebe nicht fühlt.» Die oberflächlichen Liebeshändel auf dem Theater und mit den Schauspielerinnen genügen Joseph nicht mehr, er hungert nach der Liebe, von der in den großen Dichtungen die Rede ist.

Wenige Monate später wird dieses Stoßgebet erhört, wenn auch nicht so, wie Eichendorff es sich ersehnt hat. Er liebt, er weiß nun, was Liebe ist, aber er erfährt auch, daß sie sich in seinem Alter nicht erfüllen kann. Davon handelt das erste Sonett, das uns von dem jungen Dichter unter dem Titel «Sonst und jetzt» überliefert ist.

> Sonst tönte ach! mein Saitenspiel so helle,
> Eh noch der Liebe Zauber mich umschlang;

## Das erste Liebesdrama: «Die kleine Morgenröthe»

Frohlauschend auf der Lieder süßen Klang
Enthüpfte leiser oft die Silberquelle.

Da horcht' ich oft, umrauscht von ihrer Welle
Wenn Rosendämmrung ihren Fittig schwang,
Wie sanft ins Seelenlied der Philomele
Der Nachhall meine kleinen Lieder sang.

Jetzt sind sie hin, der Kindheit Wonnezeiten.
Zu einem Ton ist jedes Lied verschallt,
Nur Liebe, Liebe seufzen alle Saiten! –

Doch es verhallt der Ton im unermeßlich Weiten
Kein Nachhall tönt ihm nun; kein Busen wallt,
Der sanft ihm Liebe – Liebe widerhallt! –

Joseph gibt seiner ersten Liebe einen Namen, der eines in der Literatur bewanderten Studenten würdig ist: «Morgenröthe» – ein Lieblingswort der Dichter. Eichendorff wird bei Gottfried August Bürger aus dem Göttinger Hainbund, zu dem es auch bei anderen Jugendgedichten Eichendorffs Anklänge gibt, auf «Morgenröthe» als Kose- und Deckname für seine Geliebte gestoßen sein. Lautet doch eines der Sonette Bürgers nach dem Tod seiner geliebten Molly «Auf die Morgenröthe» und erinnert stimmungsmäßig an Eichendorffs Sonett «Sonst und Jetzt», auch wenn wie bei Bürger der Tod einer über zehn Jahre leidenschaftlich geliebten Frau anders schmerzt als das Ende einer Jugendromanze.

Daß Eichendorff als literarische Form das Sonett wählt, zeigt, wie sehr er die Poetik studiert hat und auf dem Wege ist, seine persönlichsten Erfahrungen in eine anspruchsvolle, wenn auch in der damaligen Literaturszene umstrittene dichterische Form zu kleiden. Wie weit verbreitet und auf welch hohem Niveau die literarische Formenlehre jener Zeit war, zeigt der «Poetische Hausschatz des deutschen Volkes» von Oskar Ludwig Bernhard Wolff, Honorarprofessor der neueren Literatur an der Universität zu Jena, in der 14., Auflage, Leipzig, Verlag von Otto Wigand, 1850. Es ist anzunehmen, das ein ähnliches Werk bei den Eichendorffs in Lubowitz und auch im Breslauer Unterricht benutzt wurde. Laut diesem 1208 Seiten starken Hausbuch sei unter den kleineren lyrischen Formen aus dem Süden das Sonett eine der schwierigsten, da es hinsichtlich der Form, des Inhalts und der Behandlung die größte Vollkommenheit erfordere. Seinem Stoffe nach schildere es vorzugsweise menschliche Gefühle und Empfindungen. Meist reflektierend, könne der Ton nur ein gemäßigter sein, worauf schon die äußere strenge Form hinweise. Es dürfe nur einen Hauptgedanken enthalten, der in der ersten Strophe eingeleitet, in der zweiten erklärt, vielleicht durch ein Bild versinnlicht, in der dritten zum Schlusse vorbereitet und in der vierten vollständig ausgeführt werde, so daß die letzte Terzine die Grundidee des Gedichtes enthalte. Der äußeren Form nach bestehe das Sonett aus vierzehn Zeilen, von denen die ersten acht und die letzten sechs miteinander im Reim anklingen, und zwar so, daß die acht ersten, in zwei Strophen von vier Zeilen zerfallend (Quadernari), nur zwei Reime haben, welche in verschiedener Verschränkung jeder je viermal anklingen. Die sechs letzten dagegen, in zwei Strophen von je drei Zeilen zerfallend (Terzinen), können mit zwei und auch drei Reimklängen wechseln. Als vorzüglichstes Muster für die äußere Form würden gewöhnlich Petrarcas Sonette angeführt. «Sonett» komme von dem italienischen «suonare», weshalb es auch von einigen deutschen Dichtern Klinggedicht oder Klanggedicht genannt worden sei. Durch die schlesischen Poetikschulen sei das Sonett zuerst in die deutsche Dichtkunst eingeführt worden. Opitz, Flemming, Hofmannswaldau, Lohenstein u. a. hätten nach den damaligen Verhältnissen Gelungenes geleistet. Später habe man das Sonett vernachlässigt, und seit die klassische Poesie als Muster gegolten habe, sei das Sonett ganz in Vergessenheit gekommen, bis es durch die romantische Schule wieder eingeführt und mit so großem Eifer kultiviert worden sei, daß sich viele Stimmen mißbilligend dagegen erhoben hätten. Ganz sei es indes keineswegs verdrängt worden, sondern unsere ersten Dichter wie Goethe, die Schlegels, Tieck, Novalis, Uhland, Rückert, Platen, Chamisso u. a. m. hätten sich mit großem Erfolg in dieser Gattung versucht und Meisterhaftes in derselben geliefert.

Joseph begegnet seiner «Morgenröthe» erstmals am 1. Oktober 1804, mitten in den Semesterferien bei einer improvisierten Theateraufführung auf dem Eichendorffschen Gut Slawikau, einige Kilometer entfernt von Lubowitz. Nach einem «Getümmel von Wuth, Eifersucht u. Rache in der Brust des Edlen v. G[arnier] [Spielkamerad der Eichendorffs, Sohn des Anton Andreas von Garnier auf Langedorf, Cziorke und Chrost], deßen Dissonantzen sich endlich in die Seelenharmonie eines sanften Rausches auflösten», und nach einer «Fledermäusejagd» geht sie endlich in Josephs liebeshungrigem Herzen auf: «die schöne Morgenröthe eines noch schöneren Tages: die kleine Dem[oisell] Pitsch», vielleicht eine Verwandte des schon erwähnten österreichischen Generals von Pitsch aus Schillersdorf. Sie ist für Joseph die große Liebe auf den ersten Blick, nicht zu vergleichen mit den bisherigen Flirts auf und hinter dem Theater. «Um 3 Uhr des Morgens hatte endlich die Poße ausgespielt und Zuschauer u.

### Das erste Liebesdrama: «Die kleine Morgenröthe»

Schauspieler: Tragiker sowohl als Comiker verließen theils befriedigt theils unbefriedigt das Theater.» Joseph ist hochbefriedigt und steht in Flammen. Am nächsten Tag wäre er am liebsten wieder nach Slavikau geeilt, was durch einen Besuch vereitelt wird: «Meine ach! gescheiterten Pläne zur Desertion –.» Am 5. Oktober sind «Frau Koschatzky u. die kleine Morgenröthe (siehe 1$^t$ Oktober) hier, wobey die Nekereyen zu merken.» Am 9. und 10. Oktober ist die Eichendorffsche Gesellschaft auf dem weiter entfernten, jenseits der Oder gelegenen Jagdschloß Summin, wo «der große Teich gefischt» wird. Anwesend sind auch «Dem. Carolindel [die «Morgenröthe»] u. Seraphindel» Koschatzky, «welche beyde letzteren dann die Fischelkannonade, und die gänzliche Durchnäßung des jüngeren Theils der Compagnie veranlaßten». Bei einer anschließenden Seeschlacht und der zweiten «seeligeren» Schlammpromenade scheint Joseph seiner «Morgenröthe» näher gekommen zu sein. Am nächsten Tag – es regnet, so daß man «durch das: Dorfschulmeisterlein etc. die Langeweile wegbrüllt» – ist für den bereits eifersüchtigen und schadenfrohen Joseph «der merkwürdigste Casus» des Bekannten «H. Pientaks Polonaise im Kothe mit der kleinen Morgenröthe, welche letztere dann denselben, als er eben an eine Weide hingelehnt war, so beträchtlich rükte, daß er die Balance verlor, u. sein nicht unansehnlicher Corpus troz allen Protestirens den Erdboden küßen mußte».

Am 11. Oktober fährt man zu Wagen und auf der «Wurst» – ein auf zwei Achsen ruhender, länglicher, gepolsterter Kasten ohne Seitenwände und Überdachung, für den Reit- und Quersitz geeignet, im schlesisch-österreichischen Gebiet um 1800 sehr beliebt – nach Zwonowitz, einem Weingut des Stiftes Rauden, nordöstlich von Summin, «wobey das beyderseitige Halsverrenken» zwischen den beiden Verliebten vermerkt wird. «Im Zurükwege schien mir im Wagen die kleine Morgenröthe zu hell ins Gesicht, u. ich wurde natürlich geblendet –.» Der Eintrag vom 11. Oktober endet mit dem feierlichen Bekenntnis in griechischen Buchstaben: «Die folgenden Tage waren der Venus Urania geweiht», der Himmlischen Venus. Der Beiname «die Himmlische» für die griechische Liebesgöttin wurde als platonische, nicht körperliche Liebe interpretiert. Für den 14. Oktober hält Eichendorff stichwortartig fest: «Führte mich mein Genius allein nach Slavikau. Die romantische Rükreise. Bey der Windmühle –.» Mit «Genius» ist in Josephs Tagebuch dieser Jahre ein geliebtes oder angeschwärmtes Mädchen gemeint. Die «Morgenröthe» ist also mit Joseph unterwegs bis zur Windmühle bei dem Dörfchen Ganiowitz. Der 18. Oktober deutet das heraufziehende Drama an: «Tragische Scenen. Schwarzer Humor.–» Die Eltern in

Abstimmung mit Frau Koschatzky scheinen Joseph ins Gebet genommen zu haben. Vermutlich ist das Fräulein Pitsch nicht annähernd standesgemäß. Deshalb am Tag darauf: «Das leztemal in Ganjowitz gewesen», vermutlich zu einem Rendezvous mit der «Morgenröthe». Am 20. notiert Joseph aus den Auseinandersetzungen der letzten Tage: «Während dieser Vacantz die Abend-Cantaten u.: ‹du sprichst ja heute gantz rasend› u. d. gl. nicht zu vergeßen.» Am 21. Oktober auf dem Abschiedsfest in Lubowitz vor der Abreise der Brüder ins letzte Semester nach Breslau «versammelten sich alle Summiner, Ganjowitzer u. Slawikauer allhier». «Nach dem Abendeßen die Abschiedsarie d. k. P.» Die drei Buchstaben auf griechisch bedeuten wohl «der kleinen Pitsch». «Darauf die Canonade im Garten vor dem Schloße u. das vielfältige Echo im Thale.» Am nächsten Tag sind unter der Begleitung der Brüder Eichendorff von Stöblau bis Reinschdorf auch die «beyden Mädchen». Man verzehrt noch «gemeinschaftlich eine gute Schocolade der Frau Kosch[atzky] u. Etwas unseres eigenen Proviants» und setzt «gegen 9 Uhr endlich allein mit H. Jos. Sonntag», dem Diener, die Reise fort.

Während des folgenden letzten Semesters der Breslauer Studienzeit versucht Joseph, die Erfahrung seiner ersten großen Liebe dichterisch zu bewältigen. Davon zeugt außer dem oben erwähnten Sonett «Sonst und jetzt» zunächst ein Gedicht an den Eros in wechselweise vier- und dreihebigen, paarweise gereimten Trochäen in der Art der anakreontischen Dichtung, wie sie seit 1740 beliebt ist, auch noch beim jungen Klopstock und bei Goethe in der Leipziger Zeit, bei Lessing, Matthias Claudius und den Dichtern des Göttinger Hains: verspielte, leichtfüßige Darstellungen von Geselligkeit, Freundschaft und Liebe nach dem Vorbild antiker Gedichte von Anakreon, Horaz und Catull. Zur Szenerie dieser Dichtung, die an das Theater des Barock und Rokoko erinnert, gehören Natur und idyllische Landschaft, mythologische und allegorische Gestalten. So auch bei Eichendorff. Doch durch die anakreontische Formelhaftigkeit hindurch spürt man das eigene Erleben: die Liebeswunde und die Entschlossenheit, ein Dichter der Liebe zu sein bis ans Lebensende. Auf dem Manuskriptblatt steht die Randbemerkung: «Auf C.», wohl Caroline Pitsch.

>Lieber, lieber kleiner Eros,
>Ach! erbarme Dich!
>Heil' die Wunde, die dein Pfeil schoß.
>Sonst ach! töt' sie mich.
>
>Sieh, schon welken meine Wangen
>Sonst ein Bild der Kraft

Trauernd jetzt wie Blüten hangen,
Die kein Regen rafft,
Siehst du hier die kleine Leier,
Die Apoll mir gab?
Tönen soll sie deine Feier
Tönen bis ins Grab.
Nie solls Mavors Kunst gelingen
Seiner Waffen Glanz
Mir ein Liedchen abzuzwingen.
Deinen Myrtenkranz
Nur, o Eros, will ich singen.

Augenscheinlich gelingt es Joseph, zu der Episode Distanz zu gewinnen. Jedenfalls erwähnt er die «Morgenröthe» im Tagebuch erst wieder fünf Monate später im März 1805, nach dem Abschluß des Breslauer Studiums bei einem Besuch in Slawikau, «wo wir die jungen Lämmer, Hühner, die Treibhaus- und Orangenblüthen u. endlich zulezt bey der Mad. Koschatzky die Blüthe aller Blüthe, die kleine Morgenröthe (Siehe: October 1804) wiedersahen». Und vom Abschiedsball, den H. Koschatzky am 18. April vor der Abreise der Brüder an die Universität Halle in Slawikau gibt, heißt es: «endlich, wie immer u. überall, die allesüberstrahlende Morgenröthe, zumal als kosakische Täntzerin». Vierzehn Monate später, am 25. August 1806, findet sich der letzte Eintrag Josephs über seine Jugendliebe. Auf einer Fahrt zum Jahrmarkt in Ratibor «die wohlbekannte Morgenröthe en passant an der Hausthüre gesehn». Stammte das Mädchen aus einfachen Verhältnissen und pflegte von Ratibor aus die Ferien in Slawikau zu verbringen?

Zwei Monate später werden die Brüder Eichendorff, die mittlerweile in Halle das wirkliche Studentenleben kennengelernt haben, anfangen, für die einunddreißigjährige Madame Hahmann zu schwärmen, die Gattin des mit der Familie Eichendorff befreundeten Justitiars Hahmann in Ratibor. Diese gemeinsame Liebhaberei hat jedoch mit Josephs erster großen Liebe zu der «Morgenröthe» wenig gemein.

Das zeigt auch ein Vergleich der späteren Gedichte an Madame Hahmann mit denen, die Joseph außer den beiden schon erwähnten – das Sonett «Sonst und jetzt» und «Lieber, lieber kleiner Eros» – über seine Liebe zu der «Morgenröthe» verfaßt hat. Sie allein machen von seinen uns bekannten Jugendgedichten, die etwa 60 Druckseiten umfassen, ungefähr zehn Seiten aus. Dieser Umfang gibt den «Morgenröthe»-Texten neben den vielen anderen vom jungen Dichter erprobten Themen ein besonderes Gewicht. Doch auch inhaltlich entsprechen diese Gedichte der Bedeutung, die der kurzen, aber herzzerreißenden Episode für Eichendorffs Leben zukommt.

Auffällig ist, daß Eichendorff als Form für diese weiteren Dichtungen den fünfhebigen Jambus wählt, in dem – neben dem Alexandriner und dem vierhebigen Trochäus – die zeitgenössischen Schauspiele, vor allem die Tragödien, abgefaßt sind. Auch Eichendorff wird später für seine ersten dramatischen Entwürfe dieses Versmaß wählen, so in den Fragmenten «Herrmann und Thusnelda» (ca. 1811) und «Eginhard und Emma» (ca. 1812–1816). So lesen sich denn auch seine «Morgenröthe»-Verse wie Bruchstücke aus der Welt der Dramen, wie sie der Schüler und Student dutzendmal im Breslauer Theater gesehen hat, allen voran Schillers «Jungfrau von Orleans» und in den letzten Monaten dessen «Wallensteins Tod» und «Wilhelm Tell».

Das Liebesdrama in Versen – sie haben keine Überschriften und es folgen nur einige Beispiele – beginnt mit einem zarten Geständnis gegenüber Caroline Pitsch:

> Ja ich gestehs – es regte sanfte Triebe
> In mir o P†† dein Blick – dein Kinderblick,
> Der kalte Mensch nennt die Empfindung Liebe,
> Der Liebende sein einzges, höchstes Glück.
> Was hülf' es mir, hätt' ichs dir auch verhohlen,
> Hat nicht der leise, rasche Druck der Hand,
> Mir das Geheimnis längst schon abgestohlen,
> Als ich mit dir mich durch die Reihen wand?
> Nicht längst der seelenvoll beredte Blick,
> Des Herzens hüpfend schneller Schlag, als ich
> Ach! in des Tanzes ungebundner Freie
> Froh deinen Kuß auf meinem Mund empfand.
> Als ich so nah des Mündchens Hauch vernahm,
> Vor mir des Auges Himmelsbläue,
> In der der Unschuld Abdruck schwamm [...]

Doch die Eichendorffsche Familie und ihre Gesellschaft verdächtigen die unschuldig Liebenden und sinnen darauf, sie zur Vernunft und auseinander zu bringen:

> In nächt'ger Weile nistet der Verleumdung
> Verbrechenbrütend schwarzes Ungeheuer
> Aus düstrer Nacht sprützt's seines Geistes Mehltau

Hervor auf die gesunde Unschuldsblüte
Bis ach! auch sie verwelkend niedersinkt
O boshaft blindes, menschliches Geschlecht!
Blickt auf! – Ein Gott küßt lächelnd seinem Kinde
Der Reue Tränen von der bleich[en Wange]

Das Flehen des Liebenden scheint aussichtslos, übersteigt eine große Liebe doch den Horizont der meisten.

Was konnte ich dafür, daß heiß Entzücken
In Busen mir des Mädchens Augen sah'n?
Wollt des Gefühls zart' Pflänzchen ihr ersticken,
Weil's über [euch] sich hebt und Menschenwahn?
O tut es nicht! nicht Früchte wird es tragen,
Wenn es nicht [ ... ] blühen kann.

Der unabwendbare Abschied scheint für immer zu sein:

O, ewig denke ich der bangen Abendstunde,
Da uns, vereint, zum letztenmal das Abendrot beschien,
In heil'ger Dämm'rung schwieg des Erdkreis' weite Runde,
Und trauernd starrten wir in's öde Dunkel hin.

Das Gelöbnis vor seiner «Carolinel» zeigt, wie sehr sich Joseph bereits als Dichter fühlt und wie sehr er ihrer Liebe, einer göttlichen Offenbarung, seine Berufung verdankt:

Und tönet einst an dein erstauntes Ohr
Ein Lied, das in der gold'nen Harfe Klang
Aus seiner fernen Einsamkeit hervor
– – – der Unschuld und Liebe sang,
Dann wisse, C†, daß du die heil'ge Gottheit bist,
Die ihn in der Begeist'rung Zauberland hinüberwinkt,
Daß du in seine Seele heiß sein Ideal ihm gießt,
Daß er nun dich und ewig dich nur singt!
Und widerhallen dann vielleicht die süßen Töne,
O Mädchen, dann weih' mir noch eine solche Träne!

Eichendorff ist diesem Ideal der Liebe als Mensch und Dichter treu geblieben. Er wird nicht die von seiner Mutter gewünschte Standesheirat, sondern eine Liebesehe eingehen, und eines seiner letzten Gedichte, 1855 im Versepos «Robert und Guiscard» veröffentlicht und 1888 von Hugo Wolf vertont, ist unter der Überschrift «Gruß» wohl auch an die «Morgenröthe» gerichtet, an Eichendorffs erste Liebe:

Über Wipfel und Saaten
In den Glanz hinein –
Wer mag sie erraten,
Wer holte sie ein? –
Gedanken sich wiegen,
Die Nacht ist verschwiegen,
Gedanken sind frei.

Es rät es nur Eine,
Wer an sie gedacht
Beim Rauschen der Haine,
Wenn niemand mehr wacht,
Als die Wolken, die fliegen,
Mein Lieb ist verschwiegen
Und schön wie die Nacht.

*Sechstes Kapitel*

«Auf dem Giebichsteiner Felsen
mit Sternbalds Wanderungen»
oder
Wie Eichendorff in Halle die Romantiker kennenlernt

«O unmächtige Kunst! [...] wie lallend und kindisch sind deine Töne gegen den vollen harmonischen Orgelgesang, der aus den innersten Tiefen, aus Berg und Tal und Wald und Stromesglanz in schwellenden, steigenden Akkorden heraufquillt. [...] Nicht Ahndung, nicht Vorgefühl, urkräftige Empfindung selbst, sichtbar wandelt hier auf Höhen und Tiefen die Religion, empfängt und trägt mit gütigem Erbarmen auch meine Anbetung.»

*Ludwig Tieck, «Franz Sternbalds Wanderungen», 1798*

Nach den Abschiedsbesuchen, die drei Tage in Anspruch nahmen, wobei Joseph in Slawikau auch der «alles überstrahlenden Morgenröthe» noch einmal begegnete, gab es am 20. April 1805 «ein quälendes Erwachen – Traurig öffneten sich meine Blike zum leztenmal allen den umgebenden Schönheiten Lubowitzens, um sie anderthalb Jahre lang desto schmerzlicher zu vermißen», in Halle auf der Universität Fridericiana, wo die Brüder ihr Brotstudium beginnen wollen. Die Anteilnahme der Familie, der Verwandten, Bekannten und Freunde zwischen Lubowitz und Breslau war wie immer herzbewegend: «Auf einem Berge am lezten Dorfe vor Steblau [Stöblau] trennten wir uns endlich auch vom Papa, der uns mit dem H. Caplan bis dorthin begleitet hatte. Nach diesem düstern Augenblike sezten wir allein mit der Mama, die uns bis Breslau begleitete, mit traurigem Herzen unsere Reise fort.» Dort am Nachmittag angekommen, «begaben wir uns, da so eben Fanchon gegeben wurde [das Leiermächen, Singspiel von J. N. Bouilly, Übersetzung von Kotzebue, Musik von F. H. Himmel, das die Brüder bereits im November und Dezember 1804 gesehen hatten], vom Wagen bald ins Theater, wo wir gantz unvermuthet auf H. Heinke [den früheren Hofmeister, jetzt Domzeremoniar, und die Studienfreunde] Thilsch u. Fri[e]drich stießen, die uns heute durchaus nicht erwartet hatten».

Nach dreitägigem Aufenthalt in Breslau mit weiteren Abschieds- und

12 Giebichenstein

Theaterbesuchen setzten die Brüder ab Arnoldsmühle ihre Reise allein und «traurig» fort über Neumarkt, Liegnitz, Bunzlau, bis sie am 25. April in Waldau die erste sächsische Poststation erreichten. «Hier errinnerte uns die Schönheit der beyden Wirthstöchter an das Sprüchwort: Sachsen, wo die schönen Mädchen wachsen, welches wir auch durch gantz Sachsen mit Erstaunen bestätigt fanden», notiert Joseph ins Tagebuch. Das Kurfürstentum Sachsen hatte 1796 einen Neutralitätsvertrag mit der Französischen Republik geschlossen. 1804 litt das Land unter Teuerung und Hungersnot, 1805 gab es zahlreiche preußische Truppendurchmärsche. Die Brüder Eichendorff fuhren am 26. April über Budissin und Schmiedeberg, «wo wir, wie auf allen Stationen, wegen dem unglaublichen Zug zur Leiptziger Meße, Mangel an Postpferden fanden», nach Dresden. «Hier stießen wir, als wir eben über die Brüke fuhren, auf [die Breslauer Studienkollegen] Sauer u. Fritsch den Diken. Wir logirten im Hotel de Pologne, wo uns gegen Abend auch [die weiteren Breslauer Bekannten] Thiel, Fritsch der dünne, Bargel u. Brüher, die ihre Reise bishieher per pedes Apostolorum [zu Fuß wie einst die Apostel] gemacht hatten, besuchten» – ein Zeichen für die Attraktivität der Universität Halle, wohin die Schlesier unterwegs waren, und für die Beliebtheit der Brüder Eichendorff.

## Dresden, Wallfahrtsstätte der Frühromantiker

Ist jetzt 1805 dem siebzehnjährigen Joseph von Eichendorff bewußt, daß sich seit dem ersten Besuch der Familie auf der Reise nach Karlsbad 1799 Dresden immer mehr zur Geburtsstätte der romantischen Bewegung entwickelt hat? Ist des Elfjährigen damalige Tagebuchnotiz über den Besuch der Bildergalerie – «Worinn besonders die Nacht der Geburt Jesu Christi von Cor[r]eggio das Meisterstük ist» – nicht bereits ein Zeichen gewesen für seine «frühromantische» Vorliebe?

Novalis machte 1798 Besuche vom nahen Freiberg aus und wohnte bei Friedrich Schlegel. Fichte war auf der Durchreise. Caroline und August Wilhelm Schlegel verfaßten nach einem Besuch der Gemäldegalerie und Diskussionen darüber mit Friedrich Schlegel, Novalis und dem Naturphilosophen Henrik Steffens das «Gespräch. Die Gemälde», das 1799 in der Zeitschrift der Brüder Schlegel «Athenäum» erschien und im Lobpreis der Sixtinischen Madonna gipfelte. «Galeriegespräche» waren in jenen Jahren in Dresden ein fester Begriff. Am 26. Juli 1799 hatte Steffens an Caroline geschrieben: «In der italienischen Sammlung sah ich bloß die Madonna – bei Gott! nichts als die Madonna [...], so wirkte noch nie ein Bild auf mich! Was ich fühlte, nenne ich Andacht, wahre religiöse Andacht, Anbetung, weil ich kein Wort sonst weiß.» Über die Auswirkungen dieser Wallfahrt der Frühromantiker zur Sixtinischen Madonna schrieb Steffens später kritisch: «Besonders wurde die Madonna als die göttliche Frau mit aller Illusion der Dichtkunst verehrt, und nachdem Tieck, August Wilhelm Schlegel und Novalis ihr die poetische Weihe erteilt hatten, sah man alle jungen Dichter vor dem Altare der Madonna knien. Diese Zeit entwickelte sich zwar in der ganzen Übertreibung erst später, aber sie keimte schon damals, und ich konnte mich wohl in dem Sinne der überschwänglichen Jugend als einen Geweihten betrachten, dem die Madonna erschienen war.»

Joseph von Eichendorff ahnte nicht, daß auch er diese Übertreibungen 1807/08 in Heidelberg unter dem Einfluß von Graf Loeben zu spüren bekommen würde. Loeben, 1786 in Dresden geboren, wuchs unweit von Herrnhut auf und war pietistisch beeinflußt. Jetzt notiert Eichendorff unbefangen: «Mietheten wir uns einen Lohnlakay, besahen früh die Bildergallerie», anscheinend ohne daß die Sixtinische Madonna einen erwähnenswerten Eindruck auf ihn gemacht hätte.

Die Brüder Eichendorff besuchen an diesem Morgen des 27. April 1805 noch die «Wachparade» und nachmittags das «Naturaliencabinett, welches wir wider unsere Erwartung in schlechten Umständen fanden, u. den Tempel Salomonis. Abends aber» – die alte Leidenschaft der Brüder – «giengen wir ins Theater, wo eben von der italienischen Hoftruppe die berühmte: Opera: Die Horatier u. Curatier [vermutlich die Opernfassung von Domenico Cimarosa] gegeben wurden. Der Churfürst [Friedrich August III., er regierte 59 Jahre, von 1768 bis 1827] mit seiner gantzen Familie, der Minister u. mehrere fremde Printzen waren auch gegenwärtig, wobey uns das steife Hofzeremoniel, als: das Bekomplimentiren des Bruders des Churfürsten [der Bruder Anton wird 1827 zweiundsiebzigjährig König] gegen den Churfürsten aus der gegenüberstehnden Loge, das Hutabziehn des Parterrs etc. sehr amüsirte. Die scheußliche Spiegelkarpfengestalt des unförmlichen Castraten, der noch dazu einen Helden vorstellen sollte, das echt-italienische Rasen im Spiele, u. das ewige Geklatsche im Parterre machte uns hingegen so wiedrige Langeweile, daß wir den Entschluß faßten, außer in Berlin o[der] Wien, wohl nicht so bald wieder eine italienische Opera zu besuchen. Darauf aßen wir unten an der Table d'Hote.»

Bevor die Brüder Eichendorff schon am nächsten Morgen nach dem erwähnten Theaterbesuch Dresden verlassen, besuchen sie noch in aller Herrgottsfrühe «die prächtige Hofkapelle». Sie ist neben der Gemäldegalerie für die Frühromantiker die zweite Wallfahrtsstätte in Dresden gewesen. Runge, von Haus aus Protestant, der er auch geblieben ist, lernte sie durch seinen Freund, den Komponisten, Musikpädagogen und Pianisten Ludwig Berger aus Berlin lieben: «Etwas unendlich Schönes ist die Musik hier in der katholischen Kirche», schrieb er am 7. Dezember 1801 an seinen Vater in Wolgast. Runge erlebte hier annähernd ein Gesamtkunstwerk, wie es den Frühromantikern als Ideal vorschwebte. Über den Zyklus «Die Zeiten» schrieb Runge am 22. Februar 1803 an den Bruder Daniel in Hamburg, «es wird eine abstrakte malerische phantastisch-musikalische Dichtung mit Chören, eine Komposition für alle drei Künste zusammen, wofür die Baukunst ein ganz eignes Gebäude aufführen – sollte.»

Während Beethoven im April 1796 eine Woche im Hotel de Pologne logierte, sind es für die Brüder Eichendorff nur zwei Nächte. Vielleicht wird ihnen das Hotel wieder einfallen, wenn sie später «Die Vorlesungen über die deutsche Wissenschaft und Literatur» studieren, die Adam Müller im folgenden Jahr 1806 in dem Hotel mit großem Erfolg halten wird und die noch im gleichen Jahr als Buch erscheinen. 1806/07 folgen Müllers Vorlesungsreihen «Über die dramatische Kunst» und ein Jahr später «Über das Schöne und Erhabene». Mit Heinrich von Kleist, der seit August 1807 in Dresden lebt und dort «Das Käthchen von Heilbronn»,

«Die Marquise von O...», den «Zerbrochnen Krug», das «Guiskard»-Fragment, «Penthesilea», «Michael Kohlhaas» und die «Hermannsschlacht» schreibt oder veröffentlicht – Eichendorff wird Kleist 1809 bei Adam Müller in Berlin persönlich kennenlernen –, gibt Müller 1808/09 die Kunstzeitschrift «Phöbus» heraus. Im gleichen Winterhalbjahr hält Adam Müller vor Staatsmännern und Diplomaten sowie dem Prinzen Bernhard von Sachsen-Weimar, dessen Erzieher Müller ist, sechsunddreißig Vorlesungen «Über das Ganze der Staatswissenschaft». Auch sie erscheinen noch 1809 als Buch unter dem Titel «Die Elemente der Staatskunst». Das Werk gilt als die wichtigste Äußerung der politischen Romantik und Müller als der eigentliche Theoretiker der romantischen Staatsidee. Der Staat ist nach Müller «nicht eine bloße Manufaktur, Meierei, Assekuranz-Anstalt, oder merkantilische Sozietät; er ist die innige Verbindung der gesamten physischen und geistigen Bedürfnisse, des gesamten physischen und geistigen Reichtums, des gesamten inneren und äußeren Lebens einer Nation, zu einem großen energischen, unendlich bewegten und lebendigen Ganzen. [...] Der Staat ruhet ganz in sich; unabhängig von menschlicher Willkür und Erfindung, kommt er unmittelbar und zugleich mit dem Menschen eben daher, woher der Mensch kommt: aus der *Natur*: – aus Gott, sagten die Alten.» Eichendorff wird Adam Müller außer in Berlin 1809 häufig in Wien 1811/12 treffen, wo Müller ihn als Geschichtslehrer für eine zu gründende Adelsschule ins Auge faßt. Durch Müller wird Eichendorffs Bruder Wilhelm in den österreichischen Staatsdienst treten. Müllers Einfluß auf Joseph von Eichendorffs politische Anschauungen und auf sein späteres Berufsethos als kritischer Beamter ist kaum zu überschätzen.

Doch Dresden ist in diesen Jahren bedeutsam nicht nur für die politische Romantik, sondern auch für die romantische Naturphilosophie. Adam Müller und seine Freunde ermuntern Gotthilf Heinrich Schubert, den Pfarrerssohn und Schüler Herders in Weimar, der in Leipzig Theologie und Medizin studierte, in Jena zu Füßen Schellings saß und 1806 sechsundzwanzigjährig mit Frau und Töchterchen nach Dresden gezogen ist, nach den guten Erfahrungen der Müllerschen Vorlesungen, ebenfalls Vorträge zu halten «über die Äußerungen des Seelenlebens in jenen Zuständen seiner Gebundenheit des leiblichen Lebens, welche der animalische Magnetismus hervorruft oder welche auch ohne diesen im Traume, in den Vorahndungen des Künftigen, im geistigen Ferngesichte u. F. sich kundgeben», so Schubert in seinen Lebenserinnerungen. Die Vorträge erscheinen 1808 unter dem berühmt gewordenen Titel «Ansichten von der Nachtseite der Naturwissenschaften».

Zu den Freunden Schuberts in Dresden gehört auch der Philosoph Karl Christian Friedrich Krause, auch er ein Pfarrerssohn und Jenaer Schüler August Wilhelm Schlegels, Fichtes und Schellings. Zwischen dem späteren Krause und dem Dichter Eichendorff gibt es, ohne daß Eichendorff von Krause Notiz genommen zu haben scheint, dennoch eine tiefe Übereinstimmung. Denn der Protestant Krause, der einst in Jena auch sein Theologieexamen gemacht hat, erfindet in dem Streit zwischen Theismus und Pantheismus, der um die Jahrhundertwende die Gemüter erhitzt, für das Verhältnis des Göttlichen zur Welt – Transzendenz oder Immanenz? – eine Formel, der auch die Christen, auch die Katholiken, zustimmen könnten: die «All-in-Gott-Lehre», wie Krause «Pan-en-theismus» eindeutscht. Diese Manie Krauses, nur noch in «reinem Deutsch» zu philosophieren, erinnert an den altdeutschen Stil romantischer Künstler und an die Hochschätzung der Volkssprache in der Romantik. Die Krausesche Übertreibung ist paradoxerweise einer der Gründe für seine innerdeutsche Wirkungslosigkeit. Insofern ist das folgende, durchaus verständliche Zitat über den Panentheismus nicht typisch für den Autor: «Weil in der Wesenschauung erkannt wird», so Krause in seinem Hauptwerk «Vorlesungen über das System der Philosophie» von 1818, «daß Gott auch Alles in, unter und durch sich ist, so könnte wohl die Wissenschaft *Panentheismus* genannt werden [...]. Es kann mithin auf keine Weise gesagt werden: Gott ist die Welt, noch auch: die Welt ist Gott: sondern lediglich: die Welt ist in und durch Gott so, dass Gott, das Urwesen, ausser und über der Welt ist, wobei das Wort: *in,* das Verhältnis der Abhängigkeit der Wesenheit der Welt zu der Wesenheit Gottes bezeichnet. Die in ihr Inneres entfaltete Wesenschauung zeigt den *Pantheismus,* als die Lehre, dass die Welt, und alle Wesen der Welt, in irgend einer Hinsicht Gott selbst seien, als einen Grundirrthum [...].» Krause ist sicher, daß seine so verstandene All-in-Gott-Lehre «mit der Lehre des Christentums übereinstimmt: dass die Welt durch Gott ist, dass sich Gott in der Welt offenbart, dass der Mensch ein endliches Ebenbild Gottes ist, und daß wir in Ihm leben, weben und sind [Anspielung auf die Rede des Apostels Paulus auf dem Areopag in Athen, Apostelgeschichte 17, 28]. Die Sätze, die ich vorhin ausgesprochen, dass Alles, auch der Geist, in Gott, finden sich auch bei den Vätern der christlichen Kirche ausdrücklich und ausführlich, so bei Augustinus.»

In dieser panentheistischen Perspektive ist für Krause die Kunst, was sie auch für die Dresdener Frühromantiker Wackenroder und Tieck, die Brüder Schlegel, für Runge und Caspar David Friedrich, für Adam Müller und Gotthilf Heinrich Schubert und auch noch für Eichendorff ist:

«Fassen wir also die Kunst als ganze, selbe Grundidee auf, so ist sie die werktätige Lebenskraft Gottes selbst, wonach Gott Ursache ist alles Eigenleblichen seines einen unendlichen Lebens in der unendlichen Zeit. Daher ist an sich [nur] eine Kunst, die Kunst Gottes, und ein Künstler, – Gott. – In der einen Kunst Gottes haben wir aber zugleich alle endliche Kunst aller endlichen Wesen in Gott mitgedacht; denn alle Wesen sind in Gott, aller Wesen Leben ist in dem einen Leben Gottes, aller Wesen Vermögen, Kraft und Tätigkeit ist in und durch Gott als das eine, selbe und ganze Wesen, von Gott abhängig, und im Leben vereint mit dem einen Urvermögen, der einen Urtätigkeit, der einen Urkraft Gottes.» Eichendorff teilt diese Überzeugung bereits jetzt 1805 in einem seiner fragmentarischen Jugendgedichte:

> O laßt, wem tiefer einzuschauen,
> Ins Himmlische, die Gottheit Kraft verleiht,
> Laßt ihn in Busen sich das Beßre bauen!
> Denn wem Natur ins Herz den Samen streut,
>
> O fühlt er Kraft, enthüllter zu umschauen
> Des Schönen Reiz – laßt ungescheut
> Im Busen ihn das Schöne sich erbauen
> Das ihm nicht Flitterglanz nicht [...] beut,
>
> Schnell wächst zur Tat, was heiß den Busen füllet
> Ein Bürger steht er da verklärter Zeit –
> Doch tausend Herzen die [...] trunken lauschen,
> Wenn Seelengröße Schiller – Göthe singt,
>
> Die spotten dann wenn von der Harfe Rauschen
> Geweckt, ein Geist die alte Nacht durchdringt,
> Und frei von Wahn in höhern Luftgefilden
> Kühn nach dem schönen Pocale ringt.
>
> O hemmet nicht, hemmt nicht das kühne Streben,
> Nicht Traum ists, was ihm feuervoll entglüht,
> Vielleicht gelingts – vielleicht, daß er ins Leben
> Die Zeit aus ihrem Himmel niederzieht,
> Die Zeit, wo schwach des Vorurteils Tempel stürzet,
> Und ew'ge Wahrheit aus den Trümmern blüht.

## Leipzig: Goethe, Eichendorff und die Verleger

Schon als die Brüder Eichendorff am 28. April 1805 Dresden verließen, «gesellte sich auch noch ein Wagen mit 2 Hamburger Kaufleuten zu uns, der uns nachher bis Leipzig begleitete. Diese Kaufleute hatten einen jungen Mohren zur Bedienung bey sich, der uns durch seine Fertigkeit im Brandtweinsauffen sehr viel Spaß machte.» Die Messestadt Leipzig ließ auf diese Weise grüßen; wären es Buchhändler gewesen, hätte es Eichendorff vermutlich erwähnt.

Das Elbtal bis Meißen mit seinen «Landschlössern und Gartenpartien» erinnerte die Brüder an das Odertal bei Lubowitz und rief die «schöne Vergangenheit» zurück. Im «romantisch gelegenen Meißen» versorgten sich der Diener Schöpp und Bruder Wilhelm mit «Pfeiffenköpfen ächt Meißner Fabrique». Aus dem Nachtquartier in Hubertusburg ist «Schöpps handfeste Liebeserklärung gegen das flinke Stubenmädchen» im Tagebuch festgehalten.

Am nächsten Tag gegen 14 Uhr erreichten die Brüder Leipzig und nahmen im «Großen Joachimsthale» Quartier. Bei einem kleinen Einkaufsbummel überraschte angenehm «der frappante Abstand zwischen dem steifen u. todten Ceremoniel in Dresden und dem heiteren eleganten Gewimmel in Leipzig, welches die eben angehende Meße noch vermehrte». Noch am gleichen Abend – kann es bei den Brüdern Eichendorff anders sein? – «giengen wir ins Theater, wo eben die Striknadeln [Schauspiel von Kotzebue, die Brüder hatten es bereits im Januar in Breslau gesehen] u. der Candidat [nicht identifiziert] sehr gut gegeben wurde.» Von Halle aus werden die Brüder im Juni des Jahres noch einmal «eine kleine Spatzierreise zu Fuß bis Leipzig (5 Meilen von Halle)» machen, um Iffland als Franz Moor in Schillers «Räuber» zu sehen.

Zwischen 1727 und 1749 hatte Leipzig Theatergeschichte geschrieben. Caroline Friederike Neuber trat während dreiunddreißig Messen mit ihren «Privilegirten Dresdner Hofkomödianten» auf und reformierte zusammen mit Johann Christoph Gottsched, seit 1730 Leipziger Universitätsprofessor, das deutsche Theater. Das Stegreifspiel wurde eingeschränkt und 1737 der Hanswurst symbolisch vertrieben, 1748 Lessings Lustspiel «Der junge Gelehrte» aufgeführt.

Ab Herbst 1765, sechzehnjährig, ein Jahr jünger als jetzt Joseph von Eichendorff, sah Goethe im Leipziger Theater Stücke von Lessing, Lillo, Molière, Voltaire, C. F. Weiße und D. Schiebeler und entwarf in Leipzig die eigenen dramatischen Versuche «Die Laune des Verliebten» und «Die

Mitschuldigen», beide ein Niederschlag seiner ersten großen Liebe zu Anna Katharina Schönkopf, die an Eichendorffs Liebe zur «Morgenröthe» 1804 erinnert.

Die Bedeutung, die Leipzig damals als Buchhandelsstadt hatte, erwähnen Eichendorffs Tagebuch nicht und Goethes «Dichtung und Wahrheit» nur am Rande: Sie ist zu selbstverständlich. Dabei verkehrte Goethe nicht nur bei dem Verleger Breitkopf; bei ihm erschien denn auch zur Michaelismesse 1769 Goethes erste gedruckte Gedichtsammlung, sieben «Neue Lieder in Melodien gesetzt von Bernhard Theodor Breitkopf». Goethe ist auch häufiger Gast im Hause des wegen seiner Verlagspolitik, die Epoche machte, umstrittenen «Fürsten des deutschen Buchhandels» Philipp Erasmus Reich. Dieser, Geschäftsführer des Leipziger Großverlegers Weidmann, führte anstelle des bis dahin zwischen den Verlegern – Sortimentsbuchhändler gab es noch kaum – üblichen Büchertauschverkehrs den sogenannten Nettohandel ein, der mit der Zeit überall Schule machte: Lieferung nur gegen Barzahlung ohne Rückgaberecht und mit nur geringem Rabatt; folglich lag das volle Risiko bei dem Wiederverkäufer. Den geringeren Absatz glich der Leipziger Originalverleger durch Preiserhöhungen für die rentabel kalkulierte Deckungsauflage aus und kam so auf seine Kosten und zu seinem Gewinn.

Doch diese preistreibende Praxis förderte in den damals noch urheberrechtsfreien Reichsländern – Kursachsen ausgenommen, wo die einheimischen Verleger für ihre eigenen Produkte entsprechende Schutzgesetze erwirkten – den wilden Nachdruck gerade der wichtigsten Neuerscheinungen. Ostern 1765 gründete Reich deshalb in Leipzig eine «Buchhandelsgesellschaft», die ihre Mitglieder dadurch gegen Nachdrukke außerhalb Kursachsens schützen wollte, daß man drohte, nun seinerseits die Verlagswerke der freibeuterischen Kollegen nachzudrucken. Das hinderte den Wiener «Nachdruckerfürsten» Trattner nicht – da die Leipziger nur 16 Prozent Rabatt gaben, während die Transportkosten schon bei 17 Prozent lagen –, der Aufforderung der Kaiserin Maria Theresia um so mehr Folge zu leisten: «Er muß Nachdrucke unternehmen, bis Originalwerke zustande kommen.» Auf diese Weise wurde in den wirtschaftsschwächeren südlicheren Regionen die moderne Literatur, vorwiegend die der Aufklärung, zu erschwinglichen Preisen verbreitet und die eigene literarische Produktivität angeregt.

Trotzdem blieb das Nachdrucken für die im Entstehen begriffenen Rechtsstaaten ein Skandal. 1785 schrieb Kant in der «Berlinischen Monatsschrift» «Über die Unrechtmäßigkeit der Büchernachdrucke», und ebendort lieferte Fichte 1793 den «Beweis der Unrechtmäßigkeit des

Büchernachdrucks»: «[...] daß der Verfasser ein dortdauerndes Eigentum an sein Buch behalte und das vollkommene Recht habe, jeden zu verhindern, wider seinen Willen Nutzen aus dem, was der Natur der Sache nach sein bleibt, zu ziehen; daß mithin der Nachdruck eine offenbare und zwar eine der sträflichsten Ungerechtigkeiten sei [...]».

1818 wird einer der ersten Buchhändler, der Hamburger Friedrich Christoph Perthes, Schwiegersohn von Matthias Claudius und Freund Runges, in seiner Schrift «Der deutsche Buchhandel als Bedingung des Daseins einer deutschen Literatur» noch immer ein einheitliches Urheberrecht und einen staatlichen Rechtsschutz fordern, jedoch außer einer «Entschädigung der Autoren für Bekanntmachung und Herausgabe ihrer Schriften» auch eine Begrenzung der Schutzfrist: «§ 11 Welchen Inhalt die Weisheit der Gesetzgeber diesem Gesetze auch geben mag, so muß doch durchaus darin bestimmt werden, daß [nur] auf eine *gewisse Zeit* der Autor und Verleger ein ausschließendes Eigentumsrecht habe, wodurch von selbst aller weitere Streit über den Nachdruck wegfällt, da nach Ablauf der durchs Gesetz bestimmten Zeit die Schrift zum Nationalgut wird und jede neue Auflage dann ein Ab- oder Wiederdruck ist, aber kein Nachdruck.»

Obwohl 1845 die im preußischen Urheberrechtsgesetz von 1837 festgesetzte Schutzfrist von 30 Jahren nach dem Tode des Verfasser von allen Ländern des Bundes übernommen wird, muß auch Eichendorff die Nachdruckproblematik an seinem eigenen Werk noch schmerzlich erfahren. Als er am 17. April 1838 dem Verleger Friedrich Wilhelm Gubitz von der «Berliner Vereinsbuchhandlung» den Vorschlag macht, «meinen Taugenichts neuaustaffiert abermals in die Welt zu senden», und glaubt, «nicht unbillig befunden zu werden, wenn ich für diesen Fall das bei der ersten Herausgabe erhaltene Honorar von 100 rthlr.[Reichstaler] neben mehreren Frei-Exemplaren auch bei der zweiten Auflage mir zu erbitten erlaube», muß Eichendorff einen abschlägigen Bescheid erhalten haben. Der Berliner Verleger wird das Risiko gescheut zu haben, ist doch gerade 1837/38 ausgerechnet in Leipzig im Verlag von Otto Wigand ein unerlaubter Nachdruck erschienen, der zwanzig Jahre später von Wigand ungeniert wiederholt wird. Dazu schreibt Eichendorff aus Neisse, fünf Monate vor seinem Tod und durch die Veruntreuung des Sedlnitzer Verwalters in materiellen Schwierigkeiten, an den damaligen Inhaber der Verlagsrechte Voigt & Günther in Leipzig am 15. Juni 1857: Er teile «Ew. Hochwohlgeboren Meinung, daß diese literarische Freibeuterei wegen der bedrohlichen Folgen für die Zukunft sehr ernst zu nehmen sei», und billige die Klage, die der Verlag beim Leipziger Handelsgericht gegen

Wigand eingeleitet habe; er selbst könne sich jedoch nicht mehr mit dem «vielleicht weitaussehenden Rechtshandel» befassen. Auch jetzt scheitert das Vorhaben von Voigt & Günther, eine Eichendorffsche Werkausgabe «in Klassikerformat» herauszubringen, wahrscheinlich an diesem erneuten Raubdruck des «Taugenichts», des gängigsten Titels unter den Werken Eichendorffs, durch Wigand.

Der erste Nachdruck des «Taugenichts» bei Otto Wigand 1837 erfolgte übrigens in der zweibändigen «Encyclopädie der Deutschen Nationalliteratur oder biographisch-kritisches Lexicon der deutschen Dichter und Prosaisten seit den frühesten Zeiten, nebst Proben aus ihren Werken», bearbeitet und herausgegeben von dem gleichen Dr. O. L. B. Wolff, Professor an der Universität zu Jena, dessen «Poetischer Hausschatz» mit zehn Gedichten Eichendorffs weit verbreitet war. Beide Nachdrucke haben sicher auch dazu beigetragen, Eichendorff populär zu machen. In den vierziger Jahren wird Wolff unter dem Pseudonym Plinius der Jüngste eine «Naturgeschichte des Deutschen Studenten», wie ihn die Eichendorffs in Halle bald erleben werden, veröffentlichen – im Verlag Carl B. Lorck in Leipzig.

Eichendorffs Erfahrungen mit den verschiedenen Verlegern – er hatte es im Laufe der Zeit mit vierzehn Firmen zu tun, darunter auch berühmte wie Duncker & Humblot oder Dümmler in Berlin, Cotta in Stuttgart und Brockhaus in Leipzig – waren nicht immer erfreulich, aber auch nicht ungewöhnlich. Obwohl seine ersten Gedichte schon 1808 in der «Zeitschrift für Wissenschaft und Kunst» in Landshut und sein Jugendroman «Ahnung und Gegenwart» bereits 1815 bei Schrag in Nürnberg erschienen waren und der «Taugenichts» der «Vossischen Zeitung» vom 31. Mai 1826 zufolge sofort «Sensation gemacht» hatte, erschienen Eichendorffs Werke in populären, preiswerten Klassikerausgaben erst nach Ablauf der damaligen Schutzfrist von dreißig Jahren Ende 1887, zeitig zum 100. Geburtstag des Dichters: die «Gedichte» in 13. Auflage, der «Taugenichts» in 16. Auflage, beide Ausgaben in Leipzig im Verlag C. F. Amelang, der 1878 die Rechte an «Sämmtlichen Werken» Eichendorffs von Voigt & Günther erworben hatte.

Vom Honorar seiner Bücher konnte Eichendorff wie die meisten Autoren seiner Zeit nicht leben, aber es war ein willkommenes und gelegentlich auch benötigtes Zubrot. Die 100 Reichstaler zum Beispiel, die Eichendorff 1823 für die 750 Exemplare starke Auflage seines dramatischen Märchens «Krieg den Philistern» vom Verlag Dümmler in Berlin erhielt, lagen an der oberen Grenze des damals Üblichen und entsprachen der Höhe seines monatlichen Gehalts als Beamter oder etwa der halben

Jahresmiete einer standesgemäßen Wohnung oder den durchschnittlichen Jahreseinkünften eines Handwerksmeisters.

### «Zu Pferde in Stürmern u. Kanonen»: Studentenleben in Halle

Auch Goethe, der später als zuständiger herzoglich-weimarischer Kurator für die Universität Jena weitere einschlägige Erfahrungen machte, erinnert sich in «Dichtung und Wahrheit» schon für seine Studentenzeit von 1765 bis 1768 im kursächsischen Leipzig an das unterschiedliche Gehabe der Studenten aus dem weimarischen Jena und dem preußischen Halle. «Jede der deutschen Akademien hat eine besondere Gestalt: denn weil in unserem Vaterlande keine allgemeine Bildung durchdringen kann, so beharrt jeder Ort auf seiner Art und Weise und treibt seine charakteristischen Eigenheiten bis aufs letzte [...] In Jena und Halle war die Rohheit aufs höchste gestiegen, körperliche Stärke, Fechtergewandtheit, die wildeste Selbsthülfe war dort an der Tagesordnung; und ein solcher Zustand kann sich nur durch den gemeinsten Saus und Braus erhalten und fortpflanzen. Das Verhältnis der Studierenden zu den Einwohnern jener Städte, so verschieden es auch sein mochte, kam doch darin überein, daß der wilde Fremdling keine Achtung vor dem Bürger hatte und sich als ein eignes, zu aller Freiheit und Frechheit privilegiertes Wesen ansah. Dagegen konnte in Leipzig ein Student kaum anders als galant sein, sobald er mit reichen, wohl und genau gesitteten Einwohnern in einigem Bezug stehen wollte. Alle Galanterie freilich, wenn sie nicht als Blüte einer großen und weiten Lebensweise hervortritt, muß beschränkt, stationär und aus gewissen Gesichtspunkten vielleicht albern erscheinen; und so glaubten jene wilden Jäger von der Saale über die zahmen Schäfer an der Pleiße ein großes Übergewicht zu haben.»

Einer solchen parteiischen Meinung, allerdings zugunsten der Hallenser, ist auch Joseph von Eichendorff, als er am 29. Juni 1805 anläßlich des Auftritts von Iffland in Leipzig notiert: «Auch hatten wir hier Gelegenheit, die Armseeligkeit der hiesigen Studenten zu bedauern, deren akademische Freyheit, uneingedenk ihrer eignen Kraft, in dem Meere von Schwengeln [Ladenburschen] u. anderen Philistern versinkt. Abends wohnten wir endlich der Vorstellung der Räuber bey, wo die 3 oben erwähnten Hallenser in den Logen herumparadirten» – in Leipzig!

Bis an sein Lebensende wird Eichendorff für die Studenten und gegen die Philister Partei ergreifen, wobei es sich wie üblich bei Eichendorffs dichterischem Blick um symbolische Verdichtungen menschlicher Grundhaltungen handelt. Der «Student» steht für die kompromißlose Jugend, der «Philister» für den Erwachsenen, der sich mit der Gesellschaft arrangiert hat. So beendet Eichendorff in seinem Todesjahr den mehr oder weniger autobiographischen Essay «Halle und Heidelberg» mit einem Appell an die Jugend, der zugleich das Programm seines eigenen Lebens und Werkes ist: «Die Jugend ist die Poesie des Lebens, und die äußerlich ungebundene und sorgenlose Freiheit der Studenten auf der Universität die bedeutendste Schule dieser Poesie, und man möchte ihr beständig zurufen: sei nur vor allen Dingen *jung*! Denn ohne Blüte keine Frucht.»

Von dieser kühnen Altersweisheit noch weit entfernt, nahmen die Brüder Eichendorff, als sie sich am 30. April 1805 der Stadt Halle näherten, das freiheitliche, aber auch nicht selten rücksichtslose und rüde Verhalten ihrer künftigen Kommilitonen nicht selbstverständlich, sondern vorerst als «fremde Welt», in die es sich einzuleben galt. War sie doch mit Breslaus kleinkariertem Studentenleben nicht zu vergleichen. Josephs farbige, mit Ausdrücken der Studentensprache gespickte Schilderung im Tagebuch zeigt bereits den begabten Schriftsteller, der genau beobachtet und beschreibt. Doch welchen Eindruck die fremde Welt auf ihn macht, das, so merkt er an, läßt sich «nicht beschreiben», wohl auch deshalb, weil die Eindrücke so zwiespältig sind. «Schon auf der Hälfte des Weges hatten wir in einem Wirthshause, wo wir ein wenig ausstiegen, Gelegenheit, den Respect der Haller Bürger (Philister) vor einem Burschen [Student, der ein Jahr immatrikuliert und nicht mehr «Fuchs» ist] kennen zu lernen. Ein Haller Uhrmacher nemlich, der sich auch daselbst befand, beneventirte [bewillkommnen] uns, sobald er erfuhr, wer wir sind, aufs geschmeidigste u. wagte es nicht wieder den Hut aufzusetzen. Bald darauf erblikten wir endlich mit pochendem Hertzen die Thürme von Halle, u. mehrere Burschen, welche zu Pferde in Stürmern [lederner Helm mit Federbusch] u. Kanonen [hohe Schaftstiefel] bey uns vorbeysprengten, erinnerten uns, daß wir uns einer anderen fremden Welt näherten. Gegen 4 Uhr erreichten wir Halle, u. bezogen alsobald die Residentz, wo uns H. Ronge 2 Stiegen hoch 2 Stuben auf ein halbes Jahr gemiethet hatte. [Im nächsten Semester werden die Eichendorffs in dem Gasthof «Drei Könige» auf der kleinen Ulrichstraße wohnen.] Der seltsame Eindruk, den die Furchtsamkeit der Bürger u. Offiziere, die schon von weitem vom breiten Steine [Mittelstreifen aus breiteren, zum Gehen bequemeren Kieselsteinen] weichen, die Höflichkeit der Proffessoren, u. das Prosit [Gruß der hallischen Studenten] u. überhaubtige Betragen der Studenten, die bald, die Beine auf die Gaße heraushängend, in den Fenstern saßen u. brüllten, bald in Stürmern, Canonen, Helmen, Uniformen, Pumphosen etc. bey mir vorbeydonnerten, ferner das Geklirre der Rappiere [Fechtdegen] auf den Straßen u. d. gl. auf mich machten, läßt sich nicht beschreiben. Auch konnten wir uns lange nicht gewöhnen, vor Bekanndten nicht den Hut abzunehmen.»

Schon vor Eichendorff erregte die Originalität des Studentenlebens, das eine Kultur für sich bildete mit eigenen Rechten und Pflichten, eigenen Bräuchen und einer eigenen Sprache, das Interesse wacher Zeitgenossen, zum Beispiel des Christian Friedrich Bernhard Augustin. Dieser kehrte nach Abschluß seiner theologischen und historischen Studien nach Halberstadt zurück und wurde dort 1795 Lehrer der Domschule und 1800 Domprediger. Er starb 1856, ein Jahr vor Eichendorff, als Doktor der Philosophie und Theologie. Seine Einleitung zu dem «Idiotikon», das Eichendorff vielleicht in Halle eingesehen hat, atmet den vor allem von Herder geweckten Geist der romantischen Sprachforschung, wie er jetzt zehn Jahre später auch den Tagebuchschreiber Eichendorff beseelt, ohne daß sich dieser dessen schon so bewußt ist wie Augustin: «So allgemein die hallische Burschensprache ist und so sehr sie auch mit der Burschensprache andrer Universitäten übereinstimmt, so wenig vortheilhaft ist doch der Begriff, den sie uns von der Sittlichkeit und dem gebildeten Karakter derer giebt, die sie führen. Diese Sprache ist nun aber einmal da, sie hat in den Zeiten der Roheit ihren Ursprung erhalten und sich auf die Gebildetern fortgepflanzt. Niemand wird leugnen, daß die Sprache Abdruck der Empfindungen ist und daß die Kenntniß der Sprache zugleich Kenntniß dieser Empfindungen und folglich auch Kenntniß des menschlichen Herzens selbst ist. [...] die jungen Leute gewöhnen sich oft so sehr an diese Ausdrücke, daß sie in der Folge in andern Verhältnissen, wo man den Werth dieser Sprache nicht einsehen und schätzen will, sich noch oft solcher Ausdrücke bedienen. Ein ganz geschickter junger Mann, dem ein Professor ein wichtiges Werk seiner Bibliothek zeigte, gab seinen Beifall dadurch zu erkenne, daß er sagte: *das Buch ist gar kein Hund.*» «Hund», so erklärt Augustin den Ausdruck, «heißt bei dem Burschen schlecht. Das Mädchen ist ein Hund heißt sie ist häßlich, sie ist kein Hund heißt sie ist sehr schön.» Auch Eichendorff wird der Studentensprache in seinen Dichtungen immer wieder ein Denkmal setzen, wie er es bereits in den Tagebüchern getan hat, und dadurch die Freiheit der Jugend und ihre Verheißungen heraufbeschwören, die für sein Menschenbild unverzichtbar sind.

Eichendorff ist von der studentischen Lebensart, die nun auch die seine ist, so fasziniert, daß er während der Hallenser Studienzeit keine Gelegenheit ausläßt, die originellsten Szenen mitzuerleben und in ihrer Sprache zu beschreiben. Dabei fällt auf, daß er sich, anders als Augustin, wie ein moderner Ethnologe bei der Feldforschung mit moralischen Werturteilen über die Vorgänge zurückhält. Daraus folgt freilich nicht, daß er sie billigt. Ein Beispiel:

*12. und 13. Juli 1805:* «Prorectorswahl». In der «Historisch-topographischen Beschreibung der Stadt Halle im Magdeburgischen», anonym erschienen im Geburtsjahr Eichendorffs 1788 in Grottkau im Verlag und zum Besten der evangelischen Schulanstalt – als Autor der kritischen Schrift gilt ein Landsmann Eichendorffs, Johann Georg Brieger aus Brieg in Oberschlesien –, heißt es: «Der *Prorector* ist das Haupt der Universität; er repräsentirt des Königs allerhöchste Person und unter seiner Jurisdiction stehen alle Universitätsverwandte». Deshalb ist der Rektorstitel bei den staatlichen Hochschulen der damaligen Zeit für den jeweiligen Landesherrn reserviert. In Halle ist zur Zeit noch «Rektor» der preußische König Friedrich Wilhelm III. Dann nach der Niederlage von Jena und Auerstedt, der Besetzung Halles am 19. Oktober 1806, der Aufhebung der Universität durch Napoleon und der Einverleibung Halles in das neugeschaffene Königreich Westfalen ist ab 1808 «Rektor» dessen König Jérôme Bonaparte bis zur erneuten Schließung der Universität durch Napoleon 1813. Nach dessen Niederlage in der Völkerschlacht bei Leipzig ab 13. November des gleichen Jahres ist «Rektor» der Friedrichsuniversität Halle wieder der preußische König.

Bei der «Prorectorswahl» 1805 ziehen unter Führung ihrer «Ältesten», der «Senioren», die «5 Landsmannsschaften», in denen sich die Studenten aus den jeweiligen Regionen zu gegenseitigem Schutz und Trutz zusammengeschlossen haben, in ihren bunten «Uniformen» und mit «türkischer Musik» zum Haus des alten und des neuen «Prorectors», und überall wird ein vielfaches «Vivat gebrüllt»: Er lebe hoch! «Dieß alles beobachtete auch Goethe [bei Professor Friedrich August Wolf abgestiegen] aus den Fenstern des gegenüberstehenden wolfischen Hauses [...]. Von hier gieng es nun zum Director Schmaltz [Schmalz] [bei ihm studieren die Eichendorffs im zweiten Semester Staatsrecht und im dritten Völkerrecht; «der Director», so Brieger, «hat die Aufsicht über den Fleiß der Professoren im Lesen und Disputieren und über die Beobachtung der Gesetze und Statuten der Universität»], dem auch ein Vivat gebracht wurde, u. von dort auf den Markt. Hier strömte nun alles auf den großen Saal im Rathause (Rathskeller genannt) dort den famosen Kellercommerce [feierliche Trinkgesellschaft mit festen Bräuchen] zu feyern, wobey blos Wein getrunken wird. Nun erscholl oben ein horrendes Gebrülle, wozu noch das Geklirre der Hieber, die nach jeder Strophe des Liedes auf die Tische geschlagen wurden, hinzukam, welches sich für die unteren Zuschauer fürchterlich ausnahm. Bald darauf aber zeigte der Wein seine Wirkung. Die Fenster des Saales klirrten zerstäubend, u. binnen einer halben Stunde war das Pflaster unter dem Rathhause, mit Scherben von Flaschen, Gläsern etc. bedekt. Endlich um 11 Uhr Abends stürzte der gantze Troß auf den Markt herab, wo: ‹Ein freyes Leben führen wir› [aus Schillers ‹Räuber›], pleno choro gebrüllt wurde. Auch der übrige Theil der Nacht vergieng natürlich nicht in Ruhe. Ein Hauffen Häscher nemlich, welcher den Unfug hindern wollte, wurde, da die Studenten heute ihre Hieber bey sich hatten, in die Flucht geschlagen, u. der sogenannten Bleystifte [lange Stangen mit Fangeisen] beraubt, die dann die Sieger als Trophaen an die Markteke aushiengen.»

Solche Ausschreitungen der Studenten sind so alt wie die Universitäten selbst und aus dem Mißbrauch der Privilegien entstanden, die den Studenten gewährt wurden. Schon 1158 erließ Friedrich Barbarossa zum Schutz der nach Bologna – neben Paris eine der Keimzellen der europäischen Universitäten – reisenden Studenten die «Authentica Habita», in der es heißt: «Wer sollte sich ihrer nicht erbarmen, wenn sie, heimatlos aus Wissensdrang, ihren Besitz opfern und arm werden, ihr Leben vielen Gefahren aussetzen und oft von den minderwertigsten Menschen grundlos Tätlichkeiten ertragen müssen?» Wurden die «akademischen Freiheiten» – 1233 erstmals für Toulouse erwähnt – drastisch eingeschränkt, kam es gelegentlich zum «Auszug» der Studenten und notgedrungen auch der Professoren und zur Entstehung neuer Universitäten: so 1222 von Bologna nach Padua, 1409 von Prag nach Leipzig. Als 1514 die Wiener Studenten ihre Waffen ablegen sollten, zogen achthundert nach Wels zu Kaiser Maximilian I., der ihrem Protest nachgab.

Zur Verrohung der Studenten trugen auch die mittelalterlichen Bursen bei, in denen sie nach einem klosterähnlichen Reglement zusammen lebten, rauften und tranken und woher sich der Ausdruck «Bursche» für Student herleiten soll. Die Adeligen späterer Zeiten mieden solche Wohnheime und ähnliche Stiftungen und mieteten sich privat oder in Gasthäusern ein wie nach den Konviktserfahrungen als Schüler in Breslau die Eichendorffs in Halle, Heidelberg und Wien.

Anstelle der ursprünglichen klosterähnlichen Mäntel mit Kapuze aus dunklem Stoff ahmten die Studenten immer mehr die ritterliche und höfische Kleidung der Adeligen nach, um ihren freiheitlichen Status gegenüber den Bauern, Handwerkern, Kaufleuten und Soldaten zu demonstrieren. Als 1482 der Rektor der Leipziger Universität dagegen einschritt, gab es einen Aufruhr. Später unterschieden sich die Landsmannschaften auch durch ihre Kleidung, wie Eichendorff von der nächsten «Prorectorswahl» unter dem 12. Juli 1806 genau beschreibt: «[...] daß dießmal die Schlesier zum erstenmale statt den gewöhnlichen schwartzen in neuen rothen Collets, mit schwartzen Kragen Rabatten u. Aufschlägen mit Gold gestikt, u. die Westphalen in weißen Colletts, dunkelgrün mit Silber erschienen. Die Schlesier übertrafen alle Landsmannschaften an Pracht u. Glantz.»

In «Halle und Heidelberg» kritisiert Eichendorff später die nicht immer gewaltfreie Konkurrenz nicht nur zwischen den Landsmannschaften, sondern auch zwischen ihnen und den studentischen Geheimorden: «In jener Zeit brütete äußerlich noch ein unheimlicher Frieden über Deutschland, aber die prophetischen Gedanken, die den Krieg bedeuten, arbeiteten gebunden in jeder Brust, und suchten sich überall in wunderlichen Geheimbünden Luft zu machen. Auch auf den Universitäten bestanden dergleichen Ordensverbindungen, noch ohne speziell politischen Beischmack, bloß auf allgemeine humanistische Zwecke gerichtet, mit allerlei abenteuerlichen Symbolen, furchtbaren Eiden und rasselndem Heldenschmuck, wie man es damals in den vielen Ritterromanen fand. Bestand auch ihr Hauptreiz eben nur in ihrer Heimlichkeit, die Sache war doch ehrlich, bitterernst und für die ganze Lebenszeit gemeint. Als aber jene humanistischen Ideen nach und nach abgenutzt, und alle Lebensverhältnisse immer matter wurden, da trat auch hier an die Stelle der strengen Orden die laxere Observanz der Landsmannschaften.»

Welche Rolle der Degen, das Fechten und das Duell im Leben der Studenten spielten, zeigen die Tagebuchnotizen Eichendorffs vom 5. September 1805: «Auch stieß neulich ein Student eine Schildwache, die so verwegen war, sich ihm auf dem breiten Steine in den Weg absichtlich zu stellen, zum Schilderhause hin, u. foderte den Offizier, der es sah, u. den Studenten nicht gantz höflich anredete, auf der Stelle heraus. Der Offizier aber, ein Hasenfuß, verklagte den Studenten, statt die Satisfaction zu geben; da aber $1^t$ die Schildwache wirklich zum Schilderhause gehörte, u. $2^t$ es ein Hauptgesetz für den hiesigen Offizier ist, sich ohne unmittelbaren Beruf dazu, in keine Studentenaffaire zu mischen, so hatte er selbst noch die Ehre, 1 Tag in Arrest zu kommen.» Die Wortwahl zeigt, auf welcher Seite der siebzehnjährige Eichendorff steht.

Ihr Ehrbegriff diente den Studenten auch dazu, ihre gesellschaftliche Nähe zu den oberen Schichten zu demonstrieren. Laut Jenaer Comment von 1809 durften sich die Studenten nur mit ihresgleichen, mit Offizieren, Adeligen, Hofräten und Akademikern schlagen. Handwerker, Kaufleute, Bauern oder Arbeiter waren nicht satisfaktions- und duellfähig, sondern wurden verprügelt oder angezeigt. Innerhalb der studentischen Verbindungen fühlten sich Duellanten «näher miteinander verbunden und per se in Bruderschaft», was durch Bruderkuß und Brüderschafttrinken bestätigt wurde.

Noch 1857 setzt sich der alte Eichendorff in «Halle und Heidelberg» mit der Problematik des Duells auseinander und sieht sie in großen religiösen und politischen Zusammenhängen. Auf den ersten Blick überraschend bringt er dabei einen seiner religiösen Schlüsselbegriffe, den Pietismus, ins Spiel, der ihm 1805/06 in Gestalt des Waisenhauses von Halle, den Franckeschen Stiftungen, begegnet ist und in dem er ein «Symptom der neuesten Zeit» sieht. «Eine Sekte dieser Pietisten gefällt sich darin, grundsätzlich allen Zweikampf abzulehnen, und sich dies als einen Akt besonderen Mutes anzurechnen. Allein dieser passive Mut, die gemeine Meinung zu verachten und gelassen über sich ergehen zu lassen, ist noch sehr verschieden von der persönlichen Tapferkeit, die jeden Jüngling ziert. Es ist ganz löblich, aber noch lange nicht genug, das Unrecht hinter dem breiten Schilde der vortrefflichsten Grundsätze von sich selber abzuwehren; das Böse soll direkt *bekämpft* werden. Überhaupt aber darf hierbei nicht übersehen werden, daß dem Zweikampf ein an sich sehr ehrenwertes Motiv zum Grunde liegt: das der gesunden Jugend eigentümliche, spartanische Gerechtigkeitsgefühl, das sich ohne innere Einbuße nicht unterdrücken läßt. Es gibt fast unsichtbare Kränkungen, infam, perfid und boshaft, die bis in das innerste Mark verwunden, und doch, eben weil sie juridisch ungreifbar sind, vom Gesetz nicht vorgesehen werden können. Dies ist der eigentliche Sitz des Übels, der Kampfplatz, wo der Zweikampf, wie früher die Gottesgerichte, ausgleichend eintritt. Dasselbe gilt im großen auch von den Kriegen, diesen barbarischen Völkerduellen, um Güter, die das materielle Staatsrecht nicht zu würdigen und zu schützen vermag, und zu denen wir namentlich die Nationalehre rechnen. – Demungeachtet sind wir weit entfernt, die ganz unchristliche Selbsthilfe des Zweikampfs irgendwie verteidigen zu wollen, wünschen vielmehr vorerst nur eine genügende Vermittlung und Beseitigung seines tieferen Grundes, ohne welche, nach menschlichem Ermessen, alle Verbotsgesetze dagegen stets illusorisch bleiben werden.» Eichendorff selbst wird sich als Landwehroffizier 1814 in Torgau duellieren.

## «Lauchstädter Zeit»: Schiller, Goethe und die Romantik

Gerade zwei Monate sind die Eichendorffs in Halle, als ihnen am 30. Juni 1805 auf dem Rückweg auf Schusters Rappen von Leipzig, wo sie in Schillers «Räuber» den berühmten Iffland als Franz Moor gesehen haben, einfällt, «daß heute in Lauchstaedt die Braut von Messina gegeben werden sollte», schreibt Joseph in sein Tagebuch. Also fassen er und die Kommilitonen «Kabath u. Fritsch» – Bruder Wilhelm und Freund Sauer machen den Abstecher nicht mit – «den Entschluß, uns so schnell als möglich auf den Weg nach Lauchstaedt (3 Meilen von Schkeuditz) zu machen, u. die Gelegenheit die höchstmerkwürdige Aufführung dieses Stükes mit eignen Augen zu sehn (nicht entschlüpfen zu laßen).»

Schillers «Braut von Messina», gut zwei Jahre zuvor, am 19. März 1803, von Goethe in Weimar uraufgeführt, wurde bald darauf auch im Sommertheater des Weimarer Ensembles zu Lauchstädt gespielt, wo sich Schiller vom 2. bis 14. Juli zur Erholung aufhielt. «Höchstmerkwürdig» war «Die Braut von Messina» – Schillers vorletztes Drama, es folgte 1804 noch «Wilhelm Tell» – durch die in der neueren Theatergeschichte erstmalige Wiedereinführung des griechischen Chores, der nach Schillers Vorwort das tragische Gedicht «reinigt», «indem er die Reflexion von der Handlung absondert». Merkwürdig war «Die Braut von Messina» nicht zuletzt auch als letzte und reifste Frucht der Schillerschen Auseinandersetzung mit dem antiken Schicksalsglauben, die 1788 – im Geburtsjahr Eichendorffs – mit «Iphigenie in Aulis» und mit einem spektakulären Plädoyer im «Teutschen Merkur» für die «Götter Griechenlands», Schillers erster großer Lehrdichtung, begonnen hatte. Darin besang er die Gotterfülltheit der Natur in der idealisierten Antike und beklagte die Entzauberung der Welt durch den gekreuzigten Christengott:

> Damals trat kein gräßliches Gerippe
> vor das Bett des Sterbenden. Ein Kuß
> nahm das letzte Leben von der Lippe,
> still und traurig senkt' ein Genius
> seine Fackel. Schöne lichte Bilder
> scherzten auch um die Notwendigkeit,
> und das ernste Schicksal blickte milder
> durch den Schleier sanfter Menschlichkeit.

Dagegen empörte sich noch im gleichen Jahr im «Deutschen Museum» Friedrich Leopold Graf zu Stolberg, Eichendorffs Jugendschwarm, und entfachte einen Religionsstreit, an dem sich unter anderen Johann Georg Forster, Wieland, Kleist und Novalis beteiligten: «Denn Götter», so Stolberg, «welche nicht Urheber der Dinge, nicht ewig, Götter, welche Sklaven des blinden Schicksals waren und niedriger Leidenschaften, hießen nur durch einen Mißbrauch des Namens Götter. Jenes Unding, was die Alten Schicksal nannten, trat an die Stelle des Gottes, den wir Vater nennen.»

Jetzt in der «Braut von Messina» läßt auch Schiller Donna Isabella, die Fürstin von Messina, angesichts des tragischen Todes ihrer drei Kinder Abschied von den Göttern nehmen. Statt dessen hofft Isabella auf die erlösende Kraft des christlichen Glaubens. Wenn jedoch Isabellas Sohn Don Cesar sowohl den fatalistischen Schicksalsglauben der Antike wie auch die Erlösung durch das stellvertretende Sterben Christi ablehnt und statt dessen selbst die Verantwortung für seine Taten übernimmt und sich in Freiheit für den eigenen Sühnetod entscheidet, dann scheint er Schillers Überzeugung wiederzugeben. Sie stimmt darin mit dem biblischen Christentum überein, als auch nach diesem weniger die Stellvertretung als vielmehr die Nachfolge Christi in Sterben und Auferstehung der Heilsweg ist: jeder Mensch sei ein anderer Christus (Gal 2,20) und dadurch ebenfalls ein Sohn Gottes (Ps 82,6; Joh 10,34). So kann Cesar seine Mutter trösten:

> Wenn alle Welt dich herzlos kalt verhöhnt,
> So flüchte du dich hin zu unserm Grabe,
> Und rufe deiner Söhne Gottheit an,
> Denn Götter sind wir dann, wir hören dich,
> Und wie des Himmels Zwillinge dem Schiffer
> Ein leuchtend Sternbild, wollen wir mit Trost
> Dir nahe sein und deine Seele stärken.

Daß Schiller in der «Braut von Messina» als christliche Symbolfigur ausgerechnet einen «Einsiedler» auftreten läßt, mag Joseph von Eichendorff als Symptom für die Annäherung zwischen der sogenannten Weimarer Klassik und der sich ausbreitenden Romantik – beide in einer Krise befindlich – empfunden haben. Vielleicht hat er bereits sich selbst als kommenden Dichter unter dem Ideal des «Einsiedels» gesehen, so wie Schiller diesen hier in Isabellas Worten schildert:

> Einsiedelnd auf des Ätna Höhen haust
> Ein frommer Klausner, von uralters her
> Der Greis genannt des Berges, welcher näher

Dem Himmel wohnend als der andern Menschen
Tief wandelndes Geschlecht, den irdschen Sinn
In leichter reiner Ätherluft geläutert,
Und von dem Berg der aufgewälzten Jahre
Hinabsieht in das aufgelöste Spiel
Des unverständlich krummgewundnen Lebens.

Obwohl sich Joseph von Eichendorff und seine Freunde «in den Gärten u. Wiesen vor Merseburg verirrt hatten», langen sie «schon nach 5 Uhr gantz struppirt u. mehr als halbohnmächtig in Lauchstaedt» an. Der Ort «(1 $^1/_2$ Meile von Halle) hat eine reitzende Lage», belehrt uns Eichendorff im Tagebuch, «u. ist ein häufig besuchter Badeort, von welchem auch in Halle die ganzte Sommerzeit die lauchstaedter Zeit heißt, weil es den Sommer durch so sehr von Haller Studenten zu Pferde u. Wagen überschwemmt wird, daß oft die Leerheit auf den Gaßen von Halle auffallend wird. Sehr viele Bursche miethen sich auch, ohne sich um die Collegien in Halle zu bekümmern, den gantzen Sommer über in Lauchstaedt ein. Das erste bey unserem Eintritte in Lauchstaedt war die schrekliche Nachricht, daß heute – statt der Braut von Mess. die beyden Klingsberge gegeben würden, u. wir folglich geprellt wären. Zu ermattet zu großer Aergerniß hinkten wir nun durch die prächtigen Laubengänge am Theater, welche einen niedlichen Teich mit einer Schwaneninsel umschließen, u. wo wir mehrere Haller Studenten mit einigen schönen eleganten Leipziger Damen sponsiren sahen, ins Gasthaus. Hier labten wir uns mit ein Paar Gläsern Limonade, u. kamen endlich, nachdem wir bey Passendorff über das Wehr gegangen waren, mit noch einigen Studenten um 10 Uhr Abends in Halle an, wo ich mich noch beym Zukerbäker u. endlich im Bette von diesen abentheuerlichen Strapatzen erhohlte.»

Nun kann man sich kaum einen größeren Gegensatz vorstellen als den zwischen Schillers Tragödie «Die Braut von Messina» und Kotzebues Lustspiel «Die beiden Klingsberge». Eichendorff wird es am 2. Oktober 1806 in Ratibor und noch einmal im Oktober 1809 in Wien sehen. Dort spielt es, dort ist es entstanden und dort wurde es – kurz vor dem Ende der Kotzebueschen Karriere als Hoftheatersekretär – am 7. März 1799 uraufgeführt. Es blieb auf dem Spielplan bis 1874 mit hunderteinundvierzig Vorstellungen. Goethe führte das Stück seit dem 24. Oktober 1799 einunddreißigmal in Weimar und Lauchstädt auf – als Kassenschlager. Auch hielt er dieses Werk Kotzebues «für eine seiner gelungensten dramatischen Arbeiten [...]. Die Verderbtheit der höhern Stände ist das

Element, worin Kotzebue sich selbst übertrifft», vielleicht eine Anspielung Goethes darauf, daß, wie Joseph Freiherr von Hormayr in seinen anonym erschienenen Erinnerungen «Kaiser Franz und Metternich» berichtet, «‹die beiden Klingsberge› Kotzebues einer belustigenden erotischen Kollision von Vater und Sohn Metternich beim sogenannten ‹grünen Faßl› auf dem Kohlmarkt entnommen waren». Franz Georg Karl Fürst von Metternich und sein Sohn, der Staatskanzler Klemens Lothar Wenzel, hätten 1795 der Inhaberin des dortigen Lebensmittelgeschäfts, die als junge Witwe mit ihren Reizen nicht geizte, gleichzeitig den Hof gemacht. War die Vorstellung des Kotzebue-Stückes in Lauchstädt ausverkauft gewesen, so daß sich Eichendorff und die anderen Studenten nach einer kurzen Verschnaufpause gleich wieder nach Halle aufmachten? Oder war Kotzebue unter ihrem Niveau?

Am 3. August 1805 erleben die Eichendorffs in Lauchstädt Johann Wolfgang von Goethe persönlich. Josephs Tagebucheintrag, ein köstliches Zeitdokument, zeigt die wachsende Kunst des Siebzehnjährigen, komische wie erhabene Szenen mit wenigen Strichen zu schildern: «Wollten wir beyde mit Thiel u. Fritsch dem dünnen eine Spatzierreise nach Lauchstaedt zu Fuß unternehmen. Da ich mich aber bey dem schlüpfrigen Wege der Länge hin in den Koth strekte, so kehrten wir beyde alsobald wieder um, ließen die beyden anderen ihre Fußwanderung allein fortsetzen, kleideten uns schnellmöglichst um, mietheten uns Pferde, u. ritten allein hinüber. Bald nach unserer Ankunft in Lauchstaedt begaben wir uns ins Theater, welches klein, aber geschmakvoll gebaut ist, u. wo eben Götz von Berlichingen von Göthe gegeben wurde, das auch eigentlich die Veranlaßung unseres heutigen Hierseyns war. Bald anfangs, da die Vorstellung nicht sogleich anfangen wollte, machten die Studenten, von denen das Theater wimmelte, mit ihren Canonen und Pfundsporen einen so unbändigen Lärm, daß sich alles die Ohren zuhalten mußte. Um destomehr aber erfreute uns das vortreffliche Trauerspiel u. die nicht minder gute Darstellung der Schauspieler, die sich alle in Weymar unter den Augen eines Göthes u. Schillers gebildet haben. Sr. Exelentz der Geheime Rath [er war es erst am 13. September 1804 geworden] von Göthe saß selbst mit seiner Demois. Vulpius in der Loge und blikte so herab auf das Entzüken, welches das Kind seines Geistes rings verbreitete.»

Daß die Eichendorffs an der Totenfeier für den wenige Monate vorher, am 9. Mai 1805 verstorbenen Schiller, die am 10. August in Lauchstädt stattfand, nicht teilnahmen, wirft ein Licht auf das reservierte Verhältnis der bereits mehr und mehr romantisierenden Studenten zu den Weimarer Klassikern.

Eichendorff ist 1805/06 in Halle von seiner Auffassung über das Verhältnis der Weimarer Klassik zur Schlegelschen Romantik, wie er es 1846 in seiner «Geschichte der neuern romantischen Poesie» skizziert, sicherlich noch weit entfernt, selbst wenn er die entsprechenden Spannungen und Diskussionen unter den Professoren der Hallenser Universität mitbekommt: «Die Vermittelung zwischen der sichtbaren Natur, wie sie bei Göthe unter der schönsten Form in ihrer symbolischen Bedeutung erschienen war, und der Welt des Unsichtbaren unternahm mutig ein neues Geschlecht. Allegorie und Symbolik genügten ihm nicht mehr; es verlangte nach einem wesentlicheren Inhalte, nach einer nahrhafteren Speise für den hungernden, an sich selbst nagenden Geiste. So wurde es auf das Positive wieder hingeführt. Göthes Wirklichkeit und Schillers Ideal hatten für dasselbe nur Bedeutung in Bezug auf ein Drittes über ihnen, wo beide bereits versöhnt und Eins sind: auf die Menschwerdung Christi, des göttlichen Vermittlers von Natur und Freiheit. Diese Idee erfassend, erklärten sie sich in jugendlicher, feuriger Begeisterung zu Rittern des Christentums wider den herrschenden Rationalismus, und nahmen zugleich auch Alles zu Hülfe, was das Christentum in den Jahrhunderten der Vergangenheit, da es geherrscht, in den Literaturen der Völker hervorgebracht hatte. [...] Es war, als erinnerte das altgewordene Geschlecht sich plötzlich wieder seiner schöneren Jugendzeit, und eine tiefe Erschütterung ging durch alle Gemüter, da Schelling, Steffens, Görres, Novalis, die Schlegel und Tiek ihr Tagewerk begannen.»

## *Fichte und Schelling: «Geisterrevolution» in Jena*

In seinem Rückblick auf die Studentenzeit in «Halle und Heidelberg» sieht sich der alte Eichendorff selbst verwickelt in die «Geisterrevolution», die damals stattfand, eine Vorgeschichte hatte und jetzt in der Mitte des 19. Jahrhunderts noch immer nicht zur Ruhe gekommen sei. «Das vorige [18.] Jahrhundert wird mit Recht als das Zeitalter der Geisterrevolution bezeichnet. Allein damals wurden nur erst Parole und Feldgeschrei ausgeteilt, es war nur der erste Ausbruch des großen Kampfes, der sich unter wechselnden Evolutionen an das neunzehnte Jahrhundert vererbt hat, und noch bis heut nicht ausgefochten ist. Die deutschen Universitäten aber sind die Werbeplätze und Übungslager dieses von Generation zu Generation sich erneuernden Kriegsheeres. Von Wittenberg ging einst die Reformation aus, von Halle die Wolfsche Lehre, von Königsberg die Kantsche, von Jena die Fichtesche und Schellingsche Philosophie: lauter unsichtbare Gedanken-Katastrophen, die einen wesentlichen und entscheidenderen Einfluß auf das Gesamtleben ausgeübt haben, als sich die Staatskünstler träumen ließen.»

Die Reformation, mit der nach Eichendorff die «neuere Zeit» beginnt – er hat Wittenberg nie besucht –, hat für ihn «*einen* durch alle Verwandlungen hindurchgehenden Faden: sie hat die revolutionäre Emanzipation der Subjektivität zu ihrem Prinzip erhoben». Sie setzt «die Forschung über die kirchliche Autorität» und das «Individuum über das Dogma».

Eichendorff liebt in allen seinen literaturgeschichtlichen Essays, so auch hier in seinem letzten von 1857, in der «Geschichte der poetischen Literatur Deutschlands», solche erkenntnisleitenden, zugespitzen Thesen, die es ihm erlauben, komplexe historische, philosophische, theologische und auch poetische Phänomene in einem Zusammenhang zu deuten, der dem Geschichtsbild des spätromantischen konservativen Görres-Kreises um die 1838 in München gegründete Zeitschrift «Historisch-politische Blätter für das katholische Deutschland» nahesteht.

Christian Wolff, Schlesier wie Eichendorff, 1679 in Breslau geboren, auch Schüler des Magdaleneums, studierte in Jena Theologie, Philosophie und Mathematik, wurde 1702 in Leipzig Magister und 1707, von Leibniz empfohlen, Professor für Mathematik in Halle. Während Leibniz laut Eichendorff «noch auf der welthistorischen Wetterscheide zwischen der alten und neuen Zeit, zwischen Glauben und Denken» stand und «von beiden vollauf» hatte und «daher tiefgreifende Ahnungen der göttlichen Wahrheit» verspürte, wandte der «trockene Wolf, der Leibniz niemals verstand», dessen «kühne mathematische Kombinationen kleinlich auf die Logik und Moral an, und wollte eine mathematische Religion wie ein Rechenexempel konstruieren»: Die Welt und die Menschen waren für ihn Gottes Maschinen.

Kant – Eichendorff wird von 1824 bis 1831 in Königsberg als Beamter leben und arbeiten – ist für ihn der «eigentliche Philosoph der Reformation, indem er die einmal emanzipierte menschliche Vernunft nun auch ganz folgerecht zum waltenden Prinzip erhob». Aber Kant erkannte auch die Grenzen der Vernunft, weshalb er in seiner «großartigen Wahrheitsliebe» «die Welt lieber sogleich in zwei Provinzen geteilt» habe: «in die durch menschliche Erfahrung wahrnehmbare, die er sich glorreich erobert, und in die terra incognita des Unsichtbaren, die er nur mit der dem Genie eigenen heiligen Scheu auf sich beruhen ließ».

Auf Jena ist Eichendorff selten zu sprechen gekommen, und er hat es ebensowenig besucht wie Weimar. Dabei ist es 1805 gerade erst einige

Jahre her, daß die Universität Jena ihre zehnjährige führende Rolle in der Evolution des Geistes wieder verloren hat. Mit der Berufung des zweiunddreißigjährigen revolutionären Geistes Fichte 1794 hatte es begonnen, vorbereitet durch Schiller, der seit 1789 als außerordentlicher Professor historische und ästhetische Vorlesungen hielt, diese 1793 aus Krankheitsgründen einstellte, jedoch bis zur Übersiedlung nach Weimar 1799 weiterhin im Umkreis von Jena lebte. 1797 trat vierundzwanzigjährig Schelling seine außerordentliche Professur in Jena an, 1801 folgte als Dozent der einunddreißigjährige Hegel und verfaßte sogleich seine Schrift «Differenz des Fichteschen und Schellingschen Systems der Philosophie». Sie waren alle durch den Herzog Carl August von Sachsen-Weimar und Eisenach, wobei Goethe das Sagen hatte, berufen worden, ohne daß es substantielle Einwände der übrigen drei Erhalterstaaten der Universität, der Herzogtümer von Sachsen-Gotha und Altenburg, von Sachsen-Coburg-Saalfeld sowie von Sachsen-Meiningen, gegeben hätte. Zu den Philosophen stieß 1796 als Mitarbeiter an Schillers «Horen» und Rezensent der mit zweitausend Exemplaren weit verbreiteten und einflußreichen «Jenaischen Allgemeinen Literaturzeitung» der neunundzwanzigjährige August Wilhelm Schlegel mit seiner Frau Caroline. Auch der jüngere Bruder Friedrich Schlegel kam, nachdem er in Weißenfels Novalis besucht hatte, als Mitarbeiter von Johann Friedrich Reichardts Zeitschrift «Deutschland» im Sommer 1796 von Dresden nach Jena, zunächst für ein Jahr. Nachdem er dann in Berlin, wo er Tieck und Schleiermacher als Freunde und Gesinnungsgenossen gewonnen und in Rücksprache mit seinem Bruder in Jena als Organ des neuen Geistes die Zeitschrift «Athenäum» gegründet hatte, kam mit dem Bruder, mit Novalis und dem Naturphilosophen August Ludwig Hülsen sowie mit Fichte und Schelling im Sommer 1798 in Dresden zum ersten «Romantikertreffen» zusammen. Im September 1799 siedelte Friedrich Schlegel als Privatdozent der Philosophie zusammen mit Dorothea Veit wieder nach Jena über, wo der Bruder außerordentlicher Professor geworden war und sich auch Ludwig und Amalie Tieck, Schelling, der Physiker und Privatgelehrte Johann Wilhelm Ritter, Henrik Steffens als Privatdozent der Philosophie sowie Novalis, der von Weißenfels herüberkam, als «Romantikerkreis» zusammenfanden. Während Fichte, der im Sommer wegen des Atheismusstreits Jena hatte verlassen müssen, aus Berlin anreiste, blieb Schleiermacher in der preußischen Hauptstadt und schrieb an den «Monologen».

Die Faszination, die in Jena von Fichte ausging, riß Friedrich Schlegel 1798 zu dem bekannten Fragment in seiner Zeitschrift «Athenäum» hin: «Die Französische Revolution, Fichtes Wissenschaftslehre und Goethes

[Wilhelm] Meister sind die größten Tendenzen des Zeitalters. Wer an dieser Zusammenstellung Anstoß nimmt, wem keine Revolution wichtig scheinen kann, die nicht laut und materiell ist, der hat sich noch nicht auf den hohen weiten Standpunkt der Geschichte der Menschheit erhoben.»

Der späte Eichendorff interpretiert die – wenn auch kritische – Begeisterung der Jenaer Frühromantiker für Fichte am Beispiel Friedrich Schlegels in seiner «Geschichte der romantischen Poesie» von 1846 als entwicklungsbedingte «trübe Hülse» für die folgende «Blüte» der eigentlichen späteren Romantik. Die Bedeutung Friedrich Schlegels für die Lebensgeschichte Eichendorffs kann nicht hoch genug eingeschätzt werden, und in dessen hier skizzierter Jenaer Entwicklungsgeschichte reflektiert Eichendorff sowohl die Geschichte und Eigenart der Frühromantik wie seine eigenen Probleme in Halle, Heidelberg, Berlin und Wien zwischen 1805 und 1813. Eichendorff bringt auf den Punkt, worum es im Jenaer Atheimusstreit – stellvertretend für die ganze Periode jener «Geisterrevolution» um 1800 – inhaltlich ging: um die Frage nach dem «Gott in uns», nach der Vereinbarkeit des christlichen Glaubens mit einem Pantheismus, wie er seit Spinoza zur Diskussion stand.

Diese Frage war spätestens wieder aktuell, seit Jacobi Lessing als heimlichen Spinozisten bezeichnet hatte. Daß Eichendorff im folgenden Schlüsseltext Schlegel mit Lessing vergleicht, zeigt einmal mehr, wie gut er sich in der Pantheismusdiskussion, die Philosophen, Theologen und Dichter seiner Zeit in gleicher Weise umtrieb, auskannte und wie er die Zusammenhänge in seltener sachlicher Klarheit und sprachlicher Frische darstellen konnte – wenn auch als weltanschaulich gebundener Essayist betont tendenziös: «Jede bedeutende geistige Richtung aber hat ihre hervorragenden, führenden Charaktere; ein solcher war *Friedrich Schlegel* für die Romantik. Wie einst Lessing, stellte er sich kühn auf jene Höhe der modernen Bildung, die über Vergangenes und Zukünftiges freie Umschau eröffnet, mit staunenswerter Vielseitigkeit Philosophie und Poesie, Geschichte und Kunst, das klassische Altertum, wie das Mittelalter und den Orient durchforschend. Auch darin ist er Lessing vergleichbar, daß er, wie Jener die skeptische Richtung seiner Zeit, so den geistigen Prozeß der Romantik in ungestümer Konsequenz zu *dem* Zielpunkte mit sich fortriß, wo die Sache spruchreif und eine Entscheidung unumgänglich wird; und zwar wiederum wie Lessing, nicht als literarisches Kunststück zur eigenen Verherrlichung, sondern aus tiefer Sehnsucht nach der höheren Wahrheit, d. i. nach Versöhnung von Glauben und Wissen in der Religion, oder wie er selbst es schärfer faßt: nach der Einheit der Wissenschaft und der Liebe. Es ist daher eben so stumpfsinnig und ungerecht, ihn, wie von seinen Gegnern noch häufig geschieht, nach den einzelnen momentanen Phasen seines Bildungsganges zu beurteilen, und gleichsam die Blüte für die trübe Hülse verantwortlich machen zu wollen, die sie doch selbst durchbrochen und weggeworfen. Gerade der männliche Fortschritt, der durch alle diese Verwandlungen sichtbar wird, und jede oft liebevoll erbaute Schranke, wenn er sie als solche erkannt, rücksichtslos vor sich wieder niederwirft, ist das Großartige seiner Erscheinung. So sehen wir ihn, zunächst von Fichte's starrem Idealismus ausgehend, da dieser sein Verlangen nach innerer religiöser Vollendung keineswegs befriedigen konnte, sich in die [Schellingsche] Naturphilosophie versenken, und frühzeitig die ihr verwandte Romantik als christliche Schönheit der Poesie fast leidenschaftlich ergreifen. Aber von seinem dunklen Feuer durchglüht, fingen nun *erst* die, noch chaotisch verschlungenen Elemente der Romantik, die rechten und die falschen wunderbar zu gären an; denn er adoptierte sie nicht bloß, er gestaltete sie. Alles Zweideutige, Schwankende bei Novalis: den verhüllten Pantheismus, den Naturgott und das [durch Fichtes Philosophie von der notwendigen Ausbildung der eigenen Individualität] entfesselte, geniale Ich trieb er, namentlich in seiner ‹Lucinde›, folgerichtig eins aus dem andern zu seiner notwendigen Formation empor. ‹Alle Selbstständigkeit›, sagt er in jener Periode, ‹ist Originalität, und alle Originalität ist moralisch. – Man hat nur so viel Moral, als man Sinn für Poesie und Philosophie hat. – Jeder vollständige Mensch hat einen Genius; die wahre Tugend ist Genialität. – Wenn jedes *unendliche* Individuum Gott ist, so gibt es so viele Götter als Ideale. Auch ist das Verhältnis des wahren Künstlers und Menschen zu seinem Ideale durchaus Religion. – Nur das kann ich für Religion gelten lassen, wenn man voll von Gott ist, wenn man nichts mehr um der Pflicht willen, sondern Alles aus Liebe tut, bloß weil man es will, und wenn man es nur darum will, weil es Gott sagt, nämlich *Gott in uns*.›»

Eichendorffs durch Schlegel beeinflußtes Bild von Fichte trug dessen weiterer Entwicklung nicht Rechnung. Dazu mögen auch Einschätzungen beigetragen haben, denen Eichendorff noch in Halle und Heidelberg begegnete, wohl auch 1809 in Berlin, wo er mit Graf Loeben, Adam Müller und Heinrich von Kleist verkehrte und wo Fichte 1807/08 unter persönlicher Gefahr durch die französische Besatzung seine «Reden an die deutsche Nation» gehalten hatte, eine Fortsetzung der «Grundzüge des gegenwärtigen Zeitalters», die er drei Jahre zuvor, im Winter 1804/05, vorgetragen hatte. Es klingt reichlich snobistisch, wie der einundzwanzigjährige Eichendorff im Dezember 1809 seinen Eindruck von Fichte im

Tagebuch wiedergibt: «NB. Den 14$^{t.}$ giengen wir zum 1$^{t.}$male in *Fichtes* philos. Vorlesungen, die er in einem tapezierten Sale des Pr[inz] Heinrichschen Palais von 1–2 Mittags las. Höchst komische, kleine, lahme Figur mit versoffner Nase in Spentzer u. Camaschen. Sonderbares Accentuiren. Beim Herausgehn: Robert (ein Jude) gesehen. Wilh. löste später Ein Billet für uns beide.»

Die Schellingsche «Gedanken-Katastrophe» arbeitet Eichendorff 1847 in seiner Buchveröffentlichung «Über die ethische und religiöse Bedeutung der neueren romantischen Poesie in Deutschland» heraus. Bestand die Katastrophe bei Fichte darin, daß das «absolute Ich» – von Eichendorff fälschlich als das individuelle Ich des einzelnen Menschen verstanden, der sich selbst «absolut» setzt – «selbst erst durch einen Akt der höchsten Freiheit, durch sein erkennendes Handeln, d. i. durch sein Bewußtsein, die wahre Wirklichkeit» produziert und somit «sein eigner Gott und Schöpfer der Welt [ist], die nur in diesem Bewußtsein existiert», so versuchte Schelling, diesem Fichteschen subjektiven Idealismus seinen objektiven Idealismus entgegenzusetzen: «indem er das Ideale und Reale als Eines begründete im Absoluten, aus dem das Ich und die reale Welt hervorging, und das also die Identität von Natur und Geist, oder Gott selber ist». Dieser sogenannten Identitätsphilosophie, «dieser Totalanschauung des Lebens gemäß sind Wissenschaft und Religion Emanationen jenes Absoluten, die Weltgeschichte nur die Selbstentwickelung und Offenbarung desselben, der Staat sein organischer Körper, die Schönheit aber die endliche Darstellung des Unendlichen vermittelst der Kunst, welche mithin eine unmittelbare Offenbarung Gottes im menschlichen Geist ist.» Auch wenn der späte Eichendorff als überzeugter Katholik diese Auffassungen als pantheistisch ablehnt, so muß er zugeben, «wie nahe verwandt diese Philosophie der Romantik war, indem sie eigentlich eben nur *das* wissenschaftlich begründete, was gleichzeitig die Romantik an den einzelnen Erscheinungen des Lebens poetisch nachzuweisen strebte», so auch Eichendorff als Dichter.

So empfanden auch die Jenaer Romantiker, als Schelling durch Goethes Vermittlung als außerordentlicher Professor nach Jena berufen wurde und man seine Schriften «Ideen zu einer Philosophie der Natur» (1797), «Von der Weltseele» (1798) und «Erster Entwurf zu einem System der Naturphilosophie» (1799) diskutierte. Erst Ende 1799 kommt es zum Eklat. Der noch unveröffentlichte Essay «Die Christenheit oder Europa» von Novalis reißt Schelling «in einem neuen Anfall von seinem alten Enthusiasmus für die Irreligion», wie Friedrich Schlegel meint, zu einer fünfzehnseitigen Attacke in Knittelversen «Epikurisch Glaubensbekenntnis Heinz Widerporstens» hin gegen das katholisierende religiöse Getue, dem er kraftstrotzend seinen pantheisierenden Glauben an die Natur entgegensetzt:

> [...] Jenen aber und ihresgleichen
> will ich kundtun und nicht verschweigen,
> daß ich ihre Fromm- und Heiligkeit,
> ihre Übersinn- und Überirdigkeit
> will ärgern mit tüchtig Werk und Leben,
> solange mir noch ist gegeben
> die Anbetung der Materie und des Lichts,
> dazu die Grundkraft deutschen Gedichts,
> solang ich an süßen Augen werd' hangen [...].

Wäre der Abdruck beider Texte im «Athenäum» nicht eine Demonstration für die individuelle Freiheit und die jedem Fanatismus abholde Ironie unter den Frühromantikern gewesen? Doch man ist unschlüssig und fragt Goethe, der gerade zu Besuch bei Schiller in Jena weilt, um Rat. Goethe, noch vom Atheismusstreit verstimmt, kann sich mit keinem der Texte anfreunden und empfiehlt, beide nicht zu drucken, was akzeptiert wird.

Friedrich Schlegel konvertiert 1808 zum Katholizimus und schwört seiner Jenaer Zeit ab – in seine «Sämtlichen Werke», herausgegeben 1822 bis 1825, nimmt er zum Beispiel die «Athenäums»-Fragmente und seinen Roman «Lucinde» nicht auf. Auch hat er keine Schwierigkeiten, im selben Jahr in einer Sammelrezension der letzten Fichteschen Werke in den «Heidelbergischen Jahrbüchern der Literatur» Schelling, der 1804 «Philosophie und Religion» veröffentlicht hat und sich ebenfalls auf dem Weg zur positiven Religion befindet, gegen den angeblichen Atheisten Fichte in Schutz zu nehmen: Habe doch «die Fichtesche Naturverachtung und Naturentseelung nicht bloß die jetzigen philosophischen und alle tieferen Physiker gegen sich, sondern das ganze Altertum ohne Ausnahme; ferner die noch unverdorbenen Naturmenschen, und die Dichter und Künstler aller Zeiten und Nationen. Alle diese sind mehr oder minder Hylozisten [Anhänger der ionischen Naturphilosophen], und betrachten die Natur als ein durchaus belebtes und beseeltes Wesen.» Das ist zwar übertrieben, aber es hilft Eichendorff, die Schellingsche «Gedanken-Katastrophe» der Jenaer Epoche als Jugendsünde zu übergehen und in der Einleitung zur «Geschichte der poetischen Literatur Deutschlands» – sie erscheint in seinem Todesjahre 1857, Schelling ist 1854 in Bad Ragaz gestorben – ein Schellingbild ganz nach seinem Herzen und in seiner Terminologie zu malen: «Schelling suchte daher, wie schon die Bezeichnung seiner Lehre als ‹Naturphilosophie› andeutet, das die Natur und Geschichte verschmähende, unbedingte Wissen [Fichtes] mit dem bedingten der äußern Wahrnehmung zu vermitteln, und den geheimnisvollen Goldgrund, den Schimmer Gottes, der alle Erscheinungen durchleuchtet, in wesentlich Platonischer Anschauung nachzuweisen.»

Daß Eichendorff Schelling verehrt hat, steht außer Zweifel. So hat Eichendorff «Scheu, über Schelling zu sprechen», als er sich am 27. September 1807 beim Heidelberger Professor Thibaut zum «Collegio» anmeldet und die Rede auf die «hallischen Professoren» kommt, zu denen Schelling nicht gehörte, so daß Eichendorff ihn dort auch nicht persönlich erlebt hat. «Mit Schelling stehe ich nicht einmal durch die dritte Hand in irgend einer Verbindung», bekennt er am 9. Dezember 1849 dem Breslauer Schriftsteller und Freund Karl von Holtei, der ihn um Autographen berühmter Zeitgenossen anbettelt. Dabei leben Eichendorff und Schelling, dieser als berühmter Universitätsprofessor, beide mehr oder weniger von der preußischen Hauptstadt begeistert, seit 1841 in Berlin. Doch beiden gemeinsam ist die Liebe zu München, wo Schelling viele Jahre gelebt hat und Eichendorff gern gelebt hätte. So scheint eine höhere Gerechtigkeit dafür zu sorgen, daß beide am 28. November 1853 neben weiteren 62 Persönlichkeiten von «Maximilian II. von Gottes Gnaden König von Baiern, Pfalzgraf bei Rhein, Herzog von Baiern, Franken und Schwaben etc. [...] zum Mitglied Unseres Maximilians-Ordens für Wissenschaft und Kunst» ernannt werden: Schelling aufgrund seiner Verdienste für Bayern als langjähriges Mitglied der Münchener Akademie der Wissenschaften und als langjähriger Generalsekretär der Akademie der bildenden Künste in München sowie als philosophischer Erzieher des damaligen Kronprinzen Maximilian; Eichendorff als «moderner Klassiker». 1854 wird ihm die so genannte, in Kassel bei Balde erscheinende literaturgeschichtliche Reihe ihren fünfzigsten Band widmen.

*Steffens, Gall und Schleiermacher:*
*Naturphilosophie, Medizin und Theologie der Romantik*

Im März 1804 erhielt Henrik Steffens, ein dänisch-norwegischer Naturforscher mit philosophischen Interessen, Sohn eines deutschen Arztes, seit 1795 in Deutschland auf der Suche nach einer romantischen Naturphilosophie, die er in Jena bei Schelling gefunden zu haben glaubte, in Kopenhagen einen Brief des Professors für Therapie und Direktors des Klinikums Johann Christian Reil aus Halle. Eichendorff hat den Mediziner und Psychologen, der sich besonders mit der neuen Nervenheilkunde befaßte, in den Entwürfen zu «Trösteinsamkeit. Aus dem Tagebuch eines Einsiedels» als «burschikos», in «Halle und Heidelberg» als «ritterlich» in Erinnerung: «Am unmittelbarsten mußte diese Naturphilosophie [von Henrik Steffens] begreiflicherweise die Mediziner berühren, unter denen die besseren Köpfe sich jetzt von der bisherigen Empirie zu dem ritterlichen Reil und zu Froriep [Hallenser Professor für Naturgeschichte und vergleichende Anatomie] wandten, die überall auf das geheimnisvolle Walten höherer Naturkräfte hindeuteten.»

Gemeint war damit vor allem der animalische Magnetismus des Meersburger Franz Anton Mesmer, dessen Grundgedanken der Berliner Arzt Karl Alexander Ferdinand Kluge erläuterte: Mesmer «dehnte jetzt die magnetische Kraft über die ganze Natur aus, hielt sie für das magische Band, welches in dem Makrokosmus alle irdischen Körper, besonders den menschlichen, mit den unendlichen Massen vereinigt, die sich in dem ungemessenen Himmelsraume bewegen; glaubte aber, daß die magnetische Kraft in dem Mikrokosmus anders modifiziert und gleichsam animalisiert würde, und fühlte sich demach befugt, sie in dieser Rücksicht *animalischen* Magnetismus, zum Unterschied von dem *mineralischen* , zu nennen.» Durch «Magnetisieren» – durch «Striche» mit der Hand und Blickkontakte, durch den «magnetischen Kübel», einen imaginären Akkumulator, verstärkt durch Musik vor allem auf der Glasharfe und durch Wandspiegel – glaubte Mesmer, im Kranken die kosmische «Allflut» aktivieren und so einen Heilungsprozeß auslösen zu können. Es gab in der Tat spektakuläre Heilerfolge.

In dem eingangs erwähnten Brief «von dem berühmten Arzt Reil in Halle» an Steffens stand nach dessen eigenen Worten in «Was ich erlebte» zu lesen, «daß der damalige Kabinettsrat Beyme, der das Vertrauen des Königs [Friedrich Wilhelm III. von Preußen] im hohen Grade besaß, die Absicht hatte, die wissenschaftliche Bedeutung der Universität Halle durch Berufung jüngerer Lehrer zu heben. ‹Ich habe›, schrieb mir Reil, ‹die Hoffnung, Sie durch mein freundschaftliches Verhältnis zu Beyme auf eine vorteilhafte Weise als Professor ordinarius bei der hiesigen Universität angestellt zu sehen. [...] Sie würden Naturphilosophie, Physiologie und Mineralogie vortragen. Ich bitte Sie, Ihren Schwiegervater nichts eher davon wissen zu lassen, als nachdem Sie die Vokation wirklich erhalten haben.›» Die Romantiker, so hat es den Anschein, bildeten nach dem Niedergang Jenas neue Seilschaften, und eine davon an der Universität Halle.

## Sechstes Kapitel. Halle und die Romantik

*13 Henrik Steffens*

Der Schwiegervater war der Komponist und Musikschriftsteller Johann Friedrich Reichardt. Die Brüder Eichendorff lernten ihn, dessen Besitz in Giebichenstein vor den Toren Halles ein Treffpunkt der Romantiker war, am 8. Juli 1805 bei einer Gastvorlesung des «berühmten Doctor Gall» kennen. Von dem Abend notiert Joseph überdies: «Steffens Lächeln nicht zu vergeßen.» Später in Heidelberg heißt es unter dem 15. Juni 1807 aus Anlaß einer Doktorpromotion: «Görres Lächeln à la Steffens.» Es war anscheinend ein typisches Lächeln, das für die Vortragenden nichts Gutes verhieß. Denn am 16. Juli 1805 «trat H. Proff. Steffens ebenfalls wieder im Kronprintzen in 3 Vorlesungen öffentlich als Wiederleger gegen Gall auf. Alle die Gallen gehört hatten, sowie auch alle seine eignen Zuhörer u. viele andere Studenten erhielten Entrébillets. Besonders riß Steffens in seinem lezten Vortrage durch lebendige lodernde Kraft seines Entusiasmus jeden seiner Zuhörer hin» – auch Goethe, falls der überhaupt anwesend gewesen ist wie zuvor bei Gall. Leicht ironisch notiert Eichendorff: Der «unsterbliche Goethe», «Sr. Exelentz der H. v. Goethe»

– und nur seinetwegen, nicht wegen Gall sei man zu dessen Vorlesungen gegangen – «besuchte täglich das Schädelcollegium (von 6 bis 8 Abends) wodurch wir in den Stand gesezt wurden, die Physiognomie dieses großen Mannes, u. die Art seines Umganges, die wir jedesmal nach geendigter Vorlesung auch beobachten konnten, unserer Seele einzuprägen.» Machen sich die Studenten über die Wissenschaftsgläubigkeit Goethes lustig? Wollen sie am lebenden Objekt überprüfen, ob die Hirn- und Schädellehre des Professors aus Wien, der dort wegen Materialismus-Verdachts 1801 Vorlesungsverbot erhalten hat, zutrifft? Stimmen die Talente Goethes, seine Neigungen und Verhaltensweisen mit den Wölbungen seiner Schädelform überein, wie Galls «Phrenologie» behauptet? Goethe selbst schreibt geradezu begeistert und geschmeichelt in den «Annalen» über sein Zusammentreffen mit Gall in Halle: «[...] und so sahen wir uns täglich, fast stündlich, und das Gespräch hielt sich immer in dem Kreise seiner bewundernswürdigen Beobachtung: er scherzte über uns alle und behauptete, meinem Stirnbau zufolge, ich könne den Mund nicht auftun, ohne einen Tropus auszusprechen; worauf er mich denn freilich jeden Augenblick ertappen konnte. Mein ganzes Wesen betrachtet, versicherte er ganz ernstlich, das ich eigentlich zum Volksredner geboren sei. Dergleichen gab nun zu allerlei scherzhaften Bezügen Gelegenheit, und ich musste es gelten lassen, dass man mich mit Chrysostomus in eine Reihe zu setzen beliebte [...].» Gall seinerseits vergaß die Attacke von Steffens nicht. Als im nächsten Jahr 1806 dessen Werk «Grundzüge der philosophischen Naturwissenschaft» erschien, griff Gall ihn und die romantische Naturphilosophie insgesamt in einer Weise an, die tonangebend wurde für deren künftigen schlechten Ruf: «Es ist artig zu sehen, wie diese Herren die Natur bemeistern; wie sie von den Wolken herab ihre aus sich selbst construirte Welt im Allgemeinen und Absoluten umfassen und mit stolzer Selbstzufriedenheit auf den mühsamen Forscher herabblicken. Sollen aber endlich die weisen Jünglinge Kranke heilen, Rechtshändel schlichten oder jede andere praktische Laufbahn betreten, so lässt sich das Bedürfnis nützlicher Kenntnisse fühlen; der Wahn der Allwissenheit fällt stückweise weg wie mürber Zunder und es bleibt nichts übrig als die Überzeugung, dass man seine besten Jahre mit Haschen nach naturphilosophischem Nichts verloren hat. Schon so oft war die Zeit da, wo, wie Reil sagt, die Vertheidiger solcher Phantasien auf ihrem ätherischen Fluge unter sich selbst in Kampf gerathen sind und das wurmstichige Gebäude unter den Händen seiner eigenen Baumeister zerbrochen ist: wann wird man aufhören, mit Dunst bauen zu wollen?» Es ist nicht ohne Ironie, daß Gall nicht bemerkte, wie sehr sich seine eigene «Wissenschaft» einer rational-empirisch unhaltbaren Hypothese verdankte. Trotzdem feierte er in Paris, wo er sich 1807 niederließ, Triumphe. Er starb 1828 und wurde auf dem Friedhof Père Lachaise ohne kirchliches Begräbnis beigesetzt.

Eichendorffs Begeisterung für Steffens scheint durch die Gall-Affäre nur noch gewachsen zu sein. Keinem akademischen Lehrer, Görres in Heidelberg ausgenommen, hat er vergleichbare Elogen gewidmet. Steffens scheint ihm in den für sein Leben entscheidenden ersten Studienjahren die Richtung gewiesen zu haben, als an den Universitäten zwei Weltanschauungen miteinander kämpften. «Am auffallendsten wohl», schreibt Eichendorff in «Halle und Heidelberg», und man spürt in dieser Spätschrift noch das jugendliche Feuer des Studenten, «zeigte sich die Verwirrung, welche diese plötzliche Revolution [der Romantik] anrichtete, auf der damals frequentesten Universität: in *Halle*, weil dort das heterogenste Material auch den entschiedensten Kampf provozierte. Hier trennte sich alles in zwei Hauptlager: in das stabile der Halbinvaliden, und das bewegliche des neuen Freikorps [Eichendorff bedient sich des Vokabulars der späteren Befreiungskriege], während das letztere wieder in mehrere verschiedenartige Gruppen zerfiel, welche aber von der Jugend, die noch nicht so ängstlich sondert, unter den Begriff der Romantik zusammengefaßt wurden. An der Spitze der Romantiker stand *Steffens*. Jung, schlank, von edler Gesichtsbildung und feurigem Auge, in begeisterter Rede kühn und wunderbar mit der ihm noch fremden Sprache ringend, so war seine Persönlichkeit selbst schon eine romantische Erscheinung, und zum Führer einer begeisterungsfähigen Jugend vorzüglich geeignet. Sein freier Vortrag hatte durchaus etwas Hinreißendes durch die dichterische Improvisation, womit er in allen Erscheinungen des Lebens die verhüllte Poesie mehr divinierte [erahnte], als wirklich nachwies.» Das ist der Steffens, der, «wo es galt, das Leben für den Ernst des Lebens einzusetzen», wie Eichendorff in der «Geschichte der romantischen Poesie» sagt, «und es nun endlich zu *handeln* galt», als Professor in Breslau im März 1813 durch seine mitreißende Rede die Studenten für den Befreiungskrieg gewann und dann selbst ins Feld zog. Da «traten Görres, Steffens, Schenkendorff, Raumer und andere der Besten an die Spitze der Jugend, die in der Romantik aufgewachen war und, anstatt altklug zu schwatzen, das Vaterland befreiten». Eichendorff gehörte zu ihnen.

In dem 1847 mehr aus konfessioneller Perspektive geschriebenen Buch «Über die ethische und religiöse Bedeutung der neueren romantischen Poesie in Deutschland» nimmt Eichendorff zu dem späteren Dichter Steffens Stellung, der 1832 noch einen Lehrstuhl für Naturphilosophie an der Berliner Universität bekam und 1845 in Berlin starb. Steffens sei «zwar später auch als Dichter aufgetreten, allein seine Dichtungen gehören nicht mehr der Romantik, ja kaum der Poesie an, sie sind im Grunde nur in poetische Form gekleidete Philosopheme und aphoristische Lebensansichten [...] Seine Aufgabe hier ist allerdings gleichfalls die Versöhnung von Religion und Leben; aber nicht mehr auf der katholisch romantischen Grundlage. Denn wenn auch das positive Christentum überall die Basis bildet, so ist die Auffassung und Behandlung doch rein in's Subjektive hinübergesiedelt, in einen Pietismus, der teils spekulativ, teils als bloßes Gefühl sich kundgibt.» Eichendorff muß es von seinem jetzigen Standpunkt bedauern, daß Steffens' Konversion zur katholischen Kirche nur ein flüchtiges Intermezzo gewesen ist und er an seinem Bekenntnis von 1801 in «Beiträge zur inneren Naturgeschichte» festgehalten hat. Es erschien damals auch dem Studenten Eichendorff wegweisend: «Wem die Natur vergönnte, in sich ihre Harmonie zu finden, der trägt eine ganze unendliche Welt in seinem Innern – er ist die individuellste Schöpfung – und der geheiligte Priester der Natur.»

Für das juristische Brotstudium, obwohl es in Halle nicht schmalspurig angelegt war, sondern auch noch die griechisch-römischen Altertümer sowie Elementarkurse in Psychologie und Philosophie einschloß, schien die Naturphilosophie von Steffens nicht geeignet. Die Brüder Eichendorff hörten statt dessen bei dem berühmten und einflußreichen Wolf, dem Freund und Berater Goethes, «Alterthümer des römischen Rechtes», «Philologische Enzyklopädie», wobei im zweiten Semester «auch die dazugehörigen Werke, als Kunst-Werke, Müntzen u. Gemmen vorgezeigt wurden», ferner «Pindari carmina im Seminario», «Ciceros Tusculanen» und «Griechische Alterthümer»; bei Schütz «Plauti Trinumnus» und «Aristophans Wolken»; bei Woltaer «Institutionen»; bei Schmalz «Staatsrecht» und «Völkerrecht»; bei Hoffbauer «Naturrecht»; bei Dabelow «Rechtsgeschichte» und «Privat-Recht»; bei Schmieder «Bergbau- und Hüttenkunde», damals für Romantiker ein Modefach, das zum Beispiel auch Steffens und Novalis bei Werner an der Bergakademie Freiberg studiert hatten, schließlich noch Sprachunterricht in Englisch und Französisch. Wolf, so Eichendorffs kritische Einschätzung der Professoren in «Halle und Heidelberg», «persönlich nichts weniger als ein Romantiker», wußte jedoch «das ganze Altertum wieder lebendig zu machen» und durch «geniale Humoristik und schneidenden Witz» den Professor Schütz und andere «Halbinvaliden», «welche die Alten noch immer mumienhaft einzubalsamieren fortfuhren», in Verlegenheit zu bringen. Die

Mehrheit der Hallenser Professoren, die «Halbinvaliden», bildete jedoch «die breite schwere Masse der Kantschen Orthodoxen und der Stockjuristen, sämtlich von dem wohlfeilen Kunststück vornehmen Ignorierens [der Romantik] fleißig Gebrauch machend; unter den letzteren [...] *Schmaltz*, der nachherige Geheimrat der Demagogenjäger» mit einer Schrift gegen den «Deutschen Tugendbund». Die reaktionären Preußischen Polizeigesetze von Theodor Schmalz gehörten zu den «undeutschen» Büchern, die 1817 von den Burschenschaften auf der Wartburg verbrannt wurden.

Dann war da noch Adalbert Kayßler, den die Eichendorffs von Breslau her als Gymnasiallehrer für Philosophie kannten und der, zu den Reformierten übergetreten, mit Steffens und Schleiermacher 1804 nach Halle berufen worden war. Bei ihm hörten die Brüder im ersten Semester «Psychische Antropologie» und «Über die rechte Art zu studiren» sowie im dritten Semester «Erfahrungsseelenlehre» und «Philosophische Enzyclopedie». Er scheint auf sie einen zwiespältigen Eindruck gemacht zu haben. Ohne Zweifel hat er sie hofiert: «Besuchten wir das erstemal den H. Proff. Kayssler, der uns mit der ihm eignen Liberalitaet aufnahm», notiert Joseph gleich nach ihrer Ankunft unter dem 10. Mai 1805, vor allem aber, daß er sie am folgenden Tage «in unserem Quartier wiederbesuchte». In den Entwürfen zu «Tröst-Einsamkeit» nennt Eichendorff Kayßler einen «innerlich verlorenen Mann», betont jedoch in dem Zusammenhang: «Auch hier war ich noch immer freidenkerisch. Kayßler, obgleich ich seine abstruse Philosophie nicht im mindesten verstand, war ein Gegenstand begeisterter Verwunderung [?] für mich. Erst die *neue Romantik* brachte mich auf andere Wege – allgemeines Verdienst der qu[ästionierten] Romantiker. Denn, nach meiner Art, mußte mir alles Hohe p. nur d: [urch] das Medium der Poesie kommen», nicht durch die Philosophie und Theologie. Das sind rätselhafte, mit Kayßler mitfühlende Sätze, um so rätselhafter, als Eichendorff in «Halle und Heidelberg» in einem für die Öffentlichkeit bestimmten Text unerwartet scharf, fast unfair mit Kayßler abrechnet. Ähnlich wird Eichendorff mit seinem Heidelberger Freund Graf Loeben verfahren. Jetzt zählt er Kayßler neben den «Romantikern», den «jungen Theologen» und den «Philologen» zu einer dritten Art von Dozenten: «Zwischen diese Gruppen klemmte sich endlich noch eine ganz besondere Spezies von Philosophen herein, die den unmöglichen Versuch machte, die Kantsche Lehre ins Romantische zu übersetzen. Hierher gehörte Professor *Kayßler*, ein ehemaliger katholischer Priester, der geheiratet, und nun, gleichsam zur Rechtfertigung dieses abenteuerlichen Schrittes, sich eine noch abenteuerlichere Philosophie erfunden hatte. Er hatte es indes als doppelter Renegat mit den Kantianern wie mit den Romantikern verdorben; seine trockenen, abstrusen Vorträge fanden fast nur unter seinen schlesischen Landsleuten geringen Anklang, und wir wollen ihn hier bloß nennen, um das Bild der damaligen elementarischen Gärung möglichst zu vervollständigen.» Der Versuch, die Kantsche Lehre ins Romantische zu übersetzen, schien so unmöglich nicht gewesen zu sein, wie Eichendorff unterstellt. Er spricht von einer «besonderen Spezies von Philosophen», zu denen Kayßler gehörte. Waren es Fichteaner? Hatte nicht Fichte einerseits Kants Lehre von der subjektiven Struktur unserer Welterkenntnis radikalisiert zur Devise ‹Welterkenntnis gleich Selbsterkenntnis› und dadurch den Subjektivismus der Frühromantiker philosophisch begründet? Hatte er andererseits nicht Kants außerhalb dieser Erkenntnis liegendes «Ding an sich» als das göttliche Ich ins Zentrum des menschlichen Ichs verlegt – Selbsterkenntnis gleich Gotteserkenntnis – und dadurch die Wiederverzauberung der Welt ins Göttliche, das «Romantisieren» der Welt, wie Novalis es nannte, philosophisch plausibel gemacht? Wenn Eichendorff am 30. April 1806 notiert: «Diesen Monath: Nach dem Eßen Spazierengehen. Dann Kayßler et Novalis, und Eingeschloßen», dann scheint Eichendorffs allergische Reaktion auf Kayßler, dessen «abstruse Philosophie ich nicht verstand», teils auf Fichte zu zielen, den er auch mißverstand, und teils auf sich selbst als jungen Poeten, der Novalis und Tieck las und spürte, wie er wider Willen Pantheist und Spinozist wurde: eine in diesen Jahren besonders attraktive Art von «Freidenkerei».

Um so erstaunlicher ist, daß Eichendorff in dieser jugendlichen «Gärung» nicht zu Schleiermacher fand, dessen romantische Religionsphilosophie und Theologie es ihm erlaubt hätten, seinen poetischen Pantheismus mit seinem angestammten katholischen Glauben zu vereinbaren. War es der gerade zur reformierten Kirche konvertierte Kayßler, der Eichendorff davon abriet, den durch seine «Reden» über die Religion berühmten und durch seine «Briefe» zu Schlegels angeblich schlüpfrigem Roman «Lucinde» berüchtigten reformierten Theologen Schleiermacher zu konsultieren, der sich gleich mit Steffens angefreundet hatte? Hielt Kayßler Schleiermacher für einen Ketzer und, weil dieser mit Friedrich Schlegel in Berlin die Wohnung geteilt hatte, für einen Jugendverführer und fühlte er, der wieder nach Breslau zurückgehen wird, sich gegenüber Eichendorffs Familie verpflichtet, die Söhne vor einem solchen Umgang zu bewahren? Wird sich Kayßler doch noch 1809 von Breslau aus für die Brüder Eichendorff um ein Quartier in Berlin kümmern. Oder war es einfach die sprichwörtliche «Invidia clericalis», der Konkurrenzneid unter

Theologen, der Kayßler befürchten ließ, er könne an Einfluß auf die jungen Barone verlieren? Vielleicht aber war es für die Brüder Eichendorff einfach abwegig, als «freidenkerische» Katholiken einen protestantischen Theologen auch nur der Neugierde halber einmal anzuhören. Oder hatten die Eichendorffs bereits vor, Schleiermacher nach dem dritten Semester, zu dem es dann durch die Kriegsereignisse nicht mehr kam, zu hören oder wenigstens in eine seiner Predigten in der Universitätskirche zu gehen, war Schleiermacher doch für insgesamt achthundert Taler Gehalt auch noch als Universitätsprediger bestellt worden?

Vorerst las Schleiermacher Exegese, Ethik und Dogmatik, letztere unter dem eigenwilligen Titel «Christliche Glaubenslehre» – vor ganzen fünfzehn Zuhörern, wozu er bemerkte: «Sie trauen mir noch nicht recht, ob meine ketzerische (ich meine hier bloß das reformierte, wiewohl auch von ihr als einer Schellingianischen gesprochen worden ist) Dogmatik, die noch dazu nur ein halbes Jahr dauert, auch passieren wird in den testimoniis und vor dem Konsistorio.»

Friedrich Daniel Ernst Schleiermacher war ein gebranntes Kind, seitdem 1799 seine Schrift «Über die Religion. Reden an die Gebildeten unter ihren Verächtern» anonym in Berlin erschienen war und er sich gegenüber seinem kirchlichen Vorgesetzten, dem reformierten Oberkonsistorialrat Sack, Anfang Juni 1801 gegen den Vorwurf, er sei Pantheist und Spinozist, verteidigen mußte. «Habe ich von dem Glauben an einen persönlichen Gott mit Verachtung geredet? Gewiß nirgends. Ich habe nur gesagt, daß die Religion davon nicht abhange, ob man im abstrakten Denken der unendlichen übersinnlichen Ursach der Welt das Prädikat der Persönlichkeit beilege oder nicht. Hiervon habe ich, obgleich so wenig als irgend jemand ein Spinozist, den Spinoza als Beispiel angeführt, weil in seiner Ethik durchaus eine Gesinnung herrscht, die man nicht anders als Frömmigkeit nennen kann. Von dem Faktum, daß einige Menschen Gott die Persönlichkeit beilegen, andere nicht, habe ich den Grund in einer verschiedenen Richtung des Gemüts aufgezeigt und zugleich, daß keine von beiden die Religion hindere.» Ist Religion für Schleiermacher doch weder Metaphysik noch Moral, sondern Anschauung und Gefühl des Unendlichen im Universum und in jedem einzelnen.

Hat Eichendorff, wenn er schon Schleiermacher in Halle nicht persönlich erlebt hat – das Tagebuch erwähnt ihn nicht –, wenigstens seine Reden gekannt? Wenn nicht in Halle, später hat er sie gelesen und auch in «Über die ethische und religiöse Bedeutung der neueren romantischen Poesie in Deutschland» zitiert, gehörten die «Reden» des, wie viele heute meinen, bedeutendsten protestantischen Theologen des 19. Jahrhunderts

*14 Friedrich Schleiermacher*

doch zum Bildungsgut der Zeit. Zwar wird dem späteren Eichendorff, der mit den Jahren vom «Freidenker» immer mehr zum kirchentreuen Katholiken wurde, mancher Inhalt der «Reden», die Schleiermacher bei späteren Auflagen zwar modifiziert, aber in ihren Hauptthesen auch als Mann der Kirche nicht zurückgenommen hat, als Ketzerei vorgekommen sein. Trotzdem hat er am Ende seines Lebens in «Halle und Heidelberg», den gegenteiligen Eindruck erweckt. Bei der Beschreibung der Professorengruppen in Halle erwähnt er zwischen seinen Lehrern Steffens und Wolf noch «eine andere Gruppe», «die jungen Theologen, welche sich um *Schleiermacher* scharten». Wie er nun in wenigen Sätzen Schleiermacher charakterisiert, zeigt Eichendorffs Hochachtung und Dankbarkeit als Poet und als religiöser Mensch noch vor jeder konfessionellen Besonderheit einem Mann gegenüber, dem er vermutlich das Wichtigste in seinem Leben verdankt: guten Gewissens poetischer Pantheist, genauer Pan-en-theist, zu sein und zugleich überzeugter Katholik. «Dieser merkwürdig komponierte Geist schien, seiner ursprünglichen stachelichten

Anlage nach zum Antipoden der Romantik geeignet; und doch hielt er wacker zu ihr, und hat auf demselben platonischen Wege der Theologie, die damals zum Teil in toten Formeln, zum Teil in fader Erfahrungsseelenlehre [Eichendorff hört sie in Halle bei Kayßler] sich erging, wieder Gemüt erobert; eine Art von geharnischtem Pietismus, der mit scharfer Dialektik alle Sentimentalität männlich zurückwies.»

Schleiermacher, der sich außer als Theologe und Prediger auch als Kritiker und Platonübersetzer einen Namen gemacht hat, der zu den Klassikern der Religionsphilosophie, der Religionswissenschaft und der Pädagogik zählt, der als Begründer der Hermeneutik, der Kunst des Verstehens, gilt und nicht nur ein hervorragender Gesellschafter war – sein «Versuch einer Theorie des geselligen Betragens» über das Verhältnis von Selbst- und Fremdbestimmung ist auch heute noch bedenkenswert –, hält in Halle vom 21. Oktober 1805 bis zum 27. März 1806 eine vierundneunzigstündige (!) Vorlesung «Brouillon zur Ethik», die in Form von Vorlesungsskizzen vorliegt und durch die souveräne Bewältigung eines gewaltigen Stoffes imponiert. Gleichzeitig schreibt er in den Wochen vor Weihnachten – auch die Eichendorffs feiern 1805 das Weihnachtsfest in Halle, fern von der schlesischen Heimat – ein hundertseitiges «Gepräch» mit dem Titel «Die Weihnachtsfeier», in dem er den ganzen Charme, die Dialektik und die Poesie sokratischer Gesprächsführung in den Dienst einer religiösen Besinnung auf die vielfachen Aspekte des christlichen Weihnachtsfestes stellt.

Wenn Eichendorff später Religion und Gemüt, Gefühl und Vernunft, Poesie und Phantasie, künstlerisches wie kirchliches Mittlertum zusammenschaut und eine solche «poetische Religion» seinen Darstellungen und Einschätzungen in den literarhistorischen Essays zugrunde legt, so atmet das ganz und gar den Geist Schleiermachers aus den Reden «Über die Religion» und der «Weihnachtsfeier». Ein Eichendorffscher Schlüsseltext, in dem er rückblickend auch sein eigenes Werk charakterisiert, findet sich 1851 in «Der deutsche Roman des achtzehnten Jahrhunderts in seinem Verhältnis zum Christentum»: «Wenn nun aber die Religion nicht einseitig diese und jene Anlage, sondern den *ganzen* Menschen, also auch Phantasie und Gefühl, deren Ausdruck eben die Poesie, gleichmäßig in Anspruch nimmt, so ist gar nicht abzusehen, warum der Mensch gerade in seinem Innersten auf jene mächtige Schwinge verzichten, aus dem wunderbaren Instrument, über das der Finger Gottes gleitet, eine Seite herausnehmen und so die ursprünglich vorgesehene Harmonie willkürlich zerstören soll. Diese Bedeutung der Poesie als eines geheimnivollen Organs zur Wahrnehmung wie zur Mitteilung der göttlichen Dinge, ist auch von jeher von der Kirche anerkannt worden, wie sie durch ihre Münster, ihre Musik, ihre Hymnen und Heiligenbilder zu allen Zeiten bekundet hat! Ja, der ganze äußere Cultus der Kirche selbst ist ein großes bedeutungsvolles Kunstwerk.»

Schleiermacher starb am 12. Februar 1834, an Lungenentzündung wie auch Eichendorff 1857, und wurde auf dem Halleschen Friedhof in Berlin beigesetzt unter Beteiligung von zwanzig- bis dreißigtausend Menschen, wie der Historiker Leopold von Ranke berichtet, darunter sicher viele Studenten und vermutlich auch Eichendorff, der damals vergeblich um eine angemessene Stelle im Kultusministerium kämpfte. Auch auf ihn, der zwar weniger im Rampenlicht der Öffentlichkeit stand als der berühmte Schleiermacher, trifft zu, was dieser 1818 an seinen Freund Brinkmann geschrieben hatte: «Meine Stellung sowohl in der Synode als in der Akademie bringt mich in mancherlei Berührung mit der Regierung, und ich stehe in dem vollständigen Ruf, auf das gelindeste gesagt, eines Oppositionsmannes. Daß aber viele es so weit treiben, mich für einen Jakobiner auszuschreien, gehört zu den lächerlichsten Mißverständnissen, da ich selbst in der wildesten Revolutionszeit immer ein Monarchist gewesen bin. [...] Du wirst aus meinen Abhandlungen sehen, daß ich mich in meinen politischen Grundzügen ebensowenig geändert habe als in meinen religiösen.»

## Novalis und Tieck: Vordichter der Romantik

Schleiermacher hat Novalis nicht persönlich kennengelernt, aber sie haben einander wohl am tiefsten verstanden. Steffens begegnete Novalis zum ersten Male in Jena: «Ich habe später Menschen kennen gelernt», schreibt er in «Was ich erlebte», «die ganz von ihm beherrscht wurden: Männer, die sich durchaus einem praktischen Leben weihten, empirische Naturforscher aller Art, die das geistige Geheimnis des Daseins hoch hielten und den verborgenen Schatz in seinen Schriften aufgehoben glaubten. Wie wundersame, vielversprechende Orakelsprüche klangen ihnen die dichterisch religiösen Gedanken von Novalis, und sie fanden in seinen Äußerungen eine Stärkung, fast wie der fromme Christ in der Bibel.» So muß es auch dem jungen Eichendorff in Halle ergangen sein.

Georg Philipp Friedrich von Hardenberg, Freiherr wie die Eichendorffs, nannte sich «Novalis», «der Neuland Rodende oder Bestellende», seit Friedrich Schlegel 1798 im «Athenäum» dessen Aphorismen «Blüthenstaub» veröffentlicht hatte. Novalis hatte zunächst in Jena, Leipzig und Wittenberg wie die Eichendorffs Jura mit Abschlußexamen studiert, ferner Mathematik sowie in Jena bei Schiller Geschichte und bei Friedrich Schlegel Philosophie. Er arbeitete dann als Verwaltungsangestellter beim Kreisamt Tennstedt und in der Salinendirektion Weißenfels – sein Vater war 1784 zum Direktor der kursächsischen Salinen Dürrenberg, Kösen und Artern ernannt worden. In der Lebenskrise nach dem Tod seiner vierzehnjährigen Verlobten Sophie von Kühn begann Novalis ein Zweitstudium in den Naturwissenschaften – Chemie, Physik, Geologie und Mineralogie – an der berühmten kurfürstlich-sächsischen Bergakademie in Freiberg, unter anderen bei dem schon legendären Professor Abraham Gottlob Werner. Dort begegnete Steffens im August 1799 zu Beginn seines zweijährigen Studiums noch einmal Novalis, der das seine beendete. Novalis arbeitete wieder in der Salinenverwaltung als Protokollant und Assessor und wurde am 6. Dezember 1800 zum Supernumerar-Amtshauptmann für den Thüringischen Kreis ernannt. Er starb jedoch bereits am 25. März 1801 an einer Lungenkrankheit, unter der er schon länger gelitten hatte. Sein Bruder Karl und Friedrich Schlegel waren anwesend. «Auch Du verlierst ihn, mehr als wir, weil Du ihn noch weniger hattest», schrieb Schlegel an Schleiermacher: «Für das Innre unsrer äußern Existenz ist durch den Tod unsres unvergeßlichen Hardenberg eine Lücke entstanden, die vielleicht nie ersetzt werden kann.»

Die «Romantik war keine bloß literarische Erscheinung», schreibt Eichendorff in «Halle und Heidelberg», «sie unternahm vielmehr eine innere Regeneration des Gesamtlebens, wie sie Novalis angekündigt hatte.» Unter denen, die dabei vor allem an eine religiöse Wiedergeburt dachten, nennt Eichendorff noch vor seinen Lehrern Görres und Friedrich Schlegel Novalis. Da die religiöse Frage auch für Eichendorff zunehmend wichtig geworden ist, vielleicht ausgelöst durch Novalis, widmet er 1847 in «Über die ethische und religiöse Bedeutung der neueren romantischen Poesie in Deutschland» das erste Kapitel Novalis. Es ist mit zwanzig Seiten das zweitlängste nach dem späteren Kapitel über Zacharias Werner mit fünfunddreißig Seiten, das übrigens streckenweise eine indirekte Auseinandersetzung mit Novalis ist. Das zweite Kapitel ist Wackenroder und erst das siebte Kapitel Tieck vorbehalten, obwohl beide historisch gesehen am Anfang der romantischen Bewegung stehen. Auch Eichendorff notiert in Halle in dieser Reihenfolge die Lektüre unter dem 13. August 1805: «Um diese Zeit auch meine Morgenspaziergänge auf den gi[e]bichensteiner Felsen mit Sternbalds Wanderungen v. Tiek.» Erst ein halbes Jahr später, den ganzen Monat April 1806, finden intensive Gespräche über Novalis nicht nur mit Kayßler statt, sondern auch «die angenehmen

15 Novalis

zugebrachten Abende bey Sauern, wobey theils Novalis, theils Spaß mit Münnich etc.», heißt es am 30. April im Tagebuch.

Die Eichendorffs studieren Novalis vermutlich nach der Ausgabe seiner «Schriften», die federführend Ludwig Tieck mit Friedrich Schlegel in zwei Bänden 1802 in erster, 1805 in zweiter Auflage, denen weitere folgen, herausgegeben haben. Sie enthalten die bisher unveröffentlichen Romanfragmente «Heinrich von Ofterdingen» und «Die Lehrlinge zu Sais» und eine Auswahl der Gedichte, ferner einen Verschnitt aus den Fragmenten «Blüthenstaub», aus den Aphorismen «Glauben und Liebe», aus nicht zur Veröffentlichung bestimmten nachgelassenen Notizen sowie aus einem Drittel von «Christenheit oder Europa». Dieser umstrittene Text wird vollständig erst 1826 in der 4., «vermehrten» Auflage der «Schriften» vorgelegt, 1837 in der 5. Auflage von Tieck jedoch wieder daraus entfernt – wegen der katholisierenden Tendenzen, die dann Eichendorff 1847 vor allem anhand langer Zitate aus dem Text herausarbeitet. Zu Lebzeiten des Novalis erschienen, und zwar nur in Zeitschriften und Jahrbüchern,

«Klagen eines Jünglings» (1791), «Blumen» (1798), «Glauben und Liebe oder Der König und die Königin» (1798), «Blüthenstaub» (1798) sowie «Hymnen an die Nacht» (1800), die beiden letzten Texte in Schlegels «Athenäum».

Was den jungen Dichter Joseph von Eichendorff in Halle auf der Suche nach Vorbildern an Novalis faszinierte, mag zunächst der «fromme Künstler» gewesen sein, wie ihn Schleiermacher in den Reden «Über die Religion» theoretisch beschrieben hatte, in späteren Auflagen mit Hinweis auf Novalis konkretisierte. Jedenfalls beendet der spätere Eichendorff sein Kapitel über Novalis, in dem er ihn wegen seiner pantheistischen Ideen für eine neue Religion und seine revolutionäre Auffassung vom Christentum tadeln muß, mit dem folgenden Zitat. Dadurch kann er – vielleicht weniger anfechtbar für die konfessionell gebundenen Leser – seine Dankbarkeit sowohl gegenüber Novalis wie indirekt auch gegenüber Schleiermacher ausdrücken: «Und so schließen wir denn diese Betrachtung, in dankbarer Erinnerung dessen was er *wollte*, gern mit den Worten, die einst Schleiermacher in den Reden über Religion seinem Freunde nachgerufen: ‹Nur schweigend will ich euch hinweisen auf den zu früh entschlafenen göttlichen Jüngling, dem Alles Kunst ward, was sein Geist berührte, seine ganze Weltbetrachtung unmittelbar zu einem großen Gedicht; den ihr den reichsten Dichtern beigesellen müßt, jenen seltenen, die ebenso tiefsinnig sind als klar und lebendig. An ihm schauet die Kraft der Begeisterung und der Besonnenheit eines frommen Gemüts, und bekennt, wenn die Philosophen werden religiös sein und Gott suchen wie Spinoza, und die Künstler fromm sein und Christum lieben wie Novalis: dann wird die große Auferstehung für beide Welten (Philosophie und Kunst) gefeiert werden.›» Eichendorff bringt den Text ohne einschränkenden Kommentar, als wolle er sich auch jetzt noch zu seinem novalisierenden Jugendglauben bekennen.

Als eine Offenbarung wird der junge Eichendorff Novalis' Romanfragmente erlebt haben, man spürt es noch vierzig Jahre später in seinem Essay: «Leider hat er nur *einen* dieser Romane, seinen ‹Heinrich von Ofterdingen›, kaum zur Hälfte vollendet. Hier ist es die Poesie selbst, deren oben angedeutete Weltherrschaft er zunächst begründen will. Halb Märchen, halb Roman, sucht diese Dichtung mit jenem universalen poetischen Lichte, und alles Sinnliche an das Unsichtbare knüpfend, das gesamte Leben mit allen seinen weltlichen Beziehungen (Ehe, Staat, Gewerbe u. s. w.) in seiner ursprünglichen höheren Bedeutung und verhüllten Schönheit zu erfassen, und zumal in der Natur die gebundenen Stimmen, den Geisterblick des Irdischen, zu lösen, deren poetischer Ausdruck eben das Märchen ist.» Es ist, soweit wir wissen, der erste Roman, konzipiert nach der frühromantischen Romantheorie, den Eichendorff kennenlernt, und wir dürfen annehmen, daß das Werk für ihn programmatisch gewesen ist. Seine erste eigene Prosadichtung von 1809, «Die Zauberei im Herbste», heißt denn auch bedeutungsvoll «Ein Märchen».

Ob nicht die «Einsiedler», die uns in Eichendorffs Romanen und Erzählungen begegnen und die zum Leitmotiv seines Lebens geworden sind, von dem Einsiedler im «Ofterdingen» abstammen? «Haltet mich nicht für einen Menschenfeind, weil ihr mich in dieser Einöde trefft», erklärt dieser seine Lebensform. «Ich hab die Welt nicht geflohen, sondern ich habe nur eine Ruhestätte gesucht, wo ich ungestört meinen Betrachtungen nachhängen könnte.» «Hat Euch Euer Entschluß nie gereut, und kommen nicht zuweilen Stunden, wo Euch bange wird und Euer Herz nach einer Menschenstimme verlangt?» – «Jetzt nicht mehr. Es war eine Zeit in meiner Jugend, wo eine heiße Schwärmerei mich veranlaßte, Einsiedler zu werden. Dunkle Ahndungen beschäftigten meine jugendliche Phantasie. Ich hoffte volle Nahrung meines Herzens in der Einsamkeit zu finden. Unerschöpflich dünkte mir die Quelle meines innern Lebens. Aber ich merkte bald, daß man eine Fülle von Erfahrungen dahin mitbringen muß, daß ein junges Herz nicht allein sein kann, ja daß der Mensch erst durch vielfachen Umgang mit seinem Geschlecht eine gewisse Selbständigkeit erlangt.» Die jungen Eichendorffs werden diese Sätze mit ihren bisherigen Erfahrungen verglichen haben.

Auch was Novalis im Geiste Schleiermachers über die dreifache Gestalt des Christentums formuliert hat und was bis heute bedenkenswert ist, wird Eichendorff sein Leben lang beschäftigt haben. Hätte er diesen aufregenden Text sonst seinen katholisch-konservativen Lesern von 1847 zugemutet? «Das Christentum ist dreifacher Gestalt. Eine ist das Zeugungselement der Religion, als Freude an *aller* Religion. Eine ist das Mittlertum überhaupt, als Glaube an die Allfähigkeit alles Irdischen, Wein und Brot des ewigen Lebens zu sein. Eine der Glaube an Christus, seine Mutter und die Heiligen. Wählt, welche ihr wollt, wählt alle drei, es ist gleichviel; ihr werdet damit Christen und Mitglieder einer einzigen, ewigen Gemeinde.»

Womit Novalis den Brüdern Eichendorff in Halle vermutlich auch imponierte: daß der Freiherr nach einem Jurastudium noch den Beruf eines Bergbauingenieurs ergriffen hat. Auch die Barone von Eichendorff studieren als Brotberuf Jurisprudenz, auch sie belegen im Mai 1806, nachdem sie im April Novalis gelesen haben, für das letzte Semester noch zweimal wöchentlich bei einem Doktor Schmieder «Bergbau- und Hüttenkunde».

Begierig, im Buch des Lebens und der Natur lesen zu lernen, sind die Eichendorffs bereits im Jahr zuvor, am 13. September 1805, auf ihrer Harzreise in die Baumanns- und Biels-Höhle hinabgestiegen, wobei sie «eine Bergmannskleidung umwarfen» und «von einem Bergmann geleitet» wurden. Der Führer hielt in der Eingangsgrotte «einen kleinen versificirten Prolog, gab uns jedem eine brennende Lampe in die Hand, u. so gieng es mit einem ‹Glük auf› in die Unterwelt hinaus. Ein heiliger Schauer ergriff uns [...]. Mit frommer Ehrfurcht traten wir hinein in die tiefe öde Nacht dieses ungeheueren Gewölbes.» Da sind die Eichendorffs auf der Spur nicht nur des Novalis, sondern vieler Romantiker, für die das Bergwerk Sinnbild der Seele ist, ihrer unergründlichen Tiefe, ihrer Geheimnisse und Gefahren.

Zu diesen Seelenforschern, den Vorläufern der Psychoanalyse, gehören auch die Freunde Wilhelm Heinrich Wackenroder und Ludwig Tieck. Auf ihrer Pfingstwanderung 1793 bis ins Fichtelgebirge, die als Beginn der romantischen Bewegung gilt, besuchen sie auch einige Eisenminen. In seinem von Steffens angeregten Märchen «Der Runenberg» (1802) beschreibt Tieck die Gier und das gewalttätige Wesen des Menschen gegenüber der Natur im Bild des bergmännischen Schürfens nach Metallen.

In «Der Runenberg» wie in dem Märchen in zwei Abschnitten «Der getreue Eckart und der Tannenhäuser» sind es die Träume, die einen Blick tun lassen in die Abgründe der Seele und den Menschen in den Wahnsinn treiben können, so daß sie Traum und Wirklichkeit nicht mehr unterscheiden können. Eichendorff, der schon als Kindheitslektüre Tiecks «Magelone, Genovefa, die Heymonskinder» verschlungen hat, wie er in «Ahnung und Gegenwart» zu erkennen gibt, wird erst recht von Tiecks Schauermärchen hingerissen gewesen sein. Jedenfalls hat er sie zwanzigjährig 1808/09 in «Die Zauberei im Herbst» und zehn Jahre später in «Das Marmorbild» kritisch verarbeitet gemäß der von Friedrich Schlegel aufgestellten Devise, die sich auch Eichendorff in «Zur Geschichte der neuern romantischen Poesie in Deutschland» zu eigen macht: «[...] daß Poesie nur durch Poesie rezensirt werden könne». Wie Tiecks Tannenhäuser zieht es auch Raimund in «Die Zauberei im Herbst» «ewig hinunter».

Welche Langzeitwirkung «Franz Sternbalds Wanderungen. Eine altdeutsche Geschichte herausgegeben von Ludwig Tiek, Berlin bei Johann Friedrich Unger 1798» für Eichendorffs poetische Entwicklung gehabt hat, zeigt eine spätere Notiz für sein geplantes «Bilderbuch aus meiner Jugend» über Halle: «Getreues lebendes Bild des damaligen Studenten-

Novalis und Tieck: Vordichter der Romantik 173

*16 Ludwig Tieck*

lebens. Steffens. Auf dem Giebichenstein lese ich zum erstenmal Tiecks Sternbald.» Das hat den gleichen Rang wie die Notiz für die Heidelberger Studienzeit: «Görres, Arnim, Brentano.»

Das Tagebuch vermerkt die Sternbald-Lektüre für Halle unter dem 13. August 1805. Seitdem begleitet Tieck im Geiste die Eichendorffs auf ihren Reisen. Am 15. Mai 1807 notiert Joseph auf der Fahrt der Brüder zum Studium nach Heidelberg in Nürnberg: «Mit Ehrfurcht schritten wir über diesen (auch durch Tieks Sternbald) klaßischen Boden, u. es war, als müßte überall ein Ritter mit wehendem Helmbusch die Straße herabgesprengt kommen.» In Heidelberg findet im Loeben-Kreis am 24. Januar 1808 ein allgemeines «Gepräch über Tiek u. Novalis» statt. In Berlin charakterisiert Adam Müller am 18. November 1809 gegenüber den Eichendorffs Tieck als «durchaus liebenswürdig, unausstehliche Gicht, herauszukommender Shakespear mit deutschen Noten, Leben etc. herrlich». Auf der Heimfahrt von Berlin nach Lubowitz kommen die Brüder am 5. März 1810 durch Ziebingen, «wo einst bei H. v. Burksdorff [Burgsdorff]: Tiek, Arnim u. Schütz [der Dichter Wilhelm von Schütz, Finckensteins Schwiegersohn] gewesen u. wo die 11 Comtessen v. Finkenstein, die gestern zum Balle in Crossen [Krossen]». 1802 war Tieck, nach dem Tod des Novalis und der Eltern vereinsamt, als freier Schriftsteller wirtschaftlich ungesichert, als berühmter Romantiker bereits an sich selbst und der Romantik zweifelnd, mit seiner kleinen Familie in Dresden einer Einladung seines Jugendfreundes Wilhelm von Burgsdorff auf dessen Landgut Ziebingen in der Neumark, nicht weit von Frankfurt an der Oder gefolgt. Das Gut wurde noch im gleichen Jahr von Burgsdorffs Onkel Graf von Finckenstein, der im nahen Alt-Madlitz residierte, bewirtschaftet, wobei sich Tieck ökonomisch beteiligte. Nach Jena und Dresden wurde Ziebingen-Madlitz für die folgenden Jahre eine Adresse für die Romantiker. Obwohl durch Reisen viel abwesend, kehrte Tieck immer wieder nach Ziebingen zurück, bis er sich 1818 mit der Familie und Henriette von Finckenstein in Dresden niederließ. Dort ist auch Eichendorff mit Tieck zusammengetroffen, wie aus einem Brief des Ministers und Freundes Eichendorffs, Theodor von Schön, an seine Frau vom 18. Oktober 1840 hervorgeht. Ausgestattet mit einer königlichen Pension von 1000 Talern samt einem Sekretär und Diener lebte Tieck ab 1842 in Berlin, wo er am 28. April 1853 starb. Laut Zeitungsberichten soll auch Eichendorff unter den Trauergästen gewesen sein. Ein Jahr zuvor, am 3. Februar 1852, hatte Tieck an seinen Verleger Heinrich Brockhaus geschrieben: «Eichendorffs Buch [»Der deutsche Roman des achtzehnten Jahrhunderts in seinem Verhältnis zum Christentum» von 1851] scheint mir sehr einseitig und voller Mißverständnisse. Dieser Autor ist in seinen Schriften fast ganz aus meinem Sternbald hervorgegangen; er hat sich auch an dem ungesunden Namen ‹Romantik› vergafft, ohne was Deutliches dabei zu denken. Die Odyssee, wenn sie jetzt erschiene, müßten diese Menschen auch in die Romantik stellen.»

*Die «Wallfahrt» zum Brocken und zum Meer:*
*Ein romantisches Reisetagebuch*

Verwöhnt durch die über fünfzig Gedichte Joseph von Eichendorffs aus der Schul- und ersten Studienzeit in Breslau sucht man vergeblich nach einem poetischen Niederschlag der Semester in Halle. Anscheinend haben das wilde studentische Treiben, die ausgiebigen Theaterbesuche in Lauchstädt, der strenge Studienbetrieb und die aufregenden Anstöße der romantischen Professoren, vor allem aber die überwältigende Novalis- und

Tiecklektüre wenig Zeit zum Dichten gelassen. Doch der tiefere Grund für das Schweigen des Poeten wird das viele Neue gewesen sein, das über die Brüder hereingebrochen ist, sie verunsichert hat und nach ihrem künftigen Weg suchen läßt.

So ist es den Brüdern vermutlich zumute wie Goethe 1777, als dieser in einer Orientierungskrise Abstand suchte und sich zu Pferd auf seine erste Harzreise begab. Es sollten noch drei weitere folgen: 1783, 1784 und in diesem Jahr 1805. Unter dem 13. August notiert Eichendorff: «Sezte Wolf seine Collegien auf einige Zeit aus, indem er mit dem Minister von Göthe eine kleine Lustreise unternahm», und zwar über Bernburg und Magdeburg nach Helmstedt zu dem Mediziner, Naturwissenschaftler und Sammler Beireis und zurück über Halberstadt mit einem Besuch bei dem alten und verehrten Johann Wilhelm Ludwig Gleim, dem Begründer des anakreontischen Halleschen Dichterkreises. Von dort macht die Reisegesellschaft einen Abstecher in den Harz zur Roßtrappe und zum Stufenberg bei Gernrode, gerade zu der Zeit, als Eichendorff auf seinen Morgenspaziergängen auf dem Giebichensteiner Felsen Tiecks «Sternbalds Wanderungen» liest. Da können auch die Brüder der schon länger geplanten Ferienwanderung nicht mehr widerstehen.

Zwei Wochen nach Goethes Heimkehr eröffnet Joseph am 10. September 1805 das Reisetagebuch über die siebzehntägige Fußwanderung – beschleunigt streckenweise mit Hilfe der teuren Extrapost – durch den Harz über Hamburg und Lübeck bis ans Meer, die Ostsee bei Travemünde. Diese Reisebeschreibung unterscheidet sich in Wortwahl, Satzbau, Rhythmus und Ausführlichkeit deutlich von den bisherigen Tagebuchaufzeichnungen Eichendorffs. Inhaltlich ist es eine Mischung aus romantischer Erwartungshaltung gegenüber dem Unendlichen in der Natur wie bei Wackenroder und Tieck, aus fast naturwissenschaftlicher Beobachtung und Experimentierfreudigkeit wie bei Goethe, aus vorurteilsfreiem, neugierigem Umgang mit den historischen und zeitgenössischen Heroen sowie den altdeutschen Zeugnissen der Geschichte wie bei Wackenroder und schließlich aus einem unaufdringlichen, leicht ironischen Humor, der von der trockenen Schilderung tatsächlicher Umstände lebt und eine falsche Empfindsamkeit und Sentimentalität zu brechen weiß wie bei Achim von Arnim. Alles zusammengenommen ist charakteristisch für einen Text, der sich bei allem dokumentarischen Wert zugleich als gelungene Stilübung eines jungen Romantikers entpuppt, eines Dichters, der sich bereits um Eigenständigkeit gegenüber allen möglichen Vorbildern bemüht und uns durch dieses Reisetagebuch für alle fehlenden Gedichte aus dieser Zeit entschädigt.

Sechstes Kapitel. Halle und die Romantik

«Traten wir beyde u. Schöpp [der Diener] unsere *hamburger* Reise an», beginnt das Reisetagebuch. «Früh nach 7 Uhr verließen wir mit Extrapost unsere verwünschte Residentz. Gegen 10 Uhr erreichten wir das schöne Amt Seeburg, wo uns der herrliche Anblick der beyden unübersehbaren Seen (des Saltz- und Süß-Sees) mit ihren Inseln etc. ein kleines Vorspiel der unendlichen Meeransicht, die unser harrte, gab. Wir stiegen ab, u. kletterten über die Berge hinab bis an den Strand, wo uns das dumpfe Brausen der Waßerfläche u. die vielen 1000 Waßerhühnchen, die auf den silbernen Wellen auf u. ab schwankten, einen belohnenden Anblick gewährten. An dem ungeheueren See, deßen salztiges Waßer wir kosteten, u. rings eingeschloßen von angenehmen Weinbergen erreichten wir zu Mittag: *Eisleben*. Hier aßen wir dem Hause gegenüber, in welchem D. Luther gebohren wurde, u. sezten Nachmittag unsere Reise wieder weiter fort und zwar in einem Wagen, welcher Schöpps Hinterstube, die ohnedieß noch etwas baufällig war, bis auf ihre Grundvesten erschütterte. Gegen 5 Uhr des Abends erreichten wir das miserable *Mannsfeld* [Mansfeld]. Wie unangenehm überaschte uns gerade hier die niederschlagende Erklärung des Postmeisters, daß wir hiesigen Orts vor künftigem Morgen ohnmöglich Pferde erhalten könnten. Gezwungen also, die Nacht hier zuzubringen, bestiegen wir den nahen Lindberg, der sich gleich neben der Stadt über Bergen von Schlaken erhebt, und siehe – unser Mißvergnügen löste sich in einen herrlichen Genuß des schönen Abends auf. Ernst u. schauerlich schauten die alten Ruinen der Burg Mannsfeld, der Schloßhof, die Kirche, die Citadelle, die Ringmauern mit ihren Ziergärten etc. aus vergangene[n] Zeiten in unsere Seele; zu unseren Füßen das Städtchen mit seinen rothen Ziegeldächern, u. ein unübersehbares lachendes Thal, zur Seyte die Anfänge des dunkelen Hartzes, rings um uns ein lieblicher Park –. Das schöne Burgfreylein u. ihr niedlicher Knix nicht zu vergeßen. 11. Sezten wir unsere Reise durch die uralten Bergwerkshügel, womit die Felder unübersehbar besät sind, u. unterhalten durch mancherley Sagen des Hartzes, die uns unser Postillon erzählte, nach *Ballenstaedt* [Ballenstedt] fort. Auf der herrlichen Chaussee gleich vor der ballenstaedter Residentz hatten wir das Vergnügen, dem regierenden Fürsten von Bernburg, der eben mit seinem Stallmeister ausritt, zu begegnen. Nachdem wir nun hier im Hotel einige Gläser Ruhm zu uns genommen hatten, traten wir endlich froh u. wohlgemuth unsere Fußreise an. Jeder seine grüne Reisetasche umgehangen, den Mantel um den Rüken geschnallt, u. oft plötzlich auf dem Gipfel einer Höhe durch herrliche Aussichten (Z. B. auf Quedlinburg) überrascht, langten wir zu Mittag in *Gernrode* an, das an dem Fuße des herrlichen *Stufenberges* liegt.

Der Stufenberg selbst ist nichts als Ein Garten, durch welchen sich mannigfache Gänge bis zum Gipfel schlängeln, wo ein großer prächtiger Gasthof die müden Wanderer empfängt. Hier verzehrten auch wir in dem kleinen Gartenstübchen mit der herrlichen Aussicht unser Mittageßen (Bouteille Birkensaft) Welchen Genuß uns die himmlische Aussicht bis Magdeburg von der einen Seyte, in den düsteren schwartzen Hartz von der anderen, u. auf ein romantisches Dörfchen zu Füßen, verschaffte, ist unbeschreiblich. Bald nach dem Eßen nahmen wir wieder unseren Wanderstab zur Hand, nicht ahnend, welcherley mannigfache Ebentheuer uns diesen Nachmittag erwarteten.»

Wie stark die Eindrücke dieser beiden ersten Tage Eichendorff – auch mit Hilfe des Tagebuchs – in Erinnerung geblieben sind und wie die romantisierende Phantasie des späteren Dichters sie zu verwandeln vermag, zeigt ein Vergleich mit des «Wanderdichters» Willibald Erinnerung in Eichendorffs Novelle «Viel Lärmen um Nichts» von 1832: «In den Herbstferien wanderte ich als Student mit mehreren fröhlichen Gesellen aus Halle nach dem Harzgebirge. Ich gedenke noch heut mit eigenem Vergnügen des frischen kühlen Morgens, wie wir vor Tagesanbruch durch die alten stillen Gassen zogen, und hinter den noch fest zugezogenen Fenstervorhängen unsern eingebildeten Liebchen, die wir kaum einmal im Leben von fern gesehen hatten, unser Ade zuriefen. [...] Diesmal war es indes nur der kurze bunte Reisetag, der dämmernd hinter uns versank, als wir fröhlich auf dem heiteren Stufenberge rasteten. Die Abendsonne funkelte noch in den Fenstern des Wirtshauses, vor welchem wir über die Buchenwipfel die glänzende Landschaft und weiterhin das Vorgebirge des Harzes überschauten, das sich schon rätselhaft mit Abendnebeln zu bekränzen anfing. Mir fielen alle alten schönen Sagen dieser romantischen Gegend ein, und ich dichtete die wunderlichsten Reiseabenteuer in das wachsende Dunkel hinein. Auf dem grünen Rasenplatze vor dem Wirtshause sang ein Mädchen, wie ein Waldvöglein, zur Harfe, fremde Wanderer kamen und schieden; wir aber hatten uns dicht am Abhange um einen, mit Weinflaschen wohlbesetzten Tisch gelagert, und meine Gefährten ermangelten nicht, ihre Schätzchen, die sie zu Hause hatten oder nicht hatten, hoch leben zu lassen. Mir kam das in diesem Augenblick unbeschreiblich abgeschmackt vor, in meiner Seele leuchtete auf einmal ein Bild wunderbarer Schönheit wieder auf, das ich oft im Traume gesehen, und seitdem auf manchem alten schönen Bilde wieder zu erkennen geglaubt hatte. Vom Wein und dem Rauschen der Wälder und Täler unter uns wie von unsichtbaren Flügeln gehoben, sprang ich plötzlich auf; die untergehende Sonne warf eben ihr purpurnes

Licht über die Gegend: ich trank aus voller Seele auf das Wohl meiner künftigen Geliebten, warf meinen Ring in das leere Glas, und schleuderte Glas und Ring in funkelndem Bogen weit in das Abendrot hinaus.» Der Stufenberg bei Gernrode wird Eichendorff auch Modell stehen für den attraktiven Berg im zweiten Kapitel von «Ahnung und Gegenwart», den Friedrich dort, freilich von der Donau aus, liegen sieht.

Am 13. September bricht für die «Pilger» – der religiöse Sprachgebrauch des jungen Eichendorff entspricht der Suche nach dem Göttlichen im Naturerlebnis sowohl der Klassiker wie Romantiker – endlich «in Gesellschaft eines Bergmannes, der uns anführte u. die Sachen trug, unsere Wallfahrt nach dem *Broken* an. Durch wilde schauerliche Wald-Gegenden, welche ein ungeheuerer Windbruch noch fürchterlicher machte, näherten wir uns nun allmählig diesem altdeutschen Riesengreise, deßen majestätisches Haupt düstere Wolken dem Auge der niederen Welt verhüllten. Gegen ... Uhr erreichten wir einen einsamen gräflich stollbergischen Meyerhof, den gewöhnlichen Ruhepunkt der Brokenpilger. Hier labten wir uns an guter Milch u. Kuchen [...]. Von hier aus wird der Weg immer steiler, aber auch immer überraschender. Bald anfangs durchwandelten wir eine schöne grüne Wiese, mit unzähligen sehr hohen rothen Blumen geschmükt. Die Ilse u. andere Quellen, welche das ebne Land als wilde Gebirgsströme durchtoben, rieseln hier in spielender Kindheit durch die einsame Landschaft [...]. Rings um uns weideten schöne Heerden mit ihrem Glokengeläute. Auf den hin u. her wild hervorragenden Felsenmaßen klimmten einsame Jäger, und Gebirgsmädchen kletterten umher u. klaubten Waldbeeren. Oft blieben wir stehen, u. schauten in die schwartzen waldigen Thäler hinab, zwischen denen sich oft plötzlich eine unbeschränkte Aussicht in gantze Länder eröffnet. Jezt empfing uns ein Wald von kleinem aber dichtem Nadelgehöltze, aus dem wir erst herauskamen, als wir den freyen Gipfel der Heinrichshöhe erreicht hatten. Mit trunkenem Entzüken genoßen wir hier, an die Ruinen des alten Brokkenhauses gelehnt, das himmlische unbeschreibliche Panorama, das aber leider bald durch düstres Gewölk, welches neben uns am Broken hinschwebte, u. sich dann über die Thäler hinwältzte, unseren Bliken entzogen wurde. Nachdem wir uns hier der sehr kalten schneidenden Luft wegen in unsere Mäntel gewikelt hatten, tauchten wir uns wohlgemuth in das wogende Meer von Wolken, welche wie Pulverdampf an uns vorüberflogen, u. uns rings so einhüllten, daß wir einander kaum sehen u. errufen konnten. Der Berg war so öde, die Wolken flohen schnell, u. durch den Riß derselben tönten plötzlich die wunderbaren Melodien einer Schalmey so klagend so herzergreiffend wie aus fernen fremden Welten herüber, klang das Glokengeläute einer Heerde darin, die zwischen den Wolken die furchbare Wildniß durchklimmte. Betäubt von dem zauberischen Mährchen unserer Umgebungen erreichten wir endlich gegen Abend, das große neue Brokenhaus, das wir aber nicht eher erblikten, bis wir davor standen. Wie bequem u. wohlthätig diese vom Grafen Stollberg-Wernigerode bloß für die unzähligen Brokenbesucher erbaute Auberge ist, kann nur ein Brokenwallfarther verstehen. – Wir brachten den Rest des Abends in fröhlicher Ruhe zu, u. unterhielten uns mit der Menge von Jahrbüchern des Brokens, worin sich jeder Reisende, oft auch mit Anmerkungen u. Randgloßen einschreibt. In einem dieser Bücher fanden wir auch unseren König [Friedrich Wilhelm III. von Preußen], die Königin [Luise], u. den ganzen Hofstaat, welche insgesammt bald nach Ostern dieses Jahres in Begleitung der stollbergischen Familie [...] auf dem Broken übernachteten. Gegen 10 Uhr trat ich noch mit dem Wirthe vor das Haus, u. genoß das Fürchterlich-Schöne einiger Minuten, die mir ewig unvergeßlich bleiben werden. Rings um uns starrte eine grausenvolle unbeschränkte Nacht, schwartze Wolken durchkreuzten einander in wilder Eile zu unseren Füßen, aus fernen tiefen Klüften heulte ein fürchterlicher kalter Sturm herauf. Augenblikelang zerriß oft der Sturm die düstre Wolkendeke über uns: dann fuhr plötzlich der helle Schein des Mondes, wie ein langer Blitz über den gantzen Himmel, u. beleuchtete auf eine Secunde mit matter Dämmerung die öde Einsamkeit. Staunend u. nicht ohne inneres Leben fühlt ich in diesen Augenbliken die Abgeschiedenheit von aller Welt, die furchtbare Nähe des Himmels, u. jetzt erst verstand ichs, warum gerade hier auf dem Bloksberge die Hexen tanzen sollen. – Heute Nacht schliefen wir also 3000 Fuß über den menschlichen Geschlechtern, u. zwar in den vortrefflichen Betten sehr gut.»

Der Brocken, 1142 Meter über dem Meeresspiegel, galt spätestens seit der Mitte des 18. Jahrhunderts und bis weit ins 19. Jahrhundert hinein als Inbegriff einer Urlandschaft. Seit 1753 lagen zunächst im alten, seit 1800 im neuen Brockenhaus Besucherlisten in Form der Brockenbücher aus. Sie geben für 1778 die Zahl der Besucher mit 229 an, für 1779 mit 421. Von 1809 bis 1828 sind es jährlich durchschnittlich 1130 Wanderer zu Fuß oder zu Pferde, danach steigt die Zahl auf über 2000.

Im Juni 1769 beobachtete der Dichter Gleim aus Halberstadt in der reinen Luft des Brockens den Durchgang der Venus durch die Sonne. Am 7. Dezember 1777 gelang Goethe im Rahmen einer 16tägigen Harzreise vermutlich die Erstbesteigung des Brockens im Winter unter der Führung des sich zunächst sträubenden Försters aus dem Torfhause, einer Herberge etwa zwei Stunden unter dem Gipfel. Auch gibt es von Goethe eine Kohlezeichnung «Brocken im Mondlicht» und schließlich die Hymne «Harzreise im Winter» an den «Vater der Liebe».

Auf seiner zweiten Harzreise bestieg Goethe bei herrlichem Wetter mit dem elfjährigen Fritz von Stein und in Begleitung des Bergmeisters Heinrich von Trebra am 21. September 1783 den Brocken vor allem zu mineralogischen Studien. Ist Goethe doch seit 1780 Leiter der herzoglich-weimarischen Bergbaukommission. Von dieser Brockenwanderung datiert die Anlage seiner Gesteinssammlung mit achtzehntausend Objekten am Ende seines Lebens. Auch diktiert Goethe am 18. Januar 1784 seine Abhandlung «Über den Granit», worin er seine tiefsten Brockenerfahrungen festhält, sicherlich vor dem Hintergrund der Erfahrungen von 1777: «Auf einem hohen nackten Gipfel sitzend und eine weite Gegend überschauend, kann ich mir sagen: Hier ruhst du unmittelbar auf einem Grunde, der bis zu den tiefsten Orten der Erde hinreicht [...]: Hier auf dem ältesten, ewigen Altare, der unmittelbar auf die Tiefe der Schöpfung gebaut ist, bring ich dem Wesen aller Wesen ein Opfer. Ich fühle die ersten, festesten Anfänge unsers Daseins, ich überschaue die Welt, ihre schrofferen und gelinderen Täler und ihre fernen fruchtbaren Weiden, meine Seele wird über sich selbst und über alles erhaben und sehnt sich nach dem nähern Himmel.»

Von Goethes dritter Brockenbesteigung im Herbst 1784 – «von den Fesseln des Hofes entbunden», «in der Freiheit der Wälder» – mit dem Zeichner und Landsmann Georg Melchior Kraus zeugt eine Eintragung im Brockenbuch mit dem Namenszug des Dichters und den beiden Hexametern: «Quis coelum posset nisi coeli munere nosse, / Et reperire Deum, nisi qui pars ipse Deorum est?» – Wer könnte den Himmel erkennen, wenn nicht durch eine Gnade des Himmels, / und Gott erfahren, wenn er nicht selbst ein Teil der Götter wäre? Dieses göttliche Gnaden- und Selbstbewußtsein vertiefte Goethe noch im September in Weimar im Gespräch mit Matthias Claudius, der ihn zum Studium Spinozas anregte. Ähnlich wird es um das religiöse Empfinden Eichendorffs jetzt auf dem Brocken bestellt sein, auch wenn er Goethes Eintrag im Tagebuch nicht erwähnt.

Daß auf dem Brocken oder Blocksberg die Hexen und Teufel in der Walpurgisnacht vom 30. April auf den 1. Mai ihre höllischen Zeremonien und Ausschweifungen begehen, ist altes Sagengut des Harzes. Goethe arbeitete an der «Walpurgisnacht» und dem «Walpurgisnachtstraum» für den ersten Teil des «Faust» von 1797 bis zu diesem Jahr 1805. Das Stück wird zur Ostermesse 1808 im achten Band der «Werke» erscheinen.

Die Eichendorffs stoßen erst am nächsten Morgen, es ist der 14. September 1805, auf die Hexenwelt des Brockens, im typisch romantischen Kontrast zur Gotteswelt der Natur: «Den Sonnenaufgang hatte uns der Nebel verhüllt; aber endlich theilten sich die Wolken und – eine kleine Welt von 800 Quadrat-Meilen lag vor unseren staunenden Bliken. Dort lag Braunschweig u. Wolfenbüttel, hier zu unseren Füßen: Ilsenburg u. Wernigerode mit seinen schimmernden Schlößern u. rothen Ziegeldächern, dort: Magdeburg, Halberstadt u. Quedlinburg, untermischt mit gläntzenden Seen, Flüßen u. grünem Gebüsche, dorthin strekte sich die waldige Kette des schauerlichen Harzgebirges. Einzelne weiße Wolken unter uns in der Heitre schwebend. ‹O Gott! wie schön ist deine Welt!› riefen wir alle einmüthig aus im seeligen Genuße, u. konnten nur mit Mühe unsere Blike von der unermeßlichen Weite abwenden. Darauf bestiegen wir den Thurm des Brokenhauses, besuchten den *Hexenaltar*, wo die Hexen den Waltpurgisabend feyern, u. wo auch wir auf dem Gipfel herumtanzten [...].»

Eichendorff wird in seiner Satire «Auch ich war in Arkadien» 1832 das Hambacher Fest mit der Walpurgisnacht auf dem Blocksberg vergleichen, zu der jetzt erlebten eine finstere Kontrastlandschaft malen und die liberale Bewegung als Hexenspuk parodieren.

Am 15. September, einem Sonntag, gelangen die Brüder aus dem Kurfürstentum Brandenburg nach einem anstrengenden Fußmarsch bei brennender Sonnenhitze ins Herzogtum Braunschweig. In Wolfenbüttel steht ihnen deshalb der Sinn nicht nach Kultur. Daß Lessing hier von 1770 bis 1781 Herzoglicher Bibliothekar gewesen ist und «Emilia Galotti» und «Nathan der Weise» hier geschrieben hat, wird im Tagebuch nicht erwähnt. Statt dessen dürfen wir eine «Taugenichts»-reife Szene miterleben, wie sich die Brüder vor staunendem Publikum aus verschwitzten Fußwanderern in galante Barone verwandeln, als wären sie nicht auf einer romantischen Studentenpilgerfahrt, sondern auf einer standesgemäßen Kavaliersreise. In Wolfenbüttel «kehrten wir in dem besten Gasthof ein. Eine Menge Offiziere, die vor demselben standen, machten große Augen, als sie uns so mit unseren Bündeln anwandern sahen, da sie nicht wußten, was sie aus uns machen sollten. Doch noch größer war ihr Erstaunen, als sie uns eine eigne Stube u. Extrapost bestellen hörten. Hier tranken wir, statt allem Mittageßen Coffée, wechselten unsere Wäsche, die die gantze Hartz-Reise mitgemacht hatte, u. cariolten nun mit prächtigen Post-Pferden nach Braunschweig zu. Mitleidsvoll blikten wir nun aus dem Wagen herab, wenn ein schwerbepakter Wandersmann bey uns vorbeykeuchte. Armer Mann! riefen wir, ach wir wißen nun auch, wie es schmekt! Wir flogen mit unseren raschen Roßen nur so hin über die Chauseé von Wolfenb. bis Braunschweig, welche von beyden Seyten mit niedlichen Gärten u. Pavillons begränzt ist, die, da es gerade Sonntag war, von Herren u. Damen wimmelten. Besonders aber strömte uns in der Nähe von Braunschweig eine Menge galanter Welt entgegen, so daß wir recht hertzlich froh waren, nicht mehr in unserer staubigen Handwerksburschen-Attitude die Revue passiren zu dürfen, sondern mit einer vornehmen Reise-Miene die Spaziergänger u. Gängerinnen vom Wagen herab loirgnettiren zu können. Wir kehrten in *Braunschweig* im blauen Engel ein, wurden aber nicht residentzmäßig bedient.»

Ebensowenig residenzmäßig ist das Theaterstück am Abend. Die Braunschweiger Bürger und Bürgerstöchter spielen «Aballino» von Heinrich Zschokke und schlagen die Brüder bereits nach dem ersten Akt in die Flucht. Nur weil sich die Extrapost bis Mittag verzögert, besichtigen die Eichendorffs notgedrungen noch die Stadt: «eine Kirche, wo einer von den Herzögen mit seiner Gemahlin sein Grabmal hat,» und «das uralte Denkmal alter deutscher Kunst auf dem Markte: ein steinerner Löwe, der aber ziemlich plump aus Olims [uralten] Zeiten herüberschaut». Heinrich der Löwe ist den Baronen anscheinend kein Begriff. Dann kommt die Post und die Ernüchterung: «So eben entrißen der hohen Poesie des Hartzes, geriethen wir nun plötzlich in die merkalschste Reichs-Prose Deutschlands – in die weltberüchtigte *Lüneburger Heyde*.» Diese beginnt zwar erst nördlich von Celle im Kurfürstentum Hannover, wohin die Brüder nach Mitternacht gelangen. Nach einer Kaffeepause fahren sie gleich weiter und nehmen einen englischen Kaufmann mit, der die Fahrtkosten zur Hälfte mitträgt. So erreichen sie am 17. September noch vor anbrechender Nacht Harburg, «ein niedliches hanövrisches Städtchen» mit einer französischen Besatzung. Die napoleonischen Truppen haben außer dem Kurfürstentum Hannover, das zum englischen Königshaus gehört, auch das neutrale Cuxhaven an der Elbmündung besetzt, woraufhin England im Juli 1803 eine Elbblockade verfügt hat, worunter die Eichendorffs anscheinend nicht leiden müssen. Sie wird erst im Oktober dieses Jahres 1805 aufgehoben.

Am nächsten Morgen fahren die Barone mit dem Post-Boot auf der Elbe in das Hafengebiet der freien Hanse- und Reichsstadt Hamburg. «Es war einer der schönsten Morgen meines Lebens. Rechts strekten sich liebliche Landschaften mit Dörfern, Pavillons u. holländischen Mühlen hin, links eine Menge kleiner niedlicher Inseln mit Schwänen, neben uns flogen mehrere Bote mit rothen Seegeltüchern u. taktmäßigen Ruderschlag vorüber. Robinson, Campe u. alle die seeligen Stunden der Kindheit, die wir so oft von *Hamburg* verträumt hatten, gaukelten jezt vor unserer Seele, und mit klopfenden Herzen sahen wir dem Anblike Hamburgs entgegen. Endlich lag sie vor uns, diese steinerne Welt mit ihren Pallästen u. Thürmen, u. ein Wald von 1000 u. abermal 1000 himmelhohen Masten, gleich einem wilden Windbruche, deuteten uns den Hafen. Je näher wir demselben kamen, desto öfterer überraschten uns Ungeheuer von Schiffsgerippen, die am Ufer ausgebeßert wurden. Endlich langten wir im *Hafen* an. Welchen Eindruk dieses seltsame in der Welt eintzige Schauspiel auf uns machte ist unbeschreiblich. Mit staunenden Entzüken fuhren wir in das tosende Chaos hinein, wie eine fremde Feenwelt umschloßen uns rings die ungeheueren Seepalläste. Hier wurde gezimmert, dort gerudert, dort klommen Matrosen an den Masten hinan, hier schwebten andere am Thauwerke zwischen Himmel u. Waßer, und ein dumpfes Getöse von 1000 Stimmen in hunderterley Sprachen tönte darein.»

Die Eichendorffs wohnen in der Großen Johannisstraße im «Schwarzen Adler» neben der preußischen Post, genießen, wenn bei Tisch acht Sprachen durcheinander gesprochen werden, das internationale, englisch-orientierte Ambiente, sehen im Deutschen Theater, damals das beste in Deutschland, das Lustspiel «Der Ring» von Ludwig Schröder und verirren sich anschließend in der Altstadt. Am 19. September schreiben sie erstmal nach Lubowitz, erleben auf dem Hopfenmarkt den «Fischmarkt» und dann den «Jungfernstieg», den Joseph ausführlich beschreibt. Darauf genießen sie die Aussicht von den neuangelegten «Wällen». Hamburgs Befestigungsanlagen mit ihren zweiundzwanzig Bastionen sind erst vor einem Jahr geschleift worden, nachdem der Stadt 1803 im Regensburger Reichsdeputationshauptschluß Neutralität zugesichert worden war. Nach Besichtigung der «Börse» – in ihrer Nähe wohnt seit einem Jahr Philipp Otto Runge, wovon die Brüder vermutlich nichts ahnen – besuchen sie im Französischen Theater die Oper «La Maison à vendre» von Nicolas d'Alayrac und die Operette «Le Calife de Bagdad» von François-Adrien Boieldieu. Am 20. September fahren sie mit einem alten Ostindien-Matrosen in einem kleinen Boot nach Altona, das gerade unter dänischer Besatzung steht. «Von den Schiffen her tönte uns der wild-feyerliche Gesang der Matrosen nach, den sie jedesmal anstellen, wenn sie die Schiffs-Ladung ausheben, und erregte in uns eine seltsame schauerliche Rührung. Unser Alter erzählte uns dabey mit vieler Redseeligkeit: wie dieses Schifff unlängst aus Ostindien, jenes aus Amerika, jenes vom Wallfischfange zurükgekommen sey u. s. w., so, daß wir dann jedes dieser Meerschlößer mit desto lebhafterem Intresse anstaunten.» Anschließend besichtigen die Brüder im Hamburger Hafen eines der größten Überseeschiffe, gehen wieder ins Deutsche Theater, wo laut Theaterzettel «mit hoher obrigkeitlicher Bewilligung» das Lustspiel «Wallensteins Lager» von Schiller und vorher «Eduard von Schottland oder die Nacht eines Flüchtlings, historisches Schauspiel» von Kotzebue «vortrefflich gegeben wurde». Der vier Monate zuvor verstorbene Schiller hätte sich wegen dieser Gesellschaft im Grabe umgedreht. Dann «hatten wir auch das Vergnügen dem D. Gall auf der Straße zu begegnen», der erst im Juli in Halle Furore gemacht, Goethe begeistert und Steffens herausgefordert hatte. Die Hamburger Presse nimmt Notiz von ihm, und das Journal «Hamburg und Altona» kündigt sogar an, der nach Kopenhagen Durchreisende werde «bald wiederkommen und uns seine Schädelweisheit lehren».

21. September: «Mietheten wir uns eine Lohnkutsche bis Lübeck, und verließen endlich um 7 Uhr des Morgens das schöne Hamburg, das so lange das Ziel unserer Wünsche u. Erwartungen war, die es auch alle nicht nur erfüllte, sondern übertraf. Bey jeder Schönheit Hamburgs dachten wir jedesmal: hier hat auch unser Vater gestanden, dieß hat auch er angestaunt, und dieser Gedanke verdoppelte unseren Genuß.» Der Vater war 1801 vor seinen Gläubigern bis nach Hamburg geflohen. Die Brüder fahren, damals eine Fußstunde von Hamburg entfernt, an Wandsbek vorbei, «welches eigentlich nur Ein Garten voll schöner Landhäuser ist. Hier wohnt der Dichter Claudius, mit dem wir uns in einer Entfernung von 120 Meilen so oft, so traulich unterhalten hatten, der uns so manche seelige Stunde schuf» – während der Kindheit im Lubowitzer Garten. Vielleicht wäre Matthias Claudius zu Hause gewesen. Vor zwei Jahren ist der siebte Teil seiner Werke erschienen mit einem Schlußsatz, der die jungen vorbeifahrenden Barone nachdenklich gemacht hätte: «Wir sind nicht umsonst in diese Welt gesetzt; wir sollen hier reif für eine andre werden, und man kann unsern Körper als ein Gradierhaus ansehen, wo das wilde Wasser von dem guten geschieden werden soll. Es ist nur Einer, der dazu helfen kann, und dem sei Ehre in Ewigkeit. Gehabt Euch wohl.»

Weiter geht es durch das Herzogtum Holstein. In der freien Hanse- und Reichsstadt Lübeck kehren sie wie so manches Mal wieder in einem Gasthof mit Namen «Stadt Hamburg» ein und werden von einem Mohren bedient. «Da es der hiesige Ton nicht nur erlaubt, sondern sogar erfordert, bey Tische zu rauchen, so schmauchten auch wir einige Stangen Cigaro.» In der Frühe des 22. September besichtigen sie das Gemälde eines Schülers Albrecht Dürers, das gotische Rathaus und die Marienkirche mit dem berühmten Totentanz. Dann geht es mit einer Lohnkutsche nach Travemünde, «die Krone u. der höchste Gipfel unserer Reise». Die Stadt und beide Seiten der Travemündung sind seit 1329 Lübecker Hoheitsgebiet, jetzt 1805 umgeben von den Herzogtümerm Holstein, Ratzeburg und Mecklenburg-Schwerin sowie einer Enklave des Herzogtums Oldenburg.

Das Erlebnis des Meeres gehört für Joseph von Eichendorff zu den prägendsten Ereignissen seines Lebens. Sein Werk ist in den Motiven und Bildern außer von der heimatlichen Landschaft und den Bergerlebnissen inspiriert von der Erfahrung des Meeres, von der Ostsee: jetzt 1805 in Travemünde, 1821 bis 1824, 1843 und 1844 bis 1847 in Danzig und 1824 bis 1831 Königsberg, den Stätten seiner Beamtentätigkeit rund um die Ostsee. Josephs romantische Beschreibung des Meeres erinnert wie schon die Brockenbeschreibung an entsprechende Bilder von Caspar David Friedrich. «Mit der gespanntesten Erwartung sahen wir dem Augenblike entgegen, wo wir das *Meer* zu Gesicht bekommen würden. Endlich, als wir den Gipfel der lezten Anhöhe von Travemünde erreicht hatten, lag plötzlich das ungeheure Gantze vor unseren Augen, u. überraschte uns so fürchterlich-schön, daß wir alle in unserem Innersten erschraken. Unermeßlich erstrekten sich die grausigen Fluthen in unabsehbare Fernen. In schwindlichter Weite verfloß die Riesen-Waßerfläche mit den Wolken, und Himmel u. Waßer schienen Ein unendliches Gantze zu bilden. Im Hintergrunde ruhten ungeheure Schiffe, wie an den Wolken aufgehangen. Trunken von dem himmlischen Anblike erreichten wir endlich *Travemünde*, ein, fast wie Karlsbad an der Küste erbautes niedliches Städtchen, welches wegen des dasigen Seebades von Fremden sehr häufig besucht wird. Gleich nach unserer Ankunft bestiegen wir im Hafen ein Boot, und ließen uns bis auf die sogenannte *Lübeker Rhede*, d. h. anderthalb Meilen in die offne See hinaus schiffen. Mit klopfenden Herzen verließen wir die enge Beschränkung des Hafens, und seegelten in das Unermeßliche hinein. Vergebens suchte unser ungewohntes Auge im Hintergrunde ein Ende, eine Gräntze; einzelne Schiffe nur, die von hier wie Nußschaalen erschienen, schwebten in tiefer Ferne. Ein niegefühlter Schauer überfiel uns bey diesem Anblike, u. wir sahen uns oft genöthigt, unsere Augen von dem herrlichen Schauspiele abzuwenden. Wie zwey Arme streken sich zu beyden Seyten felsige waldigte Landzungen ins Meer hinein. Das Waßer hat durchaus eine schöne dunkelgrüne Farbe, u. ist demohngeachtet so rein, daß wir bis auf den Grund, diese fürchterliche wilde Unterwelt, die wie ein düstres Forst-Gebürge mit Meergras bedekt ist, hinabschauen konnten, obschon bereits hier (nach eigner Meßung) eine Tiefe von ... Klaftern statt findet.»

Großen Eindruck machen anschließend die Schiffe aus England, Schweden, Westindien und Rußland, die wegen ihrer Größe hier draußen auf der Reede liegen. Zurück in Travemünde ißt man mit Kaufleuten und bewundert die «herrlichen Pferde des Printzen v. Würt[t]emberg», besucht den berühmten Leuchtturm und besichtigt die neuartigen «Seebäder», Badekarren, die Joseph, der gute Schwimmer, bis ins Detail beschreibt. Dann erhebt sich ein kleiner Sturm, und «wir genoßen das herrliche Schauspiel, die ungeheure Waßermaße in wogender Bewegung zu sehen. Wir konnten uns nicht erhalten, uns einige Zeit dieser furchtbaren Waßerwiege zu überlaßen» und in einem kleinen Boot zu schaukeln, bis ihnen «nicht gantz wohl zu Muthe» wird. «Nach diesem nahmen wir endlich Abschied von dem schönen Travemünde [...]. Travemünde allein mit seinen Herrlichkeiten war der gantzen Reise werth, und ewig wird der Anblik des Meeres meiner Seele vorschweben!»

In über zwei Dutzend Gedichten wird sich Eichendorff später der Metapher «Meer» bedienen: Titel wie «Der brave Schiffer», «Meeresstille», «Seemann's Abschied», «Am Meer», «Der Pilot», «Der Wachtturm», «Schiffergruß», «Schifferspruch», «Auf offener See», «Das Schiff der Kirche» sprechen für sich, aber auch «Einem Paten zu seinem ersten Geburtstage» für den kleinen Dreves in Hamburg nimmt die Meerreise als Metapher für die Fahrt des Lebens. In der um 1835/36 entstandenen Erzählung «Eine Meerfahrt» behandelt Eichendorff das Motiv des Venusbergs auf einer Robinsoninsel mit einem Einsiedler im Rahmen einer phantastischen Expeditions- und Eroberungsgeschichte, die prall gefüllt ist mit Anschauungsmaterial von den Überseeschiffen in Hamburg und auf der Reede von Travemünde. Was einen in dem Gedicht «Der Einsiedler» verwundern kann: die Überblendung des Einsiedlermotivs mit dem des Schiffers, von Berg und Wald mit dem Meer – die Voraussetzungen dafür sind schon hier in Travemünde in dem siebzehnjährigen Joseph gelegt worden.

> Komm' Trost der Welt, du stille Nacht!
> Wie steigst du von den Bergen sacht,
> Die Lüfte alle schlafen,
> Ein Schiffer nur noch, wandermüd,
> Singt über's Meer sein Abendlied
> Zu Gottes Lob im Hafen.
>
> Die Jahre wie die Wolken gehn
> Und lassen mich hier einsam stehn,
> Die Welt hat mich vergessen,

> Da tratst du wunderbar zu mir,
> Wenn ich beim Waldesrauschen hier
> Gedankenvoll gesessen.
>
> O Trost der Welt, du stille Nacht!
> Der Tag hat mich so müd gemacht,
> Das weite Meer schon dunkelt,
> Laß' ausruhn mich von Lust und Not,
> Bis daß das ew'ge Morgenrot
> Den stillen Wald durchfunkelt.

Noch am Abend des 22. September erreichen die Brüder bei kaltem Regenwetter Lübeck. Am nächsten Tag fahren sie mit einer «gemietheten Lehnkutsche» über Gadebusch nach Schwerin, wo man übernachtet. Am 24. September fällt bei Ludwigslust das Schloß des Herzogs von Mecklenburg-Schwerin angenehm ins Auge. Über Lentzen führt der Weg nach Perleberg. Da es am nächsten Tag Ärger wegen der Postpferde gibt – man will ihnen drei statt zwei aufschwatzen –, schnallen die Brüder «unsere Equipage in unser Harz-bündel» und setzen die Reise zu Fuß fort. «Doch mit welchen Jämmerlichkeitsgebährden schaute uns hier die Welt an. Wir witterten gar bald, daß wir uns in Zerbinos Lande der Aufklärung befänden – Sandebnen u. Aussicht auf Heydekraut – Wie oft dachten wir, nicht ohne heimliche Schadenfreude, an Göthes Musen u. Grazien in der Mark» Brandenburg. Goethes Spottgedicht zielte auf die Musenalmanache vor allem aus Berlin. Tiecks Literatursatire «Prinz Zerbino oder die Reise nach dem guten Geschmack» von 1799 war ein Stück romantischer Aufklärungskritik nach dem Herzen Eichendorffs. In seinem eigenen dramatischen Märchen «Krieg den Philistern» von 1823 kombiniert Eichendorff, als erinnere er sich an diese Reise, in der ersten Regieanweisung eine «Große Sandfläche» mit einem «ungeheuren Schiff auf künstlichen Walzen vor Anker».

Mehr schlecht als recht schlagen sich die Brüder in den nächsten Tagen durch das Kurfürstentum Brandenburg über Magdeburg und Bernburg nach Halle durch, wo sie am 27. September ankommen.

## «Zerstreut ist der Ritterorden»: Abschied von Halle

«Nachmittag mit Wilhelm im giebichensteiner Kirschgarten. Unser Ausruhen dem Felsenthale gegenüber an Reichhards [Reichardt] Garten. – Romantische Erinnerungsblike nach Tost –»: in die schlesische Heimat.

So hält Joseph von Eichendorff für den 18. Juli 1806 eine Abschiedsszene fest. Fünfzig Jahre später gibt er in seiner autobiographischen Dichtung «Halle und Heidelberg», nachdem er im September 1855 von Köthen aus einen Besuch in Halle gemacht hat, zu diesem Tagebucheintrag einen romantisierenden Kommentar: «Übrigens stand Halle, so unfreundlich auch die Stadt und ein großer Teil ihrer Umgebung ist, in jener Zeit noch in mancherlei lokalem Rapport mit der romantischen Stimmung. Der nahe Gibichenstein mit seiner Burgruine, an die sich die Sage von Ludwig dem Springer knüpft, war damals noch nicht modern englisiert und eingehegt, wie jetzt, und bot in seiner verwilderten Einsamkeit eine ganz artige Werkstatt für ein junges Dichterherz. Wer als Jüngling von dieser Höhe hinabgeblickt, und sie im Alter nach vielen Jahren wiedersieht, dem wird vielleicht dabei ungefähr zu Mute sein, wie dem Autor nachstehenden Liedchens:

Da steht eine Burg über'm Tale
Und schaut in den Strom hinein,
Das ist die fröhliche Saale,
Das ist der Gibichenstein.

Da hab' ich so oft gestanden,
Es blühten Täler und Höh'n,
Und seitdem in allen Landen
Sah ich nimmer die Welt so schön!

Durchs Grün da Gesänge schallten,
Von Rossen, zu Lust und Streit,
Schauten viel' schlanke Gestalten
Gleichwie in der Ritterzeit.

Wir waren die fahrenden Ritter,
Eine Burg war noch jedes Haus,
Es schaute durchs Blumengitter
Manch schönes Fräulein heraus.

Das Fräulein ist alt geworden,
Und unter Philistern umher
Zerstreut ist der Ritterorden,
Kennt keiner den andern mehr.

Auf dem verfallenen Schlosse,
Wie der Burggeist, halb im Traum,
Steh' ich jetzt ohne Genossen
Und kenne die Gegend kaum.

Und Lieder und Lust und Schmerzen,
Wie liegen sie nun so weit –
O Jugend, wie tut im Herzen
Mir deine Schönheit so leid.

Völlig mystisch dagegen erschien gar vielen der am Gibichenstein gelegene Reichhardsche Garten mit seinen geistreichen und schönen Töchtern, von denen die eine Goethesche Lieder komponierte, die andere sogar Steffens' Braut war. Dort aus den geheimnisvollen Boskett schallten oft in lauen Sommernächten, wie von einer unnahbaren Zauberinsel, Gesang und Gitarrenklänge herüber, und wie mancher junge Poet blickte da vergeblich durch das Gittertor, oder saß auf der Gartenmauer zwischen den blühenden Zweigen die halbe Nacht, künftige Romane vorausträumend.» Das Gedicht war bereits 1841 im «Deutschen Musenalmanach» unter dem Titel «Bei Halle» erschienen.

Der 1752 in Königsberg geborene Johann Friedrich Reichardt, unter Friedrich dem Großen Königlicher Hofkapellmeister, hatte wegen seiner Sympathien für die Französische Revolution Berlin verlassen müssen und sich seit 1791 am Giebichenstein niedergelassen. 1795 wurde er zum Salinendirektor von Halle ernannt und führte ein gastliches Haus. Novalis, Wackenroder, Arnim und Brentano kehrten bei ihm ein. Tieck, der Reichardt seit 1788 von Berlin her kannte und 1798, im Todesjahr des Novalis, Reichardts Schwägerin Amalie Alberti heiraten wird, erlebte ebenfalls in Reichardts Garten eine der zahlreichen «schönsten Stunden» des Lebens. Er berichtet darüber als Hallenser Student anläßlich eines kleines Balls bei Reichardts am 12. Juni 1792, auch ein Zeugnis für die erwachende Frühromantik: «Doch bin ich beim Tanzen mitten in der größten Freude nicht im mindesten vergnügt gewesen, die Vergangenheit verfolgt mich allenthalben gleich einem zu zärtlichen Freunde. Alles Tanzen kam mir, ich weiß nicht warum, so unnütz vor, das Vergnügtsein so unzweckmäßig. Ich überzeuge mich täglich mehr davon, daß ich nicht für die Welt gehöre, in der Einsamkeit ist mir besser.» Und er schildert dann, wie ein nächtlicher Spaziergang bei Mondenschein ihn tröstet: «Das Morgenrot glänzte um den ganzen Horizont – kurz, diese Nacht gehört zu den schönsten Stunden meines Lebens, sie wird mir unvergeßlich sein, ich habe hier manches gelernt, manches empfunden, was ich vorher nicht wußte, nicht empfand.»

Als die Brüder Eichendorff am 1. August ihre «längstersehnte Ferien-Reise nach Schlesien» antreten, haben sie nicht nur solche romantischen Erinnerungen. Außer den großen Revolutionen, die ganz Europa erschüttern und die politische Landkarte Deutschlands bereits kräftig verändert haben, wovon sich die Brüder auf ihrer Harz- und Ostseereise bereits einen kleines Bild machen konnten, hat es im August 1805 auch in Halle eine «hiesige Revolution» gegeben – eine der damals häufigen Hungerrevolten –, über deren «Urheber» am 20. August «Execution gehalten» wurde. Eichendorffs Bericht, der weder kommentiert wird noch Betroffenheit erkennen läßt, und die Art und Weise, wie die Studenten das Schauspiel genossen, läßt für die Zukunft das Schlimmste befürchten. Tatsächlich steht Napoleon ante portas, nicht nur von Halle. Viele der Urheber, so der siebzehnjährige Eichendorff, «liefen durch 200 Mann mehreremal Spießruthen, andere, als: Kinder, Mädchen, Weiber u. weniger straffällige Mitschuldige wurden mit dem Ochsenziemer durchgehaun. Da dieß nun auf offnem Markte u. öffentlich geschah, so war, obschon wieder Reyterey zur Vermeidung eines etwanigen Aufruhrs herumflanquirte, doch so ein tumultuarisches Gedränge, daß der gantze Markt einer bewegten Woge glich. Fenster, Dächer u. Giebel waren besezt; ja sogar zu den Schornsteinen gukten die Rauchfangfeger heraus. Besonders aber gewährten wieder die Studenten einen spaßhaften Anblik. In allen Häusern nemlich saßen sie in den Fenstern, hiengen ihre Kanonen auf den Markt hinunter, u. schmauchten ihr Pfeifchen Knaster hinab. Einige andere Studenten hatten sich Pferde gemiethet, auf denen sie im Getümmel herumrannten, u. sogar knieten, um das Gantze desto bequemer zu übersehen. 21. [August] Wurde die Execution auf dieselbe Art wiederhohlt. Ein Kutscher, der schon gestern 12mal, u. heute wieder 10mal gelauffen war, u. jezt noch 15 Jahr auf Festung kommen sollte, starb einige Tage darauf an den Folgen der Spießruthen, so wie auch ein altes Weib an denen des Ochsenziemers.»

Der Sinn der Eichendorffs ist auf die Zukunft gerichtet, als sie bereits um 4 Uhr in der Früh loswandern, «begleitet von unseren Freunden: Thiel, Klein, Laeufer [Läuffer] u. Fritsch, mit Sang u. Klang über den noch schlummernden Markt, noch beym Galgthore verfolgt von den Abschiedsbliken der schönen? – Galathe, die im völligen Nachthabit ans Fenster fuhr. Endlich hatten wir das falsche Halle im Rüken, u. aus vollem Hertzen frohathmend strekten wir uns dem frischen Morgen voll blumiger Hoffnungen und Erwartungen entgegen. Nachdem wir bis ohnweit von Bruckdorff gekommen waren, erreichte uns unser Postwagen, der verabredetermaßen mit [dem Gepäck und dem Diener] Schöppen [Schöpp] nachkam. Jezt nahmen wir herzlichen Abschied von unseren traurigen Begleitern, brachten der [studentischen] Freyheit Halles noch ein Vivat [»Sie lebe hoch!«], mit etwas pereat [«Nieder mit ihnen!»] für die Philister [Spießbürger] vermischt, rauchten unsere Pfeiffen u. sprengten auf u. davon», bis zuletzt dem studentischen Ritual treu.

Ist Joseph auch deshalb froh, weil er – einstweilen – der schönen, falschen Galathe entronnen ist? Wie viele Liebesabenteuer in Halle haben sich in Eichendorffs Lorelei-Gedicht von 1838/39, das er 1841 in die Novelle «Die Glücksritter» aufnimmt, niedergeschlagen? Dem Inhalt nach hätte er es nicht «Die Saale» nennen müssen, hat er doch auch am Neckar studiert und den Rhein erlebt.

> Doch manchmal in Sommertagen
> Durch die schwüle Einsamkeit
> Hört man Mittags die Turmuhr schlagen,
> Wie aus einer fremden Zeit.

> Und ein Schiffer zu dieser Stunde
> Sah einst eine schöne Frau
> Vom Erker schaun zum Grunde –
> Er ruderte schneller vor Graun. [...]
>
> Sie zog ein Ringlein vom Finger,
> Warf's tief in die Saale hinein:
> «Und der es mir wiederbringet,
> Der soll mein Liebster sein!»

«Neulich hab ich von hier aus ganz allein einen Ausflug nach Halle gemacht», schreibt der siebenundsechzigjährige Eichendorff am 27. September 1855 aus Köthen bei Dessau an seinen Sohn Hermann – der Dichter bereitet vermutlich sein autobiographisches Kapitel «Halle und Heidelberg» vor –, «u. kam mir auf den alten Plätzen fast wie ein Gespenst vor.»

*Siebtes Kapitel*

Die «Cannonaden von Cosel»
oder
Wie Eichendorff Zacharias Werner, Jean Paul
und Madame Hahmann erlebt

«Sage, was werden wir jetzt beginnen –? Da Alles sich umwandelt und nicht fernerhin Bestand hat, was seit Jahrhunderten, von den Vätern herab, wohlgegeben.»
*Tagebuch, 24. März 1807*

Nachdem die Brüder Eichendorff nach einer viertägigen Kutschenfahrt über Leipzig und Dresden von ihrer Mama und Herrn Heinke noch vor Breslau empfangen worden waren, sich dort einen Tag ausgeruht und auch noch die «Comoedie» besucht hatten, speisten sie am 6. August 1806 bei dem alten Freund der Familie Weihbischof Schimonsky und gingen abends in Mozarts Oper «Titus», die von einer vereitelten Verschwörung gegen den römischen Kaiser handelt.

*Das Ende des Heiligen Römischen Reiches Deutscher Nation*

Ahnten die Eichendorffs, im Herzen immer noch statt nach der preußischen Hauptstadt Berlin nach der Kaiserstadt Wien orientiert, daß an diesem Tage, dem 6. August 1806, Franz II., der Kaiser des Heiligen Römischen Reiches Deutscher Nation, um Unheil von der österreichischen Krone abzuwehren, unter dem Druck Napoleons auf die Kaiserkrone verzichtete? Vorausgegangen waren 1804 die Selbstkrönung Napoleons zum Kaiser der Franzosen und als Reaktion darauf im gleichen Jahr die Proklamation der habsburgischen Länder zum Kaisertum, wodurch der Kaiser des Reiches Franz II. als Franz I. zugleich «Kaiser von Österreich» geworden war. 1805 hatte sich Napoleon auch noch die italienische Königskrone aufgesetzt. Im Dritten Koalitionskrieg Englands, Rußlands, Österreichs und Schwedens gegen Napoleon – Preußen blieb neutral – wurden am 17. Oktober 1805 in Ulm fünfundzwanzigtausend Österreicher gefangengenommen, und Napoleon zog in Wien ein. Obwohl am

*17 Die Belagerung von Cosel*

21. Oktober die englische Flotte unter Nelson bei Kap Trafalgar über die französisch-spanische siegte und sich England so die Seeherrschaft sicherte, ging der Siegeszug Napoleons auf dem Kontinent weiter. In der Dreikaiserschlacht bei Austerlitz am 2. Dezember 1805 besiegte der französische Kaiser die Russen unter Alexander I. und die Österreicher unter Franz II. und diktierte am 25. Dezember den Frieden von Preßburg: Österreich verliert Venetien an Italien, an Bayern Tirol und Vorarlberg und wird durch Salzburg entschädigt. Bayern erhält außerdem Eichstädt, Passau, Burgau, Brixen, Trient sowie Augsburg und wird wie Württemberg durch Napoleon Königreich. Mit dem neutralen Preußen hatte Napoleon zuvor am 12. Dezember das Schutz- und Trutzbündnis von Schönbrunn geschlossen: Preußen soll das von Napoleon besetzt gehaltene, zur englischen Krone gehörende Kurfürstentum Hannover erhalten, dafür Wesel, Neuenburg, Ansbach und Bayreuth abtreten.

Den folgenreichsten Coup landete Napoleon jedoch mit dem unter seiner Regie in Paris geschaffenen Rheinbund, der die Verpflichtung zur Heerfolge von 63 000 Mann einschloß: Sechzehn süddeutsche Fürsten traten aus dem Reichsverbund aus, dem sich bis 1811 weitere zwanzig deutsche Territorien anschließen werden – außer Preußen, Braunschweig und Kurhessen.

## «Bis zur Bangigkeit klein, unthätig und dumm»

Am 9. August 1806 sind die Brüder im Triumphzug in Lubowitz eingezogen. Wilhelm wird die Szene ein Jahr später in Heidelberg im Tagebuch seines Bruders nachtragen, Joseph sie 1834 im dritten Kapitel von «Dichter und ihre Gesellen» für die Schilderung der Heimkehr des Studenten Otto verarbeiten. In beiden Fällen geht es nicht ohne Kanonenschläge ab: «Als wir uns Lubowitz nahten», schreibt Wilhelm, «erhob sich ein fürchterlicher Kanonend[onner], welchen von allen Wällen der Veste Lubowitz Bombenkeßelschlünde spieen.» In Josephs späterer Beschreibung sind es nur noch weniger militärisch anmutende Böllerschüsse: «Plötzlich versetzte der Knall eines Böllers alles in die größte Verwirrung, aus allen Hecken und Türen stürzten die Erwartenden nach der Richtung hin, wo die Explosion erfolgt war.»

Was hier nur Spiel ist, wird bald bitterer Ernst. Beim nächsten Besuch in der Kreisstadt Ratibor sieht man am 19. August das «dasige Militaer, das vor unseren Fenstern auf dem Markte Fronte machte, ausmarschieren». Den preußischen Truppen stehen schwere Zeiten bevor. Das hindert die Brüder nicht, in Gesellschaft der zahlreichen Verwandten und Bekannten, von denen nicht wenige im nahen Österreich leben, die nächsten Wochen vor allem mit Geburtstagsfeiern und Tanzfesten, mit Jagd- und Mädchenabenteuern zu verbringen. Doch während die Eichendorffs am 20. Oktober «im größten Wicks zum Grafen Scherotin [Zierotin], der am dießmaligen Landtage die Stelle des Gouverneurs vertrat, zur Cour», zum offiziellen Empfang nach Troppau ins Österreichische fahren und von ihm – «eine junge lange hagre großnasige, aber freundliche u. angenehme Ministergestalt aus dem 17$^t$ Jahrhundert» – zwei Tage später noch eimal – «wir beyde allein» – zur großen Tafel geladen werden – «fürstliches Freßen. – 8$^{ley}$ Weine. Größte Galla» –, hat sechs Tage zuvor, am 14. Oktober, Napoleon bei Jena und Auerstedt die Preußen vernichtend geschlagen. Die preußische Führung, verärgt über das Gerücht, Napoleon wolle das Preußen in Aussicht gestellte Hannover doch an England zurückgeben, und aufgebracht über die widerrechtliche Besetzung von Ansbach und Bayreuth, hatte Napoleon am 1. Oktober ultimativ aufgefordert, seine Truppen aus Süddeutschland zurückzuziehen. Nach der Niederlage der veralteten preußisch-sächsischen Armee in der Doppelschlacht können sich nur noch einige Festungen wie Magdeburg, Spandau und Stettin, Kolberg, Graudenz und Glatz eine Zeitlang halten. Am 24. Oktober zieht Napoleon in Berlin ein, die preußische Regierung und das Königspaar

«Bis zur Bangigkeit klein, unthätig und dumm» 195

befinden sich auf der Flucht und werden am 10. Dezember in Königsberg eintreffen.

Am 26. Oktober 1806 notiert Eichendorff: «Abends verursachte die Nachricht von der Niederlage der preuss. Armee großen Rumor in Lubowitz.» Über die Besetzung der Universitätsstadt Halle – dabei sollen 5000 Franzosen und 3000 Preußen ums Leben gekommen sein – berichtet am 11. November den Lubowitzern ein Augenzeuge, der Herr von Porembsky: Zunächst bekamen die Studenten «alle Sicherheitskarten auf die Hüte, u. wurden sehr gut behandelt, wurden Kameraden genannt, u. bekamen von franz. Offizieren sogar zu eßen u. Geld. Als aber am $3^t$ Tage Napoleon mit seiner Garde [...] in Halle ankam, u. der Praesident ihm versicherte, er könne nicht für die Ruhe der Studenten stehen, befahl er allen Studiosen binnen 24 Stunden die Stadt zu räumen. Leztere wanderten denn auch in Hauffen von 3–400 auf einmal, alle zu Fuß u. sans [ohne] Spieß aus, begleitet von dem Jammergeschrey der hallischen Philister [Bürger], die bey ihrem Ausmarsche mehr weinten, als beym Einmarsche der Franzosen.»

Obwohl die Eichendorffsche Gesellschaft die nächste Jagd am 10. Dezember «so romantisch als möglich zu machen» sucht: «der schöne reine Morgenhimmel – Waldhornsklang hier u. dort – aus fernem Hintergrunde unaufhörlicher Kanonendonner (wahrscheinlich aus Breslau) – Demohngeachtet kam mir unter dieser männlich starken Donnerwolke unsere Jagd heute bis zur Bangigkeit klein, unthätig u. dumm vor. Nach einigen Stunden schied ich der lezte von meinem Posten u. begab mich zum Jägerhause, wo ich bereits die gantze Compagney in freudenreichen Schalle [...] antraf.»

«Bis zur Bangigkeit»: Dieses Wort des achtzehnjährigen Eichendorff über seine innere Befindlichkeit ist um so ernster zu nehmen, als er sich über seine negativen Gefühle sonst kaum äußert, «schwartze Bangigkeit» indes öfters begegnet. Seine Tochter Therese von Besserer berichtet fünfzig Jahre später, am 6. Dezember 1857 an ihren Bruder Hermann über die Nacht vor Eichendorffs Tod: «Wie ich an sein Bett trat, fragte ich ihn, ob er etwas wünsche. ‹O nein›, sagte er, ‹nur sprechen will ich Dich, mir ist so bange!›»

Wie sehr man im Kreis Ratibor nicht nur zwischen den Fronten, sondern auch zwischen den Völkern und Staaten lebt, zeigt am 31. Dezember 1806 der Abschied des «alten treuen Kumpan u. Freund: Forche, der heute auszog, um sich bey der schlesisch-preußischen Armee des Fürsten v. Plesse [Pleß] engagiren zu laßen», dann aber doch in «österreichische Dienste» geht und in Olmütz stationiert wird.

## Siebtes Kapitel. Zacharias Werner, Jean Paul und Madame Hahmann

Im Jahre 1807 erreicht die Besetzung Schlesiens durch Napoleons Rheinbund-Verbündete auch Eichendorffs nähere Heimat. Schon im Jahr zuvor suchten am 10. November Bekannte auf der Flucht in Lubowitz ein Quasi-Winterquartier und «wältzte sich die gantze Flucht-Caravane mit 15 Pferden, 3 Wagen etc. etc. durch Nacht u. Graus langsam heran. Große Verwirrung und schwere Noth –». Am 24. November «wurde hier früh das Silber; Nachmittag die feinere Wäsche (im Schlafzimmer) eingepakt», für ein Versteck oder eine unumgängliche Flucht. Am 2. Januar 1807 «zerstreuten auch 60 bayersche Reuter [Reiter] bey Gomorne [Komorne] ein gantzes Bataillon Cosler, u. Cosel wurde gesperrt». Am 23. Januar erfährt man «durch den flüchtenden Pfarrer Wodartz [Wodars]» – wir kennen sein Stammbuch –, «daß die königl. bayersche Armee (18 000 M[ann]) heute bereits mit schwerem Geschütze vor Cosel rüke». Man liegt schon im Bett, da «kam noch ein Bothe, der die erste bayersche Ordre brachte, die Lieferung [von Futter- und Nahrungsmitteln?] betreffend». Am 24. Januar «kamen die ersten Bayern (40 M. Cav[allerie]) nach Rattibor, nachdem gestern die Preußen ausgerükt.» Am 29. Januar bringt Herr Koschatzky aus dem bayerischen Hauptquartier zwei Schutzbriefe gegen Übergriffe der Truppen, ein Zeichen für die guten Beziehungen der Eichendorffs zu den Kriegsgegnern: «Sauvegarde Briefe für Lubowitz u. Slavikau, vom commandir. General Deroy unterschrieben». Trotzdem entgeht man am 2. Februar nur knapp einer Plünderung.

Nicht nur am 10. Februar abends beobachten die Brüder vom Boden des Schlosses aus eine «starke Röthe über Cosel mit häufigen Pechkräntzblitzen u. Canondonner». Die Beschießung Cosels dauert bis zum 6. März, dann wird die Belagerung in eine bloße Einschließung umgewandelt, da nach der Schlacht bei Preußisch-Eylau gegen die Russen am 7./8. Februar, die unentschieden ausgegangen ist – 25 000 Russen und 18 000 Franzosen sind umgekommen –, ein Teil der Belagerungstruppen abgezogen wird. Hatte sich doch bereits am 21. November 1806, als Napoleon von Berlin aus die Kontinentalsperre gegen englische Waren verfügte, der preußische König entschlossen, an der Seite des Zaren den Kampf gegen Napoleon fortzusetzen.

Anfang April verstärkt sich der feindliche Druck auf Cosel wieder, die Festung soll jetzt ausgehungert werden. Am 18. Juni wird die Kapitulationsurkunde ratifiziert, am 18. Juli soll Cosel nach über hundertsiebzig Tagen Belagerung übergeben werden. Dazu kommt es jedoch nicht, da am 16. Juli die Nachricht vom Tilsiter Frieden (7.–9. Juli) eintrifft. Nach der für Napoleon siegreichen Schlacht von Friedland am 14. Juni über die Russen ist der Zar der Kontinentalsperre beigetreten. Preußen verliert seine Besitzungen westlich der Elbe und einen Teil der polnischen Gebiete an das Großherzogtum Warschau unter Friedrich August von Sachsen, der seit Dezember 1806 Mitglied des Rheinbunds und König von Napoleons Gnaden ist.

Mittlerweile haben die Eichendorffs Pläne gewälzt, wie es mit den Brüdern weitergehen soll. Halle kommt nicht mehr in Frage. Man erwägt statt dessen eine Universität im hohen Norden, im estnischen Dorpat zwischen Riga und Leningrad, vielleicht unter dem Eindruck, daß sich das preußische Königspaar seit dem 8. Januar in Memel, am nördlichsten Zipfel Ostpreußens, aufhält. 1802 neubegründet, wird die Universität Dorpat im 19. Jahrhundert der geistige Mittelpunkt der baltischen Deutschen werden. Doch aus den «weitaussehenden Plänen», wie Eichendoff am 17. März notiert, wird nichts. Statt dessen bestellt man am 26. März 1807 in Ratibor den «öster. Paß nach Heidelberg».

## Philippinchen und Werners «Söhne des Thales»

Die beiden jungen Barone von Eichendorff, als schmucke Studenten in den Semesterferien, der «Jubelperiode», wie Joseph sie nach Jean Pauls «Titan» nennt, auf jegliche Art Entspannung und Abenteuer versessen, sind sowohl bei den jungen wie den älteren Damen der näheren und weiteren Umgebung Hahn im Korbe. Bei einem Besuch am 1. September 1806 in der Festung Cosel, ein Vierteljahr vor ihrer Belagerung, gibt Joseph bei der Kontrolle am Stadttor «die Gouvernante der Freylen, auf Veranlaßung des gimplig fragenden Offiziers, für meine Frau Gemahlin aus».

Doch am 21. September wird es ernster: «Aßen die brzeznitzer Frelken bey uns. Nachmittags wallte der Zug in den Saal, wo sich ein christliches Täntzchen entspann, welches durch die Gegenwart des Philip[p]inchens (Genius von 1806) gekrönt wurde». Das junge Fräulein Böhm ist zu einem Besuch bei Nachbarn. Vor zehn Monaten hat sie in das Stammbuch des Pfarrers Wodartz, wo auch die Brüder Eichendorff 1800 ihre ersten dichterischen Versuche verewigt haben, eingetragen:

> Viel Wesens mach ich nicht, der Falschheit binn ich Feindt,
> Doch, der es redlich meindt, das ist mein wahrer Freind.
> Ganjowitz den 18ten Novemb. 1805, Philippine Böhm

Nach fünf Tagen ist der nun achtzehnjährige Joseph hoffnungslos verliebt, zum zweitenmal nach der Affäre mit der «kleinen Morgenröthe»

1804. Er notiert am 25. September 1806: «Nachmittags wir beyde u. H. Caplan und Francke in Ganjowitz gewesen. Philipp[inchen] etwas bestürzt über das Quodlibet. Unser fürchterlich-hallischer Burschengesang in der Nebenkammer. Philipp[inchen] überaus schön im Winkel bey ihrer Arbeit, – jeder Stich in die Jake u. in die Finger ein Gedankenstich. – (Caplan dictirt.) Als wir weggiengen, begleiteten uns alle (das schöne Philipinchen im grauen Matin) bis an die Gräntze. Ende des goldnen Zeitalters von 1806.» Am folgenden Tag brachte der Herr Kaplan – er souffliert anscheinend nicht nur bei der Niederschrift der Liebesaffäre, sondern scheint sich auch kupplerisch zu betätigen – «früh auf dem Vogelheerd die unerwartete u. traurige Nachricht, daß Philippinchen wieder alles Versprechen plötzlich heute Morgen unsere Gegend verlaßen habe.» Das tut weh. Zwei Tage später notiert Joseph: «Schwartze Bangigkeit – – Mein romantischer Abendspaziergang mit H. Caplan u. Pfeif Tabak bis auf die ganjow[itzer] Gräntze – (Siehe 25 hujus) Erinnerungen bey jedem Schritt.» Am 20. Oktober versucht Joseph, das Mädchen in Troppau ausfindig zu machen: «Mein mannigfaches, aber vergebnes Visiren und Loirgnettiren, Phillipinchen (S[iehe] Genius von 1806) auszuspintisiren. (Sie war gar nicht in Troppau)». Erst am 5. Mai 1807 bei der Abreise der Brüder nach Heidelberg gibt es ein Wiedersehen und Abschiednehmen – in Troppau: «Gegen Mittag besuchten wir, nach langem Suchen, den Genius von 1806 (Siehe d. 21$^t$ September der vergangne Jubelperiode) [...] Philipinchen sehr galant u. himmlischlächelnd. [...] Wechsel-Vorwürfe wegen Nichtgekommenseyn. (Wenn die H[erren] B[arone] nicht da sind, da komm ich gar nicht). Comtesse Philipine.» Sie wird nach der «Morgenröthe» für viele Mädchengestalten in den Werken Eichendorffs das Modell abgegeben haben, auch wenn die Affäre keinen unmittelbaren dichterischen Niederschlag gefunden hat wie seinerzeit bei der «Morgenröthe».

Einstweilen hilft gegen Liebeskummer immer noch am besten eine Lektüre. «Fürstlich und langweilig gelebt», notiert Joseph am 16. Oktober 1806, «früh bis 9 Uhr im Bette gelesen (die Söhne des Thales)», das erste Drama von Ludwig Zacharias Werner, des publikumswirksamsten unter den Dramatikern der Romantik. 1768 in Königsberg geboren, von Kant und Rousseau beeinflußt, Freimaurer, dreimal geschieden, untergeordneter Beamter in den von Preußen annektierten polnischen Provinzen, ab 1796 in Warschau, von Jugend an schriftstellerisch tätig, entwickelte sich Werner unter dem Einfluß der Schriften von Jakob Böhme und der Frühromantiker, vor allem von Schleiermachers Reden «Über die Religion», zum Romantiker. Nach dem Vorbild Schillers als Verfassers historischer Schauspiele schreibt Werner das Doppeldrama «Die Söhne des Thales» mit den Teilen «Die Templer auf Cypern» und «Die Kreuzesbrüder», die 1803/04 in Berlin erscheinen. Auch Schiller trug sich mit dem Plan eines Dramas über eine Ordensgemeinschaft, die Malteser. Eichendorff wird 1830 seine Tragödie «Der letzte Held von Marienburg» herausbringen, in der er den Untergang der Deutschen Ordensritter darstellt.

Als historischer Anknüpfungspunkt dient Werner der Prozeß des französischen Königs Philipp der Schöne gegen die Templer und deren Vernichtung 1314. Doch Werner geht es wie Schiller und später wie Eichendorff nicht um die historische Wahrheit, sondern er will in Form eines dramatischen Lehrgedichts seine Idee von Religion propagieren. In diesem Jahr 1806 erklärt Werner der Gräfin Brühl diese Idee: «Hier ist sie und zugleich der Zweck meines ganzen schriftstellerischen Würkens: Vergöttlichung der Menschheit durch Liebe.» Werner war in dieser Hinsicht durch seine Mutter vorbelastet. Eichendorff, der 1847, vierzig Jahre später, in seinem Essay «Über die ethische und religiöse Bedeutung der neueren romantischen Poesie» Werner das längste Kapitel widmet, weist darauf hin: «Eine langjährige Gemütskrankheit, in der sie sich für die Jungfrau Maria und ihren Sohn für den Weltheiland hielt, endigte 1804 ihr Leben. Ihr Tod hatte Wernern auf das Heftigste erschüttert». Bei keinem Romantiker hat es Eichendorff für nötig gehalten, wie hier bei Werner vorab auf über zwei Druckseiten dessen Leben zu erzählen. Der Grund ist die, wie er selbst erläutert, «innige Durchdringung von Dichten und Leben, die fortwährend einander wechselseitig bedingen und erklären». Deshalb handelt auch das Schauspiel «Die Söhne des Thales» von Werners eigener religiöser Problematik in der Zeit der ausgehenden Frühromantik. Es sind 1806 bis etwa 1810 auch die Probleme des jungen Eichendorff, die, wenn auch mehr oder weniger verdrängt, noch den alten Eichendorff beschäftigen. Deshalb hat er die «Söhne des Thales» 1847 so ausführlich, wie es selten bei ihm der Fall ist, beschrieben und problematisiert, wohl in Erinnerung an die erste, ihn ergreifende Lektüre von 1806.

Es gibt nach Eichendorff in diesem Drama eine höhere Religion als die christliche. Doch das Volk, die Menschheit insgesamt vertragen sie noch nicht, sind noch nicht reif dafür. Einstweilen ist diese Religion die Geheimwissenschaft eines auserwählten Kreises, des Thalbundes. Dieser hat zu Verkündern der gewöhnlichen christlichen Wahrheiten den Orden der Templer bestellt. Diese jedoch haben übereilt die ganze Wahrheit zu verbreiten gesucht. Wegen dieser Profanierung der letzten Wahrheit wird der Orden gestürzt, und die Kreuzesritter treten an seine Stelle. Sie sollen mit Hilfe der Freimaurerei auf den Trümmern des Protestantismus einen idealisierten, «geläuterten Katholizismus» aufbauen. «Nur unter dem Glockenklang der Religion», zitiert Eichendorff Werner, «und dem Harfenspiel der Kunst, kann der Bund gedeihen, der auf den Tempelbund gepfropft ist, und dessen Characteristicon es ist, daß seinen *wahren* Bekenner *ewiges* Leben umduftet.» Trotz der romantischen und mystischen Färbung läuft das für den späten Eichendorff auf den «gewöhnlichsten Rationalismus» hinaus. Denn der sogenannte «geläuterte Katholizismus» oder die «vom Katholizismus nur zu vermittelnde neue Religion» erinnert Eichendoff an die «pantheistischen Phantasien» eines Novalis. Werner finde zwar «Trost und Rettung einzig in Kunst und Religion, erkennt aber in der letztern nur das lebendige Gefühl der großen Naturnähe und das unbefangene Ergießen einer reinen Seele in dieses reine, unendliche Meer, in dem er, ohne nach persönlicher Unsterblichkeit mehr viel zu fragen, sich baden, auflösen und verfließen möchte. Und dieses Aufgehen des Einzelnen in der allgemeinen Weltseele ist denn auch das Hauptthema seines Dramas und das Ziel des dort dargestellten Talbundes.»

Konsequenterweise ist der Dichter, wie Eichendorff aus einem an Tiecks «Sternbald» erinnernden Brief Werners von 1802 zitiert, «derjenige, der sich und sein Inneres, wie eine Äolsharfe, dem schönen Sausen der harmonischen Schöpfung darbietet, und sich von ihm durchströmen läßt [...] Der Geist des Ganzen macht es aus, der hohe, göttliche Geist, den der Dichter, als *Priester der Gottheit* verbreiten soll in der Welt.»

Vergöttlicht werden wir jedoch nur durch das Tun der Liebe, wie Werner einem Freunde schrieb: «[...] der Liebende *ist* und *soll* dem Geliebten seyn *ein Mittler der Gottheit* mit Liebenden soll sich der Geliebte werffen ins Universum und den Strahl den beyde vom Höchsten erhalten und sich mit demselben einander durchglüht haben, aussprühen, daß sich daran erwärme die übrige Welt.»

Die Lektüre der «Söhne des Thales» wird für den achtzehnjährigen Joseph in Lubowitz auf seiner Suche nach der wahren Liebe, der wahren Religion und der wahren Kunst inmitten einer von Kriegen erschütterten Welt ein Markstein gewesen sein.

So überrascht es nicht, daß Eichendorff am 28. Februar 1810 in Heidelberg auch durch das nach «Das Kreuz an der Ostsee» von 1806 dritte Drama Werners, «Martin Luther, oder Die Weihe der Kraft», tief beeindruckt ist. Der weitere Weg Werners wird von der Öffentlichkeit aufmerksam verfolgt, so auch von Eichendorff. Am 24. November 1811 wird Friedrich Schlegel bei Adam Müller im Erzherzoglich Maximilianschen

Hause in Wien in Gegenwart der Brüder Eichendorff über die Romantiker-Kollegen seine Witze machen: «Werner», notiert Eichendorff, «wird in seiner 4 wöchentlichen Einsiedeley auf dem Vesuvius ein Wirthshaus anlegen etc. sehr beißend.» Ist Werner doch, nachdem seine in Weimar geschriebene Tragödie «Der vierundzwanzigste Februar» 1809 in Coppet bei Madame de Staël privat, am 24. Februar 1810 in Weimar durch Goethe uraufgeführt wurde, am 19. April in Rom zur römisch-katholischen Kirche konvertiert. Er ist zwar nicht auf dem Vesuv, doch bei den Kapuzinern in Albano gewesen, geht dann ins Priesterseminar nach Aschaffenburg und wird 1814 zum Priester geweiht. In «Die Weihe der Unkraft» schwört er seinem bisherigen Werk ab und geht nach Wien, wo er 1814/15 während des Wiener Kongresses durch seine Predigten Aufsehen erregt. Der von Napoleon getrennten Ex-Kaiserin Marie Luise liest er 1815 im Schloß Schönbrunn sein Drama «Kunigunde die Heilige» vor. Sein letztes Stück ist die Tragödie «Die Mutter der Makkabäer», ein Märtyrerstück. Unter dem Einfluß des Apostels von Wien, Clemens Maria Hofbauer, der Werner die «Posaune Gottes» nennt, tritt er noch in den Orden der Redemptoristen ein, verläßt ihn jedoch wieder nach Hofbauers Tod. Werner wirkt neben der Hofburg im Kloster der Augustiner und stirbt 1823.

## *Jean Pauls «Hesperus» und «Des Luftschiffers Giannozzo Seebuch»*

Am 24. März 1807 hat sich auch der Freund Klein «nach mehr als viermonathlichem schönem Beysammenseyn» verabschiedet und in Josephs Tagebuch geschrieben: «Aber die verfloßenen Tage blühen in schöneren Farben in meinem Angedenken, gleich einer frohen überirrdischen Stunde aus ‹der Kindheit dämmerhellen Tagen›. Ein großes weites Land liegt bald zwischen uns; in späten Jahren vielleicht nie in diesem Labyrinth des öden liebeleeren Lebens, sehen wir uns wieder. – Sage, was werden wir jetzo beginnen –? Da Alles sich umwandelt und nicht fernerhin Bestand hat, was seit Jahrhunderten, von den Vätern herab, wohlgegeben. Gedenken Sie, wenn Sie dieses Blatt ansehen, an – Klein. stud. jur. Hal[lensis].» Joseph rettet sich ins Zimmer des Herrn Kaplan und tröstet sich mit «einer Wolke ächten Tonnenknasters», nicht ohne ins Tagebuch dreimal «Ade!» zu schreiben und am nächsten Tag noch einmal. Bedrückt ihn der fatalistische Anflug seines Freundes? Das «Labyrinth des öden liebeleeren Lebens», klingt das nicht nach Jean Paul?

   Der April ist weiter voller Abschiedsstimmung, auch wenn der Eintrag zum 1. April nichts davon spüren läßt: «Wird der Leser zum April geschikt, wenn er dachte, es sey heute was Notables passirt.» Doch schon am nächsten Tag lassen sich die Brüder in Ratibor «nach genauer Besichtigung (blaugraue Augen)» einen Paß aufsetzen und eilen aufs Schloß: «Mad. Ha(hmann) mit verschränkten Beinen allein auf dem Cannapé.» Während Herr Ha[hmann] die Eichendorffs «bloß des Rheinweins wegen» beneidet, spielt die Madame die Eifersüchtige: «daß Sie wieder recht wildern können» in Heidelberg!

In seiner Seelennot – liebt sie mich wirklich oder spielt sie nur mit mir, oder liebt sie Wilhelm mehr als mich? – greift Joseph zur Dichtung als Seelentröster. Diesmal ist es Jean Paul, dessen «Unsichtbare Loge» und «Leben des Quintus Fixlein» bereits in der Kindheit auf der Bücherliste für Juhrs Leihbibliothek gestanden haben. Für den 3. und 4. April notiert Joseph nun: «Verklärungen auf Jean Pauls schon untergehenden Hesperus.» 1795 erschienen, wurde «Hesperus, oder 45 Hundsposttage» ein Riesenerfolg, Jean Pauls Durchbruch. Besonders die intellektuelle Frauenwelt war von dem Buch so begeistert, daß es zu Lebzeiten des Dichters drei Auflagen erreichte. «Spitzius Hofmann heißet der Hund», der dem Erzähler täglich Berichte eines Herrn Knef bringt, aus denen eine Biographie werden soll: «Es bleibt also dem Menschen, der in sich glücklicher als außer sich sein will, nichts übrig als die *Zukunft* oder Phantasie, d. h. der Roman. Da nun eine Lebensbeschreibung, von geschickten Händen leicht zu einem Roman zu veredeln ist [...]: so übernehm' ich das biographische Werk, unter der Bedingung, daß darin die Wahrheit nur meine Gesellschaftsdame, aber nicht meine Führerin sei.» Das klingt wie eine Aufforderung an Joseph von Eichendorff, aus seiner geplanten Lebensbeschreibung – wozu sonst die detaillierten Tagebuchaufzeichnungen? – lieber gleich einen Roman zu machen: Jean Paul als Anreger von «Ahnung und Gegenwart», so wie dann auch der Titel von Jean Paul entlehnt sein wird?

Ist es Zufall, daß am nächsten Tag nach der Hundspostlektüre der Lieblingshund der Brüder Eichendorff Abschied nimmt? «Verlohr sich früh unser lieber alter Kumpan Meisel, (wahrscheinlich aus Tollheit) nachdem er noch einige Tage vorher durch besondere Liebkosungen uns für unsere 12jährige Liebe zu ihm zu danken, u. Abschied zu nehmen sucht. Ade, Ade, Ade! auf immer, du alter treuer unvergeßlicher Jugendfreund!» Joseph sorgte sich um ihn, «das Mäusel», bereits in dem Kinderbrief aus Prag 1794.

Als am 24. April die Nachricht aus Ratibor kommt, der gewünschte Paß aus Brünn sei da, flüchten sich die Brüder in ihrer Abschiedswehmut wieder in Kunst und Dichtung. «Wilhelm oben gezeichnet, ich Tabak geraucht, u. Gianozzo gelesen.» Jean Pauls «Des Luftschiffers Giannozzo Seebuch» aus dem zweiten Band des «Komischen Anhang zum Titan» ist 1801 erschienen und die richtige Lektüre für junge Menschen, die einen schmerzlichen Abschied zugleich fürchten und ersehnen: «Welch lüftende Freiheitsluft gegen den Kerkerbrodum unten! Hier ein rauschendes Nachtluft-Meer, drunten ein morstiges Krebsloch! Ich machte die Sänftenfenster dem frischen Luftzug auf und blies vor Lust mit meinem Posthörnchen hinaus. Drunten auf meinem zurückgelassenen Meersboden stieg ein Dieb in eine Kirche ein – unweit davon stieg ein Mönch aus einem Kloster als Selbstdieb heraus – in den Wald liefen Wilddiebe – auf dem Felde Wächter gegen das diebische Wild – ferner Reisende – Sentimentalisten u. s. w.»

Doch das Buch entführt Joseph nicht nur hinauf in die ersehnte Einsiedlerperspektive und schafft die nötige Distanz zur kleinen Welt von Lubowitz und Umgebung, es erinnert auf Jean Pauls sarkastische, manchmal erschreckend kritische Weise an die Harzreise 1805 und an das Meer. Strandet das Luftschiff doch ausgerechnet am Brocken, wo Giannozzo es am Brockenhäuschen festmacht. «Im Häuschen fand ich einen vergessenen Quartanten vom Brockenbuch, der mich durch die Eitelkeit, Heuchelei und Leerheit der Menschen wieder in meinen gewöhnlichen Grimm und Ekel und dadurch in den Stand setzte, noch so spät eine kurze Vorrede davor auf den leeren Revers des Titelblattes in des Teufels Namen zu schreiben.» Darin wundert sich der Teufelsstellvertreter über den Inhalt der Brockenbücher, «daß gerade in unserem [teuflischen] Kirchenstaat, unserem Nonnenkloster [voller Hexen] und Altare und unserer Kanzel so nahe, de- und theistische Gesinnungen im Manuskript frei geäußert werden, Floskeln von Anbetung Gottes, Reinheit der Empfindung, Erhebung über die Welt, kurz die gesalbte Sprache jener noch immer nicht ausgerotteten Puritaner oder Katharer, die bekannter unter dem Namen der Religiosisten sind. Allein der Billige erwägt, daß es doch offenbar Dichter oder poetische Prosaiker sind, welche in dieser Liederkonkordanz so sprechen.» Erhält Eichendorff hier – vielleicht ihm selbst nicht bewußt – die heimliche Spritze, die es ihm möglich macht, sich später von dem frömmelnden, novalisierenden Loeben-Kreis in Heidelberg zu lösen?

## «Unendlich liebenswürdiglistig»:
## Madame Hahmann spielt mit dem Feuer

Joseph von Eichendorff nennt ihren Namen im Tagebuch zum erstenmal am 22. September 1806 anläßlich eines Essens in Ganjowitz, wo die Brüder «Mad. Hahmann u. Philipp[ine] vorfanden, an deren lezteren grüner Seyte ich zu speißen das Vergnügen hatte. Nach Tische Ball.» Es scheint, daß die zweiunddreißigjährige, lebenslustige und hübsche Madame, seit 1798 mit dem Ratiborer Justitiar und Justizkommissarius Karl Hahmann verheiratet, Gefallen an den zu Liebesabenteuern aufgelegten Lubowitzer Studenten findet und, nachdem Josephs Flamme Philippine Böhm so schnell entschwunden ist, auch mit dem lebhaftesten Interesse der Brüder rechnen kann. Jedenfalls ist der Name der Benigna Sophie Amalie Hahmann, geboren 1774 in Cosel als Tochter des Landschaftssyndikus Adolf Ludwig Ernst Taubert und seiner Frau Sophie Auguste Spangenberg aus Hirschberg, fortan in Josephs Tagebuch mehr oder weniger präsent, die letzte Erwähnung ist datiert vom 31. Mai 1810 und schön frech: «Nach einem kurzen Spaziergange im Garten, wobei ich M. H. hinten mit guten Ansichten schaukelte [...].»

Madame Hahmann ist es auch, die dem jungen Poeten die Zunge löst. «Beim Erwachen. An M. H.» ist das Gedicht überschrieben, das gegenüber den Gedichten an die «kleine Morgenröthe» aus der bald zwei Jahre zurückliegenden Breslauer Schul- und Studentenzeit deutlich an romantischer Stimmung und Tiefe gewonnen hat und dessen kunstvolle metrische Figur – die Hebungen gehen zweimal von sechs auf vier pro Zeile zurück – ganz unaufdringlich ist:

> Tiefer ins Morgenrot versinken die Sterne alle,
> Fern nur aus Träumen dämmert dein Bild noch vorüber,
> Und weinender tauch' ich aus seliger Flut. –
>
> Aber im Herzen tief bewahr' ich die lieben Züge,
> Trage sie schweigend durch des Tages Gewühle
> Bis wieder zur stillen träumenden Nacht. –

Auf der Rückseite des Entwurfblatts für dieses Gedicht finden sich noch einige Aphorismen von Eichendorffs Hand, als habe er des Novalis oder Friedrich Schlegels «Fragmente» im «Athenäum» vor Augen gehabt. Die Zeilen bestätigen: Joseph wird sich gerade in diesen Monaten um die Jahreswende 1806/07, da die äußere Welt aus den Fugen gerät, seiner

Berufung zum Dichter immer mehr gewiß. «Fühlst du in deinem Innersten das heilige, unbezwingliche Sehnen, Dichter zu sein, so bist du es auch schon.» In einem anderen Fragment hält er – ein Zeichen seiner zunehmenden Aufmerksamkeit für den dichterischen Prozeß – einige Reizwörter fest, die ihn zum Dichten animieren: «Es gibt gewisse Worte, die plötzlich, wie ein Blitzstrahl, ein Blumenland in meinem Innersten auftun, gleich Erinnerungen alle Saiten der Seelen-Äolsharfe berühren, als: Sehnsucht, Frühling, Liebe, Heimat, Goethe.»

Unter dem Eindruck der heranrückenden Abreise nach Heidelberg werden die Begegnungen mit der Angeschwärmten intensiver, so am 6. April: «Spaziergang im Garten – Erinnerungen Z. B. ans Haselnußschütteln. – M. H. in meinen Handschuhen – Heute wie ‹immer lustig u. ungewaschen Zeug plaudernd.› Abends weg.»

Der Abschied gestaltet sich dann dramatisch in drei Etappen. Hauptschauplatz ist das Schloß von Ratibor, wo die Hahmanns in ihrer Dienstwohnung je nach Bedarf rauschende oder auch intime Feste feiern.

Erste Etappe: Zunächst, hält Joseph unter dem 1. Mai fest, war alles sehr fröhlich. «Darauf wieder ein allgemeiner romantischer – Spaziergang an der Oder durch Schlehenblüthen u. Nachtigallentöne, worauf oben H. Hahmann Clavier spielte u. Wilhelm sang. (Ewig unvergeßlich. – Himmlisch gutes W[esen?] beym Fenster) Abendtaffel, worauf eine Pfeiff Tabak u. Unterhaltung. Um 10 Uhr giengen wir bey finsterer Nacht u. dem Rauschen der Wehre fort. – [von Wilhelms Hand am Rand quer:] Das Waßer rauscht, das Waßer schwoll, kühl bis ans Herz hinan, etc. – H. u. Mad. Hahmann u. Dem. Flamm mit der Laterne begleiteten uns bis an die Überfuhr. (Aengstlichkeit der M. H.) Sitze still, mein Schiffchen lenk ich etc. – Gute Nacht! bis auch der wandelnde Stern der Laterne versank; und so lebe auch du wohl, goldner schöner Abend! Ach! nachdämmern wirst du mir wohl über ein gantzes Leben, aber wiederkehren vielleicht nie mehr. – Schimmre immer nach, schöne Zeit! Kann ich doch weinen, wenn ich nicht mehr hoffen darf!» Die Brüder übernachten in Ratibor und gehen am nächsten Morgen zunächst «frühzeitig bey den Franziscanern zur Beichte»: seit den Breslauer Schul- und Studienjahren die erste im Tagebuch erwähnte kirchliche Aktivität der Brüder. Anschließend erledigen sie mehrere Abschiedsvisiten in der Kreisstadt.

Zweite Etappe: «Darauf balancirten wir über die Balken der abgebrochnen Brüke zu Hahmann, wo wir das Stammbuch abgaben, u. sehr angenehm zu Mittag aßen.» Es handelt sich um das Stammbuch der Madame Hahmann, in dem sich die beiden Eintragungen der Brüder, datiert mit «Lubowitz, d. 1$^{t.}$ May 1807», bedeutungsvoll unterscheiden.

In Josephs kunstvoll gebauten vierzehn Zeilen erinnert das Eingangsbild an die Reise der Brüder 1805 an die Ostsee:

> In wildem Wechsel treibt das flücht'ge Leben,
> Bang schwebt der Schiffer auf den fliehenden Wogen,
> Vorüber Land und Menschen fortgezogen
> Er muß wohin die vollen Segel streben.
>
> In Dämmerung sieht er noch die Haymath ragen
> Cypreßen aus versunknen Blumenwogen;
> Herüber schimmerts hold wie Regenbogen,
> Er steht allein – und kann nur sehnend klagen. –
>
> Nichts weilt – doch aus der Erinnrung süßen Schmertzen,
> Da blühen wieder die verklungnen Zeiten,
> ob auch die lieben Stunden längst vergangen,
> Ruht doch ihr stilles Bild im träum'nden Hertzen
> Frühlingen gleich von Zauberschein umfangen,
> Freundlich durchs gantze Leben zu geleiten.

Diese dem Sonett angenäherte metrische Form läßt sich in zwei Quartette und zwei Terzette zerlegen, die Reimfolge ist freier als in Terzetten üblich. Das Kunstvolle der Form ist noch dadurch gesteigert, daß wie bei einem Akrostichon die Anfangsbuchstaben der Verse den Namen des Dichters ergeben: «I(= J) B(aron) v(on) Eichendorff», weshalb Joseph den Eintrag nicht eigens unterzeichnet hat.

Wortkarg, geradezu mürrisch wirkt dagegen die eine Zeile, die Bruder Wilhelm der Madame ins Stammbuch geschrieben hat: «Um ferneres gütiges Andenken auch in der Entfernung, bittet Ihr ergebener Freund und Diener Wilhelm Bar. v. Eichendorff.» Hat Joseph bei der schönen Madame dem Bruder den Rang abgelaufen?

Dritte Etappe: Man nimmt Abschied von Herrn Hahmann und geht «auf das unendlich liebenswürdiglistige Anstiften der M. H. (bitten Sie mich noch recht)» hin von der Dame und zwei Anstandsfräuleins begleitet «zu Fuß nach Niedane. Wilhelm u. M. H. ließen sich auf einem etwas schwankenden Kahne zuerst über die Oder fahren, ich darauf mit den 2 anderen, nicht ohne Aergerniß über die dumme Angst der Flamm. Wir trafen Wilhelm u H[ahmann] (heute sanfteste Sanftmuth aus Schmertz) unter einem Baume sitzend. Promenade über Gräben u. große Hitze. Vor Niedane Andenken. – Frau Directorin u. unsere Wurst fahren vorbey nach Niedane. Unsere Damen wollten nicht herein, wurden aber abgeholt. M. Miketta heute sehr schön. Fensterunterhaltung aus dem Garten

mit ihr. M. H[ahmanns] kindlich gutes Bedauern, wegen Mißlingen ihres Versprechens, in der Thüre. – Wir fuhren bald fort nach Lubowitz, u. von dort gieng die gantze lub[owitzer] Compagney wieder nach Ganjowitz, wo wir eine Weinkondition stießen. Abschiedskuß. – In Lubowitz v. Klimkowski, ein Avanturier, der eben von Paris kam.»
Die Einträge der Brüder in das Stammbuch für Herrn Hahmann datieren erst vom Tag der Abreise, vom 4. Mai, und sind, wenn man so will, voller Anspielungen. Dabei verhalten sich die Brüder hier umgekehrt wie gegenüber Madame Hahmann. Joseph kommt mit einem moralisierenden, die Freiheit betonenden Satz von Fichte aus und fühlt sich schon als Heidelberger Student:

«Jeder Mensch kann, was er soll, und wenn er sagt: ich kann nicht, so will er nicht. (Fichte)
Zu freundschaftlichem Andenken empfiehlt sich ergebenst Ihr aufrichtiger Freund *Joseph B. v. Eichendorff, Stud. Jur. Heidelberg*»

Wilhelm dagegen liefert einen Sechszeiler, der das dunkle Schicksal haftbar macht und wohl eher auf Frau Hahmann gemünzt scheint:

«Des dunklen Schicksals Spruch,
Nicht menschliches Bemühen,
Muß Menschen voneinander trennen.
Was je sich fliehen soll, wird im Moment sich fliehen
Was je sich kennen kann –
Wird im Moment sich kennen.
Zur gütigen freundschaftlichen Erinnerung empfiehlt sich hiermit Ihr aufrichtiger Freund *Wilhelm Baron v. Eichendorff.*»

Nach dem Tode von Herrn Hahmann, er starb mit sechsundvierzig Jahren, bezog die Witwe ein kleines herzogliches Haus in Ratibor-Bosatz. Sie starb, nachdem zwei ihrer Söhne ihr in den Tod vorausgegangen waren, am 18. März 1848 im Alter von dreiundsiebzig Jahren in Ratibor, zehn Monate vor Wilhelm in Innsbruck und neun Jahre vor Joseph von Eichendorff in Neisse.

Die Konkurrenz der beiden Brüder um die Gunst einer Dame – es wird nicht die letzte derartige Erfahrung sein – fand ihren Niederschlag in einem Gedicht Josephs aus den nächsten Jahren, das bereits unter dem Einfluß der Volksliedersammlung «Des Knaben Wunderhorn» steht:

Es waren zwei junge Grafen
Verliebt bis in den Tod,
Die konnten nicht ruh'n noch schlafen
Bis an den Morgen rot.

O trau' den zwei Gesellen,
Mein Liebchen, nimmermehr,
Die geh'n wie Wind und Wellen,
Gott weiß: wohin, woher. –

## Achtes Kapitel

### «In einem kühlen Grunde»
#### oder
#### Wie Eichendorff in Heidelberg ein romantischer Dichter wird

> «Heidelberg ist selbst eine prächtige Romantik; da umschlingt der Frühling Haus und Hof und alles Gewöhnliche mit Reben und Blumen, und erzählen Burgen und Wälder ein wunderbares Märchen der Vorzeit, als gäb' es nichts Gemeines auf der Welt. Solch' gewaltige Szenerie konnte zu allen Zeiten nicht verfehlen, die Stimmung der Jugend zu erhöhen und von den Fesseln eines pedantischen Komments zu befrein».
> 
> *Halle und Heidelberg*

Der Abschied am 4. Mai 1807 fällt dem nun neunzehnjährigen Eichendorff, der mit dem anderthalb Jahre älteren Bruder Wilhelm und dem fünfundzwanzigjährigen Diener Jakob Schöpp zum Weiterstudium nach Heidelberg aufbricht, schwer: «Im Thale hinter Brzeznitz schieden wir vom Papa, deßen Rührung mich fast erdrükte. [...] Erinnerungsvolle Rükblike auf Lubowitz und Rattibor, an deßen Wonnen wir nun unbemerkt auf lange lange vorüberfuhren.» Nach einer Henkersmahlzeit in Zauditz «begleitete uns noch die gantze Gesellschaft sehr stillschweigend eine Streke hinaus, wo wir denn endlich Abschied nahmen von der Mama, H. Caplan u. allen lieben Heimischen u. von den schönen sonnigen Zeiten, die mir ewig als ein stiller Hesperus gläntzen werden, auf dem ich ausruhe von Mühen u. vergeblicher Sehnsucht.» In Troppau wird mit den dortigen Verwandten und Bekannten Abschied gefeiert und übernachtet. Am nächsten Morgen holen die Brüder «auf dem höflichen Policeyamte den Paß» für die Reise durch das österreichische Staatsgebiet Mähren und Böhmen – eine Route, die angesichts der kriegerischen Umtriebe in Preußen und den Rheinbundstaaten die einzig ratsame und auch direkte ist. Eine letzte Begegnung gibt es in Troppau mit dem Philippinchen und ein Mittagessen beim Onkel, der Glück wünscht «zu dem Paradiese: Heidelberg». Der Patenonkel Johann Friedrich von Eichendorff, des Vaters Vetter, Besitzer der Herrschaften Tworkau und Schillersdorf samt Schloß und Kohlengruben, ermöglichte den Brüdern Eichendorff angesichts der finanziellen Zwangslage ihrer Eltern den stan-

*18 Rohrbach bei Heidelberg*

desgemäßen und trotz Einschränkungen immer noch kostspieligen Schul- und Studienbesuch in Breslau sowie die weiteren Universitätsaufenthalte; sie reisen beispielsweise immer noch in Begleitung eines Dieners und oft mit der teuren Extrapost und logieren zeitweise immer noch in standesgemäßen Gasthäusern. Des Onkels Stadtwohnung in Troppau war beliebter Treffpunkt der preußisch-österreichischen Linie der Eichendorffs.

Der letzte Abschied gilt zufällig (?) Herrn Hahmann – und dann fahren die Brüder, nur begleitet vom treuen Schöpp, «nun gantz verlaßen» gen Westen. «Romantische Gegend auf der Gräntze *Mährens*, zwischen hohen Waldbergen, durch die die Mora rauscht.» In diesem Eichendorffschen Stil aus Detailbeobachtungen und romantisierender Überhöhung hält Joseph die weitere Fahrt fest: über Sternberg, Olmütz bis nach Brünn, wo sie am 7. Mai um ein Uhr nachts ankommen: «recht romantisch, indem von allen Fenstern Nachtigallen schlugen, u. 2 junge Menschen auf der Straße schön zur Guitarre sangen.»

In Groß-Meseritsch ist gerade Ball, «aber bey uns war Spiel u. Tanz

## Erste Donaubegegnung

vorbey, unser Postillon stieß ins Horn, u. durch Sturm u. kalten Regen fuhren wir in alle Welt bey den fröhlichen Fenstern vorüber». Nach Iglau überqueren sie die Grenze nach Böhmen und erholen sich in Neuhaus im Wirtshaus, mehr oder weniger attraktive Mädchen werden immer registriert, so auch hier: «Die 2 freundlichen u. bethulichen Wirthsminken. Labendes Abendeßen. Lustige Unterhaltung mit diesen Titularjungfern bey einer Pfeif Tabacco.» Hinter Wittingau entschließen sie sich, nach Regensburg statt nordwestlich durch den Böhmerwald die südwestliche, weniger gebirgige Route über Budweis und Linz zu nehmen. Es lockt das Donautal.

Wie Eichendorff in seiner Schilderung der ersten Donaubegegnung romantisches Lebensgefühl, fast schon biedermeierliche, Spitzwegsche Beobachtung sowie länderübergreifende, an Flüssen, Städten und Landschaften erlebte seelische Weite verbindet, das sind bereits Geist und Kunst seiner künftigen Dichtungen. In «Ahnung und Gegenwart» wie im «Taugenichts» wird uns die Donau wieder begegnen. «Endlich erreichten wir den lezten u. höchsten Berg vor *Lintz*, u. erschraken ordentlich vor der plötzlichen himmlischen Aussicht, u. der zauberischen Lage dieser schönen Stadt. Weites blühendes Thal, von den Seyten begränzt durch schöne Waldberge voll glänzender Schlößer u. Kirchen, u. in deßen Hintergrunde sich das himmlische Steuermark [Steiermark] erhebt. Die *Donau*, an deßen beyden Ufern Lintz im Hintergrunde liegt, windet sich majestaetisch durch das schöne Thal. Wir giengen den steilen Weg, der sich wie beym Mägdesprung [im Harz] zwischen hohen Felsenufern hinabzieht, zu Fuß u. langam. Aus der Ferne donnerte es über die Gebirge, u. so schritten wir berauscht hinab in das blühende duftende schimmernde Thal, wie in einen schöneren Frühling. Denn das Gantze hat schon einen eigenen südlich-italienischen Anstrich.»

Die weitere Fahrt geht über Eferding, wo sie «für bayersche Offiziers gehalten» werden, nach Schärding, wo auf der Innbrücke «eine östereichische u. baierische Schildwacht» stehen. Bayern ist «ein fruchtbares u. durchaus herrlich bebautes Land. Auffallend schönes Vieh. Die Bauerhäuser sind hoch, kleine Fensterchen, u. viele Gallerien, flache Dächer [...] Ueberall große Klöster u. Schlößer, die noch ein gewißes altes Gepräge tragen.» Nach Vilshofen geht es wieder an der Donau entlang über Straubing bis Regensburg, wo sie am 12. Mai «um 12 in der Nacht» ankommen und im Gasthof «3 Helmen» einkehren.

### «Durch die Auflösung des Reichstages öde und leer»: Regensburg

Als ahnten die Brüder, daß ihnen in Heidelberg durch Görres, Arnim und Brentano der Sinn für die Denkmäler deutscher Geschichte, die Quellen einer Erneuerung von Kunst und Wissenschaft, Politik und Religion geweckt würde, erleben sie Regensburg bereits als Anschauungsunterricht für die weiteren Lektionen der romantischen Schule, die sie erwartet. «Früh liefen wir etwas in dieser merkwürdigen Stadt herum, die mit ihren hohen schwartzen Häusern u. engen krummen Gaßen wie eine eintzige alte Ritterburg dasteht. Die *Domkirche*, ein herrliches altes Gebäude, wo von den gemahlten Bogenfenstern die Heiligenbilder schön herabstrahlen. Epitaph des Grafen Fugger mit einem schönen weinenden Engel aus Marmor. Ein Bild in Stein von einem alten Künstler von Augspurg, wie Jesus die 5000 speißt, wo wenigstens 3000 verschiedne ausdruksvolle Gesichter. In der Mitte liegt ein Herzog v. Baiern. Das Gantze erhaben u. groß. Draußen oben am Giebel hängt der Baumeister von Stein, der sich hier herabgestürtzt hat (Hieher die Mythe von der Brüke.) Die Kirche *St. Emmeran* ist auch alt, aber nicht so groß u. schön. Vorhalle voll alter Grabmäler Z. B. des bekannten Scherers. In der Kirche selbst mehrere schöne Gemälde. Ueber einer Altane alte Gemählde. Gegenüber wurde so eben noch das neue *Palais des Fürsten Primas* vollendet. Schönes Theater, dem gegenüber das prachtvolle *französische* gewesene *Gesandtschaftspalais*, in der Mitte Reyhen von Bäumen. Es ist herzergreifend, wie diese alte berühmte Stadt jezt durch die Auflösung des Reichstages öde u. leer ist; nur die Kirchen schauen, erhaben über die kleinlichen Jahre, einsam aus den alten kräftigen Zeiten der Herrlichkeit herüber.» Eichendorff teilt bereits die positive Einschätzung des Mittelalters durch die Romantiker, das der Aufklärung als «finster» galt.

Zuletzt war Regensburg, von 1663 bis 1806 Sitz des «Ewigen Reichstags», durch den Reichsdeputationshauptschluß vom 25. Februar 1803 in aller Munde. Die napoleonische Großmachtpolitik und die einzelstaatlichen Interessen deutscher Fürsten, die für ihre linksrheinischen Abtretungen an Frankreich auf die 1801 im Frieden von Lunéville versprochene Entschädigung warteten, leiteten die Auflösung des Heiligen Römischen Reiches Deutscher Nation in die Wege. Insgesamt 112 deutsche Staaten wurden aufgeteilt. Nach französischem Vorbild wurden alle geistlichen Gebiete außer Mainz und den beiden geistlichen Ritterorden (Deutschorden und Malteser) aufgehoben («säkularisiert»). «Alle Güter der fundierten Stifte, Abteien und Klöster [...] werden der freien und vollen

Disposition des respektiven Landesherren sowohl zum Behufe des Aufwandes für Gottesdienst, Unterrichts- und andere gemeinnützige Anstalten, als zur Erleichterung ihrer Finanzen überlassen, unter dem bestimmten Vorbehalt der festen und bleibenden Ausstattung der Domkirchen [...] und der Pensionen für die aufgehobene Geistlichkeit.» Es betraf drei rheinische Kurfürstentümer, das Erzbistum Salzburg und achtzehn Bistümer, ferner achtzig reichsunmittelbare Abteien und mittelbare Stifte und über zweihundert Klöster. Ferner wurden fünfundvierzig Reichsstädte – ausgenommen Hamburg, Lübeck, Bremen, Frankfurt am Main, Nürnberg und Augsburg – sowie zahlreiche kleinere Fürstentümer und Grafschaften aufgeteilt («mediatisiert»). Unter den Gewinnern sind vor allem die neuen Kurfürstentümer Baden (erhält das Siebenfache der bisherigen Fläche) und Württemberg (das Vierfache) sowie die alten Kurfürstentümer Bayern (das Eineinhalbfache) und Brandenburg-Preußen (das Fünffache).

Das von Joseph in Regensburg erwähnte «Palais des Fürsten Primas» ist für den Günstling Napoleons gedacht, für Karl Theodor von Dalberg, Erzbischof von Mainz und Bischof von Konstanz, den letzten Kurerzkanzler des Reiches. Für ihn hat Napoleon 1803 das Fürstentum Regensburg, verbunden mit der persönlichen Kurfürstenwürde, geschaffen. 1806 ist Dalberg als Fürstprimas der Präsident des Rheinbundes und wird 1810 noch zum Großherzog von Frankfurt erhoben.

Die weitere Fahrt geht in Mergentheim «an der jetzigen herrlichen *Deutschmeister-Residentz* mit dem schönen Hofgarten, wo eben galante Minken spazieren giengen, vorbey». Dann überschreiten sie auch schon die Grenze nach Baden, das seit dem Preßburger Frieden 1805 Großherzogtum ist und zu dem auch die ehemals kurpfälzischen Gebiete um Heidelberg und Mannheim gehören. Am 17. Mai 1807 «endlich um 4 Uhr Morgens fuhren wir mit Hertzklopfen durch das schöne Triumphthor in *Heidelberg* ein, das eine über alle unsere Erwartung unbeschreiblich wunderschöne Lage hat. Enges blühendes Thal, in der Mitte der Neckar, rechts u. links hohe felsigte laubigte Berge. Am linken Ufer Heidelberg, groß u. schön, fast wie Karlsbad. Nur Eine Hauptstraße mit mehreren Thören u. Märkten. Links überschaut von dem Abhange eines Berge die alte Pfaltzburg, gewiß die größte u. schönste Ruine Deutschlands majestätisch die gantze Stadt. Alles schlief noch. Nur Studenten, wie überall gleich zu erkennen, durchzogen mit ihren Tabakspfeiffen schon die Straßen. Wir kehrten im Carlsberge auf dem Paradeplatze ein, u. legten uns noch einige Stunden schlafen.»

## «Ein einsiedlerischer Zauberer»: Joseph Görres

In Heidelberg «hatte ich das Glück, Ihr Schüler zu werden, und bin es mit unwandelbarer Treue geblieben durch alle Verwandlungen, die seitdem mit mir und mit Ihnen vorgegangen.» Dieses Bekenntnis der Treue zum eigenen Wesen und zu dem verehrten Lehrer in allen zeitbedingten Wandlungen könnte auch nur Rhetorik sein, sucht doch Eichendorff 1828 der «preußischen Wirtschaft» zu entkommen und bittet Görres um Vermittlung, die jedoch nicht zustande kommt, da Görres selbst in München noch nicht fest im Sattel sitzt. Doch das Bekenntnis ist ehrlich. Alle übrigen Äußerungen über Görres in den Tagebüchern, in «Halle und Heidelberg» sowie in den literarhistorischen Essays stimmen darin überein, und es ist auch das Zeugnis vieler Zeitgenossen. «Es ist unglaublich», erinnert sich Eichendorff 1856 in «Halle und Heidelberg», «welche Gewalt dieser Mann, damals selbst noch jung und unberühmt, über alle Jugend, die irgend geistig mit ihm in Berührung kam, nach allen Richtungen hin ausübte. Und diese geheimnisvolle Gewalt lag lediglich in der Großartigkeit seines Charakters, in der wahrhaft brennenden Liebe zur Wahrheit und einem unverwüstlichen Freiheitsgefühl, womit er die einmal erkannte Wahrheit gegen offene und verkappte Feinde und falsche Freunde rücksichtslos auf Tod und Leben verteidigte; denn alles Halbe war ihm tödlich verhaßt, ja unmöglich, er wollte die *ganze* Wahrheit. Wenn Gott noch in unserer Zeit einzelne mit prophetischer Gabe begnadigt, so war Görres ein Prophet, in Bildern denkend und überall auf den höchsten Zinnen der wildbewegten Zeit weissagend, mahnend und züchtigend, auch darin den Propheten vergleichbar, daß das ‹Steiniget ihn!› häufig genug über ihm ausgerufen wurde. Drüben in Frankreich hatte er bei den Banketten der bluttriefenden Revolution, hier in den Kongreßsälen der politischen Weltweisen das Mene Tekel [»Gezählt, gewogen», nach Daniel 5,25] kühn an die Wand geschrieben, und konnte sich nur durch rasche Flucht vor Kerker und Banden retten, oft monatelang arm und heimatlos umherirrend.»

Görres wurde 1776 als Sohn eines mosselländischen Flößers und Holzhändlers und einer aus der Valle Maggia bei Locarno stammenden Mutter in Koblenz geboren. Der sechzehnjährige Görres schloß sich in Mainz den deutschen Jakobinern an und engagierte sich in den nächsten acht Jahren vor allem publizistisch für die Durchsetzung der Menschenrechte in seiner Heimat. Im Herbst 1794 eroberten die Revolutionsheere neben Trier, Köln und Kleve auch Koblenz. Die zwanzigjährige französische Besetzung der linksrheinischen Gebiete begann.

«Ein einsiedlerischer Zauberer»: Joseph Görres

*19 Joseph Görres*

1795 erschien in der Zeitschrift «Brutus» eine Satire von Görres «Der allgemeine Friede» über die ruhm-, land- und geldgierigen deutschen Fürsten. Am 7. Januar 1798 hielt der im zweiundzwanzigsten Lebensjahr stehende Görres, nachdem das 1793 geräumte Mainz erneut besetzt worden war, eine an Jean Paul, den er überaus schätzte, geschulte satirische Grabrede: «Am dreißigsten Dezember 1797 am Tage des Übergangs von Mainz, nachmittags um drei Uhr starb zu Regensburg in dem blühenden Alter von 955 Jahren 5 Monaten, 28 Tagen, sanft und selig an einer gänzlichen Entkräftung, und hinzugekommenem Schlagflusse, bei völligem Bewußtsein, und mit allen heiligen Sakramenten versehen, *das heilige römische Reich*, schwerfälligen Andenkens.»

Doch dann zeigte der politische Satiriker seine andere Seite, die historisch-philososophisch-wissenschaftliche. Um die Jahreswende 1797/98 ließ Görres auf eigene Kosten seine an Kant und Fichte, an Condorcet, Rousseau und Herder anknüpfende Vision einer künftigen Völkergemeinschaft drucken: «Der allgemeine Frieden, ein Ideal».

Um für die Idee des Republikanismus zu werben, gründet Görres im Februar 1798 die Monatsschrift «Das Rote Blatt», denn, so heißt es in der Einleitung, und es zeigt sich Görres' (volks-)pädagogisches Temperament: «Erziehung muß zuvörderst jenem ersten Gebrechen abhelfen», daß man den Haß gegen die französischen Besatzungstruppen auch auf die revolutionären Grundsätze überträgt, die sie verteidigen.

In diesem Sinne veröffentlicht Görres im «Roten Blatt» eine Satire auf die französische Verfassung von 1795, die 1798 auch in den linksrheinischen Gebieten eingeführt worden ist: «Die Konstitution Wampum des dritten Sultans von Ululu. (Ein Gegenstück zur platonischen Republik.)». Als Görres daraufhin in den Verdacht gerät, Wortführer der reaktionären Kräfte rechts des Rheins und der mit der Besatzungsmacht unzufriedenen linksrheinischen Bevölkerung zu sein, bringt «Das Rote Blatt» im Juni/Juli «Mein Glaubensbekenntnis» mit zehn Glaubenssätzen, die zeigen, daß Görres auch da einen übergeordneten Standpunkt einnimmt, wo er konkrete politische Empfehlungen gibt – einzig der Wahrheit und Gerechtigkeit verpflichtet, wie er sie erkannt zu haben glaubt.

Das «Glaubensbekenntnis» endet mit den Zukunftsaussichten für Görres selbst: «Unbedingte Freimütigkeit und Stillschweigen sind die Göttinnen, denen ich huldige, ich wähle die letzte, wenn man mir die erste entreißt. Aber nur physischer Zwang, gegen den ich nicht aufzukommen vermag, wird mir sie entreißen, und dann werde ich meine Überzeugungen in mich selbst verschließen, aber sie um keinen Haarbreit ändern, wenn mich nicht fortgesetztes Denken und Prüfen eines Bessern belehrt.» Diese Treue gegen sich selbst hat Eichendorff sicherlich in dem eingangs erwähnten Brief von 1828 an Görres gemeint, ist doch auch dort von «Freimütigkeit» die Rede.

Als «Das Rote Blatt» unter den Druck der französischen Behörden gerät, läßt Görres eine andere Zeitschrift folgen, «Der Rübezahl», die auch bald eingestellt werden muß. Im Oktober 1799 wird Görres kurz inhaftiert. Das Jahr bringt dann auch die Entscheidung: nicht gegen den Republikanismus, aber gegen Frankreich als seinen Bannerträger. Als Mitglied einer Delegation der Koblenzer Republikaner, die in Paris über die «Reunion» der linksrheinischen Gebiete mit Frankreich verhandeln wollen, erkennt Görres in Napoleon, der am 9. November 1799 durch einen Staatsstreich das Direktorium stürzt, den künftigen Diktator und Despoten.

Görres wird Physiklehrer an der Sekundarschule in Koblenz und heiratet am 14. August 1801 Katharina von Lassaulx, die freigeistige und skeptische Tochter eines kurtrierischen Hofrats. Görres, der an keiner

Universität studiert hat, widmet sich nun als Privatgelehrter noch intensiver als zuvor seinen philosophischen, naturwissenschaftlichen und literarischen Studien. Er übersetzt eine Chemie-Tabelle aus dem Französischen, liest Schelling und Mesmer und versucht sich an einem eigenen System der Naturphilosophie. Daß er die Frühromantiker, die Schlegels und Novalis, kennt, zeigen seine «Aphorismen über die Kunst» von 1802 und die «Aphorismen über die Organonomie» von 1803. 1804/05 ist er Mitarbeiter der Zeitschrift «Aurora», die Christoph von Aretin, der Vorsteher aller bayerischen Bibliotheken und Direktor der Münchener Zentralbibliothek, herausgibt.

Die Mitarbeit an der «Aurora» stellt Görres ein, als Aretin ihm keine Stellung in Bayern vermitteln kann – eine Parallele zu Eichendorffs Bitte an Görres 1828. Doch durch Empfehlung des Generalsekretärs der Koblenzer Präfektur Masson und des in Diensten des Großherzogs von Baden stehenden Juristen und Publizisten Klüber wird Görres' Gesuch an den Senat der Heidelberger Universität, als Privatdozent naturphilosophische Vorlesungen halten zu dürfen, im September 1806 akzeptiert. Die fünfseitige «Ankündigung philosophischer und physiologischer Vorlesungen im Winterhalbjahr 1806-7» am 6. November ist bereits eine Sensation. Statt der eingeschriebenen fünfzehn Zuhörer sind bei der Eröffnungsvorlesung sechzig bis siebzig versammelt, deren Zahl zwar mit der Zeit wieder schrumpft, was dem Ruf des neuen Dozenten jedoch nicht abträglich ist. Eichendorff hat seinen Eindruck von Görres später in «Halle und Heidelberg» wiedergegeben: «Seine äußere Erscheinung erinnerte einigermaßen an Steffens und war doch wieder grundverschieden. Steffens hatte bei aller Tüchtigkeit, etwas Theatralisches, während Görres, ohne es zu wollen oder auch nur zu wissen, schlicht und bis zum Extrem selbst die unschuldigsten Mittel des Effekts verschmähte. Sein durchaus freier Vortrag war monoton, fast wie fernes Meeresrauschen schwellend und sinkend, aber durch dieses einförmige Gemurmel leuchteten zwei wunderbare Augen und zuckten Gedankenblitze beständig hin und wider; es war wie ein prächtiges nächtliches Gewitter, hier verhüllte Abgründe, dort neue ungeahnte Landschaften plötzlich aufdeckend, und überall gewaltig, weckend und zündend fürs ganze Leben.»

Am 19. Mai 1807 hospitieren die Eichendorffs «von 11-12 bey Proff. Görres über den Himmelsbau. Blaß, jung wildbewachsen, feuriges Auge, fast wie Steffens, aber monotonen Vortrag. Nach dem Collegium führte uns H. Julius [ein Freund Josephs] bey ihm auf, wobey wir uns lange über Steffens u. über die Franzosen (er wahr u. witzig) unterhielten.» Aus Görres' Vorlesung «Über den Bau des Himmels» wird Eichendorff die

Unterscheidung zwischen «Poeten» und «Philistern» eingeleuchtet haben, die sein späteres Werk durchzieht. Soll Görres doch nach einem Briefzeugnis des Johann Georg Müller an den Historiker Johannes Müller, seinen Bruder, die Vorlesung damit begonnen haben: «Meine Herren, es giebt nur zwei Klassen von Menschen, 1) die mit poetischem Geist gesalbet sind, 2) die Philister.»

Anders als Steffens oder Schleiermacher in Halle wird Görres im Studienplan der Eichendorffs für dieses Semester aufgeführt. Sie hören «Institutionen» bei Anton Friedrich Justus Thibaut, dem Professor für römisches Recht, der 1805 aus der absteigenden Universität Jena in die aufstrebende Academia Ruperto-Carolina in Heidelberg berufen wurde. Er ist jetzt einer der erfolgreichsten Dozenten, mit 3000 Gulden Jahreseinkommen der höchstbezahlte Professor der Universität. Goethe, dessen Sohn August ab 1808 bei Thibaut studiert, wird den Professor 1816 besuchen, beide lieben den A-capella-Gesang: «Die Jurisprudenz ist mein Geschäft, mein Musiksaal ist mein Tempel», wird von Thibaut überliefert. 1814 wird Thibaut mit seiner Flugschrift «Über die Notwendigkeit eines allgemeinen bürgerlichen Rechts für Deutschland» für eine gemäßigt liberale, bürgerlich patriotische Richtung plädieren im Unterschied zur liberalen von Paul Johann Anselm von Feuerbach unter Montgelas in München und zur reformkonservativen von Friedrich Karl von Savigny, dem Schwager Brentanos, in Landshut und Berlin. Die Eichendorffs suchen Thibaut am 22. Mai auf: «Noch Vormittag uns bey H. Hofrath Thibaut gemeldet, u. eine lange Canapé-Unterhaltung mit ihm gepflogen, in der er sich als ein sehr artiger u. gebildeter Mann darthat.» Am 27. September ist man schon vertrauter miteinander: «Lange Gespräche mit ihm über die hallischen Professoren [...]. Seine jacobinistischen Ideen über den Adel. – Reine Klugheit.» In «Halle und Heidelberg» gibt Eichendorff in wenigen, eindrucksvollen Zeilen eine Charakteristik nicht nur Thibauts: «Schon seine äußere Erscheinung mit den langherabwallenden, damals noch dunkelen Locken, was ihm ein gewisses apostolisches Ansehen gab, noch mehr der eingeborene Widerwillen gegen alles Kleinliche und Gemeine unterschied ihn sehr fühlbar von dem Troß seiner eigentlichen Zunftgenossen, und mit seiner propagandistischen Liebe und Kenntnis von der Musik der alten tiefsinnigen Meister berührte er in der Tat den Kreis der Romantiker.»

Ferner hören die Brüder «Diplomatik» beim Geheimen Kabinettsrat Kopp, der ihnen privat seine «seltnen alten Urkunden u. eigne Kupferstiche (Materialien zu einem bald zu erscheinenden großen diplom. Werke)» zeigt und mit dessen Frau und Tochter und einem «gefangnen preuß.

Offizier» sie den «herrlichen Riesenstein» besteigen, «nach der Zurükkunft bey Kopp Thee tranken, Clavier spielten etc.»
Bei Görres hören die Brüder «Ästhetik», «Xenophons Anabasis» bei Johann Heinrich Voß junior, Sohn des berühmten Homer-Übersetzers und Dichters der «Luise». Der Vater ist 1805 durch den Kurfürsten von Baden zum Leidwesen Goethes auch von Jena abgeworben worden «zu tatloser Mitwirkung an der erneuerten Universität», sein Sohn ist seit 1807 Professor der klassischen Philologie.

Nachdem die Eichendorffs in Halle Englisch und Französisch belegt hatten, lernen sie jetzt bei einem Herrn Bruccalassi Italienisch und lesen Dante und Petrarca, was sie in den Geist des Spätmittelalters und der beginnenden Renaissance einführt. Wilhelm ahnt nicht, wie sehr ihm seine Italienischkenntnisse später als österreichischem Kreishauptmann von Trient zustatten kommen werden. Zur romantischen Stimmung der Eichendorffs paßt, daß sie bei einem Herrn Wyland Gitarren-Unterricht nehmen.

Ein poetischer Lichtblick in der zum Teil öden Paukerei für die Brotfächer sind die Sternstunden bei Görres. Am 9. Juli «zeigte uns Görres in der aesthetischen Stunde die 4 himmlischen Kupferstiche von Runge [...] Arabesken. Unendliche Deutung.» Die Vorlesungen von Görres über Runges «Die Zeiten» erscheinen 1808 in den «Heidelberger Jahrbüchern der Literatur». Wichtig für Eichendorff wird Görres' Unterscheidung zwischen der Arabeske einerseits, Hieroglyphe und Symbol andererseits: «Die Arabeske ist Waldblume in dem Zauberlande, die höhere Kunst aber windet Kränze aus den Blumen, und kränzt damit die Götterbilder. Nennen wir sie lieber daher *Hieroglyphik* der Kunst, *plastische Symbolik*! Hat die Natur aus den Elementen die Körper zuerst gebildet, dann ergreift das Leben die Materie wieder, und bildet sie in organische Formen um; ergreift die Kunst dann wieder diese Formen, und gießt ihnen im Bilde die Harmonie der idealen Schönheit ein; erfaßt endlich dann die Idee die schöne Form, und bildet sie sich wie der Geist die Rede zu, und es wird ein bedeutend, tiefsinnig Wort nun ausgesprochen, eine heilige Rede, die der Sinn mit Andacht hören sollte.» Das ist in nuce Eichendorffs hieroglyphische Kunsttheorie: In seinen literaturkritischen Essays wird er immer wieder auf die Welt als «Hieroglyphe», als göttliche Sprache, die es zu entziffern gilt, zu sprechen kommen, und seine eigene Dichtung will ein «Zauberwort» sein, das die Welt zum Singen bringt.

Im Wintersemester 1807/08 hören die Brüder Eichendorff bei Thibaut über Justinians «allumfassende» Sammlung altrömischen Privatrechts im

Corpus juris civilis, die «Pandecten», lernen auch weiter Französisch bei Sar – «ein guter alter gründlicher freundlicher Abé» –, «Criminal-Recht» bei Martin, «sehr gut u. befriedigend, klein, artig, schwartz u. geschwätzig». Er ist Prorektor der Universität, als die Eichendorffs das Studium beginnen, und Heise, bei dem sie «Kirchen-Recht» hören, hat dieses Amt inne, als sie Heidelberg wieder verlassen. Die Fortschritte bei Bruccalassi sind so groß, daß «Göthes Meister ins Ital. übersezt» wird. Gitarren-Unterricht haben die Brüder nun im täglichen Wechsel. Der Studienalltag ist streng: «Seit dem Angang der Collegien auch täglich um 5 Uhr des Morgens aufgestanden, u. bis 9 einen Tag Jurisprud., den anderen Sprachen studirt. Seit dieser Zeit auch um 7 Uhr Thee gefrühstükt. – Abends oft u. viel Castanien.» Das Geld ist knapp, man schlägt sich so durch.

Höhepunkt im letzten Semester ist «von 7–8 *Philosophie* bey Görres, 4mal wöchentlich. Göttliches Collegium. Zahlreiches Auditorium.» Der persönliche Kontakt wird intensiver. Am 31. Januar 1808 zum Beispiel geht ein Freundeskreis «in der Vesper bey den Franciscanern», wo «das Besprengen u. heitere Musik der Orgel dazu» gefällt, «alle zu Görres, wo auch deßen Frau u. niedliche Schwester. Gespräche in der tiefsten Dunkelheit». Der letzte Studieneintrag am Schluß des Wintersemesters, am 29. März 1808, gilt Görres: «Schloß Abends Görres vor einem zahlreichen Auditorio (v. Arnim) sein himmlisches Collegium herrlich.» Die Anwesenheit des verehrten Achim von Arnim wird nicht ohne Grund erwähnt.

Doch ist das nicht der letzte Heidelberger Kontakt mit Görres. Dieser schreibt den Brüdern im April vor ihrer Bildungsreise nach Paris: «Ich bitte die Herren von Eichendorff bei einem Besuch, den Sie etwa auf der kaiserlichen Bibliothek machen, sich einmal gelegentlich die *historie des quatre fils Aymon* (der deutschen Haymonskinder), die sich dort ich weiß nicht recht ob in einem Manuskript oder in einem alten Drucke befindet, geben zu lassen, sie etwas genau anzusehen, und mir bei ihrer Zurückkunft von ihrem Zustand, ihrer Stärke, ihrer Behandlung im ganzen, was vom Verfasser und der Geschichte des Buches daran ist, einige Nachricht mitzuteilen.»

Dieser Brief zeigt Görres von einer noch anderen Seite: als den Liebhaber, Sammler, Beschreiber und Herausgeber altdeutscher Literatur, angeregt durch Brentanos und Arnims Volksliedersammlung «Des Knaben Wunderhorn» und durch Brentanos hervorragende Sammlung alter Volksbücher, die sich Görres ausgeliehen hat. Am 24. Juni 1807 hatte er eine Vorlesung «über die altdeutsche Literatur, die erste in ihrer Art», angekündigt, und noch im gleichen Jahr erschien in Heidelberg sein Werk

«Die teutschen Volksbücher. Nähere Würdigung der schönen Historien-, Wetter- und Arzneibüchlein, welche teils innerer Wert, teils Zufall, Jahrhunderte hindurch bis auf unsere Zeit erhalten hat», Clemens Brentano gewidmet.

Als die Brüder Eichendorff im Mai 1808 Heidelberg verlassen, um über Wien nach Lubowitz heimzufahren, tragen sie einen Empfehlungsbrief ihres Lehres Görres mit sich an Leo von Seckendorff, der in Wien die Zeitschrift «Prometheus» herausgibt, an der Klassiker und Romantiker mitarbeiten: «Ich empfehle dem Herrn von Seckendorff die beiden Herren Barone von Eichendorff zu freundschaftlicher Aufnahme [...].»

Eichendorffs spätere Würdigung des verehrten Görres in «Halle und Heidelberg» beginnt mit Sätzen, die ebenso treffend sind für den Lehrer Görres wie für seinen Schüler Eichendorff: «[...] die Studenten tranken leichten Wein anstatt des schweren Bieres, und waren fröhlicher und gesitteter zugleich als in Halle. Aber es trat grade damals in Heidelberg noch eine ganz besondere Macht hinzu, um jene glückliche Stimmung zu vertiefen. Es hauste dort ein einsiedlerischer Zauberer, Himmel und Erde, Vergangenheit und Zukunft mit seinen magischen Kreisen umschreibend – das war *Görres*.» In den Heidelberger Jahren gerade dreißig Jahre alt und Vater von vier Kindern, hat Görres dem Eichendorffschen Idealbild des «Einsiedels» neue, entscheidende Charakterzüge verliehen: den des Propheten im biblischen Sinne, des unerbittlichen Zeitkritikers, des politisch und publizistisch unermüdlich für die Wahrheit und Gerechtigkeit, für die Menschenrechte eintretenden Einzelkämpfers, der sich jedoch, wenn es sein muß, auch in die stille, beschauliche Klause von Familie und Wissenschaft, Kunst und Poesie zurückziehen kann, um neue Kraft zu sammeln für die nächste öffentliche Auseinandersetzung. «In Heidelberg», soll Freiherr vom Stein später zu dem Historiker Johann Friedrich Böhmer gesagt haben, «habe sich ein guter Teil des deutschen Feuers entzündet, welches später die Franzosen verzehrte.» Ob Eichendorffs Entschluß in Wien 1813, an den Befreiungskriegen teilzunehmen, nicht auch eine Spätwirkung seiner Heidelberger Zeit gewesen ist?

*«Die göttlichen Flammen schlugen über mir zusammen»:*
*Graf Loeben, Maria und die «Zauberin»*

Die schicksalhafte Begegnung datiert vom 15. November 1807. Joseph hat in den ersten beiden Wochen des November dem Tagebuch nichts anvertraut, vielleicht unter dem starken Eindruck der viermal in der

# Achtes Kapitel. Heidelberger Romantik

*20 Otto Heinrich Graf von Loeben*

Woche stattfindenden Philosophievorlesungen von Görres: «Göttliches Collegium. Zahlreiches Auditorium» heißt es am 21. Oktober. Joseph scheint aufgewühlt zu sein, als stünde er an einem Scheideweg. Er sucht die Einsamkeit, als warte er auf ein besonderes Ereignis. Am 15. November tritt es ein in Person des Grafen Loeben: «Nachmittags auf den jezt öden Bergen, wo sich die vielen Fußsteige theilen, allein spazieren gewesen. Darauf zu Budde u. Strauß, wo ich den Grafen von Löben [Loeben] (Isidorus) aus Dresden kennen lernte. Wunderbar poetische Natur in stiller Verklärung. Philosophische Gespräche. Kurtzer Spaziergang nach Ha[a]rlass zu.»

Otto Heinrich Graf von Loeben, am 18. August 1786 als Sohn eines kursächsischen Ministers und einer Mutter, deren Vater schwedischer Minister war, in Dresden geboren, stammte aus einem alten Lausitzer Geschlecht aus der Nähe von Herrnhut und wurde im Sinne der Brüdergemeine pietistisch erzogen. Zunächst von Schiller fasziniert, soll der junge Loeben 1803 durch Herder das «erste Wort der Dichterweihe» empfangen haben. Von Johannes Heinrich Voß' «Luise» angetan, begann Loeben ebenfalls eine Idylle aus 1500 Hexametern zu schreiben: «Häusliches Gedicht in 7 Gesängen, Maria». Unter dem Einfluß der Dresdener und Jenaer Romantiker, vor allem von Adam Müller und August Wilhelm Schlegel, übte er sich im Sonett. Nach einem Jurastudium in Wittenberg 1804 entdeckte er für sich im September 1806 die Schriften des Novalis und entschied sich für den Dichterberuf. Auch durch den ersten Band von «Des Knaben Wunderhorn» 1805 angeregt, studierte Loeben die Mystik und Dichtung des Barock: «Aurora oder die Morgenröte im Aufgang» von Jakob Böhme, «Das Buch von der Deutschen Poeterey» von Martin Opitz und die «Geist- und Weltlichen Poemata» des Opitzschülers Paul Fleming. Im April 1807 nimmt Loeben den Künstlernamen «Isidorus Orientalis» an, sei doch unsere Zeit «eine verheißende Morgenröte».

Nach Heidelberg kommt Loeben am 19. Mai 1807, angeblich zum Jurastudium, in Wirklichkeit schreibt er wie im Rausch bis November 1807 nach Vorstudien unter dem Titel «Hieroglyphen» einen Roman, der den unvollendeten «Heinrich von Ofterdingen» des Novalis weiterführen will: «Guido» heißt das Buch. Als es fertig ist, erleben die Freunde Strauß und Budde, Studenten der evangelischen Theologie, den Autor wie in heiligem Wahn: «Seine Augen rollten in trunkener Schwärmerei, wie Wahnsinn strömte es durch die Glieder und es leuchteten die Wangen. – daß heute ein großer Tag war, daß in unserem Stübchen sich einst die Welt drängen würde, war uns allen gewiß. Wir gingen hin und her in taumelnder Umarmung. – – – Der Herr erschien. Wir sanken nieder und beteten an. – Die Blätter lagen zwischen uns. Heiliger Trank und heiliges Brot ward gebracht und wir stellten uns um den Tisch des Herrn. Es war alles im großen Sinne des Symbols getan. Als wir die erste rauchende Schale hoben, sprach es aus jedem feurig und fromm heraus: Gelobt sei das Kreuz, und der da kommt, Jesus Christus!»

Neununddreißig Jahre später, 1847, wird Eichendorff, obwohl er diese Szene nicht miterlebt hat, in «Über die ethische und religiöse Bedeutung der neueren romantischen Poesie in Deutschland» den Loeben-Kreis in einer Schärfe kritisieren, die stutzig macht: Nachdem sich die Romantik von ihrer nach Meinung Eichendorffs eigentlichen Aufgabe, «die Kirche in Leben, Kunst und Wissenschaft wieder frei und geltend zu machen», entfernt hätte, «fing Jeder an, anarchisch sich selbst seinen Katholizismus nach eignem, poetischen Gelüsten zuzustutzen; und so entstand [...] allmählich jenes wunderliche Gemisch von Mystizismus, katholischer Symbolik und protestantischer Pietisterei, jener konventionelle Jargon altdeutscher Redensarten, spanischer Konstruktionen und welscher Bilder, die fast an des simplicianisch-deutschen Michels verstümmeltes Sprachgepräng erinnert, und insbesondere bei *Löben* (Isidorus Orientalis) unbewußt sich selber parodiert.» Und Eichendorff zitiert aus dem 12. Kapitel des Romans «Ahnung und Gegenwart» von 1815, in dem er Loeben karikiert: «Da bezieht sich Alles mit einer Art von priesterlicher Feierlichkeit auf den Beruf des Dichters und die Göttlichkeit der Poesie, aber die Poesie selbst, das ursprüngliche, freie, tüchtige Leben, das uns ergreift, ehe wir darüber reden, kommt nicht zum Vorschein vor lauter Komplimenten davor und Anstalten dazu.»

Bei der Schärfe dieses Urteils möchte man es zunächst nicht für möglich halten, daß der junge Eichendorff selbst nicht nur bis Mai 1808 in Heidelberg, sondern auch noch in Berlin von Dezember 1809 bis März 1810 unter dem Einfluß Loebens stehen wird und sich diesem nur allmählich, endgültig dann wohl erst in Wien 1811/12 entzieht, zuerst seiner poetischen Auffassung, dann auch Loebens persönlicher Faszination, wobei Eichendorff, soweit es den direkten menschlichen Kontakt durch Begegnung und Korrespondenz betrifft, äußerst behutsam und rücksichtsvoll vorgeht, in seinen Werken jedoch, die sich immer auch als Zeitkritik verstehen, den Loebenkreis zunächst karikiert und parodiert wie in «Ahnung und Gegenwart», später in den literarhistorischen und autobiographischen Schriften ihn ohne jede persönliche Rücksichtnahme kritisiert. Vielleicht will sich Eichendorff auf diese Weise von der aus späterer Sicht schlimmsten Verirrung seines Lebens noch einmal entschieden distanzieren.

Joseph, der begeisterte Tänzer, bleibt am 9. Januar 1808 sogar dem großen Ball fern, den die Heidelberger Bürgerschaft den Studenten gibt, während Bruder Wilhelm und auch die engsten Freunde Loebens, Budde und Strauß, mit Billetts, die die Eichendorffs verschafft haben, dem Fest beiwohnen. «Ich», notiert Eichendorff im Tagebuch, «blieb zu Hause u. las Manuscripte von Isidorus. Wunderbar zogen sie mich in ihre innerste Mitte, u. die göttlichen Flammen schlugen über mir zusammen. – Meine Sonette an Isidorus. – Erst um 1 Uhr legt' ich mich nieder, während die Straße von Fakeln u. Ballwagen wimmelte. Wilhelm kam gen 3 Uhr.» Bis zum 17. Januar gibt es keine weiteren Einträge, dann nur die drei Wörter: «Antwort von Isidorus.»

Ein Vergleich von zwei der ausgetauschten Sonette läßt keinen Zweifel: Eichendorff hat in Loeben seinen «Retter» aus einer doppelten Krise gefunden: aus seiner Schaffenskrise, braucht er doch dringend jemand, der seine dichterischen Versuche ernst nimmt und auch in der Lage scheint, sie zu beurteilen und ihnen Richtung zu geben; und aus einer religiösen Krise, denn Joseph sucht nach einem Vorbild, jung wie er selbst, doch mit größerer Lebenserfahrung, das ihm die Einheit von dichterischem und priesterlichem Leben im Sinne der Novalis und Schleiermacher, Wackenroder, Tieck und Zacharias Werner vorlebt, hautnah und überzeugend.

Eichendorffs Sonett trägt die Überschrift «An Isidoris Orientalis»:

> Von trüber Bangigkeit war ich so eng befangen,
> Da sprach Waldhorn zu mir aus blauen Weiten:
> «Mir nach! Durch unbekannte Lande schreiten!»
> Rief immer fern und fern – konnt's nie erlangen.
>
> «Wo führst mich endlich hin? sprach ich voll Bangen,
> Weit Freund' und Welt von diesen Einsamkeiten!»
> Da klang es fern und nah wie alte Zeiten,
> Dich sah ich fröhlich stehn am Bergeshange.
>
> Und unten lag ein weites Land so helle,
> War aufgetan die ew'ge Farben-Quelle,
> Nach Osten sah man fromme Pilger ziehen.
>
> So nimm nur alles, was ich lieb' und habe,
> Gern laß ich ja die Welt und ihre Gabe,
> Mit dir nur, Retter, will ich ewig ziehen!

Loeben überzeugt Eichendorff um so mehr, als sein Antwortsonett den Suchenden nicht an sich zu binden scheint, sondern auf den «Himmel» verweist und auf eine «Liebe», zu der sie in gemeinsamer Pilgerschaft unterwegs sind. Eichendorff wird auch nicht in den «Eleusischen Bund», den Loeben mit Budde und Strauß geschlossen hat, aufgenommen. Es bleibt bei dem freundschaftlichen Meister-Schüler-Verhältnis. In diesem Sinne antwortet Loeben:

> Unruh'ge Wünsche sind geheime Kunden
> Von gleichem Sehnen, zarter Gegenliebe,
> Dass sich der Himmel auch um uns betrübe
> Und Schmerz nach uns, der Heimath fern, empfunden.
>
> Lass immerhin dich durch und durch verwunden,
> Erkranke recht im namenlosen Triebe,
> Und wenn das Herz süssblutend offen bliebe,
> Senkt Himmel wurzelnd sich in deine Wunden.

> Die Wurzeln wachsen tief in's durst'ge Herze;
> Draengend auflodern sie die leichte Erde
> Und ziehn sie mit sich fort zum Aetherreiche.
>
> Verdüftend stirbt der Wunsch im glühnd'sten Schmerze,
> Weiss, dass auch er geliebt, gefunden werde,
> Das Waldhorn sagt ihm, wo er Lieb' erreiche.

Graf Loeben beruhigt Eichendorff nicht nur «in seinem Kampf zwischen Poesie und Jurisprudenz», er korrigiert nicht nur seine Dichtungen – «es soll noch etwas aus ihm werden» –, und er ist auch nicht nur mit ihm zufrieden – «bracht mir neue, ganz vortreffliche Gedichte, über die ich mich freue» –, wie es in Loebens Tagebuch zwischen dem 15. November 1807 und dem 24. Februar 1808 heißt. Loeben sorgt vielmehr dafür, daß Eichendorffs Gedichte gedruckt werden. Am 29. März 1808 schickt er an die «Zeitschrift für Wissenschaft und Kunst» in Landshut, die sich der romantischen Bewegung verschrieben hat, zusammen mit eigenen Gedichten und wohl auch anderen von Eichendorff mit Sicherheit dessen Sonett an Isidoris Orientalis. Insgesamt erscheinen in der Zeitschrift 1808 und 1810 siebzehn Gedicht Eichendorffs unter dem Pseudonym «Florens». So hat Loeben Joseph an dessen Namenstag, dem 19. März 1808, «getauft», so wie Loeben Strauß «Dionysius» und Budde «Astralis» nennt. Den Namen «Florens», der Blühende, könnte Loeben dem Volksbuch vom Kaiser Octavianus entnommen haben, das er in der Bearbeitung von Tieck am 17. März von Katharina Görres bekommen hat. In Tiecks Drama «Kaiser Octavianus», das 1804 erschienen ist, verabschiedet sich der Kaisersohn Florens am Schluß mit den Versen:

> Wenn die Blumen sich erschließen
> Und die Frühlingsdüfte ziehen,
> Will die Welt sich selbst entfliehen
> Und sich hin in Liebe gießen.

Die «Zeitschrift für Wissenschaft und Kunst» war 1808 von Georg Anton Friedrich Ast gegründet worden. Ast, in Jena Hörer Fichtes und Friedrich Schlegels, seit 1805 Professor für klassische Philologie an der 1800 von Ingolstadt nach Landshut verlegten Universität, Anhänger Schellings und selbst mit dichterischen Versuchen wie dem Trauerspiel «Krösus» (1805) und Aphorismen im Stil von Novalis befaßt, versammelt in der Zeitschrift, die es auf drei Jahrgänge bringt, ähnlich gesinnte, «novalisierende» junge Autoren wie Loeben. Sie schwärmen für ein idealisiertes Mittelalter und üben sich in den von der Romantik propagierten romanischen Formen wie Sonett, Kanzone und Romanze. Rezensiert werden in der Landshuter Zeitschrift Friedrich Schlegels «Über die Sprache und Weisheit der Indier», Schuberts «Ansichten von der Nachtseite der Naturwissenschaft» sowie der nur einmal erscheinende Almanach «Dichter-Garten» der beiden jüngeren Novalis-Brüder Karl Gottlob von Hardenberg mit Künstlernamen «Rostorf» und Georg Anton von Hardenberg alias «Sylvester».

Dieser ebenfalls novalisierende «Dichter-Garten», der auch die neuen patriotischen Gedichte des gerade in Wien konvertierten Friedrich Schlegel enthält, und Asts «Zeitschrift für Wissenschaft und Kunst» sind es, gegen deren poetische Sonett-Schwärmerei und katholisierenden Mystizismus sich die «Comoedia Divina» eines Herrn Gotthardt richtet, die 1808 in Heidelberg erscheint und hinter der man den Heidelberger Professor für Ästhetik Aloys Schreiber vermutet. Dieser steuert denn auch zusammen mit dem klassischen Philologen Heinrich Voß junior und dem Gymnasiallehrer Otto Martens zu den 140 als Parodien gedachten Sonetten bei, die der dänische Schriftsteller Jens Baggesen 1809 unter dem Titel «Karfunkel oder Klingklingel-Almanach» herausgibt mit dem satirischen Untertitel: «Ein Taschenbuch für vollendete Romantiker und angehende Mystiker. Auf das Jahr der Gnade 1810.» In den darin enthaltenen zwei Unsinns-Sonetten über die «sieben und zwanzig Romantiker» wird auch Eichendorff unter dem Pseudonym «Florens» aufgeführt. Das erste lautet:

> Horcht auf! Ich muß euch hohe Dinge *sagen*:
> Mit Eis die Brust umpanzert singt *Ringseis*
> Auf *Friedrich Schlegelsch* durch romantschen *Steiß*;
> Ihm applaudiren *Chamisseau*, von *Hagen*.
>
> *Rottmanner, Giesebrecht, Bernhardi, jagen*
> Mit *Kleist*, dem dritten, um den Dichter*preis*;
> *Arnim* und *Görres* speisen Indus-*Reis*;
> *Lasseaux* trägt bunte Jacken ohne *Kragen*.
>
> Fromm singen *Isidorus* [Loeben], *Ast*, und *Tieck*;
> Fromm klingen *Rostorf* [Hardenberg], *Loë*, *Loew* und *Brauser*:
> Fromm springen *Florens* [Eichendorff], *Lacrimas*, *Sylvester*,
>
> Wie vor der Bundeslade König *Pieck*.
> Auch *Christian Schlosser*, der romant'sche *Sauser*,
> Und *Pellegrin* [Fouqué], und Tieks geistvolle *Schwester* [Bernhardi]
>
> Erhebend mit *Brentano* ihr *Gequieck*
> Dann baut noch *Adam Müller*, der Kal*mauser*
> Für alle diese Sänger *Vogelnester*.

Gleich durch seine erste Veröffentlichung also, wenn auch unter dem Pseudonym «Florens», wird Eichendorff jener Gruppe von Romantikern zugerechnet, die den Gegnern der Romantik den Anlaß gegeben haben, die gesamte romantische Bewegung lächerlich zu machen und von ihr ein Zerrbild zu zeichnen, das sich bis heute auswirkt. Dabei wird Eichendorff durch seine nächsten Arbeiten zeigen, daß seine Poesie und seine Mystik nicht epigonenhaft sind, sondern ebenso orginell wie die der Schlegels und Tieck, Arnim und Brentano, Görres und Kleist, die hier mit den novalisierenden Schwärmern in einen Topf geworfen werden. Deshalb wird Fouqué, im Unsinns-Sonett „Pellegrin", am 26. November 1814 Eichendorff raten, den Roman «Ahnung und Gegenwart» nicht unter dem Pseudonym «Florens», sondern unter dem angestammten Namen zu veröffentlichen: «Der Mündigkeit und Kraft Ihrer Poesie scheint mir das pseudonyme Spiel nicht mehr zuzusagen.»

Die Überschriften der neben dem Sonett «An J − −» in der «Zeitschrift für Wissenschaft und Kunst» veröffentlichten sechzehn Gedichte Eichendorffs deuten bei aller sonstigen Bandbreite der Themen bereits eine Einseitigkeit des Inhalts an, die Marienthematik: «Frühlingsnacht», «An Maria», «An den heiligen Joseph», «Rettung», «Der Fromme», «Die Wunderblume», «Frühling», «Maria», «Maria von Tyrol im Kloster», «Klage», «Die Zauberin im Walde», «An die Vorüberschiffende», «Morgenlied», «Kaiser Albert's I. Tod», «Lied», «Im Frühling».

Der Protestant Loeben mit seiner novalisierenden Marienfrömmigkeit ist für Eichendorff auch in dieser Hinsicht unmittelbares und zunächst befreiendes Vorbild. Loebens «Reisebüchlein eines andächtigen Pilgers» beginnt mit einer fünfseitigen Huldigung «An die Himmelskönigin». Trotzdem wird Loeben nicht zum Katholizismus konvertieren wie in diesen Jahren die jüngeren Brüder des Novalis. Der Katholik Eichendorff, der gerade dabei ist, seine freidenkerische Einstellung abzulegen, ist glücklich, seine angestammte kirchliche Marienverehrung in den Marienkult der Romantik integrieren zu können, auch wenn ihm die traditionelle Marienfrömmigkeit anscheinend nicht viel bedeutet hat. In seinen Gedichten aus der Breslauer Schul- und Studienzeit kommt Maria nicht vor, auch nicht in den Liebesgedichten an die «kleine Morgenröthe». Der für ihn neue Marienkult vieler Romantiker überschreitet zwar den Rahmen der römisch-katholischen Marienlehre ins Mythologische und Kosmische. Doch der romantische Dichter mit seinem subjektiven Wahrheitsanspruch fragt nicht danach, ob seine Poesie konfessionell rechtgläubig ist, soll sie doch nach Schleiermacher nur fromm sein. So denkt auch Eichendorff, wenn er «An Maria» dichtet:

Viel Lenze waren lange schon vergangen,
Vorüber zogen wunderbare Lieder,
Die Sterne gingen ewig auf und nieder,
Die selbst vor großer Sehnsucht golden klangen.

Und wie so tausend Stimmen ferne sangen,
Als riefen mich von hinnen sel'ge Brüder,
Fühlt' ich die alten Schmerzen immer wieder,
Seit Deine Blicke, Jungfrau, mich bezwangen.

Da war's, als ob sich still Dein Auge hübe;
Lang'st sehnsuchtsvoll nach mir mit offnen Armen,
Fühlst selbst die Schmerzen, die Du mir gegeben. –

Umfangen fühl' ich innigst mich erwarmen,
Berührt mit goldnen Strahlen mich das Leben;
Ach! daß ich ewig Dir am Herzen bliebe.

Wovor Maria während der irdischen Pilgerschaft vor allem bewahren möge, ist der Zauber dieser Welt, der uns in Bann schlagen möchte. Die «Zauberin» als Gegenfigur zu Maria ist das zweite Thema in Eichendorffs Heidelberger Gedichten und erinnert an das Venus-Motiv. Wie Maria Symbol ist für die selige und befreiende gottmenschliche Liebe, so symbolisiert die Zauberin in dieser Welt die verführerische und versklavende Schönheit. Das kann ein Freund oder die Geliebte sein, die Natur oder die Kunst, Wissenschaft oder Poesie, alles, was fasziniert und fesselt und zugleich unfrei machen kann. So heißt es in Eichendorffs Gedicht «Sehnsucht», das er am 4. Januar 1808 Loeben mitteilt, der ihm einen «freudigen, warmen Empfang» bereitet: «Selig, wer zur Kunst erlesen», aber dann über die Fessel, die sie anlegt: «Draußen Wald und Liebchen warten, / Und ich kann nicht, kann nicht raus!»

Daß Eichendorff nicht zögert, in dem Sonett «Antwort. An H. Gf. v. Loeben» auch diesem gegenüber von «Zauber» zu sprechen, zeigt die Ambivalenz auch dieses Wortes wie vieler anderer aus Eichendorffs poetischem Vokabular; ist des Dichters «Zauberwort», das die Welt zum Singen bringt, doch uneinschränkt positiv gemeint. Vielleicht deutet sich aber in dieser Wortwahl gegenüber Loeben bereits Eichendorffs Ahnung an, seine Hingabe an Loeben könnte abwegig sein, «Zauberei» im negativen Sinne:

[...] Mir fehlen Töne noch und Himmelsfrieden;
Dir ward Erfüllung frühe schon beschieden,
Dein Himmel ist, wo zauberte dein Beten.

## Achtes Kapitel. Heidelberger Romantik

Hast du den höchsten Wunsch mir nun genommen,
Werd' ich demutsvoll wieder vor Dich treten;
Eins sein mit Dir, kann nur allein mir frommen.

Negativ gemeint ist es sicherlich, wenn Eichendorff 1808 in einem Brief an Loeben von «Zauberei» spricht, mit der Loeben Eichendorff gleichsam eingesperrt habe, während er selbst weitergezogen sei. Auch wenn Eichendorff den Brief nicht abgeschickt haben sollte, bleibt der Entwurf ein eindrucksvolles Dokument der Zerissenheit des zwanzigjährigen Verfassers, hin- und hergerissen zwischen der Hingabe an den Freund und der eigenen Weiterentwicklung als Dichter: «Ja wohl, theuerster Isidor, wir wißen, was zaubern u. bezaubert werden heißt. Du übst diese Zauberey über mir u. mit jedem deiner Briefe liebe ich Dich u. mich u. die Kunst unendlicher u. freier. Alle diese Gedichte, wie meine ganze bisherige Poesie, könnten eben auch Sehnsucht überschrieben werden. Aber dieß giebt mir Muth u. Stolz in meiner Demuth. Denn sezt nicht jede wahrhaftige treue unbezwingliche Sehnsucht eine Erfüllung voraus, wie unser ganzes irdisches Leben die Ewigkeit? Ich komme mir vor, wie in einer alten dunklen Kirche. Alle Fenster gehen nach Osten, drauß vor den Fenstern liegt Italia u. andere unzählige blizende Gefilde in herrlicher Morgenpracht. Du unabhä[ngig] bist lange fort u. weit hineingezogen in die Pracht, u. was ich denke u. was ich mir innerlichst ersehne, mal' ich still an die bestralten Bogenfenster. Vielleicht, wenn die Angst u. Freude u. Sehnsucht zum höchsten steigt, lösen sich die Farbengläser zu Tönen u. Duft u. ich trete befreit hinaus in die überschwengliche Ferne, u. finde dich wieder im großen Zaubergarten. – Sie können nirgend treuer bewahrt sein als in dem Herzen Deines Florens. –»

Doch Loeben setzt sich weiter für Eichendorff ein. Im November 1808 bietet er Tieck für einen Almanach, der dann nicht erscheint, neben eigenen Arbeiten auch Gedichte von Eichendorff an: «[...] vielleicht eignet sich manche Nelke von ihm für Ihren Garten». Im Dezember 1810 schickt Loeben den Brüdern Eichendorff Empfehlungsbriefe an Dorothea Schlegel in Wien und stellt dadurch einen für Josephs weitere Entwicklung wichtigen Kontakt her.

1811 schreibt Loeben an Justinus Kerner, der 1813 den «Deutschen Dichterwald» herausbringt: «Ich werde meinen sanft gefühlvollen Freund Florens (Baron Eichendorf in Wien) deßen sehnsüchtige Liebe mich wie die treufrische Ranke umgibt, veranlaßen Ihnen gleichfalls einiges zu senden, ist es Ihnen recht? Ich habe einige himmlisch milde Lieder von ihm die ich in den Alm[anach] hineinwünschte.» Ludwig Uhland, der

Mitherausgeber, lehnt 1812 einige Gedichte von Loeben ab, doch «*Lied und Heimkehr* von Florens sind recht klar und lieblich. Es freut mich ungemein, daß wir nun auch diesen Dichter gewonnen haben, wie überhaupt die meisten, die in jenen KlingklingelalmanachsSonetten verschrieen sind.» Es handelt sich bei dem «Lied» um das Gedicht «In einem kühlen Grunde» und bei «Heimkehr» um «Sinds die Häuser, sinds die Gassen?». Es sind die letzten Veröffentlichungen Eichendorffs unter dem Pseudonym «Florens». Die Auswahl der Beiträge im «Deutschen Dichterwald» orientiert sich bereits an dem neuen Kanon, der durch «Des Knaben Wunderhorn» aufgestellt worden ist: volksliedhafte Gedichte und Balladen aus Natur, Geschichte und Gesellschaft, und Eichendorff profitiert davon.

Über das Gedicht «In einem kühlen Grunde» hat Justinus Kerner die Legende verbreitet, ein Windstoß habe ihm das Blatt mit dem Gedicht davongetragen, und ein Tiroler habe das Blatt am nächsten Tag zurückgebracht: ein Hinweis auf das Gedicht als vollendete «Naturpoesie», die nach Wilhelm Grimm Ausdruck der ursprünglichen Kraft eines «Naturvolkes» sei. Als ein solches galten die Tiroler nach ihrem Aufstand 1809 unter Andreas Hofer gegen die Franzosen und Bayern. Eichendorffs «Lied» wird in der Vertonung von Friedrich Glück in die Sammlung «Alte und neue Studenten-, Soldaten- und Volkslieder», Leipzig 1847, und in das «Allgemeine Deutsche Commersbuch» aufgenommen und weit verbreitet. So kann Eichendorff am 1. Oktober 1838 an den Erbprinzen Ernst von Sachsen-Coburg, der Autographen sammelt, eine Abschrift des «Liedes» schicken mit der Bemerkung: man habe dem Liedchen «vielfach die Ehre angetan, es für ein Volkslied zu halten».

1811/12 veröffentlicht Loeben seinen zweibändigen Schäfer- und Ritterroman «Arkadien», und 1813 gibt er selbst einen Almanach «Die Hesperiden» heraus, in dem es bereits Beispiele einer ahnungsvollen Technikkritik gibt. 1814 nimmt Loeben in einem eigenen patriotischen Buch zu einer aktuellen Diskussion Stellung: «Deutsche Worte über die Ansichten der Frau v. Staël von unserer poetischen Litteratur in ihrem Werk über Deutschland.» Am 1. Oktober 1814 schickt Eichendorff das Originalmanuskript von «Ahnung und Gegenwart» über Loeben an den etablierten Dichter und Herausgeber Friedrich Baron de la Motte Fouqué. 1819 erscheinen von Loeben noch die mittelalterlich drapierten Erzählungen «Ritterehre und Minnedienst» und 1821 «Die Irrsale Klotars und der Gräfin Sigismunda». Loeben, der unter epileptischen Anfällen gelitten haben soll, stirbt am 4. April 1825 in Dresden, im Alter von neununddreißig Jahren. Er hat als erster Eichendorffs Genie erkannt und auch dann noch zu ihm gestanden und ihn durch seine Verbindungen entscheidend gefördert, als Eichendorff bereits über seinen «Meister» hinausgewachsen war.

Wenn Eichendorff in seiner autobiographischen Dichtung «Halle und Heidelberg», der er erst in seinem Todesjahr 1857 die letzte Gestalt gibt, bei der kritischen Beschreibung der Heidelberger «Karikatur der Romantik» seinen einstigen Freund und Mittler Loeben so wenig schont, drängt sich als plausible Erklärung auf: Eichendorff schlägt den Sack und meint den Esel – seine eigene Heidelberger Aftermystik: «Man sieht, die Romantik war dort reich vertreten. Allein sie hatte auch damals schon ihren sehr bedenklichen Afterkultus. *Graf von Löben* war in Heidelberg der Hohepriester dieser Winkelkirche. Der alte Goethe soll ihn einst den vorzüglichsten Dichter jener Zeit genannt haben. Und in der Tat, er besaß eine ganz unglaubliche Formengewandtheit und alles äußere Rüstzeug des Dichters, aber nicht die Kraft, es gehörig zu brauchen und zu schwingen. Er hatte ein durchaus weibliches Gemüt mit unendlich feinem Gefühl für den salonmäßigen Anstand der Poesie, eine überzarte empfängliche Weichheit, die nichts Schönes selbständig gestaltete, sondern von allem Schönen wechselnd umgestaltet wurde. So durchwandelte er in seiner kurzen Lebenszeit ziemlich fast alle Zonen und Regionen der Romantik; – bald erschien er als begeisterungswütiger Seher, bald als arkadischer Schäfer, dann plötzlich wieder als asketischer Mönch, ohne sich jemals ein eigentümliches Revier schaffen zu können. In Heidelberg war er gerade ‹Isidorus Orientalis› und novalisierte, nur leider ohne den Tiefsinn und den dichterischen Verstand von Novalis. In dieser Periode entstand sein frühester Roman ‹Guido›, sowie die ‹Blätter aus dem Reisebüchlein eines andächtigen Pilgrims›; jener durch seine mystische Überschwenglichkeit, diese durch ein unkatholisches Katholisieren, ganz wider Wissen und Willen, die erstaunlichste Karikatur der Romantik darstellend. Er hatte in Heidelberg nur wenige sehr junge Jünger, die ihn gehörig bewunderten; aber die Gemeinde dieser Gleichgestimmten war damals sehr zahlreich durch ganz Deutschland verbreitet. Es wäre eine schwierige, ja fast unmögliche Aufgabe, jenes wunderliche Gewirr von Talent und Zopf, Lüge und Wahrheit mit wenigen Worten in einen Begriff zusammenzufassen; und doch ist dieses Treiben insofern von literarhistorischer Wichtigkeit, als dasselbe den schmählichen Verfall der Romantik vorzüglich verschuldet hat. Es sei uns daher lieber vergönnt, aus unserer frühesten Schrift (Ahnung und Gegenwart) die aus dem Leben gegriffene Darstellung der damaligen Salonwirtschaft hier einzuschalten, da sie, obgleich erfunden, und doch vielleicht unmittelbarer, als eine Definition, in den Zirkel einführen dürfte.»

## «Des Knaben Wunderhorn» und die «Zeitung für Einsiedler»: Achim von Arnim und Clemens Brentano

«Bei dem allmählichen Aufsteigen der neuen Sonne der Aufklärung schwand der wunderbare Morgenduft, die Vögel ließen ihr Singen, die Quellen und Wälder ihr Rauschen, und das Volk schwieg wie blödsinnig vom Sonnenstich», so charakterisiert Eichendorff 1857 in der «Geschichte der poetischen Literatur Deutschlands» rückblickend auf seine Heidelberger Zeit die Situation und fährt fort: «So war in der brütenden Mittagsschwüle das deutsche Volkslied fast überall verhallt, so daß es erst durch Herder in seinen Völkerstimmen von neuem entdeckt, und von Görres, Arnim und Brentano wieder national gemacht werden mußte.» Für Eichendorff bedeutete diese Entdeckung, nachdem durch Loeben sein dichterisches Selbstbewußtsein geweckt worden war, seine zweite Heidelberger Erweckung, auch wenn sie sich erst in den nächsten Jahren deutlicher bemerkbar machte: Eichendorffs Begabung zum volksliedhaften Ton.

Der erste Band von «Des Knaben Wunderhorn», herausgegeben von Achim von Arnim und Clemens Brentano, erschien im September 1805 mit der Jahreszahl 1806, die beiden anderen Bände erschienen drei Jahre später, September 1808, im Verlag von Mohr und Zimmer in Heidelberg, der 1807 auch Görres' «Teutsche Volksbücher» herausgebracht hatte. Diese beiden Werke zusammen mit den zwei Bänden «Kinder- und Hausmärchen» der Brüder Grimm 1812 und 1815 sollten die deutsche Literatur und darüber hinaus das kulturelle Bewußtsein der Deutschen tief und nachhaltig beeinflussen. Für Eichendorff wurde «Des Knaben Wunderhorn» richtungweisend, wie er selbst in «Halle und Heidelberg» dadurch andeutet, daß er den Anschein erweckt, er sei Arnim und Brentano in Heidelberg persönlich begegnet. Doch das ist «Dichtung», die «Wahrheit» steht im Heidelberger Tagebuch, das Brentano keinmal, die Begegnung mit Arnim aus der Distanz dreimal kurz erwähnt.

Die Eintragungen lassen eher darauf schließen, daß Eichendorff den berühmt-berüchtigten Arnim auf der Straße und in einer Görres-Vorlesung gesehen, aber nicht persönlich kennengelernt hat. Ist Arnim doch in diesen Wochen in aller Munde, seit Johann Heinrich Voß senior im Januar 1808 im «Morgenblatt für gebildete Stände» seine Attacke gegen die Romantiker, vor allem gegen Arnim, Brentano und Görres, eröffnet hat.

Achim von Arnim war nach einem ersten vierteljährigen Aufenthalt in Heidelberg, während dem der erste Band von «Des Knaben Wunderhorn» entstand, am 8. August 1805 nach Frankfurt aufgebrochen, um die dortige Drucklegung zu überwachen. Daraufhin hatte er sich Blüchers Armee angeschlossen, den Zusammenbruch Preußens erlebt und sich bei dem nach Königsberg geflüchteten preußischen Hof an den Reformversuchen von Staat und Heer beteiligt. Schon im Dezember 1806 hatte er in dem Aufsatz «An die Pommern und Märker» die Deutschen zur Massenerhebung gegen Napoleon aufgefordert. Erst Mitte Januar 1808 ist Arnim nach Heidelberg zurückgekommen, wo die beiden Folgebände von «Des Knaben Wunderhorn» gedruckt werden. Er wird von April bis August die «Zeitung für Einsiedler», die ihrerseits Voß attackiert, herausgeben und am 16. November Heidelberg wieder verlassen. In dem ersten Beitrag der Zeitung unter der Überschrift «Der Freye Dichtergarten», der von Arnim selbst stammt, ist der «kranke König» denn auch niemand anders als Napoleon, von dem es heißt: «Nieder wurde er getreten, / Seine Räthe allzugleich, / Keiner konnte beichten, beten; / Frey ist nun das ganze Reich.»

Clemens Brentano hatte zwar auf Einladung seines Marburger Freundes, des Professors für Philologie und alte Geschichte Friedrich Creuzer, 1804 seinen Wohnsitz nach Heidelberg verlegt und seine Freunde hergelockt. Doch nach dem Tod seiner Frau Sophie Mereau bei der Geburt des dritten, eines toten Kindes am 31. Oktober 1806 hielt sich Brentano vorwiegend in Kassel auf, wo die Brüder Grimm bei der Zusammenstellung der Texte für die Bände zwei und drei von «Des Knaben Wunderhorn» halfen. Erst am 29. April 1808 wird Brentano nach Heidelberg zurückkehren und die Einsiedlerzeitung, die seit dem 1. April erscheint, mitredigieren.

Da die Eichendorffs am 5. April 1808 nach Paris reisen und erst am 4. Mai wieder in Heidelberg sind, doch am 12. Mai schon auf Umwegen nach Lubowitz aufbrechen, käme für eine Begegnung mit Brentano nur die Zeit vom 4. bis 12. Mai in Frage. Sie hat jedoch nicht stattgefunden, wie aus Loebens Tagebuch hervorgeht, der an diesen Tagen täglich mit Joseph zusammengetroffen ist. Dessen Eintragungen für diese Zeit sind aus seinem Tagebuch entfernt und vermutlich – von der Familie Eichendorff wegen der Affäre mit Katharina Förster? – vernichtet worden.

Doch auch ohne die persönliche Bekanntschaft mit Arnim und Brentano in Heidelberg – sie wird Januar/Februar 1810 in Berlin nachgeholt – ist Eichendorff von dem ersten «Wunderhorn»-Band fasziniert, auch wenn es darüber nur zwei sparsame Hinweise im Tagebuch gibt, so Ende 1807: «Anfangs Dec: Knabes Wunderhorn.» Und am 13. März 1808, der Loeben-Kreis wandert gegen Handschuchsheim: «Mein Singen: Da droben auf jenem Berge u. polnische Lieder.» Es ist «Müllers Abschied», was Joseph singt, und erinnert in der Thematik – Liebesleid und Liebesabschied – sowie in der Wortwahl an Eichendorffs «Lied»: «In einem kühlen Grunde, / Da geht ein Mühlenrad». Doch wichtiger ist die formale Übereinstimmung: Die drei ganzen Hildebrandsstrophen von «Müllers Abschied» lassen sich in sechs halbe zerlegen und kommen dann dem Eichendorffschen Aufbau mit seinen fünf halben Strophen nahe, nur daß bei Eichendorff jeweils alle vier Verse den Kreuzreim aufweisen, in «Müllers Abschied» nur jeweils der zweite und vierte Vers. Das ist jedoch für den Volksliedton unerheblich, über den Eichendorff demnach schon gleich nach seiner Heidelberger Zeit verfügt, wird das «Lied» doch auf 1808 bis 1810 datiert; Loeben bietet es 1811, wie oben erwähnt, Justinus Kerner an. Zum Vergleich hier aus «Müllers Abschied» die zweite Strophe – in zwei halbe geteilt – und von Eichendorff die beiden ersten.

*Aus «Müllers Abschied»:*

Da unten in jenem Tale,
Da treibt das Wasser ein Rad,
Das treibet nichts als Liebe
Vom Abend bis wieder an Tag;

Das Rad, das ist gebrochen
Die Liebe, die hat ein End,
Und wenn zwei Liebende scheiden,
Sie reichen einander die Händ.

*Aus Eichendorffs «Lied»:*

In einem kühlen Grunde,
Da geht ein Mühlenrad,
Mein' Liebste ist verschwunden,
Die dort gewohnet hat.

Sie hat mir Treu versprochen,
Gab mir ein'n Ring dabei,
Sie hat die Treu gebrochen,
Mein Ringlein sprang entzwei.

Der Vergleich dieser beiden Lieder verweist auf ein allgemeines Problem, das sich für die Sammler alter Texte in der romantischen Phase der entstehenden Literaturgeschichte ergab: textgetreue Wiedergabe des Gefundenen mit der Gefahr, daß daraus kein Volksbuch für die Gegenwart wird und die Sammlung politisch, gesellschaftlich und kulturell wirkungslos bleibt, oder Überarbeitung der Texte mit dem Ziel, sie für möglichst viele Leser ansprechend zu machen und dadurch kulturpolitisch etwas zu bewegen? Als Brentano Arnim vorwirft, er gehe mit seinen Eingriffen zu weit, verweist dieser auf die Tradition der restaurierenden Denkmalpflege und den Horizont, in dem sich die Sammler altdeutscher Literatur sehen: «Die Menschen, die bis dahin hundert alte Lieder bloß als Merkwürdigkeit, als Sinnbilder einer anderen Zeit hatten vorüberstreichen lassen, sehen sie auf einmal mit ihren eigenen Worten verbunden. Der Beweis davon ist Goethes lobende Rezension vom Anfang bis zu Ende. Die grellsten Verkettungen von Altem und Neuem sind ihm die liebsten! denn nur in diesen bewährt sich ihm recht die Lebenskraft des

Alten.» Goethe hatte den ihm gewidmeten ersten Band des Werkes in der «Jenaischen Allgemeinen Literaturzeitung» vom 21./22. Januar 1806 enthusiastisch besprochen und zu weiteren Bänden ermuntert, wenn auch mit dem Wunsch an die Herausgeber, «daß sie sich vor dem Singsang der Minnesinger, vor der bänkelsängerischen Gemeinheit und vor der Plattheit der Meistersänger, so wie vor allem Pfäffischen und Pedantischen höchlich hüten mögen». Auch warnte er indirekt vor einer deutschtümelnden, verengten Perspektive, indem er anregte, «auch, was fremde Nationen, Engländer am meisten, Franzosen weniger, Spanier in einem andern Sinne, Italiener fast gar nicht, dieser Liederweise besitzen, auszusuchen und sie im Original und nach vorhandenen oder von ihnen selbst zu leistenden Übersetzungen darzulegen».

Die drei Bände von «Des Knaben Wunderhorn» mit ihren insgesamt über siebenhundert Volksliedern, Balladen und Romanzen aus allen Ständen, Epochen und Provinzen, darunter nicht wenige von Dichtern vor allem des Barock, die es in der Nachfolge von Martin Luther verstanden, dem Volk aufs Maul zu schauen, wie Friedrich Spee, Martin Opitz, Simon Dach, Grimmelshausen, Abraham a Santa Clara, Jakob Balde und Paul Gerhardt – die Lieder des «Wunderhorn» sind für Eichendorff, der die Lebenskraft sowohl der Alten wie der Neuen in sich spürt, der Strom, der ihn künftig trägt und für immer mit den Quellen verbindet, die für ihn letztlich göttlichen Ursprungs sind und deshalb dem modischen Treiben des Literaturbetriebs enthoben.

«Übrigens standen ihre Verfasser in der Tat einsiedlerisch genug über dem großen Treiben und Arnim und Brentano, obgleich sie neben Tieck, die einzigen *Produzenten* der Romantiker waren, wurden doch von der Schule niemals als vollkommen zünftig anerkannt», beendet Eichendorff in «Halle und Heidelberg» seine Charakteristik der Herausgeber der «Zeitung für Einsiedler» und von «Des Knaben Wunderhorn». Dieses verkaufte sich übrigens schlecht: Buchhändler Zimmer blieb auf den Exemplaren der Erstausgabe sitzen und verschleuderte die drei Bände noch kurz vor der Jahrhundertwende für 1,50 Mark.

Es war der Geist des «Wunderhorns», der über die Verbreitung einzelner Lieder in Gesangbüchern, unter Studenten, durch Männergesangvereine und die entstehende biedermeierliche Hausmusik und durch unzählige Nachahmer, Sammler und Dichter ein einheitliches deutsches Kulturbewußtsein schuf. In dem schon erwähnten «Poetischen Hausschatz des deutschen Volkes» von O. L. B. Wolff in der Auflage von 1850 zum Beispiel stammt in der Abteilung «Das deutsche Volkslied» die Hälfte der Texte aus «Des Knaben Wunderhorn».

Nicht von Dornen frei für Brentano und vor allem Achim von Arnim waren die Monate April bis August 1808 in Heidelberg. Es tobte ein Musenstreit, doch sah es mehr nach einer Entscheidungsschlacht zwischen Klassikern und Romantikern aus. Wer würde in den nächsten Jahrzehnten das Sagen haben?

Dabei fing alles so idyllisch an. Eichendorff hat es geschildert, als wäre er dabeigewesen, wie Arnim und Brentano bei Görres den Plan für die «Zeitung für Einsiedler» ausheckten, wobei Brentano «selbstkomponierte Lieder oft aus dem Stegreif zur Gitarre sang. Dies tat er am liebsten in Görres einsamer Klause, wo die Freunde allabendlich einzusprechen pflegten; und man könnte schwerlich einen ergötzlicheren Gegensatz der damals florierenden ästhetischen Tees ersinnen, als diese Abendunterhaltungen, häufig ohne Licht und brauchbare Stühle, bis tief in die Nacht hinein: wie da die Dreie alles Große und Bedeutende, das je die Welt bewegt hat, in ihre belebenden Kreise zogen, und mitten in dem Wetterleuchten tiefsinniger Gespräche Brentano mit seinem witzsprühenden Feuerwerk dazwischen fuhr, das dann gewöhnlich in ein schallendes Gelächter zerplatzte. Das nächste Resultat dieser Abende war die Einsiedlerzeitung, welche damals Arnim und Brentano in Heidelberg herausgaben. Das selten gewordene Blatt war eigentlich ein Programm der Romantik; einerseits die Kriegserklärung an das philisterhafte Publikum, dem es feierlich gewidmet und mit dessen wohlgetroffenen Porträt es verziert war; andrerseits eine Probe- und Musterkarte der neuen Bestrebungen: Beleuchtung des vergessenen Mittelalters und seiner poetischen Meisterwerke, sowie die ersten Lieder von Uhland, Justinus Kerner u. a. Die merkwürdige Zeitung hat nicht lange gelebt, aber ihren Zweck als Leuchtkugel und Feuersignal vollkommen erfüllt.»

Arnim glaubt anfänglich noch selbst an eine Versöhnung der beiden literarischen Richtungen oder wenigstens an gegenseitige Toleranz: «Der blinde Streit zwischen sogenannten Romantikern und sogenannten Classikern endet sich», heißt es in einer redaktionellen Notiz vom 26. April 1808, «was übrig bleibt, das lebt, unsre Blätter werden sich mit beyden und für beyde beschäftigen; man lernt das Eigenthümliche beyder Stämme wie in einzelnen Individuen erkennen, achten, und sich gegenseitig erläutern, und in seiner Entwicklung erkennen.» Deshalb druckt er demonstrativ «Auszüge aus zwei köstlichen Briefen Schillers an eine junge Dichterin», an Amalie von Imhoff, ab und dreimal Verse des kranken Hölderlin sowie von Jean Paul «Denksprüche aus einer Friedenspredigt an Deutschland». In der «Nachschrift dazu über literarische Kriege» unterstreicht Arnim den Friedenswillen: Jean Pauls Abdruckerlaubnis sei «gewiß ein gutes Zeichen für unsre Zeitung, möge diese Friedenspredigt wie das Oehlblat der Taube ihr auch Frieden bringen von dem Morgenblatte und andern Blättern, von denen sie angefochten worden, noch ehe ihre Zeit kommen.» Johann Heinrich Voß senior hatte in Cottas «Morgenblatt für gebildete Stände» bereits aufgrund der im Januar 1808 erschienenen Voranzeige für die Einsiedlerzeitung die Romantiker scharf angegriffen. Tatsächlich hatte Arnim darin die anderen Presseorgane durch seinen satirischen Schlußsatz provoziert: «Um unserem Institute einiges Ansehen zu geben nennen wir als unwillkührliche Mitarbeiter an unsrer Zeitung durch Aufnahme alles Besten aus der ganzen Welt den Freymüthigen, das Morgenblatt, das Sontagsblatt, den Anzeiger der Deutschen; endlich damit auch die zarte weibliche Hand nicht vermißt werde, die musikalische Zeitung, die Zeitung für die elegante Welt und die Teutona und alle übrigen, die für Geld zu haben sind. Alles ist uns eins, und eins wird aus allem.»

Voß hatte auch nicht vergessen, daß in Tiecks und August Wilhelm Schlegels «Musen-Almanach für das Jahr 1802» – Eichendorff liest ihn am 21. Juni 1807 in Heidelberg «unter der Brüke in dem engen Thale» – ein Gedicht von Johann Jakob Mnioch über «Hellenik und Romantik» ausklang: «Hellenisch Leben, du bist uns verlohren, / Darum haben das romant'sche wir erkohren.» Voß, der noch versucht hatte, als Homer-Übersetzer durch seine Versdichtung «Luise» den Hexameter in der volkstümlichen Dichtung, wie er sie verstand, heimisch zu machen, konterte deshalb erbost im «Morgenblatt»: «Den reinen Naturformen, in welchen des Alterthums freyer Genius sich verstärkt darstellt, wurden die unförmigen Vermummungen des dumpfen, von Hierarchen und Damen abhängigen Rittergeistes, – der beseelten Gestalt des Unschönen, des zur Göttlichkeit gesteigerten Menschlichen ward Ihres Ideals düsteres Fantom, dem Klassischen das wilde Romantische, dem Antiken das Moderne, ja wenn sie noch schamloser sich aussprachen, dem Irdischen Ihr Geistiges, dem Heidnischen Ihr Christkatholisches vorgezogen, und in den klingenden Tonweisen der Fidelare und Meistersänger erhöht.» Auch war da noch die Spottschrift von B-rentan-O und G-örre-S gleich BOGS, die bei Mohr und Zimmer 1807 erschienen war: «Wunderbare Geschichte von BOGS dem Uhrmacher», in der es hieß, und Voß hatte das auf sich bezogen: «Legt ab eure Füllhörner, Wunderhörner, Zauberhörner, euer Treiben ist nicht gut, werdet Uhrmacher, kommt bei mir in die Lehre, ich will euch ein Lehrjahr schenken.»

In der Tat war der Musenstreit durch die Beiträge von Görres und Brentano von Lieferung zu Lieferung schärfer und unerquicklicher geworden. Nach sechsundfünfzig Nummern stellte die «Zeitung für Einsiedler» am 30. August 1808 ihr Erscheinen ein. Das «Morgenblatt für gebildete Stände» brachte eine Todesanzeige in Sonettform mit der ersten Strophe:

Ach unser Schmerz stöhnt in gewohnten Weisen,
Die Siedlerzeitung hat der Tod entnommen!
Schon zwanzig Freyer waren angekommen,
Umsonst, sie mußte in den Rasen beißen.

Eichendorff hat fünfzig Jahre später den Streit in «Halle und Heidelberg» beschrieben und aus seiner Antipathie gegen Voß keinen Hehl gemacht: «In Heidelberg selbst aber saß der alte Voß, der sich bereits überlebt hatte, und darüber ganz grämlich geworden war. Mitten in dem staubigen Gewebe seiner Gelehrsamkeit lauerte er wie eine ungesellige Spinne, tückisch auf alles Junge und Neue zufahrend, das sich unvorsichtig dem Gespinste zu nähern unterfing. Besonders waren ihm, nebst dem Katholizismus, die Sonette verhaßt. Daher konnte Arnim, obgleich er anfangs aus großmütiger Pietät mit dem vereinsamten Greise friedlich zu verkehren suchte, dennoch zuletzt nicht umhin, ihm zu Ehren in der Einsiedlerzeitung in hundert Sonetten den Kampf des Sonetts mit dem alten Drachen zu beschreiben.»

Die nicht verkauften Exemplare der Zeitung wurden als Buch unter dem Titel «Trösteinsamkeit, alte und neue Sagen und Wahrsagungen, Geschichten und Gedichte. Herausgegeben von Ludwig Achim von Arnim. Mit zehn Kupfertafeln. Heidelberg bei Mohr und Zimmer 1808» angeboten.

## «Hertzerschneidende Resignation»: Lafontaines «Clara du Plessis» und Eichendorffs Käthchen von Rohrbach

Wie bei Achim von Arnim und Clemens Brentano ging auch bei Joseph von Eichendorff Dichtung ins alltägliche Leben über und dieses wiederum in Dichtung. Ein Beispiel dafür ist Eichendorffs Lektüre von August Heinrich Julius Lafontaines «Clara du Plessis und Clairant. Eine Geschichte zweier Liebenden. 1794. Neue verbesserte Auflage Berlin 1801». Das Buch gilt als der berühmteste zeitgeschichtliche Unterhaltungsroman der Epoche. Der Lothringer Clairant, Sohn eines Pächters aus dem dritten Stande und Neffe eines Priors aus dem zweiten Stande, liebt Clara, die Tochter des Vicomte du Plessis aus dem ersten Stande. Nachdem durch die Französische Revolution die Stände abgeschafft worden sind, scheint der Liebe nichts mehr im Wege zu stehen. Doch Claras Familie emigriert nach Deutschland, Clairant schließt sich der Revolutionsarmee an. Als beide, von ihren jeweiligen Milieus abgestoßen, sich endlich vereinigen wollen, stirbt Clara an ihrem seelischen Leiden den Liebestod. Die entscheidende Szene, in der sich Clara gegen den Willen ihres Vaters in die Arme ihres Geliebten stürzt, spielt bei Heidelberg am Wolfsbrunnen.

Für den 18. September 1807 notiert Eichendorff: «Lernten wir in der aesthetischen Abendstunde bey Görres deßen Schwager H. Lasseau[l]x Proffessor der R[echt]s Gelehrsamk[eit] aus Koblentz, ein pariser Incroyable, kennen. Unsere Unterhaltungen über Jurisprudentz mit ihm. Deßen u. Görres vortheilhaftes Urtheil über Lafontain[e]'s Clara du Plessis, die ich eben jezt mit ungemeinnem Intresse las.» Zwei Tage später machen sich die Brüder zum Wolfsbrunnen auf. Eichendorffs Schilderung ist ein Spiegelbild sowohl der Heidelberger Romantik wie seiner eigenen Befindlichkeit, die nichts Gutes verheißt: «Heute Nachmittag, als an dem Tage der heiligen Kirchweyh in Lubowitz, giengen wir beyde allein, durch Erinnerungen u. Clara du Plessis romantisch, zum erstenmale zum Wolfsbrunnen. Mit wunderbaren Gefühlen giengen wir über die linken Berge durch Gärten, Sträucher u. enge Felsenpfade, mit der immerwährenden Aussicht auf das liebliche Nekarthal unter uns, u. die gegenüberstehenden flaunig belaubten Berge, bis sich endlich der Weg senkte, u. uns das unbeschreiblich einsame Thal des Wolfsbrunnens in seine gantz eigne magische dunkle Stille aufnahm. Ein kleines uraltes steinernes Haus nebst einem eben so alten gantz schwartzen Springbrunnen steht bedeutungsvoll am Eingange in dieses Feenthal, wo der gehörnte Siegfried auf der Jagd von einer Princessin erschoßen worden, u. andere altdeutsche Mährchen ruhen. In dem alten Hause war alles öde u. still; nachdem wir aber einigemal gegen die Thüre Sturm gelaufen waren, erschien endlich ein kleines Mädchen, das uns den Eingang zu den ausgemauerten Bassins, in die der klare Wolfsbrunnen aufgefangen wird, u. die sich terrassenmäßig über einander erheben, eröffnete. Hier standen wir nun, im Hintergrunde ringst von fast gantz kahlen grauen Bergen umschloßen, auf demselben Orte, wo Clara stand, als sie ihren Clairant wiedersah, u. fütterten mit Brodtkrummen die Forellen, die größten theils Riesen in ihrer Art sind. Darauf verließen wir mit wahrer Rührung diesen merkwürdigen Ort wieder, deßen tiefste Einsamkeit mit einer gantz eignen großen Bangsamkeit fast das Hertz erdrükt. Es war ein trüber Tag, u. der Himmel lag schwer u. dunkel auf den Bergen.»

Denkt Eichendorff daran, daß auch er sich demnächst in seiner Heimat zwischen einer standesgemäßen Verbindung mit einer reichen Erbin und einer Liebesheirat mit einer wenig begüterten Landadeligen entscheiden muß? Oder ahnt er, daß er noch hier in Heidelberg eine dramatische Wiederholung des Clara-Clairant-Schicksals erleben wird, mit umgekehrten Rollen? Lafontaine, 1785 in Braunschweig als Sohn eines Malers aus einer französischen Emigrantenfamilie geboren, wurde nach theologischen Studien in Helmstedt erst Hofmeister, dann Feldprediger und ab 1801 Bestsellerautor und lebte auf einem Landgut bei Halle. Als Günstling Friedrich Wilhelms III. wurde er noch Kanonikus am Magdeburger Domstift und starb 1831 in Halle. Mehr Anekdotisches über den Erfolg Lafontaines weiß sogar Eichendorff entspannt und mit sichtlichem Vergnügen in «Halle und Heidelberg» zu berichten.

Am 19. März 1808 – es ist sein Namenstag, und Loeben wird ihm am Abend in Heidelberg den Dichternamen «Florens» geben – schreibt der zwanzigjährige Joseph von Eichendorff in Rohrbach in den Schnee den Namen seiner Geliebten, der neunzehnjährigen Katharina Barbara Förster. Sie hilft in der Familie ihres älteren Bruders aus, der eine Bäkkerei in Heidelberg hat, eine Wegstunde von Rohrbach entfernt: «Nachmittags schreklich nachgelauffen nach Rohrbach. Den Nahmen in den Schnee. Herausguken bey meinem Hinaufgehn in der langen Straße. Beym Vater. Uralte Großmutter. Wein u. Nüße.» Der katholische Freiherr Baron von Eichendorff verkehrt demnach schon in der Familie des protestantischen Küfermeisters Johann Georg Förster, der in diesen Wochen um seine Existenz kämpft. Die Konfessions- und Standesunterschiede, dazu in beiden Familien Existenzsorgen lassen für das Liebespaar unausweichliche Konflikte vorausahnen. Försters Frau Maria Barbara, geborene Astor, ist erst kürzlich, am 5. März 1807, verstorben. Von ihren elf Kindern sind außer Käthchen, die am 20. Januar 1789 geboren ist, noch drei ältere und zwei jüngere Schwestern zu Haus sowie Bruder Wilhelm, geboren 1791, in der Bäckerlehre wohl beim älteren Bruder in Heidelberg. Die Großmutter Eva Rosina Astor, eine Verwandte des berühmten Walldorfer Amerika-Auswanderers und späteren Millionärs Astor, ist achtundsiebzig Jahre alt. Die Astors sollen vertriebene Waldenser aus Savoyen gewesen sein, so daß Käthchen mütterlicherseits italienischen Geblütes gewesen wäre. Die Försters wohnen schräg gegenüber dem Wirtshaus «Zum Roten Ochsen», einem Treffpunkt für die Spaziergänger aus Heidelberg, vor allem die Studenten. Die dritte Frau des Ochsenwirts Johann Christoph Heis ist Käthchens Tante und Taufpatin und zur Zeit Eichendorffs nach dem Tod ihres Mannes die Wirtin.

Rohrbach, ursprünglich die an einem von Schilfrohr umwachsenen Bach gelegene Siedlung, eine gute Wegstunde südlich von Heidelberg, ist beliebt und berühmt. Eichendorff erwähnt es am 23. August 1807: «Gegen Abend mit Bally [einem Studienfreund] das erstemal in Rohrbach gewesen, wo wir den unbedeutenden Garten der Marggräfin besahen, u. der reichsfreyherrlichen Familie von Gemmingen begegneten. Rohrbach an der Mündung der heidelberger Berge in die Ebne, schön gelegen.» 1770 hatte Herzog Karl August von Pfalz-Zweibrücken in Rohrbach Land erworben und ein barockes Jagdschlößchen gebaut, das Friedrich Ludwig Sckell mit einem Park umgab. Nach dem Tod des Herzogs 1793 wurde sein jüngerer Bruder Max Joseph der Erbe «ohne Land», denn linksrheinisch gelegen war es von den Franzosen besetzt, und die Residenzstadt Mannheim befand sich im Belagerungszustand. So residierte Max Joseph mit seiner Familie von 1795 bis 1799 in Rohrbach, bis er seinen Onkel Karl Theodor, den Kurfürsten von Kurpfalz-Bayern, beerbt und nach München umsiedelt. Sein Sohn Ludwig, der spätere bayerische König Ludwig I. – er wird Görres nach München holen – hat vom neunten bis zum vierzehnten Lebensjahr in Rohrbach gelebt.

Am 30. März 1796 war die Mutter des kleinen Ludwig, Herzogin Auguste, Tochter des Landgrafen von Hessen-Darmstadt, gestorben, und Max Joseph heiratete die Prinzessin Karoline, Tochter des Erbprinzen von Baden-Durlach und seiner Frau Amalie von Hessen-Darmstadt. Die frühere Schwägerin Max Josephs wurde dadurch seine Schwiegermutter. Ihr, der Markgräfin Amalie von Baden, die seit 1801 Witwe war, schenkte am 30. April 1803 Max Joseph das Rohrbacher Schlößchen, nachdem die kurpfälzische Herrschaft am 25. Februar 1803 durch den Reichsdeputationshauptschluß vom Großherzogtum Baden unter Großherzog Karl Friedrich von Baden abgelöst worden war. Amalie, deren Hauptwohnsitz zwar das Bruchsaler Schloß bleibt, gilt als die «Schwiegermutter Europas». Von ihren Töchtern ist die älteste, Karoline, Königin von Bayern. Am 7. September 1807 notiert Eichendorff im Tagebuch: «Fuhr nachmittags die Königin v. Baiern mit einem badischen u. baierschen Vorreiter bey unseren Fenstern vorbey nach Rohrbach.» Die Tochter Luise ist russische Kaiserin, Gemahlin von Zar Alexander I., Friederike als Frau Gustavs IV. Königin von Schweden. Marie ist Herzogin von Braunschweig und Wilhelmine Großherzogin von Hessen-Darmstadt. Amalies Sohn Karl, der Großherzog von Baden, heiratet Napoleons Adoptivtochter Stefanie Beauharnais. Von ihnen schreibt Eichendorff am 20. Juli 1807 anläßlich eines Besuchs des Großherzogs in Heidelberg: «Der Erbgroßhertzog ein junger schöner u. kräftiger Mann. Die Hertzogin Stephanie

«*Hertzerschneidende Resignation*»: *Käthchen von Rohrbach* 243

fast zu frech. Der französ. Abbé mit dem schwartzen Käppchen. Später kam auch die Marggräfin [Amalie], eine würdige Dame. [...] Darauf soupirte der Hof in einer offnen erleuchteten Laube; ich aber balancirte dermaßen mit dem Liefländer Baron v. Brunnow auf Einem Stuhle, daß ich den gantzen Tisch übersehen konnte, wobey denn besonders die Augenkoketterie u. das schmachtende Herzandrüken der Stephanie sehr notable.» Angesichts dieser dynastischen Verbindungen wundert es nicht, wenn Zar Alexander I. 1813 seine Schwiegermutter in Rohrbach besuchen und im Juni 1815 der Zar und Kaiser Franz I. von Österreich bei der Markgräfin im Rohbacher Schlößchen zu Mittag essen wird. Auch Goethe hatte auf seiner dritten Schweiz-Reise Rohrbach am 26. August 1797 gepriesen, und er wird es auf seiner zweiten Rhein-Reise am 2. Oktober 1815 wieder besuchen.

Eine äußere Voraussetzung für Eichendorffs spätere Liebesaffäre war allem Anschein nach der Umzug am 1. Juli 1807. «Zogen wir schon früh um vier Uhr aus unserem alten Quartiere [dem Gasthof Prinz Carl], wo wir also einen Monath gestört u. ziemlich unangenehm gewohnt hatten, u. 111 Gulden hinterlaßen mußten, in unsere neue Wohnung in der Mannheimer Vorstadt beym Bäker Förster, wo in den munteren sommrigen Stuben ein schöneres, stilleres u. fleißigeres Leben begann. 2$^t$ Stok. Jalousiefenster. Ueber uns Proff. Schelver mit seiner schönen unsichtbaren Frau. Unter den Fenstern die große Mannheimer Passage, wo wir auch gleich Nachmittags, als ich eben nach Hause schrieb, die Großherzogin mit 6 Pferden u. einem Kammerjunker in rother Uniform voranreitend, vorüberfahren sahen.»

Vermutlich ist Eichendorff Käthchen Förster zum erstenmal dort begegnet, wo die junge Frau ihrer Schwägerin Eleonora, der Gattin ihres älteren Bruders, des Bäckermeisters Johann Jakob Förster, auch bei der Betreuung der Untermieter zur Seite steht. Am 29. März 1808, als die Liebe bereits lichterloh brennt, notiert Eichendorff stichwortartig dramatische Vorgänge im Haus der Bäckerei Förster: Wie er Käthchen hilft, wie die Schwägerin eifersüchtig wird, wie Käthchen ihn tröstet: «Ladenaufmachen – Aufstehn zum Einheitzen – Deseur [frz. desert: einsam, öd, wüst]. – Das böse Weib. – Nach 5 Uhr Abends: Küche. – Du l. J. [liebster Joseph] – Frieren an den Fingern u. Dürsten. Canapé – Gespräche von der Treppe».

Eichendorffs Bruder Wilhelm und der Freundeskreis Loeben verfolgen die Liaison mit Besorgnis. Ist man doch am Sonntag, dem 24. Januar 1808 noch ganz ungezwungen in Rohrbach gewesen, hat diskutiert, Studentenulk getrieben und unverbindlich Mädchen betört: «Wir beyde,

Isidorus, Strauss u. Budde Nachmittags nach Rohrbach. Dispute über die Bestialitaet. Eignes Stübchen u. Coffé im Ochsen. Strauss Liebeserklärungen gegen die Minke. Aufführung des Donauweibchens [ein romantisch-komisches Volksmärchen von C. F. Hensler mit der Musik von Ferdinand Kauer. Die Eichendorffs haben es als Schüler in Breslau 1802 dreimal gesehen.] – Im Bette schwimmen. – Sehr lustig. Auf dem Rükwege trafen wir kleine Mädchen mit Zythern, die wir singen ließen. Gespräch über Tiek u. Novalis.»

Doch gleich der erste ausführliche Eintrag Eichendorffs vierzehn Tage später, vom 7. Februar 1808, über die plötzlich aufflammende Zuneigung zu Käthchen – Liebe auf den ersten Blick – zeigt die Spannungen und den Stimmungswechsel: «Verunglükter Spaziergang nach Rohrbach mit Isid[orus] etc. Wie wir zurückkehren, geht K[äthchen] mit dem Bruder nach Rohrbach. Mein Nachrennen u. Einhohlen. Großer Wind. Trauer eines fast gebrochenen Hertzens. Sich selbst bedauern. Ich allein im Ochsen. Trüber Tag. Die Laden dunkel zu. Rauschen des Baches draußen. Nach kurtzem Harren herzlich munterer Rükweg. Erzählungen von Schlesien. Abschied am Schießthore.» Käthchen hat offensichtlich ihre Familie in Rohrbach besucht, und Eichendorff hat dort auf sie gewartet, um sie nach Heidelberg zurückzubegleiten. Um kein Aufsehen zu erregen, haben sich die Liebenden bereits beim Stadttor am Fuß des Schloßberges getrennt.

Am 9. Februar hat Joseph mit seinem Bruder Wilhelm eine Auseinandersetzung gehabt, so daß sich Joseph am nächsten Tage verstört nach Rohrbach flüchtet: «Nach großem Zank von gestern nach Rohrbach früh weg. – Sehr glatt, u. viel Schnee. Hertzerschneidende Resignation. Viel Rohrbacher begegnend. Schnupftuch. Winken durch die dürren Bäume rechts am Hause. Unsägliche Bangigk[eit]. – Abends wieder da.» Am nächsten Sonntag, dem 14. Februar, scheint der Loeben-Kreis noch einmal unter sich zu sein und zu versuchen, Joseph abzulenken: «Nachmittags wieder mit Isidorus, Strauß u. Budde in Rohrbach [...] 2$^{ter}$ Theil des Donauweibchens mit den Minken [Mädchen]. Wein. Im Rükwege Burschenlieder.»

Am 21. Februar sind Eichendorff und Käthchen wieder allein und wagen demonstrativ eine sonntägliche Promenade inmitten von Heidelberg: «Abends mit K. aus. Schöner Sternenschein. [...] Spatziergang auf der großen Straße.» Dennoch notiert Joseph für den Monat Februar rückblickend: «Große, große Schmertzen.» Am 1. März geht die Bäckerfamilie mit ihren jungen Untermietern Fastnacht feiern, doch kommt es durch Käthchen – wegen Eifersüchteleien? – zu Angstzuständen, und

Eichendorffs Bruder stellt Joseph zur Rede: «Hatten wir von wegen der Fastnacht Nachmittag Ferien. Abends gieng unsere sämmtliche Wirthsfamilie en masque nach Neuenheim. – Schwabenmädchen – Bekomplimentiren der Masken, als ich mir sie unten ansah. – Wein – große Bangigkeit – Nicht unwichtige Gespräche mit Wilhelm bis gen Mitternacht.»
Am nächsten Samstag, dem 6. März, begleitet Joseph die Geliebte wieder hinaus nach Rohrbach und holt sie am Abend wieder ab: «Nachmittag mit K. nach Rohrbach. Großer Koth. Am Dorfe an den Sträuchern des lezten Gartens: A. l. E. [Adieu, liebster Eichendorff] Wieder nach Heidelberg zurük, u. nach einem langen Gespräche mit Graf Krokow auf offner Straße wieder hinaus. Ausruhn u. Warten auf einem Schneehügel am Bache.»

Nachdem Eichendorff, der am 10. März zwanzig Jahre alt geworden ist, am 19. März, wie eingangs erwähnt, der Familie in Rohrbach einen förmlichen Besuch gemacht hat, kommt es am folgenden Sonntag, dem 21. März, in Abwesenheit von Käthchen, die wohl in Rohrbach ist, in der Bäckerei Förster in Heidelberg zum großen Krach anscheinend zwischen Käthchens Bruder und der Schwägerin, die daraufhin ihren Mann und das Kind verläßt: «Große, große Händel wegen gemachter Entdekungen. – Wirthin fortgelauffen. – Ich den gantzen Nachmittag unten in der Stube. – Plage mit dem Kinde [am 7. Mai 1807 war die Tochter Catharina Barbara geboren].» Eichendorff scheint sich um die Probleme der Familie Förster zu kümmern, weshalb er am Samstag darauf, nachdem er noch «mit Isidorus gespielt u. gesungen» hat, «schnellmöglichst nach Rohrbach» eilt. «Wieder beym Vater, u. Wein u. Nüße. – Roth u. schön. – Der schöne Wilhelm. – Gespräche über die Bibel. – Schlaues Lauschen der kleineren Schwestern. – Ueberall protestantische Rothkäppchenartige Sonntagsruhe fast mystisch – Darauf mit dem schönen Studentchen – bey großem Winde nach Hause. – Traurig.» Der «schöne Wilhelm» und das «schöne Studentchen» könnte der Sohn des reformierten Pfarres Bender von Rohrbach gewesen sein. Es gab in Rohrbach Reformierte und Lutheraner. Die reformierte Gemeinde wurde, nachdem sie 1742 ihre Kirche erweitert hatte, 1753 eigener Pfarrsitz. Die «Rothkäppchenartige Ruhe» spielt auf Tiecks Tragödie «Leben und Tod des kleinen Rothkäppchens» aus dem zweiten Band der «Romantischen Dichtungen» von 1800 an.

Samstag, der 3. April, ist für Eichendorffs Liebe der schwarze Tag. «Als ich eben vom Spatziergange zurükam, K. mit Schwester u. Kameradin nach Rohrbach hinaus, unerwarteterweise Heidelberg gantz verlaßend. – Isidor, u. viele Studenten begegnend. Schöner, warmer Abend.

K. umschlungen u. sehr lieb. An der wohlbekannten Heke am Bache langer herzlicher Abschied.» Vielleicht ist der Rückgang des Weinanbaus, bedingt durch die Umstellung der Landwirtschaft und durch die beginnende Industrialisierung, Ursache dafür, daß sich die Küfnerei Johann Georg Försters in Rohrbach nicht halten kann und Käthchens Vater sein Haus verkauft und mit der immer noch großen Familie wegzieht, wohin, ist nicht überliefert.

Wir wissen nicht, wie Eichendorff in den folgenden Wochen darauf reagiert hat. Denn mit diesem Eintrag endet Josephs in Schweinsleder gebundenes Tagebuch. Danach benutzte Eichendorff geheftete Bögen, von denen jedoch die sich hier anschließenden bis zum 7. Oktober 1809 verloren sind. Vermutlich wurden sie von der Familie vernichtet, da sie in deren Augen Intimes und Familiäres enthielten, nicht geeignet für die Öffentlichkeit: das vermutlich rebellische Verhalten Eichendorffs nach Käthchens Abreise und die ruinierten Vermögensverhältnisse in Lubowitz.

Doch hat uns Eichendorff eine Reihe von Gedichten hinterlassen, in denen er, wie 1804 in der Affäre mit der «Morgenröthe», nun die Liebe zu Katharina Förster frei verarbeitet. Die Verse gehören zu den schönsten Liedern dieser Frühzeit. Zunächst wird das schon erwähnte «In einem kühlen Grund, / Da geht ein Mühlenrad» auf Rohrbach bezogen. Tatsächlich gab es in Rohrbach 1790 noch fünf Mühlen, eine hieß die «Förstermühle». Sie befand sich in der Flur «Kühler Grund», soll eine Ölmühle mit einem riesigen Rad gewesen und von Käthchens Onkel, dem Zwillingsbruder ihres Vaters, betrieben worden sein.

Auffällig ist in diesem Lied und durchgehend auch in den übrigen, daß von einer Untreue der Geliebten die Rede ist. Demnach scheint es zwischen Eichendorff und Käthchen doch zu einem Zerwürfnis gekommen zu sein, für das es jedoch nur diesen Anhaltspunkt in den Gedichten gibt. Vielleicht ist Käthchen durch Eichendorffs Bruder Wilhelm, den Loeben-Kreis und schließlich auch durch ihre eigene Familie von der Aussichtslosigkeit ihrer Liebe überzeugt worden, und man hat sie gedrängt, Joseph den Korb zu geben, um eine dauerhafte Trennung herbeizuführen.

Joseph scheint das Spiel nicht durchschaut zu haben und muß über Käthchens vermeintliche Untreue so verzweifelt gewesen sein, daß er mit Todesgedanken gespielt hat. So klingt denn auch das «Lied» «In einem kühlen Grunde» entsprechend ausweglos. Nachdem in den beiden ersten Strophen der Treubruch durch die Liebste dreimal beklagt wird, heißt es dann:

Ich möcht' als Spielmann reisen   Ich möchte' als Reiter fliegen
Weit in die Welt hinaus,          Wohl in die blut'ge Schlacht,
Und singen meine Weisen           Um stille Feuer liegen
Und gehn von Haus zu Haus.        Im Feld bei dunkler Nacht.

> Hör' ich das Mühlrad gehen,
> Ich weiß nicht, was ich will,
> Ich möcht' am liebsten sterben,
> Da wär's auf einmal still.

Wenn man die übrigen Liebeslieder der Jahre 1808 bis 1810 auf die gemeinsam auftretenden Schlüsselwörter «Frühling, Liebe, Untreue, Abschied, Einsamkeit und Tod» durchmustert, stößt man auf über zwanzig Gedichte. Darin finden sich Verse, die zeigen, wie sehr Eichendorff durch die jäh abgeschnittene Liebe zu Katharina Förster für sein Leben gezeichnet worden ist.

Nach ihrer Paris-Reise sind die Eichendorffs vom 4. bis 12. Mai noch einmal in Heidelberg, meist in Gesellschaft des Grafen Loeben. In dessen Tagebuch vom 11. Mai heißt es: «Heute früh mit Julius und Florens im himml. Rohrbach zum letzenmal geseß. Auf der Bank, im Grünen, Hölderlins Ged. im Seckend. M. Alman. gelesen.» Es wird von den drei Gedichten im «Musenalmanach» des Freiherrn Leo von Seckendorff in Wien, an den die Eichendorffs einen Empfehlungsbrief von Görres im Reisegepäck haben, «Die Nacht» gewesen sein, das später die Elegie «Brod und Wein» eröffnet. Brentano hat das Gedicht «viel hundertmal gelesen und in mancherlei Zuständen Frieden und Erhebung drin gefunden», so wohl auch Eichendorff in den Versen:

> Aber das Saitenspiel tönt fern aus Gärten; vielleicht, daß
>   Dort ein Liebendes spielt, oder ein einsamer Mann
> Ferner Freunde gedenkt und der Jugendzeit; und die Brunnen
>   Immerquellend und frisch rauschen an duftendem Beet.

Katharina Förster soll später, kurz vor ihrem Tod, noch in der Bäckerei und Weinwirtschaft «Zur schwarzen Traube» in der Heidelberger Haspelgasse gearbeitet haben. Ihr Stiefneffe Philipp Andreas Treiber hatte das Lokal am 28. April 1836 erworben. Sie stirbt unverheiratet mit achtundvierzig Jahren am 30. Juli 1837, zwanzig Jahre vor Eichendorff, und wird auf dem Friedhof bei der Peterskirche in Heidelberg beigesetzt, der nicht mehr existiert.

Weder Halle noch Wien, in denen Eichendorff ebenfalls starke Eindrücke für sein Werk erhalten hat, können sich mit Heidelberg vergleichen. Neben seiner schlesischen Heimat bestimmt diese Stadt am stärksten die Atmosphäre vieler Eichendorffscher Dichtungen. Vor allem sind es die Heidelberger Zerreißproben zwischen Loebens schwärmerischer Aftermystik und des Wunderhorns Volksdichtung sowie zwischen der traumhaften, verführischen Zauberin in der Phantasie und der wirklichen, wenn auch aussichtslosen Liebe zu Katharina Förster, an denen sich Eichendorff sein Leben lang dichterisch abarbeitet.

In seinem Jugendroman «Ahnung und Gegenwart», an dem Eichendorff von 1810 bis 1812 schreibt und der kriegsbedingt erst 1815 erscheinen wird, karikiert er im 12. Kapitel den Grafen Loeben, der in einer vor allem von Damen besuchten Teegesellschaft seine Gedichte vorträgt. Im gleichen Roman finden sich im 20. Kapitel auch Anklänge an das Käthchen von Rohrbach, wobei für den Grafen Friedrich ihre Gestalt verschmilzt mit anderen Mädchenbildern aus seiner Kindheit und Jugend, mit der «Morgenröthe» und mit «Philippinchen». In seiner Novelle «Viel Lärmen um Nichts» von 1832 läßt Eichendorff den Prinzen Romano seine Jugendliebe, ein Müllermädchen, wiederfinden, malt ein Bild, das an Rohrbach erinnert und zeigt die ablehnende Reaktion der Gesellschaft. Auch in dem Lustspiel «Die Freier» von 1833 erinnern sich die Gräfin Adele, eine «Zauberin», und ihre Zofe an eine Szene in Heidelberg, nachdem sie ein Jagdhorn gehört hat:

> Denkst Du des Abends noch in Heidelberg?
> So standen auf dem Söller wir der Burg,
> Bis alles still, und nur die Wälder rauschten
> Noch über uns, und unter uns der Neckar.
> Da kam ein Schifflein auf dem Strom gezogen
> Mit Waldhornsklang und Fackelschein, der seltsam
> Sich spiegelt' rings am Fels und in der Flut –
> Und auf des Schiffes Spitze, über alle
> Hochragend, stand ein fröhlicher Gesell.

In der Eingangsszenerie des Romans «Dichter und ihre Gesellen» von 1834 erinnert sich Eichendorff an seine Heidelberger Studienzeit: Der junge Reiter «sann lange nach, was ihn hier mit so altbekannten Augen ansah, und sang immerfort ein längstverklungenes Lied leise in sich hinein, ohne zu wissen, woher der Nachhall kam. Da fiel es ihm plötzlich auf's Herz: wie in *Heidelberg* lagen die Häuser da unten zwischen den Gärten und Felsen und Abendlichtern, wie in Heidelberg rauschte der Strom aus dem Grunde, und der Wald von allen Höhen! *So* war er als Student manchen lauen Abend sommermüde von den Bergen heimgekehrt, und hatte über die Feuersäule, die das Abendrot über den Neckar warf, in die duftige Tal-Ferne gleich wie in sein künftiges noch ungewisses Leben hinausgeschaut.»

Schließlich stellt Eichendorff in dem Versepos «Robert und Guiscard» 1854 seine Auseinandersetzung mit der Französischen Revolution in den idyllischen Rahmen von Heidelberg. Er läßt die Liebenden, Guiscard und Marie, die aus Frankreich flüchten mußten, in Heidelberg Ruhe und Heimat finden, anders als Lafontaines Clara und Clairant, an die sich Eichendorff sicherlich auch erinnert. In diesen letzten Versen korrigiert Eichendorff, drei Jahre vor seinem Tode, auch, was er aus allzumenschlicher Perspektive zweifelnd gedichtet hat über Heidelbergs verlogene Zaubereien: Sind sie doch in seinem Leben mild entwirrt worden und als deutliche Warnzeichen eingegangen in sein Werk.

> Und saßen dort sie so beim Waldesrauschen,
> Das nimmer weiß von der Welteitelkeit,
> Mit keinem Kön'ge mochten sie da tauschen
> In dieser abendstillen Einsamkeit. –
> So wolle Gott all' Wirrsaal mild entwirren.
> Und gnädig richten, die da menschlich irren.

## Neuntes Kapitel

## «Ach wär' ich im stillen Hafen!»
### oder
### Wie sich Eichendorff in Paris, Wien und Berlin nach Pogrzebin sehnt

«Mein' Seele ist so beklommen,
Die Gassen sind leer und tot,
Da hab' ich die Laute genommen
Und singe in meiner Not.

Ach wär' ich im stillen Hafen
Kalte Winde am Fenster gehn,
Schlaf ruhig, mein Liebchen, schlafe,
Treu' Liebe wird ewig bestehn!»

«Hohlten wir uns Päße nach Speyer in Frankreich», schreibt Eichendorff am 15. Juli 1807, acht Monate vor der Parisreise, ins Tagebuch. Es ist die erste Stippvisite ins napoleonische Frankreich, «wo wir morgen die dort durchmarschierenden spanischen Truppen betrachten wollten».

Der «Reise-Paß von der Polizei-Direktion der Großherzoglichen Haupt- und alten Residenz-Stadt Heidelberg in der Badischen Pfalzgrafschaft» dokumentiert nicht nur die Physiognomie Joseph von Eichendorffs, sondern auch das damalige großzügige Paßwesen, spielt doch anscheinend der Vorname keine Rolle und auch nicht der von der Behörde falsch geschriebene Familienname: «für Hh. Baron von Eigendorf aus Rattibor gebürtig in Schleßien welcher nach einem Aufenthalt von drei Monaten nunmehro zum Vergnügen mit seinem Bedienten nach Speier in Frankreich zu reisen gesonnen ist. Obenbemerkter ist von / 20 Jahren / mittler[rer] Statur / glatten Gesicht / spizer Nase / blonden Haaren / grauen Augen / ohne sonstigen Zeichen. Dieser Paß ist gültig auf drei Tage. Dessen Unterschrift: Baron v. Eichendorff».

*Speyer und «der königliche Rhein»: Die Geburt eines Mythos*

Am nächsten Tag nachts um halb eins fuhr der Diener Schöpp die Brüder dann im Cabriolet über Schwetzingen bis an den «königlichen Rhein,

21 Eichendorff 1809

den wir also heute zum erstenmale erblikten. Sein imposantes Aeußere, das stille kräftige Strömen, u. die eigen weiß-silbernen hohen Wogen überraschten uns. Hier wurden wir übergefahren, während ein Rheinschiff, das schon 2 Masten hat, auf uns zukam.» Das erste Dampfschiff wird erst 1816 den Rhein befahren.

Ist den Brüdern Eichendorff, die bereits die Oder, Saale und den Nekkar erlebt sowie die Elbe und die Donau bestaunt haben, bewußt, daß sie die Geburt des Rheins als romantischen Mythos miterleben und mitgestalten: die Deutung einer grandiosen Naturerscheinung als Bild und Gleichnis für die Geschichte Europas, seiner Zerrissenheit durch äußere und innere Grenzen, seiner Sehnsucht nach Grenzüberschreitungen und Vereinigung? Die Formulierung «königlicher Rhein» scheint es nahezulegen. Hat doch als erster Friedrich Schlegel in seiner «Reise nach Frankreich» von 1802 in der ersten Nummer seiner in Paris redigierten Zeitschrift «Europa», die 1803 «in Frankfurt a. M. bei Friedrich Wilman» erschienen ist, die politischen Grundtöne romantischer Rheinerfahrung programmatisch angeschlagen: die Trauer über ein verlorenes Vaterland und eine von der Jugend getragene Hoffnung auf ein neues, europäisches Reich mit weltweiter Strahlkraft, freilich unter deutscher Vorherrschaft: «Nirgends werden die Erinnerungen an das, was die Deutschen einst waren, und was sie seyn könnten, so wach, als am Rheine. Der Anblick dieses königlichen Stromes muß jedes deutsche Herz mit Wehmuth erfüllen. Wie er durch Felsen mit Riesenkraft in ungeheuerm Sturz herabfällt, dann mächtig seine breiten Wogen durch die fruchtreichsten Niederungen wälzt, um sich endlich in das flachere Land zu verlieren; so ist er das nur zu treue Bild unsers Vaterlandes, unsrer Geschichte und unsers Charakters. Hier wäre der Ort, wo eine Welt zusammenkommen und von hieraus übersehen und gelenkt werden könnte, wenn nicht eine enge Barriere die sogenannte Hauptstadt umschränkte, sondern statt der unnatürlich natürlichen Gränze und der kläglich zerrißnen Einheit der Länder und Nationen, eine Kette von Burgen, Städten und Dörfern längs dem herrlichen Strome wiederum ein Ganzes und gleichsam eine größere Stadt bildeten, als würdigen Mittelpunkt eines glücklichen Welttheils.» Und Schlegel besingt Vergangenheit, Gegenwart und Zukunft des Rheins in einem anschließenden Gedicht.

Auch Eichendorff wird seinen Jugendroman «Ahnung und Gegenwart» zehn Jahre nach Friedrich Schlegel und unter seinen Augen in Wien mit einem Rheingedicht beenden, in dem er ähnlich wie Schlegel die einigende Kraft des Flusses beschwört:

> Kühle auf dem schönen Rheine
> Fuhren wir vereinte Brüder,
> Tranken von dem goldnen Weine,
> Singend gute deutsche Lieder.
> Was uns dort erfüllt die Brust,
> Sollen wir halten,
> Niemals erkalten
> Und vollbringen treu mit Lust!
> Und so wollen wir uns teilen,
> *Eines* Fels verschiedne Quellen,
> Bleiben so auf hundert Meilen
> Ewig redliche Gesellen!

Im fünfzehnten Kapitel des Romans spielt Eichendorff die mythische Rolle des Rheins voll aus. Zunächst parodiert er in der Gestalt eines Schillerianers, eines Epigonen der Klassik, deren Geniekult, der sich nicht an der Natur, sondern an Texten über sie entzündet: «weil euch die ganze

Natur nur der Text dazu ist». Und er verweist den heruntergekommenen Klassiker, der ohne eigene religiöse Erfahrung der Natur ist, an die romantische Weltsicht, für die der Rhein eine erlebte Hieroglyphe ist.

Eichendorff läßt in diesem Rheinkapitel auch noch andere der sagen- und märchenhaften mythischen Elemente des Stromes anklingen. Es ist wohl eine Hommage an Clemens Brentano und seine Ballade von der verlockenden Zauberin Lore Lay in seinem Roman «Godwi», wenn Eichendorff Leontin singen läßt:

> So reich geschmückt ist Roß und Weib,
> So wunderschön der junge Leib,
> Jetzt kenn' ich Dich – Gott steh' mir bei!
> Du bist die Hexe Lorelay.

Schließlich ist der Rhein auch ein verschlingendes, trennendes Element – Erwin stürzte sich in den Strom und «kehrte nicht mehr zurück» –, auch wenn die Jäger das Gegenteil erhoffen:

> Wir wollen stille sitzen und nicht weinen,
> Wir wollen in den Rhein hinuntersehen,
> Und, wird es finster auf der Welt, nicht scheiden.

Es ist die letzte Strophe eines Sonetts, das in Eichendorffs Gedichtsammlung 1837 den Titel trägt «An A...», vermutlich Achim von Arnim. War dieser doch 1802, im gleichen Jahr wie Friedrich Schlegel, zusammen mit Clemens Brentano auf einer Rheinreise, über die er am 9. Juli 1802 schrieb: «Die Erinnerung an unsere Rheinreise ist mir eine kräftige Riechbüchse, wenn es in der Gegenwart stinkt.» Und am 28. Juli 1802 formuliert er noch vor Schlegel und Eichendorff die typisch romantische Rheinerfahrung: «daß eine gewaltige Dichtung durch die ganze Natur weht, bald als Geschichte, bald als Naturereignis hervortritt, die der Dichter nur in einzelnen schwachen Wiederklängen aufzufassen braucht, um ins tiefste Gemüth mit unendlicher Klarheit zu dringen». Natur und Geschichte als göttliche Dichtung: das ist denn auch Eichendorffs Überzeugung bis ans Ende seines Lebens, wobei er nicht müde wird, die Freiheit und Verantwortung des Menschen für beides zu betonen.

«Nun standen wir denn zum erstenmale auf französischem Boden», fährt der Tagebucheintrag vom 16. Juli 1807 nach der Landung auf linksrheinischem Gebiet fort: «Vom Rhein bis nach *Speyer* fuhren wir nur noch ein kleines Viertelstündchen, u. wurden am Thor von einem französischen Gräntzjäger, der sich gantz höflich die visite de la carosse ausbat, untersucht. Wir kehrten am Thore im Einhorn ein. Nach eingenommenem Frühstük gieng ich mit Wilhelm in die Stadt, die, ein rührender Trümmer alter deutscher Kraft u. Herrlichkeit, immer unbedeutender wird, u. bange Empfindungen erwekt.» Speyer, seit 1294 freie Reichsstadt, ist durch die Reichstage der Reformationszeit berühmt: 1529 protestierten hier die mit Luther sympathisierenden Fürsten und Reichsstädte gegen die reformationsfeindliche Reichstagsmehrheit, daher der Name «Protestanten» für die Anhänger des neuen Glaubens. Nach der Eroberung durch die französischen Revolutionstruppen 1794 ist Speyer seit 1797 Sitz des gleichnamigen Arrondissements im Département Mont-Tonnère (Donnersberg). Die Eichendorffs besuchen «die ungeheueren Ruinen der gewesenen Dom-Dechantey» und den Dom selbst, «schon über 800 Jahre alt, u. erst seit der Revolution Ruine». Sie blicken «durch ein Loch in die vermauerte Gruft, wo die 4 deutschen Kaiser: Adolph v. Nassau, Rudolph v. Habsburg, Albrecht v. Oesterreich u. Friedrich II begraben liegen».

Nach einem kleinen «Spaß mit den Bauermädchen, die hier ausnehmend schön sind (kurzte Taille, groß u. schlank, große runde Strohhüte)», klettern die Eichendorffs auf eine alte Mauer, «von wo man eine himmlische Aussicht hatte auf ein herrliches Thal mit zerstreuten Ruinen u. auf die Voghesen,» und erwarten die Spanier. «Endlich kamen sie über den Berg herüber; voran sprengten einige Offiziers auf andalusischen Hengsten. Darauf folgte ein Artilleriecorps mit Canonen, u. später noch ein viel stärkeres.» Eichendorffs detaillierte Beschreibung der Uniformen, Waffen, Pferde und Maultiere, der «seltsamen maurischen Physiognomien» mit «Zigeunerfarbe» verrät nicht nur den immer schärfer werdenden Blick des Schriftstellers fürs Detail, sondern auch den Wunsch des Zwanzigjährigen, selbst einmal als Offizier Dienst zu tun. Deshalb fünf Jahre später sein Eintritt ins Lützowsche Freikorps und seine Enttäuschung, daß er sich aus Geldmangel statt zur Kavallerie nur zur Infanterie melden kann. Ferner registriert Eichendorff: «Auch wurden bald darauf mehrere Conscripts aus dem Inneren von Frankreich eingebracht, u. von französ. Offiziers exercirt.» Es handelt sich um junge Rekruten, frisch einberufene französische Wehrpflichtige, die nicht in die ausländischen Truppenverbände integriert werden. Die spanischen Truppen gehören zu den Kontingenten, die dem französischen Kaiser von den napoleonischen Satellitenstaaten gestellt werden müssen. Im Laufe seiner Feldzüge bis 1814 wird das Kontingent des Rheinbundes von 60 000 auf 120 000 erhöht, stellen die Cisalpinische Republik bzw. das Königreich Italien 218 000 Mann, das Königreich Neapel unter Joseph Bonaparte und seit 1808 unter Napoleons Schwager Marschall Murat 60 000, Holland unter Louis

Bonaparte 36000, die Schweiz 10000 und Spanien ab 1808 unter Joseph Bonaparte ein vergleichsweise kleines Kontingent von 15000 Mann. Die spanischen Truppen, die hier in Speyer eine Attraktion sind, ahnen kaum, daß es in ihrer Heimat im nächsten Jahr 1808 zu einer nationalen Erhebung kommt, die Napoleon in ernste Schwierigkeiten bringt. Handelt es sich doch um die erste Volkserhebung gegen die französische Besatzung, die Schule machen wird. 1809 kommt es zur Erhebung Österreichs und zum Volkskrieg in Tirol, 1813 dann zur Erhebung Preußens, an der sich auch Eichendorff beteiligen wird.

Doch nicht nur die Erhebung der Völker gegen Napoleon ist insgeheim Thema in Speyer – «Heimliches Gespräch 2$^{er}$ Bauern. (Es ist nicht länger auszuhalten)», wie Eichendorff notiert –, sondern für ihn gewinnt auch durch eine solche Truppenschau Spanien an Faszination. Jedenfalls wird am 3. und 5. April 1808 zum Abschied der Eichendorffs aus Heidelberg Wilhelm Budde im schwülstigen Stil des Eleusischen Bundes in sein Tagebuch über Joseph notieren: «Ein italienisch kräftiges und brausendes Sehnen der Liebe ist ihm fremd, wie der reiche und glühende Himmel Italiens. Aber wo milder Blumenstaub in der Provence und Spanien die Luft erfüllt und zarte Lieder der Liebe, aus dem Herzen des Volkes gehaucht, da wohnt sein Gemüt, und sein Leben wie sein Gesang klingt uns Deutschen aus einer südwestlichen Welt her.» Und über beide Brüder beim Abschied heißt es: «Sie waren beide sehr gerührt, vorzüglich der Jüngste, dessen Sinn immer nur nach Spanien ging und nach der provenzalischen Liebe.»

## «Heißhunger nach Deutschland»: Über Straßburg nach Paris

Vermutlich ist es ein Vorschlag des Heidelberger Freundes Nikolaus Heinrich Julius, der die Eichendorffs am 5. April 1808 auf ihrer Studienreise nach Paris nicht wie 1802 die Schlegels die nördlichere Route über Metz nehmen läßt, sondern die südlichere über Straßburg und dann durch die Lorraine (Lothringen) über Nancy und durch die Champagne. So können sie bis Straßburg, wo sich ihre Wege trennen, wenigstens gemeinsam reisen, was, abgesehen davon, daß man Straßburg gesehen haben muß, auch amüsanter und für die Eichendorffs weniger kostspielig ist, müssen sie doch ihre Groschen zusammenhalten.

Julius dagegen kann es sich leisten, auf größerem Fuß zu leben, woran er die Freiherrn auch teilhaben läßt. Joseph hat den fünf Jahre älteren Medizinstudenten mit sozialen und musischen Interessen, der aus einer begüterten jüdischen Familie in Hamburg stammt, gleich am ersten Tag des Heidelberger Aufenthalts vor fast einem Jahr beim Abendessen im Carlsberg kennen gelernt. Julius, «der eine seltne uralte Bibliothek (Ulphilas, alte franz. Romane etc. Zum Theil von Brentano) hat», führte dann die Eichendorffs bei Görres ein und blieb, nicht nur weil er die Eichendorffs häufig freihält, ein geschätzter Kommilitone – bis zum 10. August 1807 abends, als Joseph ihm, während sie «die außerordentlichen Taschenspielerkünste des H. Castelli» ansahen, mit seiner Fragerei nervte, so daß Julius ihn anfuhr: «Du frägst (nach der Uhr[zeit]) wie ein altes Weib.» Die Reaktion Eichendorffs überrascht: Er bricht sofort jeglichen Kontakt mit dem Freund ab und läßt zwei Tage später anscheinend durch die Landsmannschaft der «Rheinländer» Julius offiziell zur Rede stellen, «coramiren», wie es in der Studentensprache heißt und Eichendorff auch im Tagebuch formuliert: «Die Antwort aber war: er habe nicht beleidigen wollen. Die Folgen dieser Suite: gäntzliche Trennung von Julius». Das klingt, als hätte es dem Baron von Eichendorff leid getan, Julius nicht zum Duell herausfordern zu können. Doch waren in der deutschen ständischen Gesellschaft und auch nach dem Comment der Studentenverbindungen nur Adelige und Offiziere satisfaktionsfähig. Daran hatte auch der in den Rheinbundstaaten eingeführte Code Napoléon noch nichts geändert. Erst am 2. Februar 1808 notierte Joseph: «Dann bey dem jezt sehr freundlichen Julius Thee» getrunken. Die Freundschaft mit ihm wird denn auch als einzige aus der Heidelberger Studienzeit bis an ihr Lebensende dauern. Julius stirbt 1862 in Hamburg, fünf Jahre nach Eichendorff.

In Straßburg angekommen, besteigen die Freunde wie achtundzwanzig Jahre vor ihnen Goethe das Münster, das, wie Eichendorffs Sohn Hermann in seiner Biographie des Vaters 1864 anmerkt, «noch immer nach der alten Heimat hinüberschaut, an eine alte ungetilgte Schuld mahnend». Straßburg, seit 1262 Freie Reichsstadt, wurde 1681 durch Ludwig XIV. Frankreich in Form einer Realunion angegliedert und ist seit der Französischen Revolution Hauptstadt des Departement du Bas-Rhin. Fanatisierte Revolutionäre hatten 1793 am Münster, der Kathedrale Unserer Lieben Frau, 235 Statuen zerstört und das Innere vorübergehend in einen «Tempel der Vernunft» umfunktioniert.

Es ist zwei Jahre her, daß Friedrich Schlegel im «Poetischen Taschenbuch für das Jahr 1806» seine «Briefe auf einer Reise durch die Niederlande, Rheingegenden, die Schweiz und einen Teil von Frankreich» veröffentlichte, denen er 1823 den Titel «Grundzüge der gotischen Baukunst» geben wird. Tatsächlich hatte er sich nach seinem ersten Paris-Aufenthalt, wo ihm die Brüder Boisserée die Augen für die gotische

«Heißhunger nach Deutschland»: Über Straßburg nach Paris 257

Baukunst am Beispiel der Kathedrale von Notre-Dame öffneten, seit April 1804 in Köln unter Anleitung der Boisserées intensiver mit der gotischen Architektur befaßt und im Herbst 1805 eine zweite Paris-Reise über Straßburg, Basel, Bern, Coppet am Genfer See, Lyon unternommen, in deren Zentrum die Wiederentdeckung der Gotik für das Kunstprogramm der Romantik stand. So schreibt Schlegel über Straßburg: «Der weltberühmte Münster verdient wohl seinen Ruhm, und ist unstreitig eines der vorzüglichsten Denkmale der gotischen Baukunst [...]. Der Stil der Bauart ist jener kunstreiche der zweiten Epoche der gotischen Baukunst, in welchem auch der kölnische Dom und der Stephansturm zu Wien gebaut sind.» Im Schatten des letzteren werden Schlegel und Eichendorff in den nächsten Jahren leben und studieren.

Eichendorff erinnert sich fünfzig Jahre später in «Halle und Heidelberg» durch eine Bemerkung über Goethe an sein eigenes Münstererlebnis, steht es doch auch für ihn am Anfang seiner lebenslangen Bemühung um die Wiederherstellung gotischer Baudenkmäler. «Die Baukunst endlich, diese hieroglyphische Lapidarschrift der wechselnden Nationalbildung, war grade in das allgemeine Stadium der damaligen Literatur mit eingerückt: kaserniertes Bürgerwohl mit heidnischen Substruktionen, die Antike im Schlafrock des häuslichen Familienglücks. Da erfaßte plötzlich die erstaunten Deutschen wieder eine Ahnung von der Schönheit und symbolischen Bedeutung ihrer alten Bauwerke, an denen sie solange gleichgültig vorübergegangen. Der junge Goethe hatte zuerst vom Straßburger Münster den neuen Tag ausgerufen, sich aber leider dabei so bedeutend überschrien, daß er seitdem ziemlich heiser blieb. Besonnener und gründlicher wies Sulpice Boisserée auf den Riesengeist des Kölner Domes hin, der bekanntlich noch bis heut sein mühseliges Auferstehungsfest feiert. – Das augenfälligste Bild dieser Umwandlung aber gibt die Geschichte der Marienburg, des Haupthauses des deutschen Ritterordens in Preußen.» Eichendorff selbst wird die Geschichte der «Wiederherstellung» der Marienburg 1844 veröffentlichen und 1842 für den Kölner Dombau werben.

Seit Friedrich und Dorothea Schlegel, der Einladung der Brüder Boisserée nach Köln folgend, im April 1804 Paris verlassen haben, hat sich Frankreich am 18. Mai durch Senatsbeschluß in ein erbliches Kaisertum verwandelt, was durch ein Plebiszit mit dreieinhalb Millionen Ja-Stimmen gegen zweieinhalbtausend Nein-Stimmen legitimiert wurde. Am 2. Dezember krönte sich Napoleon eigenhändig in der Kathedrale Notre-Dame zum Kaiser und begann sein System des Empire in die Praxis umzusetzen: die Hegemonie über Europa durch die sogenannten Napoleoniden, Staaten, in denen er seine Angehörigen als Regenten einsetzte, ferner durch die Vasallenstaaten und schließlich durch die verbündeten Staaten. In den von Napoleon beherrschten oder beeinflußten Ländern gerät durch die Einführung der modernen Rechtsprechung in Anlehnung an den Code Napoléon der Feudalismus ins Wanken. 1807 zum Beispiel wurde in Preußen, der Heimat der landadeligen Freiherrn von Eichendorff, durch das Edikt zur Bauernbefreiung die Erbuntertänigkeit abgeschafft und die Freiheit der Person, des Besitzes, des Berufs sowie die Gleichheit vor dem Gesetz garantiert. Gleichzeitig entsteht in den von Napoleon neu geschaffenen größeren Staaten eine zentrale Bürokratie mit staatlich kontrolliertem Schulwesen; mit beiden wird sich Eichendorff später als Beamter auseinandersetzen. Das französische Hegemoniestreben löst in den abhängigen Staaten jedoch auch einen neuen Nationalismus aus, der sich auf die eigenen völkischen Traditionen besinnt und von der romantischen Bewegung gefördert wird. Dieser Patriotismus wird in dem Maße extrem, als Napoleon in seinem Machtstreben maßlos wird.

So kommen die Brüder Eichendorff auf von Napoleon ausgebauten Straßen entlang wieder schiffbar gemachter Kanäle mit gemischten Gefühlen nach Paris. Seit sie als Kinder auf dem Jahrmarkt von Ratibor 1801 im Figurencabinett «Bounaparte mit seiner Frau» gesehen haben, seit sie als Breslauer Schüler am 14. November 1803 «einen jungen spanischen Kaufmann aus Barcellona, der sich ein halb Jahr in Paris aufgehalten hatte, und kein Wort deutsch konnte», kennengelernt haben, schwebt ihnen Paris vor als der Inbegriff einer attraktiven, geheimnisumwitterten, wohl auch gefährlichen Stadt. In der Tat ist Paris in diesen Apriltagen 1808 die Hauptstadt Europas, der Napoleon neuen Glanz verleiht. Es gibt laut Verfassung wieder eine Aristokratie von Kaisers Gnaden, sechs Großwürdenträger und sechs Großoffiziere der Krone sowie die Würdenträger des Empire wie die Marschälle. Das gesellschaftliche Leben blüht auf. Das Großbürgertum wird gehätschelt, der emigrierte Adel ist zur Rückkehr aufgefordert, die staatlichen Laufbahnen stehen angeblich allen offen.

Napoleon ist nicht nur der bewunderte und gefürchtete Architekt Europas, er ist auch der oberste Stadtbaumeister von Paris. Mauern werden durch Gitter ersetzt, so an den Tuilerien, der kaiserlichen Residenz. Durchbrüche schaffen Platz für neue Straßen, Triumphbögen an vergrößerten Plätzen sollen an die Siege erinnern. Neue Brücken über die Seine werden gebaut, der Pont Saint-Michel wird von hinderlichen Umbauten befreit. Paläste und öffentliche Gebäude werden restauriert.

Ein besonderes Augenmerk des Kaisers gilt der Kunst. Der Louvre wird umgebaut und vergrößert, um die von Napoleon in Auftrag gegebenen Kolossalgemälde aufnehmen zu können, vor allem aber die Beutekunst, die er schon seit seiner Zeit als Erster Konsul von den Feldzügen mitgebracht hat: 1796 aus Parma und Mailand je 20 Meistergemälde, 1797 aus dem Vatikan Manuskripte, Bücher und Kunstwerke, aus Venedig 20 Bilder und 500 Manuskripte.

Napoleon interessiert sich auch für die Wissenschaften. Auf seinen Ägyptenfeldzug gegen die Engländer nimmt er eine Kommission von zweihundert Wissenschaftlern mit und gründet das Institut d'Egypte als Grundstock einer künftigen Ägyptologie. Friedrich Schlegels «Europa», das den gegenseitigen Kulturaustausch pflegen will, bringt deshalb schon im ersten Heft von 1803 Beiträge «Ueber die Resultate der Expedition nach Egypten» und die Miscelle «Buonaparte im Nationalinstitut».

Zur Vorbereitung auf den Besuch des Louvre werden die Eichendorffs im ersten Heft von «Europa» Friedrich Schlegels «Nachricht von den Gemählden in Paris» gelesen haben mit ihrer Schule machenden, detailreichen Beschreibung der Bilder, Tieck gewidmet, mit zwei Nachträgen in den anderen Heften sowie dem Aufsatz «Vom Raphael». So bestaunen die Eichendorffs die Gemälde des Jacques-Louis David, des Hofmalers Napoleons, an denen sich der rapide Wandel der Epoche ablesen läßt: vom 1794 gemalten «Gemüsegarten des Palais du Luxembourg» über die Bankierstocher «Juliette Récamier» (1800) bis zu den Heroenbildern Napoleons als General (1797/98), als Erstem Konsul (1801) und bei der Kaiserkrönung (1805/07). Napoleon hat begriffen: «Wenn die Kunst eine so große Herrschaft auf die öffentlichen Sitten ausübt [...], wie wichtig ist es dann, daß die Gesetzgeber ihren Einfluß lenken.»

In der «Kayserlichen Bibliothek» erledigen die Eichendorffs Görres' Auftrag und notieren minutiös die gewünschten Angaben über die zwei Ausgaben der «Heymondskinder». Dann machen sie sich auf die Heimfahrt. Am 7. Juli 1815 wird Joseph von Eichendorff Paris wiedersehen: als «Lieutenant» im 1. Bataillon des 2. Rheinischen Landwehr-Infanterie-Regiments, das zur Armee Blüchers gestoßen ist. Am 15. Juli wird sich Napoleon den Engländern ergeben und als Kriegsgefangener nach St. Helena gebracht.

In einem Brieffragment der Eichendorffs von der Rückreise halten sich die Faszination der Fremde und die Sehnsucht nach Deutschland fast die Waage, auch wenn das von den Schlegels verbreitete Klischee vom gleichmacherischen Rationalismus der Franzosen, hier von der Einförmigkeit der Landschaft und Kultur, durchscheint: «[...] die französischen Gegenden haben fast durchweg jenes Wunderbare, was sich uns schon bei der Hinreise so oft aufdrängte. Sie erregen, sobald man sie verlassen, die Empfindung, als müsse man durchaus wieder hin, um irgend jemanden zu sprechen, ohne den man nicht glücklich sein kann. Ist man aber da, so erwecken die leisen Hügel, die gleichen Städte, die gleichen breiten Landstraßen und die Eine Manier in dem ganzen Leben der Franzosen, ohne alle hervorstechende Eigenthümlichkeit, jenen Heißhunger nach Deutschland, den wir schon in Paris nach den alten treuen Klängen unserer Muttersprache empfunden hatten.»

Daß sich Eichendorffs Heimweh an der Sprache entzündet, ehrt den Dichter, zeigt auch bereits den Einfluß der von der Romantik mitgetragenen historisch-vergleichenden wie allgemeinen Sprachwissenschaft sowie der romantisch inspirierten Sprachphilosophie. Friedrich Schlegel lieferte für das zweite Heft von «Europa» mit Widmung an seinen Bruder August Wilhelm «Beiträge zur Geschichte der modernen Poesie und Nachricht von provenzalischen Manuskripten» und betont bei allem kosmopolitischen Interesse der romantisch motivierten Forschung doch auch in bedenklicher Weise ihren spezifisch deutsch-nationalen, kompensatorischen Charakter: «Es ist ein angebohrner Trieb des Deutschen, daß er das Fremde liebt; besonders die Schönheit der südlichen Länder zieht ihn mit unwiderstehlichem Reize an. Stolz auf seine Hoheit und nordische Kraft, sehnt er dennoch sich unabläßig nach dem Glanze jener Gegenden, wie nach seiner alten Heimath.» Im gleichen Heft berichtet Friedrich Schlegel über die «Ausbreitung der deutschen Sprache in Frankreich» und stellt dem französischen Spezialistentum die angeblich deutsche Idee des Ganzheitsstudiums gegenüber, wobei er mit einiger Überheblichkeit den Eindruck erweckt, diese romantische Utopie sei in Deutschland bereits allgemeine Wirklichkeit.

Doch schon im ersten Aufsatz in «Europa», in Friedrich Schlegels «Reise nach Frankreich», macht sich die bedenkliche Neigung der Romantiker breit, nach dem Nationalcharakter der anderen Völker zu fragen, ihn mit Vorliebe an deren Sprache festzumachen und diese zugunsten der eigenen Muttersprache herabzusetzen. General von Clausewitz meint 1807 in französischer Gefangenschaft, ihre Sprache erlaube den Franzosen «ebensowenig gescheit als auf eine naive Art dumm zu sein». Auch Fichte insinuiert unter den Augen der französischen Besatzung in Berlin 1807/08 in seinen «Reden an die deutsche Nation», das Französische sei im Gegensatz zur lebendigen deutschen Sprache tot. Der Turnvater Friedrich Ludwig Jahn – in den Befreiungskriegen hat Eichendorff zeitweise «unter dem Commando des interessanten Jahns» gestanden, schreibt er am 8. April 1814 an Loeben – verteufelt in seinem Buch «Deutsches Volkstum» 1810 die französische Sprache als eine, die «Deutschlands Männer betört, seine Jünglinge verführt, seine Weiber entehrt». Freilich parodiert Jahn sein vorgebliches deutsches Sprachempfinden selbst, wenn er über das Französische lallt: «Welschen ist Fälschen, Entmannen der Urkraft, Vergiften des Sprachquelles, Hemmen der Weiterbildsamkeit und gänzliche Sprachsinnlosigkeit.»

## «Ein propagandistisches Feldlager»: Wien, Madame de Staël und August Wilhelm Schlegel

Am 4. Mai 1808 treffen die Brüder Eichendorff wieder in Heidelberg ein, liefern bei Görres ihre Beschreibung der Pariser Handschriften von den Heymonskindern ab, machen noch restliche Abschiedsbesuche – auch in Rohrbach – und setzen am 12. Mai ihre Bildungsreise fort, sollte der Weg nach Lubowitz sie doch über Frankfurt am Main nach Wien führen: von der Hauptstadt des napoleonischen Empire in die Hauptstadt des alten römisch-deutschen Kaiserreiches, seit 1806 freilich nur noch des österreichischen.

Vielleicht war es Graf Loeben, der die nördlichere Route vorgeschlagen hat und die Brüder Eichendorff auf seine Kosten bis Nürnberg mitnehmen wollte. Am Tag vor der Abreise hatte ihnen der derzeitige Prorektor der Universität Heise im Namen der Juristischen Fakultät noch das folgende Testat ausgehändigt: «Wir Prorector und Professoren der hiesigen Universität bezeugen hierdurch, daß der Baron Joseph von Eichendorff aus Schlesien während seines Aufenthalts auf der hiesigen Academie von Ostern 1807. bis Ostern 1808. die Vorlesungen über die Institutionen, die Pandecten und das CriminalRecht mit musterhaftem Fleiße und ununterbrochenen Aufmerksamkeit, nicht weniger auch die Vorlesungen über das Kirchenrecht mit Fleiß besucht, auch durch sein vorzüglich gutes und sittliches Betragen die volle Achtung seiner sämmtlichen Lehrer erworben und sich des vorzüglichsten Lobes werth gemacht habe. Urkundlich der gewöhnlichen Unterschrift, und des beygedrukten Univertäts-Insiegels. Heidelberg, den 11. May 1808.»

Die Reiseroute war ein deprimierender Anschauungsunterricht für die immer noch zerrissene politische Landschaft Deutschlands. Die Fahrt ging zunächst nördlich durch das Großherzogtum Hessen, den Rest des Kurfürstentums Hessen, dessen größerer Teil 1806 dem Königreich Westfalen zugeschlagen worden war, in dessen Hauptstadt Kassel Napoleons

Bruder Jérôme regierte. Von Frankfurt am Main, seit 1806 dem Fürstprimas des Rheinbundes Dalberg gehörig, fuhr man durch das 1803 geschaffene Fürstentum Aschaffenburg, in dem ebenfalls Dalberg das Sagen hatte, nach Würzburg ins gleichnamige Großherzogtum. Hier regierte überraschenderweise ein Habsburger und war als solcher Mitglied des gegen Wien gerichteten Rheinbundes. Würzburg war 1805 von Bayern gegen Tirol, Brixen und Trient an den Habsburger Erzherzog Ferdinand III. gekommen. Dieser, 1769 geboren, war der zweite Sohn Kaiser Leopolds und von 1790 bis 1799, bis zur Eroberung Italiens durch Napoleon, Großherzog der Toskana gewesen und wird es von 1814 bis 1824 wieder sein. 1802 war er von Napoleons Gnaden Herzog von Salzburg und 1805 Kurfürst von Würzburg, das 1806 Großherzogtum wurde. Nach Würzburg fuhren die Freunde durch das 1807 an Frankreich gekommene Fürstentum Bayreuth – es wird 1810 an Bayern fallen – nach dem seit 1806 bayerischen Nürnberg, wo die Brüder Eichendorff schon ein Jahr zuvor auf der Hinreise nach Heidelberg Station gemacht hatten. Hier verabschiedete sich Loeben, der in seine Heimat nach Dresden weiterreiste, ins Königreich Sachsen. 1806 hatte Kurfürst Friedrich August III. für den Königstitel Gebiete an das Königreich Westphalen abgetreten und war 1807 mit dem Herzogtum Warschau entschädigt worden. Dadurch war Preußen mit Schlesien, der Heimat der Eichendorffs, nun auch von Osten her eingeschlossen.

In Regensburg, den Eichendorffs ebenfalls schon von der Hinreise bekannt, schifften sich die Brüder ein und fuhren auf der Donau Richtung Wien. Die Stimmung hat Joseph zu Anfang seines Romans «Ahnung und Gegenwart», an dem er bald zu arbeiten anfangen wird, als Quintessenz seiner Studienzeit in Halle und Heidelberg und seiner Rheinerfahrung eingefangen: «Die Sonne war eben prächtig aufgegangen, da fuhr ein Schiff zwischen den grünen Bergen und Wäldern auf der Donau herunter. Auf dem Schiffe befand sich ein lustiges Häufchen Studenten. Sie begleiteten einige Tagereisen weit den jungen Grafen Friedrich, welcher so eben die Universität verlassen hatte, um sich auf Reisen zu begeben. [...] Von beiden Seiten sangen die Vögel aus dem Walde, der Widerhall von dem Rufen und Schießen irrte weit in den Bergen umher, ein frischer Wind strich über das Wasser, und so fuhren die Studenten in ihren bunten, phantastischen Trachten wie das Schiff der Argonauten. Und so fahre denn, frische Jugend! Glaube es nicht, daß es einmal anders wird auf Erden. Unsere freudigen Gedanken werden niemals alt und die Jugend ist ewig.»

Hinter Passau passierte das Schiff – mit Mast, Segel und Ruder aus der letzten Generation vor Einführung der Dampfschiffahrt – die Grenze nach Österreich und dann Linz, von dessen Waldbergen aus die Eichendorffs vor einem Jahr zum erstenmal die Donau bewundert hatten. Die Erwartungen, die sich auf Wien richteten, waren hoch. Denn führten nicht trotz des Endes des Heiligen Römischen Reiches Deutscher Nation und des Aufstiegs des Europäischen Empires Französischer Nation weiterhin wenn nicht alle, so doch viele Wege statt nach Paris nach Wien? Ist außer den Eichendorffs doch auch Friedrich Schlegel gerade in diesen Wochen über Weimar, wo er Goethe, und über Weißenfels, wo er Novalis' Bruder besucht, auf dem Weg nach Wien. In Dresden trifft er nicht nur den Staatsphilosophen Adam Müller, der 1811 ebenfalls nach Wien gehen wird, und den Publizisten und Diplomaten Friedrich Gentz, der bereits in Wien Fuß gefaßt hat, sondern vor allem seinen Bruder August Wilhelm Schlegel und Frau von Staël, die sich nach einem triumphalen Aufenthalt in der österreichischen Hauptstadt auf der Rückreise befinden.

Sie leben, wenn sie nicht auf Reisen sind, auf Schloß Coppet am Genfer See, das der Vater von Madame de Staël, geborene Necker, Bankier, Diplomat und Minister, 1784 gekauft hat. 1766 geboren, hat die Tochter 1786 den neunundzwanzig Jahre älteren schwedischen Diplomaten Eric Magnus de Staël-Holstein geheiratet. 1788 schreibt sie die «Lettres sur les ouvrages et le caractère de J.-J. Rousseau», 1794 «Réflexions sur la paix», 1795 «De l'influence des passions sur le bonheur des individus et des nations». 1800 erscheint «De la littérature considerée dans ses rapports avec les institutions sociales». 1802 schließt Napoleon zwanzig Mitglieder des Tribunats aus, zu denen auch Madame de Staëls Geliebter, der Schrifsteller Benjamin Constant, gehört. Frau von Staël nimmt an einer Verschwörung gegen Napoleon teil und wird aus Paris verwiesen. 1803 trifft sie, die sich für deutsche Philososophie und Literatur begeistert, in Begleitung von Constant in Weimar Goethe, Schiller und Wieland. 1804 in Berlin gewinnt sie durch Goethes Vermittlung und für ein Jahresgehalt von 12000 Franken August Wilhelm Schlegel als literarischen und wissenschaftlichen Berater und als Hauslehrer für ihre vier Kinder aus verschiedenen Verbindungen. Schlegel kann nun seine Mutter in Göttingen und seinen Bruder Friedrich zur Not unterstützen.

Als die Eichendorffs in Wien ankommen, sind die Staël und Schlegel in aller Munde und seit Anfang des Jahres der Mittelpunkt der Gesellschaft. Madame hat das Palais Aichelberg in der Plankengasse gemietet, wo sie empfängt, auch den jungen österreichischen Offizier Graf O'Donell, den sie 1805 in Venedig kennengelernt hat und der sich weniger aus ihr macht als sie sich aus ihm. Bei Hofe vorgestellt, wohnt sie am 8. Januar 1808 der Hochzeit von Kaiser Franz I. und seiner dritten Frau Maria Ludovica Beatrix von Este bei. Madame de Staël verkehrt bei den Erzherzögen und den Botschaftern Englands und Rußlands, zum Mißvergnügen des französischen Gesandten und Napoleons, der auf dem laufenden gehalten wird und sich dabei an seinen Einmarsch in Wien 1805 nach der Schlacht von Austerlitz erinnert haben mag. Bälle und Theater stehen auf der Tagesordnung, und Frau von Staël, selbst Autorin von sieben Dramen wie «Agar», «Geneviève de Brabant» und «Sapho», die sie in Coppet in ihrem schloßeigenen Theater aufführt, regt in den Wiener Salons private Aufführungen an. Am 11. Mai veranstaltet sie im Palais Liechtenstein eine Aufführung von Molières «Femmes Savantes», in der sie selbst die Philaminte spielt.

Wahrscheinlich durch Vermittlung von Frau von Staël erhält August Wilhelm Schlegel am Sonntag, dem 8. Mai, eine Audienz beim Kaiser, der ihm seine Sympathie für den Bruder Friedrich versichert, falls dieser nach Wien kommen wolle. Dieser hatte am 19. März aus Köln geschrieben, «daß ich jede Stelle in Österreich als Anfang, wenn es nur ausführbar und möglich wäre, annehmen würde. Denn es ist doch der einzige Staat in der Welt, wo ich mich mit voller Neigung anschließen kann.» So kann August Wilhelm dem Kaiser versichern, Bruder Friedrich wolle kommen, um in den Archiven über die Geschichte Österreichs zu arbeiten und ein Drama über Karl V. zu schreiben. Das ist für den Kaiser angenehm zu hören, und er wird sich zu gegebener Stunde Friedrich gegenüber erkenntlich zeigen.

Vor allem bedankt sich August Wilhelm beim Kaiser für die Erlaubnis, daß er seine Wiener Vorlesungen hat halten dürfen. Denn sie sind eine Sensation geworden. Was Eichendorff 1854 in «Zur Geschichte des Dramas» über Schlegels Vorlesungen schreibt, liest sich wie ein Nachklang dessen, was in diesen Wochen des Frühjahres 1808 in Wien Gesprächsstoff ist: «Am brillantesten aber erwies sich die romantische Invasion in *Frankreich*, wo sie gegen den eigentlichen Hauptstock der Zopfklassizität und ihrer verjährten Traditionen anrannte. A. W. Schlegel hatte in seinen ‹Dramatischen Vorlesungen›, die sehr bald ins Französische übersetzt wurden, den Bau der französischen Tragödie aller falschen Stützen und Klammern entkleidet und dadurch in eine ganz windschiefe Lage gebracht.»

Das Manuskript der Wiener Vorlesungen über die «Geschichte der dramatischen Kunst und Literatur», das August Wilhelm Schlegel in Coppet ausarbeitet, wird in drei Bänden 1809 bei Mohr und Zimmer in Heidelberg erscheinen und gilt als die bedeutendste literargeschichtliche und literaturkritische Schrift der deutschen Romantik mit europäischer Ausstrahlung. 1813 erscheint die französische Übersetzung unter dem Titel «Cours de la littérature dramatique», übersetzt von einer Cousine der Madame de Staël. Stendhal schreibt unter dem Einfluß dieses Werkes zehn Jahre später seine Streitschrift «Racine oder Shakespeare?» und prophezeit: «Die romantische Poesie ist die von Shakespeare, Schiller und Byron, und trotz aller Pedanten werden England und Deutschland über Frankreich, Shakespeare, Schiller und Byron über Racine und Boileau siegen!» Die englische Übersetzung beeinflußt Edgar Allen Poe, die italienische Manzoni, die russische Puschkin. Eichendorffs spätere literarhistorische Arbeiten sind ohne den Impuls der Brüder Schlegel, von denen August Wilhelm als erster europäische Geltung erlangte, nicht denkbar. Friedrich wird ihm vier Jahre später, im Frühjahr 1812, mit seinen Wiener Vorlesungen über die «Geschichte der alten und neuen Literatur» nacheifern, und Eichendorff wird ihm zu Füßen sitzen.

Noch ein anderes Werk, an dem die Brüder Schlegel in unterschiedlicher Weise beteiligt sind, ist in diesen Wiener Wochen, da seine Autorin leibhaftig in den Salons brilliert, in aller Munde: «Corinna oder Italien» von Madame de Staël. Der Roman ist gerade ein Jahr zuvor, im Mai 1807, in Frankreich erschienen und bereits im Sommer auf deutsch, um des besseren Absatzes willen offiziell übersetzt von Friedrich Schlegel, in Wahrheit von seiner Frau Dorothea. August Wilhelm, zwar nicht eigentlich Ghostwriter der Autorin, aber doch Stofflieferant, Überarbeiter, Kritiker, Redakteur, Lektor und Organisator in einer Person, hatte der Schwägerin sogleich die frischen Druckbogen nach Köln zur Übersetzung geschickt, und diese war froh, auf diese Weise das Haushaltsgeld aufbessern zu können. Sie hatte noch in Paris im zweiten Heft der «Europa» 1803 den ersten Roman der Staël, «Delphine», in Form eines Dialogs kritisch besprochen. Am 16. Mai 1807 erschien bereits im «Morgenblatt für gebildete Stände» eine positive Voranzeige. Goethe äußerte sich gegenüber Charlotte von Stein von der Lektüre angetan. Wilhelm von Humboldt, bei dem Madame de Staël auf ihrer Italienreise 1804/05, die dem Roman zugrunde liegt, in Rom gewohnt hatte, war begeistert. Die «Zeitung für die elegante Welt» vom 3. Juli 1807 stellte den Roman neben Rousseaus «Héloise» sowie Goethes «Werther» und «Wilhelm Meister». Es wird auch kritische Stimmen geben, so von Adam Müller, Jean Paul und E. T. A. Hoffmann. Heines Urteil in den «Reisebildern» ist zwiespältig: «Nächst Goethes ‹Italienischer Reise› ist [...] Frau von Staëls Corinna zu empfehlen, was diesen Frauen an Talent fehlt, um neben Goethe nicht unbedeutend zu erscheinen, das ersetzen sie durch männliche Gesinnungen, die jenem mangeln.» In der Tat trägt «Corinna» autobiographische Züge der Staël. Man nannte sie deshalb in der Wiener Gesellschaft auch die Corinna. Napoleon wird sich ausführlich auf St. Helena über «Corinna» äußern: «Ich kann sie sehen, ich kann sie hören, ich kann sie fühlen, ich möchte davonlaufen, ich werfe das Buch hin ... Ich werde aber durchhalten; ich möchte sehen, wie es endet, denn ich glaube doch, daß es ein interessantes Werk ist.» Die preußische Königin Luise soll ihre Lektüre vor Rührung unterbrochen haben, weil «Corinna» sie an ihr eigenes Schicksal erinnert habe.

Wenn nicht schon früher, haben die Brüder Eichendorff «Corinna» vermutlich hier in Wien gelesen. In «Zur Geschichte des Dramas» erwähnt Eichendorff später die Autorin, doch nennt er von ihren Werken nicht «Corinna oder Italien», sondern das 1810 fertiggestellte, aber durch die politischen Umstände erst 1813 in England erschienene «De l'Allemagne»: «In der benachbarten Schweiz hatte Frau von Staël ein propagandistisches Feldlager von romantischen Deutschen und Halbfranzosen, Schlegel, Werner, Chamisso und Andern, aufgeschlagen, und suchte in dem Buche ‹Sur l'Allemagne› die neue Lehre ihren Landsleuten in ihrer Weise mundrecht zu machen.»

## «... heiratete einstmals ein sehr schönes, aber ganz armes Fräulein»: Als Gutsherr und Märchensammler in Lubowitz und ein Blick auf Brentano

Da auch für die folgenden fünfzehn Monate von Juli 1808 bis Oktober 1809 Eichendorffs Tagebuchaufzeichnungen nicht mehr existieren und wir von der Korrespondenz außer eines Briefentwurfs an Graf Loeben nur andeutungsweise wissen, lassen wir uns von Eichendorffs Sohn Hermann aus dessen Lebensbeschreibung seines Vaters über diese Zeit berichten und nehmen die schon früh einsetzende Tendenz zur «Hagiographie» des Dichters zur Kenntnis, zumal sie den Onkel Wilhelm dabei gezielt ausspart, auch wenn man wahrheitsgemäß mit beiden beginnen muß: «Ihre Absicht war, den alternden Vater in der Bewirthschaftung seines Besitzthums zu unterstützen, welche gerade damals einer kräftigeren Leitung besonders bedürftig zu werden begann. Zugleich gedachten sie nach Umständen durch Uebernahme einzelner Landgüter einen selbständigen Wirkungskreis und eigenen Herd zu gründen. Länger als zwei Jahre weilten sie in Lubowitz, thätig bemüht, sich mit den Pflichten des neuen Berufes vertraut zu machen, und demselben bis in das kleinste

Detail ihre Kraft und Aufmerksamkeit widmend. Mit seltener Unverdrossenheit pflegte Eichendorff auch überall da zu erscheinen, wo er irgend behülflich sein zu können glaubte, und wir ersehen unter Anderem aus dem Tagebuche, wie er bei Feuersbrünsten, die in der Umgegend entstanden, immer einer der ersten sogleich nach dem Orte des Unglücks eilte und rettend und anordnend oft ganze Nächte auf der Brandstätte verweilte. Das vielbewegte Schloßleben setzte sich zwar in alter Weise fort, wurde aber durch die damit verbundene Zersplitterung der Zeit unserem Dichter jetzt oft so lästig, daß er sich demselben durch eiligen Ritt in die Nachbarschaft wohl manchmal auf einige Zeit zu entziehen suchte. Gesellig und geschäftlich auf diese Weise vielfach in Anspruch genommen, kehrte er mit um so größerer Liebe immer wieder zur Pflege seiner Dichtkunst zurück, die er als die eigentliche Aufgabe seines Lebens mehr und mehr nun erkannte.»

Die Bemühungen der Brüder, in gemeinsamer Anstrengung mit dem zweiundfünfzigjährigen Vater die verschuldeten Güter auf die Dauer doch halten zu können, werden sich im Laufe der nächsten Jahre als erfolglos erweisen. Schon in diesem Sommer scheint die Familie entschlossen, die Brüder deshalb vorsorglich zum Abschluß ihrer juristischen Studien im nächsten Frühjahr diesmal nach Wien, wo sich vielleicht dann auch eine Stellung findet, zu schicken. Doch durch den Ausbruch des österreichisch-französischen Krieges im April 1809 und den Einmarsch Napoleons in Wien im Mai wird das Vorhaben vereitelt und erst anderthalb Jahre später, im November 1810, verwirklicht.

Josephs Entwicklung nimmt in der Zwischenzeit immer mehr die Richtung, die ihm Görres sowie Arnim und Brentano in Heidelberg gewiesen haben: zur literarischen Feldforschung. Hatte Görres doch seine Studenten ermuntert: «Es wäre zu wünschen, daß aus allen Gegenden die alten Volkssagen gesammelt und der Vergessenheit entrissen würden, damit nicht bei dem Prosaizism der Zeit die älteren poetischen Ausklänge ganz verklingen.» Und Achim von Arnim hatte nach Erscheinen des ersten Bandes von «Des Knaben Wunderhorn» – die beiden anderen Bände erscheinen in diesem Jahr 1808 – die Leser um Mitteilung von weiteren altdeutschen Texten gebeten: «[...] alte mündlich überlieferte Sagen und Mährchen werden mit der Fortsetzung dieser Sammlungen sich verbinden, recht viele Fäden dem großen Gewebe wieder anzuknüpfen, worin unsere Geschichte sich darstellt, und an dem wir wacker fortzuarbeiten angestellt sind.» Geht es doch immer noch darum, ein deutsches Nationalgefühl zu wecken und so die Erneuerung des Vaterlandes aus den Quellen in die Wege zu leiten. Gerade die Eindrücke, die Eichendorff auf seiner Bildungsreise nach Paris und Wien von der schmachtenden Salon-Poesie bekommen hat – sie wird ihn an den Heidelberger Loeben-Kreis und an seine eigenen Gedichte dort erinnert haben –, werden ihn in seinem Engagement für das volkspoetische Programm von Görres und seinen Freunden bestärkt haben. So kann denn sein Sohn Hermann in der Biographie berichten: «Auch eine Sammlung oberschlesischer Sagen und Märchen, meist dem Munde des Volkes abgelauscht, begann Eichendorff damals anzulegen. Es kam ihm hierbei seine Vertrautheit mit der polnischen Sprache trefflich zu Statten, die von einem großen Theile der dortigen Bevölkerung geredet, ihm auf diese Weise von frühester Kindheit an gleichsam eine zweite Muttersprache geworden war.» Doch der Biograph, der 1864 die Werke seines Vaters herausgibt, hält diese Sammlung ebensowenig wie Eichendorff selbst zu Lebzeiten für veröffentlichungswürdig. Erst der Enkel des Dichters, Carl von Eichendorff, läßt 1925 in der Zeitschrift «Der Wächter» sieben Märchen, davon zwei Fragmente, erscheinen mit der Vorbemerkung: «Von der Sammeltätigkeit Eichendorffs ist uns nur weniges erhalten und dieses wenige ist mit einer stellenweise geradezu verblüffenden Sorglosigkeit zu Papier gebracht.» Deshalb berichtigt er «stillschweigend» «Flüchtigkeitsfehler, stilistischer und anderer Art» und läßt die «Rechtschreibung und Zeichensetzung» dem modernen Brauch folgen. Doch soll die «Textwiedergabe» «im allgemeinen der Urschrift entsprechen».

Eichendorff hatte den Märchen noch keine Überschriften gegeben, sie stammen jeweils von späteren Herausgebern: «I. Die schöne Craßna und das Ungeheuer. II. Die Prinzessin als Küchenmagd. III. Der Faulpelz und der Fisch (Fragment). IV. Die schöne Sophie. V. Der Vogel Venus. VI. Der Schuster und der Teufel (Fragment). VII. Kaiser Octavian.»

Die Sammlung ist in mehrerer Hinsicht bedeutend: Sie ist noch vor dem Erscheinen der «Kinder- und Hausmärchen» der Brüder Grimm 1812–1815 entstanden. Sie ist die erste und einzige uns bekannte deutschsprachige Aufzeichnung einer vor allem «wasserpolnischen» mündlichen Tradition, deren Stoffe und Motive zur europäischen Volkspoesie gehören und die sich hier im Vierländereck aus deutschen, österreichischen, tschechischen und polnischen Quellen speiste. Sie ist ferner als erste Prosaarbeit Eichendorffs ein frühes Zeugnis dafür, wie hoch der Zwanzigjährige nach dem Volkslied auch die prosaische Volkspoesie geschätzt hat, wie er in der sprachlichen Bearbeitung der Überlieferung seinen eigenen Stil entwickelte und wie er neben allen anderen Einflüssen sicherlich auch durch diese literarische Feldforschung im unmittelbaren Kontakt mit dem Volk zu der Überzeugung gekommen ist, sein dichterisches Werk insgesamt an der Volkskunst des Märchens zu orientieren. War er doch mehr und mehr davon überzeugt, wie er es 1847 in «Brentano und seine Märchen» ganz Eichendorffsch formulieren wird: «Man spricht von Brettern, die die Welt bedeuten; man könnt' es vielmehr von Märchen sagen. Da probiert die Sage die Geschichte, die arme, gebundene Natur träumt von Erlösung und spricht im Traume in abgebrochenen, wundersamen Lauten rührend, kindisch, erschütternd, es ist das uralte wunderbare Lied, das in allen Dingen schläft.»

Was im Märchen erlöst, ist die Liebe, die ein Wunder ist und der alle wunderbaren Kräfte des Himmels und der Erde zum Durchbruch verhelfen: so auch in diesen oberschlesischen Märchen, so auch, hofft der Mensch und erfährt es auch hin und wieder, im wirklichen Leben. Doch die Liebe muß es ehrlich meinen und nicht wie im «Vogel Venus» nur auf Lust und Vergnügen, Glanz und Gold abgesehen haben. Die Liebe heiratet statt der reichen Venus eine arme Prinzessin, die «Küchenmagd», das Aschenputtel oder «ein ganz armes Fräulein» wie im «Kaiser Octavian». Wenn der König seine Tochter zu einer reichen, standesgemäßen Heirat zwingen will oder die Kaisermutter gegen die arme Schwiegertochter intrigiert, mag sich der Märchensammler Eichendorff an die eigenen Probleme erinnert haben. Beginnt und endet «Kaiser Octavian» doch unheilsschwanger und liest sich im nachhinein wie eine halbe Prophezeiung: Wird doch auch Eichendorffs erster Sohn Hermann nicht in der schlesischen Heimat in Lubowitz, sondern 1815 in Berlin geboren, während der Vater in Frankreich im Krieg ist: «Ein römischer Kaiser heiratete einstmals ein sehr schönes, aber ganz armes Fräulein. Darüber wurde seine Mutter, die alte Kaiserin, sehr ergrimmt und suchte daher die junge Frau auf alle Weise anzuschwärzen. Während der Kaiser eben Krieg führte, gebar ihm seine junge Gemahlin zwei Prinzen auf einmal. Die Alte schrieb hierauf ihrem Sohne, daß keine junge Frau, wenn sie züchtig und ehrbar gelebt habe, zum erstenmale Zwillinge gebären könne, er soll sich daher eiligst aufmachen, um die ihm angetane Schande an seiner Frau zu rächen.» Nach vielem Irren und Wirren endet das Märchen wie immer glücklich, und die Bösen finden ihre gerechte Strafe, «und es war alles, alles gut».

So heißt es später auch am Schluß des «Taugenichts». Der hat viele Vorbilder, eines davon könnte aus dem oberschlesischen Märchen «Der Faulpelz» stammen: «Es war einmal ein Weib, das einen Faulpelz zum Sohne hatte. Der saß das ganze Jahr auf dem Ofen und fraß alle Tage einen Topf mit Krautsuppe auf, der so groß war, daß er ihm bis über die Knie reichte. Als nun der Vater gestorben, sagte die Mutter: ‹Faulpelz, rühre dich! Denn nun mußt du mir helfen Brot verdienen. Spanne gleich die Ochsen an den Wagen und fahre in den Wald um Holz.› Der Faulpelz stieg vom Ofen herunter, konnte aber die Ochsen nicht einspannen. Da spannte die Mutter selber an und setzte den Faulpelz auf den Wagen. Vor dem Walde befand sich ein großer Teich, durch den ein Damm ging. Als nun der Faulpelz herankam, lag quer über dem Damm ein großer Fisch. Er nahm die Peitsche und warf den Fisch in den Teich. Da schnalzte dieser im Wasser mit dem Schwanze und sagte: ‹Faulpelz, du hast mich wieder ins Wasser gebracht, zum Danke kannst du dir wünschen was du willst, und wenn du sagest: Es geschehe durch den Fisch, so wird es erfüllt werden.› Da sagte der Faulpelz: ‹Der Wagen soll durch den Fisch voll Holz sein›, und sogleich lag eine ganze Fichte auf dem Wagen. Als er nun damit wieder nach Hause fuhr, sah eben die Prinzessin oben im Schlosse zum Fenster heraus. [...]»

Und es ward alles, alles gut, auch für Eichendorff, von dem sein Sohn Hermann wie von einem zweiten Franz von Assisi zu berichten weiß: «Einer eigenthümlichen Gewohnheit im Leben des jungen Dichters möge hier noch gedacht sein; sie bestand darin, sich fortwährend mit allerlei Geschöpfen aus der Thierwelt zu umgeben. Freunde erzählen, wie namentlich in Wien winzige Zaunkönige und eine kleine giftlose Schlange seine beständigen, frei umherlaufenden Stubenkameraden waren; letztere pflegte er sogar bei Ausgängen in der Brusttasche mit sich zu führen, was oft zu den ergötzlichsten Ueberraschungen Anlaß gab.» Als Kontrast dazu notierte Freund Strauß am 10. Januar 1808 in Heidelberg über den anscheinend weniger tierliebenden Bruder Wilhelm: «Mit dem ältesten Baron spazierten wir den Neckar herauf. Die Rede war von Tierliebe und dem höheren Sinn der Freundschaft mit Tieren. Des Barons herrliche Bestialität.» Doch Strauß deutet an, Wilhelm, dem die romantische Ironie von Haus aus näher liegt, habe wohl nur provozieren wollen, vielleicht im Hinblick auf seinen empfindsameren Bruder und die schwärmerische paradiesisch-märchenhafte Liebe zu allen Kreaturen im Loeben-Kreis: «[...] wie die Sucht, die Leute zum besten zu haben, unter den Mutwilligen so viel Raum gewonnen hat». Wilhelm wird deshalb demnächst in Berlin mit Brentano vermutlich weniger Probleme haben als Bruder Joseph. Die Wege der beiden Brüder beginnen allmählich auseinanderzustreben.

Joseph jedenfalls findet in seinen oberschlesischen Märchen bestätigt, was er später in «Brentano und seine Märchen» feststellt: «Aber alle diese, an sich heidnischen und untereinander feindliche Kräfte sind zu heiterer, harmloser Schönheit [geworden], bewältigt durch eine gewaltige Kraft, durch eben jenes religiöse Grundgefühl, das, nirgend sich wortreich aufdringend, wie der unsichtbare Hauch eines Sonntagmorgens das Ganze durchweht, und von einem Unterschiede zwischen dem Diesseits und Jenseits nichts mehr weiß.»

Es fragt sich, warum Eichendorff, wenn er so von der unverzichtbaren Lebensqualität der Volksmärchen überzeugt ist, seine Sammlung nicht selbst veröffentlicht oder wenigstens Görres, Arnim und später den Brüdern Grimm zur Verfügung gestellt hat. Auf die Spur einer Antwort – sie verrät uns auch ein wenig von Eichendorffs seelischer Befindlichkeit in diesen Jahren – könnte eine Bemerkung aus dem Berliner Tagebuch vom 3. März 1810 führen. Eichendorff ist mit Adam Müller, Graf Loeben und Clemens Brentano im «Heidelberger Wallfisch». «Ich begleitete Brentano noch bis an die Eke des königl. Schloßes. In Watzdorf verlieben. Par[is?] höchst langweilig. Märchen. Bitte, gewiß bald zu schreiben. Herzlicher Abschied. Einsamer Markt.» Hat Eichendorff seine Märchensammlung Brentano angeboten? Warum existiert kein Briefwechsel mit Brentano, sondern nur dieser eine Briefentwurf Eichendorffs an ihn von 1810/11: «Ich fürchte, Sie haben mich längst vergessen, und ich bin nur selber schuld daran, weil ich mein Versprechen, Ihnen zu schreiben, so schlecht gehalten, ohne daß ich eigentlich selber weiß, wie es gekommen ist. Ich habe indes fortwährend an Sie gedacht, und mit mehr Liebe und Treue, als ich in allen Briefen hätte ausdrücken können. Die wenigen Stunden, die ich vor meiner Abreise von Berlin mit Ihnen zuzubringen, das Glück hatte, werde ich niemals vergessen. Das frische, freie, reine, herrliche Wesen, das uns oft seltsam vorkommt, da uns doch im Gegenteil der altgewohnte, träge, trübselige und gottlose Schlendrian der anderen seltsam und fremde erscheinen sollte, hat mich im Innersten erquickt und erhoben, und ich habe nie eine Reise mit so schönen Hoffnungen und großen Entschlüssen angetreten, als jene.» Von Märchen ist nicht die Rede, und der Hymnus auf das «frische, freie, reine, herrliche Wesen» ist weniger eine Beschreibung Brentanos als vielmehr ein Appell an ihn. Denn auf der Rückseite des Briefentwurfs finden sich frühe Notizen Eichendorffs zu seinem Roman «Ahnung und Gegenwart» mit einer Bemerkung, die Eichendorffs damalige wirkliche Einschätzung Brentanos zeigt: «Wie der Graf zur Gräfin reitet am schönen Morgen hört er in den gewundenen Heidelberger grünen Bergschluchten immerfort eine ihm bekannt scheinende Stimme ... Leontin spricht zügellos unzüchtig von ihr wie Brentano.» Der in Heidelberg persönlich noch unbekannte und verehrte Brentano ist durch die Berliner Begegnung zu einem Alptraum für den jungen, sich auf Brautschau befindlichen Eichendorff geworden.

«*Der erste Brief von Louise und ein Brief von Loeben*»:
Die katastrophale Oderfahrt Richtung Berlin

Nach Breslau haben sich die Brüder Eichendorff im Oktober 1809 geflüchtet. Sie wollen nach anderthalb Jahren auf den heimatlichen Gütern von ihren gutsherrlichen Arbeiten und den immer ernster werdenden Existenzsorgen einmal gründlich ausspannen, das geliebte Theater wie gewohnt frequentieren, in der Umgebung Bekannte und Verwandte besuchen und die eine oder andere romantische Wanderung unternehmen, zum Beispiel nach Zirkwitz im Kreis Trebnitz, wo der frühere Hofmeister der Brüder und dann Zeremonienmeister am Breslauer Dom, Heinke, jetzt Pfarrer ist und man zu einer Dorfhochzeit gerade recht kommt.

Am 20. Oktober berichtet Eichendorff von den Veränderungen, die seit der Kapitulation der Festung Breslau vor den napoleonischen Truppen und dem Einzug von Prinz Jérôme Bonaparte im Januar 1807 vor sich gegangen sind. Schon drei Tage nach der Kapitulation begann auf Befehl Napoleons die Schleifung der Bastionen unter Mitwirkung der Bevölkerung. Wollte die Stadt auf dem Gelände doch einen Promenadegürtel anlegen. «Gieng ich Nachmittags zum $1^t$ male, wie die folgenden Tage immer gleich nach Tische, auf den nun überall gangbaren Stadtwällen allein spazieren. Schöne An- u. Aussicht der Dom- und Sand-Insel gegenüber. Angenehmes Panorama von der hohen Taschenbastey. Viel Spaziergänger u. Gängerinnen, exercirende Soldaten etc.» Seit 1808 begann auch die Steinsche Städtereform in Breslau zu greifen mit Selbstverwaltung, gewählter Stadtverordnetenversammlung und Magistrat.

So hätten die Brüder erholsame Wochen in der schlesischen Hauptstadt, ihrer zweiten Heimat, verleben können, wäre am 21. Oktober nicht ein zunächst erfreuliches Ereignis eingetreten, das allerdings weniger Angenehmes nach sich ziehen sollte. «Erhielt ich zur freudigsten Überraschung einen Brief von Loeben nebst einer Ode an mich». Beide sind nicht überliefert, doch scheinen sie von unwiderstehlichem Charme gewesen zu sein. Jedenfalls beantwortete Joseph den Brief «noch diesen Tag, mit der Bitte, nach Breslau zu kommen».

Joseph scheint sich von der unerwarteten, neuerlichen Begegnung mit Loeben zumindest klärende Gespräche über die ihn bedrängenden Probleme zu versprechen. Ist die Freundschaft mit Loeben, seit sie sich im Mai 1808 in Nürnberg verabschiedet haben, doch in dem Maße fragwürdig geworden, als sich Eichendorff in der Heimat bewußt wird, wie

«*Der erste Brief von Louise und ein Brief von Loeben*»

sehr er sich in Heidelberg durch dessen Einfluß von seinem Weg hat abbringen lassen. In Lubowitz hat Eichendorff, nicht zuletzt durch die Arbeit an der Märchensammlung und an den Plänen für das eigene Märchen «Die Zauberei im Herbste» und den Roman «Ahnung und Gegenwart», wieder zu sich selbst gefunden. An einen unbekannten Adressaten schreibt er aus Lubowitz, und man ahnt, daß auch eine neue Liebe im Spiel ist: «Ueber mich übt die Heimat und die schöne Zeit wieder ihre alte Zauberei. Das Herz weit und hoffnungsreich, das Auge frei und fröhlich, ernste Treue erfrischend über mein ganzes Wesen, so ist mein Sein, ich möchte fast sagen ein Verliebtsein in die unvergängliche jungfräuliche Schöne des reichen Lebens. Meine einzige Bitte zu Gott ist: Laß mich das *ganz* sein, was ich sein *kann*!» Dieses Stoßgebet findet sich denn auch wieder in einem Briefentwurf an Loeben vom Juni 1809. Darin versucht Eichendorff, dem Freund schonend beizubringen, daß ihr gemeinsamer Weg bei aller Förderung, die vor allem Joseph erfahren hat, für ihn auch ein Irrweg gewesen ist: «Deine gediegenen, wahrhaften Worte über unsere neuste Poesie, welche deine große Erscheinung in derselben erklären u. mich entzükten, sie haben das klar ausgesprochen, was ich selber anfieng immer mehr u. deutlicher über diesen meinen Zustand zu fühlen. Fast möcht' ich sagen, daß meine ersten Gedichte jener schönen Unschuld (der Seele aller Poesie) nicht ermangeln. Jenes süße Bild der Maria, es war keine Tendenz, es war eine Blume, die aus Liebe, Frühling, Erinnerung u. Hoffnung, kurz aus allem was mir werth u. theuer war auf Erden, dem Himmelslichte entgegensproßte. Diese meine erste Liebe u. lebendige Religion des Lebens wurde aber gar bald gestört, indem ich, ebenfalls irregeleitet von der herrschenden Idee von Religion, einging in allerlei Bestrebungen, Absichten u. die Armuth der Entsagung. Ich wagte nicht mehr, was ich empfand, liebte u. dachte, unmittelbar u. an und für sich zu geben, sondern bemühte mich, aller ursprünglichen Freiheit unwürdig meine freien Eingebungen zu Trägern gewißer Ideen zu machen, u. nach diesen so lange zu verallgemeinern, bis sie mir selber und anderen unkenntlich wurde[n], u. mein Weesen, einmal von dem eigentlichen Leben losgelöst, ohne allen Gehalt (u. fast sich selber ironisierend) nach allen 4 Winden hin verduftete. Ich malte, wie, glaub' ich, Jean Paul sagt, mit Aether in Aether. Ich fühl' es nun, dieser einförmige Selbstmord der Poesie muß aufhören, oder ich höre auf zu seyn, aber ich fühle es ohne Angst u. Betrübniß, wie sonst jede Veränderung in mir, sondern mit jener farbenreichen Heiterkeit u. lebenstrunknem Blik in die Zukunft, mit dem ich in meiner Rettung in den farbigen Morgen hinausprang. [...] Laß uns denn, liebster Freund, uns immer fester verbinden; was wir leisten wird freilich sehr verschieden seyn; aber ich bete allein u. einzig zu Gott: Laß mich das ganz seyn, was ich seyn kann!»

Nun ist es zweierlei, einen solchen Brief zu entwerfen und ihn tatsächlich abzuschicken und, selbst wenn er abgeschickt worden wäre, dem Adressaten Aug' in Aug' gegenübertreten. Doch Eichendorff will es durchstehen, deshalb reagiert er jetzt fast überstürzt auf den Brief Loebens vom 21. Oktober 1809 und lädt ihn nach Breslau ein. Die Antwort am 1. November ist für Joseph in doppelter Weise bedeutungsschwanger: Zum einen kommt der Brief nicht allein, sondern «zufällig» zusammen mit einem Brief aus Pogrzebin von Louise von Larisch, die nicht geringen Anteil hat an Josephs Versuch, gegenüber Loeben auf Distanz zu gehen; zum anderen scheint es der Sachse Loeben als Zumutung empfunden zu haben, ihn in das – verglichen mit Dresden, Loebens heimatlicher Residenzstadt – Provinznest Breslau einzuladen, weshalb er seinerseits die Brüder in die preußische Residenz Berlin zitiert.

Eichendorff reagiert panikartig, wie die Tagebuchnotiz nahelegt: «Heute noch spät Abends überraschte mich der erste Brief von L[ouise] u. ein Brief von Löeben, deßen merkwürdiger Inhalt augenblicklich in mir den plözlichen Entschluß bestimmte schleunigst Breslau zu verlaßen u. nach Berlin abzureisen, wozu nachgehends sogleich alle Anstalten getroffen wurden.» Vielleicht kommt die Initiative Loebens Eichendorff sogar recht: Ist es nicht vernünftig, in diesen Monaten, da so viele wichtige Lebensentscheidungen anstehen, nach Paris und Wien auch Berlin, die Hauptstadt Preußens, zu besuchen, gerade in diesen Jahren tiefster Erniedrigung für das Vaterland? Vielleicht hat sich bereits herumgesprochen, daß Berlin die Rückkehr des Königspaares aus Königsberg erwartet, vielleicht hat Loeben mitgeteilt, daß Arnim, Brentano und Adam Müller, der die besten Beziehungen habe, zur Zeit in Berlin sind? Ist es nicht ein Wink des Himmels, daß die Eichendorffs, nachdem sie durch Steffens und Schleiermacher in Halle noch die Jenaer Romantik und durch Görres, Arnim und Brentano die Heidelberger Romantik kennengelernt haben, nun auch noch die Berliner Romantik vor Ort erleben sollen? Ist doch auch Schleiermacher seit Mai 1809 Prediger an der Dreifaltigkeitskirche in Berlin.

Zu den Vorbereitungen auf die Berlinreise gehört am 3. November: «Ließ ich mich von dem nicht ganz talentlosen Mahler Raabe auf der Taschengaße en Miniature als schwarzer Ritter mit goldner Kette u. Stikkerei für L[ouise] mahlen. Tabak geraucht beim Sizen. – Ausdruck.» Am 7. November kommt Pfarrer Heinke vorbei, «wobei ich noch mein Portrait zeigen mußte». Und am nächsten Abend, dem letzten vor der Abreise, notiert Joseph: «Heute auch noch bis spät in die Nacht den 2$^ت$ Portrait-Brief an L[ouise] geschrieben» Vielleicht hat er ihr auch noch folgendes Gedicht dazugelegt, werden sich doch die Brüder mit ihrem Diener Schöpp am nächsten Tag, dem 9. November, auf einem der Kähne einer Flotte, die aus «4 mit Steinkohlen beladnen Schiffen» besteht, im Breslauer Hafen Richtung Berlin einschiffen.

Die Welt ruht still im Hafen,
Mein Liebchen, gute Nacht!
Wann Wald und Berge schlafen,
Treu' Liebe einsam wacht.

Ich bin so wach und lustig,
Die Seele ist so licht,
Und eh' ich liebt', da wußt' ich
Von solcher Freude nicht.

Ich fühl' mich so befreiet
Von eitlem Trieb und Streit,
Nichts mehr das Herz zerstreuet
In seiner Fröhlichkeit.

Mir ist, als müßt' ich singen
So recht aus tiefster Lust
Von wunderbaren Dingen,
Was niemand sonst bewußt.

O könnt' ich alles sagen!
O wär' ich recht geschickt!
So muß ich still ertragen,
Was mich so hoch beglückt.

Joseph hat zwar prompt und knapp auf Loebens Berlinordre reagiert, aber dieser, der lange Herzensergüsse liebt, ist nun seinerseits in Eichendorffs Bestätigungsbrief über die «Lakonik Deiner Feder» irritiert. Am 8. November, an dem Eichendorff seinen Portrait-Brief an Louise schreibt – wieder eine bedeutungsvolle Parallele –, setzt Loeben in «Stift Joachimstein bei Görlitz in der Oberlausitz», wo seine Mutter Äbtissin ist, zu einem langen, gewundenen Brief an Joseph an, den dieser jedoch nicht mehr in Breslau erhält, sind die Eichendorffs doch bereits unterwegs nach Berlin. Der Brief geht vielmehr nach Joachimstein zurück, wo Loeben ihn am 18. November mit einem kürzeren Begleitbrief erneut auf den Weg schickt, jetzt nach Berlin.

Läßt man die beiden Briefe Loebens auf sich wirken, fällt zunächst der häufige abrupte Wechsel auf zwischen einer sich geschraubt und schwärmerisch artikulierenden Angst, den Freund zu verlieren, und einem knappen Befehlston, der Gehorsam gewöhnt ist: So lautet ein Satz: «[...] tat ich selbst aber auch noch dir weh, und waren die Meinungen, die Grundsätze zu hart und zu scharf, die ich im selben hingestellt, so bitte ich Dich mit dem ganzen Feuer meiner *zärtlichen brüderlichen Liebe*: vergib dem Feuereifer des Freundes, o Freund!» Dem steht gegenüber: «Nächstens erwarte ich, ja *schleunigst* Eure letzte definitive Antwort, die mich freilich glücklich macht, wenn sie wie die heutige für Berlin lautet.»

Auch ist, wenn auch nur in Andeutungen, von einem Kampf Josephs die Rede, der die Freundschaft mit Loeben tangiert: «Ich fühle in jedem Deiner einfachen Worte den Kampf, den Du überstanden, und die Schwierigkeit Deines Sieges; ja das Gefühl quält mich am meisten, daß Du, Teurer, Dich Deines Sieges vielleicht nicht freuen kannst, daß das Opfer so groß ist, daß sogar unser Wiedersehen dadurch für Dich an Reiz verliert.» Handelt es sich um die Berufswahl: freier Schriftsteller, Offizier oder Beamter? Geht es um die Heiratspläne angesichts der katastrophalen Zukunftsaussichten für ein gutsherrliches Auskommen? Oder geht es, was am wahrscheinlichsten ist, um das dichterische Konzept, das für Eichendorff gleichbedeutend ist mit Lebensstil und Lebensentwurf, und hat er sich bereits entschieden, daß Loeben ihm da kein Vorbild mehr sein kann? Hofft andererseits Loeben, diese Entscheidung noch einmal zu seinen Gunsten revidieren zu können?

Der Erwartungsdruck, der auf der Begegnung der Freunde in Berlin lastet, ist jedenfalls groß. «Es ist beschlossen, daß wir uns sehen», dekretiert Loeben, «die Trennung höre auf. Wie werden wir – sei's in Breslau, sei's in *Berlin* – auf alle Hindernisse lächeln, wenn wir uns umarmt halten! Sanft war unser Abschied in Nürnberg, aber so mild, aber so lieblich, nur freudiger wird das Wiedersehen uns sein! Umarme Wilhelm. Ich liebe Dich unaussprechlich. Versichere Deinen Bruder meiner innigsten Liebe.» Das klingt so selbstsicher und ist so aufdringlich, daß es einen krank machen könnte. Als hätte Eichendorff letzteres geahnt, versichert er in dem Gedicht «Die Braut», Louise treu bleiben zu wollen in allem Liebesleid auch um den Preis einer Krankheit.

> Wann die Bäume blüh'n und sprossen
> Und die Lerche kehrt zurück,
> Denkt die Seele der Genossen,
> Fühlet fern' und nahes Glück.
>
> Selig Weinen sel'ger Herzen!
> Wenn das Herz nichts weiter will,
> Nicht weiß, ob es Lust, ob Schmerzen,
> Aber fröhlich ist und still.
>
> Frischer sich die Hügel kränzen,
> Heitrer lacht das weite Blau,

Alle Blumen schöner glänzen
Durch des Auges süßen Tau.

Und soll denn das Lieben leiden,
Und, wer leidet, krank auch sein,
Ach, so will ich keine Freuden,
Und mag nicht gesund mehr sein!

Ist es die Erinnerung an die Rheinromantik, an den Neckar und vor allem an die Donaufahrt nach Wien, daß die Eichendorffs beschließen, die Reise nach Berlin bis Frankfurt auf der Oder zurückzulegen? Oder ist es einfach Neugier und Abenteuerlust? Denn wer wie die Eichendorffs aus Lubowitz an der Oder stammt und in Breslau wie zu Hause ist, der weiß von den Gefahren und Strapazen einer Oderfahrt, zumal mit den vollbeladenen Kohleschiffen aus dem Königshütter Steinkohlerevier, die bei einem Gefälle von 3–4 Metern auf 10 Kilometern noch mittels Segel und Ruder die Fahrt beschleunigen, oftmals jedoch von den Sandbänken mühsam mit Seilen wieder flottgemacht werden müssen. Vielleicht ist es aber auch einfach der fehlende Reisegroschen für die Postkutsche, der die bankrotten Barone zwingt, sich am 9. November inkognito zum Breslauer Kohlenhafen übersetzen zu lassen.

Auf neun Druckseiten des Tagebuches hat Eichendorff die neuntägige Schiffahrt in allen Details festgehalten, eine erstklassige Quelle zur Geschichte des Reisens. Es ist ein Leidensbericht, selbst in den wenigen romantischen Momenten spürt man die «Waßerkälte»: «Unser Leben auf dem Schiffe war, ein für allemal gesagt, folgendermaßen eingerichtet. Früh bei Tagesanbruch wurden die Anker gelichtet. Darauf wurde troknes Brodt u. Schnapps, die leztere Hälfte unsrer Reise aber eine Brodtsuppe gefrühstükt. Darauf gieng ich auf die Wache, d. h. ich sezte mich auf dem vorderen Theile des Schiffes, an den umgelegten Mast gelehnt, wo ich, trotz der schneidenden Waßerkälte mehrere Stunden verweilte, um mich der wechselnden Landschaften zu erfreuen, wobei mir Wilh. u. Schöpp oft Gesellschaft leisteten. Um 12 oder 1 Uhr verzehrten wir 3 in der Cajutte ein Mittagmahl, welches unser Koch Schöpp schon von früh an in dem Kajüttenofen besorgte, und das aus einer Schüßel Rindsuppe voll Kartoffeln, einem Stük Rindfleisch mit Kartoffeln u. Brodt bestand. Alles dieß wurde aus ein und derselben Schüßel ohne Teller mit großem Appetite verzehrt und das Bier, wenn wir welches hatten, aus einem Töpfchen getrunken. Nach Tische wurde wieder auf dem Verdeke geraucht, dann in der Cajutte mit Schöpp Lombre oder Piquette gespielt, gelesen (Landbibliothek), Tagebuch geschrieben etc. Unser Abendeßen bestand aus trocknem Brodt (erst später bekamen wir Butter) Kartoffeln mit Saltz. Am späten Abend besuchten die Schiffer einander manchmal, es wurde mit Steinkohlen zum Erstiken eingeheizt u. andere dergl. fast unerträgliche Geschichten. Gen 10 Uhr begab sich Schöpp immer auf das 4^te Schiff, wo er sein Nachtlager hatte, ich aber mit Wilh. schliefen zusammen in *Einem* ziemlich engen Bettgestelle auf Stroh, mit den Mänteln zugedekt, in der Vorderkajütte, wo Wind u. Regen durch die Löcher u. Ritze kam, u. wo auch der Knecht schnarchte. Im Tage waren wir fast immer allein in der düstern Kajütte mit den kleinen Gitterfenstern, die d[urch] eine Bretterwand in 2 Hälften geteilt war, u. d[urch] Einen eisernen Kochofen geheizt wurde. Unser Schiffherr, Giercke bekam von uns bis Frankfurt: 9 rth. So wahrhaft soldatisch war unser Seeleben.» So realistisch die Schilderung ist, Eichendorff läßt sich von der rauhen Wirklichkeit nicht aus seinem romantischen Konzept bringen. Vom Juni 1809 datiert der Entwurf zu dem Sonett «An die Oder», sein früher Beitrag zur Oderromantik:

> Du blauer Strom, an dessen grünem Strande
> Ich Licht und Lenz zum erstenmale schaute,
> In frommer Sehnsucht still mein Schifflein baute,
> Wie manch' Schiff unten kam und zog und schwand.
>
> Von blauen Bergen über'm glänz'gen Lande
> Bracht'st du mir Gruß und fröhl'ge sel'ge Laute,
> Daß ich den blauen Winden mich vertraute,
> Vom Ufer lösend hoffnungsreich die Bande.
>
> Noch wußt' ich nicht, wohin und was ich meine,
> Doch Morgenrot sah ich unsterblich quellen,
> Wie liebt' ich Freiheit, Liebe, Kraft und Tugend.
>
> Als ob das schöne Leben mich nur meine,
> Fühlt' ich zu ferner Braut die Segel schwellen,
> All' Wimpel rauschten da in ew'ger Jugend!

Trotz der Unbilden des Stroms und des Wetters freuen sich die Eichendorffs bei Leubus an dem «prachtvollen Anblik des Klosters, das ein ungeheures, vollkommnes Quarrée von 365 Fenstern bildet». Es ist die größte und älteste Klosteranlage in Schlesien, 1175 durch Herzog Boleslaus dem Langen für Zisterziensermönche aus Pforta an der Saale gegründet und Mutterkloster von Kamenz und Heinrichsau und über letzteres auch von Grüssau. Seit der Säkularisierung dient das Kloster als Heil- und Pflegeanstalt: die Thematik von Eichendorffs Probearbeit für das große juristische Examen 1816.

Mittlerweile ist aus der Flotte von vier Kohleschiffen eine Karawane von acht Oderkähnen geworden, und sie steuern am 14. November bei Althammer die Grenze an, «wo Zoll gegeben wurde, und schwammen nun, von neuem unser Vaterland Schlesien verlaßend, in die Mark Brandenburg hinein». Die Eichendorffs fühlen nicht preußisch, sondern landsmannschaftlich schlesisch und noch österreichisch-deutsch. Am 16. November bei Krossen wird die navigatorische Situation unerträglich, nachdem ein alter, tauber Lotse die Schiffe auf Sand gesetzt hat. «Kurtz es ist von dieser unsrer unbeschreiblichen Leidensperiode nichts zu sagen, als daß wir heute und den ganzen 17. hindurch, uns immerfort auf allen Sandbänken herumsielend, nicht mehr als eine kleine Meile zurüklegten, das fatale Croßen immerfort im Angesicht behielten, oft selber mit die Ruder ergriffen, vor Ungeduld und langer Weile fast abstarben, des Abends mit Schöpp Lombre spielten, von den unerhörten Schweinereyen und Ungezogenheiten besonders unseres Steuermannes viel ausstanden, des Nachts, wo wir immer an wüsten Oertern still hielten, auf unserem Stroh vor Frost halb erstarrten etc. 18. Als wir erwachten, war die ganze Gegend in Schnee gehüllt, und die Schiffsleute gaben nun selbst die Hoffnung auf, dieses Jahr noch weiter zu kommen. Wir faßten also schnell den Entschluß, uns von den Schiffen zu trennen, und giengen daher mit Schöpp gleich frühmorgens durch Sturm und fürchterliches Schneegestöber, rechts die ganz schwarze Oder, auf einem Damme in das nahgelegne Dorf: Neudorff [Neudorf], wo wir bei einem Bauer, deßen Weib bei unserem martialischen, verwilderten Eintritt in die Stube die Flucht ergreiffen wollte, auf Morgen eine Fuhre bis Frankfurth für 9 rth Müntze mietheten.»

## «Zwischen Hochmut und Verzweiflung»: Heinrich von Kleist

In Frankfurt an der Oder schlafen die Brüder Eichendorff «seit fast 14 Tage wieder zum 1$^t$ male ausgezogen in Betten». Einige Tage später, am 23. November 1809, wird Heinrich von Kleist, 1777 in Frankfurt geboren, laut Grund- und Hypothekenbuch seiner Heimatstadt bei dem Kaufmann Johann Samuel Wöllmitz zu 6 Prozent Zinsen ein Darlehen von 500 Talern aufnehmen und dafür das «mit seinen Geschwistern in Gemeinschaft besitzende Haus» belasten.

Vier Monate zuvor, am 17. Juli 1809, hat Kleist aus Prag nach der Niederlage der Österreicher bei Wagram der Halbschwester Ulrike seine aussichtslose Lage als Dichter geschildert und um Geld gebeten: «Ich bin gänzlich außerstand zu sagen, wie ich mich jetzt fassen werde. Ich habe

Gleißenberg [Kriegskamerad und Freund, seit 1803 Gouverneur der Kriegsschule in Berlin, seit 1804 mit Kleists Kusine Karoline von Pannwitz verheiratet] geschrieben, ein paar ältere Manuskripte zu verkaufen; doch das eine wird, wegen seiner Beziehung auf die Zeit, schwerlich einen Verleger, und das andere, weil es keine solche Beziehung hat, wenig Interesse finden. Kurz, meine teuerste Ulrike, das ganze Geschäft des Dichtens ist mir gelegt; denn ich bin, wie ich mich auch stelle, in der Alternative, die ich Dir soeben angegeben habe.»

Von Januar bis Dezember 1808 gaben Kleist und Adam Müller in Dresden die anspruchsvolle Monatsschrift «Phöbus» heraus. Eichendorff wird sie am 27. November 1809 im Berliner Lesesalon «werkmeistersches Museum» studieren, «worin ich zu meiner überraschenden Freude bekannte Gedichte von Loeben traf». Auch während seines Berliner Krankenlagers gehört der «Phöbus» neben «Schlegel, Lacrimas [das von A. W. Schlegel herausgegebene Schauspiel ‹Lacrimas› von Wilhelm von Schütz], Bouterwecks [Bouterwek] Litteraturgeschichte [‹Geschichte der Poesie und Beredsamkeit seit dem Ende des dreizehnten Jahrhunderts›, 12 Bände, ab 1801], Bragur [‹Ein literarisches Magazin der deutschen und nordischen Vorzeit›, herausgegeben von Christian Gottfried Böckh und Friedrich David Gräter], die berühmte Guntha [‹Gunthas, ein altdeutsches Mährchen›, ein Schauspiel von Karl Christian Wolfart, 1809]» zu dem, «welches ich alles mit Heißhunger zum gänzlichen Ueberdruß hinunterfraß». Im «Phöbus» las er Kleists «Organisches Fragment» der «Penthesilea», die «Marquise von O.....», Fragmente aus «Der zerbrochne Krug», aus «Das Käthchen von Heilbronn», aus «Guiskard» und aus «Michael Kohlhaas» sowie «Der Schrecken im Bade» und die «Epigramme» wie zum Beispiel «Die Bestimmung». Die beiden Hexameter passen zu Eichendorffs eigener Befindlichkeit in diesen Berliner Wochen:

«Was ich fühle, wie sprech ich es aus? – Der Mensch ist doch immer, Selbst auch in dem Kreis lieblicher Freunde, allein.»

1809 kam es zu Spannungen zwischen Müller und Kleist, der nun – während er 1807 noch den «Code Napoléon» gewinnbringend vertreiben wollte – ganz auf die patriotische, antinapoleonische Linie einschwenkte, dem Wiener Theater seine «Hermannsschlacht» anbot und seine berüchtigte «Kriegslyrik» möglichst weit verbreitet sehen wollte. Seine «Ode an den König» in Preußen erhielt jedoch von der dortigen Zensur kein Imprimatur. Friedrich Wilhelm III. hatte Kleist seinen Versuch, sich 1803 dem Heer Napoleons gegen England anzuschließen, nicht verziehen. Während sich Kleist nach einem Besuch des Schlachtfeldes von Aspern in Prag aufhielt, verbreitete Adam Müller im September 1809 in Berlin

«Zwischen Hochmut und Verzweiflung»: Heinrich von Kleist 281

das Gerücht, Kleist sei in einem Prager Spital verstorben. Ein Vierteljahr später, für den 15. Dezember notiert jedoch Eichendorff in seinem Berliner Tagebuch über einen Salonbesuch: «Begaben wir beide u. Loeben uns eingeladnermaßen in völligem Wiks Abends nach 6 Uhr zu Hofrath A. Müller zum Thee, wo wir in der 2$^{t.}$ etwas kleinen Stube die recht liebenswürdige Mad. Müller u. eine Frau v. Werdeck auf dem Sopha (und den Offizier v. Buhle) trafen etc. u. wo bald darauf auch A[dam] M[üller] u. Major v. Kleist (ein schöner, großer, ernster Mann) anlangten.»

Es ist anzunehmen, daß sich Eichendorff bereits in diesen Berliner Monaten durch die intensive Lektüre des «Phöbus», durch die persönliche Begegnung mit Kleist und durch die Salongespräche über ihn seine eigene Meinung über den genialen, aber innerlich zerrissenen Dichter gebildet hat, eine Meinung, die Eichendorff geholfen haben wird, seinen eigenen Weg deutlicher zu erkennen und abzugrenzen, nicht nur gegenüber dem schwärmerischen Grafen Loeben, nicht nur gegenüber dem bürgerlichen und wirtschaftlich abgesicherten Lebenskünstler Brentano, sondern eben auch gegenüber dem verarmten, zum Fanatismus neigenden Adeligen Kleist.

Das Fazit dieser Auseinandersetzung mit dem berühmtesten unter den romantischen Dramatikern wird Eichendorff in «Zur Geschichte der neuern romantischen Poesie in Deutschland» 1846 ziehen, und man hat den Eindruck, er tut es vor dem atmosphärischen Hintergrund der Berliner Romantikersalons von 1809/10, wie er sie selbst erlebt hat: «Indem aber die Romantik mit dem Unglauben, dem modernen Aberglauben an die Allmacht des Subjektes, und allen den weltlichen Mächten, gegen die sie ja eben zu Felde lag, so mattherzig zu kapitulieren, ja zu kokettieren begann, hatte sie auch schon sich selbst säkularisiert. Es entstand in dem Feldlager Unsicherheit und Verwirrung, und aus dieser Verwirrung, weil sie den Nerv des Ganzen traf, jene innere Zerrissenheit, welche die letzten Stadien der Schule charakterisiert, und nicht mehr von der kecken Zuversicht und Morgenfrische weiß, mit der die ersten Romantiker im Vollgefühl des guten Gewissens ausgezogen. So sehen wir in einem der Besten, *Heinrich von Kleist*, ein großes Talent sich zwischen Hochmut und Verzweiflung an den unglücklichen Geschicken seines Vaterlandes krankhaft zu Tod arbeiten, weil er den Glaubensmut nicht mehr hatte, die Welt und ihre Erscheinungen, wie die Romantik allerdings verlangte, nur an dem Höchsten zu messen.»

Zwei Jahre später, am 8. Dezember 1811, wird Eichendorff in seinem Wiener Tagebuch wieder einen Romantikersalon beschreiben: «Gieng ich

Nachmittags gleich von den Egerschen zu Schlegels, die eben vom Tisch aufgestanden. Schrekliche Geschichte von Kleist, der sich u. eine Frau erschoßen. Schlegels große Gesinnung über dieses Unsittliche u. über das Ehrenvolle der Preußen, wenn sie mit Rußland halten. Caffé getrunken. Der angenehme junge Schlegel [Philipp Veit, mit dem sich Eichendorff anfreunden und auf seiten Preußens in den Befreiungskrieg ziehen wird]. Schlegel von Wein roth, nikt u. ich gehe fort.»
  Eine Woche später, am 20. Dezember 1811, läßt uns Eichendorff einen Blick in seine Wiener Dichterwerkstatt werfen, in der ihn der Geist Kleists und Arnims aus der Berliner Zeit umtreibt: «Ich fieng seit einigen Tagen an am Herrmann zu schreiben, ließ es aber u. sezte wieder meinen Roman [Ahnung und Gegenwart] fort. Wintergarten von Arnim.» Von Eichendorffs «Herrmann und Thusnelda» ist nur ein Fragment überliefert, inspiriert von Kleists Drama «Hermannsschlacht».

*«Zum Niederknien war es»:*
*Der Einzug des Königspaars in seine Hauptstadt*

Die Ankunft der Eichendorffs in Berlin am 20. November 1809 «bei Mondenschein» ist alles andere als romantisch. Sie «fuhren aber eine ganze Streke um die Barriere (eine niedliche Mauer, die ganz Berlin umgiebt) herum». Die neue, über 17 km lange Ringmauer aus verputztem Ziegelmauerwerk war bis zu 4,2 m hoch und nach 15jähriger Bauzeit 1802 fertiggestellt worden. Sie diente nicht zuletzt dazu, desertierte Soldaten an der Flucht zu hindern, weshalb alle paar hundert Meter Schilderhäuschen in die Mauer eingelassen waren. Vor allem war es jedoch eine Zollmauer, an deren vierzehn Toren die Akzisebedienten die einzuführenden Waren mit einer Verbrauchssteuer (Akzise) belegten.
  Als die Eichendorffs durch das Landsberger Tor fahren wollen, macht ihr heruntergekommenes Aussehen nicht den ihnen gewohnten respektheischenden Eindruck, im Gegenteil: «Zum Unglück war der hiesige Acciseaufseher so eben betrunken. Wir mußten daher alles in seine Stube abpaken, wo er eine halbe Stunde lang alles durcheinanderwarf und uns dann auf den Pakhof in Begleitung eines Soldaten schikte, wo wir unseren Wagen et Sachen gar über Nacht laßen mußten.» Bei dem Soldaten handelte es sich vermutlich um einen Angehörigen der in diesem Jahr etwa zweitausend Mann starken, uniformierten Bürgerwehr, die auf Anordnung Napoleons, nachdem er am 27. Oktober 1806 nach der preußischen Niederlage in der Doppelschlacht von Jena und Auerstedt feierlich

in Berlin eingezogen war, aufgestellt wurde, um den Franzosen eine ständige Garnison in der Stadt zu ersparen. Am 3. Dezember 1808 zog dann auch die letzte französische Garnison, das 7. leichte Infanterie-Regiment, durch das Potsdamer Tor unter dem Jubel der Berliner Richtung Spanien ab, wo Napoleons Herrschaft in Gefahr geraten war.

Jetzt, ein Jahr später, wartet die Bevölkerung Berlins, die unter der zweijährigen Besatzung durch Einquartierung, Armeelieferungen und Kontributionen gelitten hat – etwa 12,5 Millionen französische Militärpersonen wurden für insgesamt 8,631 Millionen Taler versorgt –, auf die Rückkehr König Friedrich Wilhelms III. und der Königin Luise von Königsberg in die Hauptstadt. Diese braucht dringend Ermunterung und etwas Glanz.

Am 23. Dezember ist es endlich so weit. Eichendorff, der in der damaligen Königsstraße Nr. 20 wohnt, zwischen Schloßplatz und Alexanderplatz, hat von den Fenstern im zweiten Stock aus das historische Ereignis im Tagebuch festgehalten: «Die Ankunft des Königs in Berlin, wozu auf unserer Straße schon 8–14 Tage vorher alle disponiblen Fenster à 8 Rth. Cour. vermiethet waren. Schon vom frühsten Morgen ein großer Tumult von ausziehenden Truppen etc. Gen 11 Uhr, wo die Straßen für alle Wagen, Reiter etc. gesperrt wurden, kam Ad. Müller mit Familie u. ein Paar Freileins zu Loeben, um auch die Fenster zu benuzen, u. zu uns oben unsere Wirthin mit mehreren jungen u. lustigen Consumseln. Ich anfangs unten in der Stube des Wirths Thee getrunken u. aus dem hervorragenden Glaskasten, wo auch ein Theil der Mädchen wie Puppen zur Schau stand, die Vorbereitungen beobachtet. Dann hinauf in mein Kammerfenster. Die ganze Straße hinunter waren d[urch]aus alle Fenster mit Damen etc. im buntesten Gemisch wie mit Blumengewinden garnirt, welches höchst reizend u. erfreulich aussah. Nach 1 Uhr endlich ordnete sich die Bürgergarde, welche mit blanken Degen auf allen zu passirenden Straßen eine châne gezogen hatten, von allen Thürmen wehten weiße Fahnen, alle Gloken läuteten u. der himmlische Zug begann in der ganz gesäuberten Mitte der unübersehbaren Straße. Zuerst kamen 40 Postillons, welche rührend auf ihren Posthörnern bliesen. Darauf folgte ein herrliches (weiß u. rothes) Cuirassier-Regiment, und nun winkten alle Damen u. Zuschauer aus den Fenstern, u. folglich auch wir, die ganze Straße hinab mit den Schnupftüchern, welches hinreißend war, und ein fürchterliches Vivat-Gebrülle von dem gewaltsam heranströmenden Volke wälzte sich die Straße herauf: denn nun kam der König selber in einfacher Armeeuniform mit Tschaco zu Pferde u. hinter ihm die Prinzen, und 100 Generale, Kammerherren u. andere hohe Offiziers zu Pferde im dichtesten u. brillantesten Gemisch. Zum Niederknien war es, wie nun der König, da eben der Zug etwas stokte, vor unseren Fenstern stehen blieb u. mit wahrhaft hohem Anstande nach allen Seiten hin grüßte, während die Schnupftücher immer fort winkten und das Volk rührend die Hüte schwenkte u. brüllte. Hinter dieser Suite des Königs kam nun die Königin in einem brillanten, gedekten Wagen mit 8 himmlischen Pferden, die so wie die 4 Bedienten, welche hinten standen, vor Silber strozten. (Diese Equipage, 20000 Rth. an Werth, hatte die hiesige Bürgerschaft der Königin geschenkt u. bis vors Thor entgegengeschikt.) Ein Trupp von der brillanten Schützengilde zu Pferde begleitete den Wagen zu beiden Seiten, welches alles zusammen eine Gruppe von solchem Glanze bildete, daß die Augen wirklich geblendet wurden. Gleich darauf folgte das Garderegiment mit Janitscharenmusik und angeführt vom Kronprintzen zu Fuß; dann 4 andere Infanterieregimenter, darauf eine Escadron gelb u. rother Curassier, das blaue Husarenregiment, die Uhlanen, welche sich mit ihren 4ekigten Mützen, hohen schwarzen Federn, gelben und Silberschnüren und mit ihren roth u. weißen und gelb u. schwarzen Fähnchen an den langen Piken herrlich ausnahmen. Darauf kam Printz August in völliger Pracht mit seinen Adjutanten, ebenfalls mit einem Vivat begrüßt, ihm folgte die sämmtliche Fuß- und reitende Artillerie mit ihren Kanonen. Dann die Schützengilde zu Pferde (grün u. gold) mit Trompeten u. Pauken, worunter auch unser Wirth, der uns mit seinem Degen salutirte. Dann die Nationalgarde (blau, roth u. gold). Den Beschluß dieses erhebenden Zuges endlich machten die sämmtl. Zünfte der Stadt mit Musik u. zu Fuß, ohne Uniform, worunter sich besonders auszeichneten: die Zimmerleute mit ihren niedlichen, bebänderten Aexten u. herrlichen, reichen Fahnen und die Schiffer u. Schiffsbauer, denen 2 ganz weiß u. pludrig angezogene und mit rothen Schleifen geschmükte Männer in Schuhen vortanzten, wovon der eine mit seinem Degen das Volk komisch zurückdrängte, der andere aber im Federhute eine bunte Fahne sehr künstlerisch schwenkte, in die Luft warf, u. wieder auffieng etc.»

Das betonte Auftreten der Zünfte hatte noch einen besonderen Grund. Die für 1810 vorgesehene Verkündigung der allgemeinen Gewerbefreiheit mit Aufhebung des Zunftzwanges stieß schon jetzt auf den erbitterten Widerstand der Innungen, die über eine starke Lobby in der Stadtverordnetenversammlung und im Magistrat verfügten. Unzünftige Gewerbetreibende, die sogenannten «Patentmeister», werden es noch jahrelang schwerhaben, sich in Berlin durchzusetzen.

Von Eichendorff gibt es kein Gedicht an die Königin Luise, weder aus Anlaß dieses Einzugs noch ihres Geburtstags am kommenden 10. März,

Eine «grausenhafte Leidensperiode»

den Eichendorff in Breslau erlebt, doch nur mit einem Satz erwähnt: «Großes Trompeten u. Bürgeraufzüge etc. auf dem Markte von wegen der Königin Geburtstag.» Von Kleist hingegen existieren drei Fassungen «An die Königin Luise von Preußen», die letzte ist ein Sonett, das er ihr an ihrem Geburtsstag überreicht und das sie zu Tränen rührt. Kleist soll aus ihrer Privatschatulle eine kleine Rente beziehen.

Königin Luise stirbt bereits am 19. Juli 1810 auf Schloß Hohenzieritz an einer Lungenentzündung. Am 22. Januar 1810 hatte sie an ihre Schwägerin Marianne geschrieben: «Wir sind noch immer höchst unglücklich, indessen ist das Leben hier in Berlin erträglicher als in Königsberg. Es ist wenigstens ein glänzendes Elend mit schönen Umgebungen, die einen zerstreuen, während es in Königsberg wirklich ein elendes Elend war.» Der als beamteter «Hilfsarbeiter» an Berliner Ministerien beschäftigte Eichendorff wird am 5. Mai 1832 an den Ministerialbeamten Philipsborn schreiben: «Kehre ich jezt nach Königsberg zurück, so bin ich, das fühle ich sehr deutlich, als Beamter und Dichter unausbleiblich für immer begraben.» Der 1810 sogleich entstehende Luisenkult wird eine große Gemeinde finden, unter anderem die von Arnim und Adam Müller gegründete Christlich-deutsche Tischgesellschaft.

*Eine «grausenhafte Leidensperiode»:*
*Krank unter Dichtern und Intellektuellen*

Als Königin Luise über ihr «glänzendes Elend mit schönen Umgebungen» in Berlin klagte, fühlte sich Eichendorff bereits seit Wochen wirklich elend. Am 3. Dezember 1809 «war für mich der Anfang einer langweiligen Krankheit, die heute gen 6 Uhr Abends mit einem heftigen Fieberanfalle begann». Trotz «Fiebern, Frösteln u. heftigen Kopf- und Nakenweh» hält er sich die ersten drei Wochen noch auf den Beinen, um die «schönen Umgebungen» zu sehen, vor allem ins Theater zu gehen. Er sieht «Macbeth nach Schillers Bearbeitung» mit Iffland als König und Madame Bethmann als Lady Macbeth, «Minna v. Barnhelm» mit der Bethmann als Minna und Iffland als Capitain: «Demohngeachtet die größte Langeweile.» Kurzweiliger ist «Die deutschen Kleinstädter» von Kotzebue, der zur Zeit, nachdem er 1804 bis 1806 in seiner Zeitung «Der Freimütige oder Berlinische Zeitung für gebildete, unbefangene Leser» gegen die Franzosen, die Klassiker und Romantiker agitiert hat, vom russisch besetzten Estland aus in seinen Zeitschriften «Die Biene» (1808/09) und «Die Grille» (1811/12) weiter publizistisch tätig ist.

## Neuntes Kapitel. Paris, Wien, Berlin, Pogrzebin

Die letzte Zerstreuung vor dem Zusammenbruch Eichendorffs ist der Einzug des Königspaars am 23. Dezember. Von dem Abend hält er fest: «In diesem Tumult verlor ich Wilh. u. Loeben u. schleppte mich wegen meiner Krankheit d[urch] das Herumgehen durch u. durch ermattet, nach Hause, wo ich einer Ohnmacht nahe ankam. Rumor u. Vivatgeschrey von Kindern etc. bis in die tiefste Nacht. – Heute 9 Wochen nach jenem Unglükstage und 3 Tage vor meiner Abreise nach Schlesien, i. e. den 1$^{t.}$ Maertz 1810 ergreiffe ich endlich flüchtig wieder meine Historien-Feder, um das Notableste dieser meiner fürchterlichen, verödeten, grausenhaften Leidensperiode zu berühren.»

Vier Tage liegt Eichendorff mit hohem Fieber im Bett, dann acht Tage auf dem Canapée «in der verzweiflungsvollsten Lage hingedüstert». Dann «schrekliche Entzündung. Fürchterlichste Schmerzen, so daß ich auf dem Canapé weder liegen noch sizen, und mich den ganzen Tag durchaus nicht einen Schritt weit rühren konnte. Kaum wieder vergangen, wurde diese Entzündung recitiv mit allen den Qualen. Inzwischen Hemde und Hosen am Leibe faulend, vor gänzlicher Entkräftung, Tag (beim Eßen) u. Nacht fast zu Tode schwitzend, am Leibe verbrannt, mit Wunden bedekt und zerfleischt, Bart und Nägel langgewachsen, früh und Abends Besuche vom kleinen Famulus [Diener Schöpp]. So saß ich also die trüben, halblichten Wintertage hindurch, ohne mich zu rühren, auf meinem Canapé, in das ich schon tiefe Löcher gedrükt [...].» Unbewußt beschreibt Eichendorff hier im nachhinein die Figur des Schmerzensmannes, der für die eigenen und die Sünden anderer leidet. So sind denn auch am schlimmsten die «schreklichen, langen Abende, während Wilh. u. Loeben in der Commödie, [in den Salons] bei Müller, Sander etc., eben so ganz allein beim bleichen Schein des Lichts wie in einer Gruft zugebracht. Anfangs Thee (auch Kartoffeln) später Prezel mit Butter u. Aepfel, Waßer mit Milch. Dazwischen schrekliche Perioden von Leibschmerzen, Kopfweh etc. So überwältigte mich endlich die öde, trost- und hülflose Einsamkeit, so daß ich an Gesundheit und mir verzweifelte. Schwarzeste Melancholie.» Vielleicht stammt das «Gebet», in dem die Figur des leidenden Christus angerufen wird, aus diesen Wochen:

> Gott, inbrünstig möchte' ich beten,
> Doch der Erde Bilder treten
> Immer zwischen dich und mich,
> Und die Seele muß mit Grauen
> Wie in einen Abgrund schauen,
> Strenger Gott, ich fürchte dich!

*Eine «grausenhafte Leidensperiode»*

Ach, so brich auch meine Ketten!
Alle Menschen zu erretten,
Gingst du ja in bittern Tod.
Irrend an der Hölle Toren,
Ach, wie bald bin ich verloren,
Hilfst du nicht in meiner Not!

Der einundzwanzigjährige Eichendorff fühlt sich zum erstenmal verloren und verlassen: Die Medizin und die Salben des Dr. Friedländer von nebenan helfen nicht. Der Dienerfreund Schöpp tut zwar, was in seinen Kräften steht. Der Bruder und die Freunde gehen nach den üblichen Besuchen, ahnungslos hinsichtlich der seelischen und körperlichen Qualen, die Joseph nur dem Tagebuch anvertraut, ihrer Wege, zumal sich Eichendorffs Krankheit über Monate erstreckt. Die Erfahrung, daß ihm letztlich keiner so nahe steht, wie es in gesunden Tagen den Anschein hat, ist für Eichendorff ein Schock, doch ein heilsamer. Er erkennt, daß die Symbiose mit dem Bruder Wilhelm ihrem Ende zugeht. Auch das schwärmerische, ins Erotische hinüberspielende Verhältnis zu Loeben ist zu einer Belastung geworden. Das Tagebuch deutet die Abhängigkeit und die Zweideutigkeiten diskret an: War der Ausbruch des Nervenfiebers am 3. Dezember nicht ausgelöst worden durch die Spannung, mit der Joseph der Ankunft von Loeben entgegenfieberte, während er gleichzeitig auf einen Brief von Louise wartete? Notiert er doch: «Loeben kam immer noch nicht. Von Hause kein Brief. O Jammer!» Am 6. Dezember noch immer Hochspannung und der Versuch einer Entladung: «Zogen wir eine Stiege höher hinauf, um das elegantere Logis unten Loeben zu überlassen», der aber noch gar nicht da ist. Endlich am 11. Dezember: «Die Thür gieng auf und unser langersehnter Loeben lag in unseren Armen.» Am gleichen Nachmittag noch, als sie eine Stunde lang wegen Karten zu «Macbeth» anstehen, entsteht «mit Lebensgefahr verknüpftes Drängen» und «Todesgeschrey der Frauenzimmer»; verständlich, daß die Freunde sich an der Hand halten. Doch Eichendorff hält das für erwähnenswert: «Loeben läßt meine Hand nicht los.» Am nächsten Tag «begleitete ich Loeben zu Adam Müllern, der sehr artig u. freundschaftlich». Es sind auch diese wichtigen Beziehungen, auf die Eichendorff als Dichter angewiesen ist, die es ihm so schwer machen, zu Loeben auf die nötige Distanz zu gehen. Wie notwendig es wäre, zeigt die Notiz aus der Nacht nach der Rückkehr des Königspaares: Im Tumult «Loebens Griffe», worauf Eichendorff sich allein halb ohnmächtig nach Hause schleppt. Doch nachdem es Joseph im Februar besser geht, gibt es wieder «Besuche von

Loeben – und Vorlesen», vermutlich aus dessen Werken. Gleich nach dieser Notiz steht eine Bemerkung, die durch ihr doppeltes «allein» auf ein sich abkühlendes Verhältnis zu Loeben und seiner Poesie schließen läßt: «Angenehme Abende, wenn ich u. Wilh. allein bei Taback u. Prezel allein zu Hause lesend etc.» Trotzdem ist Joseph am 27. Februar «mit Loeben im Rochus Pumpernikel», dem Musikalischen Quodlibet von Matthäus Stegmayer, das Eichendorff bereits letzten Oktober in Breslau gesehen hat.

Die Trennung am 3. März ist jedoch voll «ärgerlicher Wehmuth», Eifersüchteleien und Zweideutigkeiten. Nachdem er sich von Brentano an der «Eke des königl. Schloßes» verabschiedet hat, geht Eichendorf mit dem Königlich Sächsischen Kammerjunker Max Gustav von Watzdorf nach Hause. Der ist ganz begeistert, weil Brentano sich in ihn verliebt gezeigt habe. Eichendorff notiert in Klammern in einsiedlerisch-humorigem Ton: «Ein Heiliger könnte man werden» und macht gute Miene zum bösen Spiel: «Bei Taback fröhliche Gespräche mit ihm bis 2 Uhr, wo Loeben u. Wilh. kamen. Des ersteren methodische, ärgerliche Wehmuth u. lächerliche Händel mit Wilhelm (Ringe von M. Sander). Halb schlafend bis gen 6 Uhr (in Loebens Stammbuch eingeschrieben). Loeben weint. Abschied noch unten an der Thüre von ihm u. dem stummen, weibl. Watzdorf. Unser Wagen, worin auch Schöpp saß, ganz zu. 3 Pferde. Phlegmatischer Kutscher. Es schneyte erbärmlich» – eine Szene wie von Kleist.

Graf Loeben wird sich bei den Baronen Eichendorff am 25. März für den Berlinaufenthalt bedanken, doch es scheint nur so, daß sich in ihrem Verhältnis nichts geändert habe: «Ihr habt mit jener liebenden Teilnahme, durch die mir so viele Stunden unseres letzten Beisammenseins verschönt worden sind, mitzuteilen gesucht was mir beglückend ist; nachdem der Schmerz, von Euch getrennt zu werden, von Euch, mit denen ich so froh und innig gelebt, – in heiteres, wohlwollendes Andenken übergegangen war – hab ich nichts als Freuden gefühlt, Freuden wie sie selten sind in der heutigen Welt.»

Bei Eichendorff jedenfalls hat die Berliner Begegnung mit Loeben, die unter hohem Erwartungdruck stand und sich in der dreimonatigen Krankheit entladen hat, die Erkenntnis bekräftigt: Er wird als Mensch und Dichter fortan seinen eigenen Weg gehen müssen, allein und einsam, wie er es in dem Gedicht «In der Nacht» im Volksliedton besungen hat:

>Das Leben draußen ist verrauscht,
>Die Lichter löschen aus,

Schauernd mein Herz am Fenster lauschet
Still in die Nacht hinaus.

Da nun der laute Tag zerronnen
Mit seiner Not und Lust,
Was hast du in dem Spiel gewonnen,
Was blieb der müden Brust? –

Der Mond ist trostreich aufgegangen,
Da unterging die Welt,
Der Sterne heil'ge Bilder prangen
So einsam hochgestellt!

O Herr! Auf dunkelschwankem Meere
Fahr' ich auf schwachem Boot,
Treu folgend Deinem goldnen Heere
Zum ew'gen Morgenrot.

## «Alle Juden und Philister ausgeschlossen»:
## Die Berliner Salons und Arnims Tischgesellschaft

Zu dem «Leben draußen» gehörten für Eichendorff in Berlin auch die Besuche in den Salons von Adam Müller und seiner Frau Sophie, geborene von Taylor, geschiedene von Haza, sowie des Verlagsbuchhändlers Johann Daniel Sander und seiner Frau Sophie. Durch ihre konservative und patriotische Einstellung unterschieden sich diese Salons spürbar von den ursprünglich kosmopolitischen und liberalen Salons der jüdischen Frauen wie Dorothea Veit, geborene Mendelssohn, spätere Schlegel, Henriette Herz, geborene de Lemos, sowie Rahel Levin, um die bekanntesten zu nennen. Deren Salons befanden sich jedoch in einer Krise. Die wachsende Opposition zuerst gegen die napoleonische Bedrohung und dann gegen die französische Besatzung, ferner das zunehmende Mißtrauen gegen Aufklärung und Emanzipation überhaupt hielten auch die bisher fortschrittlich gesonnenen, meist jugendlichen Adeligen sowie die bürgerlichen Künstler und Intellektuellen mehr und mehr davon ab, sich, ungehindert durch Standes- und Einkommensunterschiede, zum zwanglosen geistig-künstlerischen, unvermeidlich auch weltanschaulichen und politischen Meinungsaustausch am jour fix bei den geistreichen und gebildeten Jüdinnen zu treffen, deren Männer oder Familien nicht selten auch die Bankiers, Geschäftspartner und Verleger der Salonbesucher waren. Auch führten in diesen wirtschaftlich und weltanschaulich turbulenten Jahren finanzielle Engpässe oder auch religiöse Neuorientierungen wie die zahlreichen Konversionen zum Christentum schnell zur Auflösung oder Reduzierung der Salons: Brendel Veit, nach der Konversion 1802 Dorothea genannt, ließ sich 1799 von dem Bankier Simon Veit scheiden und wählte die ungesicherte Existenz des Zusammenlebens mit Friedrich Schlegel. Der Arzt Markus Herz, ein vielseitig gebildeter Mann, der im Salon seines Hauses medizinische Vorträge hielt, starb 1803; auch verlor Henriette Herz durch den preußischen Zusammenbruch 1806 einen Teil ihres Vermögens; 1814 wird sie konvertieren. Auch Rahel Levin, die später Varnhagen von Ense heiratet und ebenfalls 1814 konvertiert, mußte ihren Salon ab 1806 aus finanziellen Gründen einschränken.

Eichendorff erwähnt Rahel Levin in seinem Berliner Tagebuch nur indirekt. Vom Besuch einer Fichte-Vorlesung am 14. Dezember 1809 notiert er: «Beim Herausgehn: Robert (ein Jude) gesehen.» Es handelt sich um Ludwig Robert, den stadtbekannten jüngeren Bruder Rahels, der sie abgöttisch verehrt. Nach einer Kaufmannslehre betätigt er sich literarisch und hat auch im Salon seiner Schwester vorgetragen. Daß Eichendorff ihn ausdrücklich als «Juden» bezeichnet, entspricht der reservierten, wenn nicht schon feindseligen Einstellung in Eichendorffs Bekanntenkreis gegenüber den Berliner Juden, die sich nicht nur durch ihren Reichtum, sondern auch durch ihre kulturellen Aktivitäten und religiöse Toleranz immer mehr auszeichnen und assimilieren. Der gleiche Zungenschlag findet sich noch in Eichendorffs Wiener Tagebuch von einem Besuch bei Adam Müller am 5. August 1811: «Erinnerungen an Berlin. Arnim hat Brentanos Schwester: Gurli Bettina geheirathet, der Jude Robert im breslauer Theater Prügel bekommen. Gelehrte Tischgesellschaft in Berlin, wovon alle Juden u. Philister ausgeschloßen. Müller giebt uns Brentanos Schrift über die Philister und seine Ode auf den Tod der Königin mit.»

Wahrscheinlich wurde Ludwig Robert, Rahels Bruder, verprügelt, weil er über die Affäre Itzig-Arnim das Theaterstück «Die Macht der Verhältnisse» geschrieben hatte, leicht verschlüsselt, indem der Gegner des Adeligen kein Jude mehr, sondern ein christlicher Bürger ist, ebensowenig satisfaktionsfähig. Die Affäre selbst hatte in Berlin viel Staub aufgewirbelt: Moritz Itzig, der Neffe von Sara Levy, geborene Itzig, hatte Achim von Arnim zum Duell gefordert, weil dieser in dem fälschlichen Glauben, zu einer musikalischen Soirée eingeladen zu sein, im Salon der Madame Levy erschienen war, noch dazu in Straßenkleidung, was die jüdische Familie als Affront auffaßte. Als Arnim aufgrund von parteilichen Gutachten Moritz Itzig für nicht satisfaktionsfähig erklärte, überfiel dieser

Arnim im Badehaus, konnte jedoch durch diesen in Schach gehalten werden. In dem folgenden Prozeß wurde Itzig zu einer symbolischen Strafe verurteilt, Arnims Ruf war geschädigt.

Ein deutliches Signal für die Änderung des intellektuellen Klimas in Berlin seit 1806 ist die Christlich-Deutsche Tischgesellschaft, zu der Arnim für den 18. Januar 1811, «welches der Krönungstag unsrer Monarchie ist», einlädt: «Ihr sollt Ehrenmitglieder werden», schreibt er an die Brüder Grimm, «sie hat große Zwecke, Adam Müller ist Mitunternehmer, ich bin Gesetzgeber. Das weiseste der Gesetze bestimmt, daß jeder lederne Philister ausgeschlossen.» Ausgeschlossen sind auch Juden und Frauen, im Gegensatz zu den wenigen noch existierenden Salons jüdischer Frauen wie denen von Rahel Levin, Sara Levy oder von Amalie Beer, geborene Lipmann. Die Tatsache, daß auf Antrag von Adam Müller und gegen den angeblichen Einspruch Arnims auch getaufte Juden ausgeschlossen sind, zeigt die bedenkliche Entwicklung von einem religiös begründeten zu einem rassistischen Antisemitismus. Dieser lehnt die Assimilation der Juden ab, wie sie vor allem durch die Konversion zum Christentum gefördert wird und durch das Hardenbergsche «Edikt betreffend die bürgerlichen Verhältnisse der Juden» vom 11. März 1812 offizielle preußische Politik ist.

Clemens Brentanos «scherzhafte Abhandlung auf Subskription einer fröhlichen Tischgesellschaft, für die Mitglieder derselben, zum Besten einer armen Familie abgedruckt» unter dem romantisierenden Titel «Der Philister vor, in und nach der Geschichte. Aufgestellt, begleitet und bespiegelt aus göttlichen und weltlichen Schriften und eigenen Beobachtungen», die er in der Märzsitzung, begleitet von Ovationen, vorträgt, enthält viele der religiösen, rassistischen und ökonomischen Klischees, die bis heute zum abendländischen Antisemitismus gehören. Auch Brentanos Freund Achim von Arnim hält in der Tischgesellschaft eine satirische Rede «Ueber die Kennzeichen des Judentums», in der er als historisierender Romantiker halb distanziert, halb vom Volksmund fasziniert die bekannten Greuelmärchen über die Juden, die Christenkinder schlachten, Hostien entweihen und Brunnen vergiften, zum Besten gibt. Am schlimmsten hat Adam Müller vor seiner Abreise nach Wien, wo Eichendorff ihn wieder treffen wird, in seiner Abschiedsrede vom 18. Juni 1811 den Antisemitismus gepredigt: «Wir führen Krieg und zwar einen doppelten, einen oberflächlichen, scherzhaften und ironischen gegen die Philister [...] und einen andren gründlichen, ernsthaften und aufrichtigen gegen die Juden, gegen ein Gezücht, welches mit wunderbarer Frechheit, ohne Beruf, ohne Talent, mit wenig Muth und noch weniger Ehre, mit bebendem Herzen und unruhigen Fußsohlen, wie Moses ihnen prophezeit hat, sich in den Staat, in die Wissenschaft, in die Kunst, in die Gesellschaft und letztlich sogar in die ritterlichen Schranken des Zweikampfes einzuschleichen, einzudrängen und einzuzwängen bemüht ist»: offensichtlich eine Anspielung auf die Itzig/Arnim-Affäre.

Unter den 49 Gründungsmitgliedern der Christlich-Deutschen Tischgesellschaft waren 31 Adelige und 18 Bürgerliche, darunter von der neugegründeten Universität Fichte, Schleiermacher und Savigny, ferner Theaterdirektor Iffland, Verleger Reimer, Oberbauassessor Schinkel, Zelter, der Leiter der Singakademie und Freund Goethes, sowie die Dichter und Schriftsteller Kleist, Baron de la Motte Fouqué und Prinz Lichnowski, schließlich die Militärs und Staatsmänner Clausewitz, Dohna, Gerlach, Stägemann und der spätere Kultusminister Eichhorn, unter dem Eichendorff Dienst tun wird.

Eichendorff, obwohl er Brentano, Arnim und Adam Müller hochschätzt, hat sich anscheinend von deren Antisemitismus nicht anstecken lassen. Es gibt in seinen Tagebüchern, Briefen und Werken keine Passagen, die sich mit den antijüdischen Ausfällen seiner älteren Weggenossen vergleichen ließen, obwohl auch seine Familie in Schuldabhängigkeit von Juden geraten war und man gelegentlich auf sie schimpfte und vor ihnen warnte. Dabei war das Ressentiment gegen jüdische Geldverleiher und Bankiers, mit denen viele, vor allem junge Adelige, auch Arnim und Kleist, zu tun hatten, weit verbreitet. Trotzdem nahmen sie oft auch im Kleinen die Dienste von Juden in Anspruch wie Eichendorff, der sich von dem Berliner Vermieter seiner Wohnung, einem Dr. Friedländer – «ein gefälliger Jude» – kutschieren und ärztlich versorgen ließ. Das hinderte ihn nicht, am 3. Dezember 1809 nach einem Restaurantbesuch von «der Gesellschaft unausstehlich frivoler reicher Juden» zu sprechen.

*«Chaos von Guitarren, Büchern etc.»:*
*Achim von Arnim und Clemens Brentano*

Durch die Salons von Müller und Sander ist Eichendorff – und das ist ihm neben der Bekanntschaft mit dem Intellektuellen Adam Müller der größte Gewinn des Berlin-Aufenthalts – endlich auch persönlich bekannt geworden mit seinen Idolen aus der Heidelberger Studienzeit: mit Clemens Brentano und Achim von Arnim.

Daß sich Brentano mit seinen großartigen, aber auch chaotischen Projekten – die «Romanzen vom Rosenkranz» blieben Fragment wie vieles andere bei ihm – herabläßt, den kranken und noch unbekannten Eichendorff zu besuchen, ist für diesen der Gipfel des Glücks, und tatsächlich geht es anschließend auch gesundheitlich wieder bergauf. Gleich nachdem er von der «schwarzesten Melancholie» gesprochen hat, heißt es im Tagebuch, als habe ihn der chaotische Brentano heilsam angesteckt: «Im Februar besuchte uns einmal der herrliche Brentano. Sein Weltauslachen und sogenannte Grobheit bis zum göttlichen Wahnsinn. Er spielte Guitarre. Sein Bettler, blau, blau, König v. Thule etc. himmlisch. Er schikte mir Bücher, als: Cellini, 2 Theile des herrl. Simplicissimi einen chines. Roman etc.» Über diesen Besuch hat seinerseits Brentano in seiner spöttischen Art im Februar an Wilhelm Grimm berichtet: «Sodann ist an unserem Horizont aufgetreten der *Lyricus mysticus* – Graf Loeben – sonst *Isidorus orientalis* genannt, mit zwei ihm noch von Heidelberg anhängenden Freunden, zwei Herrn von Eichendorff, sämtlich sehr gutmütige, etwas sehr üblige gute arme Schlucker; sie stecken in einer kleinen Stube, haben abwechselnd das Fieber, daß immer einer zu Haus bleibt; ich möchte schier fürchten, weil die drei Leute nur zwei Röcke haben [...]. Auf ihrem Tisch liegt Rostdorfs [des Novalis Bruder] Dichtergarten und Görres Schriftproben [‹Schriftproben von Peter Hammer›, 1808], und dazwischen brennen zwei Rauchkerze, weil es so ungeheuer stinkt, daß selbst die Violen [Bezeichnung der Abschnitte im ‹Dichter-Garten›], erster Gang des Dichtergartens, nicht zu riechen sind; doch da sind ja die Hundsviolen, die riechen nicht, und die Herrn von Eichendorff scheinen gute Bauernviolen herumzulegen.»

Mit sicherem Instinkt für das, was Eichendorff, der bereits an seinen Roman «Ahnung und Gegenwart» denkt, jetzt an Lektüre braucht, leiht Brentano dem jungen Autor derbe, die novalisierende Pseudomystik provozierende Hausmannskost: «Leben des Benvenuto Cellini, florentinischen Goldschmides und Bildhauers, von ihm selbst geschrieben», übersetzt und mit einem Anhang herausgegeben von Goethe, 1803. In seiner «Geschichte der Farbenlehre» vergleicht Goethe Cellinis Autobiographie mit der Konfession seines Zeitgenossen Cardanus: Sie «treffen darin zusammen, daß die Verfasser, obschon mit Mißbilligung, doch auch zugleich mit einigem Behagen von ihren Fehlern sprechen und in ihre Reue sich immer eine Art von Selbstgefälligkeit über das Vollbrachte mit einmischt». Der feinfühlige Eichendorff wird genau das später an Goethe und Brentano mißbilligen und in seinen eigenen autobiographischen Versuchen vermeiden.

Grimmelshausens «Simplicissimus Teutsch» hingegen beeindruckt Eichendorff so sehr, daß er auf der Rückreise in Breslau «beim Antiquarius

Neuntes Kapitel. Paris, Wien, Berlin, Pogrzebin

22 Achim von Arnim

in der Palmbaumeke» ein eigenes Exemplar ersteht, zusammen mit dem Volksbuch «Reineke Fuchs». Was «Des Knaben Wunderhorn» für Eichendorffs Poesie, das ist für seine Prosa neben des Cervantes «Don Quichote» der «Simplicissimus». Eichendorff verdankt es Brentano, daß er sich in einem entscheidenden Augenblick seiner dichterischen Entwicklung den «Urtypus des neuen deutschen Romans» als Vorbild nimmt, wie Eichendorff Grimmelshausens Werk 1851 in der Einleitung zu «Der deutsche Roman des achtzehnten Jahrhunderts in seinem Verhältnis zum Christentum» nennt im Vergleich mit Cervantes: «Cervantes hatte den Nachglanz des Rittertums, eine noch immer romantische Zeit und fast eine schon völlig ausgebildete nationale Poesie vor sich; der deutsche Dichter dagegen die brutale Verwilderung des Dreißigjährigen Krieges und eine in der Prosa noch ganz barbarische Sprache. Don Quixote ist daher das fertige Vorbild aller modernen Romane überhaupt, der Simplicissimus nur der oft noch ungeschickte und tölpelhafte Urtypus des neuen deutschen Romans geworden. An Lebendigkeit der Anschauung aber, an Tiefe der Intentionen und epischer Durchführung derselben sind beide Dichter einander ebenbürtig.»

Diesem Verdienst Brentanos gegenüber fällt dann nicht ins Gewicht, daß Eichendorff gegen Ende des Berliner Aufenthalts dann doch von Brentanos unausgeglichenem Wesen irritiert ist. Eichendorffs Besuch bei den beiden Dichtern, denen er so viel verdankt, wird ihm unvergessen bleiben: Am 2. Februar 1810 «gieng ich früh in die weit entlegene Mauerstraße allein zu Arnim u. Brentano. Arnim in der dunklen Vorstube mich empfangend u. bald zu Brentano ins Nebenzimmer führend, der bei Versen tabakschmauchend hinterm Tisch an der spanischen Wand (mitten durch die Stube) saß. Chaos von Guitarren, Büchern etc. Durchaus treuherzig. Gespräch über Görres (Vergleichung mit den indian. Fetischen in Kupfern) über Schlesien. Arnim dabei auf dem Ofen sitzend.»

Ab Neujahr 1809 in Berlin, hofft Arnim im Frühjahr auf eine Stellung im Staatsdienst, vielleicht als Nachfolger Wilhelm von Humboldts auf dem Gesandtschaftsposten in Rom. Doch Humboldt schreibt an seine Frau am 18. Februar 1809: «Auch an den Achim von Arnim, den Wunderhornmann, der wirklich in Dienst gehen will, habe ich gedacht. Allein er hat so grobe Streitigkeiten mit Voß und Jacobi, und geht in solcher Pelzmütze und mit solchem Backenbart herum, und ist so verrufen, daß nicht daran zu denken ist.» Da tröstet es Arnim, daß wenigstens «Der Wintergarten. Novellen», die 1809 in der Berliner Realschulbuchhandlung erscheinen, Anklang finden. Arnim hat darin in Romantikermanier ältere und zeitgenössische Vorlagen neu gestaltet und auch eigene Texte eingefügt, so die Novelle «Mistris Lee». Die Rahmenhandlung besteht in einer «übellaunigen Wintergesellschaft», die sich Geschichten erzählt, unter feindlicher Besatzung vor einem möglichen bewaffneten Aufstand – die Situation in Berlin 1809, ohne daß sie direkt angesprochen wird, auch aus Rücksicht auf die französische Zensur.

Am 26. Januar 1810 schreibt Arnim aus Berlin, während Eichendorff krank darniederliegt, an Bettine Brentano nach Landshut, wo sie bei ihrem Schwager Savigny wohnt: «Ich war in der letzten Zeit zur Beendigung eines Romans ziemlich fleißig, der vielleicht schon zur nächsten Messe erscheint; er war lange ein Lieblingsplan und ich habe ihn mit Lust ausgeführt. Er heißt: ‹Der Gräfin Dolores Armut, Reichthum, Schuld und Buße. Eine wahre Geschichte, zur lehrreichen Unterhaltung armer Fräulein aufgeschrieben›», sicherlich auch für Bettina. In den nächsten Wochen schickt Arnim ihr Gedichte aus dem Roman zur Vertonung. Es ist das Werk, das nach seinem Erscheinen zur Ostermesse 1810 Ei-

*23 Clemens Brentano*

chendorff intensiv studiert und für seinen Roman «Ahnung und Gegenwart» fruchtbar werden läßt. Unterdes überraschen Arnim und Bettine Brentano ihre Umgebung mit der Verlobung am 4. Dezember 1810 und mit der Heirat am 11. März 1811. Am 29. Juli 1810 hatte Arnim Bettine geschrieben: «Ich meine, wir heirathen uns, wann und wo es sei, nur bald. An Mobilien brauchst Du so nicht viel, wenn Du ein Fortepiano hast, ich hab mein Schreibpult.»

Eichendorff ist in Berlin noch nicht ganz so weit, daß er Louise von Larisch, die in Pogrzebin auf ihn wartet, einen solchen Vorschlag machen könnte. Doch sein Tagebuch verzeichnet einige Korrespondenz. Am 19. Dezember 1809: «Den 1$^{t.}$ Brief aus Berlin an L geschrieben», und aus der Zeit der schweren Erkrankung: «Trotz diesem damals noch immerfort Kleinigk. gedichtet, Briefe an L.» Eichendorff verdankt es Louise, für ihn mehr und mehr der Inbegriff von Heimat, daß er die Überlebenskrise überstanden hat.

Jetzt ist Frühling, nicht nur Frühling der Liebe, auch «Dichterfrüh-

Wenn die Bäume lieblich rauschen,
An den Bergen, an den Seen,
Die im Sonnenscheine stehen,
Warme Regen niederrauschen,
Mag ich gern begeistert lauschen.
Denn um die erfrischten Hügel
Auf und nieder sich bewegen
Fühl' ich Winde, Gottes Flügel,
Und mir selber wachsen Flügel,
Atm' ich still den neuen Segen.

Wie der Kranke von der Schwelle
Endlich wieder in die warme
Luft hinausstreckt Brust und Arme,
Und es spült des Lebens Welle
Fort die Glieder in das Helle:
Also kommt ein neues Leben
Oft auf mich herab vom Himmel,
Und ich seh' vor mir mein Streben
Licht und unvergänglich schweben
Durch des Lebens bunt Gewimmel.

Will erquickt nun alles prangen,
Irrt der Dichter durch die Schatten,
Durch die blumenreichen Matten,
Denkt der Zeiten, die vergangen,
Ferner Freunde voll Verlangen,
Und es weben sich die Träume
Wie von selbst zum Werk der Musen,
Und rings Berge, Blumen, Bäume
Wachsen in die heitern Räume
Nach der Melodie im Busen.

Als Eichendorff Berlin verläßt, ahnt er kaum, daß die preußische Hauptstadt für neunzehn Jahre seine Residenz sein wird: 1831 bis 1843, 1847/48 und 1849 bis 1855, wie jetzt, 1809/10, nicht immer unter erfreulichen Umständen.

## «*Vorwürfe über Nichtkommen und Nichtschreiben*»: *Familie Larisch ergreift die Initiative*

Die Heimfahrt von Berlin nach Schlesien war halsbrecherisch. Vor Krossen fiel das Pferd in der «stokpechfinsteren Nacht in einem Walde» in einen Graben: «Ausspannen, vom Wagen Springen (ein großer, gefährlicher Stein)». Vor Polkwitz «gieng plözlich an meiner Seite das Hinterrad ab. Rutschen bis in die Stadt».
  Nach fünf Tagen kamen die Brüder Eichendorff am 9. März 1810 wieder in Breslau an, von wo sie am 9. November des vergangenen Jahres

aufgebrochen waren. Selbst Joseph schien es mit der Weiterfahrt nach Lubowitz und Pogrzebin, wo Louise von Larisch, mit der er so gut wie verlobt war, auf ihn wartete, nicht besonders eilig zu haben. Er besuchte den alten Schulfreund Thiel, «den ich über seinen Acten überraschte u. schmauchend (von Brentano) erzählte. Darauf in das Mösekasten-Theater, wo Fanchon [das Leyermädchen, Singspiel von Jean Nicolas Bouilly, übersetzt von Kotzebue, Musik von Friedrich Heinrich Himmel] (Mad. Unzelmann als Florine sehr liebenswürdig) u. wo der sehr artige Jude Guttmann u. der Bär Carl Schimonsky», der Sohn des Gutsherrn und Landschaftsdirektors der Provinz Schlesien und Neffe des Breslauer Weihbischofs, beides Freunde der Familie Eichendorff. Vom Besuch beim Grafen Schaffgotsch notiert Joseph: «Meine Erzählungen von der Donau, Gelächter, Erinnerungen an alte Zeiten etc. Keine teutsche Literatur etc.»

Erst am 12. März «früh gen 9 Uhr wieder mit Lohnkutschen, ähnlichem Wagen u. 3 Pferden abgefahren» und wieder die üblichen Reisestrapazen zu dieser Zeit: «Unmittelbar hinter Loewen schweben wir wegen ausgetretner Neisse, $^3/_4$ Stunden lang (besonders an den Brüken Löcher bis an den Korb) zwischen Waßer u. Himmel.» «Vor Rogau bei angebrochener Nacht blieben wir in einem Mordloche totaliter steken. Aussteigen u. Verzweiflung. Zum Glük kam(en) 2 Pferde vom Minister, welche, vorgespannt, uns bei schreklichem Geschrey u. Zerreißung aller Strike aus dem Dreke halfen, das gräßlich anzusehen war.» Am 14. März «um 9 Uhr Abends endlich fuhren wir unvermerkt u. unerwartet in den Lubowitzer Hof u. überraschten im Tafelzimmer den Papa, die Mama, H. Caplan u. Stroka, die eben von Tische aufgestanden, auf das Gelungenste.»

Ist es Scheu, Verlegenheit, Angst vor der Bindung, die Joseph hindern, Pogrzebin einen Besuch abzustatten und Louise von Larisch nach einem halben Jahr Abwesenheit endlich wiederzusehen? In der Familie drängt ihn niemand. Wilhelm nicht, der Louise angeblich entdeckt haben will und dem Joseph sie ausgespannt hat, und erst recht nicht die Eltern, am wenigsten die Mutter, die immer noch auf eine bessere Partie hofft. Dazu kommt am 1. April auch noch «wieder der erste Brief von Loeben nebst seinen Gedichten», die gerade erschienen sind. Loeben oder Louise, ist das immer noch nicht überstanden?

Anscheinend hat die Familie Larisch, die fürchtet, daß ihre Tochter kompromittiert wird, die Initiative ergriffen. Die Tagebuchaufzeichnungen Eichendorffs vom 3. April 1810 lassen dramatische Vorgänge vermuten. Wahrscheinlich hat es Joseph, insgeheim durch die Larischs veranlaßt, arrangiert, daß die Eichendorffs, darunter auch die Mutter, «früh mit den 4 ledernen Schimmeln zu Wagen zum Jahrmarkt nach Ratibor» fahren, an sich nichts Ungewöhnliches. Doch dort setzt sich Joseph von der Familie ab und geht schließlich, «nach langem Herumirren auf dem Jahrmarkte, wo verschiedne bekannte Gesichter, ins Kloster», dem vereinbarten Treffpunkt. Dort trifft er jedoch nicht gleich wie erwartet auf Mitglieder der Familie Larisch, sondern «unten im Sprachzimmer fand ich Frau v. Tluck nebst einer Klosterjungfrau hinterm Gitter sizend»: wohl eine bei einer Freundin der Larisch bestellte Szene, die andeuten soll, welches Schicksal Louise drohe, falls Joseph das Heiratsversprechen nicht zu halten gedenke. Damit nicht genug. «Im Proscenio», der Eingangshalle, erwarten Eichendorff der «General v. Lippa», dessen Familie bis 1764 das Gut Radoschau besessen hatte, das die Eichendorffs 1785 erwarben, «nebst seinem Bruder», vermutlich Lazarus, dem Königlich Preußischen Hauptmann und Landesältesten des Kreises Rybnik. Nicht weit von Rybnik liegt das Gut Niewiadom, wo Louise von Larisch am 18. Juli 1792 geboren und zwei Tage später in der Pfarrkirche zu Rybnik getauft wurde als Tochter des Marschkommissars und späteren Landesältesten des Kreises Ratibor, Johann Nepomuk von Larisch aus schlesischem Uradel, seit 1795 Gutsherr auf Pogrzebin bei Ratibor, und seiner Gattin Helene von Czentner, auch Centner von Cententhal. Außer den Herren von Lippa ist noch anwesend Oberst von Paczensky, seit 1805 Kommandeur des Kürassierregiments in Ratibor.

«Nach einigen Gesprächen» der gestandenen Militärs mit dem zweiundzwanzigjährigen Freiherrn von Eichendorff vermutlich über Standes- und Mannesehre, über Ritterlichkeit und Renommee «kam eine Bitte von Fr. v. Larisch an mich, mich in das obere Sprachzimmer zu verfügen, wo ich Frau von L[arisch] nebst Louise fand. (schwarzes Kleid u. Mantel. Blaß.) Vorwürfe über Nichtkommen u. Nichtschreiben.» Anscheinend wird Eichendorff ein «Brief von Lippa» an die Familie Larisch vorgelesen, vielleicht mit einer Einladung auch für Eichendorff zu einem Ball am gleichen Abend. Daraufhin scheint man sich darauf geeinigt zu haben, den weiteren Tag gemeinsam in Ratibor zu verbringen, wobei es erneut Komplikationen, Empfindlichkeiten, Mißverständnisse, Eifersüchteleien gibt: «Auf dem Markte vorbei gelauffen, nicht die Courage, zu rufen, und Weinen. Trauer. [...] Der junge Pribsch auf dem Balle. Ähnlichkeit u. mit ihm tanzen wollen. Im Winkel auf dem Lehnstuhle, L[ouise] auf d. S. Einladung auf Morgen nach Pogrzebin, v. S. a. In Berlin gelernt. Oberste Hexe – etc. Ich begleitete darauf die L[ouise] noch bis auf die Odergaße, wo mir Antonia nachruft, daß die Mama schon fort. Ich laufe ans große Thor, wo der Wagen wartet. Im Regen nach Hause.

Louiska [Eichendorffs kleine Schwester] schreyt voll Furcht. Zu Hause H. Caplan u. Fuglar. Gute Aspecten. Gerücht, daß Wilhelm Bräutigam u. ich Husar sey etc.»

Davon, daß Eichendorff der erwähnten Einladung nach Progrzebin für den nächsten Tag Folge geleistet hätte, erwähnt das Tagebuch nichts. Eichendorff scheint die Zeit für einen solchen Besuch nach dem, was in Ratibor vorgefallen ist, noch nicht reif zu sein.

## «Der Tiroler Nachtwache»: Eichendorff als anonymer Theologe

Eine willkommene Ablenkung bedeutete deshalb am 5. April der Besuch des «angeblich» – Eichendorff ist gegenüber den sogenannten Kriegshelden anscheinend kritischer geworden – «Baron v. Luzenberg, aus der Gegend von Strassburg, der sich für einen gewesenen u. geflüchteten tyroler Insurgentenchef ausgab, eine graue, tyrol. Staabsuniform u. einen österreichischen Orden trug [...]. Mit ihm kam der herzlichgute, gesprächige Rittmeister Schmidt und der süßaffectirende Husarenlieutenant v. Sternberg. Zum Desert kam auch die Mad. Früson in ihrem schwarzen Ritterkleide. Des Obersten Augen über ihr Schieben mit Männern etc. Abends alle wieder fort.»

Vermutlich wird man sich über die jüngsten politischen Ereignisse unterhalten haben, wobei Luzenberg vor allem seine Tiroler Kriegserlebnisse zum Besten gegeben haben wird: Wie Andreas Hofer mit seinen Schützen die Bayern und Franzosen zwischen Mai und August 1809 am Berg Isel bei Innsbruck sowie ein sächsisch-thüringisches Regiment im Eisacktal schlug. Wie die Österreicher am 14. Oktober im Frieden von Schönbrunn erneut auf Tirol verzichteten. Wie Hofer dennoch weiterkämpfte, verraten und auf Befehl Napoleons vor sechs Wochen, am 20. Februar 1810, in Mantua standrechtlich erschossen wurde. Wie Napoleon im Dezember 1809 die Ehe mit Joséphine aufgelöst und sich um die Verbindung mit einer russischen Großfürstin bemüht hatte, was am Widerstand des Zaren gescheitert war. Die Gesprächsrunde konnte vermutlich noch nicht wissen, daß Napoleon statt dessen gerade vor drei Tagen die Tochter des österreichischen Kaisers, die achtzehnjährige Erzherzogin Marie Luise, die Großnichte Marie Antoinettes und Ludwigs XVI., geheiratet hat. Napoleon will durch die Liaison mit der Familie eines besiegten Souveräns den Frieden in Europa und durch einen erhofften Thronerben die Zukunft der eigenen Dynastie sichern. Am 20. März 1811 wird denn auch der «König von Rom», der spätere Napoleon III., geboren.

«Der Tiroler Nachtwache»: Eichendorff als anonymer Theologe 301

Eichendorffs dichterische Phantasie ist jedoch nicht erst durch den Baron von Luzenberg erneut auf den Tiroler Freiheitskampf gerichtet worden, sondern dieser, bereits Symbol für die Befreiung von jeglicher Fremdherrschaft, ist auch für Eichendorff weiterhin eine Herausforderung. Ein Beispiel dafür ist das Gedicht «Der Tiroler Nachtwache», das in diesen Monaten entsteht, später in dem Roman «Ahnung und Gegenwart» im 18. Kapitel veröffentlicht wird und einen erneuten Blick in die weiter fortgeschrittene Dichterwerkstatt des Zweiundzwanzigjährigen erlaubt. Verbindet Eichendorff doch in diesen drei Strophen in überzeugender Weise viererlei: erstens den aktuellen Anlaß, wenn auch bezeichnenderweise nur durch die Überschrift; zweitens Friedrich Spees «Traur-Gesang von der Not Christi am Ölberg in dem Garten» aus der «Trutznachtigall» in der Bearbeitung durch Friedrich Schlegel aus dem «Poetischen Taschenbuch für das Jahr 1806» mit dem ersten Vers: «Bei finsterer Nacht, zur ersten Wacht»; drittens Martin Luthers «Kriegslied des Glaubens» aus «Des Knaben Wunderhorn» ebenfalls von 1806 mit dem Anfangsvers: «Eine feste Burg ist unser Gott»; viertens direkte Anspielungen auf den zweiten Korintherbrief: «Das Törichte in der Welt hat Gott erwählt, um die Weisen zuschande zu machen» und auf den Johannesprolog «Das Licht leuchtet in der Finsternis» sowie indirekte Anspielungen auf den Kolosserbrief «In ihm wurde alles erschaffen» und auf den Römerbrief: «Auch die Schöpfung soll von der Sklaverei und Verlorenheit befreit werden.»

> In stiller Bucht, bei finst'rer Nacht,
> Schläft tief die Welt im Grunde,
> Die Berge rings steh'n auf der Wacht,
> Der Himmel macht die Runde,
> Geht um und um
> Ums Land herum
> Mit seinen goldnen Scharen
> Die Frommen zu bewahren.

> Kommt nur heran mit Eurer List,
> Mit Leitern, Strick und Banden!
> Der Herr doch noch viel stärker ist,
> Macht euren Witz zu Schanden.
> Wie war't Ihr klug! –
> Nun schwindelt Trug
> Hinab vom Felsenrande –
> Wie seid Ihr dumm! o Schande!

> Gleichwie die Stämme in dem Wald,
> Woll'n wir zusammenhalten,
> Ein' feste Burg, Trutz der Gewalt,
> Verbleiben treu die alten.
> Steig', Sonne, schön!
> Wirf von den Höh'n
> Nacht und die mit ihr kamen,
> Hinab in Gottes Namen!

Eichendorff zeigt sich in «Der Tiroler Nachtwache» auf überraschende Weise als intuitiver christlicher Theologe, ohne daß er sich dessen bewußt sein mag, gleichsam anonym. Sein angestammter und in der Familie praktizierter Glaube; die Volksfrömmigkeit seiner schlesischen Heimat; das hautnahe Zusammenleben mit den unterschiedlichsten Typen von Priestern; die immer noch jesuitisch geprägte religiöse Praxis im Breslauer Gymnasium und Konvikt; die Begegnung mit der Naturfrömmigkeit der Frühromantiker in Halle sowie mit der elementaren Frömmigkeit der Volkslieder und Volksbücher in der Heidelberger Romantik; die Erfahrung der eigenen Ausweglosigkeit während der Krankheit in Berlin sowie die erlebte Zerrissenheit eines Kleist und Brentano; nicht zuletzt Graf Loebens novalisierende, pseudomystische Schwärmerei lassen Eichendorff seine jugendliche Freigeisterei als das erkennen, was sie ist: als Suche nach der ihm gemäßen und zugleich zeitgemäßen, nämlich romantischen Frömmigkeit als Synthese der bewährten religiösen Erfahrungen aus Vergangenheit und Gegenwart. Eichendorff findet diese Synthese wie die Vorläufer Wackenroder und Tieck, Novalis und Schleiermacher, Steffens und Görres, Arnim und Brentano auf typisch romantische Weise, im Rückgriff auf die poetischen Schätze der christlichen Tradition: vor allem in der religiösen Dichtung des Barock sowie in der Bibel mit ihren bilderreichen Geschichten und Reflexionen, die an die Bildersprache der europäischen Volkslieder und Volksbücher erinnern. Aus diesen poetischen Quellen speist sich Eichendorffs Theologie und findet ihren unverfälschten Ausdruck wiederum in seiner Poesie. Erst wenn er Weltanschauliches reflektiert, am eigenen Werk oder polemisch an anderen wie später in seinen literaturgeschichtlichen Essays, mischt sich Konfessionelles, Kirchliches, Moralisches, Politisches, kurz Ideologisches ein und verengt die Gipfelperspektive des poetisierenden und romantisierenden «Einsiedlers».

## «Die Zauberei im Herbste»: Josephs Berta heißt Louise

Endlich, am 28. April 1810, nach über drei Wochen seit dem ersten, problematischen Zusammentreffen mit Louise von Larisch in Ratibor, vermeldet das Tagebuch Eichendorffs: «Machte ich mich bei einem vollkommen heiteren Frühlingstage gen 6 Uhr des Morgens *zu Fuß* das 1$^{t.}$ mal nach Pogrzebin auf», was immerhin einer Wegstrecke von rund fünfzehn Kilometern entspricht. Der anschließende Bericht mit seinen für Liebesgeschichten aus der Sicht des Helden typischen Etappen: frühlingshafte Erwartung, hindernisreicher Wegabschnitt, zarte, erinnerungsvolle Annäherung, Heimkehr als Rübezahl mit geschwellter Brust, feine Ironie über den Familienclan, der nicht wegen der überstandenen Liebesprobe, sondern über den «Stok» und das «pünktliche Nachhausekommen» in Jubel ausbricht – das liest sich wie der Entwurf zu einer taugenichtsähnlichen Romantikernovelle. «Bei Leng ließ ich mich über die Oder schiffen, gieng unter dem Gesange aller Vögel durch den schönen Eichwald voll blühender Sträucher, über die verschiedenen Dämme vor u. hinter Marcowitz [Markowitz], oft durch Waßer u. von Hunden verfolgt, kam dann auf einem einsamen Waldberg, unten Wiesen u. herrliche Aussicht (Ratibor mit seinen Gloken) durchstrich die langsam eingeschloßene Ebne von Rzuchow [Rzychow] etc. drang endlich ohne Pfad u. Steg über Wasser u. Schlüfte gerade d[urch] den Wald u. kam gen 9 Uhr in dem wohlbekannten Pogrzebin an. Fräulein Louise kommt mir aus der Thüre entgegen. Vorzeigung der an mich gerichteten Briefe etc. Erinnrungen im Garten etc. an die alten Zeiten. Der Ritter schläft immer mit etc. Louise spielt Guitare. Gen Abend mußt' ich mich auf der Wurst [einfaches Gefährt mit einem Sitzkoffer] bis vor Ratibor abfahren laßen, wo ich wieder zu Fuß u. bestaubt durch alle Quergäßchen schlich, vor Niedane den Fuglar im weißen Mantel zu Roß begegnete, Tabakrauchend und mit einem fürchterlichen Pfahle (aus einem Zaune gebrochen) immerfort gerade über die Felder schritt u. hinter Brzeznitz im Wiklicht an der Oder Mama, Wilh., Louise [die Schwester], H. Caplan, die versprochnermaßen entgegenkommen, traf. Hurrah, Freude über meinen Stok u. mein pünktliches Nachhausekommen. Mit ihnen müde à casa.»

Schuld daran, daß Eichendorff sich erst so spät nach Pogrzebin aufmachte, ist neben den Verstörungen, die er in Ratibor erfahren hatte, wohl auch die Wiederbegegnung mit Madame Hahmann. Bereits fünf Tage nach dem Ratiborer Zusammentreffen mit Louise waren die Brüder Eichendorff am 8. April erneut einer Einladung gefolgt, anscheinend der

Familie Hahmann nach Ratibor «zur Commödie» einer durchreisenden Schauspielgruppe. Sicherlich war Madame Hahmann auch Thema Nr. 1, als Joseph am folgenden Tag «um 8 Uhr früh mit Wilh. vors Thor, wo wir allein bei dem herrlichen Morgen einen fröhlichen Spaziergang auf den Auen hinterm Schloß machten». Doch der Morgen schenkte nicht wie sonst in den Dichtungen Eichendorffs einen klaren Kopf, vielmehr gingen die Brüder wieder so früh wie möglich «zu Mad. Hahmann, wo Discuriren u. Clavierspielen. Unterdeß hatte der tyrol. Oberst schon zwei Boten zu H[ahmanns] geschikt, uns zum Dejeuner einzuladen.»

Bis Ende Mai, fast acht Wochen lang, dauerten die Kontakte mit Madame Hahmann. Da ist am 29. April vom «Ablaß in Slawikau» die Rede, wohin die Brüder «beide wohlgepuzt gehn», doch dann schnell zurück ins Schloß Lubowitz, wo andere und «Mad. Hahmann (geschminkt) ankamen. Spaziergänge im Garten u. in der Orangerie. Ich mit M. H[ahmann] immer allein entlauffen etc. [...] Nachmittags ich mit Mad. Hahm[ann] auf dem Canapé tabakrauchend – noch schöner.» Es ist offensichtlich, daß Eichendorff Gefallen findet an der Madame und ihrer lockeren Gesellschaft, so am 21. Mai: «Nachmittags mit Wilhelm nach Ratibor gefahren. Mad. H[ahmann] vor der Gallerie am Fenster getroffen. Mit ihr, da keine Gesellschaft einige lustige Stunden vollbracht, u. darauf in den Adametzischen Garten gegangen, von wo ich u. Mad. H[ahmann] durch Steinwürfe in die Fenster auch Mad. A[dametz] u. Philip hinablokten. Darauf die ganze Gesellschaft vor dem adam. Hause auf der Bank geseßen, wo der angenehme Bro[c]kmann ehrenrührige Liebesavanturen erzählt. Philip. kriecht durch die Eisenstübe eines Fensters etc. Mit Früson in die Stadt zurük u. fort.» Für den 31. Mai 1810 hält Eichendorff – es ist der letzte Hahmann-Eintrag aus den erhaltenen Tagebüchern – vom Namenstagsulk für Bruder Wilhelm fest: «Großes Lachen besonders der Mad. H[ahmann]. Nach einem kurzen Spaziergange im Garten, wobei ich M. H. hinten mit guten Ansichten schaukelte, alles wieder fort.»

Die an sich noch harmlose Liebelei mit Madame Hahmann in Ratibor und Lubowitz, vermutlich von der Eichendorffschen Familie wenn nicht gefördert, so doch zumindest toleriert wie alles, was eine endgültige Bindung an Louise von Larisch hinauszögern konnte, führte in der Tat dazu, daß Joseph seine Verlobte in Pogrzebin, nur etwa 6 Kilometer östlich von Ratibor gelegen, wochenlang vernachlässigte.

Der einzige in die Hahmann-Wochen hineingeschobene Besuch bei Louise am 9. Mai war nur ein schwacher, mißlungener Versuch Eichendorffs, sich von der Faszination der Hahmann zu lösen und sich ausschließlich Louise zuzuwenden: «Fuhren wir beide allein Nachmittags

«*Die Zauberei im Herbste*»: Josephs Berta heißt Louise

nach Ratibor, ich aber [während Wilhelm zu Madame Hahmann aufs Schloß ging?] stieg in der Stadt ab u. gieng zu Fuß auf den wohlbekannten Stegen nach Pogrzebin, um dort über Nacht zu bleiben [woraus dann wohl nichts wird]. Ich fand sie alle im Gartenhäuschen sizend u. Zeitungen u. den Freimüthigen etc. lesend.» Vielleicht war schon das für Eichendorff ärgerlich, denn Kotzebues und Kuhns «Der Freimüthige oder Berlinisches Unterhaltungsblatt für gebildete und unbefangene Leser» war für ihn und seine Heidelberger und Berliner Freunde ein rotes Tuch, weil die Zeitung in aufklärerischer Manier, wenn sich die Gelegenheit ergab, sowohl die Klassiker wie die Romantiker verriß. In drei knappen Sätzen faßt Eichendorff den restlichen Besuch mit seinen von der Familie Larisch gutgemeinten, für Joseph jedoch peinlichen Szenen zusammen: Zwar «Louisens Freude über mein unerwartetes Kommen. In der Stube einen pretiösen Brief der Freile Nanny (als würdige Braut) u. dann meine eignen Briefe aus Berlin spectaculös vorgelesen. Sie nimmt mir die lezteren.»

Die Affäre Josephs mit Madame Hahmann wäre nicht der Rede wert, hätte nicht diese Erfahrung Eichendorff in einem wichtigen Augenblick seines Lebens noch sensibler gemacht für ein literarisches Motiv, das ihn spätestens seit der Heidelberger Zeit verfolgte: die allegorische Figur der zauberischen Frau Venus, die mit ihren magisch-heidnischen Kräften den Menschen verführen und von seiner eigentlichen Bestimmung abbringen will. Es ist dieser Widerwille Eichendorffs gegen jeglichen «faulen Zauber», weshalb er schließlich das Treiben der Madame Hahmann als gefährliches Spiel mit seiner Liebe zu Louise von Larisch durchschaut, so wie sich Friedrich in «Ahnung und Gegenwart» seiner Liebe zu Rosa im Kontrast zur zauberhaften Romana gewiß wird. Es ist nicht ausgeschlossen, daß Eichendorff die ersten Kapitel des Romans schon in diesen Monaten 1810/11 in Lubowitz entwirft. Jedenfalls notiert er genau am 31. Mai 1810, an dem uns bekannten Ende der Hahmann-Affäre: «Diesen Monath: eben nicht sehr zeitig aufgestanden, bei den schönen Tagen mit allem Zubehör draußen geschrieben auf kleinen Holztischchen (Wilhelm's Anlagen), wovon das eine unten in der Hasengartenlaube, das andere oben an dem einsamen Pfeiler errichtet war.» Die beiden Brüder dichten demnach um die Wette und bearbeiten vermutlich das gleiche Thema. Bedrohten die Umtriebe der Madame Hahmann doch nicht nur Josephs Liebe zu Louise von Larisch, sondern durch immer neu arrangierte Eifersuchtsszenen, indem sie die Brüder gegeneinander ausspielte, auch deren Eintracht.

Für Joseph ist es in diesen Monaten die Arbeit an seinem ersten längeren Prosatext, einem «Märchen», das ihn von der Verzauberung durch

Madame Hahmann befreit. «Die Zauberei im Herbste» beschreibt denn auch den abgründigen Ort, wo die Venus ihr Unwesen treibt, das Innere des Menschen: «Seht, es ist ein wunderbares, dunkles Reich von Gedanken in des Menschen Brust, da blitzen Kristall und Rubin und alle die versteinerten Blumen der Tiefe mit schauerlichem Liebesblick herauf, zauberische Klänge wehen dazwischen, du weißt nicht, woher sie kommen und wohin sie gehen, die Schönheit des irdischen Lebens schimmert von draußen dämmernd herein, die unsichtbaren Quellen rauschen wehmütig lockend in einem fort und es zieht dich ewig hinunter – hinunter!» Dieser pessimistische Zug – es gibt für Raimund, den negativen Helden der Erzählung, keine Erlösung – ist selten in den Texten Eichendorffs aus seiner frühen Manneszeit, ein Hinweis darauf, daß er dieses «Märchen» zur Eigentherapie geschrieben hat, aus seelischer Not zur Abschreckung vor einem ähnlichen Schicksal.

«Die Zauberei im Herbste» lehnt sich an die Tannhäuser-Sage in der Bearbeitung Ludwig Tiecks «Der getreue Eckart und der Tannenhäuser» von 1799 an und vielleicht auch an die komisch-romantische Volksoper «Das Donauweibchen» von Karl Friedrich Hensler, die Eichendorff in Breslau gesehen und mit dem Loeben-Kreis in Rohrbach bei Heidelberg selbst aufgeführt hatte.

Wie in vielen anderen Bearbeitungen des Motivs sucht, wer sich mit der Venus eingelassen hat, danach als Rompilger oder Einsiedler Erlösung von der Schuld. So auch hier der Ritter Raimund, den sein Jugendfreund Ubaldo, ohne daß sie sich erkennen, in einer Einsiedelei am Fuß einer Höhle findet, nicht weit genug entfernt von dem verlockenden Eingang in den Venusberg. So fehlen denn auch den Gebeten Raimunds Entschiedenheit und Unzweideutigkeit, die zur Erlangung der himmlischen Vergebung unerläßlich sind:

> Süße Sünde, laß mich los!
> Oder wirf mich ganz darnieder,
> Vor dem Zauber dieser Lieder
> Bergend in der Erde Schoß!

Auf Drängen Ubaldos erzählt Raimund schließlich in Gegenwart von Ubaldos Frau Berta, die Raimund ebensowenig erkennt wie er sie, seine Lebensgeschichte: Wie er durch die wahnsinnig große Liebe zu Berta, damals Ubaldos Braut, davon abgehalten wird, den Freund wie besprochen auf einem Kreuzzug zu begleiten. Wie er statt dessen um Berta wirbt, die ihm, da sie angeblich nur «gezwungen» Ubaldos «verlobte Braut» sei, Hoffnung macht unter der Bedingung, daß Ubaldo stirbt. Wie

Raimund den Rivalen Ubaldo von einem hohen Felsen «in den Abgrund hinabschleudert» und dann an das Schloß der Geliebten klopft: «Mach auf, [...] ich habe meinen Herzensbruder [so nannten sich gelegentlich auch die Eichendorffbrüder] erschlagen! Du bist nun mein auf Erden und in der Hölle!» Wie letzteres in Erfüllung geht und eines Nachts im Herbst die Geliebte im Bett Raimund «bleich wie eine Leiche» vorkommt: «Es kam mir vor, als sähe ich ein steinernes Bild, schön, aber totenkalt und unbeweglich. Ein Stein blitzte wie Basiliskenaugen von ihrer starren Brust, ihr Mund schien mir seltsam verzerrt. Ein Grausen, wie ich es noch in meinem Leben nicht gefühlt, befiel mich da auf einmal. Ich ließ alles liegen und eilte durch die leeren, öden Hallen, wo aller Glanz verloschen war, fort.» Wie Raimund schließlich, «in die tiefste Einöde vergraben», den Himmel um Vergebung bitten wollte und wie der freundliche Ritter ihn da gefunden. Als Raimund geendet, geben sich Ubaldo und Berta zu erkennen: «[...] alles, was du da erzähltest, ist eitel Phantasie. – Ein böser Zauber, jeden Herbst neuerwachend und dann wieder samt dir versinkend, mein armer Raimund, hielt dich viele Jahre lang mit lügenhaften Spielen umstrickt.» Raimund mit seinen Wahnvorstellungen stürzt in die Nacht hinaus: «Ja verloren, und meine Liebe und mein ganzes Leben eine lange Täuschung!» Es gibt für ihn keine Rettung, er bleibt dem Zauberring, in den Jahreszeiten symbolisiert, verfallen. Denn als er zu seinem Schlosse kommt, da «sprengte plötzlich unten auf einem schlanken Rosse das schöne Zauberfräulein, lächelnd, in üppiger Jugendblüte, vorüber. Silberne Sommerfäden flogen hinter ihr drein, die Aster von ihrer Stirne warf lange grünlich goldene Scheine über die Heide.[...] ‹Reichen, vollen Liebesgruß / Bietet dir der Hörner Schallen. / Komm, ach komm! eh' sie verhallen!› hallte es wider – und im Wahnsinn verloren ging der arme Raimund den Klängen nach in den Wald hinein und ward niemals mehr wiedergesehen.»

Eine für das Leben fundamentale Fehlentscheidung aufgrund falschen Zaubers, daraus sich ergebende Wahngebilde und Wahnsinnstaten, die schließlich zu lebenslangem Wirklichkeitsverlust und tatsächlichem Wahnsinn führen, sind Eichendorffs Schreckensvisionen, die er hier poetisch gestaltet und die ihn die Welt mit anderen Augen sehen lassen. Nun ist nicht länger Raimund sein Ideal, sondern der Ritter Ubaldo, von dem Raimund sagt: «Ihr seid glücklich, und ich betrachte Eure feste, freudige, männliche Gestalt mit wahrer Scheu und Ehrfurcht, wie Ihr Euch, unbekümmert durch Leid und Freud, bewegt und das Leben ruhig regieret, während Ihr Euch demselben ganz hinzugeben scheint, gleich einem Schiffer, der bestimmt weiß, wo er hinsteuern *soll*, und sich von dem wunderbaren Liede der Sirenen unterwegs nicht irre machen läßt. Ich bin mir in Eurer Nähe schon oft vorgekommen wie ein feiger Tor oder wie ein Wahnsinniger. – Es gibt vom Leben *Berauschte* – ach, wie schrecklich ist es, dann auf einmal wieder nüchtern zu werden!»

Eichendorffs Frauenideal ist auch nicht länger mehr Frau Venus in ihren verschiedensten Gestalten, und sei es in der einer Madame Hahmann, sondern eindeutig Ritter Ubaldos Berta, seine Louise von Larisch: «Sie erschien, ein Kind auf dem Arme, das andere an der Hand führend. Es war eine hohe, schöne Gestalt in verblühender Jugend, still und mild wie die untergehende Sonne, noch einmal in den lieblichen Kindern die eigene versinkende Schönheit abspiegelnd.» Die Entscheidung gegen Venus für Maria, gegen Madame Hahmann für Louise ist gefallen. «Die Zauberei im Herbste» bezeugt es. «Ein Märchen» hat Eichendorff in einem entscheidenden Augenblick seines Lebens den richtigen Weg gezeigt. Es ist ein im tiefsten Sinne autobiographischer Text. Hat Eichendorff ihn deshalb zu Lebzeiten nicht veröffentlicht? Er erschien erst im Auftrag seines Enkels Carl aus dem Nachlaß 1906.

Doch das Venus-Motiv wird den Dichter sein Leben lang verfolgen, häufig in der Version, daß sich eine Statue belebt oder sich die Venus versteinert – ein Traditionsstrang, der auf den Venusberg und das verführerische Gold und die Edelsteine in den Bergwerken zurückgeht. Neben den Episoden in dem Roman «Ahnung und Gegenwart», mit dessen Niederschrift Eichendorff in diesen Monaten beginnt, ist es vor allem dann die Novelle «Das Marmorbild», mit der er sich in die Reihe der romantischen Venus-Bearbeitungen stellt wie 1799 Tiecks «Der getreue Eckhart und der Tannenhäuser», 1801/02 Clemens Brentanos «Godwi oder Das steinerne Bild der Mutter», 1803–1818 dessen Fragment «Romanze vom Rosenkranz» (erscheint postum 1852), 1812 Johann August Apels «Der Brautring», 1814 E. T. A. Hoffmanns «Die Geschichte vom verlorenen Spiegelbilde», 1815/16 dessen «Die Elixiere des Teufels» und 1820 «Der Kampf der Sänger», 1824 Achim von Arnims «Raphael und seine Nachbarinnen», 1828 Fouqués «Der Sängerkrieg auf der Wartburg», 1828 Willibald Alexis' «Venus in Rom», 1837 Heinrich Heines «Elementargeister (Tannhäuserlied)», 1845 Richard Wagners «Tannhäuser und der Sängerkrieg auf der Wartburg», 1853 Heinrich Heines «Die Götter im Exil» und 1853 noch einmal Joseph von Eichendorff in seinem Versepos «Julian».

Es ist immer noch der Herzensgrund des Menschen, in dem Venus wie am Scheidewege den Menschen auflauert und sie vor die Entscheidung stellt. So auch in Eichendorffs Gedicht von 1818 unter dem Titel «Frühlingsfahrt», das 1837 bei seiner Veröffentlichung «Die zwei Gesellen» heißt und 1840 von Robert Schumann vertont wird:

Es zogen zwei rüst'ge Gesellen
Zum ersten Mal von Haus
So jubelnd recht in die hellen
Klingenden, singenden Wellen
Des vollen Frühlings hinaus.

Die strebten nach hohen Dingen,
Die wollten trotz Lust und Schmerz
Was Recht's in der Welt vollbringen,
Und wem sie vorübergingen
Dem lachten Sinnen und Herz. –

Der Erste, der fand ein Liebchen,
Die Schwieger kauft' Hof und Haus;
Der wiegte gar bald ein Bübchen,
Und sah aus heimlichen Stübchen
Behaglich in's Feld hinaus.

Dem zweiten sangen und logen
Die tausend Stimmen im Grund,
Verlockend' Sirenen, und zogen
Ihn in der buhlenden Wogen
Farbig klingenden Schlund.

Und wie er auftaucht vom Schlunde
Da war er müde und alt,
Sein Schifflein das lag im Grunde,
So still war's rings in die Runde
Und über die Wasser weht's kalt.

Es singen und klingen die Wellen
Des Frühlings wohl über mir;
Und seh ich so kecke Gesellen,
Die Tränen im Auge mir schwellen –
Ach Gott, führ' uns liebreich zu Dir!

Eichendorff ist drei Jahre verheiratet und hat zwei Kinder, als er das Gedicht schreibt. So ist es bereits eigene Erfahrung, wenn der erste Geselle, während der zweite den Verlockungen der Venus erliegt, in der Gefahr ist, durch Liebe, Familie und wirtschaftliche Sicherheit das Streben nach hohen Dingen in philiströser Behaglichkeit zu ersticken.

Für Joseph von Eichendorff gilt deshalb nach der inneren Läuterung durch «Die Zauberei im Herbste» die Devise: Wachsam sein und im übrigen auf Gott vertrauen. So hofft er sein Lebensziel zu erreichen wie später sein Taugenichts, der sich auch von der Venus nicht irre machen läßt. «Aus großer Faulheit», so beginnt Eichendorff denn auch entspannt und frohgemut seine Juni-Aufzeichnungen über die schönsten Begegnungen dieses Sommers 1810 mit Louise von Larisch.

Dabei trennen sich auch die Wege der Brüder. Am 14. Juni geht Wilhelm in Ratibor aufs Schloß zu Madame Hahmann, «ich links nach Pogrzebin, wo bloß Frau u. Louise zu Hause. Herumsielungen im Garten. Schlummern mit Einem Tuche zugedekt. Athem. Lachen u. Schütteln. G. N. Nachmittags Toilette am Zaune. Als Abends H. v. L[arisch] kam, ich wieder abmarschiert. Fr. v. L[arisch] (voraus) u. Louise mit mir begleiteten mich bis weit hinter das Lindenvorwerk. Louisens hingebend offenherzige Entdekungen. – Hofmeister [Gab es eine Liebelei mit ihm?]

– H. v. Por[embsky] [Ist er Louise zu nahe getreten?] – Schwein [?]. – etc. Ein Gewitter zog unten in der Ferne. Furcht. Ich schritt nun allein martialisch zu, durchschnitt die ratib. Vorstadt, verirrte mich Niedane gegenüber dem Wiklicht, so daß ich durch die alte Oder waten mußte, u. kam endlich bei Sonnenuntergang bei Leng an, wo ich mich überschiffen ließ, während alle Lubowitzer am jenseitigen Ufer schon meiner warteten.» Die fortdauernde Anteilnahme der jeweiligen Familienclans an den Höhen und Tiefen dieser Liebesgeschichte ist erstaunlich.

Am 21. Juni ist Fronleichnam, und es regnet in Strömen. Die Gesellschaft v. Larisch findet sich durchnäßt in Pogrzebin ein, und Eichendorff hat Gelegenheit, seine Fürsorge für die Geliebte zu zeigen. «Auf mein Ueberreden zieht sich Louise noch einmal um. Klavier-Spielen, Guitare, Singen etc. Nach Tische L[ouise] auf m[einem] Schooß. – Soll ich bleiben? Später kam H[err] v....n mit seiner Frau. Dik, bärtig, jung, erbärmlich gesprächig u. artig. Meine sonderbare üble Laune. Fortgefahren.» Joseph scheint bereits eifersüchtig zu sein.

Am 1. Juli legt sich ein Schatten über das Idyll: «Den 1$^{t.}$ Brief von Loeben aus Wien.» Vielleicht ist diese Erinnerung daran, daß die Brüder Eichendorff noch ihre Studien abschließen müssen, am 3. Juli der Anlaß für die folgende, längst fällige öffentliche Demonstration der Verlobung, die nun von beiden Partnern und Familien akzeptiert scheint, wobei die Vorbehalte der Mama Eichendorff fortbestehen dürften. «Etwas zeitiger gegeßen u. darauf mit Mama u. Louise [die Schwester] zu Wagen mit den 4 ledernden Schimmeln zum Jahrmarkt gefahren» nach Ratibor. Auf ihm trifft sich der Adel des Umlandes, tauscht die letzten Neuigkeiten aus und bildet für bestimmte wichtige Ereignisse wie Eheversprechen die notwendige Öffentlichkeit. «Bei Gintzel abgestiegen u. gebürstet, wo in aller Eile Schöpps komische Händel mit 2 Husaren wegen Mähnen-Abschneiden der Pferde. Darauf die Odergaße hinuntergestrichen, wo ich am Fenster bei Lehmann so etwas sizen sah, wie Louise, die aber muthwillig kein Zeichen gab. [...] Ich gieng hinauf u. traf die Pogrzebiner, Mad. Richter etc. Angenehme Unterhaltungen. Dann mit Fr. v. L[arisch] u. L[ouise] auf den Markt, wo wir unter den Bauten die Mama, andere Lubowitzer (zischpernd) und allerhand begegneten. Hier verloren wir die Fr. v. L[arisch] u. ich durchstrich dann allein mit L[ouise] am Arm, die sich freuende Mad. Adametz begegnend, 2 mal den Markt. [Madame Adametz, die Freundin der Madame Hahmann, wird dafür sorgen, daß diese auch die letzte Einzelheit über die nun öffentlich Verlobten erfährt, zu Eichendorffs Erleichterung.] Zulezt alle wieder bei Lehmann, wo kleine Abfütterung, galante Staatsvisite von dem komisch sonderbaren jungen H. v. Eickstaedt [Eickstedt], Printz Wilhelm unten von der Gaße [und von Madame Hahmann?] sich hinauf unterhaltend, hinaufkommend etc. Als endlich die Pogrzeb. fortfuhren, ich mit Wilhelm zu der Fräulein v. Zuelow [Zülow], wo die Mama, und fort» nach Lubowitz. Die Demonstration war gelungen.

Doch nun, da die Verbindung öffentlich geworden ist, beginnt in vielerlei Hinsicht auch die Weiterbildung der Anverlobten. Am 10. Juli geht Joseph wieder zu Fuß nach Pogrzebin. «Nachmittags ich mit L[ouise] über der Rasenbank auf dem Zaune geseßen. L. sehr munter u. außerordentlich liebenswürdig. Ueber den Zaun gestiegen. (nicht hinsehn) Lagerung daselbst. Die Schafferin hohlt ab. L. kommt wieder. Im Korn. Darauf im Hause, während gebuttert etc wird, mit L. ängstlich lange geseßen, oft in Keller etc gegangen. Meine Predigten über Sanftmuth, Demuth u. Weiblichkeit etc wohlbegriffen. Zulezt Vesper allgemein im Gartenhäuschen von Schlikermilch, Braten etc. Meine Weste in der Stube gelaßen. L. will mir die Pfeiffe stopfen, in Folge meiner Predigt.»

Trotz oder gerade weil Eichendorff in den Kreisen der Frühromantiker in Halle und Heidelberg sowie in den Berliner Salons die Emanzipationsbestrebungen der Frauen beobachtet und die öffentliche Diskussion darüber verfolgt hat, hält er gegenüber seiner eigenen Braut lieber an dem traditionellen christlichen Frauenbild fest, wonach die «Frauen den Männern untertan sein sollen» (Kolosserbrief 3,18).

Eichendorff wäre indes falsch verstanden, würde man ihn zu den Männern rechnen, die ihre Frauen auf die Reise ins Unendliche nicht mitnehmen möchten. Eines seiner Gedichte an Louise aus den ersten Jahren ihrer Liebe ist ein herzbewegendes Zeugnis des gemeinsamen Höhenfluges, zu dem sie zu starten entschlossen sind. Daß von den beiden Gedichten, die wir aus Louises Feder kennen, das eine ihre Antwort auf die Einladung von «Das Flügelroß» darstellt, ist ein besonders schöner Zufall in der Überlieferungsgeschichte der Texte, ist doch sonst nahezu die gesamte Korrespondenz zwischen Joseph und Louise verschollen.

Ich hab' nicht viel hienieden,
Ich hab' nicht Geld noch Gut,
Was vielen nicht beschieden,
Ist mein – der frische Mut!

Was andre mag ergötzen,
Das kümmert wenig mich,
Sie leben in den Schätzen,
In Freuden lebe ich.

Ich hab' ein Roß mit Flügeln
Getreu in Lust und Not,
Das wiehernd spannt die Flügel
Bei jedem Morgenrot.

Mein Liebchen, wie so öde
Wird's oft in Stadt und Schloß,
Frisch auf, und sei nicht blöde,
Besteig' mit mir mein Roß!

Wir segeln durch die Räume,
Ich zeig' dir Meer und Land,
Wie wunderbare Träume
Tief unten ausgespannt,

Hellblinkend zu den Füßen
Unzähl'ger Ströme Lauf;
Es steigt ein Frühlingsgrüßen
Verhallend zu uns auf.

Und bunt und immer wilder
In Liebe, Haß und Lust
Verwirren sich die Bilder –
Was schwindelt dir die Brust?

So fröhlich still im Herzen,
Zieh' all' ich himmelwärts,
Es kommen selbst die Schmerzen
Melodisch an das Herz.

Der Sänger zwingt mit Klängen,
Was störrig, dumpf und wild,
Es spiegelt in Gesängen
Die Welt sich göttlichmild.

Und unten nun verbrauset
Des breiten Lebens Strom,
Der Adler einsam hauset
Im stillen Himmelsdom.

Und sehn wir dann den Abend
Verhallen und verblühn,
Im Meere kühlelabend
Die heil'gen Sterne glühn:

So lenken wir hernieder
Zu Waldes grünem Haus,
Und ruhn vom Schwung der Lieder
Auf blüh'ndem Moose aus.

O sterndurchwebtes Düstern,
O heimlichstiller Grund,
O süßes Liebesflüstern,
So innig Mund an Mund!

Die Nachtigallen locken,
Mein Liebchen atmet lind',
Mit Schleier zart und Locken
Spielt buhlerisch der Wind.

Und schlaf' denn bis zum Morgen,
So sanft gelehnt an mich!
Süß sind der Liebe Sorgen,
Dein Liebster wacht für dich.

Ich halt' die blüh'nden Glieder,
Vor süßen Schauern bang',
Ich laß dich ja nicht wieder
Mein ganzes Leben lang.

Aurora will sich heben,
Du schlägst die Augen auf, –
O wonniges Erbeben,
O schöner Lebenslauf!

Louisens Antwort:

Wohl wird es oft so öde
Im Walde wie im Haus
Doch bin ich noch zu blöde,
Ich kann nicht mit hinaus.

Dank für des Sitzes Theilen
Auf buntschwingtem Roß!
Ach, ich muß hier noch weilen
Im Keller und im Schloß!

Denn, will ich von den Stufen
Mich schwingen auf dein Pferd,
Da treibt der Mutter Rufen
Mich mahnend an den Herd.

Rasch muß ich da erbeben, –
Dein Roß bei diesem Ton
Und all' das süße Leben
Flieht schüchtern mir davon.

> So muß ich denn noch zagen,
> Doch bin ich dir vereint,
> Da mag das Roß mich tragen,
> Soweit der Himmel scheint!

Am 18. Juli 1810, am Geburtstag seiner Braut, sie wird achtzehn, macht sich Eichendorff, ohne den Anlaß zu erwähnen, wieder zu Fuß auf den Weg nach Pogrzebin. Es ist der letzte überlieferte Tagebucheintrag Eichendorffs von seinen Besuchen dort und beeindruckt durch seine ungenierte Detailgenauigkeit, wodurch die Liebesgeschichte durch Louises geistlichen Verehrer in eine galante Rosengarten-Atmosphäre getaucht erscheint: «Einzelne Regentropfen verfolgten mich fast über den ganzen Weeg. Louise etwa[s] unpaß. Ich mit ihr in der Schlafstube, wärend der Praelat, der seit einigen Tagen hier, Meße las, und darauf alles in der Stube daneben frühstükte. Endlich erschien auch ich wie deus ex machina. Unterhaltungen mit dem guten Praelaten, dem Franzosen: Pater Jacques u. dem Superior Nepomuk (ein sich windender Entrich). Darauf im Garten. Altes Spiel. Über Tische großes Gewitter. Nach Tische Rosen-canonade zwischen dem Praelaten u. ihr. Darauf den ganzen Nachmittag mit ihr allein in der Tafelstube geseßen. Proj. mit Summin. – Sehr lieb. Endlich Abschied genomen u. auf der pogrzeb. Wurst bis auf die ratib. Brüke gefahren, bei Hil[l]mer fand ich die lubow. Gelegenheit u. zu freudigem Erstaunen auch H. Caplan», den geistlichen Vertrauten und Freund.

Das Rittergut Summin, das, zur Herrschaft Slawikau gehörig, Vater Eichendorff 1798 erworben hatte, lag östlich der Oder an der sogenannten Alten Straße von Ratibor nach Rybnik und war von den Eichendorffschen Gütern dem Geburtsort der Louise von Larisch, Niewiadom, und ihrer Taufkirche in Rybnik am nächsten. Es scheint, daß das junge Paar den Idealfall plante: sich nach der Eheschließung dort niederzulassen, Eichendorff als Gutsherr und Dichter, Louise als Gutsherrin und Mutter vieler Kinder. Dienerfreund Jakob Schöpp, der die Brüder auf ihren Reisen begleitete hatte, würde sicher gern mit von der Partie sein, war er doch der Sohn des Försters von Summin, das er ebenso liebte, wie Joseph es in sein Herz geschlossen hatte. Nirgends auf den Eichendorffschen Besitzungen war der Wald so groß und so tief.

Vorerst mußte man jedoch den Realitäten ins Auge blicken, und das hieß nach den vergeblichen Anstrenungen der vergangen Jahre zur Minderung der Schuldenlast, sicherheitshalber das Studium der Rechte abzuschließen, um notfalls im Staatsdienst ein standesgemäßes Auskommen zu finden.

## Neuntes Kapitel. Paris, Wien, Berlin, Pogrzebin

Doch Joseph wird seine Heimat diesmal als glücklich Verlobter verlassen, Louises Bild im Herzen. «Intermezzo» ist der Titel eines Gedichts an die Braut. Es wird erst 1837 veröffentlicht und 1840 von Robert Schumann vertont.

> Dein Bildnis wunderselig
> Hab' ich in Herzensgrund,
> Das sieht so frisch und fröhlich
> Mich an zu jeder Stund'.
>
> Mein Herz still in sich singet
> Ein altes, schönes Lied,
> Das in die Luft sich schwinget
> Und zu dir eilig zieht.

*Zehntes Kapitel*

«Ahnung und Gegenwart»
oder
Wie Eichendorff in Wien sein Idealbild entwirft

«Mit so munteren, malerischen Kindes-Augen durchflog denn auch Friedrich diese Bücher. Wenn er dazwischen dann vom Blatte aufsah, glänzte von allen Seiten der schöne Kreis der Landschaft in die Geschichten hinein, die Figuren, wie der Wind durch die Blätter des Buches rührte, erhoben sich vor ihm in der grenzenlosen, grünen Stille und traten lebendig in die schimmernde Ferne hinaus; und so war eigentlich kein Buch so schlecht erfunden, daß er es nicht erquickt und belehrt aus der Hand gelegt hätte. Und das sind die rechten Leser, die mit und über dem Buche dichten. Denn kein Dichter gibt einen fertigen Himmel; er stellt nur die Himmelsleiter auf von der schönen Erde. Wer, zu träge und unlustig, nicht den Mut verspürt, die goldenen, losen Sprossen zu besteigen, dem bleibt der geheimnisvolle Buchstabe ewig tot, und er täte besser, zu graben oder zu pflügen, als so mit unnützem Lesen müßig zu geh'n.»
*Ahnung und Gegenwart*

Als im November 1810 nach zweieinhalb Jahren die Brüder Eichendorff, immer noch in Begleitung des «Bedienten» Jakob Schöpp, erneut in Wien eintrafen, hatte Österreich seine Erhebung von 1809 gegen Napoleon nach anfänglichem Sieg in der Schlacht von Aspern durch die Niederlage bei Wagram sowie die Bedingungen des Friedens von Schönbrunn bitter büßen müssen. Neben den Gebietsabtretungen, durch die Österreich zu einem Binnenstaat zusammenschmolz, zwangen Kriegskontributionen, Steuererhöhungen, Preissteigerungen, Arbeitslosigkeit und Wohnungsnot vor allem die Wiener zu vielfältigen Einschränkungen. Die Gegenwart hatte sich in wenigen Monaten verdüstert.

*«Etwas von unserer prosaischen Existenz»:*
*Arme Studenten, reiche Verwandte, berühmte Freunde*

So war es ein Glück für die nahezu mittellosen Freiherrn von Eichendorff, daß sie im Stadthaus ihres angeheirateten Onkels Franz Joseph Graf von Wilczek in der Herrengasse Nr. 5, gleich neben der Hofburg,

## Zehntes Kapitel. Wien voll «Ahnung und Gegenwart»

24 Wien

logieren konnten, sicherlich auch ein Grund, zum Abschluß ihrer Studien nach Wien zu gehen. Der Graf (1748–1834) war k. k. Kämmerer und Niederösterreichischer Landrechtsrat, in zweiter Ehe verheiratet mit Maria Theresia Prinzessin zu Öttingen-Spielberg. Von der Not der nichtbegüterten, arbeitenden Bevölkerung Wiens – von den über zweihunderttausend Einwohnern waren durch die beginnende Industrialisierung bereits 27 000 Fabrikarbeiter – spürten die Eichendorffs in den höheren Kreisen, in die sie durch ihre Verwandten eingeführt wurden, wenig. Die Grafen Wilczek – der Sohn Stanislaus (1792–1847) war ebenfalls bereits k. k. Kämmerer – waren in Niederösterreich auf Kreuzenstein, Seebarn, Tresdorf und Gänserndorf sowie in Österreich-Schlesien in Königsberg, Prouba, Großpolom und Polnisch-Ostrau begütert. Obwohl die Brüder Eichendorff wie schon in Berlin auch in Wien über fast keine eigenen Mittel verfügten – sie kaschierten ihre Armut nach außen hin so gut es ging –, hatten sie wenigstens die Möglichkeit, sich hin und wieder bei ihren reichen Verwandten und deren adeligem Bekanntenkreis «durchzufüttern».

Trotzdem notierte Joseph am 3. September 1811: «Fiengen wir unser

# Arme Studenten, reiche Verwandte, berühmte Freunde

25 Schloß Seebarn bei Wien, das „Schloß des Taugenichts"

abentheuerliches standhaftes Hungerleben an, um uns Geld auf Bücher zu ersparen, wovon wir dann auch bald Schlegel über die neuere Geschichte zu unserer Seelenweide kauften. Früh näml. gar nichts. Zu Mittag Brodt, Butter (im Rasirbeken). Saltz u. 1 Seidel Wein zusammen, bei verschloßener Thüre. Zum Desert: Loebens Briefe und mein Tagebuch von Lubowitz. Darauf immer wieder un girò [ital. Spaziergang], wobei Pflaumen u. Bilderbesehn auf dem Michaelerplatze. Abends Brodt, Saltz u. 3 Seidel Bier, Früh von 7–10 immer Jurisprudentz, dann bis 1 Poesie. Nachmittags von 3–5 u. später Jurispr. dann Poesie etc. Alle Sonntag zu Mittag splendide im Matschakerhofe.»

Geistiger und gesellschaftlicher Mittelpunkt wurde für sie auf briefliches Drängen des Grafen Loeben ab August 1811 Friedrich Schlegel. Er hatte vom 19. Februar bis zum 9. Mai 1810 eine Vorlesungsreihe «Über die neuere Geschichte» gehalten. Sie war aus seinen Studien zur Lebensgeschichte Karls V., weshalb er angeblich 1808 nach Wien gekommen war, erwachsen. Am 20. Mai 1810 schrieb Schlegel an seinen Freund Sulpiz Boisserée: «Es war mir doch bei dem Anfang etwas bang, da ich an zwanzig Herzoginnen und Fürstinnen auf der Liste hatte. Indessen ist der

Ernst, der hier unter dem ersten Stande herrscht, selten und gewiß sehr achtungswert. Unter denen, die bis zuletzt ausharrten und nie fehlten, war auch der Herzog von Württemberg [Bruder des Königs] und die junge Fürstin [Marie Sophie] Liechtenstein. Ich hatte 162 Subskribenten, außer den Freibillets.»

Schlegel versuchte sich in diesen Vorlesungen als «rückwärtsgewandter Prophet», der Österreichs Aufgabe im Rückgriff auf das mittelalterliche Kaisertum beschrieb. Was in den Vorlesungen allgemein und geglättet klang, notierte er im gleichen Jahr in seinen privaten Heften zur Geschichte als konkrete Zukunftsvision: «So wie die Verfassung im einzelnen Staat, so sollte sie auch im ganzen Europa stattfinden. Einige Staaten müßten das Parlament bilden, andre den Senat – andre den König vorstellen, – Oesterreich Mittelpunkt des Ganzen und König – die westlichen Staaten Frankreich, Spanien und England das Parlament, (mehr republikanisch) – Rußland den Senat, Italien die geistliche Macht. (Dieß wäre dann ein *organisches* Gleichgewicht statt eines bloß mechanischen) – eine *Europäische Verfassung* (die nach dem Vorbilde der einzelnen Monarchie allerdings nicht rein hierarchisch sein darf.). – Zu Oesterreich alsdann ganz Deutschland, das nördliche Italien und Ungarn. – Die Türken *außer* dem System liegend. – Nur fragt sichs, will uns die Vorsehung zu einer *Europäischen Verfassung* führen, oder in viel größerer Weltverbindung zur ALLGEMEINEN AUFLÖSUNG ALLER STAATEN und durch sie zur Wiedergeburt einer *neuen und größern* Hierarchie? – Fast scheint es, das letzte.»

Es scheinen diese Ahnungen gewesen zu sein, die das Brüderpaar Eichendorff darin bestärkten, wie Schlegel in den österreichischen Staatsdienst treten zu wollen und darin als Anwälte einer größeren Zukunft tätig zu werden. Diese Aussichten beflügelten sie derart, daß sie die Strapazen der Vorbereitung auf die juristischen Examina mit Humor auf sich nahmen: von 7–10 und mindestens von 15–17 Uhr «immer Jurisprudentz». Auftrieb gab ihnen auch die Aussicht auf ein baldiges Ende der Paukerei. Hatten sie «als gebohrne Preußische Unterthanen» doch gleich nach ihrer Ankunft in Wien am 23. November 1810 bei der «hochlöblichen Studien-Hof-Commission» um Erlaubnis gebeten, «daß sie aus sämtlichen hier vorgeschriebenen juridischen Fächern, in der Ordnung, jedoch nur in solchen Zwischenräumen Privat-Prüfungen machen dürfen, welche ihnen eine hinlängliche Vorbereitung nötig machen wird», und das mit Berufung auf ihre fünfjährigen Jura-Studien in Halle und Heidelberg. Deshalb «wünschen sie aber Österreichische juridische Studien-Zeugniße durch Privat Fleiß zu verschaffen, ohne den Zeitraum von fünf Jahren zu ver-

Arme Studenten, reiche Verwandte, berühmte Freunde 319

26 Dorothea Schlegel

lieren», nämlich durch ein erneutes Regelstudium in Wien. Vermutlich mit Hilfe ihrer Beziehungen wurde der Bitte entsprochen, und so legten die Brüder in den folgenden beiden Jahren insgesamt acht Prüfungen ab. Von sieben kennen wir die Note «erste Classe mit Vorzug»: am 26. April 1811 in «Privat-, Staats- u. Völkerrecht» und am 20. Juli in «Criminal-Recht» bei Professor Egger, in deren Familie die Brüder freundschaftlich verkehrten; am 9. September in «Statistik», d. h. europäischer Völkerkunde, «bei dem jungen Zizius mit dem klugen Gesichte, Nachmittags nach 3 Uhr. Er ließ uns lange in seinem schönen Studierzimmer auf sich warten. [...] Er examinirte uns sehr wenig, meist sich bloß unterhaltend mit uns u. fertigte uns gleich unsere guten testimonia aus»; derselbe examinierte am 10. Oktober neben der europäischen «insbesondere die oesterreichische Staatenkunde»; am 2. Februar 1812 prüfte Professor Dolliner «Römisches Civil-Recht» und am 6. März «ex jure ecclesiastico universo», aus dem allgemeinen Kirchenrecht; am 30. September schließlich Professor Scheidlein «oesterreichisches Privatrecht».

Die Konvertitin Dorothea Schlegel genierte sich nicht vor Joseph und zeigte ihm am 26. Januar 1812 «heimlich zwey Rosenblätter mit natürlichen Schlangen», die ihr Sohn Johann Veit, der sich der Malerschule der Nazarener angeschlossen hatte, «von dem Grabe eines Heiligen aus der Gegend von Rom geschikt hatte». Josephs Freigeisterei der ersten Studienjahre war, so meinte er jedenfalls, längst verflogen. Er war nicht nur wieder gläubig, sondern auch kirchlich gesonnen. In dem fragmentarischen Wiener Tagebuch über acht Monate von Juni 1811 bis März 1812 – tatsächlich dauerte der Aufenthalt von November 1810 bis April 1813 – finden sich denn auch Einträge wie: «Früh nach 6 Uhr mit Wilhelm geschwind bei den Capuzinern eine Meße gehört»(16. Juni 1811). «Da der Oncle [Friedrich] etc. eben in der Pfarrkirche, giengen wir auch hin, wo ich Julie [Hoverden] etc. im Amt fand.» (14. Juli)

Doch woran der Brüder, vor allem Josephs Herz hing, das war «die Poesie»: neben zahlreichen Gedichten aus der Wiener Zeit vor allem die Arbeit am ersten Roman. Von Ende Juni 1811 – «Diesen Monat fleißig am Romane» – bis zum Ende der Aufzeichnungen Ende Februar 1812 – «Abends Poesie» – berichtet das Tagebuch regelmäßig von der Schriftstellerei. Neben dem anstrengenden Studium und dem schlafraubenden gesellschaftlichen Leben, wozu wie schon in Breslau, Halle und Berlin die häufigen Theaterbesuche gehören – weniger im Burgtheater, am meisten in den Volksbühnen –, ist die Poesie wie ein Jungbrunnen, wenn Joseph schon einmal die Grenze seiner physischen Leistungsfähigkeit spürt, so Ende September 1811: «Erschöpfung manchmal von Hunger u. Arbeit. Abends bei Licht immer fröhlich am Romane gedichtet oder Schlegels Geschichte gelesen. Alles wird schon winterlich u. gemüthlich.»

Zu Ende geschrieben zu haben scheint Eichendorff den Roman während eines Ferienaufenthalts in Lubowitz von Juli bis Anfang September 1812. Nach dem letzten dokumentierten Examen am 30. September und einer Überarbeitung des Textes überläßt er Friedrich und Dorothea Schlegel das Werk zur kritischen Durchsicht mit der Bitte, einen Verleger zu vermitteln, falls sie den Roman für empfehlenswert halten.

Dorothea Schlegel wird sich eingehend mit dem Manuskript befassen und Korrekturen und Vorschläge machen. Mit gemischten Gefühlen werden die in der Literatur bewanderten Schlegels Eichendorffs Versuch aufgenommen haben, nach Goethes «Wilhelm Meisters Lehrjahre», Tiecks «Franz Sternbalds Wanderungen», Achim von Arnims «Armut, Reichtum, Schuld und Buße der Gräfin Dolores», Cervantes' «Don Quichote», Grimmelshausens «Simplicissimus Teutsch», Clemens Brentanos «Godwi oder das steinerne Bild der Mutter» und Dorothea Schlegels «Florentin» von 1801 nun selbst, wie sie meinen, einen Bildungs- und Entwicklungsroman zu schreiben. Tatsächlich paßt der dreihundertzwanzig Druckseiten starke Roman nicht recht in die bekannten Kategorien. Er ist eher der Niederschlag der bisherigen Erfahrungen und Beobachtungen des Vierundzwanzigjährigen. Im ersten Teil setzt er sich mit dem noch relativ gefestigten Landadel seiner schlesischen Heimat auseinander, im zweiten Teil mit der um sich greifenden Dekadenz in den höfischen Residenzstädten wie Berlin und Wien, im dritten Teil, der vorwiegend im Gebirge spielt, mit möglichen Auswegen der Hauptprotagonisten aus der epochalen Krise vor den Befreiungskriegen: Graf Friedrich wird Mönch, Graf Leontin wandert aus nach Amerika, nach Utopia. Alle Probleme, die den jungen Eichendorff umtreiben, zwischen Jung und Alt, Frauen und Männern, Prosaischen und Poetischen kommen in zahlreichen Episoden zur Sprache: vor allem das Verhältnis von Natur und Liebe, Poesie und Beruf, Gott und Welt.

Wir haben deshalb in dieser Biographie immer wieder aus dem Roman zitiert, in dem Eichendorff versucht, Elemente der Romantheorie der Frühromantiker zur Geltung zu bringen, wie sie zum Beispiel Novalis in seinen «Fragmenten und Studien» angedeutet hat: «Man sollte, um das Leben und sich selbst kennenzulernen, einen Roman immer nebenher schreiben.» Und in dem «Allgemeinen Brouillon» heißt es bei Novalis weiter: «Sollte der Roman alle Gattungen des Stils in einer den gemeinsamen Geist verschiedentlich gebundnen Folge begreifen?» So hat Eichendorff vor allem seine Lyrik in die Romane und Erzählungen integriert.

Die für Eichendorffs Romantik typische himmlische «Ahnung», die über diesem «Gegenwarts»-Roman schwebt, bringt der Literaturhistoriker Adolf Schöll in einem Brief an Eichendorff vom 21. Oktober 1832 zur Sprache – nicht ohne Fragen, die bis heute gegenüber Eichendorffs «positiver Phantasie» aktuell sind: «Mir kam es manchmal vor, der Dichter möchte wohl in die Wirklichkeit, ja in die nüchterne Wirklichkeit eingehen (gleichsam um den Sieg der Phantasie deutlicher und populärer zu machen); aber kaum hat er ihr Kostüm berührt und etwas entfaltet, so ruft sein Inneres: ‹Lohnt sich auch der Mühe, mit diesem Plunder die Zeit zu verlieren!› und er wirft die Lumpen hoch über seinen Kopf hinter sich, wie der Taugenichts die Rüben. [...] Soll ein Gemüt, in welchem das Positive positiv da ist und schafft, eben dasselbe doch noch aus dem Negativen herausklauben? Soll es sich künstlich aus dem Positiven heraus versetzen, um es auf Umwegen wiederzufinden? Soll ich die Brille im ganzen Zimmer herum suchen, um mich zu überzeugen, daß ich sie auf der Nase habe? Tu' es Freund; unser Dichter hat einmal den Fehler, daß er nicht aus dem Himmel herauskam. Er geht auf's Land, und findet einen Himmel, er geht in die Stadt, auch dort lebt er noch himmlisch, er irrt in Wäldern und Gebirgen, da ist's hochhimmlisch, er geht in allerlei Kämpfe, es sind lauter himmlische; er tritt in die Kirche, was kann er finden als das Himmelreich! – Malheur für den, der ihm nicht überall nachkam!»

Diese positive Atmosphäre des Romans macht es wahrscheinlich, daß Dorothea Schlegel den Titel «Ahnung und Gegenwart» bei Jean Paul in dessen «Titan» gefunden und Eichendorff vorgeschlagen hat. Es heißt dort: «Die Gegend und alles und das Leben schienen nur eine unaufhörliche Morgendämmerung zu sein, so frisch und neu, voll Ahnung und Gegenwart, ohne Glut und Glanz, und mit einigen Sternen über dem Morgenrot.»

Am 27. Dezember 1812 schreiben die Brüder Eichendorff einen vier Druckseiten langen Brief an den Grafen Loeben in Radmeritz, in dem es unter anderem heißt: «Dein Wunsch, bald wieder einmal etwas von uns zu sehen, hat mich innigst erfreut, und ich hoffe Dir binnen kurtzer Zeit meinen Roman schikken zu können. Die ökonomische Verlegenheit nemlich, in der wir uns befinden, zwang uns zu dem Entschluße, unsere Sachen so schnell als möglich herauszugeben, um nur einiges Geld für den Augenblick in die Hände zu bekommen. Ich gab daher meinen Roman, Wilhelm ein Trauerspiel und ein Lustspiel. Friedrich Schlegel hat es übernommen, uns schnell hier in Wien einen Verleger zu verschaffen. Sobald es gedrukt ist, eile ich Dir mitzutheilen, was von Anbeginn Dir vor allen zugehört. Ich bitte aber, erwarte nicht viel.» Dann berichten die Brüder noch von äußeren Veränderungen und ihren Zukunftsplänen. Sie haben Aussicht, als Lehrer an einer Adelsschule angestellt zu werden, Joseph für Geschichte, Wilhelm für Sprachen: «Erlaube nun auch noch zulezt, etwas von unserer prosaischen Existentz zu reden. Ich habe Dir verwichenen Sommer geschrieben, daß wir eine Erbschaft gemacht haben. Die ersten Nachrichten, die wir von allen Seyten davon bekamen, waren übertrieben, und es blieben am Ende für uns beyde nicht mehr, als 12000 rthlr. Cour[ant], die wir auch erst künftiges Frühjahr wirklich erhalten. Unterdeß führte der allgemeine Gang der Dinge eine solche Veränderung in unserer Familie herbey, daß unsere Aeltern für jezt durchaus außer Stande waren, uns länger zu unterstützen. Nun aber habe ich Dir schon in meinem lezten Briefe (den Du doch erhalten hast?) geschrieben, daß der Erzherzog Maximilian hier eine große Erziehungsanstalt gründet, deren Leitung er Adam Müller anvertraut hat. Auf eine äußerst freundschaftliche Art, gantz aus eignem Antrieb hat nun Müller uns beyde in diesen Plan mit hineingezogen, und wir wohnen, speißen etc. schon seit 4 Wochen bey Müller sehr bequem, gut und unerhört wohlfeil, so daß wir uns auf diese Weise wieder in Wien erhalten, bis wir etwa einen Posten bekommen.» Das Postskriptum von Wilhelm ist eines der letzten Zeugnisse für das gemeinsame Leben der Brüder, die wie ein Herz und eine Seele waren. «So wie ich so eitel bin alle Briefe die von Dir an meinen Bruder gerichtet werden auch auf mich zu beziehen, so hoffe ich wirst Du in den Zeilen meines Bruders an Dich auch jedes mahl meine Meinung und meine Gefühle wiedererkennen. Wird doch alles zwischen uns beyden vorher lange und gemüthlich abgesprochen, so daß aus diesem Gespräch endlich nun eine und dieselbe Meinung hervorgeht.»

«*Es ist so traurig, für sich allein zu schreiben*»:
*Reservierte Schlegels, begeisterter Loeben und tatkräftiger Fouqué*

Obwohl der Titel von Eichendorffs Roman «Ahnung und Gegenwart» von Dorothea Schlegel stammen soll und sie zu dem Manuskript Verbesserungsvorschläge gemacht hat; obwohl Friedrich Schlegel genügend Beziehungen zu Verlegern unterhält; obwohl er in eigenen und anderen Zeitschriften weiterhin als Literaturkritiker tätig ist: Tatsache ist, daß der Roman mit zweijähriger Verspätung nicht durch das Ehepaar Schlegel, sondern durch Vermittlung und mit einem Vorwort von Friedrich Baron de la Motte Fouqué bei dessen Verleger Johann Leonhard Schrag in Nürnberg zur Ostermesse 1815 erscheint und daß er danach weder in der Korrespondenz der Schlegels noch in Zeitschriften oder Zeitungen ihres Einflußes erwähnt wird.

Immerhin ist es Dorotheas Sohn aus erster Ehe, Philipp Veit, der Fouqué auf das Manuskript Eichendorffs, mit dem er in Wien Freundschaft geschlossen hat, aufmerksam macht. Eichendorff wird Fouqué während der Freiheitskriege auf dem Marsch durch Böhmen nur kurz kennenlernen; Veit ist für längere Zeit Fouqués Kriegskamerad und geht nach Ende des Krieges nicht gleich nach Wien zurück, sondern mit Fouqué auf dessen Landgut Nennhausen.

Wußte Philipp Veit schon 1812/13, wie sein Stiefvater in Wahrheit über Eichendorffs Werk dachte, und daß Schlegel für dessen Verbreitung keinen Finger rühren würde außer dem formellen Schreiben, das er Eichendorff 1813 mit auf den Weg gibt nach Breslau, wo sich dieser und Philipp Veit für den Freiheitskampf melden wollen? Der Brief ist an Johann Gustav

Gottlieb Büsching (1783–1829) gerichtet, seit 1811 Archivar in Breslau, der sich auch als Literatur- und Kunsthistoriker betätigt. Schlegel schreibt so distanziert und floskelhaft, als ginge es nicht um den Erstlingsroman eines hochbegabten, verheißungsvollen jungen Autors, sondern einzig um das Honorar, damit sich der verarmte Freiherr ein standesgemäßes Schlachtroß kaufen kann: «Der Überbringer dieses Briefes ist der Baron v. Eichendorff, welcher dem Rufe seines Vaterlandes und der allgemeinen Sache folgend, sich den preußischen Fahnen anschließen wird. Ich bin so frei, Ihnen denselben bestens zu empfehlen. Als Dichter, unter dem Namen Florens, wird er Ihnen gewiß schon bekannt sein. Er hat jetzt einen Roman geschrieben und wird suchen, ihn dort anzubringen, um einen Beitrag zu seiner Equipierung zu erhalten. Sie würden mich ungemein verpflichten, wenn Sie ihm dabei behilflich sein wollten.»

Auch Loeben meint am 22. August 1814, nachdem er zuvor die Herausgabe des Romans durch Fouqué begrüßt hat, daß «die erste Idee, Fr. Schlegel sollte Dein Werk herausgeben (oder Adam Müller), mir analoger erschien». Daß die beiden einflußreichen Literaturkritiker, bei denen Eichendorff in Wien freundschaftlich ein- und ausgegangen ist, sich nicht für Eichendorff engagieren, macht Loeben selbst nur um so neugieriger auf den Roman: Sollte er tatsächlich mißlungen sein, so daß die berühmten Kritiker sich zurückhalten? «*Ein* Recht aber habe ich doch vielleicht auf das Erzeugnis Deiner Poesie und Liebe; nämlich Dich zu bitten, mir die fertige Handschrift zu *meinem Vorgenuß* hierher zu senden, ich schikke sie dann unmittelbar und unverzüglich an Fouqué!»

In dem Begleitbrief, den Eichendorff für Fouqué am 1. Oktober 1814 in Lubowitz schreibt und dem Manuskript an Loeben beilegt, versucht Eichendorff die Erfolglosigkeit der Schlegelschen Bemühungen – wenn es solche überhaupt gegeben hat – zu erklären. Überzeugend ist das nicht, denn die aktuellen Anspielungen wie zum Beispiel auf den Tiroler Befreiungskampf im dritten Buch des Romans, die eine politische Zensur auf den Plan hätten rufen und Verleger abschrecken können, sind nicht als vordergründige politische Agitation, sondern poetisch-symbolisch überhöht dargestellt. Spielt doch das erste Buch des dreiteiligen Romans auf dem idealisierten Lande, das zweite in der degenerierten Residenz, das dritte im befreienden Gebirge. Sind doch nach der Katastrophe der napoleonischen Truppen in Rußland 1812 allenthalben viel direktere vaterländisch engagierte Texte publiziert worden. Eichendorff stimmt dem indirekt selbst zu, wenn er Fouqué erläutert, weshalb er den Roman jetzt zwei Jahre nach seiner Fertigstellung, nicht aktualisieren möchte. Die Diktion des Briefes läßt im übrigen auf einen als Autor verunsicherten

# Reservierte Schlegels, begeisterter Loeben und tatkräftiger Fouqué

*27 Friedrich Schlegel*

Eichendorff schließen, der, nun sechsundzwanzigjährig, endlich nach einem kompetenten Urteil hungert, auf das er in Wien vergeblich gewartet hat, und der bereit scheint, sich einem Herausgeber und Verleger auf Gedeih und Verderb auszuliefern: «Es ist so traurig, für sich allein zu schreiben, wenn man es mit dem Leben überhaupt ernsthaft und redlich meint. [...] Und in diesem Sinne bitte ich Sie die Mittheilung meines Romanes, der eben auch ein Stück meines innersten Lebens ausmacht, Nachsichtsvoll anzunehmen. Ich hatte denselben vollendet, ehe noch die Franzosen in Moskau waren, und theilte ihn Friedr. Schlegeln und seiner Frau mit. Der Beifall dieser beiden Vortrefflichen überraschte und entzükte mich. Sie ermunterten mich, ihn drucken zu laßen und von der Lezteren Hand rühren zu diesem Endzweke die vielen Korrekturen her, die sich in diesem Manuskripte befinden und mir als ein Andenken an ihre liebevolle Sorgfalt theuer sind. Kein Buchhändler mochte indeß damals und auch noch später, bei der mißlichen Lage der guten Sache, den Druck des Buches übernehmen, da ich darin Anspielungen auf die neuesten Begebenheiten nicht vermeiden konnte und wollte. [...] Ew. Hoch- und Wohlgeboren erhalten demnach den Roman wörtlich so, wie er damals niedergeschrieben wurde. Sollte er in dieser Gestalt, als Erinnerung jener männlichen Trauer, jener ersten Vorzeichen der göttliche Gnade und Wunder, die wir nun erfahren, noch eines öffentlichen Antheils fähig, und in poetischer Hinsicht überhaupt des Druckes werth seyn, und Ew. Hoch- und Wohlgeboren dort ein Verleger dafür bewußt seyn, so bitte ich über das Manuscript, Titel, Zueignung u. s. w., ganz nach Gutdünken zu verfügen und sich meines innigsten Dankes zu versichern. Loeben, welcher neulich einen durch die Zeitereignisse und die Verschiedenheit unserer Naturen und Sinnesart lange unterbrochenen Briefwechsel mit mir wieder anknüpfte, bat mich so dringend und liebevoll, um eine vorläufige Mittheilung dieses Romans, daß ich es ihm nicht abschlagen konnte, obschon ich zweifle, daß er ihm gefallen wird.»

Doch notiert Loeben bereits am 12. Oktober 1814 in seinem Tagebuch: «‹Florens› Roman ist eine Romanze des Frühlings, der ewig währt», und schreibt am 20. Oktober in Radmeritz einen begeisterten Brief an den Autor unter dem treffenden Motto: «Wo ein Begeisterter steht, da ist der Gipfel der Welt!» Es handelt sich um einen Satz Eichendorffs aus dem fünfzehnten Kapitel, den Loeben in einen Pentameter umgeformt hat. Der sechs Druckseiten lange Brief ist die erste und einzige ausführliche Würdigung des Romans um 1815 und auch deshalb von besonderer Bedeutung, weil Eichendorff zu dem Brief teils ironische, teils sachliche Randbemerkungen gemacht hat. Loeben beginnt wie von ihm gewohnt überschwenglich-schwärmerisch; trotzdem wird Eichendorff Loeben für diese erste positive Reaktion sein Leben lang dankbar sein, auch wenn er es später nicht mehr wahrhaben will. «Deinem reichen, blühenden [Florens!] Romane danke ich Stunden die ich zu den schönsten meines Lebens rechne, mein Geliebter! Ich wußte mich lange nicht zu entsinnen wann ein Werk mich *so* unwiderstehlich anzogen hätte.»

Dabei sind die folgenden Ausführungen teilweise durchaus auch kritisch, zum Beispiel die für Eichendorffs Gesamtwerk typische Beobachtung, die Einsiedlerperspektive betreffend: «Das Bäumebesteigen nimmt [zB.] kein Ende.» Randnotiz Eichendorffs: «Sehr wahr!»

Biographisch aufschlußreich heißt es über die Schlußszene: «Fühlte ich doch selbst, wie ich Dir wohl auch geschrieben, Anregung, in ein Kloster zu gehen, wenn sich der damalige Waffenstillstand in einen Frieden verwandelt hätte.»

Auch Loeben meint, wie viele Kritiker nach ihm, in manchen Romanfiguren Verkörperungen wirklicher Zeitgenossen oder wenigstens ihre typischen Charakterzüge zu erkennen: «In Viktor glaube ich bisweilen Züge von Wilhelm [Eichendorffs Bruder] entdecken zu sollen, dann wieder von Brentano, in Faber ist wieder Brentano öfters gemeint, wie Leontin unverkennbar Arnims Ideale nachgebildet ist.» Randnotiz: «Gar nicht, denn Arnim hat, meines Wissens, nie einen ähnlichen Charakter aufgestellt. Er selber aber sieht dem Leontin gar wenig ähnlich.»

Wichtig für das Verständnis der Eichendorffschen Innenwelt ist seine Reaktion auf Loebens Mutmaßungen über die verführerische und heillose Gräfin Romana: «zu der Gräfin Romana, – einer herrlich hingestellten Figur, die eines großen Dichters würdig ist – hat Dir *leiblich* irgend ein weibliches Wunderwesen gesessen, und Du hast bestimmt die Idee dazu in irgend einem Abenteuer empfangen.» Randnotiz: «Nein, sondern in mir selbst.»

Loeben erkennt auch in dem Schmachtenden des zwölften Kapitels eine Parodie auf sich selbst und auf Eichendorff in seiner Heidelberger Zeit: «Ich lasse mir es nicht nehmen, daß Du so im Schmachtenden eine kranke Lebensperiode eines Menschen darstellen wolltest, der mir allerdings näher steht als der nächste Herzensfreund – gestehe mir nur, daß ich recht habe.» Randnotiz: «Ja, Du hast recht, Du guter, lieber Freund.»

Treffend, was Loeben über die Gedichte im Roman sagt, obwohl er anfänglich Eichendorffs Entwicklung in die Wunderhorn-Richtung abgelehnt hat: «Während Du in der Prosa die Zartheit und romantische Duftigkeit Tiecks besitzest, sind es mehr Deine Lieder, in denen Du Dich der Volkspoesie Arnims und Brentanos, mit einer wieder eigentümlichen Zartheit näherst, die in seinen Gedichten Arnim gar nicht, Brentano auf eine südlichere Weise besitzt.» Zuletzt rät Loeben, die geplanten Einleitungsstanzen zu dem Roman wegzulassen, was Eichendorff akzeptiert.

Es scheinen nun gerade die Eichendorffschen Lieder zu sein, die Friedrich Schlegel zuwider sind und ihn vermutlich gegen den ganzen Roman und gegen Eichendorff selbst eingenommen haben. So viel dieser auch von Schlegel gelernt hat: Dessen Urteil über «Des Knaben Wunderhorn» und deren Herausgeber hat er nicht nachvollziehen können. «Wunderhörnig» war seitdem Schlegels Synonym für «halbverrückt». Eichendorff parodiert diese Einstellung im achten Kapitel von «Ahnung und Gegenwart», wenn er Graf Leontin nach einem Lied ausrufen läßt: «Ich glaube, ich blase gar schon aus des Knaben Wunderhorn, unterbrach er sich hier selber und sprang schnell von seinem Stuhle. Die ganze Gesellschaft war durch das lustige Lied wieder mit ihm ausgesöhnt, der Streit war vergessen und von allen Seiten wurde auf die Gesundheit des Sängers getrunken.»

Auch Dorothea Schlegel bekommt ihre Lektion in der Ermahnung an die Tante des Herrn v. A. im siebten Kapitel des Romans: «Unterdes hatte das Fräulein ein Volkslied angefangen. Die Tante unterbrach sie schnell und ermahnte sie, doch lieber etwas vernünftiges und sanftes zu singen. Leontin aber, den dabei seine Laune überwältigte, setzte sich statt des Fräuleins hin und sang sogleich aus dem Stegreif ein zärtliches Lied so übertrieben und süßlich, daß Friedrich'n fast übel wurde.»

Die Abneigung gegen die Volkslieder übertrug sich für die Schlegels auch auf die anderen Werke Arnims. Am 5. März 1811 heißt es in einem Brief Dorotheas an ihren Schwager August Wilhelm Schlegel: «Wir haben eine ganze Ladung der neuesten Poesien der Wunderhornisten erhalten, worunter ein Roman, die Gräfin Dolores genannt, dann ein Drama Halle und Jerusalem betitelt. Über das letzte Produkt weiß ich auch nicht eine Silbe zu sagen; ich schäme mich, es gelesen zu haben [...]; der Roman ist, die eingestreuten Poesien und Lieder abgerechnet, nicht ganz so unbegreiflich verkehrt und schlecht; doch für mich wenigstens, ohne Ergötzen, wie ohne Rührung. Es ist neu gepreßter Most halbreifer Trauben, worin sich die Jugend gern berauscht.» Und Friedrich Schlegel schreibt an den Bruder am 13. März: «Literarisch Neues von Bedeutung gibt es nichts, außer ein paar unsinnige Erzeugnisse von Arnim, Halle und Jerusalem, worin die wunderhörnige Poesie im letzten Überschnappen oder vielmehr Verrecken zu sehen ist.»

Dem steht nun Eichendorffs Hochschätzung Arnims gegenüber, weshalb er dessen «Gräfin Dolores» als einziges Werk der zeitgenössischen Literatur im zwölften Kapitel von «Ahnung und Gegenwart» ausführlich diskutieren läßt und dabei, so scheint es, wieder die Schlegels parodiert. Eichendorff stellt einen Mann vor, der auf dem Lande «zur Ökonomie erzogen» worden war: «Dieser erzählte ihm, wie er jenem Romane eine seltsame Verwandlung seines ganzen Lebens zu verdanken habe.» Vielleicht eine autobiographische Andeutung Eichendorffs.

Ob der dreiundzwanzigjährige Eichendorff nicht in mancher Tagebucheintragung von 1811/12 die Kluft zwischen sich und der Generation der Schlegels bereits angedeutet und den vierzigjährigen Schlegel gelegentlich absichtlich mit philiströsen Zügen ausgestattet hat? Dabei fehlen uns Zeugnisse über die weitere Entwicklung ihres Verhältnisses in den letzten zwölf Monate des Wiener Aufenthalts wegen der verlorengegangenen Tagebuchseiten. Doch bereits die frühen Eintragungen scheinen tendenziös genug. Daß Schlegel ein Schlemmer geworden war, ist auch sonst belegt: «Schlegel von Wein roth, nikt u. ich gehe fort.» (8. Dezember 1811) «Gieng ich bald Nachmittags zu Schlegels, wo ich sie alle wieder noch beim Kalbsbraten und Wein fand.» (26. Januar 1812) «Schlegel sizt recht wie ein deutscher Künstler hinter dem gedekten mit Brodten belegten Tische mit ihr, wie auf alten Bildern, u. ist unbeschreiblich heiter und liebenswürdig. Torte, Braten, Wein, Punsch.» (13. Februar 1812) Loeben wird in seinem Brief vom 10. Oktober 1814 neben Friedrich Schlegel auch Adam Müller als möglichen Vermittler des Eichendorffschen Erstlings an einen Verleger erwähnen. Hatte sich doch Müller in dieser Hinsicht gegenüber Kleist große Verdienste erworben. Die Eichendorffs verdanken Müller in der Tat viel. Der Müllersche Salon steht ihnen immer offen. Müller nimmt sie sogar während der letzten, finanziell engen Monate in seine Wohnung auf. Wilhelm von Eichendorff wird Müller sogar auf politischer Mission nach Trient begleiten und schließlich durch Müller in den österreichischen Staatsdienst eintreten. Trotzdem scheint Joseph über Müllers offensichtliches Desinteresse an seinem Roman enttäuscht. Woher sonst dieser scharfe Tagebucheintrag vom 27. September 1811: «Müller, der noch heute Nacht nach Grätz [Graz] abreiste, ärgerlich über das allseitige Verhatscheln, ist heute wieder unausstehlich arrogant und voller Falschheit u. Bonjourmachen, mit uns nur vom Kasperl sprechend.»

Einzig Fouqué reagiert nach Loeben als zweiter begeistert auf die Zusendung von «Ahnung und Gegenwart». Am 26. November 1814 schreibt er aus Nennhausen, er melde sich erst jetzt, aber «ich wollte Ihr Werk erst ganz und gründlich und ohne mich dabei zu treiben, durchlesen, wie man in freiem Behagen, langsam, und oftmals sich umschauend, durch einen schönen Garten geht»: die Eichendorffs Werk gegenüber adäquate Lesehaltung. So kommt Fouqué denn zu dem Eindruck: «Leben, Tiefe, Kraft, Wahrheit und frommer Sinn offenbaren sich herrlich in den glühenden Bildern Ihrer Phantasie. Es hat mich lange nicht ein neueres Werk so lebhaft ergötzt und so tief ergriffen zugleich. – Auch über die Notwendigkeit gerade *dieses* Schlusses, ohne bestimmtere Aussicht auf die seitdem erfolgte Weltbefreiung [von Napoleon] bin ich vollkommen einig mit Ihnen; denn nur *so* steht die Erscheinung in sich vollendet und eigentümlich da: ein ernstes, erhaben warnendes Denkmal der schuldgedrückten Vergangenheit.»

Zwei kritische Punkte erwähnt Fouqué und in dem Zusammenhang auch Dorothea Schlegel: «Um mit vollständiger Ehrlichkeit zu verfahren, gestehe ich Ihnen noch, daß es mir anfangs oftmalen vorkam, als schaue die Sinnlichkeit allzu dreist an manchen Stellen durch Ihre Blumengänge; ja, ich wolle eine gewissenhafte Rücksprache darüber mit Ihnen nehmen, bevor ich das Werk einem Verleger anböte. Doch plötzlich trat es vor meinen Geist, daß bereits Dorothea zensiert hat, und vor dieser frommen, klaren Frau beug ich mein Haupt mit fröhlicher Ergebung. Zudem ward es mir späterhin klar, wie hier nicht sowohl Lüsternheit als vielmehr frische Keckheit obwalte, und mein letzter Zweifel schwand.» Es ist immerhin denkbar, daß Dorothea doch Anstoß an solchen Stellen genommen und sich auch deshalb nicht entschieden genug für den Roman eingesetzt hat. Immerhin hat sie während ihrer Wiener Zeit nichts mehr wissen wollen von Friedrich Schlegels «Lucinde», dem Roman ihrer Liebe, und er übrigens auch nicht mehr. Der zweite Kritikpunkt Fouqués betrifft die Schlußszene: «Nur einmal [...] bin ich nicht Dorotheas Meinung. Mir scheint nämlich, als müsse allerdings Faber am Schlusse in das Land hineinreiten, so wie Sie es früher gestellt hatten.» Eichendorff pflichtet Fouqué bei.

Besonders gefreut haben wird Eichendorff das Postskriptum von Caroline Fouqué: «Ihr reiches, kräftiges und tüchtiges Buch faßt Herz und Seele. Man *lebt fort* beim Lesen, sein eignes Leben, in dem Dasein lebendiger Wesen. Ich kann Ihnen, meiner Ansicht, und meinem Gefühl nach, nichts Lieberes und Höheres sagen. Mir ekelt im ganzen so unaussprechlich vor den Machwerken dieser Zeit. In Ihnen finde ich Gesundheit, stille, Worte verachtende, Andacht, Ehrfurcht vor der Gegenwart, kurz: Reife und Kraft. Gehen Sie nur recht dreist und recht demütig Ihren Weg. Meine herzliche Teilnahme und Achtung begleitet Sie.» Sicher Balsam für Herz und Gemüt des nun sechsundzwanzigjährigen Dichters.

Friedrich Baron de la Motte Fouqué war nun nicht irgendwer. 1777 in Brandenburg an der Havel geboren – zehn Jahre älter als Eichendorff –, stammte er aus einer alten Kreuzritterfamilie. Sein Hauslehrer war der Philosoph August Ludwig Hülsen. Fouqué schlug die Offizierslaufbahn ein und nahm am Ersten Koalitionskrieg gegen Frankreich teil. 1802 mußte er wegen Scheidung seiner ersten Ehe den Dienst quittieren. Er heiratete Caroline von Rochow, geborene von Briest, und lebte auf deren Gut Nennhausen bei Rathenow in der Kurmark Brandenburg als Autor von Nordlanddramen, Versepen und Rittergeschichten: «Alwin» (1808), «Der Held des Nordens» (1808/10), «Der Zauberring»(1813). Seine bekannteste Erzählung ist «Undine», die 1811 in seiner eigenen Zeitschrift «Die Jahreszeiten» erschien. Fouqué war mit den wichtigsten zeitgenössischen Autoren, Klassikern wie Romantikern, bekannt, die er in Weimar, in Dresden und in Berlin aufgesucht hatte. Seine ersten Veröffentlichungen erschienen 1803 in Friedrich Schlegels «Europa». August Wilhelm Schlegel war der Pate seiner Tochter Marie Louise.

28 Friedrich Baron de la Motte Fouqué

Eichendorff wird 1847 in seinem Essay «Über die ethische und religiöse Bedeutung der neueren romantischen Poesie in Deutschland» mit seinem Urteil über Fouqué nicht hinter dem Berg halten und dabei vielleicht an Adam Müllers Meinung vom 23. Februar 1812 zurückgedacht haben: «Fouqué [hat] kein Urtheil, bloß Sprachglük, womit er alte Dichtungen nachdichtet.» Eichendorff schreibt: «Kein neuer Dichter war ein so entschiedener Partisan der Romantik, keiner hielt, noch lange nach ihrem Untergange, bis zum letzten Atemzuge getreuer zu ihrer Fahne». Doch habe er auch, «freilich ganz wider seinen Willen, am meisten dazu beigetragen, die Romantik in Mißachtung, ja Verachtung zu bringen». Denn «bei Fouqué überwältigte die reiche, auf Einen Punkt gespannte Phantasie, verbunden mit einer ehrlich ritterlichen Intention, alle anderen Geisteskräfte, und machte ihn so zum Don Quixote der Romantik. Denn wie Don Quixote hielt auch er seine mittelalterlichen Illusionen für bare Wirklichkeit [...]. Friede und Achtung seinem Andenken, wie Allen, die es redlich gemeint!»

Was Eichendorff von Schlegel im Falle von «Ahnung und Gegenwart» schmerzlich erfahren hatte – daß Freundschaft Kritik nicht ausschließt –, hat er selbst schon in seinem Erstlingsroman und erst recht dann in seinen literaturgeschichtlichen und kritischen Essays denen gegenüber geübt, denen er freundschaftlich verbunden war und von denen er so manche Förderung erfahren hatte: Loeben und Fouqué. Doch diese Unerbittlichkeit in der Sache entsprach seiner Auffassung von der Aufgabe des Dichters: Zeuge der Wahrheit zu sein.

### «Von der Werkstatt zum Garten der Liebe»: Julie von Hoverden und eine Choristin

Neben der Frage nach dem wahren Charakter der Poesie, woran sich in «Ahnung und Gegenwart» zahlreiche Dialoge zwischen den Hauptpersonen entzünden, die sich alle mehr oder weniger dichterisch betätigen, ist es vor allem die Frage nach der wahren Liebe, die Eichendorff in seinem Jugendroman umtreibt. Das ist wie schon die Frage nach der Poesie ein Widerhall aus Eichendorffs wirklichem Leben hier in Wien. Er ist zwar, während er an dem Jugendroman arbeitet, mit Louise von Larisch in Pogrzebin im heimatlichen Schlesien verlobt. Doch wie im Roman tauchen auch in seinem Wiener Tagebuch immer wieder noch andere Frauennamen auf.

Es ist sicherlich kein Zufall, sondern eher ein von Eichendorffs Mutter mit den Schillersdorfer Verwandten eingefädeltes Spiel, daß die von ihr noch immer als reiche Schwiegertochter ersehnte Gräfin Julie von Hoverden, die Erbin seines Patenonkels Johann Friedrich von Eichendorff und seiner Tante Maria Anna, mit ihnen im Juni/Juli 1811 in Wien weilt und sich die Brüder Eichendorff die meiste Zeit in deren großzügiger Gesellschaft aufhalten. «Julie ist gutmüthig, findet viel Geschmack an meinen Späßen etc.», heißt es gleich auf der ersten Seite des Wiener Tagebuchs. «Julie heut bis zum Weinen traurig», notiert Joseph am 20. Juni, und am 2. Juli: «Waren wir über Mittag bei den Schillersdorfern, wo uns Julie mit Reiß fütterte», dann aber «viele Langeweile, meistens den gantzen Abend dort in der Stube, mit der Comteße auf dem Koffer gesessen, zum Fenster hinausgesehen etc.» Peinlich am 18. Juli die Anspielung auf die arme Louise von Larisch, Josephs Verlobte: «[...] ins Wiednertheater, wo Aschenbrödel, wo wir noch Platz im Parterre bekamen. – Lustig. – Juliens Ansehn des Aschenbrödels wegen ihrer Ähnlichkeit mit Louise.» Stand Josephs Treue wirklich auf dem Spiel?

Der Abschied der Schillersdorfer am 22. Juli ist nicht ohne ahnungsvolle symbolische Gesten. Wird doch der Onkel, ein Vetter des Vaters, bereits 1815, fünfundfünfzigjährig, sterben: «Besuchte uns früh der Oncle. – Sein Gespräch, wie es ihm in Troppau [wo er ein Stadthaus besitzt] [...] durchaus nicht mehr gefalle, wie sehr er wünsche, hier ein Haus zu kauffen. Sehr vertraulich, gütig und liebevoll. Er schenkt uns 600 fl.» Dann geht Joseph noch «mit der Comtesse Kirschen einkauffen [...]. Nach 2 Uhr endlich brachen die Schillersdorfer, gantz verpakt, den Papagey im Kästchen in der Mitte, mit 4 Postpferden auf. Wir aber hatten uns zu ihrer Überraschung heimlich einen Fiaker bestellt und folgten ihnen in demselben bis Stammersdorf. Hier noch, bis umgespant wurde, kurtze Unterhaltung am Wagen (die Bedienten küßten die Hände) und sie verschwanden bald hinter den Bergen.»

Doch sind die Schillersdorfer darauf bedacht, sich gleich wieder in Erinnerung zu bringen. Schon eine Woche nach ihrer Abfahrt notiert Joseph am 28. Juli: «Ananas eine Kiste voll vom Oncle bekommen», und unmittelbar vorher im Monatsrückblick, als komme es ihm bei der Erinnerung an Julie und Louise erst eigentlich zu Bewußtsein: «Fast gar nicht zu – – etc.» Spielt er hier bereits auf die Choristin an, von der es am 25. Oktober heißt: «Gieng ich Abends mit der, der Doppler [Schauspielerin, die Eichendorff anschwärmt] etwas ähnlich sehenden, Choristin vom Wiener Theater, die ich auf der rothen Thurmstraße fand in ihr schönes Quartier auf dem Mehlmarkte.» Am 3. November gehen die Brüder «auf die Redoute» in der Hofburg. «Ich trinke oben Wein. Darauf im Sale mit Gräfin Buttler, den Egerschen etc. parlirt, während eben die schwartze Choristin bei der alten Eger sizt u. mich anlacht.» Joseph besucht die Choristin am 15. November, und am 6. Dezember notiert er: «Als am Nicolai-Abend wieder um 5 bei Ch[oristin]. Sehr lieb. Am kleinen eisernen Ofen. Schwarze lange Haare aufgelöst.» Am 9. Dezember hält Eichendorff über die «Lebensart um diese Zeit» unter anderem fest: «Alle Wochen 2mal um 5 Abends zu Ch[oristin] auf dem Mehlmarkt.»

In «Ahnung und Gegenwart» ist es die Gräfin Romana, in der Eichendorff die verführerische Faszination und Verzauberung durch die Frau darstellt. Auch wenn er, wie wir gehört haben, an Loeben schreiben wird, er habe Romana nicht in einem seiner «Abenteuer empfangen», «sondern in mir selbst», so heißt das wohl auch: Romana ist die Summe sowohl seiner bisherigen Erfahrungen wie auch seiner Phantasmen und der Niederschlag seiner Auseinandersetzung damit als Dichter und junger Mensch – auf der Suche nach der wahren Liebe.

## Zehntes Kapitel. Wien voll «Ahnung und Gegenwart»

Zu Beginn des zwölften Kapitels schildert Eichendorff eine Szene im Stadthaus der Gräfin Romana, einer Verwandten Rosas, mit der Friedrich ein ernsthaftes Verhältnis verfolgt, während er die Gräfin als Gefahr empfindet. Dabei sehnt sich auch Romana, während sie mit den Männern spielt, nach wahrer Liebe, scheint zu ihr jedoch nicht mehr fähig zu sein.

«Ich weiß gar nicht, was wir uns putzen, sagte das schöne Weib endlich und lehnte den schwarzgelockten Kopf schwermütig auf den blendendweißen Arm, was wir uns kümmern und noch Herzweh haben nach den Männern: solches schmutziges, abgearbeitetes, unverschämtes Volk, steifleinene Helden, die sich spreizen und in allem Ernste glauben, daß sie uns beherrschen, während wir sie auslachen, fleißige Staatsbürger und eheliche Ehestandskandidaten, die, ganz beschwitzt von der Berufsarbeit und das Schurzfell noch um den Leib, mit aller Wut ihrer Inbrunst von der Werkstatt zum Garten der Liebe springen, und denen die Liebe ansteht, wie eine umgekehrt aufgesetzte Perücke. – Rosa besah sich im Spiegel und lachte. – Wenn ich mir bedenke, fuhr die Gräfin fort, wie ich mir sonst als kleines Mädchen einen Liebhaber vorgestellt habe: wunderschön, stark, voll Tapferkeit, wild, und doch wieder so milde, wenn er bei mir war.»

Die Gräfin Romana wird sich auf ihrem Stammschloß als letzte ihres Geschlechts durch einen Schuß selbst richten, nachdem Friedrich, der sich von ihr befreit hat, vergeblich versucht, sie zur Umkehr ihres Lebens zu bewegen. Doch da ist – neben anderen weiblichen Nebenfiguren – außer den Gräfinnen Rosa und Romana noch das sympathische und ideale Landfräulein Julie, die «Tochter eines in der Nähe reich begüterten Edelmannes», des Herrn v. A. Wenn im Roman nicht Graf Friedrich, Eichendorffs nach Achim von Arnim gestaltete eigene Idealfigur, sondern dessen Freund Graf Leontin schließlich Julie v. A. heiratet, dann zeigt schon die Namensgleichheit der Romanheldin mit Julie von Hoverden, daß Eichendorff auch hier seine eigene Lebensproblematik verarbeitet. Was er Leontin seiner Julie singen läßt, ist die Herzensmelodie, die der Dichter selbst seiner Verlobten Louise singt, seit er sich durch seine Affären in Wien und durch deren Gestaltung in «Ahnung und Gegenwart» erneut von der Richtigkeit seiner Wahl überzeugt hat. Notiert er doch am 6. Januar 1812: «Wieder einen herrlichen Brief von Louise. Unsere beiderseitige Freude über ihre Bildung.»

Der Tanz, der ist zerstoben,
Die Musik ist verhallt,
Nun kreisen Sterne droben,
Zum Reigen singt der Wald.

Sind alle fortgezogen,
Wie ist's nun leer und tot!
Du rufst vom Fensterbogen;
«Wann kommt der Morgen rot!»

| | |
|---|---|
| Mein Herz möcht' mir zerspringen, | Du trägst so rote Rosen |
| Darum so wein' ich nicht, | Du schaust so Freudenreich, |
| Darum so muß ich singen | Du kannst so fröhlich kosen, |
| Bis daß der Tag anbricht. | Was stehst Du still und bleich? |
| Eh' es beginnt zu tagen: | Und laß sie geh'n und treiben |
| Der Strom geht still und breit, | Und wieder nüchtern sein, |
| Die Nachtigallen schlagen, | Ich will wohl bei Dir bleiben! |
| Mein Herz wird mir so weit! | Ich will Dein Liebster sein! |

## «Zum Toren gemacht vor der Welt»:
## Clemens Maria Hofbauer, der «Apostel von Wien»

Wenn auch allmählich darauf vorbereitet, so ist der Leser gegen Ende von Eichendorffs Roman «Ahnung und Gegenwart» doch überrascht, wie «verrückt» die Protagonisten des Romans ihre Lebensentscheidungen fällen, vor allem die Hauptfigur Friedrich. Daß Friedrichs Lösung zu Beginn des vierundzwanzigsten Kapitels vorangetrieben wird durch Friedrichs närrischen, dem Wahnsinn nahen Bruder Rudolph, der nicht mehr an Gott glauben kann und sich in Ägypten der Magie ergeben will, scheint paradox. Zunächst haust Rudolph noch wie ein mit der Natur geheimnisvoll vertrauter Einsiedler in dem alten Waldschloß, wo Friedrich und Freund Leontin Quartier nehmen und mit Staunen sehen, auf welche Weise Rudolph Menschen therapiert, die an der Welt irre geworden sind.

Als es Leontin wieder hinaus zieht in die Welt und er Friedrich ebenfalls dazu auffordert, erwidert dieser ernst: «Du weißt nicht, was du forderst [...], locke mich nicht noch einmal hinab in die Welt, mir ist hier oben unbeschreiblich wohl, und ich bin kaum erst ruhig geworden. Dich will ich nicht halten, denn *das* muß von Innen kommen, sonst tut es nicht gut.» Friedrichs Berufung nimmt schon bald konkretere Formen an: «Er besuchte, so oft es nur das Wetter erlaubte, das nahgelegene Kloster, das er an Leontins Abschiedstage zum erstenmal gesehen, und blieb oft Wochenlang dort. Rudolphen konnte er niemals bewegen, ihn zu begleiten, oder auch nur ein einzigesmal die Kirche zu besuchen. Er fand in dem Prior des Klosters einen frommen, erleuchteten Mann, der besondern auf der Kanzel in seiner Begeisterung, gleich einem Apostel, wunderbar und altertümlich erschien. Friedrich schied nie ohne Belehrung und himmlische Beruhigung von ihm und mochte sich bald gar nicht mehr von ihm trennen. Und so bildete sich denn sein Entschluß, selber ins Kloster zu gehen, immer mehr zur Reife.»

Es spricht vieles dafür, daß Eichendorff bei diesem Prior die Gestalt Pater Hofbauers vorschwebte. «War ich Abends» bei Schlegels, heißt es in Josephs Wiener Tagebuch vom 3. Februar 1812, «wo ich bloß Dorothea, Philipp u. Eggers und Baron Buhle traf. Später kam Schlegels Beichtvater, ein Ordensgeneral, voll Feuer, lustig, polnisch sprechend etc. mit noch einem anderen Pater. Er ließ heimlich hinstellend eine Torte zurük, die wir dann mit Wein verzehrten. Mad. Schlegel hatte ihm schon von uns erzählt.» Sicherlich wird auch sie den Eichendorffs von dem damals einundsechzigjährigen Redemptoristenpater Clemens Maria Hofbauer erzählt haben, in dessen Leben sich die antikirchlichen Bestrebungen der aufgeklärten josephinischen und napoleonischen Staatsbürokratien spiegelten. Hofbauer war übrigens nicht, wie Eichendorff schreibt, der Generalobere der Kongregation des allerheiligsten Erlösers, sondern der Generalvikar des Ordens diesseits der Alpen. Die Kongregation war 1732 durch Alfons Maria von Liguori in Scala bei Amalfi zur Seelsorge und für den Jugendunterricht gegründet worden und ähnelte in Zielsetzung und Organisation dem 1773 aufgehobenen Jesuitenorden.

Hofbauer langte im September 1808, von der österreichischen Polizei verdächtigt und forthin bespitzelt, in Wien an. Dort nahmen sich Baron Penkler, der Nuntius Severoli und der Kardinalerzbischof von Hohenwart des Siebenundfünfzigjährigen an. Penkler, der Administrator der italienischen Nationalkirche war, vermittelte Hofbauer dort eine Aushilfstätigkeit im Beichtstuhl und am Altar sowie eine Wohnung im angebauten «Welschen Hause». Auch bei den aus Triest vertriebenen Mechitaristen, die im Kapuzinerkloster «Am Platzl» Unterkunft gefunden hatten, half Hofbauer aus, bis er 1813 Kirchendirektor von St. Ursula wurde.

Der Einfluß Hofbauers auf Joseph von Eichendorff beschränkte sich nicht auf die einmalige, im Tagebuch erwähnte Begegnung. Da Hofbauer auch der Seelenführer Philipp Veits war, Eichendorffs Freund in Wien, und da Philipp und sein Bruder Johann später in Rom eine Zeitlang sogar selbst daran dachten, Priester zu werden, läßt sich erahnen, wieso Eichendorff sich inspiriert fühlte, seinen Romanhelden Friedrich ins Kloster eintreten zu lassen. Während Leontin und Julie nach Amerika auswandern wollen, erläutert Friedrich im vierundzwanzigsten Kapitel des Romans den Freunden die – auch politischen – Motive seiner Wahl: Er billige «Leontins Plan vollkommen. Denn wer, von Natur ungestüm, sich berufen fühlt, in das Räderwerk des Weltganges *unmittelbar* mit einzugreifen, der mag von hier flüchten so weit er kann. Es ist noch nicht an der Zeit zu bauen, so lange die Backsteine, noch weich und unreif, unter den Händen zerfließen. Mir scheint in diesem Elend, wie immer, keine

Clemens Maria Hofbauer, der «Apostel von Wien»

29 Clemens Maria Hofbauer

andere Hülfe, als die *Religion*. Denn wo ist in dem Schwalle von Poesie, Andacht, Deutschheit, Tugend und Vaterländerei, die jetzt, wie bei der babylonischen Sprachverwirrung, schwenkend hin und hersummen, ein sicherer Mittelpunkt, aus welchem alles dieses zu einem klaren Verständnis, zu einem lebendigen Ganzen gelangen könnte? Wenn das Geschlecht vor der Hand einmal alle seine irdischen Sorgen, Mühen und fruchtlosen Versuche, der Zeit wieder auf die Beine zu helfen, vergessen und wie ein Kleid abstreifen, und sich dafür mit voller, siegreicher Gewalt zu Gott wenden wollte, wenn die Gemüter auf solche Weise von den göttlichen Wahrheiten der Religion lange vorbereitet, erweitert, gereinigt und wahrhaft durchdrungen würden, daß der Geist Gottes und das Große im öffentlichen Leben wieder Raum in ihnen gewönne, dann erst wird es Zeit sein, unmittelbar zu handeln, und das alte Recht, die alte Freiheit, Ehre und Ruhm in das wiedereroberte Reich zurückzuführen. Und in dieser Gesinnung bleibe ich in Deutschland und wähle mir das Kreuz zum Schwerte. Denn wahrlich, wie man sonst Missionarien unter Kannibalen aussandte, so tut es jetzt viel mehr Not in Europa, dem *ausgebildeten* Heidensitze.»

So wie die Brüder Veit schließlich doch ihrem Beruf als Maler in der Nazarener Schule treu bleiben werden und so wie Philipp Veit 1820 Carolina Caludonia Pulini heiraten und 1830 Direktor des Städelschen Kunstinstituts in Frankfurt am Main werden wird, so bleibt auch Eichendorff, anders als sein Romanheld Friedrich, seiner Berufung als Dichter treu, wird 1815 Louise von Larisch heiraten und 1816 als Referendar bei der königlich-preußischen Regierung in Breslau angestellt. Doch die Gesinnung, in der er als Dichter und als Beamter tätig sein wird, ist eine priesterliche, wie er sie in einer entscheidenden Periode seines Lebens am eindrucksvollsten an Clemens Maria Hofbauer erlebt hat. Rudolf von Beyer (1810–1850), ein Berliner Freund Eichendorffs, selbst Autor unter dem Pseudonym «Rupertus», schreibt in einem Brief über Eichendorff: Er «empfing, wie er verschiedentlich mir gegenüber betonte, stärkste Impulse aus dem Umgang mit einer überragenden kirchlichen Persönlichkeit; dem Pater Clemens Hofpauer.»

In «Ahnung und Gegenwart» ist es Friedrich, der mit seinem Abschiedslied «Wo treues Wollen, redlich Streben» Fabers Poesieauffassung noch um die geistliche Funktion ergänzt und dadurch Eichendorffs Idealbild vom priesterlichen Wirken des Dichters verkündet:

> Der Dichter kann nicht mit verarmen;
> Wenn alles um ihn her zerfällt,
> Hebt ihn ein göttliches Erbarmen,
> Der Dichter ist das Herz der Welt.

*Elftes Kapitel*

«Der Krieg ist eine wahre Männerschule»
oder
Wie Eichendorff lernt,
«eine nichtswerthe Eitelkeit abzulegen»

«Der Krieg ist eine wahre Männerschule; für mich aber war er es auf eine sehr ungewöhnliche und schmerzliche Art. Es ist, als wäre ich in diesen Strudel nur mit hineingezogen worden, um eine nichtswerthe Eitelkeit abzulegen, und drey große Tugenden, die mir fehlten, Ergebung in den Willen Gottes, Beharrlichkeit und Geduld zu erlernen.»

*Brief an Graf Loeben, 8. April 1814*

Schon 1811/12 im achtzehnten Kapitel von «Ahnung und Gegenwart» übt Eichendorff in Anspielung auf den Befreiungskampf der Tiroler 1808 sein eigenes Engagement als Soldat 1813 bis 1815 ein, wenn er von dem Protagonisten Friedrich zu Beginn des dritten Buches, in dem die Entscheidung im Gebirge fällt, sagt: «[...] seine Freude war unbeschreiblich, sich endlich am Ziele seiner Irrfahrt zu sehen. Denn dieser Trupp war, wie er gleich beim ersten Anblick vermutete, wirklich eine Partei des Landsturmes, den das Gebirgsvolk [...] gebildet hatte.» Doch in der Auseinandersetzung mit dem sentimentalen Studenten, der «arm und bloß, und zum Tode verliebt war» und nur deshalb «dem aufrührerischen Gebirge zugeeilt» war, «um im Kriege sein Ende zu finden», wendet sich Eichendorff gegen jede falsche Romantik gegenüber dem Soldatentod: «Glaubt mir, das Sterben ist viel zu ernsthaft für einen sentimentalischen Spaß. Wer den Tod fürchtet und wer ihn sucht, sind beides schlechte Soldaten, wer aber ein schlechter Soldat ist, der ist auch kein rechter Mann.»

*«Es mißglückte alles»: Vom Freischärler zum Landwehroffizier*

Schmerzhaft war bereits der Aufbruch aus dem «geliebten Wien» am 5. April 1813, wie Eichendorff am 8. April 1814 in einem sieben Druckseiten langen Jahresbericht an den Grafen Loeben schreibt. Der Weg der Brüder Eichendorff trennte sich zum erstenmal in ihrem Leben, und es

Elftes Kapitel. Der Krieg

30 Eichendorff als Lützowscher Jäger 1814

hat den Anschein, sie ahnten, daß es für immer war. Wilhelm hatte Aussicht, mit Hilfe Adam Müllers in den österreichischen Staatsdienst zu gelangen, während Joseph sich mit Philipp Veit «in Breslau als freiwilliger Jäger im Lützowschen Corps anwerben» wollte, wie er Loeben berichtet. Es stand unter dem Kommando des Majors Ludwig Adolf Wilhelm Freiherr von Lützow. Dieser hatte 1807 dem Schillschen Freikorps angehört und war bei der Verteidigung der Festung Kolberg verwundet worden. In seinem Freikorps versammelten sich Studenten, ehemalige Offiziere und Beamte nicht nur aus Preußen: Nach Scharnhorst sollte das Freikorps einen «Zentralpunkt» bilden «für die patriotisch gesinnten Teile der unter französischer Herrschaft stehenden deutschen Provinzen».

Schon unter dem 12. April schreibt Philipp Veit an seine Mutter, sie seien glücklich in Breslau eingetroffen: «Unsere Wahl ist bestimmt, wir stoßen zu den Schwarzen», wie die Lützowschen Freischärler wegen ihrer schwarzen Uniform genannt wurden. «Hoffentlich läßt sich die Sache so einrich-

31 Philipp Veit

ten, daß wir, ohne erst hier einexerzirt zu werden, dahin reisen, wo das Corps steht, und so kommen wir vielleicht bald in Activität.» Seinem Vater Simon Veit in Berlin hatte Philipp, auch unter dem 12. April aus Breslau, noch mitgeteilt: «Zur Cavallerie möchte ich nicht gern gehen, weil ich mich nicht von meinem Freunde trennen will, der die Kosten davon nicht bestreiten kann [...].» Schon hier muß Eichendorff erleben, daß der Krieg auch Geld kostet und seinem Engagement und vor allem seiner Karriere Grenzen gesetzt sind: Müssen die Freiwilligen doch ihre Ausrüstung selbst stellen. Noch überwiegt jedoch der Idealismus der Freunde. Veit und Eichendorff, obwohl sie nicht ausgebildet sind, brennen darauf, sich in einer Schlacht auszuzeichnen. «[...] so eilten wir», wie Eichendorff Loeben berichtet, «über Dresden und Meissen» dem Corps «nach und holten es endlich in Grimma bei Leipzig ein».

Doch schon erlebt Eichendorff das für ihn schicksalhafte «Zu spät». «Hier war unsere erste Bewegung – eine höchstbeschwerliche Retirade bis gegen Dresden, denn die Schlacht von Lützen war eben verloren, als wir bei Leipzig ankamen.» Die nächste Enttäuschung für Eichendorff: Auch an der Schlacht bei Bautzen am 20./21. Mai 1813, die wieder mit einem Sieg Napoleons endete, so daß sich die verbündeten Preußen und Russen nach Schlesien zurückziehen mußten, nahm das Lützowsche Freikorps nicht teil, sondern marschierte, wie Eichendorff an Loeben schreibt, «über Cottbus, als ein ächtes Freykorps, in den Rücken der Franzosen. Hier von allen befreundeten Truppen, selbst von dem größten Theile unseres Corps getrennt und verlaßen, ohne Geld, Reiterey und Canonen, trieb sich unser Bataillon (unter dem Commando des interessanten Jahns) bey Tag und Nacht in Wäldern und Sümpfen umher, mit Hunger und unbeschreiblichem Elend unaufhörlich kämpfend.» Der deutschtümelnde Friedrich Ludwig Jahn, der 1810 den ersten Turnplatz zur Wehrertüchtigung der Jugend errichtet hatte, führte als Leutnant das 3. Bataillon an, in dessen 5. Kompanie Eichendorff Dienst tat. Nach 1815 wird Jahn großen Einfluß auf die Burschenschaften nehmen; während der Demagogenverfolgung 1819/21 wird er gefangengesetzt, 1848 Mitglied der Frankfurter Nationalversammlung.

«Fast stündlich», fährt Eichendorff mit seiner Schilderung fort, befanden sie sich «einem uns wohl 50 fach überlegenem feindlichen Corps gegenüber, hatten wir doch für unsere ungeheueren Strapatzen nicht die Satisfaction, uns nur einmal mit ihm herumzuschlagen. [...] So manövrirte uns der immer andringende Feind nach und nach endlich bis Berlin zurück, als es plötzlich Waffenstillstand wurde.» Er wurde durch Vermittlung Österreichs, dem am Gleichgewicht der Mächte gelegen war, am 4. Juni vereinbart und trat am 7. Juni in Kraft, zunächst bis zum 20. Juli und dann verlängert bis zum 16. August. Waren die französischen Verluste in der Schlacht bei Bautzen mit 22 000 Mann doch wieder größer gewesen als die der Verbündeten mit 11 000 Mann. «Keine Resultate? Keine Trophäen? Keine Gefangenen? Und so ein Gemetzel? Diese Bestien haben etwas gelernt!» soll Napoleon ausgerufen haben. Während der Verfolgung der Verbündeten soll er noch einmal 20 000 Mann verloren haben, viele durch Krankheit und Desertion. Wenn Napoleon auch am 1. Juni Breslau einnahm, er brauchte Zeit zum Atemholen.

Am 26. Juni fand im Palais Marolini in Dresden das «weltgeschichtliche Gespräch» zwischen Napoleon und Österreichs Staatskanzler Metternich statt, der als Ergebnis festhielt: Napoleon wolle sich nicht retten lassen, nicht einmal um den zumutbaren Preis, daß er nur auf seine Herrschaft über Deutschland, Italien und Spanien verzichte. Man vertagte die Entscheidung auf einen förmlichen Friedenskongreß in Prag unter Federführung Österreichs.

Im Brief an Loeben erwähnt Eichendorff nicht, daß er am selben 26. Juni nach Berlin auf Urlaub gegangen ist – ohne Philipp Veit, der dort seinen Vater, den Berliner Bankier Simon Veit, hätte besuchen können; Veit gibt nur einen Empfehlungsbrief an ihn für Eichendorff mit. Gemäß dem von Jahn, dem Bataillonskommandeur, im Standquartier Schönhausen an der Elbe unterzeichneten «Urlaubspaß für den Jäger der fünften Compagnie des dritten Bataillons im Königl. Preuß. Frei-Korps *Joseph von Eichendorff*: gültig auf *vierzehn* Tage» muß sich Eichendorff «bei seiner Ankunft in Berlin und bei seiner Abreise von da bei dem *Ober-Jäger Eiselen* (Koch- und Markgrafen-Straßen-Ecke)» melden. Ernst Wilhelm Bernhard Eiselen hatte mit seinem Lehrer Jahn zusammen das deutsche Turnwesen begründet und wird mit ihm 1816 die «Deutsche Turnkunst» herausgeben.

Über Eichendorffs Beweggründe für den Berlinbesuch läßt sich nur spekulieren. Er deutet sie in dem Brief an Loeben an: Während der ersten Wochen des Waffenstillstands «cantonnirten» die Freischärler in der Gegend von Havelberg «in dem Dorfe Schönhausen an der Elbe, Tangermünde gegenüber. In diesem Abgrunde von Unthätigkeit und langer Weile fiengen wir bald an, über unser Schiksal nachzusinnen und zu grübeln». Waren Eichendorff und Veit doch in den Krieg gezogen, um sich vor dem Feind auszuzeichnen und Offizier zu werden. Doch das Freikorps wurde, so scheint es, von Feindberührung ferngehalten, hatten die Freischärler, die ehemaligen Offiziere ausgenommen, doch mehr Begeisterung als Kriegserfahrung, auch wenn man dem durch fleißiges Exerzieren in den Ruhepausen abzuhelfen suchte. Über die Aussichten auf eine Offizierslaufbahn schreibt Eichendorff an Loeben: «Das lützowsche Corps war mit [ehemaligen] Officieren fast überfüllt, also wenig Aussicht zu avancement für uns. Und noch einen Feldzug, zumal im Winter als Gemeiner mitzumachen – was das heißt, weiß nur, wer es einmal empfunden.» Dagegen hatte Veit in seinem ersten Brief an seine Mutter am 12. April 1813 noch geschwärmt: «[...] nichts aber ist erfreulicher als das Verhältniß der Offiziere zu den Gemeinen zu sehen und zu hören, mit welcher Liebe einer von dem andern spricht [...]».

Die abschreckende Realität hatte die Freunde eingeholt. «Am meisten aber schmerzte uns, daß wir bei allen Strapatzen die Schlachten von Görschen, Bautzen etc. nicht mitgefochten, daß unser *ganzes* Corps bis zum Waffenstillstande nicht zum Schuß gekommen (denn der schändliche Ueberfall *während* dem Waffenstillst[ande] traf nur unsere Cavallerie) und daß wir überhaupt unverdienterweise den anderen Truppen nachgesezt wurden.» Am 17. Juni hatten auf Befehl Napoleons französische und württembergische Truppen unter General von Normann unweit Lützen den Überfall ausgeführt, gemäß der Devise des Generals Fournier, der Waffenstillstand gelte für alle außer für die Freischärler. War Eichendorff nach Berlin gegangen, um sich über die Situation und Behandlung der Freischärler zu beklagen und für sich und Philipp Veit einen Ausweg aus der Misere zu erkunden? Anscheinend nicht ohne Erfolg. Denn er schreibt an Loeben: «In solchem Zustande der Unzufriedenheit traf gegen Ende des Waffenstillstandes mich und Veiten eine Einladung vom Baron Fouqué, ins Hauptquartier nach Schlesien zu kommen, wo er (Fouqué) im Generalstabe angestellt werden, und somit auch uns beiden einen größeren Wirkungskreiß verschaffen werde. Wer hätte in unserer Lage die Gelegenheit nicht gern ergriffen? Wir legten daher diese Einladung unserem Chef vor und baten um unsere Entlaßung vom lützowschen corps, die wir denn auch in ungewöhnlich schmeichelhaften Ausdrücken erhielten. Wir begaben uns nun zuvörderst nach Berlin», Mitte Juli 1813.

Daß Eichendorff rückblickend, vermutlich während des einjährigen Heimataufenthalts vom Mai 1814 bis Mai 1815, die Zeit als Freischärler verklärt und den Krieg als «munter» besingt, ist nicht nur sein Tribut an den Zeitgeist – auch Fouqué verfaßte ein «Kriegslied für die freiwilligen Jäger»: «Ihr Jäger all zusammen, / dringt lustig in den Feind!» –, sondern auch ein Stück Verdrängung des Negativen zugunsten der wenigen positiven Erfahrungen der Freischärler-Periode, verglichen mit Eichendorffs folgender Zeit als Landwehroffizier, die noch enttäuschender ausfallen wird als die im Freikorps. Unter dem Titel «An die Lützowschen Jäger» heißt es:

> Wunderliche Spießgesellen
> Denkt ihr noch an mich,
> Wie wir an der Elbe Wellen
> Lagen brüderlich.
>
> Wie wir in des Spreewalds Hallen,
> Schauer in der Brust,
> Hell die Hörner ließen schallen
> So zu Schreck wie Lust?
>
> Mancher mußte da hinunter
> Unter den Rasen grün,
> Und der Krieg und Frühling munter
> Gingen über ihn.

Wo wir ruhen, wo wir wohnen:
Jener Waldeshort
Rauscht mit seinen grünen Kronen
Durch mein Leben fort.

Als Freischärler hatte Eichendorff auch den ehemaligen Adjudanten Andreas Hofers kennengelernt, den Zillertaler Jakob Riedl, der als Premierleutnant die Tiroler Jägerkompagnie im Lützowschen Freikorps anführte. Von Riedl stammt eine Einschätzung Eichendorffs, die auch erklärt, warum er als Soldat keine Zukunft haben wird. «Heute lernte ich den Lützower Jäger Freiherrn von Eichendorff kennen – ein lieber Kamerad, der aber nach seiner träumerischen, sanften Art für das rauhe Kriegshandwerk nicht geschaffen scheint.» Dem entspricht Eichendorffs Gedicht «Waffenstillstand der Nacht», das seine tatsächliche Seelenlage während des Befreiungskriegs offenbart. Obwohl er zu seinem Bedauern vor der Teilnahme an dem Gemetzel der großen Schlachten bewahrt wurde, ist er im Grunde seines Herzens der «blut'gen Welt» überdrüssig und sehnt sich nach Frieden, den er romantisch durch die Nacht und den Wald symbolisiert:

Windsgleich kommt der wilde Krieg geritten,
Durch das Grün der Tod ihm nachgeschritten,
Manch Gespenst steht sinnend auf dem Feld,
Und der Sommer schüttelt sich vor Grausen,
Läßt die Blätter, schließt die grünen Klausen,
Ab sich wendend von der blut'gen Welt.

Prächtig war die Nacht nun aufgegangen,
Hatte alle mütterlich umfangen,
Freund und Feind mit leisem Friedenskuß,
Und, als wollt' der Herr vom Himmel steigen,
Hört' ich wieder durch das tiefe Schweigen
Rings der Wälder feierlichen Gruß.

Trotzdem setzte Eichendorff in den folgenden Monaten alles daran, Offizier zu werden, nicht ahnend, daß nun «erst meine eigentliche Leiden-Periode» begann, wie er Loeben gesteht. Zunächst galt es, den Generalstab der preußischen Armee in Schlesien zu erreichen, damit Fouqué sein Versprechen erfüllen konnte. Von Berlin, wo sich Eichendorff vorübergehend von Philipp Veit trennte, reiste er mit Professor Friedrich Karl von Savigny bis Breslau. Dabei erfuhr er von diesem Augenzeugen, wie sehr der preußische König sowie die konservativen Regierungskreise und

Militärs das «Volksheer» – die Freikorps, die Landwehr und den Landsturm –, das sie gerufen, nun zu fürchten begannen, als Basis einer möglichen Volkserhebung, der es um die Befreiung des deutschen Volkes von jeglicher Unterdrückung, von Fremd- und Fürstenherrschaft ging und nicht um die Restauration der alten Verhältnisse. Wurden die Freiwilligen für das Lützowsche Freikorps aus den anderen deutschen Staaten doch nicht auf den preußischen König, sondern auf das deutsche Vaterland vereidigt. Hatte Theodor Körner doch gedichtet: «Es ist kein Krieg, von dem die Kronen wissen, es ist ein Kreuzzug, 's ist ein heil'ger Krieg.» So war denn Eichendorffs Reisegefährte Friedrich Karl von Savigny, seit 1810 Rechtsgelehrter an der Berliner Universität, Schwager von Clemens Brentano und dessen Schwester Bettina von Arnim, in diesen Tagen in Berlin gegen die Aufhebung des Landsturms aufgetreten, wurde denunziert und brachte sich jetzt nach Prag in Sicherheit.

In Breslau erreichte Eichendorff die «schriftliche Aufforderung von meinen Aeltern, noch schnell bis Neisse in Oberschlesien zu kommen», wo er «3 vergnügte Tage mit meinen Aeltern» verbrachte, ein Vergnügen, das sich in Grenzen gehalten haben dürfte. Auch ahnte er nicht, daß er seine letzten Lebenstage in Neisse verbringen und für immer dort neben Louise seine Ruhe finden werde. Man wird die politische und militärische Lage besprochen haben und auch die wirtschaftlichen Probleme daheim und vor allem Eichendorffs Berufsaussichten. Es scheint, daß man eine militärische Karriere ins Auge faßte, anders lassen sich Eichendorffs bis an die Grenze des Zumutbaren gehenden Unternehmungen, um jeden Preis eine Offiziersstelle zu bekommen, kaum verstehen. Die Familie wird versprochen haben, ihre Verbindungen spielen zu lassen. Vielleicht auch hoffte die Mutter immer noch, auf diese Weise würde sich auch Eichendorffs Beziehung zu Louise von Larisch wieder lockern lassen. Später, am 1. September 1813, deutet Friedrich Schlegel gegenüber seinem Stiefsohn Philipp Veit von Wien aus den nicht gerade positiven Einfluß der Familie auf Eichendorffs weitere Lebensplanung an: «Was der älteste Eichendorff machen wird, weiss ich noch nicht, den jüngsten haben sie von Hause gleich wieder fort zur Armee gestupft; in allem andern ist er gar nicht zu tadeln, nur hätte er nicht darauf bestehen müssen, gleich Offizier werden zu wollen.»

Von Neisse eilte Eichendorff nach Strehlen, doch er kam wieder einmal zu spät, das Hauptquartier war schon fort. Er eilte weiter Richtung Böhmen und begegnete «zu meiner großen Freude zufällig meinem lieben, ganz verwandelten Kammeraden Veit», verwandelt vermutlich deshalb, weil Veit sich von Eichendorffs Vorstellung, um jeden Preis Offizier zu werden, befreit hatte. Veit «hatte bereits vernommen, daß Fouqué *nicht* in den Generalstaab gekommen, auch unser Freund Bartholdy, auf den wir ebenfalls viel bauten, grade als Courier in Wien sey». Jakob Salomon Bartholdy war ein preußischer Diplomat aus reicher jüdischer Familie. Sein Neffe Felix Mendelssohn, der Neffe von Dorothea Veit-Schlegel, geborene Mendelssohn, und spätere Komponist, wird von ihm den Namen Bartholdy annehmen und unter anderem Eichendorffs «Wer hat dich, du schöne Welt» vertonen. Veit, schreibt Eichendorff weiter an Loeben, «hatte daher schon alle Hoffnung Officier zu werden aufgegeben, sich ein Pferd und die Uniform der fouquéschen brandenb. Curassier-Jäger geschafft, und reiste eben diesem detachement nach, um in dem selben als gemeiner Jäger fortzudienen. Was blieb mir nun in dieser unerwarteten Verlegenheit übrig, als den einzigen festen Punkt Fouqué zu halten und ebenfalls ihm nachzureisen?» Und das allein.

Denn diesmal nahm Philipp Veit keine Rücksicht mehr auf den Freund. «Da Veit zu Pferde war, und ich weder Post noch sonstiges Fuhrwerk erhalten konnte, so kam er mir vor und ich erreichte die Armee nach einer unsäglich mühseligen Reise erst tief in Böhmen. Fouqué, bei dessen détachement Veit nun stand und noch steht, empfieng mich sehr herzlich, aber mit der niederschlagenden Nachricht, daß er uns, da er selbst nicht zum Generalstabe gekommen, zu keiner Officiersstelle verhelfen könne. Ich beschloß nun Veiten nicht zu verlaßen und mich ebenfalls unter die Curassier-Jäger zu begeben. Aber bei einer näheren Beleuchtung meiner Barschaft fand ich zu großem Schrecken, daß ich nicht Geld genug mehr hatte, um mir eine neue Uniform zu schaffen, geschweige denn ein Pferd. Vergebens bemühte ich mich, und Fouqué selbst für mich, um Geld aufzutreiben. Ich suchte daher nun alle meine Bekannte in diesem corps auf und sprach mit den Generalen Kleist und Zie[h]ten selbst, um wenigstens eine Officiersstelle bei den unter ihren Befehlen stehenden Landwehrregimentern zu erhalten, denn als Officier hätte ich Vorschuß und Gehalt bekommen. Aber da die Armee eben erst im Aufbruch und die Landwehr daher noch fast überkomplett war, so war grade durchaus keine Officiersstelle offen, und ich wurde ziemlich hart abgewiesen.»

Eichendorff beschloß nun nach dem Kriegseintritt Österreichs, da er in der schlesischen Armee keine Offiziersstelle bekommen hatte, es in der österreichischen zu versuchen, wie es an Loeben heißt: «Entrüstet über so viel Unglück, nachdem ich während diesen Versuchen drey Täge und Nächte mit der Armee bei Prag bivouaquirt, nahm ich nun Abschied von Veit und Fouqué und gieng, auf des lezteren Rath, nach Prag, um dort als Officier bei der östreich. Landwehr, die eben organisirt wurde, angestellt zu werden. Graf Kolowrat, an den ich mich dort wendete, schlug mir auch dieses ab, indem alle östreich. Landwehroffiziere vorher in östreichischen Militair-Diensten gewesen sey müßten, lud mich aber ein, mich noch 14 Tage in Prag aufzuhalten, wo er es dann vielleicht möglich machen könnte. Dieß konnte ich aber nicht thun, denn meine Casse war durch das Hin- und herreisen endlich so erschöpft, daß ich fast gar nichts mehr übrig hatte. Von aller Welt verlaßen, und zu stolz, um mir als gemeiner Jäger eine Comissmontirung zu erbetteln, entschloß ich mich nun, nicht ohne tiefen Groll und Zorn im Herzen, – nach Schlesien zurückzukehren.»

Auch Philipp Veit litt unter der Trennung von Eichendorff, wie er am 6. September aus Töplitz an Friedrich und Dorothea Schlegel nach Wien schreibt: «Leider habe ich, trotz aller angewandten Mühe, mit Eichendorff nicht zusammen bleiben können; er ging zuletzt nach Prag, um österreichische Dienste zu suchen, und von da, wie Pilat erzählt, unverrichteter Dinge nach Schlesien. Wie schmerzhaft mir die Trennung von ihm war, kannst Du leicht denken, und wenn ich nicht mit Fouqué zusammen wäre, so könnte ich die Einsamkeit mitten im Getümmel schwerlich ertragen.» Josef Anton Ritter von Pilat, seit 1801 Privatsekretär Metternichs, seit 1811 Nachfolger Friedrich Schlegels als Schriftleiter des «Österreichischen Beobachters», wird 1814 zum Kreis um Pater Hofbauer stoßen und unter dessen Einfluß auch konvertieren. Pilat, Adam Müller und der Maler Friedrich August von Klinkowström werden denn auch in der ersten Reihe den Sarg Hofbauers zu Grabe geleiten.

War seine vorhergehende Schilderung von schonungsloser Offenheit, so faßt Eichendorff die folgenden Strapazen nur noch in einem Satz zusammen, in dem die romantischen Lieblingsvokabeln «Wanderstab» und «wandern» jegliche Romantik verlieren. Eichendorff wollte nicht nach Schlesien, um sich dort resigniert von der kriegerischen Welt zurückzuziehen, sondern «um mir dort Geld zu holen und so zur nächsten Armee zurückzueilen. Ich nahm meinen Wanderstab und meinen Tornister auf den Rücken und wanderte ganz allein bei beständigem Regen ohne Rasttag oft halbe Nächte hindurch bis zur höchsten Erschöpfung. Sehr überraschend langte ich endlich ganz entkräftet bei meinen Aeltern in Lubowitz an, bekam hinreichendes Geld und eilte in 3 Tagen mit Vorspann wieder fort, um mich als Jäger zur Blücherschen Armee zu begeben, die sich so eben in Nieder-Schlesien herumschlug.» In Schlesien waren die meisten gebildeten jungen Leute aus den höheren Ständen als Jäger, die sich selber ausrüsteten, in die reguläre Armee eingetreten, wo sie nicht mit den Gemeinen zusammen, sondern in eigenen, den Regimentern zugeordneten Jägerdetachements standesgemäß behandelt und eigens ausgebildet wurden und wo sie nach einigen Monaten ihre Offiziere selbst wählen konnten. Sie unterschieden sich von den übrigen Mannschaften durch die grüne Jägeruniform.

Für Eichendorff schien sich die Situation zum Besseren zu wenden, denn endlich kamen ihm die Beziehungen seiner Familie zugute. Auf dem Wege zur Blücherschen Armee, schreibt er Loeben, «traf ich in Breslau zufällig meinen [entfernteren] Oncle, [Emanuel] Graf Hoverden, welcher nicht sobald meine Abentheuer und mein neues Vorhaben gehört, als er mir versprach mich als Landwehroffizier anzubringen, und mich auch deßwegen sogleich dem Gouverneur von Schlesien General Gaudi vorstellte.» Die Begegnung mit Graf Hoverden wird Eichendorff an dessen Schwester Julie von Hoverden erinnert haben, die noch immer der Eltern Wunschpartie für ihn war.

Die Beziehungen nutzend, glaubte Eichendorff, die Stelle nicht um jeden Preis annehmen zu müssen, sondern nur mit der immer noch ersehnten Aussicht, sich vor dem Feind auszuzeichnen und Karriere zu machen. «Ich machte bei dieser Vorstellung mündlich und schriftlich die ausdrückliche Bedingung, in einem Regimente angestellt zu werden, das entweder bereits vor dem Feind stände, oder doch unverzüglich dahin abgehen sollte. Das leztere wurde mir zugesichert und ich als Lieutenant zu dem damaligen 17ten jezt 2$^t$ Infanterie-Regimente nach Glatz geschickt. Doch wie groß war mein Schrecken, als ich dieses Regiment fast erst im Entstehen fand. Ich wollte sogleich wieder umkehren und als Jäger fortreisen. Aber man ließ mich nicht, da es bei dem Regimente außerordentlich an Officieren fehlte. Ich beschwerte mich daher schriftlich bei dem Gouverneur darüber, aber statt aller Anwort erhielt ich – von Sr. Majestät dem Könige meine Ernennung zum wirklichen Lieutenant von der Armee nebst dem Befehle, bei dem Landwehrregimente, wo ich war, einzutreten. Es war die bitterste Täuschung in meinem Leben. Es wäre sehr langweilig, Dir die unzähligen Experimente aufzuführen, die ich seitdem mit dem General Gneisenau etc. anstellte, um von diesem Regimente wieder fort zur Armee zu kommen. Es mißglückte alles, und ich mußte beinahe 3 Monathe lang Garnisonsdienste in Glatz thun.»

Es zeigte sich, daß die Beziehungen der Eichendorffs und ihrer Verwandtschaft doch nicht so weit reichten, wie sich der fünfundzwanzigjährige Joseph vorgestellt hatte. Sicherlich eine schmerzliche Erfahrung für ihn, der nun zwar Offizier der regulären Armee war, aber abkommandiert zur Ausbildung der schlesischen Landwehr, nicht weit von der Heimat im abgelegenen Glatzer Bergland.

Nach dem noch von Scharnhorst 1813 entworfenen Landwehrplan hatten ständische Kreisausschüsse aus den noch nicht im Krieg befindlichen Männern zwischen siebzehn und vierzig Jahren die Landwehrmänner ausgelost. Sie waren in Bataillonen und Kompanien, jeweils entsprechend den heimatlichen Kreisen, erfaßt und trugen auf dem Kragen der Litewka, die aus dem blauen Sonntagsrock der Bauern geschneidert war, die jeweiligen Provinzfarben, die Schlesier das Gelb mit weißen Knöpfen. Auf der Dienstmütze stand in dem Landwehrkreuz zu lesen: «Mit Gott für König und Vaterland». Vor allem in Schlesien bestand die Landwehr – ihr Soll betrug bei 1 900 000 Mann Gesamtbevölkerung 45 000 Mann Landwehrinfanterie und 5 000 Mann Landwehrkavallerie – aus Bauern und kleinen Leuten, die Offiziere waren meist Gutsbesitzer und Beamte oder – wie Eichendorff – junge Freiwillige. Sie konnten bis zum Hauptmann aufwärts gewählt, aber auch – wie Eichendorff – vom König ernannt werden. Ausrüstung und Ausbildung ließen fast überall zu wünschen übrig. Im August 1813 betrug der Anteil der Landwehr bei einer Gesamtstärke der preußischen Armee von 280 000 nicht ganz die Hälfte, 120 000 Mann. Es dauerte in der Regel Monate, bis Landwehreinheiten auf Befehl des Königs zur Feldarmee abgerufen wurden und an Feldschlachten teilnahmen. Während des Frühjahrsfeldzugs 1813 wurde die Landwehr vor allem beim Festungskrieg eingesetzt. In der Zeit des sommerlichen Waffenstillstands verbesserte sich die Gefechtstauglichkeit der Landwehr durch intensives Exerzieren und die Zuteilung erbeuteter Waffen. Während des Herbstfeldzuges gehörten von den 45 Bataillonen des Yorkschen Korps 24 zur Landwehr, von den jeweils 41 Bataillonen von Kleist und Bülow waren es sechzehn bzw. zwölf.

Was Eichendorff in dem Brief an Loeben nicht erwähnt, was ihn jedoch am tiefsten getroffen haben wird, war die Tatsache, daß er auch an der entscheidenden Schlacht des Befreiungskrieges bei Leipzig vom 16. bis 19. Oktober 1813 nicht teilgenommen hatte, er, der schlesische Junker, während sein bürgerlicher Freund, der Maler Philipp Veit aus jüdischem Hause, mittlerweile zum Oberjäger der Linienarmee befördert worden und in der Völkerschlacht bei Leipzig nur mit knapper Not dem Heldentod entgangen war.

Während dieser dramatischen Ereignisse verbrachte Eichendorff nach dem dreimonatigen Garnisonsdienst in Glatz als Ausbilder der Landwehr ab Dezember 1813 weitere vier Monate weitab von den Zentren des politischen Geschehens als Offizier der Landwehrbesatzung von Torgau. Hatte Napoleon doch in der Hoffnung, noch einmal als Sieger nach Deutschland zurückkehren zu können, 100 000 Mann in den Festungen an der Weichsel, Oder und Elbe zurückgelassen. Sie leisteten zum Teil erbittert und lange Widerstand. Stettin kapitulierte am 21. November 1813, Torgau am 26. Dezember, Danzig am 2. Januar 1814, Wittenberg am 13. Januar, Küstrin am 30. März, Glogau am 10. April, Magdeburg am 6. Mai, Wesel am 10. Mai und Erfurt am 16. Mai 1814.

Eichendorff schildert Loeben am 8. April 1814 die gegenwärtige Lage: «Gegen Ende Decembers [1813] endlich erhielt unser Regiment [in Glatz] Marschordre, um zum 4-ten Armeencorps zu stoßen. Neuaufgelebt gieng ich nun wieder freudiger, würdiger Arbeit entgegen; aber wir langten grade in hiesiger Gegend an, als Torgau capitulirte, und – wurden sogleich zur Besatzung von Torgau bestimmt, wo wir noch heute schmachten. Das ist mein Lebenslauf während diesem Kriege», wohlgemerkt bis Anfang April 1814. Torgau hatte sich am 14. Januar dem zur Schlesischen Armee zählenden IV. Korps unter General Tauentzien ergeben, das erst im August 1813 mobilgemacht worden war und in wechselnder Zusammensetzung seit Ende Oktober Torgau und Wittenberg belagert hatte.

Über Eichendorffs Festungsdienst in Torgau von Januar bis Mai 1814 wird der Offizierskollege und Freund Karl Albert Eugen Schaeffer, mit dem Eichendorff sein Leben lang Kontakt hält, nach Eichendorffs Tod an dessen Sohn Hermann am 1. Juni 1859 schreiben und ihm neben einer Charakteristik des Dichters als Landwehroffizier noch ein interessantes Detail mitteilen, das zeigt, daß Eichendorff in Torgau noch immer nach einem Fronteinsatz strebte und dabei als Sprecher des Offizierskollegiums auftrat: «Bei dem Hauptmann von Wintzingerode [Eichendorffs Kompagniechef im 17. Schlesischen Landwehrregiment] traf ich zuerst mit Ihrem Herrn Vater zusammen, doch es verging einige Zeit, ehe wir näher bekannt wurden, da er wie ich nicht geeignet war, sich sogleich einem Fremden hinzugeben. Ein Sonett von mir auf Leipzigs Völkerschlacht, das Wintzingerode bei mir gesehen und das ich ihm mitteilen mußte, gab die Veranlassung, sich gegenseitig darüber auszusprechen. Baron von Eichendorffs Dichtergenie, von der lastenden Prosa unserer Umgebung eingeengt, glaubte vielleicht bei mir einigen Anklang zu finden; ich die Superiorität seines Geistes wohl erkennend und von der idyllischen Reinheit seines Gemüts mächtig ergriffen, kam ihm freudig entgegen, und so bildete sich zwischen uns eine Freundesverbindung, die bis an seinen mir so schmerzlichen Tod festgehalten hat und deren teuere Erinnerung ich als heiliges Vermächtnis bis zum letzten Lebenshauch treu im Herzen bewahren werde. – Dem Offizierkorps des Regiments wurde es immer drückender, daß wir gefahrlos und untätig zurückbleiben sollten, während unsere Kampfesbrüder auf dem Schlachtfelde sich Lorbeeren erwarben. Es wurde daher eine Bittschrift an Se. Majestät den König aufgesetzt, das Regiment ablösen und zur Armee ins Feld berufen zu wollen. Sie wurde von Baron von Eichendorff verfaßt, von sämtlichen Offizieren des Regiments unterzeichnet und dem kommandierenden General des Armeekorps, General von Tauentzien, zur Absendung an den König übersandt. Es erfolgte hierauf überhaupt kein Bescheid und ich zweifle sehr, daß das Schreiben in Sr. Majestät des Königs Hände gelangt ist. Von jetzt ab – auf mein Ansuchen war ich der Regiments-Adjutantur enthoben und dem 3. Bataillon zugeteilt worden – lebten wir vergnüglich zusammen, bis der Friede [von Paris vom 30. Mai 1814] publiziert war.»

Sohn Hermann von Eichendorff berichtet in seiner 1862 erschienenen Biographie des Vaters darüber hinaus noch von einem «Duell zwischen Eichendorff und einem andern Offizier seines Regiments, welches durch eine zwar witzige aber drastische Bemerkung Eichendorff's über das Betragen jenes vom Regiment sehr ungern gesehenen Offiziers veranlaßt worden war; glücklicherweise hatte es keine nachtheiligen Folgen.» Eichendorffs grundsätzlichen Bemerkungen über das Duell am Schluß seines autobiographischen Kapitels «Halle und Heidelberg» von 1857 liegen demnach eigene Erfahrungen zu Grunde.

Während sein Regiment noch bis zum Spätsommer 1814 in Torgau blieb, nahm Eichendorff Ende Mai zusammen mit dem Freund Schaeffer Urlaub und lud ihn nach Lubowitz ein. Über seine innere Verfassung hatte Eichendorff am 8. April an Loeben geschrieben: «Ich weiß nicht, soll ich mich mehr ärgern über das hartnäckige, fast beyspiellose Mißlingen aller meiner Pläne und heißesten Wünsche, oder Gott für die unverkennbare freilich wunderliche und schmerzliche Leitung danken, durch welche mein Leben erhalten ward. Hart und höchstverdrießlich bleibt es immer, bei so gutem Willen und ungeheueren Opfern an Geld, Gesundheit und kostbarer Zeit sich so weniger Thaten erfreuen zu dürfen. Aber ich trage doch das Bewußtseyn aus diesem großen herrlichen Kampfe, in jedem Augenblicke streng gethan zu haben, was Pflicht und Ehre mir geboten; und wer kann sich eines mehreren rühmen? Erhalte ich denn nun auch vom Vaterlande das eiserne Kreutz nicht, so habe ich doch die stoltze Freude, für das Vaterland in diesem Jahre Kreutz genug, und zwar recht eisernes, getragen zu haben. Und somit: Herr, dein Wille geschehe!»

Wonach sich Eichendorff mehr denn je sehnte, war eine eigene Familie So ist er denn «Der Friedensbote» vor allem für seine Verlobte Louise von Larisch, an die er unter diesem Titel aus den letzten Wochen in Torgau die beiden Strophen richtet:

Schlaf' ein, mein Liebchen, schlaf' ein,
Leis durch die Blumen am Gitter
Säuselt des Laubes Gezitter,
Rauschen die Quellen herein;
Gesenkt auf den schneeweißen Arm,
Schlaf' ein, mein Liebchen, schlaf' ein,
Wie atmest du lieblich und warm!

Aus dem Kriege kommen wir heim;
In stürmischer Nacht und Regen,
Wenn ich auf der Lauer gelegen,
Wie dachte ich dorten Dein!
Gott stand in der Not uns bei,
Nun droben, bei Mondenschein,
Schlaf' ruhig, das Land ist ja frei!

## «Ich sehe ordentlich Deinen ironischen Glückwunsch»: Der Kriegscommissariats-Expedient Joseph von Eichendorff heiratet Louise von Larisch

Ahnte Eichendorff, als er Ende Mai 1814 von Torgau nach Lubowitz in Urlaub geht, daß er über Jahresfrist, am 7. April 1815, heiraten wird? Da aus diesem Zeitraum keine Tagebuchaufzeichnungen vorliegen, sind wir, um uns ein Bild von der weiteren Entwicklung seines Verhältnisses zu Louise von Larisch zu machen, auf die wenigen Briefe von und an Eichendorff angewiesen und auf die Gedichte aus dieser Zeit. Daß vom Briefwechsel der beiden Verlobten nur ein Briefentwurf Eichendorffs von Dezember 1814 aus Berlin erhalten ist, bestätigt nur, wie gründlich vermutlich Eichendorff selbst noch die Korrespondenz vernichtet hat, vermutlich war sie in der Tat problematisch. Denn es fällt auf, wie wenig Louise auch in dem Briefwechsel Eichendorffs mit seinen Freunden in diesen entscheidenden Monaten vor der Hochzeit erwähnt wird. Graf Loeben und Philipp Veit, seinen immer noch besten Freunden, denen er ausführliche Briefe schreibt, wird er die Heirat erst ein Jahr später, im Frühjahr 1816, wie nebenbei mitteilen. Sogar Karl Schaeffer, der Vertraute dieses Jahres, erfährt erst vierzehn Tage vor der Hochzeit davon.

Diese Geheimnistuerei scheint nicht nur auf den anscheinend fortdauernden Widerstand der Eltern, vor allem der Mutter, zurückzugehen. Der Briefentwurf an Louise von Ende des Jahres 1814 belegt die familiären Hindernisse, die immer wieder aufgebaut werden: «An die Luise. *Aus*

*Berlin.* Du hast recht gehabt. Meine Mutter hat cabaliert und, was mehr, mein Vater hat gebeten, und so hoffe ich auf Deine Nachsicht, wenn ich noch bis Mittwoch geblieben bin (oder auch noch von hier aus schreiben –). Die Mitteilung des Briefes v. Fouqué [über das Manuskript von «Ahnung und Gegenwart»] nimm gutmütig nicht als Eitelkeit [War das ein häufiger Vorwurf der Verlobten an ihn?], sondern als ehrliche Mitteilung meines gesamten Lebens. – Deine Ahnungen, an die ich damals nicht glauben wollte, sind eingetroffen, man hat mir Schwierigkeiten mit den Pferden [für die Reise?] gemacht, der Regen, und vor allem, die Bitten des Papas, dem ich in unschuldigen Dingen nie widerstehe. – Gern hätte ich noch einen Kuß von Dir geholt, wenn Gedanken Flügel wären. – Meine Bangigkeit nach Dir ist nicht zu beschreiben. Mein liebes hübsches Laubfröschchen welches Wetter? [Welche Laune?]»

Auch dieser Brief noch nach einem mehr oder weniger gemeinsam verbrachten halben Jahr läßt ahnen, daß die kriegsbedingte Trennung von einem Jahr unmittelbar nach den beiden Wiener Studienjahren zu einer zeitweiligen Entfremdung zwischen den Verlobten geführt hat, so daß Eichendorff jeder neuen Abwesenheit mit «Bangigkeit» entgegensieht. Vielleicht ist das der eigentliche, Eichendorff selbst nicht bewußte Grund, warum er wohl schon im Mai 1814 den Abschied von der Armee erwägt und ihn durch einen Urlaub einleitet, den er dann durch immer neue «Krankmeldungen» verlängert, vordergründig eine Drückebergerei, die man sonst von ihm nicht kennt.

So schreibt er am 10. Juni 1814 aus Lubowitz an den Freund Schaeffer: «Morgen laße ich meine Mutter an [Major] Blandowsky [Kommandeur des 17., nachmaligen 2. Schlesischen Landwehrregiments] schreiben, daß ich noch sehr gefährlich krank sey. Vor 8 Tagen habe ich an Zinreck [ein Regimentskamerad?] nach Torgau geschrieben, daß er mir berichte, wie unsere Krankheit aufgenommen wird, ob das Regiment nach Frankreich marschirt etc.. Seine Antwort so wie meine darnach gefaßten Pläne werde ich dir dann sogleich mittheilen.» Am 20. August gelingt es Eichendorff sogar, Schaeffer von der Rückkehr zum Regiment abzuhalten und ihn nach Lubowitz einzuladen. Eichendorff und Schaeffer haben keine Lust, noch einmal «in das kalte Meer der militairischen Pedanterie, Chicane und Langeweile» unterzutauchen, wie Eichendorff am 10. August 1814 an Loeben schreibt, und suchen um ihren Abschied nach.

Karl Schaeffer ist in diesen kritischen Monaten des Jahres 1814 für Eichendorff, was früher Bruder Wilhelm und zeitweise auch Graf Loeben und Philipp Veit gewesen sind: das brüderliche Herz, mit dem man täglich alle Freuden und Leiden teilt. Nicht nur Schaeffers Anwesenheit, auch die Korrespondenz Eichendorffs mit Loeben, der übrigens auch noch Soldat geworden ist und sogar den Einzug in Paris miterlebt hat, sowie mit Fouqué, der schon um die Jahreswende seinen Abschied von der Armee genommen hat, vor allem ihr Meinungsaustausch über das Manuskript von «Ahnung und Gegenwart» und dessen Drucklegung sind für Eichendorff Abwechslung und Hilfe zugleich in seiner Auseinandersetzung mit der Frage, wie es mit ihm weitergehen soll, beruflich und im Hinblick auf Louise von Larisch. «Wo und was ich», schreibt er an Loeben am 10. August, «nach erhaltenem Abschiede, beginnen werde, weiß ich in diesem Augenblicke noch nicht. Es ist mein redlichster Ernst, unserem Vaterlande in allem, was ihm nun unmittelbar noth thut, zu *dienen*, auch mit Aufopferung mancher angenehmen Stunde, die mir ein ungestörtes Dichten gewähren könnte; denn ich kann mein poetisches Talent nicht als so entschieden und mir und der Welt genügend betrachten, um mich zu einer Ausschließung von aller anderen tüchtigen Arbeit zu berechtigen.» Ob Eichendorff wirklich an seinem Talent zweifelt, bleibe dahingestellt. Er ist jedoch weiterhin davon überzeugt, daß hauptberufliches Dichten ein Unding ist. Dennoch – «ich benutze meine hiesige Einsamkeit, um die Bibel zu lesen, und meine Begebenheiten als Jäger im Lützowschen Corps, die nun in der Erinnerung kräftiger hervortreten, ganz einfach aufzuschreiben.» Der sechsundzwanzigjährige Eichendorff lebt mehr der Erinnerung, statt sich der Zukunft zu stellen. So schreibt er im selben Brief an Loeben, der mittlerweile wieder in Heidelberg gewesen ist: «Glücklicher! ich gäbe ein Jahr meines Lebens um eine solche schmerzlichsüße Stunde im Heidelberger Schloßgarten!» Und da er Loeben von Torgau aus nicht in Radmeritz bei Dresden besuchen konnte, versichert er dem Freund: «Du kannsts Dir indeß denken, daß ich darum nicht aufgebe, Dich recht bald wieder in meine Arme zu schließen, mit Dir innig und brüderlich zu leben, zu genießen und zu dichten, mein herzlichgeliebter Isidorus. Ach, wär' es in Heidelberg! [...] vergieß nie Deinen Dich über alles liebenden Florens.»

Obwohl in dieser Korrespondenz der Name der Verlobten nicht fällt, hat man den Eindruck, Eichendorff beschwört die Heidelberger Erinnerungen sowie die Freundschaft mit Loeben nur deshalb herauf, weil er sich durch Louise von Larisch vor eine folgenreiche Lebensentscheidung gestellt sieht, vor der er am liebsten flüchten möchte in die vergleichsweise unbeschwerte Studentenzeit. Wird die Heirat mit Louise ihn nicht in seinem Lebensraum und seiner Freiheit, die er als Dichter braucht, einengen? Ist Louise den intellektuellen und gesellschaftlichen Anforderungen, die eine von Eichendorff erstrebte dichterische Karriere mit sich

32 Louise von Eichendorff, die Gattin des Dichters

bringen wird, gewachsen? Wird sie ihm die Freunde, obgleich sie diese nicht ersetzen kann, aus Eifersucht nicht abspenstig machen? So sehr sich Eichendorff nach einer treuen Gattin und liebevollen Mutter vieler Kinder sehnt – kann er nach den Erfahrungen in Wien und vermutlich auch während der Soldatenzeit noch dafür garantieren, daß er ein treuer Gatte und guter Vater sein wird? Ist Louise stark genug, auch gegen den Widerstand der elterlichen Familien mit ihm in eine ungewisse Zukunft zu gehen? Kann er es angesichts der wirtschaftlichen Ungesichertheit und der ungeklärten Berufsaussichten verantworten, schon bald eine Familie zu gründen?

Ein Blick in Eichendorffs Gedichte aus diesen Monaten zeigt, wie er in ihnen verschiedene Lebensformen und Lebenserfahrungen, heimliche Sehnsüchte und Wünsche, Irdisches und Himmlisches durchspielt, um dadurch für sich selbst klarer zu sehen. In «Die Einsame» läßt Eichendorff die Geliebte ihre Ängste sagen, die auch die seinen sind. Das Ende des Gedichts bleibt eigenartig zweideutig:

# Der Kriegscommissariats-Expedient J. v. Eichendorff heiratet L. v. Larisch

[...] Rauschen am Fenster die Bäume gar munter,
Zieh'n die Brüder in den Wald hinunter;
Und bei dem Sange und Hörnerklange
Wird mir immer so bange, bange.

[...] Du sagtest gar oft wie süß und rein
Sind Deine blauen Äugelein!
Jetzo müssen sie immerfort weinen,
Da sie nicht finden mehr, was sie meinen.
Wird auch der rote Mund erblassen,
Seit Du mich, süßer Buhle, verlassen.
Eh Du wohl denkst, kann das Blatt sich wenden,
Geht alles gar bald zu seinem Ende.

Das erinnert an das zweite uns von Louise von Larisch erhaltene Gedicht, vermutlich vom Frühsommer 1813. Es zeugt indes mehr von Liebesleid als von besonderer poetischer Begabung.

In der schönsten Blütezeit,
Hab ich mich des Lenz gefreut,
Aber nun freu' ich mich nicht mehr,
Oed' umgiebt mich ringsumher.

Nicht umsonst schlugst du, o Herz,
Unfern war der bittre Schmerz,
Fort mit seinem letzten Blick
War mein ganzes irdisch Glück.

Abgestorben ist die Natur,
Kalt und traurig scheint die Flur.
Nebel ist's, was mich umgiebt,
Leid, was meine Seel erfüllt.

Krieg, so scholl's von Weitem her
Durch das Land und übers Meer,
Und fürs Vaterland zum Streit
Eilt mein Liebster schon bereit.

Gott, mein Vater, hab' Erbarmen
Mit den Bitten einer Armen,
Die im heißesten Gebet
Auf zu dir um Rettung fleht.

Eichendorff wird als Soldat angesichts des Todes auch die Versuchung flüchtiger Liebesbeute kennengelernt haben, wie er in «Der Soldat» dichtet:

Wagen mußt du und flüchtig erbeuten,
Hinter uns schon durch die Nacht hör' ich's schreiten,
Schwing' auf mein Roß dich nur schnell
Und küß' noch im Flug mich, wildschönes Kind,
Geschwind,
Denn der Tod ist ein rascher Gesell.

## Elftes Kapitel. Der Krieg

Doch Eichendorff weiß: Der Krieg ist eine Ausnahmesituation, in ihr hat die Liebe keine Zukunft. Urbild des Lebens und der Liebe ist für ihn in diesem sommerlichen Urlaub 1814 vielmehr wieder die Natur. Sie feiert Eichendorff in «Blumen und Liebe» sogar in klassischem Versmaß, das Frieden, Ruhe und Geborgenheit ausstrahlt, in Distichen aus Hexametern (sechshebigen Versen) und Pentametern (fünfhebigen Versen), die sich zu Epigrammen wie in Schillers und Goethes Xenien oder wie hier zu einer Elegie fügen, in der die Natur zu einem Gleichnis der Geliebten wird: Die «Sonne» symbolisiert die «Braut», die «Kornblume» das «deutsche Mädchen», die «Lilie» die Häuslichkeit der römischen Vespa, der Göttin des Herdes, sowie die Jungfräulichkeit als bräutliches Ideal:

> Rührt euch, Blumen, wacht auf und hebt die verweineten Augen,
>   Morgenschauer schon gehn kühl über Wiesen und Wald.
> Wie eine Braut entsteigt die Sonne dem rosigen Pfühle,
>   Blickt durch die Welt hin weit, schweigend vor seliger Lust;
> Küßt die Tränen euch linde von den gemaleten Wangen,
>   Die ihr vor Sehnsucht geweint, träumend in stillauer Nacht,
> Wie sich's nun überall regt und funkelt und jauchzet und sprühet,
>   Gott! o wie schön ist die Welt, wenn sie die Liebe bescheint!
>
> Wie du verstohlen mich anblickst, Kornblume, aus nickenden Ähren,
>   Immerfort nach mir gewandt heiter das treublaue Aug';
> Wirtlich, verständig, bescheiden, vertraulich, sinnig und herzig,
>   Deutscher Mädchen Bild bist du mir, liebliches Kind.
> Hoch und einsam in nächtlichem Garten sah ich dich leuchten,
>   Lampe der Vesta, klar, himmelwärts hauchend den Duft,
> Und ich selber gebannt stand vor dir in Andacht versunken,
>   Lilie, Jungfraue schlank, schneeweiße, himmlische Braut!

Dann wieder erschrickt Eichendorff vor der Versuchung durch den Venusberg. In «An eine junge Tänzerin» spiegelt er sein eigenes Inneres:

> [...] Wecke nicht die Zauberlieder
> In des Venusberges Schoß!
> Selbst verzaubert, sinkst du nieder,
> Und sie lassen dich nicht los.
> Tödlich schlingt sich um die Glieder
> Sündlich Glühn,
> Und verblühn
> Müssen Schönheit, Tanz und Lieder –
> Ach, ich kenne dich nicht wieder!

Eichendorff setzt sich mit der möglichen eigenen Untreue auseinander und läßt in «Klage» die verlassene Geliebte sprechen:

> Du warst so herrlich anzuschauen,
> So kühn und wild, und doch so lieb;
> Dir mußt ich Leib und Seel vertrauen,
> Ich mochte nichts was meine blieb.
> Da hast du, Falscher, mich verlassen
> Und Blumenlust und Frühlingsschein,
> Die ganze Welt sah ich erblassen,
> Ach Gott, wie bin ich nun allein. –

In «Mädchen» gibt Eichendorff, die Verlobte vor Augen, sein Frauenideal preis und nimmt sich zugleich in die Verantwortung gegenüber Louise von Larisch. Ist er es doch, der sie «da zum erstenmal geweckt» hat:

> Gar oft schon fühlt' ich's tief, des Mädchens Seele
> Wird nicht sich selbst, dem Liebsten nur geboren.
> Da irrt sie nun verstoßen und verloren,
> Schickt heimlich Blicke schön als Boten aus,
> Daß sie auf Erden suchen ihr ein Haus.
> Sie schlummert in der Schwüle, leicht bedeckt,
> Lächelt im Schlafe, atmet warm und leise,
> Doch die Gedanken sind fern auf der Reise,
> Und auf den Wangen flattert träum'risch Feuer,
> Hebt buhlend oft der Wind den zarten Schleier.
> Der Mann, der da zum erstenmal sie weckt,
> Zuerst hinunterlangt in diese Stille,
> Dem fällt sie um den Hals vor Freude bang
> Und läßt ihn nicht mehr all' ihr Lebelang.

Der Befürchtung, die Bindung an Louise könne ihn als Dichter beeinträchtigen, hält Eichendorff in «Der Poet» seine Devise entgegen: Das Leben als Gedicht ist wichtiger als ein Gedicht ohne Leben.

> Bin ich fern Ihr: schau' ich nieder
> Träumend in die Täler hier,
> Ach, ersinn' ich tausend Lieder,
> Singt mein ganzes Herz von Ihr.
> Doch was hilft die Gunst der Musen,
> Daß die Welt mich Dichter nennt?
> Keiner frägt, wie mir im Busen
> Sorge tief und Sehnsucht brennt.

> Ja, darf ich bei Liebchen weilen:
> Fühl' ich froh der Stunden Schwall
> Wohl melodischer enteilen
> Als der schönste Silbenfall,
> Will ich singen, Lippen neigen
> Sich auf mich, und leiden's nicht,
> Und wie gerne mag ich schweigen,
> Wird mein Leben zum Gedicht!

So ist Eichendorff denn zur Heirat entschlossen, wie er in «Glückliche Fahrt» bekennt. Seine Wahl ist «des Herzens stille Welt» der Liebe:

> Wünsch' an Wünsche feindlich schlagen
> Und die feige Klugheit gilt.
> Nur nach Schätzen siehst Du jagen,
> Und die Gier wird nie gestillt.
> Selig, wer es fromm mag wagen,
> Durch das Treiben dumpf und wild
> In der festen Brust zu tragen
> Heil'ger Schönheit hohes Bild!
>
> Sieh, da brechen tausend Quellen
> Durch die felsenharte Welt,
> Und zum Strome wird ihr Schwellen,
> Der melodisch steigt und fällt.
> Ringsum sich die Fernen hellen,
> Gottes Hauch die Segel schwellt –
> Rettend spülen Dich die Wellen
> In des Herzens stille Welt.

In «Abschied und Wiedersehen» läßt Eichendorff die Geliebte seinen Entschluß wissen:

> [...] Was sind's für Klänge, die ans Fenster flogen?
> So altbekannt verlocken diese Lieder,
> Ein Sänger steht im schwanken Dämmerscheine. –
>
> Wach' auf! Dein Liebster ist fernher gezogen
> Und Frühling ist's auf Tal und Bergen wieder,
> Wach auf, wach auf! Nun bist Du ewig meine.

Schließlich besingt Eichendorff in «Liedchen» die beseligende Erfahrung, daß Liebe nicht eng macht, sondern weit:

Wie jauchzt meine Seele
Und singet in sich!
Kaum daß ich's verhehle,
So glücklich bin ich.
Rings Menschen sich drehen
Und reden gescheut,
Ich kann nichts verstehen,
So fröhlich zerstreut. –

Zu eng wird das Zimmer,
Wie glänzet das Feld,
Die Täler voll Schimmer,
Weit, herrlich die Welt!
Gepreßt bricht die Freude
Durch Riegel und Schloß,
Fort über die Heide!
Ach, hätt' ich ein Roß! –

Und frag' ich und sinn' ich,
Wie so mir geschehn? –
Mein Liebchen herzinnig,
Das soll ich heut' sehn.

Doch je mehr die Verlobten wieder zueinander finden, um so bedrückender sind die Zukunftsaussichten. Denn auch ein Versuch im Sommer 1814, die mit 300 000 Reichstaler hochverschuldeten Güter möglichst zu einem Gesamtpreis von 466 000 Reichstaler zu verkaufen, scheitert. Adolph von Eichendorffs Brief in dieser Angelegenheit vom 18. Juni 1814 an den Hof- und Kriminalrat Vietsch, der die Interessen der Eichendorffs bei dem dortigen Oberlandesgericht vertritt, ist ein aufschlußreiches Dokument für die Situation auch der Verlobten: «[...]. Es wäre uns sehr lieb, wenn Euer Wohlgeboren einen Käufer für alle Güter hätten, bloß darum, daß wir aus dem Wirrwarr und zur Ruhe und Ordnung kommen [...]. Nur drucken müßte der H. Käufer uns nicht, denn sonst kann aus dem Handel nichts werden, wir haben gegen 300 000 Rtl. Schulden und wenn wir alle Güter verkaufen, so wollen wir doch mit den Zinsen standesgemäß leben [...]. Mich würde es unendlich freuen, wenn Ew. Wohlgeboren bei diesem Geschäfte an dem Kauf unserer Güter und in dem folgenden Jahr ansehnlich profitieren, wenn aus dem Geschäft was werden soll, so muß sich der Käufer in Lubowitz alles ansehen und Geld muß er haben, sonsten geht das nicht, denn Ew. Wohlgeboren ist unsere Lage bekannt.[...] die Resolution des K. Ober-Landesgerichts kann für meine Person nicht bedenklich sein, da alle Schulden gemeinschaftliche Schulden mit meiner Frau sind. [...] Ich und meine Frau und mein Sohn Joseph empfehlen uns [...].» Es findet sich zwar ein Bewerber, doch tritt er wegen eines günstigeren Angebots zurück. So beantragt Eichendorffs Vater am 30. Dezember 1814 gegen die drohende Zwangsvollstreckung seiner Schulden eine besondere Verlängerung des preußischen Generalmoratoriums, das zu Ende des Jahres ausläuft. Es verfügte nach der Niederlage Preußens gegen Napoleon

## Elftes Kapitel. Der Krieg

*33 Pogrzebin, Wohnsitz der Schwiegereltern*

1807 einen Vollstreckungsstop. Tatsächlich kann das Eichendorffsche Konkursverfahren bis 1818 hinausgezögert werden, dann kommen Lubowitz 1823, Radoschau 1824 und Slawikau 1831 unter den Hammer.

Da zu der geplanten Familiengründung – sie wird nun dringend, da Louise von Larisch Ende November 1814 schwanger ist – die nötige wirtschaftliche und berufliche Absicherung aus dem elterlichen Vermögen und als Landwirt auf den Gütern nun definitiv nicht mehr möglich ist, reist Eichendorff, nachdem er am 2. Dezember seine Entlassung aus der Armee erhalten hat, nach Berlin, um sich dort um eine Anstellung zu bemühen. Am 25. Dezember 1814 berichtet er darüber an Graf Loeben, ohne Louise auch nur zu erwähnen: «Erklärlicher, wenn auch nicht entschuldigt, wird mein langes Schweigen, wenn ich Dir sage, daß ich inzwischen meinen ganzen äußeren Lebenslauf verändert und mich nach Berlin begeben habe, wo ich mich nun seit einigen Tagen befinde. Ich bin nämlich gesonnen, die Ansprüche, die ich mir durch meine freiwillige Jägerschaft [im Befreiungskrieg] nach den neuesten Gesetzen hier im Preußischen erworben, zu benutzen, und mich bei der Regierung in Potsdam anstellen zu lassen. Noch kann ich Dir in diesem Augenblicke nichts Näheres und Gewisses darüber schreiben. Welchen Kampf es mir gekostet, mich von meinem lieben Oesterreich zu trennen, kannst Du Dir vorstellen. Aber – Verstand regiert die Welt.»

In Berlin wird Eichendorff den dramatischen Abschied von Louise und den Eltern immer wieder vor Augen gehabt haben, wie sein vermutlich dort und aus diesem Anlaß entstandenes Gedicht «Trennung» zeigt:

> Denkst Du noch jenes Abends, still vor Sehnen,
> Wo wir zum letzte[n]mal im Park beisammen?
> Kühl standen rings des Abendrotes Flammen,
> Ich scherzte wild – du lächeltest durch Tränen.
> So spielt der Wahnsinn lieblich mit den Schmerzen
> An jäher Schlüfte Rand, die nach ihm trachten;
> Er mag der lauernden Gefahr nicht achten,
> Er hat den Tod ja schon im öden Herzen.
>
> Ob Du die Mutter auch belogst, betrübtest,
> Was andre Leute drüber deuten, sagen, –
> Sonst scheu – heut mocht'st Du nichts nach allem fragen,
> Mir einzig zeigen nur, wie Du mich liebtest.
> Und aus dem Hause heimlich so entwichen,
> Gabst Du ins Feld mir schweigend das Geleite,
> Vor uns das Tal, das hoffnungsreiche, weite,
> Und hinter uns kam grau die Nacht geschlichen.
>
> Du gehst nun fort, sprach sie, ich bleib' alleine;
> Ach! dürft' ich alles lassen, still und heiter
> Mit Dir so ziehn hinab und immer weiter –
> Ich sah Dich an – es spielten bleiche Scheine
> So wunderbar um Locken Dir und Glieder;
> So ruhig, fremd warst Du mir nie erschienen,
> Es war, als sagten die versteinten Mienen,
> Was Du verschwiegst: Wir sehn uns niemals wieder!
>
> Stumm war ich, als Du endlich stehn geblieben;
> Doch da Du weinend lagst an meinem Herzen,
> Als sucht'st Du Rettung vor den eignen Schmerzen,
> Da fühlt ich Mut, Dich ewig treu zu lieben.
> Ich schwang aufs Roß mich, Deinem Arm entwunden
> Sah noch einmal Dein weißes Tuch mir winken,
> Schloß Garten, – all' die Zauberei versinken –
> Wandt' mich noch um – und du warst auch verschwunden.

Drei erhaltene Briefe Eichendorffs aus Berlin informieren uns über die wichtigsten Ergebnisse seines dortigen Aufenthalts. «Ich bin nun hier in Berlin mit unbestimmtem Urlaub angekommen», heißt es an Fouqué nach Nennhausen am 25. Dezember 1814, «um eine Anstellung bei der hiesigen Regierung nachzusuchen. Dabei wurde mir eine Freude, wie es wenige in der Welt giebt, recht als ein unerwartetes Weihnachtsgeschenk, zu Theil. Ich habe nämlich nach so langer Trennung meinen lieben Herzensfreund Philipp [Veit], den ich lange in Wien glaubte, wiedergefunden, und gedenke die leider nur wenigen Tage, die er noch hier verweilt, noch recht nach alter gewohnter Weise mit ihm zusammenzuleben.» Diese unverhoffte Begegnung wird Eichendorff die Trennung von Louise und das Einleben in dem wenig geliebten Berlin erleichtert haben. Denn am 28. Januar 1815 beklagt er sich bei Philipp Veit, der mittlerweile wieder in Wien ist: «Sie sehen nun die Donau, den St. Stephan und alle unsere alten Jugendbilder wieder; gedenken Sie dabei meiner, lieber Philipp! Ich weiß nicht, welche Zauberei dort ist, aber ich werde mein Heimweh nach Wien nicht los und kann mich hier in Berlin noch immer in nichts finden, so sehr mich die unverdiente Güte und Freundschaft rührt, welche mir Ihr braver Vater [Simon Veit] und Madame [Lea] Mendelsohn fortdauernd erweisen. Es ist und bleibt mir hier alles fremd, Religion, politische Gesinnung, ja selbst die allgemeine Fertigkeit, über Kunst und Wissenschaft abzusprechen erschreckt und stört mich mehr, als es mich erfreut, denn es scheint mir wenig Liebe darin zu seyn. In solcher innerlichsten Einsamkeit fühle ich einen recht aufrichtigen Trieb, in mir selber gründlich besser zu werden und Trost und Rath eifriger dort zu suchen, wo man ihn am Ende doch immer findet, und so weiß denn Gott immer am besten, was uns geziemt.»

Unerfreulich sind auch die Berufsaussichten: «Mein hiesiges Anstellungs-Geschäft geht sehr langsam und trübselig. Denn obschon mich der Präsident und die Räthe, denen ich in Potsdam meine Aufwartung machte, sehr zuvorkommend aufnahmen, so müßte ich doch nach allgemeiner Versicherung vorerst wenigstens anderthalb Jahre lang ohne Gehalt und Diaeten dienen, welches mir meine Vermögensumstände durchaus unmöglich machen: Ich will daher versuchen, so lang mein Geld noch reicht, irgend eine andere baldige Anstellung zu erhalten.»

Wie schon bei seinem Berlinaufenthalt vor fünf Jahren, um die Jahreswende 1809/10, erkrankt Eichendorff auch jetzt wieder, wenn auch weniger schlimm, als psychosomatische Reaktion auf den seelischen Druck. «Dazu kommt noch eine Hamrhoidalkrankheit, die mich seit 14 Tagen zwingt, das Zimmer zu hüten, aber, Gott sey Dank, schon wieder fast behoben ist. – ‹Nur zu, mein Roß, wir finden noch zum Ziele!› – Und somit fort von den Schatten, die über mein Leben fliegen, zu Ihrem lichten, klaren, frommen Künstlerstreben!»

Endlich am 25. März 1815 kann Eichendorff an Karl Schaeffer nach dessen Heimatstadt Pleß bei Kattowitz in Oberschlesien auch für sich Erfreulicheres berichten: «Mir gieng es hier sehr schlecht anfangs, denn ich war krank und konnte und kann mich noch immer nicht in das Actenwühlen finden, obgleich sich dabei mein Hertz, wie Du sehr richtig gerathen, unzähligemal mit Verwünschungen Luft macht. Jezt aber geht es mir dagegen beßer u. recht nach Wunsch. Ich bin nemlich durch Empfehlungen des herrlichen Gneisenaus, der sich meiner sehr warm annimmt, beim Kriegs-Commissariat angestellt und dieses sezt mich endlich in den Stand – meine Louise heirathen zu können, welches – künftigen Monath geschehen wird. – Ich sehe ordentlich Deinen ironischen Glückwunsch auf Deinen Lippen schweben!» – eine Formulierung, die zeigt, wie sehr Schaeffer das Auf und Ab in der Beziehung zwischen Eichendorff und Louise von Larisch miterlebt hat.

Bleibt nachzutragen, was Eichendorff seltsamerweise den Freunden Veit und Schaeffer nicht mitgeteilt hat: Laut Tagebuch von E. T. A. Hoffmann hat Eichendorff am 4. Februar in Berlin mit Fouqué, Chamisso, Hitzig und Salice-Contessa, den sogenannten «Seraphinenbrüdern», die seit 1814 den 1818 gegründeten «Serapionsbrüdern» vorausgingen, zu Abend gegessen. Es scheint, daß ihm die Gesellschaft nicht behagt hat, ausgenommen die von Fouqué. Vielleicht spürte er auch bei dieser Dichtergesellschaft die ihn erschreckende «Fertigkeit, über Kunst und Wissenschaft abzusprechen», wie er an Philipp Veit schrieb, «denn es scheint mir wenig Liebe darin zu seyn». Hatte doch Eichendorff sein Leben nun endlich ganz auf Liebe gestellt.

## «Noch einmal einen Paroxismus von Patriotismus erlitten»: Als Ordonanzoffizier bei Gneisenau

Nach der Heirat Eichendorffs mit der seit November 1814 schwangeren Louise von Larisch am 7. April 1815 in der gotischen, mit Barockaltären ausgestatteten St. Vinzenzkirche von Breslau und nach dem Zerwürfnis mit den Eltern, die der Hochzeit fernblieben, zog das junge Paar – Eichendorff siebenundzwanzig, Louise zweiundzwanzig Jahre alt – nach Berlin, wo Eichendorff als Expedient (Angestellter) beim Kriegsministerium mit einem Gehalt von 600 Reichstalern Dienst tat – auf Empfehlung von Fouqué. «Eichendorff», schrieb Fouqué an Loeben am 17. März 1815, «den lieben, lebendigen Jüngling habe ich in Berlin viel gesprochen [sicherlich auch über «Ahnung und Gegenwart»], und ihn unserm edlen

Gneisenau bekannt gemacht. Ich hoffe, dies soll auch auf seine aeußre Laufbahn günstigen Einfluß haben.»

Es war Napoleon, der Eichendorffs erhoffter Karriere im preußischen Kriegsministerium unter Hermann von Boyen, bevor sie noch recht begonnen hatte, abrupt ein Ende setzte. Hatte sich doch Napoleon mit neunhundert seiner Gardesoldaten am 25. Februar 1815 in Elba eingeschifft, war am 1. März in Cannes gelandet und nach einem Triumphzug durch Frankreich unter dem Zulauf seiner ehemaligen Soldaten am 20. März in Paris eingezogen.

Am 13. März wurde Napoleon von den Verbündeten für ganz Europa geächtet, und im April wandte sich auch der preußische König Friedrich Wilhelm wie schon im März 1813 wieder «An mein Volk». Die Freiwilligen und die Landwehrmänner meldeten sich zahlreich zum Wehrdienst, hoffte man doch, die für Preußen unbefriedigenden Ergebnisse des Ersten Friedens von Paris und des Wiener Kongresses korrigieren zu können.

Am 22. April meldet sich auch Eichendorff zum Heeresdienst. Obgleich jungverheiratet, kann er sich seiner patriotischen Pflicht nicht entziehen und läßt seine schwangere Frau – Sohn Hermann wird am 30. August geboren – in der für sie fremden Hauptstadt zurück. Sicherlich hofft er darauf, sich vor dem Feind im Feld eher auszeichnen und Karriere machen zu können denn als Beamter am Schreibtisch des Kriegsministeriums. So reist er denn Blücher und dessen Generalstabschef Gneisenau nach über Brandenburg, Magdeburg, Halberstadt, Hildesheim, Minden, Bielefeld, Münster, Dülmen und Düsseldorf. Dort setzt er am 1. Mai über den seit Heidelberg unvergeßlichen, jetzt als Grenze umstrittenen und umkämpften Rhein. Weiter geht die Fahrt über Jülich und Aachen nach Lüttich, wo Eichendorff am 4. Mai in Blüchers Hauptquartier eintrifft.

Für den 7. Mai notiert Eichendorff: «Bei Gneisenau zu Mittag gespeist, Gröben etc. An Louise geschrieben.» Sicherlich wird ihr Eichendorff nach dieser Einladung Hoffnung auf eine baldige Karriere gemacht haben. Ist der fünfundfünfzigjährige Gneisenau, der als Generalquartiermeister der Armee den zweiundsiebzigjährigen Feldmarschall Blücher beriet, doch der eigentliche Stratege des Kampfes gegen Napoleon. Als Blücher 1814 die Ehrendoktorwürde der Universität Oxford erhielt, sagte er in der Dankrede: «Wenn ich Doktor sein soll, so muß Gneisenau Apotheker werden, denn er hat die Pillen gemacht.» Gneisenau gehörte zu der Gruppe der enttäuschten preußischen Heeresreformer, für die der Befreiungskrieg gegen Napoleon zugleich ein Freiheitskrieg der Völker für mehr Mitbestimmung sein sollte. Doch der König und die konservative Hofpartei hielten es lieber mit Metternich und Talleyrand, dem französischen Unterhändler bei den Verhandlungen. «Uns andere», schrieb Gneisenau im April 1815, «rechnet man unter die Jakobiner und Revolutionäre», weshalb er im Feld an Stelle des greisen Blücher auch nicht Oberbefehlshaber wurde. Doch mit Blücher war er sich schon 1813/14 darin einig, daß nicht der Ausgleich mit Napoleon, sondern nur dessen Vernichtung und die entscheidende Schwächung Frankreichs Europa dem Frieden näher bringen würden. Das erneute Auftreten Napoleons gab ihnen recht, so daß sie jetzt entschlossen waren, ihre Vorstellungen vom Kriegsverlauf durchzusetzen. Von den übrigen Tischteilnehmern gehörte Karl Graf von der Groeben zu Eichendorffs Generation und war wie dieser 1788 geboren. Jetzt Major im Generalstab, wurde Groeben später General der Kavallerie und kommandierender General des Gardekorps sowie Generaladjutant des preußischen Königs.

Da die Reformpartei unter den Militärs, wie Eichendorff nun lernt, die Landwehr als Keimzelle eines Volksheeres und einer mehr oder weniger volksnahen Monarchie hoch einschätzt, wird es Eichendorff in diesen Monaten als Ehre angesehen haben, daß er am 11. Mai den Befehl erhält, sich nach Aachen zu begeben, wo nach dem Vorbild der alten auch in den neuen preußischen Rheinprovinzen Landwehrregimenter aufgestellt werden sollten.

«Ich allein mit Cabriolet bis Herve, dann auf Karren nach *Aachen*», heißt es in einem der letzten Tagebuchblätter. «Schon spät. Tanzende auf der Straße. [...] In Aachen bei H. Dubusc. Mann ein Franzose. Dicke wirtschaftl. Frau, Tochter aus dem Pensionat. [...] Meine Spaziergänge u. Liegen im Grase an der Mastrichterstraße mit Cigaro.» Eichendorff kann nicht ahnen, daß sein Sohn Hermann, mit dem Louise im sechsten Monat schwanger geht, ab 1851 Hilfsarbeiter, ab 1859 Regierungsrat bei der Regierung in Aachen sein wird und dort 1882 als Geheimer Regierungsrat in den Ruhestand geht. Am 11. April 1856 wird Eichendorff aus Neisse an ihn schreiben: «Daß Du, lieber Hermann, am Rheine bleiben willst, kann ich nur billigen; es ist dort doch ein ganz anderes Leben, als hier im Osten.»

Doch jetzt, am 15. Mai 1815, huldigen die Vertreter der neuen Rheinprovinzen in Aachen ihrem Landesherrn, dem preußischen König Friedrich Wilhelm III., der freilich selbst noch in Wien ist und sich durch Bevollmächtigte vertreten läßt. Eichendorff notiert für die Fortsetzung des Tagebuchs: «Huldigungsfest. Gerüst auf dem Rathause. Herold-Zug, Kanonendonner etc. Abends Feuerwerk und Illumination.» Läßt er sich hinreißen oder teilt er die kritische Einstellung der Offiziere um Gneisenau gegenüber der absolutistischen Monarchie?

Spätestens zwei Tage danach wird er daran erinnert, wenn er für den 17. Mai festhält: «Görres getroffen», seinen verehrten Lehrer der Heidelberger Zeit. Dessen «Rheinischer Merkur», der sich nicht nur als Gegner Napoleons, sondern jeglicher Unterdrückung durch die Herrscher von Gottes oder Napoleons Gnaden versteht, gerät gerade in diesen Monaten unter den Druck der preußischen Regierung. Bei ihr haben sich die Staaten der Restauration, gerade auf dem Wiener Kongreß versammelt, über den immer noch revolutionären Görres beschwert. So erinnert der preußische Staatskanzler Karl August Fürst von Hardenberg aus Wien am 10. Mai Görres an die Grenzen, die er als preußischer Untertan nicht überschreiten dürfe. Hat Görres das Schreiben schon erhalten, als er mit Eichendorff in Aachen zusammentrifft? Vermutlich nicht, denn erst am 10. Juni wird Görres aus Koblenz darauf antworten und die Verspätung entschuldigen: «Da dies Schreiben mich am gewöhnlichen Orte meines Aufenthaltes nicht getroffen, indem ich auf einer Rundreise begriffen war [...].» Doch den Geist dieses Schreibens wird Eichendorff bei der erneuten Begegnung mit seinem verehrten Lehrer gespürt haben, und das wird ihn in der eigenen kritischen Einstellung zu den restaurativen Mächten bestärkt haben.

«Nein», so heißt es in Görres Antwortschreiben an Hardenberg, «ich habe ein heiliges Amt zu verwalten, ich muß es nach meinem Gewissen führen, oder völlig niederlegen. Mir ist es nicht gegeben, mich unter Zwang und Rücksichten geistig zu bewegen, kann ich nicht länger meiner Überzeugung folgen und muß ich einen anderen Richter als mein Gefühl und meinen Takt befragen, dann weicht der Geist von mir, und ich bringe kaum das Gewöhnliche zu Stande. Ich würde Ew. Durchl. alsdann bitten müssen, mir die weitere Herausgabe des Blatts als nicht zeitgemäß geradezu und unbedingt zu untersagen, damit ich mit solchem Verbote vor der Welt mich rechtfertigen kann, daß mein Zurücktreten in jetziger Crise nicht aus Feigheit geschehen ist. Mit Freuden würde ich alsdann zu der ruhigen Einsamkeit zurückkehren, in die ich seit der Zeit, wo Napoleon zur Macht gelangt, während 13 Jahren mich zurückgezogen, und ich nur verlassen habe, weil ich hoffe, daß mein thätiges Eingreifen in der Zeit meinem Vaterlande von einigem Nutzen seyn würde.» Am 18. Januar 1816 wird Görres' «Letztes Wort» in der Zeitung lauten: «Durch die Königliche Kabinetsordre, vom 3. Januar, ist die fernere Herausgabe des Rheinischen Merkurs in den preußischen Staaten untersagt. Die vorrätigen Exemplare sind sofort unter Siegel gelegt, und der Drukker ist verhaftet worden. [...]»

Eichendorff wird seine künftigen Lebensentscheidungen im Geistes des «Einsiedlers» Görres treffen: statt des Kriegsdienstes den zivilen Staats-

## Als Ordonanzoffizier bei Gneisenau

dienst wählen; letzteren, wenn auch vergeblich, statt in Preußen lieber in Österreich oder Bayern suchen; aus den östlichen Provinzen auch unter ungünstigen Bedingungen nach Berlin flüchten, um geistig und dichterisch nicht auszutrocknen; schließlich selbst den Abschied aus dem Staatsdienst nehmen, als sich die Einsicht aufdrängt, daß sich diese Monarchie, die sich von einem föderalistischen Ständestaat immer mehr zu einem zentralistischen Beamten- und Militärstaat entwickelt, seiner kritischen Dienste nicht länger bedienen will.

So motiviert, erhält Eichendorff am 19. Mai «auf dem Paradeplatz unsere Bestimmung» als Leutnant im 1. Bataillon des 2. Rheinischen Landwehr-Infanterie-Regiments, am gleichen Tag schreibt er noch «an Louise». Die Truppenaushebung beginnt. Für die folgenden Tage notiert er im Tagebuch: «21.$^{t.}$ Mit 19 Offizieren u. 1 Major auf Karren fort, in einem Dorf bei Neuß über Nacht. 22$^{t.}$ Über Neuß in Crefeld eingetroffen. Beim Juristen Schenntzgen [Schüntzgen] logiert. 29$^{t.}$ Briefe von Louise. In Crefeld Bibliothek im Hause. Exercieren.»

Während Eichendorff, voll Sehnsucht nach der Welt der Bücher und nach seiner schwangeren Frau in Berlin, im rheinischen Hinterland die neu ausgehobenen Landwehrtruppen exerziert, spielt nicht allzu weit von ihm entfernt der entscheidende Akt des Weltgeschehens. Napoleon versucht Mitte Juni mit 128 000 Mann zu verhindern, daß sich die preußischen Truppen unter Blücher – 80 000 Mann, darunter etwa 30 000 Mann alter und neuer Landwehr – mit der englisch-niederländischen Armee von 93 000 Mann unter dem englischen Feldmarschall Wellington vereinigen. Napoleon greift am 16. Juni bei Ligny Blücher an und kann ihn schlagen, aber nicht vernichten. Dem Angriff Napoleons am 18. Juni südlich Waterloo nahe dem Pachthofe Belle Alliance kann Wellington standhalten. Als frische preußische Truppen unter Bülow und die restlichen Soldaten Blüchers den Franzosen in die rechte Flanke fallen, flüchtet das napoleonische Heer in völliger Auflösung. Napoleon dankt am 22. Juni 1815 erneut ab.

Eichendorffs Regiment soll erst einen Tag nach der Schlacht von Waterloo die Hauptarmee erreicht haben. So hat Eichendorff die letzte Chance, sich vor dem Feind auszuzeichnen und eine militärische Karriere zu verfolgen, verpaßt: Wieder einmal ist er «zu spät» gewesen. Doch sein Regiment nimmt unter der Führung Gneisenaus an der Verfolgung der restlichen französischen Truppen teil und zieht am 7. Juli in Paris ein. In Eichendorffs späteren Notizen zum «Bilderbuch aus meiner Jugend» heißt es dazu nur lakonisch: «Mein Biwak auf dem Pont-neuf.»

Am 15. Juli liefert sich Napoleon in Rochefort den Engländern aus, die ihn auf die Atlantikinsel Sankt Helena deportieren, wo er, sechs Jahre später, am 5. Mai 1821 stirbt.

In Paris für einige Zeit im Hauptquartier Blüchers Ordonnanzoffizier – der Höhepunkt seiner Militärkarriere –, wird Eichendorff dort auch den preußischen Kammergerichtsrat Johann Albrecht Friedrich Eichhorn kennengelernt haben, Mitglied der Zentralverwaltung und 1840 preußischer Kultusminister und als solcher Vorgesetzter Eichendorffs. Jetzt ist er mit der Rückführung der von den Franzosen requirierten preußischen Kulturgüter befaßt. An Eichhorn richtet Eichendorff am 26. Oktober 1815 aus Ham in der Picardie, wo seine Landwehreinheit einquartiert ist, einen Brief, der seine Zukunftssorgen ungeschminkt schildert und als Muster derartiger erfolgloser Bettelbriefe Eichendorffs gelten kann: «Hochwohlgebohrener Herr Verehrtester Herr KammerGerichtsRath. Euer Hochwohlgebohren haben mir, als ich vor einigen Tagen die Ehre hatte Sie in Paris zu sprechen, gütigst die Erlaubniß gegeben, mich in Betreff meiner künftigen Anstellung an Sie wenden zu dürfen, und die Güte, mit welcher Sie mich jederzeit Ihrer Theilnahme würdigten, fordert mich auf, es mit aller Freimüthigkeit zu thun. Ich habe, wie Euer Hochwohlgeboren vielleicht bekannt seyn wird, die Feldzüge von 1813, 14 und 15 mit freudiger Aufopferung aller meiner günstigen Aussichten für die Zukunft mitgemacht, und auch jetzt, da die Waffen ruhen, ist es mir wahrlich redlicher Ernst, meinem Vaterlande auf eine andere, meinen früheren Vorbereitungen angemeßnere Art nach meinen Kräften nützlich zu seyn. Ich habe zu Halle und Heidelberg und späterhin, durch Familien-Verhältniße bestimmt, in Wien die Rechte und cameralistischen Wißenschaften studirt, in dem lezteren Orte auch die daselbst erforderlichen Prüfungen gemacht, worüber ich die besten Zeugniße aufweisen kann. Da ich aber verheirathet und Vater bin und mein Vermögen durchaus nicht hinreicht, um mit meiner Familie noch längere Zeit auf eigene Kosten zu leben, so ist es mir unmöglich, nunmehr in die gewöhnliche juristische Laufbahn einzutreten und vielleicht Jahrelang ohne Gehalt zu arbeiten. Als das Wünschenswertheste unter diesen Umständen erscheint mir daher eine Anstellung in irgend einem Bureau (Z. B. der Polizey) in Berlin oder als expedirender Secretair bei einem der Oberlandes-Gerichte in den neupreußischen Provintzen am Rheine, welche mir für diesen Augenblick eine sichere Zuflucht und Gelegenheit darböte, mich für den Dienst des Staates weiter auszubilden. Euer Hochwohlgeboren bitte ich demnach gehorsamst, im Vertrauen auf Ihre mir bereits erwiesene Güte, mir durch Ihren kräftigen Einfluß und Fürsprache zu Erreichung dieses meines Wunsches gütigst behülflich seyn zu wollen, und meines Lebenslangen innigsten Dankes versichert zu seyn. In ergebener Erwartung einer gütigen Antwort verharre ich mit ausgezeichneter Hochachtung Euer Hochwohlgebohren gehorsamster Diener Baron v. Eichendorff / Lieutenant im $1^{\text{ten}}$ Bataillon des $2^{\text{ten}}$ Rheinischen Landwehr-Infanterie-Regiments.»

Am 20. November wird der Zweite Pariser Frieden unterzeichnet. Frankreich muß 700 Millionen Franken Kriegsentschädigung zahlen, siebzehn Festungen werden auf fünf Jahre von den Alliierten besetzt, Saarbrücken kommt an Preußen, Landau an Bayern und Savoyen an Sardinien. Erst Ende des Jahres 1815 beginnt die Rückkehr der preußischen Landwehrverbände. Von den 58 800 Mann Landwehr sind in diesem letzten Feldzug gegen Napoleon 14 500 gefallen bei einem Gesamtverlust der preußischen Armee von 30 681 Mann.

Am 29. Januar 1816 schreibt Eichendorff einen Brief an Fouqué aus Berlin, das seine Frau mit dem am 30. August geborenen Sohn Hermann bereits im Dezember 1815 Richtung Schlesien verlassen hat. Eichendorff ist trotz der betrüblichen Zukunftsaussichten als Dichter und Patriot hochgestimmt. Hält er doch endlich seinen bereits Ende März 1815 erschienenen Roman «Ahnung und Gegenwart» in Händen: «Das Honorar und eine Menge von Exemplaren ist während meiner Abwesenheit meiner Frau in Schlesien richtig zugekommen. Ich selbst reise nun mehr nach Lubowitz bei Ratibor in Ober-Schlesien, wo ich den dort obwaltenden Umständen die Entscheidung überlaßen werde, ob ich künftig auf dem Lande bleiben oder noch einmal eine Civil-Anstellung suchen soll. An Ruhe ist auf jeden Fall nicht zu denken. Denn es giebt, meines Bedünkens, grade keine reichere, entscheidendere, aber auch gefährlichere Zeit, als wenn ein tüchtiges Volk im vollen Bewußtseyn und Gefühl seiner Kraft plötzlich still steht und sich besinnt. Wir wollen also lieber recht wach bleiben, denn wir dürfen das durch Fahrläßigkeit oder Übermuth nimmermehr verspielen, was wir mit Gottes wunderbarem Beistand erobert und mit so viel theuerem Blute besiegelt haben.»

Das ist Eichendorffs geläuterter Patriotismus, von dem er nicht ohne Ironie auch im Januar/Februar, noch immer aus Berlin, an Philipp Veit in Rom schreibt: «Daß ich unterdes geheiratet habe (die von Pogrzebin), werden Sie wohl schon wissen. Demohngeachtet habe ich noch einmal einen Paroxismus von Patriotismus erlitten, (mit der Rheinischen Landwehr) den letzten Feldzug wieder mitgemacht, d. h. fürchterlich exercirt, zu Compiegne, Noyon und Ham in der Picardie tüchtig gegessen und getrunken und nun wieder unbestimmten Urlaub genommen und zwar so unbestimmt, daß ich vor der Hand noch nicht recht weiß, ob ich noch einmal auf eine Anstellung Sturm laufen oder mich für immer in die frischen Wälder von Ober-Schlesien flüchten werde. Auf jeden Fall reise ich fürs Erste jetzt nach Hause.»

Wie Eichendorff zumute ist – voller Angst, seinen dichterischen Schwung als Philister im warmen Nest der Familie zu verlieren, voller Sehnsucht, seine Frau möge ihm wie einst wieder die Geliebte sein und einen neuen Frühling der Liebe und der Lieder bescheren –, zeigt ein aus dieser Zeit stammendes Sonett unter dem Titel «Sommerschwüle»:

> Die Nachtigall schweigt, sie hat ihr Nest gefunden
> Träg' ziehn die Quellen, die so kühle sprangen,
> Von trüber Schwüle liegt die Welt umfangen,
> So hat den Lenz der Sommer überwunden.
>
> Noch nie hat es die Brust so tief empfunden,
> Es ist, als ob viel' Stimmen heimlich sangen:
> «Auch *Dein* Lenz, froher Sänger, ist vergangen,
> An Weib und Kind ist nun der Sinn gebunden!»
>
> O komm, Geliebte, komm' zu mir zurücke!
> Kann ich nur Deine hellen Augen schauen,
> Fröhlich Gestirn in dem verworr'nen Treiben:
>
> Wölbt hoch sich wieder des Gesanges Brücke,
> Und kühn darf ich der alten Lust vertrauen,
> Denn ew'ger Frühling will bei *Liebe* bleiben.

## «Mich zieht es unwiderstehlich nach Italien»: Leben und Lieben des k. k. Beamten Wilhelm von Eichendorff

Es ist kaum nachzuvollziehen, was die Trennung im April 1813 für die Brüder Wilhelm und Joseph von Eichendorff bedeutete. Alles hatten sie gemeinsam erlebt: die Kindheit in Lubowitz, die Schulzeit in Breslau, die Studienjahre in Halle, Heidelberg und Wien mit den dazwischenliegenden «Jubelperioden» in der schlesischen Heimat, die Reisen durch den Harz bis an die Ostsee, die Aufenthalte in Paris und Berlin. Die Brüder waren ein Herz und eine Seele gewesen, wie würden sie die Trennung überstehen?

Die erste Enttäuschung ist die ausbleibende regelmäßige Korrespondenz, die sich die Brüder beim Abschied sicherlich hoch und heilig versprochen haben. Schon am 12. April 1813 bedauert Joseph aus Breslau in einer Nachschrift zum Brief seines Freundes Philipp Veit an dessen

Mutter Dorothea Schlegel in Wien, wo Wilhelm von Eichendorff zurückgeblieben ist: «Da die Briefe schon um 9 Uhr abgegeben seyn müssen, und nicht um 10, wie ich glaubte, so bleibt mir nun keine Minute Zeit mehr, an meinen Bruder oder [Adam] Müller zu schreiben. Ich bitte gehorsamst, dieses meinem Bruder nebst dem herzlichsten Gruße zu sagen. Ich schreibe nächsten Posttag desto mehr. Es giebt unglaublich viel zu laufen. Behalten Sie mich u meinen lieben verlassenen Bruder in Ihrer Liebe, so wie wir hier fast stündlich Ihrer gedenken. Jos. Eichendorff.»

Anfang Dezember 1813 berichtet Brentano an Arnim: «[Adam] Müller hat den Eichendorff nach Tirol genommen, Müller sehnt sich sehr allerlei von Berliner Leuten zu hören, wenn du mir einen Brief an ihn schicken willst, so machst du ihm grose Freude, er könnte, oder auch *Eichendorf*, den du nur bitten darfst von den dortigen Anecktoden mehr verschaffen, als jemand.» Am 5. April 1814 weiß Brentano erneut Arnim zu berichten: «Den 15 geht Müllers Frau nebst Kindern zu Müller nach Trient, Eichendorf der bei ihm ist, ist bereits sechsmahl als Kurier ins Hauptquartier.» Das deckt sich mehr oder weniger mit dem, was Joseph von Eichendorff am 8. April 1814 aus Torgau in einem Brief an Loeben über seinen Bruder weiß: «Freundlicher ist das Schiksal meines Bruders Wilhelm. Er reiste im December vorigen Jahres mit Adam Müller von Wien nach italiänisch. Tyrol, wo beide in dem östreichischen Landesgremium angestellt wurden, welches, der siegenden Armee folgend, jene neueroberten Provintzen sogleich auf östreichischen Fuß einrichtet. Zweimal wurde mein Bruder von Italien aus als Courier mit Depeschen an den östreich. Kaiser ins Hauptquartier geschickt, das erstemal nach Basel, das anderemal nach Troyes. Sein lezter Brief von Januar ist aus Trient.»

Da die Situation für Joseph von Eichendorff in Torgau unerträglich wird, bittet er am 11. Mai 1814 in einem Brief, der nicht überliefert ist, seinen Bruder, dieser möge auch ihm «irgend eine Stelle im österr. Civile zu verschaffen suchen», wie Joseph dem Grafen Loeben am 10. August 1814 mitteilt. «Aber, denke, seit dem – 10$^t$ April habe weder ich noch meine Aeltern die geringste Antwort oder Nachricht von Wilhelm, obschon wir seitdem schon wieder an ihn und auch an Ad. Müller geschrieben haben. Eine unbeschreibliche Wehmuth ergreift mich oft in unserem Garten, wo alle Blumen und Bäume mich nach ihm zu fragen scheinen, und es fällt mir wohl manchmal gar ein, daß er gestorben sein. Ich schreibe dieß mit tiefen Schauern, denn ich weiß nicht, wie ich ihn überleben soll.»

Tatsächlich ist ein Brief Wilhelms – «eher ein halbes Tagebuch» – vom 8. Juli 1814 aus Lienz an Joseph unterwegs. Die 28 Druckseiten sind ein

*34 Wilhelm von Eichendorff, der Bruder des Dichters*

einzigartiges Dokument brüderlicher Zuneigung und unbedingten Vertrauens, aber auch der Vereinsamung und Gefährdung in diesen Jahren nach ihrer Trennung. Auch stellt Wilhelm seine Berufung als Dichter, die dieser Brief schon in den hier gebotenen kurzen Auszügen noch einmal unter Beweis stellt, immer wieder in Frage: «Mein liebster Joseph. Jedesmal, wenn ich einen Brief von Dir erhalte, fühle ich einen wunderbaren Schmerz, der eigentlich keinen Namen hat; ich denke, ich liebe Dich nicht so, wie es Deine Liebe um mich verdient, und dann wird mir, wie wenn in der Nacht eine Musik aus der Ferne tönt und aus tiefem Schlaf zu einem träumenden Schlummer weckt, in den die Melodie noch ergreifender singt, und aus dem man erwacht, wenn die Töne verklungen sind. Man sucht sie, aber es ist alles finster und still.»

Wilhelm berichtet, wie er während eines achttägigen Aufenthalts in Paris die gemeinsamen Erinnerungen an ihre Parisreise 1808 heraufbeschworen habe: «Als ich aber eines Morgens in den Garten der Tuilerien ging und nun sah, wie noch immer der alte Schwan auf dem Bassin mit gesträubten Flügeln schwamm, und dieselben Plätze noch immer mit heimlich verliebten, oder unglücklichen Spaziergängern besetzt waren, wie vor 5 Jahren, da ergriff mich die tiefste Sehnsucht nach Dir; ich konnte es noch immer nicht glauben, daß ich ohne Dich in einer so wunderbaren Stimmung auf einem Platze, wo uns gemeinschaftlich zum ersten Male mit tiefster Innigkeit, unser kräftiges Deutschland, wie das Farbendunkel einer Aussicht von Albrecht Dürrer ergriff, leben konnte.»

Jetzt lebt Wilhelm in Angst um das Leben seiner Freunde, vor allem seines Bruders: «Nach Veiten [Philipp Veit] sah ich mich überall um, allein umsonst. Seit 5 Monaten hat er seinen Eltern [Dorothea und Friedrich Schlegel in Wien] nicht mehr geschrieben. Ich mag nicht darüber nachdenken, die schwarzen stinkenden ganz nackten Leichname bei Troyes, die ich auf der Reise nach Paris am Wege im Chausseegraben liegen fand, haben einen zu fürchterlichen Eindruck auf mich gemacht. Überhaupt, um zu wissen, was der Krieg sei, muß man im Nachtrab der Armee auf eben verlassenen Schlachtfeldern sein. Wer es gesehn hat, wird bekennen, Christus habe den Frieden gepredigt, wenn er auch gekommen ist, um das Schwert zu bringen.»

Doch ein Brief Josephs aus Torgau vom 11. Mai habe ihn einerseits getröstet, andererseits spüren lassen, wie sehr er selbst sich von einer poetischen Lebensweise immer mehr entferne: «Meine Lebensart, die jetzt sogenannt praktisch ist, mich bald zur Verfertigung von Aufsätzen verbindet, die mich nicht interessieren, bald zu Kommissionen anhält, die mir ganz fremde Gegenstände betreffen, und endlich nie aus dem Kreise von Menschen zieht, die auch nicht eine Anregung irgend einer tieferen und größeren Wirksamkeit spüren, die den Glanz, den die Erdgeister spenden, bei weitem höher achten als den gebrochenen Schein des Goldes der Himmlischen. Diese Lebensart macht es, daß ich Dich zwar nie vergesse, aber in dem Getöse aller dieser Dinge öfter überhöre, und daß mein Gefühl einer Quelle ähnlich wird, die zuweilen versiegt, dann aber wieder strömt. Es ist natürlich, daß ich mich in geschäftsfreien Augenblicken ermüdet und zu einer Art Berauschung geneigt fühle, durch die man in ein plattes Leben poetische Sprünge zu bringen hofft. Aber wie immer, wenn man selbst Schauspieler ist und der kontemplative Genuß entflieht, sehe ich keine Befriedigung darin. Du wirst mich verstehen, wenn Du Dich an meine Beschreibung des südlichen Himmels und der italienischen Schönen in einem meiner Briefe erinnerst.» Und dann erzählt Wilhelm dem Bruder ausführlich, als handele es sich um einen Entwurf für eine romantische Novelle, von seinen jüngsten Liebesromanzen.

Darauf, daß Joseph ihn um Vermittlung einer Stellung im österreichischen Zivildienst gebeten hat, geht Wilhelm genau so wenig ein wie die Schlegels in Wien. Statt dessen kommt Wilhelm auf einige Strophen zurück, die Joseph ihm geschickt hat: «Ganz herrlich ist das Fragment Deines Gedichts, groß gedacht und ruhig gesagt. Ach, ich glaube, die Einsamkeit wird uns manches alte unbenutzte Talent wieder hervorsuchen lassen.» Es handelt sich wohl um das Gedicht «An W. Zum Abschiede. Im Jahre 1813.» Eichendorff zitiert es in dem folgenden Fragment «Das Wiedersehen».

Nun überwältigt Wilhelm die Erinnerung an die Heimat, die ihm im Gegensatz zu Joseph immer unheimlicher vorkommt, so daß er ihr in Italien zu entrinnen sucht. «Die Beschreibung der Lubowitzer Nachmittagsschwüle in Deinem Briefe ist so wahr, daß sie mich im Innersten erschreckt. Die Insel, auf der man nichts sieht als die hohen Weiden, die stille Wiese und den Himmel; den Himmel, der einen mit Gewalt erinnert, daß die Sonne noch über einer ganz anderen Welt aufgeht! Das ist wahrlich eine Freude, die mich in meinem jetzigen Zustande wahnwitzig machen könnte. Mich zieht es unwiderstehlich nach Italien, und ich gehe sicher binnen kurzem wieder hin, entweder, um mich völlig unglücklich zu machen, oder um mich zu entzaubern, denn es geht viel auf der Welt, aber dieses stumme Harren in einsamen Bergen muß mich töten.»

Der Brief ist aufschlußreich nicht nur im Hinblick auf Wilhelms Gefährdung durch sein unstetes Wesen, sondern auch auf Josephs ähnliche Veranlagung und auf dessen Rettung durch Louise von Larisch. Vor diesem Hintergrund wird verständlich, was Eichendorffs wenig späteres Gedicht «An Louise 1816» meint, wenn da von seinem «halbverwilderten Gemüte» die Rede ist.

> Ich wollt in Liedern oft dich preisen,
> Die wunderstille Güte,
> Wie du ein halbverwildertes Gemüte
> Dir liebend hegst und heilst auf tausend süße Weisen,
> Des Mannes Unruh und verwornem Leben
> Durch Tränen lächelnd bis zum Tod ergeben.
>
> Doch wie den Blick ich dichtend wende,
> So schön in stillem Harme
> Sitz'st du vor mir, das Kindlein auf dem Arme,
> Im blauen Auge Treu und Frieden ohne Ende,
> Und alles laß ich, wenn ich dich so schaue –
> Ach, wen Gott lieb hat, gab er solche Fraue!

«Das Wiedersehen»

In diesen Zusammenhang fügt es sich gut: Der einzige erhaltene Text Josephs an Wilhelm, der seit dem 9. April 1815 als k. k. Gubernialkonzipist in Innsbruck arbeitet, ist das folgende Konzept-Fragment eines Briefes vom März 1816, ausgerechnet aus Pogrzebin, der Heimat Louises, der Wilhelm seinerzeit noch vor Joseph den Hof gemacht hatte: «Du darfst meine Frau nicht mehr aus Erinnerungen aus alter Zeit beurtheilen. Ihr in mich hineinleben (sie schreibt Z. B. ohne daß ich daran gedacht, jetzt eine Hand, die schon häufig mit der meinigen verwechselt wurde,) großer Kummer, u. das gewaltsame Herausreißen aus dem heimathlichen Boden u. Sauerteig hat ihre frühere sinnlichreitzende, muthwilligspielende Lebhaftigkeit in die Tiefe versenkt u. in eine unendlichmilde stille Lebenskräftige Güte verwandelt, welche ihr unter den kritischsten Menschen Europas, in den Familien Staatsrath Uhden, Mendel[s]ohn etc. zu Berlin, wo sie so lange einsam stand, eine aufrichtige Bewunderung u. Liebe verschafft, wie ich bei meiner jetzigen Rückreise mit vieler Freude bemerkte. Sonst ist sie jezt blühender als jemals. Du kannst daher wohl denken, daß ich sie gegen den sinnlosen, sich selbst nicht verstehenden Applaus oder gegen ein hoffärtig-gläntzendes Leben der Eitelkeit um Gotteswillen nicht austauschen möchte. Sie grüßt Dich herzlich. Betrachte Sie hinfüro gantz als Eins mit mir, denn sie ist es in aller Hinsicht. Mein Kind, Hermann genannt, das die L. selber säugt, schaut aus sehr großen blauen Augen curios in die Welt hinaus. –»

«Das Wiedersehen»

Erst 1965 wurde aus wiedergefundenen Nachlaßstücken Eichendorffs Novellenfragment «Das Wiedersehen» veröffentlicht, in dem er auf 13 Druckseiten vermutlich 1817 nach einem Zusammentreffen mit Wilhelm in Lubowitz die Trennung von 1813 und ein imaginäres Wiedersehen in der Heimat dargestellt hat – dichterisch verfremdet. Wenn auch unvollendet, handelt es sich um ein Meisterstück des Dreißigjährigen, das zwischen dem Jugendroman «Ahnung und Gegenwart» und der gleichzeitig entstehenden Novelle «Das Marmorbild» bestehen kann durch die Frische und den Schwung einer ersten Niederschrift, wie die erhaltene Handschrift zeigt, in der auch die Textänderungen noch aus dem ersten Arbeitsgang herzurühren scheinen.

Die Verfremdung besteht unter anderem darin, daß Leonhardt [Wilhelm] und Ludwig [Joseph] nicht leibliche Brüder, sondern «entfernter Verwandten Söhne» sind. Doch auch diese «wuchsen miteinander auf in der träumerischen Stille einer schönen Landschaft, die ein einsames Schloß heiter umgab [...]. Vielfache Studien und damit verbundene Reisen führten die beiden Freunde frühzeitig in die weite Welt hinaus [...]. Alle ihre Bildung war so notwendig in einander verwachsen, daß sie, obgleich jeder tüchtig für sich, doch nur erst beide ein Ganzes auszumachen schienen. Die lange Gewohnheit des Zusammenlebens hatte sich dabei in eine unwiderstehlich gewaltige Liebe zu einander verwandelt und sie gaben sich oft feierlich das Wort, nie zu heiraten, um bis zum Tode so miteinander fortleben zu können [...]. Da erfolgte plötzlich ein Riß durch ihr ganzes Leben. Ludwigs Vater hatte durch unerwartete Unglücksfälle sein Vermögen verloren und Ludwig, dichterisch und der mildere von beiden, mußte die Residenz [Wien], wo er sich damals mit Leonhardt aufhielt, verlassen. Beide fühlten nur ihre Trennung und wußten nicht, wie das Leben nun noch weiter dauern sollte. Der Wagen stand vor der Tür. ‹Wenn wir in der Ferne einander mit der Zeit fremde würden, wie andere Leute› – sagte Leonhardt zu Ludwig, und die Tränen brachen zum erstenmale in seinem Leben unaufhaltsam aus seinen Augen. Ludwig sagte nichts, denn diese Worte hatten ihn plötzlich mit einem eiskalten Schauer erfüllt, und er stürzte fast ohne Besinnung die Stiege herab. [...] Leonhardt aber fand auf dem Tische folgendes Abschiedslied:

> [Steig aufwärts, Morgenstunde!
> Zerreiß die Nacht, daß ich meinem Wehe
> Den Himmel wiedersehe,
> Wo ew'ger Frieden in dem blauen Grunde!
> Will Licht die Welt erneuen,
> Mag auch der Schmerz in Tränen sich befreien.
>
> Mein lieber Herzensbruder!
> Still war der Morgen – *Ein* Schiff trug uns beide,
> Wie war die Welt voll Freude!
> Du faßtest ritterlich das schwanke Ruder,
> Und beide treulich lenkend,
> Auf froher Fahrt nur Einen Stern bedenkend.
>
> *Mich* irrte manches Schöne,
> Viel reizte mich und viel mußt' ich vermissen.
> Von Lust und Schmerzen zerrissen,
> Was so mein Herz hinausgeströmt in Töne:
> Es waren Widerspiele
> Von deines Busens ewigem Gefühle.

Da ward die Welt so trübe,
Rings stiegen Wetter von der Berge Spitzen,
Der Himmel borst in Blitzen,
Daß neugestärkt sich Deutschland draus erhübe. –
Nun ist das Schiff zerschlagen,
Wie soll ich ohne *dich* die Flut ertragen! –

Auf *Einem* Fels geboren,
Verteilen kühlerauschend sich zwei Quellen,
Die eigne Bahn zu schwellen.
Doch wie sie fern einander auch verloren:
Es treffen echte Brüder
Im ew'gen Meere doch zusammen wieder.

So wolle Gott du flehen,
Daß Er mit meinem Blut und Leben schalte,
Die Seele nur erhalte,
Auf daß wir freudig einst uns wiedersehen,
Wenn nimmermehr hienieden:
So dort, wo Heimat, Licht und ew'ger Frieden!]

Von dem Gedicht existiert auch eine Abschrift Wilhelms mit der Anmerkung: «Das unterstrichene sind meiner Wenigkeit unmaßgebliche Verbesserungsvorschläge. D. 22. Julius 1814.» Die 5. Strophe zitiert Eichendorff in dem Brief an Loeben vom 8. April 1814 und bezieht sie auf seine Freundschaft mit dem Grafen. Das Gedicht wird unter dem Titel «An W. Zum Abschiede. Im Jahre 1813» in Fouqués Frauentaschenbuch von 1818 veröffentlicht.

Die Novelle verfolgt nun zunächst nicht Ludwigs weiteren Weg in die Heimat, sondern Leonhardts während des «Befreiungs-Krieges», der «plötzlich auch sein innerstes Leben frei, größer und umfassender» macht. Die folgende Charakteristik idealisim im Kontrast zu Josephs Erfahrung Wilhelms Soldatenleben: «Er wurde Soldat und überall ausgezeichnet, und selbst, wenn die Waffen ruhten, häufig beraten und zu bedeutenden Verhandlungen verschickt. So durchschweifte er Frankreich, England und das schöne Italien. Es glückte ihm alles und er war seines Glückes würdiger Meister. Von Ludwigen hatte er seit Jahren gar nichts mehr gehört. Der Krieg hatte ihn verhindert, sich näher nach seinem Geschicke zu erkundigen und das Bild des geliebten Freundes versank immer tiefer und unkenntlicher in dem alles überbrausenden Strome der letzten Zeit.» Erst während eines Besatzungsaufenthalts in Paris erinnert sich Leonhardt «in den Garten der Thuillerien» der früheren gemeinsamen Kunstreise mit Ludwig: «[...] die leise über den Wasserspiegeln kreisenden Schwäne, alles war noch wie damals.» Auch Wilhelm hatte in seinem Brief vom Juli 1814 an Joseph die Schwäne in den Tuilerien erwähnt. In der Novelle erinnert sich Leonhardt eines in Paris erhaltenen Briefes, den er sogleich öffnet. Er enthält jedoch nur ein achtstrophiges Gedicht:

O Herbst! betrübt verhüllst du
Strom, Wald und Blumenlust,
Erbleichte Flur, wie füllst du
Mit Sehnsucht mir die Brust!

Weit hinter diesen Höhen
Die hier mich eng umstellt,
Hör' ich eratmend gehen
Den großen Strom der Welt.

Es steigt die Erd' verwandelt,
Aus ihrer Söhne Blut,
In lichtem Glanze wandelt
Der Helden heilger Mut.

Auch mich füllt' männlich Trauern
Wie Euch, bei Deutschlands Weh'n –
Und muß in müß'gen Schauern
Hier Ruhmlos untergehn!

Sind das die goldnen Brücken,
Die sich mein Hoffen schlug,
Das himmlische Beglücken,
Das ich im Herzen trug?

Spurlos und kalt verschweben
Seh' ich so Mond auf Mond –
O wildes schönes Leben
Du hast mir schlecht gelohnt!

So nimm dich recht zusammen:
Erdrück' den eitlen Schmerz,
Behüte deine Flammen,
Sei ruhig, wildes Herz!

Das Rechte redlich wollen
Das kann der Mensch allein,
Was wir *vollbringen* sollen,
O Gott! das ist ja *Dein*!

Das Gedicht, überarbeitet und um vier Strophen gekürzt, wird 1837 unter dem Titel «Unmut» von Eichendorff veröffentlicht.

In der Novelle ist Leonhardt von dem Gedicht erschüttert und macht sich sofort auf, um Ludwig in der Heimat, wo er ihn vermutet, aufzusuchen. Er erfährt dort, daß Ludwig statt in dem heimatlichen Schloß in dem Dörfchen B. in einem «Pachterhaus» lebt. Das Dorf «lag einsam zwischen unbedeutenden, teils bebauten, teils mit Birkenbüschen bedeckten Bergen in schillerndem Sonnenscheine. Ein unbeschreibliches Stillleben war über die ganze Gegend verbreitet. Mein Gott, mein Gott, rief Leonhardt überrascht, hier hat er so lange gelebt!»

Leonhardt findet den Hof leer, nur ein Knabe erzählt ihm, «sein Vater sei bis zum Abende im nächsten Marktflecken, um Getreide zu verkaufen, die Mutter im Hofe in der Wirtschaft», und er führt den Besucher ins Haus. In dem Zimmer «fiel Leonhardten sogleich ein zierlich bedecktes großes Ehebette auf, eine Wiege stand daneben, in der ein Kind ruhigatmend schlief. Ein anderes, noch kleineres Bübchen wurde von einer Wärterin im Zimmer herum getänzelt, welche dem Gaste die Frau herbeizurufen versprach, sobald sie das Kind eingeschläfert haben würde. Hier schien Ludwigs Schlaf-, Wohn- und Studier-Zimmer zugleich zu sein, denn Leonhardt erblickte auch einen offenstehenden alten Schreibtisch; aber es lag nichts darin, als einige flüchtig gekritzelte Rechnungen über verkaufte Butter, Käse u. s. w., und die Tinte war, wie er lächelnd bemerkte, gar im Glase eingetrocknet. In einem Winkel entdeckte Leonhardt endlich auch eine Guitarre, an welcher er noch jeden Bug und Strich, aus voriger Zeit sogleich wiedererkannte, denn Ludwig hatte sie in ihren frei herumschweifenden Tagen zauberisch gespielt. Jetzt hatte sie nur noch drei Saiten, die anderen waren gesprungen und hingen halb vermodert herab; auf dem schlanken Halse des Instruments waren nasse Kinderwindeln zum Trocknen aufgehängt. Er konnte der Versuchung nicht widerstehen. Mit behutsamer Ehrfurcht, doch nicht ohne einigen Eckel, hob er mit zwei Fingerspitzen die ungewohnte Ware von der Guitarre auf den Ofen und warf dabei heimliche Blicke auf die alte Wärterin, ob sie nicht diese Junggesellen-Frechheit vielleicht übel deute. Die alte liebe gerettete Freundin im Arme, trat er nun ans Fenster und stellte sie wieder her, so gut es gehen wollte. Darüber erwachte das Bübchen in der Wiege, beide Kinder schrieen aus vollen Kehlen, die Alte schleuderte unwillige Blicke auf den Fremden, der große Hund unterm Ofen kratzte sich mit großem Getöse hinter dem Ohre, ein Kanarienvogel schmetterte gellend dazwischen. – Leonhardt dachte an Ludwig und blickte unbeweglich mit einem wunderbaren Gemisch kämpfender Gefühle und einem Lächeln, das fast wie verdecktes Weinen aussah, aus dieser Arche Noäh durchs Fenster, wie da draußen die Wolken frei, kühn und leicht über das schwere Leben unten wegflogen.»

In dieser Szene gelingt es Eichendorff meisterhaft, das Problem beider Brüder zu veranschaulichen: Werden auch sie in der Sorge für Frau und Kind notgedrungen ihrer dichterischen Berufung untreu werden? Werden sie, statt «frei, kühn und leicht» wie die Wolken das Leben zu überfliegen, mühsam eine «Arche Noäh» bauen müssen, um sich und ihre Familien über Wasser halten zu können, und letztendlich ein philisterhaftes Dasein führen?

Die Antwort gibt Eichendorff durch die folgende Beschreibung der Frau Ludwigs, Johanna [Louise von Larisch]. Es ist der überzeugende Hinweis auf ein Drittes außer Arbeitsleben und Dichterberufung: auf die Liebe. «Da öffnete sich die Türe und eine unendlichfrische kräftigweibliche Gestalt in einfacher reinlicher Kleidung mit still verständigen Augen trat, vor dem unerwarteten Fremden leicht errötend und sich verbeugend, herein. Es war Ludwigs Frau. Die Kinder lächelten und langten mit den Ärmchen ihr entgegen, der Tumult legte sich plötzlich von allen Seiten, und so war sie Leonhardten wie eine ruhig beschwichtigende Zauberin erschienen. Als Leonhardt ihr seinen Namen genannt hatte, fehlte nicht viel, daß sie in einen lauten Freudenausruf ausgebrochen wäre, und sie sah ihn darauf, ohne sich von seinem fremden weltgewandten Wesen im geringsten stören und irren zu lassen, aus ihren klaren Augen mit einer so tiefen Freundlichkeit und doch so fest und ergründend an, daß fast er selber einer Verlegenheit nahe war. Sie gestand dann mit liebenswürdiger Freimütigkeit, daß sie ihn lange durch die Erzählungen ihres Mannes, wie ihren eignen Bruder kenne, und daß ihr Mann oft sehnlichst den Wunsch geäußert, ihn wenigstens noch einmal vor seinem Tode wieder zu sehen. Leonhardt schwieg bei diesen Worten tief erschüttert einige Augenblicke still. – Beide wurden indes durch dieses offene Wesen der Frau bald wie alte Bekannte. Ihre ganze Erscheinung hatte etwas unbeschreiblich vertrauliches, mildes und beruhigendes.»

Es scheint sogar, als sei Ludwig, der Landwirt und Familienvater, doch noch als Dichter produktiv. Denn Leonhardt bemerkt, «daß das Kind verwüstend mit einem alten Blatte spielte, worauf sich Verse von Ludwigs Hand befanden». Als er um das Blatt bat, «sagte die schöne Mutter mit einem, wie es ihm schien, schmerzlichen Lächeln», sie «verstehe nicht viel von Gedichten und gelehrten Sachen [...]. Leonhardt freute sich innig, das Gedicht war an ihn selbst gerichtet und nach dem oben bemerkten Datum bereits bei Ausbruch des Krieges geschrieben.» Es stammt tatsächlich aus dem Jahre 1814 und trägt in der Handschrift den Titel «Abendlandschaft o[der] Abendwehmuth. An Wilhelm 1814. Im August» und ist 1818 in Fouqués Frauentaschenbuch unter dem Titel «Lied» veröffentlicht worden. In der Gedichtsammlung von 1837 trägt es den Titel «Nachruf an meinen Bruder».

Ach, daß wir auch schliefen!
Die blühenden Tiefen,
Die Ströme, die Auen
So heimlich aufschauen,
Als ob sie all' riefen:
«Dein Bruder ist tot!
Unter Rosen rot
Ach, daß wir auch schliefen!»

«Hast doch keine Schwingen,
Durch Wolken zu dringen!
Mußt immerfort schauen
Die Ströme, die Auen –
Die werden dir singen
Von Ihm Tag und Nacht,
Mit Wahnsinnsmacht
Die Seele umschlingen.»

«Das Wiedersehen»

So singt, wie Sirenen,
Von hellblauen, schönen
Vergangenen Zeiten
Der Abend von weiten,
Versinkt dann im Tönen,
Erst Busen, dann Mund
Im blühenden Grund.
O schweiget Sirenen!

O wecket nicht wieder!
Denn zauberische Lieder
Gebunden hier träumen
Auf Feldern und Bäumen,
Und ziehen mich nieder
So müde vor Weh
Zu tiefstillem See –
O weckt nicht die Lieder!

Du kennst ja die Wellen
Des Sees, sie schwellen
In magischen Ringen.
Ein wehmütig Singen
Tief unter den Quellen
Im Schlummer dort hält
Verzaubert die Welt.
Wohl kennst du die Wellen!

Kühl wird's auf den Gängen,
Vor alten Gesängen
Möcht's Herz mir zerspringen.
So will ich denn singen!
Schmerz fliegt ja auf Klängen
Zu himmlischer Lust,
Und still wird die Brust
Auf kühlgrünen Gängen.

Laß fahren die Träume!
Der Mond scheint durch Bäume,
Die Wälder nur rauschen,
Die Täler still lauschen,
Wie einsam die Räume!
Ach, niemand ist mein!
Herz, wie so allein!
Laß fahren die Träume!

Der Herr wird dich führen.
Tief kann ich ja spüren
Der Sterne still Walten.
Der Erde Gestalten
Kaum hörbar sich rühren.
Durch Nacht und durch Graus
Gen Morgen, nach Haus –
Ja, Gott wird mich führen!

Eichendorff läßt Leonhardt reagieren, als gebe es die letzte als Rettungsanker gedachte Strophe nicht. «Ein tiefer Schmerz schnitt durch seine Seele, als er ausgelesen hatte. ‹Welche uralte Melodie!› sagte er in Gedanken versunken und halblaut, ‹welche träumerische Verwirrung der Gedanken, wie das Bild eines müden, halbwahnsinnigen Schmerzes.› – Johanna, so hieß Ludwigs Frau, sah ihn bei diesen fast unwillkürlich ausgesprochenen Worten erschrocken und fragend an.» Leonhardt bittet dann Johanna, ihm ausführlich Ludwigs Leben zu erzählen, «[...] ‹es kann mir da nichts fremde sein.› – ‹Das Leben ist anders, als es sich die Jugend denkt›, sagte Johanna und lächelte, um die Tränen wegzulächeln, von denen ihre schönen Augen feucht wurden.» Es sei Liebe auf den ersten Blick gewesen. Ludwig habe nach dem Tode seines Vaters mit dem ihrigen ein Geldgeschäft zu berichtigen gehabt. Danach «holte er mich an der Türe ein: ‹Du bist recht schön, Schneewitchen!› flüsterte er mir leise ins Ohr. Ich antwortete vor Angst nicht, sondern trat schnell vor ihm ins Zimmer. Hier errötete Johanna, weil sie das gesagt hatte. Sie hatte, während der Erzählung das kleinste Kind an der Brust und säugte es. Der ältere Knabe saß zu ihren Füßen eingeschlummert. Die untergehende Sonne warf ihre Rosen auf die liebliche Gruppe und gern hätte Leonhardt mit gerufen: Du bist recht schön, Schneewitchen. Sie fuhr weiter fort:» Hier endet das Manuskript.

Es gibt jedoch in der Handschrift des Fragments gleich neben der Überschrift eine Notiz von Eichendorffs Hand über den weiteren geplanten Verlauf der Novelle: «Zu vollenden. Das Wiedersehen geschieht aber in Lubowitz. Ludwig wird verrückt, da er Leonhardten aufeinmal wiedersieht etc.» Wird er wahnsinnig, weil ihn das Wiedersehen mit Leonhardt aus dem mühsam gewonnenen Gleichgewicht bringt zwischen der rettenden Geborgenheit in der Liebe zu Johanna und der dichterischen Berufung, der Ludwig, wenn auch mühsam und mit Einschränkung, treu geblieben ist? Immerhin stammen die Gedichte, die Leonhardt in Paris und im «Pachterhof» zu sehen bekommt, von Ludwig. Indem sich Leonhardt und Ludwig in der Heimat, «in Lubowitz», ihrer hochfliegenden Jugendträume erinnern und sie mit der eingeschränkten Wirklichkeit nach den geplatzten Illusionen des Befreiungskrieges vergleichen, erfüllt sich an Ludwig, dessen dichterische Berufung stärker ist als die Leonhardts, der Fluch der Sirenen in der zweiten Strophe des Gedichts «Ach, daß wir auch schliefen». Leonhardt entgeht diesem Schicksal, weil er den leiseren Gesang seiner Sirenen zu unterdrücken vermag und im Dienst der neuen Heimat aufgeht: Österreichisch-Tirol.

Nun läßt sich auch die Frage, warum sich die Brüder 1813 in Wien getrennt haben und Joseph allein nach Schlesien zurückgegangen ist, besser beantworten: Der Aufruf des preußischen Königs scheint nur der Anlaß gewesen zu sein. Letztlich war es Louise von Larisch in Pogrzebin, in deren Liebe Josephs «halbverwildertes Gemüt» endlich Halt suchte und woraus sich alles andere ergab. Da die elterlichen Güter verloren waren und ein Leben auf einem «Pachterhof» gänzlich außerhalb einer noch halbwegs standesgemäßen Existenz gelegen hätte, blieb als einzige Möglichkeit, als Militär oder im zivilen Staatsdienst Karriere zu machen.

Joseph hätte, wenn es sich für ihn und Louise ergeben hätte, statt der preußischen auch wie sein Bruder Wilhelm die österreichischen Dienste gewählt, wie seine Bitten durch Philipp Veit bei den Schlegels und bei Wilhelm um Vermittlung einer Stelle zeigen. Schließlich war vorauszusehen, daß die Eichendorffs nach dem Verlust der Güter in Preußisch-Schlesien immer noch Grundbesitzer in Sedlnitz in Österrei-

«Das Wiedersehen» 385

chisch-Mähren sein würden und insofern Untertanen des österreichischen Kaisers. Schon deshalb hätte Joseph eine nur auf Preußen und Schlesien gerichtete patriotische Gesinnung, wie sie der heimatlose Clemens Brentano um den 24. März 1812 aus Prag gegenüber Achim von Arnim zum Ausdruck brachte, nicht geteilt: «Eine innige Verachtung habe ich gegen [Adam] Müller und [Friedrich] Schlegel, die ihr Vaterland, dem Sie alle ihre Bildung verdancken verließen in der Zeit einer edlen Noth, um an den Trüfflen Wiens zu fressen, das selbst sie nicht achtet und sie wie reiche Herrn, als Mohren, Heiducken, Affen, Zwerge und Papageien hält.»

Wilhelm von Eichendorff jedenfalls hat seinen österreichischen Staatsdienst immer auch als Dienst an der eigentlichen Heimat verstanden: dem ersehnten neuen Reich europäischer Nation, und Joseph hätte ihm darin zugestimmt. Symbol dieses Reiches, darin waren sich die Brüder mit Joseph Görres und den Schlegels einig, war immer noch der Kaiser in Wien. Stolz hatte Wilhelm am 8./9. April 1814 aus Trient Joseph von seinem Empfang durch den Kaiser berichtet: «Das einzige Merkwürdige dabei [auf der dritten «Courierreise» nach Chaumont] ist, daß ich das große Vergnügen hatte userm guten ehrwürdigen Kaiser vorgestellt zu werden, und mit ihm ganz allein in seinem Cabinett wohl an 10 Minuten lang zu sprechen. Du kannst Dir nicht vorstellen, wie herablassend und natürlich er ist. Er fragte mich, Verschiedenes über Tirol, und als ich ihm sagte, daß ihn die Leute so lieb hätten, daß sie vor Sehnsucht kaum länger ohne ihn zu leben vermöchten, gab er seine besondere Zufriedenheit darüber zu erkennen. [...] Das Volk sehnt sich nach dem Kaiser wie eine Geliebte nach ihrem Liebhaber; und er ist neidisch eifersüchtig wie ein Bräutigam auf diese Anhänglichkeit. Ein trockener Blumenstrauß den man ihm übersendet hat, und den das Volk in Innsbruck dem Kerpenschen Regiment bei seinem Einrücken zum Zeichen seiner Liebe übergeben hat, wird von ihm hoch in Ehren erhalten. Ich möchte eine Romanze darüber lesen, Kaiser Franz, und seine schöne Braut Tirol.»

So erstaunt es nicht, wenn auch Wilhelm von Eichendorff Tirol zu seiner Braut macht, der er mit Hingabe fünfunddreißig Jahre dienen wird. Als König Max Josef von Bayern 1814 auf Nordtirol verzichtet und Roschmann in Innsbruck seinen neuen Amtssitz aufschlägt, wird auch Wilhelm durch Entschließung vom 9. April 1815 von Lienz als Gubernialkonzipist nach Innsbruck berufen. August 1815 besucht ihn dort der Freund aus der Wiener Zeit, Philipp Veit. Dessen Reisegefährte, der Arzt Hermann Friedländer, berichtet darüber in dem 1819 erschienenen ersten

Band seiner «Ansichten von Italien während einer Reise in den Jahren 1815 und 1816»: «Philipp hat hier einen Freund wiedergefunden, den Baron v. E., dessen Gesellschaft Unsere Tage hier zu den heitersten und schönsten macht, die wir jemals genossen [...]. Er wohnt unmittelbar am Inn, den höchsten Bergmassen gegenüber [...]. Gern sehe ich dort hinan, indeß E. seine schönen Romanzen zur Guitarre singt, vom geheimnißvollen Rauschen des Flusses begleitet. Da umweht einen der Geist des Friedens, aber auch der starke Geist des Landes, und flüstert Wunderdinge und ernste Lieder ins Ohr.»

1817 reist Wilhelm nach Lubowitz und trifft dort mit seinen Eltern, mit Joseph und der Schwester Louise zusammen. Er schreibt am 15. Oktober aus Lubowitz an Joseph, der eher abgereist ist, von seinen Streifzügen im heimatlichen Garten und Park: «Der Papa saß wie gewöhnlich auf der Gartenbank im Lusthause, und betrachtete die Schiffe, die mit vollen Segeln auf dem Wasserspiegel bei Lenk ihren Lauf nach Ratibor richteten. Die Luft webte feine Schleier um die Karpaten, und die Sonne leuchtete wunderbar in die weite herbstliche Landschaft. Ein Blick aus alter Zeit schlug in das hoffnungslose Herz.»

Im Mai 1820 wird Wilhelm Joseph mit Familie in Wien wieder treffen, wo sie nach dem Tode des Vaters Eigentumsfragen besprechen.

Im Herbst 1820 arbeitet Wilhelm an dem Entwurf eines neuen Militärgesetzes für Tirol und findet dafür höchste Anerkennung. Im Februar 1821 wird er in geheimer Mission nach Lausanne, Luzern, Zürich und Bern geschickt, um ein Treffen des internationalen Komitees zum Umsturz der Monarchien auszukundschaften. Graf Chotek, der Gouverneur von Tirol, hatte Wilhelm dem Präsidenten der k. k. Polizeihofstelle in Wien, Graf Sedlnitzky, empfohlen: Besitze Eichendorff doch «neben einem vorteilhaften Exterieur einen ruhigen, besonnenen Charakter, eine empfehlende Bescheidenheit, zugleich aber viel Welterkenntnis, eine vorzügliche literarische Bildung, die nötige Sprachkenntnis und eine preußischdeutsche Mundart», sei demnach als österreichischer Spion weniger verdächtig.

Am 1. Mai 1821 heiratet Wilhelm die elf Jahre jüngere Julie Fischnaller aus den besten bürgerlichen Kreisen Tirols. Der Bruder ihres Stiefvaters, Prälat Aloys Röggl, ist über dreißig Jahre lang Abt des Prämonstratenser-Chorherrnstifts in Innsbruck-Wilten und traut das Brautpaar, dessen Ehe glücklich, wenn auch kinderlos ist.

1822 wird Wilhelm für ein Jahr dritter Kreiskommissär in Rovereto, dann erhält er die Gubernial- und Präsidialsekretärstelle in Innsbruck, wird Gubernialrat in Zara und ist zuständig für die Zensur «hinsichtlich der literären Blätter und Journale» Tirols.

1827 endlich erreicht er die oberste Sprosse seiner Karriereleiter als Kreishauptmann von Trient. Der Kreis reicht, wie Wilhelm 1848 an Joseph schreibt, «mit einem Flügel an die Schweiz mit dem andern an das venetianische Gebiet».

1831 lädt er seine unverheiratete Schwester Louise zu dauerndem Aufenthalte nach Trient ein – 1840 geht diese jedoch nach Baden bei Wien und stirbt 1883 geistig umnachtet in einer Heilanstalt. Aus Anlaß der Ankunft seiner Schwester schreibt Wilhelm zum erstenmal seit 1817 wieder an Joseph: «Noch immer faßt mich ein mächtiges Gefühl sehnsuchtsvoller Trauer, wenn ich zurückdenke an die schöne verlebte Zeit, und besonders an Dich, liebster, liebster Joseph, treuer Gefährte meiner Jugend, dem ich nie schreibe und dessen Bild ich dennoch ewig frisch mit brüderlicher Sorgfalt in meinem Herzen pflege und bewahre. Du bist seitdem ein berühmter Mann geworden. Spurlos ist an mir die Zeit vorübergegangen! Ich lese Deine Bücher mit Freude und Stolz, aber keines ergreift mich tiefer, als Ahnung und Gegenwart, diese Schöpfung aufgetaucht aus dem Morgenrot unserer Heimat, unserer kräftigsten Jahre und unseres brüderlichen Zusammenlebens. Louise war vor ihrer Abreise aus Schlesien nicht mehr in Lubowitz. Was hätte sie auch dort tun sollen? Wir können dort nur noch Entweihungen und Dornen suchen, die halbvernarbte Wunden wieder öffnen. Und doch kehrt sich mein Blick gerade in meinen innigsten Augenblicken mit unbesiegbarer Sehnsucht dorthin zurück. Mein heißester Wunsch indessen ist, Dich, liebster Joseph, einmal wiederzusehen [...].»

Im Januar 1834 bittet Wilhelm Joseph um dessen neue Anschrift: «Wie Du siehst befinde ich mich noch als Kreishauptmann in Trient, und bin mit meiner Lage zufrieden, da wie ich höre die Leute auch so ziemlich mit mir zufrieden sind, und meine Vorgesetzten in der Hauptsache auch nichts gegen mich einzuwenden haben. Küsse Deine liebe Frau in meinem Namen tausendmal [...].»

Von Wilhelms heimlichem Aufenthalt in der Heimat zusammen mit seiner Frau im Herbst des gleichen Jahres 1834 erfährt Joseph durch einen angeforderten Bericht des Verwalters Joseph Frenzl aus Sedlnitz vom 4. Oktober des Jahres und von Wilhelm selbst erst dreieinhalb Jahre später, am 15. Januar 1838. Den Besuch in Lubowitz schildert Wilhelm, als sei für einen Moment sein dichterisches Talent wieder aufgeblüht: «Ich war ganz allein. Vor dem Dorfe auf dem Walle ließ ich halten, und ging zu Fuß hinein. Die Blätter spielten schon ins Rote und Gelbe, und eine herbstliche Stille lag über der weit ausgebreiteten Gegend. Vieles war auf eine störende Weise verändert. Ich wagte es in den Hof zu gehen ich schlich wie ein Verbannter. Ich warf einen flüchtigen Blick in den Obstgarten hinter der ehemaligen Küche, den Tummelplatz unserer kindlichen Freuden. Dann wagte ich mich weiter bis unter die Fenster des Saales. Ich sah hindurch bis jenseits im Garten in die Allee und in ein Feld von Astern die aus dem matten Grün herausschimmerten. Im Saale putzte man, hing Lüstres auf, und schien ein Fest vorzubereiten. Da erfaßte mich plötzlich ein Schauder, so gewaltig, daß ich die Flucht ergriff. Vor der Kirche blieb ich stehen. Sie war gesperrt. Endlich faßte ich Mut den Mesner zu bitten, sie aufzuschließen. Links in der Kapelle lag mein Vater, rechts meine Mutter, draußen lachten ein paar Bauernmädchen die vom Felde zurückkehrten. Als ich ging, bat mich der Mesner um meinen Namen weil der Pfarrer neugierig sein würde. Ich antwortete, er möchte den Pfarrer von einem Herrn aus Italien grüßen, der in Lubowitz wohl bekannt wäre. Der Mesner sah mich nachdenkend an, und ließ mich gehen. Kaum hatte der Postillon aber die Pferde in Bewegung gesetzt, als es plötzlich: Halt! Halt! hinter mir herrief. Es war der Mesner, außer Atem stürzte er vor mir nieder, benetzte meine Hand mit Tränen und rief, Sie sind der Sohn meiner Wohltäter! – Dieses kleine, buchstäblich wahre Abenteuer, das gut beschrieben, in einem tränenschwangern Roman, seinen Effekt nicht verfehlen würde, war das Merkwürdigste meiner Reise [...].»

Im Juni 1845 treffen Wilhelm und Joseph zum letztenmal zusammen. Josephs Sohn Rudolf ist auch dabei, als sie auf ihrem letzten Familiengut in Sedlnitz vermutlich Probleme des Nachlasses und der Verwaltung besprechen. Denn in seinem letzten der insgesamt neun Briefe an Joseph seit 1814 erwähnt Wilhelm am 19. Januar 1848, er sei auch damit einverstanden, «daß die provisorische Verwaltung des Gutes aus den von Dir angeführten Gründen dem Amtsschreiber Johann Bayer anzuvertrauen sei».

Von den Wilhelm entstehenden Schwierigkeiten in Trient ist in dem Brief aus dem Revolutionsjahr nur allgemein die Rede: «Auf Deine Neujahrswünsche für welche ich Dir innigst danke, lege ich diesmal um so höheren Wert, als wir hier gegen West und Süd mit politischen Verwirrungen, Monstrositäten, und Lächerlichkeiten umgürtet sind, die hoffentlich im Laufe des eingetreten Jahres ihre Lösung erhalten werden.» Schließlich sei der Gouverneur der Provinz Tirol, Graf Brandis, ihm weiterhin wohlgesonnen. Im September 1847 haben Wilhelm und seine Frau wieder Urlaub in Venedig gemacht, und er sei sogar in den dortigen Gelehrtenverein aufgenommen worden. Tatsächlich ist der neuernannte Landesgouverneur, Graf Clemens Brandis, von der Wiener Hofkanzlei schon 1841 angehalten worden, dem Kreisamt in Trient wegen des Mangels an «zureichender Energie» besondere Aufmerksamkeit zu schenken. Brandis hatte zu bedenken gegeben: «[...] ich möchte nicht bürgen, ob ein Mann von mehr Kraft, wenn er nicht sehr große Umsicht damit verbindet, diesen Posten dereinst besser ausfüllen wird als er», Wilhelm von Eichendorff.

Doch 1847 ist Wilhelm dann doch offiziell aus Innsbruck und Wien gerügt worden, weil er die in dem Jahr stattgefundenen antiösterreichischen Demonstrationen in Trient nicht entsprechend geahndet hätte. Im Juli hatte das Opernpersonal auf dem Theater eine von Rossini komponierte Hymne auf Papst Pius IX., der als Förderer der italienischen Einheitsbestrebungen galt, gesungen, wozu das Publikum demonstrativ applaudierte. Im September war dann am Gebäude des Kreisamts ein Plakat angeschlagen worden mit dem Text: Viva Pio nono, morte ai Tedeschi! Doch Wilhelm berichtete nach Innsbruck blauäugig, es sei trotz dieser Vorfälle «an den treuen Gesinnungen und der aufrichtigen Anhänglichkeit der Bewohner der Stadt Trient an das allerhöchste Kaiserhaus durchaus nicht zu zweifeln».

Als jedoch im März 1848 die revolutionären Unruhen von Wien, Mailand und Venedig auch auf Trient übergreifen und ein Bataillon Kaiserjäger und ein Militärkommandant die Ruhe wiederherstellen müssen, wird Wilhelm auf Veranlassung des von Kaiser Ferdinand bevollmächtigten Hofkommissärs für Tirol, Erzherzog Johann, durch den Landesgouverneur Graf Brandis «mit Belassung seines dermaligen Gehaltes zur Dienstleistung zur Tiroler Landesstelle einberufen». Da Wilhelm weiterhin das Vertrauen des Gouverneurs besitzt, überträgt Graf Brandis ihm die Leitung des Präsidialbüros und die Bearbeitung aller Organisationsanträge. Doch schon am 7. Januar 1849 stirbt Wilhelm an Lungenlähmung. Seine Frau schreibt neun Jahre später an Hermann von Eichendorff, den Sohn des Dichters, über ihren Mann: «Das Jahr 1848 brachte ihm schweren Verdruß, der seine Gesundheit und seinen Lebensmut untergrub. 35 Jahre hat er dem Kaiser und dem Lande mit Aufopferung gedient, 21 Jahre lang war er Kreishauptmann in Trient, geachtet und geschätzt von jedermann.» Abt Röggl bestimmte für ihn ein Ehrengrab an der Südseite der Wiltener Pfarrkirche, wo 1870 auch Wilhelms Frau ihre letzte Ruhe findet und eine Gedenktafel an der Außenwand der Kirche an das freiherrliche Ehepaar erinnert.

Das letzte der über dreißig von Wilhelm überlieferten Gedichte – die meisten stammen aus der Studienzeit in Heidelberg, Berlin und Wien –, vermutlich aus dem Jahre 1831, ist an seinen Bruder Joseph gerichtet. Es zeigt, wie sehr es Wilhelm geschmerzt hat, trotz der beruflichen Inanspruchnahme dennoch nicht wie Joseph ein aktiver Genosse derer «auf den Flügelrossen» geblieben zu sein: ein Dichter.

> Bruder, an die alten Zeiten,
> An die längstversunk'ne Welt,
> Mahnt Dein Brief und schneidend gleiten
> Seine Worte, ernst gestellt,
> Tief mit der Erinn'rung Schmerzen
> Zu dem einsam stillen Herzen.
> Fern und einsam hingestellt
> Zwischen den beeisten Klippen,
> Sehn' ich mich mit heißen Lippen
> Nach dem Strom der alten Welt.
> Wenig ist zurückgeblieben
> Von des Sängers alten Trieben,
> Von dem heimatlichen Port.
> Nur noch ein'ge Liebeswunden
> Aus den lauen Sommerstunden
> Bluten sanft und heimlich fort.
> Wenn auf den beschneiten Matten
> Wie ein Geist die Wolkenschatten
> Durch die Mondenhelle zieh'n,
> Bangt mir vor dem fremden Lande,
> Lösen möcht' ich alle Bande,
> Und zu Deinem Herzen flieh'n.
> Doch die kühnen Felsenzacken,
> Wie im Sturm das zorn'ge Meer,
> Beugen nicht den grauen Nacken,
> Halten Wache um mich her.
> Grüße unsres Kampfs Genossen;
> Ihnen auf den Flügelrossen
> Reich' ich meines Grams Gedicht!
> Ob in diesem ew'gen Wehe
> Ich verderbend untergehe,
> Ob ich siegend auferstehe,
> Gott, ich weiß es selber nicht!

## Zwölftes Kapitel

## «Der letzte Held von Marienburg»
### oder
### Wie Eichendorff in Breslau Regierungsassessor, in Danzig Regierungsrat und in Königsberg Oberpräsidialrat wird

«Und wo ein tüchtig Leben
Und wo ein Ehrenhaus,
Da geht der Sänger eben
Gern gastlich ein und aus.

Der freudige Geselle
Grüßt Pfaff und Rittersmann
Und frische Morgenhelle
Weht all' im Liede an.

Und kühn im Rossesbügel
Der Ritter waldwärts zieht,
Und das Gebet nimmt Flügel
Und überfliegt das Lied.

Denn ob's mit Schwert, mit Liedern
Sich Bahn zum Himmel schafft;
'S ist *eine* Schar von Brüdern
Und *eine* Liebeskraft.

Wo die vereint, da ranken
Sich willig Stein und Erz,
Da pfeilern die Gedanken
Sich freudig himmelwärts. [...]»

Aus «*Der Liedsprecher*». *Dazu Eichendorffs Anmerkung 1826:* «*Das vorstehende Lied wurde am 20sten Juni 1822 während der Tafel, welche des Kronprinzen von Preußen Königliche Hoheit in dem großen Rempter des Marienburger Ritterschlosses gab, von einem Freunde des Verfassers, in dem Kostüm der alten Liedsprecher, gesungen.*»

Eichendorff wohnt bereits mit Frau und Sohn Hermann in Breslau in der Altbüßergasse, als er dem Freund Schaeffer in Pleß, der oberschlesischen Kreisstadt in der Nähe von Kattowitz, am 18. Juli 1816 mitteilt: «Ich habe mich bei der hiesigen Regierung zum Examen gemeldet, zu welchem ich mich nunmehr heftig vorbereite. Ich glaube im Grunde, ich habe einen

*35 Die Marienburg*

dummen Streich gemacht, der sich leicht mit meinem Durchfallen in der nicht leichten Prüfung garstig enden kann. Denn ich habe wenig Zeit, wenig Lust, wenig Geld, wenig Protektion, wenig connaissances, liaisons, savoir vivre und andern solchen Teufelsdreck, und wenn mich meine brave Frau nicht noch stark, frisch und frei erhielt, wär' ich längst schon fortgelaufen.»

Doch Eichendorff hat Glück. Am 9. Dezember besteht er die Prüfung. Er habe «eine gute Beurteilungskraft und in der Lehre vom Recht gute, in der Staats- und Finanzwissenschaft aber mittelmäßige Kenntnisse». Unter dem 15. Dezember erhält er vom Präsidium der Königlichen Regierung in Breslau mit Sitz im ehemaligen Palais Hatzfeld den Bescheid: «Da Sie in der mit Ihnen abgehaltenen Prüfung gut bestanden sind: so werden Sie hiermit angewiesen, sich behufs Ihrer Verpflichtung als Refendarius den 24: d. auf der Königlichen Regierung einzufinden. Wir erwarten übrigens, daß Sie sich angelegen sein lassen werden, sich durch Anstrengung und Fleiß zu einem tüchtigen Beamten auszubilden.»

Am Tag vor Weihnachten legt Eichendorff auf Preußens König Friedrich Wilhelm III. seinen «Dienst-Eid» ab, der ihn über achtundzwanzig Jahre bis zum selbst erbetenen Abschied am 1. Juli 1844 unter König Friedrich Wilhelm IV. binden wird. In dem Brief an Schaeffer vom Juli 1816 hat Eichendorff mit Galgenhumor beschrieben, worauf er sich nun eingelassen hat: «Da ich nämlich das große Caroussel, das sie Staatswirtschaft nennen, so recht ansah: wie da jeder bequem u. stattlich auf seinem hölzernen Pferde oder Schlitten sitzt und einen Ring nach dem andern absticht, hat mich selber die Lust angewandelt, auch mit aufzuhokken, wenigstens hinten auf die Pritsche irgend eines solchen wichtigen Mannes.» Hätte er geahnt, daß er tatsächlich sein Leben lang nur «hinten» sitzen wird, der Humor wäre ihm im Halse stecken geblieben.

Vielleicht wollen die Schwiegereltern, im Verein mit den Eltern, helfen, die junge Familie über Wasser zu halten. Denn Diäten gibt es für die Anwärter im Verwaltungsdienst nicht. Es dauert durchschnittlich zweieinhalb Jahre, in den vierziger Jahren sogar zehn bis zwölf Jahre, bis sie eine Planstelle erhalten. Das restaurative Preußen spart vor allem an den Beamten und geht davon aus, daß der begüterte Adel, der bevorzugt wird, sich diesen Dienst am Vaterland leisten kann und will. Obwohl sich durch die Provinzen, die im Krieg an Preußen gefallen sind, die Bevölkerung von 10,4 auf 16,2 Millionen vermehrt hat, wird die Beamtenschaft vor allem durch die Sparmaßnahmen von 1825 um rund ein Fünftel gekürzt, so daß es für die nächsten zwanzig Jahre in den Ministerial- und Provinzialverwaltungen nur noch 1650 Planstellen gibt und die Gehälter eingefroren werden. Eichendorff wird darunter sein ganzes Beamtenleben lang zu leiden haben. Seine Misere ist nicht nur persönlich bedingt.

Vielleicht hat sich Eichendorff anfangs Illusionen gemacht über eine schnelle Karriere als nebenberuflicher Dichter und über die künftigen Honorareinnahmen. Hat er doch am 15. Juni 1816 Fouqué gegenüber das erste Honorar bestätigen können: «Unlängst ist mir das Honorar für meine Beiträge zum Frauentaschenbuch so wie auch eine Einladung zur Theilnahme an der Zeitschrift Thusnelda, beides [...] durch Ihre gütige Besorgung zugekommen. Ich danke Ihnen, Herr Major, von ganzem Hertzen für Ihre Güte.» Auch habe er «verfloßenen Herbst 30 Friedrichsd'ors in Golde für meinen Roman [Ahnung und Gegenwart] von [dem Verleger] Herren Schrag richtig erhalten».

Trotzdem weiß Eichendorff, daß er so schnell wie möglich im Staatsdienst eine Planstelle mit festem Einkommen braucht. Denn am 9. Mai 1817 ist in Breslau das zweite Kind, die Tochter Therese, zur Welt gekommen. Am Tag vor der Niederkunft seiner Frau bittet er den Schwager Brentanos, Friedrich Karl von Savigny in Berlin, der dort seit 1810 Universitätsprofessor und seit 1817 Mitglied des Preußischen Staatsrates ist, der höchsten königlichen Behörde für Gesetzesentwürfe, Verordnungen und Verwaltungsmaßnahmen, um Vermittlung als – und Eichendorff offenbart hier neben seiner Berufung als Dichter seine zweite Leidenschaft – «Lehrer und zwar der Geschichte»: «Bei der jetzigen neuen Organisation der Universitäten in den neuaquirirten Provintzen am Rheine p. kann ich mich nicht enthalten, diesen meinen niemals gantz aufgegebenen Plan mit frischer Hoffnung wieder aufzufaßen. Ew. Hochwohlgebohren bitte ich daher ganz gehorsamst, mir gütigst sagen zu wollen, ob Sie dieses Unternehmen überhaubt billigen und ob daßelbe ohne vorherige Doctor-Promotion und sonstigen *bedeutenden* Zeit-Aufwand ausführbar wäre, und sollte dieß der Fall seyn, mir Ihren gütigen Rath, an wen ich mich zunächst zu wenden hätte, so wie Ihre wohlwollende Fürsprache nicht zu versagen.» Die Freimütigkeit, mit der Eichendorff die Gründe für seine Bitte nennt, ist charakteristisch für ihn und wird ihm in seinem künftigen Berufsleben mehr schaden als nützen. Savigny gegenüber führt er erstens seine Veranlagung an: «Ich weiß nicht, ob ich genug Kenntniße und Verdienst besitze, um jemals auf einen weiteren freien Wirkungskreiß Ansprüche machen zu können, aber das spüre ich wohl, daß mir jene, zu jeder unmittelbaren äußeren tüchtigen Einwirkung nöthige, freudige Geschicklichkeit, die Gelegenheit zu faßen, wie sie sich giebt, hier rasch aufzugreifen, dort zu laßen u. s. w. gäntzlich abgeht. Ich glaube, es ist beßer, dieß vornweg in Demuth einzugestehen, als durch eine anmaßende unfruchtbare Täuschung sich selber das Leben zu verderben.» Zweiter Grund ist die wirtschaftliche Notlage: «Zudem sehe ich auch noch nicht ab, wie ich bei meinen sehr geringen Vermögensumständen [die Erbschaft von 6000 Reichstalern im Frühjahr 1814] noch lange Zeit ohne Gehalt, als worauf ich bei dieser Laufbahn doch gefaßt seyn muß, mich und meine Familie fristen soll.» Drittens erwähnt er bei der Beschreibung seiner Wunschvorstellung als Referenz das Wiener Vorhaben Adam Müllers, ohne zu wissen, ob Savigny, weil Preußen immer mehr ins restaurative Schlepptau Metternichs geraten ist, diesem und seinen preußischen Helfershelfern nicht noch ablehnender gegenübersteht als sein Schwager Clemens Brentano 1812: «Müller und Schlegel, die ihr Vaterland [...] verließen in der Zeit einer edlen Noth». Jedenfalls wissen wir nichts von einer Antwort Savignys.

Ebenso zerschlagen sich um die Jahreswende 1817/18 die Hoffnungen auf eine Landratsstelle in dem Lubowitz benachbarten Kreis Rybnik, diesmal vermutlich durch Eichendorffs halbherzige Freimütigkeit in einem zweiten Bittschreiben an Savigny vom 30. Dezember 1817: «Ich bin bereit, mich dem erforderlichen großen Examen zu unterwerfen, auch ist mein Vater mit zwei Gütern in diesem neuen Kreis angeseßen.» Was Eichendorff nicht erwähnt und was ihn als Landrat nicht empfiehlt, da seine Familie in Rybnik und Umgebung allbekannt ist: daß die beiden Güter Summin und Gurek hochverschuldet sind. Wohl aus dem gleichen Grund erhält Eichendorff auch Anfang 1819 nicht die Landratsstelle des Kreises Pleß, der den Kreisen Ratibor und Rybnik benachbart ist und in dem sein Freund Schaeffer wohnt. An ihn wendet sich Eichendorffs Mutter um guten Rat, «um für den guten Joseph Stimmen zu sammeln. Ich würde ja gerne zu Fuß von einem Stand zum andern gehen, um ihm dazu zu helfen [...]». Ob Eichendorff sich als Landrat wohlgefühlt hätte? Sind doch die Landratsämter in den Ostprovinzen weithin in der Hand des restaurativen, reaktionären Adels, dem Joseph als studierter Jurist, als ehemaliger Landwehroffizier und, wie es scheint, als Anhänger der Reformpartei ein Dorn im Auge gewesen wäre.

Schon drei Jahre zuvor, am 16. Januar 1816, hat das Oberlandesgericht über die Betriebsführung der in Preußen liegenden Güter Adolph von Eichendorffs eine Wirtschaftsaufsicht und Visitation angeordnet. Nachdem Eichendorffs Vater am 27. April 1818 in Lubowitz vermutlich wie später Sohn Wilhelm an Lungenlähmung gestorben ist, wird ein Jahr später, am 19. April 1819, das Liquidationsverfahren über das Eichendorffsche Vermögen eröffnet, ausgenommen einstweilen der Witwensitz Lubowitz. Das österreichische Lehngut Sedlnitz fällt an die Erbengemeinschaft, bestehend aus Eichendorffs Mutter, seinem Bruder Wilhelm, den Onkeln Vinzenz und Rudolph sowie aus dem Dichter, dem die Wirtschaftsführung mit Hilfe eines Verwalters übertragen wird. Der unter die Miteigentümer aufzuteilende Reinerlös des Gutes entspricht bis in die dreißiger Jahre dem Beamtengehalt Eichendorffs. So bleibt ihm von Sedlnitz außer der Verantwortung für die Verwaltung und den Auseinandersetzungen mit den oft überzogenen Geldforderungen der Miteigentümer für die eigene Familie nur ein Zubrot.

*«Mit aller hier nöthigen Freimütigkeit»:*
*Die Probearbeit – protestantische Fußangel oder katholische Seilschaft?*

Wegen der unsicheren Honorare, den nur spärlichen Einkünften aus Sedlnitz und den geringen Aussichten auf eine Anstellung als Geschichtsprofessor oder Landrat muß Eichendorff alles daran setzen, die für den Verwaltungsbeamten vorgeschriebene Ausbildung so schnell wie möglich zu absolvieren, um auf eine besoldete Planstelle zu gelangen.

Deshalb hat er bereits vorsorglich am 7. Oktober 1818 das Präsidium der Königlichen Regierung in Breslau gebeten, «mich nunmehr zur höheren Prüfung bei der Königlichen Ober-Examinations-Commißion zuzulaßen, und mir zu diesem Behufe das erforderliche Qualifications-Attest hochgeneigtest ertheilen zu wollen». Am 3. November legt er bei der Kommission in Berlin die erforderlichen Zeugnisse für die Zulassung zum zweiten juristischen Staatsexamen vor. Am 7. Dezember 1818 erhält er den Bescheid, von Hardenberg, dem preußischen Staatskanzler unterzeichnet, die Königliche Regierung zu Liegnitz werde ersucht, «Ihnen Aufgaben und Akten zu den vorschriftsmäßigen Probearbeiten über Gegenstände der Staatswirtschaft, der Polizei und des Rechts zu übersenden. Als allgemeines Thema wird Ihnen die Beantwortung der Frage: Was für Nachteile und Vorteile hat der katholische Religionsteil in Deutschland von der Aufhebung der Landeshoheit der Bischöfe und Äbte desgleichen von der Entziehung des Stifts- und Klostergutes mit Wahrscheinlichkeit zu erwarten? aufgegeben.»

Das Thema der allgemeinen Probearbeit muß Eichendorff als Herausforderung und Fußangel zugleich empfinden. Er weiß, daß Preußen die Zahl der Beamten klein halten, sogar kürzen will, deshalb die Prüfungsanforderungen immer höher schraubt und jede Gelegenheit nutzt, einen Kandidaten durchfallen zu lassen. Obwohl der katholische Bevölkerungsanteil in Preußen durch die neuen Provinzen des Rheinlandes, Westfalens und Posen auf zwei Fünftel angewachsen ist, sind die Katholiken im Staatsdienst unterrepräsentiert und fühlen sich benachteiligt. Muß es da nicht mißtrauisch machen, wenn einem katholischen Bewerber wie Eichendorff aus Schlesien, wo die Säkularisation seit 1810 durchgeführt wird, ein politisch so heikles Thema gestellt wird? Redet er dem protestantisch orientierten Staat nach dem Munde, dann wird er seiner katholischen Überzeugung untreu. Bringt er diese zur Geltung, riskiert er, daß die Arbeit abgelehnt wird und seine Karriere zu Ende ist, noch ehe sie begonnen hat. Doch Eichendorff bleibt sich treu. Rückblickend schreibt er am 30. August 1828 an Görres, den er um Stellenvermittlung nach Bayern gebeten hat: «Da ich, Gott sey Dank, mein Gewißen u. meine Ehre jederzeit höher gehalten habe, als meinen Magen, so beantwortete ich diese Frage, die ich mit gutem Grund nur für eine Art von heimlicher Fußangel halten mußte, mit besonderem Fleiß u. mit aller hier nöthigen Freimüthigkeit u. Rücksichtslosigkeit.»

Wie hoch Eichendorff persönlich diese Probearbeit eingeschätzt hat – als die Summe seiner politischen und religiösen Weltauffassung, aus der alles künftige Wirken abzuleiten ist, was seine Vorgesetzten auch reichlich getan haben – und wie sehr er auch später noch zu ihr gestanden ist, zeigt ihre Erwähnung in den autobiographischen Skizzen, so in «Trösteinsamkeit; aus dem Tagebuch eines Einsiedels»: «Diatribe gegen das eitle, innerlich-hohle Berliner Beamten-Leben, meine Probearbeit über die Klöster», und in den Entwürfen dazu: «Auch die Saecularisationen /: d: Aufklärung / – meine Probearbeit mut: mut: u. abgekürtzt!» Eine gekürzte Fassung wird Eichendorff vermutlich 1845/46 für die geplante Autobiographie anfertigen, der Text erscheint durch Eichendorffs Sohn Hermann posthum 1866.

In der 56 Druckseiten langen, nicht mehr ganz ursprünglichen Fassung – das Original der Probearbeit ist verschollen – hält es der historisch brennend interessierte Eichendorff ohne Rücksicht auf die weit verbreitete gegenteilige Meinung der Aufklärer für nötig, «vor allem andern die historische Bedeutung jener Erscheinungen, die wir vorlängst verschwinden sahen, als einen Leitfaden der Betrachtung festzustellen. In der Geschichte gibt es nichts Willkürliches. Was sich bleibend gestaltet, ist nicht eigenmächtige Erfindung weniger, sondern aus dem Innersten des Volkes hervorgegangen. Die beliebte Meinung daher, als sei der Reichtum und jene äußere Gewalt der Geistlichkeit im Mittelalter nur ein eigennütziges Kunststück schlauer Mönche gewesen, um eine kräftige und verständige Nation jahrhundertelang an dem Spinngewebe des Aberglaubens zu gängeln, diese oberflächliche Ansicht, sage ich, wird derjenige nicht teilen können, welcher die Vergangenheit mit jener ernsten, hingebenden Anerkennung einer höheren leitenden Weltkraft betrachtet, der allein das Heiligtum der Geschichte sich aufschließt.» Damit bekennt sich Eichendorff zur Geschichtsanschauung der Romantik, eines Novalis, Schleiermacher, Steffens, Görres, Adam Müller, vor allem Friedrich Schlegel, dessen Wiener Vorlesung «Über die neuere Geschichte» Eichendorff 1811 gehört hat: Geschichte als Heils- und Unheilsgeschichte, in der eine göttliche Kraft, repräsentiert durch das Christentum, am Werk ist.

Eichendorff unterstreicht besonders die versöhnende Kraft des Christentums in dem Kampf um persönliche, nicht selten selbstsüchtige Freiheit «zwischen Vasallen und Lehnsherren, zwischen Adel und Städten, zwischen den bürgerlichen Korporationen und den Stadtobrigkeiten selbst, ja zwischen einzelnen Burgen bis ins Unendliche hinab. [...] Ein Glaube umschlang alle die irdisch Vereinzelten. – Und in dieser hohen Bedeutung erscheint uns denn auch die Kirche, nach ihren Grundanlagen, überall vermittelnd, versöhnend und vereinigend.» Sicherlich eine Wunschvorstellung, die den Anteil der Kirche an den Kämpfen im Mittelalter nicht berücksichtigt.

Das Christentum habe den Staat auch vor engem Nationalismus bewahrt. Der durch Besitz unabhängige Klerus «mußte, gleichwie er der höhere Mittelpunkt alles Vereinzelten in seiner besonderen Nation war, auch ein gemeinsames Band aller christlichen Nationen überhaupt werden. Die allgemeinen Konzilien waren die erste Form dieses geistlichen Vereins.» Eichendorff übersieht, wie oft sich auch Bischöfe in den Dienst national denkender Herrscher stellten.

Diese einigende Kraft des Christentums rühre her aus seinem eigentümlichen Wesen, und Eichendorff erteilt in diesem Zusammenhang den modernen Ideen einer Weiterentwicklung des christlichen Glaubens auch in Form der frühromantischen Vorstellungen eines Novalis, Schelling und Friedrich Schlegel eine Absage, wobei er sehr wohl zu unterscheiden weiß zwischen dem inneren, unveränderlichen Wesen des Christentums und einer wachsenden oder schrumpfenden Erkenntnis dieses Wesens durch die Menschen. «Das innerste Wesen des Christentums dagegen ist immer und überall durchaus eins und dasselbe, es ist kein Werden in sich, etwa durch Hinzuerfindungen menschlicher Vernunft noch zu vervollkommnen, wenn es gleich ein Werden ist für die Gläubigen, insofern es ein immer innigeres Verständnis, eine unermeßliche unendliche Aneignung und Christianisierung aller Verhältnisse bis in den ewigen Himmel hinein nicht nur zuläßt, sondern erheischt.»

Repräsentant und Garant dieses einen christlichen Wesens sei der Papst. Eichendorff scheut sich nicht, dabei auf Luthers Reformationslied «Eine Feste Burg ist unser Gott» anzuspielen, eine Provokation, die für die Probearbeit nicht nötig gewesen wäre. Doch sieht Eichendorff den Papst seiner «ursprünglichen Idee» nach, wie Eichendorffs Geschichtsschreibung überhaupt vor allem darstellt, wie es hätte sein sollen, normativ und idealisierend. «Eine solche Sonne, eine solche immerwährende Offenbarung und feste Burg des christlichen Glaubens war die ursprüngliche Idee eines Statthalters Christi auf Erden – des Papstes, dessen Primat daher die Katholiken, durchdrungen von der Notwendigkeit einer solchen Einheit, schon als vom göttlichen Stifter der Kirche selbst eingesetzt annehmen.»

Nach Eichendorff wurde jedoch, so legt er im zweiten Teil der Probearbeit dar, das einheitsstiftende Wirken der geistlichen Gewalt nicht erst durch die Säkularisation 1803 erschüttert, sondern bereits durch die Reformation, die zur Spaltung der Christenheit führte. Mit Rücksicht auf die Adressaten der Arbeit nennt Eichendorff die Reformation an dieser Stelle nicht beim Namen, sondern umschreibt sie als Glauben, den «der Verstand grübelnd begreifen wollte». Ebenso «vergebens strebte der Dreißigjährige Krieg, der kein Religionskrieg mehr war wie die Kreuzzüge, mit dem irdischen Schwerte ein neues Leben zu gründen, er konnte nur die Bande des alten völlig auflösen.»

*Die Probearbeit – protestantische Fußangel oder katholische Seilschaft?* 399

Eichendorff nennt das fortan herrschende «Surrogat» für den «erloschenen Bundesgeist» – Geschichte und Gegenwart kühn verschränkend – mit Blick auf den Wiener Kongreß und Metternichs politische Zielsetzung «das System des äußeren Gleichgewichts, ein System, das, wenn es überhaupt ausführbar wäre, entweder zu einem völlig toten Stillstand, einem starren Nebeneinandersein führen müßte, oder es dürfte, da es überhaupt keinen absoluten Stillstand gibt und jeder Staat bei gleichbleibender äußerer Größe durch inneres Wachstum an intensiver Größe sehr überwiegend zunehmen kann, das Ab- und Zuwägen, das Blutvergießen und Seelenverkaufen billigerweise gar kein Ende nehmen.» Das 19. und 20. Jahrhundert haben Eichendorff darin recht gegeben.

Doch nicht nur das äußere, auch das innere Gleichgewicht der Staaten wurde durch die Glaubensspaltung und ihre Folgen zerstört. War der Staat bisher «ein geistiges, organisch lebendiges Ganze» – Adam Müllers Staatslehre –, «so wurde nunmehr, mit offenbarer Geringschätzung aller moralischen Triebfedern, die Macht jedes Staates einzig nach statistischen Tabellen, nach der günstigen oder ungünstigen Handesbilanz und nach Kanonen berechnet.» Eichendorff attackiert eine mechanistische Staatsauffassung, die auch in Preußen um sich greift. «Das Prinzip des Lebens, das gesunde Verhältnis zwischen Seele und Körper des Staats war gestört, die verlorene und verkannte Gewalt der inneren Würdigkeit sollte einzig und allein und zuverlässiger vertreten werden durch die äußere Gewalt der Waffen.» Eichendorffs Plädoyer für die innere Würde des Einzelmenschen und der Völker ist aktueller denn je.

Die Menschen müßten wieder «einen heiteren Mittelpunkt gewinnen», das ist nach Eichendorff das Gebot der Stunde, doch er ist skeptisch allen Versuchen gegenüber, diesen allein in einer wie immer beschaffenen modernen Verfassung zu suchen. Damit nimmt er indirekt zu der besonders in Preußen heiß umstrittenen Frage Stellung, ob, wie und wann König Friedrich Wilhelm III. sein am 22. Mai 1815 gegebenes Verfassungsversprechen einlösen werde. «[...] das Gesetz im Staate sowie das Recht der Staaten gegeneinander muß eine heilige Gewähr haben, die nicht bloß durch künstlich erdachte, noch so gut gemeinte Verfassungen zu erlangen ist, welche ja wieder nur durch die Gesinnung garantiert und lebendig werden können. Diese Garantie, eine standhafte Volksgesinnung, kann sich auf nichts Vergänglichem gründen, der Geist der Lüge kann nur vernichtet werden durch den Geist der Wahrheit, durch das Christentum und eine ewige innige Beziehung desselben auf den Staat. Wenn wir aber die innere Wiedergeburt und Verjüngung des Volks durch das Christentum als die erste und unerläßliche Bedingung eines besseren Daseins voraussetzen, so werden wir einen fortdauernden, entschiedenen Einfluß der Geistlichkeit auf das Weltliche schwerlich ausschließen mögen.» Wie recht Eichendorff hat, wenn er einen Werte- und Gesinnungskonsens fordert, damit Verfassungen respektiert werden, zeigen die Erfahrungen sogar in demokratischen Staaten, wenn der Einfluß der Religionen als Vermittler von Werten zurückgeht.

Gegen einen ersten Einwand, «die geistlichen Regenten, durch Klostermauern, Ehelosigkeit und ihren abgeschlossenen Stand von der Nation geschieden, seien mit dieser grade am wenigsten vertraut gewesen», verweist Eichendorff zunächst auf «die Kluft von Hoheit, welche den erblichen Thronfolger von der Wiege an vom Volke trennt und ihn nur zu oft mit einem lebenslang undurchdringlichen Höhenrauch umnebelt» – eine seinem höchsten Dienstherrn, dem preußischen Monarchen, und seinen Nachfolgern nicht gerade schmeichelnde Vorstellung. Dagegen seien die Bischöfe und Äbte oft «mitten aus dem Volke, oft aus dem Bürgerstande, öfterer aus den Jüngstgeborenen adelicher Familien gewählt» worden und hätten nicht selten Erfahrung in der «Seelsorge, dieser tiefsten Erforschung des Volksgemüts». Eichendorff schöpft hier offensichtlich aus seinem persönlichen Umgang mit Bischöfen und Äbten in Schlesien.

Gegen den zweiten Einwand, «als habe die geistliche Macht nur verwirrend eingewürkt», argumentiert Eichendorff wieder mehr historisch: Was manche als Verwirrung bezeichneten, sei eher die dringend notwendige Opposition der geistlichen Macht gegen die weltliche, so gegen die Kaiser der Hohenstaufen und ihr Bestreben, «ihre Macht zur Alleinherrschaft auszubilden und die Leichendecke der Einerleiheit über den blütenvollen Reichtum der deutschen Mannigfaltigkeit zu werfen» oder sich die «Erblichkeit der Kaiserwürde» zu erschleichen. Vielleicht hat sich Eichendorff für diese Passage durch Friedrich von Raumer inspirieren lassen. Der Breslauer Professor für Staatswissenschaften arbeitete in diesen Jahren an seiner sechsbändigen «Geschichte der Hohenstaufen und ihrer Zeit», die 1823/25 erscheinen wird. Ebenso opponierte die geistliche Macht «gegen einen verwilderten Adel», «welcher alle Bande der Lehnstreue und Gerechtigkeit in gewaltsamer Willkür aufzulösen trachtete». Wie die geistliche Macht «die Einheit und Unabhängigkeit der Gesellschaft der Kirche» verteidigte, so trug sie auch «nicht wenig zu der Entwicklung des Mittelstandes in Deutschland» bei. Eichendorff plädiert ausdrücklich für die Existenz einer öffentlichen Opposition, die von den bestehenden weltlichen Mächten und Institutionen unabhängig ist.

Eichendorff kommt daher für diesen Teil der Probearbeit über den Einfluß der «geistlichen Regenten als Reichsstände auf die Gestaltung und die öffentlichen Angelegenheiten Deutschlands» zu dem Schluß: «Ich halte daher die Säkularisation der Staaten und Güter der Geistlichkeit in dieser Beziehung für ein Unglück für Deutschland und kann mich von der Wahrheit des oft gutmütig mißverstandenen, noch öfterer absichtlich verdrehten Spruches: ‹Ihr Reich sei nicht von dieser Welt› in dem gewöhnlich damit verknüpften Sinne, keineswegs überzeugen. Ihr Reich ist grade von dieser Welt, aber freilich *für* eine andere; denn wie soll denn die Kirche, die sich vom Staate lossagt, ihr Wesen offenbaren?»

Leider hätten die geistlichen Mächte in der letzten Zeit ihre oppositionelle Rolle nicht mehr recht wahrgenommen, die «allgemeine Erstarrung in den welthistorischen Formen der Hierarchie» habe auch vor ihnen nicht haltgemacht. «Daher die nicht sowohl energische Opposition, als vielmehr zähe Unempfänglichkeit für alle Neuerungen, das Einschlafen über dem Herkömmlichen, daher noch immer die unverhältnismäßige Begünstigung des alten Stiftsadels, die [...] Klage über schlechte Erziehungsanstalten und Landschulen, daher eine fühlbare Schlaffheit in der inneren Verwaltung und folglich teilweise Beamtentyrannei, Vernachlässigung der Landeskultur, des Handels und der Industrie, mit veranlaßt durch übermäßige Anzahl müßiger Geistlichen, Verwirrung im Rechnungswesen und in der Ökonomie, und folglich wenig Geld und wenige oder doch größtenteils übel berufene Soldaten.» Da jedoch für Eichendorff «auch die materielle Staatskraft, abgesehen von aller damit getriebenen Abgötterei, etwas an sich höchst Wünschenswertes und Vortreffliches ist, so kann man in dieser Hinsicht die Aufhebung der geistlichen Staaten als einen Gewinn für Deutschland und natürlich zunächst für den katholischen Teil desselben betrachten, indem derselbe dadurch von allen den Übeln [...] nunmehr wohl größtenteils wirklich befreit sein mag.»

Keinen Vorteil für die Katholiken sieht Eichendorff jedoch in der durch die Säkularisation beabsichtigten oder eingetretenen «Entkräftigung oder gänzlichen Vernichtung des päpstlichen Einflusses auf Deutschland». Ist die Gefahr doch jetzt groß, «daß die Geistlichkeit in bloße Beamte des Staates verwandelt und demnach die Unfehlbarkeit des Staatsoberhaupts, anstatt der des Papstes, vorausgesetzt würde». Das Problem hat sich gezeigt in der Einflußnahme der Landesfürsten auf die jeweiligen protestantischen Landeskirchen.

Einen herben Verlust jedoch bedeutet für die Katholiken, aber nicht nur für sie, die Reduzierung der Mannigfaltigkeit des Lebens durch die Säkularisation. Um das zu veranschaulichen, hat Eichendorff einige Seiten zuvor unterschieden zwischen einer mehr französischen, monarchischen, zentralistischen Staatsform mit dem «Ziel einer in allen Teilen mechanisch geordneten Einheit zur möglich größten materiellen Macht [...] mit Einer Hauptstadt und einigen Ministern» und einer mehr deutschen, föderalistischen Richtung, die – in der Perspektive der Romantiker – «tiefsinniger nach innen gekehrt, und sich selber ehrend, achtet, auch wenn es äußerlich stört oder verzögert, alles Heilige, berücksichtiget alles Herkömmliche, mag nichts aufgeben, was Leben in sich hat und daher als ein ergänzender Teil zum möglich schönsten Ebenmaß des ganzen Körpers unentbehrlich scheint, sie will kein zur Notdurft schnellfertiges, mechanisches, sondern ein in allen Teilen lebendiges organisches Ganze.»

Auch trugen in Deutschland die geistlichen Territorien zur Mannigfaltigkeit der Staatsformen bei. Neben der einen «Form unbeschränkter erblicher Monarchien» und den «paar reichsstädtisch demokratischen Versuchen» verkörperten sie «ein für das Ebenmaß des ganzen Reichskörpers sehr wohltätiges Mittelglied durch ihre Eigenschaft als Wahlstaaten und als beschränkte Herrschaft». Die Wahl der Bischöfe und die Beschränkung ihrer Macht durch das Domkapitel schufen «leicht ein natürlicheres Verhältnis zwischen Fürst und Volk [...] als manche unserer heutigen Konstitutionssurrogate».

Endlich ist für Eichendorff «der Untergang so vieler kleiner Staaten [...] ein sehr wichtiger Nachteil für deutsche Bildung und Einheit». Große Staaten tendierten zu «großen fabrikmäßigen Erziehungsanstalten mit ihren Universalmethoden». Doch «nur in kleinen Staaten, soweit die Geschichte reicht, hat sich eben durch die innigere Durchdringung gleichartiger Kräfte, das Große gebildet, welches die Welt regiert». «Gleichförmigkeit der Verwaltung» und «Allerweltshut» schaffen keine wahre Einheit. Den «Reichtum von Richtungen, Ansichten und Bildung verbreiteten die vielen Residenzen» und kleinen «Hauptstädte», nicht die eine große Hauptstadt mit ihrem «Zusammendrängen von Palästen und das Zusammenschleppen der Bibliotheken und Kunstwerke». Eichendorff mag an Paris gedacht haben.

Eichendorffs Resümee nach diesen Erörterungen ist ein Plädoyer für den Pluralismus des Lebens, der Bildung und der Staatsformen: «Insofern daher durch die Aufhebung der geistlichen Landeshoheit vielfache sehr schätzenswerte Elemente deutscher Bildung und Verfassung vernichtet worden sind, kann ich ein solches geistiges Ärmermachen als keinen Gewinn für Deutschland überhaupt betrachten, welches von jeher zu einer organischen Einheit der Mannigfaltigkeit bestimmt scheint.»

Auf den letzten zwanzig Druckseiten behandelt Eichendorff den zweiten Teil der Frage, die «Vorteile und Nachteile [...] der Einziehung des

Stifts- und Klosterguts für die Katholiken in Deutschland». Dabei mag er das Schicksal des Zisterzienserklosters Rauden, 35 km östlich von Lubowitz gelegen, vor Augen gehabt haben. Dessen Wälder, Felder und Dörfer grenzten an die Eichendorffschen Güter Gurek und Summin. Unter dem 9. September 1806 berichtet Eichendorff im Tagebuch, wie auch der «Pater Provisor [Blasius Greiff] aus Rauden nebst Fran[c]ke senior [Leopold, Oberjäger des Klosters] und junior etc. etc.» ankamen, «worauf sich die gantze Jagdgesellschaft (30 Mann) auf 6 Wagen in den raudner Wald begab.»

Zunächst beklagt Eichendorff den Niedergang der Klöster. So läßt sich mit Beginn der Neuzeit, «von diesem großen Abschnitt der Weltgeschichte an eine allmähliche Ausartung der Stifter und Klöster, ihre eigentliche Säkularisation nachweisen, welche viel weniger in einem äußerlichen Verfall der Zucht und Sitten, als in ihrem Abfall vom heiligen Geist bestand». Die Dominikaner betreiben die Inquisition, «jenen furchbaren Irrtum des erschütterten Glaubens». In Deutschland breitet sich der «Aberglaube» aus, das «Hexenschlachten, woran auch protestantische Fürsten den tätigsten Anteil nahmen». Die «Kirchentrennung» hatte für die Klöster «auch den Geisteszwang und die Unduldsamkeit zu Folge», die Betonung des bloßen Gegensatzes, «das tote Protestieren gegen den Protestantismus». «So entwickelte sich historisch in den Klöstern, mit vielen rühmlichen Ausnahmen, das verschriene Pfaffentum [...]. Sie waren daher zum Teil schon vorlängst in sich selbst verfallen, und es ist allerdings begreiflich, daß sie vom Zeitgeiste übergerannt wurden.»

Worin bestand idealerweise der Wert der Mönche? Durch ihre Lebensweise «den Himmel offen zu halten» und «eine beständige geistige Gemeinschaft zwischen Himmel und Erde, wie eine unsichtbare Himmelsleiter», zu erhalten. Dabei ist Eichendorff weit davon entfernt, das Klosterleben als das christliche Lebensideal schlechthin zu proklamieren. «Ich will nicht leugnen, da jeder seine eigene Weise hat und behalten soll, daß viele durch Glück und Unglück eines rüstigen Lebens, durch eine tüchtige Meisterschaft im Weltlichen vielleicht ebenso zur höchsten Erkenntnis gelangen konnten, ja daß zumal in der neueren Zeit manches junge Gemüt, beim Eintritt ins Kloster, sich selbst getäuscht und für die ganze Lebenszeit seinen innersten Beruf verfehlt haben mag.» Deshalb liegt das Heil noch lange nicht einfach «auf der breiten Heerstraße». Eichendorff erinnert sich an den Leerlauf seiner Landwehrzeit: «Tuen denn z. B. die Tausende, die täglich in Deutschland ganz ernsthaft Schildwach stehen, wo gar nichts zu bewachen ist, etwas Besseres, als die Chorherren, die ihre Metten absingen?» Ist jetzt nicht zu befürchten, «daß ein politischer Aberglaube die Stelle des religiösen eingenommen habe»?

Besonders erinnert Eichendorff gerade jetzt, wo alles an der schnellen materiellen Produktivität gemessen wird, an jene «großartigen Anstalten», die manche Klöster auch waren, «welche nicht vom Staate zu gewissen Zwecken geleitet sondern sich durchaus selbst erhaltend, unbemittelten Männern die Möglichkeit darböten, sich in sorgloser Freiheit ganz und ausschließlich einer höheren Betrachtung zu weihen, ohne sogleich das Gewicht von Brotstudien daranzuhängen, oder sich als Dozenten erst an der grillenhaften Protektion der Großen und der Studenten abzuwetzen, oder gar, um die Gunst des großen ungeschlachten Lesepublikums buhlend, ihr innerstes Leben eilfertig an ein paar Buchhändler zu verkaufen.»

Eichendorff kommt dann auf die «Vernichtung der Frauenklöster» zu sprechen und gibt zunächst zu – wohl im Gedanken an seine eigene Ehe mit Louise von Larisch und im Bewußtsein, zur gängigen katholischen Auffassung in Widerspruch zu geraten –, «daß der Ehestand der heiligste Beruf des Weibes ist, aber soll denn auch der hohen Tugend einer freiwilligen Jungfrauschaft und dem Unglück einer unfreiwilligen kein würdiges Asyl auf Erden vergönnt sein?» Haben die Klöster oft nicht verhindert, daß verführte Frauen aus Verzweiflung «das Gelübde der Unkeuschheit» ablegten oder vereinsamte Mädchen «um jeden Preis unter die Haube» kommen wollten und dadurch ihr Unglück voll machten? Sind nicht das schon Gründe genug, «die Gründung oder Wiederbelebung von Klöstern» zu erwägen? Zu Beginn der vierziger Jahre wird Eichendorff in einem ministeriellen Gutachten eine solche Empfehlung aussprechen.

Anschließend erinnert Eichendorff daran, wozu die Güter der Klöster ursprünglich dienen sollten: zur «Verherrlichung der Religion», zum «Unterhalt der Geistlichkeit» und zur «Unterstützung der Armen».

Was ist – Eichendorff kommt zum Schluß – von dem Argument zu halten, die Klöster hätten ihre «Güter dermaßen schlecht bewirtschaft, daß sich der Staat dessen von Amts wegen annehmen mußte»? Eichendorff mag dabei an die Mißwirtschaft daheim gedacht haben, die durch den Eigensinn seines Vaters verursacht worden war. Derartiges war bei den Klöstern nicht leicht möglich. «Denn einerseits blieben die geistlichen Güter nicht [...] in den Händen Einer Familie, sondern waren vielmehr, indem sie abwechselnd in den Genuß von Mitgliedern so vieler und verschiedenartiger Familien kamen, ein wahres Nationalgut; andererseits aber wurden sie nur selten verpachtet, oder gleichgültigen Verwaltern

## Die Probearbeit – protestantische Fußangel oder katholische Seilschaft? 405

überlassen, sondern von jedesmal dazu ernannten und nicht zugleich mit der Seelsorge sich befassenden Klostergeistlichen selbst bewirtschaftet, bei deren Verwaltung, wenn auch nicht die Liebe eines Familienvaters, doch immer die Sorgfalt des Miteigentümers und die Rücksicht auf die Standesnachkommenschaft würksam war.» Als Beispiel hätte Eichendorff wieder das Kloster Rauden anführen können. Nach dem Dreißigjährigen Krieg dem Untergang nahe, nahm es unter dem Abt Andreas Emmanuel Pospel in kürzester Zeit einen solchen Aufschwung, daß es bereits 1655 der Stadt Gleiwitz 250 Taler, 1665/67 dem Reichgrafen Georg von Oppersdorf 16 500 Taler leihen konnte.

Jetzt durch die Säkularisation sind die Klostergüter teils in staatliche «Domänen» verwandelt worden, und da gilt das Sprichwort, daß «der Fiskus, seiner Natur nach, der verschwenderischste Landwirt sei». Wo die Güter an Private veräußert wurden, wird «die Klasse der reichen Kapitalisten [...] nur selten jenen großmütigen Gebrauch von dem vielleicht höheren Ertrage dieser Güter machen». Immerhin, Eichendorff sieht auch positive Anzeichen: «So entstanden z. B. im Meißenschen viele neue Schulen und in Hessen die Universität Marburg aus eingezogenen Klostergütern.»

Eichendorffs Schlußwort markiert noch einmal mit aller Deutlichkeit seine Position als Vermittler zwischen dem Alten und dem Neuen, eine für einen noch jungen preußischen Beamten schwierige Position in einer Zeit, da sich die beiden Lager der Reformer und der Konservativen in Preußen immer mehr trennen und um die Vorherrschaft kämpfen. Es braucht nicht viel Phantasie, um sich vorzustellen, wie schnell jemand zwischen den Stühlen sitzen wird, der es wagt, eine für die Königliche Ober-Examinations-Kommission zu Berlin bestimmte Probearbeit mit dem folgenden programmatischen Text – einem Schlüsseltext Eichendorffscher Weltanschauung – zu beschließen: «Nicht darin liegt bei dem Kampfe des Alten und Neuen, worin wir begriffen sind, das Übel, daß das Veraltete weggeräumt worden ist, sondern in der Verblendung, welche den großen Sinn der Vergangenheit verkannte und daher mit dem bloßen Zerstören genug getan zu haben wähnte. Ebensowenig liegt das Heil in der unbedingten Wiederkehr zum Alten, denn in der Weltgeschichte gibt es keinen Stillstand. Aber der unvergängliche Geist aller Zeiten, der in keiner einzelnen vergänglichen Form festgebannt ist, das ewig Alte und Neue zugleich, soll, so scheint es die Vorsehung zu wollen, durch die göttliche Kraft des Erkennens nun sich selber bewußt werden und verjüngen. Es hat daher in unserer Zeit die Wissenschaft eine hohe religiöse Bedeutung. Vor dem Neuen schützt, bei den heutigen literarischen und sozialen Verhältnissen, keine chinesische Mauer mehr; es wird im Gegenteil dasselbe, auf diese Weise nur von außen halb und abgebrochen vernommen, erst verwirrend und gefährlich, indem es eine verkehrte Lüsternheit erweckt, und wohl einen betrüglichen Waffenstillstand, aber keinen Frieden schaffen kann. Es ist daher an uns, das Neue vielmehr scharf und unverzagt ins Auge zu fassen und, wo es lügenhaft befunden, auch auf dem Boden der Wissenschaft zu bekämpfen.» Eichendorff wird 1857 in seinem letzten fragmentarischen Prosatext, dem Entwurf einer Einleitung zu einer St. Hedwig-Biographie, in ähnlicher Weise die Rolle der «Naturwissenschaften» und der «Philosophie» für die Versöhnung des Alten mit dem Neuen betonen.

Während Eichendorff an den insgesamt vier Probearbeiten sitzt, wird nach der Tochter Therese, geboren am 9. Mai 1817, am 19. April 1819 sein zweiter Sohn Rudolf in Breslau geboren. Der junge Beamte ohne Gehalt muß jetzt für eine fünfköpfige Familie sorgen. So beeilt er sich, die Probearbeiten in Berlin einzureichen, was am 16. Juni geschieht. Am 30. Juni wird der Empfang bestätigt und ihm eine fünfte Arbeit erlassen, vielleicht ein Hoffnungszeichen? Der Termin für die mündliche Assessoren-Prüfung wird auf den 16. Oktober 1819 im Königlichen Schloß in Berlin in den Räumen des Staatsrats festgesetzt.

Am Tag zuvor verfaßt ein Vortragender Rat im preußischen Ministerium der Geistlichen, Unterrichts- und Medizinal-Angelegenheiten unter dem seit 1817 amtierenden Minister Karl Sigmund Franz Freiherr vom Stein zum Altenstein das Gutachten über Eichendorffs allgemeine Probearbeit über die Folgen der Säkularisation. Eichendorff, der wegen seiner Freimütigkeit an einer positiven Aufnahme der Arbeit mehr als gezweifelt hat, schreibt rückblickend am 30. August 1828 an Görres: «Gott wandte es anders, als ich dachte. Der [jetzige] Geheime Ober-Regierungsrath Schmedding in Berlin, selbst ein Katholik, von deßen Existenz ich damals noch nichts wußte, wurde durch diese Abhandlung aufmerksam auf mich, u. durch seine Vermittelung wurde ich einige Zeit darauf, zur Bearbeitung der katholischen geistlichen Angelegenheiten in [der Provinz] Preußen, als Regierungsrath nach Königsberg berufen, wo ich mich noch gegenwärtig befinde.»

Das ist jedoch durch den Zeitraffer gesehen, denn Eichendorff wird bis Anfang 1821 als Assessor in Breslau bleiben, dann bis Juli 1824 Regierungsrat in Danzig sein und danach erst nach Königsberg berufen. Richtig jedoch ist: Eichendorff verdankt es Schmedding, daß er das zweite juristische Examen besteht und auch bald eine Planstelle bekommt. Denn Schmedding teilt anscheinend nicht nur Eichendorffs Ansichten, zumindest respektiert er sie, er hat auch ein Gespür für die literarischen Qualitäten der Arbeit. Vielleicht denkt er auch bereits daran, den Gleichgesinnten so bald wie möglich als Weggenossen nach Berlin zu holen, um die schwache katholische Seilschaft in der Zentralregierung zu stärken. Johann Heinrich Schmedding, geboren 1774 in Münster in Westfalen, war seit 1800 Professor für katholisches Kirchenrecht in Münster und seit der Säkularisation 1803 auch Rat an der Kriegs- und Domänenkammer der münsterschen Regierung. 1809 wurde er der einzige katholische Vortragende Rat im preußischen Kultusministerium zur Bearbeitung der katholischen Kirchen- und Schulangelegenheiten.

«Diese Abhandlung», so lautet Schmeddings Gutachten, «in der sich Geist, Adel der Gesinnung und Tiefe historischer Forschung mit einer blühenden sich überall gleich bleibenden Rede vereinigen, legt von der allgemein wissenschaftlichen Bildung ihres Verfassers ein ebenso rühmliches Zeugnis ab als sie zu den angenehmsten Erwartungen in betreff künftiger Leistungen berechtigt. Wer behaupten möchte, der Verfasser habe seinen Gegenstand mit zu großer Vorliebe behandelt, wird doch anerkennen, daß die Quelle dieser Empfindung höchst edel und daß sie dem Scharfsinn, womit der Verfasser seine Ansichten durchgeführt hat, nicht hinderlich gewesen ist. Berlin, den 15. Oktober 1819. Schmedding.»

Schmedding ist es auch, der Eichendorff über das positive Ergebnis der Prüfung am 16. Oktober, an dem er Eichendorff persönlich kennenlernt, das Attest ausstellt: Eichendorff habe «eine gute Beurteilung, gute allgemeine Bildung und gute Kenntnis der Gesetze und Verfassung an den Tag gelegt und da auch seine schriftlichen Probearbeiten ein gleiches Resultat geliefert haben, so hält die unterzeichnete Ober-Examinations-Kommission den von Eichendorff zur Verwaltung einer Ratsstelle bei einem Regierungs-Collegium für geeignet».

Dieses Attest legt Eichendorff am 25. Oktober der Regierung in Breslau mit der Bitte um Anstellung vor. Unter dem 24. November teilen ihm aus Berlin der Minister für Ständische Angelegenheit Wilhelm von Humboldt – er wird als einer der Anführer der Reformpartei im Konflikt mit dem Staatskanzler Hardenberg am 31. Dezember als Minister und Mitglied des Staatsrats entlassen –, Innenminister Schuckmann und Finanzminister Klewitz mit, er sei in Anbetracht des «vorteilhaften Zeugnisses [...] zum Assessor bei der Königlichen Regierung zu Breslau» ernannt worden. «Was aber», heißt es zur großen Enttäuschung Eichendorffs weiter, «die von Ihnen zugleich nachgesuchte Bewilligung von Diäten anbetrifft, so muß solche vorderhand noch ausgesetzt bleiben und wird die Königliche Regierung zu seiner Zeit deshalb den nötigen Antrag machen.» Wie schon vor drei Jahren wieder am 24. Dezember tritt Eichendorff seinen Dienst, diesmal als brotloser Regierungs-Assessor, in Breslau an. Auch die Bitte auf konfessionelle Rücksichtnahme in einem der folgenden Gesuche der Breslauer Regierung nach Berlin wegen eines Gehalts für Eichendorff ist symptomatisch für das Klima in der preußischen Verwaltung und bleibt erfolglos: Man «müsse Eichendorff [...] auch deshalb entgegenkommen, weil er katholischer Konfession sei», ein Ansinnen, das sich selbst wieder zurücknimmt, wenn es gedrechselt weiter heißt: «[...] die Katholiken aber noch immer in dem obwohl sehr unbegründeten Argwohn stehen, als wenn ihre Konfessions-Verwandten bloß nur deshalb gegen andre zurückgesetzt würden.»

## Karl von Holtei, der Dichterfreund

Am letzten Tag dieses Jahres 1819 trifft Eichendorff in Breslau auf einem Empfang des Dramaturgen Heinke auf den zehn Jahre jüngeren Bühnendichter und Schauspieler Karl von Holtei. Dieser ist nur für kurze Zeit in Breslau engagiert worden und an diesem Silvesterabend nicht in bester Stimmung, wie er in seinen Erinnerungen «Vierzig Jahre» (1843/50) erzählt: «Anfänglich fühlt' ich mich trotz aller Freundlichkeit des Wirthes sehr verlassen, und zog mich in ein leeres Gemach, wo ich in einen Winkel gerückt, bitterlich weinte, mehr aus Dankbarkeit und Rührung, als aus Wehmuth, obwohl auch diese nicht fehlte. Da trat ein Mann zu mir, älter als ich, aber auch noch jung, sprach mich freundlich an und sagte manch' tröstendes Wort. Seine Sprache klang weich und sanft. Ich fühlte mich lebhaft zu ihm gezogen. Wir unterhielten uns sehr lange, während in den andern Räumen gesellige Spiele lärmten. Als wir zur Gesellschaft zurückkehrten, bat ich um meines neuen Freundes Namen. – Es war Joseph Freiherr von Eichendorff.»

Die Episode belegt, wie wenig Eichendorff, obwohl sein Roman «Ahnung und Gegenwart» schon vor über vier Jahren erschienen ist und er seit drei Jahren in Breslau lebt und arbeitet, eine öffentliche Person ist. Doch seit dieser Begegnung behalten sich die beiden Dichter im Auge.

Am 7. Dezember 1849 wird Holtei – «Ein alter Bettler klopft an Ihre Tür und dieser Bettler bin ich» – aus Hamburg Eichendorff, «den ich gerade vor vielen und den meisten anderen innig geliebt und für dessen Lieder ich im tiefsten Herzen immer einen wehmütig-frohen Wiederklang empfunden habe», um Autographen des Dichters und von anderen bitten. Eichendorff erfüllt die Bitte umgehend am 9. Dezember aus Berlin:

«Mein lieber verehrter Freund! Solchen Bettler lass' ich mir gefallen und gebe ihm von gantzem Hertzen alles, was ich kann und habe. Das ist nun freilich leider eben nicht viel, denn meine Korrespondenz war von jeher nicht brillant. Aber der alte Görres mag für Viele zählen, und Graf Löben (Isidorus Orientalis) ist wenigstens ein jetzt selten gewordenes Kabinetsstück aus der guten alten romantischen Zeit. Von Clemens Brentano besitze ich leider gar nichts, und mit Schelling stehe ich, nicht einmal durch die dritte Hand in irgend einer Verbindung.»

Am 14. November 1856, ein Jahr vor Eichendorffs Tod, bittet Holtei noch einmal auf der Rückseite eines gedruckten Aufrufs zugunsten eines neuen Friedhofs der evangelischen Gemeinde in Graz in der Steiermark um einen Beitrag zur exklusiven Veröffentlichung in einem geplanten Sammelband: «Auf einem Umwege, mein alter, hochverehrter Freund und vielgeliebter Sänger, gelangt (hoffentlich) dies Blatt in Ihre Hände; denn ich weiß nicht, wo Sie jetzt weilen. Ich weiß auch nicht, ob Ihnen zufällig mein Roman ‹Christian Lammfell› vor Augen gekommen ist. Kaum darf ich es hoffen; denn Ihre Studien werden Ihnen keine Zeit zu solcher Lektüre gönnen. Sonst wollt ich sagen: jenes Buch sichert mich vor dem Verdacht, als gehörte ich unter die Zahl der Protestanten, die den Katholizismus weder ahnen, noch verstehen wollen. – Mögen Sie nun mit Leib und Seele Katholik sein, Sie werden sich dadurch nicht abhalten lassen, mir für meinen Zweck einen kleinen Beitrag zu spenden. Vielleicht ein paar Worte über Calderon? Was es immer sei, nur Ihren lieben, teuren Namen!»

Eichendorff antwortet aus Neisse am 13. Dezember 1856 – siebenundvierzig Jahre nach dem Silvestergespräch in Breslau –, er schicke «mit Freuden eine kleine Spende. Wenn man auf die 70 losgeht, ist man eben kein fixer Lyriker mehr. Nehmen Sie daher vorlieb, ich wollte wenigstens bei dem guten Zweck meinen guten Willen zeigen, u. werde es durchaus nicht übel vermerken, wenn Sie den Schertz vielleicht als unbrauchbar unter den Tisch werfen.» Eichendorff legt das satirische Fragment «Ein Auswanderer» bei. Der Sammelband erscheint 1857 bei Vieweg in Braunschweig mit Beiträgen «von 126 deutschen Gelehrten und Dichtern». Eichendorff teilt Holtei auch noch mit, er habe Holteis Roman «Christian Lammfell» «allerdings mit großem Genuß gelesen, u. weiß recht wohl, daß Sie kein ordinairer Katholikenfreßer sind, so wenig als ich ein Protestantenfreßer».

## Besuch in Wien:
### Adam Müller und Friedrich Schlegels «Signatur des Zeitalters»

Am 26. April 1820 bittet Eichendorff um «einen Urlaub auf Sechs Wochen» und «einen Reisepaß nach Wien für mich und meine Familie. Meine Familien- und Vermögens-Angelegenheiten im Oesterreichischen, deren Regulierung während der lezten Kriegsjahre und durch meine nachher eingetretenen amtlichen Verhältniße bisher verzögert worden ist, erfordern nunmehr dringend meine persönliche, baldige Gegenwart in Brünn und Wien, um den Verlust künftiger Vortheile und bedeutenden gegenwärtigen Nachtheil von mir abzuwenden.» Sieben Jahre sind es her, daß Eichendorff Wien am 5. April 1813 verlassen hat, um sich in Breslau als freiwilliger Jäger für den Befreiungskrieg zu melden.

Seit 1817 in Lubowitz hat er auch seinen Bruder Wilhelm nicht gesehen, mit dem er sich jetzt in Wien trifft, um Erbschaftsangelegenheiten zu besprechen, vor allem wohl das Gut Sedlnitz in Böhmen betreffend, das von der Erbmasse, die unter den Hammer kommt, ausgenommen ist. Die Begegnung der Brüder muß herzlich gewesen sein, denn Wilhelm schildert in einem damals nicht beendeten Brief, den er erst elf Jahre später, am 2. September 1831, mitschicken wird, den Abschiedsschmerz: «Es war, wenn ich nicht irre, der 18. oder 20. Mai 1820 als ich auf der letzten Station vor Wien den letzten Kuß auf Deine Lippen drückte. Gott gebe mir nie einen solchen Tag wieder. Ich weinte unausgesetzt bis nach Wien zurück, und als ich das erstemal bei dem Gasthofe vorüberging, wo Du gewohnt hattest, und als ich nun alles darin leer wußte, wollte mir das Herz zerreißen. Nachdem ich die letzten Tage bei Adam Müller zugebracht, beim Grafen Sedlnitzky zweimal gespeist und einigen Ministern auf Anraten des Grafen Sedlnitzky meine Aufwartung gemacht hatte, reiste ich wieder nach Innsbruck zurück [...].» Sedlnitzky, von 1817 bis 1848 österreichischer Polizeipräsident und Oberzensor, scheint daran interessiert zu sein, Wilhelm von Eichendorff fest in das restaurative Metternichsche System einzubinden.

Auch Eichendorff frühstückt am 19. Mai 1820 mit Adam Müller, der seit 1815 österreichischer Generalkonsul in Sachsen mit Sitz in Leipzig ist, und dessen Frau «im Paradiesgärtel auf der Löbelbastei». Dabei wird Müller von den Trauerfeierlichkeiten zum Tode des Paters Clemens Hofbauer am 15. März des Jahres erzählt haben. Müller hatte den Nachruf verfaßt: «Hohe und Niedere, Gelehrte und Unmündige beklagen den Verlust ihres Vaters und Führers, und die Entferntesten selbst die ihn nur

36 Adam Müller

dem Namen nach gekannt, empfinden bei der Nachricht von seinem Tode, daß eine starke Stütze des Glaubens und der Religion, also des Vaterlandes, gesunken ist.»

Adam Müler wird auch über die Schlegels, die zur Zeit nicht in Wien, sondern in Italien sind, berichtet haben: Wie sich Friedrich Schlegel mit dem Gedanken trage, noch in diesem Jahr 1820 die schon in Frankfurt geplante, doch von Metternich nicht erlaubte Zeitschrift «Concordia» herauszugeben, und daß er, Adam Müller, daran mitwirken werde.

Tatsächlich hat Schlegel eine Reihe repräsentativer Denker und Schriftsteller zur Mitarbeit eingeladen, so zum Beispiel am 17. April 1820 den Bonner Philosophen Windischmann: «Was ich von Dir wünsche, kannst Du leicht selbst wissen; Philosophie überhaupt, vorzüglich aber auch Naturphilosophie, da es vorzüglich solchen mit aller Naturwissenschaft vertrauten, *katholischen* Drabava wie Dir obliegt, ‹Christum in der Natur›, wie es jetzt an der Zeit ist, zu verkündigen und auch mir von dieser Seite unter die Arme zu greifen. Ich selbst behalte mir die rein philosophisch und historischphilosophische Partie vor; das beste, was ich gebe, ist eine ‹Signatur des Zeitalters›.» «Christus in der Natur»: der spekulative Schlegel vermißt noch mehr als der intuitive Eichendorff für das, was fällig ist und was letzterer kaum auf diese Formel zu bringen gewagt hätte, obwohl es das heimliche Thema seiner Dichtung ist, die entsprechenden philosophischen und theologischen Beiträge. Die beiden ersten Hefte der Zeitschrift erscheinen noch im Sommer und Herbst 1820 und bis August 1823 insgesamt sechs Hefte mit Beiträgen von Franz von Baader, Franz Ritter von Bucholtz, Carl Ludwig von Haller, Adam Müller, Zacharias Werner, von dem schon erwähnten Carl Joseph Hieronymus Windischmann und von Friedrich Schlegel selbst.

Schlegels weitschweifige, schließlich einhundert Seiten lange Abhandlung «Signatur des Zeitalters» gilt als die bedeutendste staats- und geschichtsphilosophische Schrift der Spätromantik. Eichendorff wird sie in den folgenden Jahren mit Aufmerksamkeit studieren und die Parallelen zu seiner allgemeinen Probearbeit von 1819 über die Säkularisation nicht übersehen haben. In jener napoleonischen Epoche, schreibt Schlegel, «erfolgte dann auch der Zusammensturz der germanischen Kirche, die herrlicher fundiert und fürstlicher ausgestattet war, wie jede andere; und das Gebäude, welches von den Vorfahren so groß gegründet und ein volles Jahrtausend hindurch von Geschlecht zu Geschlecht erweitert worden war, sank in wenigen Jahren danieder, mit allen seinen für Gelehrsamkeit und Privatglück, für weltliche und geistliche Erziehung, für Volk und Staat so hochwichtigen und tief in das Leben eingreifenden Instituten. Ja, es liegt zum Teil noch jetzt in trostlosem Ruin da, als ob man die einfache Wahrheit vergessen hätte, daß der äußere Frieden nur auf dem innern Frieden sicher ruhen, dieser aber allein von Gott kommen und im Glauben an ihn erhalten werden kann.»

Der «revolutionäre» Geist, der in der Säkularisation tätig war, ist nach Schlegel und Eichendorff weiterhin sogar in den «legitimsten Regierungen», wenn auch abgemildert, wirksam – eine Ansicht, die nicht nur Metternich und die Heilige Allianz ärgert, sondern auch die meisten Vorgesetzten Eichendorffs in der reaktionären, zentralistischen Staatsbürokratie Preußens. Es ist laut Schlegel «das System einer rein mathematischen, bloß mechanischen und maschinistischen, oder aufs höchste genommen, doch nur dynamischen Staatsansicht, Staatsbehandlung und Staatsverwaltung, die keineswegs auf jenen Zeitraum des europäischen Nationalkrieges (von 1792 bis 1815) beschränkt, sondern schon ein oder mehrere Jahrzehnte früher im Gange war, ja auch jetzt noch häufig und mehrenteils herrschend ist; nach welcher selbst die legitimsten Regierungen in den Verwaltungs-Prozeduren der neuen Zeit verfahren haben [...]. Freilich bleibt dabei ein sehr großer Unterschied. Da nämlich jede legitime Regierung an feste positive Schranken gebunden ist, die nicht übersehen werden dürfen, ohne die eigene Lebenskraft und sichere Fortdauer für die Zukunft zu untergraben; so kann selbst die falsche Theorie, welche auf die Vernichtung des Persönlichen, Lokalen, und aller selbständigen Korporationen, und auf eine mathematische Gleichheit in der Behandlung der ganzen Staatsmasse ausgeht, ohne dabei weder das Heiligtum des christlichen Privat- und Familienlebens, noch die von Gott verliehenen Freiheitsrechte der Kirche zu verschonen, doch nie mit der zerstörenden Konsequenz wirken.» Ahnt Eichendorff, daß er bereits übers Jahr als interimistischer katholischer Kirchen- und Schulrat in Danzig mit den verschiedenen Staatstheorien praktische Bekanntschaft machen wird?

## «*In einem der schwierigsten Dienstverhältnisse*»: Eichendorffs zwiespältige Beziehung zu dem Oberpräsidenten Theodor von Schön

Die Spannungen zwischen einem Regionalismus, wie ihn die spätromantische Staatsphilosophie vertritt, und einem Zentralismus, wie er von den Fachministerien der Zentralregierung praktiziert wird, zeigen sich in Preußen besonders deutlich im Konflikt der Berliner Ministerien mit den Oberpräsidenten der 1815 neugeschaffenen zehn Provinzen Ostpreußen, Westpreußen, Posen, Pommern, Schlesien, Brandenburg, Sachsen, Westfalen, Kleve-Berg und Niederrhein. Während die Staatsministerien in den Oberpräsidenten lediglich abhängige Kommissare der Ministerien zur Aufsicht, Kontrolle und zum Vollzug ministerieller Anordnungen sehen, streben die Oberpräsidenten eine größtmögliche Selbständigkeit und Unabhängigkeit sowohl gegenüber den obersten Behörden wie auch gegenüber den Provinzialregierungen an. In einer von allen Oberpräsidenten unterzeichneten Denkschrift an den König vom März 1817 «Was kann ein Oberpräsident sein?» fordert der Oberpräsident von Westpreußen, Theodor von Schön, «selbständige Männer» als Oberpräsidenten, «Bevollmächtigte des Königs», die Bindeglied sein sollten zwischen der Staatsverwaltung und der Bevölkerung mit der Aufgabe, die provinziellen Eigentümlichkeiten mit dem allgemeinen Staatszweck in Einklang zu bringen. Der Kölner Oberpräsident Solms-Laubach verlangt noch im gleichen Jahr in einer Kontroverse mit dem Innenministerium das Recht

37 Theodor von Schön mit der Marienburg

auf unmittelbare Berichterstattung an den Monarchen und verwahrt sich dagegen, daß seine Immediatberichte «der Zensur der verschiedenen Ministerien» unterworfen werden.

Der führende und umstrittenste Kopf der Oberpräsidenten, die eine geschlossene Phalanx bilden, ist Theodor Heinrich von Schön, geboren 1773 in Schreitlauken bei Gumbinnen in Ostpreußen. Sein Vater war bürgerlicher Amtsrat und Domänenpächter und beantragte 1792 für seinen Sohn die Anerkennung des von 1586 stammenden alten Reichsadels. Preußischer Adel wird Theodor von Schön erst 1840 durch Verleihung des Schwarzen Adlerordens werden. Nach dem Studium der Rechts- und Staatswissenschaften in Königsberg, wo er überzeugter Kantianer geworden ist, wurde Schön 1793 Referendar bei der Königsberger Kammer. Nach einer staatswirtschaftlichen Studienreise durch Nord- und Mitteldeutschland wurde er 1797 Kriegs- und Domänenrat in Bialystok, danach in Marienwerder. 1798 besuchte er England und studierte Adam Smith und das englische Wirtschafts- und Staatssystem. 1802 Geheimer Finanzrat im Berliner Generaldirektorium, verfocht er schon unter dem Minister Carl Gustav Struensee und seit 1804 unter dessen Nachfolger Freiherr vom Stein die Reform des peußischen Kastenstaates, arbeitete 1807/08 an Steins Denkschriften und Reformgesetzen mit, vorwiegend in Königsberg, wurde 1809 Geheimer Staatsrat und Leiter des Departements für Handel und Gewerbe und noch im gleichen Jahr Regierungspräsident in Gumbinnen. 1813 beteiligte er sich an der Erhebung in Ostpreußen, wurde Zivilgouverneur der Gebiete zwischen der russischen Grenze und der Weichsel sowie Mitglied des Zentralverwaltungsrats, wo er sich mit Stein zerstritt, und schließlich 1816 Oberpräsident der neugebildeten Provinz Westpreußen.

Wie wenig selbständig gegenüber den Zentralministerien in Berlin Schön als Oberpräsident mit Sitz in Danzig 1820 ist, muß er erfahren, als er von einem ihm vermutlich bis dahin unbekannten Regierungs-Assessor namens Baron von Eichendorff einen vom 20. Juli datierten Brief aus Breslau erhält des Inhalts, «daß des Herren Ministers von Altenstein Exzellenz mir die interimistische Verwaltung des durch den Abgang des Consistorial-Rats v. Mathy zu Danzig erledigten Posten eines katholischen Kirchen- und Schul-Rats aufzutragen geruht hat».

Wenn Schön auf diese inoffizielle Ankündigung eines neuen Mitarbeiters, wodurch er vor vollendete Tatsachen gestellt wird, erst nach einem halben Jahre antwortet, so ist das verständlich und bürokratisch korrekt. Es dürfte aber auch für Eichendorff ein Signal gewesen sein für die Kompetenzstreitigkeiten zwischen den Berliner Ministerien und den Oberpräsidenten, nicht selten zu Lasten der untergeordneten Beamten, die dabei oft zwischen die Stühle geraten. Als Protegé, wie es scheint, des Ministeriums dürfte Eichendorff unter Schön nichts zu lachen haben, auch wenn dieser unter dem 20. Januar 1821 antwortet: «Jetzt ist die Eröffnung des Königl. Ministerii für den Cultus darüber, daß Ew. pp. zur Führung der Geschäfte in der vacanten katholischen Ratsstelle hier vorläufig bestimmt und hiernach angewiesen sind, definitiv an mich erfolgt, und ich finde Anlaß, mich mit Achtung und Freude über das bevorstehende Verhältnis zu äußern, indem ich Ew. pp. zugleich ergebenst ersuche, Ihre Ankunft hier so viel möglich zu beschleunigen und mir umgehend gefälligst den Tag zu bezeichnen, wenn Sie Ihre Abreise von dort anzutreten gedenken. (gez:) Schön.»

Wenn Schön, was anzunehmen ist, während des verflossenen halben Jahres Einblick in die Prüfungsarbeiten Eichendorffs genommen hat, vor allem in die allgemeine Probearbeit über die Folgen der Aufhebung der kirchlichen Güter, dann wird er für das «bevorstehende Verhältnis» das

Schlimmste befürchtet haben. Ist Schön selbst doch ostpreußischer Protestant, wenn auch ein aufgeklärter, und schon deshalb voreingenommen gegen einen gläubigen, romtreuen oberschlesischen Katholiken, als der Eichendorff sich in der Probearbeit zu erkennen gegeben hat. Vor allem ist Schön ein Anhänger Kants und Fichtes, und seine Religion ist die unerschrockene, nur seinem Gewissen gehorchende Pflichterfüllung im Dienste der Menschheit, näherhin des Staates. «Sie konnten», schreibt er in seinem letzten Brief an Eichendorff am 25. November 1855 – Schön stirbt 1856, ein Jahr vor Eichendorff –, «wenn es Ihre Überzeugung war, vor allen Menschen, bezeugen, daß ich das Schlechte verabscheut und verfolgt, und einem Leben für Ideen nachgestrebt habe.» Sind «Ideen» für Kant doch «Begriffe von einer Vollkommenheit, die sich in der Erfahrung noch nicht findet, z. B. die Idee eines vollkommenen, nach Regeln der Gerechtigkeit regierten Staates. Erst muß unsere Idee nur richtig sein, dann ist sie bei allen Hindernissen, die ihrer Ausführung im Wege stehen, gar nicht unmöglich.»

1791 während seines Studium in Königsberg kümmerte sich der achtzehnjährige Schön um den elf Jahre älteren, noch unbekannten Fichte in dessen entscheidender Lebenssituation: «Den 27. [August] endige ich dies Tagebuch», schreibt Fichte, «nachdem ich vorher schon die Exzerpte aus den Kantschen Vorlesungen über die Anthropologie, welche mir Herr von Schön geliehen, beendet hatte.» Und den 5. September «besuchte mich von Schön und nahm mich mit sich zu der Promotion eines Israeliten Hirsch». Fichte hatte gerade vor zwei Wochen seine «Kritik der Offenbarung» geschrieben und sie Kant am 18. August zukommen lassen. Als sie anonym erschien, hielt man sie für eine Schrift von Kant, und als die Wahrheit ans Licht kam, war Fichte ein bekannter Mann.

Wie sehr Schön sein Leben lang den Vorstellungen Kants und Fichtes auch über die Religionen anhängt, zeigt sein Briefentwurf vom 7. November 1851 aus seinem Alterssitz Preußisch-Arnau – Schön hat neun Jahre zuvor im Juni 1842 den Staatsdienst quittiert – an Eichendorff im Kadettenhaus in Berlin. Dieser hat zwei Jahre nach Schön, im Juni 1844, seinen Abschied genommen, beide haben vor der zentralistischen Berliner Bürokratie kapituliert. Eichendorff hat Schön seine 1851 erschienene Arbeit «Der deutsche Roman des achtzehnten Jahrhunderts in seinem Verhältnis zum Christentum» zugeschickt. Der Anfang des Briefes zeigt, daß ihre unterschiedlichen Weltanschauungen die beiden Pensionäre schon während ihrer Dienstzeit nicht daran gehindert haben, freundschaftlichen Umgang zu pflegen, obwohl sie sich in ihren Disputen nichts schenkten: «War es mir doch, als wenn Sie in meiner Stube wären und ich mit meinem verehrten Freunde, disputierend auf und nieder ginge! Ich sah, Ihr für mich immer freundliches Gesicht –, ich hörte Sie sprechen, Summa Summarum: Sie waren da: und das machte mir eine solche Freude, daß ich Ihr Buch in einem Zuge durchlesen mußte. Alle Ihre anderen Schriften, könnte auch ein Mann, der nicht Eichendorff ist, geschrieben haben, aber Ihre neueste Schrift, ist Ihr Selbst, und freute ich mich über den Besuch des alten und bewährten Freundes. Dabei bekam das Pro und Kontra auch sein Recht, und so gehört es auch hieher. Und gehe als Fragestücke zu dem Freunde.»

Schön stellt Eichendorff die sechs folgenden, auch heute noch aktuellen Fragen wohl in der Hoffnung, Eichendorff würde ausführlich darauf antworten und er, Schön, könne davon vielleicht noch für seinen eigenen Glauben profitieren: «1. Könnte nicht, statt positiv christlicher, oder positiv katholischer Glaube moralischer Glaube gesetzt werden, der uns Gott, Unsterblichkeit und Moralität gibt, und der vor dem oberen Erkenntnis-Vermögen (Verstand, Urteilskraft und Vernunft) zu Recht besteht? 2. Käme das Buch nicht ebenso, wie jetzt, zu stehen, wenn immer anstatt: positiv christliche Religion, oder positiv katholische Konfession: positiv buddhaistische oder positiv mohammedanische stände? 3. Woher wissen wir, daß das Christentum höher steht, als der Buddhaismus und der Mohammedanismus? Inspiration kann hier nichts entscheiden, denn alle diese drei Religionen machen darauf Anspruch. Was den einen recht ist, ist den anderen billig. Erkennen wir den Vorzug des Christentums nicht bloß dadurch, daß wir die Normen, welche es gibt, und die Gefühle, welche es erregt, an die von dem Schöpfer in der Vernunft uns gegebenen Ideen anpassen, und wenn sie da mehr die Probe bestehen, als die beiden anderen Konfessionen, der Vorzug besteht? Und 4. ist objektives Gefühl, also mit Notwendigkeit, nicht Widerspruch in sich? Gefühl und Phantasie, sind ihrem Wesen nach grenzenlos, und können ihrer Natur nach, nur den Zuruf der Vernunft, als dem Reiche der Ideen, dulden. Wo sie einkehren, richten sie immer besonders ihre Wohnungen ein. Will man nun für sie einen gemeinschaftlichen, großen Salon einrichten, dann sprengen sie Türen und Fenster und Decke, um in ihr Element, Unendlichkeit, zu kommen. Wäre hiernach nicht: 5. jede Religion, als solche subjektiv? Und wäre hiernach nicht 6. jede Kirche nur, für die weltliche Gestaltung des Heiligen ratsam, eingerichtete Polizeianstalt, welche in dem Grade verderblich wird, als sie bleibende Normen aufzustellen sich anmaßt? usw.»

Eichendorff antwortet postwendend am 10. November 1851 ebenso freimütig: Er beeile sich, «meinen innigsten Dank und meine große Freude darüber auszudrücken, daß Ew. Excellenz meine neueste Schrift mit solcher Aufmerksamkeit gelesen u. Sich dabei wirklich, wie ich oben gewünscht, des alten Freundes so hertzlich erinnert haben. Die beigefügten Fragestücke betreffen recht eigentlich die welthistorischen Unterschiede zwischen Naturreligion u. Christentum, zwischen Vernunft u. Offenbarung, worüber sich füglich wieder ein neues Buch schreiben ließe. Meinem innersten Wesen nach muß ich sämmtliche Fragen entschieden mit: Nein beantworten; ich wäre sonst eben der Eichendorff nicht, der ich bin, u. dem Ew. Excellenz, so wie er nun einmal ist, deshalb gewiß nicht minder wohlwollen. Und in dieser freudigen Zuversicht empfehle ich mich nochmals treugehorsamst Eichendorff.»

Schön ist sicherlich enttäuscht, daß Eichendorff nicht bereit ist, wie früher in einen Disput mit ihm einzutreten. So versucht Schön vor sich und anderen, Eichendorffs engagierte Parteinahme für das Christentum und speziell für die katholische Kirche dadurch zu erklären und zu rechtfertigen, daß er Eichendorff einen «idealisierten Katholizismus» unterstellt, ähnlich dem Kantschen Idealismus, dem er selbst anhängt: Der Mensch brauche nun einmal Ideen und Ideale, an denen er die Wirklichkeit mißt. «Was sagen Sie zu Eichendorffs heillos schönem Buche! Soweit heillos schön und schön heillos sein kann», hatte Schön am 4. November 1851 noch vor dem Brief an Eichendorff an den Historiker Droysen geschrieben, der gerade einem Ruf nach Jena gefolgt war und dort seine Biographie über General Yorck, den Sieger über die Franzosen 1813 bei Wartenburg, fertigstellte. Droysen und Eichendorff waren von Schön gebeten worden, gemeinsam seine Lebensbeschreibung zu verfassen. Darum versucht Schön gegenüber Droysen, Eichendorffs Katholizismus akzeptabel erscheinen zu lassen: «Zur Rechtfertigung meines lieben Freundes Eichendorff muß ich noch bemerken, daß sein Bild des Katholizismus ganz verschieden von dem der katholischen Geistlichkeit und der Welt ist. In dem Zölibatär im kirchlichen Rocke sieht er nur den Menschen, der über dem Geschlechtsunterschied steht, das Fasten ist ihm nur ein Bild der Enthaltsamkeit [...]. Die höhere Geistlichkeit sieht er, wenn sie gleich schwelgt und den Lüsten lebt, als Wesen höherer Art usw ... In Summa: Er lebt in einem idealisierten Katholizismus und diesen kann man bei ihm, bei einer durchaus edlen Natur wohl gelten lassen. Er hätte nur seinen Katholizismus im Buche näher bezeichnen sollen.» Tatsächlich täuscht sich Schön. So sehr Eichendorff auch alle Wirklichkeit an ihren Ideen mißt: Im Falle des Christentums und vor allem seiner Urform, der katholischen Kirche, ist für ihn als gläubigen Christen ihr Ideal keine bloße Idee, sondern trotz der äußeren Unvollkommenheit der christlichen

Institutionen bereits deren innere Wirklichkeit: das Göttliche in der Person Jesu Christi.

Nach der enttäuschenden Antwort Eichendorffs rettet sich Schön durch einen Sprung aus der Welt der weltanschaulichen Spekulationen und Theologien, für die er sich selbst und wohl auch Eichendorff nicht kompetent genug hält, in die Welt der Poesie, des Gefühls. Einem Dritten, dem Schön Eichendorffs Antwort mitteilt, schreibt er: Er habe Eichendorff «darauf wieder geschrieben: In die Höh'! In die Höh'! Über natürliche u. positive Religion, über Classicität, u. Romantik, steht der Mensch mit seinem Geiste u. seinem Gemüte, das Erste sei das Feld des Philosophen, u. das 2t., das Feld des Dichters.»

Mit «In die Höh'» erinnert Schön an Eichendorffs vierstrophiges Tafellied, das er für die Liedertafel in Danzig geschrieben hatte und das 1825 in der Berliner Zeitschrift «Der Gesellschafter oder Blätter für Geist und Herz» erschienen war und das Schön überall propagierte, weil er darin eine Anspielung auf sich selbst sah. Die erste Strophe lautet:

> Viel Essen macht viel breiter
> Und hilft zum Himmel nicht,
> Es kracht die Himmelsleiter,
> Kommt so ein schwerer Wicht.
> Das Trinken ist gescheiter,
> Das schmeckt schon nach Idee,
> Da braucht man keine Leiter,
> Das geht gleich in die Höh'!

Tatsächlich ist es Schöns Hochschätzung der Poesie, die nach Eichendorffs Eintreffen in Danzig Anfang 1821 sein Mißtrauen gegenüber Eichendorff in Sympathie umschlagen läßt. Nach Schöns Vorstellung soll der ideale Beamte auch künstlerisch und poetisch begabt sein, braucht die preußische Reformpolitik doch kreative Köpfe und Visionen. 1835, als Eichendorff bereits seit vier Jahren in Berlin Dienst tut, schreibt Schön ihm unter dem 30. November: «In den Grundtönen bleiben wir einig, solange wir leben. [...] An dem Orte, wo Kant gelebt und gewirkt hat, mußten die Frömmler, weil Kritik in das Wesen der Menschen übergegangen ist, in sich bald zerfallen [...]. Schade! daß Sie nicht hier sind, Sie! eins der geratenen Kinder der Kunst in dieser gemeinen Zeit. [...] Mit Voigt [der Königsberger Historiker der Marienburg] spreche ich oft von Ihnen und von Ihrer Stärke in Verbindung des fundamental Tiefsten mit dem Jovialen, der Idee mit dem Launigen. Schicken Sie mir doch wieder einmal einen geistigen Schnaps dieser Art.»

## Die Wiederherstellung der Marienburg

Seit der Dichter Max von Schenkendorf in «Der Freimüthige oder Berlinische Zeitung für gebildete, unbefangene Leser» am 26. August 1803 seinen Aufruf «Ein Beispiel von der Zerstörungssucht in Preußen» veröffentlicht und ein Jahr später König Friedrich Wilhelm III. die Erhaltung der Bausubstanz angeordnet hatte, war es Theodor von Schön, der sich seit seinem Amtsantritt als Oberpräsident von Westpreußen 1815 für den Plan einer Wiederherstellung der Marienburg, der Burg des Deutschen Ritterordens, begeisterte.

Eichendorff würdigt Schöns Verdienst in einer Arbeit, die er auf Anregung Schöns und im Auftrag des Königs Friedrich Wilhelm IV. im letzten Jahr seines Dienstes, ab Frühjahr 1843 verfassen und die in Königsberg im Februar 1844 erscheinen wird unter dem Titel: «Die Wiederherstellung des Schlosses der deutschen Ordensritter zu Marienburg». Darin heißt es: «Der damalige Oberpräsident, jetzige Staatsminister *von Schön* war es, der auf seiner Durchreise durch Marienburg im Jahre 1815 den alten, erhabenen Burggeist in seiner ganzen Bedeutung erkennend, den ersten Gedanken leuchtend und zündend in jenes ungewisse Volksgefühl warf, den Gedanken, im Stein für alle Zeiten zu bekunden, wie der treuen Eintracht zwischen Herrscher und Volk die wunderbare Macht gegeben, das ewig Alte und Neue aus dem Schutt der Jahrhunderte verjüngend wieder emporzurichten. Mit leerer Hand, aber im hochherzigen Vertrauen, daß alles Große und Rechte sich immer selber Bahn schaffe, ging er getrost an's Werk, überpfeilerte mutig manche kleinliche Ungunst, zweifelsüchtige Gleichgültigkeit und alle die Nachzügler der schlechten Zeit, und hat in dem wiederhergestellten Riesenbau, ohne es zu wissen und zu wollen, sich selbst ein unvergängliches Denkmal gestiftet.»

Auch sich selbst bringt Eichendorff im letzten Abschnitt des einhundertfünfzehn Druckseiten langen Textes in Erinnerung, freilich ohne seinen Namen zu nennen: War doch Preußens «König der Erste, der diese Bedeutung des Baues faßte und hochsinnig in's Leben gerufen hat. Schon am 20. Juni 1822, als sich Alles eben erst werdend gestaltete, versammelte Er, damals noch Kronprinz, viele edle Preußen in Meisters großem Remter um Sich zu einem festlichen Ehrentisch [...]. Da weckte Trompetenklang von der Empore manche große Erinnerung, die hier verkannt und verschüttet seit Jahrhunderten geschlummert, da leuchtete ringsumher die sonnenhelle Landschaft durch die hohen, wieder freigewordenen Fenster herauf, im Hofe wimmelte es wieder bunt und jauchzend [...]. Auch ein Liedsprecher in der alten Tracht hatte sich aus Danzig eingefunden [der Gymnasiallehrer Theodor Kniewel] und begrüßte während der Tafel den hohen Herrn mit einem Liede zur Zither, das der Kronprinz, den frisch gefüllten Becher erhebend, mit einem Trinkspruch erwiderte. Wir aber wüßten unser Büchlein nicht schöner zu schließen, als mit den wahrhaft Königlichen Worten dieses Spruchs: ‹Alles Gute und Würdige erstehe wie dieser Bau!›» Das erwähnte Lied stammte von Eichendorff. Darin hatte er entgegen den Intentionen Schöns, dem es darum ging, in der Marienburg im Sinne seiner staatsreformerischen Vorstellungen ein Symbol des erfolgreichen Zusammenwirkens von Volk und König zu errichten, auch seine persönliche Deutung anklingen lassen: die Marienburg der ursprünglich katholischen Ordensritter als Mahnmal an das heutige Preußen, sein Heil in nichts anderem zu suchen als in der Rückkehr zu den christlichen Werten.

[...] Doch droben auf der Zinne
  Steht noch der Heldengeist,
Der – was die Zeit beginne –
  Still nach dem Kreuze weis't.

Es wechseln viel' Geschlechter
  Und sinken in die Nacht –
Steh' fest, Du treuer Wächter,
  Und nimm Dein Land in Acht!

Schon hat zum Kreuzeslichte
  Dein Volk sich ernst gewandt,
Im Sturm der Weltgerichte
  Tief schauernd Dich erkannt.

Nun hebt sich wieder fröhlich
  Dein Haus im Morgenschein,
Die Jungfrau minneselig
  Schaut weit ins Land hinein.

Gesänge hör' ich schallen,
  Durch's Grün geschmückter Gäst'
Wallfahrten nach den Hallen –
  Wem gilt das frohe Fest?

Der Königssohn, Ihr Preußen,
  Weilt auf dem Ritterschloß,
Das ist nach Adlers Weisen,
  Daß er der Höh' Genoß. [...]

Das ewig Alt' und Neue,
  Das mit den Zeiten ringt,
Das, Fürst, ist's, was das treue
  Herz Deines Volks durchdringt.

Wo das noch ehrlich waltet,
  Da ist zu Gottes Ruhm
Die Kreuzesfahn' entfaltet
  Und rechtes Rittertum. [...]

In diesem Sinne wird Eichendorff auch das Drama «Der letzte Held von Marienburg» schreiben, das auf Anordnung Schöns 1830 in Königsberg gedruck wird. Während Schön an den Ordensstaat als Vorbild für Preußen erinnern will, geht es Eichendorff um die Christianisierung durch den Orden als Aufgabe auch für die seiner Meinung nach wieder heidnisch werdende Gegenwart.

So laß den Orden nur zusammenstürzen:
Das Kreuz bleibt stehn, das er gepflanzt im Norden [...]!

So soll nach Eichendorff auch das jetzige Preußen zur alten Wertordnung zurückkehren und sich am Kreuz orientieren, wie es vorbildlich durch König Friedrich Wilhelm III. im Befreiungskrieg geschehen sei durch die Stiftung des Eisernen Kreuzes, das Karl Friedrich Schinkel durch Abwandlung des Ordensritterkreuzes entworfen hatte.

Seh' ich den Himmel, wie von Schmerz zerrissen,
Und bei der Blitze Schein, dem ungewissen,
Die Helden all' aus ihren Gräbern geh'n;
Die richten schweigend auf den stillen Höh'n
Ein wunderbares Kreuz empor von Eisen
In der gewitterschwarzen Einsamkeit. –
Da geht ein Schauer durch das Volk der Preußen
Und noch einmal gedenkt's der großen Zeit.

Während für Eichendorff der Ordensritter Ur- und Vorbild des späteren preußischen Landwehrmannes ist, sieht Schön das Verhältnis umgekehrt: In der Landwehr vollendet sich das Vorläufertum des Ritterordens. Als im Rahmen der Wiederherstellung der Marienburg ein Glasfenster einen Ordensritter und einen Landwehrsoldaten der Befreiungskriege darstellen soll, erläutert Schön in einem Brief an den Geheimen Oberbaurat Karl Friedrich Schinkel von der preußischen Oberbaudirektion in Berlin am 21. Oktober 1821 seine Sicht in Kants Terminologie: «Beide leben der Idee, und daher sind beide auf dem Wege zum Himmel, aber die Glorie des Landwehrmannes strahlt schöner [...], weil sie die finsteren Massen in der Welt mitbeleuchtet und erhellt, statt daß der Ritter nur vom ganzen Orden seinen Glanz erhielt und diese[r] Auferstehung der Welt, statt ihr entgegenzutreten, durch seine[s] Ordens Regel ausweicht. Der Landwehrmann muß deshalb in der schönsten Glorie stehen, denn er ist ein hoher Gedanke, und der Ritter ist nur das 2. Glied in dieser hohen Ideen Kette. Ohne deutschen Ordensritter (menschlicher Berechnung nach) zwar [...] kein Landwehrmann, aber die Blüte ist schöner als der Stamm und die Blume ist dem Himmel näher als die Wurzel.» Für Schön ist der säkularisierte Landwehrsoldat ein Repräsentant der bürgerlichen Emanzipation und des Fortschritts Preußens auf dem Weg vom elitären Adelsstaat zum liberalen Volksstaat mit einer konstitutionellen Monarchie wie in England. Eichendorff, obwohl er selbst als Landwehroffizier unter dem elitären Verhalten der Adeligen im Führungskorps der regulären Armee gelitten hat, hält weiter an der Führungsrolle des Adels auch für Preußen fest, freilich unter der entscheidenden Bedingung, daß sich Monarchie und Adel am Ideal der Ordensritter neu orientieren, an der Verbindung von Weltlichem und Geistlichem. Sind es doch nicht die äußeren Bedrohungen, durch die der Ordensstaat nach Eichendorff letztlich zugrundegegangen ist, sondern der Abfall von der Ordensregel und die zunehmende Verweltlichung.

> Viel' Helden gab's zur Heiden-Zeit schon – wollt' ihr
> Zu ihrem Banner euch von Christus wenden? –
> Christlich Panier, geistlichen Sinn verlangt
> Der Augenblick, doch euer Sinn ist weltlich
> Und liebt noch andre Dinge, als die Pflicht:
> Besitz, des Namens Glanz, Gold, Frauenlob.

## Eine spannungsreiche Lebensfreundschaft

Dementsprechend haben Schön und Eichendorff auch unterschiedliche Auffassungen über das Mittelalter. Am 30. November 1835 schreibt Schön aus Königsberg an Eichendorff in Berlin: «Wer, wie Don Karlos, die Welt auf die Satzungen des Mittelalters zurückführen will, der ist der größte Feind der katholischen, man kann wohl sagen, christlichen Kirche. Wenn, um bei jenem Vergleich zu bleiben, die Herde Säue nicht beten kann, dann sind allerdings einzelne starke Menschen (Klöster) nötig, welche durch ihr öffentliches Gebet für die Herde die Idee des Betens sinnlich darstellen und so diese Idee zu den Köpfen und Herzen der Herde bringen. Kann aber der Mensch selbst beten und bedarf höchstens nur der Anregung eines einzelnen in der Gemeinde (des Pfarrers), dann werden jene Packe überflüssig und versinken, wie alles Überflüssige, mehr in Gemeinheit als der gemeine Mensch versinken kann.»

Vermutlich zu diesem Brief notiert Eichendorff, dessen Antwort wir nicht kennen, auf einem Entwurfblatt zu seinen Lubowitzer Erinnerungen: «Wie töricht, den subalternen dummen Verstand über den ganzen Menschen zu setzen (wie Schön). Da wird denn freilich aus dem ganzen Leben ein ordentliches, gutes, langweiliges Bureau. – Statt nun zu sagen: wir sind jetzt zu matt geworden, um die großen Formen des M. A. [Mittelalter] noch zu beseelen, sagt die arrogante Gegenwart: das M. A. war dumm, weil wir es nicht mehr goutieren.»

Noch schärfer kritisiert Eichendorff Schön auf einem anderen Konzeptblatt mit Geschichtsauszügen zu einem geplanten Drama «Die sicilianische Vesper». An den Rand notiert Eichendorff: «Ein Weltlustspiel ganz kurz bloß worin alle Producte der neuen Zeit vorkommen und sich durcheinanderzanken komisch, nemlich alt behagliche Philister und Kotzebueaner – Weltbürger, Kantianer, Umwälzer, Zerstörer (Schön). – Neumodische Philosophen, mystische After-Katholiken, Sonettendichter. – Tollgewordene Turner und Gymnasiasten oder vielmehr alles dies in eine so schön angelegte Weltkomödie hineinbringen!» Auch wenn Eichendorff diese Notiz durchgestrichen hat, die Positionsbestimmung für Schön ist vernichtend. Man fragt sich, wie aufrichtig die Freundschaft der beiden gewesen sein kann. War es nicht vielleicht so, daß Schön Eichendorff in erster Linie als dichtenden Propagandisten für das Marienburgprojekt gebraucht hat und Eichendorff Schön als Glücksfall eines preußischen unmittelbaren Vorgesetzen sah, der ihn von den Akten mit den heiklen Kirchen- und Schulproblemen weggeholt und später bei seiner Flucht von Königsberg nach Berlin sogar noch konspirierend mitgewirkt hat?

Schön hat Eichendorff, als der im Frühjahr 1821 seinen Dienst als einstweiliger katholischer Rat mit einem Diätensatz von 2 Reichstalern täglich angetreten hatte, nicht nur als Gesinnungsgenossen und Mitarbeiter für das Marienburger Unternehmen geschätzt. Er sorgt auch für eine verhältnismäßig schnelle Steigerung seines Einkommens. Zunächst erhält Eichendorff noch einen zusätzlichen «billigen Diätensatz» dafür, daß er bei den Bezirksregierungen Danzig und Marienwerder, hundert Kilometer südlich von Danzig, Sitz und Stimme bekommt. Doch dann erreicht Schön schon im Sommer 1821 über den Kultusminister von Altenstein, daß Eichendorff schneller als üblich als Regierungsrat und katholischer Rat beim Oberpräsidium mit dem etatmäßigen Gehalt von 1200 Reichstalern jährlich förmlich angestellt wird, was am 5. September 1821 durch Königliche Kabinettsordre bestätigt wird. Zum Vergleich: Das Gehalt der Oberpräsidenten beträgt bei freier Wohnung im Durchschnitt 7000 Taler inklusive Tafelgelder. Schön erhält schließlich 8000 Taler. Als Pension sind vier Achtel des Gehalts mit einer möglichen Aufstockung um ein weiteres «Gnadenachtel» vorgesehen.

Auch jetzt reicht, wie der Vergleich zeigt, Eichendorffs Gehalt kaum für ein standesgemäßes Leben seiner sechsköpfigen Familie, denn Adel verpflichtet immer noch. War am 6. Januar 1821 doch sein viertes Kind, die Tochter Agnes Clara Augusta in Berlin geboren worden, wo sich die Familie vermutlich zur Erledigung von Privatangelegenheiten aufgehalten hatte. Doch Agnes wird bereits nach fünfzehn Monaten, am 5. April 1822, sterben.

Vom 12. bis 18. September 1821 findet im Abtsschloß von Oliva bei Danzig eine Konferenz über die Neuregelung der katholisch-kirchlichen Verhältnisse in Preußen statt. Eichendorff trifft dort seinen Gönner im Berliner Kultusministerium, den Geheimen Oberregierungsrat Schmedding wieder. Päpstlicher Bevollmächtigter ist der Fürstbischof von Ermland und Abt von Oliva, Joseph Wilhelm Friedrich Reichsgraf von Hohenzollern-Hechingen, 1776 zu Troppau geboren und somit Landsmann Eichendorffs. «Er ist mein Freund und mein bester Umgang allhier», schreibt der Bischof am 7. April 1823 an Heinrich Schmülling, Gymnasialdirektor in Braunsberg, «er hat mir bei der Regierung schon manches glücklich durchfechten helfen.» Aus seiner Korrespondenz wissen wir, daß Eichendorff «mit Arbeiten überhäuft und oft leider abwesend, da er der beständige Reisegefährte des Herrn von Schön ist» (28. Januar 1823), und daß er «kürzlich an einem bedenklichen Blutauswurf gelitten» hat (März 1824).

Bedingt durch die Säkularisation und die napoleonischen Wirren waren 1814 nur noch fünf, 1817 nur mehr drei Bischofsstühle in Deutschland besetzt. Seit die Monarchen von Rußland, Österreich und Preußen am 26. September 1815 zu Paris die «Heilige Allianz» geschlossen hatten und sich zu einem Bündnis zwischen Thron und Altar bekannten, dem fast alle europäischen Fürsten beitraten, versucht die römische Kurie, mit den einzelnen Staaten Konkordate abzuschließen, so mit Bayern am 5. Juni 1817 und mit Preußen eine Übereinkunft durch die Zirkumskriptionsbulle Pius' VII. «De salute animarum» (Über das Heil der Seelen) vom 16. Juli 1821. Sie wird von König Friedrich Wilhelm III. als Staatsgesetz verkündet, doch «unbeschadet der Majestätsrechte». In Preußen werden zwei Erzdiözesen oder Kirchenprovinzen geschaffen: im Westen des neuen Staatsgebildes Köln mit den abhängigen Suffraganbistümern Trier, Münster und Paderborn, im Osten die Erzdiözese Gnesen-Polen mit dem Suffraganbistum Kulm. Nur Breslau und das Ermland mit dem alten Bischofssitz in Frauenburg am Ufer des Frischen Haffs, deren Domburg bereits 1270 vom damaligen Bischof von Ermland begonnen wurde, bleiben exemt, also unmittelbar der römischen Kurie unterstellt.

Die Anwendung der päpstlichen Bulle auf das Bistum Ermland und damit auf die Provinzen West- und Ostpreußen zielt auf «die Freiheit der Gewissen», wie der tolerante, auf Ausgleich zwischen den Konfessionen bedachte protestantische Kultusminister Altenstein bereits am 22. Dezember 1820 an Eichendorff und diesem aus dem Herzen geschrieben hatte: daß «die Verfassungen, Rechte und Güter der Kirchen, Schulen und Bildungsanstalten nicht verletzt, vielmehr nach Möglichkeit geschützt und erhalten und dadurch wahre Menschenbildung, religiöser Sinn, gute Zucht und Ordnung, Vaterlandsliebe und Verträglichkeit gehandhabt und gefördert werden möge». Doch der Fürstbischof meint feststellen zu müssen, daß der Oberpräsident Schön, auch in Glaubenssachen liberaler Kantianer, es an einer solchen verträglichen Kirchen-und Schulpolitik fehlen lasse, und beklagt sich darüber nicht nur bei Eichendorff, sondern auch bei Schmedding und Altenstein in Berlin.

Als deshalb im August 1823 Schmedding als Zivilkommissar für die Durchführung der Bulle nun auch in die westlichen Bistümer und Provinzen reist, nutzt Altenstein die Gelegenheit, Eichendorff zur Vertretung Schmeddings nach Berlin kommen zu lassen, für täglich fünf Reichstaler Diäten zusätzlich zu seinem dürftigen Gehalt. Schön gibt sich einverstanden, auch er hätte «keinen Würdigeren» für die Aufgabe nennen können.

Im Oktober kündigt Altenstein Schön in sibyllinischen Wendungen die Rückkehr Eichendorffs an: «Für das mir durch Überlassung des Herrn von Eichendorff gebrachte Opfer sage ich Ew. Exzellenz umso lebhafteren Dank, da derselbe dem Zweck seiner Hieherberufung ganz genügt und mir durch seine musterhafte Tätigkeit und Art zu arbeiten und sich zu benehmen, sehr teuer geworden ist. Seine Anwesenheit soll, wie ich hoffe, nicht nur für den Augenblick, sondern auch für die Zukunft dem dortigen katholischen Kirchenwesen nützlich sein und werden, da ich nicht nur seine Ansichten genau habe kennen lernen, sondern er auch mit den meinigen bekannt geworden ist.» Für Schön ein Wink mit dem Zaunpfahl, Eichendorffs Meinung zu den katholischen Angelegenheiten ernster als bisher zu nehmen.

Vielleicht hat die Aushilfsarbeit als «letzter Balkentreter» am Blasebalg der bürokratischen Staatsorgel in Berlin Eichendorff schon einmal einige der Illusionen genommen, er könne sein Berufsglück als Beamter doch noch in einem Ministerium finden. In seinem «Mandelkerngedicht» – der Titel spielt wohl auf den Reim an, in dem die typographisch hervorgehobenen Silbenkerne gegen den normalen Sprachrhythmus betont werden – nimmt er es mit Humor:

>Zwischen Akten, dunkeln Wänden
>Bannt mich, Freiheitsbegehr*enden*,
>Nun des Lebens strenge Pflicht,
>Und aus Schränken, Akten-Schichten
>Lachen mir die beleid*igten*
>Musen in das Amts-Gesicht.

Als an Lenz und Morgenröte
Noch das Herz sich erlab*ete*,
O du stilles, heit'res Glück!
Wie ich nun auch heiß mich sehne,
Ach, aus dieser Sandeb*ene*
Führt kein Weg dahin zurück.

Als der letzte Balkentreter
Steh' ich armer Enterb*eter*
In des Staates Symphonie,
Ach, in diesem Schwall von Tönen
Wo fänd' ich da des eig*enen*
Herzens süße Melodie?

Ein Gedicht soll ich Euch spenden:
Nun, so geht mit dem Leid*enden*
Nicht zu strenge ins Gericht!
Nehmt den Willen für Gewährung,
Kühnen Reim für Begeist*erung*.
Diesen Unsinn als Gedicht!

## Von Danzig nach Königsberg

Ob für Eichendorff überraschend oder ob er bereits in Berlin eingeweiht worden ist: Am 13. April 1824 werden die Provinzen Ost- und Westpreußen durch königliche Ordre zur neuen Provinz Preußen unter Theodor von Schön mit Amtssitz Königsberg vereinigt und Eichendorff am 5. Juni vom König zum Oberpräsidialrat ernannt mit einer Gehaltszulage von 300 Reichstalern jährlich. Am 18. Dezember verabschiedet sich Eichendorff von der Danziger Liedertafel mit dem Gedicht «Zum Abschied». Der «Schiffer» und «kühne Steuermann» ist sicherlich Theodor von Schön:

Horcht! die Stunde hat geschlagen,
  Und ein Schiffer steht am Bord,
Grüßt noch einmal, und es tragen
  Ihn die Wellen rauschend fort.

Sturm wühlt, und die Zeiten bäumen
  Sehnsüchtig sich himmelan,
Hoch in solcher Wellen Schäumen
  Segle, kühner Steuermann!

> Und den letzten Becher, Brüder,
> Eh' wir hier verlassen stehn,
> Und den letzten Klang der Lieder
> Auf ein freudig Wiedersehn!

Tatsächlich wird Eichendorff Danzig wiedersehen, so auf einer Visitationsreise Westpreußens im März 1826, so im Juli 1827, schließlich ist er weiterhin mit der Wiederherstellung der Marienburg befaßt, sechzig Kilometer südöstlich von Danzig. Vor allem aber wird Eichendorff anfänglich zur Abfassung seiner Geschichte der Marienburg, dann nach seiner Pensionierung als freier Schriftsteller von 1843 bis 1847 in Danzig bei seiner Tochter Therese wohnen. Ihr Mann, Ludwig von Besserer-Dahlfingen, 1809 in Königsberg geboren, protestantischen Glaubens, wird seine militärische Grundausbildung ab 1827 in Danzig erhalten, 1833 bis 1836 auf der allgemeinen Kriegsschule in Berlin Dienst tun, wo er Eichendorffs Tochter kennenlernt, die er am 2. Juli 1837 heiraten wird. Von 1837 bis 1847 wird er an der Divisionsschule in Danzig lehren, von wo er als Dozent zum Kadettenkorps nach Berlin versetzt wird. Eichendorff wird auch dort weiterhin die gemeinsame Wohnung im Kadettenhaus mit seinem Schwiegersohn teilen und so dem militärischen Milieu nahe sein.

Zu Beginn seines zweiten Danziger Aufenthalts schreibt Eichendorff das Gedicht «Nachts. Danzig 1843»:

> Dunkle Giebel, hohe Fenster,
> Türme tief aus Nebeln sehn,
> Bleiche Statuen wie Gespenster
> Lautlos an den Türen stehn.
>
> Träumerisch der Mond drauf scheinet,
> Dem die Stadt gar wohl gefällt,
> Als läg' zauberhaft versteinet
> Drunten eine Märchenwelt.
>
> Ringsher durch das tiefe Lauschen,
> Über alle Häuser weit,
> Nur des Meeres fernes Rauschen –
> Wunderbare Einsamkeit!
>
> Und der Türmer wie vor Jahren
> Singet ein uraltes Lied:
> Wolle Gott den Schiffer wahren,
> Der bei Nacht vorüberzieht!

Das Gedicht deutet an, was Danzig für Eichendorff gewesen ist: die Begegnung mit einer geschichtsträchtigen, ehemals Bremen, Hamburg und Lübeck übertreffenden Handelsstadt. Zwischen 1460, als sie die Flucht des sie bedrückenden Hochmeisters des Deutschen Ordens aus der nahen Marienburg erzwang, und 1772, als preußische Truppen die Weichselmündung besetzten und die Stadt von der Ostsee abschnitten, war Danzig als «Freie Stadt» unter polnischer Oberhoheit – im «königlich polnischen Preußen» – der größte Ostseehafen für die Ausfuhr von Getreide und Holz und für die Einfuhr westlicher Produkte in den östlichen

Raum. Danzig war so berühmt, daß sich während des Dreißigjährigen Krieges Wallenstein 1634 nach seiner Absetzung mit seinen Schätzen in Danzig zur Ruhe setzen wollte. Als die Niederländer von 1566 bis 1609 gegen Spanien rebellierten, versorgten Getreideflotten aus Danzig neben England und Frankreich sogar Italien und den Kirchenstaat. Flandrische und holländische Meister schmückten die Stadt mit bürgerlichem Barock, italienische Künstler arbeiteten im «Venedig des Nordens».

Erst die Gründung des konkurrierenden Petersburg, vor allem jedoch 1793 die Zweite Teilung Polens zwischen Preußen und Rußland, durch die Danzig zu Preußen kam und sein Hinterland verlor, führten zum Niedergang der alten Hansestadt. Viele Patrizier verließen die Stadt, unter ihnen Johanna Schopenhauer mit Sohn Arthur, der im gleichen Jahr wie Eichendorff geboren wurde. Schon zur Besetzung der Weichselmündung 1772 durch die preußischen Truppen, die eine Landbrücke zwischen Brandenburg-Pommern und dem seit 1618 durch Erbvertrag erworbenen Ostpreußen errichteten, schrieb Johanna Schopenhauer in ihren Memoiren: «An jenem Tage überfiel das Unglück wie ein Vampyr meine dem Verderben geweihte Vaterstadt und saugte jahrelang ihr bis zur völligen Entkräftung das Mark des Lebens aus.»

So taten sich die Preußen schwer, in Danzig akzeptiert zu werden, zumal die Stadt nach der Niederlage Preußens gegen Napoleon von 1807 bis 1814 den Status einer «Freien Stadt» zurückerhielt und erst durch den Wiener Kongreß am 12. Februar 1815 wieder an Preußen fiel. Doch weder Rußland, das den größeren Teil des Hinterlandes, Kongreßpolen, beherrschte, noch Preußen selbst, das Danzig aller Privilegien beraubte und zur Hauptstadt der neu geschaffenen Provinz Westpreußen machte, waren an einer neuen Blüte Danzigs auf Kosten der anderen Ostseehäfen interessiert. Preußen favorisierte vor allem Stettin an der Odermündung, das über den Bromberger Kanal erreicht wurde. Danzig sank zu einer preußischen Provinzhauptstadt herab. 1864 wird es mit 78 000 weniger Einwohner haben als um die Mitte des 17. Jahrhunderts.

Für Eichendorff war es kein Problem, daß die niederen Stände der Stadt und vor allem das Umland mehr polnisch sprachen als deutsch, auch wenn sich das Danziger Polnisch von dem Wasserpolnisch in Oberschlesien unterschied. Vor allem blieb es Eichendorff erspart, bei seinem ersten Danziger Aufenthalt dauernd in der Stadt wohnen zu müssen, deren mittelalterliche Gassen von vergangener Größe träumten, was nachts durchaus zu einem Alptraum werden konnte, wie das Gedicht andeutet. Durch Theodor von Schöns Vermittlung stellte dessen Freund Graf Friedrich zu Dohna dem Dichter für die Sommermonate 1822 und 1824 das alte Gutshaus Silberhammer draußen vor der Stadt zur Verfügung. Nur ein paar Kilometer entfernt lag der Marktflecken Oliva mit dem Abtschloß des Zisterzienserklosters – es wird Eichendorff an das heimatliche Kloster Rauden erinnert haben –, in dem der Abt und Fürstbischof von Ermland, Joseph von Hohenzollern, Eichendorff gern freundschaftlich empfing. Auch die Landschaft um Silberhammer und Oliva mit ihren bewaldeten Hügelketten, den nördlichen Ausläufern des uralisch-baltischen Höhenzuges, erinnerten Eichendorff an seine schlesische Heimat, zumal die Südfront des zwischen 1754 und 1756 erbauten Schlosses von Oliva dem Lubowitzer Schloß ähnelte. Auch die barockisierte Klosterkirche von Oliva, die 1785 noch eine große Orgel mit über fünftausend Pfeifen erhalten hatte, hätte in Schlesien stehen können. Was in Lubowitz am Horizont die Karpaten, das war in Silberhammer «des Meeres fernes Rauschen» und seine «wunderbare Einsamkeit». Aus dem «Schiffer», «der bei Nacht vorüberzieht» und den «Gott bewahren» wolle, wird bei Eichendorff, dem einsiedlerischen «Türmer», der «Taugenichts», die Eichendorffsche Variante eines «uralten Lieds».

Wie anders da das an Kunstwerken arme, nüchterne, protestantische und aufgeklärte Königsberg. Dessen Burg wurde 1255 vom Deutschen Orden gegründet zu Ehren des Böhmenkönigs Ottokar II., der über Breslau und Elbing kommend mit einem Kreuzfahrerheer zur Eroberung des Samlandes eingetroffen war. Nach dem Verlust der Marienburg bei Danzig an den polnischen König wurde Königsberg 1457 Sitz der Hochmeister des Deutschen Ordens und 1525, nach der Umwandlung des Ordensstaates in ein weltliches Herzogtum Preußen, Sitz der preußischen Herzöge, die jedoch lieber in Berlin residierten, so daß das östliche Preußen zur Provinz verkam. Kurfürst Friedrich III. von Brandenburg, aus europäischen Konkurrenzgründen auf der Suche nach der Königswürde, krönte sich 1701 in Königsberg wenigstens zum «König *in* Preußen», der Titel «*von* Preußen» datiert erst ab 1772. Der Kaiser hatte 1701 dem Königstitel, den es im Heiligen Römischen Reich Deutscher Nation nur einmal geben durfte – er selbst hatte ihn inne als König von Ungarn –, an Preußen dennoch zugestimmt, da das Herzogtum außerhalb des Reiches lag. Die im Schutz der Burg entstandenen drei Städte wurden erst 1724 vereinigt, ihre Privilegien hatten sie längst an die von außerhalb gekommenen Burgherren verloren, so daß sich die Stadt nicht so entfalten konnte wie Danzig.

Doch was Königsberg an kunstreichen Profanbauten und Kirchen im Vergleich zu Danzig fehlte – zwei Stadtbrände hatten 1764/65 einen großen Teil der Bürgerhäuser vernichtet –, das ersetzte es durch den Ruhm seiner Universität, die Herzog Albrecht 1544 ins Leben gerufen hatte. Hamann, Herder und Kant sind ihre berühmtesten Schüler, von denen Hamann und Herder mit Lessing für Eichendorff die «drei mächtigen Geister» sind, die «schon damals das Saatkorn einer anderen Zeit [...] für die Nachwelt ausgeworfen haben»: für die romantische Epoche, die der Aufklärung folgte, wie Eichendorff 1846 in dem Essay «Zur Geschichte der neuern romantischen Poesie in Deutschland» schreibt.

Daß Königsberg für die Romantiker mit ihrer Parole «Die Phantasie an die Macht» kein günstiger Ort ist, wird auch Karl Rosenkranz, 1833 dreißigjährig als dritter Nachfolger nach Krug und Herbart auf den Lehrstuhl Kants berufen, in seinen «Königsberger Skizzen» 1842 konstatieren. Da hat Eichendorff der Stadt bereits zehn Jahre vorher den Rücken gekehrt und sich 1835 mit Rosenkranz in der Rezension «Zur Kunstliteratur» angelegt. «Wenn [...] von Königsberg», schreibt Rosenkranz, «die *kritische* Philosophie ausgegangen ist, so hat man in der That darin mehr als einen Zufall zu sehen. Königsberg ist eine Stadt, in welcher das *Gleichmaaß* des Urtheils so sehr Eigenthum des Localgeistes ist, daß sich die Excentricität gleichsam immer daran *brechen* muß. [...] Wenn nun aber der Verstand so gebieterisch herrscht, so fragt es sich, wie es denn mit der *Phantasie* stehe. Ist Königsberg für den Künstler eine günstige Stadt? Ich glaube nicht. [...] Er ahnt, daß er nur durch einen *Absprung* sich von der Furcht des Verstandes vor dem Unwahrscheinlichen, Ueberspannten retten könne und fängt daher sogleich mit der Ueberspannung, mit dem Unwahrscheinlichen an. Der Dichter, der auf den Verstand sich einläßt, würde hier nur als Satyriker, als Didaktiker, als Lustspieldichter Glück machen können. Ich habe seit meinem hiesigen Aufenthalt Gelegenheit genug gehabt, hunderte von Dichtungen der verschiedensten Art, die man meinem Urtheil zu unterwerfen das Vertrauen hatte, kennen zu lernen, um zu wissen, daß hier sehr viel und auch ganz gute *Verse* gemacht werden. Allein ich habe nur wenig ächte *Poesie* getroffen. Die besten Sachen aber nehmen sogleich, wie bei *A. Hagen*, die *Tiecksche* Richtung, d. h. eine solche, welche das *laisser aller* zum Princip macht und zum Verstand sich ironisch verhält. *Hippel* ist nach meiner Meinung noch immer der Dichter, der das Preußische Element am glücklichsten zur Darstellung gebracht und mit der Phantasie zugleich den Verstand befriedigt hat. [Zacharias]*Werner* und [E. T. A.] *Hoffmann* dagegen zeigen uns die entschiedenste Romantik, die sich endlich kopfüber in einen trüben Abgrund stürzt. Aber diese Schriftsteller sind auch nicht in Königsberg geblieben, sondern ausgewandert und merkwürdig genug ist selbst *Hamann* im Auslande, in Westphalen gestorben.»

Daß Eichendorff angesichts dieser Vorliebe der Königsberger für die Satire und das Lustspiel mit seinem Trauerspiel «Der letzte Held von Marienburg» 1831 scheitern muß, liegt auf der Hand. Doch daß Eichendorff wie Theodor Gottlieb von Hippel (1741–1796) das Gleichgewicht zwischen Verstand und Phantasie, zwischen Vernunft und Glaube gesucht und er Hippel deshalb bei aller Kritik geschätzt hat, zeigen die sieben Druckseiten, die er ihm in dem Kapitel «Die Vernunftreligion» in seinem Buch «Der deutsche Roman des achtzehnten Jahrhunderts in seinem Verhältnis zum Christentum» 1851 einräumt. In Hippels «Lebensläufe nach aufsteigender Linie» von 1778 enthülle, schreibt Eichendorff, der Held «die eigene Seelengeschichte des Autors selbst: den steten, und doch stets unvermittelten Kampf zwischen Verstand und Gefühl, zwischen Frömmigkeit und Weltsinn, mit *einem* Worte: zwischen Glauben und Wissen». Hippel stehe «weit über dem Niveau der gewöhnlichen Rationalisten; was ihn aber darüber hinaushob, war eigentlich nur seine *poetische* Natur. ‹Liebe und Andacht›, sagt er, ‹sind zwei Lieder auf Eine Melodie›; und diese Melodie gibt in der eingeflochtenen Liebesgeschichte ‹Minchens› seinen Lebensläufen einen wahrhaft dichterischen Klang.»

Am 9. Juli 1824 reist der frischgebackene Oberpräsidialrat Eichendorff erstmals mit seinem Dienstherrn, dem Oberpräsidenten Theodor Schön, über Marienburg und Marienwerder in die Hauptstadt der neugeschaffenen Provinz Preußen, nach Königsberg. «Da sitze ich nun auf dem alten wüsten Schlosse», schreibt Schön am 15. Juli an seine Frau, «Eichendorff findet nur die Aussicht furchtbar, und H. P. Peters nannte die obere Turmstube schauderhaft. B. Eichendorff wohnt in der unteren Turmstube.» Vier Tage später heißt es: «Eichendorff sagt: Danzig wird hier nicht so bald sein. Er sitzt noch in seinem Turme.» Vielleicht geht dem «einsiedlerischen» Eichendorff der musikalische Lärm der Stadt bis spät in die Nacht auf die Nerven. Auch Rosenkranz hat den Kontrast zu dem stillen Danzig ähnlich erlebt und beschrieben: «Abends in den Gassen wird zu allen Jahreszeiten gepfiffen und gesungen. In Danzig scheint mir der *Gesichtssinn* ausgebildet zu sein; die *plastischen* Künste walten in ihm vor. In Königsberg scheint es mehr der *Gehörsinn* zu sein, der überwiegt. Wenigtens ist es mir so vorgekommen, als ginge es zu Danzig in den Straßen der Stadt Abends sehr still her.»

Auch die Querelen zwischen dem Fürstbischof und Schön nehmen in Königsberg eher zu. Nach einem anscheinend unbefriedigenden Besuch Schöns mit Eichendorff und dem Königsberger Marienburg-Historiker Johannes Voigt beim Bischof in seiner Sommerresidenz auf Schloß Schmolainen bei Guttstadt im Ermland schreibt dieser am 2. September

1824 an Eichendorff, dem die folgende Charakterisierung nur peinlich sein kann: «Wie Ihr edles, frommes Herz für Gottes Sache glüht, wie gern Sie in der Erweiterung des Reiches Jesu arbeiten und wie treu Sie an unserer h.[eiligen] k[atholischen] Kirche hangen, ist mir ja sattsam bekannt, und so darf ich ja wohl zuversichtlich hoffen, daß Sie der armen Glaubensbrüder in M[arienwerder] unvergessen sein werden!» Für den Fürstbischof scheint Schön die «Errichtung eines katholischen Pfarrsystems» und eines «Kirchenbaues in Marienwerder» hinauszögern zu wollen; auch bangt der Bischof um das «Imprimatur», die Druckerlaubnis des Oberpräsidenten als Zensurbehörde, für das neue «Diözesan-Religions-Handbuch». Besonders besorgt ist der Bischof über das Wort Schöns, das im Lande umgeht: «Die Religion gehöret *nicht* in die Schule.» Es habe «alle Bessern mit Schmerz und Schrecken, unsere Gegner aber mit Freude erfüllt! – – Welch ein Ausspruch! Das Hauptelement aller Erziehung ist ja doch nur allein die Religion! – gehört sie nicht in die *Schule*, so gehört sie auch nicht ins *Leben*! – – – Mein Trost ist es, daß das Ministerium in Berlin, diese grundverderbliche Ansicht nicht teilt und überhaupt auch gegen Simultanschulen [Gemeinschaftsschulen für alle Konfessionen] ist.» Schließlich bedankt sich Joseph von Hohenzollern noch einmal für Eichendorffs «Marienlied», er habe es am verflossenen Sonntag in der Pfarrkirche zu Frauenberg wieder gehört. «O möchte Ihnen doch mehr Muße vergönnt sein, um noch mehrere solche Gesänge zum Preise des Herrn und zur Erbauung der Gemeinde dichten zu können!»

Doch Eichendorff nutzt die Mußestunden für andersgeartete Dichtungen. Sie müssen mithelfen, den täglichen Unterhalt zu gewährleisten. So hat er am 2. Dezember 1823 mit Genugtuung den Verleger Ferdinand Dümmler in Berlin angewiesen, «dem Vorzeiger dieses [Schreibens], Herrn Referendarius v. Eickstaedt das Honorar für das Mährchen: Krieg den Philistern, gütigst auszuzahlen». Deshalb kann der Dichter am 6. Oktober 1824 seinem Onkel Rudolph in Wien leicht übertrieben vermelden: «Was mich selbst betrifft, so kann ich – obgleich nach dem äußersten Norden verschlagen – mit meinem Loose zufrieden seyn, da es mir wenigstens die Mittel gewährt, mich u. die meinigen anständig zu erhalten.»

Im September 1824 ist auch Eichendorffs Familie in Königsberg angekommen und wird in der Langen Reihe in einem eher schloßähnlichen Bürgerhaus wohnen. Da ist auch Platz für August Ludwig Busch, den Hauslehrer für die Kinder. Er hatte noch in Danzig Eichendorff um eine Empfehlung für den Königsberger Astronomieprofessor Friedrich Wilhelm Bessel gebeten, und Eichendorff hatte ihn auf der Stelle für Königsberg engagiert. Tatsächlich wird Busch 1831 Bessels Assistent und 1849

Direktor der Königsberger Sternwarte. Dreißig Jahre nach der ersten Begegnung mit dem Dichter schickt Busch an Eichendorff seine «Abhandlung über die totale Sonnenfinsternis» vom 28. Juli 1851 als Zeugnis dafür, «wie das Gefühl der Dankbarkeit in meinem Herzen stets lebendiger wird, je weiter der Moment in die Ferne rückt, in welchem ich das große Glück hatte, Sie in Silberhammer das erstemal zu sehen und zu sprechen. Diesen Augenblick werde ich stets als den Wendepunkt der glücklichsten Art meines Leben betrachten, die Vorsehung führte mich zu Ihnen und Ihre Güte bahnte mir den Weg, auf dem ich zu einem so glücklichen Ziel gelangt bin. Dank Ihnen, Dank der Frau Baronin, die einem jungen unbekannten Menschen solches Zutrauen schenkten.»

Eichendorffs Güte und die Strenge seiner Frau scheinen sich in diesen Jahren glücklich ergänzt zu haben. Wenn – so eine Familienüberlieferung – die Mutter eins der Kinder zur Strafe ins dunkle Zimmer geschickt hatte, rutschte der Vater unruhig auf seinem Stuhl herum, bis auch er ins dunkle Zimmer verschwand und dem kleinen Taugenichts gut zuredete: «Weine nicht, die Mutter wird schon wieder gut werden.»

Eichendorffs dienstliche Tätigkeiten erstrecken sich auf Anweisung von Schön nicht nur auf das ihm eigentlich bestimmte katholische Schul- und Kirchenreferat, in dessen Grundsatzfragen er vielfach anderer Meinung ist als der Oberpräsident, der ihn auch immer häufiger mit auf Dienstreisen nimmt. Das wird 1827 zu einer Anfrage des Kultusministers bei Schön führen und zur Anforderung eines Auszugs aus dem Oberpräsidial-Geschäftsjournal. Daraus geht hervor, daß Eichendorff zum Beispiel am 2. Februar 1825 die Anfrage eines Geheimen Oberregierungsrats (aus Berlin?) bearbeitet «Betreff des Spediteurs Jacob Liedke zu Pillau», dem eine Anstellung verschafft werden soll. 1828 bearbeitet Eichendorff den Antrag eines Getränkeherstellers aus Königsberg wegen Unterstützung bei der Errichtung einer Mineralwasserfabrik. Auch Aufgaben aus dem Kulturreferat werden Eichendorff übertragen, so die Abwicklung einer Bibliotheksschenkung an den Staat, die Förderung des Theaterwesens in der Provinz durch die Gründung eines Theatervereins in Elbing, ferner die Veranstaltung eines Musikfestes im Marienburger Schloß, vorgesehen für den 1. und 2. August 1830 mit Händels «Alexanderfest», Beethovens «Eroica», Spontinis Ouvertüre zu «Olympia», Carl Maria von Webers Jubelouvertüre, einer Hymne von Mozart sowie Sologesängen und Instrumentalvorträgen. Das Fest kommt jedoch erst 1831 nach dem Weggang Eichendorffs aus Königsberg zustande, da die Stadt Marienburg 1830 keine Freiquartiere für die zweihundert Mitwirkenden bereitstellen kann.

Von Danzig nach Königsberg 435

Musik liegt Eichendorff besonders am Herzen, weshalb er sich für die Errichtung einer Normalmusikschule in Danzig stark macht. Der Eingabe an den König legt er eine Denkschrift bei, in der er seine romantische Musiktheorie vorträgt: «Von nicht geringerer Bedeutung, als die möglichste Ausbildung des Verstandes und die Bereicherung des Wissens im Volke, ist ohne Zweifel die gleichmäßige Beachtung der Phantasie oder jener wunderbaren Kräfte im Menschen und mithin im Volke, welche überall das Leben unsichtbar durchdringen und großenteils bestimmen. Die Bildung dieser Kräfte, die man mit dem allgemeinen Namen Gemüt zu bezeichnen pflegt, ist vorzüglich die Aufgabe der Künste. Unter allen Künsten aber ist wieder die Musik die eigentlichste Volkskunst, weil sie, ohne gelehrte Vorbereitung von Seiten des Empfängers, das Gemüt unmittelbar und in allen seinen Richtungen ergreift und bewegt. Es erscheint daher hochwichtig, insbesondere die Tonkunst auf jenen Standpunkt zu erheben, wo sie nicht etwa bloß einzelnen frivolen Affekten schmeichelt oder als Virtuosität das Ohr des sogenannten Kenners kitzelt, sondern das Gemüt mit jener tiefen, ernsten, heiligen Gewalt erfüllt und erfrischt, welche dem ganzen Leben eine höhere Bedeutung gibt.» Die Argumentation ist eine Anwendung der Eichendorffschen Devise «Schläft ein Lied in allen Dingen» auf die Musik. Die prosaische Antwort des Königs Friedrich Wilhelm III. wird Eichendorff sehr enttäuscht haben: «Ich bin nicht geneigt, nach Ihrem mir vorgelegten Plan die Einrichtung einer Musikschule in Danzig durch eine Dotation aus Staatsmitteln zu unterstützen.» Die daraus hervorgehende Abneigung des Königs gegen Westpreußen provoziert den Oberpräsidenten Schön dazu, die Antragsteller erst recht zum Aufbau der Musikschule zu ermuntern.

Die Reserve des Königs gegenüber den Provinzen Westpreußen und Posen beruht unter anderem auf seiner Abneigung gegen die polnischen Juden. So schrieb er bereits am 19. Mai 1794 aus Posen an Major Friedrich Wilhelm von Schack: «Die Juden machen einen großen Theil der Einwohner aus, und ist nichts ekelhafteres anzusehen als diese Menschen Klaße, und die der hiesigen Bettler die denn alle Vorstellung übertreffen.» Eichendorff teilt den Standpunkt der Regierung in Marienwerder nicht, daß Christen, die – zumeist aus Heiratsgründen – zum Judentum übertreten, ihrer Staatsbürgerrechte verlustig gehen und als neu auftretende Juden die Aufnahme und Duldung des Staates entbehren und daher nun wie fremde Juden behandelt und über die polnische Grenze gewiesen werden müssen. Eichendorff tritt in einem Bericht an das Berliner Ministerium dafür ein, daß entsprechend dem herrschenden Grundsatz der Glaubensfreiheit auch für diese Fälle klare Bestimmungen erlassen werden müßten, um «überaus harte Maßregeln gegen die betroffenen Personen zu vermeiden».

Berlin bemängelt auch, daß große Teile der Bevölkerung in der Provinz Preußen polnisch sprechen. Eichendorff hält aus eigener Erfahrung dagegen: «Auch scheint es mir eine Selbsttäuschung, wenn die Regierung die Schuld mangelnder Anhänglichkeit an den preußischen Staat der polnischen Sprache der Bewohner zuschreibt. Nicht in der Sprache liegt es, denn die polnisch redenden Oberschlesier z. B. sind so gute Patrioten wie die deutschen. Es liegt in Westpreußen ohne Zweifel in der Geschichte dieses Landes, die noch zu neue Volks-Erinnerungen darbietet, und zugleich in dem Mangel wahrhafter wissenschaftlicher Durchbildung der dasigen kathol. Geistlichkeit.»

Geklagt wird von den evangelischen Brotherren über die vielen katholischen Feiertage. Als der Ökonomie-Kommissarius Schrader aus Schönbrück bei Garnsee im Dezember 1828 den Antrag stellt, der Oberpräsident möge «wenigstens neun Feiertage oder eigentlich nur Bummeltage der Katholiken außerhalb der Sonntage verbieten», erwidert Eichendorff, «daß die besondere Feier der erwähnten Festtage außerhalb der Sonntage nach einer schon früher vorgenommenen zweckmäßigen Reduktion der katholischen Feiertage allerhöchsten Orts ausdrücklich gestattet und daher der erbetene Antrag jetzt weder zeitgemäß noch von Erfolg sein würde».

Als ein Antragsteller, Joseph von der Marwitz, vierundzwanzig Jahre alt und erst in der vierten Gymnasialklasse, vorsorglich um ein Stipendium zum Studium der katholischen Theologie bittet, erwidert ihm Eichendorff, er könne den Antrag nicht unterstützen und gebe zu bedenken, ob der Antragsteller «auf einer Laufbahn beharren wolle, die unter diesen Umständen den größten Teil seiner Jugend hinwegnehmen würde, ehe er als Geistlicher tätig und nützlich sein könne».

Je länger je mehr fühlt sich Eichendorff in Königsberg fehl am Platze. Am meisten belastet ihn Schöns Wahnidee, seine Provinz, ja das ganze Königreich würden planmäßig von den Katholiken unterwandert, seitdem in den neuen Provinzen des Ostens und Westens große katholische Volksteile preußisch geworden sind. Am 21. Mai 1826 beschwert sich Schön beim König über «die Umtriebe des katholischen Klerus in der ermländischen Diözese» des Fürstbischofs Joseph Prinz von Hohenzollern, dem sich Eichendorff freundschaftlich verbunden weiß.

Schön will seine Gefolgsleute für den Kirchenstreit sammeln, geht es doch darum, die Bischofsstühle mit seinen Kandidaten zu besetzen. So schreibt er am 18. Juli 1826 an seinen Berliner Vertrauten, den Staatsrat Friedrich August von Stägemann: «Graf Sedlinitzki [sic] sollte nach dem

Ermlande kommen, und [Fürstbischof] Hohenzollern nach Marocco. Gern hätte ich den Ersten, den ich durch meinen herrlichen Eichendorff genau kenne. Hat Eichendorff so viel Zeit, Sie zu besuchen, so sehen Sie ihn recht freundlich an, das ist ein Katholik! Fromm und treu, aber empört über die Ermländischen Gräuel. Sie kennen doch schon seinen Taugenichts und das herrliche Schluss-Gedicht, und den Gruss im letzten Verse auch für Sie.»

Leopold Graf Sedlnitzky von Choltiz, Eichendorffs Schulkamerad am Breslauer Gymnasium, ist seit 1819 residierender Domherr in Breslau. Schön wird sein Ziel nicht erreichen, denn Sedlnitzky wird auf Vorschlag des Kultusministers Altenstein und auf Wunsch des Königs 1835 Fürstbischof von Breslau. Dort versucht der hoch gebildete und liberale Kirchenfürst im «Kölner Kirchenstreit» über die konfessionelle Erziehung der Kinder in Mischehen an der bisherigen toleranten Praxis festzuhalten – katholische Trauung auch ohne die Zusicherung katholischer Kindererziehung. Dafür muß er jedoch 1840 durch ein Breve des Papstes zurücktreten, erhält sein Gehalt aus der Privatschatulle König Friedrich Wilhelms IV. und wird als Wirklicher Geheimer Rat Mitglied des Staatsrats. 1862 wird er als erster deutscher Bischof seit der Reformation zum Protestantismus übertreten. Im Oktober 1833 wird Eichendorff als Mitarbeiter der Berliner Kultusbehörde Sedlnitzky raten, der anstehenden Berufung auf einen – den Breslauer? – Bischofssitz Folge zu leisten.

Theodor von Schöns Kampf gegen die angebliche Proselytenmacherei der Katholiken erreicht 1827 ihren Höhepunkt, als er den Direktor der geistlichen und der Unterrichtsabteilung im Berliner Kultusministerium, nach dem Katholiken Schmedding und vor dem protestantischen Minister Altenstein Eichendorffs weiteren Vorgesetzen, Georg Heinrich Ludwig Nicolovius, des Übertritts zum Katholizismus verdächtigt. König Friedrich Wilhelm III., der Denunziationen in seiner Regierung müde, reagiert empört und erteilt Schön eine Rüge.

Wie sehr Eichendorff von Schöns Kirchenkampf irritiert ist, zeigt eine Notiz Schmeddings am 16. Juni 1827 am Rande eines Briefs von Schön an Altenstein: Eichendorff wünsche sich «sehnlichst eine Versetzung nach Koblenz laut einem, mir zugekommenen, Privatschreiben». Altenstein nimmt das sehr ernst und empfiehlt bereits am 12. Juli Eichendorff dem Oberpräsidenten der Rheinprovinz, von Ingersleben, für eine vakante katholische Schulratsstelle bei dem Provinzial-Schulkollegio in Koblenz. Doch die Versetzung scheitert an der fehlenden Gehaltszulage aus dem Dispositionsfonds des Oberpräsidenten. Eichendorff ist auf sie angewiesen, ist doch das Leben in Koblenz teurer als in Königsberg.

So kommt es denn zu dem mehrfach erwähnten Brief Eichendorffs an Görres nach München vom 30. August 1828 mit dem Hilfeschrei: «Euer Hochwohlgeboren kennen indeß die Preußische Wirthschaft so gut wie ich. Ich habe ehrlich gekämpft, so gut ich's vermag, aber ich bewege mich hier wie in Feßeln, ohne Hoffnung lohnenden Erfolgs, u. sehe mit Gewißheit voraus, mich in diesem Verhältniße nicht lange mehr halten zu können. Auch die Dichtkunst kommt mir läppisch vor in Zeiten, wo der Herr wieder einmal unmittelbar die Sprache der Poesie zu den Völkern redet. Denn *so* erscheint mir jezt die tiefe Bewegung, der junge König [Ludwig I.], u. das gantze großartige Walten in Baiern, u. ich würde keinen Augenblick anstehen, wie im Jahre 1813, ohne weiteres mich den Fechtern, als deren Führer ich Ew. Hochwohlgeboren hochverehre, wieder anzureihen, wenn ich jetzt nicht Weib u. Kinder hätte, die auch ihre Rechte haben u. größere Besonnenheit zur heiligen Pflicht machen. Ich wage daher zunächst die inständigste u. ergebenste Bitte an Ew. Hochwohlgeboren, mir gütigst Ihre Meinung darüber mitheilen zu wollen, ob Aussicht für mich vorhanden wäre, möglichst mit gleichem Range u. Gehalt wie hier (ich habe hier 1,600 Thaler) in Baiern angestellt zu werden, u. wie ich's zunächst anzugreifen u. an wen ich mich zu wenden hätte, um dieses heißersehnte Ziel zu erlangen? Sollte mir auch meine jetzige Wirksamkeit in Angelegenheiten der Kirche nicht angewiesen werden können, wozu dort vielleicht ein Geistlicher erforderlich ist, so bin ich doch durch meine 12jährige Dienstzeit bei der Regierung mit allen anderen Zweigen der Verwaltung vollkommen bekannt, u. ich würde mich glücklich schätzen, nur überhaupt in der dasigen belebenden Atmosphäre wieder frei zu erathmen. Ueber meine Amtstüchtigkeit würde mir von den hiesigen Behörden das beste Zeugniß nicht versagt werden. Eben so könnte ich Empfehlungen von dem Fürstbischofe von Ermland, Printzen v. Hohenzollern, deßen Bruder in München Adjutant des Königs ist, beibringen. Auch bin ich bereit, wenn Ew. Hochwohlgeboren es wünschen, meine oben erwähnte Abhandlung [die Probearbeit von 1818 über die Folgen der Säkularisation], die freilich ein wenig voluminös ist, einzusenden. Mit einem Wort: mich verlangt endlich nach einer, auf das Höchste im Leben gerichteten Thätigkeit, u. ich biete einen reinen, treuen Willen u. meine besten Kräfte, die ich hier in kleinem Kriege nutzlos aufreibe. Und so lege ich denn den sehnlichsten Wunsch meines Lebens Vertrauensvoll in Ihre Hände. Jedenfalls aber bitte ich, diese Zeilen als den hertzlichsten Gruß eines fernen Freundes zu betrachten, der Ihr Leben u. Wirken unausgesezt mit gantzer Seele verfolgt, u. dem es lange ein tiefgefühltes Bedürfniß war, im Namen vieler Gleichgesinnter seinen

Dank u. seine innigste Verehrung auszusprechen.» Wenn Görres, der gerade erst im Oktober 1827 mit seiner Familie nach München übergesiedelt ist, wo er eine Professur für Allgemeine Geschichte und Literaturgeschichte übernommen hat, anscheinend nicht reagiert, dann wohl auch deshalb, weil er in dem schwierigen Münchener Milieu selbst erst Fuß fassen muß. Zieht er sich doch bereits 1829 aus der Auseinandersetzung mit der liberalen Fraktion zurück und widmet sich ganz seiner «Christlichen Mystik».

1830 gerät Eichendorff vollends zur Manövriermasse Schöns. Dieser versucht in Berlin, eine Versetzung Schmeddings nach Königsberg zu arrangieren und Eichendorff an dessen Stelle im Berliner Kultusministerium zu plazieren, um so die preußische Kirchenpolitik, soweit sie sich auf die katholischen Angelegenheiten bezieht, in den Griff zu bekommen. An Stägemann schreibt Schön am 26. Januar 1830: «Sollen wirklich die Klöster aufs neue durch polnischen Auswurf bevölkert werden? Und soll ich wirklich vorzugsweise päpstlicher Ober-Präsident sein? Sie haben doch meine beiden Briefe an den Grafen Lottum in dieser Sache, und wegen Baron Eichendorff gelesen? [...] *Sie würden mich sehr verbinden, wenn Sie mir bald über das etwas mitteilten was über Baron Eichendorff beschlossen ist. Ich nehme Schmedding gleich, um nur dem braven Eichendorff zu helfen.*» Schön versucht, seine Machtinteressen mit Eichendorffs Sorge, sein Dichtertum könne auf die Dauer in Königsberg Schaden nehmen, zu kaschieren. Doch Schöns Intrige in Berlin bleibt folgenlos, der Wirklich Geheime Staats- und Schatzminister Karl Friedrich Heinrich Graf Lottum hat längst nicht mehr den Einfluß, den Schön vermutet.

Dafür ergreift nun Eichendorff selbst die Initiative, aus Königsberg wegzukommen, und Schön wird ihn dabei unterstützen. Näherer Anlaß sind in der Tat weniger neue kirchenpolitische Intrigen Schöns als vielmehr Eichendorffs öffentlicher Mißerfolg als Dramatiker. Am 17. Februar 1831 fällt sein Trauerspiel «Der letzte Held von Marienburg» bei der Uraufführung im Stadttheater von Königsberg fast durch. Professor Johannes Voigt, der maßgebende Historiker der Marienburg, berichtet darüber noch wohlwollend und schonend dem Pfarrer und Direktor der Lateinschule und des Lehrerseminars in Marienburg, der acht Foliobände über die Geschichte der Marienburg schreibt: «Gestern ist der Landtag glücklich eröffnet worden. Am Abend wurde im Theater der ‹Letzte Held von Marienburg› aufgeführt. Ich ging wirklich mit Beklemmung für E. ins Schauspielhaus, welches gedrängt voll war. Bald entstand Tumult, denn die Gallerie fing noch vor 6 den Anfang des Stücks zu verlangen an. Was wird das werden? dachte ich, diese Spannung und – am Schlusse vielleicht getäuschte Erwartung. Mein Muth hob sich einigermaßen, als nach der Ouvertüre: Heil Dir im Siegerkranz pp. angestimmt wurde, denn dieß war ein gutes Vorzeichen rosiger Laune. Nun kam das Stück; es spielte sich in der That noch passabel hin; aber sehr vieles war weggeschnitten: noch mehres verstand man nicht bei der entsetzlich schlechten Poldersprache der meisten Actöre. Der Held selbst, ein Hr. Hübsch, war von Person schon viel zu schwächlich und seine Stimme nicht voll genug; die anderen Nebenrollen wurden sogar zuweilen ausgelacht; kurz am Ende fehlte aller Effect. Heinrichs Tod in Lochstädt war beinahe wie eine Posse. Ich muß gestehen, mir that E. leid, als einige laute Zeichen der Mißbilligung fielen, denn das polternde Geschrei: E. vor! E. vor! konnte ich unmöglich als Beifall nehmen. Wenn man also auch nicht sagen kann, das Stück sey durchgefallen, so darf man doch wohl behaupten: es habe keine Befriedigung gegeben. Den Oberpräsid. habe ich noch nicht darüber gesprochen; hat es ihm nicht gefallen, so muß die Schuld allein an der Aufführung liegen, denn für das Stück hat er eine Vorliebe, die ins weite geht. Sprechen Sie ihn einst, so verschweigen Sie meine Äußerungen hierüber und horchen aus, was er meint. Ich spreche ihn erst übermorgen bei den Thee-Versammlungen, die alle Mittwoch bei ihm seyn sollen. Ich werde ihm mein Urtheil nicht verhehlen. Der Schloßhof und der große Remter (auf dem Zettel Kapitelsaal genannt, wo auch Heinrich *Reuß* v. Plauen stand) war sehr schlecht gemalt und auch hier nichts für's Auge. Das Kapitel, denken Sie, wurde an einem viereckigen Eßtische gehalten, woran 5 bis 6 Ritter saßen. So eine Albernheit! Die Kerle sprachen und saßen da, wie zum Biere. – Doch genug davon!»

Der Fehlstart des Stücks ist für Eichendorff, diesen fast schon fanatischen Liebhaber des Theaters seit der Breslauer Schulzeit, auch deshalb so vernichtend, weil er alles auf diese Karte gesetzt hat, um endlich den ersehnten Durchbruch als Dramatiker zu erreichen, nicht zuletzt auch aus finanziellen Gründen. Deshalb hat er am 28. Mai 1830 ein Widmungsexemplar an Goethe geschickt – ohne Resonanz. Am 10. Juni bedankt sich der Kronprinz Friedrich Wilhelm für sein Exemplar mit der formelhaften Wendung, «[...] freue mich sehr bei eintretender Muße Ihre Dichtung kennen zu lernen». Die Reaktion des Fürsten Heinrich XLIV. Reuß von Plauen vom 23. Juni 1830 über «Ihr so schönes Trauerspiel» fällt freundlicher aus, da er es «mit einer Empfindung gelesen habe, die ich Ihnen nicht auszudrücken vermag; in seinem so hohen Grade, daß ich mir und meiner Familie glückwünsche, das Andenken unseres preiswürdigen Ahnherrn durch ein solches Kunstwerk gefeiert zu sehn».

Schon am 5. Oktober 1829 hatte der Sekretär der Königlichen deutschen Gesellschaft von Königsberg, der Schulrat Dr. Lucas, des «abwesenden Mitgliedes Baron von Eichendorffs Tragödie» vorgetragen. Die Gesellschaft setzte sich zusammen aus hohen Beamten und Militärs, aus der hohen Geistlichkeit sowie aus Professoren der Universität, unter ihnen der Nachfolger auf Kants Lehrstuhl, der Philosoph, Pädagoge und Psychologe Johann Friedrich Herbart.

Was Wunder, daß es Eichendorff in Königsberg nicht länger aushält. Kennt doch in den oberen Ständen jeder jeden und ist Eichendorff doch – es klingt jetzt wie Hohn – «der einzige, in ganz Deutschland rühmlichst gekannte, schönwissenschaftliche Schriftsteller, der in unseren Mauern lebt» und in der «Liedertafel» als «Liederdichter von vielem Nutzen ist», schreibt «Der Gesellschafter» am 16. November 1829. So nimmt Eichendorff am 6. Juni 1831, nachdem die in Polen wütende Cholera auch Königsberg erreicht hat, Urlaub und begibt sich mit Schöns Einverständnis nach Berlin in der Hoffnung, in den dortigen Ministerien durch persönliche Vorstellung eine angemessenere Anstellung zu finden und sich in der dortigen literarischen Welt wieder aufzubauen. Er ist jetzt dreiundvierzig Jahre alt, es ist höchste Zeit, ein neues Leben zu beginnen.

### «Marmorbild» und «Taugenichts»

«Als einen Spaziergang in amtsfreien Stunden ins Freie hinaus», so bezeichnet Eichendorff am 2. Dezember 1817 an Friedrich de la Motte Fouqué sein Manuskript «Das Marmorbild». «Ob ich nun auf einem so verzweifelten Spaziergang den Weg ins Freie und in die alte poetische Heimath gefunden habe, ob sich nicht vielmehr Aktenstaub statt Blumenstaub angesetzt hat, und ob demnach die ganze Novelle, so wie sie ist, der Aufnahme in Ihr schönes Frauentaschenbuch gewürdiget werden darf, überlasse ich, Herr Baron, Ihrem und Ihrer Frau Gemahlin bewährtem Urtheil, dem ich so gern und unbedingt vertraue.»

Eichendorff ist seit einem Jahr Referendar in Breslau, und in Erinnerung an die Abfassung von «Ahnung und Gegenwart» in Wien «sehnt sich meine ganze Seele nach jener altgewohnten Abgeschiedenheit und Unbeflecktheit von den alltäglichen Welthändeln, wo ich, mitten in einer der volkreichsten Städte, von dem großen Strome des Lebens nur das ferne Rauschen vernahm, das uns so wunderbar in die Tiefe versenkt. Ob ein solcher Zustand für mich jemals wiederkehren werde, weiß ich nicht [...].»

Eichendorff scheint durch seine Tätigkeit als Beamter in seiner Dichterrolle verunsichert. Deshalb atmet er auf, als Fouqué bereits «am letzten Tage des Jahrs 1817» ihm versichert, «Ihr lieblich blühendes und glühendes Novellenmärchen» habe «bereits seinen Platz im Archive des Frauentaschenbuches eingenommen» und es «ist wahrhaftig kein Aktenstaub auf Ihre Blumen gefallen, und eben das überzeugt mich um so mehr, daß die Prüfung des Geschäftslebens wohltätig auf Sie einwirken wird. Denn was nicht hindert, das fördert.»

Bereits zur Herbstmesse 1818 erscheint «Das Marmorbild» dann im «Frauentaschenbuch für das Jahr 1819» in Nürnberg im Verlag von Johann Leonhard Schrag, in dem auch durch Vermittlung von Fouqué der Roman «Ahnung und Gegenwart» 1815 erschienen ist. Eichendorff fühlt sich als Dichter bestätigt. Trotz negativer Kritiken wie in der «Sonntagbeilage Iris» des «Frankfurter Staats-Ristretto» vom 11. Oktober – «hirnlose[r] Teufelsspuk, mit Mondscheinduft und Lilien lang verwebt» – oder in «Originalien aus dem Gebiete der Wahrheit, Kunst und Laune» – «erinnert an die liebliche Undine [von Fouqué, 1811, Opernbearbeitung 1816 von E. T. A. Hoffmann], ohne indes das reizende Vorbild zu erreichen» –, macht er sich selbst und anderen Mut, so in einem Brief vom 9. Januar 1822 an Ludwig Sigismund Ruhl in Kassel, dessen Schreiben ihn zuerst «recht ermuthigt» hat: «Mein Marmorbild ist mir erst recht lieb geworden in dem magischen Spiegel, in dem es Ihr reiches Gemüth aufgefaßt, ja ich möchte sagen, noch einmal gedichtet hat. Warum haben Sie ihre Novelle vernichtet? Es wäre mir sehr lieb und merkwürdig gewesen, sie zu lesen. Lassen Sie Sich das nie stören, daß Sie nach vollendeter Arbeit damit unzufrieden sind. Welcher Dichter wäre das nicht? Das ist eben das Wunderbare, diese Sehnsucht nach dem Unerreichbaren, und könnte diese jemals befriedigt werden, so wäre es mit der Kunst aus. – Mir läßt mein Amt jetzt leider nicht viel Muße zum Dichten, es ist schwer, zweien Herrn zu dienen. Doch die Zeit gibt immer mehr Fertigkeit, und die größere Fertigkeit dann wieder mehr Zeit, und so hoffe ich mich wohl noch leidlich einzurichten.»

Eichendorff wird sich einrichten. Seine dichterische Produktivität während der Danziger und Königsberger Jahre ist erstaunlich: 1823 erscheinen bereits das erste Kapitel des «Taugenichts» und die dramatische Satire «Krieg den Philistern», 1826 der erste Sammelband mit dem vollständigen «Taugenichts» und einem Nachdruck des «Marmorbildes» sowie einem Anhang von achtundvierzig Gedichten, 1827 Eichendorffs andere dramatische Satire «Meierbeth's Glück und Ende», 1828 das Trauerspiel «Ezelin von Romano» und 1830 «Der letzte Held von Marienburg».

Eichendorff hat die Tragödie bereits im Juni 1829 einem Verleger angeboten, zusammen mit dem Lustspiel «Die Freier». Von diesen Werken lassen uns vor allem «Das Marmorbild» und «Aus dem Leben eines Taugenichts» einen Blick tun in Eichendorffs Innenleben zu Beginn seiner Beamtentätigkeit. Dabei ergänzen sich beide Werke, der «Taugenichts» ist die Antwort auf die Frage, die sich nach dem «Marmorbild» stellt: Wenn sich Eichendorff für Familie und Beruf entschieden hat, wie kann er vermeiden, als Philister zu enden? Deshalb irrt die Rezension über das «Marmorbild» in der Leipziger «Zeitung für die elegante Welt» vom 15. Oktober 1818, wenn sie meint, hier scheine «eine blühende Phantasie, die leicht etwas recht Befriedigendes hätte schaffen können, an einen undankbaren Stoff verschwendet». Handele es sich doch, wie das Weimarer «Journal für Literatur, Kunst, Luxus und Mode» im Januar 1819 schreibt, bloß um «die alte Mähre von der Frau Venus, die im Berge Hof hält, und junge Männer verlockt, und in's Verderben reißt. Hier verstellt sie sich in mancherlei Gestalten, und geht es dabei ganz verwunderlich her. Wer das Phantastische liebt, wird es mit Vergnügen lesen.» Nur der Rezensent der «Jenaischen Allgemeinen Literaturzeitung», die, von Goethe gegründet, der Romantik gegenüber nicht gerade freundlich eingestellt ist, der frühere Steuerinspektor in Halberstadt und seit 1818 freie Schriftsteller Friedrich Mathias Gottfried Cramer – er arbeitet gerade an einer Biographie Kotzebues, die 1820 erscheint –, erwähnt Ende März 1819 beiläufig, daß das «Marmorbild» für Eichendorff auch existentielle Bedeutung haben könnte, auch wenn es «nach der neuesten Schriftstellermode» verfaßt sei: «[...] ein Teufelsspuck aus dem Heidenthume treibt darin sein unheimliches Wesen; jedoch bekunden einzelne schöne Züge dieser Erzähung ein tiefes, wahrhaft poetisches Gemüth, und berechtigen zu schönen Erwartungen von dem, was Hr. v. E. zu leisten im Stande seyn wird, wenn er erst mit sich selbst ins Reine gekommen, dem Fluge seines Genius keine Irrlichter zum Ziel stellt.»

Tatsächlich dient die Arbeit am «Marmorbild» Eichendorff dazu, «mit sich selbst ins Reine» zu kommen. Wie der junge Dichter Florio sich zwischen der blendenden Venus und der lieblichen Bianka entscheiden muß, so endlich auch der seit 1815 verheiratete Eichendorff zwischen wirklichen oder phantasierten verführerischen Frauengestalten und seiner Frau Louise von Larisch, die ihm bereits zwei Kinder geschenkt hat. «Da sagte Florio, zu Bianka gewendet: Ich bin wie neugeboren, es ist mir, als würde noch alles gut werden, seit ich Euch wiedergefunden. Ich möchte niemals wieder scheiden, wenn Ihr es vergönnt.» Wie ferner Florio aus dem Bann der verführerischen Venus gerettet wird durch ein «altes frommes Lied» seiner Kindheit, gesungen von dem «redlichen Dichter» Fortunato, so will auch Eichendorff fortan noch konsequenter als bisher zu seiner Berufung als Dichter stehen, die er als Teilhabe an der erlösenden Macht Gottes versteht: «Glaubt mir, ein redlicher Dichter kann viel wagen, denn die Kunst, die ohne Stolz und Frevel, bespricht und bändigt die wilden Erdengeister, die aus der Tiefe nach uns langen.»

Ausgehend von einer barocken Vorlage aus Eberhard Werner Happels Anekdotensammlung «Größeste Denkwürdigkeiten oder so genandte Relationes curiosae», Hamburg 1687, läßt Eichendorff noch einmal Tiecks Erzählung «Der getreue Eckart und der Tannenhäuser» von 1799, Novalis' Roman «Heinrich von Ofterdingen» von 1802 sowie seine eigene Skizze «Die Zauberei im Herbst» im «Marmorbild» an- und ausklingen. Dabei erreicht Eichendorffs Erzählkunst die von Novalis und Friedrich Schlegel geforderte Qualität einer Transzendentalpoesie: Die Poesie reflektiert, indem sie erzählt, zugleich auf sich selbst, auf ihre Möglichkeiten, Gefährdungen und Chancen, und wird sich dadurch ihrer selbst bewußt – im Autor und im Leser, die diesen Prozeß der Selbsterkenntnis und Selbstreinigung mitmachen und «neugeboren» aus ihm hervorgehen. Bevorzugte literarische Figur dafür ist im «Marmorbild» der Kreis beziehungsweise die Spirale. Venus und Bianka, Fortunato und sein teuflischer Gegenspieler ziehen Florio jeweils in ihre bannenden oder befreienden Kreise, die Florio durchläuft, bis sie sich öffnen zu einem Weg in die Freiheit:

> Nun bin ich frei! Ich taumle noch
> Und kann mich noch nicht fassen –
> O Vater du erkennst mich doch,
> Und wirst nicht von mir lassen!

Vermutlich aus dem Jahre 1817 stammt eine Notiz Eichendorffs auf einem Arbeitsblatt, auf dem auch von einer «zu verfassenden Schrift an den preußischen Staatskanzler Hardenberg» die Rede ist. «Jetzt für immer, wenn ich gerade Lust habe, mein Marmorbild abschreiben und den Taugenichts beendigen», lautet die Notiz und zeigt: Noch während Eichendorff das «Marmorbild» abschließt, hat er mit der Arbeit am «Taugenichts» begonnen, und das unter mehrfachem Druck: Im Mai ist sein zweites Kind, Therese, geboren, im August/September trifft er wegen der Vermögensverhältnisse mit Bruder Wilhelm in Lubowitz zusammen, um die Jahreswende zerschlägt sich die Hoffnung auf eine bezahlte Landratsstelle in Rybnik, April 1818 stirbt der Vater, Eichendorff übernimmt die Wirtschaftsführung von Gut Sedlnitz. Diese Belastungen und die Berufsarbeit als Referendar in Breslau, die Vorbereitung auf die Assessorenprüfung in Berlin sowie die Pflichten als Familienvater müssen in Eichendorff die Angst geschürt haben, er könne mit der Zeit genau das werden, worüber er und seine Romantikerfreunde bisher gespottet, ja was sie als lebensbedrohende Gefahr für die Zukunft der Gesellschaft angeprangert haben: ein Philister.

Schon Novalis hatte zwanzig Jahre zuvor in «Blütenstaub» im «Athenäum» 1798 geschrieben: «Philister leben nur ein Alltagsleben. [...] Sie tun das alles, um des irdischen Lebens willen [...]. Poesie mischen sie nur zur Notdurft unter, weil sie nun einmal an eine gewisse Unterbrechung ihres täglichen Laufs gewöhnt sind. In der Regel erfolgt diese Unterbrechung alle sieben Tage und könnte ein poetisches Septanfieber heißen [...]. Den höchsten Grad seines poetischen Daseins erreicht der Philister bei einer Reise, Hochzeit, Kindtaufe und in der Kirche. Hier werden seine kühnsten Wünsche befriedigt und oft übertroffen. Ihre sogenannte Religion wirkt bloß wie ein Opiat: reizend, betäubend, Schmerzen aus Schwäche stillend. Ihre Früh- und Abendgebete sind ihnen, wie Frühstück und Abendbrot, notwendig. [...] Der derbe Philister stellt sich die Freuden des Himmels unter dem Bilde einer Kirmes, einer Hochzeit, einer Reise oder eines Balls vor: der sublimierte macht aus dem Himmel eine prächtige Kirche mit schöner Musik, vielem Gepränge, mit Stühlen für das gemeine Volk parterre und Kapellen und Emporkirchen für die Vornehmern.» Eichendorff wird sich Mühe geben, seinem Taugenichts eine andere als eine solch philiströse Religion anzudichten.

Das Stichwort «Taugenichts» findet sich 1806 in Achim von Arnims Nachwort «Von Volksliedern» zum ersten Band von «Des Knaben Wunderhorn», in dem er sich mit dem Philistertum auseinandersetzt, und es ist wahrscheinlich, daß Eichendorff, der Arnim über alles schätzt, nicht nur den Namen seines Titelhelden von ihm übernommen hat. «Die Volkslehrer», auch Arnims Erörterung steht in einem religiösen Kontext, «statt in der Religion zu erheben, was Lust des Lebens war und werden konnte, erhoben schon früh gegen Tanz und Sang ihre Stimme: wo sie durchdrangen, zur Verödung des Lebens und zu dessen heimlicher Versündigung; wo sie überschrien, zum Schimpf der Religion. Der Nährstand, der einzig lebende, wollte tätige Hände, wollte Fabriken, wollte Menschen, die Fabrikate zu tragen; ihm waren die Feste zu lange Ausrufungszeichen und Gedankenstriche; ein Komma, meinte der, hätte es auch wohl getan. Noch mehr, seine Bedürftigkeit wurde den andern Gesetz (sie mußten alle zur Gesellschaft medizinieren); weil der Nährstand eines festen Hauses bedarf, so wurde jeder als Taugenichts verbannt, der umherschwärmte in unbestimmtem Geschäfte, als wenn dem Staate und der Welt nicht gerade diese schwärmenden Landsknechte und irrenden Ritter, diese ewige Völkerwanderung ohne Grenzverrückung, diese wandernde Universität und Kunstverbrüderung zu seinen besten, schwierigsten Unternehmungen allein taugten. Es ist genug träger Zug im Menschen gegen einen Punkt, aber selten ist die Tätigkeit, welche durch Einöden zieht und wunderbare Blumen ausstreut, zu beiden Seiten des Weges, wo er hintrifft, allen gegeben, wie der Tau, wie der Regenbogen; doch wo er, vom Winde getragen, hinreicht, da endet die unmenschliche Einöde; es kommen gewiß, die sich unter den Blumen ansiedeln, um aus ihnen Lust und Leben zu saugen. – Warum zieht es uns in Büchern an, was wir von den ersten Entdeckungsreisen, von den Weltfahrten, von ziehenden Schauspielern, insonderheit was wir von dem wunderbaren Wandel des Zigeunerreichs lesen [...].»

Damit nicht genug der Anregungen. 1811 hatte Arnims Freund Clemens Brentano in seiner Satire «Der Philister vor, in und nach der Geschichte» dargetan, wie der Philister als Gegenfigur zum Studenten von den «hohen Schulen ausgegangen» sei, wo die Jugend «freudig, im Vertrauen auf göttliche Sterne, das planvolle Segel eines leichten Kahns, weltensuchend, den treibenden Winden des Himmels übergibt und, rasch auf dem Flügel der Begeisterung über den Meerspiegel des Gottes hinfliehend, häufig die bedächtige, breite Treckschuite der Philister in Grund segelt, welche, mit guten Pässen versehen, kannengießend unter dem Verdecke, auf ihrer Reise vom Buttermarkt nach dem Käsemarkt begriffen sind. Philister also wurden alle genannt, die keine Studenten waren, und nehmen wir das Wort Student im weitern Sinne eines Studierenden, eines Erkenntnisbegierigen, eines Menschen, der das Haus seines Lebens noch nicht wie eine Schnecke, welche die wahren Hausphilister sind, zugeklebt, eines Menschen, der in der Erforschung des Ewigen, der Wissenschaft oder Gottes, begriffen, der alle Strahlen des Lichtes in seiner Seele freudig spiegeln läßt [...].»

Die Texte von Arnim und Brentano atmen bereits die Luft des Eichendorffschen «Taugenichts», dessen Begriff im Gegensatz zum bisherigen Sprachgebrauch – «man hätte längst bereit den taugenicht sollen henken», so der Königsberger Barockdichter Simon Dach (1605–1659) – als Gegenfigur des Philisters positiv aufgeladen ist. Trotzdem braucht Eichendorff nahezu zehn Jahre, bis sein «Taugenichts» dem Ideal entspricht, von dem Eichendorff weiß: Nur die Gesinnung des «Taugenichts» wird ihn selbst davor bewahren, ein Philister zu werden. Deshalb ist der «Taugenichts» für Eichendorff das wichtigste Werk, sein Rettungsanker in dem Philistermeer um ihn herum, und es ist ein tröstlicher

*38 Illustration zum «Taugenichts»*

Gedanke, daß es auch das publikumswirksamste Werk geworden ist. Es erscheint im April 1826 zusammen mit einem Nachdruck des «Marmorbildes» und mit Gedichten Eichendorffs in der Vereinsbuchhandlung in Berlin und ist sogleich eine Sensation.

Die Zeile «Den lieben Gott laß ich nur walten», die an das Kirchenlied von Georg Neumark (1621–1681) anklingt: «Wer nur den lieben Gott läßt walten / Und hoffet auf ihn allezeit, / Den wird er wunderbar erhalten [...]», ist das Motto des «Taugenichts», an das sich Eichendorff schon in den Entwürfen immer wieder erinnert und das dann programmatisch auf den ersten Seiten der Novelle wiederkehrt, in dem Lied, das die weite Welt des Taugenichts der engen Umwelt des Philisters entgegenstellt:

> Wem Gott will rechte Gunst erweisen,
> Den schickt er in die weite Welt,
> Dem will er seine Wunder weisen
> In Fels und Wald und Strom und Feld.

## Zwölftes Kapitel. Breslau, Danzig, Königsberg

Die Trägen, die zu Hause liegen,
Erquicket nicht das Morgenrot,
Sie wissen nur vom Kinderwiegen
Von Sorgen, Last und Not um Brot.

Die Bächlein von den Bergen springen,
Die Lerchen schwirren hoch vor Lust,
Was sollt' ich nicht mit ihnen singen
Aus voller Kehl' und frischer Brust?

Den lieben Gott laß ich nur walten;
Der Lerchen, Bächlein, Wald und Feld
Und Erd' und Himmel will erhalten,
Hat auch mein' Sach' auf's Best' bestellt!

Eichendorff verspottet nicht das «Kinderwiegen», und er bagatellisiert nicht die «Not um Brot», beides kennt er aus eigener Erfahrung. Er kennt aber auch die Gefahr, ganz darin aufzugehen, ja sich darin zu verlieren. Wenn die alltäglichen Sorgen geistig «träge» machen und blind für das erquickende «Morgenrot», wenn sie den Menschen auf sich zurückwerfen, statt daß wir unsere «Sache» auf Gott stellen, dann sind wir Philister, uns selbst und der Welt ein Ärgernis.

Doch diese sorglose Frömmigkeit ist im «Taugenichts» nicht das Ergebnis frommer Übungen. Eichendorff hat des Novalis Beschreibung philiströser Kirchenfrömmigkeit wohl vor Augen und Arnims Warnung vor den Religionslehrern, die «statt in der Religion zu erheben, was Lust des Lebens war und werden konnte», ihre Stimme «gegen Tanz und Sang» erhoben. Der Taugenichts ist demgegenüber ein religiöses Naturtalent: Die Frömmigkeit scheint im angeboren, und sie entfaltet sich sowohl in der Natur wie unter den Menschen. Für ihn ist es im Garten «so still, kühl und andächtig wie in einer Kirche». Ihn erinnert «die schöne Frau», die er wie ein mittelalterlicher «Troubadour» von fern verehrt – die ersten beiden Kapitel der Novelle stehen noch unter diesem Arbeitstitel –, an die Jungfrau Maria mit der «Lilie in der Hand» und an den «Engel, der leise durch den tiefen blauen Himmelsgrund zieht». Der philiströse Zolleinnehmer, in dessen Fußstapfen der Taugenichts zunächst tritt, erinnert ihn an den heimatlichen «Pfarrer», was den Taugenichts zunächst in seinem Philistertum bestärkt. Doch dann ist es seine Geige, die im Taugenichts «einen rechten Klang in seinem Herzen» auslöst und ihn wie Jesus vor Pilatus sagen läßt: «Unser Reich ist nicht von dieser Welt», wo «Rechnungsbuch, Schlafrock, Pantoffeln, Pfeifen und Parasol» regieren.

Dem Bauern, der «nach der Kirche ging, da es heut eben Sonntag war», folgt der Taugenichts nicht in den Gottesdienst, sondern er fragt ihn nach dem Weg nach Italien. Dann legt er sich «behaglich unter einem Apfelbaum ins Gras [...]. Da konnte man weit in's Land hinaussehen, und da es Sonntag war, so kamen bis aus der weitesten Ferne Glockenklänge über die stillen Felder herüber und geputzte Landleute zogen überall zwischen Wiesen und Büschen nach der Kirche. Ich war recht fröhlich im Herzen, die Vögel sangen über mir im Baume, ich dachte an meine Mühle und an den Garten der schönen gnädigen Frau [...].» Dem Taugenichts ist es, wie es schon auf der ersten Seite der Novelle heißt, «wie ein ewiger Sonntag im Gemüt». Kein Wunder, daß der philiströse Bauer, der «seinen Sonntagsstaat ausgezogen» und «in einem weißen Kamisol [Weste] vor mir» stand, sagt: «Will Er etwa hier Poperenzen klauben, daß Er mir das schöne Gras so zertrampelt, anstatt in die Kirche zu gehen, Er Faulenzer!»

In Rom, der «heiligen Stadt», ist es dem Taugenichts zwar, «als stünden wirklich die Engel in goldenen Gewändern auf den Zinnen und sängen durch die stille Nacht herüber», aber vom Papst ist nicht die Rede und vom Besuch in den berühmten Kirchen zwecks Erlangung eines Ablaßes auch nicht. Statt dessen weiß der Taugenichts «vor Vergnügen, Mondschein und Wohlgeruch gar nicht», wohin er sich wenden soll, bis er «aus dem einen Garten eine Gitarre» hört und «eine Dame in dem Garten» «überaus lieblich zu singen» anfängt. Gern sitzt er jedoch in Rom einem Nazarener-Maler Modell für den Kopf eines der «Hirtenknaben» in einem Weihnachtsbild: «Darin saß die heilige Jungfrau mit einem überaus schönen, freudigen und recht wehmütigen Gesichte.» Sein eigenes «Gesicht auf dem Hirten» «sah so klar aus, daß ich mir ordentlich selber gefiel».

Auf dem Heimweg nach Wien imponieren dem Taugenichts die Prager Theologiestudenten, die der Meinung sind: «[...] laßt die Andern nur ihre Kompendien repetieren, *wir* studieren unterdes in dem großen Bilderbuche, das der liebe Gott uns draußen aufgeschlagen hat! Ja glaub' nur der Herr, aus uns werden grade die rechten Kerls, die den Bauern dann was zu erzählen wissen und mit der Faust auf die Kanzel schlagen, daß den Knollfinken unten vor Erbauung und Zerknirschung das Herz im Leibe bersten möchte.»

Auch gefällt dem Taugenichts der Geistliche auf dem Donauschiff: «Er hatte ein Brevier [Tagzeitengebetbuch] vor sich, in welchem er las, dazwischen aber oft in die schöne Gegend von dem Buche aufsah, dessen Goldschnitt und die vielen dareingelegten bunten Heiligenbilder prächtig im Morgenschein blitzten. Dabei bemerkte er auch sehr gut, was auf dem Schiffe vorging, und erkannte bald die Vögel an ihren Federn [...].»

Schließlich hatte er unter die Laube aus Birken und Tannen in der Mitte des Schiffes «einen Tisch hinstellen lassen, und ich, die Studenten, und selbst das junge Mädchen mußten uns auf die Fässer und Pakete ringsherum setzen. Der geistliche Herr packte nun einen großen Braten und Butterschnitten aus, die sorgfältig in Papier gewickelt waren, zog auch aus einem Futteral mehrere Weinflaschen und einen silbernen, innerlich vergoldeten Becher hervor, schenkte ein, kostete erst, roch daran und prüfte wieder und reichte dann einem Jeden von uns. Die Studenten saßen ganz kerzengrade auf ihren Fässern, und aßen und tranken nur sehr wenig vor großer Devotion. Auch das Mädchen tauchte bloß das Schnäbelchen in den Becher, und blickte dabei schüchtern bald auf mich, bald auf die Studenten». Fühlten sich die Tischgäste etwa an Jesu Einsetzungsworte des Abendmahls erinnert? So ist es nur konsequent, wenn das Mahl übergeht in ein Hochzeitsmahl und in einen Lobgesang auf das Studentenleben.

Die Frömmigkeit des Taugenichts – und es ist das Frömmigkeitsideal Eichendorffs – ist selbstverständlich keine Kirchenfrömmigkeit im Sinne gewisser Aufklärer, nach denen die Kirchen Erziehungsanstalten für die niederen Stände sein und ihnen ein vernünftiges Arbeitsleben beibringen sollen. Es ist aber auch nicht einfach die traditionelle barocke Kirchenfrömmigkeit, soweit sie sich in bloßem Fürwahrhalten von Glaubenssätzen, im äußeren Befolgen der göttlichen und kirchlichen Gebote, im seltenen Empfang der Sakramente sowie in der häufigen Teilnahme an prächtigen gottesdienstlichen Veranstaltungen erschöpft.

Eichendorffs ideale Frömmigkeit findet sich vielmehr ausgedrückt in des Taugenichts «ewigem Sonntag im Gemüt». Mit «Gemüt» greift Eichendorff ein Schlüsselwort der neuen, romantischen Theologie auf, wie sie sich gerade in der später so genannten «Tübinger Schule» herausbildet. Katholische Theologen versuchen dort in Auseinandersetzung mit dem philosophischen Idealismus eines Kant, Fichte, Schelling und Hegel sowie mit romantischen Dichtern wie Novalis und evangelischen Theologen wie Schleiermacher dem neuen Menschenbild Rechnung zu tragen, wonach jeder ein unmittelbares Verhältnis zu Gott und Religion hat.

«Der Sitz aller Religion ist das Gemüt», schreibt 1819 der Begründer der Tübinger Schule Johann Sebastian Drey in seiner Schrift «Vom Geist und Wesen des Katholizismus», «im Gemüte muß also auch die christliche Religion empfangen werden [...]». Der «Glaube» entsteht, «indem

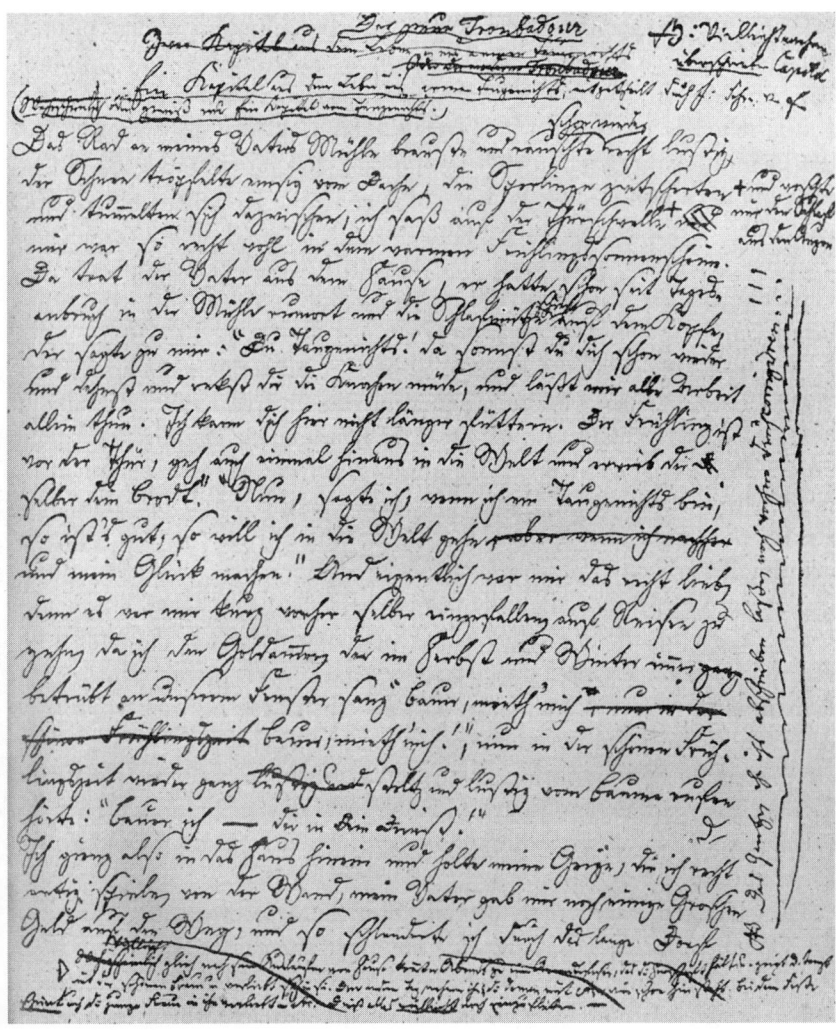

39 Ur-Taugenichts

das Hehre und Heilige, was sich dunkel im Gemüte bewegt, ins klare Bewußtsein als Idee (oder als Ideen) emporwächst, und von der Vernunft als ewige Wahrheit angeschauet wird». Die «Liebe» entsteht, «indem das Hehre und Heilige, welche sich ursprünglich dunkel im Gemüte bewegt [...], mit Bewußtsein und Freiheit vom Willen als Maxime des Handelns aufgenommen, und ihr als dem Rechten und Guten gehuldigt wird». Glaube und Liebe können jedoch nur entstehen, wenn das Gemüt nicht träge ist, sondern sich bewegen läßt. «Diese Bewegung kann dem Gemüte auf mancherlei Weise und verschiedenen Seiten kommen; bald unmittelbar von Gott vermöge jener Wechselwirkung, worin der Urgeist mit allen erschaffenen Geistern steht und stehen muß; bald von außen durch jede das Gemüt ansprechende Erscheinung; bald von innen durch jede Rückwirkung der Ideen und Gedanken auf das Gemüt. [...] unter allen diesen wirkenden Ursachen ist die gewöhnlichste, kräftigste, zu dem gedachten Zwecke eigentlich geordnete der Inbegriff jener Erscheinungen und Handlungen, die wir unter dem Namen Kultus oder Gottesverehrung begreifen.»

Weil es Eichendorff vor allem in seinen Gedichten wie auch im «Taugenichts» anscheinend darauf ankommt, eine christliche Naturfrömmigkeit zu bezeugen, läßt er den «ewigen Sonntag im Gemüt» vor allem durch die Bewegungen der Natur und durch die Menschen, vor allem durch die «schöne Frau», entstehen und weniger durch die Teilnahme am Sonntagsgottesdienst oder durch eine Wallfahrt nach Rom. Nur andeutungsweise läßt er den Taugenichts deshalb in einer vom Christentum geprägten Kulturlandschaft sich bewegen und durch sie sich bewegen lassen. Eichendorff, der selbst nach Möglichkeit täglich die Messe besucht, ist jedoch kein religiöser Bilderstürmer, sondern mit den meisten Romantikern Dreyers Meinung, daß der christliche Kultus, vorzüglich der katholische, «auf das Gemüt des Menschen wirkt, um in demselben die Bewegung hervorzubringen, die den Keim des Göttlichen zur Blume der Religion entfaltet, gleichwie der Anstoß von Licht und Wärme im Pflanzenkeime die Erschütterung hervorbringt, welche aus ihm Blatt und Blüte aufschießen macht».

Der «Taugenichts» ist schließlich auch eine Hommage an Wien, an die Donau, an Eichendorffs zweite Heimat Österreich, von wo er nach Italien aufgebrochen ist und wohin er zurückkehrt. «Ich stand auf einem hohen Berge, wo man zum erstenmal nach Östereich hineinsehen kann, und schwenkte voller Freude noch mit dem Hute und sang [...]»:

> Da kennt mich erst die ganze Rund,
> Nun grüßen Bach und Vöglein zart
> Und Wälder rings nach Landesart,
> Die Donau blitzt aus tiefem Grund,
> Der Stephansturm auch ganz von fern
> Guckt übern Berg und säh' mich gern,
> Und ist er's nicht, so kommt er doch gleich,
> Vivat Östreich!

## «Krieg den Philistern»

Es ist kaum zu glauben, daß Eichendorff, während er noch am «Taugenichts» arbeitet, das dramatische Märchen «Krieg den Philistern» fertigstellt: im «Taugenichts» die irenische, fromme Gesinnung Gestalt werden läßt, in der er hofft, dem philiströsen Dasein entrinnen zu können, in «Krieg den Philistern» mit der Welt der Philister, der keiner entkommt, unbarmherzig abrechnet. Diese Gleichzeitigkeit seiner Gefühle muß ihm selbst unheimlich vorgekommen sein, denn er weiß am Ende nicht, was für eine Aufnahme er «Krieg den Philistern» wünschen soll.

Möchte er, daß sein «Dramatisches Märchen in fünf Abentheuern» von seinen Freunden, Vorgesetzten und der literarischen Öffentlichkeit so aufgenommen wird, wie er es letztlich gemeint hat: als Satire auf die zeitgenössische philiströse Gesellschaft, in der eine «Babylon'sche Sprachverwirrung» (nach Genesis 11,1–9) herrscht, die zur totalen Vernichtung durch den Riesen Grobianus führt: «Die da [die Philister] sind dumm, die andren [die Poetischen] gar fatal / Vertilgen will ich die und jene Brut [...]»? Oder möchte Eichendorff, daß sich das Publikum an der witzigen Einkleidung des Werkes ergötzt und seinen Verfasser fortan in der Nachfolge von Tiecks «Prinz Zerbino» (1799) und «Verkehrte Welt» (1800) auch als erfolgreichen, doch politisch unbedenklichen Dramatiker feiert?

«Technische Vollendung bei übersprudelndem Humor und dabei doch kein überflüssiges Wort»: So hat Willibald Alexis bereits am 24. April 1823 im Leipziger «Literarischen Conversationsblatt» geurteilt über den Vorabdruck des ersten Abentheuers im Februar in der Breslauer Zeitschrift «Deutsche Blätter für Poesie, Literatur, Kunst und Theater», herausgegeben von Karl Schall und Karl von Holtei. Doch Alexis hat auch bereits den politischen Sprengstoff angedeutet: «Kaum wissen wir, ob wir den Scenen im eigentlichen Lande der Philister oder auf dem im Sande segelnden Schiffe der Poetischen den Vorzug geben sollen. Es folgt Schlag auf Schlag, und Viele werden sich getroffen fühlen, während Andere aus verwandten Gründen den Werth nicht anerkennen dürften. Daß der Dichter die liberalen Ideen, welche das Schiff regieren, anfeindet, darf, da es vom Standpuncte der Poesie aus geschieht, ihm Niemand verargen. Er schont indessen Niemanden, wie es dem echten Humor geziemt, und wenn er den einen Philister sagen läßt: ‹Nichts geht doch über einen wohlgenährten, feisten Staat, der breit und fest auf den Beinen steht. An den mag der Zeitgeist rütteln und stoßen, er kriegt ihn nicht von der Stelle›! so dürften auch die Liberalen versöhnt werden. Uebrigens ist das ganze Gemälde keine trockene Allegorie, sondern eine wirkliche Dichtung und oft ein, aus der innersten Tiefe herausgehobnes Bild des wirklichen Lebens.» Die Radikalität der Eichendorffschen Gesellschaftskritik steht für Alexis außer Frage: «[...] nach jenem *Kriege* erschienen uns indessen alle [in der Zeitschrift weiter abgedruckten] Fehden nur als Scharmützel.»

Nach dem vollständigen Erscheinen des Werkes um die Jahreswende 1823/24 im Verlag Ferdinand Dümmler in Berlin ergreift Eichendorff über seinen Freund, den Berliner Kriminalrat und Publizisten Julius Eduard Hitzig, Vorsichtsmaßnahmen, seine Beamtenkarriere betreffend. Hitzig möge sich bei dem preußischen Staatsrat und Leiter der Kultusabteilung Nicolovius erkundigen, ob Eichendorffs nächster Vorgesetzter und Gönner, der Geheime Rat Schmedding, an «Krieg den Philistern» Anstoß nehmen könnte. Am 16. Januar 1824 teilt Hitzig Eichendorff das beruhigende Urteil von Nicolovius mit und auch, daß er «Schmedding sogleich sein Exemplar gesandt habe» und auch die übrigen Widmungsexemplare «nach Ihrer Vorschrift durch mich selbst besorgt sind».

Das verzweifelte und fast zynische Schlußwort des Narren, des Verfassers Doppelgänger, enthält das Eingeständnis eines entsetzten, einsamen und sich seiner Wirkungslosigkeit bewußten Dichters, der vor der Philisterwelt resigniert und zur Beruhigung als Märchenkomödie ausgibt, was in Wirklichkeit eine Tragödie, ja bittere Wirklichkeit ist:

> Nun denn! der Narr behält das letzte Wort
> 'S ist spät – ich denk', wir gehen nun alle fort.
> Und sollt' der Pulverturm [dessen Explosion alle
>     vernichtet hat] zu sehr Euch rühren,
> So laßt vernünftig Euch zu Herzen führen:
> Es war ein Spiel nur, und die hier gestorben,
> Stehn alle wieder auf, ganz unverdorben,
> Und treiben's nun zu Hause ruhig weiter
> In anderen Kleidern nur, und etwas breiter.
> Ihr seid so gut wohl, tut dasselb' zu Haus,
> So spielte fort das Stück und spielt nie aus.

Eichendorff macht die selbstzerstörische «Babylon'sche Sprachverwirrung» sowohl unter den Philistern wie unter den Poeten – so daß einzelne mühelos die Parteien wechseln – daran fest: Alle einst ursprünglichen, hehren Begriffe sind zu Phrasen verkommen, die dazu dienen, sich selbst und die anderen über die große Lebenslüge hinwegzutäuschen.

So der «Patriotismus», den der Bürgermeister des Stadtstaats der Philister seinen Soldaten eindrillt: «Es geht doch nichts über den Patriotismus, wenn er gut einexerziert ist! O noch einmal den Parademarsch, denn wieder und noch einmal!»

Wie die Philister, so denken auch die Poetischen, die den Befreiungskrieg überlebten, über «Krieg» und «Frieden», so der *Felddichter*:

> Nichts über'n Krieg! das kecke, knoll'ge Leben!
> Und wenn die Lagerfeuer Nachts dann lodern,
> Rings Vieh brüllt, Dörfer brennen, und dazwischen
> Der Donner der Kanonen recht von Ferne –
> Wie noch die Menschen Frieden wünschen können!
> 'S ist nur zu wenig Unglück noch und Blut,
> Um diese Bestien aus dem Schlaf zu wecken.
> In Brand möcht' ich einmal den Erdkreis stecken,
> Dann dichten so im Widerschein der Glut!

Was bleibt für den Soldaten von der «Großen Zeit»? «Im Meer der großen Zeit treib' ich auf Trümmern / Gestrandeter Systeme und Gedanken[...].»

Was bleibt von der «Freiheit», dem Schlüsselwort der Liberalen in der Metternichschen Epoche, wenn sogar der Anführer der Poetischen, der Regent, es zur Manipulation mißbraucht?

> Frei Ihr Canaillen soll't ihr sein!
> Doch nicht nach *eurem Sinne*, Blinde,
> Befangen von des Ird'schen Schein!
> Nein, so wie ich's für dienlich finde.

Was bleibt von der «Gleichheit», die der Narr als «Gleichmacherei» entlarvt?

> Was! Wir gering? Ihr vornehm, reich?
> Planierend schwirrt die Schere,
> Seid Lumps' wie wir, so sind wir gleich,
> Hübsch breit wird die Misere!

Auch das Stichwort der Romantiker «Geschichte» wird von dem aufgeklärten «starken Mann» abgetan: «Die Kirche, die Kreuzzüge, das Mittelalter, alles ist ja nur erfunden von und für die Aristokratie.»

Schließlich gehen dem Regenten der Poetischen auch die – von Kant und seinem treuen Schüler Schön geliebten – «Ideen» aus:

> Vergriffen, abgenutzt sind die Gedanken,
> Die alles trieben, schnurrend stockt das Werk,
> Es steht die Zeit auf einmal furchtbar still,

> Rings an der eigenen Langweiligkeit
> Verstirbt das Volk – und mir fällt doch nichts ein!
> Weh, weh! bin ich verhext denn? überreich sonst
> Kehrt' ich stets heim von der Gedankenjagd!
> Falk, Falk, mein Falk, schwing' Dich noch einmal auf,
> Nur diesmal noch aus tiefster Herzensangst!
> Hurra, frisch fort! – Mein Pferd für 'ne Idee!

Eichendorff spielt hier an auf Shakespeares «Richard III.»: «Mein Königreich für 'n Pferd.»

Auch der Begriff «Volk» bleibt ein Klassenbegriff: *Das Schiffsvolk*: «Wer ist denn aber unter uns eigentlich das Volk?» *Die Beamten*: «Nun wir sollen's doch nicht etwa sein? Wir bearbeiten ja eben das Volk. Wir machen den Staat aus.»

Selbst der «Gelehrte», der Philosoph, ist längst vom «Deutschtümler» verdrängt:

> Ich greife göttlich in des Zirkels Speichen
> Und sollt' das Werden je das Sein erreichen – [...]
>
> STARKER MANN
>
> Vor allem müssen auf uns selbst wir kühn uns setzen
> Und ohn weit'res frischweg 's Teutschtum treiben
> Auf eigne Hand aus purer Wissenschaft;
> Wer anders denkt, dem fehlt des Denkens Kraft.

Auch die «Kirche» erklärt der Hausfreund für überflüssig: «Ja, man braucht sich wahrhaftig nicht die unnütze Mühe zu machen, in die Kirche zu gehen, man kann sich jetzt überall erbauen, [...] besonders wenn man so schöne Augen anbetet.»

Nicht einmal Eichendorffs eigenes Leitbild, der «Einsiedler», wird geschont. Er himmelt Bertha an, die Wirtin der Teegesellschaft im Lager der Poetischen: «O, Sie müssen meine grüne Klause durchaus sehen! Ich habe in der gottseligen Freudigkeit meines kindlichen Gemüts alles auf das Beste ausgezieret. Die gemalten Fenster, die alten Gebetbücher mit bunter Mönchsschrift – und gestern erhielt ich noch von einem frommen Bruder die große sixtinische Madonna auf einer kleinen Glasscheibe, ich habe sie sogleich an dem Fenster gegen Orient [Anpielung auf Isidorus Orientalis, den Grafen Loeben, wie schon in «Ahnung und Gegenwart»?] befestigt – Diese Glorie! Dieses tirilierende Musizieren der Farben!» Darauf Franziska: «Ach, das muß ich sehen, ich liebe die Religion bis zur Leidenschaft!»

«Krieg den Philistern»

Selbst die Utopie des «glücklichen Menschen», wie ihn Eichendorff im «Taugenichts» geschildert hat und woran der Narr erinnert, scheint machtlos in der um sich greifenden Welt der Philister, der Tretmühlen, in denen auch die Poetischen bereits arbeiten: «Hör' Regent, so oft ich in eine Mühle trat, dachte ich immer: wie viel Lärmens um das liebe Brot! und wenn ich dann das Tosen und Pfeifen und Reiben hörte, und das Sausen des Sturmes und des Stromes dazwischen, und wie die Schwalben jauchzend sich kreuzten in dem Gebraus und wieder hinausstrichen ins Himmelblau, da hat mich oft eine rechte tiefe Angst überfallen, als wären eben die verteufelten Schwalben da meine eignen Gedanken und flögen mir alle davon, und draußen wäre dann alles auf einmal still und weit und ganz anders, als wir es uns hier in der Mühle gedacht, ich plötzlich gesund und gescheut, und Ihr alle verrückt. – *Regent lacht*: Ihr glücklicher Mensch! Euch bleibt noch Zeit zu Scherz und müßigen Gedanken! Ja, ja, wir anderen haben ein mühsames, ernsteres Geschäft und alle Hände voll zu tun.»

Die Aktivitäten der Poetischen wie der Philister erstrecken sich auch auf die «Natur», die dabei zuschanden oder zur «Kultur» wird. Als dem Schiff der Poetischen ein Hügel im Wege ist und das Volk an der Schiffsmaschinerie stöhnt: «Über dieses Hügels Rücken / Können wir das Schiff nicht [d]rücken», antwortet der Regent, die Karikatur des aufgeklärten Anhängers der idealistischen Philosophie:

> Das gilt mir ganz einerlei,
> Dorthin zeigt die Nadel treu.
> Meine Schlüsse sind ganz richtig,
> Jener Hügel nur ist nichtig.
> Fort denn nach dem höhern Licht,
> Kracht es gleich, so bricht's doch nicht!

Für den Schulrat der Philister ist die Natur der Erzfeind der «Kultur»:

> Der Frühling, behaupt' ich, der heckt zumeist
> Poeten, Insekten, und was da juckt und beißt. [...]
> Besonders scheinen die Lerchen gefährlich,
> Wenn sie den Lenz aussingen alljährlich – [...]
> Die Blumen, das Unkraut nützlicher Kräuter.
> Die Erde wohl hielte man für gescheuter [...]
> Dann auch gar oft von den Bergeshöhen
> Hört man Waldrauschen herüberwehen,
> 'S ist weder Takt noch Verstand darin,

> Verrückt doch manchen gesunden Sinn;
> Wir wollen den Wind bei den Mühlen anstellen,
> Da überklappert er Wald und Quellen,
> Bläst hinfüro doch mit Verstand,
> Schafft uns beinebst noch Proviant.

Und der Bürgermeister zieht die Quintessenz:

> Die Roheit selbst der verworrnen Natur
> Wir richten sie ab zur bequemen Kultur.

Konsequenterweise gibt es in «Krieg den Philistern» nur eine zweiseitige Szene, die als positives Gegenbild zur hunderseitigen Welt der Philister gelten könnte: ein «Ländliches von Bergen eingeschloßnes Tal», in dem Hirte und Jäger um Angela werben. Die Szene atmet die Luft der Eichendorffschen Gedichte und des «Taugenichts» ohne jeglichen satirischen oder parodistischen Unterton. Die Verse der Männer sind vielmehr getragen von der Eichendorffschen Weltfrömmigkeit, die sich im Tageslauf an der Natur entzündet und zur Einsiedlerperspektive erhebt:

> Mit Wonneschauern naht das Licht der Welt,
> Daß sich die Ährenfelder leise neigen,
> Da sink' ich auf die Knie im stillen Feld.
> Und bete wenn noch alle Stimmen schweigen. [...]
> Ein leises Flüstern geht in allen Bäumen,
> Das Bächlein plaudert wirre wie in Träumen,
> Die Erde säuselt kaum, als ob sie schliefe,
> Und mit den Wolken in den stillen Räumen
> Schiff' ich still fort zur unbekannten Tiefe. [...]
> Und wenn die Tiefe schwül und träumend ruh't,
> Steh' ich am Berg' wie auf des Landes Hut,
> Seh' fern am Horizont die Wetter steigen,
> Und durch die Wipfel, die sich leise neigen,
> Rauscht droben schwellend ein gewaltig Lied,
> Das ewig frisch mir durch die Seele zieht. [...]
> Doch wenn die Täler unten längst schon dunkeln,
> Seh' ich vom Berge noch die Sonne funkeln,
> Der Adler stürzt sich jauchzend in die Gluten,
> Es bricht der Strom mit feuertrunk'nen Fluten
> Durch's enge Steingeklüft, wie er sich rette
> Zum ew'gen Meer – ach, wer da Flügel hätte!

Über die Konsequenzen, die die Veröffentlichung von «Krieg den Philistern» zeitigt, darf sich Eichendorff nicht wundern. Hat er doch selbst das Schicksal einer kritischen Poesie in den Staaten des Metternichschen Systems, das auf dem Gleichgewicht der Kräfte beruht und auf jede Störung nervös reagiert, beschrieben, als er den «Bürgermeister sehr wütend» sagen läßt:

> Stadt, Rat, Dekorum und Usance,
> Alles wackelt und kommt aus der Balance,
> Der Staat wippt um – wir müssen mit Contenance
> Unsre Rücken dagegen stemmen,
> Die Poetische Pest gewaltsam hemmen!
> Was hat der Kerl, wie rasend, zu schreien?
> Sollen wir leben wie die Hottentotten,
> So in die konfuse Natur hinein? –
> Wir müssen die Poesie ganz ausrotten!

Eichendorffs Poesie wird zwar nicht ausgerottet, aber «Krieg den Philistern» nicht aufgeführt. Die Auflage beträgt 750 Exemplare, bis 1880 sind noch einige auf Lager. Da sich Eichendorff in dem Stück mit jedem angelegt hat – in der Politik auch mit seinem Vorgesetzten Schön, dessen jedes zweite Wort «Idee» lautet, in der Literatur auch mit seinem Förderer Fouqué, der 1818 noch Eichendorffs «Marmorbild» veröffentlicht hat –, sitzt er nun zwischen allen Stühlen, und Achim von Arnim spricht für viele, wenn er in einem seiner Sudelbücher über «Krieg den Philistern» notiert: «Nichts lebt und gefällt was blos aus dem Ekel an der Welt hervorgeht.»

Wenn Eichendorffs Beamtenlaufbahn fortan gestört erscheint und seit Beginn der dreißiger Jahre von Karriere nicht mehr die Rede sein kann, dann mag nicht zuletzt der Rundumschlag in «Krieg den Philistern» dazu beigetragen haben. Wer wird schon jemand höheren Orts Verantwortung übertragen wollen, der durch seinen Narren – «zieht eine Geige aus dem Rock, marschiert spielend allen voraus und singt» – viele Töne schärfer als der «Taugenichts» verkünden läßt:

> Juchheißa! und ich führ' den Zug
> Hopp über Feld und Graben.
> Des alten Plunders ist genug
> Wir wollen neuen haben. [...]
> Das alte Lied das spiel' ich neu,
> Da tanzen alle Leute,
> Das ist die Vaterländerei,
> O Herr, mach' uns gescheute! –

## «Meierbeth's Glück und Ende», «Ezelin von Romano» und die Berliner Mittwochsgesellschaft

Wie kann Eichendorff nach dem Erscheinen von «Das Marmorbild» und vom «Taugenichts» 1826 in der Berliner Vereinsbuchhandlung schon zwei Jahre später zwei weitere dramatische Werke herausbringen: im gleichen Verlag «Meierbeth's Glück und Ende» und im Verlag Gebrüder Bornträger in Königsberg «Ezelin von Romano»? Doch nicht nur die Arbeitsleistung – neben Familie und Beruf – irritiert, noch mehr der Charakter der beiden neuen Werke, der nicht gegensätzlicher sein könnte.

Der «Meierbeth» ist in Eichendorffs eigenen Worten in einem Brief an Julius Eduard Hitzig in Berlin von Mitte April 1827 nur ein «litterarisches Scharmützel», und an Willibald Alexis, ebenfalls in Berlin, schreibt Eichendorff am 19. Juli 1827, es sei «ein kurtzes – satyrisch, oder gar humoristisch seyn wollendes – Drama». Tatsächlich ist es fünfundvierzig Druckseiten lang und nennt sich im Untertitel eine «Tragödie mit Gesang und Tanz», eine parodierende Anspielung auf die zahlreichen im Schwange befindlichen sogenannten «Schicksalstragödien».

Dagegen ist der «Ezzelino» oder «Ezzelin», wie Eichendorff in dem gleichen Brief an Hitzig sagt, ein Geschichtsdrama, ein «Trauerspiel in fünf Akten», einhundertsiebzig Druckseiten lang, das bereits vor seiner Veröffentlichung als unaufführbar gilt. Schreibt doch Eichendorff an Hitzig: Regisseur «Wolfs p. günstiges Urtheil über meinen Ezzelin ist mir überaus erfreulich, daß er nicht gespielt werden könnte, war wohl vorauszusehen. [...] Den Ezzelin selbst zur Aufführung zuzuschneiden, dazu fehlt es mir durchaus an der nöthigen Kenntniß u. Geschicklichkeit. Sollte aber Jemand es der Mühe werth finden, diesen Kaiser-Schnitt zu unternehmen, so würde ich, ungeachtet der obigen Furcht p., nichts dagegen haben [...].»

Die Art, wie Eichendorff sich hier mit seinem Werk den Berliner Freunden auszuliefern scheint, könnte befremden, ist er doch immerhin der Autor des erfolgreichen «Taugenichts» und des vielbesprochenen «Krieg den Philistern». Es handelt sich bei den Adressaten jedoch allesamt um Mitglieder der «Mittwochsgesellschaft», die Hitzig am 26. Oktober 1824 als Treffpunkt für Berliner Literaten gegründet hat. Sie dient dem freundschaftlichen Zusammenhalt, der Vorstellung und Kritik neuer Arbeiten – letzteres jedoch nur in Abwesenheit des jeweiligen Autors, um falsche Rücksichtnahmen zu vermeiden – sowie der Unterstützung bei der Veröffentlichung. Eichendorff ist spätestens Ende 1826 in die Gesellschaft aufgenommen worden, denn am 12. Januar 1827 schreibt er aus Königsberg an Hitzig: «Mit Freuden ergreife ich eine, von der Mittwochsgesellschaft gebotene Gelegenheit, Sie, hochverehrter Freund, wieder einmal hertzlichst zu begrüßen u. nochmals für die schönen Stunden u. intereßanten Bekanntschaften zu danken, mit denen mich Ihre Güte lezthin in Berlin so hoch erfreute! Einer Aufforderung des Herrn p. Curtius [Sekretär der Gesellschaft] zufolge übersende ich zugleich hiermit ein Liedchen für die Mittwochsgesellschaft, das keinen Anspruch auf das Schreibzeug macht, sondern nur eine Erinnerung an den leider! Entfernten seyn soll, der es sich zur rechten Freude u. Ehre rechnet, der Gesellschaft anzugehören.»

Das Gedicht «Frische Fahrt» ist Eichendorffs Beitrag zu einem Preisausschreiben der Mittwochsgesellschaft für das beste Gesellschaftslied zu einer bekannten Melodie. Eichendorff gewinnt den Preis – ein Tintenfaß – zwar nicht, freut sich aber über die drei Mitglieder, die für ihn gestimmt haben, wie er an Hitzig Mitte April 1827 schreibt: «Daß mein Lied ihre, Chamißo's u. Uechtritz's Stimmen hatte, ist mir begreiflicherweise lieber als alle Tintenfäßer der Welt, u. mit Freuden werde ich für das zweite Heft wieder beisteuern, wenn ich irgend kann. Manches im $1^t$ Heft, namentlich Ihr schönes: Ecce quam bonum mit dem herrlichen Schluß, hat mich hoch erfreut.» Bei dem «Heft» handelt es sich um das «Liederbüchlein der Mittwochs-Gesellschaft».

Die wohlwollende Aufnahme und Förderung durch die Berliner Mittwochsgesellschaft erklärt nun auch, warum Eichendorff in hektischer Eile weiterproduziert und in kürzester Zeit den «Meierbeth» und den «Ezzelin» fertigstellt. Doch auch die Berliner Freunde hatten ihn angespornt. Am 22. April 1824 erwiderte Eichendorff Willibald Alexis: «Der ehrende Antrag des Herrn v. Kunowsky, eine Parodie für das dortige neue Theater zu schreiben [1824 wurde in Gegenwart des Königs Friedrich Wilhelm III. das Königstädtische Theater für die leichte Muse, Singspiele und Berliner Possen eröffnet], hat viel Anziehendes für mich. Nur komme ich dabei doppelt ins Gedränge. Einmal mit meinem alten chronischen Uebel, den Acten, die das zu Parodirende leicht wieder längst aus der Mode kommen lassen dürften, ehe ich es abparodire [das Eichendorffsche «Zu spät»]. Sodann mit der norddeutschen Volksthümlichkeit u. Lokalitaet, die mir noch ziemlich fremd ist, aus der aber m. E. Parodieen lebendig hervorgehen müssen, wenn sie nicht allegorisch, metaphysisch, u. Gott weiß was alles, werden sollen.» Anscheinend wird Eichendorff trotzdem auf diese Anfrage hin an «Meierbeths Glück und Ende» schreiben.

Das Gedicht «Frische Fahrt» spiegelt Eichendorffs Situation in diesen

Jahren. Es erscheint mit vierzehn anderen Liedern am 21. März 1827 im «Liederbüchlein» und am 4. April auch noch in dem von Friedrich Wilhelm Gubitz herausgegebenen Berliner «Gesellschafter oder Blätter für Geist und Herz». Dort sind bereits im Frühjahr 1826 ein Dutzend Eichendorffscher Gedichte, größtenteils Nachdrucke, der Berliner Öffentlichkeit vorgestellt worden, so daß der Eichendorffsche Sammelband mit dem «Marmorbild» und dem «Taugenichts» im April 1826 auf ein vorbereitetes Publikum gestoßen ist.

> Das ist unser Pegasus,
> Der uns von dem schweren Volke
> Hoch setzt über eine Wolke,
> Da uns niemand schaden muß.
>
> *Flemming*
> (Mel. Mihi est propositum)

Viele Lerchen hellerwacht,
Die zum Himmel steigen,
Viele Sterne in der Nacht,
Vieler Wipfel Neigen,
Viele frische Herzen dann,
Die begeistert lauschen –
Da bricht erst der Lenz recht an,
Sang und Waldesrauschen!

So sind Viele hier gesellt:
Rüstige Gesellen,
Die ihr' Sach' auf Klang gestellt,
Schauspiel und Novellen,
Viele dann, die recht sich freu'n,
Wenn wir's löblich machen,
Und, greift einer falsch darein,
Auch von Herzen lachen.

Und wo solche Resonanz,
Klingt das Lied erst helle,
Und wie wir beisammen hier,
Blüht die sand'ge Schelle,
Kuckuck ruft und Nachtigall,
Und von Lust und Schmerzen
Weckt der Hall den Widerhall
Rings in tausend Herzen!

*Ein* Land, das *Ihr* schweigend meint,
Und *wir* freudig singen,
Und *ein* Meer, das uns vereint,
Soll hinüber bringen!
Frische Fahrt dann, nah und fern,
Allen mut'gen Seglern!
Die getreu dem rechten Stern,
Schleglern oder Heglern!

Das Motto – es stammt aus einer Ode des Barockdichters und Opitz-Schülers Paul Fleming (1609–1640), der im Schlegel- und Loeben-Kreis verehrt wurde – spielt auf Eichendorffs Königsberger Gefährdung an. Die «Vielen», die «ihr' Sach' auf Klang gestellt» haben – Anspielung auf Goethes «Ich hab' meine Sach' auf Nichts gestellt» in dem Gedicht «Vanitas! Vanitatum vanitas!» –, sind die Mitglieder der Mittwochsgesellschaft. In Berlin gehören dazu neben den schon genannten Alexis, Gubitz, Hitzig, Wolff und anderen der Kustos am Königlichen Herbarium

Adelbert von Chamisso; der Professor des Strafrechts Karl Ernst Jarcke, späterer Freund Eichendorffs, der ihn zu den literarhistorischen Arbeiten anregen wird; Eichendorffs Vorgesetzter im Kultusministerium Nicolovius; der mit seinen Geschichtsdramen erfolgreiche Ernst Raupach; der Direktor der Kunstakademie in Düsseldorf Wilhelm von Schadow; der Germanist Karl Simrock, Schüler von August Wilhelm Schlegel und Ernst Moritz Arndt in Bonn und Referendar im Staatsdienst; das Mitglied des preußischen Staatsrats und der Vertraute des Oberpräsidenten Schön in Berlin Friedrich August von Stägemann; Friedrich von Uechtritz, der wie Eichendorff mit seinem «Ezzelino» in der Nachfolge von Shakespeare und Schiller historische Dramen schreibt; Karl August Varnhagen von Ense, der 1819 nach der Ermordung Kotzebues im Zuge der Demagogenverfolgung als preußischer Ministerresident aus Baden abberufen wurde und als Geheimer Legationsrat mit seiner Frau Rahel Levin den berühmten literarischen Salon in Berlin unterhält. Zu den auswärtigen Mitgliedern zählen außer Eichendorff unter anderen Fouqué in Nennhausen bei Berlin; der Freiherr von Houwald, Landessyndikus in der Niederlausitz und Verfasser von Schickalstragödien; der Landgerichtsrat in Düsseldorf Karl Leberecht Immermann, dessen Trauerspiel «Kaiser Friedrich der Zweite» 1828 erscheint; schließlich Wilhelm Müller, der sogenannte «Griechen-Müller», Gymnasiallehrer und herzoglicher Bibliothekar in Dessau, dessen Lieder Franz Schubert nach dem Tod Beethovens 1827 in der «Winterreise» vertont.

Was in Eichendorffs letzter Strophe die Mitglieder der Mittwochsgesellschaft wie «*ein* Land» und «*ein* Meer» «vereint», ist die Poesie im Gegensatz zum Philistertum. Die Poesie sollte auch – ein frommer Wunsch – über politische, philosophische und weltanschauliche Gegensätze hinweg verbinden, seien die Poeten, die «mut'gen Segler», nun mehr «Schlegler» oder «Hegler».

August Wilhelm Schlegel, seit 1818 Professor in Bonn, wird sich 1827 den Berlinern wieder in Erinnerung bringen. Seine Vorlesungen von 1801 bis 1804 «über schöne Litteratur und Kunst» haben ihre maßgebende Bedeutung nicht verloren, haben sie doch in ihrem dritten Teil über die «Geschichte der romantischen Literatur» vom Mittelalter bis zur Gegenwart der romantischen Bewegung ein für allemal ihre historische und normative Dimension gegeben. Jetzt wird Schlegel im Schatten von Hegel von Mai bis Juli 1827 in der Sing-Akademie über die «Geschichte und Theorie der bildenden Künste» lesen, mit mäßigem Publikumserfolg. Der Bruder Friedrich Schlegel, mit dem es noch in diesem Jahr zum Zerwürfnis kommt, hält derweil in Wien Vorlesungen über die «Philosophie des

Lebens». Beide Brüder, und wohl deshalb erwähnt Eichendorff sie in seinem Gedicht, haben schließlich durch ihre bereits klassischen Wiener Vorlesungen den Poeten gültige Wege gewiesen: August Wilhelm 1808 über «dramatische Kunst und Litteratur», Friedrich 1812 mit seiner «Geschichte der alten und neuen Litteratur», die Eichendorff noch selbst gehört und die ihn fürs Leben geprägt hat. Er zählt sich deshalb ohne Umschweife zu den «Schleglern» in der Mittwochsgesellschaft.

Ob es tatsächlich auch «Hegler» unter den Poeten der Mittwochsgesellschaft gab? Seit Hegel 1819 aus Heidelberg auf Geheiß des Kultusministers Altenstein durch den damaligen Rektor der Universität Schleiermacher nur widerwillig nach Berlin auf den Lehrstuhl Fichtes berufen wurde – zunächst war der «Panentheist» Karl Christian Friedrich Krause dafür vorgesehen –, hat er sich in dem folgenden Jahrzehnt viele Gegner gemacht.

Da ist zunächst der Fall Wilhelm de Wette. Der Theologieprofessor, ein Freund Schleiermachers, hatte der Mutter des Theologiestudenten Sand, der 1819 Kotzebue ermordet hatte, einen Trostbrief geschrieben – ihr Sohn habe doch wohl nach seiner besten Überzeugung gehandelt –, weswegen de Wette vom König seines Amts enthoben wurde, nach Weimar und Braunschweig auswich und 1822 Professor in Basel wurde. In einer Sitzung der Berliner «Gesetzlosen Gesellschaft», der Hegel und Schleiermacher angehörten, hatte Hegel das Vorgehen des Königs verteidigt, was nicht nur Schleiermacher empörte.

Schleiermacher selbst wurde zum zweiten Fall, als Hegel 1822 im Vorwort zu dem Buch «Über die Religion im inneren Verhältnis zur Wissenschaft» von Hermann Friedrich Wilhelm Hinrich die «Gefühlstheologie» Schleiermachers scharf angriff: «Auch Erlösungsgefühle hat der Hund, wenn seinem Hunger durch einen Knochen Befriedigung wird.» Schleiermacher schrieb im Sommer 1823 an De Wette: Hegel fahre fort, «auch in Vorlesungen über meine thierische Unwissenheit über Gott zu schimpfen».

Der dritte Fall ist Hegels Attacke auf den Jenaer Philosophieprofessor Jakob Friedrich Fries, der wegen seiner Sympathie für die Burschenschaften und seiner Teilnahme am Wartburgfest 1817 im Jahr darauf seines Amts enthoben wurde. In der Vorrede zu den «Grundlinien der Philosophie des Rechts oder Naturrecht und Staatswissenschaft im Grundrisse» liefert Hegel nun dem preußischen Staat die angeblich philosophische Legitimation für die Unterdrückung freiheitlicher Bestrebungen «von unten», indem er alle dementsprechenden, oft freundschaftlichen Gruppierungen als Gefahr für den Staat hinstellt und ihre Auffassungen als «seicht» abtut. Bleibt zu erwähnen, daß Hegel mit seinen Attacken gegen de Wette und Fries, seinen Vorgänger in Heidelberg, auch alte Rechnungen beglich. Beide hatten sich 1816 gegen die erste Berufung Hegels nach Berlin gewandt, de Wette als Dekan durch ein Sondervotum an den Minister: Hegel sei nur ein «Nachtreter Schellings».

Eichendorff bleibt sein Leben lang auf Distanz zu Hegel. 1847 schreibt er in «Über die ethische und religiöse Bedeutung der neueren romantischen Poesie in Deutschland»: «So wird namentlich die Poesie eine ganz allgemeine Phraseologie, und die Gestaltung im Drama, dem nationalsten aller Dichtungsarten, zum konventionellen Begriffsskelett. Und wie die Romantiker beinah ohne Ausnahme Schellingianer, so sind die jetzigen Poeten fast Alle Hegelianer, nicht zum Vorteil der Kunst, die bei Hegel, als ein bloß interimistisches Zeichen und Surrogat der noch nicht vollständig logisch vermittelten Idee, nur eine sehr untergeordnete Rolle spielt.» Noch am 17. Februar 1855 schreibt er aus Berlin an den Münchener Literatur- und Kunsthistoriker Hyazinth Holland, dessen «Büchlein» habe ihn «in dieser verhegelten Zeit recht wie eine Morgenröthe angeweht». 1857 in der «Geschichte der poetischen Literatur» urteilt Eichendorff: «Welchen Einfluß die Hegelsche Philosophie auf die Poesie ausübt, läßt sich jetzt noch kaum bestimmen, da sie ihren Kreislauf noch immer nicht abgeschlossen hat. Auffallen jedoch muß es, daß ihr die moderne Poesie des Hochmuts und des Hasses auf der Ferse gefolgt ist.»

Wir verdanken der Mittwochsgesellschaft eine liebenswürdige Beschreibung Eichendorffs durch den Dichter Emanuel Geibel, der 1836 bis 1838 in Berlin Philologie und Geschichte studierte und Ende November 1836 seiner Mutter von einem Besuch in der Dichtergesellschaft berichtet: «Wir hätten noch länger miteinander gesprochen, hätte uns nicht das Eintreten eines Mannes unterbrochen, welchem Alle mit einer Art freundlicher Ehrfurcht entgegentraten. Er war von schlanker Gestalt, sein Gesicht hatte einen frischen und wohlwollenden Ausdruck, und wenn gleich sein Haar schon bedeutend ins Graue spielte, so lag doch in seinem ganzen Wesen etwas außerordentlich Jugendliches und Rasches, das durch den fröhlichen Blick des lebendigen Auges und durch den kurzen grünen Jagdrock, den er trug, noch erhöht wurde. Es war der Freiherr Joseph von Eichendorff, derselbe, dessen vortrefflicher Taugenichts uns in den letzten Ferien so viel Vergnügen machte. Später stellte Hitzig mich ihm noch besonders vor, und er kam mir ganz nach seiner liebenswürdigen Weise mit der größten Freundlichkeit entgegen.»

Was Hegel fehlte, die Ironie der Romantiker und das Gelächter über sich selbst, das zeigt Eichendorff nach «Krieg den Philistern» nun noch einmal in «Meierbeth's Glück und Ende». Handelt es sich doch um eine Parodie auf den zeitgenössischen literarischen Betrieb, wobei Eichendorff auch Mitglieder der Mittwochsgesellschaft und sich selbst nicht ausnimmt.

Schon der Titel spielt auf Franz Grillparzers Trauerspiel «König Ottokars Glück und Ende» an, das am 19. Februar 1825 am Wiener Burgtheater uraufgeführt wurde. Auch Grillparzers Trauerspiel «Die Ahnfrau» von 1817 wird als eines der gängigen Schicksalsdramen persifliert, in denen alles wie an einem Faden zum Beispiel von einer Flasche Aquavit und einem fatalen Datum abhängt und wo das Schicksal als Gespenst oder wie bei Eichendorff als Zigeuner aufzutreten beliebt.

Vor Grillparzer hatten sich Zacharias Werner 1810 mit «Der 24. Februar» und Adolf Müllner 1812 mit «Der 29. Februar» mit Schicksalsdramen, die vielfach nachgeahmt wurden, hervorgetan. Eichendorff wird sie in seiner «Geschichte des Dramas» von 1854 kommentieren: Werner hatte «das natürliche Ergebnis aller Naturreligionen, die Idee des Schicksals, an die Epigonen vererbt. Der trockene skeptische *Müllner* setzte die Herrschaft der blinden Naturkräfte, die im Altertum noch eine tiefe tragische Bedeutung hatte, an die Stelle der göttliche Vorsehung mitten in die christliche Welt, wo sie sich um so wunderlicher ausnahm, da er die Sache ohne schaffende Phantasie bloß mit dem berechnenden Verstande auffaßte. Seine hiernach von vornherein gebundenen und unzurechnungsfähigen Helden gebärden sich daher, zumal in der Zwangsjacke der prätentiösen knappen Verse, fast wie Wahnsinnige, und das sogenannte Schicksal gleicht einem verspäteten, in der Tageshelle verirrten Gespenste, das manche zarte Seele erschreckte, bis man den blauen Dunst merkte und über den Theaterstreich lachte. Auch *Grillparzer* glitt in seiner ‹Ahnfrau› auf diese Bahn aus.»

Außer den Schicksalsdramen persifliert Eichendorff die zeitgenössischen Rührstücke, indem er des Titelhelden Geliebte «Selma» nennt nach Klopstocks Ode «Selmar und Selma», mit der nach Eichendorff die falsche Empfindsamkeit in der deutschen Literatur begonnen habe. So läßt er Meyerbeth schwärmen:

> Mond, gedankenvolle Scheibe [nach Klopstock],
> Führ' mich zu dem hohen Weibe! [...]
> Was gemein, es ist versunken
> In der Liebsten Tränen-Flut,
> Bäumt euch, Wogen, wilder! schnarche,
> Sturmwind, fort in blinder Wut! –

> Hoher Liebe heil'ge Arche,
> Auf den Fluten tanzend schwebt sie,
> Und melodisch steigt und fällt
> Brandender Tränen Schwell und hebt sie
> Auf den Gipfel der Welt! –

«Steigt und fällt» spielt auf Goethes «Gesang der Geister über den Wassern» an. In seiner «Geschichte des Dramas» läßt Eichendorff das zeitgenössische philiströse Rührstück mit Iffland beginnen: «Die durch die lange Anspannung des Sturm und Dranges müdegewordene Tugend, da sie nun auch vor aller positiven Religion gute Ruh hatte, machte es sich bei Iffland endlich bequem, und setzte sich als halbinvalide Hausmoral in den Spinn-, Wochen- und Schreibstuben breit und gemächlich zurecht. Diese Moral aber ruht auf dem bloßen Gefühl, und dieses Gefühl auf einer leichten Rührung, die wiederum von der vorher eingenommenen reichen oder spärlichen Mahlzeit, von gesunder oder schlechter Verdauung, und andern nicht zur Poesie gehörigen Dingen abhängig ist. So wurde die deutsche Gemütlichkeit aufgebracht: die Menschheit im Schlafrock, die aus lauter ‹gutem Herzen› zu keiner rechten Herzhaftigkeit kommt, und mitten darunter Gott Vater als gutmütiger Komödienpapa, der manchmal dazwischen poltert, aber zuletzt, wenn die allgemeine häusliche Tränenwäsche erst recht im Gange ist, doch selbst vor Schluchzen Alles wieder vergessen und vergeben muß.»

Nach dem Vorbild Brentanos in «Gustav Wasa» von 1800 karikiert Eichendorff ferner in dem Gründer der Hallischen «Allgemeinen Literaturzeitung», seinem früheren Professor Christian Gottfried Schütz, den gelehrten «Rezensenten», der die Poeten «verächtlich» anredet:

> *Ihr* Helden, Dichter! – Leichtes, junges Blut,
> Unphilosophisch, blind in Liebeswut,
> Jagt, Toren Ihr, den selbstgemachten Dunst.
> *Wir* nur sind frei – weil ledig aller Brunst,
> Besonnener Eunuchen kühle Schar,
> Wir Schönheit hüten, die uns selbst nichts nütze.

Zu den Berliner «Stadtanekdoten», die Eichendorff in das Stück «eingeflochten» habe und die den «Berolinismus» «recht amüsant» erscheinen lassen – so der Rezensent in «Hermione», Hamm, vom 30. Januar 1828 –, zählt die Parodie auf die Sängerin Henriette Sontag. 1824 am Königstädtischen Theater von Karl von Holtei für eine Traumgage von siebentausend Talern pro Saison engagiert, versetzte sie Berlin in einen Begeisterungstaumel. 1820 vom König geadelt, ist ihr Einfluß so groß, daß Karl Eduard Blechen 1827 als Bühnenmaler entlassen wird, weil ihr eine Dekoration nicht gefallen hat. Eichendorff läßt die Sontag in der letzten Szene als «Muse» auftreten mit Anspielungen auf die von der Sängerin gespielten Rollen in Rossinis Oper «Tancred», Mozarts «Don Giovanni», Aubers «Schnee» und Webers «Euryanthe».

Den Ohrwurm aus dem «Freischütz», der Berlin nach der Erstaufführung im Königlichen Schauspielhaus am 18. Juni 1821 erfüllte, persifliert Eichendorff durch die bereits totgeschlagenen Damen, die jedoch wieder aufwachen, weil das Stück noch einmal «rückwärts durch alle Szenen» gespielt wird:

> Schnurre – nickt nicht wieder ein!
> Schöner, grüner Jungfernkranz –
> Schnurr', Begeist'rung, nett und fein –
> Veilchenblaue Seide –

Die Titelfigur «Meierbeth» schließlich – Shakespeares «Macbeth» nachgebildet – ist eine Karikatur des Verlegerkönigs Karl Joseph Meyer. Er gründet 1826 in Gotha das Bibliographische Institut, wo er seine von einem Clan von anonymen Mitarbeitern frei übersetzte und überarbeitete Shakespeare-Ausgabe in 52 Bänden (1824–1834) und Romane von Walter Scott sowie die «Miniaturbibliothek deutscher Klassiker» herausgibt. Kolporteure verteilen von letzterer von Haus zu Haus Hunderttausende von Subskriptionsprospekten für die Lieferung zu zwei Groschen unter dem liberalen Motto «Bildung macht frei». Der Erfolg ist sensationell. Bereits 1830 ist Meyers Verlag nach Cotta, Decker, Teubner und Brockhaus der fünftgrößte in Deutschland. Aus Angst vor seiner liberalen volkserzieherischen Breitenwirkung werden 1832 die Periodika seines Verlages in den deutschen Bundesstaaten verboten. Daraufhin wird der Verleger «Meyers Universum» – den Vorläufer des «Conversationslexikons» – mit Lieferungen von acht bis zwölf Textseiten und einigen Stahlstichen für jeweils sieben Groschen herausbringen. Da die Lieferungen zusammen mehr als 160 Quartseiten ausmachen, fallen sie nicht mehr unter die 1819 von Metternich im Deutschen Bund durchgesetzte Vorzensur und können weiterhin liberales Gedankengut unter die Leute bringen. Meyers Erfolg ermutigt bereits 1827 die Gebrüder Franckh in Stuttgart zu einer Lieferungsausgabe der Romane Walter Scotts, das Heft im Duodezformat mit einhundert Seiten samt Titelkupfer für nur zwei Groschen. Kostete vorher ein Roman Scotts im Buchhandel drei bis vier Taler, ist er nun für 15 bis 20 Groschen für fast jedermann erschwinglich.

Da es noch keine internationalen Urheberrechtsvereinbarungen gibt, erhält Scott kein Honorar. Innerhalb von drei Jahren sollen drei Millionen Bände verkauft worden sein. Die Durchschnittsauflage deutscher Originalromane soll dagegen 1825 nur 300 bis 350 Exemplare betragen haben. Meyer kann auch die deutschen Autoren ohne Genehmigung und honorarfrei abdrucken, weil er ihre Texte zerstückelt und mit denen anderer Autoren über Monate und Jahre verteilt in seinen Lieferungen als auszugsweise Wiedergabe in einer großen «Anthologie» deklariert – was zwar dem Buchstaben des damaligen Urheberrechts entspricht, seinem Geist nach jedoch kriminell ist. Kein Wunder, daß die traditionellen Verlage samt Buchhandlungen und die meisten deutschen Autoren von der Entwicklung überrascht und konsterniert sind.

In «Meierbeth» läßt Eichendorff Walter Scott als den «Großen Unbekannten» – er bekannte sich erst 1827 als Autor seiner Romane – im «schottischen Hochland» auftreten und zu dem Verleger ironisch sagen:

> Ich nah' gerührt, betroffen, überrascht,
> Und nehm' den Jubel nur als eine Schuld,
> Die ich abzahlen will dem achtbar'n Freunde,
> Dem's gilt und den ich liebe, wie mich selbst.

Die Sucht deutscher Erfolgsautoren, die ihre seichte Ware um jeden Preis unter das Massenpublikum bringen wollen, karikiert Eichendorff durch einen der auftretenden «Literatoren», vermutlich Karl Heun, der unter dem Pseudonym Heinrich Clauren sentimental-schlüpfrige Erzählungen schreibt:

> Ja, ja, ich bin so ein Tausendsassa:
> Ein Schmätzchen für Julchen, Moral für Mama,
> Verteufelt viel Großmut, dann Mädchen verführen,
> Bald etwas kitzeln, bald etwas rühren –
> So lieg' ich auf Schulbänken, Spiel- und Putztischen,
> Die Bedienten mich lesen bei'm Messer-Abwischen.

Der unmittelbare Anlaß für Eichendorff, Meyer zur Titelfigur zu machen, scheint die Verballhornung Shakespeares durch den cleveren Verleger gewesen zu sein, der zum besseren Verständnis eines breiten Publikums unter dem Motto «Der Buchstabe tötet, nur der Geist gibt Leben» die Buchstaben der Dichter nach seinem Geist zu verändern pflegt, in «Macbeth» zum Beispiel das Motiv des Königsmords aus Ehrsucht entsprechend den Rührstücken änderte in Mord aus Liebe zu Macbeths Frau. Und was bei Shakespeare Verfehlung der Menschen ist, wird bei Meyer modisch zum Schicksal. Bereits am 30. November 1824 hatte ein unbekannter Rezensent in der «Leipziger Literaturzeitung» geschrieben, die Verballhornung des Macbeth habe «eine solche Theater-Genialität an sich, dass wir, da sie nun einmal nicht Shakespeare's *Macbeth* ist, vorschlagen möchten, ihr den Titel *Meyerbeth* beyzulegen».

Eichendorffs «Meierbeth» geißelt die Unverfrorenheit von Übersetzern, Überarbeitern, Rezensenten und Verlegern, die um des Absatzes und Profites willen die Texte dem Geschmack der breiten Masse anpassen und sie vor der Beunruhigung durch das dichterische Genie bewahren.

Nur an einer Stelle stellt Eichendorff diesem Massenbetrieb seine Auffassung von der heilsamen Wirkung der Poesie auf die Wenigen entgegen, indem er Cleishbotham, den Erzähler in Scotts Roman «Tales of my Landlord», sagen läßt: «Es gibt nur wenige Menschen in der Welt, die den rechten Zauberspruch und Klang wissen, auf den sie sich aufrichten und Red' und Antwort stehen; das soll aber auch durch Mark und Bein dringen – Gott behüt' uns davor!»

Die Reaktion auf Eichendorffs «Meierbeth», in dem er auch auf manchen Bekannten wie Fouqué, Chamisso, Raupach und Holtei nicht immer schmeichelhaft anspielt, ist überwiegend negativ, so in den «Allgemeinen Unterhaltungs-Blättern zur Verbreitung des Schönen, Guten und Nützlichen» vom 9. April 1828: «Die vorliegende Schrift ist eine Persiflage auf die Gothasche Fabrikarbeit, hat indeß zwei Fehler, wodurch sie ihren Zweck verfehlt, einmal das zu späte Erscheinen [das Eichendorffsche «Zu spät»] und sodann der Mangel an Witz und Ironie, und so gehörte dieser Wiederabdruck (sie stand im vorigjährigen Gesellschafter zuerst abgedruckt) zu den nicht wünschenswerthen Erscheinungen, mindestens zu den irrelevanten.»

Willibald Alexis von der Mittwochsgesellschaft bedauert anonym im «Berliner Conversations-Blatt» vom 26. Januar 1828, daß Eichendorff sein Talent vergeudet habe: «So geistreich nun auch dergleichen Dichtungen sind, so thut es uns doch immer leid, wenn wir ein schönes poetisches Talent diese *negative* Richtung nehmen sehn; auf diese Weise wird dem Uebelstande nicht abgeholfen. Nur Eines kann jetzt wirksam sein: *das Bessermachen*. Es ist nun lange genug gegen die Schicksalspopanzereien in der Schuld und der Ahnenfrau, gegen Houwald und Clauren, gegen Müllner und Grillparzer polemisirt worden; nun wär' es an der Zeit, Tragödien zu dichten, wo das fade Fatum nicht mehr mitspielt und Lustspiele, die das Schlechte von den Brettern und aus dem Leben verdrängen.» Nicht Tieck und seine literatursatirischen Stücke hätten

Kotzebue und Iffland von der Bühne verdrängt, sondern Schiller und Goethe durch ihre dramatischen Werke.

Bleibt anzumerken, daß es zwischen Alexis und Eichendorff eine Verstimmung gegeben hatte: Alexis hätte den Vorabdruck gern in dem von ihm mitherausgegebenen «Conversationsblatt» gesehen, Eichendorff zog jedoch Hitzigs «Gesellschafter» vor. Hatte Alexis doch selbst zur «Scottomanie» in Deutschland beigetragen, indem er 1824/25 seinen Roman «Walladmor» anonym als Scott-Übersetzung veröffentlichte. Das Werk kam schnell in die zweite Auflage und wurde ins Englische und Französische übersetzt. Auch hatte sich Eichendorff offensichtlich durch Alexis' Roman «Schloß Avalon», der 1827 in Leipzig als Scott-Satire erschien, für den «Meierbeth» anregen lassen und so für Kenner eine Satire der Satire geschaffen. Überhaupt beanstandeten die Kritiker, vor allem Alexis, im «Meierbeth» die Überfülle der aktuellen Anspielungen, «der man gern mit einem Commentar zu Hülfe gekommen sähe. Nur einzelne Masken sind kenntlich». Bedenkt man, daß Eichendorff in Königsberg, wenn er nicht Schön auf Dienstreisen begleitete, an einem Schreibtisch voller Akten saß, dann staunt man jedoch über seine detaillierten Kenntnisse der literarischen Szene.

### Eichendorffs «Ezelin von Romano» und Grillparzers «Ottokar»: Abgesänge auf Kaiser und Reich

Als hätte Eichendorff die Kritik von Alexis vorhergesehen: Im «Ezelin von Romano» hat er das «Bessermachen» versucht und sich dabei an den Geschichtsdramen Shakespeares sowie an Schillers «Wallenstein» und Goethes «Götz von Berlichingen» orientiert, nicht zuletzt freilich an Grillparzers «König Ottokars Glück und Ende».

August Wilhelm Schlegel, der Übersetzer Shakespeares, hatte in seinen Wiener Vorlesungen 1808 das Geschichtsdrama als «die würdigste Gattung des romantischen Schauspiels» gerühmt: «Auf diesem Felde sind die herrlichsten Lorbeern für die dramatischen Dichter zu pflücken, die Goethe und Schiller nacheifern wollen.» Eichendorff ist dazu entschlossen. Schlegel deutet auch schon die hervorragendsten historischen Epochen an, in deren Konflikten der romantische Dramatiker die Probleme der Gegenwart und seine eigenen Gedanken darüber darstellen könnte, ohne gleich die politische Zensur fürchten zu müssen: «Welche Gemälde bietet unsre Geschichte dar, von den urältesten Zeiten, den Kriegen mit den Römern an, bis zur festgesetzten Bildung des deutschens Reichs! Dann der ritterlich glänzende Zeitraum des Hauses Hohenstaufen, endlich der politische wichtigere und uns am nächsten liegende des Hauses Habsburg, das so viele große Fürsten und Helden erzeugt hat. Welch ein Feld für einen Dichter, der wie Shakespeare die poetische Seite großer Weltbegebenheiten zu fassen wüßte!»

Eichendorff, immer mehr vom Mittelalter fasziniert, wählt die Zeit der Hohenstaufen, war doch von 1823–1825 in sechs Bänden die «Geschichte der Hohenstaufen und ihrer Zeit» von Friedrich von Raumer erschienen. Raumer, Klassenkamerad Achim von Arnims, 1810 persönlicher Adjutant Hardenbergs und an dem Streit mit Kleist beteiligt, wurde 1811 Professor der Staatswissenschaften in Breslau, wo Eichendorff ihn während seiner Referendarzeit 1816–1820 kennenlernte und sich für seine Examensarbeit über die Säkularisation von ihm hatte beraten lassen. 1819 wurde Raumer als Professor der Staatswissenschaften und Geschichte nach Berlin berufen. Als Eichendorff 1823 Schmedding in Berlin vertrat, wird er dort außer Alexis, Hitzig und Chamisso auch Raumer wieder getroffen haben. Eichendorff ließ sich in das Pränumerandenverzeichnis für den IV. Band der «Geschichte der Hohenstaufen» eintragen, der 1824 bei Brockhaus erschien. Am 22. April 1824 schrieb Eichendorff aus Danzig an Alexis: «Daß mein Taugenichts Ihnen u. Raumers gefallen hat, freut mich sehr. Das ist mir das beste Zeugnis, daß er doch etwas taugt u. daß aus dem armen Kerl am Ende doch noch etwas werden kann.» Im Postskriptum heißt es dann: «Von den Hohenstaufen habe ich noch nichts erhalten. Sie würden mich sehr verbinden, wenn Sie die Güte haben wollten, ein wenig nachzusehen, wo das hängt.»

Auch wenn sich Eichendorff einer Nebenfigur der Stauferzeit zuwendet, ist er dabei zwar ohne unmittelbare Konkurrenz, nicht aber ohne Vorläufer. Ezzelino da Romano (1194–1259), deutscher Herkunft, Schwiegersohn Friedrichs II. und Statthalter in Padua, wurde bereits von der italienischen Volkssage als Inbegriff des grausamen Tyrannen, der seine Herrschaft mit Gewalt und Verrat immer weiter ausdehnte, als Geißel Gottes dargestellt. Nach der Chronik des Rolandino von Padua, die Eichendorff auch zu Rate zieht, glaubt Ezzelino an die Astrologie und wird ihm sein Tod prophezeit. Albertino Mussato, Verteidiger der Stadtregierung Paduas nach der Gewaltherrschaft Ezzelinos und bedeutender Historiker des 14. Jahrhunderts, läßt in seinem lateinischen Renaissance-Drama «Ecerinis» um 1300, das Eichendorff vermutlich kannte, Ezzelino vom Satan gezeugt sein – als Warnung an seine Landsleute vor der nächsten drohenden Tyrannei durch Can Grande dell Scala.

Bleibt die Frage, weshalb Eichendorff, der zunächst ein Drama über die Sizilianische Vesper, den Volksaufstand in nachstaufischer Zeit gegen die Tyrannei der Franzosen unter Karl von Anjou 1285, schreiben wollte – es existieren acht Seiten Exzerpte und Entwürfe –, sich der Gestalt Ezzelinos zuwandte. Durch Raumers «Geschichte der Hohenstaufen» scheint Eichendorff die Bedeutung der Schlüsselbegriffe «Kaiser» und «Reich» sowie «Heiliges Römisches Reich Deutscher Nation» neu aufgegangen zu sein – diesmal nicht durch eine romantische Utopie wie in Novalis' «Die Christenheit oder Europa» oder durch die romantische Literaturgeschichte des Mittelalters der Schlegels, sondern durch eine umfassende historische Darstellung. Eichendorff, der liebend gern selbst Historiker geworden wäre, vertieft sich neben den Arbeiten über die Marienburg nun erneut in die Geschichte des Mittelalters, und zwar in das Schicksal eines Verrräters an der Idee des «Reichs» und seiner «Kaiser». Die Epoche Ezzelinos ist bereits die Zeit des Untergangs der Stauffer, die Zeit des beginnenden Interregnums seit 1256, bis 1273 Rudolf von Habsburg in Frankfurt am Main zum deutschen Kaiser gewählt wird.

Die Habsburger verkörpern fortan über sechs Jahrhunderte die Idee des Heiligen Römischen Reichs Deutscher Nation, bis sie 1806 durch Napoleon usurpiert wird und erneut – nach Auffassung vieler – ein Interregnum angebrochen ist. Wird es nach der gegenwärtigen Herrschaft der vielen souveränen Könige und Pseudokaiser noch einmal einen «Kaiser» in der Tradition des alten «Reichs» geben?

1823 reichte der Konzipist an der allgemeinen Hofkammer zu Wien Franz Grillparzer sein Drama «König Ottokars Glück und Ende» bei der Zensur ein. Es wurde wegen «ungünstiger» Erinnerung an Napoleons zweite Heirat mit Maria-Luise von Österreich und wegen «ungünstiger» Schilderung der Böhmen verboten, nach Intervention der Kaiserin jedoch zur Aufführung zugelassen. Sie fand am 19. Februar im Burgtheater statt. Die Buchausgabe erschien am gleichen Tag in neunhundert Exemplaren, die in Erwartung erneuter Zensurmaßnahmen sofort vergriffen waren, auch der Kaiser kaufte sich heimlich ein Exemplar. Im Herbst mußte nachgedruckt werden. Der Beifall des Publikums war groß, die Kritik schlecht. «Wer sich unter die volkstümlichen Kleien mischt», schrieb Grillparzer in sein Tagebuch, «dem geschieht recht, wenn ihn die patriotischen Schweine fressen.» Vielleicht dachte er an Kotzebues Drama «Rudolf von Habsburg und König Ottokar», das 1815 im Theater an der Wien uraufgeführt worden war. 1826 machte sich Grillparzer auf eine Deutschlandreise und war im September in Berlin, wo er auch die Mittwochsgesellschaft besuchte.

1827 sendet Eichendorff «Meierbeth's Glück und Ende» an Hitzig nach Berlin. Wer eine Satire auf Grillparzers «Ottokar» erwartete, wird enttäuscht. Es gibt im «Meierbeth» zwar einige Anspielungen auf Grillparzers erfolgreiches Stück «Die Ahnfrau», auf «Ottokar» weist jedoch nur der Titel hin und vielleicht eine einzige Stelle in der vierten Szene. Warum hat Eichendorff trotzdem durch den Titel des «Meierbeth» auf Grillparzers «König Ottokars Glück und Ende» angespielt? Wollte er Grillparzer lächerlich machen? Aber dessen «Ottokar» ist kein Schicksalsdrama wie die «Ahnfrau» und eignet sich nicht für eine Persiflage im Sinne Eichendorffs. Im Gegenteil, und das scheint der Grund für Eichendorffs plakativen Hinweis auf Grillparzers «Ottokar» zu sein: Das Drama ist vom Thema und von der Durchführung her das Modell für Eichendorffs «Ezelin von Romano».

In beiden Werken geht es um das «Reich» am Ende der Hohenstaufenzeit und um die Lehnstreue zum «Kaiser». In beiden Fällen handelt es sich um abtrünnige Fürsten, den König von Böhmen und den Statthalter von Padua, die ihre eigene Herrschaft auf Kosten des Heiligen Römischen Reiches Deutscher Nation mit allen Mitteln auszudehnen versuchen. Schließlich scheitern beide und erkennen darin den Richterspruch Gottes, der für «Kaiser» und «Reich» ist. In beiden Trauerspielen haben Grillparzer und Eichendorff Napoleon im Sinn. In seiner «Selbstbiographie» schreibt Grillparzer über Ottokar und Napoleon: «Beide, wenn auch in ungeheuerm Abstande, tatkräftige Männer, Eroberer, ohne eigentliche Bösartigkeit, durch die Umstände zur Härte, wohl gar Tyrannei fortgetrieben, nach vieljährigem Glück dasselbe traurige Ende, zuletzt der Umstand, daß den Wendepunkt von beider Schicksal die Trennung ihrer ersten Ehe und eine zweite Heirat gebildet hatte. Wenn nun zugleich aus dem Untergange Ottokars die Gründung der habsburgischen Dynastie in Österreich hervorging, so war das für einen österreichischen Dichter eine unbezahlbare Gottesgabe und setzte dem Ganzen die Krone auf.»

In seiner «Geschichte des Dramas» 1854 erwähnt Eichendorff zwar Grillparzers «Ahnfrau» kurz, nennt jedoch den «Ottokar» nicht beim Namen, sondern umschreibt ihn und Grillparzers Verdienst bezeichnenderweise mit einem Hinweis auf Napoleon: «Es ist aber ebenso leichtsinnig als ungerecht, diesen edeln Dichter, der seitdem so manches Schöne geschaffen und in seinen historischen Schauspielen die göttliche Waltung in der Geschichte gar wohl erkannt hat, noch immer nach jener Jugendsünde [der ‹Ahnfrau›] zu beurteilen. Gerade in der Blütezeit der Romantik gingen indes furchtbare Geschicke über unser Vaterland: ein von Geschlecht zu Geschlecht fortbrennender Krieg, nicht bloß um materielle

Interessen oder einzelne Throne, sondern um Ehre, Sitte, Sprache, ein Vernichtungskrieg auf Tod oder Leben Deutschlands. Der moderne Attila [Napoleon] hatte damals Recht und Unrecht, Gutes und Schlechtes an die Kette gelegt, den Gefesselten blieb nur der Gedanke, das Gebet und der Blick nach oben, nach dem höchsten Retter frei; und eben dieses ungeheure Unglück hat die Romantik, diese Poesie der Zukunft und Sehnsucht, so groß und intensiv gemacht.»

In Grillparzers «Ottokar» fallen fast auf jeder Seite die Schlüsselwörter «Reich» und «Kaiser». So ermahnt Kaiser Rudolf von Habsburg den abtrünnigen Ottokar – eine Anspielung auch auf den Länderschacher des Wiener Kongresses:

> [...] Ei, es gab 'ne Zeit,
> Wo man in Deutschland für sein bares Geld
> Noch mehr erhalten konnt als Lehn und Land!
> Doch damit ists vorbei! Ich habs geschworen,
> Geschworen meinem großen, gnädgen Gott,
> Daß Recht soll herrschen und Gerechtigkeit
> Im deutschen Land; und so solls sein und bleiben!
> Ihr habt euch schlecht benommen, Herr von Böhmen,
> Als Reichsfürst gegen Kaiser und das Reich!

Auch Eichendorff, der seinen Ezelin entgegen den Quellen zum Statthalter des Kaisers Friedrich II. in ganz Oberitalien macht, läßt jenen zunächst den Kaiser als den Garanten der Einheit des Reichs verkünden – auch eine Botschaft an das zerspaltene Europa, wo nach dem Zusammenbruch des napoleonischen Reiches und dem Wiener Kongreß die «Heilige Allianz» der Kaiser Rußlands und Österreichs sowie des preußischen Königs die Ordnungsfunktion des Heiligen Römischen Reichs übernommen hat:

> Bei Gott, sie sollen mir den Kaiser nennen
> Auf Knieen ihren einz'gen, wahren Herrn;
> Denn wer zu herrschen nicht versteht, gehorche!
> Sie sind es, die das Reich und uns verderben.
> Nicht mehr Italien ist's, ein wirrer Knäul nur
> Von winz'gen Herrlein, die gleich zänk'schen Hunden
> In hünd'scher Lust und Gier gemeiner Triebe,
> Um ein Stück Land, um eines Markgrafs Grille,
> Einander würgen, bis zuletzt der Stärkste
> Ruhmlos verblutet auf der Andern Grab.

> Des großen Kaisers Herrschaft will ich pflanzen
> In diesem Boden, eh' er ganz zerspalten!
> Mir hat er anvertraut des Reichs Panier
> Als seinem Vogt, und mit dem Banner will ich
> Mich stellen mitten in den Strom der Zeit!

Beide, Grillparzer und Eichendorff, sind davon überzeugt, daß letztlich Gott den Gang der Weltgeschichte bestimmt, wie Ottokar bekennt: «Hast du beschlossen, / Zu gehen ins Gericht mit Ottokar, / so triff mich, aber schone meines Volks!» Und Ezelins letzte Worte lauten:

> Ein hohes, stilles Tor – Furchtbarer König,
> Der Kronen gibt und nimmt – ich seh' dich nah'n!
> Zerbrich, elender Leib! Hier bin ich, Herr!

Der Mönch Antonio schließlich ist Eichendorffs ideales Selbst- und Dichterporträt, der dem irdischen Getümmel enthobene Seher und Prophet:

> Die sommerliche Sonntagsstille hier
> Gemahnt mich recht an meine grüne Klause.
> Seit Monden schon durchwandre ich das Land,
> In dieser wilden Zeit, mit Gottes Wort
> Des Kriegesschwarmes Wolkenzug durchblitzend,
> Daß sie den Himmel schau'n und Flügel nehmen. –
> Aus dem Gewirr sehn' ich mich endlich wieder
> Nach der Waldeinsamkeit auf meinen Felsen,
> Den heil'gen Nächten und den stillen Morgen,
> Wo Glockenklang rings aus den tiefen Gründen
> Zur Heimat ruft, zu der die Klänge ziehn
> Und alle Wipfel selig-rauschend weisen.

Ist es ein Zufall, daß Eichendorff «Ezelin von Romano» in Königsberg schreibt, das seinen Namen dem König Ottokar II. von Böhmen verdankt, der 1254 mit einem Kreuzheer die Stadt von den Heiden befreite? In Grillparzers Drama erinnert Rudolf, jetzt Kaiser, den rebellischen Ottokar daran: «O Ottokar, es war 'ne schöne Zeit / Als wir, aus Preußen rückgekommen, saßen / Im Söller eures Schlosses am Hradschin, / Von künftgen Tagen, künftgen Taten sprechen!» Ottokar residierte in Prag, die erste Residenz, die Eichendorff als Kind besuchte.

Grillparzer und Eichendorff verstehen ihre Dramen mit Friedrich Schlegel als «rückwärtsgewandte Prophetie»: Ohne eine wie auch immer ausgestaltete «kaiserliche» Ordnungsgewalt wird Europa keine «schöne Zeit» mehr erleben.

Keine der Rezensionen des «Ezelin» sieht die Parallelen zu Grillparzers «Ottokar», so sehr ist der Blick der Kritiker schon eingeengt auf Kleindeutschland ohne Österreich. Daß Eichendorff auch mit Napoleon und ähnlichen Gewaltherrschern abrechnet, erwähnt Wolfgang Menzel, einer der einflußreichsten Kritiker seiner Zeit, am 21. April 1829 in seinem Stuttgarter «Literatur-Blatt»: «Wenn Ezelin auch ein *kleiner* Napoleon ist, der durch *kleine* legitime Mächte gestürzt wird, so ist das in der That nicht so poetisch, als wenn er der *große* Napoleon wäre.» Die meisten Rezensenten betonen, daß es sich nur um ein Lesedrama handele, dem die Eignung fürs Theater fehle. Eichendorffs eigentliche Begabung sei die lyrische, meint das «Berliner Conversations-Blatt» vom 13. Dezember 1828 und baut bereits die Brücke zu Eichendorffs einzigem dramatischen Werk, das einen gewissen Erfolg haben wird, dem Lustspiel «Die Freier»: «Ist nun aber auch diese Tragödie nicht im Stande, weder für das *dramatische* noch *tragische* Talent des Verfassers entscheidend zu sprechen, so hat derselbe doch darin wieder das ihm eigenthümliche *lyrische* Talent auf eine glänzende Weise bewährt, und viele einzelne Stellen dieser Art sind bedeutend genug, um uns für die dramatischen Ansprüche, die wir an das Ganze dieses Stückes nicht machen dürfen, allenfalls zu entschädigen. In dramatischer Dichtkunst scheint seinem Talent das *phantastische Lustspiel* am gemäßesten zu sein, und er könnte vielleicht Herrliches hierin leisten, wenn er die im gegenwärtigen Gedicht darauf deutenden Anlagen einmal selbstständig walten lassen und ausbilden wollte, doch soll er uns in jeder Weise willkommen sein, womit uns auch künftig, – wir wollen hoffen, recht bald wieder, – seine liebenswürdige Muse beschenken möge.»

## «*Vor lauter Vernunft zerplatzen?*»: *Das Lustspiel «Die Freier»*

Zwanzig Jahre vor Fertigstellung der «Freier», einen Tag nach der Ankunft in Berlin 1809, am 21. November, geht Eichendorff laut Tagebucheintrag «um 6 Uhr ins *königliche Nationaltheater*» auf dem «herrlichen Gensd'armen-Platz»: «Himmlische, überraschende Einrichtung u. Malerei des Auditoriums mit 5 Etagen. Transparente Uhr über der Bühne. Hinten die schönerleuchtete Nischenloge. Es wurde eben die Ehemänner als Junggesellen u. Maske für Maske gegeben. Meine Ueberraschung u. Freude zum $1^t$ male [durch]aus vollkommne Schauspieler zu sehen. Mad. Bethmann (nicht sehr groß, etwas untersezt, mehr breites Gesicht, scharfes Spiel) als Kamerjungfer in M[aske] f[ür] M[aske] himmlisch. H. Unzelmann.» Dem damals einundzwanzigjährigen Eichendorff, seit seiner Kindheit in Lubowitz begeisterter Theaterbesucher in Ratibor und vor allem dann als Gymnasiast in Breslau sowie als Student in Lauchstädt und Wien, hat sich dieser Berliner Theaterbesuch unvergeßlich eingeprägt.

«Maske für Maske», die von Johann Friedrich Jünger bearbeitete deutsche Fassung des Lustspiels «Le jeu de l'amour et du hazard» (Das Spiel von Liebe und Zufall) des französischen Rokokodichters Mariveaux in der brillanten Berliner Aufführung mit der berühmten Bethmann und ihrem Mann aus erster Ehe, Unzelmann, als Harlekin wird für Eichendorff das Vorbild einer Komödie, an dem er in den folgenden Jahren sein eigenes Talent als Lustspielautor erprobt.

1822 erscheinen in der Danziger Zeitschrift «Der Ährenleser auf dem Felde der Geschichte, Literatur und Kunst» von Eichendorff «Einige Szenen aus dem noch ungedruckten Lustspiel: Liebe versteht keinen Spaß»; 1907 wird aus Eichendorffs Nachlaß ein handschriftliches Fragment «Wider Willen» veröffentlicht, an dem er in den zwanziger Jahren gearbeitet hat: beides Vorarbeiten zu «Die Freier». Am 11. Juni 1829 bietet Eichendorff einem unbekannten Verleger zusammen mit «Der letzte Held von Marienburg» auch «die Freier, ein Lustspiel in 3 Acten» an. «Beide Stükke überschreiten, ihrer Ausdehnung nach, nicht das gewöhnliche Theatermaaß, u. sind auch sonst, soviel ich davon verstehe, vollkommen spielbar» – im Gegensatz zu den bisherigen Lesedramen Eichendorffs. Tatsächlich wird der «Held von Marienburg» 1832 in Königsberg aufgeführt und fällt durch. «Die Freier» werden erst 1833 in der Brodhagschen Buchhandlung in Stuttgart erscheinen und noch viel später, am 2. Dezember 1849, von einem Liebhaber-Theater in Graudenz uraufgeführt. Erst im 20. Jahrhundert wird das Stück in verschiedenen Bearbeitungen wieder auf die Bühne kommen, ohne daß es ins ständige Repertoire der deutschen Theater aufgenommen wird.

Dabei betonen die Rezensenten 1833, es sei «ein Lustspiel, wie wir deren brauchen, damit die Bühne sich von ihrem ästhetischen Verfall erhebe», so in den Leipziger «Blättern für literarische Unterhaltung» vom 24. Juni. Doch «die Bühnenverwaltungen sind indessen damit zu entschuldigen», meint der Philosoph und Literaturhistoriker August Kahlert in den Breslauer «Schlesischen Provinzial-Blättern» vom Dezember, «daß ihnen zunächst die Pflicht eigener Erhaltung obliegt», der Publikumsgeschmack, «rohe Effecthascherei» und «krankhafte Sentimentalität», bestimmten das Repertoire.

Im Berliner «Gesellschafter» vom 16. April 1834 zieht der Rezensent anläßlich der «Freier» eine Bilanz des bisherigen Eichendorffschen Werkes und seiner Wirkung, als ahnte er, daß die «Freier» zumindest die Halbzeit des Eichendorffschen Schaffens markieren. «Nicht wenige Schriftsteller und Dichter haben einen raketmäßig aufgeschossenen und abgeplatzten Ruhm hintereinander überlebt; andere, ob sie gleich schon geraume Zeit da stehen, werden erst gesehen, wenn der Dampf und Rauch solcher Feuerwerke sich gesetzt oder zerstreut hat. Zu den Dichtern der letztern Art gehört Eichendorff. [...] Auch das Lustspiel, worauf ich hier unsere Leser aufmerksam machen möchte, wird sich schwerlich einer Bühnen-Aufführung erfreuen. Indessen sind diese ‹Freier› so dramatisch bewegt, die Comödie rollt sich selbst in so frischem Tempo ab, daß sie beim bloßen Lesen nicht minder den Eindruck einer Handlung, einer lebendigen und belebenden Handlung machen muß. Sie ist [...] von ganz natürlicher Composition, deutlich verknüpft und durchsichtig ausgeführt. Die Linien der Fabel sind insoweit nicht neu, als Entgegensetzung einer Verkleidung gegen die andre und Verwechslung unverkleideter Fremder mit erwarteten Verkleideten schon in manchen Lustspielen angewendet worden ist. Aber nach Instrumenten und Tonarten muß man die Componisten nicht unterscheiden wollen; und nicht durch Erfindung unerhörter Voraussetzungen, durch den Geist der Entwickelung bewährt ein dramatischer Dichter seine Selbstständigkeit. In diesem Sinne ist das vorstehende Lustspiel ganz originell, und der poetische Akkord, der durchklingt, ist blos dem nicht neu, der den Dichter schon kennt und liebt. Das eigenthümliche Licht seiner Phantasie, das sich in Eichendorff's größeren Werken zugleich mit der Dichtung, durch sie und über sie ergießt, das auch seinen Romanzen und Liedern einen so tiefen Ton, einen reinen Glanz giebt, wie ihn die Lyrik des Tages nicht hat, funkelt auch in diesem Lustspiel und schimmert um seine heitern Scenen. [... Der Witz] wirkt bestimmter und leichter ansprechend als in den früheren komischen Dichtungen des Verfassers, weil seine Beziehungen niemals über das Gedicht selbst hinausgreifen, der wohlverknüpfte Scherz des Ganzen sich in seinem eignen blühenden Bezirk frei anspielt und höchst munter und ergötzlich durchspielt. Leser, die das Heitere und Anmuthige lieben, bedürfen daher für dieses Lustspiel keines Theaterbillets; wenn sie an einer der angenehmen Abendstunden nur funfzig kleine Blätter mit den Augen durchgegangen, werden sie kein Buch gelesen, sondern im Fluge eine romantisch-komische Geschichte erlebt haben.»

Es ist bezeichnend für die von Eichendorff in den «Freiern» angestrebte Anmut und Heiterkeit, die an den «Taugenichts» erinnert, daß er alle satirischen Anspielungen auf Zeitgenössisches, wie sie noch in dem Fragment «Wider Willen» zu finden sind, tilgt. Der Leser oder Zuschauer soll seine reine Freude haben an dem mutwilligen Verwechslungsspiel:

> Ich weiß nicht, wer von uns der größte Narr hier –
> Doch sind Verliebte, wie man sagt, Genie's,
> Die Hohes tun und Tolles, weil sie müssen!

Zu guter Letzt finden die nicht durch Konvention und Gesellschaft, sondern durch die Stimme ihres Herzens füreinander bestimmten Paare glücklich zueinander: eine Apotheose auf Liebe und Hochzeit als Inbegriff irdisch-himmlischer Seligkeit. So faßt Leonard Adeles Hand:

> Musik! Nun Jäger, lass't die Hörner klingen!
> Voran die Fackeln! daß die Ström' im Grunde
> Und alle Fenster in dem stillen Schloß
> Aufblitzen in dem lust'gen Widerscheine!
> Tag soll es sein – mir ist so licht im Herzen!

Die Kombination Schloß und Tal erinnert an Lubowitz. Und der Jäger Victor nimmt seine Flora auf den Arm: «Da mag der Teufel Junggeselle bleiben!»

Einzig der Hofrat Fleder und dessen Präsident, in denen Eichendorff das philiströse Beamtentum persifliert, erinnern daran, unter welch beengten Lebensumständen Eichendorff auch dieses heitere Lustspiel geschrieben hat. Der Präsident schickt den Hofrat auf das Waldschloß der reichen Gräfin, die dorthin zurückgekehrt ist, «weil ihr die Residenz zu langweilig ist». Fleder soll als «reisender Schauspieler» verkleidet die Gräfin mit dem Neffen des Präsidenten, dem jungen Grafen Leonard, verkuppeln, damit dieser «endlich das ewige, zwecklose Umherschweifen lasse, sich vermähle und seine Kenntnisse und Talente der Welt zum Besten gebe». Des Hofrats Reaktion auf diese Zumutung entspricht der Devise ‹Eine Hand wäscht die andere›, die mit hochtrabenden Phrasen garniert wird: «Nun, des Mannes Antwort ist die Tat! [...] Heilige Pflicht, zwei verwilderte Herzen für die allgemeine Sache der Menschheit zu erwärmen durch ernster Rede Kraft – die jüngste Regierungsratsstelle wird nächstens erledigt – die gebührende Achtung vor der Familie meines würdigen Chefs – sie wirft jährlich tausend Taler ab – ja, ein edler Vorwurf, so recht unmittelbar in das Leben hineinzunützen – und freie Wohnung nebstbei – fort, hinaus, zu Pferde!»

In den «Freiern» hat Eichendorff versucht, seine eigene Maxime für die Komödie anzuwenden, wie er sie 1854 in «Zur Geschichte des Dramas» aufstellen wird: «Unsere jetzigen Lustspieldichter würden demnach vielleicht am besten tun, dem allerdings sehr drastischen Vorteile einer lebendigen Abspiegelung der gegenwärtigen Wirklichkeit einstweilen und bis auf Besserwerden ganz zu entsagen und tiefer in das Reinmenschliche zurückzugreifen, das allen Zeiten zum Grunde liegt und schon an sich genug Ergötzliches und Närrisches bietet; mit Einem Wort: in mehr idealem Wurfe, dem auch eine künstlerischere Form entsprechen müßte, Das zu wagen, was wir, in einem andern Sinne als gewöhnlich, das eigentlich *feine* Lustspiel nennen möchten. Das ist indes immer nur Sache weniger bevorzugter Dichtergeister.»

## Dreizehntes Kapitel

## «Ich saß am Schreibtisch bleich und krumm»
oder
Wie Eichendorff in Berlin als ministerieller Hilfsarbeiter
dreizehn Jahre lang sein Dasein fristet

> «Springer, der in luft'gem Schreiten
> Über die gemeine Welt,
> Kokettieret mit den Leuten,
> Sicherlich vom Seile fällt.
>
> Schiffer, der nach jedem Winde,
> Blas' er witzig oder dumm,
> Seine Segel stellt geschwinde,
> Kommt im Wasser schmählich um.
>
> Weisen Sterne doch die Richtung,
> Hörst du Nachts doch fernen Klang,
> Dorthin liegt das Land der Dichtung,
> Fahre zu und frag' nicht lang.»
>
> *Guter Rat, 1833*

Als ginge mit den reaktionären Maßnahmen nach der französischen Juli-revolution von 1830 in Preußen die Epoche der in den Befreiungskriegen geschöpften politischen Hoffnungen endgültig zu Ende, sterben im Jahre 1831: am 21. Januar auf seinem Gut im märkischen Wiepersdorf an einem Nervenschlag Eichendorffs Dichtervorbild Achim von Arnim; am 29. Juni auf seinem Besitz im westfälischen Kappenberg an einem Lungenschlag Preußens reformkonservativer Reichsfreiherr vom und zum Stein; am 23. August im Posener Hauptquartier der preußischen Observationsarmee während des polnischen Aufstands gegen Rußland Eichendorffs Hoffnungsträger in Paris 1815, der Generalfeldmarschall Gneisenau; am 14. November in Berlin Friedrich Wilhelm Hegel, der die idealistische Philosophie von Kant, Fichte und Schelling in seine dialektische Begriffslogik gebannt hat; und schließlich am 16. November in Breslau Generalleutnant Clausewitz, dessen postumes Werk «Über den Krieg» 1832 den Primat der Politik gegenüber den Militärs betont. Wie Hegel und Gneisenau stirbt auch Clausewitz, Gneisenaus Chef des Stabes, an der Cholera.

40 *Eichendorff 1840*

Die Seuche hat auch Königsberg erreicht, als Eichendorff am 6. Juni 1831 Urlaub nimmt, um sich in Berlin bei den Ministerien um eine feste Anstellung zu bemühen. Doch weder Kultusminister Altenstein noch Außenminister Graf von Bernstorff, auch nicht der Generalpostmeister sehen sich imstande, Eichendorff eine Berliner Planstelle zu verschaffen. Schon als Katholik hat er in der protestantischen Hochburg wenig Chancen, abgesehen davon, daß er als Gefolgsmann Schöns gilt, der als Oberpräsident der Provinz Preußen zu den schärfsten Gegnern des Berliner bürokratischen Zentralismus zählt, so daß man dort argwöhnt, Schön betreibe insgeheim Eichendorffs Anstellung in Berlin, um durch ihn dort Einfluß zu gewinnen, weshalb Schön sogar auf die Neubesetzung der Eichendorffschen Planstelle in Königsberg zu verzichten und sich seinerseits mit einem Stellvertreter Eichendorffs zu behelfen bereit sei.

Objektiv gesehen ist Eichendorff in der preußischen Verwaltung kein Einzelfall, es wird rigoros gespart. Freiwerdende Stellen werden eingefroren oder an Kandidaten vergeben, die sich schon länger als ministerielle Hilfsarbeiter verdient gemacht haben und besser eingearbeitet sind. Während die preußische Bevölkerung um über die Hälfte, von 10,4 auf 16,2 Millionen angestiegen ist, wird die Zahl der Beamten seit den 1825 angelaufenen Sparmaßnahmen um rund ein Fünftel gekürzt. Auf hundert freie Stellen kommen etwa zweihundert Bewerber. So wird Eichendorff letztlich dreizehn Jahre lang bis 1844, bis er selbst um seine Pensionierung einkommt, zunächst mit befristeter, schließlich mit unbefristeter Beurlaubung von seiner Königsberger Stelle in Berlin nur kommissarisch als beamteter «Hilfsarbeiter» beschäftigt, eine in der preußischen Verwaltung durchaus übliche Berufsbezeichnung.

Zusätzlich zu seinem ordentlichen Königsberger Jahresgehalt als Regierungsrat von 1500 Talern, aufgestockt durch 300 Taler persönliche Zulage aus dem Dispositionsfonds des Oberpräsidenten Schön, erhält Eichendorff in Berlin anfangs noch 3 Taler täglich Diäten für kommissarische Beschäftigungen. Dann hat er «fast zehn Jahre hindurch ein Einkommen von 2300 rthlr. jährlich bezogen und hiernach Lebensweise, Wohnung und Haushalt eingerichtet», wie er am 8. Dezember 1840 an König Friedrich Wilhelm IV. schreibt. Anlaß ist die Aufforderung des interimistischen Kultusministers von Ladenberg vom 23. September «mittelst Allerhöchster Ordre» an Eichendorff, nach Königsberg zurückzugehen, wo ihm eine «angemessene Gehaltsverbesserung und Rangerhöhung zuteil werde», oder aber in Berlin eine Gehaltskürzung auf «den Betrag Ihres bisherigen etatsmäßigen Gehalts von 1200 r. nebst einem einstweiligen angemessenen Zuschusse, gegen Wegfall der bisherigen Diäten» und ohne Aussicht auf eine «definitive Anstellung» in Kauf zu nehmen.

Eichendorff entscheidet sich trotzdem für den Verbleib in Berlin und erklärt dem König: «Da indeß meine Rückkehr in die Provintz, nachdem ich über 9 Jahre im Ministerio beschäftigt war und im Publikum für deßen Mitglied gegolten habe, mich unvermeidlich in der öffentlichen Meinung als einen Trägen oder Untauglichen bezeichnen würde, so habe ich gegen das Ministerium der Geistlichen Angelegenheiten, welches meine Erklärung hierüber erforderte, den dringenden Wunsch äußern zu müßen geglaubt, hier in Berlin angestellt zu werden, wo überdieß die größere Leichtigkeit literarischer Beziehungen und Hülfsmittel für mich von bedeutender Wichtigkeit ist.» Er bittet darum, die Gehaltskürzung rückgängig zu machen, denn: «Selbst ohne eigenes Vermögen, habe ich von meinem Gehalte zwei noch unversorgte Söhne zu erhalten, und müßte daher mit ungewohnten Sorgen und Kummer in die Zukunft blicken, wenn mir nicht wenigstens meine bisherige Einnahme von 2300 rthr. fernerhin belaßen werden könnte.» Es kommt zu einem Kompromiß. Am 12. Januar 1841 teilt der König laut Entwurf Eichendorff mit: «Wir Friedrich Wilhelm etc tun kund und fügen hiermit zu wissen, daß Wir dem Regierungs-Rat, Freiherrn von Eichendorff, wegen seiner Uns angerühmten guten Eigenschaften und geleisteten Dienste den Charakter eines Geheimen Regierungs-Rats beizulegen geruht haben.» Das Gehalt soll wenigstens 2000 Taler betragen, und Eichendorff soll zur Bearbeitung von Zensursachen und anderen geeigneten Geschäften zur Verfügung stehen.

Eichendorffs jährliche Einkünfte bewegen sich damit auf der unteren Skala für höhere Ministerialbeamte. 1849 verdient ein Regierungspräsident 7000–10 500 Taler, ein Vortragender Ministerialrat je nach Dienstalter 6000–9000, ein Regierungsrat 2400–4800 Taler. Eichendorff bedankt sich am 12. Februar 1841 beim Kultuminister Eichhorn «für die gnädige Fürsorge, womit Ew. Excellenz diesen Beweis Königlicher Huld für mich zu bewirken geruht». 1844 wird Eichhorn, den Eichendorff bereits 1815 am Ende des Frankreichfeldzugs um Vermittlung einer Stelle gebeten hatte, auch Eichendorffs Gesuch um Pensionierung dem König vorlegen und zu den 1000 Talern Pension einen Zuschlag von 200 Talern «aus dem Gnaden-Pensions-Fonds» befürworten. Um einigermaßen standesgemäß leben zu können, ist Eichendorff deshalb auf die Nebeneinkünfte aus der Schriftstellerei angewiesen, zumal das übriggebliebene Lehngut im böhmisch-österreichischen Sedlnitz fast nichts abwirft. Was Eichendorff bereits am 19. November 1831, gleich zu Beginn seines Berlin-Aufenthalts, an den Geheimen Legationsrat und Kurator der Legationskasse Philipsborn schreibt, gilt in zunehmenden Maße für die folgenden dreizehn Jahre in Berlin, dem vergleichsweise teuren Pflaster, und auch noch für die Jahre darüber hinaus: «Nach den Erfahrungen meines bisherigen Aufenthalts hierselbst aber getraue ich mir nicht mit meiner Familie unter einer Summe von mindestens 2000 Talern jährlich in Berlin auszukommen.»

Eichendorffs Hilfsarbeit in den Ministerien besteht unter anderem in der Abfassung von Gutachten, so zum Beispiel im Auftrag von Kultusminister Altenstein vom 26. Juli 1831 «für drei Taler Diäten» über «folgende zwei Gegenstände». Erstens: «Bekanntlich sind der Oberpräsident von Preußen und der Fürstbischof von Ermland in Irrung über Umfang und Grenzen ihrer gegenseitigen, amtlichen Rechte. Hierüber erwarte ich Ihr materielles Gutachten in Form eines Status; die Motive dürfen da, wo sie nicht von selbst einleuchten, nur leicht angedeutet werden, indem die Ausführung derselben Ihnen zuviel Zeit rauben würde.» Ein heikler Auftrag, ist Eichendorff doch beiden Herren freundschaftlich verbunden. Doch als Katholik muß er die Absichten seines Dienstherrn Schön zu den von ihm abgelehnten kirchenstaatlichen Bestrebungen rechnen, die den Kirchen ihre Freiheit einschränken. Der Auftrag mag Eichendorff an seine Examensarbeit erinnert haben, die ihm damals als Falle erschienen war, mit der man seine kirchenpolitischen Ansichten zu erfahren suchte. Der zweite Auftrag ist weniger heikel, Eichendorff wird die Antwort im Sinne seiner Examensarbeit über die Aufhebung der Klöster gegeben haben: «Ferner fehlt es in Westpreußen seit dem Erlöschen verschiedener höherer Unterrichtsanstalten an zureichender Gelegenheit zur Bildung der katholischen Jugend, worunter vorzüglich der Zustand der Kirche und der Priesterstand leidet. Da bei der Einziehung der noch übrigen Klöster einige Hilfsquellen frei werden, die zur Abhilfe jenes Erfordernisses vielleicht gewidmet werden dürften: so erwarte ich von Ew – einen kurzgefaßten Vorschlag wie demselben am besten abzuhelfen sei. Altenstein.»

## «... weil daßelbe unglücklicherweise meiner Persönlichkeit nicht zusagt»: Eichendorffs Vorlagen zur Pressegesetzgebung und Aufsätze zur Verfassungsfrage

Wie wichtig für den Bestand der Regierungen die Pressefreiheit und wie groß der Einfluß der Presse als öffentliche Macht mittlerweile geworden waren, demonstrierte 1830 die Pariser Julirevolution. Als König Karl X. die Mehrheitsverhältnisse in der Kammer zu seinen Gunsten verändern und deshalb auf dem Verordnungsweg das Wahlrecht modifizieren, Neuwahlen ansetzen sowie die Pressefreiheit aufheben wollte, starteten die liberalen Zeitungsverleger unter Führung des Historikers und Redakteurs von «Le National» Adolph Thiers eine Protestbewegung, der sich arbeitslose Drucker, Studenten, Advokaten, Intellektuelle und Arbeiter anschlossen. Thiers und die Presse waren es auch, die in der Deputiertenkammer erreichten, daß nicht die Republik ausgerufen, sondern der Herzog von Orléans, Louis Philipp, am 3. August zum «Bürgerkönig» bestellt wurde.

Heinrich Heine, der 1825 vom Judentum zum Christentum konvertiert war und trotzdem nicht preußischer Beamter werden konnte, war 1831 nach Frankreich übergesiedelt und mußte sich als Journalist sein Brot verdienen. So hofft er in seiner Vorrede vom 18. Oktober 1832 zu dem Sammelband mit Artikeln über «Französische Zustände», der in Hamburg bei Hoffmann und Campe erscheint, auch für alle deutschen Staaten auf die Pressefreiheit. Wie wenig es sie gibt, erfährt Heine auf der Stelle. Die aktuelle Vorrede kann nur durch die Zensur verstümmelt erscheinen. Paul Gauger, der 1833 den vollständigen Text in einer Leipziger Ausgabe herausbringt, wird später deswegen in Stuttgart verhaftet. Um so aktueller bleibt Heines Bekenntnis in der Vorrede: «Wenn wir es dahin bringen, daß die große Menge die Gegenwart versteht, so lassen die Völker sich nicht mehr von den Lohnschreibern der Aristokratie zu Haß und Krieg verhetzen, das große Völkerbündnis, die Heilige Allianz der Nationen, kommt zustande, wir brauchen aus wechselseitigem Mißtrauen keine stehenden Heere von vielen hunderttausend Mördern mehr zu füttern, wir benutzen zum Pflug ihre Schwerter und Rosse, und wir erlangen Friede und Wohlstand und Freiheit. Dieser Wirksamkeit bleibt mein Leben gewidmet; es ist mein Amt.»

Die deutschen Staaten, aufgestört durch die revolutionären Ereignisse in Paris und durch die folgenden Aufstände in Belgien, Italien und Polen sowie durch die Einführung von Verfassungen in Sachsen, Hannover, Braunschweig und Hessen-Kassel reagieren nervös und verschärfen als erstes ihre Pressegesetze. Obwohl es in Preußen selbst ruhiggeblieben ist, bleibt der Auftrag des Außenministeriums, für das Eichendorff seit dem 1. Oktober 1831 arbeitet, brisant genug: Er soll einen Entwurf für ein neues Pressegesetz ausarbeiten, dazu Argumente und Entscheidungshilfen zusammenstellen für die interministeriellen Beratungen im Staatsrat zwischen den Ministerien des Äußeren, des Inneren, der Polizei sowie der Kultur. Der Auftrag sei Geheimsache, der Verfasser des Entwurfs und der sonstigen Papiere bleibe ungenannt, versichert der Auftraggeber, der Ministerialdirektor und Chef der Abteilung für deutsche Angelegenheiten, Friedrich Eichhorn, ab 1840 preußischer Kultusminister. Obwohl im Außenministerium tätig, ist Eichhorn federführend bei der Vorbereitung des neuen Pressegesetzes. Soll es doch, so die preußische Strategie, als Vorlage für ein einheitliches Bundespressegesetz dienen, das Preußen der Frankfurter Bundesversammlung vorlegen will. Auf diese Weise hofft man, Metternichs reaktionäre Pressepolitik durch eine gemäßigte Vorlage abzulösen, die auch den liberaleren Bundesstaaten Rechnung trägt und geeignet scheint, den Einfluß Preußens in der Bundesversammlung auf Kosten Österreichs zu vergrößern.

Die Reichweite des Auftrags an Eichendorff ist jedoch nicht auf die Staaten des Deutschen Bundes beschränkt, sondern erstreckt sich auch auf das Ausland, das die weitere Entwicklung in Deutschland mit Argusaugen beobachtet, allen voran das reaktionäre Rußland und das liberale Frankreich. Gilt der Grad der Pressefreiheit doch als Maßstab für eine mehr konservative oder mehr liberale Politik, wie der Geheime Staatsrat Stägemann, neben Eichendorff Schöns Vertrauter in Berlin, am 15. April 1832 an seinen Schwiegersohn, den Legationsrat im Außenministerium, Ignaz von Olfers, schreibt – dieser wird statt Eichendorff 1839 Generaldirektor der Königlichen Museen: «Man beschäftigt sich hier eifrig mit einem Pressgesez, welchen E[ichhorn] eine Basis zu geben bemüht gewesen ist, die dem Bundesgesez zum Anhalt dienen und eine Ausgleichung mit den Ansichten der Volksvertreter in den constitutionellen Staaten bewürken soll. Ich fürchte jedoch, dass eine solche Annährung an die Demagogen sich keines höhern Beifalls erfreuen werde.» Er wird recht behalten.

Trotzdem macht sich Eichendorff an die Arbeit in der Hoffnung, die auch Adelbert von Chamisso am 4. August 1831 gegenüber seinem Freund Louis de la Foye zum Ausdruck bringt, vermutlich nach einer Diskussion über Zensur und Pressefreiheit in der «Mittwochsgesellschaft» unter Beteiligung Eichendorffs: «Es mangelt uns wohl noch manches, aber wir haben Zutrauen und Geduld, und wir leben in der Hoffnung, daß auch das Mangelnde sich gestalten werde. Das aber ist das Resultat eines persönlichen Verhältnisses [zum König, hier Friedrich Wilhelm III.], und wenn heute zwei Augen sich schlössen könnte es morgen anders sein.» Man erhofft sich vom Kronprinzen, dem späteren Friedrich Wilhelm IV., die volle Pressefreiheit.

Achtzig Druckseiten umfassen Eichendorffs Vorlagen zur preußischen Pressegesetzgebung. Nach einer allgemeinen Einleitung stellt er einige grundsätzliche Überlegungen an, bevor er den Gesetzestext formuliert. Es gibt sicherlich Vorgaben Eichhorns, die sich im wesentlichen mit Eichendorffs Überzeugungen decken und eine reformkonservative oder auch gemäßigt liberale Position anstreben. Deutlich ist das auch sonst bei Eichendorff festzustellende Bestreben, über den Parteiungen zu stehen, auch hier die Gipfelperspektive des «Einsiedlers» einzunehmen. Dennoch merkt man den Formulierungen an, daß die Vorlage Rücksicht nimmt auf die streng konservative bis reaktionäre Partei am preußischen Hof, ohne die gar nichts geht. Es handelt sich schon jetzt um ein Kompromißpapier und gibt nicht in jedem Satz die Meinung Eichhorns, geschweige denn Eichendorffs wieder. So schwer sich Eichendorff selbst mit der öffentlichen Meinung tut, er kommt nicht darum herum, ihre aktuellen Schlagwörter von Links und Rechts aufzunehmen, ohne sie sich zu eigen zu machen. Manchmal scheint es auch, er mache von ihnen sogar in diesem ministeriellen Papier satirischen Gebrauch wie abends zu Hause, wenn er an seinen beiden literarischen Texten «Viel Lärmen um Nichts» und «Auch ich war in Arkadien!» arbeitet.

So heißt es gleich am Anfang der Vorlage: «Unter den staatlichen Begriffen, die wir über den Kanal [auf dem Umweg über England] aus der großen Pariser Konstitutionsfabrik erhalten, haben wenige eine so lebhafte und allgemeine Teilnahme gefunden, als der der Preßfreiheit. Kein Wunder, da diese, nicht einen einzelnen Stand oder materiellen Besitz, sondern die Gesamtheit von Schriftstellern und Lesern gleich empfindlich berührt, und jeder über das mitsprechen zu können glaubt, was alle angeht.»

Von seiner höheren Warte aus unterscheidet Eichendorff zwei Parteien. Die eine hält die Pressefreiheit für den «lang verheißenen und erwarteten Messias» und sich selbst dem neuen «auserwählten Volke Gottes» zugehörig, die andere sieht die Pressefreiheit «für ein absolut Böses» an, «das die Ordnung der Dinge notwendig zerstören müßte».

Was Mißbrauch der Presse ist, läßt sich nach Eichendorff jeweils nur in der aktuellen Situation bestimmen, indem «die drei Hauptinteressenten hierbei, je nach der Wichtigkeit ihrer Bedeutung, vor dem Gesetze möglichst gleichgestellt» werden: «die unverletzliche sittliche Gemeinschaft des Staats, die alle Freiheit und Entwickelung bedingt, die einzelnen, die ihr natürliches Hausrecht auch gegen den Preßbengel in Anspruch nehmen, und endlich die, als Bildner der Menschheit, achtungswerte Klasse der Schriftsteller.»

Die «wechselseitigen Verletzungen dieses Verhältnisses» bezeichnet Eichendorff «als Mißbrauch im allgemeinen» der Pressefreiheit. Geht der Richter von diesem Wechselverhältnis aus, ist zum Beispiel bei «angeblich aufrührerischen Schriften jederzeit zu erkennen, ob diese Schrift unter den eben stattfindenden Umständen, Richtungen und Gelüsten der Menge wirklich Aufruhr erzeugen konnte oder nicht».

Ob dem Mißbrauch der Presse am zweckmäßigsten «durch Präventiv- oder Repressivmaßregeln, durch vorbeugende Zensur oder durch nachfolgende Strafe» entgegenzuwirken sei, ist nach Meinung Eichendorffs bereits erschöpfend diskutiert worden. Überhaupt hätte sich bei den Verhandlungen als Resultat unverkennbar ergeben «der Wunsch aller Unbefangenen, daß es gelingen möge, alle Zensur gänzlich zu beseitigen; zugleich aber auch die Überzeugung, daß dies [...] jetzt nur annähernd geschehen könne durch eine Preßgesetzgebung, welche die unerläßlichen Garantien nach allen Seiten hin darzubieten vermöchte». Allein diese Zielsetzung der Pressefreiheit statt von Zensurmaßnahmen muß den Mächtigen in Berlin und Wien mißfallen, haben sie doch bisher verstanden, jedes Zugeständnis in dieser Richtung zu verhindern.

Das macht Eichendorff zwischen den Zeilen deutlich, indem er ausführlich die Geschichte der Zensur beschreibt. Die gegenwärtige Geschichte der Zensur beginnt 1815 nach dem Wiener Kongreß mit dem Artikel 18, Nr. 4 der Bundesakte des Deutschen Bundes, und zwar mit freiheitlicher Tendenz: «Die Bundesversammlung wird sich bei ihrer ersten Zusammenkunft *mit Abfassung gleichförmiger Verfügungen über die Preßfreiheit* und die Sicherstellung der Rechte der Schriftsteller und Verleger gegen den Nachdruck, beschäftigen.»

Die 1815 in Aussicht gestellten *«allgemeinen* gesetzlichen Bestimmungen sind jedoch nicht ergangen; vielmehr wurde von der Bundesversammlung am 20. September 1819 einstweilen beschlossen, daß alle Schriften, welche in der Form täglicher Blätter oder heftweise erscheinen, oder nicht über 20 Druckbogen stark sind, in keinem deutschen Bundesstaate ohne Vorwissen und vorgängige Genehmhaltung der Landesbehörden zum Druck befördert werden sollen [...]». Anlaß dieser von Metternich betriebenen Zensur durch die Karlsbader Beschlüsse war die Ermordung August von Kotzebues durch den Burschenschaftler Karl Ludwig Sand in Mannheim. Preußen verschärfte die Regelung noch dadurch, daß auch Schriften über 20 Bogen gleich 320 Druckseiten der Vorzensur unterlagen.

«Dieser einstweilige Beschluß sollte fünf Jahre lang in Wirksamkeit bleiben [...] und demnächst ein Definitivbeschluß über die rechtmäßigen Grenzen der Preßfreiheit in Deutschland erfolgen. Bekanntlich aber ist jenes Provisorium erst am 16ten August 1824 und späterhin am 20ten November 1831, bis zur Vereinbarung über ein definitives Preßgesetz für ganz Deutschland, noch verlängert worden.» Diesem Provisorium endlich abzuhelfen ist Absicht der Eichendorffschen Gesetzesvorlage.

«Hiernach dürfte bei Behandlung des Preßwesens als erster Haupt-Grundsatz aufzustellen sein: *Zeitungen, Zeitschriften und alle unter 20 Druckbogen betragenden Schriften, welche sich mit Gegenständen der Politik oder öffentlichen Verwaltung beschäftigen, sind der Zensur unterworfen und bedürfen zum Druck einer besonderen Erlaubnis der Zensurbehörde. Alle übrigen Schriften, namentlich gelehrte und reinwissenschaftliche Werke, dürfen ohne eine solche Erlaubnis gedruckt werden; aber Verfasser und subsidiarisch in dessen Stelle: Herausgeber, Verleger und Drucker bleiben für den Inhalt nach Maßgabe der allgemeinen gesetzlichen Strafbestimmungen verantwortlich.»*

Die Begründung verrät einerseits die Handschrift des Außenpolitikers Eichhorn, andererseits die des Schriftstellers Eichendorff: «Eine weitere Ausdehnung der Zensur auch auf die letztgedachten Schriften findet das Ministerium der auswärtigen Angelegenheiten, wenn überhaupt diese Bestimmungen zur Grundlage einer Vereinbarung sämtlicher deutschen Staaten dienen sollen, nach seiner pflichtmäßigen Überzeugung durchaus unausführbar. [... Doch] gewinnt Preußen durch diese Zeitgemäße Liberalität die Meinung und Stimme der ausgezeichnetsten und mithin Einflußreichsten Schriftsteller, eine überwiegende intelligente Macht, die sich, bei einem entgegengesetzten Verfahren, nicht ohne empfindlichen Nachteil gegen die ganze Angelegenheit wenden dürfte.»

Daß Eichendorff in der grundsätzlichen Bejahung der Pressefreiheit ursprünglich weiter gehen wollte, als Eichhorn für opportun hielt, zeigt der ursprüngliche Wortlaut des Paragraphen 1 des Gesetzentwurfs in der erhaltenen Handschrift Eichendorffs: «Jeder Verfaßer, oder wer sonst deßen Rechte erworben, soll für seine Schriften den freien Gebrauch der Preße, die freie Herausgabe u. der freie Verlag, jeder gewerbsberechtigte Inhaber einer Schriftdruckerei oder lithographischen Anstalt der freie Druck der zur Preße übergebenen Schriften, jedem gewerbsberechtigten Buchhändler der freie Verkehr mit den gedruckten Schriften in der Art gewährt seyn, daß das Erscheinen einer Schrift in der Regel weder von der Erlaubniß des Staats, noch von einer Genehmigung der Censur abhängt.» Von diesem Text, in dem fünfmal das Stichwort «frei» vorkommt, bleibt in der endgültigen Diskussionsvorlage nur der Satz: «Das Erscheinen einer Schrift soll in der Regel von einer Genehmigung der Zensur nicht abhängig sein.» Das Schlüsselwort «Freiheit» taucht nicht auf, ebensowenig die ursprüngliche Überschrift des ersten Abschnitts der Vorlage: «Von der Freiheit der Preße und des Buchhandels».

Trotzdem scheitert die Vorlage im Staatsrat, zumal nach dem Hambacher Fest vom 28. bis 30. Mai 1832, auf dem der Jurist, politische Schriftsteller und Gründer des «Deutschen Preß- und Vaterlandsvereins», Johann Georg August Wirth, die uneingeschränkte Pressefreiheit fordert. Vier Tage vor dem Hambacher Fest ist eine Kopie des Eichendorffschen Gesetzentwurfs an Metternich nach Wien unterwegs. Einen Tag vor dem Fest soll laut Gustav Adolf Rochus von Rochow, Innen- und Polizeiminister von 1834 bis 1842 und entschiedener Gegner jeglicher Liberalität in Preußen, König Friedrich Wilhelm III. «sich sehr heftig über Geh. Rath Eichhorn ausgelassen» haben, «die Grundsätze dieses Machwerks tadelnd». Nach dem Hambacher Fest wird auf Betreiben Wiens und Berlins in den Staaten des Deutschen Bundes im Maßregeln-Gesetz vom 5. Juli 1832 die Vereins-, Versammlungs- und Pressefreiheit weiter eingeschänkt. In Preußen wird Außenminister Graf Bernstorff durch seinen Staatssekretär, den konservativen Theologen, Historiker und Prinzenerzieher Johann Peter Friedrich Ancillon abgelöst. Und Eichendorff? Seine Verfasserschaft bleibt weiter anonym, er selbst anscheinend unbehelligt, wenn auch ohne Perspektive. Auch muß er noch eine zweite Niederlage verarbeiten, die ebenfalls mit der Presse und der durch sie gelenkten öffentlichen Meinung in Verbindung steht.

Am 19. August 1831 schreibt der Hamburger Verleger Friedrich Christoph Perthes, Schwiegersohn von Matthias Claudius, an den preußischen Außenminister Graf von Bernstorff: «Ehrgeizige, Freiheitsenthusiasten und die ganze Schaar des Brodschreibgesindels» hätten sich der Presse bemächtigt. Deshalb müßte die Regierung sich nicht allein fremder Organe bedienen, «sondern auch eigene gründen, um frei und ungehindert und nach festem Plane nachhaltig sich geltend zu machen».

Daraufhin gründen die drei Ministerien des Auswärtigen, des Inneren und des Kultus eine Zeitschrift, die ab Februar 1832 unter dem Titel «Historisch-politische Zeitschrift» erscheint. Herausgeber ist Leopold Ranke, der, von Schleiermacher und Fichte beeinflußt, statt Pfarrer Historiker geworden ist. Mit der Schrift «Zur Kritik neuerer Geschichts-Schreiber» begründete Ranke die moderne Quellenkritik und wurde daraufhin als außerordentlicher Professor der Geschichte 1825 nach Berlin berufen. Nach Archivreisen, auf denen er in Wien auch Metternich und Gentz kennenlernte, schrieb er 1828 über «Die serbische Revolution».

Am 1. November 1831 antwortet Ranke Graf Bernstorff: «Niemand kann mehr fühlen, daß es von Tag zu Tag unerläßlicher wird, die Tatsache unserer einheimischen Enwickelung gegen die Flut fremdartiger Forderungen, die aus ganz verschiedenen Situationen und anmaßenden Theorien entspringen, zu verteidigen. Dazu beitragen, hierin dem Vaterlande und der gute Sache dienen zu können, würde ich für ein großes Glück halten. Indessen hat jeder Mensch, wie unbedeutend er auch sein mag, am Ende seine eigentümliche Stellung. Der Unterzeichnete dürfte nichts unternehmen, wobei es ihm nicht verstattet wäre, gründlich zu untersuchen und sich unumwunden auszusprechen.»

Als Mitarbeiter Rankes in der Redaktion der Zeitschrift wird von Bernstorff Eichendorff ins Auge gefaßt. Am 19. September wendet sich Bernstorff deswegen an das Innen- und Kultusministerium: Eichendorff «habe sich zwar bis jetzt vorzüglich nur durch poetische Arbeiten einen Namen in der politischen Welt erworben, besitze aber eine mehr als gewöhnliche allgemeine Bildung und verbinde mit ihr die Erfahrung eines mehrjährigen Geschäftsmannes [die Staatsgeschäfte betreffend], welche ihn zur Auffassung und Würdigung praktischer Gesichtspunkte besonders geeignet mache.»

Am 19. November trägt Eichendorff dem Legationsrat Philipsborn sei-

Eichendorffs Vorlagen zur Pressegesetzgebung

41 Friedrich Wilhelm III.

ne Gehaltsvorstellungen vor: «Euer Hochwohlgeboren haben mir gütigst erlaubt, meine *persönlichen* Wünsche in Beziehung auf die von mir und Herrn Ranke zu redigierende Zeitschrift ganz gehorsamst vorbringen zu dürfen. [...] Ich hoffe daher nicht unbescheiden zu erscheinen, wenn ich meine ganz gehorsamste Bitte dahin richte, daß mir vom 1. Januar k[ünftigen] J[ahres] ab zu meinem bisherigen Einkommen von 1500 Talern noch eine jährliche Zulage von 500 Talern in vierteljährlichen Raten gewährt werden möchte, worauf ich jedoch alles, was ich an Honorar oder sonst in Beziehung auf jene Zeitschrift einnehme, abrechnen werde.» Eichendorff rechnet also damit, auch eigene Artikel für die Zeitschrift zu schreiben.

Schon zwei Tage später, am 21. November, wendet sich auch Ranke an Eichhorn: Da «mein Herr Mitgenosse in der Arbeit [für die Zeitschrift] für dieselbe ganz allein besoldet wird, erscheint es mir nicht unbescheiden, wenn ich den Wunsch äußere, daß mir des Herrn Minister Exzellenz eine Remuneration fixieren wolle. Unbescheiden würde es sein, sie selber zu bestimmen und anzugeben. Auch könnte ich nicht eigentlich mein Bedürfnis schätzen, wie Herr Baron von Eichendorff.» Nicht nur die Spitze gegen Eichendorff verblüfft, auch die Selbstverständlichkeit, mit der vertrauliche Briefe mit höchstprivaten Mitteilungen ohne Wissen des Betroffenen weitergegeben werden.

Am 21. Mai 1832 beklagt sich Ranke bei Perthes: «Die versprochene Hülfe sowohl des ausersehenen Mitarbeiters [Eichendorff] als anderer bleibt völlig aus. Es sind einige Abhandlungen eingelaufen, die sich unbrauchbar erwiesen haben.» Zu diesen wird später auch Eichendorffs Abhandlung über die Verfassungsfrage zählen, die Eichhorn am 3. November 1832 an Ranke schickt: Der Aufsatz habe schon länger bei ihm gelegen, jetzt habe er ihn endlich gelesen und gefunden, «daß er sehr gute Stellen enthält. Deshalb glaubte ich Ihnen denselben, wenigstens zur Prüfung, nicht vorenthalten zu dürfen». Doch der Text findet bei Ranke keine Gnade. Nicht nur Ranke stellt die Eignung Eichendorffs als Redaktionsmitarbeiter und als Autor einer solchen Zeitschrift in Frage. Am 28. Januar 1832 schreibt der Berliner Buchhändler Karl Duncker – 1834 wird er Eichendorffs Roman «Dichter und ihre Gesellen» verlegen – an Perthes: «Eichendorff scheint nicht der rechte Mann. Seinen Aufsatz für das erste Heft läßt der richtige Takt Rankes und auch wohl E[ichhor]ns wegfallen. Dieser Aufsatz *Über Garantien* mag allzusehr die Absicht verraten haben darzuthun, daß Preußen keiner Konstitution bedürfe und man muß daher – wie überzeugend das auch deducirt seyn möge – der öffentlichen Meynung wegen Diejenigen loben, die mit dem richtigen Gefühl erkannten, daß man gerade damit die Zeitschrift nicht eröffnen kann.» Auch Staatsrat Stägemann meint am 9. April 1832 gegenüber dem Legationsrat von Olfers: «Rankes Zeitschrift haben sie ja wohl schon mitgenommen. Ein zweiter Band ist noch nicht erschienen, und schwer zu erwarten, wenigstens nicht binnen Kurzem, weil sich findet, dass sein Mitarbeiter (v. Eichendorf.) nicht das erforderliche Zeug hat.» Was Eichendorff nicht liegt, ist das in dieser Funktion nötige «Taktieren» zwischen den Parteiungen innerhalb Preußens sowie die ständige Rücksichtnahme auf ein positives Erscheinungsbild Preußens in den anderen Bundesstaaten und im Ausland. Wie schon bei der Arbeit an der Vorlage für das Pressegesetz leidet er auch bei dieser Redaktions- und Autorenarbeit an der fehlenden Übereinstimmung der Texte mit seinen persönlichen Überzeugungen.

So schreibt er am 5. Mai 1832 einen in jeder Hinsicht offenherzigen und aufschlußreichen Brief an Legationsrat Philipsborn, bei dem er sich zunächst für dessen «großmüthige, mir ewig unvergeßliche Güte» bedankt, «deren Hochdieselben meine Wünsche und Bestrebungen hilfreich gewürdiget haben. Um so schmerzlicher wird es mir nun, daß ich es als eine Ehren-Pflicht anerkennen muß, meinem gegenwärtigen Geschäfts-Verhältniß zu entsagen, weil daßelbe unglücklicherweise meiner Persönlichkeit nicht zusagt und doch, nach seiner besonderen Eigenthümlichkeit, nur durch eine solche innere Uebereinstimmung Leben und Bedeutung gewinnen konnte. Durch diese harte Entsagung aber werde ich nun plötzlich in dieselbe trostlose Lage zurückgeworfen, in der ich mich vor einem Jahre befand. Denn wahrhaft trostlos ist der Gedanke, nach so vielen Anstrengungen und Aufopferungen, jetzt wieder nach Königsberg in eine Stellung zurückzukehren, deren eigenthümliche, auch von dem K[öni]glichen Ministerium der geistlichen Angelegenheiten vollkommen anerkannte Schwierigkeit durch gar keine äußeren Vortheile oder Aussichten für die Zukunft aufgewogen wird. Mein eintziger, dringendster Wunsch war und ist, *hier in Berlin selbst* irgend ein leidliches Unterkommen zu finden; ein Wunsch, der mir durch die Rücksicht auf meine, von dem feindlichen Klima Preußens [der Provinz] bedrohte Gesundheit, durch die pflichtmäßige Rücksicht auf meine zahlreiche Familie und – Euer Hochwohlgeboren, der Sie jede Eigenthümlichkeit an ihrem rechten Ort zu würdigen wißen, darf ich es ja offen sagen – auch durch die Rücksicht auf meine literarische Existentz geboten wird. Kehre ich jetzt nach Königsberg zurück, so bin ich, das fühle ich sehr deutlich, als Beamter und Dichter unausbleiblich für immer begraben. In dieser schlimmen Lage wage ich es daher, nochmals zu Eurer Hochwohlgeboren Güte meine Zuflucht zu nehmen und gehorsamst anheimzustellen, inwiefern Dieselben die Gnade haben wollen, in dieser Angelegenheit ein Schreiben an des Herrn Ministers v. Altenstein Excellenz zu veranlaßen, worin derselbe von der gütlichen Auflösung meines gegenwärtigen Verhältnißes vom 1$^t$ July c. ab, benachrichtiget und – wenn ich die Bitte wagen darf – zugleich die Bereitwilligkeit ausgesprochen würde, in Gemeinschaft mit Herrn p. v. Altenstein, durch unmittelbare Einwirkung oder Verwendung bei anderen Verwaltungs-Chefs, eine bleibende Anstellung *hierselbst* möglichst herbeiführen zu wollen, woran sich natürlicherweise – wenigstens meinerseits – der Wunsch knüpft, daß Herr p. v. Altenstein mich, bis dieses Ziel erreicht wäre, auf irgend eine Weise hier kommißarisch beschäftigen möchte.»

Die Texte Eichendorffs für die «Historisch-politische Zeitschrift» – nicht zu verwechseln mit den 1838 in München gegründeten «Historisch-politischen Blättern für das katholische Deutschland», in denen Eichendorff von 1846 bis 1849 acht Aufsätze veröffentlicht – umfassen insgesamt vier Versuche, die als Varianten eines einzigen Aufsatzes aufgefaßt werden können. Wie häufig arbeitet er auch hier mit Versatzstücken und ähnlichen Formulierungen, so daß die Veröffentlichung von mehr als einer Textfassung in ein und derselben Zeitschrift nicht möglich erscheint. Das gleiche Thema wird unter den provisorischen Überschriften «Preußen und die Verfassungsfrage», «Preußen und die Konstitutionen», «Über Garantien» sowie «Politischer Brief» auf insgesamt 78 Druckseiten abgehandelt. Absicht der Texte ist es nach Zielsetzung der Zeitschrift, folgende in den deutschen Bundesstaaten erhobenen Vorwürfe zu entkräften: «I) daß Preußen, in seinen Institutionen, die Anforderungen der Gegenwart an politische Freiheit verkennend oder übersehend, hinter dem allgemeinen Aufschwunge der Zeit zurückgeblieben, II) daß es Preußen für den Bestand des Guten, das es haben oder noch erstreben möge, an den nötigen Garantien fehle, und daß daher dasselbe zu diesem Zweck und um überhaupt im Niveau der Zeit zu bleiben, sich eine Konstitution geben müsse.»

Eichendorff schildert gemäß der Strategie der Zeitschrift zunächst in den einzelnen Texten in verschiedener Ausführlichkeit «die innere Gesetzgebung Preußens vom Jahre 1807 ab», und zwar die Bauernbefreiung 1807, die Städte-Ordnung 1808, die Gesinde-Ordnung 1810, das Agrargesetz 1811, die Gewerbegesetze von 1810, 1811 und 1820, die Gesetze über den Kriegsdienst 1814 und die Landwehr 1815, die Schul- und Universitätsgesetze und schließlich die Einführung der Provinziallandstände 1824. Diese Erziehung des Volkes «von unten herauf» und «allmählich zur wahren Freiheit» rechtfertige keinesfalls «den Vorwurf engherziger Verknöcherung».

Dieser gelte ebensowenig für die «Organisation der Verwaltung», und Eichendorff beschreibt die Trennung der richterlichen Gewalt von der Verwaltung, die kollegialische Struktur der Behörden sowie die Anforderungen an die Beamten und die «würdige Stellung der Beamten selbst durch Vertrauen, möglichste Unabhängigkeit und Unabsetzbarkeit». Da hier der Wunsch der Vater des Gedankens ist, führt Eichendorff aus eigener schmerzlicher Erfahrung diesen Punkt näher aus, sich eher an die Adresse seiner preußischen Kollegen wendend als an das Ausland: «Wer von den wechselnden Ansichten, ja Launen seines Vorgesetzen abhängig, mit einem Wort: der Willkür von oben preisgegeben ist, wird nach menschlicher Weise die Willkür auch wieder nach unten üben. Willkür in der Verwaltung aber ist Tyrannei, und wer möchte wohl ein Land frei nennen, wo eine Kette hierarchisch-übereinandergestapelter kleiner Tyrannen das Land umschlingt und notwendig von unten herauf alle wahre

Freiheit wieder vernichtet, die ja eben nur durch die Verwaltung dem Volke vermittelt und zum Leben gebracht werden kann.»

Trotzdem, alles in allem genommen, meint Eichendorff den kritischen Nachbarstaaten sagen zu können, daß «Preußen weit davon entfernt ist, die Forderungen der Zeit zu verkennen oder hinter ihren Fortschritten zurückzubleiben, daß es vielmehr, tiefer gehend, sich ohne Geräusch innerlich gesammelt und verjüngt, und namentlich die sicherste Grundlage rechter Freiheit, ein politisches Leben im Lande, in den Städten und Gemeinen, bereits entwickelt hat, das andere, selbst konstitutionelle Staaten bis jetzt größtenteils noch entbehren.»

Auf den Einwand, «es fehlt in Preußen die Gewähr, es fehlen die Garantien für alle diese guten Einrichtungen, deren Bestand lediglich auf der großartigen, gerechten Persönlichkeit des Königs beruhe und daher durch eine Verfassung bleibend gesichert werden müsse», antwortet Eichendorff in zwei Schritten, indem er das organische Wachstum auch der staatlichen Verhältnisse, wie es die romantische Staatstheorie eines Adam Müller vertritt, unterstreicht.

«*Erstens*: Eine Verfassung kann nicht *gemacht* werden, denn Willkür bleibt Willkür und unheilbringend, sie komme woher sie wolle; es ist aber gleich willkürlich, ob man den Leuten sagt: ihr sollt nicht frei sein, oder: ihr sollt und müßt grade auf diese und keine andere Weise frei sein! [...] *Zweitens*: Keine Verfassung, als geschriebener Vertrag, garantiert sich selbst, ihre Garantie beruht lediglich auf dem moralischen Volksgefühl von ihrer inneren Notwendigkeit, welches sich aber wiederum nur da erzeugen kann, wo die Verfassung auf die vorgedachte organische Weise wirklich ins Leben getreten ist. [...] Wir müssen wohl also das, was man Garantie nennt, seit geraumer Zeit schon besitzen, ohne uns dessen vielleicht selbst recht bewußt zu sein, wie der Gesunde ja eben nicht daran denkt, daß er gesund sei. Diese einfachste und kräftigste aller Garantieen aber ist das historische Ineinanderleben von König und Volk zu einem untrennbaren nationalen Ganzen [...].»

Daß diese Auffassung vom idealen Verhältnis des Königs zu seinem Volk zugleich eine Kritik an der zunehmend zentralistischer, mechanischer und anonymer werdenden Staatsbürokratie, die sich zwischen Volk und König auch in Preußen bereits etabliert hat, ist, liegt auf der Hand. Deshalb hat Eichendorff in einer solchen Bürokratie keine Chance. Insofern hat er seinen Brotberuf verfehlt.

Dennoch bewirbt sich Eichendorff am 16. Oktober 1832 um eine Stelle im Oberzensurkollegium, um «einer liberalen *wißenschaftlichen* Erörterung ihr natürliches Recht zu sichern», wie er an Altenstein schreibt. Am

27. November wiederholt er seine Bitte, die jedoch bis Anfang 1836 ohne Erfolg bleibt. Dann scheitert die Anstellung an Eichendorffs Gehaltsvorstellungen. Denn am 12. Februar 1836 teilt ihm Altenstein mit, er sehe sich «nicht imstande Ihnen eine bestimmte Zulage zu der Besoldung von 1,800 Rtlrn zu erwirken, welche Sie als Rat bei dem Ober Zensur Kollegium erhalten werden». Am 25. September 1836 tröstet Theodor von Schön seinen Freund. Er habe gehört, «daß Sie noch immer Zensor werden sollen. Als Zensor *der Welt* haben Sie ihr Amt zwar herrlich geführt, aber die Zensorei nach Berlinischen Gedanken ist ein anderes Ding und dabei fürchte ich, könnten Sie zuweilen Bauchgrimmen bekommen. Deshalb wünsche ich Ihnen etwas Besseres.» Der Wunsch geht nicht in Erfüllung. Eichendorff bleibt ministerieller Hilfsarbeiter bis zu seiner erbetenen Frühpensionierung 1844.

## «Auch ich war in Arkadien!» und «Viel Lärmen um Nichts»: Revolutionsfeste und Publikumsbeschimpfungen

Während Eichendorff als beamteter Hilfsarbeiter in Berlin für die Ministerien tagsüber seine Gutachten, Gesetzesvorlagen und Verfassungaufsätze entwirft, reagiert er sich abends als Schriftsteller ab und schreibt unter diesen Umständen – außer zahlreichen Gedichten, die bei ihm eine Sonderstellung einnehmen – zwei satirische Texte. Der erste, «Auch ich war in Arkadien!», bleibt jedoch in der Schublade. Erst Sohn Hermann veröffentlicht ihn 1866 verstümmelt, indem er den politisch brisanten Anfang ausläßt und den harmlosen Untertitel «Eine Phantasie» hinzufügt, um den aktuellen Bezug des Textes auf das Hambacher Fest 1832 zu verschleiern.

Eichendorff hingegen nennt den Text gleich zu Beginn einen «Reisebericht», wie es deren damals viele gab, echte und erfundene, und in denen Gesellschaftskritik geübt wurde. Vielleicht hat Eichendorff Heinrich Heines «Reisebilder» vor Augen, unten ihnen vor allem die «Harzreise» von 1824, die Januar/Februar 1826, von der Zensur nach Heines Worten «schändlich mißhandelt», im Berliner «Gesellschafter oder Blätter für Geist und Herz» erschienen ist.

In der «Harzreise» macht sich Heine in feiner, für beschränkte Zensoren kaum merkbarer Ironie über den Brocken als Wallfahrtsstätte der Deutschen und über die «Deutschheit», wie es dann Eichendorff nennen wird, lustig: Des Brocken «Charakter ist ganz deutsch, sowohl in Hinsicht seiner Fehler als auch seiner Vorzüge. Der Brocken ist ein Deutscher.»

42 Hambacher Fest

Eichendorff parodiert nun in «Auch ich war in Arkadien!» Heine: Ist für diesen der Brocken die Wallfahrtsstätte der Philister, so ist er für Eichendorff der Blocksberg, auf dem sogenannte liberale Professoren, Redakteure, Autoren und Volk ihre Walpurgisnacht feiern und auf dem Hexenstein der «Öffentlichen Meinung» huldigen, einem «ziemlich leichtfertig» angezogenen Frauenzimmer, bis alles nun seinerseits wieder in einer tyrannischen Philisterei endet.

Eichendorff karikiert hier einerseits den auf dem Hambacher Fest demonstrativ aufgetretenen extremen Liberalismus. Zum Beispiel stand» auf der Tribüne der Restauration» [!] «der Wirt [der Hambacher Hauptredner Wirth] und schrie mitten durch das Geblase mit durchdringender Stimme seine Wunderbüchsen und Likör-Flaschen aus: Konstitutionswasser, doppelte Freiheit! u. s. w. Unten schossen Kinder Burzelbäume und warfen jauchzend ihre roten Mützchen in die Luft, das Volk war wie besessen, sie würgten einander ordentlich, jeder wollte sein Geld zuerst los sein.»

Andererseits ist sich Eichendorff mit Heine einig in dem Abgesang auf die überholte «Deutschheit» und auf die versprengte Bewegung der Romantik, wie die von Hermann von Eichendorff gestrichenen ersten drei Absätze der zwanzig Druckseiten starken Satire zeigen. Bemerkenswert ist gleich zu Anfang die Einsiedlerperspektive, die Eichendorff für den Ich-Erzähler reklamiert und zugleich kritisiert, wie er überhaupt sich selbst in seinen Satiren gelegentlich nicht schont. «Da säß' ich denn glücklich wieder hinter meinem Pulte, um dir meinen Reisebericht abzustatten [...]. Du weißt, ich lebte seit langer Zeit fast wie ein Einsiedler und habe von der Welt und ihrer Juli-Revolution leider wenig Notiz genommen. Als ich meinen letzten Ausflug machte, war eben die Deutschheit aufgekommen und stand in ihrer dicksten Blüte. Ich kehrte daher auch diesmal nach Möglichkeit das Deutsche heraus, ja ich hatte mein gescheiteltes Haar, wie Albrecht Dürer, schlicht herabwachsen lassen und mir bei meinem Schneider, nicht ohne gründliche historische Vorstudien, einen gewissen germanischen Reise-Schnitt besonders bestellt. Aber da kam ich gut an! Schon auf dem Postwagen – dieser fliegenden Universität – in den nächsten Kaffeehäusern, Konditoreien und Tabagien konnte ich mit eben so viel Erstaunen als Beschämung gewahr werden, wie weit ich in der Kultur zurück war. [...] Eines Tages nun kehrte ich in dem, dir wohl noch bekannten, großen Gasthofe ‹Zum goldenen Zeitgeist› ein. Das war [...] zu unserer Zeit die ästhetische Börse der Schöngeister, wo wir bei einem Schoppen sauren Landweines gemütlich die Valuta und den täglichen Kurs der Poeten notierten. Da ging es damals ziemlich still her, denn wir hatten alle mehr Witz als Geld. Höchstens einige Guitarrenklänge, ein Paar Toasts, oder ein leidlicher Lärm, wenn wir um Schlegel's Luzinde zankten, oder einen zufällig verlaufenen Kotzebuaner herausschmissen. Ich frug sogleich eifrig nach den alten Gesellen. Aber sie waren wie verschollen, man wollte sich nicht einmal ihrer Namen mehr zu entsinnen wissen. Einen nur wies mir der Kellner mit ironischem Lächeln nach: vom goldenen Zeitgeiste links ab, die erste Quergasse rechts, dann in's nächste Sackgäßchen wieder halb links bis an's Ende – ich glaube, der ironische Kellner wollte mich zur Welt hinausweisen. Nun ist es allerdings richtig: Einige hat seitdem der Pegasus abgeworfen, andere haben ihn selbst abgeschafft, weil er Futter braucht und keines gibt. Genug, auch hier war alles verwandelt.»

Beklemmend und durch die Französische Revolution wie durch die noch kommenden Revolutionen gedeckt ist Eichendorffs Szene vom Umschlag zügelloser Freiheitsbewegungen in Tyrannei. Die Liberalen wollen sich des Tyrannen für ihre Zwecke bedienen, doch als das Volk ihm seinen Tabaksbeutel, Merkmal des Philiströsen, stiehlt, gerät er außer Kontrolle: «Der Professor, als er ihn so daherfliegen sah, erschrak sehr. Um Gotteswillen!, rief er ihm entgegen, wie wird Ihnen? woher dieser unverhoffte Rückfall? Sie bringen uns das ganze Stück ins Wackeln!

Die öffentliche Meinung pfiff aus Leibeskräften, das gebildete Publikum pochte in gerechtem Unwillen, die Oberpriester langten in der Angst eine Konstitution nach der anderen aus den Taschen und warfen sie dem Wüterich zwischen die langen Beine, um ihn zum Stolpern zu bringen. Alles vergebens! Er wollte von Bürgertugend, Popularität und Völkerglück nichts mehr hören, und nahm, wie ein Stier, einen entsetzlichen Anlauf, um die ganze Zukunft umzurennen.»

Die Satire endet damit, daß der Ich-Erzähler im «Gasthofe zum goldenen Zeitgeist» die Augen aufschlägt: «[...] ich weiß nicht, ob nicht am Ende alles bloß ein Traum war, der mir, wie eine Fata Morgana, die duftigen Küsten jenes volksersehnten Eldorados vorgespiegelt. Dem aber sei nun wie ihm wolle, genug: auch ich war in Arkadien!» Wielands, Schillers und Goethes «Arkadien», die griechische Landschaft als Inbegriff des irdischen Paradieses, nimmt in Eichendorffs Zukunftssatire den Charakter eines Alptraums an, anders als im Motto zu Goethes «Italienischer Reise»: «Auch ich in Arkadien!»

Eichendorff läßt seine Satire nicht veröffentlichen. Ahnt er, daß der Text angesichts der komplexen politischen Wirklichkeit, wie er sie als ministerieller Gutachter kennengelernt hat, doch zu undifferenziert ausgefallen ist und seinen Ruf als Reformkonservativen ruinieren könnte? Jedenfalls wäre eine Veröffentlichung Wasser auf die Mühlen der Reaktionäre und der Restauration gewesen.

Statt dessen erscheint 1843 das Buch von Theodor Mundt «Moderne Lebenswirren. Briefe und Zeitabenteuer eines Salzschreibers». In dem Werk geht es auch um den Zeitgeist, um Emanzipation und die Zukunft, und es scheint, daß Eichendorff das Buch gekannt hat. Zum Beispiel haben bei Mundt «die Frauen [...] die schönste Constitution», bei Eichendorff ist die Dame «Öffentliche Meinung» von «derber Constitution», das Wort immer in seinem Doppelsinn verstanden. Auch Mundt spricht von einem «Arkadien der politischen Glückseligkeit», wohin der Salzschreiber unterwegs ist. Theodor Mundt wird 1840 den «letzten Romantiker» Eichendorff gegen die Angriffe der Junghegelianer in Schutz nehmen. Eichendorff bedankt sich dafür am 4. September 1840 bei ihm, «deßen geistigen Bewegungen ich unausgesetzt mit dem lebhaftesten Intereße folge».

Über den Zustand der romantischen Bewegung angesichts eines veränderten Publikumsgeschmacks handelt Eichendorff in der zweiten Satire aus den frühen dreißiger Jahren, in «Viel Lärmen um Nichts». Sie wird zunächst im April 1832 von Friedrich Wilhelm Gubitz in der Berliner Zeitschrift «Der Gesellschafter oder Blätter für Geist und Herz» herausgebracht, 1833 dann als Buch zusammen mit Clemens Brentanos Novelle «Die mehreren Wehmüller und ungarischen Nationalgesichter», die bereits 1817 in «Der Gesellschafter» erschienen ist. Brentano präsentiert darin unter anderem durch die Erzähler der Binnengeschichten die Nationalcharaktere Kroatiens, Frankreichs und Italiens. Ein unbekannter Rezensent in den Leipziger «Blättern für literarische Unterhaltung» zählt beide Texte «zu dem Besten was unsere novellenreiche Literatur in dieser Gatttung aufzuweisen hat», beklagt jedoch zugleich, «daß Männer wie Brentano und Eichendorff in unserem jetzigen literarischen Gewühl und Gewimmel so ganz überschrien» werden: eben das Thema der Eichendorffschen Satire, die vor allem auch die Novellenmacher verspottet. «Die wahre Poesie», so der Rezensent zum Inhalt, «als Gräfin Aurora erscheinend, durchzieht in der Verkleidung eines schalkhaften Jägerburschen die Welt und wird zuletzt dem echten Dichterjüngling Willibald zu Theil, während Herr Publicum, der reiche dickköpfige Philister, dem die Schar der unechten Dichterlinge aller Farben in sklavischer Unterwürfigkeit schmeichelt, sich mit ihrer Kammerjungfer, der Pseudogräfin Aurora, vermählt. Tausend abenteuerlich phantastische Bilder und Scenen führen, immer bestrahlt vom hellsten Farbenglanz der Poesie, durch ein vielfach verschlungenes Labyrinth romantischer Begebenheiten zuletzt zu diesem Ziele [...].»

Eichendorff erinnert in «Viel Lärmen um Nichts» nicht ohne Raffinesse an seinen Jugendroman «Ahnung und Gegenwart», indem er aus ihm den Berufsdichter Leontin, den Naturpoeten Graf Leontin und dessen Frau Julie einführt. Sie müssen sich jetzt, fast zwanzig Jahre später, erneut als Dichter und Menschen bewähren und scheitern: Leontin und Julie ziehen sich resigniert in ein abgelegenes, ruinöses Schloß zurück, Faber und der modisch-romantisierende Romano passen sich dem Publikum an, das durch den philiströsen Besitzer einer Schnellpresse personifiziert wird, der sich, im Vollbesitz seiner wirtschaftlichen und gesellschaftlichen Macht, doch ohne Gespür für die wahre Poesie, «mit der falschen Aurora, die Trivialromane liest», zufriedengibt. Wie sehr Eichendorff mit der Literaturszene vertraut ist, zeigen auch hier Anspielungen unter anderem auf E. T. A. Hoffmann als den innerlich zerrissenen Romantiker, auf Hermann Fürst von Pückler-Muskau, der 1830 anonym seine «Briefe eines Verstorbenen. Ein fragmentarisches Tagebuch aus England, Wales, Irland und Frankreich, geschrieben in den Jahren 1826–1829» hat erscheinen lassen, auf Eichendorffs alte Freunde und Gönner Graf Loeben und Baron Fouqué und auf den Altmeister Tieck, der jüngst durch seine realistischen Novellen die Romantik, die er begründet, verraten habe, auf die klassizistische Attitude des Graf von Platen, auf Walter Scott und Lord Byron, auf die Goethe-Kritiker Gutzkow und Menzel sowie auf Dichterinnen wie Sophie von La Roche.

Als positive Gegenfiguren treten der Ich-Erzähler und der Dichter Willibald auf, in denen sich Eichendorff selbst spiegelt. Erfährt doch Willibald seine Läuterung und Berufung zum Dichter auf einer Harzwanderung. Die Schilderungen lehnen sich an Eichendorffs Tagebuchaufzeichnungen von 1805 an. Es scheint, als habe sich Eichendorff durch die Arbeit an «Viel Lärmen um Nichts» selbst als Dichter neu orientieren wollen und sich dabei Mut gemacht, nach dem Ende der romantischen Epoche seinen eigenen Weg zu suchen. Vielleicht hat er in Willibald – eine Anspielung auf den Berliner Dichterfreund Willibald Alexis von der «Mittwochsgesellschaft»? – auch seinem Bruder Wilhelm in Trient noch einen Gruß schicken wollen, so wie er sich selbst als der frühere «Florens» in «Florentin» alias «Aurora» wiederfindet, die alles gut macht, sogar die verlorenen materiellen Güter auf poetische Weise wieder beibringt.

«Jetzt erst in der Blendung besann ich mich recht», heißt es am Schluß der «Novelle», die keine sein will: ‹‹Willibald!› rief ich voller Erstaunen. – Er war der Fremde, ich kannte ihn noch von Halle her, und hatte einmal mit ihm eine Fahrt nach dem Harz gemacht, von der er nachher viel Wunderbares zu erzählen wußte. – – Er wandte sich bei dem Klang meiner Stimme schnell herum. ‹Auch Du! – – und hier mein liebes Liebchen vom Roßtrappp!› sagte er, auf Florentin weisend. ‹Wie! dieser – diese – dieses Florentin? wessen Geschlechts eigentlich –?› ‹Gräflichen mein Guter, Namens Aurora.› ‹Was! die hält ja eben Hochzeit mit Herrn Publikum!› – ‹Ach, das ist meine gewesene Jungfer›, lachte der nunmehr gewesene Florentin; ‹ich gab sie für mich aus, um die tollen Freier zu foppen, und nun haben sie sie wahrhaftig geheiratet![...]› ‹Aber sieh nur, wie schön!› – wandte sie sich wieder zu Willibald, bald ihn bald die Gegend betrachtend, daß man nicht wußte, wen sie eigentlich meine. ‹Ich kaufte das Gut nur für Dich, nun ist Alles wieder Dein – und ich dazu›, fuhr sie errötend und ihr Gesicht an seiner Brust verbergend leise fort; ‹und nun brechen wir bald zusammen nach Italien auf, ich sehne mich schon recht nach meiner Heimat!› Hier hob mir plötzlich der Morgenwind ein gut Teil meiner Novelle aus der Rocktasche. Sie hatte sogleich die flatternden Papiere erhascht, und blätterte auf ihrem Knie, bald lachend, bald kopfschüttelnd darin. ‹Nein, nein›, sagte sie dann zu mir, ‹das ist nichts, schreibe lieber unsere Geschichte hier auf, die Bäume blühen ja grade, und alle Vögel singen, so weit man hören kann.› – Und nun ging es lustig her auf dem Schlosse. Gräfin Aurora erzählte mir Alles, wie es sich begeben, von Anfang bis zu Ende. Ich aber sitze vergnügt in dem prächtigen Garten [wie im Lubowitzer Hasengarten], einen Teller mit frischen Pfirsichen neben mir, die sie zum Andenken mit ihren kleinen weißen Zähnchen angebissen; die Morgenluft blättert lustig vor mir in den Papieren, seitwärts weiden Damhirsche im schattigen Grunde [wie auf Burg Tost], und indem ich dieses schreibe, ziehn unten Aurora und Willibald so eben durch die glänzende Landschaft nach Italien fort, ich höre sie nur noch von ferne singen:

> Und über die Felsenwände
> Und auf dem grünen Plan
> Das wirrt und jauchzt ohn' Ende,
> Nun geht das Wandern an!»

Eichendorff ist auch als Hilfsarbeiter in Berlin für die Poesie nicht verloren.

### «Warum kommst du heut allein?»: Familienfreuden – Familienleid

Unter dem 23. Februar 1832 schreibt Theodor von Schön, als Oberpräsident der Provinz Preußen auf Arbeitsbesuch in Berlin, an seine Frau in Königsberg: «Montag arbeitete ich und fuhr zu Mittag bei Eichendorffs. Sie wohnen sehr hübsch und sind auch sehr hübsch eingerichtet. Sie sehnt sich nach Königsberg zurück, und es kann wohl kommen, daß sie zum Sommer wieder zu uns kommen.» Die Wohnung befindet sich in der Bellevuestraße am Tiergarten, der noch im barocken Stil gehalten ist, bis ihn der Gartenbaudirektor Lenné von 1833 bis 1839 teilweise in einen Englischen Garten umgestalten wird. 1831, als Eichendorff nach Berlin kommt, schreibt der Stadtführer «Berlin, wie es ist»: «Alles strömt nach dem Tiergarten. Er ist der einzige Vergnügungsort, der von allen gleich gern aufgesucht wird, und allen Ständen gemeinsam ist, [...] der verschiedenste Bilder des Volkslebens in sich vereinigt. Kaffeehäuser für die Reichen und Wohlhabenden, für die Vornehmen und die Bürger des mittleren Standes, die geschmackvollsten Privathäuser, das Lustschloß Bellevue, das Fasanariegehege, die sog. Zelten, die herrliche Kunststraße nach Charlottenburg, dies alles sind Gegenstände, die der Berliner ohne Ermüdung aufsucht, und die jeden Fremden um so mehr interesssieren müssen, da der Tiergarten eigentlich der einzige Ort ist, welcher in der an Naturschönheiten so armen Umgegend Berlins eine so große Mannigfaltigkeit bietet.»

Über den 4. März 1832 berichtet Schön weiter an seine Frau: «Gestern fuhr ich zu Eichendorff, der mehrere Dichter zusammengebeten hatte», vielleicht aus der «Mittwochsgesellschaft». Am 22. März stirbt Goethe. Ein halbes Jahr zuvor hat Eichendorff auf ein Preisausschreiben der «Mittwochsgesellschaft» hin zu Goethes zweiundachtzigstem Geburtstag ihm das Gedicht «Der alte Held» gewidmet.

Am 24. März 1832, zwei Tage nach Goethes Tod, stirbt Eichendorffs jüngste, noch nicht zweijährige Tochter Anna-Hedwig. Bereits zehn Jahre zuvor, nach dem Umzug von Berlin nach Danzig, hatte die Familie das Töchterchen Agnes, fünfzehn Monate alt, verloren. Der neuerliche Tod eines Kindes geht dem Dichter nach, wie der Zyklus von zuletzt zehn Gedichten zeigt, die von 1832 bis 1837 entstehen. Es heißt zwar in «Auf meines Kindes Tod»:

> Und was weint ihr, Vater und Mutter, um mich?
> In einem viel schöneren Garten bin ich [...].

Doch «Im Garten» klagt die Natur:

> Endlich brach der Baum das Schweigen:
> «Warum kommst du heut allein?»
>
> Da ich aber schwieg, da rührt' er
> Wunderbar sein dunkles Haupt
> Und ein Flüstern konnt' ich spüren
> Zwischen Vöglein, Blüt' und Laub.
>
> Tränen in dem Grase hingen,
> Durch die abendstille Rund
> Klagend nun die Quellen gingen
> Und ich weint' aus Herzensgrund.

In «Nachts» ist der Vater verzweifelt:

> Daß mein Herz nicht konnte brechen
> Bei dem letzten Todeskuß,
> Daß ich wie im Wahnsinn sprechen
> Nun in irren Liedern muß.

Die ergreifendsten Strophen unter dem Titel «Auf den Tod meines Kindes» erscheinen zuerst 1835 im jährlichen «Deutschen Musenalmanach», in dem Eichendorff von 1833 bis 1838 regelmäßig Gedichte veröffentlicht.

Die Welt treibt fort ihr Wesen,
Die Leute kommen und gehn,
Als wärst du nie gewesen,
Als wäre nichts geschehn.

Wie sehn' ich mich auf's neue
Hinaus in Wald und Flur!
Ob ich mich gräm', mich freue,
*Du* bleibt mir treu, Natur.

Da klagt vor tiefem Sehnen
Schluchzend die Nachtigall,
Es schimmern rings von Tränen
Die Blumen überall.

Und über alle Gipfel
Und Blütentäler zieht
Durch stillen Waldes Wipfel
Ein heimlich Klagelied.

Da spür' ich's recht im Herzen,
Daß du's, Herr, draußen bist –
Du weißt's, wie mir von Schmerzen
Mein Herz zerrissen ist!

Wenn Schön am 18. Januar 1834 aus Danzig an seine Frau schreibt, er habe «Eichendorffs Gedichte im Leipziger Musenalmanach» gelesen und meint: «Sie sind sehr hübsch, aber die große Tiefe scheint sich in Berlin bei ihm zu verlieren», dann wird ihn spätestens in Eichendorffs Gedichtsammlung von 1837 das Kapitel «Totenopfer» unter anderem mit dem zehnteiligen Zyklus auf Annas Tod eines Besseren belehrt haben.

Vielleicht, weil die Wohnung die Eichendorffs zu sehr an den Tod Annas erinnert, vielleicht auch, weil es ihnen am Tiergarten zu laut ist und sie es lieber mehr ländlich haben wollen, vielleicht auch einfach, weil sie sparen müssen, wollen sie vor das von Schinkel 1824 errichtete Potsdamer Tor ziehen in ein Haus mit großem Garten. Ein Untermieter wäre außer als Einnahmequelle auch noch aus einem anderen Grunde erwünscht, wie Louise von Eichendorff an den ihnen befreundeten jungen Juristen Otto Freiherr von Wolfersdorff mit Witz schreibt: «Wir sind halb entschlossen, in das einsame Häuschen zu ziehen, welches an der Potsdamer Straße Nr. 41 liegt, doch ich nur unter der Bedingung, daß, außer meinen Männern, noch ein Mann mit herein zieht, weil ich mich sonst vor Räubern und Mördern dort fürchten würde, und nun richte ich die große Frage an Sie: wollen Sie unser Beschützer sein? – ich kann Ihnen zwar nur eine Dachstube anbiethen, doch ist dieselbe hell, geräumig und heizbar.» Wolfersdorff ist einverstanden, und die Eichendorffs entwerfen den folgenden «Mieth-Contract», der auch nach schweren Schicksalsschlägen für den ungebrochenen Humor der Eheleute spricht:

«Zwischen dem zukünftigen Justizminister, Herrn Otto von Wolfersdorff, und dem Baron von Eichendorff nebst Frau ist folgender Mieth-Contract wohlbedächtig verabredet und geschlossen worden. § 1. Es vermiethet von Eichendorff in dem zwischen Berlin und Potsdam [ge]legenen Schlößchen eine einfenstrige, zwischen Himmel und Erde befindliche Dachstube (‹zukünftige Muschelkammer›) nebst Benutzung der dahin führenden Treppe und freier Winterpromenade am Schaafgraben, an den obbenannten, zukünftigen Herrn Minister. Eichendorff überliefert die Dachstube im wohnenden Zustande, mit allen Meubles, welche darin sein werden, mit Ausnahme der fehlenden, als da sind: ein Schreibsekretair, ein Kleiderspint, und ein Spiegel, in Betreff derer dem Herrn Miether die Anschaffungssorgen gütigst überlassen werden. § 2. Der Miethzins besteht 1) In wünschenswerther Zufriedenheit und Wohlbehaglichkeit. 2) In unausgesetzter Wachsamkeit und beispielloser Aufopferung bei vorkommenden nächtlichen Überfällen. 3) In der Verpflichtung, alle Morgen um 8 Uhr, falls der Urvermiether den Schnee noch nicht gewalzt haben sollte, und Herr Miether genötigt sein möchte auf das Gericht zu gehen, denselben mit seinen eigenen Stiefeln wegzuschaufeln. § 3. 1) wird erlaubt, in den Wintermonaten den Caffé in der Laube bei einer Pfeife Taback einzunehmen. 2) Wenn das Thor verschlossen und kein Schlüssel vorhanden, über dasselbe, oder den Zaun zu steigen, sich aber dabei in Acht nehmen, daß Herr Miether nicht für einen Räuber gehalten wird. 3) Statt zur Vorderthüre des Schlößchens zur Hinterthüre in dasselbe einzutreten. § 4. Kindergeschrei, Holzhacken, Melancholie, Schlößchenanzünden, Abpflücken der Ananas, Granaten oder sonstigen außerordentlichen kostbaren Et ceteras wird höflich verbothen. Beide Contrahenten begeben sich aller, diesem Contract zuwider laufenden Einwendungen, und wünschen einander wohl gespiest zu haben. Berlin, den 12. September 1832. Eichendorff und Frau. [Darunter mit Bleistift: ] Keine müden Häupter werden gelitten.»

Sorgen gibt es auch mit einem der Söhne, wie Eichendoff an Schön am 12. April 1833 schreibt und dabei einen Einblick in die Schulverhältnisse gewährt: «Mein jüngster Sohn Rudolph[f] nemlich, obgleich nicht ohne Talent, leidet an einem so unglaublichen Leichtsinn, daß ich auf eine Radical-Kur Bedacht nehmen mußte. Die unvermeidliche Zerstreuung in Berlin u. die gäntzliche Aufsichtslosigkeit in den hiesigen übervollen Schulen machte seine Entfernung dringend wünschenswert, da ich selbst weder Zeit noch Geschick habe, irgend eine genaue Controlle über seine Schularbeiten zu führen. Ich habe mich daher entschloßen, ihn – nach Braunsberg zu dem, als tüchtigen Erzieher bewährten Oberlehrer Lingnau in Pension zu geben, so ihn meine alten Freunde Biester u. Gerlach in strenge Zucht nehmen u. hoffentlich ein wenig zurechtrücken werden. Schon gegen Ende Aprils wird er dorthin abgehen. So hänge ich denn auch faktisch noch immer mit [der Provinz] Preußen zusammen, u. ich hoffe, Euer Excellenz werden unter diesen Umständen meinen Entschluß billigen.»

Schön billigt ihn nicht nur, er nimmt sich Eichendorff auch zum Vorbild und schickt, wie er am 25. September 1836 diesem aus Preußisch-Arnau mitteilt, auch seinen Sohn nach Braunsberg, wie es scheint auch als Demonstration gegen den um sich greifenden Konfessionalismus an den öffentlichen Schulen, den beide, wenn auch aus unterschiedlichen Gründen, ablehnen, Eichendorff als toleranter Katholik, Schön als aufgeklärter Kantianer.

Am 16. Juni 1835 ist in Ratibor Eichendorffs Schwiegervater, der Marschkommissar und Landesälteste des Kreises Ratibor Johann Nepomuk von Larisch im Alter von einundsiebzig Jahren gestorben. Die Schwiegermutter wird ihm am 11. März 1839, neunundsechzigjährig, ins Grab folgen.

1836 kommt eine Reise der Eichendorffs in die Heimat auf schmerzliche Weise nicht zustande. Am 14. Mai bittet Eichendorff Altenstein um einen zweimonatlichen Urlaub nach Ratibor ab dem 2. Juli: «Dringende Familien-Angelegenheiten, die eine mündliche Berathung mit meinem Bruder erfordern», vermutlich wegen des böhmischen Lehnguts Sedlnitz, «sowie die Verheirathung meiner Tochter, welche, nach dem wiederholten Wunsch aller Angehörigen, in Schlesien stattfinden soll, machen meine Gegenwart daselbst in diesem Sommer dringend nöthig. Diese Vermälung aber kann nur für den Monath July anberaumt werden, da der Bräutigam, ein Offizier, in dem übrigen Theil des Sommers vom Dienst in Anspruch genommen wird. Eben so vermochte auch mein Bruder, welcher kaiserlich österreichischer Kreis-Hauptmann in Trient ist, für unsere Zusammenkunft nur den July oder August im Allgemeinen vorzuschlagen [...].» Doch kommen die Heirat und das geplante Familientreffen nicht zustande. Wegen einer Lungenkrankheit des Bräutigams wird die Verlobung gelöst. Der sensible Eichendorff setzt dem Leutnant Eduard Johann Ernst Ferdinand von Kaminietz, geboren 1810 in Ratibor, dem Sohn seines Vetters Ernst Ludwig von Kaminietz, mit dem Gedicht «An einen Offizier, der als Bräutigam starb» ein Denkmal. Tatsächlich wird Kaminietz den Dichter um einige Jahre überleben.

| Frisch flogst Du durch die Felder | O falsches Rot! Verblühen |
| Und faßtest ihre Hand, | Mußt' dieses Blütenmeer, |
| Ringsum der Kreis der Wälder | Wer dachte, daß dies Glühen |
| In Morgenflammen stand. | Das Abendrot schon wär'! |

| Nun dunkeln schon die Fernen, | Es sinken schon die Brücken, |
|---|---|
| Du wirst so still und bleich, | Heut Dir und morgen mir. |
| Wie ist da weit von Sternen | Du mußt hinüberrücken, |
| Der Himmelsgrund so reich! | Kam'rad, mach' uns Quartier! |
| Trompeten hört' ich laden | Treulieb ist unverloren, |
| Fern durch die stille Luft, | Empfängst – wie bald ist's hin! – |
| Als zögen Kameraden – | Einst an den Himmelstoren |
| Der alte Feldherr ruft. | Die müde Pilgerin. |

Statt nach Ratibor fahren die Eichendorffs dann ein Jahr später, 1837, auf ihr böhmisches Gut Sedlnitz zur diesmal ungehinderten Trauung der Tochter Therese mit Louis Gustav Leopold von Besserer-Dahlfingen, Sekundärleutnant im 4. Regiment Sr. M. des Königs von Preußen. Einer der Trauzeugen ist Freiherr von Wolfersdorff, Eichendorffs Untermieter in Berlin. Vielleicht hat der Vater den jungen Eheleuten in Sedlnitz diesen «Glückwunsch» vorgetragen:

> Brech der lustige Sonnenschein
> Mit der Tür Euch in's Haus hinein,
> Daß alle Stuben so frühlingshelle!
> Ein Engel auf des Hauses Schwelle
> Mit seinem Glanze säume
> Hof, Garten, Feld und Bäume,
> Und geht die Sonne Abends aus,
> Führ' er die Müden mild nach Haus.

Wie sehr Eichendorff bereits jetzt – er wird 1838 fünfzig Jahre alt, seine Frau Louise sechsundvierzig, 1840 werden sie Silberhochzeit feiern – an das Ende ihres gemeinsamen Lebensweges denkt, zeigt das Gedicht «Im Abendrot», das wohl innigste Loblied auf die Ehe in der ersten Gedichtsammlung von 1837:

| Wir sind durch Not und Freude | Tritt her, und laß sie schwirren |
|---|---|
| Gegangen Hand in Hand, | Bald ist es Schlafenszeit, |
| Vom Wandern ruh'n wir beide | Daß wir uns nicht verirren |
| Nun über'm stillen Land. | In dieser Einsamkeit. |
| Rings sich die Täler neigen, | O weiter, stiller Friede! |
| Es dunkelt schon die Luft, | So tief im Abendrot |
| Zwei Lerchen nur noch steigen | Wie sind wir wandermüde – |
| Nachträumend in den Duft. | Ist das etwa der Tod? |

*«Die langsam zersetzende und zerstörende Gewalt der Verhältnisse»:*
*Eichendorffs zweiter Roman «Dichter und ihre Gesellen»*

Ein gutes Jahr bevor als Korrektur des Werkes «Über Deutschland» von Madame de Staël Heinrich Heines «Die romantische Schule» bei Hoffmann und Campe in Hamburg 1835/36 erscheinen wird, veröffentlicht Eichendorff bei Duncker und Humblot in Berlin nach «Ahnung und Gegenwart» von 1815 seinen zweiten Roman «Dichter und ihre Gesellen». An Theodor von Schön schreibt Eichendorff am 12. April 1833 zwar, er schreibe «an einem größeren Roman, der die verschiedenen Richtungen des Dichterlebens darstellen soll», als handele es sich um eine bloße Fortsetzung der Auseinandersetzung mit den zeitgenössischen literarischen Bewegungen wie etwa den Novellenschreibern oder den Jungdeutschen in der Satire «Viel Lärmen um Nichts».

Tatsächlich nimmt Eichendorff in diesem 340 Druckseiten starken Werk mit romantischen Stilmitteln Abschied nicht nur von der romantischen Literatur, wie sie sich in den letzten Jahrzehnten entwickelt hat, sondern er zeigt auch, wie schwierig es ist, in der gegenwärtigen Zeit nach 1830 am Ideal einer romantischen Lebenseinstellung festzuhalten. Indem Eichendorff die Ursachen dafür auch in den gesellschaftlichen Verhältnissen sieht, die immer mehr einem Nihilismus und Materialismus frönen, in dem statt Ideen und Idealisten das Geld und die Kapitalisten die Welt regieren, nähert er sich in der Beurteilung der Romantik der Position Heinrich Heines an, wie Eichendorff sie in der «Geschichte der neuern romantischen Poesie in Deutschland» 1846 beschreiben wird: «Es war das letzte auflockernde Knistern der Flamme, die bereits allen Inhalt verzehrt hatte, und der endliche Sprung aus dieser Phantasterei zu dem neuesten Nihilismus hat hiernach kaum etwas Befremdendes mehr. Erging es doch längst schon den Romantikern ungefähr wie den römischen Auguren, die bei ihren feierlichen Weissagungen einander nicht ohne heimliches Lachen in's Gesicht sehen konnten. Prozessionsmüde von ihrer Wallfahrt aus dem heiligen Lande zurückgekehrt, fühlten sie eine menschliche Sehnsucht nach den Fleischtöpfen der irdischen Heimat, und schämten sich ihrer armen, schäbig gewordenen Pilgertracht vor der daheim gebliebenen Geistreichigkeit, die ihrerseits nicht unterließ, die Zurückgekehrten mit einer Marseillaise großmütig einzuholen. Heinrich Heine, ursprünglich selbst noch Romantiker, macht den Übergang, indem er aller Poesie das Teufelchen frivoler Ironie anhängt, das jubelnd ausruft: Seht da, wie hübsch, Ihr guten Leute! aber glaubt ja nicht etwa, daß ich selber an das Zeug glaube! Fast jedes seiner schönen Lieder schließt mit solchem Selbstmorde. Die Zeit hatte allgemach den Romantikern hinter die Karte geguckt, und insgeheim Ekel und Langeweile vor dem hohlen Spiel überkommen. Das sprach Heine frech und witzig aus, und der alte Bann war gelöst.»

Anderer Meinung als Heine ist Eichendorff jedoch über die ursprüngliche Intention der Romantik. Für Eichendorff ist die Sehnsucht nach dem Heiligen, das der Aufklärung zum Trotz die Frühromantiker wie Tieck, Wackenroder, Novalis und die Schlegels wiederentdeckten und zur Geltung brachten, kein leerer Wahn, sondern die Wahrheit. Heine hat diese gläubige Gesinnung Eichendorffs in dessen Dichtung, vor allem seiner Lyrik, gespürt und respektiert, heißt es doch in der «Romantischen Schule» von 1836: «In der Tat, welch ein vortrefflicher Dichter ist der Freiherr von Eichendorff; die Lieder, die er seinem Roman ‹Ahnung und Gegenwart› eingewebt hat, lassen sich von den Uhlandschen gar nicht unterscheiden, und zwar von den besten derselben. Der Unterschied besteht vielleicht nur in der grüneren Waldesfrische und der kristallhafteren Wahrheit der Eichendorffschen Gedichte.»

In diesen Lobpreis der Lieder Eichendorffs auch in «Dichter und ihre Gesellen» fallen die meisten der Rezensenten ein, so August Kahlert in den Breslauer «Schlesischen Provinzial-Blättern» von April 1836: In den Liedern «erringt Eichendorff zugleich seine größten Triumphe. Viele Lieder aus dem früheren Romane: ‹Ahnung und Gegenwart› sind in ganz Deutschland bekannt und beliebt geworden, viele aus dem vorliegenden Büchlein werden es in Kurzem seyn.»

Daß Eichendorff in «Dichter und ihre Gesellen» an individuellen Schicksalen nicht nur die gesellschaftliche Ohnmacht der untergehenden romantischen Bewegung darstellt, sondern zugleich auch in der Person des Fortunat zeigt, wie es möglich ist, die ursprüngliche Utopie der Frühromantik in die Zukunft hinüberzuretten und auch für die moderne Welt fruchtbar zu machen, deutet Karl Gutzkow in seiner Frankfurter Rezension in «Phönix. Frühlingszeitung für Deutschland» vom 14. Januar 1835 an: «Eichendorff spricht und singt oft von der ‹guten alten Zeit›. Nehmt das nicht so genau! Es ist nicht bös gemeint. Die gute alte Zeit ist hier [...] nichts als Erinnerung, Ahnung, eine Zeit, die vielleicht noch gar nicht geboren ist, oder jene geheimnißvolle Vergangenheit, wo wir noch im Schooße des Weltgeistes, in einer verklungenen Offenbarung lebten. Von allen alten guten Zeiten, die die Leute im Munde führen, ist Eichendorff's vielleicht die unschuldigste.»

Gutzkow sieht in Eichendorff, obgleich er «zu spät» kommt, sogar den Meister, der hinüberführt in «Neues», indem er den Subjektivismus der Romantiker mit dem Objektivismus der Klassik Goethes verbindet: «Die romantische Schule drang auf Vergeistigung, sie wollte aus dem Ich die Welt schaffen, und bereicherte die Kunst mit einem neuen Gedanken, den die Narren christlich, mittelaltrig, was weiß ich! genannt haben, der aber kein andrer ist, als die Subjektivität, in dem sich die Welt spiegelt. [...] Für die dritte Stufe der Darstellungskunst, für die dramatische, für die lebenschaffende, welche den subjektiven Prozeß überstanden hat, für eine Kunst, welche erst im Anzuge ist, geschah wenig, wenn man Arnim, Brentano, vielleicht Tieck und Eichendorff ausnimmt. Eichendorff hat nur den Fehler, daß er zu spät kömmt: er verbessert ihn vielleicht dadurch, daß er das Prinzip recht klar macht, die Tradition lebendig erhält, und uns Jüngern recht lebhaft zeigt, wie man die Weise seiner Schule mit Göthe's Classizität verbinden muß. Unsre Romane sollen von der Leidenschaft geboren sein oder einer hohen Idee; wir sollen Alles, was in uns Leben schafft, aussprühen lassen als elektrische Funken zur Belebung der Personen, welche die Träger unsres Gedichts sind, und nichts objektiv darstellen, was wir nicht subjektiv aus uns selbst geboren haben. Nur so kann Neues kommen: Neues, das hie und da dem Alten ähnlich sieht, aber einen gewissen unerklärlichen Ursprung verräth, ein unheimliches, wirres Auge, das noch nicht Alle verstehen, jetzt noch sonderbar, auffallend, selbst peinlich ist für einen Betrachter, der in die alte Sauce noch ganz eingetunkt ist; aber allmählich muß das Verständniß eintreten und das Sonderbare wird uns so gewohnt werden, daß wir es lieben lernen. Diese ganze Deduktion ist keine Sophistik; sondern ein tiefes Gesetz, welches aus der Verwirrung der gegenwärtigen Literatur sich deutlich herausscheidet.»

Die Gründe für das Scheitern romantischer Lebenshaltung in «Dichter und ihre Gesellen» sind individuell verschieden und das Ergebnis persönlicher und gesellschaftlicher Verhältnisse. Der Jurist und Beamte Walter, Baron Fortunats «Heidelberger Kamerad» – Eichendorff spielt auf seine Studienzeit an – vermag den Enthusiasmus der Jugendzeit nicht in die Berufswelt hinüberzuretten und wird ein Philister: Walter «saß im Schlafrock am Schreibtische neben großen Akten-Stößen, Tabaksbüchse, Kaffeekanne und eine halbgeleerte Tasse vor sich. [...] Also so sieht man aus in Amt und Brot? sagte Fortunat» – Eichendorff karikiert sein eigenes Arbeitsmilieu und dessen negative Auswirkung. Der Baron «überschaute am Fenster den heitern Markt, und eine leise Wehmut flog durch seine Seele über die langsam zersetzende und zerstörende Gewalt der Verhältnisse, wie sie ihm auf Walters treues Gemüt wirksam zu sein schien.»

Fortunat fordert Walter auf, mit ihm nach Italien, dem Inbegriff nicht entfremdeten Lebens, zu reisen: «Was hindert denn zum Exempel Dich, alle den Ballast von Vor-, Neben- und Rücksichten frisch wegzuwerfen, und frei mit mir in das offene Meer zu stechen?» So ist Eichendorff von Königsberg nach Berlin aufgebrochen, gegen alle Konvention und Vernunft, aber auch mit allem Risiko für sich und die Familie. Doch Walter hält die Aussicht auf eine baldige Heirat und ein stilles Heim fest, dazu – und Eichendorff spielt gegen sich selbst den Advocatus diaboli – lobt er die Vorzüge einer weithin fruchtbaren und mit der Provinz- und Landeshauptstadt vernetzten Beamtentätigkeit: «[...] es wäre mir schwer, ja gewissermaßen unmöglich, den einmal mit Ernst und Lust begonnenen Geschäften zu entsagen, die wie ein stiller klarer Strom in tausend unscheinbaren Nebenarmen das Land befruchten, und mich so von meiner stillen Stube aus in immer wechselndem lebendigem Verkehr mit den entferntesten Gegenden verbinden.»

Trotzdem kann sich Fortunat, Eichendorffs Vorbild, mit diesem Beamtendasein nicht abfinden, es sei denn, man bricht wenigstens in Gedanken immer wieder auf in die Weite, indem man, wenn schon nicht selbst ein Dichter, einen Dichter liest und so die poetische Lebenseinstellung einübt. Denn sonst, «in welchem gräulichen Rumor lebt ihr Beamte dabei! Keiner hat Zeit zu lesen, zu denken, zu beten. Das nennt man Pflichttreue; als hätte der Mensch nicht auch die höhere Pflicht, sich auf Erden auszumausern und die schäbigen Flügel zu putzen zum letzten großen Fluge nach dem Himmelreich, das eben auch nicht wie ein Wirtshaus an der breiten Landstraße liegt, sondern treu und ernstlich und mit ganzer ungeteilter Seele erstürmt sein will. Ja, ich habe schon oft nachgedacht über den Grund dieser zärtlichen Liebe so Vieler zum Staatsdienst. Hunger ist es nicht immer, noch seltener Durst nach Nützlichkeit. Ich fürchte, es ist bei den Meisten der Reiz der Bequemlichkeit, ohne Ideen und sonderliche Anstrengung gewaltig und mit großem Spektakel zu arbeiten, die Satisfaktion, fast alle Stunden etwas Rundes fertig zu machen, während die Kunst und die Wissenschaften auf Erden niemals fertig werden, ja in alle Ewigkeit kein Ende absehen. Da rührst Du, entgegnete Walter, an den wunden Fleck, wenigstens bei mir. Daß ich, aus Mangel an Zeit, zu beiden Seiten die schönen Fernen und Tiefen, die uns sonst so wunderbar anzogen, liegen lassen muß, das ist es, was mich oft heimlich kränkt, und was ich hier nicht einmal einem Freunde klagen kann. Dazu kommt die Ablegenheit des kleinen Orts, wo alle Gelegenheit und aller Reiz fehlt, der neuesten Literatur zu folgen. Ist auch nicht nötig, versetzte Fortunat. Was willst Du jedem Phantasten in seine neumodischen Park-Anlagen nachschreiten! Das rechte Alte ist ewig neu, und das *rechte* Neue schafft sich doch Bahn über alle Berge, und [...] auch in diesen Gebirgskessel. Denn, wenn ich nicht irre, sah ich vorhin bei Dir neben dem Corpus juris die neuesten poetischen Werke des Grafen Victor stehen.»

Walter wird Fortunat zwar eine Zeitlang auf seiner Reise begleiten, doch schließlich in sein Tal zurückkehren: «[...] Ihm wars, als sei seit seiner Jugendzeit die Welt zu groß und zu weit geworden für ihn, er sehnte sich recht aus Herzensgrunde nach einem stillen, schattigen Gärtchen zurück.» Eichendorff zeigt Verständnis für diesen «Philister» angesichts der herrschenden Verhältnisse.

Graf Victor hingegen, alias Lothario, verkörpert den erfolgreichen romantischen Dichter, «dem sich die Tiefen der Poesie erschlossen zu haben scheinen», wie Max Duncker, der Sohn des Verlegers von «Dichter und ihre Gesellen», in seiner Rezension in der Berliner «Literarischen Zeitung» vom 19. November 1834 schreibt. Wie Goethes «Wilhelm Meister» bricht Victor als Lothario «die Schranken der Gewohnheit u. zieht umher mit einer Schauspielerbande; aber nachdem seine heiße Liebe zur schönen Juana an deren eben so heißer, unendlicher Freiheitsliebe zu Schanden geworden, verläßt er die Welt u. wird ein geistlicher Streiter der christkatholischen Kirche; so wie man im romantischen Mittelalter der Erde u. ihren Lockungen im Kloster absagte.» Der Protestant Duncker sieht richtig, daß Victor nicht mehr wie Friedrich in «Ahnung und Gegenwart» dem romantischen Einsiedler- und Mönchsleben als Ideal anhängt, sondern dieses ebenso wie sein Dichtertalent als zweitrangig und vorübergehend erachtet gegenüber dem Dienst an der Welt, doch nicht als Missionar in Übersee – auch das wäre für Eichendorff noch «romantisch» –, sondern als geistiger Kämpfer in dem Krieg der Konfessionen und Revolutionen. So heißt es am Schluß des Romans: «Was wär' denn Poesie, meinte Victor unwillig, wenn sie in feinem Goldschnitt auf einer Morgentoilette durchzublättern wäre? Talent! das ist nur ein Blitz, den der Herr fortschleudert in die Nacht, um zu leuchten, und der sich selbst verzehrt, indem er zündet. Nein, Freunde, genug endlich des weichlichen Sehnens, wer gibt uns das Recht zu klagen, wenn Niemand helfen mag! Nicht morsche Mönche, Quäker und alte Weiber; die Morgenfrischen, Kühnen will ich werben, die recht aus Herzensgrund nach Krieg verlangt. Auch nicht über's Meer hinüber blick' ich, wo unschuldige Völker unter Palmen vom künftigen Morgenrot träumen, mitten auf den alten, schwülen, staubigen Markt von Europa will ich hinuntersteigen, die selbstgemachten Götzen, um die das Volk der Renegaten tanzt, gelüstet's mich umzustürzen und Luft zu hauen durch den dichten Qualm, daß sie schauernd das treue Auge Gottes wiedersehen im tiefen Himmelsgrund.»

Doch Fortunat läßt sich durch Victors militante, überheblich-klerikale Geste gegenüber der Poesie nicht von seiner Berufung abbringen: «Zuletzt ist's doch dasselbe, was ich eigentlich auch meine in der Welt, ich habe nur kein anderes Metier dafür, als meine Dichtkunst, und bei der will ich leben und sterben!» Er erteilt auch dem ehelosen, zölibatären Leben als allgemeingültigem Ideal eine Absage, der Dichter ist undenkbar ohne seine Aurora, Fortunat ohne seine Fiametta. Die «ritt voll stiller Freude und Erwartung neben Fortunaten in den dämmernden Morgen hinein, denn er hatte ihr nun entdeckt, daß er ihren Palast in Rom angekauft habe, dort wollten sie wieder hin» – alle rechten Wege führen nach Rom, zwischen der Heiligen Stadt und der Posie gibt es keine Konkurrenz, wie schon der «Taugenichts» erfahren hat.

Ein Rezensent, ein Herr Wolff im Leipziger «Brennglas» vom 18. November 1834, hat dieses priesterliche Selbstbewußtsein Fortunats, das an die Frühromantiker erinnert und auch Friedrich aus «Ahnung und Gegenwart» beseelt, auf Eichendorff selbst übertragen: Er sei «ein wahrer eingeweihter Priester seiner Gottheit, der Poesie. Seine Werke sind daher immer ein klarer Spiegel seines Ich; wie sich die Welt in ihm gestaltet, so gestaltet er die Welt in seinen Schriften.» Insofern ist es nur bedingt richtig, wenn Max Duncker in seiner Rezension meint, Eichendorff «habe die höchst sublime Idee gehabt, durch den Untergang aller, die sich in dieser Erzählung der Poesie ergeben haben, von diesem gefährlichen Handwerk abzuschrecken.» Es trifft nur auf die Poeten zu, die sich von den ursprünglichen Intentionen der Romantik haben abbringen lassen und dadurch sich selbst überlebt haben.

Was Fortunat als einzigem gelingt – auf die alte Weise so zu dichten, daß es immer neu ist –, daran scheitert in seinem Metier der Maler Albert. Er ist ganz beim Alten stehengeblieben, in den Freiheitskriegen: «Es war sein Atelier, ein hohes, ritterliches Gemach, an dessen schmuckloser Hauptwand ein großes, mit der Jahreszahl 1813 bezeichnetes Schwert hing, um das sich ein verwelkter Eichenkranz wand. Das ist mein treuer Reisegefährte, sagte Albert zu Fortunat, und wenn mich schlaffe Ruh oder weichliche Lust überschleichen wollen, blick ich die Eisenbraut an, und gedenke der ernsten, großen Zeit. – Ach, das ist schon eine alte Geschichte! entgegnete Fortunat lachend. – Sind Sie damals mit zu Felde gewesen? fragte der Maler etwas spitzig. – Freilich, erwiderte jener, das versteht sich ja aber ganz von selbst.»

Eichendorff, der Landwehroffizier, weiß aus Erfahrung: Erinnerung gibt nur dann einen Sinn, wenn man sie fruchtbar macht für die Zukunft. Während es Fortunat in den Süden, ins Land der kreativen Phantasie, zieht, sucht der Maler sein Heil im Norden, eine Wahnsinnsvorstellung wie die, welche ihn aus Rom vertrieben hat. Hier rechnet Eichendorff mit der antikisierenden, protestantischen und chauvinistisch-vaterländischen Romkritik ab, wie sie nördlich des Mains Mode ist als Resultat von Vorurteilen und ideologischen Brillen. Eine solche Voreingenommenheit ist der Tod der Poesie. Der Jurastudent Otto, selbst ein Scheiternder, wird Zeuge, wie der Maler Albert, in Rom als Mitglied einer «romantischen» gescheiterten Verschwörung als Carbonaro verfolgt, sich im Gebirge ins eigene Schwert stürzt: «Großer Gott, wie herrlich! rief Otto überrascht aus – Rom lag da unten still und feierlich im Mondglanz. – Da hörte er auf einmal ein Geräusch, er sah Albert plötzlich wanken, sinken. Der Unglückliche hatte sich mit heidnischer Tugend in sein eignes Schwerz gestürzt. – Grüße das Vaterland – ich sterbe – frei, sagte er ohne Zeichen des Schmerzes, wehrte die Hand des hinzugesprungenen Otto kräftig ab, und glitt, eh' ihn dieser wieder fassen konnte, rettungslos in den Abgrund hinab.» – Die falsche Romantik als verschlingender «Abgrund», ein Schlüsselwort des Romans.

Auch der Student Otto, der Neffe des bodenständigen Amtmanns, möchte ein Dichter werden wie Graf Victor, und das mit rücksichtsloser Gewalt, die ihn schließlich selbst zerstört, wie sich schon zu Beginn des Romans ankündigt. Ein solches «romantisches» Dichterwollen ist in der bürgerlichen Gesellschaft fehl am Platze. «Man hatte unterdes das Abendessen aufgetragen, und die rüstige Amtmannin, die es nun heut einmal auf Otto'n abgesehen zu haben schien, begann, indem sie den Braten zerschnitt und jeden reichlich davon beteilte, sich mit allerlei weisen Redensarten und spitzigen Ausfällen über die teuren Zeiten zu verbreiten, und wie notwendig es sei, daß ein junger Mensch jetzt frühzeitig darauf denke, dereinst sein sicheres Brot zu haben. [...] Hier brach Otto, der bis jetzt sichtbar mit sich selbst kämpfte, plötzlich mit verbissener Bitterkeit und einem höhnischen Stolze los, den niemand dem sanften Jünglinge zugetraut hatte. Lieber Schweine hüten, sagte er, als so Zeitlebens auf der Treckschuite gemeiner Glückseligkeit vom Buttermarkt zum Käsemarkt fahren. Der liebe Gott schafft noch täglich Edelleute und Pöbel, gleichviel, ob sie Adelsdiplome haben, oder nicht. Und ich will ein *Herr* sein und bleiben, weil ich's *bin*, und jene Knechte sollen mich speisen und bedienen, wie es ihnen zukommt!»

Otto scheitert denn auch als Dichter, Einsiedler, Ehemann und Liebhaber daran, daß er in seiner elitären Überheblichkeit nichts wachsen lassen kann, sondern alles erzwingen will. Seine daraus resultierende innere Zerrissenheit ist ein Spiegel des Durcheinanders der Zeit, das sogar auf die Natur durchschlägt, wie der Amtmann weiß: «Es geht auch alles konfus jetzt, sagte er zu Fortunat, im Frühling Gewitter, im Sommer kalt, in der Jugend alt und im Alter närrisch! Glauben Sie mir, unsere ganze Zeit jetzt ist gerade wie dieses verrückte Frühlingswetter, die Schwüle brütet und treibt alles vorzeitig hervor, und ich fürchte, es schießt mehr in's Kraut, als in die Blüte.»

Nach Heinrich Heine habe man früher an die versöhnende Kraft des Blutes Christi geglaubt. «Heutzutage ist die Menschheit verständiger», bemerkt er in «Die romantische Schule» ironisch; «wir glauben nicht mehr an die Wunderkraft des Blutes, weder an das Blut eines Edelmanns noch eines Gottes, und die große Menge glaubt nur an Geld. Besteht nun die heutige Religion in der Geldwerdung Gottes oder in der Gottwerdung des Geldes? [...] Vielleicht war es der Mißmut ob dem jetzigen Geldglauben, der Widerwille gegen den Egoismus, den sie überall hervorgrinsen sahen, was in Deutschland einige Dichter von der romantischen Schule, die es ehrlich meinten, zuerst bewogen hatte, aus der Gegenwart in die Vergangenheit zurückzuflüchten und die Restauration des Mittelalters zu befördern.»

Doch auch für Eichendorff ist jegliche Restauration, die des Mittelalters wie die der neuen Aufklärung wie die der gegenwärtigen Politik, keine Lösung. Deshalb läßt er Fortunat im vierundzwanzigsten Kapitel zu Walter sagen: «[...] ich wollte, die Romantik wäre lieber gar nicht erfunden worden!» Das gilt auch für die Aufklärung, während die gegenwärtige Politik der Heiligen Allianz nichts ist als Reaktion auf Aufklärung und Romantik und deshalb reaktionär. Freilich weiß Eichendorff nur zu gut: Ohne die Romantik, deren Sensibilität er viel verdankt und deren literarischen Mittel er sich auch in diesem Werk mit Bravour bedient, und ohne die Aufklärung, deren Verbohrtheit in die Vernunft er mit allen Mitteln der Vernunft zu erschüttern sucht, hätte er diesen seinen letzten «romantischen» Roman nicht geschrieben.

### «O heil'ges Köln, dein Hirte ist gefangen»: Eichendorff und die Katholische Bewegung

Als Beamter hatte Eichendorff die berechtigten Interessen des Staates, in seinem Fall Preußens, zu vertreten, als Katholik die berechtigten Anliegen der römischen Kirche. Zu ersterem hatte er sich durch einen Amtseid auf

## Dreizehntes Kapitel. Als ministerieller Hilfsarbeiter in Berlin

den König verpflichtet, zu letzterem fühlte er sich in seinem gläubigen Gewissen gebunden. Da die Auffassungen von dem, wozu der Staat und wozu die Kirche jeweils berechtigt waren, nicht immer übereinstimmten, waren Konflikte vorprogrammiert.

Diese waren um so häufiger und schärfer, als sich wie in Preußen der Staat mit einer Religion, in diesem Fall mit dem Protestantismus, mehr oder weniger identifizierte, ihn als Staatsreligion betrachtete und ihn gegenüber den anderen Bekenntnissen, dem Judentum und der römisch-katholischen Kirche, bevorzugte. Das Konfliktpotential vergrößerte sich noch durch den Anschluß der überwiegend katholischen westlichen Provinzen – Westfalen und das Rheinland – an Preußen. In ihnen galten weithin noch die teilweise liberaleren kirchenpolitischen Regelungen aus der Zeit der napoleonischen Herrschaft.

Die Katholiken in Preußen, die jetzt zwei Fünftel der Gesamtbevölkerung ausmachten, waren um so weniger gewillt, sich mit der Zurücksetzung durch den Staat und mit der dominierenden Rolle des Protestantismus in den Schlüsselpositionen abzufinden, als nach dem Zusammenbruch des napoleonischen Systems allenthalben in Europa die römisch-katholische Kirche einen Aufschwung nahm und das Papsttum an Ansehen und Einfluß gewann, so daß sich manche Protestanten, sogar in Preußen, bedroht fühlten. Viele Katholiken hingegen erhofften sich durch eine Stärkung der römischen Autorität Rückendeckung sowohl in der Auseinandersetzung mit dem Protestantismus wie in der Abwehr der Übergriffe des Staates auf die kirchlichen Freiheiten. Einige erhofften sich sogar eine Schwächung derjenigen Bischöfe, die, um schlimmere Unterdrückungsmaßnahmen des Staates zu verhindern, den Regierungen gegenüber Zugeständnisse gemacht hatten oder sogar nationalkirchliche Bewegungen unterstützten. Solchen Bestrebungen gegenüber gewann jedoch der sogenannte Ultramontanismus mehr und mehr an Boden und propagierte eine stärkere Orientierung und Bindung an den Papst. So wuchs das Selbst- und Sendungsbewußtsein nicht nur der traditionsbewußten und politisch konservativen Katholiken.

Unter den ultramontanen Katholiken vertrat eine europäische Minderheit, die sich über die Presse jedoch wirkungsvoll in Szene setzte, mit der Parole «Gott und die Freiheit» sogar einen katholischen Liberalismus. Unter der Führung des französischen Abbé Lamennais wurde der Papst aufgefordert, sich als Stellvertreter Christi an die Spitze der Freiheitsbewegungen zu setzen. Katholiken sollten mit toleranten Liberalen zusammengehen, um überall die bürgerlichen Freiheiten durchzusetzen: Gewissensfreiheit, Religionsfreiheit, Pressefreiheit, Unterrichtsfreiheit und schließlich die freie Wahl der Staatsform. Wie unter anderem das Beispiel Belgiens gezeigt habe, wo 1828 ein taktisches Bündnis der Katholiken mit den Liberalen zur kirchlichen Unterrichtsfreiheit geführt hatte, könne die katholische Kirche von einer allgemeinen Liberalisierung nur profitieren.

Doch auf Drängen der «Heiligen Allianz der Staaten» unter Führung Metternichs, der durch die drohende «Allianz der Völker» (Heinrich Heine) für den Bestand der Monarchien fürchtete – die Julirevolution 1830 wirkte wie ein Fanal –, verurteilte Papst Gregor XVI., selbst weltlicher Herrscher über den Kirchenstaat, im eigenen Interesse in der Enzyklika «Mirari vos» vom 15. August 1832 sowohl die nationalkirchlichen Bestrebungen am Beispiel des sogenannten Gallikanismus in Frankreich wie alle Formen des Liberalismus, «diese falsche und absurde Maxime, oder vielmehr dieser Wahn, man müsse jedem die Gewissensfreiheit ermöglichen und garantieren».

Roms Reaktion war für die Liberalen unter den ultramontanen Katholiken eine bittere Enttäuschung und führte, so auch bei Lamennais, zum Abfall von Rom. Ludwig Börne, der jüdische, 1818 zum Protestantismus konvertierte Freiheitskämpfer des Jungen Deutschland, seit der Julirevolution 1830 in Paris ansässig, übersetzte 1834 Lamennais' «Paroles d'un croyant» (Worte eines Gläubigen) ins Deutsche: «Gibt es auf Erden etwas Großes, so ist es die feste Entschlossenheit eines Volkes, das unter dem Auge Gottes, ohne einen Augenblick nachzulassen, zur Eroberung der Rechte, die es von ihm hat, auszieht.»

Die meisten Ultramontanen in Preußen waren jedoch konservativ, reformkonservativ oder gemäßigt liberal und führten bei grundsätzlicher Anerkennung des monarchischen Prinzips einen Mehrfrontenkrieg: gegen das Staatskirchentum preußisch-protestantischer Prägung, gegen eine romunabhängige deutsch-katholische Bewegung, gegen einen reaktionär-restaurativen Monarchismus und Papalismus, gegen einen revolutionär-demokratischen Liberalismus. Eichendorff, selbst reformkonservativ bis gemäßigt liberal eingestellt, befürwortete eine allmähliche Entwicklung aller Verhältnisse zu mehr Freiheit, gemäß der romantischen Maxime: Alles müsse wachsen wie ein Baum, beides sei von Übel: reaktionäres Beharren wie revolutionäres Überstürzen.

Vor dem Hintergrund dieser angespannten kirchenpolitischen und konfessionellen Verhältnisse in Preußen wird der Beitrag Eichendorffs „Zur Kunstliteratur" verständlich, in dem er in die konfessionellen Streitigkeiten eingreift, jedoch anonym, um Schaden für sich und seine Familie abzuwenden. Der Text erscheint am 1. Juni 1835 in der Zeitschrift «Museum. Blätter für bildende Kunst», die im dritten Jahrgang in Berlin herausgegeben wird von Franz Kugler.

Kugler, zwanzig Jahre jünger als Eichendorff, studierte in Berlin und Heidelberg Germanistik, Geschichte und Kunstgeschichte und ist seit 1833 Professor der Kunstgeschichte an der Berliner Akademie der Künste und Dozent an der Universität. Sein berühmtester Schüler und Freund ist Jacob Burckhardt, den Kugler 1843 porträtieren wird. Jetzt, 1835, schreibt Kugler von Februar bis Mitte August seine volkstümliche «Geschichte Friedrichs des Großen», die Adolf Menzel illustriert. Eichendorff wird Kugler, der auch Gedichte, Novellen und später Dramen schreibt, in der literarischen «Mittwochsgesellschaft» kennengelernt haben. Von 1832 stammt Kuglers Eichendorff-Porträt; 1833 heiratet Kugler die Tochter des Eichendorff-Freundes Hitzig, Clara; 1834 wird Eichendorff Pate von beider Tochter Margarete, der späteren Frau Paul Heyses. Kugler, dessen Wohnung ein Zentrum des Berliner Kulturlebens ist, wird 1843 zunächst wie Eichendorff «Hilfsarbeiter» im Kultusministerium, nach Informationsreisen im Ausland jedoch bereits 1848 Vortragender Rat mit dem Titel Geheimrat und erhält den Auftrag, die Berliner Akademie und Museen zu reorganisieren und die staatliche Inventarisierung der Kunstdenkmäler vorzubereiten. Nach dem Rücktritt des Kultusministers Adalbert von Ladenberg gerät auch Kugler in Konflikt mit dem Nachfolger, und seine Reformvorschläge werden auf Eis gelegt. Kugler stirbt bereits 1858, ein Jahr nach Eichendorff, den er in einem Brief vom 3. Oktober 1850 noch «Vorfahr und Vorbild in Akten und Versen» genannt hat. Zu der Zeit schreibt auch er an einem Drama über den Untergang des deutschen Ordens in Preußen.

Wie sehr Kugler und Eichendorff in den dreißiger Jahren noch über den engstirnigen konfessionellen Streitigkeiten stehen, zeigt die Tatsache, daß der siebenundzwanzigjährige, aus Pommern stammende protestantische Kugler den schlesischen Katholiken Eichendorff in seiner Zeitschrift eine satirische Attacke reiten läßt gegen den Hegelschüler Karl Rosenkranz, der seit 1833 Philosophieprofessor in Königsberg ist, 1842 seine oben zitierten «Königsberger Skizzen» und 1844 in Berlin sein berühmtes Werk «Friedrich Hegels Leben» veröffentlichen wird. Rosenkranz hat am 13. Dezember 1834 im Königsberger Kunstverein einen Vortrag über «Das Verhältnis des Protestantismus zur bildenden Kunst [...]» gehalten, der im folgenden Jahr in den «Preußischen Provinzial-Blättern» erschienen ist.

In dem Abschnitt, den Eichendorff daraus zitiert, vertritt Rosenkranz über den «Verlauf der geschichtlichen Entfaltung der Kunst» die These: In der römischen Kirche fing die Kunst an «mit der massenhaften Architektur und endigte mit der Poesie eines Tasso, Cervantes, Calderon. Wie, wenn die Kunst der protestantischen Kirche einen umgekehrten Verlauf nähme, ja, was noch wahrscheinlicher ist, wenn in ihr wegen ihrer allseitigen Freiheit und Bildung ein so ineinander greifender Stufengang aufgehoben wäre? Die Poesie hat bis jetzt unbedenklich den Vorrang gehabt; ihr ist die Musik gefolgt; in unseren Tagen scheint die Malerei und Skulptur zu erblühen. Die Fortbildung der Architektur müßte demnach am Weitesten hinausgeschoben werden. Doch dürfen wir bei solchen Berechnungen die Kürze des Zeitraums nicht vergessen, der uns vorliegt. Die Kunst des Katholizismus hat eine fast tausendjährige Geschichte, während die des Protestantismus erst dreihundert Jahre zählt.»

Zu diesem im ganzen eine Seite langen Zitat macht Eichendorff eine viermal so lange Anmerkung, in der zuerst ein katholischer «Phlegmatiker» Stellung nimmt, dann ein protestantischer «Sanguiniker» eine kurze «Gegenbemerkung» macht, wonach ein Schlagabtausch zwischen den beiden folgt: «*Sanguiniker*: [...] Die moderne Bildung ist wesentlich von der Reformation ausgegangen, aus ihr dann auch diejenigen Früchte der Poesie und Kunst, die nicht gerade kirchlichprotestantisch sind, und soweit auch der neuaufgehende Sinn für bildende Kunst. – *Phlegmatiker*: In dem katholischen München? *Sanguiniker*: Ja, auch in München, nur nicht dort allein; aber auch dort in Folge einer Geschmacksbildung und eines wissenschaftlich vermittelten Kunstsinnes, die dem allgemeinern Zeitgeiste entfließen, der seine lebendige Bewegung doch vorzugweise im protestantischen Deutschland hat. *Phlegmatiker*: Gut, und wenn diese Bewegung auf das Kunstschaffen geht, pflegt sie sich insgemein nach dem Mutterlande des Katholizismus hinzubewegen, um sich da zu wärmen. *Sanguiniker*: Aus natürlichen geographischen und historischen Gründen: Land und Menschen sind dort malerischer; die Schatzkammern der antiken und der mittelalterlichen Kunst liegen in Italien. Der Geist aber unsrer Kunst stammt aus *unserer* Bildung. Nur das geb' ich ihnen zu, daß diese jetzt empfänglicher ist für die Phantasieseite der Religion, und somit gewissermaßen das Prinzip des Katholizismus geistig in sich verjüngt. *Phlegmatiker*: In derselben Hinsicht ist sie dann weniger protestantisch. *Sanguiniker*: Es ist ihr eigener Fortschritt, ist Erkenntnis. *Phlegmatiker*: Privatim. Und darum ist die protestantische Kunst Kabinettskunst und darum gibt es keine protestantische Architektur. *Sanguiniker*: Nur Geduld! Die Vereine! – Die Kunst wird in unsere *Häuser* einziehen! *Phlegmatiker*: Schön.»

Man muß es Rosenkranz hoch anrechnen, daß er, sollte er von Eichendorffs Verfasserschaft erfahren haben, ihm diese Parodie nicht heimgezahlt hat, sondern über den «Taugenichts» 1838 in den «Hallischen Jahrbüchern» in dem Aufsatz «Ludwig Tieck und die romantische Schule» einige treffliche Sätze schreiben wird: «Welche wahrhaft philosophische Heiterkeit durchströmt uns in seiner Gesellschaft, die die Sorglosigkeit selbst ist! Wie schärfen sich aber auch die Sinne!» Das Büchlein verdiente «als Volksbuch gedruckt und als Sorgenbrecher verbreitet zu werden [...].» Die «Schriftsteller der modernsten Literatur» dagegen wandern nicht mehr, sondern «fahren im Eilwagen, auf Eisenbahnen; überlassen sich auch nicht einem träumerischen Hinbrüten, sondern fixiren Alles mit scharfer Lorgnette; sind auch gar nicht um die Geschichte der Welt unbekümmert, die der Taugenichts seinem Herrgott überläßt, sondern mühen sich emsig, das Avant, Pendant et Après aller Ereignisse zu sein! Ach, es sind keine seligen Taugenichtse, wie der Eichendorf'sche! Es sind Doctoren der Philosophie, denen die Eule der Athene jeden Keim der Poesie, der in ihnen aufbricht, mit der Klaue der Reflexion ausrauft.»

Man spürt in diesen Zeilen noch den romantischen Einfluß, den Rosenkranz als Schüler Schleiermachers und Steffens' erfahren hat. 1848/49 wird Rosenkranz Vortragender Rat im Berliner Kultusministerium und Mitglied des preußischen Landtags. Eichendorff wird 1852/53 Rosenkranz, der aus seiner Königsberger Zeit auch mit dem Oberpräsidenten Theodor von Schön befreundet ist, als Mitarbeiter bei der geplanten Biographie Schöns vorschlagen, ein Zeichen dafür, daß trotz des grassierenden «Konfessionalismus» individuelle Kontakte zwischen Andersgläubigen weiterhin möglich sind.

Die Leichtigkeit, mit der Eichendorff seine Satire über den ernstgemeinten Text des Philosophen und Literaturhistorikers Rosenkranz verfaßt hat, kann nicht darüber hinwegtäuschen, daß in den dreißiger Jahren der Unterschied zwischen den Konfessionen eines der Hauptthemen auch in der Theologie ist. 1832 erscheint in erster, 1835 bereits in vierter verbesserter und vermehrter Auflage in Mainz und Wien zugleich das Standardwerk «Symbolik, oder Darstellung der dogmatischen Gegensätze der Katholiken und Protestanten, nach ihren öffentlichen Bekenntnißschriften [griechisch Symbola] von Dr. J. A. Möhler, ordentl. Professor der katholischen Facultät in Tübingen». Die «Tübinger Schule» ist neben der «Münchner» das bedeutendste Zentrum der katholischen Theologie in Süddeutschland. 1819 wurde die heute noch existierende «Theologische Quartalschrift» gegründet. Sie versuchte, nach einer Formulierung von Johann Sebastian Drey, neben Möhler und dem Moraltheologen Johann Baptist Hirscher der wichtigste Vertreter der ersten Generation der Tübinger Schule, auf hohem Niveau «die glückliche Mittelstraße» zu halten zwischen dem Rationalismus der Aufklärung und dem Mystizismus der Romantik. Dennoch wurde diese Generation nach aufklärerischen Anfängen bleibend geprägt von den Maximen der Romantik.

So fühlt sich der Leser der Vorrede in Möhlers «Symbolik» an Adam Müllers Gegensatzlehre erinnert, wenn es heißt: «Ein Jeder ist sich hienach selbst schuldig, sich zum klarsten Bewußtsein der dogmatischen Eigenthümlichkeiten, der inneren Kraft und Stärke, oder der Unmacht und Unhaltbarkeit der religiösen Gemeinschaft zu erheben, als deren Mitglied er sich weiß, einem Bewußtsein, das durch die genaueste und schärfste Kenntniß des Gegensatzes bedingt ist. Es kann auch von keinem tüchtigen Erwerb und sicheren Gebrauch der Vertheidigungsmomente einer Confession die Rede sein, ohne sie in ihrem Gegensatze aufgefaßt zu haben [...].»

Möhler ist auch insofern Romantiker, als es für ihn eine Vereinigung der Gegensätze nur in der Wahrheit geben kann, die jedoch ihre Zeit braucht, um wieder ans Licht zu kommen. Er verbindet diese Maxime mit einer scharfen Kritik am indifferenten Staatskirchentum, dem die Wahrheitsfrage gleichgültig ist und das so «Vereinigungen im Unglauben» fördere. Doch bereits Möhlers erster wichtiger historischer Befund zur Entstehungsgeschichte der Kirchenspaltung ist geeignet, das Klima zwischen den Konfessionen zu verbessern: «Wohl aber möchte ich in der Zeit, der wir angehören, zur Beförderung eines Friedens einen kleinen Beitrag liefern, der aus der wahren Kenntniß des Zwiespaltes hervorgeht, insofern durch diese die Einsicht gewonnen werden kann, daß derselbe aus dem ernstesten Bestreben beider Theile hervorgegangen sei, die Wahrheit, das reine und ungetrübte Christentum festzuhalten.» Demnach hätten beide Parteien nach bestem Wissen und Gewissen um die christliche Wahrheit gerungen – ein neuer Ton in der Kontroverstheologie des neunzehnten Jahrhunderts.

Es ist schwer vorstellbar, daß Eichendorff die «Symbolik» nicht gelesen hat. Durch Möhler wird er in seiner Toleranz im Umgang mit Andersgläubigen bestärkt worden sein, aber auch in seinem katholischen Glaubens- und Selbstbewußtsein, wie es dann vor allem in seinen literarhistorischen Arbeiten mit den ausführlichen Quellenzitaten zum Audruck kommen wird. Möhlers tiefere Auffassung vom ursprünglichen Anliegen des Protestantismus wird es Eichendorff erleichtert haben, den Mischehen seiner Tochter Therese und seines Sohnes Rudolf den Segen zu geben. Vor allem teilt Eichendorff Möhlers Überzeugung von den Spuren Gottes in der Menschheitsgeschichte und wird davon auf seine Weise, vor allem in den Gedichten, weiterhin Zeugnis ablegen. «Durch die ganze heidnische Welt hindurch ziehen sich Bruchteile der Wahrheit und Spuren des

Göttlichen; tiefe Ahnungen, dunklere oder klarere Vorstellungen von einer höheren Weltordnung, das Fühlen und sogar auch ein wenn gleich unkräftiges Wollen des Besseren, ein Sehnen nach Verbindung mit der Gottheit treffen wir allenthalben an. Alles was im Christentum in seiner Fülle und göttlich beglaubigt sich zeigt, finden wir dort wenigstens schon als Schattenriß, als Keim und Samen», heißt es in romantischer Terminologie in Möhlers «Beleuchtung der Denkschrift für die Aufhebung des den katholischen Geistlichen vorgeschriebenen Zölibats», die 1828 in der Mainzer Zeitschrift «Katholik» erschienen ist.

Am 17. Juli 1838 schickt Eichendorff an den Theologieprofessor Wilhelm Joseph Braun in Leipzig im Auftrag des Oberregierungsrats Schmedding die gewünschte Stelle «über die Hermesische Lehre aus des verst[orbenen] Möhler's Briefen» an das preußische Kultusministerium. Möhler ist am 12. April 1838 an den Folgen der Cholera in München gestorben, nachdem er 1835 einen Ruf an die dortige Universität angenommen hatte. Möhler – er hatte Berufungen nach Breslau und Münster abgelehnt – schrieb am 21. Februar 1834 vermutlich im Zusammenhang mit Berufungsverhandlungen an Schmedding über seine Einstellung zu der umstrittenen Lehre des Bonner Professors Hermes: «Da ich übrigens kein Mann schroffen Gegensatzes bin, auch im Hermesischen System Gutes, u. viel Gutes anerkenne, u. die Meinung nicht theile, daß die Einseitigkeiten deßselben durch Sturmschritte besiegt werden müßten oder könnten, vielmehr glaube, daß sie sich von selbst abreiben u. verrauchen werden, so bin ich sogar der kühnen Meinung, daß ich mich auch mit Hermesianern zurechtfinden werde.» Sie waren vor allem an der Breslauer Universität stark vertreten.

Hermes' auf Kant fußende Forderung, nichts dürfe als offenbarte Glaubenswahrheit gelten, was der Vernunfterkenntnis widerspreche, führte zum Beispiel dazu, die traditionelle christliche Lehre, Endzweck der Schöpfung und Erhaltung des Menschen sei Gottes eigene Ehre, zu bestreiten. Fordert die praktische, die moralische Vernunft etwa, «daß ich meine Ehre suche, daß ich dieselbe mir bei meinen Handlungen zum Zwecke setze, und daß ich sie um so mehr suche, je vollkommner ich bin? Dann will ich groß sein in den Augen anderer und werde eben dadurch klein vor meiner eigenen Vernunft, ich verunvollkomme mich. Wer Ehre sucht, wenn er sie auch verdient, ist ehrsüchtig und Ehrsucht ist nach Vernunft und Offenbarung verwerflich, unerlaubt.» Hermes' Ansatz führt zu einer Korrektur des gängigen christlichen Gottesbildes, das ihm zufolge auf unkritischer Bibelauslegung und unkritisch übernommener Tradition beruhe. So Hermes in der zweiten «Einleitung in die christkatholische Theologie» unter der kantianischen Überschrift: «Steht der Inhalt der neutestamentlichen Schriften in einer notwendigen Verbindung zu unserer Pflichterfüllung?»

Vier Jahre nach Hermes' Tod 1831 verurteilt am 26. September 1835 Gregor XVI. die Schriften des Bonner Theologen. Da das Breve für Preußen nicht auf dem Dienstweg über das Berliner Kultusministerium und die Oberpräsidenten, sondern nur über die Nuntien in Brüssel und München verbreitet wird – ein Zeichen der zunehmenden päpstlichen Unabhängigkeit –, ergreifen die Bischöfe in Preußen außer in Osnabrück und Posen keine Maßnahmen gegen die zahlreichen Hermesianer auf den Universitätslehrstühlen, in Köln läßt der Generalvikar das Breve sogar totschweigen – alles in allem Vorgänge, die den romtreuen Eichendorff im Dienste des Berliner zuständigen Ministeriums aufs tiefste beunruhigt haben werden. Sympathisiert er doch mit den romantisch und ultramontan gesonnenen Mitarbeitern und Freunden um die Zeitschrift «Katholik» wie Brentano, Görres, Adam Müller und Friedrich Schlegel sowie mit der historischen Theologie der Tübinger und Münchner Schule. Hin und her gerissen zwischen der Loyalität gegenüber dem sich protestantisch gebenden Preußen, den theologisch und politisch unterschiedlich taktierenden Bischöfen sowie einem Papst, der als geistlicher und weltlicher Souverän zugleich seiner obersten Hirtenpflicht nicht unabhängig von der Staatsraison nachzukommen scheint, bleibt dem Poeten Eichendorff nach Dienstschluß nur der Appell an die Verantwortlichen: «Wacht auf!» Doch das Sonett bleibt bis 1841 in der Schublade.

Es steht ein Kirchlein zwischen Felsenbogen
So tief versteckt: wie in den alten Sagen
Hat Nächtens drin die Glocke angeschlagen,
Weiß Keiner, wer die Glocken hat gezogen.

Erwache, Steuermann! hoch gehn die Wogen;
Ihr Hirten auf, die Herden nach euch fragen;
Ihr Wächter sollt an Schloß und Hütten schlagen,
Wacht auf, wacht auf, bevor der Klang verflogen!

Denn Heerschau halten will in deutschen Gauen
Der Herr und zählen, die ihm treu geblieben,
Eh' er den Engel mit dem Schwerte sendet.

Schon bricht's so dunkelrot durch's Morgengrauen,
Ob's Blut bedeutet oder feur'ges Lieben,
Es steht in Gottes Hand, die Niemand wendet.

Dabei steht die eigentliche Machtprobe zwischen der römisch-katholischen Kirche und dem preußischen Staat noch bevor. Sie entzündet sich an den Folgen des Hermes-Streites sowie an der seit spätestens 1830 schwelenden Auseinandersetzung um die Mischehen. In beiden Fällen ist die Schlüsselfigur der neue Kölner Erzbischof Clemens August Freiherr von Droste zu Vischering. Dieser, 1773 geboren, wurde in seiner Jugend vom «Kreis von Münster» mit dessen romantisierenden und mystischen Tendenzen um die Fürstin Gallitzin geprägt. Es gab Kontakte mit Matthias Claudius, es wurde meditiert über Texte von Tauler, man war befreundet mit der Familie des Friedrich Leopold Graf zu Stolberg, der 1800 zum Katholizismus konvertierte – Eichendorff widmete ihm ein Jugendgedicht. Stolbergs «Geschichte der Religion Jesu Christi» in fünfzehn Bänden (1806–1809) soll auf Drängen von Clemens August entstanden sein. 1791 wurde Clemens August Domherr in Münster, 1807 bis 1813 war er unter französischer, 1813 bis 1821 unter preußischer Verwaltung Generalvikar des Bistums Münster. 1817 schrieb er «Über die Religionsfreiheit der Katholiken» und 1818 «Über förmliche Wahrheit und kirchliche Freiheit». Nach Streitigkeiten mit dem preußischen Oberpräsidenten Vincke wegen Gehalt, Totengeläut und Ablaß, wegen Mischehenproblemen, Bildungsmonopol und Besetzung kirchlicher Ämter, zuletzt wegen der theologischen Fakultät in Münster und ihrer Aufhebung durch den Staat, weil Clemens August den Theologiestudenten verboten hatte, dem nach Bonn berufenen Hermes dorthin zu folgen, reichte er 1822 seine Demission ein. Er hatte dem Kultusminister Altenstein am 21. März 1820 nach Berlin geschrieben, «daß der wesentlichste Zweig der Kirchenverwaltung, nämlich die Aufsicht über die katholische Glaubens-und Sittenlehre, von dem katholischen Bischofe auf das protestantische Kuratorium übergegangen sei, und den Katholiken dieser Diözese die in dem Bischoftum durch des Gottmenschen Stiftung ihnen verliehene Sicherheit der Aufrechterhaltung der reinen Lehre nunmehr ihnen genommen werden solle».

Clemens August privatisierte bis 1827, wurde dann Weihbischof von Münster und auf Betreiben des romantisierenden preußischen Kronprinzen gegen die ursprüngliche Absicht des Domkapitels 1835 als Nachfolger seines innerkatholischen Rivalen, des liberalen und hermesianischen Grafen Spiegel, Erzbischof von Köln. Clemens August ergreift nun weitere Maßnahmen gegen den Hermesianismus an der Bonner katholischen Fakultät, läßt zum Beispiel im Herbst 1836 die Bonner Theologiestudenten beim Übertrittsexamen in das Kölner Priesterseminar den Stoff nach den scholastischen Lehrbüchern auf Latein prüfen, was beides bei den Hermesianern in Bonn verpönt ist. Von siebenunddreißig Kandidaten fallen prompt siebzehn durch, zum Ärger der preußischen Kultusbürokratie. Eichendorff wird das mit gemischten Gefühlen verfolgt haben.

Geht es dem Erzbischof bei dem Kampf gegen den Hermesianismus in erster Linie um die traditionelle Glaubenslehre und in zweiter Linie um das Bestimmungsrecht der Kirche für die Ausbildung des Klerus – Streitfragen, für die sich die breite Bevölkerung nur am Rande interessiert –, so erschüttert der Mischehenstreit 1837 sowohl die Katholiken wie die Protestanten in den westlichen wie östlichen Provinzen Preußens; er ist als «Kölner Wirren» oder «Kölner Ereignis» in die Geschichte eingegangen. Eichendorffs Familie ist auch betroffen, da die Tochter Therese am 2. Juli 1837 Louis von Besserer-Dahlfingen, der Sohn Rudolf 1853 in zweiter Ehe Maria Amalia Thymian heiratet; beide Partner sind protestantischer Konfession.

Die engere Vorgeschichte des Mischehenstreits begann 1803, als eine königliche Deklaration bestimmte, daß die Kinder einer konfessionell gemischten Ehe «in der Religion des Vaters unterrichtet werden sollen», und als dieses Gesetz 1825 auch auf die Rheinlande und Westfalen ausgedehnt wurde, wo bis dahin die auf das Konzil von Trient zurückgehenden Bestimmungen des römisch-katholischen Kirchenrechts galten, wonach der nichtkatholische Ehepartner die katholische Erziehung aller Kinder zusichern muß, soll eine kirchliche Einsegnung zustande kommen. Während die römische Kurie und die Bischöfe keinen nennenswerten Widerstand leisteten, wehrten sich viele Pfarrer vor allem aus der katholischen Erneuerungsbewegung gegen die drohende Protestantisierung der oberen Gesellschaftsschichten in den westlichen Provinzen. Wurden hier doch die höheren Posten in Verwaltung und Militär von jungen Protestanten aus Altpreußen besetzt, die, so fürchtete man, in die oberen katholischen Stände einheiraten und deren Kinder die protestantische Elite auf Kosten des katholischen Volksteils vermehren würden.

Um einen drohenden offenen Konflikt mit dem Staat zu vermeiden, gestattete Pius VIII. in dem Breve «Litteris altero abhinc» vom 25. März 1830 den Pfarrern, sollte die Zusage katholischer Kindererziehung nicht zu erreichen sein, bei der kirchlichen Einsegnung wenigstens eine «passive Assistenz». Die preußische Regierung verweigerte jedoch, um eine Brüskierung solcher Ehen zu verhindern, die offizielle Annahme des Breve und bestand auf der «feierlichen» Assistenz. Als Rom ein weiteres Entgegenkommen ablehnte, drängte die preußische Regierung die Bischöfe zu einer möglichst weiten Auslegung des Breve im staatlichen Sinn. Die Bischöfe von Münster, Paderborn und Trier lenkten ein, auch der

Erzbischof von Köln, Graf Spiegel, ließ sich vom preußischen Gesandten in Rom fälschlicherweise davon überzeugen, die weite Interpretation des Breve sei auch im Sinne des Heiligen Stuhls, und unterzeichnete am 19. Juni 1834 eine geheime Konvention: Nur noch «die religiöse Gesinnung des katholischen Teils in Absicht auf Glaubenstreue und Pflichterfüllung bei der künftigen Kindererziehung» genüge als Bedingung für eine feierliche Trauung, der nichtkatholische Partner werde nicht weiter in die Pflicht genommen.

Als nach Erzbischof Spiegels Tod 1835 der Bischof von Trier unmittelbar vor seinem Ableben 1836 von der Konvention zurücktritt und den Papst über die Geheimabmachung unterrichtet, und als der zur Rede gestellte preußische Botschafter beim Vatikan, Christian Karl Bunsen, die Existenz der Pastoralinstruktionen auch noch als «moralisch unmöglich» ableugnet, nimmt im September 1837 der neue Kölner Erzbischof Clemens August von Droste zu Vischering den Kampf gegen Berlin auf und erklärt, er werde sich nur da an die Konvention von 1834 halten, wo sie nicht vom päpstlichen Breve von 1830 abweiche. Als er in allen Verhandlungen standhaft bleibt und das Ultimatum des Kultusministers Altenstein vom 24. Oktober, nachzugeben oder zurückzutreten, ablehnt, wird der Erzbischof am 20. November verhaftet und angeblich wegen Wortbruch und revolutionärer Umtriebe auf die Festung Minden verbracht. Am 10. Dezember erhebt Papst Gregor XVI. feierlichen Protest, im Januar 1838 rüttelt Görres von München aus mit seiner Schrift «Athanasius» die Öffentlichkeit auf gegen die Intoleranz der preußischen Regierung und für Droste-Vischering als Vorkämpfer der Kirchenfreiheit. Die Bischöfe von Münster und Paderborn treten von der Konvention zurück, und Berlin bemüht sich um Schadensbegrenzung durch schrittweises Entgegenkommen. 1839 wird Droste-Vischering aus der Haft entlassen, jedoch 1841 durch den zum Koadjutor ernannten Bischof von Speyer Johannes von Geissel aus der Mainzer Schule abgelöst.

Es ist schwer vorstellbar, daß Eichendorff als Mitarbeiter Altensteins und Schmeddings im Kultusministerium nicht auch mit der Mischehenproblematik und den Kölner Wirren befaßt gewesen ist – sicher zu seinem Leidwesen. Wie er die Ereignisse erlebt und gedeutet hat – als Erweckungserlebnis für den politischen Katholizismus in deutschen Landen –, zeigt sein Gedicht «Die Mahnung. 1837». Es wird jedoch erst sieben Jahre nach seinem Tode veröffentlicht.

O heil'ges Köln, dein Hirte ist gefangen,
Die halbe Welt steht jubelnd auf der Lauer,

Doch andre sinnen ernst in stummer Trauer,
Er mitten drin, von greisem Haar umhangen.

Da, als die Nacht und Trübsal näher drangen,
Ging durch die Seele ihm ein ahnend Schauer,
Ein recht Gebet hebt über Schloß und Mauer –
Still segnet er das Land, das ihn gefangen.

Und wie er segnet, klang's vom hohen Dome,
Die Glocken fingen an von selbst zu schlagen,
Und weithin drang ihr Ruf vom deutschen Strome.

Die Nacht entfloh, der Morgen strahlte nieder,
Und betend sah man in des Frührots Tagen
Sich alle sammeln um den Herren wieder.

Vielleicht sind es auch konfessionelle Rücksichten, die den Kronprinz Friedrich Wilhelm in diesem kritischen Jahre 1837 am 9. September Eichendorff auf dessen Bitte um Empfehlung für das Gesuch seines Sohnes Rudolf wegen der Aufnahme in das Kaiser-Alexander-Grenadier-Regiment antworten lassen: Er habe «leider wenig Hoffnung, denn der schlimme Umstand ist, daß ganz ähnl Bitten wie die Ihrige, bester H v Eichendorff, von S[einer] M[ajestät dem König] in diesen Tagen abgeschlagen worden waren, indem man die Überfüllung mit Offizieren bei jenem Rgt vermeiden will».

Auch wird Eichendorffs eigene Bewerbung für die «Wiederbesetzung der erledigten Intendantur der Königlichen Museen», weswegen er dem Kultusminister Altenstein am 3. Oktober 1837 schreibt und unter dem gleichen Datum noch dem Kronprinzen, am 20. Oktober vom Minister abschlägig beantwortet.

So ist es verständlich, daß Eichendorff am 17. April 1838 Altenstein um einen sechswöchigen Urlaub «nach Wien und Trient» bittet, da «Familien-Angelegenheiten von großer Wichtigkeit für mich eine persönliche Rücksprache meinerseits mit den betreffenden Behörden und Intereßenten im Oesterreichischen dringend nothwendig machen, um bedeutende und unersetzliche Verluste für die Zukunft abzuwenden». Sicherlich geht es Eichendorff neben der Zukunftssicherung, das Gut Sedlnitz in Böhmen betreffend, auch um einen dringend notwendigen politisch-atmosphärischen Klimawechsel, den er jedoch im Österreichischen kaum erleben wird. Denn sein Bruder Wilhelm kommt zu der Besprechung nach Wien, so daß die Reise in des Bruders Wirkungsstätte Trient entfällt. Sodann sind in Wien die politischen Verhältnisse auch nicht unbedingt nach Eichendorffs Geschmack.

Das reaktionäre Metternichsche System mit Zensur, Spitzelwesen und weithin unpolitischem Bürgertum hat sich nach der Julirevolution 1830 noch mehr auf das Inland konzentriert und verfestigt. Metternich sucht die Allianz zwischen der katholischen Kirche und der Habsburger Monarchie gegen die revolutionären Kräfte zu stärken und gewährt dem Kirchenstaat militärische Hilfe. Am 2. März 1835 ist Kaiser Franz I. gestorben. Den Thronfolger Ferdinand I., wegen Epilepsie nur eingeschränkt regierungsfähig, hatte er beschworen: «Übertrage auf den Fürsten Metternich, Meinen treuesten Diener und Freund, das Vertrauen, welches Ich ihm während einer so langen Reihe von Jahren gewidmet habe. Fasse über öffentliche Angelegenheiten wie über Personen keine Entschlüsse, ohne ihn darüber gehört zu haben.»

Metternichs Macht ist indes eingeschränkt durch die «Geheime Staatskonferenz», bestehend aus ihm, dem Erzherzog Ludwig sowie dem Grafen Kolowrat, einem überzeugten Josephinisten, die gegeneinander arbeiten. Metternich kann nicht verhindern, daß auf Drängen der Tiroler Stände im Interesse der Glaubenseinheit Tirols 1837 vierhundert Zillertaler Protestanten vertrieben werden und nach Preußisch-Schlesien und Südamerika gehen, was weltweit Aufsehen erregt. Wegen der Lösung der Mischehenfrage setzt Metternich, um die josephinischen Ehegesetze dem tridentinischen Kirchenrecht anzunähern, auch unter dem Eindruck der Kölner Wirren gegen Kolowrat zweiseitige Verhandlungen durch, die 1841 zu einem für Österreich fortschrittlichen Ergebnis führen: Für Ungarn wird die auch vor einem nichtkatholischen Geistlichen geschlossene Mischehe als gültig anerkannt, für die übrige Monarchie genügt zur Gültigkeit die passive Assistenz des katholischen Pfarrers ohne kirchenrechtliche Verpflichtung der Eheleute zur katholischen Kindererziehung.

Eichendorff bleibt nur eine Woche in Wien. Am l. Juni 1838 meldet die «Wiener Zeitung»: «Angekommen: dem 29. May. Baron Joseph Eichendorff königl. Preußischer Regierungsrath (Stadt Nr. 968), von Berlin.» Eichendorff wohnt im vornehmen Hotel «Erzherzog Karl» in der Kärtnerstraße. Denn zumindest für die Leser der Wiener «Jahrbücher der Literatur» ist Eichendorff seit 1836 ein berühmter Dichter. Hat doch ein Adolf Schöll in dieser kritisch-konservativen Zeitschrift, die sogar von Metternich und Gentz gefördert wird, von Juli bis Dezember auf nicht weniger als einhundertzehn Seiten «Joseph Freyherr von Eichendorff's Schriften» vorgestellt, von «Ahnung und Gegenwart» bis «Dichter und ihre Gesellen». Schöll schließt mit einer Bemerkung über den «Sänger» Eichendorff: «Wozu berichte ich noch lange? Die Gedichte selbst sind da, und wirken in jeder empfänglichen Brust das Zeugniß, daß in der

Fülle des Liedes Eichendorff unter keinem deutschen Sänger steht, und nur sehr wenige neben ihm stehen.» Schöll muß es wissen. Der promovierte klassische Philologe und Literarhistoriker, 1805 geboren, war als Stuttgarter Gymnasiast Freund von Gustav Schwab und während seiner Studien in Tübingen bekannt mit dem Theologen David Friedrich Strauß, dem Philosophen Friedrich Theodor Vischer sowie den Dichtern Eduard Mörike und Ludwig Uhland. 1832 lernte Schöll in Berlin, wo er sich habilitierte, vermutlich in der «Mittwochsgesellschaft» Eichendorff kennen, wurde 1835 Lektor an der Akademie der Künste und half Eichendorff bei der Redaktion der Gedichtsammlung von 1837. Aus dieser Zeit stammt wohl Schölls Gedicht auf «Joseph von Eichendorff»:

> Hört' ich in den Knabentagen,
>   Wenn ein grüner Ast mich trug,
> Fink im Wald und Amsel schlagen,
>   Nein, wie da das Herz mir schlug,
> Fühlt' ich's nicht mehr – ach, wie lange! –:
> Wälderweit im Wiederhall
> Fühlt' ich's heut bei Deinem Sange,
> Eichendorff, du Nachtigall!

1842 wird Schöll Professor der Archäologie in Halle, 1843 Direktor der Kunstanstalten in Weimar, 1861 Leiter der Großherzoglichen Bibliotheken. Mitte der vierziger Jahre bricht der Kontakt zu Eichendorff ab. Schöll kümmert sich um den Goethe-Nachlaß. 1846 gibt er «Briefe und Aufsätze von Goethe aus den Jahren 1766–68» heraus, 1848–51 in drei Bänden «Goethes Briefe an Frau von Stein» sowie 1879 eigene «Gedichte aus den Jahren 1823–39», darin das Gedicht über Eichendorff.

Schon für den 5. Juni 1838 meldet die «Wiener Zeitung» Eichendorffs Abreise nach Brünn. Die früheren Freunde sind längst verstorben oder haben Wien verlassen. Adam Müller, mit dem Eichendorff bei seinem letzten Wien-Besuch 1820 noch zusammengetroffen war, ist 1829 zwei Schlaganfällen erlegen, nachdem er 1826, auf Metternichs Betreiben wegen seiner Schrift «Das monarchische Prinzip und die Religion» noch in den Adelsstand erhoben, wegen seines Widerstandes gegen die sich abzeichnende deutsche Wirtschaftseinheit von seinem Botschafterposten in Leipzig nach Wien zurückbeordert worden war.

Auch Friedrich Schlegel ist noch vor Müller am 12. Januar 1829 gestorben während eines Besuchs in Dresden, nachdem er am Tag zuvor noch bei den Tiecks gespeist hatte. Sein schriftstellerischer Nachlaß wurde dem Hermes-Gegner Professor Windischmann in Bonn anvertraut.

Dorothea Schlegel lebt jetzt bei ihrem Sohn Philipp Veit, dem Direktor des Frankfurter Städelschen Museums. Sie wird am 3. August 1839 in dessen Gartenhaus in Bockenheim vor den Toren Frankfurts sterben: «Ich könnte sagen wie Du, ich bin es satt,» schreibt die fast Fünfundsiebzigjährige kurz vorher an Henriette Herz. «Aber ich sage es dennoch nicht, und ich bitte und ermahne Dich: sage auch Du es nicht mehr. Sei tapfer! Das heißt, wehre Dich nicht, sondern ergieb Dich in tapferer Heiterkeit!»

Eichendorff wird sich jetzt in Wien an Dorothea und an Philipp Veit erinnert haben und bedauern, daß der Kontakt über Jahrzehnte abgerissen ist. Nur indirekt hat Eichendorff noch am 20. Februar 1837 in einem Antwortbrief an Johann David Passavant, den Kunstschriftsteller und Galeriedirektor am Städelschen Institut, dessen Vorgesetzten Philipp Veit grüßen lassen: «Philipp ist, neben meinem Bruder, mein *liebster* Jugendfreund gewesen und bis zu dieser Stunde geblieben. Eben deßhalb aber kann ich mich nicht überwinden, ihm dieß, nach jahrelangem Stillschweigen, jetzt in ein paar Versen künstlich u. epigrammatisch zu sagen [worum ihn Passavant gebeten hatte]. Ich möchte ihm vielmehr gar zu gern einmal recht aus voller Seele einen langen Brief schreiben, damit er doch wüßte wie es mir in der Welt ergangen kann aber in diesem Augenblick vor Aktengetümmel durchaus nicht dazu kommen. Sehr dankbar würde ich indeß sein, wenn vielleicht durch Ihre gütige Vermittlung Philipp einstweilen ersehen könnte, daß ich ihn recht aus Herzensgrunde grüße und das Andenken seiner soldatischen und geistigen Kameradschaft Zeitlebens mit alter Treue bewahre.»

*«Wo einer noch Christi Fahne hält»:*
*Görres, Brentano und die Münchner Romantik*

Wohl weil Eichendorff noch vor der Abreise nach Wien erfahren hat, daß sich die Reise nach Trient erübrigen würde, nutzt er die gewonnene Zeit schon auf der Hinreise zu einem lang ersehnten Aufenthalt in München. Vielleicht hat er ihn, der vom 17./18. bis 29. Mai 1838 dauert, aber auch von vornherein eingeplant, es jedoch für politisch und beruflich klüger gehalten, ihn in dem Urlaubsgesuch an Kultusminister Altenstein nicht zu erwähnen. Ist dieser doch wie in allen mehrheitlich katholischen Landen so auch in Bayern und dort vor allem in München der preußische Buhmann. Die preußische Regierung ihrerseits ist über die bayerische mehr als verschnupft, weil diese nichts gegen den «Athanasius», die

Kampfschrift von Görres zum «Kölner Ereignis», unternimmt, im Gegenteil diese Attacke deckt. Eichendorffs Besuch ist so mutig wie heikel: In Berlin könnte er als Überläufer erscheinen, in München als preußischer Spion. Deshalb bleibt selbst in der uns bekannten Privatkorrespondenz Eichendorffs Münchenbesuch unerwähnt, obwohl der Aufenthalt für Eichendorff schicksalhaft gewesen sein dürfte. Er hat sich dort seines weiteren eigenen Weges als Beamter, Schriftsteller und Dichter vergewissert – in teilweiser Identifikation mit dem Münchner Görres-Kreis, doch auch in Absetzung von ihm. So hätte es von München viel zu erzählen gegeben, doch selbst gegenüber den Kindern – seine Frau ist mit von der Partie – hält sich Eichendorff in den Briefen bedeckt. Es heißt Ende Juli/Anfang August 1838 an seinen Sohn Hermann, der in Bonn studiert, nur: «Was sagst Du zu unserer Reise ex abrupto? [...] Von unserer Reise Dir ausführlicher zu schreiben, ist jetzt unmöglich, da ich in diesem Augenblick kaum zum Atemholen Zeit habe. Ich dachte, Dir bei Deiner Zurückkunft ausführlich zu erzählen; nun aber haben wir uns entschlossen, Dich noch bis zum nächsten Frühjahr in Bonn zu lassen», wo Hermann die Erregung des katholischen Rheinlandes über die Berliner Kirchenpolitik hautnah miterlebt haben dürfte.

Nicht ganz so harmlos wie diese Briefstelle – befürchtet Eichendorff, daß seine Post in die aufrührerischen westlichen Provinzen zensiert wird? – klingen die Zeilen, mit denen Hermann, ebenfalls nun preußischer Regierungsrat in Aachen, fast ein Vierteljahrhundert später 1862 in der Biographie seines Vaters den Münchner Aufenthalt beschreibt – als Kunstreise. Die Brisanz ahnt nur, wer zwischen den Zeilen zu lesen versteht: «München überraschte ihn durch seine reichen Kunstschätze ungemein, außerdem fand er dort einen Kreis alter und neuer Freunde, der ihm den Aufenthalt außerordentlich angenehm machte. Durch Görres, der soeben im ‹Athanasius› von neuem seine gewaltige Stimme erhoben hatte, war Eichendorff mit dem Minister v. Abel bekannt geworden und mit andern bedeutenden Persönlichkeiten der baierischen Hauptstadt, von welchen ihm Aufmerksamkeiten jeder Art zu Theil wurden. Vor Allen aber war es Brentano, der nicht ermüdete, dem Freunde die Sehenswürdigkeiten Münchens zu weisen und als täglicher Gefährte ihn überall in Stadt und Umgegend zu begleiten. Brentano hatte gerade sein liebliches Märchen ‹Gokel, Hinkel und Gakeleia› im Druck erscheinen lassen, das Eichendorff mit vieler Theilnahme begrüßte.»

Eichendorff gehört zwar nicht zu Görres' engeren Freunden, doch zählt Görres neben Schlegel zu Eichendorffs wichtigsten Lehrern, auf den er nichts kommen läßt, auch wenn Eichendorff zehn Jahre zuvor Görres vergeblich um Stellenvermittlung in München gebeten hatte. Jetzt ist Görres als Haupt der Katholischen Bewegung und als Mittelpunkt der Münchner Romantik für Eichendorff seit dem Tod Friedrich Schlegels in den gegenwärtigen politisch-weltanschaulichen Auseinandersetzungen die Leitfigur.

Mit der Kampfschrift «Athanasius», die Görres in vier Wochen niedergeschrieben hat und die von Januar bis Mai 1838 vier Auflagen erlebt, hat sich der Einundsechzigjährige an die Spitze all derer gesetzt, denen Preußen durch seine Kirchenpolitik, vor allem durch die Verhaftung des Kölner Erzbischofs Droste-Vischering, ein Dorn im Auge ist. Durch den Titel knüpft Görres an Möhlers Schrift von 1827 «Athanasius der Große und die Kirche seiner Zeit, besonders im Kampfe mit dem Arianismus» an. So wie der Bischof von Alexandrien Athanasius (gestorben 373) wegen seines Widerstandes gegen die «Gottlosigkeit» der Arianer, die Jesu Göttlichkeit bestritten, 335 abgesetzt und von Kaiser Konstantin I. nach Trier verbannt wurde, von wo er jedoch durch Konstantin II. bald zurückgerufen wurde, so sei es jetzt dem Kölner Erzbischof widerfahren, und man erwarte spätestens mit dem Thronwechsel in Preußen die Wiedergutmachung sowie die Anerkennung des freien Bestimmungsrechts der Kirche in Fragen des Glaubens, Beispiel Hermesstreit, und in Fragen der Sitte und Moral, Beispiel Mischehenstreit. «Durch die ganze primitive Kirche galt als Norm», heißt es bei Görres, «was der heil. Ambrosius dem Kaiser Valentinian II. gegenüber ausgesprochen, und was früher noch Athanasius dem K. Konstantius gesagt: in geistlichen Dingen besitze kein Kaiser irgend einiges Recht und einige Gewalt; in Glaubenssachen urteilten die Bischöfe über die Kaiser, nicht aber die Kaiser über die Bischöfe, und jene hätten, statt diese zu meistern, vielmehr von ihnen zu lernen.» In der Demütigung des Athanasius und Droste-Vischerings durch die weltliche Macht wiederhole sich die Demütigung Jesu durch Herodes und Pilatus. Görres argumentiert typologisch in der für katholische Romantiker wie Schlegel, Brentano und auch Eichendorff charakteristischen christozentrischen Geschichtsbetrachtung: Alles verweist figural auf Jesus als die zentrale Figur der Welt- und Heilsgeschichte: «die Kirche – seit Jahrhunderten untergraben, gedrängt, zerrissen, in allem ihrem Gründer vergleichbar, als die Höflinge bei Herodes ihm spöttisch den Königsmantel angelegt, und der Landpfleger, als seine Schergen dem Gegeißelten die Krone aufgesetzt [...].»

Die preußische Regierung reagiert prompt mit einem Verbot des «Athanasius» und erwartet gleiches von den Staaten des Deutschen Bundes, auch von Bayern. «Die hiesige preußische Gesandtschaft», schreibt Görres am 30. Januar 1838 an seinen Gesinnungsfreund Joseph von Giovanelli in Bozen, «hat nämlich schon vor drei Wochen auf Beschlagnahme bei der hiesigen Regierung angetragen, ist aber gehörig abgewiesen worden. Der König hält sich fest, und schützt die freie Discussion, und so wird der Krieg denn tapfer von hier aus gegen Gog und Magog [das barbarische Volk, das nach dem biblischen Buch der Offenbarung 20,8 in der Endzeit zwar herrscht, aber schließlich doch untergeht] geführt, und wie Sie sehen, mit gutem Erfolg. Das Beste aber geschieht im Stillen, und die Nachrichten vom Rheine sind darüber höchst erfreulich. Alles wendet sich der Kirche zu; die seit 40 Jahren keine besucht, lassen sich in ihr finden [...]. In Koblenz allein, das etwa 12000 Einwohner hegt, hat man zu Weihnachten 1500 Communicanten mehr als im vorigen Jahre gezählt. Die Weise, wie sich das dortige Volk gegen Seidel [den ultramontanen Lamennais-Verleger J. E. von Seidel, Sulzbach] benommen, den es Tag und Nacht bewacht, und den es, als er ausgegangen, um ihn zu sichern, auf den Schultern wieder heimgetragen, ist vortrefflich und rührend; und merkwürdig, Alles ist in derselben Nacht, bis auf die geführten Reden, dort wie in Paderborn ganz in gleicher Weise abgelaufen. Das sind die revolutionären Verbindungen, von denen sie reden. In Rom ist die Haltung auch vortrefflich. Kurz Alles geht wie es soll, Mitternacht ist vorüber und die Tage haben sich in der kurzen Zeit schon um einen Hahnenschrei gelängt.»

Das ist der Görres, wie er auch Eichendorff bei diesem Besuch wieder imponiert und auch dem König Ludwig I., der ihn, noch ein Affront gegen Preußen, 1839 adeln wird. Eichendorffs Gedicht «An Görres. Oktober 1839» – es wird mit Rücksicht auf Eichendorff selbst und auf Sohn Hermann, den späteren preußischen Beamten in Aachen, sowie auf Sohn Rudolf und Schwiegersohn von Besserer-Dahlfingen, die preußische Offiziere sind, erst 1925 aus dem Nachlaß veröffentlicht werden – ist eine Huldigung auch an Eichendorffs eigenes «Einsiedel»-Ideal:

> Wo einer noch Christi Fahne hält
> Hoch über dem Erden-Plunder,
> Für einen Narren hält ihn die Welt
> Für ein gar fabelhaft Wunder.
>
> Der Alte vom Berge nachts umgeht
> Und zieht die alten Glocken,
> Im Schlaf auf die andre Seite dreht
> Die Welt sich, fast erschrocken.

> Einsiedler du, ja stürme nur fort!
> Manch Wandrer noch irrt verspätet,
> Spürt in dem Klange des Herren Wort
> Und sinkt in die Knie und betet.

Wenn München Wien als Zentrum der katholischen Romantik abgelöst hat, so nicht zuletzt durch die Berufungspolitik für die Ludwig-Maximilians-Universität, die 1826 von Landshut nach München verlegt worden ist. Berufen wird durch den romantisch gesonnenen König Ludwig I., der 1825 den Thron bestiegen hat, nach der Anweisung: «Ein religiöser Geist, ein von Kunst und Wissenschaft durchdrungener, lebe im Ministerium des Innern. – Nur keine Ultra ... Katholisch, aber wie Sailer [der König hat als Kronprinz ein Semester bei ihm in Landshut studiert], nicht wie Reisach [der ultramontane Erzbischof von München-Freising], Verfassung über dem Konkordat, aber die Geistlichen nicht [wie in Preußen] zwingen, wider ihr Gewissen zu handeln. – Gegen Fanatismus bin Ich; er bewirkt das Gegenteil, was man beziet. Fromm sollen meine Bayern sein, aber keine Kopfhänger.» Unter Beratung des Weihbischofs Sailer von Regensburg und des Innenministers Eduard von Schenk, einem Konvertiten, sowie seines Leibarztes und Medizinprofessors Johann Nepomuk von Ringseis – er wird erster Rektor der Universität – sind berufen worden die Philosophen Schelling und Franz von Baader, die Naturphilosophen Gotthilf Heinrich Schubert und Lorenz Oken, nicht zuletzt aus dem Exil in Straßburg, nachdem der preußische Verhaftungsbefehl durch bayerische Intervention in Berlin aufgehoben wurde, auf den Lehrstuhl für «Allgemeine und Literärgeschichte» Joseph Görres.

Um Görres bildete sich bald ein Kreis Gleichgesinnter, der Kontakt aufnimmt mit den Ultramontanen in Wien um Pater Hofbauer, Friedrich Schlegel und den Philosophen Anton Günther sowie mit den Franzosen Lamennais, Lacordaire und Montalembert. Als jedoch der Görres-Kreis in der Zeitschrift «Eos» von 1828 bis 1832 immer deutlicher die These vertritt, Kirche und Staat verhielten sich «wie das Begründende zu dem Begründeten», fürchtet Ludwig I. um die mühsam gehaltene Balance zwischen den beiden Gewalten und entzieht dem Kreis vorübergehend seine Sympathie. Doch noch den 1838 gegründeten Münchner ultramontankonservativen «Historisch-politischen Blättern für das katholische Deutschland» unterstellt der Bericht des preußischen Gesandten vom 23. März 1838: «Der leitende Gedanke dieses Blattes wird sein: Absolute Oberherrschaft der kirchlichen Gewalt über jede weltliche, Krieg gegen die Mischehe, und incompatibilité einer protestantischen Regierungsgewalt [wie Preußen] über katholische Gebiete» wie Westfalen und die Rheinlande. Begründer der Zeitschrift sind der Görressohn Guido, der Professor der Rechte George Phillips, 1804 in Königsberg geboren, und dessen Freund Karl Ernst Jarcke, beide Konvertiten.

Der Jurist und Publizist Jarcke, aus Danzig gebürtig, war nach der Julirevolution 1831 in Berlin Redakteur des reaktionären «Politischen Wochenblattes», das «der Revolution in jeder ihrer Gestalten» entgegentreten will und für die er noch immer arbeitet, und ist seit 1832 als Nachfolger von Gentz amtlicher Publizist an der Hof- und Staatskanzlei Metternichs in Wien. Eichendorff wird sich mit Jarcke befreunden, der Eichendorff nach dessen Pensionierung für die Jahre 1846–1848 als zeitweiligen Mitarbeiter für die Zeitschrift gewinnt sowie 1845 Eichendorffs Calderon-Übersetzung an den Verlag Cotta und 1847 dessen literarhistorischen Essay «Über die ethische und religiöse Bedeutung der neueren romantischen Poesie in Deutschland» an den Verlag Liebeskind vermittelt. Während Eichendorffs Aufenthalt in Wien 1846/47 werden sich die Freunde häufig treffen.

Außer mit dem politisierenden Görres-Kreis verkehrt Eichendorff jetzt in München lieber noch mit einem wirklichen Poeten, mit Clemens Brentano. Dieser, ein Schulfreund von Görres aus der Koblenzer Gymnasialzeit, ist 1833 von Regensburg, wo er dem Freund Melchior von Diepenbrock, dem Vertrauten Sailers, bei einer Biographie des 1832 verstorbenen Bischofs helfen wollte, nach München umgesiedelt. Hier wohnt er bei dem Maler und Professor der Kunstakademie Joseph Schlotthauer in der Glockenstraße.

Es existiert eine Notiz von Brentano an Eichendorff vermutlich aus diesen Maitagen 1838: «Wollen Sie die Overbeckischen Zeichnungen und andre höchst interessante Zeichnungen der besten Künstler sehen, so hole ich Sie und die Ihrigen um "12 in Ihrem Hause ab. Es wird Sie nicht gereuen. Guten Morgen. Ihr ergebener Brentano.» Eichendorff und Brentano werden sich in den neu errichteten Museumsbauten Münchens nicht nur über die Kunstwerke unterhalten haben, die König Ludwig I. versammelt hat, angefangen mit der antiken Skulpturensammlung seit seiner ersten Italienreise 1804 über die Bilder der Nazarener seit dem zweiten Italienaufenthalt 1817/18 bis zu der Sammlung altdeutscher Gemälde der Brüder Boisserée 1827 und im Jahr darauf des Fürsten Öttingen-Wallerstein.

Brentano ist als Mensch und Dichter mehr darauf konzentriert, seine Vision von der Einheit des Göttlichen und Menschlichen auf seine eigene Weise zu verwirklichen. Er will an das römisch-katholische Dogma von der Transsubstantiation in der Eucharistiefeier nicht nur glauben, sondern die Verwandlung von Irdischem in Himmlisches in der Liebe erleben und als Priesterdichter – wie die jungen Novalis, Schlegel und Eichendorff in «Ahnung und Gegenwart» – in seiner Poesie verkünden. Daß man ihm deshalb nicht erst in München mißtraut und er sich dadurch dem dogmatisch-kirchlichen Görres-Kreis mehr und mehr entfremdet hat, wird Eichendorff bemerkt haben. Brentano ist besessen von dem Bedürfnis, sich in andere hineinzufühlen bis zur gegenseitigen Verschmelzung.

Diese Fähigkeit bestimmte auch den Umgang mit der visionär begabten und stigmatisierten Nonne Anna Katharina Emmerich in Dülmen in Westfalen. Nachdem Brentano am 27. Februar 1817 eine Generalbeichte abgelegt hatte, reiste er am 14. September zu ihr. Die Nonne hatte durch die Säkularisierung, die von Preußen 1812 in den westlichen Provinzen eingeleitet worden war, das Augustinerinnenkloster in Dülmen todkrank als letzte verlassen müssen und lebte als Haushälterin des greisen, aus Frankreich emigrierten Beichtvaters der Herzöge von Croy, Abbé Lambert, in einem Privathaus, versorgt von ihrer jüngeren Schwester. 1812/13 empfing die Nonne die äußeren Wundmale und schien ohne feste Nahrung fast nur von Wasser zu leben. Die kirchlichen Prüfungen wurden geleitet von dem damaligen Generalvikar Clemens August von Droste zu Vischering, dem späteren Erbischof der «Kölner Wirren». Am 13. November 1813 schrieb er an den Grafen Stolberg: «Meine Meinung über sie ist: daß sie eine besondere Freundin Gottes ist, wovon aber wir nichts gemerkt hätten, so daß ihr Beispiel für uns würde verloren gewesen sein, wenn Gott sie nicht gestempelt hätte [...], das scheint mir so klar, daß wenn ich jetzt auch Betrug oder Täuschung finden würde [...], bekennen müßte: vernünftigerweise hätte man sich das nicht denken können.»

Anderer Meinung waren da die preußischen Behörden, die Erkundigungen über mutmaßliche politische Prophezeiungen der Nonne einholten. Sie fürchteten, das angebliche Wunder könne vom katholischen Volk als Zeichen Gottes gegen die Aufhebung der Klöster und die Unterdrückung der Kirche verstanden werden und zu Unruhen führen. Es kam zu einer ernsten Konfrontation zwischen Droste-Vischering und dem damaligen preußischen Zivilgouverneur und späteren Oberpräsidenten Ludwig Freiherr von Vincke, erste Anzeichen des Widerstandes der katholischen Bewegung gegen die preußische Kirchenpolitik.

Brentano hatte unterdessen mit seiner «Lebensaufgabe» begonnen, der Aufzeichnung und Bearbeitung der Visionen der Nonne. Weil er fortan seinem bisherigen poetischen Schaffen entsagen wollte, versteigerte er Ende 1819 in Berlin mit Ausnahme der theologischen Titel seine auch an alten Handschriften reiche Bibliothek.

Nach dem Tod der Nonne am 9. Februar 1824 machte sich Brentano zunächst in Koblenz, dann in Frankfurt und Regensburg daran, anhand seiner 16 000 Folioseiten mit den Dülmener Aufzeichnungen ein dreibändiges Werk über die Kindheit, das öffentliche Wirken und das Sterben Jesu zu verfassen. August 1833 erschien in der Verlagsbuchhandlung Seidel in Sulzbach zunächst anonym der letzte Teil der Trilogie: «Das bittere Leiden unseres Herrn Jesu Christi. Nach den Betrachtungen der gottseligen Anna Katharina Emmerich, Augustinerin des Klosters Agnetenberg zu Dülmen. Neben dem Lebensumriß dieser Begnadigten.» Der erste Teil, das «Leben der heil. Jungfrau Maria» wird postum 1852 in München erscheinen, der zweite Teil nur in einer redigierten und entstellten Fassung 1858–1860. Doch das noch von Brentano vermutlich im Sommer 1838, nach Eichendorffs Abreise, fertiggestellte Manuskript unter dem Titel «Lehrjahre Jesu» ist vollständig überliefert.

Brentano betont überraschenderweise gleich eingangs vom «Bitteren Leiden unseres Herrn Jesu Christi», das Werk erhebe nicht «den mindesten Anspruch auf den Charakter historischer Wahrheit», sondern möchte nur «unter vielen ähnlichen Früchten der contemplativen Jesusliebe sich irgend auszeichnen». Wie «Des Knaben Wunderhorn» 1805 bis 1808 dem Volk seine Lieder als Quelle vaterländischer Begeisterung wieder geschenkt und die aufklärerische Literaturwissenschaft ad absurdum geführt habe, so soll nun das «Bittere Leiden unseres Herrn Jesus Christus» durch die Offenbarungen der «gottseligen» Nonne dem Volk als eine lebendige, heute noch wirksame Wirklichkeit wieder nahe gebracht und so die Gefahr der historischen Bibel-Kritik gebannt werden. Bis zu Brentanos Tod 1842 wird das Buch sechs Auflagen erleben, es ist sein erfolgreichstes Werk.

Doch parallel zu seiner Abfassung war auch das vielleicht noch einflußreichere Gegenstück entstanden. Der Tübinger Stiftsrepetent David Friedrich Strauß, der in Berlin auch bei Schleiermacher studiert hatte, gab fünfundzwanzigjährig 1833 seine Vorlesungen auf, um sich ganz der Vollendung seines monumentalen Werkes «Das Leben Jesu, kritisch bearbeitet» zu widmen. 1835/36 erschien es mit insgesamt 1400 Oktavseiten und machte Furore zunächst unter den protestantischen Theologen, Pfarrern und Gebildeten. 1864 wird es als «Das Leben Jesu für das deutsche Volk bearbeitet» bei Brockhaus in Leipzig erscheinen und seine Kritik an der historischen Wahrheit eines «übermenschlichen Wesens» Jesu weit verbreiten. In der Schlußbetrachtung heißt es: Der Kritiker lebe «der Überzeugung, keinen Frevel an dem Heiligen zu begehen, vielmehr ein gutes und nothwendiges Werk zu thun, wenn er alles dasjenige, was Jesum zu einem übermenschlichen Wesen macht, als wohlgemeinten und zunächst vielleicht auch wohlthätigen, in die Länge aber schädlichen und jetzt geradezu verderblichen Wahn hinwegräumt, das Bild des geschichtlichen Jesus in seinen schlicht menschlichen Zügen, so gut es sich noch thun läßt, wiederherstellt, für ihr Seelenheil aber die Menschheit an den idealen Christus, auf jenes sittliche Musterbild verweist, an welchem der geschichtliche Jesus zwar mehrere Hauptzüge zuerst in's Licht gesetzt hat, das aber als Anlage ebenso zur allgemeinen Mitgift unserer Gattung gehört, wie seine Weiterbildung und Vollendung nur die Aufgabe und das Werk der gesammten Menschheit sein kann.»

Angesichts dieser Attacke auf den christlichen Glauben sieht sich wie Brentano auch Görres gezwungen, dem Mythos vom Volksgeist mit seinen frommen Jesus-Phantasien die Mystik der Jesus-Erfahrung als höhere Wirklichkeit unserer Geschichte entgegenzusetzen und so in dem alten Konflikt der Romantiker zwischen Dichtung und Wahrheit zugunsten letzterer einzugreifen. 1836/37 sind die beiden ersten Bände von Görres' «Christlicher Mystik» erschienen, der dritte wird 1840, der letzte Band 1842 auf den Markt kommen. Er habe sich neben anderen, heißt es von Görres in der Vorrede, auch «um unsere Theologen verdient machen wollen. Die haben bekanntlich, nachdem sie schon lange Verdacht geschöpft, und deswegen stark nachgegrübelt, endlich die Entdeckung gemacht: Pentateuch [die ersten fünf Bücher der hebräischen Bibel] und Evangelien seien Mythen, so eine Art von universalhistorischen Kindermärchen, die Mutter Gans den Völkern, wenn sie noch an ihren Fingern saugen, erzählt, um sie damit in Schlaf zu schwatzen und zu schrecken. Es sind die Balleien protestantischer Zunge, in denen man diesen Schatz entdeckt; von unseren Katholischen sind nur einige so neben mit gelaufen [...].»

Demgegenüber sei «die Mystik, wie die Kirche deutet, nichts als ein in den Heiligen sich spiegelndes Evangelium; ein durch die Jahrhunderte, in immer sich erweiternden Kreisen, fortgehendes Wallen und Schwingen der Bewegung, die damals zuerst angehoben. Diese Heiligen haben aber, in ihrer Beschränktheit und Unwissenheit, den Grund, auf den sie gebaut, nicht für Mythe und Fabel, sondern für ernste Wirklichkeit genommen [...].» Diese Zeugen hat Görres nun in seinem Werk versammelt und beschrieben, auch aus der Gegenwart, auch Anna Katharina Emmerich oder die ebenfalls 1833/34 stigmatisierte Maria von Mörl zu Kaltern in Südtirol, die Görres und viele andere aus seinem Kreis selbst in Augenschein genommen haben.

Die Strategie der Katholischen Bewegung legt den immanenten Widerspruch der Jesus-Kritiker offen: Was die sogenannte «historische» beziehungsweise «mythische Kritik» eines Strauß bezweckt, indem sie die höhere «Wirklichkeit» der heute noch wirksamen mystischen Tradition im

Christentum als «Täuschung» beziehungsweise als fromme Phantasie erklärt, ist nicht die Einsetzung des «historischen Wesens» im Sinne der historisch arbeitenden Romantiker, sondern dessen Abschaffung: «Damit sind wir denn glücklich», wie Görres ironisch formuliert, «die gesamte Geschichte und alle den historischen Quark los geworden [...].»

Ist es ein Zufall, daß Eichendorffs einziges Gedicht aus dem Leben Jesu, «Die Flucht der heiligen Familie», aus diesem Jahr 1838/39 stammt? Darin trägt er, vielleicht von Runges Bild «Die Ruhe auf der Flucht» oder von Cornelius aus der Nazarener Schule inspiriert, auf seine poetische Weise der höheren, mystischen Wirklichkeit biblischer Geschichten Rechnung, der Menschwerdung Gottes als eines kosmischen Ereignisses.

Länger fallen schon die Schatten,
Durch die kühle Abendluft,
Waldwärts über stille Matten
Schreitet Joseph von der Kluft,
Führt den Esel treu am Zügel;
Linde Lüfte fächeln kaum,
'S sind der Engel leise Flügel,
Die das Kindlein sieht im Traum,
Und Maria schauet nieder
Auf das Kind voll Lust und Leid,
Singt im Herzen Wiegenlieder
In der stillen Einsamkeit.
Die Johanneswürmchen kreisen
Emsig leuchtend über'n Weg,
Wollen der Mutter Gottes weisen
Durch die Wildnis jeden Steg,
Und durch's Gras geht süßes Schaudern,
Streift es ihres Mantels Saum;
Bächlein auch läßt jetzt sein Plaudern
Und die Wälder flüstern kaum,
Daß sie nicht die Flucht verraten.
Und das Kindlein hob die Hand,
Da sie ihm so Liebes taten,
Segnete das stille Land,
Daß die Erd' mit Blumen, Bäumen
Fernerhin in Ewigkeit
Nächtlich muß vom Himmel träumen –
O gebenedeite Zeit!

## «Komm' nicht nah' mir, ich verbrenn' Dich!»: Eichendorffs vier letzte Erzählungen «Eine Meerfahrt», «Das Schloß Dürande», «Die Entführung» und «Die Glücksritter»

Auch als Fünfzigjähriger wird Eichendorff Ende der dreißiger Jahre noch immer umgetrieben von den Verlockungen verführerischer Frauen – zumindest in zahlreichen Gedichten dieser Zeit sowie in den vier letzten Erzählungen, von denen die vermutlich erste, die «Meerfahrt» von 1835/36, erst postum in Eichendorffs sämtlichen Werken von 1864 erscheint.

In der «Meerfahrt» ist es die «Königin der Insel», die da singt:

> Bin ein Feuer hell, das lodert
> Von dem grünen Felsenkranz,
> Seewind ist mein Buhl' und fodert
> Mich zum lust'gen Wirbeltanz,
> Kommt und wechselt unbeständig.
> Steigend wild,
> Neigend mild
> Meine schlanken Lohen wend' ich,
> Komm' nicht nah' mir, ich verbrenn' Dich!

In «Schloß Dürande», das 1837 in dem Taschenbuch «Urania» in Leipzig erscheint, warnen die Nonnen die Verliebten vor der Verführung durch eine «wunderschöne Frau»:

> Durch die Felder sieht man fahren
> Eine wunderschöne Frau,
> Und von ihren langen Haaren
> Goldne Fäden auf der Au
> Spinnet sie und singt im Gehen:
> Eia, meine Blümelein,
> Nicht nach andern immer sehen,
> Eia, schlafet, schlafet ein.

In der «Entführung», die ebenfalls in dem Leipziger Taschenbuch «Urania» 1839 erscheint, singt die Gräfin Diana:

> Waldkönig zog durch die Wälder
> Und stieß in's Horn vor Lust,

> Da klang über die stillen Felder,
> Wovon der Tag nichts gewußt. –
>
> Und wer mich wollt' erwerben,
> Ein Jäger müßt's sein zu Roß,
> Und müßt' auf Leben und Sterben
> Entführen mich auf sein Schloß!

In den «Glücksrittern» schließlich, die 1841 in dem von Ferdinand Freiligrath, Christian Matzerath und Karl Simrock in Köln herausgegebenen «Rheinischen Jahrbuch» erscheinen, singt Klarinett alias Siglhupfer vor dem Fräulein Euphrosyne:

> Doch manchmal in Sommertagen
> Durch die schwüle Einsamkeit
> Hört man Mittags die Turmuhr schlagen,
> Wie aus einer fremden Zeit.
>
> Und ein Schiffer zu dieser Stunde
> Sah einst eine schöne Frau
> Vom Erker schaun zum Grunde –
> Er ruderte schneller vor Graun.
>
> Sie schüttelt' die dunkeln Locken
> Aus ihrem Angesicht:
> «Was ruderst du so erschrocken?
> Behüt' dich Gott, dich mein' ich nicht!»
>
> Sie zog ein Ringlein vom Finger,
> Warf's tief in die Saale hinein:
> «Und der mir es wieder bringet,
> Der soll mein Liebster sein!»

Doch wie schon im «Marmorbild» von 1817/18 die liebliche Bianca Florio vor der blendenden Venus rettet, so ist es in der «Meerfahrt» für Antonio die Nichte der Königin der Insel: «Da erblickte er auf einmal Alma dicht vor sich, schwang sie auf seinen Arm hoch in das aufdämmernde Morgenrot und stürzte mit ihr hinab. Und als die Sonne aufging, flog das Schiff schon übers blaue Meer, der frische Morgenwind schwellte die Segel, Alma saß vergnügt mit ihrem Reisebündel und schaute in die glänzende Ferne, die Schiffer sangen wieder das Lied von der Fortuna, auf dem allmählich versinkenden Felsen der Insel aber stand Diego [Antonios Onkel] und segnete noch einmal die fröhlichen Gesellen, denen auch wir eine glückliche Fahrt nachrufen.»

In «Schloß Dürande» ist es Gabriele, die den Grafen Hippolyt liebt bis in den Tod: «Sie hatte während des [Kampfes] den Kopf müde an seine Schuler gelehnt. Mir flimmert's so schön vor den Augen, sagte sie, wie dazumal, als du durchs tiefe Abenrot noch zu mir kamst; nun ist ja Alles, Alles wieder gut» – Eichendorffs Schlußwort aus dem Taugenichts, das für ihn auch noch im Tode gilt.

In der «Entführung» macht den Grafen Gaston die verarmte Leontine glücklich: «Wenige Wochen darauf ging an dem Schloß der Marquise [Leontines Mutter] ein fröhliches Klingen durch die stille Morgenluft, eine Hochzeit zog an den Waldbergen hin: glänzende Wagen und Reiter, Leontine als Braut auf zierlichem Zelter voran, heiter plaudernd an Gaston's Seite. Die Vögel sangen ihr nach aus der alten schönen Einsamkeit, das treue Reh folgte ihr frei, manchmal am Wege im Walde grasend. Sie zogen nach Gaston's prächtigem Schloß an der Loire. Hier lebte er in glücklicher Abgeschiedenheit mit seiner schönen Frau.»

In den «Glücksrittern» schließlich reitet Siglhupfer mit Denkeli, des Puppenspielers Tochter, in die seligmachenden Wälder: «Da sah er [Freund Suppius], zu neuem Erstaunen, unten seinen Gefährten Klarinett zu Roß, seine Denkeli vor sich im Sattel, wie einen Morgenblitz am Saum des Waldes dahin fliegen. Siglhupfer (denn Niemand anders war Klarinett) hatte sich nicht getäuscht: Denkeli, entschlossen, mit Gefahr ihres eigenen Lebens ihn zu warnen und zu retten, war die singende Fei im Fenster gewesen – nun verstand er erst die Sage; so weit man vom Turm des Schlosses sehen konnte, es war ja Alles, Alles wieder sein! [...] Siglhupfer aber blieb fortan in den Wäldern selig verschollen.»

Eichendorff hat die in den vier Erzählungen dargestellte menschliche Grundsituation in verschiedene historische Gewänder gekleidet, was ihm erlaubt, jeweils zeitkritische Bemerkungen zu machen, ohne dafür von der Zensur belangt werden zu können.

In der «Meerfahrt» ist es die Zeit der spanischen Konquistadoren, die fremde Erdteile europäisieren und christianisieren. Die beschriebenen Expeditionen finden in den Jahren 1510 und 1540 statt. Die Besatzungen der Schiffe «wollten mit Gewalt neue Länder entdecken». Einzig Antonio, «ein armer Student aus Salamanka», fährt aus Neugier mit, «um die Welt zu sehen» und zu erforschen: «Antonio trug mühsam ein großes dickes Buch unter dem Arme, in welchem er mit jugendlicher Wißbegier und Selbstzufriedenheit merkwürdige Pflanzen aufzutrocknen und zu beschreiben pflegte.» Eine Parodie auf den sterilen Wissenschaftsbetrieb? Was hingegen den Kapitän Alvarez in die Ferne treibt, ist die drohende philiströse Langeweile, die sich in den herrschenden monarchischen Systemen ausbreitet. Auch Antonio pfeift auf ein «zukünftiges Königsreich! – Zukünftiges? erwiderte Alvarez, das ist mir just das liebste dran! Mit Kron und Szepter auf dem Thone sitzen, Audienz geben, mit den Gesandten parlieren: was macht unser Herr Vetter von England u s. w.? Langweiliges Zeug! Da lob' ich mir einen Regenbogen, zweifelhafte Türme von Städten, die ich noch nicht sehe, blaues Gebirge im Morgenschein, es ist als ritt'st Du in den Himmel hinein; kommst Du erst hin, ist's langweilig. Um ein Liebchen werben ist charmant; heiraten: wiederum langweilig! Hoffnung ist meine Lust, was ich liebe, muß fern liegen wie das Himmelreich.» In seiner 1841 erscheinenden Gedichtsammlung bringt Eichendorff unter der Überschrift «Durcheinander» mehrere kurze Gedichte, darunter einen Vierzeiler über die politische Stagnation im Preußen der dreißiger Jahre:

> Entdeckt sind alle Inseln, Riffe,
> In der Windstille rings umher
> Vor Langeweile versinken die Schiffe –
> Ja, wenn ein Columbus geboren wär,
> Eine neue Welt holt' er aus dem Meer!

Das «Schloß Dürande» verlegt Eichendoff in die Provence in die Nähe von Marseille zur Zeit der Französischen Revolution und noch in die Lebenszeit Ludwigs XVI. Er, der 1793 vom Nationalkonvent zum Tode verurteilt wurde, ist tragisches Sinnbild eines alten, überholten Regimes, erstarrt, verlogen und künstlich wie das der Heiligen Allianz Österreichs, Rußlands und Preußens nach der Julirevolution von 1830. «Es war einer jener halbverschleierten Wintertage, die lügenhaft den Sommer nachspiegeln, die Sonne schien lau, aber falsch über die stillen Paläste, weiterhin zogen Schwäne auf den Weihern, kein Vogel sang mehr, nur die weißen Marmorbilder standen noch verlassen in der prächtigen Einsamkeit. Endlich gaben die Schweizer das Zeichen, die Saaltür öffnete sich, die Sonne tat einen kurzen Blick über funkelnden Schmuck, Ordensbänder und blendende Achseln, die schnell, vor dem Winterhauch, unter schimmernden Tüchern wiederverschwanden. Da schallt' es auf einmal: Vive le roi! durch die Lüfte und im Garten, so weit das Auge reichte, begannen plötzlich alle Wasserkünste zu spielen, und mitten in dem Jubel, Rauschen und Funkeln schritt der König in einfachem Kleide langsam die breiten Marmorstufen hinab. Er sah traurig und bleich – eine leise Luft rührte die Wipfel der hohen Bäume und streute die letzten Blätter wie einen Goldregen über die fürstlichen Gestalten.»

Überholt hat die Zeit auch den alten Grafen Dürande und das Feudalsystem, in dem die Frauen der Bediensteten für die Herrschenden Freiwild sind: «Endlich wurde er [der Jäger Renald, Gabrieles Bruder] in des Grafen Garderobe geführt, der alte Herr ließ sich so eben frisieren und gähnte unaufhörlich. Renald bat nun ehrerbietig um kurzen Urlaub zu einer Reise nach Paris. Auf die Frage des Grafen, was er dort wolle, entgegnete er verwirrt: seine Schwester sei dort bei einem weitläuftigen Verwandten – er schämte sich herauszusagen, was er dachte. Da lachte der Graf. Nun, nun, sagte er, mein Sohn hat wahrhaftig keinen üblen Geschmack. Geh Er nur hin, ich will Ihm an seiner Fortune nicht hinderlich sein; die Dürandes sind in solchen Affären immer splendid; so ein junger wilder Schwan muß gerupft werden, aber mach' Er's mir nicht zu arg.»

Korrupt ist auch das Rechtssystem: Renald, er erinnert an Kleists «Michael Kohlhaas», «mochte nichts mehr von der Großmut des stolzen Grafen, er wollte jetzt nur sein *Recht*! So suchte er unverdrossen eine Menge Advokaten hinter ihren großen Dintenfässern auf, aber die sahen's gleich alle den goldbortenen Rauten seines Rockes an, daß sie nicht aus seiner eigenen Tasche gewachsen waren; der eine verlangte unmögliche Zeugen, der andere Dokumente, die er nicht hatte, und alle foderten Vorschuß. [...] In tiefster Seele empört, wandte sich Renald nun an die Polizeibehörde; aber da wurde er aus einem Revier ins andere geschickt, von Pontius zu Pilatus, und Jeder wusch seine Hände in Unschuld».

Für Eichendorff sind, wenn politische und gesellschaftliche Unrechtssysteme erstarren und sich nicht weiterentwickeln, Revolutionen unausweichlich. Nur sind auch sie keine Lösung, denn häufig sammelt sich in ihrem Namen unter der Führung intellektueller Demagogen «ein wilder Haufe»: «abgedankte Soldaten, müßige Handwerksbursche und dergleichen Hornkäfer, wie sie in der Abendzeit um die großen Städte schwärmen. Alle Blicke aber hingen an einem hohen, hagern Manne mit bleichem, scharfgeschnittenem Gesicht, der, den Hut auf dem Kopf und seinen langen Mantel stolz und vornehm über die linke Achsel zurückgeschlagen, mitten unter ihnen stand. – Ihr seid der Nährstand, rief er soeben aus; wer aber die Andern nährt, der ist ihr Herr; hoch auf, Ihr Herren! – Er hob ein Glas, Alles jauchzte wild auf und griff nach den Flaschen, er aber tauchte kaum die feinen Lippen in den dunkelroten Wein, als schlürft' er Blut, seine spielenden Blicke gingen über dem Glase kalt und lauernd in die Runde.»

Auch «Die Entführung» spielt in Frankreichs Feudalgesellschaft noch vor der Französischen Revolution von 1789 unter König Ludwig XV. Es ist wie schon in der «Meerfahrt» wieder die Langeweile, die aus den

Menschen Räuberbanden macht. Graf Gaston «sagte lachend, das komme von der langen Friedenszeit, da spiele der Krieg, der sich sein Recht nicht nehmen lasse, auf seine eigne Hand im Lande. Der Mensch verlange immer etwas Außerordentliches, und wenn es das Entsetzlichste wäre, um nur dem unerträglichsten Übel, der Langenweile, zu entkommen.»

Die «Glücksritter» schließlich spielen kurz nach dem Westfälischen Frieden in der vom Dreißigjährigen Krieg verwüsteten Landschaft und Gesellschaft: Seppi, der Sohn des Puppenspielers, meldet dem Vater aus dem höchsten Wipfel einer Tanne: «Da unten ist noch Alles nachtkühl und still, es liegt Alles durch einander im tiefen Grund, da haben sie wieder ein Dorf verbrannt. – Ja, ja, versetzte der Vater, der große Schnitter Krieg mäht uns tapfer voran, man hört seine Sense bei Tag und bei Nacht klirren durchs Land; wir geringen Leute haben die Nachlese auf den Stoppeln.»

In diesen kritischen Anmerkungen Eichendorffs zur gesellschaftspolitischen Situation seiner Protagonisten spiegeln sich seine eigenen Erfahrungen im Preußen der ausgehenden dreißiger Jahre. Alles in allem scheint den haltlos im «wüsten Meer» treibenden Menschen die Orientierung an einem unverrückbaren «Fels» zu fehlen, wie es in Eichendorffs Sonett unter der Überschrift «Die heilige Mutter» heißt:

> Es ist ein Meer, von Schiffen irr' durchflogen,
> Die steuern rastlos nach den falschen Landen,
> Die Alle suchen und wo Alle stranden
> Auf schwanker Flut, die Jeden noch betrogen.
>
> Es ist im wüsten Meer ein Felsenbogen,
> An dem die sturmgepeitschten Wellen branden
> Und aller Zorn der Tiefe wird zu Schanden,
> Die nach dem Himmel zielt mit trüben Wogen.
>
> Und auf dem Fels die mildeste der Frauen
> Zählt ihre Kinder und der Schiffe Trümmer,
> Stillbetend, daß sich rings die Stürme legen.
>
> Das sind die treuen Augen, himmelblauen –
> Mein Schiff versenk' ich hinter mir auf immer,
> Hier bin ich, Mutter, gibt mir deinen Segen!

*Keine «höhere Vermittelung zwischen Volk und Monarchen»:
Letzte Dienstjahre unter Friedrich Wilhelm IV.*

Am 1. Mai 1840 hat Eichendorff den Kronprinzen noch um die Genehmigung gebeten, ihm die geplante vierbändige Gesamtausgabe seiner Schriften zueignen zu dürfen, was dieser am 7. Mai «mit Vergnügen» bewilligt. Einen Monat später, am 7. Juni, folgt der Kronprinz seinem an diesem Tage verstorbenen Vater auf den Thron als König Friedrich Wilhelm IV. von Preußen.

Am 24. Juni schreibt Eichendorff an den Oberpräsidenten Ost- und Westpreußens Theodor von Schön, den Vertrauten im politischen Gedankenaustausch: «Die Zeit ist wahrlich aufeinmal in's Stürtzen gekommen, was ist seit wenigen Wochen nicht alles geschehen! Unser Ministerium – eigentlich die Angel, um die sich jetzt ein gutes Theil der Weltgeschichte dreht – noch immer unbesetzt [nach dem Tod des Kultusministers Altenstein]! Täglich werden hier andre Candidaten, oft die abenteuerlichsten, genannt, in diesem Augenblick am häufigsten: Arnim [-Boitzenburg, Oberpräsident von Posen, 1842–1845 Innenminister], Bodelschwingh [Oberpräsident der Rheinlande, 1842 Finanzminister, 1844 Kabinetts- und Innenminister], Savigny [Schwager Brentanos, Bekannter Eichendorffs, Universitätsprofessor, 1842 Minister für die Gesetzesrevision]. Aber Niemand weiß noch etwas Bestimmtes, Alles ist ungewiß u. in Frage; es ist wie eine tiefe Morgendämmerung, noch nirgends eine Landschaft, Fernsicht oder Richtung zu unterscheiden. Gott gebe einen fröhlichen Sonnen-Aufgang!»

Den wird es jedoch für Eichendorff nicht geben. Denn der neue König erfüllt die in ihn gesetzten Erwartungen nicht. Er wird weder dafür sorgen, daß Eichendorff endlich eine Planstelle in Berlin erhält, noch dafür, daß er höher besoldet wird, abgesehen von einer «extraordinairen Remuneration von zweihundert Thalern», wofür sich Eichendorff bei dem neuen Kultusminister Eichhorn, seinem alten Vorgesetzten, am 13. Mai 1842 bedankt. Immerhin wird der König Eichendorffs letzte Jahre im Dienst dadurch erträglicher machen, daß er Eichendorff das Dezernat für den Kölner Dombau überträgt und auf Vorschlag Theodor von Schöns Eichendorff die Geschichte der Wiederherstellung der Marienburg schreiben läßt. Am 25. April 1843 bedankt sich Eichendorff bei Schön «für die gnädige Uebersendung der hierauf bezüglichen Acten-Auszüge u. Geldnachweisungen». Am 28. Januar 1844 schlägt Eichendorff Schön vor: «Da das Buch auf Königliche Kosten überreicht wird, so scheint es auch mir angemeßener, wenn das Pracht-Exemplar von Ew. Exzellenz Selbst dem Könige überreicht wird.» Eichendorff ist wie Schön aus vielerlei Gründen längst auf Distanz zum König gegangen und hat seine Pensionierung beantragt. Dabei wurde der ersehnte «Wechsel» auf dem Thron wie ein Aufatmen nach gewittriger Schwüle erwartet, wie Eichendorff unter dieser Überschrift noch am 13. Mai 1840 dichtet:

> Es fällt Nichts vor, mir fällt Nichts ein,
> Ich glaub' die Welt steht still,
> Die Zeit tritt auf so leis und fein,
> Man weiß nicht, was sie will.
>
> Auf einmal rührt sich's dort und hier –
> Was das bedeuten mag?
> Es ist, als hört'st du über dir
> Einen frischen Flügelschlag.
>
> Rasch steigen dunkle Wetter auf,
> Schon blitzt 's und rauscht die Rund',
> Der lust'ge Sturmwind fliegt vorauf –
> Da atm' ich aus Herzensgrund.

Das Widmungs-Sonett Eichendorffs an den neuen König in der erwähnten Gesamtausgabe spricht aus, wohin die Fahrt gehen soll: in eine Zukunft, in der die gottgewollte Einheit des Monarchen mit seinem Volk sowohl die «hoffärtigen» Ultrakonservativen wie die «eitlen» Ultraliberalen in ihre Grenzen weist und die Sehnsucht der Menschen nach einem unbürokratischen Staatsgebilde erfüllt – so wie es die romantische Poesie für das Reich der Phantasie tut.

> Ein Eiland, das die Zeiten nicht versanden,
> Von dem sehnsüchtig fromme Völker träumen,
> Wo Himmelslichter ernst den Felsen säumen,
> Der Wetter bricht und Weltwitz macht zu Schanden:
>
> Dorthin kehrst *Du* das Schiff aus wildem Branden,
> Wie auch die Wogen sich hoffärtig bäumen,
> Das Steuer lenkend durch das eitle Schäumen,
> Am heil'gen Heimatsstrand *Dein* Volk zu landen.
>
> Dorther auch stammt der Poesie Gebilde,
> Und mahnend zielt nach jenen stillen Höhen
> Des Dichters Lied, daß Heimweh sich erneue.

Ein Hauch nur ist's – laß in die Segel milde,
Um *Deinen* Banner, hoher Herr, ihn wehen:
Es ist des Herzens-Klang der alten Treue.

Für das «Volk» politisch umgesetzt findet sich Eichendorffs Poem in der Rede, die der Dichter für Theodor von Schön zur Eröffnung des Landtags von Ost- und Westpreußen am 5. September 1840 aufgesetzt hat. Dieser soll die Denkschrift vorbereiten, die der Landtag am 9. September dem König überreichen wird. Am 10. September wird dann im Schloßhof von Königsberg, der alten Krönungsstadt, der Huldigungseid stattfinden, noch vor der Huldigungsfeier in Berlin am 15. Oktober.

Die Eröffnungsrede betont: Der neue «Vater des Volks will sein Volk hören», nicht nur wie unter Friedrich Wilhelm III. durch «brave Diener des Staats» – eine ironische Anspielung auf das bürokratische System des Beamtenstaates – «mit strenger Pflichttreue». «Aber es waren nur die Stimmen, das Wissen und die Ansichten einzelner Männer.» Jetzt sind die Vertreter der Stände berufen, des Volkes «Stimme vor den Thron zu bringen». Doch Eichendorff/Schön warnen die «Stimmführer der Provinz» nun ihrerseits vor jeglichem Partikularismus, davor, das Einzelinteresse der Stände oder Provinzen über das Gesamtinteresse der Gesellschaft oder des Staates zu stellen. «In der Begeisterung, welche eine große historische Begebenheit, wie diese, in edlen Gemütern erweckt, verschwindet das Persönliche in dem Gedanken des Ganzen. Jeder einzelne fühlt sich nur als Mittelglied vergangener und künftiger Geschlechter, das gemeine Ansinnen schämt sich seiner selbst, die kleinliche Zwietracht finsteren Kastengeistes» – ein scharfes Wort gegen die reaktionären Feudalen – «verstummt, und der Kampf zwischen Altem und Neuem» – Eichendorffs politische Zukunftsmaxime – «ist geschlichtet, wo es gilt, den unvergänglichen Geist aller Zeiten, das ewig Alte und Neue zugleich, in den Formen, welche die Gegenwart heischt, zu verjüngen»: das Programm des Reformkonservativen. «Ein solches Gefühl war es, aus welchem hier auf dem denkwürdigen Landtage des Jahres 1813 der große Gedanke der Landesbewaffnung [gegen Napoleon] hervorging.» Was nun folgt, ist der Aufruf zur Balance zwischen der nötigen Freimütigkeit gegenüber dem neuen König und zur Mäßigung hinsichtlich der politischen Forderungen: «In diesem Gefühle, meine Herren, werden Sie, als Stimmführer der Provinz, freimütig aber besonnen, ohne Menschenfurcht aber voll heiliger Ehrfurcht vor dem Thron, vertrauend und Vertrauen erweckend, die Ehre, die Tugenden und die heiligen Interessen des Volkes über dem Strome der Zeiten emporhalten, und so den alten schönen

Glauben bewähren: daß des Volkes Stimme Gottes Stimme sei.» «Vox populi, vox Dei», ist das geflügelte Wort, das auf Seneca den Älteren zurückgehen soll.

Doch trotz der anschließenden ausdrücklichen Mahnung Eichendorffs/Schöns, daß bei den Beratungen die uneingeschränkt monarchischen «Hauptgrundsätze des Ständegesetzes, deren Anerkenntnis eben die Bedingung dieser Versammlung ist, von aller Beratung ausgeschlossen bleiben», stellt der Königsberger Kaufmann Heinrich im Namen der bürgerlichen Opposition aus Industrie und Handel den Antrag, über die Einlösung des sogenannten Verfassungsversprechens Friedrich Wilhelms III. vom 22. Mai 1815 zu debattieren und diese von dem Thronfolger zu erbitten.

Die Verordnung von 1815 sah zweierlei vor: Zum einen verpflichtet sich der Monarch, eine beratende, aus den Provinzialständen gewählte Landesrepräsentation einzuberufen, wobei der Monarch als alleiniger Gesetzgeber die Art der Wahl festlegt. Zum anderen soll eine schriftliche Verfassungsurkunde – eine Art Konstitution – die Grundsätze fixieren, nach denen Preußen regiert werden soll. Eine solche schriftliche Verfassung wird nicht nur von den Reaktionären und Konservativen im Lande abgelehnt, sondern auch von Reformkonservativen wie Eichendorff, der statt auf Verschriftlichung auf Treu und Glauben setzt.

Doch die bürgerliche Partei im Königsberger Landtag fordert nun vor allem eine solche Verfassung als Verbriefung aller bürgerlichen Grundrechte, wie sie bereits in mehreren Staaten des Deutschen Bundes existiert. Schön geht das zu weit. Seiner liberalen Adelsfraktion gelingt es dann wenigstens, gegen nur fünf Stimmen der feudal-reaktionären Partei eine Mehrheit von neunundachtzig Stimmen zusammenzubringen für einen gemäßigten Antrag, den ersten Teil der Verordnung von 1815 betreffend: für die Einführung von Reichsständen, «die verheißene Bildung einer Versammlung von Landesrepräsentanten» in Berlin als Vertretung aller Stämme und Provinzen.

Die Reaktion des Königs ist vage und zweideutig. Doch die absolutistisch gesinnte Berliner Ministerialbürokratie unter Führung des reaktionären Innenministers von Rochow drängt den König, am 4. Oktober 1840 die Bitte des Landtags abzuschlagen. Der König, so urteilt Heinrich von Treitschke in seiner ab 1879 erscheinenden «Deutschen Geschichte im 19. Jahrhundert», «stellte nicht einmal für die Zukunft irgend etwas Bestimmtes in Aussicht, da es ihm gegen die Ehre ging, sich von vorwitzigen Untertanen treiben zu lassen». Die folgende Auseinandersetzung zwischen Schön und Rochow, der den Oberpräsidenten für die angebliche Königsberger Zumutung an den König verantwortlich macht, führt schließlich im Juni 1842 auf Wunsch Schöns zu seiner Entlassung. Doch auch Rochow muß als Minister gehen, bleibt jedoch stellvertretender Präsident des Staatsrates.

So ist wenige Wochen nach Eichendorffs/Schöns Eröffnungsrede bereits Makulatur, was sie beschworen hat: die «innige Verbrüderung des Ganzen, und eine höhere Vermittelung zwischen Volk und Monarchen, treu und ohne Nebenrücksichten». Die Verbrüderung im Namen Gottes kann nicht gelingen, weil sie gemäß der romantischen Staatstheorie, welcher der neue König seit seiner Jugend anhängt, in sich widersprüchlich ist: Auf der einen Seite wird das uneingeschränkte Gottesgnadentum des Monarchen überbetont, auf der anderen Seite ist das Volk in seinen gewachsenen Stämmen und Gliederungen ebenso unmittelbar zu Gott. Da Gott sich nicht widerspricht, sei er jedoch im Zweifelsfall auf seiten der Monarchie; deren Absolutismus ist dadurch programmiert. Graf Trauttmannsdorf, der österreichische Gesandte am preußischen Hof, schreibt an Metternich am 10. Mai 1842: «Was läßt sich über die künftige Gestaltung der Dinge in einem Staate sagen, welcher seine Impulsion von einem zwischen mittelalterlichen und liberalen Ansichten schwankenden Fürsten erhält, der Monarchismus mit Volksgunst verbinden will und der sich heiläugliche Kraft und Genie zutraut, um die Waage so zu halten, daß aus dem Versuche dem Staat kein Nachtheil sondern nur Vortheil erwächst.»

Um die Waage zu halten, setzt König Friedrich Wilhelm IV. eine Reihe von Zeichen für die Liberalen. Die Brüder Grimm erhalten einen Ruf nach Berlin, wohin sie 1841 umziehen. Der «Demagoge» Ernst Moritz Arndt, der 1820 als Geschichtsprofessor in Bonn amtsenthoben wurde, wird rehabilitiert und von seinen Kollegen zum Rektor der Universität gewählt. Der «Turnvater» Friedrich Ludwig Jahn erhält nachträglich das Eiserne Kreuz, der regimekritische Dichter Ferdinand Freiligrath dreihundert Taler Ehrengehalt jährlich und Ludwig Tieck eine Alterspension. Die Reformer Hermann von Boyen und Alexander von Humboldt werden in den Staatsrat berufen.

Für die polnischen Katholiken in den östlichen Provinzen ist Zeichen einer versöhnlichen Kirchenpolitik die Rückkehr des Erzbischofs Martin von Dunin von Gnesen-Posen in sein Amt. Er hatte 1838 im Mischehenstreit in zwei Rundschreiben seinen Priestern die römischen Vorschriften eingeschärft und war dafür 1839 vom Oberlandesgericht in Posen zu einer zehnmonatigen Festungshaft in Kolberg verurteilt worden. Wie mit dem vergleichbaren «Kölner Ereignis» war Eichendorff auch mit diesem Fall befaßt, wie zwei Briefentwürfe an den Erzbischof auf einem erhaltenen halben Bogen Manuskriptpapier zeigen.

Auf der Rückseite des Bogens findet sich ein Gedichtentwurf Eichendorffs mit der Bemerkung: «Ein, etwa bei Cotta zu verlegendes, vielleicht durch Zeichnungen illustrirtes, Album mit darauf bezüglichen Gedichten der namhaftesten deutschen Dichter Tiek, Rückert, Uhland, Schwab, Kerner p. zum Besten der Dombaukasse. Von mir = Gesänge der Engel. Nemlich:» Der dann folgende Entwurf wird allerdings so nicht verwirklicht, Eichendorff gibt einer anderen, kürzeren Fassung den Vorzug, die jedoch Fragment bleibt, da das geplante Album nicht zustande kommt.

Daß Eichendorff dienstliches Manuskriptpapier für seine dichterischen Entwürfe benutzt – auch die Kurzfassung findet sich auf der Rückseite einer dienstlichen Eilverfügung mit der Anforderung ministerieller Akten – und wohl auch im Büro an den Gedichten gearbeitet hat, ist in diesem Fall gerechtfertigt. Ist ihm doch im Januar 1842 im Kultusministerium das Dezernat «Bauen und Reparaturen am Dom zu Coeln» übertragen worden, das er über ein Jahr innehat, bevor er im Mai 1843 nach Danzig übersiedelt und dort die Geschichte der Wiederherstrellung der Marienburg zu schreiben beginnt.

Die Kurzfassung des erwähnten Gedichts wurde erst 1957, hundert Jahre nach Eichendorffs Tod, unter dem Titel «Die Engel vom Cölner Dom» veröffentlicht, die Entwürfe zur längeren Fassung erst 1962. Die Kurzfassung lautet in Auszügen:

Es war die Nacht so trübe,
Jetzt blitzt der Morgen draus,
Als ob er hübe
Das schwere Dach vom Haus. [...]

Beschauet seine Bogen
Im alten deutschen Strom –
Das sind des Rheines Wogen
Das ist der Cölner Dom.

Und über Städten, Weilern
Ein Singen [...] Nacht,
Das sind die Engel auf den Pfeilern,
Die hielten treulich Wacht. [...]

Und über allen Triften,
Wo's Deutsche geben mag,
Hört man in den stillen Lüften
Wie'n leisen Flügelschlag.

«Wach't auf, wach't auf, ihr Frommen!
[...] hinaus,
Jetzt ist die Zeit gekommen,
Es gilt des Vaters Haus.

Was soll das [...]?
Laßt alles Eitle ruhn,
Ihr [...] Künstler alle,
Nun gibt's was Recht's zu tun!

Wie einst zu Landes Wehre,
Da Gott auch mit euch war,
Seid nun zu seiner Ehre
Eine ein'ge Brüderschar!»

Daß es für die Vollendung des Kölner Doms endlich eine Aussicht gibt, verdanken die Kölner Bürger und die Katholiken des Rheinlandes sowie alle deutschen Patrioten der Romantikbegeisterung des neuen Königs und seiner politischen Absicht, nach den «Kölner Wirren» auch in den westlichen Provinzen ein Zeichen zu setzen für die interkonfessionelle Versöhnung, die gesamtdeutsche Einheit und die nationale Stärke gegenüber Frankreich.

Als die Kölner Bürger im November 1840 durch Sulpiz Boisserée und August Reichensperger, Eichendorffs Freund in den letzten Lebensjahren, eine Petition zur Gründung eines Dombauvereins an den König richten, sagt dieser als «Protektor» seine finanzielle Unterstützung zu. Da der Kölner Dom wie die Marienburg im Osten das entsprechende Nationaldenkmal im Westen werden soll, bilden sich überall in Preußen Dombauvereine, ja sogar im übrigen Deutschland. Der bayerische König Ludwig I., dessen Halbschwester Elisabeth mit dem preußischen König verheiratet ist, will sich als Schutzherr der deutschen Katholiken profilieren und einen «Fürsten-Dombau-Verein» gründen, der jedoch nicht zustande kommt.

Am 17. Februar 1842 entsteht in Berlin unter Mitwirkung Eichendorffs der «Berliner Verein für den Kölner Dombau». Dem Vorstand gehören neben Eichendorff an: der «Nazarener» Peter von Cornelius, der seit 1821 in Düsseldorf und München wirkte und 1840 vom neuen preußischen König als Akademiedirektor nach Berlin berufen worden ist; der Generaldirektor der Königlichen Museen Ignaz von Olfers; der klassizistische Bildhauer Professor Christian Daniel Rauch; der Oberbürgermeister Krausnick und der Stadtälteste Knoblauch; die Geheimen Regierungsräte Brüggemann, von Harlem, Kortüm, Streckfuß und der Generalleutnant von Colomb.

Im Auftrag des Berliner Domvereins verfaßt Eichendorff eine «Aufforderung zur Teilnahme» mit einer «Kurzen historischen Übersicht des Kölner Dombaues von der ersten Grundsteinlegung bis jetzt», die am 3. April 1842 in der «Allgemeinen Preußischen Staats-Zeitung» erscheint. Man merkt es dem Text an, wie sehr dieses Projekt Eichendorff ein Herzensanliegen ist. Vereinigen sich darin doch seine tiefsten Interessen als Künstler, Romantiker, Katholik, Beamter und Deutscher. Es sei das «erhabenste Denkmal Deutscher Baukunst, dessen großartiger Gedanke, in dem Geiste eines Deutschen Künstlers entsprungen, vor Jahrhunderten Viele begeistert hatte, ihre Kräfte und Hände dem hohen Werke zu weihen [...].» Eichendorff unterschlägt in diesem für die Berliner deutschnational angelegten Aufruf, daß sich der mittelalterliche Dombaumeister

Gerhardt um 1250 an der Gotik der französischen Kathedralen orientiert hatte. Leider blieb der Dom «durch die Ungunst der Zeiten, welche die Bande des Deutschen Vaterlandes zu lösen und seine Größe zu untergraben drohte, unvollendet an den Ufern des Rheines stehen»: von der Reformationszeit 1560 bis zu ersten Restaurationsarbeiten 1748 bis 1751. Erst nachdem «Deutschlands Völker sich unter ihren Fürsten [vor allem Preußens und auch Österreichs] wieder zu einer herrlichen Tat, zur Wiedergewinnung ihrer Freiheit und Selbstständigkeit [in den Befreiungskriegen gegen Napoleon] vereinigt hatten, da erwachte mit der wiedergeborenen Kraft der Deutschen auch Deutsches Leben und die Liebe zu dem, was Deutsche Männer der Vorzeit in Poesie und Kunst geschaffen hatten.»

Eichendorff erwähnt nicht den Appell seines Lehrers Joseph Görres, ist er doch den Preußen zuletzt wegen seines «Athanasius» ein Dorn im Auge. Görres hatte im «Rheinischen Merkur» bereits 1814 unter der Überschrift «Der Dom in Köln» für dessen Vollendung plädiert. Eichendorff scheint den Text vor sich liegen zu haben: Görres geht noch davon aus, daß die deutschen Staaten wieder ein Reich bilden werden. Das so geeinte Volk der Deutschen habe dann noch andere Vermächtnisse der Vergangenheit zu vollenden. «Ein solches Vermächtnis ist der Dom in Köln; und ist auch in uns die teutsche Ehre wieder aufgerichtet, wir können nicht mit Ehren ein ander prunkend Werk beginnen, bis wir dieses zu seinem Ende gebracht, und den Bau vollends ausgeführt haben. [...] Es ist nicht das Werk eines Menschenalters, noch kann es der Armut angemutet werden. Darum sei hiermit die erste Anregung nur gegeben, und der Vorschlag künftiger Beratung der Nation empfohlen.»

Eichendorff nimmt Görres' utopische Intention auf, wenn es bei ihm heißt, «daß das Kunstwerk nur durch die Vereinigung des ganzen in freier Liebe zusammenwirkenden Deutschlands in seiner erhabenen Größe emporsteigen könne», und wenn er das Engagement des bayerischen Königs erwähnt. Diese gemeinsamen Aktivitäten sind auch außenpolitisch ein notwendiges Signal, wie die Adressaten aus der Rhein-Krise von 1840 wissen. Treten doch nach Eichendorff «immer mehr Deutsche Städte in den großen Bund ein und beweisen es den übrigen Völkern Europa's, daß alle Deutsche sich als Glieder eines großen Stammes erkennen, wenn es die Ausführung von Ideen gilt, welche das gemeinsame Vaterland betreffen. Diese Einheit und Eintracht des Deutschen Volkes hat sich in jüngster Zeit auf das lebendigste betätigt, als dem Frieden Europas Gefahr zu drohen schien; sie knüpft sich in dem gemeinsamen Verbande zu freiem Handels-Verkehr immer fester [durch den Deutschen

Zollverein von 1834]; sie spricht sich in der würdigen Sammlung der Monumente ihrer Geschichte aus [die «Monumenta Germaniae Historica», die Edition der Quellen zur mittelalterlichen deutschen Geschichte wurde seit 1819 von der vom Freiherrn vom Stein gegründeten «Gesellschaft für ältere deutsche Geschichtskunde» herausgegeben] und will sich jetzt in der Vollendung eines ehrwürdigen christlichen Tempels von neuem bewähren.»

Zur Rhein-Krise war es 1840 gekommen, als England, Rußland, Preußen und Österreich im Londoner «Vertrag zur Befriedung der Levante» im Machtkampf zwischen Ägypten und dem türkisch-osmanischen Reich ihre Interessen abstimmten – ohne und gegen Frankreich, wie die Franzosen meinten und als Reaktion darauf zum Angriff auf den Rhein rüsteten. Daraufhin dichtete Nikolaus Becker sein Lied:

> Sie sollen ihn nicht haben,
> Den freien deutschen Rhein
> Ob sie wie gierge Raben
> Sich heiser danach schrein [...].

Und Max Schneckenburgers Gedicht «Wacht am Rhein» trug mit dazu bei, das deutsche Nationalbewußtsein zu wecken:

> Es braust ein Ruf wie Donnerhall
> Wie Schwertgeklirr und Wogenprall:
> Zum Rhein, zum Rhein, zum deutschen Rhein!
> Wer will des Stromes Hüter sein?
> Lieb Vaterland, magst ruhig sein:
> Fest steht und treu die Wacht, die Wacht am Rhein!

Vertont werden diese Verse erst 1854 und tragen zur Kriegsbegeisterung von 1870 bei. Nur vor dem Hintergrund dieser deutsch-französischen Spannung, die sich dann zwar legt, weil die Könige Frankreichs und Preußens persönlich nicht kriegslüstern sind, verstehen sich die Sätze Eichendorffs: «Wohlan denn! es gilt den Ausbau eines Kunstwerkes auf Deutschem Boden! So trete denn das Deutsche Volk in allen seinen Stämmen und Gauen zusammen, so weit die Deutsche Zunge reicht, und stifte seiner Eintracht und christlich brüderlichen Liebe ein neues Denkmal, welches mit den Gedenkzeichen der zusammen wirkenden Volksstämme geschmückt, Deutschlands ernsten Willen verkünde, daß dieser Tempel [obzwar linksrheinisch] stets auf Deutschem Boden und unter Deutscher Obhut stehen soll.»

In der «kurzen historischen Übersicht» erwähnt Eichendorff auch

43 Weiterbau des Kölner Doms

nicht, daß es wiederum die französische Gotik gewesen ist, die den Brüdern Boisserée aus Köln die Idee gegeben hatte, den Dom zu vollenden. 1803 führten sie in Paris Friedrich Schlegel vor die Kathedrale Notre-Dame und luden ihn und Dorothea nach Köln ein, wo diese vollends für die Gotik gewonnen wurden. 1808 begann Sulpiz Boisserée mit Bauzeichnungen für den Dom. 1811 überzeugten die Boisserées auch Goethe. 1813 trugen sie dem preußischen Kronprinzen ihren Plan vor, den dieser sich zu eigen machte. 1842 bei der Grundsteinlegung zum Weiterbau wird sich Friedrich Wilhelm IV. daran erinnern: «Wie viele Jahre sind es, daß ich Sie kenne? – neunundzwanzig Jahre, es war in Frankfurt im Dezember

1813; [...] drei Nächte habe ich über Ihren Zeichnungen vom Dom nicht schlafen können.»

Die Wiederaufnahme der Arbeiten am Kölner Dom am 4. September 1842 wird zur Jubelfeier für den König. Er besucht zwei evangelische Gottesdienste und das katholische Pontifikalamt und hält ergreifende Ansprachen. Danach lädt er unter anderen den österreichischen Ehrengast Metternich auf die königliche Burg Stolzenfels ein und erläutert ihm, warum es notwendig sei, durch solche Feiern für Preußen das zu schaffen, was gewachsenere Staaten längst haben: Tradition. Preußen habe «keine historische Basis, und besteht aus einem Agglomerat von Ländern, welche solche Basen hatten, sie dann verloren, und nun ein ganzes bilden, welches unter den Händen der Steine, Hardenberger und ihrer Gleichgesinnten, in jene einer Beamten Oligarchie gerieth. Wie weit diese Oligarchie ihre Macht zu treiben verstand, hat die Regierung meines seligen Vaters, zu seinem größten Leidwesen, bewiesen. Ich habe diese Gewalt erprobt, und habe sie annoch täglich zu bekämpfen; hiezu aber würde die von dem besten und festesten Willen geleitete Königliche Macht allein nicht genügen; denn ihr steht nur das Befehlen zu Gebot und die Kaste gehorcht nicht, während der König dennoch keine anderen Werkzeuge zum regieren als eben die Kaste besitzt.» Deshalb will der König seine eigene Macht weiter stärken und sich dazu der mittelalterlichen, in der katholischen Kirche hochgehaltenen Idee bedienen, der Auffassung vom Monarchen als dem absoluten Herrscher von Gottes Gnaden.

Annette von Droste-Hülshoff, katholisch und beteiligt an der Propagierung des Kölner Dombaus, kritisiert bereits 1842 in ihrem Gedicht «Die Stadt und der Dom» mit dem Untertitel «Eine Karikatur des Heiligsten» den veräußerlichten Dombau-Spenden-Rummel in Anspielung auf Schneckenburgers «Wacht am Rhein». Das Motto lautet:

> Unsrer sind vier
> Ich, Feder, Dinte und Papier
> Wir werden uns nicht verraten
> Um lumpichte hundert Dukaten.

Eichendorff selbst wird sich während seiner Amtszeit als Dezernent für den Dombau um die Ausführung und Finanzierung der laufenden Arbeiten kümmern und zum Beispiel mit Peter von Cornelius, mit dem Regierungs- und Baurat Zwirner, mit dem Oberpräsidenten in Koblenz von Schaper sowie mit dem König darüber korrespondieren, ob die Gurtbogenfenster von Brentanos Freund Edward von Steinle «in Tempera- oder

Fresco-Malerei» ausgeführt werden sollen, ob die Honorarforderung des Malers überzogen ist und wer die Mehrkosten übernehmen wird.

Ende Februar 1843 erkrankt Eichendorff schwer an Lungenentzündung. Seine Gedanken sind schon bei der «Geschichte der Wiederherstellung der Marienburg». Im April läßt er sich dazu von Schön Unterlagen nach Danzig schicken. Am 3. Juni gibt es eine Ortsbesichtigung in Marienburg mit Schön, dem Baumeister Geheimrat Hartmann und dem Historiker Professor Voigt. Schön schreibt an seine Frau: «Wir durchgingen das Schloß. Der Konvents-Remter ist zum Konzert sehr gut eingerichtet. Von Fremden ist noch niemand hier. Der König kommt am ersten Feiertage (morgen) abends hier an [...]. Man rechnet auf 1000 bis 1200 Personen beim Konzerte [...]. Eichendorff sieht noch elend aus und ist in sich unruhig, da Therese [Eichendorffs Tochter, bei der er in Danzig wohnt] nur gestern morgen sehr schwer von einem toten Kinde entbunden ist. Er kommt daher auch nicht mit mir nach Arnau, sondern geht erst nach Danzig zurück.»

Auf den Tag vor einem Jahr, am 3. Juni 1842, war Schön «unter Beibehaltung des Ranges und Titels als Staats-Minister» von allen Ämtern entbunden und zum «Burggrafen von Marienburg» ernannt worden. Ihm obliegt «die fernere Verwaltung aller auf dies Schloß und dessen Erhaltung bezüglichen Angelegenheiten, sowie der dazu ausgesetzten Fonds».

Am 8. Juni 1843 feiert Schön sein fünfzigjähriges Dienstjubiläum. Zur Festschrift hat Eichendorff das Gedicht «Der brave Schiffer» beigetragen, in der er Schöns Rolle als Mann der Ideen und als Mahner unterstreicht. Hat Schön doch zum Thronwechsel 1840 eine kritische Schrift kursieren lassen und ein Exemplar auch Eichendorff zukommen lassen: «Woher und Wohin?» Sie war der letzte Anlaß zu Schöns selbst erbetener Entlassung durch den König.

*«... eine schlechte Zeit immer schlechte oder gar keine Dichter hat»: Der «letzte Romantiker», «Das Incognito» und «El Conde Lucanor»*

Die vierziger Jahre sind für Eichendorff als Dichter Krisenjahre. Am 24. Oktober 1842 schreibt er an den gerade entlassenen Theodor von Schön über das «wunderliche Welt-Spektakel draußen»: «Von den armen Dichtern hoffen Ew. Excellenz doch wohl zu viel. Sie sollen freilich über ihrer Zeit stehen, wie die Könige, aber sie sind auch wieder recht eigentlich die Kinder ihrer Zeit u. leben von den Eindrücken des Tages. Daher durch die gantze Geschichte die fatale Erscheinung, daß eine große Zeit immer große Dichter, eine schlechte Zeit immer schlechte oder gar keine Dichter hat, gleichwie die Vögel im Winter nicht singen, wo es grade am meisten Noth thäte. Der Ärger wirkt bloß kritisch, was immer der Tod der Poesie ist.»

1840 wird Eichendorff in eine Literatur-Diskussion hineingezogen, die ihn ärgert und nicht ohne negative Auswirkungen auf sein poetisches Schaffen bleibt. In den «Hallischen Jahrbüchern für deutsche Wissenschaft und Kunst» wird Eichendorff in dem Aufsatz «Der Protestantismus und die Romantik. Zur Verständigung über die Zeit und ihre Gegensätze. Ein Manifest» unter «die zahlreiche Epigonenschaft» der «eigentlichen Romantiker» wie die Schlegels, Tieck, Wackenroder, Werner, Steffens, Creuzer, Gentz, Adam Müller, Haller, Schubert, Brentano, Arnim usw. gerechnet, und zwar unter die «ästhetischen Epigonen, die sich vornehmlich an Göthe anschließen und nach verschiedenem Naturell verschiedene Pointen der Romantik, als Ritterwesen, Teufelsspuck, Geisterwirthschaft, Mittelalter, Mystik u. s. w. cultiviren, dabei politisch harmlos sich verhalten», wie «z. B. Uhland, Justinus Kerner, Heinrich von Kleist, Chamisso, Eichendorff, Schenkendorf, Immermann, Rückert, Franz Horn, Varnhagen, Amadeus Hoffmann; Politiker und Praktiker sodann sind Görres (der indessen auch noch seine rein litterarische und ästhetische Seite hat), Jahn, Tholuck, Hengstenberg, Menzel, Leo, Jarcke, Philips [Phillips] u. s. w., bis zur äußersten Namenlosigkeit einer litterarischen Betriebsamkeit, der es rein auf den praktischen Effect ihrer Doctrin ankommt und das entschiedene Bewußtsein beiwohnt, daß mit dem Wiederkäuen längst abgestandener Pointen höchstens ein praktischer Zweck, auf alle Fälle kein Ruhm zu erreichen sei.» Eichendorff ist bei dieser Aufzählung zwar nur einer unter vielen und in seiner Gruppe nicht einmal in schlechter Gesellschaft, doch die angeblich politische Harmlosigkeit mag ihn gewurmt haben.

Schlimmer ist dann jedoch im April/Juni 1840 der Artikel über die Literatur Deutschlands in dem «Conversations-Lexikon der neuesten Litteratur-, Völker- und Staatengeschichte», das bei Otto Wigand in Leipzig erscheint. Die Ausführungen eines Anonymus über Eichendorff sind eine mit negativen Aussagen durchsetzte Kompilation aus dem positiven Wiener Eichendorff-Essay von Schöll aus dem Jahre 1836 und dem erwähnten Romantik-Manifest aus den Hallischen Jahrbüchern 1840. Über den «Taugenichts» zum Beispiel heißt es: Es sei «die Poesie der genialen Willkür, die sich nicht weiß, die sich nach Belieben gehen läßt, in der Welt ohne Weiteres herumschlendert und überall nicht herauskommt aus dem thierischen Instinkt der bornirtesten Naivetät. Der Taugenichts ist heiter, die Heiterkeit ist aber instinktartig, nicht voll, nicht das Resultat des Bewußtseins, nicht Ausfluß des thätigen Geistes, sie ist vielmehr das freudige Wedeln der thierischen Bewußtlosigkeit, ein erkenntnißloses Herumtappen, blindes Vagabondiren der Caprice.» In «Viel Lärmen um nichts» setze sich Eichendorff «mit der Wirklichkeit in Opposition, er ist mißmuthig über die grandiosen Mächte, über den Dampf und über die Eisenbahnen, über das Wachsen der Industrie, über die Befreiung der Gewerbe, über die Zunahme des Reichthums und über die Entfesselung der Volksvernunft, die jeder Gegenkraft spottet». Über den 1837 erschienenen Sammelband «Gedichte» heißt es: «Diese verkleisterte Gemüthlichkeit, dieses gemachte Traumleben, dieses Spielen mit der getrübten Naivetät, diese Selbstsucht, welche aus Liebe zu abgetretenen Schleppen gegen die ganze Welt blind ist, ist Eigenthum der Romantik.»

Gegen diesen Artikel, der «mehr einem Schmähartikel als einer beurtheilenden Biographie ähnlich sieht», wendet sich am 13. August 1840 Theodor Mundt in «Der Pilot» und vermutet dahinter einen «Handlanger» der Autoren des Romantik-Manifests der Hallischen Jahrbücher, Theodor Echtermeyer und Arnold Ruge. Es sei «ein sehr windiger Wind, nämlich der junghegel'sche, der noch einige Backen voll vom ‹Manifest der Philosophie gegen die Romantik› übrig hatte und diese in concreto an Eichendorff, der das Unglück hat ein romantischer Dichter zu sein, abzusetzen suchte.»

Der Junghegelianer Ernst Theodor Echtermeyer hatte die Rechte in Halle studiert, dann deutsche Literatur und Philosophie in Berlin. Von 1831 bis 1838 war er Oberlehrer am Pädagogium der Franckeschen Stiftungen in Halle und gab mit Arnold Ruge neben den «Hallischen Jahrbüchern» auch für 1840 und 1841 den «Deutschen Musenalmanach» heraus.

Arnold Ruge gehört in diesen Jahren zu den bedeutendsten philosophisch-politischen Publizisten Deutschlands. Er hatte Philosophie in Jena und Halle studiert und war als Burschenschaftler sechs Jahre in Haft. Er begründete zusammen mit Echtermeyer 1838 die «Hallischen Jahrbücher» und wird sie nach ihrem Verbot in Preußen 1841 bis 1843 als «Deutsche Jahrbücher für Wissenschaft und Kunst» fortführen, bis auch diese in Sachsen und bald auch im Deutschen Bund verboten werden. 1844 wird er in Paris zusammen mit Karl Marx die «Deutsch-französischen Jahrbücher» herausgeben. 1848 wird er im Frankfurter Parlament zur äußersten Linken gehören und nach den Maiereignissen 1850 nach England fliehen. Dort wird er mit dem italienischen Republikaner Giuseppe Mazzini und anderen ein europäisch-propagandistisches Komitee gründen.

Theodor Mundt fühlt sich im Kampf gegen Hegels Philosophie und die Junghegelianer der idealistischen Romantik verbunden. Seit 1832 war er Mitredakteur der «Blätter für literarische Unterhaltung», seit 1835 gab er den «Literarischen Zodiakus» heraus, nach dessen Verbot 1836/37 die «Dioskuren», 1838-1844 den «Freihafen» mit dem Beiblatt «Pilot» (1840-1842). 1842 wird eine «Geschichte der Literatur der Gegenwart» erscheinen, in der er nur den Literarhistoriker, nicht den Dichter Eichendorff kritisiert. 1849 wird er Professor der allgemeinen Literatur und Geschichte in Breslau, 1850 Professor und Universitätsbibliothekar in Berlin.

Einen Tag bevor Mundt an Eichendorff schreibt, hat Arnold Ruge in den «Hallischen Jahrbüchern» auf Mundts Unterstellungen reagiert und jegliche Verbindung – «Welch' eine Verrücktheit der Combination!» – zwischen dem unqualifizierten Angriff auf Eichendorff in dem Konversationslexikon und der argumentierenden Kritik in den Jahrbüchern zurückgewiesen: Wo sei «Eichendorff in den Jahrbüchern bitter, wo irgend einseitig negativ angesehen worden?» Mit Uhland, Immermann, Chamisso, mit «solchen Zierden unserer Zeit und Litteratur also ist auch Eichendorff zu den Romantikern gezählt worden, und wer wollte denn aufstehen und leugnen diesen Männern das Romantische und die Romantik, Beides, die tiefinnerste Gemüths- und Herzensbewegung und die fixen Ideen einer verwichenen und immer mehr weichenden Geistesbildung? [...] Aber wie schändlich, schreien die Gegner, Eichendorff und so viele Dichter zu negiren! Ich frage: schändlicher als Schelling zu negiren? und gehörte denn so große Ueberlegung dazu, daß es eine Ehre ist, als Repräsentant einer historischen Entwickelungsstufe Gegenstand der Kritik der Negation zu sein? [...] Ist eben so die Kritik der nächstvergangenen und jetzigen Poesie etwas Anderes, als die wahre Anerkennung und die Resurrection ihres innersten Kernes?»

Am 7. September 1840 wendet sich Ruge als Mitherausgeber des «Berliner Musenalmanachs» direkt an Eichendorff: Man habe «grade Sie persönlich gegen uns einzunehmen gesucht», und er beklagt sich über die Unterstellungen Mundts und anderer Jungdeutscher: «So weit sind wir gekommen, daß die Kritik ein Verbrechen u die Anerkennung eine panegyrische Lüge sein, ja daß die ganze Zeit nichts als Lüge reden u jeder wahrheitslustige nur zwischen den Zeilen zu lesen haben soll. Ist das wirklich der Fall; so giebt es keine Philosophie u keine Poesie mehr. Denn wer seines Herzens Empfindung u seines Geistes innersten Gedanken nicht frei heraussagt, der verräth das Göttliche, das er pflegen sollte. Aber so viel ist gewiß, die Censur u der niederträchtige Servilismus, der allmählich zur öffentlichen schamlosen Forderung geworden ist, hat die *Lüge* sehr zur Mode gemacht; u ich begreife, daß die Parrhesie [Freimütigkeit] ein Phänomen ist: das Phänomen der Zukunft. Doch genug, ich hoffe, daß Sie den Musenalmanach nun grade recht gern unterstützen werden, damit er dies Jahr nicht minder gut ausfalle als das letzte.»

Eichendorff erwidert Ruge am 17. September 1840, er habe mit dem «unwürdige[n] Getreibe gewißer Parteien» nichts zu tun. «Mundt hat nur neulich mir das Blatt seines Piloten, worin der Ausfall gegen das Wigandsche Conversations-Lexicon, mit einigen Zeilen zugeschickt, u. erst hierdurch erhielt ich die erste Kunde von der Sache überhaupt, der ich auch sonst bis jetzt noch gantz u. gar fremd bin, da mir meine Amtsgeschäfte durchaus nicht gestatten, die Zeitschriften näher zu verfolgen, die ich in der Regel nur erhalte, wenn sie bereits veraltet sind. Auch würden überdieß dergleichen Umtriebe u. Kniffe bei mir sehr nutzlos verschwendet seyn; ich ehre jede aufrichtige ernste Ueberzeugung, auch wo ich sie nicht theilen kann. Mit Vergnügen werde ich daher auch zu dem nächsten Musenalmanach das Wenige das ich habe, beisteuern u. die Beiträge, der Kürtze wegen, unmittelbar an Herrn Simion mittheilen.»

Die Hochschätzung, mit der in dieser Auseinandersetzung sowohl Konservative vom Schlage Mundt und Radikale wie Ruge Eichendorff begegnen, zeigt den Rang seiner Poesie, den die hervorragenden Kritiker gleich welcher politischen, philosophischen oder literarischen Richtung ihm nicht mehr streitig machen.

Es hat jedoch den Anschein, daß diese Kontroverse Eichendorff in seinem poetischen Selbstbewußtsein erschüttert hat. Erst 1880 ist aus seinen Nachlaßpapieren das Manuskriptmaterial zu einer «politisch-literarischen Satire aus dem Zeitalter Friedrich Wilhelms IV.» aufgefunden worden mit dem Arbeitstitel «Das Incognito oder die mehreren Könige. Ein Puppenspiel», wie die verschiedenen Herausgeber der Texte das Stück genannt haben. Es handelt sich um zwei Prosaskizzen und drei Versfassungen samt einem Gesamtentwurf. Die Arbeit an den Texten wird für die Jahre 1839 bis 1843 angesetzt. Die Grundidee ist der König als Philosoph, der inkognito unter die Leute geht und dabei diese und sich selbst erst richtig kennenlernt. Wenn Eichendorff das Stück nicht vollendet und veröffentlicht, sondern das Material immer wieder hin und her gewendet und bearbeitet hat, dann scheint weniger die politische Brisanz der Grund gewesen zu sein als vielmehr die wiederholte Kritik an seinen früheren Literatursatiren wie «Viel Lärmen um Nichts», so auch in Wigands «Conversationslexicon». Vielleicht fürchtet Eichendorff auch die Konkurrenz durch Tiecks «Gestiefelten Kater», der 1844 in

Berlin uraufgeführt wird. Eichendorff mag klar geworden sein, daß politische Satiren nicht seine Stärke sind und daß seine romantischen, wenn auch reformkonservativ modifizierten politischen Maximen nicht ausreichen, um der komplexen gesellschaftspolitischen Wirklichkeit gerecht zu werden. Einige Textproben aus «Incognito»:
   Woraus die Staaten bestehen:

> Das nennt man so diplomatisch, mein Bester:
> Der König nennt Graf sich und lächelt ein wenig,
> Wir aber verneigen uns untertänig
> Und lächeln und tun, als ob wir's glauben,
> Er tut, als glaubt' er, daß wir's glauben,
> Und so aus Lächeln und solchem Glauben
> Und Gegenglauben, an den niemand glaubt,
> Bestehen die Staaten überhaupt. –

Über die Beamten:

> KÖNIG Das trampelt ja über Beete und Saat –
> BAUER Man nennt das hier zu Lande den Staat,
> Das pflegt so manchmal heraufzurucken
> Wie Hagel und andre Kalamität,
> Man muß sich eben ein wenig ducken,
> Und nur nicht mucken, es kommt und geht,
> Und bleibt am Ende alles beim Alten.

Über emanzipierte Frauen wie die Zigarren rauchende George Sand:

> MATHILDE Gegrüßt mein Volk, das mich emanzipiert!
> Schon glühn vom Morgenrot der Zeit die Wangen
> Des freien Weibes, das zum Sieg euch führt;
> Die gute alte Zeit und was vergangen,
> – Die Jungfer hat mich heut zu fest geschnürt! –
> Es hat vor Langerweil' sich selbst erhangen. [...]
> Sie glauben mir alles, wie sonst den Pfarren –
> Zum Sterben ennuyant mit den guten Narren!
> Auch die Zigarre brennt mich an die Nasen –
> Will Hirtin spielen hier auf dem Rasen.
> *Sie setzt sich auf den Boden:*
> Pfei, das Gras ist naß und die Erde hart!
> *zu Kuntz:*
> Da breite mir unter deinen frisierten Bart. –

Der «letzte Romantiker», «Das Incognito» und «El Conde Lucanor»   565

44  *Friedrich Wilhelm IV. und Königin Elisabeth*

Es schmeckt doch nichts recht, wenn man von allem nascht.
Die Welt hat nichts mehr, das mich überrascht.
Was fang' ich nun mit der langen Freiheit an?
Ich wünschte, Kuntz, du wärst ein Tyrann!

Der Narr, für den König gehalten, heiratet schließlich das Mädchen Colombine, die den Schwindel jedoch durchschaut. Eichendorff verleiht ihr Züge der Bettina von Arnim, der Schwester des verehrten Clemens Brentano. Neben Bettina sind es vor allem Sophie La Roche und die Günderode, mit denen sich Eichendorff nach seiner Pensionierung in den literarhistorischen Essays auseinandersetzen wird. Ist Bettina doch 1831 nach dem Tod ihres Mannes Achim von Arnim, Eichendorffs Vorbild als Dichter der Romantik, über Nacht berühmt geworden durch ihren Briefroman «Goethes Briefwechsel mit einem Kinde», der 1835 erschien. 1840 folgte das zweite autobiographische Werk «Die Günderode», der von Bettina überarbeitete Briefwechsel mit der Geliebten von Friedrich Creuzer.

In Bettinas letztem Werk von 1843 mit dem kühnen Titel «Dies Buch gehört dem König» versucht sie sich als Fürstenerzieherin. Wie anfangs auch Eichendorff glaubt sie, nicht der König, sondern die Ministerien und der Beamtenapparat seien an der Misere des Staates schuld, desinformierten den König und verhinderten den direkten Kontakt des «Volkskönigs», der er sein sollte und möchte, mit seinem Volk. Bettina will «jener Scheinmacht der Staatskunst, die zwar die Zügel lenkt, aber einen hölzernen Gaul reitet, der nicht vorwärts geht, das Flügelpferd der Volksbegeisterung» gegenüberstellen.

Im zweiten Akt von «Incognito» spielt Eichendorff mehrfach auf Bettinas Briefromane über Goethe und die Günderode sowie auf ihr Königsbuch an. Er parodiert zum Beispiel ihre romantische Vorstellung vom Traum als Ausgangspunkt politischer Utopien:

> Ich träumt' und träumt' – das war ein Traum!
> Nun, nun, man kann nicht wissen, man kann nicht wissen –
> Die das Schicksal machen, die hohen Herrn,
> Sie sehen auch auf Schickseln gern.

Im Königsbuch schildert Bettina den Traum von Bettelkindern: «Einmal da sie in ihrer elenden Hütte unter das Stroh gekrochen waren, hatten sie einen Traum von einem herrlichen Pallast in dem sie wohnen. Als sie Morgens aufwachen, da hat sich alles Elend verwandelt, und der Traum war wahr geworden.» Im «Incognito» läßt Eichendorff Freimund (so heißt Bettinas ältester Sohn) sagen:

> Genug bin ich nun in die Hütten gekrochen,
> Da war es schmutzig und hat übel gerochen,
> Nun will ich an die Paläste pochen – [...].

In Freimunds Appell an den Narrenkönig karikiert Eichendorff Bettinas naiven, gefühlsbetonten Glauben an die Freiheitsparolen der Burschenschaftler:

> Es führt ein Gott hier einen freien Mann
> Zu Ihnen, Sir', eh' Sie der Tag verschachtet –
> Ich stand und sann und eine Träne rann,
> Denn dunkel war es und das Land umnachtet.
> O Sire, lösen Sie des Lichtes Bann,

Wonach die Menschheit freiheitdürstend schmachtet
Und Volkes Schrei wird orgelndes Entzücken!
NARR Es hängt der Zopf recht stattlich dir im Rücken.

Für Eichendorff handelt es sich um den überholten, aufklärerischen Fortschrittsglauben.

Von der Zeit als junges Mädchen im Kloster berichtet Bettina in «Goethes Briefwechsel»: «Solcher Nächte zwei erinnere ich mich, die schwül waren wo ich aus den beklommenen Schlafsälen zwischen den Reihen von Tiefschlafenden mich schlich und hinaus in's Freie eilte, und mich die Gewitter überraschten, und die breite blühende Linde mich unter Dach nahm.» Eichendorff parodiert diese Naturfühligkeit augenzwinkernd und wird an seine eigene Internatszeit in Breslau gedacht haben:

Pensionsanstalt, wie liegst du so weit,
Langweilige Zeit!
Vor der Anstalt an der Linde
Saß und strickt' ich ganz verschneit
Von den Blüten – nicht vom Winde,
Denn der Abend atmet' kaum,
S' war der Kasperl auf dem Baum.

Wie Eichendorff in seiner Kindheit liebt auch Bettina, hoch in Bäumen zu sitzen und zu philosophieren oder zu predigen. So heißt es in der «Günderode»: «[...] beim Nachhausegehen verdarben mir zwei Frankfurter Philister die Andacht [...] die Frau sagt zum Mann: Im Stift wird dem Mädchen noch ganz das Konzept verdorben, daß sie am End gar närrisch wird; sie ists schon zu allen Tollheiten aufgelegt, sie soll im Stiftsgarten immer aufs Dach steigen vom Gartenhaus oder auf einen Baum und von da herunter predigen [...] die Günderode, steht unten und hört zu.»

Schließlich gibt es in diesem Buch auch Thronbesteigungsphantasien: «Wäre ich auf dem Thron, so wollt ich die Welt mit lachendem Mut umwälzen.» Oder: «Günderode, ich wollt, Du wärst ein regierender Herr und ich Dein Kobold, das wär meine Sach, da weiß ich gewiß, daß ich gescheut würde vor lauter Lebensflamme.» Eichendorff parodiert beides, läßt Colombine/Bettina in einem Kirschbaum sitzen und den Narren-König heiraten:

*Ein andrer Teil des Gartens vor dem Schloße, in der Mitte ein Kirschbaum mit Hecken zu beiden Seiten. Colombine, eine Larve im Gürtel, sitzt auf dem Baume.*

> Die Kirschen äugeln im Sonnenschein,
> Das möcht' so gern gegessen sein. [...]
> Zur Hochzeit sie drinnen kochen und braten,
> Ich soll den langweiligen König heiraten,
> Sitzen mit güldenem Mantel und Krone,
> Da lacht' ich halbtot mich auf dem Throne.

Es hat den Anschein, als parodiere Eichendorff in Bettina/Colombine auch sich selbst, soweit auch er noch romantischen Vorstellungen anhängt und «nimmermehr heraus kann». In romantischer Ironie durchschaut er jedoch das gesellschaftspolitische Spiel um den neuen König, in das er als ministerieller Beamter mit verstrickt ist. Auch er möchte am liebsten wie einst sein «Taugenichts» mit der «Larve vor's Gesicht» auswandern. So fühlt er sich auf tiefste mit Bettina verwandt, auch wenn sie in ihrer beider konkretem politischem Engagement Welten trennen, vor allem im Hinblick auf die zunehmende Armut in Preußen, auf die bedrohende soziale Frage, wo nach Eichendorff Bettina «den Männern in's Handwerk pfuscht».

1847 wird Eichendorff in «Die deutsche Salon-Poesie der Frauen» für die «Historisch-politischen Blätter für das katholische Deutschland» über Bettina von Arnim schreiben: «Bettina ist in neuerer Zeit eine so anomale Erscheinung, daß sie allerdings als Ausnahme nur die den Frauen gestellte Regel bestätigen würde, wenn sie nicht, genauer betrachtet, dennoch eben dieser Regel selbst anheimfiele. Denn wo sie in ernsten, und namentlich in religiösen oder politischen Dingen, den Männern in's Handwerk pfuscht, ist sie durchaus ungenügend, weil unklar und phantastisch. Die Wurzel auch ihrer Poesie ist doch wieder nur das Gefühl; sie ist wie eine wunderbar gestimmte Äolsharfe, welche von den, oft entgegengesetztesten Winden der neueren Bildung, wie von unsichtbarer Hand, gespielt wird. Ihr ‹Briefwechsel eines Kindes› ist durchaus bloß lyrisch, eine fortlaufende, unzusammenhängende Reihe schöner ungereimter Lieder; und Göthe hat ganz Recht, da er endlich seine Antworten geradezu in Verse setzt. Ja, das Anomale und Pikante ihrer Poesie besteht eben darin, daß sie gegen die natürliche weibliche Bestimmung und Beschränkung beständig rebelliert, und doch nimmermehr heraus kann. Doch Bettina's ganzes Wesen ist so bedeutend, daß wir wohl einandermal noch besonders von diesem alten Kinde sprechen.» Eichendorff hat es dann doch nicht getan. Ihr politischer Freimut in den vierziger und fünfziger Jahren scheint ihm die Sprache verschlagen zu haben. So scheint es denn auch in den Berliner Salons jener

Jahre nur sporadisch persönliche Begegnungen zwischen Eichendorff und Bettina gegeben zu haben. Das Ungenügen, das Eichendorff mit fortschreitendem Alter gegenüber seinen eigenen dramatischen Versuchen und gegenüber der zeitgenössischen Literaturszene insgesamt empfindet, mag mit dazu beigetragen haben, daß er sich der Übersetzungsarbeit zuwendet, und zwar von klassischen Werken der spanischen Literatur. Am 2. Oktober 1839 schreibt er an Theodor von Schön: «Euer Exzellenz wünschen ein Buch zur Geistes-Erfrischung. Leider weiß ich beim besten Willen keines zu empfehlen, ich suche es selbst vergeblich. Die allerneueste Poesie, so oft u. so hertzhaft ich auch darangegangen, hat mich jedesmal durch das Forçirte u. Gemachte wieder abgeschreckt, durch diese fast grandiose Affectation, die um so widerlicher ist, jemehr sie sich den Schein der Natürlichkeit u. Innerlichkeit zu geben sucht. Shak[e]speare ist u. bleibt doch der Meister, erfrischend für alle Zeiten. Die jetzige ist aber in der That auch gar zu schmählich! Alle Erscheinungen, in Staat und Kirche, laßen sich freilich unter einen großen Gedanken – Kampf des Alten u. Neuen – zusammenfaßen, auch ist kein Zweifel, daß im letzten Act das ewige Alte u. Neue doch siegen wird. Aber dieses Drama mit seiner weitschweifigen Exposition, mit seinem unnützen Geschwätz u. hohlem Floskel-Weesen Szene für Szene mit durchzumachen, ohne die Hoffnung den 5$^{ten}$ Act zu erleben, ist wahrlich über alle Gebühr langweilig; ich flüchte mich daher noch immer häufig in's Spanische, wo mir denn Cervantes u. Calderon über manche Sandscholle wacker hinweghelfen.»

Zunächst erscheint jedoch, wie es am 24. Oktober 1840 an Schön heißt, die Übersetzung «eines sehr merkwürdigen, uralten spanischen Buches» «Der Graf ‹Lucanor› von Don Juan Manuel». Im «Vorwort des Übersetzers», das sich an Friedrich Bouterweks berühmte «Geschichte der spanischen Poesie und Beredsamkeit» von 1804 anlehnt – Eichendorff besitzt eine ansehnlich Bibliothek zur spanischen Literatur –, charakterisiert er den Autor und das Werk: «Der Verfasser des Lucanor, Prinz Juan Manuel, gehörte in jedem Betracht zu den ausgezeichnetsten Männern seiner Zeit. Ein Enkel Ferdinands des Heiligen, hatte er mitten in den inneren Unruhen seines Vaterlandes durch seine hervorragende Persönlichkeit die Achtung aller Parteien zu erringen und die natürliche Eifersucht seines Königs Alfons XI. zu überwinden gewußt, welcher ihn infolge mancher ritterlichen Tat zum Statthalter der an das maurische Königreich Granada grenzenden Provinzen Kastiliens auf die damalige Vorhut der Christenheit berief. Hier eröffnete er sogleich durch einen Einfall und glänzenden Sieg in Granada einen ununterbrochenen zwanzigjährigen Kampf mit den maurischen Königen und blieb der Schrecken dieser Erbfeinde Kastiliens bis zu seinem im Jahre 1362 erfolgten Tode. Der Reichtum eines so großartigen Lebens spiegelt sich denn auch überall in den nachfolgenden Geschichten, die uns überdies unmittelbarer als viele Historienbücher in die innerste Sinnesweise jener wunderbaren Zeit einführen. Manches darin mag uns noch unbeholfen, vieles aus der großen Ferne der Zeiten fremd und wunderlich erscheinen; aber ein tüchtiger Verstand, Ehre, echte Ritterlichkeit und Andacht gehen wie ein erfrischender Waldhauch durch das ganze Buch.» Eichendorff berichtet außerdem, von elf weiteren Werken des Autors habe sich nur «El conde Lucanor» erhalten, «welcher zum erstenmale in Sevilla 1475 von dem Geschichtsschreiber Gonzalo de Argote y Molina herausgegeben» wurde. Anlaß für Eichendorffs Übersetzung war vermutlich die «neue von A. Keller besorgte Ausgabe, die den ersten Band der 1839 in Stuttgart erschienenen *Bibliotheca castellana* füllt».

Mit dieser Übersetzung, der ersten und bisher einzigen vollständigen Übertragung des Werkes in eine fremde Sprache, reiht sich Eichendorff, wenn auch wie immer «spät», in die Reihe derer ein, die sich um die Aneignung der spanischen Literatur in Deutschland verdient gemacht haben: die Schlegels und Tieck. Zu Eichendorffs Jugendlektüre hatte bereits der spanische Schelmenroman «Das Leben des Lazarillo von Tormes» gehört. Mit «Der Graf Lucanor» begibt sich Eichendorff in eine noch frühere Epoche der spanischen Geschichte, wie er nicht ohne Stolz zu Beginn des Vorworts mit dem Blick des romantischen Literaturforschers schreibt: Es sei «eines der ältesten Denkmale der kastilianischen Sprache. Um die Mitte des vierzehnten Jahrhunderts, wo es entstanden, hatten die Ritterromane, deren Reigen der berühmte Amadis von Gallien eröffnet, eben erst ihre Runde durch Europa begonnen, und in derselben Zeit fingen die Spanier auch an, ihre unsterblichen Romanzen, die bis dahin im Volke verklungen, schriftlich aufzubewahren. Aber weder diese Romanzen noch jene Romane sind, bis auf wenige Ausnahmen, in ursprünglicher Gestalt auf uns gekommen, als dies nach allen sprachlichen Merkmalen bei dem Grafen Lucanor angenommen werden kann.»

Den Inhalt des Buches bilden neunundvierzig Erzählungen, Anekdoten, Gleichnisse und Fabeln, die der weise Rat Patronius seinem Herrn, dem Grafen Lucanor, vorträgt, wenn dieser ihm eine Alltagsschwierigkeit anvertraut. Am Ende jedes Kapitels wird die sprichwörtliche Sentenz, die Moral von der Geschichte, in ein Distichon zusammengefaßt wie zum Beispiel im dreiundzwanzigsten Kapitel «Was mit dem König und seinem Günstling sich begeben». Patronius warnt den Grafen durch eine Beispielgeschichte davor, daß Günstlinge nicht selten nur deshalb selbstlose Angebote machen, um ihre Herren zu prüfen und sie dann um so sicherer manipulieren zu können. Denn «Keiner schenkt sein Kleid dem andern, / Um dann selber nackt zu wandern». Doch der König schützt sich davor durch Beratung mit wirklichen Freunden: «Durch Freundes Rat führt Gottes Hand / Aus Sturm dich ans ersehnte Land.»

Überhaupt lesen sich die hundertfünfzig Druckseiten über weite Strecken wie ein Fürstenspiegel, den Herrschern zu Nutz und Frommen zusammengestellt aus der griechisch-römischen Antike, aus Äsop, Phaedrus, Plinius und den Gesta Romanorum, aus der spanisch-maurischen Reconquista, den europäisch-orientalischen Kreuzzügen sowie der persisch-indischen Märchenwelt.

Deshalb ist es nicht ohne Eichendorffschen Hintersinn und parodistische Anklänge, wenn er wie ein anderer Patronius am 27. November 1840 an seinen Grafen Lucanor, den neuen König Friedrich Wilhelm IV., schreibt: «Allerdurchlauchtigster, Großmächtigster König, Allergnädigster König und Herr! Euer Königliche Majestät würdigen überall die Poesie einer erleuchteten und ermuthigenden Theilnahme, wo sie nicht in eitler Leichtfertigkeit den Tagesgelüsten fröhnt, sondern redlich, wenn auch in schlichtem Gewande, den unvergänglichen Kern des Lebens zu deuten sucht. Einen solchen kernhaften Schatz von Lebensweisheit, einfacher Anmuth und Frömmigkeit aber scheint mir der Graf Lucanor, eine alte, bisher fast unbekannte spanische Novellensammlung, reichlich zu enthalten. Eurer Königlichen Majestät wage ich daher das Büchlein, bei welchem meine geringe Arbeit als Uebersetzer kaum in Anschlag kommen kann, ehrerbietigst zu Füßen zu legen. In tiefster Ehrfurcht Ew. Königlichen Majestät allerunterthänigster Baron v. Eichendorff.»

*Vierzehntes Kapitel*

«Was man in der Jugend wünscht,
hat man im Alter vollauf»

oder

Wie Eichendorff gegen die Deutschkatholiken zu Felde zieht,
in Wien als Dichter endlich auflebt, vor der Revolution von Berlin
nach Dresden flieht und schließlich in Neisse
seine letzte Ruhe findet

«Hoch mit den Wolken geht der Vögel Reise,
Die Erde schläfert, kaum noch Astern prangen,
Verstummt die Lieder, die so fröhlich klangen,
Und trüber Winter deckt die weiten Kreise.

Die Wanduhr pickt, im Zimmer singet leise
Waldvöglein noch, so du im Herbst gefangen.
Ein Bilderbuch scheint Alles, was vergangen,
Du blätterst d'rin, geschützt vor Sturm und Eise.

So mild ist oft das Alter mir erschienen:
Wart' nur, bald taut es von den Dächern nieder,
Und über Nacht hat sich die Luft gewendet.

Ans Fenster klopft ein Bot' mit frohen Mienen,
Du trittst erstaunt heraus – und kehrst nicht wieder,
Denn endlich kommt der Lenz, der nimmer endet.»

*Das Alter*

Das Jahr 1844, in dem Eichendorff endlich aus dem Staatsdienst entlassen wird, ist symptomatisch für die gegensätzlichen Tendenzen in den folgenden dreizehn Jahren bis zu seinem Tode 1857.

Am 13. Mai schickt nicht Eichendorff als Autor, sondern sein Auftraggeber Theodor von Schön drei Prachtexemplare von «Die Wiederherstellung des Schlosses der deutschen Ordensritter zu Marienburg. Mit einem Grundriß der alten Marienburg» an König Friedrich Wilhelm IV. Am 25. Mai bedankt sich der «Romantiker auf dem Thron» bei Schön. So tritt Eichendorff auch als dichtender Historiker Preußens hinter sein Werk zurück.

Am 24. Mai wird Bettina von Arnims drittes autobiographisches Werk – nach den Briefromanen über Goethe und die Günderode – von der

*45 Gutsschloß Sedlnitz bei Freiberg in Mähren*

Polizei beschlagnahmt: «Clemens Brentanos Frühlingskranz aus Jugendbriefen ihm geflochten, wie er selbst schriftlich verlangte». Bettina hat die Reaktion der Zensurbehörden durch dreierlei provoziert: Auf dem Titel fehlt ihr Autorenname; das Buch soll erscheinen bei Egbert Bauer, dem Bruder Bruno Bauers, die beide als «kommunistisch» gelten; die Widmung «Sr. Königlichen Hoheit dem Prinzen Waldemar von Preußen», einem Neffen des Königs und Verehrer ihrer Tochter Maxe, gilt als ungeziemend, zumal das Vorwort anbiedernd-vertraulich beginnt und Bettina wieder wie schon im Königsbuch versucht, die königliche Familie auf die Seite des Volkes zu ziehen und zu einem gemeinsamen, opferbereiten Handeln zu begeistern. Denn für solche Opfer ist es höchste Zeit. Daß Bettina jetzt den bearbeiteten Briefwechsel mit ihrem Bruder aus den Jahren 1800 bis 1808 herausgibt, ist in ihren Augen auch eine Demonstration: Mit ihrem sozialpolitischen Engagement löst sie die frühromantische Utopie ein von der überragenden Persönlichkeit, deren Harmonie in die Gesellschaft ausstrahlt. So heißt es schon in Clemens' erstem Brief an Bettina: «Was Du mehr in Dir fühlst als das gewöhnliche *Brav-*

*sein*, dafür hat die arme Welt ja doch keine Ordnung, das mußt Du still in Dir bilden und Gott selbst dafür Rechnung stehen und mit der ganzen Harmonie der Gefühle dafür dankbar sein.»

Am 4. Juni 1844 erheben sich die Weber in Schlesien, am 6. Juni werden elf Aufständische erschossen, am 16. Juni beginnt die Bestrafung der Anführer: 87 erhalten bis zu neun Jahren Haft und zwanzig bis dreißig Peitschenhiebe. Am 19. Juni schreibt Varnhagen von Ense in sein Tagebuch über den Namensvetter Bettinas und preußischen Innenminister: «Der Minister Graf von Arnim beschuldigt Bettinen von Arnim, sie sei die Ursache des Aufstandes, sie habe die Leute gehetzt, ihnen Hoffnungen erweckt, durch ihre Reden und Briefe, und schon durch ihr Königsbuch! – Auch stand schon in der ‹Spenerschen Zeitung› ein Artikel in diesem Sinn.»

*«... daß ohne freiwillige Unterordnung der subjektiven Freiheit unter ein höheres Gesetz weder Staaten noch Religionen denkbar sind»: Der Aufstand der Weber in Schlesien und die Wallfahrt nach Trier*

Bettina hatte im März 1844 den sozial engagierten schlesischen Fabrikanten Friedrich Wilhelm Schloeffel um detaillierte Angaben über die Zustände unter den Webern gebeten und von ihm aus Eichberg bei Hirschberg eine Liste mit statistischen Angaben über zweiundneunzig Arme erhalten. Bettina plante nun, dem König eine umfassende Dokumentation über die Armen zukommen zu lassen, wie sie schon vor einem Jahr dem Königsbuch einen Schlußteil «Erfahrungen eines jungen Schweizers im Vogtlande» beigegeben hatte über das Elend in einem Berliner Arbeiterviertel. So bat sie am 15. Mai 1844 in großen Zeitungen für ein ausführliches Werk über das Armenwesen um entsprechende Informationen. Der Aufruf findet großen Widerhall in Deutschland und bringt Bettinas früheren Vormund und jetzigen Schwager, der auch Eichendorff spätestens seit den Befreiungskriegen gewogen ist, den preußischen Justizminister Friedrich Karl von Savigny, in nicht geringe Verlegenheit, ebenso Bettinas Vertrauten Alexander von Humboldt, den engen Berater des Königs. Am 27. Juni, angesichts des schlesischen Weberaufstands, schreibt Bettina an Adolf Stahr in Oldenburg, dessen thesenhafte Zusammenfassung «Bettina und ihr Königsbuch» vor einem halben Jahr, am 22. November 1843, in den Berliner Buchhandlungen beschlagnahmt worden war: «Mein Armenbuch habe ich einstweilen abgebrochen, denn der Druck würde hier nicht gestattet werden, indessen sammeln sich jeden

Tag noch merkwürdige Belege dazu. Traurig ists zwar, daß es nicht zu rechter Zeit kommt. – Allein, *den Hungrigen helfen wollen, heißt jetzt Aufruhr predigen*, hat mir jemand geschrieben und mir damit den Rat verbunden, den Druck hier nicht fortzuführen.»

Auch Eichendorff war für das Elend und die Armut im Lande nicht blind. Aber er predigte nicht sozialen Aufruhr, sondern individuelle Nächstenliebe, Ergebenheit in den Willen Gottes und letztendlich Freude auf das Paradies. In dem Gedicht mit dem Titel «Der arme Mann» identifiziert er sich selbst mit dieser leiblich-geistigen Armut christlicher Herkunft, den Tod vor Augen:

Stände noch das Feld im Flore
Wie in warmer Sommerzeit,
Ging' ich aus dem dunklen Tore
In die Waldeseinsamkeit.

Legt' im tiefsten Wald mich nieder,
Wo der Vöglein Nachtquartier,
Und es sängen ihre Lieder
Nachtigallen über mir.

Doch verschneiet Markt und Gassen
Nun der böse Winter hat,
Und ich wandre arm, verlassen
Durch die stille fremde Stadt.

Späte Gäste gleich Gespenstern
Schlüpfen da und dort ins Haus,
Und der Nachtwind an den Fenstern
Löscht die letzten Lampen aus.

Nur aus einem noch sprüht Glänzen
Weithin in den bleichen Schnee,
Spielen auf da drinn' zu Tänzen,
Klingt hier draußen fast wie Weh.

Wolle Gott die Stadt bewahren,
Mild behüten Hof und Haus –
Die da tanzen, die da fahren,
Hier doch ruhen alle aus!

Und im mitternächt'gen Sturme,
Der am Himmel brausend zieht,
Singt das Glockenspiel vom Turme
Über mir ein frommes Lied.

An dem Kirchhof die Kapelle
Ladet mich zur müden Ruh,
Lege stumm mich auf die Schwelle,
Und die Nacht, sie deckt mich zu.

Und ich stehe in Gedanken,
Als ob's mir alleine gilt,
Mir nur trostreich und den Kranken –
Lieber Gott, wie bist du mild!

Es verwundert, daß Eichendorff der bedrohlichen sozialen Frage in seinen Briefen und Schriften kaum Aufmerksamkeit schenkt, auch nicht nach seiner Pensionierung und während seines zunehmenden Engagements in der Katholischen Bewegung. Dabei hatte die «Kirchen-Zeitung für das katholische Deutschland» bereits 1831 die Ansichten Lamennais' zur Armenfrage in dessen Studie «Über die Zukunft der Gesellschaft» auch in Deutschland verbreitet, und die Aschaffenburger «Katholische

Kirchen-Zeitung» hatte sich angeschlossen, beides wichtige und für den Katholizismus hervorragende Organe, die Eichendorff im Rahmen seiner Tätigkeit als Hilfsreferent für kirchliche Fragen im Kultusministerium zur Kenntnis genommen haben wird.

Die soziale Frage zu lösen ist nach Lamennais nicht nur Aufgabe des Staates, sondern der Gesamtgesellschaft und in ihr nicht zuletzt auch des Christentums: «Es war nicht sein Geist der Liebe und Barmherzigkeit allein, was dem Christentum die Abschaffung der Sklaverei möglich machte, sondern auch und vorzugsweise seine Ansicht der Arbeit und seine Einrichtungen, die alle dahin gingen, zu verhindern, daß der Wert der Arbeit nicht unter eine gewisse Höhe hinabsinke.» Für die Gegenwart folgt daraus: «Mag man nun das bereits mit Erfolg versuchte System der Bauer-Colonien entwickeln; mag man in der Industrie, zum Vorteil der Armen, das Prinzip der Association in Anwendung bringen; mag man, wie es wahrscheinlich ist, durch eine glückliche Combination die industriellen Arbeiten mit denen des Ackerbaues verbinden: allemal wird die Dazwischenkunft des Priesters gleich notwendig sein, nicht nur um jenen Associationen den moralischen Charakter zu verleihen, von welchem ihr politischer Nutzen und ihr materielles Gedeihen abhängen sondern auch, damit ein uneigennütziger Dritter als Band diene zwischen den contrahierenden Teilen, zwischen dem Reichen, der Boden und Geld hergibt, und dem Armen, der in den gemeinschaftlichen Fonds nichts einzubringen hat, als seine Arbeit. Ja, der Katholizismus wird groß sein in der Zeit, welche beginnt, in der Zeit der Freiheit.»

Hinter der Propagierung dieser Ideen standen der Philosoph Franz von Baader aus dem Münchner «Görres-Kreis» um die Zeitschrift «Eos» sowie der Tübinger Theologe Anton Staudenmaier. Baader verfaßte im Sinne Lamennais' 1835 seinen Aufsatz «Über das dermalige Mißverhältnis der Vermögenslosen oder Proletairs zu den Vermögen besitzenden Klassen der Sozietät in Betreff Ihres Auskommens sowohl in materieller als intellektueller Hinsicht aus dem Standpunkte des Rechts betrachtet». Am 23. September 1834 hatte er in der Beilage «Über die Proletairs» zu einem Brief «an einen hochgestellten Staatsmann» geschrieben, daß «es die ursprüngliche Funktion des christlichen Priesters war, der Vertreter und Helfer der Not der Vermögenslosen im Volke zu sein und Vermittler zwischen ihnen und den Vermögenden, wodurch eben das Christentum als Menschheitstum sich so schnell über das unmenschlich gewordene Heidentum erhob. Was aber dort das verdorbene Heidentum war, das ist jetzt das noch tiefer verdorbene Welttum, und die Funktion des Priesters ist noch jetzt die: diesem menschenverachtenden und menschenzertretenden Welttum entgegen das Recht des Mensch- oder Christentums öffentlich zu vertreten.»

Währenddessen streiten in Deutschland die christlichen Konfessionen noch immer um die Vorherrschaft in Staat und Gesellschaft, statt sich gemeinsam gegen das «menschenzertretende Welttum» zu verbünden, wie es auch Eichendorff in seiner «Streitschrift gegen den Deutschkatholizismus» um 1845/46 fordert: «Nicht katholisch oder protestantisch daher gilt es vor der Hand, sondern Christentum oder Heidentum. – Katholiken und Protestanten bildeten einst einträchtig gegen Napoleon ein Brudervolk um ihrer politischen Freiheit willen. Sollten wir nicht dasselbe tun für unsre höchsten Güter um Gottes willen, nicht mit dem Schwerte, aber in besonnener Wachsamkeit und unerschütterlicher Treue?»

Anlaß für einen erneuten, diesmal dreifachen Religionsstreit in Deutschland zwischen Staat und römisch-katholischer Kirche, zwischen Protestanten und Katholiken sowie innerhalb des Katholizismus zwischen den Ultramontanen und den Deutschkatholiken sind die Wallfahrten zur Ausstellung des Heiligen Rocks Christi im Trierer Dom vom 18. August bis zum 6. Oktober 1844, an denen nach neueren Schätzungen 560 000 Pilger teilnahmen. Die am 30. August in Trier von einer Beinlähmung erfolgte Heilung der Gräfin Droste-Vischering, einer Nichte des in den Kölner Wirren 1838 abgesetzten Erzbischofs Clemens August, wird von vielen Katholiken als zusätzliches Zeichen Gottes gedeutet zugunsten dieses Aufgebots für die «katholische Sache». Joseph Görres widmet seine letzte Streitschrift 1845 der «Wallfahrt nach Trier».

Eichendorff erinnert sich noch in seinem Sterbejahr 1857 am Schluß seiner «Geschichte der poetischen Literatur Deutschlands» an den Zusammenhang zwischen dem «Cölner Ereignis» und den «Trierschen Wallfahrern» und erkennt darin die «Spuren einer neuen Welt» und einen letzten Triumph der romantischen Bewegung: «An dem Cölner Ereignis sich selbst besinnend, in der herben Schule des Hohns und der Verfolgung seitdem erwachsen und gestählt, erstand überraschend eine unsichtbare Macht, Etwas, das niemand erfunden, geführt oder geordnet, das die Romantiker träumten und selber nicht hatten – eine katholische *Gesinnung*. Und ihr gegenüber hat sich in dämonischem Instinkt aller Ingrimm des alten Rationalismus, der seinerseits konsequent nun beim nackten Heidentum angelangt, trotzig gelagert; Leipziger Plauderkonzile gegen eine Million Trierscher Wallfahrer; emanzipiertes Fleisch gegen das Brot des Lebens, eine Dichtkunst endlich, die keine Poesie mehr ist: eine in Haß und Hoffart betrunkene Rhetorik, die fanatisch die Freiheit des Blocksbergs proklamiert.»

Mit «Leipziger Plauderkonzil» spielt Eichendorff auf das «Kirchenkonzil» der Deutschkatholiken Ostern 1845 an. Aus Anlaß der Trierer Wallfahrt richtete der wegen seines Radikalismus bereits suspendierte Kaplan Johannes Ronge an den Trierer Bischof Wilhelm Arnoldi in den «Sächsischen Vaterlandsblättern» einen öffentlichen Brief, datiert vom 1. Oktober 1844 in Laurahütte in Schlesien. In dem Pamphlet zieht er mit aufklärischem Pathos, sozialfürsorgerischem Eifer und antirömischem Affekt auf über fünf Druckseiten kräftig vom Leder: «[...] fünfmalhunderttausend verständige Deutsche sind schon zu einem Kleidungsstücke nach Trier geeilt, um dasselbe zu verehren oder zu sehen! Die meisten dieser Tausende sind aus den niederen Volksklassen, ohnehin in großer Armuth, gedrückt, unwissend, stumpf, abergläubisch und zum Theil entartet, und nun entschlagen sie sich der Bebauung ihrer Felder, entziehen sich ihrem Gewerbe, der Sorge für ihr Hauswesen, der Erziehung ihrer Kinder, um nach Trier zu reisen zu einem Götzenfeste, zu einem unwürdigen Schauspiele, das die römische Hierarchie aufführen läßt.»

Der Brief Ronges, ein Meisterstück religiös-politischer Agitation, verfehlt seine Wirkung nicht. In Schneidemühl in Westpreußen schließt sich der ebenfalls bereits gemaßregelte Vikar Johannes Czerski mit seinem freikirchlichen Anhang der Protestbewegung Ronges an und veröffentlicht 1845 in Bromberg seine «Rechtfertigung meines Abfalles von der römischen Hofkirche. Ein offenes Sendschreiben an Alle, die da hören, sehen und prüfen wollen und können».

Auf dem Leipziger Konzil wird die Bibel zur einzigen Glaubensnorm erklärt, werden der päpstliche Primat, Ohrenbeichte und Zölibat, Ablaß und Fasten, Heiligenverehrung und Wallfahrten verworfen, Taufe und Abendmahl mit Kelchspendung als einzige Sakramente anerkannt sowie eine deutschsprachige Liturgie eingeführt. Angesichts so vieler protestantischer Anleihen ist es verständlich, wenn zu den Leitern der neuen Gemeinden nicht nur ehemalige katholische, sondern auch protestantische Geistliche und Kandidaten der Theologie beider Konfessionen gehören und vielerorts für Versammlungen der Deutschkatholiken die protestantischen Kirchen offenstehen.

Ronge wird als zweiter Luther gefeiert und in Berlin vom Prinzen von Preußen und vom Kultusminister Eichhorn, Eichendorffs Dienstherrn, empfangen. Auch Eichendorffs Freund Theodor von Schön sympathisiert mit der neuen Bewegung, von der er sich eine wirksame Abwehr der von ihm befürchteten römisch-katholischen Unterwanderung verspricht. Bis Ende August 1845 gibt es bereits 196 deutsch-katholische Gemeinden, die Berliner zählt 1700 Mitglieder, in Königsberg sollen fünf Sechstel der

Katholiken zu dem neuen Glauben übergetreten sein. Die zweite Synode 1847 in Berlin vertritt 259 Gemeinden mit 88 Leitern und etwa 60000 Gläubigen, davon die Hälfte in Schlesien.

Wie sehr diese Abfallbewegung von der papsttreuen Kirche den Schlesier und Katholiken Eichendorff getroffen haben muß, lassen die beiden Aufsätze ahnen, die er vermutlich für die «Historisch-politischen Blätter für das katholische Deutschland» verfaßt hat, ohne daß sie dort erschienen sind. Sie waren den Herausgebern vermutlich zu grundsätzlich und zu kritisch in ihrer Forderung nach Kirchenfreiheit auch gegenüber den Staaten der «Heiligen Allianz» und in ihrem Appell zur Zusammenarbeit zwischen Katholiken und Protestanten gegen das moderne Heidentum. Die Aufsätze wurden erst aus dem Nachlaß veröffentlicht, «Über die kirchlichen Wirren» 1911, «Gegen den Deutschkatholizismus» erst 1982.

Im ersten Aufsatz weist Eichendorff den zentralen Versuch seiner Zeit zurück, im Namen der «Emanzipation» des Christentums und der Kirche «die Gewalt des Pabstes zu beseitigen». Ohne Papst würde die allgemeine Kirche in «Nationalkirchen» zerfallen mit einem «Episkopalsystem», in dem «jeder einzelne Bischof für seine Diözes mit der päbstlichen Gewalt bekleidet» werde. «Dadurch mögen nun diese Kirchenfürsten [...] immerhin an Macht gewinnen; niemand aber wird behaupten, daß die Katholiken, Priester und Laien, an Freiheit gewinnen, wenn ihr bisheriger Instanzenzug verkürzt und ihnen das alte Recht der Berufung auf den obersten Schirmherrn genommen wird, der von den Zinnen Roms über die kleinen, verknöchernden Interessen isolierter Provinzen hin, die gesamte Christenheit überschaut.» Die innere Freiheit der Christen ist demnach ohne Papsttum in Gefahr.

Die äußere Freiheit der Kirche wäre dadurch gefährdet, daß die Priester und Bischöfe, da für sie nach der Säkularisierung «den irdischen Brotkorb aber der Staat hat», von diesem abhängig würden – eine Argumentation, die Eichendorff bereits in seiner Examensarbeit von 1816 vorgetragen hat.

Im zweiten Aufsatz gegen den Deutschkatholizimus konzentriert sich Eichendorff auf die zum Teil naive Rolle des Protestantismus in der Angelegenheit, nicht um den Konfessionalismus zu schüren, sondern um zur Zusammenarbeit der großen Konfessionen gegen sektiererische Umtriebe aufzurufen. «Denn erstlich», meint der ehemalige Leutnant der Landwehr in den Befreiungskriegen, «ist und bleibt die Kirche hienieden immerdar eine streitende; und es ist bekanntlich für jedes Heereslager überaus günstig, die Halbinvaliden, Lahmen, Marodeurs und schwadronierenden Philister loszuwerden, die mit ihrer Scheinbruderschaft nur den

Fortschritt hemmen. Sodann aber wäre dieser ganze Rumor, wenn sich erst der Staub und Dampf ein wenig verzogen, gar wohl geeignet, jene alles Positive unterminierende Nihilisten-Propaganda, die unaufhörlich den Jesuiten die Kunststücke aufbürden möchte, die sie selber, nur nicht in Jesu Namen, übt, endlich einmal schärfer ins Auge zu fassen. Despotisch, wo sie siegt, liberal wo sie zu schwach, und immer hoffärtig, versucht sie, wie die Boa constrictor, *alle* christlichen Konfessionen gleichmäßig mit dem eklen Geifer von Lügen, Einschüchterung, Schmeichelei und aller Niedertracht zu umstricken und zu vergiften. Nicht katholisch oder protestantisch daher gilt es vor der Hand, sondern Christentum oder Heidentum.» Das ist den «Frommen» und den Funktionären in beiden Konfessionen nun doch zu ökumenisch gedacht. Eichendorff hat sich wieder einmal zwischen die Stühle gesetzt.

Im Revolutionsjahr 1848 wird der Deutschkatholizismus auch den protestantischen Regierungen politisch verdächtig. Ronge hält nicht einmal mehr an der Gottheit Christi fest. Ein Teil der Deutschkatholiken geht in der frei-religiösen protestantischen Bewegung der «Lichtfreunde» auf. Einige deutschkatholische Gemeinden halten sich in Sachsen bis 1918.

Daß Eichendorff gegen Ende seines Lebens inmitten der entfesselten politischen, gesellschaftlichen und weltanschaulichen Gewalten an keine irdische, wenn auch noch so heilige Allianz zwischen «Thron und Altar» mehr glaubt, sondern nur noch an das Schiff Petri, zeigt sein Sonett «Das Schiff der Kirche»:

> Die alten Türme sah man längst schon wanken,
> Was unsre Väter fromm gebaut, errungen,
> Thron, Burg, Altar, es hat sie all' verschlungen
> Ein wilder Strom entfesselter Gedanken.
>
> Der wühlt sich breit und breiter ohne Schranken,
> Ein Meer, wo zornigbäumend aufgeschwungen
> Die trüben Fluten Fels um Fels bezwungen,
> Und alle Rettungsufer rings versanken.
>
> Doch drüberhin gewölbt ein Friedensbogen,
> Wohin nicht reichen die empörten Wogen,
> Und unter ihm ein Schiff dahingezogen,
>
> Das weiß nichts von der Wasser wüstem Branden,
> Das macht der Stürme Wirbeltanz zuschanden –
> O Herr, da laß uns alle selig landen!

«Die Leute wollen mich hier durchaus zum berühmten Mann machen»:
Wien, Clara und Robert Schumann, Adalbert Stifter
und Schwester Louise

Nach den Aufregungen durch die «Kölner Wirren» 1838 erholte sich Eichendorff auf einer Reise nach Wien vor allem in München. Jetzt, nach dem aufregenden Jahr 1844/45 mit dem Aufstand der Weber und der Deutschkatholiken, sucht er zur Entspannung einzig Wien auf, und diesmal für länger.

Für den 27. Oktober 1846 meldet die «Wiener Zeitung»: «Baron Eichendorf [!] geh. Regierungsrath, Leopoldstadt Nr. 321, von Danzig.» Die Eichendorffs wohnen zunächst im Gasthof zum «Weißen Roß», dann vermutlich nach einem Besuch in Sedlnitz im «Goldenen Raben» in der damaligen Landstraße Nr. 488 (Ungarngasse 8). Mit von der Partie sind Eichendorffs Frau und Tochter Therese mit Mann Besserer und dem Enkel Max. Anlaß der Reise ist, wie Eichendorff am 17. September 1846 an Schön schrieb, «der bisherigen, möglichst widersinnigen Wirtschaft par Distance auf meinem Gute Sedlnitz durch eine Verpachtung ein Ende zu machen» und deshalb «in Oestreich selbst mit Oekonomen und Juristen das Erforderliche zu besprechen und einzuleiten um zum nächsten Frühjahr die Verpachtung ins Leben treten zu lassen. Es wäre möglich, obgleich nicht wahrscheinlich, daß mein Schwiegersohn selbst, wenn es *sehr* vorteilhaft erscheinen sollte, die Pacht übernähme.» Was dieser dann nicht tun wird.

Eichendorff ist übrigens bereits im Jahr zuvor im Juni mit seinem Sohn Rudolf in Wien kurz zusammengetroffen, wohl wegen des Nachlasses seines dort verstorbenen Onkels Rudolph von Eichendorff, und er ist in Sedlnitz gewesen, um sich – zum letztenmal – mit seinem Bruder Wilhelm aus Trient wegen der Bewirtschaftung des Gutes zu besprechen.

Außer diesen Anlässen ist es der Gesundheitszustand seiner Frau, der einen längeren Aufenthalt in Österreich nahelegt. Da «meiner Frau», heißt es an Schön, «wegen ihrer wiederholten rheumatischen Uebel, Schwefelbäder dringend angerathen worden sind, so wollen wir diese Gelegenheit zugleich benutzen und in Baden bei Wien im künftigen Sommer die Badesaison mitmachen, was um so ausführbarer ist, da meine Schwester jetzt in Baden ein eigenes Haus besitzt». Aus dieser sommerlichen Kur «bis zum Herbst» wird jedoch nichts, wie Eichendorff bereits am 9. Juli 1847, schon wieder aus Danzig, an Schön berichtet: «Da aber meine Tochter schon zu Ende dieses Monaths neuerdings ihre Entbindung erwartet, diese aber in der Fremde immer bedenklich und kostspielig, auch eine so weite Reise mit einem neugeborenen Paßagier höchstbeschwerlich ist, so änderte jener unerwartete Umstand unseren ursprünglichen Plan, u. wir sind eiligst (von Wien bis Stettin auf der Eisenbahn) schon jetzt zurückgekehrt.»

Trotzdem übertrifft dieser Wien-Aufenthalt alle Erwartungen, und wir verdanken ihm einen der erfreulichsten Briefe Eichendorffs, gerichtet am 9. Februar 1847 an seinen Sohn Hermann in Potsdam, der sich dort auf sein Assessorexamen vorbereitet. «Mein lieber Hermann! Behüt Di Goth! Diesen Wienerischen Gruß zuvor [...]. Was man in der Jugend wünscht, hat man im Alter vollauf. Dieser alte Spruch trifft hier in Wien bei mir ein, die Leute wollen mich hier durchaus zum berühmten Manne machen. In der literarischen Concordia (einer Art Mittwochsgesellschaft in grandiosem Maaßstabe) wurde ich bei meinem Eintritt mit einem Sturm von Händeklatschen empfangen, daß die Fenster zitterten, zwei Literaten sprachen Gedichte an mich, den gantzen Abend wurden von einem Opernsänger Lieder von mir gesungen, von [dem Pianisten und Komponisten Joseph] Dessauer unglaublich schön komponirt. Dort lernte ich auch [die Schriftsteller] Anastasius Grün (Graf Auersperg), [Eduard von] Bauernfeld, [Ignaz Franz] Castelli p. kennen. Der Musikverein lud mich u. [Giacomo] Meyerbeer, der jetzt auch hier ist, zu einem musikalischen Abend ein, wo vor etwa nur 20 Zuhörern, 200 Männerstimmen sangen; etwas, das man, wie mir Meyerbeer versicherte, in gantz Europa nicht so vollkommen hört. Die niederösterreichischen Landstände haben mich zu ihren Abendzusammenkünften eingeladen, der hiesige Leseverein mir eine freie Eintrittskarte zugeschickt. In den hiesigen Sonntagsblättern erschien ein besonderer Artikel über mich p. p. Was mich aber mehr freut, als dieses gantze Halloh, ist die treue Freundschaft Jarkes [Karl Ernst Jarcke], wo ich jeden Sonntagabend mit [dem Historiker und Konvertiten Friedrich Emanuel] Hurter, [dem Maler und Overbeck-Schüler Joseph von] Führich p. zubringe, u. in deßen Kreise mein Aufsatz über die Romantik [Die Geschichte der neuern romantischen Poesie in Deutschland] in den hist. Pol. Blättern wahrhaft furore gemacht hat, so daß ich nun – gegen sehr brillantes Honorar – zum beständigen Mitarbeiter an den gedachten Blättern aufgenommen bin.» Der Artikel war anonym erschienen, und nur Eingeweihten war der Autor bekannt.

In den «Historisch-politischen Blättern für das katholische Deutschland» werden von Eichendorff 1847 noch erscheinen «Brentano und seine Märchen», «Die deutsche Salon-Poesie der Frauen», «Novellen von Ernst Ritter [Emilie von Binzer]», «Lanzknecht und Schreiber», «Die neue Poesie Österreichs», «Die geistliche Poesie in Deutschland» sowie 1848 «Die deutschen Volksschriftsteller». Auch diese weiteren sieben Artikel, die Eichendorff anscheinend in Wien verfaßt hat, erscheinen anonym. Durch die revolutionären Ereignisse 1848 wird wie Metternich auch Jarcke Wien verlassen, und Eichendorff verliert ihn zeitweise aus den Augen.

Karl Ernst Jarcke (1801–1852) hat Eichendorff nicht nur in jeder Hinsicht gefördert, er hat auch das Verdienst, ihn auf Adalbert Stifter, dem Eichendorff jetzt auch in Wien begegnen wird, bereits zwei Jahre vorher in einem Brief vom 15. Dezember 1844 aufmerksam gemacht zu haben. Jarcke schreibt über Danzig, seine Geburtsstadt, die Natur sei «an unserer blauen Ostsee über allen Ausdruck schön. Ad vocem: *Natur* muß ich Sie auf ein eben aufgehendes (wenn nicht alle Zeichen trügen) Gestirn erster Größe an unserem deutschen Novellenhimmel aufmerksam machen. *Selbiges* heißt Adalbert Stifter und seine gesammelten Novellen sind unter dem Titel: *Studien* vor kurzem in zwei Bänden erschienen. – Ich stehe der modernen schönen Literatur sehr fern; weniger weil ich durch meinen Beruf ihr entrückt bin, als weil ich diese ‹Poesie des Hasses›, wie Clemens Brentano sie nannte, aus tiefster Seele verabscheue. – Allein dieser Stifter hat mich erfreut, ungefähr wie ein frischer, kühler Quell den müden Wanderer in der Sahara ergötzen würde. – Da ist *Gemüt*, – das verlorene griechische Feuer unserer modernen Belletristik! – Die Art, wie er die *Natur* beschreibt, ist originell, und daß ein heutiger Schriftsteller noch fähig ist, die *Liebe* so aufzufassen, hat für mich etwas ungemein Tröstliches. Übrigens kenne ich den Mann noch nicht persönlich, – fahnde aber seit einiger Zeit auf ihn. Von *Tendenz-* und *Kontroverspoesie*, (die ich, mit Einschluß der katholischen, auch nicht mag!) ist keine Spur in diesen Stifterschen Novellen.» Kein Wunder, daß Eichendorff das Ehepaar Jarcke ins Herz geschlossen hat und die Abende bei ihm genießt. «Zum 8. April 1847» schreibt er in Jarckes Stammbuch:

| | |
|---|---|
| Selig, wo sich zwei gesellt | Und wenn's draußen wirbelnd schwirrt, |
| In den schlimmen Tagen | Flüchten hin viel' Gäste, |
| Und ihr häuslich frommes Zelt | Und ein jeder *Sonntag* wird |
| Schirmend aufgeschlagen! | So zum heitern Feste. |
| | |
| Vor dem Zelt da halten Wacht | Einer scheidet, zögernd noch, |
| Engel Stund' um Stunde, | Denn er blieb so gerne! |
| Drüben machen bei der Nacht | Mit dem Herzen bleibt er, *doch* – |
| Sterne ihre Runde. | Denk't sein' in der Ferne! |

Ergänzend zu Eichendorffs Beschreibung seines Wien-Aufenthalts an seinen Sohn Hermann heißt es in einem Brief an Schön vom 9. Juli 1847:

«Wien hat uns den Winter über durch Kunst und gewaltiges Leben u. Treiben, wozu auch [die schwedische Sängerin] Jenny Lind ihr bescheiden Theil beigetragen, manchen seltenen Genuß gewährt. ich habe manche alte Bekanntschaft erneuert, Z. B. mit [dem Mitschüler Eichendorffs in Breslau und Dichter Joseph Christian Freiherr von] Zedlitz, und viele neue u. intereßante Bekanntschaften gewonnen, unter diesen die höchstgeistreichen Brüder Baron v. Hügel, von denen der eine [Alexander Anselm] der berühmte Reisende [Diplomat und Botaniker, Mitglied der kaiserlichen Akademie der Wissenschaften, wird 1848 Metternich nach England in Sicherheit bringen und ist zuletzt Gesandter in Brüssel]. Außerdem bin ich, als Poet, in den dasigen literarischen Kreisen zu meiner größten Ueberraschung mit einer fast stürmischen Liebe u. Ehre wahrhaft überschüttet worden, was mir in meinen jungen Tagen gar wohl gefallen hätte, jetzt aber manchmal sehr unbequem wurde. Die politische Gesinnung habe ich sehr verändert gefunden, und überhaupt die Erfahrung gemacht, daß die öffentliche Meinung sich jetzt überall gleich sieht. Der Preußische Landtag wurde von Seiten des Publikums mit Jubel begrüßt u. mit unausgesetzter Aufmerksamkeit verfolgt.»

Friedrich Wilhelm IV. hatte für den 11. April 1847 den ersten Vereinigten Landtag nach Berlin einberufen. Seinem Bruder schrieb er: Es «ist das erste active Entgegenkommen von einer conservativen Macht gegen die Principien von Volksrepraesentation, die seit der französischen Revoluzion so viele Staaten erfasst und ruinirt haben [...]». Auch in Österreich gibt es Bestrebungen innerhalb des Adels, dem Wunsch des industriellen Großbürgertums und akademischer Kreise nach einer konstitutionellen Regierung durch eine Reform des Ständestaates zu begegnen, doch das Metternichsche System bleibt auf seinem reaktionären Kurs. Dabei huldigt die öffentliche Meinung, wie Eichendorff feststellt, auch in Österreich zunehmend liberalen Ideen.

Eichendorff selbst wird von den verschiedenen politischen Gruppen umworben, wie die Einladung zum liberalen «Juridisch-politischen Leseverein» zeigt, den Ludwig August Frankl, Herausgeber der «Sonntagsblätter», das «Thermometer für die Stimmung in Wien» und Grillparzer die «Pulvermühle für eine künftige Explosion» genannt haben. Doch dem reformkonservativen Eichendorff liegen die «Niederösterreichischen Landstände», nach Frankl das «österreichische Vorparlament», näher.

Neben Meyerbeer ist Eichendorff in Wien noch zwei anderen Persönlichkeiten begegnet, die in der Musikwelt einen Namen haben: Clara und Robert Schumann. Es verwundert, daß davon in den Briefen an Sohn Hermann und an Freund Schön keine Rede ist. Dabei ist die persönliche

Begegnung mit dem Dichter jedenfalls für die Schumanns die Erfüllung eines lang gehegten Wunsches. Haben doch Eichendorffs Gedichte mit dazu beigetragen, daß Robert Schumann in dem «Jahr der Lieder» 1840 seinen eigenen Ton getroffen und dadurch Musikgeschichte geschrieben hat. Unter den einhunderteinundachtzig Liedern, die Schumann in dem Jahr komponierte, sind unter anderem die Liederkreise «Liebesfrühling» op. 37 zu Gedichten von Friedrich Rückert, «Dichterliebe» op. 48 nach Gedichten aus Heines «Buch der Lieder» sowie «Zwölf Gedichte» op. 39 von Eichendorff: «In der Fremde», «Intermezzo, «Waldesgespräch», «Die Stille», «Mondnacht», «Schöne Fremde», «Auf einer Burg», «In der Fremde», «Wehmut», «Zwielicht», «Im Walde» und «Frühlingsnacht». Außerhalb dieses Liederkreises hat Schumann von Eichendorff noch vertont «Der frohe Wandersmann», «Der Schatzgräber», «Frühlingsfahrt» und «Der Einsiedler». Bezeichnend für die Auseinandersetzung des innerlich zerrissenen Schumann, der in Eichendorffs Gedichten Frieden und Geborgenheit suchte, ist der Tausch des positiven G-Dur-Liedes «Der frohe Wandersmann», mit dem der Zyklus zunächst beginnen sollte, durch das problematische «In der Fremde» in fis-moll, das die Stimmung des gesamten Zyklus trifft. Schumann ahnte, daß sich Eichendorffs Gedichte nicht dazu eignen, schnellen Trost zu spenden.

Dabei war sich Schumann, der als junger Mensch geschwankt hatte, ob er Dichter oder Musiker werden sollte, des epochemachenden Neuen dieser Dichtungen wie seiner Vertonungen bewußt. «Man weiß», schreibt er, «daß in den Jahren 1830–1834 sich eine Reaktion gegen den herrschenden Geschmack erhob. [...] Von der Klaviermusik ging auch der erste Angriff aus; an die Stelle der Passagenstücke traten gedankenvollere Gebilde [...]. Für das Lied hatte schon Franz Schubert vorgearbeitet, aber mehr in Beethovenscher Weise [...]. Die Entwickelung zu beschleunigen, entfaltete sich auch eine neue deutsche Dichterschule: Rückert und Eichendorff, obwohl schon früher blühend, wurden den Musikern vertrauter, am meisten Uhland und Heine komponiert. So entstand jene kunstvollere und tiefsinnigere Art des Liedes, von der natürlich die Früheren nichts wissen konnten, denn es war nur der neue Dichtergeist, der sich in der Musik widerspiegelte.»

Vielleicht erwähnt Eichendorff die Schumanns in seinen Wiener Briefen nicht, weil ihm diese «kunstvollere und tiefsinnigere Art des Liedes» und Schumanns Vertonung seiner Gedichte nicht leicht zugänglich und ihm seine angebliche Rolle als Avantgardist verdächtig ist. Stehen er und Schumann doch nach Meinung neuerer Musikhistoriker am Anfang der Moderne. Es lasse sich eine Linie der literarischen Lyrik ziehen von Novalis und Eichendorff zu Baudelaire, Rimbaud, Mallarmé, George, Rilke, T. S. Eliot und Yeats, dem entspreche eine Linie der musikalischen Lyrik von Schumann über Wolf, Debussy, Schönberg, Berg bis zu Wolfgang Rihm.

Wie dem auch sei, die Faszination, die Eichendorffs Gedichte auf die Schumanns ausübten, ist belegt. Am 22. Mai 1840 schreibt Robert an Clara: «Der Eichendorff-Zyklus ist wohl mein Romantischstes und es steht viel von Dir darin. [...] Geschwärmt hab ich in diesen Gedichten – und nun auch Deine Schrift machts.» In Wien sehen die Schumanns Eichendorff wenigstens zweimal. In Roberts Haushaltsbuch heißt es: «2. Januar 1847 Besuch bei Eichendorff und 15. Januar 1847 Matinée [da]bei Eichendorff, Grillparzer und viele andere». Die Erwähnung Eichendorffs an erster Stelle spricht für sich. Clara schreibt in ihr Wiener Tagebuch vom 15. Januar 1847: «Er [Eichendorff] sagte mir, Robert habe seinen Liedern erst Leben gegeben, [ich erwiderte aber], daß seine Gedichte erst der Komposition das Leben gegeben ... Die Matinee gehörte zu den interessantesten, die wir gegeben, und es war uns lieb, noch so hübsch von Wien Abschied genommen zu haben.»

Am 19. Januar schreibt Clara an Eichendorff: «Hochgeehrter Herr, beifolgendes Blatt wird Ihnen schon im voraus unser Anliegen verraten – werden Sie es uns nicht als Unbescheidenheit auslegen, wenn wir Sie um Ihre Handschrift bitten? Sie würde zu unseren, liebsten Schätzen gehören, und uns eine teuere Erinnerung an den Tag sein, wo Sie uns das Glück unserer persönlichen Bekanntschaft vergönnten. Mein Mann empfiehlt sich Ihnen verehrungsvoll, und ich bitte – freundlichst verzeihen zu wollen, hochgeehrter Herr, Ihrer ganz ergebenen Klara Schumann.» Eichendorff antwortet umgehend «zur gütigen Erinnerung an Ihren ganz ergebenen Joseph Freiherrn von Eichendorff» in Versen:

> Es träumt ein jedes Hertz
> Vom fernen Land des Schönen.
> Dorthin durch Lust und Schmertz
> Schwingt wunderbar aus Tönen
> Manch' Brücke eine Fey [Fee] –
> O! holde Zauberei!

Den mondänen Kurort Baden bei Wien, wohin die Familie Eichendorff am 3. Mai 1847 zur Schwester Louise umzieht und wo Frau Eichendorff sich einer Kur unterziehen will, hat der Dichter aus seiner Studienzeit 1811 in bester Erinnerung, zum Beispiel einen Besuch bei der aus Schlesien angereisten Schillersdorfer Verwandtschaft, Onkel Johann von Eichendorff und Tante Maria Anna, geborene von Hoverden, samt Nichte und Erbin Julie von Hoverden, die Eichendorffs Eltern als Schwiegertochter ausersehen hatten. Damals konnte Eichendorff nicht ahnen, daß die verwitwete Tante 1822 nach dem Tod seiner Mutter die vierzehnjährige Schwester Louise aufnehmen und ihr 1831 3000 Taler vererben würde, mit denen Louise zunächst in Wien lebt, dann nach einem Aufenthalt bei ihrem ältesten Bruder Wilhelm in Trient hier in Baden ein geräumiges Haus kauft.

Louise, 1804 geboren und sechzehn Jahre jünger als ihr Bruder Joseph, fühlt sich als Nachkömmling immer noch von der Familie abgeschoben und vernachlässigt. Sie stand nach dem Tod des Vaters 1818 «mit 14 Jahren, meinen beiden Brüdern fremd, fast unbekannt, allein und verlassen da und mußte mich unter fremden Menschen durchschlagen», klagt sie später am 27. April 1858 ihrem Neffen Hermann, der sie um Erinnerungen gebeten hatte für eine Biographie über den ein halbes Jahr zuvor verstorbenen Dichter. Um so mehr wird sich Louise jetzt über den Besuch der Familie ihres Bruders gefreut und mit ihm in abendlichen Gesprächsrunden Erinnerungen ausgetauscht haben.

Louise wird im Kreis der Familie das Wenige zum Besten geben, an das sie sich aus der Jugendzeit ihres Bruders erinnern kann. Bezeichnenderweise – denn Louise wird die letzten Jahre ihres Lebens in der Irrenanstalt verbringen – ist es vor allem eine Szene, in der Joseph scheinbar einen Wahnsinnsanfall erlitten und Musik ihn beruhigt haben soll, was an ähnliche Szenen in Eichendorffs späteren Dichtungen erinnert, zum Beispiel im «Marmorbild». Louise wird über den Vorfall in dem schon erwähnten Brief vom 27. April 1858 auch ihrem Neffen Hermann berichten: «Du wirst wissen, daß ich (ein Spätling) das Licht der Welt erblickte, als meine Brüder [Wilhelm und Joseph] das Elternhaus bereits verlassen hatten, und daß ich mich später, wenn dieselben in den Ferien nach Lubowitz kamen, in einer Erziehungsanstalt in Teschen und Troppau befand. Nur einige Male war ich als Kind mit Deinem Vater mehrere Wochen in Lubowitz zusammen ... Meine Erinnerungen beziehen sich hier meist auf mich selbst und werden kaum in eine Biographie hineinpassen. Aus den Erzählungen meiner Mutter will ich Dir indessen einiges mittheilen, was Du, geliebter Hermann, vielleicht verwenden kannst. Dein Vater soll in seiner Kindheit und Jugend sehr heftig gewesen sein. So riß er z. B. einmal seinen Bruder Wilhelm so heftig am Ohr, daß derselbe bis auf seine alten Tage eine Narbe davon trug. Zwischen seinem 14. und 15. Lebensjahre bekam er plötzlich während der Nacht einen merkwürdigen Anfall, den sich niemand, selbst der damalige Doktor

# Vierzehntes Kapitel. Wien, Berlin, Dresden, Neisse

46 *Louise von Eichendorff, die Schwester des Dichters*

Geisler aus Ratibor zu erklären vermochte. Er sprang plötzlich aus dem Bett, rang die Hände, weinte, schluchzte und schrie so überlaut, daß das ganze Schloßpersonal in Bewegung und Schrecken geriet. Man glaubte er sei irrsinnig geworden, da er weder sprach noch verstand was man zu ihm redete. Seinem Hofmeister H. Heinke kam plötzlich der Gedanke ihn durch Klavierspiel zu besänftigen und wunderbarerweise gelang ihm dies. Er fing an zu zittern, fiel leichenblaß auf's Kanapee und schlief endlich ein. Dieser Anfall dauerte ungefähr eine Stunde. Der Doktor fand ihn bereits im tiefsten, gesundesten Schlafe, ohne Anzeichen irgend einer Krankheit. Es muß wohl ein Traum gewesen sein, der ihn derart zur Verzweiflung brachte. Beim Erwachen wußte er nichts von dem Vorgefallenen. Die Mama bildete sich ein, daß es die Folge eines Bisses eines wütenden Hundes sei, der ihn als Kind einmal im Hofe angefallen hatte. Das glaube ich jedoch nicht, da er alsdann nicht mehr zu heilen gewesen wäre. Wenn die Brüder bestraft werden sollten, soll Dein Vater um Verzeihung gebeten, geweint und Besserung versprochen haben, während sein Bruder Wilhelm stumm und starr blieb, tagelang keinen Bissen aß und durch nichts zur Abbitte zu bewegen war. [...] Mir schwebt mein theurer Bruder [Joseph] aus meiner Kinderzeit immer als schöner Lützowscher Offizier vor [Sommer 1813], der in Lubowitz an manchen schwülen Nachmittagen mit mir im schattigen Obstgarten im kühlen, hohen Grase lag, welches mir damals wie ein Urwald vorkam, aus dem allerlei Ungeheuer auf mich losschritten. Dann entsinne ich mich noch meiner Todesangst, wenn er mit mir, ich ihm auf der Brust sitzend, über die Oder schwamm, was meist Abends bei Mondschein geschah, während der Papa ängstlich am Ufer zusah und meine immer muthige Mutter uns auslachte.»

Während des Aufenthalts in Baden wird Eichendorff seine Schwester vermutlich auch auf Adalbert Stifter aufmerksam machen, dem er in Wien persönlich begegnet ist. Die Schlesierin Emilie von Binzer, die unter dem Pseudonym Ernst Ritter Novellen geschrieben hat, berichtet darüber in ihren «Erinnerungen an Grillparzer»: «Im Jahre 1846 hielt ich mich mit meinen damals jungen Töchtern in Wien auf; einen Wunsch meines Herzens erfüllte mir Zedlitz, der Freund unseres Hauses, indem er mir Grillparzers persönliche Bekanntschaft verschaffte; er lud ihn, Stifter und Eichendorff ein, mit uns bei ihm zu essen. Das Mittagsmahl mit den vier Dichtern war reizend, meine Töchter sangen Eichendorffs Lied ‹In einem kühlen Grunde›, das er bei einer Mühle bei Neisse gemacht hat, Grillparzer erfreute mich, indem er meine eben erschienenen Erzählungen lobte, und Stifter war in seiner liebenswürdigsten Laune.»

Eine Rezension über Emilie von Binzers «Mohnkörner», «Gesammelte Erzählungen» in zwei Bänden, Pesth 1846, hat Eichendorff gerade erst 1847 in den «Historisch-politischen Blättern für das katholische Deutschland» zum Anlaß genommen, Grundsätzliches über das Eigentümliche und über das Verhältnis der Geschlechter zur Diskussion zu stellen. Die Autorin erkenne «die beiden Geschlechter als zweierlei ursprünglich verschiedene Seelen an, die einander nicht gleich sein, sondern vielmehr ergänzen sollen». Sie lasse zum Beispiel in der Erzählung «Ulyßes» die Isabella sagen: «Es gibt meiner Meinung nach noch einen anderen Unterschied des Geschlechtes, als den der äußeren Form, nämlich den höheren, ursprünglichen, und folglich auch unvergänglichen. – Nicht die Körper allein, auch die belebenden Geister sind verschiedenen Geschlechts. – Wenn der Mann Alles in's Allgemeine zieht; wenn das Wohl der Gemeinde, die Verwaltung des Staats seine ersten Interessen sind; wenn er sein Lebenswerk in dem Siege seiner Ideen und Grundsätze finden: so ist das Weib kaum *eines* sich auf das Allgemeine beziehenden

*47 Adalbert Stifter*

Gefühles fähig. Für sie hat Alles nur seinen Wert, indem sie den Gegenstand ihrer Liebe dadurch getragen oder anerkannt sieht. – Dem Weibe sind diese allgemeinen Beglückungstheorien, diese idealen Wünsche für die Masse im Grunde gleichgiltig; aber in ihrer Macht Schmerzen zu lindern, die den Einzelnen treffen, das Leben zu einem Traume der Wonne für den Geliebten zu machen, jeden Kummer von ihm fern zu halten, sich selbst ihren Kindern, ihren Nächsten ganz aufzuopfern, ihr Haus zu erheitern, zu schmücken, das Glück durch sanfte Liebestaten darin zu bannen – in dieser Macht liegt ihr Talent, ihr Genie.»

Demgegenüber scheint Eichendorff eher Stifters Meinung zu teilen. Ebenfalls in den «Historisch-politischen Blättern für das katholische Deutschland» hat Eichendorff 1846 in seinem Aufsatz «Geschichte der romantischen Poesie», nachdem er sich auf Anregung von Jarcke mit dem Werk des siebzehn Jahre jüngeren «aufgehenden Gestirn erster Größe» (Jarcke) befaßt hatte, den «jungen Dichter» Stifter auf über zwei Druckseiten als «Pfand der Zukunft» begrüßt mit einer für Eichendorff bezeichnenden Auswahl von Zitaten:

«Mit Eifer vindiziert» Stifter «auch der modernen Frau das Gebiet der Kunst und Wissenschaft, auf daß sie lerne, ‹daß es ein Schaffen gibt, ein Erschaffen des eigenen Herzens, Bildung dieses schönen Kunststücks, Ansammlung und Eigenmachung der größten Gedanken, welche erhabene Sterbliche vor uns gedacht haben und uns als teures Erbstück hinterließen. Nicht Häuslichkeit allein daher, noch selbst Vorbereitung und

Erfüllung der Mutterpflicht schließen den Kreis des Weibes. Ist es nicht auch seiner selbstwillen da, stehen ihm nicht offen Geister- und Körperreich? [...]›»

So sei Stifter ein «der Schule entwachsener Romantiker», «dessen Novellen (Studien. Pesth, 1844) sich eben durch das auszeichnen, was sie von der jetzigen Modeliteratur unterscheidet. Sie können und wollen sämtlich ihre romantische Abkunft nicht verleugnen, aber es ist eine der Schule entwachsene Romantik, welche das verbrauchte mittelalterliche Rüstzeug abgelegt, die katholisierende Spielerei und mystische Überschwenglichkeit vergessen, und aus den Trümmern jener Schule nur die religiöse Weltansicht, die geistige Auffassung der Liebe und das innige Verständnis der Natur sich glücklich herübergerettet hat.»

Die Natur sei für Stifter wie ein göttlicher Garten: «Gebirg und Wald – wie ein Garten, ‹wo ihm oft war, als müßte er den großen Gärtner jetzt, und jetzt irgendwo zwischen den Bäumen wandeln sehen› – ist die rechte Heimat des wanderlustigen Dichters: ‹denn es liegt ein Umstand, ich möchte sagen ein Ausdruck von Tugend in dem von Menschenhänden noch nicht berührten Antlitze der Natur, dem sich die Menschenseele beugen muß, als etwas Keuschem und Göttlichem – und doch ist es zuletzt wieder die Seele allein, die all ihre innere Größe hinaus in das Symbol der Natur legt.› Inmitten dieser Waldeinsamkeit ist er jedoch weit entfernt, die Gaben der modernen Kultur zu ignorieren, oder zu verschmähen. Aber sie soll sich einer höhern Weihe bewußt werden, die Heiligkeit der Phantasie, die unsere Erzieher eine Betrügerin nennen, nicht verstören, nicht die Blumen ausraufen, um nützliches Heu daraus zu machen.»

Die Wissenschaft habe nach Stifter dem Menschen zu dienen: «Die Wissenschaft soll Schmuck des Herzens werden; denn ‹das ist die größte und schönste Macht derselben, daß sie den Menschen mit einer heiligenden Hand berührt, und ihn als einen des hohen Adels der Menschheit aus ihrer Schule entläßt – freilich, bei Andern bleibt es dürr liegen, wie die glänzenden Dinge, die ein Rabe in sein Nest trägt und blödsinnig darauf sitzt.›»

Die Kunst solle nach Stifter die göttlichen Züge der Schöpfung aufscheinen lassen, sie «ist ihm noch ein verklärender Strahl aus der unsichtbaren Welt. ‹Kein Mensch kann eigentlich dieses wunderbare Titelblatt der Seele (das menschliche Antlitz) so verstehen, als der Künstler – denn der Weltmensch schaut nur oberflächlich oder selbstsüchtig, und der Verliebte verfälscht, nur zu sehr am irdischen Geschöpfe hangend; aber der reine, einfältige Meister in seiner Werkstätte, tagelang denselben zwei Augen gegenüber, die er bildet und rundet – der sieht den Finger Gottes aus den toten Farben wachsen, und was er doch selber gemacht hat, scheint ihm nun nicht ein bloßes Gesicht, sondern auch eine fremde Seele, der er Achtung schuldig ist – und öfters mag es geschehen, daß mit einem leichten ungefähren Zuge des Pinsels ein neuer Engel in die Züge tritt, davor er fast erschrickt, und von Sehnsucht überkommen wird.›»

Teilt Eichendorff als «letzter Romantiker» mit Stifter auch schon das Erschrecken des modernen Menschen vor der Unendlichkeit des Weltalls und vor der zwischenmenschlichen Einsamkeit? Jedenfalls hält Eichendorff als «bezeichnend für das ganze Wesen» der Stifterschen Dichtung fest: «‹Oft und oft, wenn ich die ewigen Sterne sah, diese glänzenden Tropfen, von dem äußern, großen Weltozeane auf das innere, blaue Glöckchen hereingespritzt, das man über uns Infusionstierchen gedeckt hat – wenn ich sie sah und auf ihnen dachte dieses Unmaß von Kräften und Wirkungen, die zu sehen und zu lieben ich hienieden ewig ausgeschlossen bin; so fühlte ich mich fürchterlich einsam auf der Insel Erde – und sind denn nicht die Herzen eben so einsam in der Insel Körper? Können sie einander mehr zusenden, als manchen Strahl, der noch dazu nicht immer so freundlich funkelt, als der von den schönen Sternen? Wie jene Herzen des Himmels durch ein einziges, ungeheures Band verbunden sind, durch die Schwerkraft, so sollten auch die Herzen der Erde verbunden sein durch ein einziges, ungeheures Band, die Liebe.›»

Wichtig für das Verständnis Eichendorffs ist die Auffassung von «katholisch», die er mit Stifter teilt: «Vom Katholizimus ist, unseres Erinnerns, in dem Buche nirgends ausdrücklich die Rede; aber eine, allem Unkirchlichen durchaus fremde Gesinnung, die alles Leben nur an dem mißt, das allein des Lebens wert ist, und die wir heutzutage getrost eine katholische nennen dürfen, umgibt das Ganze, wie die unsichtbare Luft, die Jeder atmet, ohne es zu merken. Und das ist ja eben das poetische Geheimnis des religiösen Gefühls, daß es wie ein Frühlingshauch Feld und Wald und die Menschenbrust erwärmend durchleuchtet, um sie alle von der harten Erde blühend und klingend nach oben zu wenden.»

Noch am 5. Juni 1853 nennt Eichendoff in dem einzigen Brief an Stifter diesen den «Dichter, den ich vor allen Mitlebenden verehre und hochhalte». Deshalb dankt Eichendorff Stifter in dem Brief auch «für die großmüthige Menschenfreundlichkeit, mit der Sie Sich meiner Schwester angenommen, sowie für die edle u. zarte Rücksicht, womit Sie diese ganze Angelegenheit aufgefaßt u. behandelt haben». Die Schwester hatte ihr großes Haus in Baden mit Gewinn veräußert und sich die kleinere, originelle «Katzenburg» erbauen lassen, in der sie inmitten eines geliebten Gartens mit ihren Katzen und Hunden lebte. Da es jedoch weiter Ärger mit dem Baumeister gab, trug sich die Schwester mit dem Gedanken, das Haus dem mit ihr seit 1852 befreundeten Ehepaar Stifter als Eigentum zu überlassen – bei lebenslangem Wohnrecht für sich und bei Übernahme der anfallenden Reparaturkosten durch Stifter – in der Hoffnung, die Stifters dafür über kurz oder lang in ihre Nähe zu holen. Hatte sie das Haus doch im Geiste der «Studien» Stifters bauen lassen.

Eichendorff, den die Schwester auf Stifters Rat hin darüber konsultierte, wollte jedoch das Haus in der Familie halten und dafür der Schwester die Leibrente aus dem Gut Sedlnitz erhöhen. Das Übereinkommen dürfte dann so nicht zustande gekommen sein. Denn zehn Jahre später, sieben Jahre nach Eichendorffs Tod, informiert Louise ihren Neffen Hermann, sie habe wegen ständiger Schikanen ihrer Nachbarn ihr Haus «an einen Juden auf Leibrente verkauft» und habe sich «in diesem Sommer ein neues kleines Haus gebaut und zwar in Weikersdorf nächst Baden. Dort erwarb ich einen Weingarten [...].» Von dort erläutert sie 1875 Hermann gegenüber ihre Vermögensverhältnisse und letzten Verfügungen: «Ihr wißt somit wo nach meinem Tode, den ich mit 72 Jahren stündlich zu erwarten habe, Euer Erbtheil zu finden ist.»

Ihr letzter Brief an Hermann datiert zwischen 1875 und 1878 und deutet ihr ferneres Schicksal an: «Dein Brief fand mich krank im Bette. Ein mit Fieber verbundenes Herz- und Nervenleiden ließ mich Tag und Nacht nicht zur Ruhe kommen. Dazu die entsetzliche Melancholie! – O, Du mein Gott, es ist fast nicht mehr auszuhalten. Ich wollte meinem qualvollen Leben hier entfliehen und bat Rudolf [Eichendorffs zweiten Sohn, bis 1890 Gutsherr in Sedlnitz] um Aufnahme, die er mir auch liebevoll gewährte. Aber zu spät, alles zu spät! [wie bei ihrem Bruder!] – Möchte ein besseres Jenseits alles ausgleichen. So sehr ich aber auch in meiner Vereinsamung Gott brauche und suche, ich finde überall nur Tyrannei. Mein Herz möchte mir oft vor Mitleid, das quälendste Gefühl, das ich kenne, springen. Mitunter ist mir so wüst im Kopfe, als sollte ich närrisch werden. Herr, stehe mir bei in meiner Qual, erbarme dich meiner.»

Tatsächlich wird sie 1879 in die niederösterreichische Irrenanstalt in Wien eingeliefert und stirbt am 26. Dezember 1883 in geistiger Umnachtung. Vierzig Jahre zuvor, 1843, veröffentlichte Eichendorff, der um die eigene Bedrohung durch Wahnsinn und Fata Morgana wußte, im «Berliner Taschenbuch» ein Gedicht mit dem Titel «Fee Morgana», das seiner

Schwester Louise, sollte sie es gekannt haben, ein solidarischer Gruß hätte sein können:

> Du Pilger im Wüstensande,
> Ich spiegle Wälder und Kluft,
> Der Heimat blühende Lande
> Dir wunderbar in der Luft.
>
> Wer hielte in dieser Wüste
> Das einsame Wandern aus,
> Wenn ich ihn barmherzig nicht grüßte
> Mit Frühlingsdüften von Haus?
>
> Und ob's auch wieder verflogen
> In Luft – und schien doch so nah –
> Nur frisch durch die sengenden Wogen,
> Wer weiß, wie bald bist du da!

Über fünfzehn Jahre lang ist Stifter Eichendorffs Schwester ein Freund gewesen, der ihr über schwere Stunden hinweggeholfen hat. Persönlich haben sie sich anscheinend nur 1852 und 1853 in Baden, 1854 in Linz und 1860 wieder in Baden gesehen. Bis 1867 ist Louise im Briefwechsel mit Stifter, der am 28. Januar 1868 in Linz an der Donau vermutlich auch in geistiger Umnachtung Selbstmord begeht, danach noch mit seiner Frau. Auf dem vorletzten der Briefe Stifters findet sich eine Widmung Louisens an ihre Nichte Maria, Rudolf von Eichendorffs Frau in Sedlnitz: «Die Anerkennung meines inneren Wesens von einem so durch und durch edlen Menschen entschädigt mich für so manches Andere – und war mir über alles teuer – darum nochmals die Bitte: halte sie in Ehren.»

Eichendorff verabschiedet sich Anfang Juli 1847 mit seiner Familie von Wien und Baden und von den wohl schönsten Tagen seiner letzten Lebensjahre mit einem Gedicht, betitelt «Gruß an die ‹Eintracht›. Wien, im Februar 1847». Die letzte Zeile verrät Eichendorffs weiterhin großdeutsche politische Einstellung.

> Lerche, wo sie's grünen sieht,
> Lenkt sie hin von ferne –
> Wo ein Liederfrühling blüht,
> Weilt der Dichter gerne.
>
> Segnet dankbar Strom und Tal,
> Die ihn traut empfangen,
> Grüßt die Sänger allzumal,
> Die so liebreich sangen.

Und senkt alternd sich sein Schwung,
Mag's ihn immer schmerzen,
Bleibt doch Poesie stets jung
In dem deutschen Herzen.

## «Libertas und ihre Freier»: 1848 – Zwischen Reaktion und Revolution

Während sich die Eichendorffs, im Juli 1847 aus Wien zurück, wieder in Danzig einleben – nur bis Ende Dezember, dann ziehen sie mit ihrer Tochter und deren Familie nach Berlin ins Kadettenhaus, wo Schwiegersohn Premierleutnant von Besserer-Dahlfingen einen Lehrauftrag erhalten hat –, wird Wilhelm von Eichendorff als österreichischer Kreishauptmann von Trient, weil er das Absingen der antiösterreichischen Papsthymne in der dortigen Oper nicht verhindert hat, in Wien des Liberalismus verdächtigt.

Am 3. August schickt Freund Jarcke aus Wien das Honorar für Eichendorffs Beiträge in den «Historisch-politischen Blättern für das katholische Deutschland» und teilt mit, Friedrich Fürst von Schwarzenberg sei über Eichendorffs Rezension seiner Memoiren «fast zu Tränen gerührt» gewesen. In dem 1847 erschienenen Artikel «Lanzknecht und Schreiber» hatte Eichendorff unter anderem gegen die «lüderliche Rebellion der Poesie» in der neuen Literatur der «unbedingten subjektiven Freiheit» polemisiert und auf die drohende soziale Revolution hingewiesen: «Hinter diesen letzten Trümmern einer tausendjährigen Kultur lauert freilich die Anarchie, die Barbarei, und der Kommunismus; der Proletarier hat an der willlkommenen Bresche, wie zur Probe, schon die Sturmleiter angelegt. Aber: après nous le déluge [nach uns die Sündflut]! Was geht das den subjektiven Absolutismus an!»

Tatsächlich entsteht 1847 in London durch den Zusammenschluß der Auslandsvereine deutscher Handwerksgesellen der «Bund der Kommunisten», und Marx und Engels veröffentlichen im Februar 1848 in London das «Kommunistische Manifest» über die geschichtliche Notwendigkeit der proletarischen Revolution und die Gesetzmäßigkeit der Klassenkämpfe bis zur Errichtung einer klassenlosen Gesellschaft.

Doch die Revolutionen in Europa Ende der vierziger Jahre sind noch keine proletarischen, sondern bürgerliche Erhebungen unter der ideologischen Führung des Liberalismus wie in Frankreich, Deutschland und Österreich oder patriotisch-nationale Aufbrüche wie in Ungarn und Italien, auch wenn sich die anderen gesellschaftlichen Schichten an den Aufständen mehr oder weniger beteiligen: die Bauern, Arbeiter und Intellektuellen, die Klein- und Großbürger sowie liberal gesinnte Adelige. Das Besitzbürgertum verhindert denn auch eine weitergehende soziale Umwälzung durch die Revolution und akzeptiert, um seinen Besitzstand zu wahren, schließlich die erneute Herrschaft der Reaktion.

Eichendorff hat in seinem Zyklus von neun Gedichten unter dem Haupttitel «1848» in dem ersten, «Die Altliberalen», deren Mitverantwortung für die Revolution und ihre Folgen unterstrichen:

> [...] So habt den Zeitgeist ihr gebraut, gemodelt,
> Und wie so lustig dann der Brei gebrodelt,
> Ihm eure Zaubersprüche zugejodelt.
>
> Und da's nun gärt und schwillt und quillt – was Wunder,
> Wenn platzend dieser Hexentopf jetzunder
> Euch in die Lüfte sprengt mit allem Plunder!

Auslöser der neuen revolutionären Unruhen in Europa ist wie schon 1789 und 1830 so auch jetzt 1848 die Februarrevolution in Paris. Studenten, Arbeiter und Nationalgarde liefern sich Barrikadenkämpfe, der Bürgerkönig Louis Philipp dankt ab und flieht nach England. Nach einer republikanischen Übergangsregierung, unter der die Furcht vor einer sozialen Revolution wächst – im Juni-Aufstand der Arbeiter läßt Kriegsminister Cavaignac an die tausend Aufrührer zusammenschießen –, siegen in den Präsidentschaftswahlen im Dezember der Neffe Napoleons I., Louis Napoleon Bonaparte, und in den Parlamentswahlen im Mai 1849 die «Partei der Ordnung».

Eichendorff neidet in dem siebten Gedicht seines Revolutions-Zyklus unter dem Titel «Der welsche Hahn» Frankreich diese Initialzündung und führt den Anbruch des «neuen Tages» der Revolution «auf allen Hügeln» letztlich auf das Wirken Gottes, des «Herrn» der Geschichte, zurück. So sehr ist er überzeugt von der historischen Notwendigkeit der Revolution auch in Deutschland.

> Es rief der welsche Hahn
> Und schlug mit seinen Flügeln,
> Da hebt's zu krähen an
> Auf allen deutschen Hügeln.
> Den neuen Tag bricht an
> Der Herr auf allen Höhen;
> Da will der Hahn sich blähen
> Und meint, *er* hätt's getan
> Mit seinem heisern Krähen.

## 1848 – Zwischen Reaktion und Revolution

Am 19. Februar 1848 erreichen die Nachrichten aus Paris Wien und lösen Unruhen aus. Am 3. März fordert Ludwig Kossuth in Budapest eine konstitutionelle Regierung für Ungarn. Am 13. März demonstrieren in Wien Studenten, wird das Landhaus der niederösterreichischen Stände gestürmt, kommt es zu Kämpfen mit Soldaten der Wiener Garnison, soll Kaiser Ferdinand reagiert haben: «Ja derfn s' denn das?» Metternich tritt zurück und flieht nach London. Das Tempo der Ereignisse verschlägt einem den Atem.

Eichendorff beschreibt es in dem zweiten Sonett «Ihr habt es ja nicht anders haben wollen» seines Zyklus und macht aus seiner Überzeugung keinen Hehl, daß das «edle Roß» der Freiheit einstweilen zu den «Linken» übergewechselt ist, da die «Rechten» ihm keine Chance gegeben haben:

> [...] O wunderschön: ein edles Roß im vollen
> Kühnfreien Lauf durch grüner Wälder Mitte,
> Lichtfunken sprühen hinter jedem Tritte,
> Die Mähne flattert und die Augen rollen!
>
> Was ruft ihr nun so ängstlich? Euren Winken
> Hat es zum Ritt sich wieder stellen sollen?
> Zu spät! Das Roß riß plötzlich aus zur Linken.
>
> Ihr müßt zur Rechten hinterdrein jetzt hinken,
> Da ist es nicht mehr Zeit, vornehm zu schmollen,
> Ihr habt es ja nicht anders haben wollen.

Am 18. März kommt es zu Straßenkämpfen in Berlin. Am folgenden Tag verlassen die Truppen auf Befehl des Königs die Stadt, eine Bürgerwehr übernimmt den Schutz des Schlosses. Der König verneigt sich vor den gefallenen Revolutionären im Schloßhof und wendet sich an seine «lieben Berliner»: «Hört die väterliche Stimme Eures Königs, Bewohner Meines treuen und schönen Berlins, und vergesset das Geschehene, wie Ich es vergessen will und werde in Meinem Herzen, um der großen Zukunft willen, die unter dem Friedenssegen Gottes für Preußen und durch Preußen für Teutschland aufbrechen wird.»

Eichendorff, der am 10. März seinen sechzigsten Geburtstag gefeiert hat, läßt sich durch die verbindliche Art des Königs nicht täuschen. «Kein Pardon» ist das dritte Sonett seines Zyklus überschrieben. Für Eichendorff ist die Revolution ein Gottesgericht über die «hochmutstollen Schriftgelehrten» in den Regierungen und über die «Stolzen» auf ihren «Thronen», die vergessen haben, daß sie zuerst Diener des einen göttlichen Königs sind:

> Hervor jetzt hinter euren rost'gen Gittern,
> Heraus, ihr Schriftgelehrten, Hochmutstollen!
> An euch ist der Posaunenruf erschollen,
> Vor dem die Schlechten und Gerechten zittern. [...]
>
> Die Ströme werden nimmer rückwärts stauen,
> Die Blitze werden zielen nach den Kronen,
> Die Stürme rastlos fegen durch die Gauen,
>
> All' Türme brechend, wo die Stolzen wohnen,
> Bis All' erkannt demütig in dem Grauen
> Den *einen* König über allen Thronen.

Am 28. März schreibt Eichendorff an seinen Dichterfreund Lebrecht Dreves in Hamburg und tröstet ihn über das Nichterscheinen seiner Gedichte hinweg: «Der Lärm der Weltgeschichte muß erst einigermaßen wieder vertosen, damit die Klänge ächter Poesie, die nicht auf den breiten Flügeln der Politik daherwüthet, hörbar u. verständlich werden.» Er lädt Dreves nach Berlin ein zum Gespräch, «wozu ich in diesem Augenblick weder äußerlich noch innerlich die nöthige Ruhe zu finden vermag. Gott erhalte Sie frisch u. muthig in dieser Zeit.»

Mutig scheint Eichendorff weniger zu sein in diesen Tagen. Denn am 25. Mai 1848 meldet er sich wieder bei Dreves, diesmal aus Dresden, «wohin ich mich vor der Berliner Wirthschaft einstweilen geflüchtet habe», vor allem wohl wegen seiner kränkelnden Frau und Thereses Familie. Am 25. Januar 1849 schreibt Eichendorff noch immer aus Dresden an Theodor von Schön: «Berlin war, wie Ew. Excellenz wißen, niemals mein Eldorado, am wenigsten jetzt in der hochseligen Wirthschaft des Belagerungszustandes, wo aller alter Sauerteig sich wieder aufbläht. Und so habe ich mich denn kurtz entschloßen, auch den Winter hindurch hier zu bleiben, da überdem Dresden in der That ein reitzender Ort ist, der alle, besonders literarische, Vortheile einer großen Stadt, ohne deren Uebelstände, darbietet.» Eichendorff wird bewußt gewesen sein, daß er nun als der «letzte Romantiker» an einer der Geburtsstätten der Romantik weilt.

Aus Dresden, wo die Eichendorffs während des Jahres 1848 mehrmals die Unterkunft gewechselt haben, flüchten sie Anfang Mai 1849 vor dem Aufstand der sächsischen Republikaner, der am 8. Mai von preußischen Truppen niedergeschlagen wird, nach Meißen und Köthen und kehren erst Ende des Monats nach Dresden zurück. Am 2. Juni 1849 schreibt Eichendorff an Theodor von Schön in Preußisch Arnau, der «nach unserem Geschick in den Dresdner Wirren» gefragt hat: «Glücklicherweise wohnten wir, der frischeren Luft wegen, schon in der Neustadt, als der Aufruhr, der eigentlich nur die Altstadt erfaßte, ausbrach. Die ersten zwei Tage hielten wir tapfer aus. Da aber der Kampf von Stunde zu Stunde immer ernster und bedenklicher wurde, und ein, gar nicht unmöglicher unglücklicher Ausgang deßelben auch für die Neustadt das Aeußerste befürchten ließ, so zogen wir, auf dringendes Anrathen und in Gesellschaft unserer hiesigen Hausgenoßen, uns auf einen Weinberg bei Meissen zurück, von deßen hochgelegener Villa wir den Kanonendonner sehr deutlich hören konnten, und bei Tag und Nacht die Feuer in Dresden aufsteigen sahen. Ein herrlicher Aufenthalt, der uns sehr erfreut haben würde, wenn uns nicht die Sorge um so manchen uns liebgewordenen Bekannten in Dresden in ziemlicher Spannung erhalten hätte. Indeß wurde auch dieser stille Platz durch die beständigen Zuzüge bewaffneter Freischaaren gar bald unsicher, wir verließen daher nach einigen Tagen den schönen Weinberg wieder, und begaben uns nach Cöthen, um dort bei Verwandten das Fallen der tosenden Waßer in möglichster Nähe abzuwarten. Von Cöthen kehrten wir endlich vorgestern wieder nach Dresden zurück, wo jetzt durch das beliebte Hausmittel des Belagerungszustandes die alte Ruhe, wenigstens äußerlich, wieder hergestellt ist. Ew. Excellenz sehen also, daß wir, Gottlob, so ziemlich unangefochten durch diese heillose Klopffechterei hindurchgekommen sind. Höchst intereßant waren mir die genialen Grundzüge, welche Ew. Excellenz zur endlichen nachhaltigen Ordnung der Dinge und Vernichtung des höllischen Reichs entwerfen, und die ein merkwürdiges Zeugniß von der unverwüstlichen Frische Ihres Geistes geben. Aber werden die Fürsten jemals auf solche Gedanken verfallen? ich muß gestehen, ich befürchte das Dümmste, und also auch das Gräßlichste, wenn nicht der liebe Gott, der von Zeit zu Zeit auf Seine Weise die Weltgeschichte dichtet, nicht durch sogenannte Zufälle und Ereigniße unerwartet Alles anders lenkt, als der Mensch denkt.»

Im vierten Sonett «Will's Gott!» des Zyklus hat Eichendorff seine Überzeugung vom Gottesgericht über das «sündengraue Alte» und von der Zukunft, die den «freien Söhnen» gehört, unmißverständlich zum Ausdruck gebracht, wobei offen bleibt, wer der «junge Held» ist, auf den Eichendorff seine Hoffnung setzt:

> Kein Zauberwort kann mehr den Ausspruch mildern,
> Das sündengraue Alte ist gerichtet,
> Da Gott nun selbst die Weltgeschichte dichtet
> Und auf den Höhen zürnend Engel schildern: [...]

> Doch *eins*, das hastig alle übersehen,
> Das Kreuz, bleibt auf den Trümmern einsam stehen;
> Da sinkt ins Knie der Held, ein Arbeitsmüder,
>
> Und vor dem Bild, das alle will versöhnen,
> Legt er dereinst die blut'gen Waffen nieder
> Und läßt den neuen Bau den freien Söhnen.

In diesem Sinne hatte Eichendorff bereits am 25. Januar 1849 an Theodor von Schön geschrieben: «Es ist überhaupt auffallend, wie in jetziger Zeit alle Individuen verschwinden, alles ist allein auf die Maßen [Massen] gestellt. Und doch ist die Maße nur eine Idee, die, wie das Königthum, die Freiheit u. s. w., wenn sie wirklich in's Leben treten soll, individuell, persönlich werden muß. Wird eine solche welthistorische Persönlichkeit endlich in Deutschland erscheinen?»

Eichendorff selbst hat seine Revolutionsgedichte wohl aus Rücksicht auf seine Familie – Sohn Rudolf und Schwiegersohn Besserer sind Offiziere im preußischen Heer, Sohn Hermann preußischer Beamter – nicht veröffentlicht, sondern auf einem Manuskriptblatt zu dem Zyklus notiert: «Zur Auswahl für eine etwaige fünfte Auflage meiner Gedichte». Hermann von Eichendorff hat sie dann, um die positive Einstellung seines Vaters zur Revolution zu kaschieren, nur vereinzelt aus dem Nachlaß herausgegeben und stellenweise verändert, auch falsch datiert, so das achte Gedicht auf das Jahr 1854. In diesem «Spruch» appelliert Eichendorff in den gegenwärtigen Auseinandersetzungen zwischen dem Alten und Neuen an die Treue des einzelnen gegenüber dem eigenen Gewissen als die einzige Garantie dafür, daß auch Gott das Seine tut:

> Magst du zu dem Alten halten
> Oder Altes neu gestalten,
> Mein's nur *treu* und laß Gott walten!

Ende September 1849 ziehen die Eichendorffs und Besserers nach Berlin in das Kadettenhaus zurück. Daß Eichendorff die politische Entwicklung weiter verfolgt, zeigt der Briefwechsel zwischen ihm und Schön im April 1850. Am 19. April schreibt Eichendorff nach Preußisch Arnau, nachdem er Schöns «Papiere» studiert hat – Eichendorff soll zusammen mit dem Historiker Johann Gustav Droysen, später mit Karl August Varnhagen von Ense Schöns Biographie schreiben, was sich dann jedoch zerschlägt –: «Welcher Abstand zwischen jener Zeit, wo man klar wußte, was man wollte, und der heutigen, wo man die deutsche Einheit frischweg mit der deutschen Entzweiheit anfängt! [Auf dem Unionsreichstag in Erfurt im

März/April droht ein offener Konflikt zwischen Österreich und Preußen]. [Adalbert von] Ladenbergs [preußischer Kultusminister] Regimentirung der Künste und Wißenschaften, sowie Marienburgs Stellung unter polizeiliche Aufsicht sind allerdings überaus schätzbare Symptome jenes allgemeinen Konfusionsfiebers. Es wird wohl, nachdem sich Deutschland mit großer Anstrengung vor ganz Europa wieder einmal hinreichend lächerlich gemacht, Alles getrost beim Alten bleiben, wenn nicht etwa der liebe Gott mit irgend einer unverhofften Weltbegebenheit regimentirend dazwischenfährt. Bis dahin aber kann es noch viel moralischen Ekel und Langeweile geben.»

Schön antwortet am 30. April mit einer neun Druckseiten langen Darstellung der Entwicklung von 1848 bis zur Gegenwart aus seiner Sicht und endet mit einem Postkriptum vom 19. Mai 1850: «Vielleicht ist Erfurt der tiefste Punkt, zu dem Preußen, wenn es nicht mit seinen Großtaten und großen Erinnerungen vernichtet werden soll, herabsinken kann, denn die Erfurter Versammlung bringt Preußen dem Punkte der gänzlichen Auflösung desselben schon ziemlich nahe. [...] Ereignisse dieser Art müssen vorkommen, um das Blendwerk unserer Regierung zu vernichten, und unser Volk aus seinem Stumpfsinne zu wecken. Bis es dahin kommt, kann freilich von Absolutisten, Pietisten und Ultraaristokraten, wie von Jakobinern noch viel Unheil angerichtet werden. Der Himmel muß dies aber zulassen, denn wenn vernünftig erschaffene Wesen ihren göttlichen Geist, mit Vorsatz und Wut verleugnen, dann können nur Widersprüche in sich, (deutsche Einheit, Bundesstaat, souveräne kleine Fürsten) indem sie sich reiben und einander aufheben zur Klarheit und zur Wahrheit führen, und Ideen zu ihrem Recht verhelfen.»

Vielleicht spielt Eichendorff im neunten Zyklus-Gedicht «Familienähnlichkeit» auf diese Streitigkeiten zwischen Österreich, Preußen und den anderen Staaten des Deutschen Bundes an, wobei der «verlorene Bruder» sich auf Österreich beziehen könnte:

> Zwei Arten von Getieren,
> Nach *einem* Schliff geschliffen:
> Aufwarten, apportieren,
> So wie der Herr gepfiffen.
>
> Wo zwei zusammenlaufen,
> Zaust einer dem andern die Ohren,
> Und all' zusammen raufen
> Den Bruder, der verloren.

> Die einen nennt man Hunde,
> Die andern heißen Deutsche.
> 'S ist einerlei im Grunde,
> Und beiden gebührt die Peitsche.

Am 7. Februar 1851 äußert Eichendorff gegenüber Schöns politischen Ansichten Zustimmung, aber auch leichte Kritik an dessen Überbetonung der Idee auf Kosten des Gefühls: «Das lebendige Bild des Königs ist vortrefflich u. trifft den ‹Romantiker auf dem Thron› auf ein Haar. Besonders treu und wahr scheint mir der natürliche Uebergang aus dem pietistischen Gefühlswesen zur willenlosen Ergebung und Lähmung aller äußeren Thatkraft aufgefaßt u. dargestellt. Dennoch bin ich der Meinung, daß zu einem kräftigen u. gesunden Staatsleben beide Elemente: Intelligenz oder Idee *und* Gefühl gleich unentbehrlich sind [...]. So würde ohne Zweifel Z. B. im Jahre 1813 ohne das allgemeine Volksgefühl die Kugel doch wohl im Laufe stecken geblieben sein. Ueber das eigentliche Verhältniß Preußens zu Deutschland bin ich mit mir selbst noch nicht recht im Klaren, und erlaube mir daher kein Urtheil darüber.»

Trotz dieser Ratlosigkeit ist Eichendorff gewiß, daß wie in der Natur so auch in der Geschichte letztlich Gott «der Herr» das «Alte und Faule», das «Spielerische», «Leichte und Hochmütige» vernichtet, um Platz zu schaffen für Neues in seinem «Erbarmen»: so das fünfte Zyklus-Sonett «Wer rettet?»

> Es ist den frischen hellen Quellen eigen,
> Was alt und faul, beherzt zu unterwühlen
> Und Wasserkünste unversehns und Mühlen
> Wild zu zerreißen, wenn die Fluten steigen.
>
> Es liebt das Feuer frei emporzusteigen,
> Verzehrend, die mit seinen Lohen spielen,
> Es liebt der Sturm, was leicht, hinwegzuspülen,
> Und bricht, was sich hochmütig nicht will neigen.
>
> Sah'n wir den Herren nun in diesen Tagen
> Ernstrichtend durch das deutsche Land geschritten,
> Und Wogenrauschen hinter seinen Tritten,
>
> Und Flammen aus dem schwanken Boden schlagen,
> Empor sich ringelnd in des Sturmes Armen:
> Wer rettet uns noch da, als Sein Erbarmen?

Doch Eichendorff hat es nicht bei diesem Gedicht-Zyklus belassen, um das Revolutionsgeschehen dieser Jahre poetisch zu deuten. Er klagt zwar am 25. Januar 1849 gegenüber Theodor von Schön: «Die Dichter sind eigentlich am schlimmsten daran. Wir alle stehen den Dingen noch allzunah, um sie poetisch aufzufaßen u. ruhig gestalten zu können, ich fühle das an mir selbst. Das Pöbelregiment ist dumm, das Säbelregiment noch dümmer, u. so ärgere ich mich, ich mag mich stellen wie ich will, täglich tausendmal; u. der Aerger ist eine schlechte Muse. Doch genug von diesen Dingen, die man Gott anheimgeben muß, wenn man, wie ich, nichts dagegen u. nichts dafür thun kann.»

Doch bereits am 7. März 1849 kann Eichendorff aus Dresden nach Hamburg an Lebrecht Dreves melden: «Frau Libertas dankt verbindlichst für gütige Nachfrage. Sie ist noch immer in den Geburtswehen begriffen, d. h. ungefähr über die Hälfte fertig. Das dafür projectirte Drama hat sich mir aber unter den Händen unversehens in ein Märchen in Prosa verwandelt, zu klein um selbstständig zu erscheinen, u. etwa für die Brockhausische Urania paßend. Nun, wir wollen ja sehen, jedenfalls sollen Sie zu seiner Zeit weitere Nachricht davon haben.» Tatsächlich erscheint das Märchen erst aus dem Nachlaß 1864 unter dem von Hermann von Eichendorff stammenden Titel «Libertas und ihr Freier». Hatte der Dichter doch selbst am 1. August 1849 an Dreves geschrieben: «[...] Frau Libertas ist längst fix u. fertig, aber einstweilen ad acta gelegt, da sie wohl mit der gegenwärtigen Zeit zu sehr collidirt, um sich in ihr zu produziren.»

Diese politische Satire im Märchengewand – «Es war einmal ein Schloß in Deutschland» – hätte, wäre sie 1849/50 erschienen, vermutlich viele schockiert. Denn es ist Eichendorffs Abgesang auf die Hoffnungen, die man sich in diesen Jahren auf die Befreiung gemacht hat: «Von der Libertas», so lautet der letzte Satz des fünfunddreißig Druckseiten langen Textes, «sagt man, daß sie einstweilen bei den Elfen im Traumschlosse wohne, das aber seitdem niemand wieder aufgefunden hat.» Denn von den Akteuren sieht sich der Industrielle durch die Freiheit in seinen Geschäften gestört, Fürsten, Adel und Grundherrschaften fühlen sich durch sie in ihren Standesvorteilen bedroht, der intellektuelle Agitator kennt sie in Wirklichkeit gar nicht und gibt sich mit Scheinfreiheiten zufrieden, das Volk schließlich hat zwar eine Ahnung von ihr, wird jedoch manipuliert und geht weiterhin unfrei aus den revolutionären Wirren hervor. Die Freiheit bleibt Utopie, ein Traum.

Da ist zunächst der Baron Pinkus, der ein Schloß in eine «Gedankendampffabrik» verwandelt hat und seine Produkte in der ganzen Welt anbietet: «So war also der Staatsbürger Pinkus ein überaus reicher Mann und Baron geworden, und befand, daß alles gut war.» Wie Gott über die erste Schöpfung, das Paradies, so urteilt Pinkus über seine zweite Schöpfung, die intellektuelle Vorhölle des Kapitalismus: Denn «in dem Schlosse hörte man bei Tag und Nacht beständig ein entsetzliches Rumoren, Seufzen, Stöhnen und Zischen, als würde drin die Welt von neuem erschaffen; ja des Nachts fuhr bald da bald dort ein Feuerschein aus einem der langen Schornsteine oder Fenster heraus, als ob gequälte Geister plötzlich ihre lechzenden Zungen ausstreckten.»

Die neue Arbeitswelt des Pinkus, von vielen für fortschrittlich gehalten, ist nach Eichendorff jedoch ein Rückschritt um fünfzig Jahre, eine Ausgeburt der Fortschrittsgläubigkeit der Aufkärung: «Über dem Schloßportal aber befand sich eine überaus künstliche Uhr, die mit großem Geknarre Stunden, Minuten und Sekunden genau angab, aber aus Versehen rückwärts fortrückte und daher jetzt beinah schon um fünfzig Jahre zu spät ging; und jede Stunde spielte sie einen sinnigen Verein gebildeter Arien zur Veredlung des Menschengeschlechts, z. B.:

> In diesen heil'gen Hallen
> Kennt man die Rache nicht –
> Und Ruhe ist vor allen
> Die erste Bürgerpflicht u. s. w.»

Mit dieser Parodie auf Mozarts freimaurerische «Zauberflöte» und auf den Appell des Grafen von der Schulenburg 1806 an die Berliner nach der verlorenen Schlacht von Jena spielt Eichendoff auf die unheilige Allianz von schöngeistiger Aufklärung und philiströsem Bürgertum an, wodurch 1848 der drohende Aufstand des Proletariats niedergehalten wurde.

Wie sehr das Großbürgertum, in dem die Industriellen bereits das Sagen haben, mit seinen menschenfreundlichen Phrasen den Adel und die Fürsten eingelullt und abgelöst hat, zeigt Eichendorff drastisch an dem Schicksal des vormaligen Schloßherrn. «Vor geraumer Zeit und bevor er noch Baron war, hatte der Staatsbürger Pinkus auf dem Trödelmarkt in Berlin den ganzen Nachlaß des seligen Nicolai (der damals gerade altmodisch geworden, weil soeben die Romantik aufgekommen war) für ein Lumpengeld erstanden und machte in Ideen [auch eine Kritik an Theodor von Schöns Ideen-Gläubigkeit?]. Er war ein anschlägiger Kopf und setzte die Ware ab, wo sie noch rar war. So war er denn eines Tages an das abgelegene Schloß eines gewissen Reichsgrafen gekommen.» Eingelassen, hält Pinkus sogleich eine «wohlstylisierte Rede», bei der alle schläfrig werden. «Es half alles nichts, der unaufhaltsame Pinkus zog immer neue, lange, vergilbte Papierstreifen aus dem erstandenen Nachlaß, rollte sie auf und murmelte fort und immerfort von Aufklärung, Intelligenz und Menschenbeglückung. – Sapperment! schrie endlich der Graf voll Wut und wollte aufspringen, aber er konnte nicht mehr, sondern versank mit dem ganzen Hofstaat in einen unauslöschlichen Zauberschlaf, aus dem sie alle bis heut noch nicht wieder erwacht sind. Man muß nur haben Verstand! rief da der böse Negromant [Zauberer] und rieb sich vergnügt die Hände [...].»

Nun hätte Pinkus freie Bahn gehabt, um seine Pläne zur «Menschenbeglückung» durch die Produktion von geistiger und materieller Massenware ungehindert in die Tat umzusetzen, wäre ihm da nicht «fast wie eine Kriegsgöttin» die Freiheitskönigin «Libertas» in die Quere gekommen. Ihre Ankunft schildert Eichendorff über zwei Seiten in traumhaft schönen Bildern, als erinnere er sich an seine Kindheit als das Ur-Erfahrungsland von Freiheit.»Hinter ihr aber, wo sie geritten, zog sich's wie eine leuchtende Furt durch's Land, denn sie war über Nacht gekommen, der Mond hatte prächtig geschienen und die Wälder seltsam dazu gerauscht, in den Tälern aber schlief noch alles, nur die Hunde bellten erschrocken in den fernen Dörfern und die Glocken auf den Türmen schlugen von selbst an, wo sie vorüberzog. ‹Ich wollte doch auch wieder einmal meine Heimat besuchen›, sagte sie jetzt, ‹die schönen Wälder, wo ich aufgewachsen. Da ist viel abgeholzt seitdem, das wächst sobald nicht wieder nach auf den kahlen Bergen.› Nun erblickte sie erst das geheimnisvolle Schloß und den Ziergarten. ‹Aber wo bin ich denn hier hingeraten?› fragte sie erstaunt. Es schwieg alles; was wußten die Vögel von dem Baron Pinkus! Es war ihr alles so fremd, sie konnte sich gar nicht zurechtfinden. ‹Das ist die Burg nicht mehr, wo sonst meine liebsten Gesellen gewohnt. Mein Gott! wo sind die alten Linden hin, unter denen wir damals so oft zusammengesessen?› – Darüber wurde sie auf einmal ganz ernsthaft, trat an den Abhang und sprach laut in die Tiefe hinaus:

> Die gebunden da lauern,
> Sprengt Riegel und Gruft,
> Du ahnend Schauern
> Der Felsenkluft,
> Unsichtbar Ringen
> In der stillen Luft,
> Du träumend Singen
> Im Morgenduft!
> Brecht auf! schon ruft

> Der webende blaue
> Frühling durchs Tal.

Und die Vögel jubelten wieder:

> O Libertas, schöne Fraue,
> Grüß' dich Gott vieltausendmal!

Da ging erst ein seltsames Knistern und Flüstern durch die Buchsbäume und Spaliere, fast grauenhaft, wie wenn sie heimlich miteinander reden wollten in der großen Einsamkeit, drauf kam von den Waldbergen auf einmal ein Rauschen immerfort wachsend über den ganzen Garten, es war, als stiege über die Hecken und Gitter von allen Seiten verwildernd der Wald herein, die Fontäne fing wie eine Fee mit kristallenen Gewändern zu tanzen an, und Krokus, Tulipanen, Königskerzen und Kaiserkronen kicherten lustig untereinander; im Schloß aber entstand zu gleicher Zeit ein entsetzliches Krachen und Tosen, daß alle Türen und Fenster aufsprangen. Da kam plötzlich Pinkus, ganz verstört und zerzaust, aus dem Haupttor mit solcher Vehemenz dahergeflogen, daß die Schöße seines punktierten Schlafrocks weit hinter ihm drein rauschten. [...] Hier stutzte er auf einmal, er hatte die Libertas erblickt [...]. Er kannte sie zwar nicht von Person, aber der schlaue Magier wußte nun sogleich, wer die ganze Verwirrung angerichtet. Ohne Verzug schritt er daher auf sie los und forderte ihren Paß. Sie betrachtete ihn von oben bis unten, er sah vom Schreck so windschief und verschoben aus; sie mußte ihm hellauf ins Gesicht lachen. Da wurde er erst recht wild und rief die bewaffnete Macht heraus, die sich nun von allen Seiten mit großer Anstrengung mobil machte, denn der Friedensfuß, auf dem sie so lange gestanden, war ihr soeben etwas eingeschlafen. Libertas stand unterdessen wie in Gedanken und wußte gar nicht, was die närrischen Leute eigentlich wollten. Doch sie sollte es nur zu bald erfahren. Pinkus befahl, die gefährliche Landstreicherin im Namen der Gesittung zu verhaften. Sie ward eiligst wie ein Wickelkind mit Stricken umwunden und ihr, in gerechter Vorsicht, darüber noch die Zwangsjacke angelegt. Da hätte man sehen sollen, wie bei dieser Arbeit manchem würdigen Krieger eine Träne in den gewichsten Schnurrbart herabperlte; aber der Patriotismus war groß und Stockprügel tun weh. So wurde Libertas unter vielem Lärm in das mit dem Schlosse verbundene Arbeitshaus abgeführt.»

Während Pinkus die Freiheit wie eine Wahnsinnige gefangengesetzt hatte und die Natur vor allem in Gestalt der Vögel darüber entsetzt war, «kam zur selben Stunde der Doktor Magog [Anspielung auf die liberalistischen Intellektuellen der Metternichschen «Demagogenverfolgung»] dahergewandert, der seinen Verleger nicht finden konnte und daher soeben in großer Verlegenheit war. Der hörte mit Verwunderung das ungewöhnliche Geschrei der Vögel» und entschließt sich, die Libertas zu befreien. Ein frommer Köhler warnt ihn zwar vor dem «Teufelsschloß», «Magog aber räsonierte noch lange innerlich: Abergläubisches Volk, das im Mittelalter und in der Religion stecken geblieben! Darum wächst auch der Wald hier so dumm ins Blaue hinein, daß man keinen vernünftigen Fortschritt machen kann.»

Da begegnet ihm «eine lange, hagere, alte Dame in ganz verschossenem altmodischem Hofstaat», das Fräulein Sybilla von der adeligen Grundherrschaft, die klagt: «[...] diese bäuerische ungesittete Nachbarschaft macht sich von Tag zu Tag breiter, besonders seit einigen Tagen, man sagt, die famose Libertas sei wieder einmal in der Luft, es ist nicht mehr auszuhalten in dieser gemeinen Atmosphäre, keine Gottesfurcht mehr vor alten Familien, aber ich hab' es meinem hochseligen Herrn Neveu immer vorausgesagt, das war auch so ein herablassender Volksfreund, wie sie es nennen, ja das eine Mal embrassierte er sich gar mit dem Pöbel, da haben sie ihn jämmerlich erdrückt, und nun gar wir Jungfrauen sind beständigen Attacken ausgesetzt, und so sehe ich mich soeben bemüßiget zu emigrieren; o Sie glauben gar nicht, mein Herr, was so eine arme Waise von Distinktion sich zerärgern muß in der gegenwärtigen Abwesenheit aller Tugenden von Stande!»

Schließlich stößt Magog mitten im Urwald auf den Riesen Rüpel mit seiner großen Familie, das Volk. ‹Ihre Macht und Gesinnungstüchtigkeit ist durch ganz Europa ebenso berühmt als geschätzt und ebenso geschätzt als gefürchtet. Darum wende ich mich vertrauensvoll an Ihr großes Herz und rufe: wehe und abermals wehe! die Libertas ist geknechtet! – wollen wir das dulden?› – ‹Libertas? wer ist die Person?› fragte Rüpel. – ‹Libertas?› erwiderte Magog, ‹Libertas ist die Schutzpatronin aller Urwälder, die Patronin dieses langweiligen – wollt sagen: altheiligen Waldes.› – ‹I bewahre›, fiel ihm hier die Riesin ins Wort, ‹unsere Grundherrschaft ist das gnädige Fräulein Sybilla da draußen.› – ‹Was? [...]› rief Magog [...]. Aber er faßte sich bald wieder. ‹Grundherrschaft!›, fuhr er fort, ‹schützt die Grille Krokodille, der Frosch das Rhinozeros, der Weißfisch den Haifisch? – Wer die Macht hat, ist der Herr und Ihr habt die Macht, wenn die Libertas regiert, und habt die Macht nicht, wenn die Libertas gefangen ist, und die Libertas ist gefangen – ich frage also nochmals, wollen wir das dulden?›» Magog beteuert, er habe eben «ein Herz für das arme Riesenvolk. Die Libertas ist eine reiche Partie, wir müssen sie befreien!

Dabei kann es vielleicht einige Püffe setzen, was frag' ich danach! Ihr habt ja ein dickes Fell, alles für meine leidenden Brüder! Mit *einem* Wort: Ihr befreit sie und ich heirate sie dann und Ihr seid auf dem Schlosse Portier und Schloßwart und Haushofmeister [...].»

Unterwegs zum Fabrikschloß beobachten Magog und Rüpel eine Versammlung der Tiere, ohne zu ahnen, daß dort bereits die Befreiung der Libertas geplant wird. Nachdem die beiden, auf Holzwege geraten und von Elfen in Moorgrund gelockt, viel Zeit verloren haben, erblickt Rüpel «in der Waldeinsamkeit einen großen klaren See, und mitten in dem See ein schneeweißes Schloß [...] ‹Das ist ihr Traumschloß›, flüsterte Rüpel dem Magog zu und wandte kein Auge von der prächtigen Illumination. Magog aber warf stolz den Kopf zurück. ‹Einfältiges Waldesrauschen, alberne Kobolde, Mondenschein und klingende Blumen›, sagte er mit außerordentlicher Verachtung, ‹nichts als Romantik und eitel Märchen, wie sie müßige Ammen sonst den Kindern erzählten. Aber der Menschengeist ist seitdem mündig geworden. Vorwärts! die Weltgeschichte wartet draußen auf uns.›»

Da begegnet ihnen auf einem Hirsch «eine sehr schöne Dame», vor der sich Rüpel verneigt, «so tief er's vermochte». «‹Was sucht ihr hier?› fragte die Reiterin, die Fremden mit einem strengen und durchdringenden Blick betrachtend. – ‹Die Libertas›, entgegnete Magog stolz. Da lachte die Dame und winkte wieder, und wieder eilten die Irrlichter voran und flog der Hirsch mit seiner schönen Herrin über den Rasen fort – sie schienen nach dem Traumschlosse hinzuziehen. Jetzt erst richtete sich Rüpel mühsam aus seiner Devotion wieder auf; ‹gewiß Ihre Majestät die Elfenkönigin›, rief er, dem Zuge noch lange nachsehend. ‹Das wäre mir eine schöne Königin›, erwiderte Magog, ‹ihr Diadem war nicht einmal echt, nichts als leuchtende Johanneswürmchen.›» Er hat vor lauter intellektuellem Hochmut und materieller Habsucht die Libertas nicht erkannt, die mittlerweile mit einer von den Tieren des Waldes hergestellten Strickleiter aus dem Turm des Fabrikschlosses befreit worden war.

Als Magog und Rüpel schließlich das Fabrikschloß erreichen, da «sahen sie zu ihrer nicht geringen Verwunderung auf einmal einen glänzenden Punkt sich wie eine Sternschnuppe übers Feld bewegen. Es kam immer näher und bald konnten sie deutlich unterscheiden, daß es eine Frauengestalt und die Sternschnuppe eine glimmende Zigarre war, die sie im Munde hielt. Sie kam, wie es schien, in großer Angst vom Schlosse gerade auf sie dahergeflogen: eine prächtige Amazone mit Schärpe, Reitgerte und klingenden Sporen, ein zierliches Reisebündel unter dem Arm. Jetzt stand sie atemlos dicht vor Magog, den sie beinah umgerannt hätte.

— ‹Mein Ideal!› rief sie da plötzlich aus, und ‹Libertas!› schallte es aus Magog's entzücktem Munde herüber. Sie hatten einander im Augenblick erkannt, ein geheimnisvoller Zug gleichgestimmter Seelen riß Herz an Herz, und in einer langen stummen Umarmung ging ihnen die Welt unter und die Ewigkeit auf.» Dann erzählt die Dame, «wie sie es auf dem barbarischen Schlosse nicht länger habe aushalten können; dann geriet sie immer mehr in sichtbare Begeisterung und sprach von Tyrannenblut, von Glaubens-, Rede-, Preß- und allen erdenklichen Freiheiten. Da hielt sich Magog nicht länger, reckte zum Treuschwur den Arm hoch zu den Göttern empor, reichte ihr darauf die Rechte und verlobte sich sogleich mit ihr, und Rüpel schrie in einem fort Vivat! dazu.»

Als der Baron Pinkus einen Ausfall versucht, um die echte Libertas wieder einzufangen, und Rüpel ihn und seine Truppen zum Rückzug in das Fabrikschloß zwingen, ist der Dr. Magog «vor dem unverhofften Schlachtgetümmel am Schlosse so heftig erschrocken, daß er mit seiner glücklich emanzipierten Braut [...] unaufhaltsam sogleich quer durch Deutschland und übers Meer bis nach Amerika entfloh, wo er wahrscheinlich die Marzebille noch heut für die Libertas hält.» Denn sie «war niemand anders als die Pinkus'sche Silberwäscherin Marzebille, ein herzhaftes Frauenzimmer, die schon früher als Marketenderin mit den Aufklärungstruppen durch Dick und Dünn mit fortgeschritten und nirgends fehlte, wo es was neues gab. Die hatte nun seit der Libertas Erscheinung eine inkurable Begeisterung erlitten und sich daher an jenem denkwürdigen Morgen kurz resolviert, aus dem Schloßdienst in die Freiheit zu entlaufen.»

Rüpel aber hofft noch immer, die «beiden Liebenden» wiederzufinden, «und ging und rief von neuem immer weiter fort, worüber er aber mit dem Echo, das ihm lauter unvernünftige Antworten gab, in einen ebenso heftigen als fruchtlosen Wortwechsel geriet. Und so hatte er denn von der ganzen großen Unternehmung nichts als ein paar neuer Löcher in seiner alten Wildschur gewonnen und schritt endlich voller Zorn und so eilfertig wieder in den Urwald zurück, daß wir ihm unmöglich weiter nachgehen können.» Die göttliche Freiheit aber hat sich in ihren unterirdischen «Himmelssaal» zurückgezogen.

Man könnte meinen, Eichendorff hätte mit zunehmendem Abstand zu den Ereignissen um 1848 seine Meinung über die Revolution revidiert. Er schreibt jedoch noch 1851 in «Der deutsche Roman des achtzehnten Jahrhunderts in seinem Verhältnis zum Christentum» über 1848: Es sei «von einer gewissen Seite her jetzt Mode geworden, diesem Jahre alles nur ersinnliche Schlechte zuzuschreiben und ihm dagegen jede historische

Bedeutsamkeit abzusprechen. Aber was da Verkehrtes geschehen, war nicht die Schuld von 1848, sondern der frühern Dezennien. Das sollte man wohl bedenken, und nicht das Neue nun wieder mit dem Alten anfangen wollen, das doch, nach diesen seinen Früchten, unmöglich so überaus vortrefflich und unfehlbar sein konnte. Es ist töricht und von uns gehörigen Orts auch überall gerügt worden, daß die seichten Aufklärer und ihre terroristischen Nachfolger die ganze große Vergangenheit ausstreichen, um ihre kleine impertinente Gegenwart an die Stelle zu setzen; aber es ist ebenso töricht, die Gegenwart mit ihren unabweisbaren Existenzen zu ignorieren und das Vergangene als Zukunft fixieren zu wollen, als ob nicht alle drei Zeitwandelungen Ein unzertrennlicher Strom wären. Das Wahre ist freilich immer wahr und insofern stabil, aber es wiederholt und verjüngt sich, in Sitten wie in Staatseinrichtungen, stets in neuen zeitgemäßen Formen. Es nützt daher gar nichts, mit den Revolutionen zu brechen, sondern mit Dem, was die Revolutionen erzeugt, und gegen unsichtbare Gedanken mit Bajonetten fechten, ist allezeit eine Donquixoterie; sie gehen wie ein Miasma [Ansteckungsstoff] durch die Luft über die Bajonette aller Sanitätskordons hinweg und lassen sich nieder, wo und wann ihnen die Atmosphäre eben zusagt.»

### «*Derweil ich dirigiere, sei du die Bühne und der Mensch agiere*»: Calderons und Eichendorffs «Poesie des Unsichtbaren»

Der Göttinger Professor Bouterwek hatte in seiner «Geschichte der spanischen Poesie und Beredsamkeit» von 1804, die Eichendorff am 24. Dezember 1809 im Tagebuch erwähnt, Calderons «Autos sacramentales», die Mysterienspiele zu Ehren des Allerheiligsten Altersakramentes, die im Rahmen der Fronleichnamsprozessionen aufgeführt worden waren, rundweg abgelehnt: «Die Vernunft und das moralische Gefühl werden durch den phantastischen Glauben in diesen Schauspielen so mißhandelt, daß man den Nationen Glück wünschen muß, denen ihr besseres Schicksal eine solche Geistesergötzung versagte.»

Doch nicht nur wegen ihrer angeblichen Unzumutbarkeit im Zeitalter der alten und neuen Aufklärung und der nationalen Überheblichkeiten, sondern auch wegen des Schwierigkeitsgrades der Texte gab es bis 1846, als der erste Band mit fünf «Autos», übertragen von Eichendorff, erscheint, keine Übersetzung ins Deutsche. 1853 liegen mit dem zweiten Band der Eichendorffschen Übersetzung weitere sechs Stücke in kongenialer Nachdichtung vor. Der erste Band enthält die Stücke «Gift und

Gegengift», «Das große Welttheater», «König Ferdinand der Heilige», «Das Schiff des Kaufmanns» und «Balthasars Nachtmahl», der zweite Band «Der göttliche Orpheus», «Der Maler seiner Schande», «Die eherne Schlange», «Amor und Psyche», «Der Waldesdemuth Krone» und «Der Sünde Zauberei».

Damit hat Eichendorff, der «letzte Romantiker», eingelöst, was August Wilhelm Schlegel in seines Bruders Friedrich Zeitschrift «Europa» ein halbes Jahrhundert vorher 1803 in dem Aufsatz «Ueber das spanische Theater» angeregt und versprochen hatte: «Wenn es bei dem Bisherigen, nämlich den Werken des Lope [de Vega] und seiner vorzüglicheren Zeitgenossen ein Bewenden gehabt hätte, so müßte man an dem spanischen Theater mehr den großen Entwurf und die versprechenden Anlagen, als eine Reife der Vollendung loben, wie sie z. B. der einzige Shakespeare dem Englischen gab. Allein *Don Pedro Calderon de la Barca* trat auf, ein ebenso fruchtbarer Kopf, eben so fleißiger Schriftsteller als Lope; und ein ganz andrer Dichter; ein Dichter, wenn es je einen gegeben hat.»

Warum Eichendorff sich an diese epochale Leistung gewagt hat, obwohl er ahnte, daß seine Epoche sie nicht mehr zu würdigen wußte – Tieck, der Calderon noch vor den Schlegels für die Romantik entdeckt hatte, ließ ihn bereits um 1818 wieder fallen –, darüber wird er sich selbst 1854 in seinem Essay «Zur Geschichte des Dramas» Rechenschaft geben. Wie Calderon seine «Autos sacramentales», so will auch Eichendorff sein dichterisches Werk verstanden wissen: als «Poesie des Unsichtbaren». Deshalb charakterisiert er Calderon abschließend mit eben den Worten, die einem seiner schönsten und tiefsten eigenen Gedichte entstammen: «Die Calderon'schen Autos sind die poetische Verklärung der alten Mysterien und Moralitäten, und vorzugsweise eine Poesie des Unsichtbaren. Wir sagen: *vorzugsweise*, denn im Grunde geht alle Poesie auf nichts Geringeres, als auf das Ewige, das Unvergängliche und absolut Schöne, das wir hienieden beständig ersehnen und nirgends erblicken. Dieses aber ist, wie wir schon oben bemerkten, an sich undarstellbar, und kann nur sinnbildlich, das ist in irdischer Verhüllung und durch diese gleichsam hindurchschimmernd, zur Erscheinung gebracht werden. [...] Und eben dieses Außerordentliche ist hier dem bewunderungswürdigen Genie dieses Dichters fast überall vollkommen gelungen. Indem das Göttliche menschlich, das Irdische aber, die ganze Natur, gottestrunken in Stern und Baum und Blumen mitredend, zum Symbol des Übersinnlichen wird, spielt das Ganze in einer Höhe, wo das Diesseits und Jenseits wunderbar ineinanderklingen und Zeit und Raum und alle Gegensätze in dem Geheimnis der ewigen Liebe verschwinden. Wir fühlen, es schlummert unter dem irdischen Schleier ein unergründlich Lied in allen Dingen, die da sehnsüchtig träumen, Calderon aber hat das Zauberwort getroffen, und die Welt hebt an zu singen.»

Man kann nur ermessen, warum Calderons eucharistische Mysterienspiele Eichendorff über ihre poetischen Qualitäten hinaus so faszinierten, wenn man sich vor Augen hält, was für den Katholiken im neunzehnten Jahrhundert Fronleichnam und die Fronleichnamsprozession bedeuteten. In dem religiösen Bestseller von 1835 «Der Geist des Christenthums, dargestellt in den heiligen Zeiten, in den heiligen Handlungen und in der heiligen Kunst» von dem damaligen Professor der Theologie an der Universität Freiburg im Breisgau Franz Anton Staudenmaier, dem Mitbegründer der Tübinger Schule, handeln allein vierzig Seiten über das Fronleichnamsfest. «Nicht leicht wird allerdings in der katholischen Kirche ein Fest mit größerer Pracht gefeiert, als das des heiligen Fronleichnams. Und wenn es in der That sich ziemt, daß auf das Heiligste Alles, selbst verschwenderisch verwendet werde, was die Kunst aus ihrem reichen Schooße schöpferisch hervorgerufen; so ist [...] neben jenem Tage wohl kein anderer, an dem die Kunst williger und lieber sich herbeiließe, mit dem Heiligen in einen innigern Bund zu treten, und ihm ihre Dienste dadurch anzubieten [..., so daß sie] in endlichen Formen Unendliches darstellt, im Zeitlichen Ewiges, im Irdischen Himmlisches bildet, und wenn sie ihre Hand dazu bietet, jene unendliche Fülle des Göttlichen auch nur anzudeuten, die in der Religion, und jenen Reichthum des Herrlichen zu offenbaren, der im Heiligen wohnt.»

Das bekannteste der Calderonschen Mysterienspiele ist «Das große Welttheater», in dem Gott, der Schöpfer und Meister, einleitend zur irdischen Welt spricht:

> So rüste du verschwendrisch und behende
> Die holden Scheine,
> Daß Jeder Wirkliches zu schauen meine.
> Und nun an's Werk! Derweil ich dirigiere,
> Sei du die Bühne und der Mensch agiere.

Es treten auf der Reiche, der König, der Landmann, der Bettler, die Schönheit, der Weise und ein Kind. Allen bis auf das Kind gilt grundsätzlich, was der Meister dem Bettler sagt:

> Wisse, diese Bühne ziert
> Minder nicht, wer ohne Fehle,
> Schlicht und recht aus voller Seele

> Mit dem Bettelstab agiert,
> Als wer Kron und Zepter führt,
> Und wenn einst der Vorhang fällt,
> Werden beide gleich gestellt.

Alle bis auf den Reichen bestehen letztlich die Prüfungen ihres Lebens, da sie, wo sie gefehlt, bereuen und durch Christi Erlösungsgnade Barmherzigkeit erlangen. Nur der Reiche verfällt der Hölle, weil er nach dem Motto gelebt und es nicht bereut hat:

> Muß es denn so schnell entschweben,
> Nun, so spart vergebne Not
> Und genießt, was man euch bot!
> Laßt den Bauch zum Gott uns machen,
> Heut noch essen, trinken, lachen,
> Denn wer weiß, wer morgen tot!

Als der katholische Theologe Franz Lorinser, seit 1843 Spiritual des fürstbischöflichen Klerikal-Seminars in Breslau, am 26. Juni 1855 den ersten Band seiner eigenen Übersetzung aller «Geistlichen Festspiele» von Calderon in 18 Bänden (1856–1872) an Eichendorff übersendet, antwortet dieser am 21. September 1856: «Die geistvollen Anmerkungen zum Text endlich sind eine wahre Wohltat, die ich während *meiner* Übersetzung nur zu oft schmerzlich vermißte; denn diese Autos sind, wie Ew. Hochwürden richtig bemerken, eine Poesie der Theologie, die, gleich Dante, für den Laien eines Kommentars bedarf. Kurz: es wäre mir wahrhaft tröstlich und erhebend, wenn meine früheren Äußerungen irgend etwas hätten dazu beitragen können, Ew. Hochwürden zu dem herrlichen Unternehmen anzuregen. Ich bin schon zu alt dafür; auch hemmt mich überall der Mangel an theologischer Kenntnis; und so lege ich denn mit rechter Freude das Werk in Ihre jüngere und würdige Hand.»

Die Zusammenhänge zwischen Eichendorffs poetischer Begeisterung für Calderon, der Notwendigkeit, diesen dem katholischen Deutschland zu vermitteln, und den Schwierigkeiten, das Werk unter die Leute zu bringen, zeigt der Brief Eichendorffs vom 15. Juni 1852 an den Appellationsgerichtsrat August Reichensperger in Köln.

Dieser hatte in den «Kölner Wirren» durch Görres' «Athanasius» wieder zu seinem angestammten Glauben zurückgefunden, war in der Frankfurter Nationalversammlung Vizepräsident der katholischen Vereinigung und trat, großdeutsch eingestellt, schon im Erfurter Unionsparlament 1850 gegen ein preußisches Erbkönigtum auf. Als der preußische Kultusminister Karl Otto von Raumer 1852 dem katholischen Theologennachwuchs das Studium in dem von Jesuiten geleiteten Collegium Germanicum in Rom verbieten und in Preußen die Volksmissionen der Jesuiten auf die rein katholischen Landesteile beschränken wollte, bildete Reichensperger zusammen mit seinem Bruder Peter im preußischen Landtag die «katholische Fraktion» von dreiundsechzig Abgeordneten und erreichte im Zusammenwirken mit den Bischöfen Geissel von Köln und Müller von Münster, daß die katholikenfeindlichen Erlasse gemäßigt angewendet wurden. Mit Eichendorff verband Reichensperger auch das Engagement für die Vollendung des Kölner Doms.

Eichendorff schreibt an Reichensperger: Der Verleger Cotta «ist bereit, auch den $2^t$ Theil der geistliche[n] Schauspiele in Verlag zu nehmen, wenn der Borromäus-Verein sich gegen ihn schriftlich verbindlich macht, vom $1^t$ u. $2^t$ Bande gegen gleich baare Bezahlung 400 Exemplare mit einem Rabatt von 50 Prozent vom Ladenpreis übernehmen zu wollen. [...] Wenn, wie ich hoffe, auf diese Weise [...] die Herausgabe gelingt, so hat das katholische Deutschland diese wahrhaft wundervollen Schauspiele, die bisher völlig terra incognita waren, eigentlich nur Ihrem Rath und Ihrer thätigen Theilnahme an der Sache zu verdanken.»

Der Borromäus-Verein, benannt nach dem heiligmäßigen Bischof von Mailand Carlo Borromeo (1538–1584), war 1844 von katholischen Laien, unter ihnen Reichensperger, und Priestern in Bonn gegründet und 1845 landesherrlich und kirchlich approbiert worden. Sein Zweck ist «die Förderung von Geistes- und Herzensbildung auf katholischer Grundlage durch Verbreitung guter Bücher [...], erbauende, belehrende und unterhaltende».

Eichendorff hatte sich auf die Übersetzung des schwierigen Textes der «Autos sacramentales» von Calderon gut vorbereitet. 1839 schenkte ihm sein Sohn Hermann ein «Elementarbuch der spanischen Sprache für deutsche Gymnasiasten und hohe Schulen, auch zum Selbstunterricht für Studierende». Zum Geburtstag 1840 scheint Eichendorff ein Werk mit spanischen literarischen Texten erhalten zu haben, denn in einem Brief nach dem 10. März 1840 heißt es: «Auch in dem Lesebuch für Weihnachten sind unter anderm zwei prachtvolle Zwischenspiele von Cervantes, von denen ich das eine bereits übersetzt habe.» Insgesamt übertrug Eichendorff fünf der sogenannten «Entremés» von Cervantes, davon liegen «Die Höhle von Salamanca» und «Die Komödie der Wunder» nahezu fertig vor, «Der eifersüchtige Alte», «Der falsche (verstellte) Biscayer» und «Die sorgenvolle (mühselige) Wache» in Rohübersetzung. Sie erschienen erstmals im Umfang von einhundert Druckseiten erst 1924, «durchgesehen und im Sinne des Dichters ergänzt und herausgegeben von Adolf Potthoff». Hispanisten bescheinigen Eichendorff, eine Meisterleistung vollbracht zu haben. Der Dichter wird die Übersetzungen auch deshalb nicht vollendet und nicht selbst veröffentlicht haben, weil 1845 das Werk «Spanisches Theater» des Grafen von Schack erschien, in dessen erstem Band sich bereits drei der von Eichendorff übersetzten Zwischenspiele befanden. Die Entremés als eigenständige dramatische Gattung gehen auf Lope de Rueda (gestorben 1565/66) zurück. Er schob diese realistisch-burlesken Szenen in seine italisierenden Schäferdramen ein. Cervantes, der diese selbst noch gesehen hat, schuf dann mit seinen Zwischenspielen wahre Meisterstücke des spanischen Realismus.

Bereits 1839 hatte Eichendorff in Erinnerung an Friedrich Schlegels und des Grafen Loeben Vorliebe eine Reihe spanischer Romanzen übertragen nach einer Auswahl Jakob Grimms, die dieser 1815 Joseph Görres gewidmet hatte, und des «Spanischen Lesebuchs» von D. Huber 1832. Vierzehn dieser romantisierenden Nachdichtungen erschienen in Eichendorffs Gedichtausgabe von 1841. «Vom Strande» ist ein schönes Beispiel dafür, wie Eichendorff schon durch die ihm eigene Wortwahl dem Text eine romantische Anmutung gegeben hat:

>Ich rufe vom Ufer
>Verlorenes Glück,
>Die Ruder nur schallen
>Zum Strande zurück.
>
>Vom Strande, lieb' Mutter,
>Wo der Wellenschlag geht,
>Da fahren die Schiffe,
>Mein Liebster drauf steht.
>Je mehr ich sie rufe,
>Je schneller ihr Lauf,
>Wenn ein Hauch sie entführet,
>Wer hielte sie auf?
>Der Hauch meiner Klagen
>Die Segel nur schwellt,
>Je mehr mein Verlangen
>Zurücke sie hält!
>Verhielt' ich die Klagen:
>Es löst' sie der Schmerz,
>Und Klagen und Schweigen
>Zersprengt mir das Herz. [...]

«*Das Alte sterbend mit der Zukunft rang*»:
*Die Versepen «Julian», «Robert und Guiscard» sowie «Lucius»*

Am 15. August 1852 schreibt Eichendorff aus der in Berlin für den Sommer gemieteten Wohnung Tiergartenstraße Nr. 25 an Theodor von Schön nach Preußisch Arnau: «Ja, wenn die Zeit nur *einen* großen Gedanken gäbe, an den man sich halten könnte, und wie ihn der sterbende Herder sich wünschte!» Herder soll nach den Aussagen seiner Frau in den ersten Wochen seiner Todeskrankheit 1803 gesagt haben: «Ach, wenn mir nur eine neue, große, geistige Idee woher käme, die meine Seele durch und durch ergriffe und erfreute – ich würde auf einmal gesund!» Eine solche Idee, an der die Zeit gesunden könnte, sieht Eichendorff nicht. Da ist «nichts, als gemeine Konfusion, die nicht einmal zu redlichem Kampfe Lust und Kraft hat, sondern wo eine Meinung der andern bloß listig und hinterrücks ein Bein unterzustellen sucht. Doch Ew. Excellenz haben gantz Recht, der alte Gott scheint jetzt mit Gegensätzen zu operiren [wie schon Adam Müller philosophiert hatte], um durch den endlichen Zusammenstoß das junge Morgenroth zu entzünden. Ob wir es aber noch erleben, und ob das Morgenroth nicht blutroth wird, ist sehr die Frage. Die Weltgeschichte datirt bekanntlich nur nach Jahrhunderten. Da bleibt denn freilich nichts übrig, als sich an den einzeln hervorragenden Geistern möglichst zu erheben [...].» Das ist Eichendorffs Arbeitsprogramm für die nächsten fünf Jahre bis zu seinem Tode: Die weltgeschichtlichen Zusammenstöße an einzelnen hervorragenden Geistern – Dichtern, Politikern und Heiligen – darzustellen, und zwar sowohl in theoretischen Schriften zur Geschichte der Poesie wie in anschaulichen Versepen zur Geschichte des Christentums in seiner Auseinandersetzung mit dem alten und neuen Heidentum.

Eichendorff versichert dem alten Freund, der ihn um ein kleines Lebensbild dieser Tage gebeten hat: «Daßelbe ist im Grunde noch immer das alte, nur freilich von dem fatalen Flügelschlag der Jahre etwas verwischt und abgenutzt. Im Gantzen jedoch hat sich, wie ich dankbar anerkennen muß, an mir das Sprüchwort bewährt: Was man in der Jugend wünscht, hat man im Alter vollauf. Ich habe Muße genug zu meinen Lieblings- und, wie ich mir einbilde, eigentlichen *Berufs*beschäftigungen, bin eigentlich gesünder, als in meinen mittleren Jahren, und lebe in willkommener Zurückgezogenheit im Kreise meiner Familie, und zwar gegenwärtig und bis etwa Mitte September, im Grünen im Thiergarten. Von meiner Uebersetzung der geistlichen Schauspiele von Calderon ist inzwischen auch der zweite Band fertig geworden, und wird so eben bei Cotta gedruckt. Vielleicht mache ich mich nun auch wieder einmal an eine selbständige kleinere *poetische* Arbeit, um zu versuchen, ob ich auf dem Pegasus noch einigermaaßen sattelfest bin. Und so vergeht denn die Zeit, bis sie, will's Gott, beßer wird.» Die kleinere poetische Arbeit ist das Versepos «Julian».

Der römische Kaiser Julian (332–363), dem der Kirchenlehrer Gregor von Nazianz den Beinamen Apostata gegeben hat, «der Abtrünnige», ist ein historisch besonders auffallendes Beispiel für den Abfall vom Christentum. Der Neffe Konstantins des Großen, unter dem das Christentum ab 313 Staatsreligion und das Heidentum unterdrückt wurde, versuchte während seiner kurzen Regierungszeit von 361 bis 363 das Heidentum zu restaurieren. Die Waise Julian – seine Mutter starb bald nach seiner Geburt, Vater und Bruder fielen einem politischen Mord zum Opfer – wurde zwar christlich erzogen, geriet jedoch als Jugendlicher in eine religiöse Krise, in der ihn Homer und das Studium der Rhetorik in Konstantinopel und Nikomedien sowie das der Philosophie in Pergamon, Ephesos und Athen mit der heidnischen griechischen Glaubenswelt bekannt machten. Der Neuplatoniker Maximos führte ihn in die Mysterienkulte ein. 354 ließ sich Julian in Athen in die Eleusinischen Mysterien einweihen, die seinem mystischen Naturell entgegenkamen. Über zehn Jahre lang verheimlichte er die Hinwendung zum heidnischen Glauben. Doch nachdem er unter Kaiser Constantius seit 355 als «Caesar» Gallien vorbildlich verwaltet, die Alemannen bei Köln und Straßburg geschlagen hatte und 360 durch Schilderhebung der Truppen selbst zum «Augustus» (Kaiser) ausgerufen worden war – Constantius starb noch vor Beginn der Auseinandersetzung –, bekannte sich Julian öffentlich zu seiner neuen Religion.

Er ließ die Tempel wieder öffnen, Opfer darbringen und versuchte die heidnischen Kulte nach dem Vorbild der christlichen Kirche zu reorganisieren. Eine männliche und weibliche Priesterschaft sollte unter Leitung von Oberpriestern ähnlich den christlichen Bischöfen mit gutem Beispiel vorangehen und die heidnische Volksfrömmigkeit einschließlich der Armenfürsorge beleben. Der Kaiser selbst verstand sich als Pontifex maximus der neuen Staatsreligion. Die Christen wurden aus ihren Stellungen im öffentlichen Leben verdrängt, ihre Kinder zur Apostasie vom Christentum angehalten. Ein Schulgesetz machte die Einstellung der Lehrer von einer staatlichen Prüfung abhängig: Wer die griechischen Klassiker lehren wollte, mußte auch an deren Götter glauben. Julian rief verbannte Bischöfe zurück, um die innerkirchlichen Streitigkeiten mit den Arianern wieder aufleben zu lassen und so das Christentum zu schwächen. Bischöfe, die sich der Restauration des Heidentums widersetzten, wurden vertrieben. In eigenen Schriften «Die Caesaren oder das Gastmahl» und «Gegen die Galiläer» überbot Julian die bisherige Polemik gegen das Christentum. Seine Aufforderung an die Juden, den Tempel in Jerusalem wieder aufzubauen, sollte Jesu Wort von der endgültigen Zerstörung des Heiligtums widerlegen.

Nach erfolgreichem Ende des Perserfeldzugs plante Julian eine noch radikalere Verfolgung der Christen. Sie kam nicht zustande, da Julian zweiunddreißigjährig, bei einem Nachhutgefecht tödlich verwundet, am 26. Juni 363 im Beisein seiner neuplatonischen Freunde Maximos und Priskos starb. Er wurde auf eigenen Wunsch paradoxerweise in Tarsos, der Geburtsstadt des Apostels Paulus, beigesetzt. Julians nächste Nachfolger bevorzugten wieder das Christentum, ohne das Heidentum zu verfolgen. Erst Kaiser Gratian (375–383) im Westen und Kaiser Theodosius I., der Große (379–395), im Osten gingen schärfer gegen das Heidentum vor. Theodosius gilt als der eigentliche Begründer der katholischen Reichskirche.

Noch von Zeitgenossen wurde die Gestalt Julians literarisch bearbeitet, dann in allen folgenden Epochen mit unterschiedlichem Vorzeichen bis in die Zeit der Romantik. De la Motte Fouqué, Eichendorffs Förderer, brachte 1816 in fünf Gedichten die «Legende vom Kaiser Julianus dem Abtrünnigen» heraus und zwei Jahre später «Geschichten vom Kaiser Julianus und seinen Rittern».

Die Parallelen zwischen der Zeit Julians und der Zeit Eichendorffs, in der die Mächte der Restauration das Staatskirchentum und die der Revolution das Neuheidentum einführen und befestigen wollen, liegen auf der Hand. Trotz genauen Studiums der Quellen will Eichendorff deshalb kein historisches Epos im engeren Sinne schreiben, sondern die zeitlosen Grundkonflikte darstellen zwischen Staat und Religion, zwischen Heidentum und Christentum, aber auch deren Voraussetzungen und Widerhall in den Köpfen und Herzen des einzelnen, vor allem der Mächtigen – darstellen mit künstlerischer Freiheit, die um der allgemeinmenschlichen Wahrheit willen die historische Vorlage poetisiert. Da ist der Einfluß der Philosophen, Poeten und Gelehrten auf die Politik:

> Doch die Bürger schütteln die Köpfe und wundern sich gar sehr:
> «Was reiten da für Gesellen hinter dem Julian her?
> Philosophen mit langen Bärten, Poeten ohne Schwert,
> Das sind gewißlich Griechen, denn der Julian ist gelehrt.»

Vielleicht denkt Eichendorff auch an seinen König Friedrich Wilhelm IV., den Romantiker auf dem Thron. Hatte Eichendorff doch am 18. Mai 1852 nach fast zwölfjähriger Regentschaft des Königs an Schön geschrieben: «Was Ew. Excellenz über den König sagen, ist recht wie aus meiner Seele geschrieben, so gantz theile auch ich diese Wemuth um das schöne zerstörte Bild.»

Wehmut klingt auch an, wenn Eichendorff das Schicksal Julians beschreibt, warum dieser und nach ihm bis in die Gegenwart viele Menschen, und nicht die schlechtesten, sich vom Christentum abgestoßen und zum Heidentum hingezogen fühlen. Auch Eichendorff dürften diese Gefühle nicht fremd gewesen sein, wie die Erwähnung der Diana und Venus andeuten, die ihn sein Leben lang verfolgt haben.

> Wie ich auch rang und fleht' und frug: Entsagen
> War stets die Antwort, die mir Christus bot,
> Das schöne Leben an das Kreuz zu schlagen,
> Ist Christenbrauch, und ihre Kunst der Tod.
>
> Wie anders einst in Roma's großen Tagen,
> Die jetzt der Glaubenswahn gebunden hält!
> Da hieß ihr Losungswort: lebend'ges Wagen,
> Und vor den Kühnen beugte sich die Welt.
>
> Die Heldensagen aber einsam ragen
> Herein noch in's verwandelte Geschlecht,
> Und auf den Riesentrümmern stehn und fragen
> Die alten Götter nach dem alten Recht.
>
> Da wacht allnächtig auf geheimes Sehnen,
> Der Wald schaut träumend nach Diana aus,
> Um Venus stehn die Blumen all' in Tränen,
> Das Meer umwogt Neptun's kristallnes Haus.
>
> O heil'ge Nacht! Zuweilen nur Sirenen
> Noch tauchen aus dem mondbeglänzten Grund
> Und tun, wenn Alles schläft, in irren Tönen
> Dem Menschenkind die tiefe Wehmut kund.

Diese Klage Julians «bei nächt'ger Stunde / Im Garten zu dem Sternendom empor» erinnert an Friedrich Schillers «Die Götter Griechenlands», dessen erste Fassung 1788/89 in Wielands «Teutschem Merkur» erschien, die zweite Fassung 1800 in den «Gedichten» Schillers:

> Finstrer Ernst und trauriges Entsagen
> War aus eurem heitern Dienst verbannt,
> Glücklich sollten alle Herzen schlagen,
> Denn euch war der glückliche verwandt.
> Damals war nichts heilig als das Schöne,
> Keiner Freude schämte sich der Gott,
> Wo die keusch errötende Kamöne,
> Wo die Grazie gebot. [...]

Auch Goethes Ballade «Die Braut von Korinth» in Schillers Musenalmanach für 1798 sieht diesen Gegensatz zwischen einem heidnischen Knaben und dem christlichen Mädchen:

> [...] Und der alten Götter bunt Gewimmel
> Hat sogleich das stille Haus geleert.
> Unsichtbar wird Einer nur im Himmel,
> Und ein Heiland wird am Kreuz verehrt;
> Opfer fallen hier,
> Weder Lamm noch Stier,
> Aber Menschenopfer unerhört.

Wie sehr sich Eichendorff in Julians religiöse Leidenschaft für die Welt eingefühlt hat, zeigt sein Hymnus, der es mit Schiller und Goethe aufnehmen kann, an den Sonnengott Helios, den Julian vor allem verehrt haben soll, und an Alexander den Großen, dem er nacheiferte.

> Steig', Helios, auf!
> Von Gipfel zu Gipfel,
> Entzünde flammend die Wipfel
> Und der funkelnden Ströme Lauf,
> Daß die Welt wieder, trunken von Licht,
> *Ein* himmlisch Gedicht!
> Die dunkele Waltung,
> Der Zeiten Gestaltung,
> Der wunderbaren Schönheit Mythe,
> Apollo, Zeus, Aphrodite,
> Oder wie die begeisterte Menge es heißt:
> Es ist des Menschen ewiger Geist,
> Der durch die Äonen kreis't.
> Wer kann dich knechten,
> Du von Geschlecht zu Geschlechten
> Sich leuchtend schlingende

Ewig verjüngende
Göttliche Kraft?
Was der Genius schafft
In schauerndem Entzücken,
Wölbt unsichtbar durch die Luft
Über der Jahrhunderte Kluft
Demantene Brücken,
Wo die verwegenen
Unsterblichen Fechter
Getrennter Geschlechter
Sich freudig begegnen.
Alexander, du Dichterheld!
Dich hab' ich erkannt
Über den Wogen der Welt,
Dir reich' ich die Hand!
Was Du Großes gesonnen,
Dein Wagen, die Wonnen,
Die göttlichen Schmerzen
Der Schöpferlust:
Mir alles im Herzen
Erwacht ist's, und sprengt mir die Brust.
O du Frühlingssturm der Gedanken!
Deines Adlerflugs Wehen
Löset den Bann,
Und ein leis' Auferstehen
Hebt in den Gründen an:
Die die Tiefen durchranken,
Die verlorenen Bronnen
Dringen an's Licht der Sonnen,
Lebendig rührt sich der Hain
In Kron' und Zweigen,
Es bricht sein Schweigen
Der gefesselt Stein,
Und zwischen Trümmern steigen
Eratmend aus allen
Versunkenen Hallen
Die uralten Lieder,
Die heiteren Götter,
Dem Menschen als Retter
Hülfreich gesellt,

> Und unser ist wieder
> Die weite, schöne, herrliche Welt!

Wenn Eichendorff dann den Mißbrauch der von den Göttern geschenkten Freiheit durch sexuelle Ausschweifungen satirisch aufs Korn nimmt, zielt er mit dem Stichwort «Emanzipation des Fleisches» auch auf seine Gegenwart, zum Beispiel auf den Heinrich Heine der dreißiger und vierziger Jahre:

> Halbe Heiden, halbe Christen,
> Die das Kreuz schier wund gedrückt,
> Freun sich dort der neuen Freiheit
> Und umarmen sich entzückt. [...]
>
> Und beim rosenduft'gen Becher
> Fühlt der Weise, tiefgerührt,
> Nach der finsteren Verdummung
> Auch *sein* Fleisch emanzipiert.

Doch auch der Christ Severus, einst Freund und Kampfgenosse Julians, bleibt hinter der Forderung christlicher Feindesliebe zurück. Er erschlägt Julian, um sich für den Tod seines Sohnes Octavian zu rächen:

> «Ich kann nicht mit euch beten: vergib uns unsre Schuld!
> Ich übt' an meinem Schuldner Erbarmen nicht, noch Huld!
> Betet für meine Seele, mein Tagewerk ist vollbracht
> Und über mir herein schon dämmert die ew'ge Nacht.»
>
> Und als die Sonne aufging, und Alle zogen hinab,
> Da sank der Todeswunde tot auf des Sohnes Grab,
> Und in den Morgenjubel, der durch die Täler schallt,
> Rauscht von der stillen Höhe so feierlich der Wald.
>
> Ob ihm verzieh'n? – die Sage berichtet nicht den Spruch,
> Denn Keiner hat gelesen in des Gerichtes Buch –
> Du aber hüt' den Dämon, der in der Brust dir gleißt,
> Daß er nicht plötzlich ausbricht und wild dich selbst zerreißt.

Mit einer solchen Aufforderung hatte Eichendorff auch die Erzählung «Das Schloß Dürande» geschlossen, die ebenso in der Zeit der Französischen Revolution spielt wie das zweite Versepos «Robert und Guiscard».

Eine Eigentümlichkeit des Eichendorffschen Epos «Julian» ist in den siebzehn Gesängen des Werkes der häufige Wechsel der Versform, als wollte Eichendorff sein poetisches Talent noch einmal unter Beweis stellen. Die strenge Form der spanischen Romanze wird zweimal verwendet, die Nibelungenstrophe dominierend achtmal, im übrigen gibt es neben Jamben, Trochäen, Kreuzreimen und deren vielfältigen Kombinationen einen gereimten freien Vers.

Die Aufnahme des «Julian» ist so widersprüchlich wie das Werk selbst. Den Leipziger «Blättern für literarische Unterhaltung» vom 31. August 1854 fällt auf: Auch wenn Eichendorff das siegende Christentum feiern wolle, «bleibt natürlich das tiefere tragische Interesse dem Vertreter der untergehenden Weltanschauung zugewendet, umsomehr als diese einen größern poetischen, mindestens plastischen Reichthum für sich hat. Auch war Eichendorff darin nicht glücklich, daß er den Vertreter der christlichen Moral, Severus, den Kaiser tödten läßt und ihn damit ganz auf den Standpunkt des kampf- und rachebegierigen Heidenthums zurückversetzt. Das christliche Princip mußte anders siegen als in antiker Fechterpositur.» Anscheinend ist das Werk weniger Tendenzliteratur, als es auf den ersten Blick zu sein scheint.

Jedoch unbekümmert über Eichendorffs differenziertere Darstellung lobt ihn die «Wiener Kirchenzeitung» vom 1. Dezember 1854: «Eichendorff ist der treu gebliebene Sohn der Romantik [...] Frischer, ursprünglicher und schöpferischer als Friedrich v. Schlegel; klarer, harmonischer und befriedigter als Brentano; gänzlich frei vom Hauche des Pantheismus, der den noch im unentschiedenen innern Streite verstorbenen Novalis ankränkelte, übertrifft er selbst diese edelsten und vorzüglichsten der Romantiker an Form und Gehalt.»

Am 30. Dezember 1854 schreibt Eichendorff aus Berlin an den Verlag Voigt & Günther in Leipzig: «Hochverehrte Herren! Ew. Hochwohlgeboren haben Sich in dem geehrten Schreiben v. 21$^t$ dM. geneigt erklärt, den Verlag meiner neuesten poetischen Schrift: ‹Robert u. Guiscard› unter denselben Bedingungen übernehmen zu wollen, unter denen der verst[orbene] Herr Simion meinen Julian druckte. Mit diesem Anerbieten bin ich einverstanden, und ermangele daher nicht, Ihnen in der Anlage das Manuscript von Robert u. Guiscard ergebenst zu übersenden. Meine Bedingungen wären hiernach, wie beim Julian, 1. ein Honorar von Fünfzig Thaler Preußisch Courant im Gantzen, noch vor Beginn des Druckes sofort nach Annahme des Manuscripts hier in Berlin zahlbar. 2. Nach erfolgtem Drucke Zwölf Frei-Exemplare. 3. Eine, dem Julian ähnliche, Ausstattung brauche ich wohl nicht noch besonders zu empfehlen, da sie heutzutage fast unentbehrlich geworden ist, um Dergleichen gangbar zu machen. Es würde mich sehr freuen, hierdurch mit Ew. Hochwohlgeboren in nähere Verbindung zu treten. Sollten Sie aber dennoch wider Erwarten von dem Artikel keinen Gebrauch machen können, so bitte ich um *baldgefällige* Rücksendung des Manuscripts.» Doch anscheinend gibt es keine Probleme, das kleine Bändchen erscheint 1855 noch pünktlich zur österlichen Buchmesse in Leipzig.

Bereits am 8. Mai 1855 zeigt sich Theodor Storm gegenüber Paul Heyse in Potsdam enttäuscht: «Der alte Eichendorff [...] es sind noch die alten Worte, aber es ist keine Anschauung mehr dahinter, man sieht – das Alter ist unüberwindlich.» Dabei hat Storm Eichendorffs Lyrik über die Maßen geschätzt und war am 16. Februar 1854 bei einem Berlin-Besuch dem verehrten Dichter im Hause Franz Kuglers begegnet. Er schrieb an seinen Vater am 24. Februar ein liebevolles Altersporträt Eichendorffs, «der in einem entlegnen Stadttheil Berlins in der Stille seine letzten Tage lebt. [...] Er ist theilweise Kuglers Vorgänger gewesen, und wir besahen an dem Abend noch Acten mit Decreten von ihm. Er ist ein Mann von mildem, liebenswürdigem Wesen, viel zu innerlich, um, was man gewöhnlich vornehm nennt, an sich zu haben; in seinen *stillen blauen* Augen liegt noch die ganze Romantik seiner wunderbaren poetischen Welt. Er ist übrigens schon ganz weiß. Das Portrait vor seinen Werken – seht es euch einmal an – ist nur in den Gesichtformen ähnlich; der Ausdruck des Gesichts, namentlich der Augen ist vollständig entgegengesetzt. Es war mir ein eignes Gefühl einen Mann persönlich zu sehen und zu sprechen, mit dessen Werken ich seit 18 Jahren in intimstem Verkehr gestanden, und der neben Heine schon in meiner Jugend den größten Einfluß auf mich gehabt hat. Ich sagte ihm das auch, und er war sehr herzlich und lieb. Fontane brach nachher in die Worte aus: ‹Es ist doch was Famöses um einen alten Poeten, wenn es ein echter ist!›»

Vermutlich ist Storm der Meinung des späteren Rezensenten in den «Blättern für literarische Unterhaltung» vom 6. November 1856 gewesen: «Freiherr von Eichendorff, der in seiner Jugend den Sonnenschein und Vögelgesang, die heitere Welt des tendenzlosen Müßiggängers so unnachahmlich gefeiert, wird in seinen alten Tage in Prosa und Versen ein Mann der Tendenz, und wie er in kritischen Aufsätzen gegen die protestantische Entwickelung der Literatur und das moderne Heidenthum zu Felde zieht, so legt er auch seine poetische Lanze gegen den Paganismus und die Revolution ritterlich ein. Doch war er im Kampfe mit dem Drachen des Heidenthums, den er in ‹Kaiser Julian› ausfocht, glücklicher als in seinen poetischen Angriffen auf die revolutionären Principien, welche seine neue Dichtung ‹Robert und Guiscard› enthält. [...] Principienkampf ist offenbar die Seele der Dichtung; desto mehr tritt die Unangemessenheit der

Behandlungsweise hervor und zeigt die Unfähigkeit der Romantik, einem historischen Stoffe gerecht zu werden».

Tatsächlich schildert Eichendorff den Prinzipienkampf zwischen zwei Brüdern eines altadeligen Hauses, von denen einer für den Feudalismus und das absolutistische Königtum, der andere für die Freiheitsbewegung der Bürger und des Volkes kämpft. Dabei zeigt sich auch hier wie schon im «Julian», wie wenig Eichendorff schwarz-weiß malt. Obwohl er Revolutionen für ein Unglück hält, weiß er, daß sie eine historische Notwendigkeit sind, wenn restaurative und reaktionäre Systeme eine Evolution der Verhältnisse verhindern. Entsprechend führt er Robert, den Freiheitskämpfer, ein:

> Doch wo die Höh'n die Wälder übergipfeln,
> Dorthin spornt Robert durch's Gestrüpp sein Roß,
> Dahinter zwischen düstern Tannenwipfeln,
> Als ob es grollte, seiner Väter Schloß,
> Vor ihm im Land, das sich schon golden sonnte,
> Paris aufdunkelnd fern am Horizonte,
>
> Wo über Volk und Kön'ge zum Gerichte,
> Gleich schwerer Wetter ungewissem Gang,
> Sich mahnend rüstete die Weltgeschichte,
> Das Alte sterbend mit der Zukunft rang. –
> Es schnob das Roß, es wittert' Morgenlüfte,
> Er aber wandt' es wieder in's Geklüfte.

Roberts Bruder Guiscard dagegen, Reiterhauptmann des Königs, erwidert dem Vater Graf Clairmont auf dessen Klage:

> «O daß ich jung nicht mehr, mit dreinzuschlagen!» –
> «Ich bin's, und so wie ich sind überall
> Noch Viele treu bereit, den Strauß zu wagen,
> Dicht Stamm an Stamm ein brüderlicher Wall,
> An dem vergebens ihren Gischt verrollen
> Die Wogen, oder uns begraben sollen.»
>
> «Doch tut's nicht Not, ein Haufen Krämer, Schreiber
> Schwingt seine schmier'gen Mützen in die Luft,
> Voran Gelehrte und ästhetsche Weiber,
> Und Jeder schreit und weiß nicht was er ruft;
> Nur drauf! Und dieses Donquixotes Mähre
> Sinkt vor der Lanze ritterlicher Ehre.»

> Hier schenkt' der Schloßherr ein vom besten Weine,
> Der glüht' wie Blut, es galt der alten Zeit.
> Robert stieß nicht mit an, er stand alleine
> In seines Herzens tiefster Einsamkeit,
> Dann fuhr er plötzlich auf beim Gläserklange,
> Ein flüchtig Rot durchzuckt' die bleiche Wange:
>
> «Vergebens fabelt Ihr von Frau'n und Schreibern,
> Nein, mit Gedanken heißt's zum Kampfe gehn,
> Die immerdar aus der Erschlagnen Leibern,
> Ein unsichtbarer Heerbann, neu erstehn,
> Von Menschenadel geht durch's Volk ein Ahnen,
> Der älter ist als unsre ältsten Ahnen. [...]
>
> Woll't Ihr die Ersten sein, zeigt Euch als solche,
> So haben Eure Ahnen einst getan,
> Erwürgt der alten Nacht geschwollne Molche
> Brecht selbst den Morgen an und löst den Bann,
> Wie's Rittern zukommt, der gefangnen Dame,
> Die Zukunft ist ihr Reich, Freiheit ihr Name.»

Darauf erwidert der Vater:

> «Wo Schwerter klirren und Geschicke kreißen
> Brüt' nur, brüt' über deinem Bücherschrein,
> Voltaire, Rousseau und wie sie alle heißen,
> Weid' Grillen unterdes, Schulmeisterlein,
> Und weis' den Blitz an mit dem Gänsekiele;
> Wen er verschone und wohin er ziele.
>
> Ja reiß' das Wappen von dem Tor nur immer
> Und bricht das Schloß zusammen über dir,
> Und geht der Pflug einst über seine Trümmer,
> Geh hin und bettle vor des Bauers Tür
> Nur um ein Bröcklein von den Menschenrechten –
> O Tor, wer auf Erbarmen hofft von Knechten!»

In Paris wird Robert durch seinen Freund Gand, der sich zum Demagogen entwickelt hat, ernüchtert:

> «Meinst du, ich opfre meine vollen Flaschen,
> Drück' stündlich diesen Kerls die schmier'ge Faust,
> Um stündlich meine wieder reinzuwaschen

> Von dem plebeischen Schmutz, vor dem mir graust,
> Bloß um die Dame Freiheit zu erspähen,
> Die Jeder nennt und keiner noch gesehen?
> Was kümmert uns der Krämer weis' Gegacker!
> Das Volk, im Grunde herzlich dumm und faul,
> Das sonst uns willig düngt und pflügt den Acker,
> Es ist zur Zeit ein tollgewordner Gaul,
> Wer keck ihn greift und weiß sich drauf zu schwingen,
> Den trägt er unbewußt zu hohen Dingen. [...]»

Robert ist verzweifelt, er weiß, die Chance der Freiheit ist vertan, und Eichendorff, der alte Freiheitskämpfer, legt am Ende seines Lebens ihr, die ein Geschenk Gottes ist, seine Klage in den Mund:

> Ein todesmüder Wanderer, verirrt.
> Im Trümmerschutt der eigenen Gedanken,
> Die wie Phantome hinter ihm versanken.
>
> Da blitzten zornig nieder alle Sterne,
> Ihm war, als säh' er über Stadt und Fluß
> Die junge Freiheit fortziehn in die Ferne
> Und hört' in Lüften ihren Scheidegruß,
> Und zu den Wolken, die vorüberjagen,
> Tönt' er hinaus der Göttin Schmerz und Klagen:
>
> «Weh' du Land, das keck mich bannte,
> Und da ich zu dir mich wandte,
> Mich blödsinnig nicht erkannte;
>
> Wo aus Trümmern nun die blassen
> Geister stieren: Stolz und Hassen,
> Brüder sich ingrimmig fassen.
>
> Habt ihr euch von dem gewendet,
> Der barmherzig mich gesendet,
> Wird in Schmach die Ehr' geendet.
>
> Wer will meinen Banner schwingen,
> Muß erst mit dem Teufel ringen,
> Der ihn selber hält in Schlingen. [...]»

Als Robert in letzter Verzweiflung mit den Aufständischen das Königsschloß stürmt, das sein Bruder verteidigt, meint er, diesen im Schlachtgetümmel tödlich niedergestreckt zu haben. Von Wahnsinnsbildern getrieben, kommt er im Kampf gegen das räuberische Landvolk auf der Schwelle des von ihm selbst entflammten väterlichen Schlosses um. Guiscard, den Marie, die Gärtnerstochter, zuvor aus Paris gerettet und heimgeführt hat, erlangt, bevor er nach Heidelberg flieht, vom Vater den Segen für die nicht standesgemäße Heirat – ein Sieg der schrecklichen, aber notwendigen Revolution über die in Konventionen erstarrte Ständegesellschaft, eine autobiographische schmerzliche Reminiszenz Eichendorffs an seine Liebesheirat mit Louise, gegen den Willen der Eltern:

> «Ich hoff', du frevelst nicht in solchen Stunden»,
> Sagt' endlich ernst der Graf, «was sonst uns lieb,
> Ruhm, Glanz und Reichtum ist dahingeschwunden,
> Verloren Alles, nur die Ehre blieb;
> Du hast vor Gott dein Herz ihr zugesprochen,
> Es hat kein Clairmont noch sein Wort gebrochen.
>
> Es wird die Welt fortan nach uns nicht fragen,
> So frag' auch du fortan nicht, was sie spricht,
> Schütz' sie, die dich geschützt in blut'gen Tagen!
> So tretet her, vor Gottes Angesicht
> Füg' ich hier ineinander eure Hände,
> Bleib't treu, ob Alles auch sich treulos wende.»

Das Versepos «Lucius» ist das letzte Werk Eichendorffs, das zu seinen Lebzeiten im gleichen Verlag wie «Robert und Guiscard», bei Voigt & Günther in Leizpig, im August 1857 erscheint, ein Vierteljahr vor Eichendorffs Tod. Am 17. August schreibt er aus Johannesberg, dem Sommerschloß des Fürstbischofs von Breslau, an seine Tochter Therese Besserer-Dahlfingen in Neisse, «daß soeben durch irgend einen Geistlichen ein Exemplar des Lucius hier angelangt ist, das ich dem F[ürst] B[ischof] überreichen will, so daß Du also alle Exemplare dort behalten kannst». Und am 28./29. August heißt es ebenfalls an die Tochter gerichtet, der Fürstbischof «posaunt mündlich und schriftlich meinen Lucius nach allen Richtungen aus». Das Thema – eine von Eichendorff erfundene Märtyrerlegende zur Zeit der Ermordung Kaiser Domitians (81-96), der die Christen verfolgen ließ – hat Eichendorff schon länger beschäftigt, wie ein um 1850 entstandener Entwurf «Heldenmütiger Kampf und Tod des ritterlichen heil[igen] Sebastian» belegt. Den Namen tauscht Eichendorff später aus, um Verwechslungen mit dem bekannten Volksheiligen vorzubeugen. Zu Beginn dieses Entwurfs stellt Eichendorff den Bezug zur Gegenwart her: Sebastian «gegenüber: der (: jetzige :) Rationalismus des damaligen heidnischen Roms, das seine alten Götter, sowie allen höheren Glauben, philosophisch verachtet, und frivol lebt. – Ebenso: das altheidnische Priesterthum, das die Christen (: wie jetzt die Pro[tes]tanten die Ultramontanen :) als politisch gefährlich verketzert.»

Lucius (von lat. lux: Licht), ein Heide des 1. Jahrhunderts, der zum Christentum, dem «Licht zur Erleuchtung der Heiden» (Lukasevangelium 2,32), übertritt, ist offensichtlich die Gegenfigur zu Julian Apostata aus dem 4. Jahrhundert. Den Inhalt des Epos, «elf kleine und lose zusammenhängende Romanzen», schildert die Stuttgarter «Allgemeine Zeitung» am 12. Oktober 1857 in einer positiven Rezension: «Mit einem aus dem Gothenland vom Schwertertanz heimkehrenden Reiterfähnlein zieht der Held der Dichtung zuerst vorüber; wir sehen die schöne Tänzerin Julia, die in ihrer säulenstolzen Villa mit ihrer Kunst die staunenden Dichter und Philosophen berauscht; schreiten in den Circus, wo das Römervolk wie ein schlechtgezähmtes Wüstenthier sich mit blutdürstiger Gier am Fechterspiel und an den auf Christen losgelassenen Bestien weidet; freuen uns der treuen Freundschaft des Lucius und Nerva, die, in der politischen Schwüle zusammengeschworen, das kernige Römerthum repräsentiren, indeß sich der goldgelockte Guido wie eine lichte Engelgestalt aus dem grausigen Wetter hebt, das sich meuchelmörderisch über Domitian zusammenzieht. Sein Tod wird auf die Christen gewälzt, und die volle Wuth des Pöbels über sie gehetzt: Lucius und die allen Freuden der Welt um den Geliebten entsagende Julia sind die ersten Opfer, bei deren Anblick der unterdeß zum Kaiser proclamirte Nerva den Frieden proclamirt.»

In der Arena wird Lucius Zeuge, wie der Sohn seines alten Kampfgefährten Stephan von einem Tiger zerrissen wird und der Vater außer sich ist:

> «Wer», frug er, «wer hat mir mein Kind gestohlen,
> Auf wess' Geheiß, Spruch oder höll'sche List?» –
> «Domitian, der Kaiser, hat's befohlen.»
> «Und was verbrach der Knab'?» – «Er war Christ.»
> Dies Wort, das unerwartetste von allen,
> Fühlt' er durch Mark und Bein zerschmetternd hallen.

In seiner Zerrissenheit zwischen der Treue zum alten Rom und der Ahnung eines heraufziehenden Neuen findet Lucius einen geheimnisvollen Führer in dem jungen Christen Guido:

> Seltsam! – den Knaben, als der Kampf verglommen,
> Fand ich einst in des Schlachtfelds Einsamkeit,
> Weiß nicht, woher er stammt, woher gekommen,
> Ich nahm ihn auf – seidem gibt er Geleit
> Mir durch der Sorg' und Waffen wild Getümmel
> Wie'n milder Stern am wolkenlosen Himmel.

Als Lucius eines Nachts verzweifelt nach Hause kommt – «Kam er doch selbst in diesen Einsamkeiten / Wie ein Gespenst sich vor aus alten Zeiten» –, ergibt sich ein Gespräch mit Guido:

> «Du glücklich' Kind,» sprach Lucius, «das im Grausen
> Der Welt aus Mondschein sich sein Bettlein macht!
> Dich fand ich stets getreu – wie oft da draußen
> Erzähltest Du mir sonst bei stiller Nacht
> Von euer'm Christentum so schöne Märe –»
> «Und wenn, rief Gudio da, wenn's *Wahrheit* wäre?!»

> Der Ritter schwieg – dann sagt' er sinnend wieder:
> «Ich hört' davon manch' wunderbares Wort,
> Doch das ist alles nur ein Hort Todmüder;
> *Hier* nichts, als Tücke und Verrat und Mord,
> *Dort* nur Entsagen, Dulden, Frieden –
> So wär' uns ew'ge Sklaverei beschieden.»

> «Nein, nein!» entgegnete der Knabe heiter,
> «Er brach die Ketten, die der Rost zernagt,
> Sein Banner weht, die Brüderschar Befreiter
> Führt er zum Kampfe, aus dem Frührot ragt
> Hellglänzend eine Stadt mit goldnen Türmen,
> Und Alle rief er, sie beherzt zu stürmen.»

> Er lauscht' dem Knaben Lucius verwundert:
> «Du sprichst ja wie ein feurig Römerherz
> Aus längstverklungnem, kühnerem Jahrhundert.
> Was weißt Du, heimatsloser, von dem Schmerz
> Um Roma's Untergang, vom Vaterlande,
> Von seinem Heldenruhm und seiner Schande!»

> «O höher, hoher Herr! mußt Größeres wagen,
> Wenn hinter Dir des Unsichtbaren Hand
> Der alten Roma Hoffart hat zerschlagen!
> Da droben ist Dein neues Vaterland,

> Wo schweigend über den versunknen Trümmern
> Die jungen Morgenstrahlen freudig schimmern.»
> Der Ritter schaute lange, halb in Träumen,
> In's Aug' ihm, wie in's Himmelblau hinein. –
> «Kind, Kind, fürwahr in solcher Wogen Schäumen,
> Wär' ich nicht Römer, möchte' ich Christ wohl sein –
> Doch horch', von fern die Hirten wieder singen,
> Komm nur, und sag' mir mehr von diesen Dingen.»

Nachdem Stephan an Kaiser Domitian den Tod seines Sohnes blutig gerächt und des Lucius Freund Nerva entgegen der Absprache mit Lucius nicht Roms Bürger und Senat die Nachfolge Domitians hat bestimmen lassen, sondern sich und Lucius zum neuen Alleinherrscherpaar ausgerufen hat, macht sich dieser enttäuscht mit Guido auf den Weg zu den Christen in ihren Katakomben. Dorthin ist auch der Pöbel unterwegs in dem Glauben, die Nazarener seien Schuld am Tod des alten Kaisers. Ihnen stellt sich Lucius entgegen:

> «Christus, Du hast gesiegt! In qualm'gen Flammen
> Brach, wo ich sie gefaßt, mir über'm Haupt
> Die faule, wurmzerfreßne Welt zusammen;
> Ein Stamm, vom gift'gen Hauch der Zeit entlaubt,
> Hab' ich fortan kein Vaterland hienieden,
> Nimm Du mich auf in Deines Reiches Frieden!»
>
> Und so stürzt' er entgegen sich dem Trosse.
> Der wütend nach der Höhle Eingang drang,
> Dort, in der Wolken klirrender Geschosse
> Er freudig um die neue Heimat rang
> Und fühlt es kaum, da ihm des Lebens Quellen
> Purpurn entrieseln auf die steinern Schwellen.
>
> Da sah man atemlos aufeinmal dringen
> Durch das Gewühl ein wunderschönes Weib,
> Die Locken flatterten wie Adlerschwingen
> Um's Haupt ihr, sie umklammert seinen Leib,
> Um vor der Pfeile wirren Todesblitzen
> Mit ihrer Brust die seinige zu schützen.
>
> «Du, Julia!» rief erstaunt der Todeswunde,
> «Horch, Glockenklänge gehen durch die Luft,
> Versinkend dämmmert schon um mich die Runde,
> Ist's Abend denn? ich spüre Morgenduft –

> Wer ruft mich da? – O göttliches Erbarmen –
> Ich heb' Dich mit empor in meinen Armen!»

Als Nerva, der neue Kaiser, eintrifft, ist er erschüttert:

> Dann plötzlich in der feierlichen Stille
> Rief er: «Die menschlichen Geschicke lenkt
> Ob aller Menschen Rat der Götter Wille.
> Vor diesem Heldenpaar die Waffen senkt,
> Scheu sollen sie fortan dem Höhern weichen,
> Frieden den Christen rings in unsern Reichen!»
>
> So wandt' er sich, das Schwert klirrt in die Scheide
> Und murrend Ruf und Waffenklang verwehn,
> Ein seltsam Leuchten noch ging durch die Heide,
> Der Knabe aber ward nie mehr gesehn;
> Im Morgenglanz nur schwirrten Lerchenlieder
> Und in den Katakomben sang es wieder [...].

## «Aus den Papieren eines Einsiedlers», Autobiographische Entwürfe, die «Geschichte der Poesie», die Freundschaft mit einem Fürstbischof, eine Heiligenbiographie und Eichendorff als heimlicher Güntherianer

Die Frage, ob es für Eichendorffs Leben und Werk eine Leitfigur gibt, unter der es gesehen und durch die es besser verstanden werden kann, hat der Dichter sich selbst gestellt und beantwortet: Es ist der «Einsiedler».

Wie ein verwunschener Prinz bewohne er in derselben Etage wie der Fürstbischof hoch oben auf Schloß Johannesberg in Österreichisch-Schlesien ganz allein zwei Prachtgemächer mit allem Komfort, schreibt der achtundsechzigjährige Eichendorff am 7. August 1856 an seine Tochter Therese. Seine Frau ist vor einem guten halben Jahr verstorben. Der Schwiegersohn Louis von Besserer-Dahlfingen ist als Kompaniechef des 23. preußischen Infanterieregiments nach Neisse versetzt worden, wo Eichendorff seinen Lebensabend verbringt. Jetzt weilt der Dichter auf Einladung des Fürstbischofs Heinrich Förster von Breslau einige Wochen in dessen Sommerresidenz bei Jauernig.

Doch beklagt sich Eichendorff bereits am 16. August bei der Tochter: Vor lauter Faulenzerei und gesellschaftlichen Pflichten komme er kaum

«Aus den Papieren eines Einsiedlers»

48 Schloß Johannesberg

dazu, den «Simplicissimus» zu lesen. «Wäre ich nur erst wieder bei Euch!» – ein Ausruf, der darauf schließen läßt, daß sich Eichendorff in Neisse intensiv mit dem Buch beschäftigt hat.

Warum der Dichter das Buch jetzt wieder zur Hand nimmt? Seit gut zwei Jahrzehnten quält sich Eichendorff damit, seine Autobiographie zu schreiben. Die Entwürfe dazu häufen sich. Einer davon, vermutlich aus diesem Sommer 1856, trägt die Überschrift: «Aus den Papieren eines Einsiedlers. Dichtung u. Wahrheit.» «Dichtung und Wahrheit» spielt auf Goethes Autobiographie «Aus meinem Leben» (1831) an, «Einsiedler» auf Grimmelshausens «Der Abentheuerliche Simplicissimus Teutsch» (1669): Der junge Simplicius, der «Einfältige», wird einige Jahre lang von einem Eremiten aufgezogen; später erfährt er, es war sein eigener Vater, und am Ende wählt Simplicius selbst das Einsiedlerleben.

Der «Einsiedler» oder, wie es altdeutsch heißt, «Einsiedel» ist in der Romantik eine zentrale Symbolgestalt mit vielen schillernden Bedeutungen. Sie hat ihre Vorläufer nicht nur in der Barockzeit, sondern auch in der Übergangszeit zwischen Aufklärung und Klassik. So heißt eines der Hauptwerke des Pädagogen und Kinderfreundes Johann Heinrich Pestalozzi «Die Abendstunde eines Einsiedlers» (1780), und Hölderlins «Hyperion» von 1797 trägt den Untertitel «oder der Eremit in Griechenland».

Der «Einsiedel» als Schlüsselfigur für seine eigene Lebensbeschreibung beschäftigt Eichendorff schon seit den vierziger Jahren. Frühere Titelentwürfe lauten: «Vielleicht: Einsiedelei (Einsiedler-Leben oder Des Einsiedels Tages- und Nachtzeiten)», «Trösteinsamkeit; aus dem Tagebuch eines Einsiedels», «Anfang u. Ende oder Wie ich ein Einsiedler ward».

Jetzt, 1856, sitzt ein scheinbar kampfesmüder Eichendorff hoch oben auf dem bischöflichen Felsenschloß, liest den «Simplizissimus», läßt die Einsiedlermotive und -stimmungen aus seiner Jugend-, Studenten- und Beamtenzeit Revue passieren und schreibt den folgenden Entwurf zu einer Lebensbeschreibung, die jedoch keine Autobiographie im strengen Sinne werden soll:

«Aus den Papieren eines Einsiedlers. Dichtung u. Wahrheit: Ich sitze hier auf den Trümmern meines Geburtsortes |:Lubowitz = Tost:| das Schloß ist abgebrannt; der alte Ziergarten verwildert: einzelne Alleen, Statuen p. Aber Alles verlaßen, still, nur die Nachtigallen schlagen noch, wie damals. Alles todt, keiner kennt |erkennt| mich mehr. – Dabei unermeßliche Aussicht über die Länder. p. p: |:S: *hier* oben mut:[atis] mut:[andis]:| Mein vergangenes Leben in der Vogelperspective. |: Scenen aus meiner Jugend aus Lub[owitz]:, Tost, Breslau p. p. Dazwischen: ernste u. humoristische Predigten p. über Ruhm, Eitelkeit, Dichterberuf, Tod p. p.; auch mit Benutzung meiner noch ungedruckten Gedichte, u. des Paßenden aus der Libertas! – *Durch das Gantze* ein tragisches Gefühl von der Nichtigkeit u. Vergänglichkeit des Weltglantzes u. Lebens; Z: B: in der plötzlichen Armuth des Einsiedlers; desgl: in seinen *Studien*, wie er durchaus ein großer Gelehrter p: werden will; desgl: in seinem *Heldenthum 1813*, wo der gantze Patriotismus humoristisch in das studentische Lützowsche Corps u. die langweilig belagernde Landwehr zerplatzt; desgl: in der *Freundschaft*, der versauerte Wilhelm! [Eichendorffs älterer Bruder] – desgl: in der *Liebe*: wie nemlich der Einsiedel schon in seinem reichen kecken Junkerthum sein Liebchen kennen lernt, diese aber rührend auch in seiner Armuth treu bleibt – u. nun ist auch sie schon lange todt! p. – Alles dieß in mehrere Kapitel mit besonderen Titeln wie Bruchstücke eines Tagebuchs – zusammenstellen, ohne mich stricte an die Wahrheit zu kehren, oder verrathende Orts=p. Namen zu nennen; so daß es durchaus zweifelhaft bleibt, ob dieß *mein* Lebenslauf sei!! –»

Tatsächlich fühlt sich Eichendorff auf seine alten Tage wie ein Einsiedler. Am 22. April 1857 schreibt er an den Parlamentarier August Reichensperger, das spätere Mitglied des deutschen Bundestags und den Mitbegründer der katholischen Zentrumspartei: Er habe bisher noch keine Rezension seiner Literaturgeschichte, zu der ihn Reichensperger ermuntert hatte, gelesen, «da Neisse allerdings eine literarische Wüste ist, in der ich selbst überdieß fast ein Eremitenleben führe». Resignation und Rückzug aus dem Lebenskampf ist jedoch nur die eine Seite des «Einsiedlers» Eichendorff, die andere ist der «Friedrich» aus «Ahnung und Gegenwart», nur daß Eichendorff statt mit dem Kreuz mit der Feder kämpft. Heißt es doch in dem gleichen Brief an den Politiker: Er, Eichendorff, habe mit großem Interesse Reichenspergers Kämpfe im Parlament, namentlich wegen der Pressegesetzgebung, verfolgt, und er könne nur wiederholen: «Wir beide streiten auf und um denselben Boden; und so will ich denn tapfer mitfechten, so lange meine Feder noch nicht ganz stumpf und abgenutzt ist.»

Das gilt auch für die geplante Lebensbeschreibung, wie die Entwürfe dazu durchblicken lassen. Wichtiger, als daß es «mein Lebenslauf sei», sind Eichendorff «die Zeit und ihre Wechsel», die sich in seinem Leben spiegeln sollen. «Ich bin weit entfernt von der Einbildung, daß meine Persönlichkeit oder mein Schicksal von allgemeinem Interesse sein könnten, aber Streiflichter p. Man erwarte daher nicht meinen Lebenslauf, aber *Erlebtes*: Ich will nicht mein Leben beschreiben, sondern die Zeit / u. ihre Wechsel /, in der ich gelebt, mit Einem Wort: Erlebtes im weitesten Sinne.»

In dieser Absicht schreibt der Dichter vermutlich dann noch im Laufe des folgenden Jahres 1857 die Skizzen «Erlebtes» und die Kapitel «Der Adel und die Revolution» sowie «Halle und Heidelberg». Diese einigermaßen ausgearbeiteten Kapitel wie auch die früheren Fragmente «Das Wiedersehen» (1816/17), «Kapitel von meiner Geburt» (1831/32), «Aus dem 30jährigen Kriege» (1838/1850), «Unstern» (1836/38), «Winterabend in Lubowitz» (1834/35/39), «Idyll von Lubowitz» (1834/54), «Bilderbuch aus meiner Jugend» (1843/54), «Tröst-Einsamkeit (Einsiedler-Novelle)» (1842/56) sowie «Aus meiner Jugendzeit» (1856) sind allesamt im Geist des «Simplicissimus» geschrieben – mit jener frühromantischen Ironie, von der Friedrich Schlegel im 108. Lyceums-Fragment gesagt hat: «In ihr soll alles Scherz und Ernst sein, alles treuherzig offen, und alles tief verstellt.»

Bei Grimmelshausen sei, charakterisierte Eichendorff den «Simplicissimus» 1851 in seiner Literaturgeschichte, «das asketische Einsiedlerleben mit seinen antiquitätischen Bärten und Gewändern überall durch einen leisen ironischen Hauch belebt; und als Simplicissimus selbst Einsiedler wird, ist es ihm anfänglich, wie unsern neueren Romantikern, eigentlich doch nur um den Vogelgesang und die prächtige Waldeinsamkeit zu tun». Erst der spätere Simplicissimus sieht – wie Eichendorff – in Natur und Geschichte noch anderes und mehr am Werk: «Ein tiefreligiöses und spezifisch-katholisches Gefühl schlingt sich durch diese wilde Welt, ja man könnte, gleichwie Golo's Lied in der Genoveva, hier das schöne Lied des Einsiedlers: ‹Komm Trost der Nacht, o Nachtigall!› als den Grundakkord betrachten, der durch das Ganze tönt».

In den letzten Zeilen aus «Trösteinsamkeit; aus dem Tagebuch eines Einsiedels» von 1856 beschreibt Eichendorff den «Haupttenor» dessen, was gemeint ist, wenn er sich als Leitfigur den «Einsiedler» gewählt hat: «daß ich Alles ohne alle Rücksicht auf die gewöhnl[iche] Weltmeinung und auf das ‹Was wird die Welt dazu sagen?› aus der Vogel-Perspektive betrachte und beurteile. – (in der Art, wie der Graf Lucanor, nur für die jetzige Zeit! –)». Das hat nun Eichendoff außer in seinen dichterischen Werken vor allem in den literaturkritischen und literaturgeschichtlichen Arbeiten ausgiebig versucht, angefangen mit dem Aufsatz «Zur Geschichte der neuern romantischen Poesie» (1846) und dem Buch «Über die ethische und religiöse Bedeutung der neueren romantischen Poesie» (1847) über die Beiträge von 1848/49 in den «Historisch-politischen Blättern für das katholische Deutschland» bis zu «Der deutsche Roman des achtzehnten Jahrhunderts in seinem Verhältnis zum Christentum» (1851) und «Zur Geschichte des Dramas» (1854).

So hätte Eichendorff ein Brief des Verlegers Ferdinand Schöningh aus Paderborn vom 17. Januar 1854 nicht gelegener kommen können: «Ihre vortrefflichen Werke, besonders der ‹Roman des 18ten Jahrhunderts› und das neueste ‹Julian›, von denen das erstere in der Wiener Kirchenzeitung, das andere in den Historisch-Politischen Blättern eine ausgezeichnete Beurteilung erfahren, bestärken mich noch mehr in dem Vorsatze, mir folgenden Vorschlag zu erlauben. Bei den mancherlei Literaturgeschichten, die es allerdings gibt, läßt doch noch manches viel zu wünschen übrig, und besonders hat unter den seitens der Katholiken erschienenen noch keine die Vollständigkeit und Zweckmäßigkeit der von dem Protestanten Vilmar verfaßten erreicht. Vielseitig hat sich daher der Wunsch kundgegeben, es möge ähnlich der Vilmarschen eine katholische Literaturgeschichte erscheinen, und habe ich mir Hoffnung gemacht, daß Euer Hochwohlgeboren Sich dieser Aufgabe vielleicht unterziehen dürften.»

In der streng protestantisch orientierten «Geschichte der deutschen National-Literatur» von August Friedrich Christian Vilmar, die aus Marburger Vorlesungen hervorgegangen war und 1848 in dritter Auflage erschien, heißt es über Eichendorff: «[...] wiewol die bedeutendsten Erzeugnisse des Letztern schon jenseits der eigentlichen Blüte der romantischen Schule liegen, so daß er, wenn gleich den Jahren nach einer der

Aeltern, doch der Wirksamkeit zu nach den später zu erwähnenden Jüngern zu rechnen ist. Gedichte und Erzählungen von so seelenvoller Wahrheit, wie Eichendorffs Poesieen und sein ‹Leben eines Tagenichts› hat die ältere romantische Schule nicht zu schaffen vermocht.»

Eichendorff scheint mit Hinweis auf sein Alter und seine und seiner Frau angegriffene Gesundheit das Angebot des Verlegers abgelehnt zu haben, denn am 3. Juli 1854 wird Schöningh erneut vorstellig: «Durch die Herausgabe Ihres neuen so ausgezeichneten Werkes ‹Zur Geschichte des Dramas› zeigen Ew. Hochwohlgeboren wieder eine solche jugendliche und produktive Tatkraft, daß der Grund der frühern Ablehnung nunmehr verschwunden sein wird. Ich erlaube mir schließlich noch die Bitte auszusprechen, daß Ew. Hochwohlgeboren sich die Aufgabe nicht zu schwierig stellen wollen. Es braucht ja kein Wust von sogenannter philosophischer Gelehrsamkeit zu sein; sondern mehr die klaren, vom Protestantismus ungetrübten Züge *im großen* und nur die *Hauptgrößen* auch detaillierter. Euer Hochwohlgeboren können dieses gewiß ohne daß Sie Ihrer Gesundheit schadeten und werden der katholischen Sache einen sehr großen Dienst leisten.»

Wenn Eichendorff daraufhin zusagt, dann in dem Bewußtsein, es der katholischen Sache, der er sich spätestens seit den «Kölner Wirren» und seinen Kontakten mit der Katholischen Bewegung in München verbunden weiß, schuldig zu sein. Es mag ihm auch eine Genugtuung gewesen sein, daß sich anscheinend eine irenische, vielleicht sogar ökumenische Strömung innerhalb des eng konfessionell denkenden Katholizismus an seinem weiten Begriff vom «Protestantischen» und «Katholischen» nicht stört. Deckt der sich doch nicht mit den gegenwärtigen Konfessionen und erst recht nicht mit den religionspolitischen Kampfbegriffen in den konfesssionellen Auseinandersetzungen des 19. Jahrhunderts.

Doch die Arbeit an dem Manuskript zieht sich hin, bedingt durch mehrfachen Wohnungswechsel und Krankheiten. «Ich habe nemlich», so informiert Eichendorff am 2. November 1855 aus Berlin, Jägerstraße, Schlossers Hotel garni, den Abgeordneten August Reichensperger, «den vergangenen Sommer mit meiner Frau theils in Carlsbad, theils in Anhalt-Cöthen zugebracht, und bin soeben im Begriff, unser nächstes Winterquartier in Neisse in Schlesien zu beziehen, wohin mein Schwiegersohn Besserer versetzt worden ist. Allein meine arme gute Frau ist leider noch immer so krank, daß ich hier so lange verweilen muß, bis sie sich zur Weiterreise nothdürftig stark genug fühlt.» Eichendorff bittet dann Reichensperger um Vermittlung beim «Borromäusverein» in Bonn, man möge Eichendorff gestatten, den seinerzeit dort mitvertriebenen Essay

«Über die ethische und religiöse Bedeutung der neueren Poesie» in die neue Literaturgeschichte integrieren zu dürfen, die «hoffentlich im April» 1856 fertig sein wird.

Doch am 3. Dezember 1855 stirbt in Neisse an einem Leberleiden im dreiundsechzigsten Lebensjahr Eichendorffs Frau Louise. Am selben Tag schreibt er an seinen Sohn Hermann in Aachen: «Die Mutter ist von uns geschieden. Heute früh um 8 Uhr ist sie, nachdem sie vor einigen Tagen die heiligen Sterbesacramente empfangen, bewußtlos u. sanft eingeschlummert. Ich bin bis in den Tod betrübt u. kann heut nichts weiter schreiben. Gott gebe ihr die ewige Seeligkeit, u. uns Kraft, es zu ertragen, mir ist, als könnte ich nie wieder fröhlich sein.»

In seinem Sonett «Der verspätete Wandrer» von 1854 hat Eichendorff die nun entstandene Einsamkeit vorausgefühlt und, daß er dann der nächste sein wird, der seiner Frau folgt:

> Wo werd' ich sein im künft'gen Lenze?
> So frug ich sonst wohl, wenn beim Hüteschwingen
> In's Tal wir ließen unser Lied erklingen,
> Denn jeder Wipfel bot mir frische Kränze.
>
> Ich wußte nur, daß rings der Frühling glänze,
> Daß nach dem Meer die Ströme funkelnd gingen,
> Von fernem Wunderland die Vögel singen,
> Da hatt' das Morgenrot noch keine Grenze.
>
> Jetzt aber wird's schon Abend, alle Lieben
> Sind wandermüde längst zurückgeblieben,
> Die Nachtluft rauscht durch meine welken Kränze,
>
> Und heimwärts rufen mich die Abendglocken,
> Und in der Einsamkeit frag' ich erschrocken:
> Wo werd' ich sein im künft'gen Lenze?

Es scheint, als habe Eichendorff in der Arbeit Ablenkung von seinem Schmerz gesucht, denn schon am 24. April 1856 schickt er das fertige Manuskript an den Verleger Schöningh. Es gliedert sich in «Das alte nationale Heidentum», «Kampf und Übergang», «Die christliche Poesie», «Weltliche Richtung», «Die Poesie der Reformation», «Die Poesie der modernen Religionsphilosophie» und «Die neuere Romantik». In einer auf den 1. Dezember 1856 datierten Verlagsanzeige bietet Schöningh außer dem neuen Werk noch zwei frühere, von ihm aufgekaufte Titel Eichendorffs an: «Zur Geschichte des Dramas» und «Der deutsche Roman des achtzehnten Jahrhunderts».

Wir wissen nicht, wieviele Rezensionen über die «Geschichte der poetischen Literatur Deutschlands», die im Laufe des Jahres 1857 bis zu seinem Tod im November erschienen sind, Eichendorff noch gelesen hat. Sie reichen von begeisterter Zustimmung auf katholischer Seite bis zur Ablehnung des angeblichen Tendenzwerkes auf protestantischer und liberaler Seite. Dabei tendiert Eichendorff doch dazu, mit seinem Begriff des «Katholischen» die Grenzen des Konfessionellen zu sprengen, wie noch der letzte Absatz des Buches zeigt: «Nicht durch juvenile Wiedererweckung der Romantik, wie die süßlichen ‹Amaranthen› und ‹Sieglinden› vergeblich versucht, noch durch absichtsvolle Kontrovers- und Tendenznovellen, womit die Gegner ihrerseits alle heitere Poesie hinwegdisputieren, sondern einzig durch die stille, schlichte, allmächtige Gewalt der Wahrheit und unbefleckten Schönheit, durch jene religiös begeisterte Anschauung und Betrachtung der Welt und der menschlichen Dinge, wo aller Zwiespalt verschwindet, und Moral, Schönheit, Tugend und Poesie Eins werden. Gesundheit und Freudigkeit gegen blasierte Zerrissenheit, fromme Naturwahrheit gegen gespreizte Lüge, eine Poesie der Liebe gegen die Poesie des Hasses. Es sei keine Propaganda des Katholizismus; aber eine, allem Unkirchlichen durchaus fremde Gesinnung, die alles Leben nur an *dem* mißt, das allein des Lebens wert ist, und die wir heutzutage getrost eine katholische nennen dürfen; das Ganze umgebend, wie die unsichtbare Luft, die jeder atmet, ohne es zu merken. Denn das ist ja eben das poetische Geheimnis des religiösen Gefühls, daß es wie ein Frühlingshauch Feld und Wald und die Menschenbrust erwärmend durchleuchtet, um sie alle von der harten Erde blühend und tönend nach Oben zu wenden. Es sei mit Einem Wort: eine der Schule entwachsene Romantik, welche das verbrauchte mittelalterliche Rüstzeug abgelegt, die katholisierende Spielerei und mystische Überschwenglichkeit vergessen und aus den Trümmern jener Schule nur die religiöse Weltansicht, die geistige Auffassung der Liebe und das innige Verständnis der Natur sich herübergerettet hat.»

Eine längere, differenziertere Besprechung in der «Neuen Preußischen Zeitung» vom 11. und 15. Oktober 1857 hebt denn auch zweierlei hervor: die unverzichtbare Stellungnahme eines «Augenzeugen» der «romantischen Schule» sowie die «Vollendung des Stils und der Darstellung». In den Kapiteln über die Romantik spreche Eichendorff «als Zeitgenoß, als Augenzeuge; überall zeigt sich, daß er im Besitz von mündlichen Traditionen ist, die wesentlich zum wahren Verständniß des in Druckschriften Niedergelegten gehören. Hier ist sein Buch eine wesentliche Bereicherung der Literatur-Geschichte, ein unerläßliches Gegengewicht gegen mancherlei parteiische Darstellung und oberflächliche Auffassung; er ist hier ein Hauptzeuge, der vor Abschluß der Acten und des Urtheils jedenfalls zu berücksichtigen ist.» Und zum zweiten: «Die Darstellung, obwohl eben so ungleich als der Inhalt und wahrscheinlich verschiedenen Zeiten angehörig, ist durchgängig sehr anziehend, bald mehr zur ernsten Betrachtung sich neigend, bald aber auch wirklich abbildend und von novellistischer Kunst. Geist und Laune sprudeln in reichem Maß und die nie ruhende romantische Phantasie durchbricht überall mit ihren bunten Farben selbst die nüchternste Betrachtung. Dichterische Anmuth und der Geist wahrer Popularität breitet sich über das Ganze; ja, wir möchten behaupten, daß an nicht wenigen Stellen sich eine solche Vollendung des Stils und der Darstellung zeige, wie Eichendorff sie vielleicht kaum je zuvor erreicht. Eine freundliche Wärme ergießt sich wohlthuend, alles ist bequem und leicht; ja auch wo der Verfasser sich gehen läßt, in launigen Scheltworten und heiteren Uebertreibungen erscheint er uns nur um so liebenswürdiger.»

Diese Beschreibung trifft mehr oder weniger auf alle literaturkritischen und literargeschichtlichen Arbeiten Eichendorffs zu. Sie sind in der Tat eher eine Fortsetzung seiner Dichtungen als der Versuch objektiver Darstellung der Literaturgeschichte. Es sind Essays, sprachlich ausgefeilte, subjektive Stellungnahmen mit einer polemisch zugespitzten These. Die Zitate sind dem Zweck entsprechend ausgewählt. Wie in seinen Dichtungen will Eichendorff auch in diesen Arbeiten sein Menschen- und Weltbild zur Geltung bringen. Deshalb setzt er sich, persönlich engagiert und in dramatischer Weise, mit der vergangenen und gegenwärtigen Dichtung auseinander und stellt an sie seine Gretchenfrage, in der Formulierung des für ihn charakteristischen Gedichts: «Schläft ein Lied in allen Dingen»? Lautet die Antwort positiv, gehört die Dichtung, aus welcher Zeit sie auch stammt, nach Eichendorff zum Kanon großer, «romantischer» Poesie. Diesen Maßstab hat er durch die Brüder Schlegel gewonnen, und er hat ihn seiner eigenen Dichtung zugrunde gelegt. So bilden Eichendorffs literaturgeschichtliche Essays – auch wo sie sich zu Buchlänge auswachsen und ihre Tendenz den Leser schon einmal nerven kann – die Fortsetzung seiner Dichtung mit anderen Mitteln, und das ist wohl auch der Grund, warum ihm diese Texte so leicht von der Hand gingen.

Es scheint, als habe Eichendorff beim Schreiben ähnlich empfunden, Spaß an der Sache bekommen und erneut Feuer an seinem eigentlichen Beruf gefangen. Denn am 7. Oktober 1856, noch vor Erscheinen des Werkes, wendet er sich vertrauensvoll an August Reichensperger: «Nach diesem vollbrachten Tagewerk aber sitze ich nun wieder raht- und thatlos. Müßig will und kann ich nicht bleiben. Der *poetischen* Produktionskraft darf man, wenn man an die 70 streift, nicht allzuviel mehr zumuthen. [...] Ihre anregende Theilnahme, verehrtester Freund, hat mir schon so oft über den Berg geholfen, ja ganz allein auch meine Literaturgeschichte veranlasst. Erlauben Sie daher, daß ich auch in meiner jetzigen Noth zu Ihnen meine Zuflucht nehme mit der herzlichen Bitte, mir aus Ihrer gedankenreichen Umsicht irgend eine Arbeit andeuten zu wollen, die der Mühe lohnt und für mich passt. Sie würden mich dadurch wirklich zu dem größten Danke verpflichten.»

Reichensperger nun schlägt Eichendorff vor, doch seine Memoiren zu schreiben, worauf dieser am 17. Dezember 1856 antwortet: «Und so will ich, obleich Sie dabei meine Kraft und Bedeutung offenbar viel zu hoch angeschlagen, mich denn wohlgemuth an diese Rundschau machen, welche mit ihrer materiellen Unbegränztheit (nebst der ernsteren Zurüstung zu der großen Reise nach Jenseits) die wenigen Jahre, die mir vielleicht noch bleiben, wohl ausfüllen wird.» Eichendorff macht sich dann in der Tat an die Ausarbeitung der von uns oft zitierten autobiographischen Kapitel «Der Adel und die Revolution» und «Halle und Heidelberg». Doch wird Eichendorff die Arbeit an seinen Memoiren unterbrechen, da er im Sommer 1857 eine andere Anregung erhält, und zwar von dem Breslauer Fürstbischof Heinrich Förster, mit dem er sich im Sommer 1856 angefreundet hat. Fürstbischof Heinrich Förster wird für die beiden letzten Lebensjahre Eichendorffs, nachdem Theodor von Schön am 23. Juli 1856 gestorben ist, zur zentralen Figur. Durch ihn findet Eichendorff endlich auch in seiner Heimat Schlesien, repräsentiert durch den Breslauer Oberhirten, die angemessene Anerkennung. Durch ihn wird er noch einmal in die kirchenpolitischen und theologischen Auseinandersetzungen hineingezogen – die 1857 in der römischen Verurteilung des Religionsphilosophen Anton Günther kulminieren –, jetzt mehr als katholischer Insider denn als preußischer Kultusbeamter wie in Danzig, Königsberg und Berlin. Dabei ist er sich mit dem Fürstbischof auf Anhieb in allen wichtigen Fragen einig, ist Förster doch einer der «letzten Romantiker» auf dem Bischofsthron.

1799 in Groß-Glogau als Sohn eines Kunstmalers geboren, begann Förster 1821, als Eichendorff in Danzig seinen Dienst antrat und Breslau verließ, dort sein Theologiestudium. 1825 zum Priester geweiht, wurde Förster Kaplan in Liegnitz, dann Pfarrer in Landeshut und 1837 residierender Domkapitular in Breslau und angesehener Domprediger unter dem damaligen Fürstbischof Leopold Graf Sedlnitzky, mit dem Eichen-

49 Fürstbischof Heinrich Förster

dorff 1834, ein Jahr vor dessen Inthronisation, deswegen dienstlich korrepondierte.

Im Mischehenstreit zwischen Rom und der preußischen Regierung vertrat Förster gegen Sedlnitzky, der zwischen Rom und der Regierung vermitteln wollte, die römische Linie. Sedlnitzky resignierte 1840 und zog nach Berlin, wo er 1863 zum Protestantismus übertreten wird. Unmittelbarer Nachfolger Sedlnitzkys wurde für das Jahr 1843/44 der greise Joseph Knauer.

Ein Segen für das Bistum Breslau und für den deutschen Katholizismus insgesamt wurde dann die siebenjährige Regierungszeit 1845 bis 1853 des Melchior Freiherr von Diepenbrock, bei dessen Inthronisation Förster eine seiner großen Predigten hielt, die wie viele andere, so die «Zeitpredigten» unter anderem gegen die «Deutschkatholiken» unter Johannes Ronge im November 1844, auch im Druck verbreitet wurde. Der Münsterländer Diepenbrock war unter dem Einfluß Clemens Brentanos und des späteren Bischofs Sailer Theologe geworden, dann dessen Freund,

Privatsekretär und Regensburger Domherr und Generalvikar. Nach der Revolution 1848 wurden Diepenbrock wie auch Förster Mitglieder des Frankfurter Parlaments, der Fürstbischof 1850 Kardinal. Diepenbrock, selbst Verfasser geistlicher Lieder, hatte in seinem «Geistlichen Blumenstrauß» 1829 als erster das Auto sacramental Calderons «Das Leben ein Traum» veröffentlicht. In der 2. Auflage des Buches 1852 schrieb er: «Der geistvolle Dichter *Joseph Freiherr von Eichendorff*, ein eingeborner Schlesier, hat seidem eine treffliche Uebersetzung mehrer ‹Autos von Calderon› geliefert, die ich den Freunden dieser Poesie bestens empfehle.» Zwischen Diepenbrock und Förster entwickelte sich eine tiefe Freundschaft, die ihren Ausdruck findet in Försters «Lebensbild» von Diepenbrock, das 1859 erscheint. Auch teilten sie die gleichen philosophisch-theologischen Ansichten und sympathisierten mit den Ideen des Wiener Weltpriesters Anton Günther.

Als 1851/52 der Kölner Erzbischof Geissel begann, nach den Hermesianern auch die Güntherianer Philosophen und Theologen zu verfolgen, fanden einige Schutz in Breslau, so der junge, vielversprechende Theologe Joseph Hubert Reinkens aus Bonn. Er habilitierte sich in Breslau 1853 und erhielt noch im selben Jahre eine Professur für Kirchengeschichte, später das Amt des Dompredigers. Er wurde der Vertraute Försters, der am 18. Oktober 1853 die Nachfolge Diepenbrocks antrat, und hielt zu dem Anlaß auch die Festpredigt.

Überschattet wurden die Feierlichkeiten von der drohenden Verurteilung Anton Günthers, die seit Anfang 1852 von dem Kölner Kardinal in Rom betrieben wurde. Im April 1853 lag das Dekret der Indexkongregation fertig vor, wurde jedoch durch Intervention des päpstlichen Geheimkämmerers Fürst Hohenlohe und des Kardinals Schwarzenberg von Prag, Günthers Schüler, zurückgehalten, um Günther Gelegenheit zu geben, sich in Rom zu verteidigen. Da der publikumsscheue Günther einen Gang nach Rom ablehnte, übernahmen Freunde die Verteidigung, der Benediktinerabt Theodor Gangauf von St. Stephan in Augsburg und der Breslauer Dogmatikprofessor Johann Baptist Baltzer, ein Freund Reinkens'. Erst am 8. Januar 1857 setzt Pius IX. die Werke Günthers auf den Index, und der Autor unterwirft sich sofort.

Drei Wochen später, am 2. Februar 1857, schreibt der Breslauer Fürstbischof an Eichendorff, den er wie schon 1856 auch für den kommenden Sommer wieder nach Schloß Johannesberg eingeladen hat: «So macht mir – um nur eines anzuführen – die Verurteilung Günthers in der Art, wie sie geschehen soll, [...] ohne Angabe des Verwerflichen – schweren Kummer. Wo kommen wir hin bei solcher Mißachtung der Wissenschaft!

Wir stehen in Gefahr, ihr Feld, welches eben von neuem zu ergrünen begann, in die kaum überwundene Sterilität zurücksinken zu sehen. Doch das darf der Bischof heutzutage nicht jedem sagen, ich habe es darum nur zu Ihnen gesprochen.»

Die undifferenzierte Verurteilung Anton Günthers durch Rom läßt den kritischen Fürstbischof beim Papst um eine Präzisierung der eigentlichen Lehrdifferenzen bitten, worauf Förster am 30. April 1857 ein Breve erhält, das vor allem zum Gehorsam mahnt und von Förster zunächst nicht veröffentlicht wird. Roms mehr inhaltliche Antwort ergeht vielmehr am 15. Juni an Kardinal Geissel in Köln, der bereits am 16. April den Papst um eine Aufzählung der Irrtümer Günthers gebeten hatte, um dessen Anhänger gezielt bekämpfen zu können. Dieses Breve «Eximiam tuam» scheidet die Geister unter den bisherigen Anhängern Günthers. Die meisten, darunter auch Förster, unterwerfen sich, die Breslauer Professoren Baltzer und Reinkens führen den Kampf gegen Rom weiter, durch den Staat auf ihren Lehrstühlen geschützt. Nach dem Ersten Vatikanischen Konzil, das 1870 die Unfehlbarkeit des Papstes definiert, werden Baltzer und Reinkens zu Mitbegründern der Altkatholischen Kirche gehören, zusammen mit dem Bonner Philosophieprofessor Franz Peter Knoodt, einem Vetter August Reichenspergers. Reinkens wird der erste altkatholische Bischof.

Wenn Eichendorff am 10. August 1857 aus Johannesberg an seine Tochter Therese über Fürstbischof Förster schreibt: «Nach der Kirche besuchte er mich auf meinem Zimmer, sah nach, ob mir auch an Comfort nichts fehle, u. sprach über eine Stunde auf das vertraulichste über Personen u. Verhältniße», dann ahnt man, worüber er vor Eichendorff sein Herz ausgeschüttet hat, nicht zuletzt über den drohenden Verlust seiner Freundschaft mit dem Domprediger und unbeugsamen Güntherianer Reinkens, dem er nun dieses Amt entziehen müsse, und über den Spiritual am Priesterseminar Franz Lorinser, den Calderon-Übersetzer und Gegner der Güntherianer. 1870 wird Förster den dann zum Domkapitular ernannten Lorinser als theologischen Berater mitnehmen auf das Konzil nach Rom. Eichendorff kennt sowohl Lorinser wie Reinkens durch gelegentlichen Briefwechsel, ohne daß es zu einer persönlichen Begegnung gekommen wäre.

Der letzte Brief des Fürstbischofs an Eichendorff vom 25. September 1857 von Schloß Johannesberg ist wie ein ahnungsvoller Abschiedsbrief für immer zwischen den beiden «letzten Romantikern»: «Verehrtester Herr und Freund! Indem ich für die lieben Zeilen vom 18. d. M., welche mir Ihre glückliche Ankunft in Neisse meldeten, danke, wird es mir schwer, Ihnen die Gefühle zu schildern, mit welchen ich Sie diesmal habe scheiden sehen. Im vorgeschrittenen Lebensalter ist es ohnehin immer eine tiefere Wehmut, welche die Trennung von lieben Freunden erzeugt; diesmal mochte das längere Gewöhntsein an Ihre mir so werte Nähe und meine andauernde Kränklichkeit diese Wehmut noch verstärken. Auch haben Sie uns nicht nur sich selbst, sondern auch den lieben blauen Himmel und die Schwalben unter dem Himmel und die Blumendüfte und die letzte Sommerwärme, und ich weiß nicht was alles mit fortgenommen, und wir sehen nichts als Regenwolken, und hören nichts als das Sausen des Sturmes, und fühlen nichts als die bittere Kälte, die das Thermometer gestern bis auf 4 Grad hinabdrückte. Heute endlich blickt die Sonne wieder licht und rein vom Himmel nieder, nur wünschte ich, daß sie auch bald wieder so warm scheine, als die Grüße sind, die ich Ihnen von meinem alten Felsenschlosse hinabsende in die grüne Ebene und die Sie empfangen sollen, wenn Sie von Ihrem Kindtauf [...] aus Mähren heimkehren.»

Aus dem Brief der Eichendorff-Tochter Therese von Besserer vom 6. Dezember 1857 aus Neisse an ihren Bruder Hermann in Aachen über den Tod des Vaters und die letzten Monate davor wissen wir, daß es der Fürstbischof gewesen ist, der Eichendorff völlig überraschend zu der Arbeit seiner letzten Monate angeregt hat: «Papiere sind nur wenig vorhanden, da der Vater erst im vergangenen Sommer, als wenn er eine Ahnung seines nahen Endes gehabt hätte, furchtbar darin gewütet hat. Sämtliche Brief von ihm, die wir noch etwa finden, sollen seinem Wunsche gemäß verbrannt werden ... An seinen Memoiren hat Papa angefangen zu schreiben; wie weit er damit vorgeschritten ist, weiß ich noch nicht. Ich mache mir jetzt Vorwürfe, daß ich ihn nicht gebeten habe, dies zu unterlassen, da er mir gesagt hatte: ‹Wenn ich meine Memoiren schreibe, sterbe ich, ehe sie vollendet sind.› – Der Fürstbischof hatte ihn gebeten, doch das Leben der hl. Hedwig zu schreiben, und er war eben mit dem Zusammentragen von Notizen beschäftigt, als ihn der Tod überraschte. Aus der hiesigen Gymnasialbibliothek hatte er zu diesem Zweck zwei Bücher entliehen. Als ich sie auf Begehren zurücksandte, habe ich mit heißen Tränen die von ihm hineingelegten Zeichen herausgezogen ... Im Januar beabsichtigte der Vater, einer wiederholten dringenden Einladung folgend, den Bischof auf vierzehn Tage in Breslau zu besuchen. Er würde sich dort, wo er soviele Verehrer hat, gewiß prächtig unterhalten haben. – Gott hat es anders gewollt.»

Sicherlich hätte man sich unterhalten über die heilige Hedwig, Herzogin von Schlesien und Schutzpatronin des Landes, und über ihre Zeit, das von Eichendorff geliebte Mittelalter der Stauferzeit. Sicherlich hätte Eichendorff in den Breslauer Bibliotheken die ältesten Hedwigs-Urkunden studiert, die «Legenda Maior de beata Hedwige (1300)», die auf der «Hedwigs-Vita» des Zisterziensers Engelbert (um 1262) sowie auf den 1262–1267 geführten Kanonisationsakten beruht. In der Heiligsprechungsurkunde vom 26. März 1267 hätte Eichendorff, durch Friedrich von Raumers «Geschichte der Hohenstaufen und ihrer Zeit» mit der mittelalterlichen Quellenkunde vertraut, den Bericht des Papstes Klemens IV. über den Prozeß gelesen.

Was Eichendorff, enttäuscht durch die kleindeutsche Lösung des Reiches unter Führung Preußens und den Ausschluß Österreichs, an Hedwig fasziniert haben wird, ist die völkerverbindende Rolle ihres angestammten oberbayerischen Herrscherhauses Andechs-Meranien, eine Rolle, die sie wie ihre acht Geschwister unter großen persönlichen Opfern in Schlesien erfüllte. Ihre Ahnen aus dem Geschlecht der Luitpoldinger verlegten 1132 den Stammsitz des Geschlechts von Dießen am westlichen Ufer des Ammersees nach Andechs auf die östliche Seite des Sees und trugen seitdem den Titel «Grafen von Andechs». In der Dießener Pfarrkirche malte Georg Bergmüller 1739 das berühmte Deckengemälde «Die Glorie der Heiligen und Seligen der Diessener und Andechser», auf dem siebenundzwanzig Persönlichkeiten aus der engeren und weiteren Verwandtschaft um Christus gruppiert sind, nicht alle freilich kirchlich kanonisiert wie Hedwig. Außer diesen Heiligen und Seligen schenkten die Andechser der Kirche und dem Reich noch zweiundzwanzig Bischöfe aus der engeren und zwölf aus der weiteren Verwandtschaft, ferner einen Abt sowie sechs Äbtissinnen.

Während Hedwig, zwischen 1174/78 höchstwahrscheinlich auf der Stammburg Andechs als Tochter Bertholds VI. und seiner Gemahlin Agnes von Groitsch aus dem Geschlecht der Wettiner – mit der Stammburg Wettin nordwestlich von Halle an der Saale – geboren, im Benediktinerinnenkloster Kitzingen am Main erzogen wurde, erweiterte der Vater seine Herrschaft und war seit 1173 auch «Markgraf von Istrien» und seit 1180 «Herzog von Meranien». So verfügte er über einen ausgedehnten Besitz im Südosten des Reiches und kontrollierte durch Burgen und Stützpunkte die Straße nach Italien von Augsburg über Dießen, Innsbruck, den Brenner, Brixen und Trient nach Verona. 1189/90 begleitete er als Führer der dritten Heeresgruppe Kaiser Friedrich Barbarossa auf dem Kreuzzug. Waren die Andechser doch mehrfach mit den Staufern verwandt.

Eichendorff dürfte vor allem auch von der frühen Geschichte seiner engeren Heimat fasziniert gewesen sein. Hedwigs erste Jahre in Schlesien

# Hedwig, Herzogin von Schlesien

50 Hedwig von Schlesien und ihr Gemahl Heinrich I.

waren nicht leicht. Ihr Gemahl, der Alleinerbe Heinrich, mußte das Oppelner Land an seinen Onkel Mesko von Ratibor abtreten. Seit 1202 wurden die Bindungen an die anderen piastischen Teilfürstentümer noch lockerer und Schlesiens Unabhängigkeit größer. Das Herzogspaar förderte die Einwanderung deutscher Bergleute, Bürger und Bauern in ihrem Herrschaftsgebiet, das von der Spree im Nordwesten und der Warthe im Nordosten bis zum San im Südosten und über die Karpaten hinaus bis nach Oberungarn reichte. Der Hofstaat wird zweisprachig gewesen sein wie Heinrich auch, der eine deutsche Mutter und Großmutter hatte. Hedwig wird das Polnische gelernt haben; für Eichendorff, der selbst polnisch verstand und sprach, eine Selbstverständlichkeit.

Ebenso selbstverständlich ist für Eichendorff, der in seiner Examensarbeit die Folgen der Klosteraufhebungen während der Säkularisierung beschrieben hat und als preußischer Beamter an der Neugründung von Frauenklöstern beteiligt war, die wichtige Rolle der durch Hedwig veranlaßten frommen Stiftungen für die Kultivierung und Christianisierung des Landes. Die bedeutendste Gründung war nördlich von Breslau das Frauenkloster Trebnitz. Die erste Äbtissin dort war Frau Petrissa, während der Kinderzeit Hedwigs Lehrmeisterin, die sie mit Nonnen des Zisterzienserordens aus Bamberg herbeigerufen hatte. Es war das erste Frauenkloster in Schlesien und diente der Erziehung der Töchter des Adels und der Versorgung der nichtverheirateten adeligen Töchter. So wurden Hedwigs drei Töchter dort erzogen, die Tochter Gertrud trat nach der Auflösung ihrer Verlobung mit Otto von Wittelsbach in Trebnitz ein und wurde später Äbtissin. Bis 1466 erhielten nur Angehörige des Piastenhauses die Äbtissinnenwürde in Trebnitz. Seit dem Tode ihres Gatten 1238 wohnte auch Hedwig in einem Haus am Kloster Trebnitz, in dem auch ihre Angehörigen und sie selbst die letzte Ruhe fanden. Trebnitz war allen Schlesiern ein Begriff. Auf dem ersten Tagebuchblatt des neunjährigen Eichendorff aus dem Jahre 1798 findet sich unter dem 14. Januar der Eintrag: «Herr Heinkes [des Hofmeisters] Bruder aus Trebnitz [...] hiergewesen.»

Hedwig schenkte zwischen 1192 und 1208 sieben Kindern das Leben, vier Söhnen und drei Töchtern, doch nur die Tochter Gertrud überlebte die Mutter.

Gertrud hatte ein schweres Schicksal, das nicht nur ihre Familie, sondern das ganze Andechser Geschlecht in Mitleidenschaft ziehen sollte. Wie ihre Mutter von Bayern nach Schlesien gegangen war, so sollte Gertrud von Schlesien nach Bayern einheiraten. Ihr Verlobter Otto von Wittelsbach jedoch verdächtigte König Philipp von Schwaben, seinen künftigen Schwiegereltern von der Ehe abgeraten zu haben, und erschlug den König am 21. Juni 1208 in der bischöflichen Residenz zu Bamberg. Daraufhin wurde die Verlobung gelöst, Otto geächtet und ein Jahr später selbst ermordet. Auch Hedwigs Brüder wurden fälschlicherweise der Mitwisserschaft angeklagt und mit der Reichsacht belegt. Bischof Ekbert von Bamberg flüchtete zu seiner Schwester Gertrud nach Ungarn, Heinrich von Andechs begab sich auf einen Kreuzzug ins Heilige Land. Ihre Güter wurden konfisziert. Nach ihrer Rehabilitierung erhielten sie zwar ihren Privatbesitz zurück, die Reichslehen verblieben jedoch bei Ludwig I. von Wittelsbach. Die Wittelsbacher besetzten auch das Gebiet von Dießen und Andechs, so daß die Andechser als Hauskloster die Zisterzienserabtei Langheim bei Lichtenfels wählten. Dort erlosch das Geschlecht 1248 ohne männliche Nachkommen.

Ein Jahr nach dem Königsmord von Bamberg legte das herzogliche Ehepaar Hedwig und Heinrich ein eheliches Keuschheitsgelübde ab, eine mittelalterliche Form der Angleichung des weltlichen Standes an den hochgeschätzten geistlichen und klösterlich Lebenstand, auch ein Buß- und Sühnezeichen für das schwere Schicksal, das über die Andechser hereingebrochen war.

In die Geschichte der Mongoleneinfälle eingegangen ist die Schlacht auf der Walstadt bei Liegnitz 1241. Die «Annales capituli Posnanienis» berichten über Hedwigs Sohn, der nach dem Tode des Vaters 1238 regierte: Den Tartaren «stellte sich Herzog Heinrich [II.], der Sohn Heinrichs [I.], der damals das Prinzipat in Schlesien, Krakau und Polen innehatte, mit aller seiner Macht auf dem Kampffelde bei Liegnitz entgegen. Heinrich wurde von den Tataren selbst getötet, und viele Tausende von Menschen kamen dabei ums Leben.» Trotz der Niederlage des christlichen Heeres zogen die Mongolen ab. Doch auch das Reich der Piasten zerfiel, wie die «Annales» weiter berichten: «Ebenso haben im gleichen Jahre die Polen, die dem Herzog Heinrich anhingen, weil dieser Herzog das Prinzipat in Polen innehatte, seinem Sohne Boleslaus ihren Dienst gekündigt, nachdem sie ihn wegen seiner Unfähigkeit verlassen hatten [...].» Hedwig, die sich mit ihrer Schwiegertocher Anna auf die Burg Krossen geflüchtet hatte, soll auf die Kunde vom Tod ihres Sohnes ein Gebet gesprochen haben, das zu den ergreifendsten des Mittelalters zählt: «Ich danke dir, o Gott, daß Du mir einen solchen Sohn geschenkt hast, der mich, so lange er lebte, stets geliebt und in Ehren gehalten und mich nie mit etwas betrübt hat. Obwohl ich ihn sehr gern bei mir noch auf Erden hätte, so gönne ich ihm von Herzen, daß er durch sein Martyrium mit Dir, seinem Schöpfer, nun schon vereinigt ist im Himmel. Seine Seele empfehle ich Dir, mein Gott und Herr, auf das innigste.»

Wenn man sich das Leben der heiligen Hedwig vor Augen führt, wird begreiflich, warum Eichendorff die Anregung des Fürstbischofs begeistert aufgreift und alles andere, seine Memoiren und erst recht weitere Übersetzungen aus dem Spanischen, liegen läßt. Die neue Herausforderung fasziniert ihn sowohl als Historiker des Mittelalters, der er am liebsten geworden wäre, wie als überzeugten Katholiken, der er mit zunehmendem Alter immer mehr ist, nicht zuletzt als Romantiker, für den es die Einzelpersönlichkeiten sind, die Geschichte schreiben. Deshalb ist eine Biographie neben den abgeschlossenen literaturgeschichtlichen Essays die Krönung seiner schriftstellerischen Arbeiten, noch dazu die Biographie einer Frau aus dem deutschen Mittelalter und aus seiner Heimat Schlesien. Eichendorffs Lebenskreis als Autor schließt sich.

Wie der Entwurf der Einleitung zu der Hedwigs-Biographie zeigt, ist Eichendorff weit davon entfernt, eine erbauliche Heiligenlegende nach den mittelalterlichen Quellen noch einmal nachzuerzählen. Er sucht vielmehr wie schon Clemens Brentano in seinen Aufzeichnungen der Anna Katharina Emmerich über das Leben Jesu und wie Joseph Görres in den Heiligengeschichten seiner «Christlichen Mystik» die Auseinandersetzung mit dem Zeitgeist, den rationalistischen und materialistischen Strömungen seiner Gegenwart. Und Eichendorff formuliert sowohl sein religiöses wie poetisches Glaubensbekenntnis: «Es wäre trostlos, wenn das Diesseits vom Jenseits durch eine undurchdringliche Schranke, wie zwei ganz fremde Welten, geschieden wäre. Das Christentum lehrt vielmehr einen fortwährenden mystischen Zusammenhang zwischen Erde und Himmel». Deshalb ist die Vorstellung naheliegend, die Heiligen seien für den einzelnen wie für Gemeinschaften so etwas wie «Schutzengel». «Gedenken aber die Heiligen ihrer irdischen Genossen, so werden sie auch mit besonderer Liebe ihrer *speziellen* Heimat gedenken. Daher verehrt jedes Land seinen besonderen Schutzpatron mit besonderem Vertrauen,» so Schlesien die heilige Hedwig.

Um die Welt der Heiligen in ihrem Verhältnis zur Weltgeschichte besser zu verstehen, holt Eichendorff weit aus und skizziert noch einmal sein romantisches Welt- und Geschichtsbild, das er sich im Laufe seines Lebens erworben und das bis heute seine erklärende und wegweisende Kraft bewahrt hat: «Sowie persönliche Individuen, so gibt es auch Völker-Individuen, durch Klima, historische Erziehung, durch Stammes-Liebe und Abneigung von einander mannigfach geschieden. In dem Geltendmachen dieser Individualität besteht überhaupt die subjektive Freiheit [...]. Um daher namentlich die wunderbare Erscheinung der heiligen Hedwig gehörig zu begreifen und zu würdigen, müssen wir uns vor allem ihren Standpunkt in der Weltgeschichte klarzumachen suchen. Dieser Standpunkt ist das *Mittelalter*.» Zur näheren idealen Charakterisierung dessen, was «Mittelalter» meint – für die Romantiker bei aller historischen Annäherung vor allem die Chiffre für ihr Utopia –, möchte Eichendorff, so notiert er, auf Novalis' «Die Christenheit und Europa» zurückgreifen.

In den letzten Abschnitten des Einleitungsentwurfs, in denen Eichendorff das utopische Mittelalter mit der kritischen Gegenwart vergleicht, geht es ihm offensichtlich um eine neuen Dimension in der Auseinandersetzung mit dem Zeitgeist. Die Devise lautet nun: «Es scheint allerdings jetzt unsere Aufgabe, das Unbegreifliche möglichst mit der Vernunft zu versöhnen etc. Es ist aber unmöglich, jene geheimnivolle Welt zu leugnen, sie bleibt *wahr*, wir sollen sie nur, soweit es geht, nicht bloß fühlen, sondern möglichst *erkennen*.»

Der Poet Eichendorff, der bisher jenes letzte göttliche Geheimnis der Welt in seiner Dichtung vor allem hat fühlen lassen, plädiert gegen Ende seines Lebens für eine zusätzliche philosophische Bemühung um das Weltgeheimnis. «Die Aufgabe ist jetzt eine andere geworden, als sie im Mittelalter war. Damals war der Glaube noch stark und allgemein, und es galt nur, die überwiegende Sinnlichkeit zu brechen. Jetzt dagegen ist der Zweifel in die Welt geworfen, wir können ihn nicht ignorieren; da hilft das einsiedlerische Zurückziehen nichts, gleichwie etwa der Vogel Strauß dadurch, daß er den Kopf unter die Flügel steckt, darum dem Feinde nicht entgeht. Es ist daher jetzt mehr ein geistige Ringen mit der geistigen Welt in uns und außer uns. [...] Die Welt hat nun einmal die Unschuld verloren. Den Beschaulichen verfolgen die neuen Gedanken und Zweifel in Kloster und Zelle; der Aktive muß gegen sie (i. e. die neuen Gedanken) fechten. Zu diesem Gefechte, sowie zu jener bloßen persönlichen Abwehr, gehören aber dieselben Waffen, die der Feind führt, sonst ist man vorweg verloren: Philosophie gegen Philosophie etc. etc. [...] Die ganze Sache ist der jetzt, wie niemals früher, heftig entbrannte Kampf zwischen Verstand und Gemüt, deren Versöhnung die Demut ist. Der Verstand soll nur recht redlich und fleißig treu fortarbeiten! Denn je schärfer er denkt, je sicherer wird er erkennen, daß ihm ein Geheimnis, ein ewiges Rätsel übrig bleibt, das er nimmer zu lösen vermag, und daß der Mensch mithin noch nicht auf der höchsten Staffel der Himmelsleiter steht, sondern noch höhere Geister über ihm stehen müssen etc. – Man sieht dies z. B. an unserer jetzigen Naturwissenschaft. Je kühner sie forscht und kombiniert, je näher rückt sie der Evidenz, daß der eigentliche Urgrund außerhalb der menschlichen Forschung liegt. [...] Das Gemüt aber soll seine ihm eingeborene Sehnsucht vom Irdischen läutern und veredeln. Das Resultat dieser wechselseitigen Manipulation aber wird der alleinseligmachende Glaube sein.»

In der Idee, nicht nur durch die Poesie die Schönheit des christlichen Glaubens zu bezeugen, sondern durch die Philosophie auch seine Vernünftigkeit zu erweisen, ist Eichendorff von einem katholischen Religionsphilosophen bestärkt worden, der in diesen Jahrzehnten für die einen der lang ersehnte Hoffnungsträger im Kampf der Gläubigen mit dem Zeitgeist ist, für die anderen der Totengräber des Glaubens, ein Ketzer: der Wiener Weltpriester und Privatgelehrte Anton Günther. Für ihn ergreift Eichendorff auf den letzten von ihm überlieferten Zeilen Partei: «Aus allem diesem folgt also, daß wir uns vor dem Feinde nicht verstecken, sondern ihm in Gottes Namen mutig ins Auge sehen sollen, und daß daher das Verbot der Güntherschen Philosophie etc. ein Unding ist.» Es liegt auf der Hand, daß diese Formulierung ein Echo dessen ist, was der Fürstbischof Förster am 2. Februar 1857 Eichendorff anvertraut hat. Eichendorff möchte aber ein mögliches Mißverständnis seiner Parteinahme abwehren, weshalb er hinzufügt: «Es gibt freilich keinen sogenannten Fortschritt in der ewigen Wahrheit, eben weil sie wahr und folglich ewig ist, wohl aber gibt es einen Fortschritt oder vielmehr einen Wechsel in der Art und Weise, sich dieser Wahrheit zu nähern, sie möglichst aufzufassen.»

Es könnte scheinen, Eichendorff habe sich durch die letzten Erörterungen doch zu weit von der heiligen Hedwig entfernt. Deshalb baut er abschließend noch eine Brücke zu ihr: «Dies alles soll nur andeuten, daß wir die alten Heiligen (des Mittelalters) nicht sklavisch, blind und materiell, sondern in dem Geiste, der sie trieb und der wesentlich derselbe bleibt, nachahmen und nacheifern sollen und können. Und eben diesen ewigen Geist in dem Leben der heiligen Hedwig nachzuweisen, ist die Aufgabe dieses Büchleins.» Doch indem Eichendorff so sehr den Terminus «Geist» betont, verweist er den zeitgenössischen Leser wieder auf den, der in diesen Jahren am meisten für diesen «Geist» eingetreten ist: Anton Günther.

Geboren 1783 in Lindenau in Nordböhmen als Kind eines Schmiedes in ärmlichen Verhältnissen, studierte Günther in Prag entgegen dem Wunsch seiner Eltern nicht Theologie, sondern wegen seiner Glaubenszweifel Philosophie bei Bruno Bolzano und Jura. Im Selbststudium befaßte er sich intensiv mit Kant, Fichte, Schelling und Hegel. Wegweisend für ihn wurden jedoch Augustinus und Descartes, durch die er auf das Selbstbewußtsein als die Quelle menschlicher Erkenntnis verwiesen wurde. Als Hauslehrer in Wien fand er, wie fünf Jahre vor ihm Eichendorff, im Kreis um den Redemptoristenpater Clemens Maria Hofbauer und Friedrich Schlegel wieder zum Glauben, studierte ab 1817 Theologie, wurde 1821 zum Priester geweiht, trat 1823 in das Noviziat der Jesuiten ein, die er 1824 wieder verließ, und arbeitete seitdem als Rezensent, Privatgelehrter, staatlicher Zensor und Schriftsteller – was an Eichendorffs Bemühen in Berlin erinnert und an Grillparzer. Berufungen auf Lehrstühle in Bonn, Breslau, Gießen und München schlug er aus.

Erkenntniskritisch unterschied Günther scharf zwischen Begriff und Idee. Der Begriff ist nach ihm ein Produkt der menschlichen Natur, des Verstandes. Begriffserkenntnis bleibt deshalb auf den Bereich der Natur beschränkt, so daß in der begrifflichen Erkenntnis auch Gott nur als Naturwesen, wenn auch als höchstes, gedacht wird: pantheistisch. Die Idee hingegen ist nach Günther ein Produkt des «Geistes», der als «übernatürlicher» der menschlichen Natur, bestehend aus Leib, Seele und Verstand, entgegengesetzt ist und als Organ die Vernunft hat. Es sind die

Ideen des «Geistes», die Vernunftideen, mit deren Hilfe der Mensch «Übernatürliches» zu erkennen vermag, auch Gott, der als positives Gegenbild des menschlichen Selbstbewußtseins als der ganz Andere erkannt wird, nicht pantheistisch, sondern sogar als Trinität und als Schöpfer. Auf diese Weise war Günther überzeugt und viele katholische Philosophen, Theologen, Priester und Bischöfe mit ihm, den christlichen Glauben und das christliche Menschenbild mit der philosophischen Wissenschaft vom Menschen, der Anthropologie, versöhnt zu haben und den Angriff von Pantheismus, Materialismus, Darwinismus und Kommunismus abwehren zu können.

Für Eichendorffs kritische Übernahme Günterscher Kategorien spricht, daß er in dem Einleitungsentwurf zur Hedwigs-Biographie zwar viel vom «Geist» spricht und seinen «Ideen», die es in der modernen Welt gegen deren Verfallenheit an den zeitgeistigen «Verstand» und dessen eingeschränkte «Begriffe» durchzusetzen gelte, jedoch Günthers eigentliches Anliegen, die Entlarvung des «Pantheismus» oder des «Semipantheismus» und den Kampf gegen diese religionsphilosophischen Irrlehren, hier nicht erwähnt. Vermutlich ist Eichendorff der Meinung, die Gefahr durch pantheistische Geistesströmungen sei gegenwärtig zu vernachlässigen angesichts des grassierenden Materialismus und Atheismus sowie des aufkommenden Sozialismus und Kommunismus. Der Pantheismus sei vielmehr die weltanschauliche Grundströmung um die Wende vom 18. zum 19. Jahrhundert gewesen in der Blütezeit von Romantik und Klassik und des deutschen Idealismus. Auch vermag Eichendorff Günthers generellen Verdacht auf halben Pantheismus, den «Semipantheismus», gegenüber der gesamten mystischen und theologischen Tradition des Christentums seit den Kirchenvätern nicht zu teilen. Laut Günther hätten diese den Semipantheismus von den griechischen Philosophen, von Platon und Aristoteles, allesamt Begriffsdenker trotz Platons Ideenlehre, übernommen. Der Semipantheismus habe dann durch die Scholastik des Mittelalters, vor allem durch Thomas von Aquin, in die Theologie Eingang gefunden und würde jetzt durch die Neuscholastik, vor allem durch die Jesuiten, wieder belebt.

Sympathisch wird es Eichendorff indes berührt haben, daß Günther seine Schriften nach dem Vorbild Jean Pauls verfaßt hat: mit Hilfe des «lustigen Gesellen» Humor, und das aus Gründen seiner dualistischen Philosophie, die sich in diesem Punkt mit einer Grundüberzeugung der Romantik berührt und mit der Lieblingsfigur Eichendorffs, dem «Taugenichts». In «Lydia» (1854) gibt Günther für den Humor eine philosophische Begründung, die an die «Ironie» der Frühromantiker erinnert:

«Es geht seit dem großen Risse in der Schöpfung, der den Geist mit Gott, und die Natur mit dem Geiste entzweit, ein wunderlicher Gesell auf Erden herum, traurig und lustig zugleich, weinend und lächelnd, mit einem trockenen, einem nassen Auge, in gleichen Schalen wägend Leid und Lust – dieser seltsame Zeuge der angebornen Zweiheit und der verschuldeten Entzweiung im Menschen, aber auch der Möglichkeit der Versöhnung derselben, die für den, der mit ihm vertraut ist, zur Wirklichkeit geworden – es ist der *Humor*. Ein lustiger Kreuzträger auf dem großen Weltmarkte nimmt er den Widerspruch, der diesen allenthalben durchkreuzt, getrost (wie der gute Hirte das verirrte Schaf.) auf seine Schultern, und zeigt ihn lächelnd der Menge, nicht aus boshafter Lust am *Wehe* der Menschheit, sondern belebt vom siegenden Bewußtsein der *Versöhnung*.» Günthers «absoluter Humor», den er vom «subjektiven» und «objektiven» Humor unterscheidet, hat viel von Eichendorffs einsiedlerischem Standpunkt über den Weltbegebenheiten, indem dieser Humor «das Bewußtsein der ererbten Entzweiung, nicht zwar durch die Anschauung der Weltbegebenheiten korrigiert, wohl aber durch die von einem höheren Standpunkt gewonnene Betrachtung derselben versöhnt, und diese Betrachtung durch das Bewußtsein von der Gewißheit des Ideals erheitert».

In seinen Notizen zu «Trösteinsamkeit; aus dem Tagebuch eines Einsiedels» bekennt Eichendorff Ende der vierziger Jahre, er möchte «verschiedene Betrachtungen (in Prosa) = religiös, dithyrambisch, auch tiefhumoristisch à la Abrah[ham] a S[an]t[a] Clara!» schreiben, «eigentlich wohl: Briefe oder hinlaßne Papiere eines Einsiedlers». Dazu paßt die Bemerkung Jean Pauls in der «Vorschule der Ästhetik»: «Ja der Ernst beweise als Bedingung des Scherzes sich sogar an Individuen. Der ernste geistliche Stand hatte die größten Komiker: Rabelais, Swift, Sterne, Young in gehöriger Ferne, Abraham a Santa Clara in noch größerer und Regnier, ja es läßt in der größten sich noch ein Pfarrsohn anführen [Jean Paul selbst].» Dazu wiederum paßt, daß des Priesters Anton Günther erste Schrift 1828/29 den Titel trägt «Vorschule zur speculativen Theologie des positiven Christentums» und daß es sich in seinen Schriften vorwiegend um fingierte Briefwechsel handelt, die sich am besten für eine humoristische Darstellungsweise eignen. Wenn Eichendorff in «Trösteinsamkeit» ferner auf das «juste milieu» zu sprechen kommt, «die indifferente Gleichgültigkeit, die in der rechten Mitte gleichgültig schwebt» und «wie überall, vom Übel» ist, dann scheint er auf Günthers Buch von 1838 anzuspielen: «Juste-Milieus der deutschen Philosophie gegenwärtiger Zeit», in dem Günther gegen die falschen Vermittlungsversuche wettert.

Eichendorffs Kenntnisse aus dem Milieu der Güntherianer stammen anscheinend nicht nur aus den Gesprächen mit dem Breslauer Fürstbischof Förster, sondern auch aus seinen Wiener Aufenthalten und Kontakten. So notiert er ebenfalls in «Trösteinsamkeit» zu dem Stichwort «Die Tragödie der Zukunft»: «S[iehe] den Einbug in p. Veith.» Johann Emanuel Veith war Günthers «zweites Ich» in Wien. Aus jüdischer Familie stammend und Mediziner, geriet er in den Hofbauer-Kreis, konvertierte 1816, wurde 1821 Priester und einer der berühmtesten Kanzelredner seiner Zeit, der Verkündigungstheologe des Güntherianismus. Sein erstes, mehrfach aufgelegtes Buch war «Das Vater Unser», Wien 1831. Darin hat er die Frage, die auch Eichendorff sein Leben lang beschäftigt hat, im Sinne Günthers und wohl auch Eichendorffs beantwortet: «Worin beruht die Welt und ihre Schöpfung? In dem Gedanken Gottes von einem Etwas, was nicht Er (nicht Gott) ist, und in der Macht seines Willens, diesen Gedanken zu verwirklichen, was eben das Erschaffen genannt wird.» Die Ebenbildlichkeit zwischen Gott und Menschen bestehe darin, «daß in Gott das unerschaffene, absolute Selbstbewußtsein, in uns aber ein erschaffenes bedingtes Selbstbewußtsein, in welchem die Natur- und Geisteswelt sich einigt, so daß der Mensch, als ergänzendes (integrierendes) Glied im Schöpfungsganzen seinem Schöpfer im durchgeführten Gegensatze gegenüber steht.» Die Gegensatz-Philosophie Adam Müllers, Eichendorff seit seinen Wiener Studienjahren vertraut, hat im Dualismus Günthers und seiner Schüler eine weitere Frucht getragen.

Eichendorff wäre jedoch seinem satirischen Taugenichts- und Einsiedler-Ideal untreu, fiele er nicht in «Trösteinsamkeit» trotzdem den Günthers und Veiths ins Wort: «Was soll ich aber gar erst sagen zu Euch, ihr Philosophen? Das ist ein Vornehmtun gegen Gott. Ihr wollt Alles besser wissen. Wie habt Ihr's jemals bewiesen? Ihr, die Ihr nicht einmal wißt, woher und wohin? Elende Ignoranten! Der einfachste Mönch mit seinem Köhlerglauben ahnt sicherlich mehr vom Drüben und von dem großen Zusammenhange der Welt, als Eure Schulweisheit!»

*«Die Familie ist doch die schönste Trösteinsamkeit»:*
*Letzte Stationen in Sedlnitz, stiller Abschied von den Kindern und Enkeln*

Noch bis in seine letzten Lebensjahre setzte sich Eichendorffs Wanderleben fort, das mit dem Verlust der elterlichen Besitzungen in Schlesien begonnen hatte und Eichendorff zwang, mit seiner Familie ein unstetes

Beamtenleben zu führen. Nach der Pensionierung reichte die Altersversorgung nicht aus, einen eigenen standesgemäßen Haushalt zu führen. Das alternde Elternpaar zog notgedrungen zu seiner Tochter Therese, deren Mann Louis von Besserer-Dahlfingen als Offizier im Dienst von dem gleichen Schicksal betroffen war wie einst sein Schwiegervater: Er wurde immer wieder versetzt, und die Schwiegereltern folgten der jungen, sich ständig vergrößernden Familie von Danzig nach Berlin, von Berlin nach Köthen-Anhalt, von Köthen schließlich nach Neisse in Schlesien, nicht weit von der ursprünglichen Heimat. Eichendorffs Frau Louise von Larisch war dort im Mädchenpensionat gewesen.

Daß es bei dem Zusammenleben mit den Besserers manchesmal eng werden konnte, zeigt der Brief Eichendorffs an seine Tochter Therese in Neisse vom 10. November 1855 aus Berlin, wo man aus Rücksicht auf die kranke Mutter bei der Übersiedlung von Köthen Station machen mußte und in «Schlossers hotel garni» wohnte: «Die Mutter läßt Dir sagen, daß mein projectirtes Zusammenschlafen mit ihr in Einer Stube sehr bedenklich erscheine, da sie Nachts die Mali nicht entbehren kann, u. ich durch Husten p. sie bedeutend stören würde.» Mali war Amalia Michler, geborene Bayer, die Tochter des Gutsverwalters von Sedlnitz, dessen Betrügereien gerade in diesem Jahr aufgekommen waren und die letzte Zuflucht der Familie Eichendorff in Frage gestellt hatten.

Über die beängstigende wirtschaftliche Situation – sie erinnert an Eichendorffs Kindheit – hatte der nun siebenundsechzigjährige Dichter am 27. September 1855 seinem Sohn Hermann berichtet: «Durch die Krankheit der Mutter, wegen der Carlsbader Reise u. der bevorstehenden sehr kostspieligen Uebersiedlung nach Neisse war ich nemlich genötigt, bedeutende Schulden zu machen, unter andern auch eine Wechselschuld von 1000 rthlr.. Diese Schuldenlast war indeß, bei sparsamer Einrichtung, durch den, von der Regierung zu zahlenden Rest der Sedlnitzer Grundentlastungsrenten gedeckt, auf die ich nach allem menschlichen Ermessen mit vollkommener Sicherheit rechnen konnten. Nun denke Dir den Todesschreck, als wir in Carlsbad plötzlich die Nachricht bekamen, daß dieses Rentenkapital zwar ausgezahlt, aber durch rückständige Abgaben u. Steuern, sowie durch enorme Schulden, die Baier ohne mein Wißen auf das Gut gemacht, nicht nur vollständig verschlungen sei, sondern außerdem noch eine bedeutende Schuldenlast übrigbleibe. Ich machte nun schleunigst nach allen Seiten hin alle nur irgend erdenklichen Anstalten, um mich zu retten, u. es gelang endlich, durch ein Arrangement mit Rudolfs Schwiegervater wenigstens die dringendsten Schulden, namentlich die Wechselschuld, zu decken.»

## Letzte Stationen in Sedlnitz, stiller Abschied von den Kindern und Enkeln

Eichendorff litt angesichts der Altersbeschwerden, den wirtschaftlichen Sorgen und den Todesfällen in der Familie seines Sohnes Rudolf sehr unter der ortsbedingten «Zerrissenheit der Familie». Am 17. November 1855 gibt er dem Freund Theodor von Schön nach Preußisch Arnau einen Jahresbericht: «Dieses ganze Jahr war überhaupt für mich ein durchaus ruheloses und konfuses. Schon im Januar wurde meine gute Frau bettlägerich an einer eingewurzelten und hartnäckigen Leberkrankheit. Ich mußte daher mit ihr durch 6 Wochen in Carlsbad verweilen, den übrigen Theil des Sommers verlebten wir in Cöthen. Hier aber erkrankte meine Frau von neuem so heftig, daß ich auf der endlichen Reise nach Neisse über 14 Tage in Berlin liegen bleiben mußte, und erst am 15$^{ten}$ November *hier* anlangte, wohin mein Schwiegersohn seit dem Mai d. J. versetzt ist. Leider ist meine Frau noch immer sehr leidend und ermattet. Mein Sohn Rudolf hat in Danzig als Hauptmann seinen Abschied genommen und ist schon im September d. J. mit seiner Frau gänzlich nach Sedlnitz übersiedelt, wo er fortan das Gut selbst bewirthschaften will. Mein älterer Sohn Herrmann, Assessor in Aachen, ist soeben von Paris zurückgekehrt, wohin er auf Kosten der Regierung gereist war. Dies ist der kurtze Abriß unseres wechselvollen Lebenslaufes in diesem Sommer. Hier in Neisse bin ich noch zu neu, um mich in den veränderten Verhältnissen orientiren zu können. Doch ist die Stadt freundlich, die Umgegend sehr schön und so werden wir uns hoffentlich auch hier wohl einrichten können. Mein Sohn Rudolf ist bereits seit 2 Jahren wieder glücklich verheirathet, bei seiner Hochzeit waren wir nicht gegenwärtig. Und so muß[te] ich denn der großen Freude entsagen, bei dieser Gelegenheit Ew. Excellenz, der gnädigen und sehr verlockenden Einladung zufolge, in dem schönen Marienburg wiederzusehn.»

Rudolfs erste Frau Friederike Bertram war mit ihrem ersten Kind bei dessen Geburt 1848 gestorben. Er heiratete 1853 Maria Amalia Thymian, protestantischer Konfession, deren Sohn Conrad ebenfalls dreivierteljährig in Danzig verstarb. Auch das zweite Kind Helene, am 20. Februar 1856 in Sedlnitz geboren, starb bereits nach achtzehn Monaten, während die Mutter mit ihrem dritten Kind schwanger war. Am 31. August 1857 schrieb Eichendorff von seinem Sommeraufenthalt auf Schloß Johannesberg an seinen Sohn Rudolf: «Mit Schrecken und tiefer Betrübnis habe ich diesen ganz unerwarteten Todesfall vernommen. Wer hätte das geahnt, als sie noch vor Kurtzem so vertraulich mit mir spielte: Ich hatte das kleine Dingelchen so liebgewonnen und kann gar nicht sagen, wie sehr es mich schmertzt! Doch *ihr* ist nun wohl, das ist der eintzige und beste Trost. Aber die arme Marie! Suche sie nur in aller Weise zu schonen und zu beruhigen und gieb recht bald und fortdauernd Nachricht, wie es dort geht!» Am 5. September schrieb der Großvater an Therese: «Unter diesen traurigen Umständen wird wohl auch von meiner Gegenwart bei der Taufe nicht mehr die Rede seyn.» Doch teilte er am 18. September seinem Gastgeber, dem Fürstbischof Förster, mit: «Morgen früh trete ich mit meiner Tochter die oft erwähnte Reise nach Mähren zu der für Sonntag anberaumten Tauf meiner Enkelin [Hedwig] an [...]».

Es war Eichendorffs letzte Reise über Ratibor durch die oberschlesische Heimat, ohne daß sie Lubowitz besucht hätten, das längst in anderen Händen war. 1823, im Jahr nach dem Tod der Mutter, war der Besitz an den Oberlandesgerichtsrat Wilhelm Zöllner gefallen. 1851 hatte es Viktor Herzog von Ratibor für 50 Tausend vom Landrat Karl Wichura gekauft und renovieren lassen. Eichendorff mag an sein Gedicht «In der Fremde» von 1832 gedacht haben:

> Aus der Heimat hinter den Blitzen rot
> Da kommen die Wolken her,
> Aber Vater und Mutter sind lange tot,
> Es kennt mich dort keiner mehr.
> Wie bald, wie bald kommt die stille Zeit,
> Da ruhe ich auch, und über mir
> Rauschet die schöne Waldeinsamkeit
> Und keiner mehr kennt mich auch hier.

Auch die Enkelin Hedwig, die den Namen der schlesischen Schutzheiligen trägt, deren Biographie Eichendorff zu schreiben begonnen hat, wird schon mit siebzehn Jahren 1874 in Liegnitz an Schwindsucht sterben. Doch die weitere Enkelin Margarete, geboren 1859, wird 1887 in Sedlnitz Paul Freiherr Sedlnitzky heiraten und 1937 in Neiße sterben. 1860 wird der letzte Enkel Hartwig in Sedlnitz das Licht der Welt erblicken, 1894 Ida Gräfin Vetter von der Lilie heiraten und als Generalleutnant a. D. 1944 in Hünern sterben, seine Frau 1945 in Dresden.

Gut Sedlnitz war somit für die letzten Lebensjahre Eichendorffs und für seine Kinder die letzte heimatliche Zuflucht und zugleich Erinnerung an die «gute alte Zeit» seiner Kindheit und Jugendzeit. Wann immer es ging, verbrachte Eichendorff die Sommer dort, ein wenig noch nach alter Gutsherrenart. Köstlich seine und seiner Frau – von der wir sonst kaum briefliche Äußerungen haben – Anweisungen aus Berlin vom 6. April 1853 an den Verwalter Johann Bayer zur Vorbereitung des Sommeraufenthalts, als das Vertrauensverhältnis zu dem Verwalter noch nicht erschüttert war: «Bester Herr Bayer! [...] Sie beschreiben das dortige Schloß und

Garten so appetitlich, daß ich mich doppelt hinfreue. Wann wir hier abreisen steht heut noch nicht fest, aber wir kommen so bald als irgend möglich. In dieser Beziehung habe ich daher schon jetzt folgende Bitte. Nämlich: 1. Daß Sie, bester Herr Bayer, auf der Post zu Freiberg wieder die Berliner Vossische Zeitung vom 1. April bis zum 1. Oktober d. J. bestellen, was aber gefäll. *sogleich* geschehen muß, da es sonst zu lange dauert, ehe wir die Zeitung erhalten. – 2. Einen Tisch zum Schreiben für mich mit einer geräumigen Schublade zum Verschließen. – 3. Sobald unsere Ankunft dort näher bestimmt ist, wieder ¹/₂ Pfd. Galizier u. ¹/₂ Pfd. Ordinären Schnupftabak und 100 Stück Cigarren von der Sorte, die ich dort vor zwei Jahren hatte, so daß ich beides, wenn ich hinkomme, schon vorfinde; und endlich auch wieder den Barbier aus Freiberg. Doch meine Frau will noch Verschiedenes hinzuschreiben. Also zum Schluß nur noch meinen herzlichsten Dank für Ihre Glückwünsche zu meinem Geburtstage. Mit aufrichtiger Achtung Ihr ergebener J. v. Eichendorff.»

Der Zusatz seiner umsichtigen Frau in ihrem einfachen Stil lautet: «Die Sachen sind gestern auf den Bahnhof gebracht: Eine Kiste mit Porzellan und andere Sachen. Eine Kiste, worin 2 kleine Spiegel. Eine Kiste, worin ein größerer Spiegel und ein Sopha in grauer Leinwand. Das andere, welches ich auch schicken wollte, ist hier geblieben, weil es hier gebraucht wird. Unsere Abreise hat bis zum Mai verschoben werden müssen, weil das Wetter für die kleine Helene noch immer zu kalt ist, doch hoffen wir, in den ersten Tagen des Mais werden wir wohl reisen können. Jedenfalls schreiben wir noch vorher. Versehen Sie und Ihre Frau nur wieder Speisekammer und Keller mit allerhand Vorräten, denn wir kommen diesmal viel Personen an. Wegen der Zimmer-Einrichtung wollen wir vorläufig diese Bestimmung treffen: Lassen Sie in die kleine Stube, die neben unsrer Schlafstube liegt, 2 Betten, in meine und Eichendorffs Zimmer auch 2 Betten, in die alte Kanzelei 2 große Betten und 2 Kinderbetten, in die kleine Stube, wo voriges Jahr meine Schwägerin Louise gewohnt, auch 2 Betten hereinsetzen. In der alten Kanzlei kann ein gutes und ein schlechteres Bett herein. Das Übrige wird sich finden, wenn wir erst da sind. Nun noch eins: erkundigen Sie sich doch in Stauding, ob es nicht möglich wäre, dort für die Nacht ein Unterkommen zu finden; erstens haben wir gar keinen Mondschein im Anfange des Mais, und da ist uns bange, diesen halsbrechenden Weg mit den Kindern im Finstern zurückzulegen. Dann schreiben Sie auch, ob der Schnee dort schon fort ist und die Gewässer sich verlaufen haben, damit wir nicht gerade in die aufgeschwollene Oder hineingeraten. Wir freuen uns alle sehr auf Sedlnitz. Gott gebe nur eine glückliche Reise. L. v. Eichendorff.»

Daß es zwischen den Eheleuten Eichendorff bei ihren so unterschiedlichen Anlagen, Interessen und Aufgaben auch Spannungen gegeben hat, zeigt eine Bemerkung von Eichendorffs Schwester Louise gegenüber Adalbert Stifter Ende Juni 1854: «Da ist Gott, der aus Ihrer Seele spricht [...] und auch mein geliebter Bruder schreibt nur das, wahr und redlich, was in ihm lebt, davon bin ich trotz der Behauptung meiner Schwägerin, überzeigt, aber daß bey persönlichem stetten Zusammenleben allerley Schwachheiten, Mängel e.c.t. zum Vorschein kommen ist ja natürlich.»

Die Vor- und Fürsorge Louise von Eichendorffs für den Sedlnitzer Aufenthalt 1853 war bedingt durch die große Reisegesellschaft und die zu erwartenden Besucher. Versuchte man doch trotz aller Einschränkungen immer noch ein großes Haus zu führen, wenigstens in Sedlnitz. Außer den Großeltern Eichendorff waren da die Tochter Therese – und soweit dienstlich abkömmlich auch ihr Mann – mit den Kindern Otto, geboren 1838 in Danzig, gestorben 1911 in Münster; Anna, geboren 1840 in Berlin, gestorben ebendort 1906 als Ursulinenschwester M. Xaveria; Maximilian, 1845 in Danzig geboren, gestorben 1874 in Weltenvrede/Batavia als Königlich preußischer Leutnant a. D. und Angehöriger der päpstlichen Garde; und schließlich Helene, geboren 1852 in Berlin und gestorben 1918 in Naumburg. Ferner, so bereitet Eichendorff am 24. Mai seine Schwester Louise in Baden bei Wien auf ihren Besuch in Sedlnitz vor, wäre mit von der Partie «eine junge Nichte» seiner Frau, «ein Fräulein v. Holly»; auch würde eine der beiden Schwestern «Woke», eine alte Bekannte aus Ratibor, erwartet.

Eichendorff selbst genoß das Wiedersehen mit dem Kriegskameraden aus den Freiheitskriegen Karl Albert Eugen Schaeffer aus Ratibor, mit dem er für die Rückreise ein Treffen auf dem Bahnhof von Ratibor ausmachte, um «das versprochene Manuscript p. in Empfang zu nehmen», wie er ihm am 18. September schrieb und hinzufügte: «Bald nach deiner Abreise trat hartnäckiger Regen ein; auch wurde es sehr bald wieder einsam hier, die Wocke, mei[ne] Schwester, u. Besserer flogen nach allen Richtungen davon. Dafür kam ganz unerwartet meine Schwägerin aus Trient, u. ist noch gegenwärtig hier.»

Der Besuch der Schwägerin war jedoch weniger erfreulich, wie Eichendorffs Frau an Therese von Burkhardt, eine Verwandte, berichtete: «Das Schlimmste, was wir immer befürchtet haben, ist geschehen. Tante Julie aus Innsbruck ist da. Am 15. 8. hatte Tante Lois [Eichendorffs Schwester Louise aus Baden bei Wien] mit sehr liebenswürdiger Laune von uns Abschied genommen ... Um 11 Uhr etwa kamen zwei Wagen vorgefahren, der unsrige und noch ein anderer, und denke Dir unseren Schreck!

## Letzte Stationen in Sedlnitz, stiller Abschied von den Kindern und Enkeln

*51 Eichendorff 1857*

Tante Lois steigt aus dem erstern mit einer uns unbekannten Dame, welche uns als Schwägerin Julie, Frau von Eichendorffs verstorbenem Bruder, sich zu erkennen gab. ... wir machen einander alle Tage eine Staatsvisite von einer halben Stunde ungefähr, weil dann Julie das Sprechen angreift ...»

1854 fahren die Eichendorffs wegen des Krimkrieges zwischen Rußland und der Türkei, an deren Seite England, Frankreich und Sardinien in den Krieg eintraten, nicht nach Sedlnitz. 1855 vereitelt die «Sedlnitzer Katastrophe» einen Besuch: Der Verwalter Bayer wurde wegen Betrug entlassen, und Eichendorffs jüngster Sohn Rudolf pachtete Sedlnitz. 1856 am 11. März macht Eichendorff seinem Sohn Mut: «Bayers Kunststücke übersteigen in der Tat allen Begriff. Verliere nur nicht den Mut, lieber Rudolf, schlage Dich tapfer durch den tollen Wust, und mache Dir keine Sorge meinetwegen; ich war ja darauf gefaßt, zunächst keine Sedlnitzer Banknoten zu erhalten [...]. Euere Arrangements im Garten haben mich sehr interessiert, das wird im Sommer sehr schön sein. Auch daß die

Ahnenbilder wieder aufgehängt sind, ist ganz recht.» Am 20. Mai schreibt er wieder an Rudolf: «Jedenfalls aber verzichte ich für meine Person durchaus auf jegliche Einnahme von Sedlnitz bis das aufgenommene Kapital vollständig ersetzt ist, worauf Du also vor allem anderen hinarbeiten mußt.» Eichendorff wird sich an das Drama seiner Kindheit erinnert haben, an die Verschuldung seines Vaters und an dessen Flucht. Deshalb plädiert er für Rücksichtnahme auf den Verwalter unter der Bedingung, daß dieser Ruhe gibt: «Sollte Bayer Dich bei mir verklagen wollen, so kannst Du versichert sein, daß ich Dich allen Ernstes vertreten werde, denn er verdient keine Milde. Dagegen bin ich, seiner Familie oder vielmehr seiner Kinder wegen, vollkommen damit einverstanden, daß Du es abgelehnt hast, ihn kriminalgerichtlich in Anspruch zu nehmen.» Unter diesen Umständen verzichtet Eichendorff auf einen Besuch von Sedlnitz in diesem Sommer und nimmt die Einladung des Fürstbischofs Förster von Breslau auf dessen Sommerresidenz Johannesberg an.

Seinen Sohn Hermann in Aachen, nun auch verheiratet mit Clara Simons, unterrichtet Eichendorff am 29. September 1856 über Rudolfs neuerlichen «ausführlichen Plan wegen der Bewirthschaftung von Sedlnitz. Der Humor davon ist, daß er es pachten will, jedoch unter Voraussetzungen u. Modalitäten, welche zugleich auch Deine Zustimmung erfordern. Ich habe meinerseits unter den obwaltenden Umständen nichts dagegen einzuwenden.» 1857 am 23. Februar bedankt er sich bei dem jungen Paar in Aachen: «Mein liebster Hermann! Vor allem andern Dir u. der lieben guten Clara meinen innigsten Dank für die viele Mühe u. Schreiberei, womit Ihr in der bewußten Geldangelegenheit mir so treulich beigestanden habt [...] der fatale Wechsel ist ohne allen Anstand auf das freundlichste bis zum $1^t$ Januar k[ünftigen] J[ahres] prolongirt worden. Bis dahin aber wird hoffentlich die Sedlnitzer Anleihe dem dräuenden Drachen gründlich den Kopf abgehauen haben.» Die Geldsorgen machen auch die geplante Reise ins Rheinland unmöglich, an das – speziell an Aachen – Eichendorff die besten Erinnerungen hegte aus der Zeit der Befreiungskriege. «Das ist eben das Unglück einer so weiten Trennung, daß der gänzliche Mangel gemeinsamer kleiner Beziehungen, bei aller Treue u. Liebe, einander nach u. nach unmerklich fremder macht. Schon deshalb ist es mein sehnlichster Wunsch, mit Euch, meine lieben Kinder, durch eine glückliche Versetzung, oder doch wenigstens durch eine Reise an den Rhein wieder zusammenzukommen. Diese glückselige Reise bildet fast täglich das Lieblingsgespräch zwischen Therese u. mir. Allein, wenn nicht etwa ein besonderer Glücksfall unverhofft aus der Noth hilft, steht die Ausführung des schönen Planes leider höchstzwei-

52 Sterbehaus in Neisse

felhaft. Es freut mich zu vernehmen, daß Ihr Euch in meine Literaturgeschichte vertieft habt, ich wünsche nur gute Geduld dazu. Soeben habe ich wieder ein episches Gedicht (Lucius) aus der ersten Christenzeit vollendet, u. schreibe deshalb an meinen Verleger in Leipzig.» Hermann wird sich dann auch um den Nachlaß Eichendorffs kümmern und über seinen Vater eine Biographie schreiben. Sie erscheint 1864. Hermann stirbt 1900 in Bonn, seine Frau Clara 1908 in München.

Eichendorff lernt Hermanns und Claras acht Kinder nicht mehr kennen: Maria, 1858 in Aachen geboren, gestorben bereits 1863 in Honnef; Hedwig, geboren in Aachen 1860, gestorben 1921 als Schwester M. Placida, Äbtissin des Benediktinerstifts Frauenwörth im Chiemsee; Arnold, geboren 1861 in Aachen, gestorben 1929 als Königlich preußischer Oberstleutnant a. D. in München; Carl, geboren in Aachen 1863, gestorben 1934 in Altenbeuern in Bayern ebenfalls als Königlich preußischer Oberstleutnant a. D.; und schließlich Elisabeth, 1865 in Aachen geboren, dort bereits 1866 gestorben.

Am 27. November 1857 unterrichtet der Schwiegersohn Ludwig von Besserer-Dahlfingen den Sohn Hermann in Aachen über den Tod des Vaters am 26. November, nicht ahnend, daß er selbst wenige Monate später, am 21. März 1858, ihm in den Tod folgen wird. Die Witwe Therese

# Vierzehntes Kapitel. Wien, Berlin, Dresden, Neisse

*53 Grab in Neisse auf dem Jerusalemer Friedhof*

wird nach Sedlnitz ziehen, 1870 nach Berlin, 1873 nach Liegnitz, 1876 nach Dresden, wo sie 1894 stirbt.

Eichendorffs letzte Tage schildert zehn Tage nach seinem Tod seine Tochter Therese am 6. Dezember 1857 ihrem Bruder Hermann: «Seit der Mutter Tode war er nicht mehr der alte. Wir haben wenig über diesen Verlust gesprochen, aber wie der arme Vater darunter gelitten hat, weiß ich am besten. [...] Bei der im vorigen Monat plötzlich einsetzenden Kälte war er nicht dazu zu bewegen, seinen Pelz anzulegen. Der gute Vater sagte immer: ‹Ich kann mich doch nicht in dieser Weise verwöhnen.› So hat er sich denn wahrscheinlich eines Morgens, als er mit mir, wie alle Tage zur Kirche ging, erkältet. [...] Damit er nicht so einsam sei, ließ ich sein Bett herunterbringen und in meiner Wohnstube, einem großen freundlichen Zimmer, aufschlagen. [...] Montag früh empfing Papa bei vollem Bewußtsein und in würdiger Haltung die Sterbesakramente [...]. Die letzten vier Nächte haben wir abwechselnd bei ihm gewacht, Besserer [ihr Mann], ich, Anna [die Tochter] und die Maly [Tochter des ehemaligen Verwalters Bayer von Sedlnitz]. Für jede Handreichung bedankte er sich und war so sanft und still, daß ich nicht ohne tiefe Rührung daran denken kann. Eine Nacht hatte ich mich für einige Stunden hingelegt in die Nebenstube und hörte dort, daß er nach mir verlangte. Wie ich an sein Bett trat, fragte ich ihn, ob er etwas wünsche. ‹O nein›, sagte er, ‹nur sprechen will ich Dich, mir ist so bange!› – Ich würgte die Tränen hinunter und blieb bei ihm. Das war die Nacht vor seinem Tode. Er fragte später, wann der 3. Dezember wäre [der Sterbetag seiner Frau 1855]. Also hat er wohl sich selbst mit seinem Tode beschäftigt. Nach der [Enkelin] Helene, seinem großen Liebling, fragte er viel, und zwar immer, wo ist denn das Blümchen? [...] Die letzten Stunden lag er ganz unbeweglich, ein Bild der tiefsten Ruhe, und atmete langsam und immer langsamer, bis der Atem stockte und zuletzt ganz sanft, ohne Todesröcheln aufhörte. Wir waren alle gegenwärtig, auch unser Vetter Viktor, der gekommen war, um nach ihm zu sehen ... Besserer hat sich als ein wahrhaft treuer Freund gezeigt, er selbst war so gewaltig erschüttert, wie ich ihn noch nie gesehen [...]. Am andern Tage wurde die Leiche von barmherzigen Schwestern in ein weißes Sterbekleid gehüllt und ihr ein kleines Kreuz in die Hand gegeben [...]. Montag früh um 9 Uhr war das Begräbnis angesetzt. [...] Kaplan Hertlein hielt im Hause eine kurze, aber hübsche Rede [...]. Nach derselben sprach er die üblichen Gebete, verbunden mit Gesang der hiesigen Mendikanten, einer Schar sehr gut singender Knaben. Dann trug man den Sarg in die kleine, auch Euch bekannte Kirche zu St. Jerusalem, wo ein Requiem gehalten wurde. Nach erfolgter Einsegnung in der Kirche wurde der Sarg dicht neben der Mutter Grab eingesenkt.[...] Eine solche Leere in uns, um mich habe ich Zeit meines Lebens nicht empfunden. Der gute, liebe Vater fehlt mir immer und überall! Wie teilnehmend hat er sich bei jeder Gelegenheit gezeigt! Unser Verhältnis war ein ungewöhnlich inniges, und nun ist alles, alles vorbei. Mir ist nichts geblieben als der brennendste Schmerz um ihn.»

Wie hatte Eichendorff am 21. Juli 1854 an Theodor von Schön in Preußisch Arnau geschrieben: «Sehr erfreulich ist es, daß sich in Arnau wieder ein Familienkreis gebildet hat. Die Familie ist doch die schönste Trösteinsamkeit.»

Sicherlich auch seinen Kindern und Enkelkindern ist Eichendorffs Lied über den Anfang, Höhepunkt und das Ende des Lebens zugedacht, das er drei Jahre vor seinem Tod seinem Patenkind Guido Maria Dreves widmete. Er schickte das Gedicht mit dem Titel «Einem Paten zu seinem ersten Geburtstage» am 12. November 1854 an den Vater, den Notar und Dichter Lebrecht Dreves in Hamburg, mit den Zeilen: «Ich bin zwar kein berühmter Göthe, wie weiland Knebels Pathe. Allein ich hoffe, Sie werden eben deshalb freundliche Nachsicht haben mit dem anliegenden poetischen Angebinde, das wenigstens eben so gut gemeint ist, als das Göthesche.»

> Noch singt der Wind, der durch die Bäume
> Am Fenster lind vorüberzieht,
> Das Meer von fern in deine Träume,
> Du Dichterkind, ein Schlummerlied.

54 *Gedicht an ein Patenkind*

Doch wenn dereinst die Segel schwellen:
Glücksel'ge Fahrt durch Ebb' und Flut,
Lenzfrischen Hauch beim Klang der Wellen,
Ein fröhlich Herz in Gottes Hut!

Und so mag dich von Strand zu Strande
Ein milder Wind hinüberwehn
Einst zum geheimnisvollen Lande,
Wohin wir Alle hoffend sehn.

# Zeittafel

| | |
|---|---|
| 1075 | Die Burgherren von Eichendorf an der Vils bei Landau in Niederbayern werden dem Kloster St. Nikola in Passau zinspflichtig. |
| 1262 | Der Markt Eichendorf kommt an die Herzöge von Niederbayern. |
| 1334 | Kaiser Ludwig der Bayer trifft sich mit seinem Neffen Heinrich XIV., dem Älteren, wegen des niederbayrischen Erbstreites auf dem Schloß eines Heinrich von Eichendorff. |
| um 1340 | Vermutlich geht Heinrich von Eichendorff auf Wunsch des Kaisers Ludwig des Bayern nach Brandenburg, das in Personalunion mit Bayern verbunden ist. |
| 1572 | Der «Codex diplomaticus Brandenburgensis» enthält über fünfzig Mitglieder eines Geschlechts der Eichendorfs in unterschiedlicher Schreibweise des Namens von Eichendorp über Heykendorp und Ickendorff bis Ykendorp. |
| 1626 | Der Kaiserliche Rittmeister Jacob von Eichendorff heiratet mitten im Dreißigjährigen Krieg die Erbtocher Maria Sendivoj Freiin von Skorkau mit Krawarn und Kauthen im österreichischen Fürstentum Jägerndorf an der mährisch-schlesischen Grenze zwischen Troppau und Ratibor. Er bleibt kinderlos. |
| 1642 | Schlesien wird preußisch. Die Landesgrenze zwischen Österreich und Preußen verläuft über die Eichendorffschen Besitzungen. Die 57. Grenzsäule wird zwischen Kauthen und Krawarn gesetzt. |
| 1654 | Der aus Zerbow südöstlich Küstrin in der Neumark aus dem schlesischen Fürstentum Crossen stammende Neffe Jacob von Eichendorffs, Hartwig Erdmann von Eichendorff, heiratet Sidonie Freiin Larisch von Ellguth aus oberschlesischem Uradel, Witwe auf dem bischöflichen Lehngut Sedlnitz in Mähren, und kauft dieses 1654. |
| 1657 | Als testamentarischer Erbe von Krawarn wird Hartwig Erdmann zu Brünn in die mährische Ritterschaft aufgenommen und begründet die schlesisch-mährische Linie der Eichendorffs mit Residenz in Krawarn. |
| 1679 | Nach dem Übertritt zum Katholizismus erhält Hartwig Erdmann von Eichendorff in Wien die Freiherrnwürde. |
| 1682 | Hartwig Erdmann Freiherr von Eichendorff wird Landeshauptmann des Fürstentums Jägerndorf. |
| um 1677/78 | Sein Sohn Ferdinand Burchard Freiherr von Eichendorff auf Krawarn, Kauthen und Sedlnitz, Kaiserlicher und Fürstlicher Rat, Landrechtsbeisitzer des Fürstentums Jägerndorf, heiratet Anna Hedwig Matuschka von Toppolczan, Tochter des Landeshauptmanns von Jägerndorf. |
| 1721 | Sein Sohn Johann Rudolf Franz Freiherr von Eichendorff auf Krawarn, Kauthen und Wrbkau, verheiratet mit Anna Margarete Smerowsky von Lidkovic, baut das Schloß in Deutsch-Krawarn. |
| 1755 | Sein Sohn Rudolph Johann Joseph Domenik Anton Freiherr von Eichen- |

| | |
|---|---|
| | dorff auf Krawarn, Kauthen und Wrbkau, des Dichters Großvater, heiratet Johanna von Salisch, verwitwete Paulern von Hochenburg. |
| 1782 | Adolph Theodor Rudolf Freiherr von Eichendorff aus Lubowitz, Radoschau, Tost, Slawikau und Sedlnitz, der Vater des Dichters, verkauft das Stammgut Deutsch-Krawarn mit seinen Gütern an den Oberhofmarschall Graf Anton Schaffgotsch. |
| 1784 | Eichendorffs Vaters (1756–1818) nimmt Abschied vom preußischen Militärdienst und heiratet Karoline Freifrau von Kloch (1766–1822), die Mutter des Dichters, und erwirbt aus dem Besitz seiner Schwiegermutter Maria Eleonore von Kloch als Wohnsitz Gut und Schloß Lubowitz an der Oder bei der Kreisstadt Ratibor, nachdem er bereits 1783 von seinem künftigen Schwiegervater, dem Königlich-preußischen Major Karl Wentzel Freiherr von Kloch, den im Coseler Kreis gelegenen Ackerbaubetrieb Radoschau erworben hat. |
| 1786 | 14. September: Wilhelm von Eichendorff, des Dichters älterer Bruder, wird auf Schloß Lubowitz geboren (gest. 7. Januar 1849 in Innsbruck). |
| 1788 | 10. März: Joseph Karl Benedikt Freiherr von Eichendorff, der Dichter, wird auf Schloß Lubowitz geboren (gest. 26. November 1857). Immanuel Kant, *Kritik der praktischen Vernunft*. Johann Wolfgang Goethe, *Egmont*. Wolfgang Amadeus Mozart, *Jupiter-Sinfonie*. |
| 1789 | 14. Juli: Französische Revolution, Sturm auf die Bastille. 19/20. August: Der Kronprinz, 1797–1840 preußischer König Friedrich Wilhelm III., gibt einen Empfang in Ratibor, an dem auch Eichendorffs Eltern teilnehmen. |
| 1790 | Immanuel Kant, *Kritik der Urteilskraft*. Karl Philipp Moritz, *Anton Reiser*. |
| 1791 | Der Vater Adolph von Eichendorff kauft Schloß und Herrschaft Tost und veräußert sie 1797 mit Gewinn. Schwester Henriette Sophie geboren (gest. 1797). Mozart, *Die Zauberflöte*. Franz Grillparzer geboren. Johann Gottfried Herder, *Ideen zur Philosophie der Geschichte der Menschheit*. |
| 1792 | Der Vater Adolph von Eichendorff verkauft das Gut Radoschau an seinen jüngsten Bruder Rudolf. Eichendorffs spätere Gattin, Aloysia (Louise) Anna Victoria von Larisch wird zu Niewiadom bei Rybnik in Oberschlesien geboren und lebt ab 1795 auf dem Gut Pogrzebin bei Ratibor. Erster Koalitionskrieg: Österreich, Preußen und England gegen Frankreich. Johann Gottlieb Fichte, *Versuch einer Kritik aller Offenbarung*. |
| 1793 | Bernhard Heinke (1769–1840), katholischer Priester, wird Hofmeister der Brüder Eichendorff (bis 1801). Bruder August Adolph geboren (gest. 1797). Zweite Teilung Polens durch Rußland und Preußen: Danzig wird preußisch. |
| 1794 | 26. Oktober: Ältester erhaltener Brief des Dichters aus Prag von einer Familienreise. |

## Zeittafel

|  |  |
|---|---|
|  | Gottfried August Bürger gestorben. |
| 1795 | Der Vater erwirbt das bei Lubowitz gelegene Gut Slawikau, zu dem Grzegorzowitz, der Oderwald, Summin sowie Gurek gehören. Er wird Mitbesitzer des Gutes Sedlnitz bei Freiberg in Mähren. |
| 1796 | Familienreise nach Karlsbad. |
|  | Jean Paul, *Siebenkäs*. |
| 1797 | Paul Ciupke (1771–1855) wird Kaplan in Lubowitz (bis 1810). |
|  | Bruder August Adolph stirbt (geb. 1793). |
|  | Schwester Henriette Sophie stirbt (geb. 1791). |
|  | Der Vater verkauft die Herrschaft Tost mit hohem Spekulationsgewinn. |
|  | 17. Oktober: Familienaufenthalt in Prag. Erstes Porträt des Dichters. |
|  | Friedrich Wilhelm Schelling, *Ideen zu einer Philosophie der Natur*. |
|  | Wilhelm Heinrich Wackenroder/Ludwig Tieck, *Herzensergießungen eines kunstliebenden Klosterbruders*. |
|  | Goethe, *Wilhelm Meisters Lehrjahre*. |
|  | Ludwig Tieck, *Der gestiefelte Kater*. |
|  | Heinrich Heine geboren. |
|  | Annette von Droste-Hülshoff geboren. |
| 1798 | 7. Januar: Erster Eintrag Eichendorffs in ein zunächst sporadisch geführtes *Tagebuch*. |
|  | Rückkauf des Gutes Radoschau durch den Vater. |
|  | Eichendorff verfaßt eine illustrierte Naturgeschichte *Neue Bildergallerie* und ein Trauerspiel aus der römischen Geschichte. |
|  | Novalis, *Fragmente*. |
|  | Friedrich Schlegel, *Lucinde*. |
|  | Schelling, *Von der Weltseele, eine Hypothese der höheren Physik zur Erklärung des allgemeinen Organismus*. |
| 1799 | Schwester Louise Antonie (I) geboren (gest. 1803). |
|  | Familienreise über Bautzen und Dresden nach Prag und Karlsbad (Tagebucheintragungen). |
|  | Zweiter Koalitionskrieg: England, Rußland, Österreich, Portugal, Neapel, Türkei gegen Frankreich. Preußen bleibt neutral. |
|  | Staatsstreich Napoleon Bonapartes. Konsularregierung bis 1804. |
|  | Herder, *Metakritik zur Kritik der reinen Vernunft*. |
|  | Fichte, *Über den Grund unseres Glaubens an eine göttliche Weltregierung*. |
|  | Friedrich Daniel Schleiermacher, *Über die Religion. Reden an die Gebildeten unter ihren Verächtern*. |
|  | Schelling, *Erster Entwurf eines Systems der Naturphilosophie*. |
|  | Atheismusstreit in Jena. |
| 1800 | Bruder Gustav geboren (gest. 1803). |
|  | 14. November: Eichendorff beginnt das regelmäßig geführte Tagebuch (bis 5. März 1812 erhalten). |
|  | 15. November: Eichendorff beginnt eine *Naturgeschikte*. |
|  | 28. Dezember: Eichendorff bestellt aus der Leihbücherei Juhr in Ratibor Ritter- und Räuberromane, Trivialkomödien, populärphilosophische Abhandlungen und Bürgers *Münchhausen*, Jean Pauls *Quintus Fixlein* und *Die unsichtbare Loge*, den spanischen Schelmenroman *Lazarillo des Tormes* und Schillers *Räuber*. |

Schelling, *System des transcendentalen Idealismus*.
Fichte, *Die Bestimmung des Menschen*.
Novalis, *Hymnen an die Nacht*.
Jean Paul, *Titan*.

1801 Juni: Der Vater Eichendorffs flieht vor seinen Gläubigern nach Breslau, Hamburg und Wien.
Über das Eichendorffsche Vermögen wird der Liquidationsprozeß eröffnet. Das Gut Slawikau kommt unter Zwangsverwaltung.
3. Oktober: Die Brüder Wilhelm und Joseph von Eichendorff reisen nach Breslau, wo sie auf Kosten des Onkels Johann Friedrich von Eichendorff aus Schillersdorf für drei Jahre das Königliche Katholische Gymnasium (das ehemalige Jesuitenkolleg) besuchen und im Josephskonvikt wohnen. Häufige Theaterbesuche (in dreieinhalb Jahren ca. 170), Mitwirkung am Schülertheater und an der Schülerzeitung.
August von Kotzebue, *Die deutschen Kleinstädter*.
Novalis stirbt.

1802 Der Vater kehrt nach Lubowitz zurück, Kredite können den Konkurs vorerst abwenden.
Eichendorff beginnt mit Gedichten nach klassischen und zeitgenössischen Vorbildern (u. a. der «Göttinger Hain»).
Novalis, *Heinrich von Ofterdingen*.
Schelling, *Bruno oder über das göttliche und natürliche Prinzip der Dinge*.

1803 Bruder Gustav stirbt (geb. 1800). Das Gedicht der Brüder *Am frühen Grabe unseres Bruders Gustav* erscheint in den *Schlesischen Provinzialblättern*.
Schwester Louise Antonie (I) stirbt (geboren 1799).
August: Gymnasiales Abschlußexamen.
Oktober: Beginn des Studiums an der Philosophischen Fakultät der Universität Breslau.
Reichsdeputationshauptschluß: Zahlreiche deutsche Kleinstaaten und freie Reichsstädte (außer Hamburg, Lübeck, Bremen, Frankfurt am Main, Nürnberg und Augsburg) werden aufgehoben, die geistlichen Herrschaften (Bistümer, Klöster, außer Mainz und die beiden geistlichen Ritterorden) werden säkularisiert. Vier neue Kurfürstentümer: Hessen-Kassel, Baden, Württemberg, Salzburg. Preußen erwirbt die Bistümer Münster, Hildesheim, Paderborn, Erfurt, von Kur-Mainz das Eichsfeld, die Abteien Elten, Essen, Werden, Herford, Quedlinburg, die Reichsstädte Mühlhausen, Nordhausen, Goslar.
Schelling, *Vorlesungen über die Methode des akademischen Studiums*.
Herder stirbt.
Friedrich Gottlieb Klopstock stirbt.

1804 Gedicht: *An dem Grabe meines Freundes Jakob Müller*.
Schwester Louise Antonie (II), die spätere Verehrerin Adalbert Stifters, geboren (gest. 1883 in einer Wiener Heilanstalt).
August: Philosophisches Abschlußexamen (Bakkalaureat).
Eichendorff verliebt sich in Lubowitz in Caroline Pitsch, «die kleine Morgenröte». *Liebesgedichte*.

Ab Oktober bis März 1805: Zweiter Kurs an der Philosophischen Fakultät (ohne Magisterabschluß). Die Brüder hospitieren am evangelischen Magdalenen-Gymnasium.
Quartierwechsel vom Josephskonvikt ins «meyerhofsche Haus».
Eichendorff tritt der «Lesegesellschaft der neuesten Journale» bei.
Napoleon I., Kaiser der Franzosen.
Einführung des Code Napoléon im französischen Machtbereich.
Schiller, *Wilhelm Tell.*
Jean Paul, *Vorschule der Ästhetik.*
Schelling, *Philosophie und Religion.*

1805 Januar: Besuch der Mutter in Breslau zusammen mit Louise von Larisch, die Eichendorff 1815 heiratet.
April: Die Brüder zum Jura-Studium nach Halle über Breslau, Dresden und Leipzig.
August: In Lauchstädt in Goethes Anwesenheit *Götz von Berlichingen.*
Am Giebichenstein Lektüre von Tiecks *Franz Sternbalds Wanderungen.*
September: Reise der Brüder durch den Harz nach Hamburg und Lübeck bis Travemünde. Romantisch geführtes *Reisetagebuch.*
Achim von Arnim und Clemens Brentano, *Des Knaben Wunderhorn.*
Schiller stirbt.
Adalbert Stifter geboren.
Dritter Koalitionskrieg: England, Rußland, Österreich und Schweden gegen Frankreich, das mit Spanien und den süddeutschen Staaten verbündet ist. Preußen bleibt neutral. Sieg Napoleons in der Drei-Kaiser-Schlacht bei Austerlitz über die Russen (Kaiser Alexander I.) und Österreicher (Kaiser Franz II.). Vertrag zwischen Preußen und Frankreich zu Schönbrunn. Preußen tritt Wesel, Neuenburg, Ansbach und Bayreuth ab, soll dafür das Kurfürstentum Hannover erhalten.
Frieden von Preßburg: Österreich tritt Venetien an das Königreich Italien ab, an Bayern, das wie Württemberg Königreich wird, Tirol, Vorarlberg, Eichstätt, Passau, Burgau, Brixen, Trient. Österreich wird durch Salzburg entschädigt.

1806 In den Semesterferien Liebelei der Brüder mit Madame Hahmann aus Ratibor. *Liebesgedichte.*
Rheinbund sechzehn süddeutscher Fürsten unter dem Protektorat Napoleons (ohne Österreich, Preußen, Braunschweig und Kurhessen).
Kaiser Franz II. von Österreich (seit 1804 als Franz I. Kaiser von Österreich) legt die Kaiserkrone des Heiligen Römischen Reiches Deutscher Nation nieder, das damit endet.
Krieg Preußens und Rußlands gegen Frankreich. Niederlage des preußischen Heeres bei Jena und Auerstedt. Napoleon verfügt in Berlin die Kontinentalsperre gegen England.
Schließung der Universität Halle durch Napoleon.
Französisch-bayerische Truppen belagern Breslau, Cosel (Januar 1807), bayerische Soldaten in Lubowitz.

1807 In Lubowitz Lektüre von Jean Pauls *Hesperus* u. a.
Mai: Reise der Brüder zum Jura-Studium nach Heidelberg über Troppau, Brünn, Budweis, Linz, Regensburg, Nürnberg, Mergentheim.

Vorlesung bei Joseph Görres über Philosophie und Ästhetik, u. a. über Runges «Zeiten».
Bekanntschaft mit dem Calderon-Übersetzer Johann Diederich Gries.
Eichendorff übt sich in Italienisch durch Übersetzung von Goethes *Wilhelm Meister*.
Freundschaft mit Graf von Loeben und literarische Beeinflußung: *Sonette*.
Zacharias Werner, *Weihe der Kraft*.
Hegel, *Phänomenologie des Geistes*.
Schlacht bei Preußisch-Eylau, unentschieden zwischen Napoleon und den russisch-preußischen Truppen.
König Friedrich Wilhelm III. und Königin Luise flüchten von Königsberg nach Memel.
Die Franzosen besiegen die Russen im mecklenburgischen Friedland und besetzen Königsberg.
Friede von Tilsit: Preußen verliert die Gebiete westlich der Elbe und die meisten nach 1772 von Polen gewonnen Gebiete an das neue Großherzogtum Warschau unter König Friedrich August von Sachsen. Danzig wird Freie Stadt. Westfalen wird Königreich unter Napoleons Bruder Jérôme.
Preußische Reformpolitik (bis 1814) durch den Reichsfreiherrn vom Stein (ab 1811 durch Hardenberg). Aufhebung der Erbuntertänigkeit der Bauern. Selbstverwaltung der Städte.

1808   Die Brüder Eichendorff und Achim von Arnim in Heidelberg. Arnims und Brentanos *Des Knaben Wunderhorn* prägt Joseph entscheidend.
In Friedrich Asts *Zeitschrift für Wissenschaft und Kunst* in Landshut erscheinen acht Gedichte Eichendorffs unter dem Pseudonym «Florens».
April/Mai: Bildungsreise nach Paris über Straßburg, Burgund, Lothringen und die Champagne. In der Kaiserlichen Bibliothek Exzerpte für Görres aus dem Volksbuch der *Heymonskinder*. Rückreise über Metz.
Mai: Abreise der Brüder von Heidelberg mit Graf Loeben über Frankfurt am Main, Aschaffenburg und Würzburg bis Nürnberg, dann allein über Regensburg mit dem Postschiff auf der Donau nach Wien (bis Ende Juni).
Ab Juli: In Lubowitz Mitarbeit bei der Verwaltung der hochverschuldeten Güter.
*Sammlung oberschlesischer Sagen und Märchen* (postum veröffentlicht).
Vermutlich Arbeit an *Die Zauberei im Herbste*, erste abgeschlossene Prosa Eichendorffs (postum veröffentlicht).
Fürstentag in Erfurt. Audienz Goethes bei Napoleon.
Goethe, *Faust I*.
Fichte, *Reden an die deutsche Nation*.
Friedrich Schlegel, *Sprache und Weisheit der Inder*.
Heinrich von Kleist, *Der zerbrochne Krug*.
Beethoven, *Fünfte Sinfonie*.

1809   Frühjahr: Verlobung mit der wenig begüterten Louise von Larisch aus Pogrzebin bei Ratibor.

September/Oktober: Breslauer Aufenthalt der Brüder.
November: Oderfahrt der Brüder mit einem Kohleschiff bis Frankfurt an der Oder und weiter nach Berlin. Dort (bis März 1810) Begegnung mit Adam Müller, Heinrich von Kleist, Fichte, Achim von Arnim und Clemens Brentano. Eichendorff an Nervenfieber erkrankt von Dezember bis Februar 1810.
Krieg Österreichs gegen Napoleon. Aufstand der Tiroler gegen die Franzosen und Bayern. Eichendorff, *Der Tiroler Nachtwache*.
Napoleon wird vom österreichischen Erzherzog Karl bei Aspern besiegt (erste Niederlage), siegt seinerseits bei Wagram.
Friede von Wien/Schönbrunn. Österreich verliert Salzburg, das Innviertel und die illyrischen Provinzen. Galizien fällt an das Großherzogtum Warschau.
13. Dezember: Eichendorff Zeuge des Einzugs König Friedrich Wilhelms III. mit Königin Luise in Berlin (aus Königsberg).
Goethe, *Die Wahlverwandtschaften*.
Schelling, *Philosophische Untersuchungen über das Wesen der menschlichen Freiheit*.

1810  März bis November: In Lubowitz zahlreiche Gedichte: *In einem kühlen Grunde*; *Wer hat dich, du schöner Wald*; *O Täler weit, o Höhen*. Vermutlich Beginn der Arbeit am ersten Roman *Ahnung und Gegenwart* (erscheint 1815).
November (bis April 1813): Juristische Abschlußstudien der Brüder in Wien mit der Absicht, in den österreichischen Staatsdienst zu treten (was nur dem Bruder Wilhelm 1813 gelingen wird).
Tod der Königin Luise.
Gründung der Berliner Universität (Wilhelm von Humboldt, Fichte, Niebuhr, Savigny, Schleiermacher, Friedrich August Wolf.).
Napoleon läßt Papst Pius VII. nach Savona bringen und vereinigt den Kirchenstaat mit Frankreich.
Napoleon heiratet Marie Luise, die Tochter des Kaisers Franz I. von Österreich.
Holland, Oldenburg, Ostfriesland werden französisch, Hamburg wird Hauptstadt eines französischen Regierungsbezirks bis zur Ostsee (Travemünde).
Kleist, *Michael Kohlhaas*.
Goethe, *Zur Farbenlehre*.
Madame de Staël, *Über Deutschland*.
Robert Schumann geboren.

1811  Verkehr der Eichendorffs in Wien bei Friedrich und Dorothea Schlegel. Freundschaft mit Dorotheas Sohn aus erster Ehe, dem Maler Philipp Veit.
Bei Adam Müller Lektüre von Brentanos Berliner Satire *Der Philister vor, in und nach der Geschichte*.
Studium von Friedrich Schlegels *Über die neuere Geschichte*.
Das Fragment gebliebene Drama *Hermann und Thusnelda*.
Innere Abkehr von Graf Loeben.
Napoleon auf dem Gipfel seiner Macht.

Kleists Freitod.
Goethe, *Dichtung und Wahrheit*.
Friedrich de la Motte Fouqué, *Undine*.

1812 Bei Schlegels lernt Eichendorff den Redemptoristenpater Clemens Maria Hofbauer und Theodor Körner kennen.
Die Brüder hören Friedrich Schlegels Vorlesungen *Über die Geschichte der alten und neuen Literatur*.
5. März: Ende des erhaltenen Tagebuchs, darüber hinaus existiert nur noch ein Bruchstück aus dem Jahre 1815.
Die Brüder hören Adam Müllers Vorlesung *Über die Beredsamkeit und ihr Verhältnis zur Poesie*.
Juli bis September: Ferien in Lubowitz. Vermutlich Abschluß des Romans *Ahnung und Gegenwart*. Nach der Rückkehr in Wien Durchsicht des Manuskripts durch Dorothea Schlegel.
November: Adam Müller nimmt die Brüder als Lehrer in sein zu gründendes Erziehungsinstitut «Maximilianeum» auf.
Napoleons und der Verbündeten Preußen und Österreich Krieg gegen Rußland. Vernichtung der Großen Armee (etwa ein Drittel Deutsche). Neutralitätsvertrag von Tauroggen zwischen General Yorck und den Russen. Heeresreform durch Scharnhorst und Gneisenau.
Brüder Grimm, *Kinder- und Hausmärchen*.
Schelling, *Schrift von den göttlichen Dingen etc. des Herrn Friedrich Heinrich Jacobi*.

1813 April: Joseph von Eichendorff folgt gemeinsam mit Philipp Veit dem Breslauer Aufruf Friedrich Wilhelms III. *An mein Volk* und schließt sich dem Lützowschen Freikorps an unter Führung von Friedrich Ludwig Jahn. Der Bruder Wilhelm von Eichendorff tritt wenig später in den österreichischen Staatsdienst, zunächst als Kriegskurier.
Mai: Napoleon siegt bei Groß-Görschen/Lützen und bei Bautzen.
Juni: Franzosen und deutsche Rheinbundtruppen überfallen die Lützowsche Freischar unweit Lützen, Theodor Körner schwer verwundet (fällt am 26. August bei Gadebusch).
Juli/August: Eichendorffs Abschied aus dem Freikorps; geht über Berlin und Breslau nach Böhmen und bewirbt sich vergeblich bei der österreichischen Landwehr.
August: Österreich verbündet sich mit Rußland, Preußen und England gegen Napoleon.
September bis Dezember: Eichendorff vom König ernannter «wirklicher Lieutenant von der Armee» beim 2. Schlesischen Landwehr-Infanterie-Regiment, Garnisonsdienst in Glatz.
Oktober: Sieg der Verbündeten in der Völkerschlacht bei Leipzig. Rückzug Napoleons über den Rhein. Auflösung des Rheinbundes. Die Alliierten überschreiten den Rhein.

1814 Januar bis Mai: Garnisonsdienst Eichendorffs in der Festung Torgau. Duell. Vergebliche Bemühung, zur kämpfenden Truppe versetzt zu werden.
März bis Mai: Einzug der Verbündeten in Paris. Napoleon zwangsweise Fürst von Elba. Rückkehr der Bourbonen. Frieden von Paris: Frankreich behält weitgehend die Grenzen von 1792.

Frühjahr: Die Brüder Eichendorff erben gemeinsam 12000 Reichstaler.
Mai bis Dezember: Eichendorff auf Urlaub in Lubowitz, ab August zusammen mit dem Freund Karl Schaeffer, reicht Abschied von der Armee ein, der am 2. Dezember gewährt wird. Der Vater bietet zur Schuldentilgung die Güter Slawikau, Summin, Gurek, Radoschau und Lubowitz zum Verkauf an.
Oktober: Manuskript von *Ahnung und Gegenwart* über Graf Loeben an Friedrich de la Motte Fouqué zur Vermittlung eines Verlegers.
November: Beginn des Wiener Kongresses (bis Juni 1815).
Dezember: Eichendorff macht in Berlin seine Ansprüche als freiwilliger Jäger geltend und sucht Anstellung bei der Regierung. Verkehr mit dem Rechtsgelehrten und Schwager Brentanos Friedrich Karl von Savigny, E. T. A. Hoffmann, Fouqué, Adelbert von Chamisso und dem Schriftsteller und Verleger Julius Eduard Hitzig.
Chamisso, *Peter Schlemihls wundersame Geschichte.*
Hoffmann, *Fantasiestücke in Callot's Manier.*
Fouqué, *Der Zauberring.*
Beethoven, *Fidelio.*

1815  Anfang März: Eichendorff wird auf Empfehlung Gneisenaus als Expedient beim Kriegsministerium in Berlin angestellt.
20. März: Napoleon zieht aus Elba kommend in Paris ein. Herrschaft der hundert Tage. In Belgien werden ein preußisches Heer unter Blücher und ein englisch-deutsches unter Wellington zusammengezogen.
Ende März: Eichendorffs Roman *Ahnung und Gegenwart* erscheint bei Johann Leonhard Schrag in Nürnberg, herausgegeben von Fouqué. Der Dichter erfährt davon erst im Juni in Paris.
7. April: Eichendorff heiratet Louise von Larisch in der Kirche St. Vinzenz in Breslau gegen den Willen seiner Eltern und in ihrer Abwesenheit. Das Ehepaar zieht nach Berlin.
22. April: Eichendorff läßt seine schwangere Frau in Berlin zurück, um sich Blüchers Armee in Lüttich anzuschließen.
Mai bis Juli: Eichendorff stellt von Aachen aus rheinische Landwehrregimenter zusammen. Wiedersehen mit Görres. Dienstreise über Lubowitz nach Wien? Mit Blüchers Truppen in Paris, vorübergehend Ordonanzoffizier im Stab Gneisenaus.
Juni/Juli: Nach dem Sieg Blüchers und Wellingtons über Napoleon bei Waterloo dessen Verbannung nach St. Helena. Zweite Einnahme von Paris, zweiter Friede von Paris.
8. Juni: Schlußakte des Wiener Kongresses: Durch Gebietsaustausch Gleichgewicht zwischen den fünf Großmächten Großbritannien, Rußland, Frankreich, Österreich und Preußen. An die Stelle des Heiligen Römischen Reiches Deutscher Nation tritt der Deutsche Bund von 35 souveränen Fürsten und 4 freien Städten unter Leitung Österreichs. Oberste Behörde ist der Bundestag in Frankfurt am Main. Artikel 13 der Bundesakte sieht in allen Bundesstaaten die Einführung von Verfassungen vor. Restaurativ-konservative «Heilige Allianz» zwischen Rußland, Österreich und Preußen gegen die liberalen Bestrebungen. Alle europäischen Mächte außer dem Vatikan und der Türkei treten bei.

30. August: Geburt des Sohnes *Hermann* Joseph von Eichendorff in Berlin (gest. 1900).
Oktober: Eichendorff, auf Besatzung nördlich von Paris, bittet den preußischen Politiker Eichhorn, den späteren Kultusminister (1840–1843) und Vorgesetzten Eichendorffs, vergeblich um Vermittlung einer dotierten Beamtenstelle, um seine Familie ernähren zu können.
Matthias Claudius stirbt.
E. T. A. Hoffmann, *Die Elixiere des Teufels*.

1816
Januar/Februar: Eichendorff kehrt mit Urlaub über Berlin nach Schlesien zurück auf das Gut seiner Schwiegereltern Pogrzebin bei Ratibor.
16. Januar: Die Güter des Vaters werden einer Wirtschaftsaufsicht unterstellt.
Juni: Eichendorff zieht nach Breslau und bewirbt sich dort bei der Königlich-preußischen Regierung um Anstellung als Referendar (wie üblich ohne Gehalt).
9. Dezember: Er besteht die Referendarprüfung und leistet am 24. Dezember den Diensteid auf König Friedrich Wilhelm III.
Beginn der Arbeit an der Novelle *Das Marmorbild*.
Tieck, *Phantasus*.

1817
Mai: Der Dichter bittet Savigny vergeblich um Vermittlung einer Professur für Geschichte an einer der rheinischen Universitäten.
9. Mai: Die Tochter Marie *Therese* Alexandrine geboren (gest. 1884).
August/Oktober: Urlaub in Lubowitz, Wiedersehen mit dem Bruder Wilhelm. Wahrscheinlich Arbeit an dem Novellenfragment *Das Wiedersehen* und Beginn des *Taugenichts*.
Oktober/Dezember: Abschluß des *Marmorbilds* und Sendung des Manuskripts an Fouqué.
Um die Jahreswende: Vergebliche Hoffnung auf eine Landratsstelle im oberschlesischen Kreis Rybnik.
Wartburgfest der Deutschen Burschenschaft.
König Friedrich Wilhelm III. dekretiert die Evangelische Union zwischen Lutheranern und Reformierten in Preußen.
Lord Byron, *Manfred*.
Theodor Storm geboren.

1818
27. April: Tod des Vaters. Der Dichter übernimmt für die Erbengemeinschaft die Wirtschaftsführung des Lehnguts Sedlnitz in Mähren.
September: *Das Marmorbild* erscheint in Fouqués *Frauentaschenbuch*.
Oktober bis Dezember: Eichendorff erhält die Zulassung für die Assessorenprüfung bei der Königlichen Ober-Examinations-Kommission in Berlin und schreibt als allgemeine Probearbeit *Über die Folgen von der Aufhebung der Landeshoheit der Bischöfe und der Klöster in Deutschland*.
In Baden und Bayern werden Verfassungen eingeführt, in Preußen entgegen der 1815 vom König gegebenen Zusage 1823 nur Provinzialstände berufen.
Ende der preußischen Reformära. Wilhelm von Humboldt wird entlassen.
Hegel, *Enzyklopädie der philosophischen Wissenschaft im Grundriß*.

## Zeittafel

E. T. A. Hoffmann, *Nachtstücke*.
Franz Grillparzer, *Sappho*.

1819 Erfolglose Bewerbung um eine Landratsstelle im Kreise Pleß.
19. April: Sohn *Rudolf* Joseph Julius geboren (gest. 1891).
April: Das Liquidationsverfahren über das elterliche Vermögen wird eröffnet (Lubowitz wird nach dem Tod der Mutter 1823, Radoschau 1824, Slawikau 1831 zwangsversteigert).
Juni: Eichendorff reicht seine Probearbeit ein.
Oktober: Mündliche Assessorenprüfung in Berlin. Positives Gutachten der Probearbeit durch den Geheimen Oberregierungsrat Johann Heinrich Schmedding, im Kultusministerium zuständig für die katholischen Angelegenheiten.
November: Assessor bei der Königlichen Regierung in Breslau (ohne Gehalt).
Dezember: Begegnung mit dem Schauspieler und Bühnenautor Karl von Holtei.
Der Lustspieldichter und russische Generalkonsul August von Kotzebue wird von dem Theologiestudenten und Burschenschafter Karl Ludwig Sand in Mannheim ermordet. Auf Betreiben Metternichs Anlaß für die Karlsbader Beschlüsse und die «Demagogenverfolgung»: Vorzensur für Zeitungen und alle Schriften unter 20 Druckbogen; Verbot der Burschenschaften; Entlassung revolutionär gesinnter Lehrkräfte; Überwachung der Universitäten.
Theodor Fontane geboren.
Walter Scott, *Ivanhoe*.
Lord Byron, *Don Juan*.

1820 Mai: In Wien Wiedersehen mit dem Bruder Wilhelm und mit Adam Müller.
Juli: Der preußische Kultusminister Freiherr vom Stein zum Altenstein überträgt Eichendorff die kommissarische Verwaltung der Stelle eines katholischen Kirchen- und Schulrats in Danzig (Dienstantritt Januar 1821) unter dem Oberpräsidenten von Westpreußen Theodor von Schön.
Herbst: Arbeitsaufenthalt am Berliner Kultusministerium.
E. T. A. Hoffmann, *Lebensansichten des Katers Murr*.

1821 6. Januar: Tochter *Agnes* Clara Augusta geboren (gest. 1822).
Januar: Dienstantritt in Danzig.
Mai: Einführung in die Amtsgeschäfte auch in Marienwerder.
September: Regierungsrat für die Bearbeitung der katholisch-geistlichen und Schulangelegenheiten beim Oberpräsidium und bei der Kirchen- und Schulkommission in Danzig mit einem jährlichen Gehalt von 1200 Reichstalern.
Napoleon gestorben.
Schelling, *Philosophie der Mythologie*.
Der Mainzer «Katholik» erscheint.

1822 Tod der Mutter.
Juni: Eichendorffs Gedicht *Der Liedsprecher* wird bei einer Tafel des preußischen Kronprinzen im großen Remter der Marienburg vorgetragen.

Sommer: Arbeitsaufenthalt in Berlin, Bekanntschaft mit Hoffmann von Fallersleben im Hause Chamissos.
Sommerurlaub auf Gut Silberhammer (des Grafen Fabian von Dohna) auf der Danziger Höhe bei Langfuhr (so auch 1824).
Herbst: Die Satire *Krieg den Philistern* beendet, weiter Arbeit am *Taugenichts*.
November/Dezember: In der Danziger Zeitschrift *Der Ährenleser* erscheinen einige Lustspielszenen *Liebe versteht keinen Spaß*, woraus das spätere Fragment *Wider Willen* entsteht, Vorstufe des Lustspiels *Die Freier*.
E. T. A. Hoffmann gestorben.
Lord Byron, *Kain*.

1823 Januar/Februar: In den *Deutschen Blättern für Poesie, Literatur, Kunst und Theater*, herausgegeben von Karl Schall und Karl von Holtei, erscheint das Erste Abenteuer aus *Krieg den Philistern*.
September bis November: Berliner Vertretung Schmeddings am Kultusministerium in Berlin. Verkehr mit Chamisso, dem Schriftsteller Willibald Alexis, dem Historiker Friedrich von Raumer und dem Verleger Hitzig.
September/Oktober: In den *Deutschen Blättern* erscheint das erste Kapitel des *Taugenichts*.
Oktober: Eichendorff in die Vorbereitung der geistlichen Betreuung der katholischen bayerischen Prinzessin Elisabeth einbezogen, die im November den preußischen Kronprinzen heiratet und 1830 zum Protestantismus übertritt.
Dezember: Die dramatische Satire *Krieg den Philistern* erscheint bei Ferdinand Dümmler in Berlin mit großem Presse-Echo.
Schloß und Gut Lubowitz werden zwangsversteigert.
Beethoven, *Neunte Sinfonie*.

1824 April: Theodor von Schön wird Oberpräsident der neuen Provinz Preußen (Ost- und Westpreußen) mit Sitz in Königsberg.
Juni bis September: Umzug der Eichendorffs nach Königsberg.
Oktober: Julius Eduard Hitzig gründet in Berlin die «Mittwochsgesellschaft» für «Freunde der Poesie». Eichendorff wird deren auswärtiges Mitglied.
Lord Byron gestorben.
Heine, *Die Harzreise*.

1825 Gründung des Börsenvereins des deutschen Buchhandels in Leipzig.
Jean Paul, *Kleine Nachschule zur Vorschule der Ästhetik*.
Jean Paul gestorben.

1826 Januar bis Mai: Gedichte Eichendorffs erscheinen in der Berliner Zeitschrift *Der Gesellschafter oder Blätter für Geist und Herz*, herausgegeben von Friedrich Wilhelm Gubitz.
März: Arbeitsaufenthalt in Berlin.
April: Der erste Sammelband Eichendorffs erscheint in der Vereinsbuchhandlung von Friedrich Wilhelm Gubitz in Berlin: *Marmorbild*, *Taugenichts* und 48 Gedichte. Der *Taugenichts* erregt Aufsehen und bleibt der einzige Bucherfolg Eichendorffs.

Juli: Arbeitsaufenthalt in Berlin.
Das Trauerspiel *Ezelin von Romano*, seit 1824 in Arbeit, abgeschlossen.

1827 Juni/Juli: Eichendorff bemüht sich um eine Versetzung nach Koblenz. Kultusminister von Altenstein empfiehlt Eichendorff für eine vakante katholische Schulratsstelle, was anscheinend an Eichendorffs Gehaltsforderung scheitert.
Spätsommer/Frühherbst: Urlaub auf dem Gut der Schwiegereltern in Pogrzebin bei Ratibor.
September: Die dramatische Satire *Meierbeth's Glück und Ende* erscheint in der Berliner Zeitschrift *Der Gesellschafter*, im Dezember als Buch in der Berliner Vereinsbuchhandlung.
Heine, *Buch der Lieder*.
Beethoven gestorben.
Schelling an die Universität München berufen, liest in den folgenden Jahren über *Philosophie der Mythologie* und *Philosophie der Offenbarung*.

1828 August: Vergeblicher Brief an Görres in München um Vermittlung einer Anstellung in Bayern. Eichendorff sucht Anschluß an die entstehende Katholische Bewegung und die Münchner Romantik.
September: Das Drama *Ezelin von Romano* erscheint bei Gebrüder Bornträger in Königsberg.
1828/29: Zollvertrag zwischen Preußen, Hessen, Bayern und Württemberg, der Kern des späteren deutschen Zollvereins (1833).

1829 Frühjahr: Das historische Trauerspiel *Der letzte Held von Marienburg* (auf Anregung Theodor von Schöns seit 1827 in Arbeit) abgeschlossen, ebenso das Lustspiel *Die Freier*. Beide Stücke werden im Juni einem (nicht bekannten) Verleger angeboten.
Emanzipation der Katholiken in Großbritannien.
Goethe, *Wilhelm Meisters Wanderjahre*.
Friedrich Schlegel gestorben.

1830 Mai: Das historische Trauerspiel *Der letzte Held von Marienburg* wird auf Anordnung Schöns in der Hartungschen Hofdruckerei in Königsberg gedruckt und von der Verlagsbuchhandlung Gebrüder Bornträger vertrieben. Eichendorff schickt Widmungsexemplare an den preußischen Kronprinzen und an Goethe, der nicht reagiert.
Juli: Arbeitsaufenthalt in Berlin. Eine auf den 5. Juli datierte Bleistiftzeichnung von Franz Kugler dient als Vorlage für die weit verbreitete Porträt-Lithographie Eichendorffs.
26. Juli: Revolution in Frankreich. In Folge Unruhen in den deutschen Bundesländern Braunschweig, Göttingen, Sachsen und Kurhessen.
Heinrich Heine emigriert nach Paris.
20. Oktober: Tochter *Anna* Hedwig geboren (gest. 1832).

1831 27. Februar: Das Trauerspiel *Der letzte Held von Marienburg* wird anläßlich der Eröffnung des Landtags in Königsberg uraufgeführt und fällt vor allem wegen der unzulänglichen Inszenierung fast durch.
Mai: Die Cholera-Epidemie aus Rußland erreicht über Polen auch Königsberg und im Herbst Berlin.
Ab Juni: Eichendorff sucht in Berlin mit immer wieder verlängertem

Urlaub und vergeblicher Unterstützung des Königsberger Oberpräsidenten von Schön, einem Gegner der Berliner Zentralbürokratie, nach einer Planstelle an einem der Ministerien, wird jedoch bis 1843 nur als beamteter ministerieller «Hilfsarbeiter» mit wechselnden Aufgaben und mit für eine standesgemäße Lebensführung nicht ausreichenden Bezügen beschäftigt.

August: Vergebliche Bemühung des Kultusministers Altenstein und des Abteilungsleiters Eichhorn um Anstellung Eichendorffs beim Generalpostamt.

August/September: Vertretung Schmeddings im Kultusministerium.

Oktober bis Juli 1832: «Hilfsarbeiter» im Ministerium der auswärtigen Angelegenheiten. Für die gegen die Ideen der Juli-Revolution gegründete *Historisch-politische Zeitschrift*, herausgegeben von Leopold Ranke, an der Eichendorff als hauptamtlicher Redakteur tätig sein soll, schreibt er den Artikel *Über Garantien* (gegen eine schriftlich fixierte Verfassung in Preußen), der von Ranke wegen politischer Inopportunität abgelehnt wird.

November bis etwa März 1832: Im geheimen Auftrag Eichhorns Entwurf Eichendorffs für ein Pressegesetz, der wegen zu großer Liberalität abgelehnt wird. Drei weitere postum veröffentlichte Schriften Eichendorffs zur Pressefreiheit.

Vermutlich Beginn des autobiographischen Fragments *Unstern*.

Grillparzer, *Des Meeres und der Liebe Wellen*.

Hegel gestorben.

1832
Februar: Wegen der Ablehnung einer festen Anstellung im Außenministerium und in der Redaktion der *Historisch-politischen Zeitschrift* erwägt Eichendorff die Rückkehr nach Königsberg.

24. März: Tod der jüngsten Tochter Anna (geb. 1830), Gedichtzyklus *Auf meines Kindes Tod*.

April: In der Berliner Zeitschrift *Der Gesellschafter* erscheint die satirische Erzählung *Viel Lärmen um Nichts*.

Mai: Kündigt seine Mitarbeit im Außenministerium für den 1. Juli. Bemüht sich um Anstellung im Generalpostamt und um Hilfsarbeit im Kultusministerium.

17.–30. Mai: Hambacher Fest des süddeutschen radikalen Liberalismus. Der Redakteur Dr. Wirth plädiert für die «vereinigten Freistaaten Deutschland» und ein «konföderiertes republikanisches Europa». Der Bundestag verbietet politische Vereine, Volksversammlungen und Kundgebungen. Eichendorff erweitert seinen «Politischen Brief» zu der Prosasatire *Auch ich war in Arkadien*, die erst sein Sohn Hermann nach dem Tod des Vaters herausgibt.

Sommer: Vermutlich die Schrift *Preußen und die Konstitutionen*.

September: *Viel Lärmen um Nichts* erscheint in der Vereinsbuchhandlung von Hitzig in einem Sammelband zusammen mit Clemens Brentanos *Die mehreren Wehmüller und ungarischen Nationalgesichter*.

Oktober/November: Vergebliche Bewerbung um Anstellung beim Oberzensurkollegium. In Folge Hilfsarbeit «gegen Diäten» im Kultusministerium.

Herbst: Gedichte erscheinen sowohl im *Deutschen Musenalmanach 1833*, herausgegeben von Chamisso und Gustav Schwab, wie im *Schlesischen Musenalmanach*.
Herbst/Winter: Vermutlich Beginn des Romans *Dichter und ihre Gesellen*.
Parlamentsreform in England.
Goethe stirbt. Über ihn dichtete Eichendorff 1831 für die «Mittwochsgesellschaft» *Der alte Held*.
Walter Scott stirbt.

1833 März/April: Das einzige, nicht Fragment gebliebene Lustspiel *Die Freier* erscheint in der Brodhagschen Buchhandlung in Stuttgart und wird zu Eichendorffs Lebzeiten nur einmal auf einem Liebhaber-Theater in Graudenz 1849 aufgeführt.
September: Acht Gedichte erscheinen im *Deutschen Musenalmanach 1834*.
Oktober: Leopold Graf Sedlnitzky schreibt an seinen Jugendfreund Eichendorff wegen der Bischofskandidatur für Breslau. Er wird 1835 Fürstbischof von Breslau, resigniert 1840 im Mischehenstreit wegen seiner Parteinahme für den Staat, wird Mitglied des preußischen Staatsrats in Berlin und konvertiert 1863 als erster katholischer Bischof seit der Reformationszeit zum Protestantismus.
Entwurf Eichendorffs für ein *Votum des Ministers der geistlichen Anlegenheiten* über das «Demeritenwesen der katholischen Kirche».
Deutscher Zollverein: Zusammenschluß der meisten deutschen Länder außer Österreich unter Führung Preußens.
Gesamtausgabe der Shakespeare-Übersetzung Ludwig Tiecks und August Wilhelm Schlegels.

1834 März: Eichendorff bewirbt sich vergeblich um eine vakante Ratsstelle im Außenministerium.
Oktober: Der zweite Roman *Dichter und ihre Gesellen* erscheint bei Duncker & Humblot in Berlin, große Resonanz.
Grillparzer, *Der Traum ein Leben*.
Leopold von Ranke, *Die römischen Päpste*.
Schleiermacher gestorben.

1835 März: Vergebliches Bemühen um eine feste Anstellung im Kultusministerium.
Juni: Satirische, anonyme Anmerkung Eichendorffs *Zur Kunstliteratur* im von Franz Kugler herausgegebenen Berliner *Museum. Blätter für bildende Kunst* über die von Franz Rosenzweig behauptete Überlegenheit des Protestantismus über den Katholizismus in den Künsten.
Vermutlich entstehen die nachgelassene Novelle *Eine Meerfahrt* sowie Entwürfe und Fragmente zu den geplanten Memoiren.
Kaiser Ferdinand I. von Österreich überläßt die Regierung Metternich.
Erste deutsche Eisenbahnlinie zwischen Nürnberg und Fürth.
David Friedrich Strauß, *Das Leben Jesu*.
Büchner, *Dantons Tod*.
Gutzkow, *Wally, die Zweiflerin*.

1836 Februar: Die Anstellung beim Oberzensurkollegium scheitert an Eichendorffs Gehalts- und Statusforderungen.

Juli bis Dezember: Positive Gesamtwürdigung Eichendorffs durch Adolf Schöll in den Wiener *Jahrbüchern der Literatur.*
September: Die Novelle *Das Schloß Dürande* erscheint im Taschenbuch *Urania.* Gedichte in *Deutscher Musenalmanach für das Jahr 1837* und im *Deutschen Taschenbuch.*
Beschäftigung mit spanischer Sprache und Literatur unter Beratung des Heidelberger Studienfreundes Heinrich Julius (Hamburg).
Ende 1836/Anfang 1837: Eichendorffs, von Adolf Schöll betreute Sammlung von *Gedichten* erscheint bei Duncker & Humblot in Berlin und findet eine positive Aufnahme.
Eckermann, *Gespräche mit Goethe.*
Heine, *Die romantische Schule.*

1837    Januar: Wiederum vergebliche Bewerbung um eine freiwerdende Ratsstelle im Kultusministerium.
April: Der preußische Kronprinz erkundigt sich nach einem Gespräch mit Eichendorff über dessen *Gedichte*-Sammlung bei Kultusminister Altenstein, weshalb der Dichter nach sechsjähriger Hilfstätigkeit noch keine Planstelle habe. Altenstein gibt im August als Grund Probleme bei der Reorganisation des Zensurwesens an.
Juni/Juli: Vermählung der Tochter Therese mit dem protestantischen Königlich-preußischen Offizier Ludwig von Besserer-Dahlfingen in Oberschlesien.
September: Gedichte im *Deutschen Musenalmanach für 1838.*
Ende der Personalunion zwischen Hannover und England. König Ernst August hebt die Verfassung Hannovers von 1833 auf. Die «Göttinger Sieben» (die Professoren Jakob und Wilhelm Grimm, Dahlmann, Gervinus, Ewald, Albrecht, Weber) protestieren und werden abgesetzt, J. Grimm, Dahlmann und Gervinus binnen drei Tagen des Landes verwiesen.
September: Kronprinz Friedrich Wilhelm befürwortet auf Wunsch Eichendorffs die Aufnahme des Sohnes Rudolf in das Kaiser-Alexander-Grenadier-Regiment, die jedoch angeblich wegen «Überfüllung mit Offizieren» nicht zustande kommt.
Oktober: Eichendorff bewirbt sich vergeblich um die Intendantur der Königlichen Museen in Berlin.
20. November: Verhaftung des Kölner Erzbischofs Droste zu Vischering («Kölner Ereignis») – 1839 auch des Erzbischofs Dunin von Gnesen-Posen – im Mischehenstreit zwischen Preußen und der katholischen Kirche. Die «Kölner Wirren» lösen die Katholische Bewegung aus, mit der auch Eichendorff sympathisiert. Postum veröffentlichte Gedichte.
Ludwig Börne gestorben.
Georg Büchner gestorben.

1838    Januar: Joseph Görres, *Athanasius* (Kampfschrift aus Anlaß der Kölner Wirren) mit großer Resonanz.
17./18. bis 28. Mai: Auf Urlaubsfahrt nach Wien zur Besprechung mit Bruder Wilhelm wegen des Lehnguts Sedlnitz. Aufenthalt in München, das nach Mainz durch Görres Zentrum der Katholischen Bewegung geworden ist. Dessen Sohn Guido, George Phillips und Karl Ernst Jarcke gründen die *Historisch-politischen Blätter für das katholische Deutsch-*

*land*, an denen Eichendorff 1846 bis 1848 anonym mitarbeiten wird.
Begegnung mit Clemens Brentano.
September: Gedichte im *Deutschen Musenalmanach für 1839*; die Novelle *Die Entführung* erscheint im Taschenbuch *Urania*.
Adelbert von Chamisso gestorben.

1839 April: Bemühungen Altensteins, Eichendorff beim Oberzensurkollegium anzustellen, haben keinen Erfolg.
Sommer/Herbst: Beschäftigung mit Cervantes und Calderon, Übersetzung spanischer Romanzen.
Oktober/November: Memoirenfragmente und autobiographisch gefärbte Novellenentwürfe.
Arbeit am *Unstern*-Fragment wird eingestellt, das Puppenspiel *Incognito* begonnen. Zahlreiche Gedichte und Sinngedichte.
Die Arbeitszeit für Jugendliche in Fabriken wird in Preußen auf zehn Stunden beschränkt, Kinderarbeit verboten.

1840 Januar bis Mai: Übersetzung einiger *Zwischenspiele* von Cervantes.
April/Mai: Gedichte im *Deutschen Musenalmanach für 1840*, herausgegeben von Theodor Echtermeyer und Arnold Ruge.
8. Mai: Kultusminister Altenstein beantragt wenige Tage vor seinem Tod Eichendorffs Ernennung zum Geheimen Regierungsrat und seine Anstellung beim Oberzensurkollegium.
Mai/Juni: Übersetzungsarbeit an *El Conde Lucanor* von Don Juan Manuel.
7. Juni: Friedrich Wilhelm III. stirbt. Regierungsantritt des neuen Königs von Preußen Friedrich Wilhelm IV., des «Romantikers auf dem Thron». Er erfüllt zunächst einige Erwartungen: u. a. Freilassung der Erzbischöfe Droste-Vischering und Dunin, Rehabilitierung der «Demagogen» Arndt und Jahn.
Juni/Juli: Eichendorff ordnet den Nachlaß Altensteins.
August/September: Friedrich Wilhelm IV. lehnt Eichendorffs Ernennung zum Geheimen Regierungsrat ab und stellt ihn vor die Alternative: Rückkehr nach Königsberg oder weiter Hilfsarbeiter unter dem neuen Kultusminister Eichhorn. Eichendorff bleibt in Berlin und hofft auf Anstellung im Zensurwesen.
5.–9. September: Huldigungslandtag für Friedrich Wilhelm IV. in Königsberg, mit einer von Eichendorff verfaßten Rede vom Oberpräsidenten Theodor von Schön eröffnet. Anschließende Forderungen des Landtags nach einer Verfassung verärgern den König.
September/Oktober: Eichendorffs Übersetzung *Der Graf Lucanor von Don Juan Manuel* erscheint bei M. Simion in Berlin und findet freundliche Kritik. Der König bedankt sich für ein Widmungsexemplar.
Oktober: Kurzer Besuch in Dresden, Begegnung mit Tieck.
November: Die Erzählung *Die Glücksritter* erscheint im *Rheinischen Jahrbuch für Kunst und Poesie* von 1841.
Sommer: Gegen die französische Forderung nach dem Rhein im Zusammenhang der orientalischen Krise gesamtdeutscher Widerstandswille: «Die Wacht am Rhein».
Felix Mendelssohn Bartholdy, *Sechs Lieder für vierstimmigen Männerchor*, darin Eichendorffs «Des Jägers Abschied», vom Komponisten entpolitisiert.

Robert Schumann, *Liederkreis. Zwölf Gesänge von J. v. Eichendorff.*

1841 Januar: Gedichte und Eichendorffs Porträt erscheinen im *Deutschen Musenalmanach für 1841.*

Januar/Februar: Der König gibt dem Antrag Eichhorns statt und ernennt Eichendorff zum Geheimen Regierungsrat mit dem Auftrag, u. a. Zensursachen zu bearbeiten für die dafür zuständigen Ministerien des Kultus, des Innerern und des Auswärtigen.

April: Promemoria Eichendorffs über den «Gebrauch der polnischen Sprache in den Gymnasien und Elementarschulen des Großherzogtums Posen».

August: Band I *Gedichte* der vierbändigen Werkausgabe erscheint bei M. Simion in Berlin und ist Friedrich Wilhelm IV. gewidmet. Der letzte Band erscheint Februar 1842.

Eichendorff nimmt auf Geheiß Eichhorns an den Sitzungen der Anfang des Jahres eingerichteten katholischen Abteilung des Kultusministeriums teil.

Wahrscheinlich erste Calderon-Übertragungen sowie Entwurf einer *Tragikomödie wie Arnims Halle und Jerusalem.*

Schelling an die Universität Berlin berufen. Liest über *Philosophie der Mythologie* und *Philosophie der Offenbarung.* Öffentliche Diskussion über das Verhältnis Hegel – Schelling.

Feuerbach, *Das Wesen des Christentums.*

1842 April: Von Eichendorff, dem Vorstandsmitglied und ministeriellen Sachbearbeiter, formulierter Aufruf für den Berliner Verein für den Kölner Dombau in der *Allgemeinen Preußischen Staatszeitung.* Gedichtfragment *Die Engel vom Cölner Dom.*

Juni: Der Regierungspräsident der Provinz Preußen (Ost- und Westpreußen) Theodor von Schön wird auf eigenen Wunsch von seinen Ämtern entbunden und zum «Burggrafen von Marienburg» ernannt.

Juni: Eichendorffs positiv aufgenommenes Gutachten über die Wiedererrichtung von Nonnenkonvikten in den überwiegend katholischen Teilen Preußens.

Sommer/Herbst: Übersetzungsarbeiten an Calderons *Autos sacramentales.*

4. September: Grundsteinlegung zum Weiterbau des Kölner Doms als Symbols christlicher und nationaler Einheit mit einer Rede Friedrich Wilhelms IV.

Annette von Droste-Hülshoff, *Die Judenbuche.*

1843 Frühjahr: Beurlaubung (mehrfach verlängert) zur Abfassung der *Geschichte der Wiederherstellung der Marienburg,* von Theodor von Schön vorgeschlagen und vom König gebilligt. Arbeitsaufenthalt bei der Tochter Therese von Besserer-Dahlfingen in Danzig.

August: Erstes Pensionsgesuch wegen zerrüttetem Gesundheitszustand nach einer Lungenentzündung Anfang des Jahres.

Die *Gedichte* der Werkausgabe erscheinen in einer zweiten, vermehrten Auflage (dritte 1850, vierte 1856).

*Graf Lucanor* erscheint in zweiter, von Theodor Hosemann illustrierter Auflage.

Oktober: Zweites Pensionsgesuch.
Feier des «Tausendjährigen Bestehens des Deutschen Reiches» (seit dem Vertrag von Verdun 843).
Bruno Bauer, *Das entdeckte Christentum. Eine Erinnerung an das achtzehnte Jahrhundert und ein Beitrag zur Krisis des neunzehnten.*

1844 Februar: Die *Geschichte der Wiederherstellung der Marienburg* gedruckt.
Februar/März: Nach drittem Pensionsgesuch befürwortet Eichhorn Eichendorffs Pensionierung zum 1. Juli.
13. Mai: Theodor von Schön schickt drei Prachtexemplare von Eichendorffs *Marienburg*-Schrift an den König, der sich am 25. Mai bei Schön bedankt.
30. Juni: Der König unterzeichnet Eichendorffs Entlassungsurkunde.
August bis Oktober: Ausstellung des Heiligen Rocks in Trier und Wallfahrten von einer halben Million Katholiken. Höhepunkt der Katholischen Bewegung.
Oktober: Ablehnung der Inverlagnahme von Eichendorffs Übersetzung fünf geistlicher Schauspiele Calderons durch M. Simion.
Dezember: Karl Ernst Jarcke vermittelt für die Calderon-Übersetzungen die Cottasche Buchhandlung und schlägt Eichendorff eine deutsche Literaturgeschichte aus katholischer Sicht vor.
Weberaufstand in Schlesien.
Heine, *Deutschland, ein Wintermärchen.*
Adalbert Stifter, *Studien* (bis 1850)

1845 Joseph Görres, *Die Wallfahrt nach Trier.*
Otto von Corvin, *Historische Denkmale des christlichen Fanatismus*, später unter dem Titel *Pfaffenspiegel.*
Ostern: In Leipzig Konzil der Deutschkatholiken, in Schlesien entstanden aus Anlaß der Wallfahrt zum Heiligen Rock in Trier. Zwei fragmentarische, postum veröffentlichte Streitschriften Eichendorffs *Gegen den Deutschkatholizismus.*
Juni: Reise nach Wien (Besprechung mit Jarcke) und Mähren nach Sedlnitz (letztes Zusammentreffen mit dem Bruder Wilhelm aus Trient).
Max Stirner, *Der Einzige und sein Eigentum.*
Alexander von Humboldt, *Kosmos.*

1846 März/April: Eichendorffs anonyme Artikelserie für die *Historisch-politischen Blätter für das katholische Deutschland* über die *Geschichte der neuern romantischen Poesie in Deutschland.*
September/Oktober bis Juni/Juli 1847: Eichendorff mit Frau und der Familie seiner Tochter in Wien.
November: Die Übersetzung der *Geistlichen Schauspiele* von Calderon erscheint bei Cotta in Stuttgart, wenig Resonanz.

1847 In Wien Begegnung mit Clara und Robert Schumann (Januar), Eduard von Bauernfeld, Ignaz Franz Castelli, Grillparzer, Stifter, Joseph Christian von Zedlitz, Anastasius Grün und Giacomo Meyerbeer. Verkehr bei Karl Ernst Jarcke. Einladung von den freiheitlichen niederösterreichischen Landständen und dem liberalen «Juridisch-politischen Leseverein». In der Künstlergesellschaft «Concordia» wird Eichendorff als

«letzter Romantiker» und ehemaliger Freiheitskämpfer gegen Napoleon gefeiert. Die Artikel *Brentano und seine Märchen, Die deutsche Salon-Poesie der Frauen, Novellen von Ernst Ritter* und *Lanzknecht und Schreiber* erscheinen in den *Historisch-politischen Blättern*.
Mai: Reise zu Eichendorffs Schwester Louise nach Baden bei Wien.
Ende Juni/Anfang Juli: Rückkehr nach Danzig.
Oktober: Der Essay *Über die ethische und religiöse Bedeutung der neueren romantischen Poesie in Deutschland* erscheint durch Vermittlung von Jarcke bei der Leipziger Verlagsbuchhandlung Liebeskind und findet ein breites Presse-Echo.
Die Artikel *Die neue Poesie Österreichs* und *Die geistliche Poesie in Deutschland* erscheinen in den *Historisch-politischen Blättern*.
Dezember: Die Eichendorffs setzen aus Kostengründen die Wohngemeinschaft mit der Familie ihrer Tochter fort und folgen ihr nach Berlin in das Kadettenhaus an der neuen Friedrichstraße, wohin der Schwiegersohn von Besserer-Dahlfingen als Lehrer des Kadettenkorps versetzt worden ist.
Einberufung des preußischen Vereinigten Landtags in Berlin ohne wesentliche Befugnisse.
Hungerepidemie unter den Landarbeitern in Oberschlesien.
Nationalitätenbewegung in Österreich, vor allem in Budapest und Prag.
Bürgerlich-demokratisches Nationalbewußtsein auch im preußischen Polen.

1848   Februarrevolution in Paris. Louis Napoleon wird Präsident der Zweiten Republik (Dezember).
Märzrevolution in Wien. Metternich flieht nach England.
Märzrevolution in Berlin. Barrikadenkämpfe. Proklamation Friedrich Wilhelms IV., er wolle Gesamtdeutschland retten. Wahl einer preußischen Nationalversammlung.
Märzrevolution in München. König Ludwig I. tritt zugunsten seines Sohnes Maximilian II. ab.
April/Mai: Eichendorff, der zunächst mit der Revolution sympathisiert, sich dann wegen der Radikalisierung distanziert und sich im Kadettenhaus in Berlin nicht mehr sicher fühlt, flüchtet mit den Familienangehörigen nach Dresden. In Folge entstehen eine Reihe von Gedichten zur Revolution *1848*.
Mai: Deutsche Nationalversammlung in der Frankfurter Paulskirche eröffnet.
Juni: *Neue Rheinische Zeitung* in Köln unter Karl Marx und Friedrich Engels. Deren *Kommunistisches Manifest* (Februar) bleibt noch ohne Einfluß auf die Revolutionen dieses Jahres.
Erzherzog Johann von Österreich vom Deutschen Bundestag zum Reichsverweser gewählt. Sein Reichsministerium kann sich weder in den deutschen Einzelstaaten noch gegenüber dem Ausland durchsetzen.
August: *Die deutschen Volksschriftsteller*, letzter Artikel Eichendorffs in den *Historisch-politischen Blättern für das katholische Deutschland*.
Oktober/November: Revolution in Wien und Berlin niedergeschlagen.
Annette von Droste-Hülshoff gestorben.

1849   7. Januar: Bruder Wilhelm stirbt in Innsbruck, wohin er am 26. Mai

1848 wegen mangelnder Härte als österreichischer Kreishauptmann von Trient gegen patriotische Kundgebungen der Italiener strafversetzt worden war.
März: Eichendorff arbeitet in Dresden an der satirischen Erzählung *Libertas und ihre Freier*.
Mai: Republikanischer Aufstand in Dresden. Die Eichendorffs flüchten sich nach Meißen und Köthen.
Juni/Juli: *Libertas und ihre Freier* abgeschlossen, weitere Übersetzungen von Calderons *Autos sacramentales*.
September: Rückkehr nach Berlin. In Folge Begegnungen mit Friedrich Karl von Savigny, seiner Schwägerin Bettina von Arnim, dem Maler Peter von Cornelius und dem Politiker und Mitinitiator des Kölner Dombaus August Reichensperger.
Richard Wagner, *Die Kunst und die Revolution*.

1850 Eichendorff ist als Mitautor (mit dem Historiker Gustav Droysen, später mit Varnhagen von Ense) einer Biographie Theodor von Schöns im Gespräch, was Eichendorff 1855 schließlich ablehnt.
Arbeit an Calderon-Übersetzungen, an einem Essay über den deutschen Roman sowie an autobiographischen und erzählerischen Entwürfen.
3. Auflage der *Gedichte*.
Erfurter Parlament: Beratung über die Verfassung einer deutschen Union mit Ausschluß Österreichs.
Einladung Österreichs zur Wiedereröffnung des Frankfurter Bundestags.
Vertrag zu Olmütz zwischen Österreich und Preußen. Verzicht Preußens auf seine Unionspolitik.

1851 April/Mai bis September: Die Eichendorffs auf dem Lehngut im mährischen Sedlnitz. Arbeit an Calderon-Übersetzungen.
September: Die Schrift *Der deutsche Roman des achtzehnten Jahrhunderts in seinem Verhältnis zum Christentum* erscheint bei F. A. Brockhaus in Leipzig, nachdem M. Simion die Inverlagnahme abgelehnt hatte.
Heine, *Romanzero*.

1852 Sommer: Arbeit am Versepos *Julian*.
Ende Dezember bis Mitte Januar 1853: Erkrankung.
28. Dezember: Jarcke gestorben.
Staatsstreich in Frankreich: Louis Napoleon als Napoleon III. Kaiser der Franzosen.

1853 März/April: Das Versepos *Julian* erscheint bei M. Simion in Leipzig.
Mai bis September: Aufenthalt in Sedlnitz.
September/Oktober: Band II der *Geistlichen Schauspiele* von Calderon erscheint bei Cotta in Stuttgart.
Herbst: Arbeit an der *Geschichte des Dramas*.
November: Mitglied des vom bayerischen König Maximilian II. gegründeten «Maximilians-Orden für Wissenschaft und Kunst».
Krimkrieg zwischen Rußland und der Türkei (bis 1856).
Stifter, *Bunte Steine*.
Tieck gestorben.

1854 Januar: Der Verlag Ferdinand Schöningh in Paderborn regt eine Literaturgeschichte aus katholischer Sicht an.

Februar: Begegnung bei Franz Kugler mit Storm, Fontane und Paul Heyse.
Juni: *Zur Geschichte des Dramas* erscheint bei Brockhaus mit positiver Resonanz.
Oktober: Eichendorff kauft von einer Verwandten für 41 000 Taler ein kleines Haus in Köthen in Sachsen-Anhalt für seine Tochter Therese von Besserer-Dahlfingen.
Das *Marmorbild* mit einer Gedichtauswahl und Biographie erscheint in Kassel in der Reihe *Moderne Klassiker*.
Schelling stirbt.

1855 Januar: Eichendorffs Frau schwer erkrankt.
März: Das Versepos *Robert und Guiscard* erscheint bei Voigt & Günther in Leipzig.
Mai: Übersiedlung nach Köthen.
Juni/Juli: Zur Kur in Karlsbad, wo seine Frau einen Rückfall erleidet.
Sommer: Arbeit an der Literaturgeschichte.
September: Ausflug von Köthen nach Halle.
September bis November: Versetzung des Schwiegersohns nach Neisse in Oberschlesien, Übersiedlung der Eichendorffs von Köthen über Berlin und Breslau nach Neisse in die Wohngemeinschaft der Familie.
3. Dezember: Eichendorffs Frau gestorben.

1856 Mai: 4. Auflage der *Gedichte* bei Voigt & Günther in Leipzig.
23. Juli: Theodor von Schön gestorben.
August: Auf Schloß Johannesberg in Jauernig in Österreichisch-Schlesien, der Sommerresidenz des Fürstbischofs von Breslau, Heinrich Förster.
Oktober: August Reichensperger regt Eichendorff zu Memoiren an, Arbeit an den autobiographischen Kapiteln *Der Adel und die Revolution* sowie *Halle und Heidelberg*.
Dezember: *Geschichte der poetischen Literatur Deutschlands* erscheint bei Schöningh in Paderborn ohne die erhoffte Resonanz.
Heine gestorben.

1857 Juli: Auf Gut Sedlnitz, das Sohn Rudolf nach Unregelmäßigkeiten des Verwalters mit finanziellen Verlusten und Belastungen für die Erbengemeinschaft seit Oktober 1855 gepachtet hat.
August: Das Versepos *Lucius* erscheint bei Voigt & Günther in Leipzig.
August/September: Zweiter Aufenthalt auf Schloß Johannesberg. Fürstbischof Heinrich Förster regt Biographie der hl. Hedwig, der Schutzpatronin Schlesiens, an.
September: Letzte Reise nach Sedlnitz zur Taufe eines Enkelkindes.
Oktober/November: Arbeit an der Einleitung zur *Hedwig-Biographie*.
26. November: Eichendorff stirbt in Neisse an einer Lungenentzündung.
27. November: Beisetzung auf dem Neisser Friedhof St. Jerusalem neben seiner Frau.
Stifter, *Der Nachsommer*.

# Verzeichnis der benutzten Literatur

## 1. Vorbemerkung zur Benutzung der Quellen und zu den Zitaten

Die unter 2.1. zuletzt genannte Eichendorff-Ausgabe von Frühwald, Schillbach und Schultz ist die jüngste der abgeschlossenen Werkausgaben. Sie bietet die Texte innerhalb der Gattungen in historischer Reihenfolge. Nach dieser kommentierten Ausgabe, die auf den Texten und Kommentaren der bisher erschienenen Ausgaben fußt und um eine Synthese der Forschungsergebnisse bemüht ist, wird in der Regel zitiert, ausgenommen die Übersetzungen Eichendorffs von «Der Graf Lucanor» und «Zwischenspiele nach Cervantes», die nach der Ausgabe von Gerhart Baumann wiedergegeben sind.

Die Briefe *an* Eichendorff werden zitiert nach Band XIII der ersten historisch-kritischen Ausgabe von 1908 ff., die Briefe *von* Eichendorff nach Band XII der neuen historisch-kritischen Ausgabe. Viele Dokumente zur zeitgenössischen Wirkungsgeschichte Eichendorffs sind zitiert nach dem dreiteiligen Band XVIII der neuen historisch-kritischen Ausgabe.

Damit der Leser die zitierten Quellen aus den Tagebüchern, Briefen und Werken Eichendorffs oder anderer Autoren jeweils in der ihm zur Verfügung stehenden Ausgabe im Zusammenhang nachlesen kann, wurden die Zitate jeweils mit Datum bzw. Werktitel versehen. So erübrigten sich Anmerkungen.

Die in den Eichendorff-Texten der Ausgabe von Frühwald, Schillbach und Schultz sowie in den Bänden der neuen historisch-kritischen Ausgabe verwendeten Klammern sind in der Regel beibehalten: Runde Klammern (...) stammen von Eichendorff selbst; eckige Klammern [...] mit Berichtigungen stammen von den Herausgebern der Ausgaben, mit sachlichen Erläuterungen oder Kürzungen vom Autor dieser Biographie.

Bei Eichendorff geläufige Abkürzungen sind: c. = currentis (des laufenden Monats, Jahres), H. = Herr, p. = perge (usw.), P., Pr. = Professor, qu. = quästioniert (in Frage stehend), r., rth., rthlr. = Reichstaler, Ew. = Euer.

## 2. Quellen

### 2.1. Zu Eichendorff

Sämtliche Werke. Historisch-kritische Ausgabe. Herausgegeben von Wilhelm Kosch und August Sauer. Regensburg 1908 ff.

Sämtliche Werke. Historisch-kritische Ausgabe, begründet von Wilhelm Kosch und August Sauer, (seit 1962) fortgeführt und herausgegeben von Hermann Kunisch; seit 1978 herausgegeben von Hermann Kunisch und Helmut Koopmann. Regensburg, seit 1970: Berlin. *Die historisch-kritische Ausgabe ist noch nicht abgeschlossen.*

Neue Gesamtausgabe der Werke und Schriften in vier Bänden. Herausgegeben von Gerhart Baumann in Verbindung mit Siegfried Grosse. Stuttgart 1957/58. *Abgeschlossen.*

Werke in fünf Bänden. Mit Einführung, Anmerkungen, Zeittafeln, Auswahlbibliographie und Registern von Ansgar Hillach (Bde. I/II) und Klaus-Dieter Krabiel (Bde. III–V) sowie einem Nachwort zur gesamten Ausgabe von Peter Horst Neumann. München 1970–1988. *Abgeschlossen.*

Werke in sechs Bänden. Herausgegeben von Wolfgang Frühwald, Brigitte Schillbach und Hartwig Schultz. Frankfurt am Main 1985–1993. *Abgeschlossen.*

## 2.2. Zu anderen Autoren

Achim und Bettina in ihren Briefen. Briefwechsel Achim von Arnim und Bettina Brentano. Herausgegeben von Werner Vordtriede. Mit einer Einleitung von Rudolf Alexander Schröder. Zwei Bände. Frankfurt am Main 1985.

Achim von Arnims ausgewählte Werke in vier Bänden. Herausgegeben und mit Einleitungen versehen von Max Morris. Leipzig o. J.

Achim von Arnims Werke. Ausgewählt und herausgegeben von Reinhold Steig. Drei Bände. Leipzig o. J.

Appellation an das Publikum ... Dokumente zum Atheismusstreit um Fichte, Forberg, Niethammer. Jena 1798/99. Herausgegeben von Werner Röhr. Leipzig 1987.

Arnim, Achim von und Clemens Brentano. Freundschaftsbriefe. Vollständige kritische Edition von Hartwig Schultz. Zwei Bände. Frankfurt am Main 1998.

Arnim, Achim von: Werke in einem Band. Herausgegeben von Walther Migge. München 1971.

Arnim, Ludwig Achim von, Hrsg.: Zeitung für Einsiedler. In Gemeinschaft mit Clemens Brentano herausgegeben von ... bei Mohr und Zimmer Heidelberg 1808. Mit einem Nachwort zur Neuausgabe von Hans Jessen. Darmstadt 1962.

Athenaeum. Eine Zeitschrift von August Wilhelm Schlegel und Friedrich Schlegel. Ausgewählt und bearbeitet von Curt Grützmacher. Zwei Bände. Reinbek 1969.

Atterbom, Per Daniel: Reisebilder aus dem romantischen Deutschland. Frankfurt am Main o. J.

Baader, Franz von: Schriften zur Gesellschaftsphilosophie. Herausgegeben, eingeleitet und erläutert von Johannes Sauter. Jena 1925.

Baader, Franz: Seele und Welt. Franz Baader's Jugendtagebücher 1786–1792. Eingeleitet und herausgegeben von David Baumgardt. Berlin o.J.

Baader: Franz ... und sein Kreis. Ein Briefwechsel. Ausgewählt und herausgegeben von Fritz Werle. Leipzig 1924.

Baggesen, Jens: Das Labyrinth oder Reise durch Deutschland in die Schweiz 1789. München 1986.

Berliner Abendblätter. Herausgegeben von Heinrich von Kleist. Stuttgart 1959.

Bettina von Arnim: Die Günderode. Zwei Bände. Leipzig 1914.

Bettina von Arnims Armenbuch. Herausgegeben von Werner Vordtriede. Frankfurt am Main 1981.

Bettine und Arnim. Briefe der Freundschaft und Liebe. Herausgegeben, eingeführt und kommentiert von Otto Betz und Veronika Straub. Zwei Bände. Frankfurt am Main 1986/87.

Bettine von Arnim: Clemens Brentanos Frühlingskranz aus Jugendbriefen ihm geflochten wie er selbst schriftlich verlangte. Herausgegeben von Hartwig Schultz. Frankfurt am Main 1985.

Bonaventura: Nachtwachen. Herausgegeben von Steffen Dietzsch. Leipzig 1991.

Brentano, Clemens und Sophie Mereau: Briefwechsel. Nach den Handschriften herausgegeben von Heinz Amelung. Potsdam 1939.
Brentano, Clemens: Das arme Leben unseres Herrn Jesu Christi. Nach den Gesichten der gottseligen Anna Katharina Emmerich. Augsburg 1989.
Brentano, Clemens: Das bittere Leiden unseres Herrn Jesu Christi. Nach den Betrachtungen der gottseligen Anna Katharina Emmerich nebst dem Lebensumriß dieser Begnadigten. Augburg 1989.
Brentano, Clemens: Das Leben der heiligen Jungfrau Maria. Nach den Betrachtungen der gottseligen Anna Katharina Emmerich. Augsburg 1989.
Brentano, Clemens: Werke in zwei Bänden. Herausgegeben von Friedhelm Kemp unter Mitwirkung von Wolfgang Frühwald. München 1972.
Briefe der Freunde. Das Zeitalter Goethes im Spiegel der Freundschaft. Herausgegeben von Ernst von Schenck. Berlin 1937.
Briefe deutscher Romantiker. Herausgegeben von Willi A. Koch. Leipzig 1938.
Bürgers Liebe. Dokumente zu Elise Hahns und G. A. Bürgers unglücklichem Versuch, eine Ehe zu führen. Herausgegeben und mit einem Nachwort von Hermann Kinder. Frankfurt am Main 1981.
Carus, Carl Gustav: Lebenserinnerungen und Denkwürdigkeiten. Nach der zweibändigen Originalausgabe von 1865/66 neu herausgegeben von Elmar Jansen. Zwei Bände. Weimar 1966.
Chamisso, Adelbert von: Werke in zwei Bänden. Herausgegeben von Werner Feudel und Christel Laufer. München 1982.
Claudius, Matthias: Sämtliche Werke. Stuttgart 1965.
Der Wiener Kongreß in Augenzeugenberichten. Herausgegeben und eingeleitet von Hilde Spiel. München 1978.
Des Knaben Wunderhorn. Alte deutsche Lieder. Gesammelt von L. Achim von Arnim und Clemens Brentano. Drei Bände. München 1986.
Die ästhetische Prügeley. Streitschriften der antiromantischen Bewegung. Herausgegeben von Rainer Schmitz. Göttingen 1992.
Die deutsche Literatur in Text und Darstellung. Romantik I und II. Herausgegeben von Jürgen Schmitt. Stuttgart 1978.
Die Schriften zu J. G. Fichte's Atheismus-Streit. Herausgegeben von Hans Lindau. München 1912.
Die Serapionsbrüder. Märchendichtungen der Berliner Romantik. Herausgegeben und mit einem Nachwort versehen von Klaus Günzel. Berlin 1986.
Dresden zur Goethezeit. Die Elbestadt von 1760 bis 1815. Herausgegeben von Günter Jäckel. Berlin 1990.
Dresden zwischen Wiener Kongreß und Maiaufstand. Die Elbestadt von 1815 bis 1850. Herausgegeben von Günter Jäckel. Berlin 1990.
Drey, Johann Sebastian: Die Apologetik als wissenschaftliche Nachweisung der Göttlichkeit des Christenthums in seiner Erscheinung. Mainz 1838.
Drey, Johann Sebastian: Revision von Kirche und Theologie. Drei Aufsätze. Darmstadt 1984.
Droste-Hülshoff, Annette von: Werke in einem Band. Herausgegeben, in zeitlicher Folge geordnet und mit Nachwort und Erläuterungen versehen von Clemens Heselhaus. München 1970.
Eckermann, Johann Peter: Gespräche mit Goethe in den letzten Jahren seines Lebens. München 1984.
Europa. Eine Zeitschrift. Herausgegeben von Friedrich Schlegel bei Friedrich Wil-

mans, Frankfurt am Main 1803. Mit einem Nachwort zur Neuausgabe von Ernst Behler. Stuttgart 1963.
Fichte, Johann Gottlieb Fichte: Die Anweisung zum seligen Leben, oder auch die Religionslehre. Herausgegeben von Hansjürgen Verweyen. Hamburg 1994.
Fichte, Johann Gottlieb: Die Grundzüge des gegenwärtigen Zeitalters. Berlin 1924.
Fichtes Briefe. Ausgewählt und herausgegeben von Ernst Bergmann. Leipzig 1919.
Fichtes Reden an die deutsche Nation. Eingeleitet von Rudolf Eucken. Leipzig 1915.
Fouqué, Friedrich de la Motte: Der Zauberring. Ein Ritterroman. München 1984.
Fouqué, Friedrich da la Motte: Romantische Erzählungen. München 1977.
Frauen der Goethezeit in ihren Briefen. Herausgegeben von Günter Jäckel. Berlin 1966.
Frauenbriefe der Romantik. Herausgegeben und mit einem Nachwort von Katja Behrens. Frankfurt am Main 1981.
Gall, Franz Joseph. Naturforscher und Anthropologe. Ausgewählte Texte, eingeleitet, übersetzt und kommentiert von Erna Lesky. Bern, Stuttgart, Wien 1979.
Geiselmann, Joseph Rupert, Hrsg.: Geist des Christentums und des Katholizismus. Ausgewählte Schriften katholischer Theologie im Zeitalter des deutschen Idealismus und der Romantik. Mainz 1940.
Göbels, Hubert: Hundert alte Kinderbücher aus Barock und Aufklärung. Eine illustrierte Bibliographie. Dortmund 1980.
Goethe in vertraulichen Briefen seiner Zeitgenossen. Zusammengestellt von Wilhelm Bode. Drei Bände. München 1982.
Goethe, Briefe an ... in zwei Bänden. Herausgegeben von Karl Robert Mandelkow. Hamburg 1969.
Goethe. Briefe in vier Bänden. Herausgegeben von Karl Robert Mandelkow unter Mitarbeit von Bodo Morawe. München 1976.
Goethes Werke. Hamburger Ausgabe in 14 Bänden. Herausgegeben von Erich Trunz. München 1998.
Görres, Joseph von: Gesammelte Briefe. Dritter Band. Freundesbriefe. Von 1822–1845. Herausgegeben von Franz Binder. München 1874.
Görres, Joseph von: Hinter der Welt ist Magie. Herausgegeben von Helmut Werner. München 1990.
Görres, Joseph: Ausgewählte Werke in zwei Bänden. Herausgegeben von Wolfgang Frühwald. Freiburg, Basel, Wien 1978.
Görres, Joseph: Politische Schriften (1817–1822). Herausgegeben von Günther Wolters. Köln 1929.
Görres, Joseph: Rheinischer Merkur. Ausgewählt und eingeleitet von Arno Duch. München 1921.
Grillparzer, Franz: Werke in einem Band. Zusammengestellt von Günther Fetzer. München 1981.
Grimmelshausen, Hans Jakob Christoffel von: Der Abenteuerliche Simplicissimus Teutsch. München 1990.
Grün, Anastasius: Der letzte Ritter. Romanzenkranz. Leipzig 1845.
Günderode, Karoline von: «Ich sende Dir ein zärtliches Pfand». Die Briefe der ... Herausgegeben und mit einer Einleitung versehen von Birgit Weißenborn. Frankfurt am Main 1992.
Günderode, Karoline: Gedichte, Prosa, Briefe. Herausgegeben von Hannelore Schlaffer. Stuttgart 1998.

Hass, Hans-Egon, Hrsg.: Sturm und Drang, Klassik, Romantik. Texte und Zeugnisse. 2 Bände. München l966.
Heine, Heinrich: Die romantische Schule und andere Schriften über Deutschland. Köln 1995.
Heine, Heinrich: Werke. Herausgegeben und kommentiert von Stuart Atkins. Zwei Bände. München 1973.
Herder, Johann Gottfried: Schriften. Herausgegeben von Karl Otto Conrady. Reinbek 1968.
Hölderlin, Friedrich: Werke in zwei Bänden. Herausgegeben von Günter Mieth. München 1978.
Hoffmann, E. T. A.: Werke in einem Band. Ausgewählt und mit einem Nachwort versehen von Gerhard Schneider. München 1981.
Jaeschke, Walter, Hrsg.: Religionsphilosophie und spekulative Theologie. Der Streit um die Göttlichen Dinge (1799–1812). Zwei Bände. Hamburg 1994.
Jean Paul im Urteil seiner Kritiker. Dokumente zur Wirkungsgeschichte Jeans Pauls in Deutschland. Herausgegeben, eingeleitet und kommentiert von Peter Sprengel. München 1980.
Jean Paul: Werke in drei Bänden. Herausgegeben von Norbert Miller. Nachwort von Walter Höllerer. München 1969.
Kinder- und Jugendliteratur der Romantik. Eine Textsammlung. Herausgegeben von Hans-Heino Ewers. Stuttgart 1984.
Kleist, Heinrich von: Lebensspuren. Dokumente und Berichte der Zeitgenossen. Herausgegeben von Helmut Sembdner. München 1969.
Kleist, Heinrich von: Werke in zwei Bänden. Herausgegeben von Helmut Sembdner. München 1977.
Klingers Werke in zwei Bänden. Ausgewählt und eingeleitet von Hans Jürgen Geerdts. Berlin und Weimar 1981.
Klopstock, Friedrich Gottlieb: Der Messias. Oden und Elegien. Epigramme. Abhandlungen. Reinbek 1968.
Kluckhohn, Paul: Deutsche Vergangenheit und deutscher Staat. Leipzig 1935.
Körner, Josef, Hrsg.: Krisenjahre der Frühromantik. Briefe aus dem Schlegelkreis. Drei Bände. Bern und München 1958–1969.
Kotzebue, August von: Schauspiele. Mit einer Einführung von Benno von Wiese. Herausgegeben und kommentiert von Jürg Mathes. Frankfurt am Main 1972.
Krause, Karl Christian Friedrich: Vorlesungen über das System der Philosophie. Zweite, aus dem handschriftlichen Nachlasse des Verfassers vermehrte Auflage. Herausgegeben von Paul Hohlfeld und August Wünsche. Leipzig 1889.
Krause, Karl Christian Friedrich: Vorlesungen über die Grundwahrheiten der Wissenschaft. Dritte vermehrte und vielfach verbesserte Auflage. Herausgegeben von August Wünsche. Leipzig 1911.
Kugler, Franz: Geschichte Friedrichs des Großen. Leipzig o. J.
Lazarillo von Tormes, Das Leben des ...: Seine Freuden und Leiden. München 1992.
Lessing, Gotthold Ephraim: Werke. In Zusammenarbeit mit Karl Eibl, Helmut Göbel, Karl S. Guthke, Albert von Schirnding und Jörg Schönert herausgegeben von Herbert G. Göpfert. Darmstadt 1996.
Lieblings-Bücher von dazumal. Eine Blütenlese aus den erfolgreichsten Büchern von 1750–1860. Zugleich ein erster Versuch zu einer Geschichte des Lesergeschmacks. Von Dr. Horst Kunze. München 1965.

Mercier über die Einsamkeit und ihren Einfluß auf Geist und Herz, nach Zimmermann. Ein Buch für die reifere Jugend beyderley Geschlechts. Uebersetzt und mit psychologischen Reflexionen begleitet vom Professor Hydenreich in Leipzig. Leipzig 1797.

Möhler, J. A.: Symbolik oder Darstellung der dogmatischen Gegensätze der Katholiken und Protestanten, nach ihren öffentlichen Bekenntnißschriften. Mainz, Wien 1835.

Moritz, Karl Philipp: Anton Reiser. Ein psychologischer Roman. München 1987.

Möser, Justus: Deutsche Staatskunst und Nationalerziehung. Seine Schriften ausgewählt von Peter Klassen. Leipzig o. J.

Müller, Adam: Zwölf Reden über die Beredsamkeit und deren Verfall in Deutschland. Herausgegeben von Jürgen Wilke. Stuttgart 1983.

Nicolai, Friedrich: ‹Kritik ist überall, zumal in Deutschland, nötig›. Satiren und Schriften zur Literatur. München 1987.

Novalis: Werke. Herausgegeben und kommentiert von Gerhard Schulz. München 1969.

Novalis: Heinrich von Ofterdingen. Erläuterungen und Dokumente. Herausgegeben von Ursula Ritzenhoff. Stuttgart 1988.

Novalis: Werke in zwei Bänden. Herausgegeben von Rolf Toman. Köln 1996.

O Lust, allen alles zu sein. Deutsche Modelektüre um 1800. Herausgegeben von Olaf Reincke. Leipzig 1978.

Peter, Klaus, Hrsg.: Die politische Romantik in Deutschland. Eine Textsammlung. Stuttgart 1985.

Ranke, Leopold von: Das Briefwerk. Eingeleitet und herausgegeben von Walther Peter Fuchs. Hamburg 1949.

Riesbeck, Johann Kaspar: Briefe eines reisenden Franzosen über Deutschland. Zürich o. J.

Ritter, Johann Wilhelm: Briefe eines romantischen Physikers an Gotthilf Heinrich Schubert und an Karl von Hardenberg. München 1966.

Ritter, Johann Wilhelm: Fragmente aus dem Nachlasse eines jungen Physikers. Ein Taschenbuch für Freunde der Natur. Hanau 1984.

Romantiker-Briefe. Herausgegeben von Friedrich Gundelfinger. Jena 1907.

Romantische Naturphilosophie. Ausgewählt von Christoph Bernoulli und Hans Kern. Jena 1926.

Rosenkranz, Karl: Königsberger Skizzen. Herausgegeben von Hermann Dembowski. Berlin 1991.

Rosenkranz, Karl: Georg Wilhelm Friedrich Hegels Leben. Darmstadt 1998.

Runge, Philipp Otto: Briefe und Schriften. München 1982.

Satiren und Parodien. Bearbeitet von Andreas Müller. Deutsche Literatur. Reihe Romantik. Herausgegeben von Paul Kluckhohn. Leipzig 1935.

Schellings Werke. Nach der Originalausgabe in neuer Anordnung herausgegeben von Manfred Schröter. 6 Hauptbände und 6 Ergänzungsbände. München 1962–1971.

Schiller und die Romantiker. Briefe und Dokumente. Herausgegeben und eingeleitet von Hans Heinrich Borcherdt. Stuttgart 1948.

Schiller und Goethe, Der Briefwechsel zwischen ... Drei Bände. München 1984.

Schillers Werke. Vier Bände. Frankfurt am Main 1966.

Schlegel, August Wilhelm: Geschichte der romantischen Literatur. Herausgegeben von Edgar Lohner. Stuttgart 1965.

Schlegel, Caroline und Dorothea in Briefen. Herausgegeben von Ernst Wieneke. Weimar 1914.
Schlegel, Friedrich: Kritische Schriften und Fragmente. Sechs Bände. Herausgegeben von Ernst Behler und Hans Eichner. Paderborn u. a. 1988.
Schlegel, Friedrich: Kritische und theoretische Schriften. Auswahl und Nachwort von Andreas Huyssen. Stuttgart 1978.
Schlegel, Friedrich: Literarische Notizen 1797–1801. Herausgegeben und eingeleitet von Hans Eichner. Berlin, Wien 1980.
Schlegel, Friedrich: Lucinde. Ein Roman. Mit Friedrich Schleiermachers «Vertrauten Briefen über Friedrich Schlegels Lucinde». Nachwort, Zeittafel zu Schlegel, Anmerkungen und bibliographische Hinweise von Ursula Naumann. München 1985.
Schlegel, Friedrich: Werke in einem Band. Herausgegeben von Wolfdietrich Rasch. München 1971.
Schleiermacher als Mensch. Sein Wirken. Familien- und Freundesbriefe. 1804–1834. Gotha 1923.
Schleiermacher, Friedrich Daniel Ernst: Philosophische Schriften. Herausgegeben und eingeleitet von Jan Rachold. Berlin 1984.
Schleiermacher, Friedrich Daniel Ernst: Theologische Schriften. Herausgegeben und eingeleitet von Kurt Nowak. Berlin 1983.
Schleiermacher, Friedrich: Schriften. Herausgegeben von Andreas Arndt. Frankfurt am Main 1996.
Schleiermacher-Auswahl. Mit einem Nachwort von Karl Barth. München und Hamburg 1968.
Schleiermachers (Friedrich ...) Briefwechsel mit seiner Braut. Herausgegeben von Heinrich Meisner. Gotha 1919.
Schubert, Gotthilf Heinrich: ... in seinen Briefen. Ein Lebensbild. Von D. G. Nathanael Bonwetsch. Stuttgart 1918.
Staël, Germaine de: Corinna oder Italien. In der Übersetzung von Dorothea Schlegel. Überarbeitet, mit Anmerkungen, einer Zeittafel und einem Nachwort herausgegeben von Arno Kappler. München 1979.
Staël, Madame de: Mémoires de ... Paris 1845.
Steffens, Henrik: Lebenserinnerungen aus dem Kreis der Romantik. In Auswahl herausgegeben von Friedrich Gundelfinger. Jena 1908.
Stein [Freiherr vom]: Briefe und Schriften. Ausgewählt, eingeleitet und erläutert von Karl Pagel. Leipzig o. J.
Storm, Theodor: Briefe. Zwei Bände. Berlin 1984.
Studentensprache und Studentenlied in Halle vor hundert Jahren. Neudruck des ‹Idiotikon der Burschensprache› von 1795 und der ‹Studentenlieder› von 1781. Halle 1894.
Sturm und Drang, Klassik, Romantik. Texte und Zeugnisse. Herausgegeben von Hans-Egon Hass. Zwei Teilbände. München 1966.
Texte zur Geschichte des Spinozismus. Herausgegeben von Norbert Altwicker. Darmstadt 1971.
Tieck, Ludwig und die Brüder Schlegel. Briefe. Auf der Grundlage der von Henry Lüdeke besorgten Edition neu herausgegeben und kommentiert von Edgar Lohner. München 1972.
Tieck, Ludwig: Der blonde Eckbert. Der Runenberg. Die Elfen. Märchen. Mit einem Nachwort von Konrad Nussbächer. Stuttgart 1980.

Tieck, Ludwig: Der gestiefelte Kater. Kindermärchen in drei Akten mit Zwischenspielen, einem Prologe und Epiloge. Herausgegeben von Helmut Kreuzer. Stuttgart 1980.

Tieck, Ludwig: Des Lebens Überfluß. Novelle. Nachwort von Konrad Nussbächer. Stuttgart 1981.

Tieck, Ludwig: Franz Sternbalds Wanderungen. Herausgegeben von Alfred Anger. Stuttgart 1979.

Tieck, Ludwig: Liebesgeschichte der schönen Magelone und des Grafen Peter von Provence. Mit einem Nachwort von Edward Mornin. Stuttgart 1980.

Tieck, Ludwig: Merkwürdige Lebensgeschichte Sr. Majestät Abraham Tonelli. Herausgegeben von Ernst Ribbat. Stuttgart 1974.

Tieck, Ludwig: Schriften. Erster Band. Kaiser Octavianus. Berlin 1828.

Tieck, Ludwig: Vittoria Accorombona. Ein Roman in fünf Büchern. Herausgegeben von W. J. Lillyman. Stuttgart 1973.

Tieck, Ludwig: William Lovell. Herausgegeben von Walter Münz. Stuttgart 1986.

Varnhagen von Ense, Karl August: Journal einer Revolution. Tagesblätter 1848/49. Nördlingen 1986.

Varnhagen, Rahel: Gesammelte Werke. Herausgegeben von Konrad Feilchenfeldt u. a. München 1983.

Volksbücher, Deutsche. Magelone, Fortunatus, Genoveva, Melusine, Ahasverus, Eulenspiegel, Doktor Faust. Herausgegeben von Martin Sommerfeld. Berlin o. J.

Voß, Johann Heinrich: Luise. Ein ländliches Gedicht in drei Idyllen. Leipzig o. J.

Wackenroder, Wilhelm Heinrich und Ludwig Tieck, Herzensergießungen eine kunstliebenden Klosterbruders. Nachwort von Richard Benz. Stuttgart 1979.

Wackenroder, Wilhelm Heinrich und Ludwig Tieck: Phantasien über die Kunst. Herausgegeben von Wolfgang Nehring. Stuttgart 1973.

Wegweiser durch Halle und seine Umgebungen. Für Fremde und Einheimische bearbeitet von Franz Knauth. Halle 1853.

Wolff, Oskar Ludwig Bernhard: Poetischer Hausschatz des deutschen Volks. Vollständigste Sammlung deutscher Gedichte nach den Gattungen geordnet, begleitet von einer Einleitung, die Gesetze der Dichtkunst im Allgemeinen, sowie der einzelnen Abtheilungen insbesondere enthaltend, nebst einer kurzen Uebersicht ihrer Bildungsgeschichte seit den frühesten Zeiten ihres Erscheinens in Deutschland bis auf unsere Tage und biographischen Angaben über die Dichter aus deren Werken Poesieen gewählt worden. Ein Buch für Schule und Haus. Vierzehnte, gänzlich umgearbeitete und vermehrte Auflage. Leipzig 1850.

Wolff, Oskar Ludwig Bernhard: Naturgeschichte des Deutschen Studenten. Leipzig 1847.

Zinzendorf, Des seligen Grafen Nicolaus Ludwig von ... Gedanken über verschiedene evangelische Wahrheiten, aus dessen Schriften zusammengezogen. Barby 1800.

## 3. Sekundärliteratur

### 3.1. Zu Eichendorff

Adorno, Theodor W.: Zum Gedächtnis Eichendorffs. In: Noten zur Literatur I. Frankfurt am Main 1963.

Athenäum. Jahrbuch für Romantik. Herausgegeben von Ernst Behler, Alexander von Bormann, Jochen Hörisch, Günter Oesterle. Paderborn u. a. 1991 ff.

Aurora. Ein romantischer Almanach (seit 1970: Jahrbuch der Eichendorff-Gesellschaft, seit 1992 zusätzlich: Für die klassisch-romantische Zeit), 1929–1999.

Ausstellung der Stiftung Haus Oberschlesien [...]. Joseph Freiherr von Eichendorff 1788–1857. Köln, Dülmen 1983.

Bayerische Akademie der schönen Künste: Joseph Freiherr von Eichendorff. Ausstellung zum 100. Todestag. München 1957.

Brandenburg, Hans: Das Zaubernetz. Der Liebesroman des jungen Eichendorff. Stuttgart, Berlin 1939.

Brandenburg, Hans: Joseph von Eichendorfff. Sein Leben und sein Werk. München 1922.

Debon, Günther: Das Heidelberger Jahr Joseph von Eichendorffs. Heidelberg 1991.

Evangelische Akademie Baden, Hrsg.: Schläft ein Lied in allen Dingen. Natur, Romantik und Religion bei Joseph von Eichendorff. Herrenalber Protokolle 57, 1989.

Frühwald, Wolfgang und Franz Heiduk: Joseph von Eichendorff. Leben und Werk in Texten und Bildern. Frankfurt am Main 1988.

Frühwald, Wolfgang: Eichendorff-Chronik. Daten zu Leben und Werk. München 1977.

Gössmann, Wilhelm und Christoph Hollender: Joseph von Eichendorff. Seine literarische und kuturelle Bedeutung. Paderborn u. a. 1995.

Grunewald, Eckhard und Nikolaus Gussone, Hrsg.: Von Spee zu Eichendorff. Zur Wirkungsgeschichte eines rheinischen Barockdichters. Berlin 1991.

ter Haar, Carel: Joseph von Eichendorff. Aus dem Leben eines Taugenichts. Text, Materialien, Kommentar. München 1977.

Haller, Rudolf: Eichendorffs Balladenwerk. Bern, München 1962.

Heiduk, Franz, Hrsg.: Geschichte des edlen und freiherrlichen Geschlechts von Eichendorff. Nach Handschriften und Urkunden bearbeitet von Augustin Weltzel. Herausgegeben und erweitert von Franz Heiduk. Sigmaringen 1992.

Hillach, Ansgar und Klaus-Dieter Krabiel: Eichendorff-Kommentar. München 1971/72.

Kersten Johannes: Eichendorff und Stifter. Vom offenen zum geschlossenen Raum. Paderborn u. a. 1996.

Kessler, Michael und Helmut Koopmann, Hrsg.: Eichendorffs Modernität. Tübingen 1989.

Köhler, Willibald: Joseph von Eichendorff. Ein Dichterleben in 11 Kapiteln. Augsburg 1957.

Köhnke, Klaus: «Hieroglyphenschrift». Untersuchungen zu Eichendorffs Erzählungen. Sigmaringen 1986.

Korte, Hermann: Das Ende der Morgenröte. Eichendorffs bürgerliche Welt. Frankfurt am Main, Bern, New York 1987.

Kunisch, Dietmar: Joseph von Eichendorff. Fragmentarische Autobiographie. Ein formtheoretischer Versuch. München 1985.

Kunz, Josef: Eichendorff. Höhepunkt und Krise der Spätromantik. Darmstadt 1967.

Mühlher, Robert: Lebendige Allegorie. Studien zu Eichendorffs Leben und Werk. Sigmaringen 1990.

Nehring, Wolfgang: Spätromantiker. Eichendorff und E. T. A. Hoffmann. Göttingen 1997.

Ninck, Martin: Hölderlin – Eichendorff. Vom Wesen des Klassischen und Romantischen. Heidelberg 1928.
Oberschlesisches Landesmuseum Ratingen: Joseph von Eichendorff und Westfalen. Ratingen 1990.
Ohff, Heinz: Joseph Freiherr von Eichendorff. Preußische Köpfe. Berlin 1983.
Pott, Hans-Georg, Hrsg.: Eichendorff und die Spätromantik. Paderborn 1985.
Rademacher, Gerhard: Von Eichendorff bis Bienek. Schlesien als offene literarische «Provinz». Studien zur Lyrik schlesischer Autoren des 19. und 20. Jahrhunderts. Wiesbaden 1993.
Rehm, Walter: Jacob Burckhardt und Eichendorff. Freiburg im Breisgau 1960.
Reinhard, Ewald: Aus J. v. Eichendorffs dichterischer Frühzeit: Der Wiener Aufenthalt (1810–1813) und seine Bedeutung für des Dichters Entwicklung. Münster 1907.
Riemen, Alfred: Ansichten zu Eichendorff. Beiträge der Forschung 1958 bis 1988. Sigmaringen 1988.
Ries, Franz Xaver: Zeitkritik bei Joseph von Eichendorff. Berlin 1997.
Rösler, Andrea: Vom Gotteslob zum Gottesdank. Bedeutungwandel in der Lyrik von Friedrich Spee zu Joseph von Eichendorff und Annette von Droste-Hülshoff. Paderborn u. a. 1997.
Sauter-Bailliet, Theresia: Die Frau im Werk Eichendorffs. Verkörperungen heidnischen und christlichen Geistes. Bonn 1972.
Schau, Albrecht: Märchenformen bei Eichendorff. Beiträge zu ihrem Verständnis. Freiburg im Breisgau 1970.
Seidlin, Oskar: Versuche über Eichendorff. Göttingen 1965.
Sommerhage, Claus: Romantische Aporien. Zur Kontinuität des Romantischen bei Novalis, Eichendorff, Hofmannsthal und Handke. Paderborn u. a. 1993.
Steinsdorff, Sibylle und Eckhard Grunewald, Hrsg.: Joseph von Eichendorff. Ich bin mit der Revolution geboren. Eichendorff-Gesellschaft 1988 (Ausstellung zum 200. Geburtstag Eichendorffs in Bonn und Ratingen).
Stöcklein, Paul, Hrsg.: Eichendorff heute. Stimmen der Forschung mit einer Bibliographie. München 1960.
Stöcklein, Paul: Joseph von Eichendorff in Selbstzeugnissen und Bilddokumenten. Reinbek 1963.
Stutzer, Diemar: Die Güter der Herren von Eichendorff in Oberschlesien und Mähren. Würzburg 1974.
Wetzel, Christoph: Joseph von Eichendorff. Die großen Klassiker. Literatur der Welt in Bildern, Texten, Daten. Salzburg 1982.

## 3.2. Allgemeines

Akademie der Künste: Berlin zwischen 1789 und 1848. Facetten einer Epoche. Berlin 1981.
Alefeld, Yvonne-Patricia: Göttliche Kinder. Die Kindheitsideologie in der Romantik. Paderborn u. a. 1996.
Aubert, Andreas: Runge und die Romantik. Berlin 1909.
Bacht, Heinrich SJ: Die Tragödie einer Freundschaft. Fürstbischof Heinrich Förster und Professor Joseph Hubert Reinkens. Köln, Wien 1985.
Barclay, David E.: Anarchie und guter Wille. Friedrich Wilhelm IV. und die preußische Monarchie. Berlin 1995.

Barner, Wilfried u. a., Hrsg.: Lessing. Epoche – Werk – Wirkung. München 1987.
Bauer, Eduin: Geschichte der Gründung und Fortbildung der deutsch-katholischen Kirche. Meißen 1845.
Baur, Christian: Landschaftsmalerei der Romantik. München 1979.
Bayerische Staatsbibliothek: Von der Aufklärung zur Romantik. Geistige Strömungen in München. Ausstellungskatalog. Regensburg 1984.
Behler, Ernst und Jochen Hörisch, Hrsg.: Die Aktualität der Frühromantik. Paderborn u. a. 1987.
Behler, Ernst: Die Zeitschriften der Brüder Schlegel. Ein Beitrag zur Geschichte der deutschen Romantik. Darmstadt 1983.
Behler, Ernst: Friedrich Schlegel in Selbstzeugnissen und Bildkokumenten. Reinbek 1978.
Behler, Ernst: Frühromantik. Berlin, New York 1992.
Beiträge zur Kirchengeschichte des neunzehnten Jahrhunderts in Deutschland oder über die neuesten kirchlichen Verhältnisse daselbst. Anhang: Theologisches Gutachten über den Sinn des Apostolischen Breve von Papst Pius VIII. d. 25. März 1830 in Betreff der gemischten Ehen. Augsburg 1835.
Benz, Richard und Arthur v. Schneider: Die Kunst der deutschen Romantik. München 1939.
Benz, Richard: Die deutsche Romantik. Geschichte einer geistigen Bewegung. Leipzig 1940.
Berglar, Peter: Wilhelm von Humboldt in Selbstzeugnissen und Bilddokumenten. Reinbek 1979.
Bihlmeyer, Karl und Hermann Tüchle: Kirchengeschichte. Drei Bände. Paderborn 1969.
Bildarchiv Preußischer Kulturbesitz: Juden in Preußen. Ein Kapitel deutscher Geschichte. Dortmund 1981.
Biographisches Wörterbuch zur deutschen Geschichte. Zweite, völlig neubearbeitete und stark erweiterte Auflage. Bearbeitet von Karl Bosl, Günther Franz, Hanns Hubert Hofmann. Drei Bände. Augsburg 1995.
Bobzin, Hartmut und Gunnar Och, Hrsg.: August Graf von Platen. Leben, Werk, Wirkung. Paderborn u. a. 1998.
Bogucka, Maria: Das alte Danzig. München 1987.
Bollacher, Martin: Wackenroder und die Kunstauffassung der frühen Romantik. Darmstadt 1983.
Böttger, Fritz: Bettina von Arnim. Ihr Leben, ihre Begegnungen, ihre Zeit. Bern, München, Wien 1990.
Braun, Hans-Jürg u. a., Hrsg.: Ludwig Feuerbach und die Philosophie der Zukunft. Berlin 1990.
Braunfels, Wolfgang: Die Kunst im Heiligen Römischen Reich. Band V. Grenzstaaten im Osten und Norden. Deutsche und slawische Kultur. München 1985.
Braungart, Wolfgang u. a., Hrsg.: Ästhetische und religiöse Erfahrungen der Jahrhundertwenden. Band I: Um 1800. Paderborn u. a. 1997.
Brentano, Bernard von: August Wilhelm Schlegel. Geschichte eines romantischen Geistes. Stuttgart 1943.
Brinkmann, Reinhold: Schumann und Eichendorff. Studien zum *Liederkreis* Opus 39. München 1997.
Bruford, Walter H.: Die gesellschaftlichen Grundlagen der Goethezeit. Berlin 1975.

Brummack, Jürgen, Hrsg.: Heinrich Heine. Epoche – Werk – Wirkung. München 1980.
Craig, Gordon A.: Geschichte Europas im 19. und 20. Jahrhundert. Band 1. München 1978.
Dilthey, Wilhelm: Das Erlebnis und die Dichtung. Lessing, Goethe, Novalis, Hölderlin. Stuttgart, Göttingen 1957.
Drewitz, Ingeborg: Bettine von Arnim. Romantik – Revolution – Utopie. München 1980.
Einem, Herbert von: Deutsche Malerei des Klassizismus und der Romantik. 1760–1840. München 1978.
Elze, Günter: Breslau gestern und heute. Ein Wegweiser. Leer 1989.
Escher, Heinrich: Ueber die Philosphie des Staatsrechts, mit besonderer Beziehung auf die Hallersche Restauration und einem Vorwort über Hrn. C. L. von Hallers Uebertritt zur Röm. Kath. Kirche und dessen Ausschließung von den öffentlichen Aemtern der Stadt und Republik Bern. Zürich 1821.
Fiege, Gertrud: Caspar David Friedrich in Selbstzeugnissen und Bilddokumenten. Reinbek 1981.
Fleischmann, Kornelius: Klemens Maria Hofbauer. Sein Leben und seine Zeit. Graz, Wien, Köln 1988.
Förster, Heinrich: Cardinal und Fürstbischof Melchior von Diepenbrock. Ein Lebensbild. Von seinem Nachfolger auf dem bischöflichen Stuhle. Breslau 1859.
Frank, Manfred: Der kommende Gott. Vorlesungen über die Neue Mythologie. Frankfurt am Main 1982.
Frank, Manfred: Einführung in die frühromantische Ästhetik. Vorlesungen. Frankfurt am Main 1989.
Freies Deutsches Hochstift: Achim von Arnim 1781–1831. Austellungskatalog. Frankfurt 1981.
Frevert, Ute: Ehrenmänner. Das Duell in der bürgerlichen Gesellschaft. München 1991.
Friedrich, Martin: Die preußische Landeskirche im Vormärz. Evangelische Kirchenpolitik unter dem Ministerium Eichhorn (1840–1848). Waltrop 1994.
Fries, Heinrich und Georg Schwaiger, Hrsg.: Katholische Theologen Deutschlands im 19. Jahrhundert. Drei Bände. München 1975.
Frühwald, Wolfgang u. a.: Emmerick und Brentano. Dokumentation eines Symposions der Bischöflichen Kommission «Anna Katharina Emmerick». Dülmen 1982.
Gandelheid, Heinrich: Alte Aachener Bilder. Ein Blick in die Vergangenheit der Kaiserstadt. Aachen 1989.
Gessner, Adolf: Abtei Rauden in Oberschlesien. Kitzingen 1952.
Glaser, Horst Albert, Hrsg.: Deutsche Literatur. Eine Sozialgeschichte. Band 5 und 6. Reinbek 1980.
Görlitz, Walter: Geschichte des deutschen Generalstabes von 1650–1945. Augsburg 1977.
Gössmann, Wilhelm und Klaus-Hinrich Roth: Poetisierung – Politisierung. Deutschlandbilder in der Literatur bis 1848. Paderborn u. a. 1994.
Gottschalk, Joseph: St. Hedwig, Herzogin von Schlesien. Köln, Graz 1964.
Grassl, Hans: Aufbruch zur Romantik. Bayerns Beitrag zur deutschen Geistesgeschichte 1765–1785. München 1968.
Günzel, Klaus: König der Romantik. Das Leben des Dichters Ludwig Tieck in Briefen, Selbstzeugnissen und Berichten. Tübingen 1981.
Handbuch der deutschen Bildungsgeschichte. Band III. 1800–1870. Herausgegeben von Karl-Ernst Jeismann und Peter Lundgreen. München 1987.

Hänsel-Hohenhausen, Markus: Clemens August Freiherr Droste zu Vischering. Erzbischof von Köln, 1773-1845. Die moderne Kirchenfreiheit im Konflikt mit dem Nationalstaat. Zwei Bände. Egelsbach 1991.
Häntzschel, Günter: Gottfried August Bürger. München 1988.
Hartau, Friedrich: Clemens Fürst von Metternich in Selbstzeugnissen und Bilddokumente. Reinbek 1977.
Hartmann, Willi: Der Gedanke der Menschwerdung bei Novalis. Eine religionsphilosophische Untersuchung der Fragemente und Studienaufzeichnungen. Freiburg, Basel, Wien 1992.
Haym, Rudolf: Die romantische Schule. Ein Beitrag zur Geschichte des deutschen Geistes. Darmstadt 1961.
Heilborn, Ernst: Zwischen zwei Revolutionen. Der Geist der Schinkelzeit (1789-1848). Berlin 1927.
Heinsius, Wilhelm: Aloys Henhöfer und seine Zeit. Neu herausgegeben von Gustav Adolf Benrath. Neuhausen-Stuttgart 1987.
Hermsdorf, Klaus: Literarisches Leben in Berlin. Aufklärer und Romantiker. Berlin 1987.
Hertz, Deborah: Die jüdischen Salons im alten Berlin. Frankfurt am Main 1991.
Hettwer, Norbert: Hedwig von Andechs und Trebnitz – der Weg zu ihrer Heiligkeit. St. Ottilien 1986.
Hirsch, Helmut: Bettina von Arnim mit Selbstzeugnissen und Bilddokumenten. Reinbek 1995.
Historisch-topographische Beschreibung der Stadt Halle im Magdeburgischen. Grottkau, im Verlag und zum Besten der evangelischen Schulanstalt. 1788. Reprint Halle 1990.
Hocks, Paul und Peter Schmidt: Literarische und politische Zeitschriften 1789-1805. Von der politischen Revolution zur Literaturrevolution. Stuttgart 1975.
Hoffmann, Wilhelm: Das Leben Jesu kritisch bearbeitet von Dr. D. F. Strauß. Geprüft für Theologen und Nichttheologen von ... Stuttgart 1836.
Hofmann, Werner: Das entzweite Jahrhundert. Kunst zwischen 1750 und 1830. München 1995.
Hohoff, Curt: Heinrich von Kleist mit Selbstzeugnissen und Bilddokumenten. Reinbek 1997.
Hohoff, Curt: Jakob Michael Reinhold Lenz in Selbstzeugnissen und Bilddokumenten. Reinbek 1977.
Huch, Ricarda: Die Romantik. Zwei Bände. Leipzig 1912.
Janzin, Marion und Joachim Günter: Das Buch vom Buch. 5000 Jahre Buchgeschichte. Hannover 1995.
Jasper, Willi: Keinem Vaterland geboren. Ludwig Börne. Eine Biographie. Hamburg 1989.
Jedin, Hubert, Hrsg.: Handbuch der Kirchengeschichte. Freiburg im Breisgau 1971-1985.
Jensen, Jens Christian: Caspar David Friedrich. Leben und Werk. Köln 1980.
Jensen, Jens Christian: Philipp Otto Runge. Leben und Werk. Köln 1978.
Jørgensen, Sven Aage u. a.: Aufklärung, Sturm und Drang, Frühe Klassik. München 1990.
Kaiser, Gerhard: Klopstock. Religion und Dichtung. Gütersloh 1963.
Kantzenbach, Friedrich Wilhelm: Friedrich Daniel Ernst Schleiermacher in Selbstzeugnissen und Bilddokumenten. Reinbek 1967.

Kleßmann, Eckart: Die deutsche Romantik. Köln 1979.
Knittermeyer, Hinrich: Schelling und die romantische Schule. München 1929.
Köbler, Gerhard: Historisches Lexikon der deutschen Länder. Die deutschen Territorien vom Mittelalter bis zur Gegenwart. München 1995.
Köhler, Oskar: Müde bin ich, geh' zur Ruh'. Die hell-dunkle Lebensgeschichte Luise Hensels. Paderborn 1991.
Kohut, Adolph: David Friedrich Strauß als Denker und Erzieher. Leipzig 1908.
Korff, Heinrich August: Geist der Goethezeit. Versuch einer ideellen Entwicklung der klassisch-romantischen Literaturgeschichte. Vier Bände. Leipzig 1955–1957.
Koselleck, Reinhart: Preußen zwischen Reform und Revolution. Allgemeines Landrecht, Verwaltung und soziale Bewegung von 1791 bis 1848. München 1989.
Kratander: Anti-Strauß. Ernstes Zeugniß für die christliche Wahrheit wider die alte und neue Unglaubenslehre. Stuttgart 1841.
Krause, Peter: «O alte Burschenherrlichkeit». Die Studenten und ihr Brauchtum. Graz, Wien, Köln 1997.
Kurowski, Franz: Der Deutsche Orden. 800 Jahre Geschichte einer ritterlichen Gemeinschaft. München 1997.
Kurzke, Hermann: Romantik und Konservatismus. Das «politische» Werk Friedrich von Hardenbergs im Horizont seiner Wirkungsgeschichte. München 1983.
Lang, Berthold S. J.: Bischof Sailer und seine Zeitgenossen. München, Regensburg, Dillingen 1932.
Lenhart, Ludwig, Hrsg.: Idee, Gestalt und Gestalter des ersten deutschen Katholikentages in Mainz 1848. Ein Gedenkbuch zum Zentenar-Katholikentag 1948. Mainz 1948.
Lütgert, Wilhelm: Die Religion des deutschen Idealismus und ihr Ende. Drei Bände. Gütersloh 1923–1925.
Mann, Golo: Friedrich von Gentz. Gegenspieler Napoleons, Vordenker Europas. Frankfurt am Main 1965.
Mayer, Hans: Georg Büchner und seine Zeit. Frankfurt am Main 1972.
Meid, Volker: Grimmelshausen. Epoche – Werk – Wirkung. München 1984.
Müller, Gotthold: Identität und Immanenz. Zur Genese der Theologie von David Friedrich Strauß. Eine theologie- und philosophiegeschichtliche Studie. Mit einem bibliographischen Anhang zur Apokatastasis-Frage. Basel 1968.
Nadler, Josef: Die Berliner Romantik 1800–1814. Berlin 1921.
Nadler, Josef: Literaturgeschichte der deutschen Stämme und Landschaften. III. Band: Der deutsche Geist (1740–1813). Regensburg 1931.
Neidhardt, Hans Joachim: Die Malerei der Romantik in Dresden. Leipzig 1976.
Nipperdey, Thomas: Deutsche Geschichte 1800–1866. Bürgerwelt und starker Staat. München 1983.
Nowak, Kurt: Geschichte des Christentums in Deutschland. Religion, Politik und Gesellschaft vom Ende der Aufklärung bis zur Mitte des 20. Jahrhunderts. München 1995.
Nowak, Kurt: Schleiermacher und die Frühromantik. Eine literaturgeschichtliche Studie zum romantischen Religionsverständnis und Menschenbild am Ende des 18. Jahrhunderts in Deutschland. Göttingen 1986.
Ohff, Heinz: Karl Friedrich Schinkel. Berlin 1981.
Ortheil, Hanns-Josef: Jean Paul mit Selbstzeugnissen und Bilddokumenten. Reinbek 1991.

Osinski, Jutta: Katholizismus und deutsche Literatur im 19. Jahrhundert. Paderborn 1993.
Pange, Pauline Gräfin de: August Wilhelm Schlegel und Frau von Staël. Eine schicksalhafte Begegnung. Nach unveröffentlichten Briefen. Hamburg 1940.
Paulin, Roger: Ludwig Tieck. Eine literarische Biographie. München 1988.
Paulin, Roger: Ludwig Tieck. Stuttgart 1987.
Perels, Christoph, Hrsg.: Sturm und Drang. Ausstellungskatalog. Frankfurt am Main 1988.
Peter, Klaus, Hrsg.: Romantikforschung seit 1945. Königstein/Ts. 1980.
Pikulik, Lothar: Frühromantik. Epoche – Werk – Wirkung. München 1992.
Prang, Helmut: Die romantische Ironie. Darmstadt 1989.
Ribbe, Wolfgang, Hrsg.: Geschichte Berlins. Von der Frühgeschichte bis zur Gegenwart. Zwei Bände. München 1987.
Robels, Hella: Sehnsucht nach Italien. Bilder deutscher Romantiker. München 1974.
Romantik und Restauration. Architektur in Bayern zur Zeit Ludwigs I. 1825–1848. Ausstellungskatalog. München 1987.
Scheffczyk, Leo, Hrsg.: Theologie in Aufbruch und Widerstreit. Die deutsche katholische Theologie im 19. Jahrhundert. Bremen 1965.
Schieder, Theodor: Vom Deutschen Bund zum Deutschen Reich. 1815–1871. München 1981.
Schiel, Hubert, Hrsg.: Johann Michael Sailer. Leben und Briefe. Zwei Bände. Regensburg 1948/1952.
Schiel, Hubert, Hrsg.: Sailer und Lavater. Mit einer Auswahl aus ihrem Briefwechsel. Köln 1928.
Schirmer, Ruth: August Wilhelm Schlegel und seine Zeit. Ein Bonner Leben. Bonn 1986.
Schiwy, Günther: Der kosmische Christus. Spuren Gottes ins Neue Zeitalter. München 1990.
Schlesiens Vermächtnis. Eine Lesebuch aus 700 Jahren. Herausgegeben von Wolfgang von Eichborn. Wiesbaden 1979.
Schmidt, Arno: Das essayistische Werk zur deutschen Literatur in 4 Bänden. Zürich 1988.
Schmidt, Arno: Fouqué und einige seiner Zeitgenossen. Biographischer Versuch. Zürich 1988.
Schmidt, Dorothea: Die preußische Landwehr. Ein Beitrag zur Geschichte der allgemeinen Wehrpflicht in Preußen zwischen 1813 und 1830. Berlin 1981.
Schmidt, Susanna: «Handlanger der Vergänglichkeit». Zur Literatur des katholischen Milieus 1800–1950. Paderborn 1994.
Schneider, Erich: Die Theologie und Feuerbachs Religionskritik. Die Reaktion der Theologie des 19. Jahrhunderts auf Ludwig Feuerbachs Religionskritik. Mit Ausblicken auf das 20. Jahrhundert und einem Anhang über Feuerbach. Göttingen 1972.
Schultz, Hartwig: Der unbekannte Brentano. Frankfurt o. J.
Schulz, Gerhard, Hrsg.: Novalis. Beiträge zu Werk und Persönlichkeit Friedrich von Hardenbergs. Darmstadt 1986.
Schulz, Gerhard: Die deutsche Literatur zwischen Französischer Revolution und Restauration. I. Teil: 1789–1806. II. Teil: 1806–1830. München 1983/89.
Schulz, Gerhard: Novalis in Selbstzeugnissen und Bilddokumenten. Reinbek 1981.

Schwabe, Klaus, Hrsg.: Die preußischen Oberpräsidenten 1815–1945. Boppard am Rhein 1985.
Schwalbach, Helmut: Der Mainzer «Katholik» als Spiegel des neuerwachenden kirchlich-religiösen Lebens in der ersten Hälfte des neuzehnten Jahrhunderts (1821–1850). Mainz (Dissertation 1966).
Schwering, Leo: August Reichensperger. Dülmen 1936.
Scurla, Herbert: Rahel Varnhagen. Die große Frauengestalt der deutschen Romantik. Eine Biographie. Frankfurt am Main 1980.
Sell, Karl: Die Religion unserer Klassiker. Lessing, Herder, Schiller, Goethe. Tübingen und Leipzig 1904.
Staatsbibliothek Preußischer Kulturbesitz, Hrsg.: Friedrich Nicolai. Leben und Werk. Ausstellung zum 250. Geburtstag. Berlin 1983.
Stamm-Kuhlmann, Thomas: König in Preußens großer Zeit. Friedrich Wilhelm III., der Melancholiker auf dem Thron. Berlin 1992.
Staudenmaier, Franz Anton: Der Geist des Christenthums, dargestellt in den heiligen Zeiten, in den heiligen Handlungen und in der heiligen Kunst. Zwei Bände. Mainz 1835.
Steffen, Hans, Hrsg.: Die deutsche Romantik. Poetik, Formen und Motive. Göttingen 1978.
Strack, Friedrich, Hrsg.: Evolution des Geistes: Jena um 1800. Natur und Kunst, Philosophie und Wissenschaft im Spannungfeld der Geschichte. Stuttgart 1994.
Strauß, David Friedrich: Das Leben Jesu für das deutsche Volk bearbeitet. Leipzig 1864.
Strosetzki, Christoph: Miguel de Cervantes. Epoche – Werk – Wirkung. München 1991.
Thomann Tewarson, Heidi: Rahel Levin Varnhagen mit Selbstzeugnissen und Bilddokumenten. Reinbek 1997.
Till, Rudolf: Hofbauer und sein Kreis. Wien 1951.
Treitschke, Heinrich von: Deutsche Geschichte im 19. Jahrhundert. Essen o. J.
Ueding, Gert: Jean Paul. München 1993.
Uerlings, Herbert: Friedrich von Hardenberg, genannt Novalis. Werk und Forschung. Stuttgart 1991.
Valerius, Gerhard: Deutscher Katholizismus und Lamennais. Eine Auseinandersetzung in der katholischen Publizistik 1817–1854. Mainz 1983.
Vietta, Silvio, Hrsg.: Romantik in Niedersachsen. Der Beitrag des protestantischen Nordens zur Entstehung der literarischen Romantik in Deutschland. Hildesheim, Zürich, New York 1986.
Viviani, Analisa: Grillparzer-Kommentar. Zwei Bände. München 1973.
Wacker, Bernd: Revolution und Offenbarung. Das Spätwerk (1824–1848) von Joseph Görres – Eine politische Theologie. Mainz 1990.
Wega Mathieu, Stella: Philipp Otto Runge. Leben und Werk in Daten und Bildern. Frankfurt am Main 1977.
Wehler, Hans-Ulrich: Deutsche Gesellschaftsgeschichte. Drei Bände München 1987–1995.
Wehr, Gerhard: Jakob Böhme in Selbstzeugnissen und Bilddokumenten. Reinbek 1977.
Wehrung, Georg: Schleiermacher in der Zeit seines Werdens. Gütersloh 1927.
Wenzel, Paul: Das wissenschaftliche Anliegen des Güntherianismus. Ein Beitrag zur Theologiegeschichte des 19. Jahrhunderts. Essen 1961.

Wenzel, Paul: Der Freundeskreis um Anton Günther und die Gründung Beurons. Ein Beitrag zur Geschichte des deutschen Katholizismus im 19. Jahrhundert. Essen 1965.
Wien, Alfred: Liebeszauber der Romantik. Berlin 1920.
Wistoff, Andreas: Die deutsche Romantik in der öffentlichen Literaturkritik. Die Rezensionen zur Romantik in der «Allgemeinen Literatur-Zeitung» und der «Jenaischen Allgemeinen Literatur-Zeitung» 1795–1812. Bonn und Berlin 1992.
Wittkop-Ménardeau: E. T. A. Hoffmann in Selbstzeugnissen und Bilddokumenten. Reinbek 1981.
Wittmann, Reinhard: Geschichte des deutschen Buchhandels. Ein Überblick. München 1991.
Wolff, Arnold: Dombau in Köln. Photographen dokumentieren die Vollendung einer Kathedrale. Stuttgart 1980.
Yovel, Yirmiyahu: Spinoza. Das Abenteuer der Immanenz. Göttingen 1996.
Ziolkowski, Theodore: Das Amt der Poeten. Die deutsche Romantik und ihre Institutionen. Stuttgart 1992.

# Abbildungsverzeichnis mit Quellennachweis

1 Schloß Lubowitz bei Ratibor. (Eichendorff-Gesellschaft. Aus: Joseph Freiherr von Eichendorff 1788–1857, Austellungskatalog, Rheinland-Verlag Köln und Verlag Laumann, Dülmen). S. 1
2 Karoline von Eichendorff. Gemälde von F. W. Weinold (Eichendorff-Museum, Wangen. Aus: Eichendorff. Bilder aus seinem Leben. Herausgegeben durch die Landesanstalt für Erziehung und Unterricht, Verlag E. Schreiber, Stuttgart 1957). S. 28
3 Adolph von Eichendorff (Nachweis wie zu 2). S. 29
4 Stammschloß in Deutsch-Krawarn (Archiv Schiwy). S. 30
5 Brief des Sechsjährigen (Eichendorff-Gesellschaft. Aus: Bayerische Akademie der Schönen Künste. Joseph Freiherr von Eichendorff. Ausstellung zum 100. Geburtstag. München 1957). S. 43
6 Karlsbad. Vedute von A. Arrigoni (Museum Karlsbad. Aus: Karlovy Vary a okoli u dile A. Arrigoniho, Edice Rytiny a Obrazy). S. 47
7 Schloß Tost. Stich von J. Schmahel («Der Breslauische Erzähler», 1808, Nr. 9. Aus: Aurora 1967). S. 52
8 Ratibor (Nachweis wie zu 1). S. 61
9 Eichendorff 1797 (Nachweis wie zu 2). S. 79
10 Tagebuch-Eintrag 1800 (Eichendorff-Museum, Wangen). S. 80
11 Josephskonvikt und Matthiaskirche in Breslau (Archiv Schiwy). S. 90
12 Giebichenstein. Nach einer Lithographie von G. Frank (Aus: Wegweiser durch Halle und seine Umgebungen. Bearbeitet von Franz Knauth, Halle 1853, Reprint: fliegenkopfverlag, Halle 1990). S. 128
13 Henrik Steffens. Gemälde von Chr. A. Lorenzen (Privatbesitz, Kopenhagen. Nachweis wie zu 2). S. 158
14 Friedrich Schleiermacher. Stich von H. Lips (Nationalgalerie, Berlin. Nachweis wie zu 2). S. 165
15 Novalis. Kupferstich von E. Eichens (Archiv Ivo Weißenberger. Aus: Aurora 1987). S. 169
16 Ludwig Tieck (Eichendorff-Museum, Wangen. Aus: Aurora 1954). S. 173
17 Die Belagerung von Cosel. Gemälde von W. von Kobell (Neue Pinakothek, München. Aus: Willibald Köhler, Joseph von Eichendorff. Oberschlesischer Heimatverlag, Augsburg 1957). S. 193
18 Rohrbach. Gemälde von A. Lucas (Kurpfälzisches Museum, Heidelberg. Aus: Karl Heinz Frauenfeld, Rohrbach im Wandel der Zeit, Volksbank Kurpfalz, Heidelberg o. J.). S. 210
19 Joseph von Görres. Zeichnung von L. Grimm (Universitätsbibliothek, Heidelberg. Nachweis wie zu 2). S. 215
20 Otto Heinrich Graf von Loeben. Zeichnung von W. Hensel (Privatbesitz, Osnabrück. Nachweis wie zu 2). S. 222
21 Eichendorff 1809, Gemälde von K. J. Raabe (Eichendorff-Museum, Wangen, Nachweis wie zu 2). S. 251

Abbildungsverzeichnis mit Quellennachweis 707

22 Achim von Arnim. Gemälde von E. H. Ströhling (Nachweis wie zu 2). *S. 294*
23 Clemens von Brentano. Zeichnung von W. Schadow (Nachweis wie zu 2). *S. 296*
24 Wien. Lithographie nach T. D. Raulino (Museen der Stadt Wien. Aus: Aurora, 1981). *S. 316*
25 Schloß Seebarn (Archiv Schiwy). *S. 317*
26 Dorothea Schlegel (Privatbesitz, Dresden. Nachweis wie zu 2). *S. 319*
27 Friedrich Schlegel. Kohlezeichnung von Philipp Veit (Goethemuseum, Frankfurt am Main. Nachweis wie zu 2). *S. 325*
28 Friedrich Baron de la Motte Fouqué. Zeichnung von W. Hensel (Privatbesitz. Aus: Aurora, 1955). *S. 331*
29 Clemens Maria Hofbauer. Stich von A. Petrach (Österreichische Nationalbibliothek, Wien. Aus: Aurora, 1957). *S. 337*
30 Eichendorff 1814, Miniatur auf Elfenbein (Nachweis wie zu 2). *S. 340*
31 Philipp Veit. Selbstbildnis (Gemäldegalerie der Stadt Mainz. Nachweis wie zu 2). *S. 341*
32 Louise von Eichendorff, die Gattin des Dichters (Nachweis wie zu 2). *S. 356*
33 Pogrzebin, Wohnsitz der Schwiegereltern (Archiv Schiwy). *S. 362*
34 Wilhelm von Eichendorff, der Bruder des Dichters (Ferdinandeum, Innsbruck. Nachweis wie zu 2). *S. 374*
35 Die Marienburg (Nachweis wie zu 2). *S. 392*
36 Adam Müller. Nach einem Gemälde von G. von Kügelgen (Privatbesitz, Dresden. Nachweis wie zu 2). *S. 411*
37 Theodor von Schön (Nachweis wie zu 2). *S. 414*
38 Illustration zum «Taugenichts» von A. Schrödter (Universitätsbibliothek, Bochum. Aus: Aurora, 1977). *S. 447*
39 Ur-Taugenichts (Eichendorff-Museum, Wangen. Aus: Aurora, 1956). *S. 451*
40 Eichendorff 1840. Radierung von E. Eichens (Nachweis wie zu 2). *S. 483*
41 Friedrich Wilhelm III. Gemälde von F. Krüger (Aus: Berlin Museum, Bürgerliches Leben im Berliner Biedermeier, Ausstellungskatalog 1979). *S. 493*
42 Hambacher Fest (Institut für Hochschulkunde, Würzburg. Aus: Akademie der Künste, Berlin zwischen 1789 und 1848, Ausstellungskatalog 1981). *S. 499*
43 Weiterbau des Kölner Doms. Lithographie nach G. Osterwald (Dombauarchiv, Köln. Aus: Arnold Wolff, Dombau in Köln, Verlag Müller und Schindler, Stuttgart 1980). *S. 557*
44 Friedrich Wilhelm IV. Lithographie nach C. A. Schwerdgeburth (Nachweis wie zu 41). *S. 565*
45 Gutsschloß Sedlnitz (Eichendorff-Gesellschaft. Aus: Weltzel/Heiduk, Geschichte des edlen und freiherrlichen Geschlechts von Eichendorff, Jan Thorbecke Verlag, Sigmaringen 1992). *S. 573*
46 Louise von Eichendorff, die Schwester des Dichters (Nachweis wie zu 2). *S. 588*
47 Adalbert Stifter (Stifter-Archiv, Linz. Aus: Franz Baumer, Adalbert Stifter, Verlag C. H. Beck, München 1989). *S. 590*
48 Schloß Johannesberg (Archiv Schiwy). *S. 633*
49 Fürstbischof Heinrich Förster (Aus: Erich Kleineidam, Die Katholisch-Theologische Fakultät der Universität Breslau 1811–1945, Wienand-Verlag, Köln 1961)
50 Hedwig von Schlesien (Aus: Joseph Gottschalk, St. Hedwig. Herzogin von Schlesien, Böhlau Verlag, Köln, Graz 1964). *S. 642*
51 Eichendorff 1857 (Nachweis wie zu 2). *S. 647*

52 Sterbehaus in Neisse. Radierung von F. Wöber (Nachweis wie zu 2). S. 663
53 Grab in Neisse (Archiv Schiwy). S. 664
54 Gedicht an das Patenkind Guido Maria Dreves (Eichendorff-Gesellschaft). S. 666

# Personenverzeichnis

Abel, Karl von (1788–1859), bayer. Innenminister 533
Abraham a Santa Clara (1644–1709) 236, 654
Adametz, Theresia, Pächtersfrau in Ganiowitz 304, 310
Adolph von Nassau (um 1250–1298), Kaiser (seit 1292) 254
d'Alayrac, Nicolas, Opernkomponist 183
Alberti, Amalie, Tiecks Frau 189
Albrecht I. von Österreich (um 1255–1308), Kaiser (seit 1298) 254
Alexander der Große (356–323), König von Makedonien (seit 336) 620
Alexander I. (1777–1825), Kaiser Rußlands (seit 1801) 193, 242f., 475
Alexis, Willibald (Pseud. von Wilhelm Häring) (1798–1871) 308, 453, 460ff., 470ff., 503
Alfons XI., König von Kastilien (1312–1350) 569
Altenstein, Karl Sigmund Franz Reichsfreiherr vom Stein zum A. (1770–1840), preuß. Kultusminister (1817–1838) 406, 415, 424ff., 437, 464, 483, 485, 495, 498, 508, 526, 528f., 532, 548
Amalie von Baden, Markgräfin 242f.
Ambrosius (um 340–397), Bischof von Mailand (seit 374) 534
Amelang, C. F., Leipziger Verleger 137
Anakreon (nach 500 n. Chr.), griech. Dichter 122
Ancillon, Johann Peter Friedrich (1767–1837), preuß. Außenminister (seit 1832) 491
Anhalt-Pleß, Ferdinand Fürst von (1766–1836), preuß. General, 1806 Gouverneur von Schlesien 195
Anjou, Karl von, 1265 König von Neapel 473
Anna von Böhmen (gest. 1265), Frau Heinrichs II. von Schlesien, Hedwigs Schwiegertochter 649
Anton, Klemens Theodor (1755–1836), König von Sachsen (1827–1836) 130
Apel, Johann August (1771–1816), Schriftsteller 308
Aretin, Johann Christoph Freiherr von (1772–1824), bayer. Hofbibliotheksdirektor 217
Argote y Molina, Gonzalo de, span. Geschichtsschreiber 570
Aristophanes (um 445 – um 385 v. Chr.) griech. Dichter 161
Aristoteles (384–322 v. Chr.) 653
Arndt, Ernst Moritz (1769–1860) 463, 552
Arnim, Achim von (1781–1831) 24, 173ff., 189f., 220, 227f., 233–239, 253, 267, 271, 274, 282, 285, 290ff., 294 (Abb.), 295f., 302, 308, 320, 327f., 373, 385, 445, 448, 459, 472, 482, 512, 560, 565
Arnim, Bettina von, geb. Brentano (1785–1859) 290, 295f., 346, 565–569, 572f., 574
Arnim, Maximiliane von, Bettinas Tochter 573
Arnim-Boitzenburg, Adolf Heinrich Graf von (1803–1868), preuß. Innenminister (1842–1845) 548, 574
Arnoldi, Wilhelm, Bischof von Trier 578
Äsop (6. Jahrhundert v. Chr.), griech. Fabeldichter 571
Ast, Georg Anton Friedrich (1778–1814), Professor in Landshut 226f.
Astor, Eva Rosina, Katharina Försters Großmutter 241
Athanasius der Große (um 295–373), Bischof von Alexandria 534
Auber, Daniel François Esprit (1782–1871), frz. Komponist 468

Auersperg, Anton Alexander Graf von (Pseud. Anastasius Grün) (1806–1876), Schriftsteller 582
August Friedrich Wilhelm Heinrich, Prinz von Preußen (1779–1843) 284
Auguste, Herzogin, Gemahlin Max Josephs (Kurfürst von Kurpfalzbayern), Mutter König Ludwigs I. von Bayern 242
Augustin, Christian Friedrich Bernhard, Domprediger in Halberstadt 140
Augustinus (354–430) 132, 652

Baader, Franz von (1765–1841), Philosoph 412, 536, 576
Babo, Lustpielautor 104
Baggesen, Jens (1764–1826), dän. Dichter 227
Balde, Jakob (1604-1668) 236
Balde, Verleger in Kassel 156
Ballestrem, Karl Franz Graf von, schles. Großindustrieller 33
Bally, Heidelberger Studienkollege 242
Baltzer, Johann Baptist (1803–1871), Theologieprofessor, Güntherianer, Altkatholik 643 f.
Bargel, Studienkollege 128
Barhan, engl. Seiltänzer 96
Bartetzko, Johann, Pfarrer 86
Bartholdy, Jakob Salomon (1779–1825), preuß. Diplomat 347
Baudelaire, Charles (1821–1867) 586
Bauer, Egbert, Verleger 573
Bauernfeld, Eduard von, österr. Schriftsteller 582
Baumann, Gerhart, Germanist 689
Baumstark, Reinhold, Jurist 115
Bayer, Johann, Verwalter von Sedlnitz 40, 388, 656, 658 f., 661 f.
Beauharnais, Stefanie, Napoleons Adoptivtochter 242 f
Beck, Wolfgang, Verleger 15
Becker, Johannes, Pfarrer 85
Becker, Nikolaus, Dichter 556
Beer, Amalie, geb. Lipmann, Berliner Salonière 291

Beethoven, Ludwig von (1770–1827) 130, 434, 463, 585
Beireis, Gottfried Christoph, Mediziner 175
Bender, Wilhelm, Sohn des Pfarrers von Rohrbach 245
Berg, Alban (1885–1935), österr. Komponist 586
Berger, Ludwig, Runges Freund 130
Bergmüller, Georg, Barockmaler 646
Bernardi, Schauspieler 102
Bernburg, Fürst von 176
Bernhard von Sachsen-Weimar, Prinz 131
Bernhardi, Johann Christian August Ferdinand (1769–1820), Dichter 227
Bernhardi, Sophie, geb. Tieck (1775–1833) 227
Bernstorff, Christian Günther Graf von (1769–1825), preuß. Außenminister 483, 491 f.
Berthold VI. von Andechs (gest. 1204), Vater Hedwigs von Schlesien 646
Bertram, Friederike (gest. mit Kind 1848), Rudolf von Eichendorffs erste Frau 657
Bessel, Friedrich Wilhelm, Professor der Astronomie in Königsberg 433
Besserer-Dahlfingen, Anna von (1840–1906), E.s Enkelin 660, 664
Besserer-Dahlfingen, Helena von (1852–1918), E.s Enkelin 660, 664
Besserer-Dahlfingen, Ludwig von (1894–1858), preuß. Major und Direktor der Divisionsschule Neisse, E.s Schwiegersohn 428, 509, 535, 581, 595, 600, 632, 656, 663 ff.
Besserer-Dahlfingen, Maximilian von (1845–1874), E.s Enkel 581, 660
Besserer-Dahlfingen, Otto von (1838–1911), E.s Enkel 660
Besserer-Dahlfingen, Therese von, geb. von Eichendorff (siehe auch dort) (1817–1884), E.s Tochter 195, 428, 598, 628, 632, 644 ff., 656, 658, 660, 662–665
Bethmann, Friedrike Auguste Konradine (1766–1815), Schauspielerin 285, 477

Beyer, Rudolf von (Pseud. Rupertus), Schriftsteller 338
Beyme, Karl Friedrich von (1765–1838), preuß. Staatsrat 157
Biester, Lehrer in Braunsberg 507
Binzer, Emilie von (Pseud. Ernst Ritter) (1801–1891), Schriftstellerin 582, 589
Blandowsky, Major 354
Blechen, Karl Eduard (1798–1840), Maler 468
Blücher, Gerhard Leberecht von (1742–1819), preuß. Generalfeldmarschall 234, 259, 366 f., 369 f.
Böckh, Chr. Gottfried, Schriftsteller 280
Bodelschwingh, Ernst von (1794–1854), preuß. Minister 548
Böhm, Philippine, E.s erste Liebe: «Philippinchen» 197 f., 204, 209, 248
Böhme, Jakob (1577–1624) 55, 57 f., 64, 198, 223
Böhmer, Johann Friedrich (1795–1863), Historiker 221
Boie, Heinrich Christian (1744–1806), Dichter des «Göttinger Hain» 113
Boieldieu, François-Adrien (1775–1834), frz. Komponist 183
Boileau, Nicolas (1636–1711), frz. Dichter 265
Boisserée, Brüder 256 f., 537, 557
Boisserée, Sulpice (1783–1854), Kunstgelehrter und -sammler 257, 317, 554, 557
Boleslaus I. (gest. 1201), Herzog von Schlesien (seit 1163), Stifter von Kloster Leubus (1175) 278
Boleslaus II., Herzog von Liegnitz, Hedwigs von Schlesien Enkel 649
Bolzano, Bernhard (1781–1848), österr. Philosoph 652
Bonaparte, Jèrôme, König von Westfalen (1807–1813) 141, 262, 272
Bonaparte, Joseph, König von Neapel (1806–1808), von Spanien (1808–1813) 254
Bonaparte, Louis, König von Holland (1800–1810) 255
Bordollo, Franz Bernhard, Ratsherr in Ratibor 32

Börne, Ludwig (1786–1837), Schriftsteller 519
Bornträger, Gebrüder, Verleger in Königsberg 460
Borromeo, Carlo (1538–1584), Kardinal und Erzbischof von Mailand 614
Bouilly, Jean Nicolas, frz. Singspielautor 95, 127, 298
Bouterwek, Friedrich (1766–1828), Philosophieprofessor 280, 569, 610
Boyen, Hermann von (1771–1848), preuß. Kriegsminister (1814–1819; 1841–1847) 366, 552
Brandenburg, Hans (1885–1968), Eichendorff-Biograph 13, 15
Brandis, Graf Clemens, österr. Gouverneur der Provinz Tirol 388 f.
Braun, Wilhelm Joseph, Theologieprofessor in Leipzig 524
Brauser, Dichter 227
Breitkopf, Bernhard Theodor (1749 – um 1810/20), Komponist und Musikprofessor 135
Brentano, Clemens (1778–1842) 24, 173, 189, 212, 218, 220 f., 227, 233–239, 247, 253, 256, 266 f., 269 ff., 274, 288, 290–296 (Abb.), 298, 302, 308, 320, 327, 346, 373, 385, 393 f., 409, 446 f., 502, 512, 523, 532 ff., 537–540, 548, 558, 560, 565, 573, 582 f., 623, 642, 650
Bretzner, Christoph Fr., Lustspielautor 96
Brieger, Johann Georg (geb. 1764), oberschles. Sachbuchautor 141
Brinkmann, Carl Gustav von, schwed. Legationssekretär in Berlin (1792–1797) 167
Brockhaus, Verleger 137, 174, 468, 472, 539
Brockmann, Hauptmann 304
Bruccalassi, Italienischlehrer in Heidelberg 219 f.
Brückner, Landpastor 113
Brüggemann, Geh. Regierungsrat, Vorstandsmitglied des «Berliner Verein für den Kölner Dombau» 554
Brüher, Studienkollege 128

Brühl, Johanna Margaretha Christine Gräfin von 199
Brunicofski, Schauspieler 102
Brunner, Baron von, Studienkollege 243
Bucholtz, Franz Ritter von 412
Budde, Heinrich Wilhelm (Pseud. Astralis) (1786–1860), Mitglied im Heidelberger Loeben-Kreis 222–225, 244, 255
Buhle, Baron von, preuß. Offizier 281, 336
Bülow, Friedrich Wilhelm (1715–1816), preuß. General 350, 369
Bunsen, Christian Karl (1791–1860), preuß. Botschafter beim Vatikan 528
Burckhardt, Jacob (1818–1897) 520
Bürger, Gottfried August (1747–1794), Dichter 70f., 119
Burgsdorff, Wilhelm von, Tiecks Freund 173f.
Burkhardt, Therese von, E.s Verwandte 660
Busch, August Ludwig, Direktor der Königsberger Sternwarte 433f.
Büsching, Johann Gustav Gottlieb, Archivar in Breslau 324
Buttler, Maria Gräfin 333
Byron, Lord (1788–1824) 265, 503

Calderon de la Barca (1600–1681), span. Dichter 56, 99, 101, 115, 409, 520, 537, 569, 611–614, 616, 643
Campe, Joachim Heinrich (1746–1818), Pädagoge, Schriftsteller, Verleger 67f., 182
Cardanus (Geronimo Cardano) (1501–1576), Philosoph, Arzt, Mathematiker 293
Carl August von Sachsen-Weimar (1757–1828), Großherzog (seit 1815) 21, 151
Cassini, Schauspielerin 102
Castelli, Ignaz Franz (1781–1862), österr. Dichter 582
Castelli, Zauberer 256
Catull, Gaius Valerius (um 84 – um 54 v. Chr.), röm. Dichter 122

Cavaignac, Louis-Eugéne (1802–1857), frz. Kriegsminister 596
Cellini, Benvenuto (1500–1571), it. Goldschmied und Bildhauer 293
Cervantes, Miguel de (1547–1616), 71, 294, 320, 521, 569, 614f.
Chamisso, Adelbert von (1781–1838), Dichter 120, 227, 265f., 461, 463, 470, 472, 488, 560, 562
Chotek, Graf, österr. Gouverneur von Tirol 386
Christus (siehe auch Jesus) 69, 145f., 149, 171, 199, 223, 301, 375, 411f., 419, 526, 534, 630f.
Chrysostomus, Johannes (344/54–407), griech. Kirchenlehrer 159
Cicero, Marcus Tullius (106–43 v. Chr.) 161
Cimarosa, Domenico (1749–1801), it. Komponist 130
Ciupke, Paul, Kaplan in Lubowitz 54, 85, 87, 94, 127, 198, 201, 209, 298, 300, 303, 313
Claudius, Matthias (1740–1815), Dichter 68f., 73, 122, 136, 180, 184, 492, 526
Clauren, Heinrich (Pseud. von Karl Heun) (1771–1854), Schriftsteller 469f.
Clausewitz, Karl von (1780–1831), preuß. General 260, 292, 482
Clausewitz, Hofmeister der Grafen Stolberg 113
Colomb, von, Generalleutnant, Vorstandsmitglied des «Berliner Verein für den Kölner Dombau» 554
Condorcet, Marquis de (1743–1774), frz. Staatstheoretiker 215
Constant de Rebecque, Benjamin (1767–1830), frz. Schriftsteller 263
Constantius II., röm. Kaiser (337–361) 617
Correggio (Antonio Allegri) (um 1489–1534), it. Maler 48, 129
Cornelius, Peter von (1783–1867), Maler 541, 554, 558
Cornova, Ignaz, Schriftsteller 74
Cotta, Johann Friedrich (1764–1832),

Verleger 137, 238, 468, 537, 553, 614, 617
Cramer, Carl Gottlob (1758–1815), Schriftsteller 61–63
Cramer, Friedrich Mathias Gottfried, Schriftsteller 443
Cramer, Karl Friedrich (1752–1807), Dichter des «Göttinger Hain» 113
Creuzer, Georg Friedrich (1771–1858), Altphilologe 234, 560, 566
Curtius, Sekretär der Berliner «Mittwochsgesellschaft» 461
Czerski, Johannes (gest. 1893), Mitbegründer der Deutschkatholiken 578

Dabelow, Christian (1768–1830), Professor der Rechte in Halle 161
Dach, Simon (1605–1659), Dichter 236, 446
Dalberg, Karl Theodor von (1744–1817), Kurfürst von Mainz, Erzbischof von Regensburg (1801), Fürst-Primas des Rheinbundes (bis 1813) 77, 213, 262
Dante, Alighieri (1265–1321) 56, 219, 613
David, Jacques-Louis (1748–1825), frz. Maler 259
Debussy, Claude (1862–1918), frz. Komponist 586
Decker, Verleger 468
Della Scala, Congrande, Signore von Verona (1311–1329) 472
Deroy, Bernhard Erasmus Graf (1743–1812), bayer. Generalleutnant 196
Descartes, René (1596–1650) 652
Dessauer, Joseph, österr. Komponist von E.-Liedern 582
Diepenbrock, Melchior Freiherr von (1798–1853), Bischof von Breslau (seit 1845) 537, 642 f.
Dohna-Schlobitten, Friedrich Ferdinand Alexander Graf von (1771–1831), preuß. Staatsmann 292, 429
Dolliner, Thomas, Professor für Kirchen- und Staatsrecht in Wien 319

Domitian, röm. Kaiser (81–96) 628
Doppler, Schauspielerin 333
Dreves, Guido Maria, Sohn von L. D., E.s Patenkind 665
Dreves, Lebrecht (1816–1870), Lyriker 186, 398, 603
Drey, Johann Sebastian (1777–1853), Theologieprofessor 450 f., 522
Droste zu Vischering, Clemens August Freiherr von (1773–1845), Erzbischof von Köln (1835–1841) 526–529, 534, 538
Droste-Hülshoff, Annette Freiin von (1797–1848), Dichterin 558
Droste-Vischering, Gräfin 577
Droysen, Johann Gustav (1808–1844), Historiker 418, 600
Dubusc, Ambrosius, frz. Fabrikant in Aachen 367
Dümmler, Ferdinand, Verleger 137, 433, 454
Duncker, Karl Friedrich Wilhelm (1781–1869), Berliner Verleger 494
Duncker, Maximilian Wolfgang (1811–1886), Historiker und Politiker 514 f.
Duncker u. Humblot, Berliner Verlag 137, 510
Dunin, Martin von, Erzbischof von Gnesen-Posen 552
Dürer, Albrecht (1471–1528) 184, 375, 500
Dyk, Johann Gottfried, Literat 116

Echtermeyer, Theodor Ernst (1805–1844), Junghegelianer 561
Eckermann, Johann Peter (1792–1854) 68
Eger, Friedrich Freiherr v. 282, 333
Egger, Franz Ritter von, Professor der Rechte in Wien 319, 336
Eichendorff, Adolph Freiherr von (1756–1818), E.s Vater 24, 26–28 (Abb.), 30–36, 40, 60, 81 f., 91, 93, 107, 127, 184, 209, 266 f., 298, 346, 348, 354, 365, 386, 395, 444, 589
Eichendorff, Agnes Clara Augusta von (1821–1822), E.s Tochter 424, 505

Eichendorff, Anna-Hedwig von (1830–1832), E.s Tochter 505 f.
Eichendorff, Arnold von (1861–1929), E.s Enkel (Hermanns Sohn) 41, 663
Eichendorff, August Adolph von (1793–1797), E.s Bruder 33
Eichendorff, Carl von (1863–1934), E.s Enkel (Hermanns Sohn) 41, 268, 308, 663
Eichendorff, Clara Henriette Bernhardine von, geb. Simons (1826–1908), E.s Schwiegertochter (Hermanns Frau) 662 f.
Eichendorff, Conrad von (1854–1855), E.s Enkel (Rudolfs Sohn) 657
Eichendorff, Elisabeth von (1865–1866), E.s Enkelin (Hermanns Tochter) 663
Eichendorff, Ferdinand Burchard von (1657–1699) 30
Eichendorff, Friederike von, geb. Bertram (gest. 1848), E.s Schwiegertochter (Rudolfs erste Frau) 657
Eichendorff, Gustav von (1800–1803), E.s Bruder 104
Eichendorff, Hartwig Erdmann von (gest. 1683), schles. Stammvater des Geschlechts 28 f.
Eichendorff, Hartwig von (1860–1944), E.s Enkel (Rudolfs Sohn) 658
Eichendorff, Hedwig Clara von (1860–1921), Schwester M. Placida, Äbtissin von Frauenwörth, E.s Enkelin (Hermanns Tochter) 41, 663
Eichendorff, Hedwig Marie von (1857–1874), E.s Enkelin (Rudolfs Tochter) 658
Eichendorff, Heinrich von (1334 erwähnt), E.s bayer. Vorfahre aus Eichendorf bei Landau an der Isar 27
Eichendorff, Helene von (1856–1857), E.s Enkelin (Rudolfs Tochter) 657
Eichendorff, Henriette Sophie von (1791–1797), E.s Schwester 33
Eichendorff, Hermann von (1815–1900), E.s Sohn 17, 24, 37, 40, 44, 60, 74, 81 f., 191, 195, 256, 266, 268 ff., 351 f., 367, 371, 377, 389, 391, 397, 498 f., 533, 535, 582 ff., 587, 593, 600, 603, 614, 638, 656, 662 f.
Eichendorff, Ida von, geb. Gräfin Vetter von der Lilie auf Neuhübel (1863–1954), Frau von Hartwig v. E. (Sohn Rudolfs), E.s Enkel
Eichendorff, Jacob von (gest. 1667), E.s brandenburg. Vorfahre 28 f.
Eichendorff, Johann Friedrich von (1760–1815), E.s Patenonkel (Vetter seines Vaters) 40, 81, 94, 108 ff., 209, 320, 332 f.
Eichendorff, Johanna von, geb. von Salisch (1726–1798), E.s Großmutter 26
Eichendorff, Julie von, geb. Fischnal[l]er (1799–1870), E.s Schwägerin (Wilhelms Frau) 386, 388 f., 660
Eichendorff, Karoline von, geb. von Kloch (1766–1822), E.s Mutter 26, 28 (Abb.), 30, 33–38, 89 ff., 95, 107, 118, 127, 192, 298 f., 303, 310 f., 332, 346, 348, 353 f., 361, 365, 386, 395, 587 f., 658
Eichendorff, Louise Anna Victoria von, geb. von Larisch (siehe auch dort), (1792–1855) E.s Frau 47 f., 346, 366, 369, 371, 376 f., 381, 391 f., 404, 434, 443, 506, 509, 581, 598, 634, 637 f., 658 ff., 664 f.
Eichendorff, Louise Antonie von (1799–1803), E.s Schwester 33, 106
Eichendorff, Louise Antonie Nepomucene von (1804–1883), E.s Schwester 33, 37, 44, 300, 303, 310, 386 f., 581, 586–588 (Abb.), 589, 592–594, 660, 661
Eichendorff, Margarete von (1859–1937), E.s Enkelin (Rudolfs Tochter) 658
Eichendorff, Maria Amalia von, geb. Thymian (1832–1912), E.s Schwiegertochter (Rudolfs zweite Frau) 522, 594, 657
Eichendorff, Maria Anna von, geb. Gräfin Hoverden (1763–1830), Frau von J. F. v. E. 94, 332 f., 587
Eichendorff, Maria Clara von (1858–1863), E.s Enkelin (Hermanns Tochter) 663

Eichendorff, Rudolf von (1819–1891), E.s Sohn 40, 388, 406, 507, 523, 527, 535, 581, 593, 600, 656f., 661f.
Eichendorff, Rudolph von (1767–1845), E.s Onkel 26, 31, 395, 433, 581
Eichendorff, Rudolph Johann von (1711–1767), E.s Großvater 26
Eichendorff, Sophie von, siehe S. von Kaminietz
Eichendorff, Therese von, verh. von Besserer-Dahlfingen (siehe auch dort) (1817–1884), E.s Tochter 48, 393, 406, 428, 444, 508f., 523, 527, 559, 581
Eichendorff, Vinzenz von (1758–1823), E.s Onkel 26, 91, 395
Eichendorff, Wilhelm von (1786–1849), E.s Bruder. Bis zur Trennung der Brüder, die bis April 1813 ein gemeinsames Leben führten, wird Wilhelm nur aufgeführt, wenn er ausdrücklich erwähnt ist 24, 31, 33, 41, 45, 49, 57, 80, 82, 87, 93, 95, 109, 131, 134, 145, 154, 187, 194, 202, 205 ff., 219, 224, 243–246, 254f., 266, 270, 276f., 286ff., 298, 303 ff., 309, 311, 320, 322f., 327, 329, 340, 354, 373–374 (Abb.), 375–390, 395, 410, 444, 503, 508, 529, 581, 587ff., 595, 634
Eichhorn, Johann Albrecht Friedrich (1779–1856), preuß. Kultusminister (1840–1848) 292, 370, 485, 487f., 490f., 493f., 548, 578
Eickstaedt, Referendar 433
Eickstedt, Sohn des Erbkämmerers Johann Gottlieb Friedrich von Eickstedt, Gutsherr auf Silberkopf bei Lubowitz 311
Eiselen, Ernst Wilhelm Bernhard, Mitherausgeber der Jahn'schen «Turnkunst» 343
Ekbert (1203–1237), Bischof von Bamberg (Hedwigs von Schlesien Bruder) 648
Eliot, T. S., engl. Dichter 586
Emmerich, Anna Katharina (1774–1824), Stigmatisierte 538–540, 650

Engelbert, Autor der Hedwigs-Vita 646
Engels, Friedrich (1820–1895) 595
Ernst II. (1818–1893), Herzog von Sachsen-Coburg 231
Ezzelino da Romano (1194–1259), Statthalter von Padua 472

Ferdinand I., österr. Kaiser (1835–1848), 389, 530, 597
Ferdinand III. (1769–1824), österr. Großherzog 262
Ferdinand III., der Heilige (gest. 1252), 1217 König von Kastilien, 1230 von Léon 569
Feuerbach, Paul Johann Anselm von (1775–1833), Professor der Rechte 218
Fichte, Johann Gottlieb (1762–1814) 34, 129, 132, 135, 149, 151–156, 163, 207, 215, 226, 260, 290, 292, 416, 450, 464, 482, 492, 652
Finckenstein, Friedrich Ludwig Karl Graf von (1745–1818), Regierungspräsident 174
Finckenstein, Henriette Gräfin von (1774–1847), Tiecks Freundin 174
Fischer, Jürgen, Verlagshersteller 15
Fischnal[l]er, Julie, siehe Eichendorff, Julie von
Flamm, Demoiselle 205
Flem[m]ing, Paul (1609–1640), Dichter 120, 223, 462
Flitner, Christian Gottfried, Pädagoge 83
Florens (Pseud. von E.) 226–229, 231, 241, 324, 326, 355, 503
Fontane, Theodor (1819–1898) 624
Forche, Studienfreund 95, 118, 195
Forster, Johann Georg (1754–1794), Naturforscher 146
Förster, Catherina Barbara, Katharinas Nichte 245
Förster, Eleonora, Katharinas Schwägerin 243 ff.
Förster, Heinrich (1800–1881), Fürstbischof von Breslau (seit 1853) 628, 641, 642 (Abb.)–645, 651, 655, 658, 662

Förster, Johann Georg, Katharinas Vater 241, 245 f.
Förster, Johann Jakob, Katharinas Bruder 241, 243 ff.
Förster, Katharina Barbara (1789–1837), E.s «Käthchen von Rohrbach» 82, 234, 239, 241, 243–248
Förster, Maria Barbara, geb. Astor, Katharinas Mutter 241
Förster, Wilhelm, Katharinas Bruder 241
Fouqué, Caroline Baronin de la Motte, geb. von Briest (1773–1831), Schriftstellerin 330, 441
Fouqué, Friedrich Heinrich Baron de la Motte (Pseud. Pellegrin) (1777–1843), Dichter 44, 227, 231, 292, 308, 323 f., 329–331 (Abb.), 332, 344 f., 347 f., 354 f., 363, 365, 371, 382, 393, 441 f., 459, 463, 470, 502, 618
Fournier, frz. General 344
Foye, Louis de la 488
Francke, Leopold jun. 198
Francke, Leopold sen., Oberjäger von Kloster Rauden 403
Franckh, Gebrüder, Verleger in Stuttgart 468
Frankenberg, Graf 33
Frankl, Ludwig August, österr. Publizist 584
Franz I. (1768–1835), Kaiser Österreichs (1804–1835), als Franz II. Kaiser des Reichs (1792–1806) 43 f., 192 f., 243, 264, 373, 385, 475, 530
Franz II. siehe Franz I.
Franz von Assisi (1181/82–1226) 270
Freeden, Eva von 15
Freiligrath, Ferdinand (1810–1876), Dichter 543, 552
Frenzl, Joseph, Verwalter von Sedlnitz 387
Friederike, Königin von Schweden, Gemahlin Gustavs IV. 242
Friedländer, Dr. 287, 292
Friedländer, Hermann, Arzt 385
Friedrich, Studienfreund 107, 127
Friedrich, Caspar David (1774–1840), Maler 132, 185

Friedrich August III. (1750–1827), Kurfürst von Sachsen (1768–1827), als Friedrich August I. König (seit 1806) 130, 197, 262
Friedrich I., Barbarossa (um 1122–1190), Kaiser (seit 1155) 142, 646
Friedrich II. (1194–1250), Kaiser (1212–1250) 254, 463, 472, 475
Friedrich II., der Große (1712–1786), König von Preußen (seit 1740) 27, 31 f., 91, 189, 520
Friedrich III. (1657–1713), Kurfürst von Brandenburg (1688–1701), als Friedrich I. König in Preußen (seit 1701) 430
Friedrich V., dän. König (1746–1766) 113
Friedrich Wilhelm III. (1770–1840), preuß. König (seit 1797) 90 f., 109, 141, 157, 179, 241, 274, 280, 282 ff., 345 f., 349, 352, 366 ff., 392, 399, 420, 422, 425, 435, 437, 461, 475, 488, 491, 493 (Abb.), 529, 548, 550, 555
Friedrich Wilhelm IV. (1795–1861), preußischer König (seit 1840) 284, 392, 420, 437, 484 f., 488, 548–552, 554, 556 ff., 563, 565 (Abb.), 566, 568, 571 f., 584, 597, 602, 619 (siehe auch F. W., Kronprinz)
Friedrich Wilhelm, Kronprinz (siehe auch F. W. IV.) 391, 420, 440, 526, 529, 557
Fries, Jakob Friedrich (1773–1843), Philosoph 464 f.
Fritsch, «der Dicke» und «der Dünne» (Anton, um 1787– nach 1840), Studienkollegen 95, 128, 145, 148, 190
Froriep, Ludwig Friedrich (1779–1848), Professor der Medizin in Halle 157
Frühwald, Wolfgang, Germanist 689
Früson, Madame 300, 304
Fugger, Graf, Bischof von Regensburg (1769–1787) 212
Fuglar, Jugendbekannter 300, 303
Führich, Joseph von (1800–1876), Maler 582
Fuhs, Johannes, Pfarrer 86
Fülleborn, Georg Gustav (1769–1803), Professor am Elisabethinum in Breslau 104

Gall, Franz Joseph (1758–1828), Arzt und Hirnforscher 156, 158 f., 184
Gallitzin, Amalie Fürstin von (1748–1806) 526
Gangauf, Theodor, Benediktinerabt 643
Garnier, Franz oder Josef, Sohn des Anton Andreas von G., Spielkamerad 120
Gaschin, Graf von, Käufer der Herrschaft Tost 32
Gaudi, preuß. General, Gouverneur von Schlesien 349
Gauger, Paul, Publizist 487
Geibel, Emanuel (1815–1884), Schriftsteller 465
Geissel, Johannes von (1796–1864), Erzbischof von Köln (seit 1845) 528, 614, 643 f.
Gellert, Christian Fürchtegott (1715–1769), Schriftsteller 34
Gemmingen, Reichsfreiherr von 242
Gentz, Friedrich von (1764–1832), Publizist 263, 492, 530, 537, 560
George, Stefan (1868–1933), Dichter 586
Gerhardt, Dombaumeister 555
Gerhardt, Paul (1607–1676), Dichter 236
Gerlach, Leopold von (1790–1861), preuß. General 292, 507
Gertrud (gest. 1244/47), Äbtissin in Trebnitz, Tochter Hedwigs von Schlesien 648
Gertrud von Ungarn (gest. 1213), Schwester Hedwigs von Schlesien 648
Gervinus, Georg Gottfried (1805–1871), Historiker 63
Giercke, «Schiffherr» 278
Giesebrecht, Karl Heinrich Ludwig (1782–1832), Schriftsteller 227
Gintzel, «Absteige» in Ratibor 310
Giovanelli, Joseph von 535
Gleim, Johann Wilhelm Ludwig (1719–1803), Dichter 175, 179
Gleißenberg, Karl von (1771–1813) 280
Glück, Johann Ludwig Friedrich (1793–1840), Dichter 231
Gneisenau, August Graf Neidhart von (1760–1831), preuß. Generalfeldmarschall 349, 365 ff., 369, 482
Goethe, August (1789–1830), Sohn von J. W. v. G. 47, 218
Goethe, Johann Wolfgang von (1749–1832) 14, 17–23, 25, 32, 47, 56, 60, 62, 68, 76 f., 98 ff., 116, 120, 122, 133 ff., 138, 141, 145, 147 ff., 154 f., 158 f., 161, 175, 179 f., 184, 187 f., 201, 205, 218 ff., 232, 235 f., 243, 256 f., 263, 265, 293, 320, 358, 440, 462, 467, 471, 501, 505, 512, 514, 531, 557, 560, 565 f., 568, 572, 620, 633, 665
Goethe, Wolfgang von, Enkel von J. W. v. G. 18
Görres, Guido von (1805–1852), Publizist, Sohn von J. v. G. 537
Görres, Joseph von (1776–1848) 65 f., 149 f., 158, 160, 168, 173, 212, 214, 215 (Abb.), 216–222, 226 ff., 233, 237 f., 240, 242, 247, 256, 259, 261, 267 f., 271, 274, 293, 295, 302, 368, 385, 396 f., 406, 409, 438 f., 525, 528, 532–538, 540 f., 555, 560, 577, 613, 615, 650
Gotthardt (Peud. von Aloys Schreiber?), Publizist 227
Gottsched, Johann Christoph (1700–1766) 134
Gräter, Friedrich David (1768–1830), Publizist 280
Gratian, weström. Kaiser (575–583) 618
Gregor XVI., Papst (1831–1846) 437, 519, 525, 528
Greiff, Pater Blasius, Forstinspektor im Stift Rauden 403
Grillparzer, Franz (1791–1872), österr. Dichter 466, 470 f., 473–477, 584, 586, 589, 652
Grimm, Brüder 233 f., 268, 291, 552
Grimm, Jakob (1785–1869), Germanist 615 (siehe auch G., Brüder)
Grimm, Wilhelm (1786–1859), Germanist 231, 293 (siehe auch G., Brüder)
Grimmelshausen, Hans Jacob Christoph von (1621–1676) 236, 293 f., 320, 633, 635
Groeben, Karl Graf von der (1788–

1876), preuß. Generalstabschef 366 f.
Groitsch, Agnes von (gest. 1195), Mutter Hedwigs von Schlesien 646
Grün, Anastasius (Pseud. von Graf Auersperg) (1806–1876) 582
Gubitz, Friedrich Wilhelm (1786–1870), Literat und Verleger 136, 462, 501
Günderode, Caroline von (1780–1806), Dichterin 565 ff., 572
Günther, Anton (1783–1863), Philosoph und Theologe 536, 641, 643 f., 651–655
Gustav IV., schwed. König (1792–1809) 242
Guttmann, Bekannter E.s 298
Guttweil, Breslauer Student, E.s «Diener» 92
Gutzkow, Karl Ferdinand (1811–1878), Schriftsteller 503, 511

Haag, H. von, preuß. Offizier 102
Hagen, A., Schriftsteller 431
Hagen, Friedrich Heinrich von der (1780–1856), Germanist 227
Hahmann, Benigna Sophie Amalie (1774–1848), Frau von K. H. 123, 192, 202, 204 ff., 309, 304–306, 308 f., 311
Hahmann, Karl, Justitiar in Ratibor 123, 202, 204–207, 210
Hahn, Johann Heinrich (1753–1779), Dichter des «Göttinger Hain» 113
Hahn-Hahn, Ida Gräfin von (1805–1880), Schriftstellerin 115
Haide [Heyde], Franz (1757–1820), Professor in Breslau 118
Halama, David, Vikar in Ratibor 86
Haller, Albrecht von (1708–1777), Naturforscher und Dichter 76
Haller, Carl Ludwig von (1768–1854), Schriftsteller 115, 412, 560
Hamann, Johann Georg (1730–1788) 431
Händel, Georg Friedrich (1685–1759) 434
Hannibal (247/46–183 v. Chr.), karth. Feldherr 74

Happel, Eberhard Werner (1647–1670), Schriftsteller 444
Hardenberg, Georg Anton von (Pseud. Sylvester) (1781–1825), Novalis' Bruder 227 f.
Hardenberg, Georg Philipp Friedrich von, siehe Novalis
Hardenberg, Karl August Fürst von (1750–1822), preuß. Staatskanzler 291, 368, 407, 444, 472, 558
Hardenberg, Karl Gottlob von (Pseud. Rostorf) (1776–1813), Novalis' Bruder 168, 228, 263, 293
Harlem, von, Geh. Regierungsrat, Vorstandsmitglied des «Berliner Verein für den Kölner Dombau» 554
Hartmann, Geheimrat, Baumeister an der Marienburg 559
Haugwitz, Johann Karl Graf von (1785–1828), Mitschüler 118
Haugwitz, Johann Wenzel Graf von (1753–1813), Curator der Leopoldina und 1811 der Königlichen Universität Breslau 118
Haugwitz, Otto Graf von, Bruder von J. W. v. H. 118
Hayn, Antonie von, Verwandte von E.s Großmutter Marie Eleonore von Kloch, geb. von Hayn (?) 81
Hedwig von Schlesien (1174–1243) 81, 90, 406, 645–647 (Abb.), 648 ff., 652 f.
Hegel, Georg Wilhelm Friedrich (1770–1831) 151, 450, 462 f., 465, 482, 520, 561 f., 652
Heine, Heinrich (1797–1856) 13, 62, 265, 308, 486 f., 498 f., 510 f., 517, 519, 585, 622, 624
Heinitz, Friedrich Anton Freiherr von (1725–1802), Oberberghauptmann, preuß. Minister 32
Heinke, Bernhard (1769–1840), geistl. Hofmeister der Brüder E. 33 f., 36, 45, 67 f., 73, 81 ff., 85, 89, 91, 117 f., 127, 192, 272, 274, 588, 648
Heinke, Breslauer Dramaturg 408
Heinrich der Löwe, Herzog (1142–1180) 182

Heinrich I., Herzog von Schlesien (1201–1238), Hedwigs Gemahl 647 f.
Heinrich II., Herzog von Schlesien (1238–1241), Hedwigs Sohn 649
Heinrich IV., frz. König (1589–1610) 117
Heinrich XIV., der Ältere, Herzog von Niederbayern (1310–1339) 27
Heinrich von Andechs (gest. 1228), Markgraf von Istrien, Hedwigs Bruder 648
Heis, Johann Christoph, Wirt in Rohrbach 241
Heise, Georg Arnold, Professor in Heidelberg 220, 261
Henckel von Donnersmarck, Guido Graf (1830–1917), schles. Großindustrieller 33
Hengstenberg, Wilhelm (1802–1869), Kirchenpolitiker 560
Hensel, Luise (1798–1876), Dichterin 115
Hensler, Karl Friedrich (1759–1825), Bühnenautor 244, 306
Heppen, H. von, Mitschüler 107
Herbart, Johann Friedrich (1776–1841), Philosoph und Pädagoge 431
Herder, Johann Gottfried (1744–1803) 21 f., 34, 48, 76, 131, 140, 215, 222, 233, 431, 616
Hermann, Johann Bernhard, Freund Jean Pauls 63
Hermes, Georg (1775–1831), Theologe 524–527, 531
Herodes der Große (72–4 v. Chr.), jüd. König 534
Herodot (um 490–425/420 v. Chr.), griech. Geschichtsschreiber 116
Hertlein, Kaplan in Neisse 665
Herz, Henriette, geb. de Lemos (1764–1847), Berliner Saloniére 289, 532
Herz, Markus, Mann von H. H. 290
Herzog von Württemberg 318
Heun, Carl Gottlieb Samuel (Pseud. Heinrich Clauren) (1721–1854), Schriftsteller 469
Heyde, Franz (1757–1820), Professor in Breslau 84

Heyse, Paul (1830–1914), Dichter 520, 624
Hieronymus, Professor in Breslau 98
Himmel, Friedrich Heinrich (1765–1814), Komponist 95, 127, 298
Hinrich, Hermann Friedrich Wilhelm, Theologe 464
Hippel, Theodor Gottlieb (1741–1796), Staatsmann und Schriftsteller 431
Hirsch, Doktorant 416
Hirscher, Johann Baptist (1788–1865), Moraltheologe der «Tübinger Schule» 522
Hitzig, Clara, Tochter von J. E. H., Frau Franz Kuglers 520
Hitzig, Julius Eduard (1780–1849), Jurist, Schriftsteller, Verleger 365, 454, 460 ff., 465, 471 f., 474
Hitzig, Margarete, E.s Patenkind, Frau Paul Heyses 520
Hofbauer, Clemens Maria (1751–1820), Redemptorist, «Apostel von Wien» 115, 335–337 (Abb.), 338, 348, 410, 536, 652
Hofer, Andreas (1767–1810), Tiroler Freiheitskämpfer 231, 300, 345
Hoffbauer, Johann Christoph, Professor in Heidelberg 161
Hoffmann, E. T. A. (1776–1822), Dichter und Komponist 265, 308, 365, 431, 442, 502, 560
Hoffmann und Campe, Hamburger Verleger 486, 510
Hoffstaeter, Mamsell 99
Hofmannswaldau, Christian Hofmann von (1617–1679), Dichter 120
Hohenlohe, Gustav Adolf Fürst von (1823–1896), päpstlicher Geheimkämmerer 643
Hohenlohe-Öhringen, Hugo Fürst von (1816–1897), schles. Großindustrieller 33
Hohenstaufen, Kaiser der 400, 472
Hohenwart, Sigismund Anton Graf von (1730–1820), Kardinalerzbischof von Wien (seit 1803) 336
Hohenzollern-Hechingen, Joseph Wilhelm Friedrich Reichsgraf von

(1776–1836), Fürstbischof von
Ermland (seit 1808) 425, 430, 432,
436 ff., 485
Hohenzollern-Hechingen, Karl Fürst
von, Adjutant König Ludwigs I. von
Bayern 438
Hölderlin, Friedrich (1770–1843) 34,
237, 247, 633
Holland, Hyazinth (1827–1918),
Literatur- und Kunsthistoriker 465
Holly-Ponienczietz, Therese von (1815–
1897), E.s Verwandte 660
Holtei, Karl von (1798–1880), Schauspieler und Schriftsteller 116, 156,
408 f., 453, 467, 470
Hölty, Ludwig Christoph Heinrich
(1748–1776), Dichter 103, 113,
115
Homer (8. Jahrhundert v. Chr.) 71,
111 f., 238, 617
Horaz (65–27 v. Chr.) 116, 122
Hormayr, Joseph Freiherr von, österr.
Historiker 148
Horn, Franz (1781–1837), Dichter
560
Hotze, Friedrich Freiherr von (1739–
1799), österr. General 108
Houwald, Christoph Ernst Freiherr
von (1778–1845), Schriftsteller 463,
470
Hoverden, Julie Gräfin von, Nichte
von Maria Anna von Eichendorff,
geb. Gräfin Hoverden, 1815 Heirat
mit Gustav Maria von Matuschka
94, 320, 332 ff., 349, 585
Hoverden auf Hünern, Emanuel Graf
von, Neffe von Maria Anna von
Eichendorff, geb. Gräfin Hoverden,
Landrat des Kreises Ohlau 349
Huber, D., Hispanist 615
Hubrich, Franz (1782–1804), Mitschüler
103, 111
Hübsch, H., Schauspieler 440
Hügel, Alexander Anselm Reichsfreiherr von (1795–1870), österr.
Diplomat und Botaniker 584
Hülsen, August Ludwig (1765–1810),
Philosoph 151, 330

Humboldt, Alexander von (1769–1859)
552, 574
Humboldt, Wilhelm von (1767–1835)
89, 112 f., 116, 265, 295, 407
Hume, David (1711–1776) 63, 76
Hurter, Friedrich Emanuel von (1787–
1865), österr. Historiker 115, 585
Hydenreich, Professor in Leipzig 77

Iffland, August Wilhelm (1759–1814),
Schauspieler, Theaterdirektor, Dramatiker 62, 77, 95, 134, 138, 145, 285,
292, 467, 471
Imhoff, Amalie von (1766–1831),
Dichterin 237
Immermann, Karl Leberecht (1796–
1846), Schriftsteller 463, 560, 562
Ingersleben, Herren von, Vorbesitzer
von Slawikau 31
Ingersleben, Karl Heinrich Ludwig Freiherr von (1753–1831), Oberpräsident
der Rheinprovinz (1824–1831) 437
Iselin, Isaak (1728–1782), Philosoph 75 f.
Itzig, Moritz, Neffe von Sara Levy
290 ff.

Jacobi, Friedrich Heinrich (1743–1819),
Philosoph 22, 63, 69 f., 152, 295
Jahn, Friedrich Ludwig (1778–1852),
der «Turnvater» 260, 342 f., 552, 560
Jarcke, Karl Ernst (1801–1852), Publizist
115, 463, 537, 560, 582 f., 590, 595
Jean Paul (1763–1825) 18, 22, 34, 58,
63–66, 192, 197, 201 ff., 215, 237, 265,
273, 322, 653
Jesus (siehe auch Christus) 25, 73 f.,
212, 223, 419, 433, 448, 450, 534,
539–541, 618, 620, 650
Johann, Erzherzog (1782–1859), österr.
Feldmarschall 389
Joséphine (1763–1814), frz. Kaiserin,
Napoleons erste Frau 300
Juan Manuel, Infante Don (1282–1348),
span. Schriftsteller, Verfasser des «El
Conde Lucanor» 569
Juhr, Karl Heinrich, Leihbibliothekar

in Ratibor 60ff., 67, 70, 74–77, 87, 96, 202
Julian Apostata, röm. Kaiser (361–363) 617, 629
Julius, Nikolaus Heinrich (1783–1862), Studienfreund 217, 247, 255 f.
Jünger, Johann Friedrich (1759–1797), Bühnenautor 478
Jungnitz, Anton Lorenz (1764–1831), Professor in Breslau 84, 118
Jurcik, Pfarrer in Tworkau 86
Justinian, byzantin. Kaiser (527–565) 219

Kabath, Studienkollege 145
Kahlert, August (1807–1864), Literarhistoriker 478, 511
Kaminietz, Eduard Johann Ernst Ferdinand von, Sohn von E. L. v. K., Therese von Eichendorffs erster Verlobter 508
Kaminietz, Ernst Ferdinand von (1735–1797), Oberst, E.s Onkel 35, 508
Kaminietz, Ernst Ludwig von (1784–1850), Sohn von E. F. v. K., E.s Vetter 508
Kaminietz, Sophie Elisabeth von, geb. von Eichendorff (1761–1825), Frau von E. F. v. K., E.s Tante 26, 35
Kant, Immanuel (1724–1804) 34, 63, 135, 149 f., 150, 162 f., 198, 215, 416, 418 f., 422, 424, 426, 450, 455, 482, 524, 652
Karl (1786–1818), Erbgroßherzog von Baden, heir. Napoleons Adoptivtochter Stefanie Beauharnais 242
Karl August, Herzog von Pfalz-Zweibrücken 242
Karl Friedrich (1728–1811), Großherzog von Baden 242
Karl Theodor (1724–1799), Kurfürst von Pfalz-Bayern 242
Karl I., der Große (747–814) 42
Karl IV., Kaiser (1347–1378) 42 f., 46
Karl V., Kaiser (1519–1556) 43, 264, 317
Karl X., frz. König (1824–1830) 486

Karoline, Max Josephs (Kurfürst von Bayern) zweite Frau 242
Kauer, Ferdinand (1751–1831), österr. Komponist 244
Kayßler, Adalbert (1769–1821), Professor in Breslau u. Halle 162 ff., 166
Keller, A., Hispanist 570
Kerner, Justinus Andreas Christian (1786–1862), Dichter 230 f., 237, 553, 560
Klein, Franz Nikolaus (1784–1855), Studienfreund 190, 201
Kleist, Heinrich von (1777–1811) 130 f., 146, 153, 227 f., 279–282, 285, 292, 302, 329, 472, 546, 560
Kleist, Ulrike, Kleists Halbschwester 279
Kleist von Nollendorff, Friedrich Graf (1762–1823), Feldmarschall 347, 350
Klemens IV., Papst (1265–1268) 646
Klemens XIV., Papst (1769–1774) 91
Klewitz, Wilhelm Anton von (1760–1838), preuß. Finanzminister 407
Klimkowski, von 207
Klinger, Friedrich Maximilian (1752–1831), Dichter 62
Klinkowström, Friedrich August von, österr. Maler und Pädagoge 115, 348
Klinkowström, Ludovika Charlottte von, Frau von F. A. v. K. 115
Kloch, Franz Leopold (1736–1805), E.s Großonkel 91
Kloch, Karl Wentzel von (1726–1799), E.s Großvater 30 f., 53
Kloch, Karoline von, siehe K. v. Eichendorff
Kloch, Marie Eleonore von, geb. von Hayn (1736–1809), E.s Großmutter 30, 33, 35, 44 f., 53, 75, 81
Klopstock, Friedrich Gottlieb (1724–1803) 69, 79, 113 f., 117, 122, 466
Klüber, Johann Ludwig (1762–1837), Jurist und Publizist 217
Knauer, Joseph, Fürstbischof von Breslau (1843/44) 642
Knebel, Karl von (1796–1862), Goethes Patenkind 665

Kniewell, Theodor, Gymnasiallehrer 421
Knoblauch, Stadtältester Berlins, Vorstandsmitglied des «Berliner Verein für den Kölner Dombau» 554
Knoodt, Franz Peter (1811–1889), Philosophieprofessor, Generalvikar des altkatholischen Bischofs J. H. Reinkens 644
Kolowrat, Franz Anton Graf von (1778–1861), Mitglied der österr. Staatskonferenz 348, 530
Konrad I., Kaiser (911–918) 42
Konstantin I., Kaiser (306–337) 534, 617
Konstantin II., Kaiser (337–340) 534
Kopp, U. F. (geb. 1762), Professor in Heidelberg, Geh. Kabinettsrat 218
Korn, W. G., Buchhändler in Breslau 83
Körner, Karl Theodor (1791–1813), Schriftsteller 346
Kortüm, Geh. Regierungsrat, Vorstandsmitglied des «Berliner Verein für den Kölner Dombau» 554
Koschatzky, Anton, Verwalter/Pächter von Slawikau 196
Koschatzky, Frau von A. K. 121 ff.
Koschatzky, Seraphine, Tochter von A. K. 121
Kossuth, Ludwig von (1802–1894), ungar. Freiheitskämpfer 597
Kotzebue, August von (1761–1819), Dramatiker und Publizist 46, 95, 99 f., 127, 147 f., 184, 285, 298, 305, 443, 463, 471, 473, 490, 500
Kraus, Georg Melchior (1737–1806), Maler 180
Krause, Karl Christian Friedrich (1781–1832), Philosoph des «Panentheismus» 132 f., 464
Krausnick, Oberbürgermeister von Berlin, Vorstandsmitglied des «Berliner Verein für den Kölner Dombau» 554
Kroker, Kaplan in Slawikau 86
Krokow, Graf, Studienkollege 245
Krug, Professor, Nachfolger Kants 431
Kugler, Franz (1808–1858), Maler,
Kunsthistoriker, Schriftsteller 520, 624
Kuh, Gebrüder, Breslauer Geldagenten 31
Kuhn, Friedrich August, Schriftsteller 305
Kühn, Sophie von (1782–1797), Novalis' Verlobte 168
Kunowsky, von, Intendant des Königstädtischen Theaters in Berlin 461

Lacordaire, Jean Baptist Henri (1802–1861), frz. Dominikaner 536
Lacrimas (Pseud. von Christian Wilhelm von Schütz) (1776–1847), Dichter 227
Ladenberg, Adalbert von (1798–1855), preuß. Kultusminister (1840 interimistischer, 1848–1850 wirklicher) 484, 520, 601
Lafontaine, August Heinrich Julius (1758–1831), Schriftsteller 239–241, 249
Lambert, Abbé 538
Lamennais, Hugo Félicité Robert de (1782–1854), Abbé, Schriftsteller 518 f., 535 f., 575 f.
Lämmer, Hugo (1835–1918), Kirchenhistoriker 115
Langbein, August Friedrich Ernst (1757–1835), Dichter 61
Larisch, Helene von, geb. von Czentner (1775–1839), E.s Schwiegermutter 299, 309 f., 508
Larisch, Johann Nepomuk (1771–1835), E.s Schwiegervater 299, 309 f., 508
Larisch, Louise von (1792–1855), siehe auch L. v. E., E.s Frau 24, 37, 45, 118, 274, 287, 296, 298 f., 303 ff., 308–313, 332 ff., 338, 346, 352–356 (Abb.), 357–366, 384, 656
Larisch, Sidonie von 29
Larisch, Viktor von, E.s Neffe 665
La Roche, Sophie von (1731–1807), Schriftstellerin 503, 565
Lassaulx, Franz Georg Joseph (1781–1818), Dichter 227

Lassaulx, Franz von (gest. 1818), Professor, Görres' Schwager 240
Lassaulx, Katharina von (1779–1855), Görres' Frau 216
Läuffer, Studienkollege 190
Lavater, Johann Kaspar (1741–1801) 77
Legenbauer, Anton (1767–1817), Religionsprofessor in Breslau 103f.
Lehmann, Gastwirt in Ratibor 310
Leibniz, Gottfried Wilhelm (1646–1716) 150
Lenné, Peter Joseph (1789–1866), Generaldirektor der Königl. Preuß. Gärten 504
Lenz, Jakob Michael Reinhold (1751–1792), Dichter 62
Leo, Heinrich (1799–1878), Kulturhistoriker 560
Leopold I., Kaiser (1658–1705) 195
Leopold II., Kaiser (1790–1792) 262
Lessing, Gotthold Ephraim (1729–1781) 79, 96, 100, 104, 122, 134, 152, 181, 431
Levin, Rahel (1771–1833), verh. Varnhagen von Ense, Berliner Salonière 289, 291, 463
Levy, Sara, geb. Itzig (geb. 1761), Berliner Salonière 290f.
Lichnowsky, Fürst von, schles. Uradel 32, 292
Liebeskind, August Gottlieb, Leipziger Verleger 537
Liechtenstein, Karl Fürst (1569–1627). Erwirbt 1613 Herrschaft Troppau, 1623 Herzogtum Jägerndorf. Statthalter in Böhmen 29
Liechtenstein, Marie Sophie Fürstin 318
Liedke, Jacob, Spediteur 434
Liguori, Alfons Maria von (1696–1787), Gründer der Redemptoristen 336
Lillo, George (1693–1739), engl. Dramatiker 134
Lind, Jenny (1820–1887), schwed. Sängerin 584
Lingnau, Oberlehrer in Braunsberg 507
Lippa, General von, schles. Gutsbesitzer 299
Lippa, Lazarus von 299

Livius (59 v. Chr. –17 n. Chr.), röm. Geschichtsschreiber 74
Loë, Friedrich Karl von (1786–1838), Dichter 227
Loeben, Otto Heinrich Graf von (Pseud. Isidorus Orientalis) (1786–1825) 18f., 44f., 65, 129, 153, 162, 173, 203, 221f. (Abb.), 223–234, 241, 243–248, 261f. 266, 268, 270–276, 280f., 283, 286ff., 293, 298, 302, 306, 310, 317, 322, 324, 326f., 332f., 339, 341–345, 347, 351–355, 362, 365, 373, 379, 409, 456, 462, 502, 615
Loebens Mutter, Äbtissin von Stift Joachimstein bei Görlitz 275
Loew, Joseph, Dichter 227
Lorck, Carl B., Leipziger Verleger 137
Lorinser, Franz (1821–1893), Theologe, Calderon-Übersetzer 613, 644
Lottum, Karl Friedrich Heinrich Graf (1767–1841), preuß. General und Staatsminister 439
Louis Napoleon Bonaparte, Kaiser Napoleon III. (1852–1870) 596
Louis Philipp, Herzog von Orléans, «Bürgerkönig» (1830–1848) 486, 596
Lucas, Dr., Schulrat in Königsberg 441
Ludwig der Bayer, Kaiser (1328–1347) 27
Ludwig I. (1183–1231), Herzog von Bayern 648
Ludwig I., König von Bayern (1825–1848) 242, 438, 535ff., 554f.
Ludwig XIV., frz. König (1643–1715) 256
Ludwig XV., frz. König (1715–1774) 546
Ludwig XVI., frz. König (1774–1792) 75, 77, 300, 545
Ludwig, österr. Erzherzog 530
Luise, preuß. Königin (1793–1810) 179, 266, 274, 282–285, 290
Luise, Tochter der Amalie von Baden, Gemahlin des Zars Alexander I. 242
Luther, Martin (1483–1546) 176, 200, 236, 254, 301, 398
Lützow, Ludwig Adolf Wilhelm von

(1782–1834), preuß. Generalmajor
340, 344
Luzenberg, Baron von 300

Magnis, Friedrich Wilhelm Anton Graf
  von (1786–1861), Mitschüler 102
Magnis, Wilhelm Alexander Graf von
  (1787–1853), Mitschüler 102
Mallarmé, Stéphane (1842–1898), frz.
  Dichter 586
Manso, Johann Kaspar Friedrich (1759–
  1826), Professor in Breslau 116
Manzoni, Alexandro (1785–1873), it.
  Dichter 265
Maria, Mutter Jesu 129, 171, 199, 221,
  223, 228, 273, 308, 448 f., 456, 539,
  541, 547
Maria Ludovica Beatrix, geb. von Este,
  österr. Kaiserin, dritte Frau von
  Franz I. 264
Maria Luise von Österreich (1791–
  1847), frz. Kaiserin, zweite Frau
  Napoleons 201, 300, 473
Maria Theresia, österr. Kaiserin (1740–
  1780) 135
Marianne (1785–1846), Prinzessin von
  Preußen, Gemahlin von Prinz
  Wilhelm dem Älteren, Schwägerin
  der Königin Luise 285
Marie Antoinette (1755–1793), frz.
  Königin (seit 1770) 300
Marie, Herzogin von Braunschweig,
  Tochter der Amalie von Baden 242
Mariveaux, Pierre (1688–1763), frz.
  Schriftsteller 478
Martens, Otto (gest. 1830), Dichter 227
Marwitz, Joseph von der, Gymnasiast
  436
Marx, Karl (1818–1883) 561, 595
Masson, Generalsekretär der Koblenzer
  Präfektur 217
Mathy, von, Konsistorialrat 415
Matzerath, Christian Joseph, Publizist
  543
Max Joseph von Pfalz-Zweibrücken,
  1799–1806 Kurfürst, 1806–1825
  König von Bayern 242, 385

Maximilian I., Kaiser (1493–1519) 142
Maximilian II., König von Bayern
  (1848–1864) 156
Maximilian, Joseph d'Este, Erzherzog
  von Österreich 322
Maximos, Neuplatoniker 617 f.
Mazzini, Giuseppe (1805–1872), it.
  Politiker 561
Meitzen, Ernst, Mitschüler 88
Mendelssohn, Joseph, Onkel von Felix
  M. B. 377
Mendelssohn, Lea, Frau von J. M. 364,
  377
Mendelssohn Bartholdy, Felix (1809–
  1847) 347
Mengershausen, Auguste von 115
Menzel, Adolf (1815–1905), Maler 520
Menzel, Wolfgang (1798–1873), Literar-
  historiker 477, 503, 560
Mercier, Louis-Sébastien (1740–1814),
  frz. Schriftsteller 77 ff., 87
Mereau, Sophie, geb. Schubert (1770–
  1806), gesch. Mereau, verh. Brentano
  234
Mesko, Herzog von Ratibor (seit 1201),
  Onkel Herzog Heinrichs I. von
  Schlesien 647
Mesmer, Franz Anton (1734–1815) 157,
  217
Metternich, Klemens Wenzel Fürst von
  (1773–1859) 46, 148, 342, 348, 366,
  399, 410, 412, 455, 459, 468, 487,
  491 f., 519, 530 f., 537, 552, 558,
  583 f., 597
Meyer, Forstinspektor 93
Meyer, Karl Joseph, Verleger in Gotha
  468 f.
Meyerbeer, Giacomo (1791–1864), Kom-
  ponist 582, 584
Michler, Amalia, geb. Bayer, Tochter
  des Verwalters von Sedlnitz 656,
  664
Miketta, Madame, Frau des Pächters
  von Niedane 206
Miller, Gottlob Dieterich (1750–1818),
  Dichter des «Göttinger Hain» 113
Miller, Johann Martin (1748–1776),
  Dichter des «Göttinger Hain» 113

Mnioch, Johann Jakob (1765–1804), Dichter 238
Moczygemba, Johannes (gest. 1811), Pfarrer in Lubowitz (seit 1788) 85
Möhler, Johann Adam (1796–1838), Theologe der «Tübinger Schule» 522 ff., 534
Mohr und Zimmer, Heidelberger Verleger 233, 238 f., 264
Molière, Jean Baptiste (1622–1673) 134, 264
Montalembert, Charles Graf von (1810–1870), frz. Publizist 536
Montesquieu, Charles Baron de (1689–1755) 76
Montgelas, Maximilian Graf von (1759–1838), bayer. Minister 218
Morgenröthe, die kleine, siehe Caroline Pitsch
Mörike, Eduard (1804–1875) 531
Mörl, Maria von, Stigmatisierte 540
Moses 292
Mozart, Wolfgang Amadeus (1756–1791) 97, 192, 434, 468, 604
Müller, Adam (1779–1829), Staats- und Gesellschaftstheoretiker 109, 115, 130 f., 153, 173, 200, 223, 227, 263, 265, 274, 280 f., 283, 285 ff., 289 ff., 322 ff., 329, 331, 340, 348, 373, 385, 394, 397, 399, 410 f. (Abb.), 412, 523, 525, 531, 560, 616, 655
Müller, Gottlieb, Kurator des Gymnasiums Maria Magdalena in Breslau 116
Müller, Jacob (gest. 1804), Schulfreund 111 f., 114, 116
Müller, Johann Georg, Bischof von Münster 614
Müller, Johann Georg, Bruder von J. M. 218
Müller, Johannes von (1752–1809), Historiker 218
Müller, Sophie, Frau von A. M. 281, 283, 289, 410
Müller, Wilhelm (1794–1827), Dichter («Griechenmüller») 463
Müllner, Adolf (1774–1829), Schriftsteller 466, 470

Mundt, Theodor (1808–1861), Schriftsteller 501, 561 ff.
Münnich, Studienkollege 169
Murat, Joachim (1767–1815), frz. Marschall 254
Mussato, Albertino (geb. 1261), Dichter und Dramatiker, Geschichtsschreiber in Padua 472
Nanny, Fräulein, Bekannte 305
Napoleon I., frz. Kaiser (1804–1814/15) 24, 40, 43, 84, 89 f., 141, 182, 192–196, 201, 212, 216, 234, 250, 254 f., 257 f., 261, 263 f., 266 f., 272, 280, 282 f., 289, 300, 315, 324, 329, 342, 344, 350, 362, 366–369, 371, 473 ff., 477, 518, 555, 577, 596
Napoleon III., frz. Kaiser (1852–1870) 300
Necker, Jacques (1732–1804), frz. Bankier, Vater der Madame de Staël 263
Nelson, Horatio (1758–1805), brit. Admiral 193
Neuber, Friederike Caroline (1697–1760), Schauspielerin und Theaterleiterin 134
Neumark, Georg (1621–1681), Dichter 447
Nickel, Daniel, Diener 23, 82
Nicolovius, Georg Heinrich Ludwig (1767–1839), preuß. Staatsrat 437, 454, 463
Normann, Karl Friedrich Leberecht von (1784–1822), General 344
Novalis (Pseud. von Georg Philipp Friedrich von Hardenberg) (1772–1801) 55, 65, 67, 120, 129, 146, 149, 151, 153 f., 161, 163, 167–169 (Abb.), 170, 173 f., 189, 200, 202, 204, 217, 223, 225 f., 232, 244, 293, 302, 321, 397 f., 444 f., 448, 450, 473, 511, 538, 586, 650

O'Donell, Graf 263
Oken, Lorenz (1779–1815), Naturphilosoph und Mediziner 536

Olfers, Ignaz von (1793–1871), Generaldirektor der Königlichen Museen in Berlin 488, 494, 554
Opitz, Martin (1597–1639), Dichter 120, 223, 236
Oppersdorf, Georg von, Reichsgraf, Schuldner des Klosters Rauden (1665/67) 405
Öttingen-Spielberg, Maria Theresia Prinzessin von (1763–1837), zweite Frau von F. J. v. Wilczek 316
Öttingen-Wallerstein, Ludwig Kraft Ernst Fürst von (1791–1870) 537
Otto von Wittelsbach (gest. 1209), Mörder König Philipps von Schwaben 648
Ottokar II. (1233–1278), König von Böhmen (1252–1278) 430, 474, 476
Overbeck, Johann Friedrich (1789–1869), Maler 115, 537, 582

Paalzow 76
Paczensky von, Oberst 299
Pannwitz, Karoline von, Kleists Kusine 280
Passavant, Johann David, Galeriedirektor in Frankfurt am Main 532
Paulus 132, 618
Pellegrin (Pseud. von F. H. de la Motte Fouqué) 227
Pengler, Joseph Baron von, Hofrat 336
Perthes, Friedrich Christoph (1772–1843), Verleger 136, 492, 494
Pestalozzi, Johann Heinrich (1746–1827) 633
Peters, H. P., E.s Amtskollege 432
Petrarca, Francesco (1304–1374) 116, 219
Petrissa, Äbtissin in Trebnitz (1203) 648
Phaedrus (bis um 50 n. Chr.), röm. Fabeldichter 571
Philip (bei Adametz) 304
Philipp der Schöne, frz. König (1285–1314) 199
Philipp von Schwaben, König (1198–1208) 648
Philippine siehe Böhm

Philipsborn, Johann Karl Heinrich (1784–1848), Geh. Legationsrat, Kurator der Legationskasse in Berlin 285, 485, 492, 494
Phillips, George (1804–1872), Jurist und Publizist 115, 537, 560
Pientak, E.s Bekannter 121
Pilat, Elisabeth Catherina von, geb. von Mengershausen, Frau von J. A. P. 115
Pilat, Josef Anton Ritter von (1782–1865), Metternichs Privatsekretär 348
Pilatus 448
Pitsch, Caroline, «die kleine Morgenröthe» 118–127, 197, 204, 246, 248
Pitsch, General von 108 f., 112
Pius VII., Papst (1800–1823) 425
Pius VIII., Papst (1829–1830) 527
Pius IX., Papst (1846–1878) 389, 643
Platen, August Graf von (1796–1835), Dichter 120, 503
Platon (427–347 v. Chr.), 156, 166, 653
Plauen, Heinrich Reuß von, Hochmeister des Deuschen Ordens (1469–1470) 18, 440
Plautus (um 254–184 v. Chr.), röm. Komödiendichter 161
Pleß siehe Anhalt-Pleß
Pleß, Hans Heinrich XI. Fürst von (1833–1907), schles. Großindustrieller 33
Plinius der Jüngere (61/62 – um 113), röm. Schriftsteller 571
Poe, Edgar Allen (1809–1849), amerik. Schriftsteller 265
Porembsky, Karl von, Offizier 81, 195, 310
Posnalek, Heinrich, Pfarrer von Pstrzonsna, 1776–1782 Kaplan in Lubowitz 86
Pospel, Andreas Emmanuel (1648–1679), Abt von Rauden 405
Potthoff, Adolf, Hispanist 615
Pribsch, E.s Bekannter 299
Priskos, Neuplatoniker 618
Pückler-Muskau, Hermann Fürst von (1785–1871), Schriftsteller 502

## Personenverzeichnis

Pulini, Caolina Caludonia, Frau von Philipp Veit 338
Puschkin, Alexander Sergejewitsch (1799–1837), russ. Dichter 265

Raabe, Karl Joseph (1780–1849), Maler 274
Racine, Jean (1639–1699) frz. Dramatiker 265
Radlinsky, Bücherverleiher in Ratibor 61
Rake, Karl (1765–1828), Professor in Breslau 111
Ranke, Leopold von (1795–1886) 167, 492 ff.
Rathsmann, Anton (1764–1812), Professor in Breslau 104 f.
Rauch, Christian Daniel (1777–1857), Bildhauer 554
Raumer, Friedrich von (1781–1873), Historiker 160, 400, 472, 646
Raumer, Karl Otto von (1805–1859), preuß. Kultusminister 614
Raupach, Ernst Benjamin Salomon (1784–1852), Dramatiker 463, 470
Reden, Friedrich Wilhelm Graf von (1752–1815), Begründer oberschles. Hüttenindustrie 32
Reich, Philipp Erasmus, Verleger 135
Reichardt, Johann Friedrich (1752–1814), Komponist 151, 158, 187 ff.
Reichensperger, August (1808–1895), Parlamentarier und Kunsthistoriker 554, 613 f., 634 f., 637, 640 f., 644
Reichensperger, Peter (1810–1892), Mitbegründer der Zentrumspartei, Bruder von A. R. 614
Reil, Johann Christian (1759–1813), Professor in Halle 157, 159
Reimer, Georg Andreas (1776–1842), Berliner Verleger 292
Reinkens, Joseph Hubert (1821–1896), Theologieprofessor, Güntherianer, Bischof der Altkatholiken 643 f.
Reisach, Karl August Graf (1800–1869), Erzbischof von München-Freising 536

Renard, Graf, schles. Großindustrieller 33
Reuß von Plauen, Heinrich XLIV. Fürst (1817–1832) 440
Rhediger, Professor in Breslau 101
Richter, Madame, Frau des Verwalters von Slawikau (?) 310
Riedl, Jakob, Premierleutnant der Tiroler Jägerkompanie im Lützowschen Freikorps 345
Riehl, Wilhelm Heinrich (1823–1897), Kulturhistoriker und Schriftsteller 51
Riepenhausen, Franz (1786–1831), Dichter 115
Riepenhausen, Johannes (1788–1860), Dichter 115
Rieppel, Georg, Vertriebsleiter 15
Riesbeck, Johann Kaspar, Schriftsteller 96
Rihm, Wolfgang (geb. 1952), Komponist 586
Rimbaud, Arthur (1854–1891), frz. Dichter 586
Ringseis, Johann Nepomuk von (1785–1880), Mediziner 227, 536
Ritter, Ernst (Pseud. von E. Binzer), Schriftstellerin 582, 589
Ritter, Johann Wilhelm (1776–1810), Physiker 151
Robert, Ludwig (1780–1832), Rahel Levins Bruder 154, 290
Robespierre, Maximilian de (1758–1794) 108
Rochovsky, Johann (gest. 1853), Professor in Breslau 117 f.
Rochow, Caroline von, geb. von Briest (1773–1831), Schriftstellerin, Fouqués Frau 330
Rochow, Gustav Adolf Rochus von (1792–1847), preuß. Innenminister 491
Röggl, Aloys, Prälat 386, 389
Rolandino von Padua, Geschichtsschreiber 472
Ronge, Johannes (gest. 1887), Gründer der Deutschkatholiken 578, 580, 642
Ronge, Professor in Halle 139

Roschmann-Hörburg, Anton Leopold Ritter von (1777–1830), Oberlandeskommisar von Tirol 385
Rosenkranz, Karl (1805–1879), Philosoph, Literarhistoriker, Schriftsteller 431 f., 520 ff.
Rossini, Gioacchino (1792–1868), it. Komponist 399, 468
Rothschild, Barone von, Wiener Bankhaus 94
Rottmanner, Karl (1783–1822), Dichter 227
Rousseau, Jean-Jacques (1712–1778) 63, 77, 87, 198, 215, 263, 265
Rückert, Friedrich (1788–1866), Dichter 120, 553, 560, 585
Rudolf I. von Habsburg, Kaiser (1273–1291) 254, 473, 475
Rueda, Lope de (um 1510–1565), span. Dramatiker 615
Ruediger, Professor in Breslau 101
Ruge, Arnold (1802–1880), Schriftsteller 561 ff.
Ruhl, Ludwig Sigismund (Pseud. Cardenio) (1794–1887), Maler und Schriftsteller 442
Runge, Daniel, Bruder von P. O. R. 130
Runge, Philipp Otto (1777–1810) 130, 132, 136, 219, 541

Sack, Friedrich Samuel Gottfried (1738–1817), Oberkonsistorialrat 164
Sailer, Johann Michael (1751–1832), Bischof von Regensburg (seit 1829) 536 f., 642
Salice-Contessa, Carl Wilhelm Franz (1777–1825), Schriftsteller 365
Sand, George (1804–1876), frz. Schriftstellerin 564
Sand, Karl Ludwig (1795–1820), Burschenschafter 46, 100, 646 (u. Mutter), 490
Sander, Johann Daniel (1759–1825), Buchhändler 286, 288 f.
Sander, Sophie, Frau von J. D. S. 288 f.
Sandmann, Studienkollege 95

Sar, Abbé, Professor in Halle 220
Sauer, Studienfreund 117, 128, 145, 169
Savigny, Friedrich Karl von (1779–1861), Professor der Rechte, preuß. Minister für die Gesetzesrevision (1842–1848), Schwager von Clemens und Bettina Brentano 218, 292, 295, 345 f., 393 f., 548, 574
Schack, Adolf Friedrich Graf von (1815–1894), Schriftsteller 615
Schack, Friedrich Wilhelm von, Major 435
Schadow, Wilhelm von (1788–1862), Maler 463
Schaeffer, Karl Albert Eugen (1780–1866), Zeichenlehrer in Ratibor, E.s Freund 351–354, 365, 391, 395, 660
Schaffgotsch, Anton Graf, Käufer von Deutsch-Krawarn (1782) 27, 298
Schaffgotsch, Hans Ulrich Graf (1831–1915) 33
Schaffgotsch, Joseph Graf (1767–1844) 289
Schaffner, Amalia, Schauspielerin 96 ff.
Schall, Karl (1780–1833), Dichter 453
Schaper, Justus Wilhelm Eduard von (1792–1868), Oberpräsident der Rheinprovinz 1842–1845, von Westfalen 1845/46, Generalpostmeister 1846–1849 558
Scharnhorst, Gerhard Johann David von (1755–1813), preuß. General 340, 350
Scheidlein, Professor in Wien 319
Schelling, Friedrich Wilhelm Joseph von (1775–1854) 70, 131 f., 149, 151, 153–156, 164, 217, 226, 398, 409, 450, 465, 482, 536, 562, 652
Schelver, Franz Joseph, Professor 243
Schenk, Eduard von (1788–1841), bayer. Minister, Dichter 536
Schenkendorff, Max von (1783–1817), Dichter 160, 420, 560
Schiebeler, D., Bühnenautor 134
Schill, Ferdinand von (1776–1809), preuß. Offizier 340
Schillbach, Brigitte, Germanistin 15, 689
Schiller, Friedrich von (1759–1805) 22, 62 f., 100, 116 f., 124, 133 f., 142, 145,

148f., 151, 153, 168, 184, 198f., 222, 237, 252, 263, 265, 285, 358, 463, 471, 501, 619f.
Schimonsky von Schimony, Johann Emanuel von (1752–1832), 1795 Weihbischof, 1805 Domdekan, 1817 Kapitularvikar, 1824 Fürstbischof von Breslau 34, 85, 192
Schimonsky, Johann Carl von (1742–1810), Landschaftsdirektor der Provinz Schlesien, Bruder von J. E. v. S. 298
Schinkel, Karl Friedrich (1781–1841), Baumeister und Maler 292, 422, 506
Schipp von Branitz, Franz Alexander (1768–1842) und Rosalie, geb. von Hayn (1788–1853), Nichte von E.s Großmutter 81
Schiwy, Brigitte und Andreas 15
Schlegel, August Wilhelm von (1767–1845) 62, 99, 120, 129, 132, 149, 151, 217, 223, 228, 238, 260f., 263–266, 280, 328, 330, 462f., 471, 473, 511, 560, 570, 611, 640
Schlegel, Caroline, geb. Michaelis (1763–1809), verh. mit J. W. F. Böhmer (1784), A. W. Schlegel (1796), F. W. J. Schelling (1803) 129, 151
Schlegel, Dorothea, geb. Mendelssohn (1763–1939), verh. mit Simon Veit (1783), Friedrich Schlegel (1804) 113, 115, 151, 230, 257, 265, 289f., 319 (Abb.), 320, 322f., 325, 328f., 330, 336, 343, 347f., 373, 375f., 384, 532, 557
Schlegel, Friedrich von (1772–1829) 14, 24, 43, 65, 69, 99, 113, 115, 120, 129, 132, 149, 151f., 154f., 163, 167–170, 172, 200, 204, 217, 226ff., 251f., 255ff., 259f., 263ff., 282, 290, 301, 317f., 320, 322–325 (Abb.), 327–330, 332, 336, 346, 348, 375f., 384, 394, 397f., 411f., 444, 462ff., 473, 476, 500, 511, 525, 531, 533f., 536, 538, 557, 560, 570, 611, 615, 623, 635, 640, 652
Schleiermacher, Friedrich Daniel Ernst (1768–1834) 34, 151, 156, 162–165 (Abb.), 166ff., 170f., 198, 218, 225, 228, 274, 292, 302, 397, 450, 464, 492, 522, 539
Schloeffel, Friedrich Wilhelm, schles. Fabrikant 574
Schlosser, Friedrich Christoph (1776–1861), Dichter 227
Schlosser, Johann Friedrich Heinrich (1780–1857) und Sophie (1786–1865) 115
Schlotthauer, Joseph (1789–1869), Kunstprofessor 537
Schmalz, Theodor Anton Heinrich (1760–1831), Jurist, seit 1803 Direktor der Universität Halle, seit 1810 Rektor der Universität Berlin 141, 161f.
Schmedding, Johann Heinrich (1774–1846), preuß. Ministerialbeamter 406f., 425f., 437, 439, 454, 472, 524, 528
Schmidt, Rittmeister, Bekannter der E.s 300
Schmieder, Professor in Halle 161, 171
Schmülling, Heinrich, Gymnasialdirektor in Braunsberg 425
Schneckenburger, Max (1819–1849), Dichter 556
Schneider, Joseph, Pfarrer in Janowitz 86
Schöll, Adolf (1805–1882), Literarhistoriker 321, 530f., 560
Schön, Amalie von, Frau von Th. v. S. 432, 504ff., 559
Schön, Amtsrat und Domänenpächter, Vater von Th. v. S. 417
Schön, Theodor von (1773–1856), seit 1815 Oberpräsident von Westpreußen, 1824–1842 von West- und Ostpreußen 44, 48, 174, 413f. (Abb.), 415–424, 426f., 432–436, 439ff., 455, 459, 483–486, 488, 498, 504–508, 510, 522, 548, 550, 559, 569, 572–578, 581, 583f., 598, 600–604, 616, 619, 665
Schöningh, Ferdinand (1815–1883), Verleger in Paderborn 636, 638
Schönkopf, Anna Katharina 135

Scholtz, Anton sen. (1769–1830), Professor, und jun. E.s Mitschüler 95
Schopenhauer, Arthur (1788–1860), Philosoph 429
Schopenhauer, Johanna (1766–1838), Schriftstellerin, Mutter von A. S. 429
Schöpp, Jakob (geb. 1782), E.s Diener in Halle, Heidelberg, Berlin und Wien 134, 176, 190, 209f., 250, 275, 277ff., 286ff., 310, 315
Schrader, Ökonomie-Kommissarius 436
Schrag, Johann Leonhard, Verleger in Nürnberg 137, 393, 442
Schröder, Friedrich, Ludwig (1744–1816), Schauspieler, Dramatiker, Theaterleiter 99f., 104, 183
Schubert, Franz (1797–1828), österr. Komponist 463, 585
Schubert, Gotthilf Heinrich (1780–1860), Naturforscher und Philosoph 131f., 227, 536, 560
Schuckmann, Kaspar Friedrich (1755–1834), preuß. Minister 407
Schulenburg, Friedrich Wilhelm Graf von (1742–1815), Gouverneur von Berlin (1806) 604
Schultz, Hartwig, Germanist 689
Schumann, Clara (1819–1896), Pianistin, Komponistin 584ff.
Schumann, Robert (1810–1856), Komponist 309, 314, 584ff.
Schüntzgen, Paul, Jurist, Staatsprokurator 369
Schütz, Christian Gottfried (1747–1832), Professor in Halle 161
Schütz, Christian Wilhelm von (Pseud. Lacrimas) (1776–1847) 174, 227, 280
Schwab, Gustav (1792–1850), Dichter 531, 553
Schwarzenberg, Friedrich Fürst von (1799–1870), Schriftsteller 595
Schwarzenberg, Friedrich Fürst zu (1809–1885), 1842 Kardinal, 1846 Erzbischof von Salzburg, 1850 von Prag 643
Sckell, Friedrich Ludwig (1750–1823), Gartenarchitekt 242

Scott, Walter (1771–1832), schott. Schriftsteller 468–471, 503
Sebastian, röm. Märtyrer (2. Jahrhundert) 628f.
Seckendorff, Leo von, österr. Schriftsteller 221, 247
Sedlnitzky von Choltic, Georg Graf (1778–1855), Präsident der Obersten Polizei- und Zensurhofstelle in Wien (1817–1848) 386, 410
Sedlnitzky von Choltic, Leopold Graf (1787–1871), Fürstbischof von Breslau (1835–1840), Bruder von G. v. S. 436f., 641f.
Seldnitzky von Choltitz, Paul Freiherr von (1849–1919), verh. mit Margarete von Eichendorff 658
Seidel, J. E. von, Verleger in Sulzbach 535, 539
Severoli, Antonio Gabriello, Conte di (1757–1824), Nuntius in Wien (bis 1816) 336
Shakespeare, William (1564–1616) 56, 100, 173, 265, 456, 463, 468f., 471f., 569, 611
Simion, Markus, Berliner Verleger 563, 623
Simons, Clara siehe C. H. B. von Eichendorff
Simrock, Karl Joseph (1802–1876), Germanist 463, 543
Skorkau, Maria Sendivoj von (um 1596–1661/62), verh. mit Jacob v. E. (1626) 28f.
Smith, Adam (1723–1790) 414
Snell, Friedrich Wilhelm Daniel, Lehrbuchautor 106
Sokrates (470–399 v. Chr.) 166
Solms-Laubach, Friedrich Ludwig Christian Graf zu (1769–1822), Oberpräsident der Provinz Jülich-Kleve-Berg 413
Sonntag, Joseph, Diener 92ff., 122
Sontag, Henriette (1806–1854), Sängerin 467
Sophia Magdalena, schwed. Königin-Witwe (seit 1844) 113
Sophokles (um 497–um 406 v. Chr.) 116

Spangenberg, Sophie Auguste, Mutter von Sophie Hahmann 204
Spee, Friedrich (1591–1635), Dichter 236, 301
Spiegel, Ferdinand August Graf (1764–1835), Erzbischof von Köln (seit 1821) 526, 528
Spieß, Christian Heinrich (1755–1799), Schriftsteller 61 f.
Spieß, Verleger in Frankfurt 72
Spinoza, Baruch de (1632–1677) 63, 152, 164, 180
Spitzweg, Carl (1808–1885), Maler 211
Spontini, Gaspare (1774–1851), it. Komponist 434
Sprickmann, Freund Klopstocks 69
Staël, Madame de (1766–1817), frz. Schriftstellerin schweiz. Herkunft 201, 231, 261, 263–266, 510
Staël-Holstein, Eric Magnus, Gemahl der Mme de St. 263
Stägemann, Friedrich August von (1763–1840), Geheimer Staatsrat und Dichter 292, 436, 439, 463, 488, 494
Stahr, Adolf, Publizist 574
Staudenmaier, Franz Anton (1800–1856), Theologe, Mitbegründer der «Tübinger Schule» 576, 612
Steffens, Henrik (1773–1845), Philosoph und Naturforscher dän. Herkunft 89 f., 129, 149, 156 ff.(Abb.), 159–162, 167 f., 172 f., 184, 188, 217 f., 274, 302, 397, 522, 560
Stegmayer, Matthäus, Komponist 288
Stein, Mitschüler 11
Stein, Charlotte von (1742–1827) 20, 265, 531
Stein, Fritz von, Sohn von Ch. v. St. 180
Stein, Heinrich Friedrich Karl Reichsfreiherr von und zum (1757–1831), preuß. Politiker 221, 272, 415, 482, 556, 558
Stein, von, Regensburger Baumeister 212
Steinle, Edward von (1810–1886), Maler 558

Stendhal (Pseud. von Henry Beyle) (1783–1842), frz. Schriftsteller 265
Sternberg, von, Husarenleutnant 300
Stifter, Adalbert (1805–1868), österr. Dichter 583, 589, 590 (Abb.)–594
Stöcklein, Paul (1909–1992), Germanist 13
Stolberg-Stolberg, Christian Graf zu (1748–1821), Dichter 113
Stolberg-Stolberg, Friedrich Leopold Graf zu (1750–1819), Dichter 113–117, 145 f., 526, 538
Stolberg-Wernigerode, Christian Friedrich Graf (1778–1824) 179
Storm, Theodor (1817–1888), Dichter 624
Strantz, Mitschüler 107
Strauß, David Friedrich (1808–1874), Theologe 531, 539 f.
Strauß, Gerhard Friedrich Abraham (Pseud. Dionysius) (1786–1863) Mitglied im Heidelberger Loebenkreis 222–225, 244, 270
Streckfuß, Karl (Pseud. Leberecht Fromm) (1778–1844), Schriftsteller, Vorstandsmitglied des «Berliner Verein für den Kölner Dombau» 554
Streit, Karl Konrad (gest. 1826), Herausgeber der «Schlesischen Provinzialblätter» 104
Strobel, Johann Baptist, Verleger in München 68
Stroka, Studienkollege 298
Struensee, Carl Gustav (1735–1804), preuß. Minister 415


Talleyrand, Charles Maurice de (1754–1838), frz. Politiker 366
Tasso, Torquato (1544–1595), it. Dichter 116, 521
Taubert, Adolf Ludwig Ernst, Vater von Sophie Hahmann 204
Tauentzien, Bogislav Friedrich Emanuel (1760–1824), preuß. General 96, 351 f.
Tauler, Johannes (um 1300–1361), Dominikaner 526
Teubner, Verlag 468

Theodosius der Große, röm. Kaiser (379–395) 618
Thibaut, Anton Friedrich Justus (1772–1840), Rechtshistoriker 156, 218 f.
Thiel, Karl (um 1786 – nach 1840), Studienfreund 118, 148, 190, 298
Thiers, Adolph (1797–1877), frz. Historiker und Politiker 486
Thilsch, Freund 84, 95, 106 f., 127
Tholuck, Friedrich August (1798–1877), Theologe 560
Thomas von Aquin (um 1225–1274), Theologe 653
Thymian, Maria Amalia siehe M. A. von Eichendorff
Tieck, Ludwig (1773–1853) 54 f., 64 ff., 120, 127, 129, 132, 149, 151, 167 ff., 172 f. (Abb.), 174 f., 187, 189, 200, 225–228, 236, 238, 244 f., 259, 302, 306, 308, 320, 327, 431, 444, 453, 470, 502, 511 f., 522, 531, 552 f., 560, 563, 570, 611
Tluck, Johanna von, geb. von Trach (gest. 1811) 299
Trattner, Wiener «Nachdruckerfürst» 135
Trauttmannsdorf, Joseph Graf (gest. 1870), österr. Gesandter in Berlin 552
Trebra, Heinrich von, Bergmeister 180
Treiber, Philipp Andreas, Stiefneffe der Katharina Förster 247

Uechtritz, Friedrich von (1800–1875), Historiker, Schriftsteller, Mitglied der Berliner «Mittwochsgesellschaft» 461, 463
Uhden (gest. 1835), Geh. Oberregierungsrat 377
Uhland, Ludwig (1787–1826), Dichter 17, 120, 230, 237, 511, 531, 553, 560, 562, 585
Unger, Johann Friedrich, Verleger in Berlin 172
Unzelmann, Karl Wilhelm (1753–1832), Schauspieler 478
Unzelmann, Madame, Schauspielerin, Frau von K. W. U. 298

Valentinian II., röm. Kaiser (375–392) 534
Varnhagen von Ense, Karl August (1785–1858), Diplomat und Schriftsteller 290, 463, 560, 574, 600
Vega, Lope de (1562–1635), span. Dichter 611
Veit, Jonas (Johann) (1790–1854) Maler, Sohn von S. V. und Dorothea Schlegel 115, 320, 336, 338
Veit, Philipp (1793–1877), Direktor des Städelschen Museums in Frankfurt am Main, Sohn von S. V. und Dorothea Schlegel 90, 109, 113, 115, 282, 323, 336, 338, 340 f. (Abb.), 343–348, 350, 353 f., 364 f., 371 f., 375, 384 ff., 532
Veit, Simon (gest. 1819), Bankier, erster Mann von Dorothea Schlegel 290, 341, 343, 364
Veith, Johann Emanuel (1787–1876), Kanzelredner in Wien, Güntherianer 655
Vergil (70–19 v. Chr.), röm. Dichter 116
Vetter von der Lilie auf Neuhübel, Graf, 1890 Käufer von Sedlnitz 40
Vetter von der Lilie auf Neuhübel, Ida Gräfin siehe I. v. Eichendorff
Vietsch, Hof- u. Kriminalrat 361
Vieweg, Verlag 68
Viktor, Herzog von Ratibor (seit 1840),1851 Käufer von Lubowitz 32, 658
Vilmar, August Friedrich Christian (1800–1868), Theologe und Literarhistoriker 636
Vincke, Ludwig Friedrich Wilhelm Philipp von (1774–1844), Oberpräsident von Westfalen (1815–1844) 526, 538
Vischer, Friedrich Theodor (1807–1887), Ästhetikprofessor 531
Voigt, Johannes, Historiker der Marienburg 419, 432, 439, 559
Voigt u. Günther, Verleger in Leipzig 136 f., 623, 628
Voltaire (1694–1778) 117, 134

Voß, Johann Heinrich jun. (1779–1822), Professor in Heidelberg 219, 227
Voß, Johann Heinrich sen. (1751–1826), Schriftsteller 34, 113, 115, 219, 223, 233 f., 238 f., 295
Vulpius, Christian August (1762–1827) 62
Vulpius, Christiane (1765–1816) 148

Wächter, Georg Leonhard (Pseud. Veit Weber) (1762–1837), Schriftsteller 67
Wackenroder, Wilhelm Heinrich (1773–1798), Dichter 132, 168, 172, 175, 225, 302, 511, 560
Wagner, Heinrich Leopold (1747–1779), Dramatiker 77
Wagner, Richard (1813–1883) 308
Waldemar von Preußen, Prinz 573
Wallenstein (1583–1634) 429
Warburg, Isaac, Dr. 31
Watzdorf, Max Gustav von (1789–1813), Königlich Sächsischer Kammerjunker 171, 288
Weber, Bernhard Anselm (1766–1824), Dichter des «Göttinger Hain» 113
Weber, Karl Maria von (1786–1826) 97, 434, 468
Weidmann, Leipziger Verleger 135
Weiße, Christian Felix (1726–1804), Schriftsteller 95, 99, 134
Weiße, Otto, Komponist 96
Wellington, Arthur (1769–1852), brit. Feldmarschall 369
Wendt, Professor in Breslau 84
Wenzel, Klemens Lothar, Sohn Metternichs 148
Werdeck, Frau von 281
Werner, Abraham Gottlob (1749–1817), Professor an der Bergakademie Freiberg 161
Werner, Johann, Dr., Kreisarzt in Ratibor 34, 75
Werner, Zacharias (1768–1823), Schriftsteller 168, 192, 198–201, 225, 412, 431, 466, 560
Wette, Wilhelm Martin Leberecht de (1780–1849), Alttestamentler 464 f.

Weygand, Leipziger Verleger 77
Wichura, Karl, Landrat, Besitzer von Lubowitz (1839–1851) 658
Wieckenberg, Ernst-Peter, Verlagslektor 15
Wieland, Christoph Martin (1733–1813), Dichter 77, 116, 146, 263, 501, 619
Wigand, Otto, Leipziger Verleger 119, 136 f., 560
Wilczek, Franz Joseph Graf von (1748–1834), k. k. Kämmerer und niederösterr. Landrechtsrat 315 f.
Wilczek, Stanislaus Graf von (1792–1847), k. k. Kämmerer, Sohn von F. J. v. W. 316
Wilhelmine, Großherzogin von Hessen-Darmstadt 242
Wilkinson, Hochofenbauer 32
Wilman, Friedrich, Verleger 251
Winckelmann, Johann Joachim (1717–1768), Archäologe 21, 34
Windischmann, Carl Joseph Hieronymus (1775–1839), Philosoph und Historiker 411, 531
Winter, Mitschüler 107
Wintzingerode, Ferdinand Freiherr von, preuß. Hauptmann 351
Wirth, Johann Georg August, Jurist, Gründer des «Deutschen Preß- und Vaterlandsvereins» 491, 499
Wirthensohn, Andreas 15
Wodartz, Johannes (gest. 1827), geistlicher Administrator von Slawikau 86 f., 196
Woke, Schwestern 660
Wolf, Regisseur 460
Wolf, Friedrich August (1759–1824), Professor in Halle 112, 118, 141, 161, 175
Wolf, Hugo (1860–1903), Komponist 125, 586
Wolfart, Karl Christian (1778–1832), Arzt, Schriftsteller, Professor 280
Wolfersdorff, Otto Freiherr von, Jurist, E.s Untermieter 506, 509

Wolff, Mitglied der Berliner «Mittwochsgesellschaft» 462
Wolff, Rezensent 515
Wolff, Christian Freiherr von (1679–1754), Philosoph 150
Wolff, Oskar Ludwig Bernhard (1799–1851), Professor, Schriftsteller 119, 137, 236
Wöllmitz, Johann Samuel 279
Woltaer, Johann Christian, Professor in Halle 161
Wostrosky, von, Prälat 85
Wrochem, Johannes Heinrich von, Landrat von Ratibor 81
Württemberg, Eugen Prinz von (1788–1857) 186
Württemberg, Herzog von (gest. 1822) 318
Wyland, Guitarrenlehrer 219

Yeats, William Butler (1865–1939), anglo-ir. Dichter 586
York, Johann David Ludwig von (1759–1830), preuß. General 418

Zedlitz, Joseph Christian Freiherr von (1790–1862), Dichter, Mitschüler 584, 589
Zelter, Carl Friedrich (1758–1832), Musiker 292
Zierotin, Franz Joseph Graf von 194
Zieten, Hans Ernst Karl von (1770–1848), preuß. General 347
Zimmer, Johann Georg (1777–1853), Heidelberger Verleger 236
Zimmermann, Johann Georg (1728–1795), Schriftsteller 76–79
Zinreck, Regimentskamerad 354
Zinzendorf, Nikolaus Ludwig Reichsgraf von (1700–1760) 73
Zizius, Johann Nepomuk (1772–1824), Professor in Wien 319
Zöllner, Wilhelm, Oberlandesgerichtsrat 658
Zolondek, Johann, Kustos in Ratibor, Kath. Schulinspektor 86
Zschokke, Heinrich (1771–1848), Schauspieler, Schriftsteller 182
Zülow, Fräulein von 311
Zwirner, Baurat 558

# Biographien bei C. H. Beck

*Hanno Helbling*
Katharina von Siena
Mystik und Politik
2000. 159 Seiten. Leinen

*Eike Christian Hirsch*
Der berühmte Herr Leibniz
Eine Biographie
2000. 646 Seiten mit 60 Abbildungen,
davon 8 in Farbe. Leinen

*Herwig Wolfram*
Konrad II. 990–1039
Kaiser dreier Reiche
2000. 464 Seiten mit 25 Abbildungen, 2 Karten
und 1 Stammtafel. Leinen

*Ralf Dahrendorf*
Liberal und unabhängig.
Gerd Bucerius und seine Zeit
2000. Etwa 304 Seiten mit 47 Abbildungen
auf 16 Tafeln. Leinen

*Hermann Kurzke*
Thomas Mann
Das Leben als Kunstwerk. Eine Biographie
1999. 672 Seiten mit 40 Abbildungen. Leinen

*Peter-André Alt*
Schiller
Leben – Werk – Zeit. Eine Biographie
*Band I:* 2000. 750 Seiten mit 29 Abbildungen. Leinen
*Band II:* 2000. 686 Seiten mit 22 Abbildungen. Leinen

Verlag C. H. Beck München

# Biographien bei C. H. Beck

*Robert Service*
Lenin
Eine Biographie
Aus dem Englischen von Holger Fliessbach
2000. Etwa 640 Seiten mit etwa 46 Abbildungen. Leinen

*Volker Ullrich*
Der ruhelose Rebell. Karl Plättner 1893–1945
Eine Biographie
2000. Etwa 272 Seiten mit 24 Abbildungen im Text. Gebunden

*John Cornwell*
Pius XII.
Der Papst, der geschwiegen hat
Aus dem Englischen von Klaus Kochmann
2. Auflage. 2000. 484 Seiten mit 47 Abbildungen. Leinen

*Otto Pflanze*
Bismarck
*Band 1: Der Reichsgründer*
Aus dem Englischen von Peter Hahlbrock
1997. 906 Seiten mit 87 Abbildungen und 2 Karten. Leinen
*Band 2: Der Reichskanzler*
Aus dem Englischen von Peter Hahlbrock
1998. 808 Seiten mit 79 Abbildungen und 1 Karte. Leinen

*Zvi Yavetz*
Tiberius
Der traurige Kaiser. Biographie
Aus dem Hebräischen von David Ajchenrand
1999. 197 Seiten. Leinen

*Christoph Gann*
Raoul Wallenberg
So viele Menschen retten wie möglich
1999. 274 Seiten mit 18 Abbildungen. Gebunden

Verlag C. H. Beck München